KB111281

산업재산권법

김 원 준 저

도서출판 오 래

하늘의 무지개를 바라볼 때면
내 마음 뛰노라

My heart leaps up when I behold a rainbow in the sky.
—윌리엄 워즈워스《무지개》에서

서　　문

　　한미FTA가 2012년 3월 15일 발효될 예정입니다. 이 협정을 이행하기 위하여 14개 법률이 개정되었고, 특허법, 실용신안법, 디자인보호법, 상표법, 저작권법, 부정경쟁방지 및 영업비밀보호법 등 지식재산권법이 일부 개정되어 2011년 12월 2일자로 공포되었습니다. 한미FTA와 한EU FTA에 의하여 앞으로 5년 이내에 우리나라 법무시장은 완전히 개방되어야 하므로 우리나라 법조계가 이제까지 한 번도 경험하지 못한 엄청난 변화가 있을 것으로 예상됩니다. 저자는 이러한 지식재산권의 국내외 환경 변화를 주시하면서 그동안 출판한 책을 개정해야 하는 무거운 책임감 때문에 집필을 결심하였습니다.

　　저자가 1979년 4월 특허청 심사관으로 처음 발령을 받은 후 특허청과 외교통상부에서 공직생활을 마치고, 변리사업을 개업하였습니다. 특허실무가로서의 길을 걷다가 전남대학교 로스쿨로 자리를 옮겨서 지식재산권법을 강의하고 연구한 지 4년이 되어갑니다. 저자는 "대학교에서 교육이란 학생을 가르치는 것이 아니라 교수를 가르치는 것"이라는 옛 성현(聖賢)의 가르침을 깨달을 수 있었습니다. 이 책은 저자가 2009년에 박영사에서 출간한 《특허법원론》, 2010년 법문사에서 출간한 《로스쿨지적재산법》(공저), 2011년 전남대학교출판부에서 출간한 《지식재산권법》(공저)과 전남대학교 법과대학과 로스쿨에서 산업재산권법을 강의를 하면서 공부한 강의자료를 토대로 집필하였습니다.

　　산업재산권법은 특허법, 실용신안법, 디자인보호법, 상표법을 포함하는 법률로서 그 스펙트럼(spectrum)이 방대합니다. 산업재산권법을 제대로 공부하려면 법학, 공학 및 경제학의 학문적 배경을 바탕으로 특허·상표 실무를 익힌다면 금상첨화(錦上添花)라 할 수 있겠습니다. 그러나 현실적으로 법률지식에 기술과 경제적 마인드를 모두 갖춘다는 것은 결코 쉬운 일이 아닙니다. 이러한 이유로 인하여 산업재산권법을 처음 공부하는 분들이 어렵다는 선입견을 갖는 것은 당연하다고 봅니다. 이에 양도 적당하면서 산업재산권법에 쉽게 접근할 수 있는 입문서이면서 더불어 변리사시험과 변호사시험을 준비하는 수험생에게 도움이 될 수 있도록 본서를 집필하였습니다.

이 책은 내용과 형식면에서 다음과 같은 점에 중점을 두었습니다.

첫째, 변리사시험, 사법시험 1차시험 및 로스쿨 변호사시험의 수험서로 쉽게 읽힐 수 있도록 초점을 맞추고, 주요 법조문은 모두 망라하여 충실하게 소개하였습니다. 둘째, 특허법의 핵심이라 할 수 있는 특허요건·특허청구범위·특허심판·특허침해소송과, 디자인보호법의 등록요건과 디자인의 유사판단, 상표법의 등록요건, 상표의 유사판단과 상표취소소송 등에 중점을 두었고, 출제 가능한 논점 위주로 해설하였습니다. 셋째, 각 절마다 연습문제를 수록하여 독자가 공부한 내용을 점검할 수 있도록 하였습니다. 특히 최근에 출제된 사법시험 1차와 변리사 1차시험의 기출제 문제 중에서 자주 출제되는 문제를 선정하고, 자세하게 문제를 해설하였습니다. 이는 독자가 문제의 해설을 통해서 확실하게 법률을 이해하도록 하기 위함입니다. 마지막으로, 인용하는 대법원과 특허법원의 판례는 가급적 최신 판례를 채택하여 시험문제에 자주 등장하는 판례 문제를 자신있게 해결할 수 있도록 하였습니다.

이 책이 변리사시험을 준비하는 수험생과 사법시험을 준비하는 수험생, 법학전문대학원에서 지식재산권법을 공부하는 학생을 비롯하여 산업계의 특허전문가들에게 도움이 될 수 있기를 기대합니다. 이 책은 산업재산법의 이론과 실무를 결합하여 알기 쉽게 쓴 책이므로 현재 공과대학에 설강되어 있는 "과학기술과 지적재산"의 강의용 교과서로 손색이 없도록 하였습니다. 특히 이 책이 특허청과 한국발명진흥회가 주관하는 지식재산능력시험(IPAT)을 준비하는 대학생들의 교육의 수준을 높이는 데에 기여할 수 있을 것으로 확신합니다. 앞으로 독자 제현(諸賢)의 아낌없는 성원과 질정(叱正)을 고대하면서 부족한 부분은 보완할 수 있도록 노력하겠습니다.

여러 모로 부족한 졸고가 책으로 세상에 나오도록 도와주신 분들의 지도와 격려에 감사를 드립니다. 꼼꼼하게 교정을 보아준 전남대학교 법학연구소 민경재 박사와 도면을 그려준 리더스국제특허법률사무소 김제현 부장에게 감사를 드립니다. 오랫동안 집필에 내조를 아끼지 아니한 아내와 워드를 맡아 열심히 일한 아들 준형이의 노고도 잊을 수 없습니다. 또한 어려운 출판 여건에도 불구하고 이 책의 출간을 허락하여 주신 도서출판 오래의 황인욱 사장님에게 깊이 감사드리며, 정성을 다하여 책을 만들어 주신 오래 임직원 여러분과 이종운 님께 고마움을 표합니다.

2012년 2월

봄이 오는 길목에서

김 원 준

차 례

제2장

특 허 법

제5절　특허출원

제11절　특허침해소송

제3장

실용신안법

제1절　개　관

제4절 심판 및 소송

제5절 실용신안권의 침해 및 구제

제4장

디자인보호법

제1절 개 관

제5장

상 표 법

제1절　개　관

제4절　심사 및 등록절차

제5절　상표의 유사판단

제10절 상표와 인접한 제도

산업재산권법

김 원 준

제1장

지식재산권

제1절 개 관

I. 서 설

1. 지식재산으로 권력이동

1980년대에 유명한 명저로 꼽혔던 앨빈 토플러(Alvin Toffler, 1928-)의 《제3의 물결》(The Third Wave)이란 책에서는 제3의 물결, 즉 정보화의 물결을 예고하면서 앞으로의 시대는 정보의 시대라고 예측했었다. 그는 인류가 자연에서 자연적으로 발생한 것을 채집해서 먹는 것이 아니라, 자신의 노력으로 경작하고 가축을 키워서 먹는 것이었는데 이를 통해서 인류는 비약적인 발전을 가져왔기에 제1의 물결이라고 했다. 두 번째 물결은 인류가 이렇게 생산을 하면서 인력이나 가축의 힘 또는 자연의 힘만을 이용했는데, 처음으로 기계를 이용하여 생산하게 된 산업혁명을 제2의 물결이라고 했다. 인류는 산업혁명을 통해서 생산력을 비약적으로 증대시킬 수 있었고, 이를 통해서 인류문화는 급속한 발전을 가져왔다. 그리고 마지막으로 제3의 물결은 바로 정보의 물결, 정보화를 말했다. 1991년에 출판된 앨빈 토플러의 《권력이동》에서는 권력의 세 가지 원천을 폭력(暴力)·부(富)·지식(知識)으로 규정하고, 폭력을 저품질 권력, 부를 중품질 권력, 지식을 고품질 권력으로 구분하였다. 21세기의 전 세계적 권력투

쟁에서의 핵심문제는 지식의 장악이며, 이 지식이야말로 진정한 권력의 수단이 될 것이라고 전망하였다.

또한 지식은 결코 소진되는 법이 없으며 약자나 가난한 자도 소유할 수 있는 지식의 생산성으로 폭력과 부의 파괴적이고 편향적인 비민주성의 낭비와 횡포를 제어할 수 있을 것이라고 예측하였다. 미래학자들은 21세기는 제3의 물결을 지나 제4의 물결인 바이오(Bio), 나노(Nano), 문화(文化)에 대한 투자와 노력을 할 중요한 시점이 되었다고 한다.

선진국들은 특허권, 상표권 등 지식재산권을 시장독점의 수단뿐만 아니라 후발국가의 시장진입을 봉쇄하는 수단으로 활용하고 있는 실정이다. 오늘날 창작적이고 혁신적인 지식재산을 창출하고 보호하는 것이 일반대중의 최대 관심사가 되고 정책의 중요한 목표가 되었다

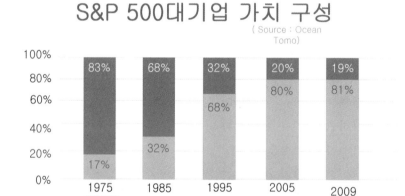

특히 경제의 중심이 "지식기반산업"으로 이동함에 따라, 지식재산이 중요한 경영전략으로 등장하였다. 또한 경제성장과 부의 원천이 천연자원, 노동 등 물적 자원에서 과학기술, 디자인, 브랜드 등 지식재산(intellectual property)으로 무게중심이 급격히 옮겨가고 있다. 위 그래프에서 알 수 있듯이, 미국 Ocean Tomo사가 조사한 2010년도 S&P 500대 기업의

가치 구성을 분석하여 보면, 1975년에 기업의 유체재산(tangible asset)의 비율이 83%이고, 무체재산(intangible asset)의 비율이 17%에 불과하였으나, 그로부터 30년이 지난 2005년의 기업의 재산가치는 유체재산이 20%, 무체재산이 80%를 차지하고 있어서 기업의 재산가치는 무체재산으로 이동하였음을 알 수 있다.[1]

2. 지식재산의 힘

노벨(Alfred Nobel, 1833-1896)은 니트로글리세린에 흑색화약과 규조토를 혼합하여 다이너마이트를 발명하고, 1868년 미국 특허 제78317호를 획득하였다. 다이너마이트가 세상에 나온 후 광산개발과 토목공사 등에 매우 유용하게 이용되면서 노벨은 엄청난 부(富)를 축적할 수 있었다. 다이너마이트의 발명을 기업화하여 거부(巨富)가 된 노벨은 1895년 11월 27일 유언장에서, "인류복지에 가장 구체적으로 공헌한 사람들에게 나누어 주도록" 하고, 그의 유산 약 3,100만 크로네를 스웨덴의 왕립과학아카데미에 기부하였다. 이에 따라 아카데미에서는 이 유산을 기금으로 하여 노벨재단을 설립하고, 기금에서 나오는 이자를 해마다 상금에 충당하는 방식을 택하여 1901년부터 노벨상을 수여하고 있다.[2]

월트 디즈니(Walt Elias Disney, 1901-1966)는 생쥐의 모양을 만화로 그려서 "미키마우스"라는 만화를 출판하였다. 미키마우스는 전 세계 어린이들에게 큰 인기를 끌게 되었다. 월트 디즈니 그룹은 피노키오, 신데렐라, 정글북, 백설공주, 피터팬, 라이온 킹 등 수십 개의 캐릭터로 수많은 애니메이션을 제작하였다. 오늘날 월트 디즈니 그룹은 전 세계에 1만 6,000여 종류의 상품을 판매하고 있으며, 연간 매출액이 약 6조원에 달한다고 한다. 쌍소켓, 직입식 플러그, 휴대용 라디오 등 수많은 발명을 한 전기수리공 마쓰시타 고노스케(松下幸之助, 1894-1989)는 일본 최대의 가전업체인 마쓰시타그룹을 창업하여 세계적인 기업으로 탄생시켰다.[3]

---

1) 미국 지식재산가치 평가회사인 Ocean Tomo가 2011.4.4 시카고에서 발표한 "OCEAN TOMO'S Annual Study of Intangible Asset Market Value -2010" (http://www.oceantomo.com/media/newsletter/intangible_asset_market_value_2010).
2) 스웨덴 왕립아카데미는 매년 물리학, 화학, 생리·의학, 문학, 평화, 경제학의 6개 부문에서 노벨상 수상자를 선정해서 노벨상을 수여하고 있다.
3) 세계 37개국에 450여 개의 계열회사를 거느린 마쓰시타그룹은 파나소닉·내쇼날·테

최근 우리나라 "어린이 대통령"(일명 뽀통령)이라고 불리는 "뽀로로"가 전 세계 어린이들을 발명과 창의력의 세계로 안내하고 있다. (주)오콘을 포함하여 아이코닉스, EBS가 2002년부터 공동 개발한 "뽀롱뽀롱 뽀로로"는 브랜드 가치가 8,500억원에 이르는 것으로 평가되는 등 국내 어린이들에게 가장 인기 있는 캐릭터로서, 국내뿐만 아니라 미국, 유럽 등 전 세계 120여 국에서 방영되고 있는 국제적인 어린이용 캐릭터이다. 애니메이션은 창의발명, 특허, 상표 등에 관한 3개의 에피소드로 구성되며, 한국어와 영어로 1차 제작되어 WIPO를 통해 전 세계로 보급될 예정이고, 향후 프랑스어, 스페인어, 러시아어, 아랍어, 중국어 등 UN 공용어로 확대해 나갈 예정이다.[1] 뉴질랜드에서 제작되어 2002년 1월에 개봉된 판타지 영화 "반지의 제왕"이 뉴질랜드 경제에 미친 파급효과(Frodo Economy)[2]의 분석에 의하면, 국가의 이미지 제고(提高), 뉴질랜드 광고 효과 4,800만 달러, 고용창출 2만명(현재 영화산업 종사자 3만명 시대의 발판이 됨), 뉴질랜드 영상산업 164% 성장, 관광산업이 뉴질랜드 최고 수출 산업으로 38억 달러 규모로 성장(매년 3.3% 성장), 관광객 증가율 매년 5.6% 등 많은 경제적, 문화적, 사회적 파급효과를 창출한 것으로 평가하였다.

3. 지식재산의 정의

재산권(財産權)은 이익을 내용으로 하는 권리이다. 재산권은 원칙적으로 양도·상속이 가능하다. 물권(物權), 채권(債權) 및 무체재산권(無體財産權)[3]이 재산권에 속한다. 무체재산권이란 발명·저작 등의 지적창작물을

크닉스 등의 브랜드를 가지고 있으며, 14,000여 종의 각종 전기제품을 생산하고 있다. 연간 매출액만도 6조억 엔을 넘어서는 세계적 대재벌이 되었다.

1) 특허청, 2011.5.6, KIPO News: "뽀로로와 친구들, 전 세계 발명 선생님이 된다." 앞으로 전 세계 어린이들이 국산 캐릭터인 뽀로로의 안내에 따라 창의력 증진 및 발명교육을 받게 될 예정이다. 국산 캐릭터인 뽀로로의 국제적 인지도 및 시장가치 또한 더욱 높아질 것으로 전망된다. 2012년 2월에 극장용 장편 애니메이션 "뽀로로의 레이싱 대모험"이 개봉되었다.

2) 프로도 경제(Frodo Economy)란 영화 "반지의 제왕"이 뉴질랜드에 미친 파급효과를 지칭하는 말이다. 순제작비 약 2억 8,000만 달러, 마케팅비용 약 1억 4,500만 달러를 제외한 순이익이 약 24억 4,000만 달러로 추정. 제76회 아카데미 시상식 11개 부문 석권(역대 최다기록. 타이타닉과 벤허와의 타이기록)한 "반지의 제왕"은 뉴질랜드에 어마어마한 파급효과를 낳았다.

3) 지식재산권은 법률용어로 "무체재산권"(intangible property right)이라고 부르기도

독점적으로 이용한 수 있는 권리이다. 2011년 7월 2일부터 시행된 "지식재산기본법" 제3조 제1항에서 "지식재산이란 인간의 창조적인 활동 또는 경험 등에 의하여 창출되거나 발견된 지식·정보·기술, 사상이나 감정의 표현, 영업이나 물건의 표시, 생물의 품종이나 유전자원, 그 밖에 무형적(無形的)인 것으로서 재산적 가치가 실현될 수 있는 것을 말한다"고 정의하고 있다. 지식재산권(IPR: Intellectual Property Right)이란 법령 또는 조약 등에 따라 인정되거나 보호되는 지식재산에 관한 권리를 일정기간 동안 독점적으로 사용·수익·처분할 수 있는 권리로서 산업계에서 발명한 기술적 창작물과 문화계·예술계에서 새로 만든 문화적 창작물을 보호한다. 지식재산권의 보호대상은 과학·기술이 발달함에 따라 신지식재산권[1]이 등장하고, 그 보호수준도 점차 높아지면서 보호대상이 점차 확대되어 갈 것으로 전망된다.

　1995년 1월 1일부로 발효된 "무역 관련 지식재산권에 관한 협정"(TRIPs: Agreement on Trade-related Aspects of Intellectual Property Rights. 이하 "TRIPs"라 한다)은 저작권과 산업재산권을 국제적으로 보호하기 위한 다자간(多者間)협정이다. TRIPs 제2부 제1절 내지 제7절에서 보호대상인 지식재산권을 저작권·저작인접권·상표·지리적표시·디자인· 특허·집적회로 배치설계 및 영업비밀로 구분하고 있다. 헌법 제22조 제2항에서 저작자·발명가·과학기술자와 예술가의 권리를 법률로써 보장하므로 이를 근거로 특허법·실용신안법·디자인보호법·상표법·저작권법 등이 법률로 각각 제정되었다. 우리나라는 발명을 특허법에서, 고안은 실용신안법에서, 디자인은 디자인보호법에서, 등록상표는 상표법에서 보호하고, 주지상표·상호·영업비밀 등은 부정경쟁방지법에서 보호하고 있다.

　지식재산권법은 아이디어나 창작한 사람에게 일정한 범위의 권리를

한다. 이는 독일의 코울러(Kohler)가 주장한 무체재산권설에 근거를 두고 있다. 무체재산권이란 무체물에 대해서 성립하는 재산권이다. 2011년 7월 20일 시행된 "지식재산기본법"(2011.5.19 제정, 법률 제10629호)에서 타 법령에 있는 "지적재산"을 "지식재산"으로 통일하도록 규정하고 있으므로, 본서에서도 이에 따르기로 한다.

　1)　지식재산권법 제3조: 신지식재산이란 경제·사회 또는 문화의 변화나 과학기술의 발전에 따라 새로운 분야에서 출현하는 지식재산을 말한다. 지식재산권이란 법령 또는 조약 등에 따라 인정되거나 보호되는 지식재산에 관한 권리를 말한다.

부여하여 아이디어의 창출을 유인하고, 다른 한편으로는 아이디어의 이용을 장려하여 과학기술과 문화예술의 발달, 나아가서 전체적으로 경제발전을 도모하기 위한 인센티브를 제공하는 법률이라 할 수 있다.

Ⅱ. 지식재산권의 국제적 보호

1. 의 의

지식재산권의 보호대상으로서 발명·상표·저작물 등은 모두 무형의 창작물이다. 발명·상표·디자인·저작물 등은 오늘날 매우 중요한 경제적 가치를 가지는 재산이라 할 수 있다. 지식재산권이 이러한 무형의 창작물 내지 정보에 대한 재산적·인격적 보호에 있다고 할 때 그 가치는 무한하기 때문에 지적창작물이 경제발전에 미치는 파급효과는 무척 크다고 할 수 있다. 지식재산권이 갖는 경제적 인센티브는 발명과 창작을 촉진할 뿐만 아니라 국가간의 기술과 문화의 교류를 활성화하고, 무역을 증진시키는 기능도 가지고 있다. 미국, 일본 및 EU 등 지식재산 선진국들은 개발도상국에 대한 통상압력의 핵심적 수단으로 지식재산권을 이용하고 있다. 오늘날 인터넷과 IT기술의 급속한 발전으로 지식재산권의 국제화 내지 국제적 보호의 필요성은 중요하게 인식되고 있다. 지식재산권의 국제적 보호란 한 국가의 입장에서 보면 외국인의 창작물을 보호하는 것을 의미한다. 지식재산권에 관한 조약에 규정된 제반 원칙들은 지식재산권의 특수성과 국제성을 고려한 국제적인 규범이라 할 수 있다.

2. 지식재산권 관련 국제기구

가. 세계지식재산권기구 (WIPO)

1883년 파리협약,[1] 1886년 베른협약 및 1967년 스톡홀름의정서에 의해 1974년 12월 17일자로 WIPO가 설립되었고, 동일자로 UN전문기구

---

1) 산업재산권 보호에 관한 파리협약(Paris Convention)은 1883년 3월 20일 프랑스 파리에서 체결된 세계 최초의 산업재산권 국제적 보호를 위한 국제조약이다. 2012년 2월 현재 회원국은 174개국이다. 우리나라는 1980년 5월 4일 파리협약에 가입하였다.

가 되었다.[1] WIPO의 주요 업무는 국제조약을 관장하고[2] 체결하며, 국제규범을 제정하고, 개발도상국의 지원을 위한 개발협력사업 및 PCT 등 국제등록을 담당한다. 또한 WIPO는 국제특허출원의 PCT 등록시스템, 상표등록에 관한 마드리드 시스템(Madrid system) 및 디자인등록에 관한 헤이그시스템(Hague system)을 운용하고 있다. WIPO는 21세기 경제기반사회의 변화에 부응할 수 있는 지식재산권의 보호를 강화하기 위하여 2010년부터 2015까지 중장기 전략계획(Medium Term Strategic Plan)을 단계별로 추진하고 있다.

나. 세계무역기구 (WTO)

1995년 1월 1일 세계무역기구(WTO: World Trade Organization)가 출범하였다. WTO본부는 스위스 제네바에 있고 2012년 2월 현재 회원국은 153개 국가이며, 우리나라는 1995년 1월 1일 가입하였다.[3] WTO는 국제통화기금(IMF)과 함께 국제무역을 지원하는 세계에서 가장 구심력 있는 국제기구라 할 수 있다. 특히 WTO는 국제통상의 모든 면을 포함하는 규범을 제정하고, 이 WTO 규범이 회원국에 의해 준수될 수 있도록 하는 분쟁해결절차를 가지고 있다. WTO는 2년마다 1회 개최되는 WTO 각료회의(Ministerial Conference)가 최고의사결정기구이다. 각료회의가 개최되지 않는 기간에는 수시로 개최되는 일반이사회(General Council)가 그 임무를 수행한다. 일반이사회에는 분쟁해결기구(DSB: Dispute Settlement Body)와 회원국들의 무역정책을 심사하는 무역정책검토기구(Trade Policy Review Body)가 설치되어 있고, 상품무역에 관한 이사회(Council for Trade in Goods), 서비스무역에 관한 이사회(Council for Trade in Services), 무역 관련 지식재산권 이사회(Council for TRIPs. 이하 "TRIPs이사회"라 한다) 등 3개의 이사회가 있다. 각료회의와 일반이사회는 전체 회원국으로 구성된다.

---

1) WIPO협약은 1970년 4월 26일 발효되었고, WIPO회원국(member of contracting parties)은 2012년 2월 현재 185개 국가이다

2) WIPO는 2012년 2월 현재 파리협약 등 산업재산권관련 17개 조약, 베른협약 등 저작권에 관한 6개 조약 및 식물신품종조약(UPOV)등 24개 조약을 관장하고 있다.

3) The World Trade Organization(WTO) is the only international organization dealing with the global rules of trade between nations. Its main function is to ensure that trade flows as smoothly, predictably and freely as possible.

TRIPs이사회는 TRIPs의 운영 및 회원국의 의무 준수를 감시하고, 지식재산권과 무역에 관한 문제에 대하여 회원국에게 협의의 기회를 제공하고, 회원국이 요청하는 지원을 제공한다. TRIPs이사회는 그 기능을 수행하기 위하여 적절하다고 판단되는 어느 기관과도 협의하거나 정보를 요청할 수 있으며, WIPO와 협의하는 경우, 최초 회기 후 1년 내에 그 기구의 기관과의 협력을 위한 적절한 약정을 체결하도록 노력하여야 한다(TRIPs 제68조).

다. 특허 3극 및 IP5

1983년부터 미국특허청(USPTO), 유럽특허청(EPO) 및 일본특허청(JPO)은 3극(3極)협력(Trilateral Cooperation)을 추진하여 왔다. 특허 3극은 상호 협력 체제를 구축하고 특허출원·등록·심사기법 및 정보이용 분야에 협력을 하고 공동 데이터베이스의 개발을 추진하고 있다. 특허 3극은 국제기구는 아니지만, 실질적으로 WIPO 또는 WTO의 국제회의를 선도하고 있으므로 가상의 국제기구라 할 수 있다. 특허 3극은 정보의 상호이용 등 심사 협력과, 특허출원 양식의 통일화, 제도의 조화를 위한 시책을 마련하였다. 최근 지식재산 강국으로 부상하고 있는 한국과 중국을 포함시킨 지식재산 선진 5개국(한국, 미국, 유럽, 일본, 중국)을 "IP5"라 부른다. IP5는 심사처리의 질적·양적 문제, 복수국가 중복 출원의 절차 간소화, 심사 실무 비교 연구 등에 대한 정보를 공유하고 국제협력을 공동으로 추진하고 있다. WIPO의 2009년 통계보고서에 따르면, 전 세계 특허출원 건수는 2010년 기준으로 185만 건이고, IP5가 전체출원의 85%를 차지하고 있다. 그 동안 미국, 일본 및 EU의 소위 특허 3극을 중심으로 지식재산제도가 발전되어 왔으나, 점차적으로 한국·미국·EU·일본·중국의 IP5로 지식재산권 국제질서가 재편되고 있다.

라. 세계 산업재산권 통계

(1) 특허권 현황

특허 3극의 2011년 특허통계 보고서에 의하면, 2009년말 현재 전 세계적으로 권리가 발효되고 있는 발명특허는 총 7,300,000건이다. 미국·EPO·일본·한국 특허청에 등록된 특허의 국가별 비중을 살펴보면, 미국 1,931,000건(26%), 일본 1,348,000건(18%), EPC 국가들 2,287,000건(31%),

한국 637,000건(9%), 기타 국가들 1,129,000건(15%)을 차지하고 있다. 전세계 특허권의 85%를 4개 특허청(미국, 일본, 유럽, 한국)이 보유하고 있다.[1]

(2) 산업재산권 출원현황

WIPO가 2011년 12월 20일 발행한 통계자료인 "World Intellectual Property Indicators 2011"[2]에 의하면, 2010년도 세계 주요국의 특허출원 건수(순위)는 미국 490,226건(1위), 중국 390,177건(2위), 일본 344,598건(3위), 한국 170,101건(4위), EPO 150,961건(5위), 독일은 59,245건(6위)이다. 러시아 42,500건, 캐나다 35,499건, 인도 34,287건, 프랑스 16,580건, 북한 8,057건, 영국 5,594건 등이다. 2010년 전 세계 특허출원 건수는 전년도 대비 7.2% 증가하였다.

한편 2010년도 세계 주요국의 상표출원 건수(순위)는 중국 1,057,480건(1위), 미국 281,867건(2위), 인도 141,943건(3위), 한국 129,489건(4위), 브라질 125,654건(5위), 일본 124,726건(6위), OHIM[3] 98,616건(7위)이고, 이어서 멕시코 95,041건, 프랑스 93,187건, 독일 74,339건, 아르헨티나 69,568, 러시아 56,856건, 스페인 47,120건, 영국 36,484건, 캐나다 35,499건 등이다.

또한 2010년도 세계 주요국의 디자인출원 건수(순위)는 중국 421,273건(1위), OHIM 76,865건(2위), 한국 57,187건(3위), 일본 31,756건(4위), 미국 29,059건(5위), 독일 6,285건(6위)이다. 이어서 인도 6,092건, 호주 5,867건, 프랑스 4,891건 등이다.

(3) 우리기업의 특허활동

오늘날 특허는 기업들의 경제적 이윤에 지대한 영향을 미치고 있다. 미국 특허정보서비스업체 IFI Patent 통계에 따르면, 삼성전자가 미국에

---

1) Trilateral Co-operation website Four Office statistical report 2011. The four offices는 한국특허청, 유럽특허청, 미국특허청 및 일본특허청을 말한다.

2) WIPO, World Intellectual Property Indicators, 2011 edition, 2011.12.20.

3) 유럽공동체상표디자인청(OHIM: Office for Harmonization in the Internal Market): 유럽연합(EU)의 유럽공동체상표(CTM) 및 유럽공동체디자인(RCD)은 각 기업이 간편하고 저렴한 "원스톱" 등록절차로 유럽연합 전체 국가에서 권리를 획득할 수 있도록 마련된 제도이다. 유럽연합을 구성하고 있는 27개국에서 해당 상표 또는 디자인을 보호받으려면 OHIM에 출원하고 등록받아야 한다.

서 2010년도에 획득한 특허건수는 4,551건으로 IBM(5,896건)에 이어 2위를 차지했다. 이는 2008년에 비하여 26% 증가한 수치다. 이어 마이크로소프트가 3,094건으로 3위에 올랐으며 LG전자는 1,490건으로 9위를 차지했다. 이 밖에 Canon, Pansonic, 도시바, SONY, Intel, HP 등이 차례로 10위 안에 들었다.

특허청이 조사한 최근 6년간 주요 IP5(한국, 일본, 유럽, 미국, 중국)의 철강 분야 국내 특허출원 현황에 따르면, 우리나라의 특허출원이 2010년에는 2,382건을 출원하여 2005년 대비 약 130% 증가율을 보였다. 이는 일본·독일 등 경쟁국에 비해 매우 가파른 상승세를 나타내고 있다. 국내 철강 산업은 철강가공분야, 제철·제강기술 분야, 주조기술 분야, 합금기술 분야와 강판도금기술 분야 등 전 기술 분야에 걸쳐 특허출원을 확대하여 신기술 개발을 통해 핵심 특허를 꾸준히 확보하고 있는 것으로 나타났다.

마. 특허분쟁의 증가

2011년 12월 5일 정부의 발표에 의하면,[1] 우리나라 2011년도 무역액이 1조 달러를 돌파했다. 1조 달러는 개인으로서는 실감하기 어려운 막대한 금액이다. 세계적으로 무역 1조 달러를 달성한 나라는 9개국(미국, 독일, 중국, 일본, 프랑스, 영국, 네덜란드, 이탈리아, 한국)뿐이다. 국제무역에 있어서, 상품과 서비스가 해외로 이동하면 지식재산권도 함께 붙어서 이동한다. 이는 상품의 유통과 지식의 전파와 밀접한 관련이 있기 때문이다. 최근 재화 가치의 중심이 상품 자체보다 상품에 반영되어 있는 지식·기술·서비스·디자인 등 무형의 지식으로 이동하는 추세이다.

1995년 WTO출범 이후 국제무역에서 지식재산권이 통상압력 수단으로 부각되고 있고, 지식재산권과 관련한 민사·형사 사건들도 증가하고 있다. 2010년 사법연감 통계에 의하면, 2009년도 법원에 접수된 특허사건은 1,800건으로 본안사건은 1,451건이고, 본안 외 사건은 349건이

---

1) 매일경제, 2011.12.5 기사: "수출 5000억·무역 1조 달러 시대 열렸다": 무역 1조 달러 돌파는 의미 있는 기록이다. 세계 9번째로 달성한 수치로 한국 무역액은 1947년 1억 달러를 넘은 후 64년 만에 1만 배로 늘어났다. 1조 달러는 멕시코를 제외한 중남미 35개국의 전체 교역액과 맞먹는 규모다.

다.[1] 본안사건으로서 특허법원에 접수된 특허소송사건은 983건이고, 대법원에 상고한 사건은 468건이다. 2010년도 특허심판원에 접수된 심판사건은 특허 9,632건, 실용신안 650건, 디자인 633건, 상표 3,219건으로 총 14,174건이 청구되었다.

특허심판이나 특허소송사건은 민사소송사건과 달리 계쟁물이 산업과 밀접한 관련이 있고, 심리의 쟁점은 특허기술에 관한 사실판단이 대부분이다. 지식재산은 점유할 수 없는 무체재산으로서 모방이 용이하고 침해를 판단하는 것이 매우 어렵다는 특징이 있다. 지식재산권의 특성상 새로운 기술, 디자인, 상표 등이 쉽게 모방되어 연구개발자가 많은 시간과 노력을 기울여 연구 투자한 것이 손쉽게 침해당하게 될 가능성이 매우 높다. 특허발명이 쉽게 모방되어 침해받는다면 연구개발의욕이 상실되어 새로운 연구개발을 기피하게 되고 결국은 산업발전을 저해시키는 요인으로 작용하게 된다. 또한 법적으로 보호되고 있는 저작물들을 권원없이 모방하거나 표절한다면 창작자들의 의욕이 상실되어 산업발전에 큰 걸림돌이 될 수 있다.

바. 브랜드 파워 (Brand Power)

(1) 브랜드 가치가 높은 글로벌 50대 기업

기업의 브랜드 가치가 올라갈수록 시장 지배력이 커지고, 시장 지배력은 기업의 수익을 증가시키게 되므로 기업들은 회사의 브랜드 관리에 힘을 쏟고 있다. 스포츠 의류 중에는 많은 상표가 있지만 그 중에서 우리에게 가장 많이 알려진 나이키(Nike) 상표는 그리스 신화에 나오는 승리의 여신인 니케(NIKE)의 날개를 상징한 것으로 열정적인 스포츠의 정신과 승리의 의지를 표현한 것이다. 나이키의 브랜드 가치가 100억 달러 이상으로 평가되고 있다. 브랜드 가치(brand value)는 브랜드가 가지고 있는 무형의 자산으로, 브랜드의 지명도만으로 현재 또는 미래에 거둘 수 있는 이익을 금액으로 환산한 것이다. 미국 경제 전문지 포브스(FORBES)가 2010년 8월에 "브랜드 가치가 높은 글로벌 50대 기업"(The World's Most Valuable Brands)의 순위를 발표했다. 50대 브랜드 중 1위는

---

1) 법원행정처, 2010 사법연감, 2010, 549면.

Apple,[1] 2위는 Microsoft, 이어서 Coca-cola, IBM, Google, McDonald's, General Electric, Malboro, Intel, Nokia, Toyota 순이다. 포브스는 삼성전자를 33위에 선정하고 128억 달러의 브랜드 가치를 가진 것으로 평가했다. 2011. 12. 27 포브스가 발표한 포브스 순위 "세계 패션브랜드 기업 순위 Top 10"은 Christian Dior, Nike, Adidas, Swatch Group, Luxottica Group(썬글라스 브랜드: Ray Ban, OAKLEY), Toray Industries, VF, Coach, Polo Ralph Lauren, Hermes International순이다.

(2) 2011년 한국산업의 브랜드파워

한국의 KMAC에서 발표한 2011년 한국산업의 브랜드파워(K-BPI: Korea Brand Power Index) 조사결과는 다음과 같다.[2] 지난 13년간 꾸준히 소비자의 사랑을 받으며 한국산업의 든든한 버팀목이 되어온 대표 브랜드로는, 대한항공, 롯데백화점, 롯데호텔, 대교 눈높이, 삼성 지펠, 비씨카드, 귀뚜라미보일러, 이마트, 삼성증권, 삼성생명, 금강 등 36개 브랜드가 1위의 자리를 지키고 있다. 대다수가 고관여 상품인 내구재 산업에서는 린나이(가스레인지), 영창피아노(피아노), Z:IN window(창호재), 매직스팀오븐(복합오븐) 등 46개 브랜드가 1위로 나타났다. 주거환경, 생활과 밀접한 관련이 있는 소비재 산업에서는 LOCK&LOCK(밀폐용기), 해표식용유(식용유), 케토톱(붙이는 관절염치료제), 부라보콘(아이스크림), ESSE(담배), 여성크로크다일(여성의류), 정관장(건강식품) 등 총 80개 브랜드가 1위로 나타났다.

생활 문화와 밀접한 관련이 있는 서비스재 산업에서는 롯데월드(테마파크), 주니어플라톤(독서토론학습), 한국타이어전문점(T'Station, 타이어전문점), 하이마트(전자전문점), 훼미리마트(편의점), 에스원 SECOM(방범보안서비스), 래미안(아파트), 금호고속(고속버스), 서울대학교병원(종합병원), 비씨카드(신용카드), 롯데리아(패스트푸드 전문점) 등 70개 브랜드가 1위로 나타났다.

---

1) 애플의 주가는 1997년 한때 주당 4달러 미만에 불과했지만 지금은 260달러 내외로 상승한 상태이며 최근 1년간 매출은 570억 달러, 수익은 120억 달러에 이른다. 애플의 브랜드 가치는 574억 달러로 평가받았다.

2) 세계 경영 환경의 변화와 우리 기업의 변화 속에서 한국산업의 브랜드파워(K-BPI)는 1999년부터 국내 최초로 브랜드 경영 환경의 토대를 마련하고 관리해 나갈 수 있는 지표를 제공하여 국내 브랜드가 글로벌 경쟁력을 갖는 데에 기여하여 왔다. 1999년 총 79개 산업군 조사 발표를 시작으로 하여 2011년 제13차 조사 발표에서는 196개 산업군을 대상으로 조사하였다.

Ⅲ. 지식재산권 보호의 필요성

1. 경쟁질서로서의 지식재산권

오늘날 경제발전의 원동력은 창의적인 기술혁신이라 할 수 있다. 지적 창작물의 가치 존중과 이에 대한 사회제도 및 문화적 공감대 형성이 시장경제형 자본주의의 기본이며, 그 기술혁신의 원동력이라 할 수 있다.[1] 미래학자 앨빈 토플러 박사는 2008년 11월 28일 우리 국회에서 개최된 선진사회연구포럼 강연회에서 "글로벌 경제위기를 극복하려면 지식산업을 발전시켜야 한다. 전통적인 산업주의를 넘어서야 한다. 무형경제에 대해서도 초점을 맞춰야 한다"고 연설하였다. 지식재산권법은 발명과 창작을 유인·장려하기 위하여 발명과 창작의 결과물을 독점·배타적으로 사용·수익·처분할 수 있는 권리를 부여하고 있기 때문에, 그러한 배타적 권리가 미치는 범위 내에서 자유로운 경쟁이 제한되는 결과를 초래한다. 이러한 의미에서 지식재산법은 관련 시장에서 소극적인 의미의 경쟁질서를 구성하게 된다.[2]

"독점규제및공정거래에관한법률"(이하 "공정거래법"이라 한다)은 자유롭고 공정한 경쟁질서를 확보하기 위하여 불공정한 경쟁이나 독점적 지위의 남용을 규제하여 시장의 자유경쟁질서에 의한 효율적인 경제를 추구하는 것을 목표로 한다. 그러나 지식재산권법은 독점과 일정한 경쟁제한을 허용하여 과학기술, 학문과 예술의 발전을 도모하는 것을 목적으로 한다. 공정거래법 제59조(무체재산권의 행사행위)에서 "이 법의 규정은 저작권법, 특허법, 실용신안법, 디자인보호법 또는 상표법에 의한 권리의 정당한 행사라고 인정되는 행위에 대하여는 적용하지 아니한다"고 규정하고 있다. 이는 양 법제도가 상충될 수 있기 때문에, 공정거래법은 지식재산권의 정당한 행사에 대하여 공정거래법의 적용을 배제하는 예외를 허용하고 있다. 사회적으로 어느 특정 개인에게만 독점권을 주는 것은 바람직

---

1) Donald S. Chisum, 59면: National intellectual property resources are crucial for long term international economic competitiveness. Therefore, intellectual property law is really a public policy tool for promoting industrial growth.
2) 정상조·박준석, 19면,

한 일은 아니다. 특허제도는 발명자에게 새로운 기술을 공개하는 대가로 독점권을 부여한다는 논리로서 이 모순을 해결하고자 한다.

2. 시장에서 경쟁력 확보

시장에서 경쟁력 있는 상품이나 서비스가 우위를 차지하듯이 효용성이 높은 창작물이 블루오션(Blue Ocean)의 시장을 지배하게 된다. 국가가 법률과 제도를 통해서 지식재산권을 확고히 보호해 주면, 발명가와 과학기술자들은 더욱 창작활동에 매진할 것이고, 결국 시장에서 경쟁력을 확보함은 물론 국가산업 발전의 큰 밑거름이 될 것이다. 예를 들어, 역사 속의 발명품의 하나인 "볼펜"의 발명을 살펴보면, 헝가리 사람 빌로는 만년필에 몇 번씩 잉크를 보충하는 불편함을 해결하기 위해서 새로운 필기구 발명에 몰두하였다. 볼펜이 오늘날과 같은 형태가 된 것은 오일잉크를 사용하면서부터인데, 오스트리아 화학자 프란츠 제이크가 이 오일을 합성히였다. 그리고 볼펜(ball-point pen)은 2차세계대전 후 "물속에서도 쓸 수 있는 펜"으로 소개되어 세상에서 빛을 보게 되었다. 발명가가 창업하여 성공한 세계적인 기업들이 많다. 독일의 발명가 폰 지멘스가 설립한 SIMENS사, 미국 발명가 필립스가 세운 PHILIPS사, 일본 발명가 이부카 마사루와 모리타 아키오가 공동으로 창업한 SONY사, 발명가 마쓰시타 고노스케가 창업한 마쓰시타 덴키사, 발명의 왕 토마스 에디슨이 창업한 GE사, 미국의 발명가 벨이 설립한 AT&T사 등이다. 이와 같이 세계적인 기업의 창업자 중 발명가들이 많이 있다. 우리나라도 발명가가 창업을 하여 발명으로 성공한 사례가 점차 늘어나고 있다.

3. 편리한 인간의 생활 제공

발명품은 인간의 생활을 편리하게 하고, 삶의 질을 높이는 역할을 한다.[1] 국가와 개인은 과학기술과 지식재산권을 축적하면 진정한 부(富)

---

1) 메르세데스 벤츠의 삼륜차 발명: 1887년 마차가 달리는 거리에 등장한 벤츠의 삼륜차는 구경꾼들을 열광시켰다. 삼륜차가 모습만 드러내면 거리는 눈 깜짝할 사이에 구경꾼들로 가득차 버렸다. 1888년에는 조립공장이 세워지고 그 인기는 하늘 높은 줄 모르고 치솟았다. 이때 조립된 "프랑스 벤츠"는 지금도 런던 과학박물관에 전시되어 있다. 1958년에 공개 시운전에서 평균 시속 13.6 km로 런던과 브라이튼 사이를 달려 또다시 많은 사람들을 열광시켰다.

를 창출할 수 있다. 발명의 왕, 토마스 에디슨(1847-1931)은 1,300건의 발명을 하였고 1,097건의 특허를 획득하였다. 에디슨의 대표적인 발명으로 전기 투표기록기, 인쇄전신기, 래밍턴식 타이프라이터, 백열전구, 전기철도, 영사기, 전화기, 엑스선 투시경, 축음기 등이 있다. 에디슨의 발명품은 오늘날에도 아주 유용하게 쓰이고 있다. 에디슨이 발명한 백열전구가 세상에 알려진 후 130년 동안 수많은 발명가와 연구자들은 에디슨의 특허발명을 바탕으로 효율이 좋고 더 밝은 백열전구를 발명하였을 뿐만 아니라 형광등·할로겐램프·LED전구 등과 같은 새로운 조명기구를 계속 개발하여 왔다.

4. 연구성과의 특허관리

연구자들은 자신의 연구목적에 따라 연구성과를 학술논문, 특허 및 노하우(Know-how)로 표출하고 관리할 수 있다. 논문이나 특허가 각각 갖고 있는 속성을 파악하고 적절히 표출 또는 보호하고, 자신의 연구업적으로 관리하는 것이 합리적이다.

일반적으로, 자유로운 학문세계에서 학술논문은 독점력이나 유효기간의 개념이 없어, 이의 발표는 학자적 영예는 누릴 수 있지만, 그에 비례하여 경제적인 혜택을 향유할 수는 없다. 또한 순수한 학술활동의 일환으로 발표한 학술논문이 후발자의 개량된 기술에 의한 특허권의 기초가 되는 일이 많다. 한편 독점적 권리획득을 주된 목적으로 하는 특허권은 일정 독점기간(특허권 존속기간) 이후에 특허기술을 사회에 환원시켜 과학기술발달에 이바지한다는 명분하에 발명자에게 독점권을 부여하는 형식을 취하고 있어, 특허기간 내에 타인의 특허기술의 사용을 원칙적으로 봉쇄하고 있다. 따라서 연구성과를 특허권으로 확보한다면, 학자적 명예는 학술논문보다 못할지 모르나, 그로 인해 경제적 혜택을 누릴 수 있는 장점이 있다.

Ⅳ. 지식재산권의 종류

1. 의 의

지식재산권은 산업발전을 목적으로 하는 산업재산권과 저작권 및 정보통신 기술의 발전에 따라 새롭게 등장한 신지식재산권으로 구분할 수 있다. 최근 디지털(digital), DNA, 인터넷 기술의 발전에 따라서 반도체 배치설계권, 도메인 이름, 컴퓨터프로그램, 식물신품종, 데이터베이스, UCC(User Created Contents) 등 새로운 지식재산권이 등장하고 있다. 과학기술의 발전으로 전통적인 지식재산권이 새로운 지식재산권의 영역으로 점차 확대되어 가면서 그 종류도 다양해지고 있는 것이 특징이다.[1]

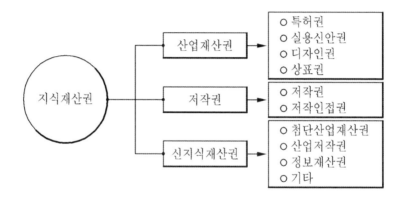

2. 산업재산권 (Industrial Property Rights)

산업재산권은 특허권, 실용신안권, 상표권 및 디자인권을 총칭한다. 파리협약 제1조 제2항에 의하면, 산업재산권(industrial property)의 보호대상은 특허·실용신안·디자인·상표·서비스표·상호·원산지표시 또는 원산지명칭 및 부정경쟁의 방지로 정의하고 있다. 산업재산권은 특허청에 출원하여 등록받음으로써 부여된 독점배타적인 권리를 말한다. 산업재산권

---

1) 산업재산권, 영업비밀, 반도체칩 배치설계권 등은 특허청에서 관장하고, 저작권(컴퓨터프로그램 포함), 데이터베이스, 뉴미디어 등은 문화체육관광부에서 관장하고 있다. 식물신품종의 보호는 농림수산식품부에서, IT법과 전자상거래 관련 지식재산권의 보호는 문화체육관광부, 지식경제부 등 여러 부처와 관련되어 있다.

이란 용어는 파리협약(Paris Convention for the Protection of Industrial Property)의 명칭 중 "Industrial Property"를 번역한 말이다. 1960년대에는 "공업소유권"이라는 법률용어로 사용한 적이 있으나 1990년 말부터 이 용어를 폐기하고 "산업재산권"으로 통일하였다. 본서에서도 이에 따르기로 한다.

가. 특 허 (patent)

특허권은 자연법칙을 이용한 기술적 사상의 창작으로서 발명수준이 고도한 발명에 대하여 부여되는 권리이다. 예를 들어, 알렉산더 그래함 벨(Alexander Graham Bell)이 전자를 응용하여 처음으로 전화기를 발명하거나 새로운 물건이나 기계를 발명하였을 경우에 특허가 허여되었다.[1] 특허권의 권리는 특허권의 설정등록이 있는 날로부터 발생하며, 권리존속기간은 특허출원일 후 20년까지이다.

나. 실용신안 (utility model)

실용신안권은 물품의 형상·구조·조합의 고안에 대하여 부여되는 권리이다. 예를 들어, 분리된 송수화기를 하나로 하여 편리하게 한 경우 실용신안권으로 등록받을 수 있다. 실용신안권은 실용신안권의 설정등록일로부터 발생하며, 권리존속기간은 설정등록일로부터 출원일 후 10년까지이다. 실용신안권은 특허권과 마찬가지로 기술에 관한 아이디어를 보호하는 권리이고, 실용신안의 등록요건은 특허와 거의 유사하나 진보성의 요건이 특허에 비하여 판단 수준이 낮다는 차이점이 있다.

다. 디자인 (design)

디자인권은 물품의 형상·모양·색채 또는 이들을 결합한 것으로 시각을 통하여 미감을 느끼게 한 것을 보호하는 권리이다. 예를 들어, 탁상용 전화기를 반구형이나 원형으로 하여 아름답게 디자인하였다면, 디자인권이 허여된다. 디자인권의 존속기간은 디자인권의 설정등록이 있는

---

1) 미국 제16대 대통령 Abraham Lincoln은 발명가로서 배를 해안으로 끌어 올리는 기술을 개량하여 "Buoying Vessels over Shoals"라는 특허를 받았다: 미국특허 제6469호, 특허일 1849.3.1.

날부터 15년이다.

라. 상표 (trademarks)

상표는 타인의 상품과 식별하기 위하여 사용되는 기호, 문자, 도형, 입체적 형상, 색채, 소리, 냄새, 홀로그램, 동작 또는 이들을 결합한 것을 말한다. 예를 들어, 전화기 제조회사가 전화기나 포장 등에 표시하는 표장이다. 상표권의 존속기간은 등록일로부터 10년이며, 상표권등록갱신을 신청하면 10년마다 존속기간이 갱신된다. 상표는 식별력(distinctiveness)[1]이 있어야 등록을 받을 수 있다.

3. 저작권 (copyright)

저작권이란 지식재산권의 하나로서 인간의 사상이나 감정 등을 독창적으로 표현한 창작물인 "저작물"에 대하여 창작자가 가지는 독점·배타적인 권리를 말한다. 저작권은 산업재산권과 달리 창작과 동시에 보호를 받으므로 별도의 등록절차나 방식을 필수적으로 요구하지 않는다. 저작물이란 인간의 사상 또는 감정을 표현한 창작물이다. 저작권법의 보호를 받는 요건은 저작물이 표현되어야 하고, 창작성[2]이 있어야 한다. 창작성이란 극히 상대적인 개념으로 저작권의 보호대상은 문학·과학 또는 예술 분야에 있어서 각 창작물의 표현 양식이나 형식을 그 대상으로 한다. 저작권법은 저작자의 이익보호와 공중(public)의 이익보호를 조화시켜서 궁극적으로 문화발전을 도모하는 것을 목적으로 한다. 저작권은 저작인격권·저작재산권 및 저작인접권으로 분류할 수 있다.

가. 저작인격권 (moral rights)

저작인격권이란 저작자가 자기의 저작물에 대해서 가지는 인격적 이익의 보호를 목적으로 하는 권리로서 저작재산권과 달리 그 성질상 일신전속권이다. 일반적으로 저작인격권은 저작재산권과 독립된 권리로 존재하며, 저작권자가 재산권을 이전한 후에라도 그 저작자의 권리로서 남아 있는

---

1) 식별력은 상표 사용자의 상품 또는 서비스를 다른 사람의 상품이나 서비스와 식별하는 성질을 말한다.
2) 저작권법에서 요구하는 창작성(originality)이란 특허법상의 신규성 또는 진보성과는 다른 개념이다. 유사한 작품이 그 전에 수없이 존재한다 하더라도 창작성을 인정하는 데는 조금도 지장이 없고, 표현물의 학문적 가치·예술적 가치의 높고 낮음은 문제가 되지 않는다.

권리이다. 저작인격권에는 공표권·성명표시권 및 동일성 유지권이 있다.

나. 저작재산권 (literary property)

저작권법은 저작물의 이용형태에 따라 여러가지 저작재산권을 저작권자에게 인정하고 있다. 저작재산권에는 복제권·공연권·공중송신권·전시권·배포권·대여권 및 2차적 저작물 작성권이 있다. 저작재산권은 저작자의 재산적 이익을 보호하고자 하는 권리로서 주로 저작물을 제3자가 이용하는 것을 허락하고 대가를 받을 수 있다.[1] 저작재산권은 저작인격권과 달리 양도가 가능하고 유체재산권과 달리 소멸사유를 가지고 있다. 저작재산권의 보호기간은 저작자가 생존하는 동안은 저작자에게 귀속되며, 사망 후에는 상속인이 50년간 저작권을 보유한다. 한EU FTA가 발효되면서 저작권의 존속기간은 2013년 7월 1일부터 저작자 사망 후 50년에서 70년으로 연장될 예정이다.

다. 저작인접권 (neighbouring rights)

음악이나 연극과 같이 문학적·예술적 저작물을 실연(performance)·녹음·방송 등과 같은 방법으로 널리 제3자에 대한 배포에 기여하는 자는 창작자와는 다르지만, 이들에게도 정당한 이익을 보장해 줄 필요가 있다. 저작인접권에는 실연 예술가들이 그 실연에 대하여 가지는 권리, 음반제작자가 그 음반에 대하여 가지는 권리[2] 및 라디오나 TV방송 프로그램에 대한 방송사업자의 권리[3]가 있다. 저작인접권의 존속기간은 실연에 있어서는 그 실연을 한 때, 음반에 있어서는 그 음을 맨 처음 고정한 때의 다음 해부터 기산하여 70년간 존속하고, 방송에 있어서는 그 방송을 한 때의 다음 해부터 기산하여 50년간이다(저작권법 제86조 제2항). 저작인접권은 저작물의 이용과 관련된 권리로서 공공성을 띤다는 점에서 저작권이 제한되는 경우에 준해서 제한되며, 그 양도·행사 등에 대해서도 준용하

---

1) 저작권자의 허락을 필요로 하는 행위로는 저작물의 복사 또는 복제, 저작물이 수록된 음반의 제작, 영화제작, 저작물의 방송, 저작물의 번역 및 각색 등이다

2) 음반제작자는 음반에 대한 복제권·배포권·대여권·전송권을 가진다.

3) 방송사업자는 그의 방송을 녹음·녹화·사진 그 밖의 이와 유사한 방법으로 복제하거나 동시에 중계 방송할 권리를 가진다. 이를 방송사업자의 복제권 또는 동시중계방송권이라고 한다.

여 처리된다.

4. 신지식재산권 (New Intellectual Property Rights)

21세기 지식기반사회로 진입하면서 디지털기술과 유전공학 등의 발전으로 컴퓨터프로그램, 반도체칩 배치설계, 데이터베이스, 식물신품종 등 새로운 지식재산권이 나타나고 있다. 신지식재산권이란 전통적인 산업재산권, 저작권의 범주에 속하지 않으면서 산업발전 및 변화와 함께 그 보호의 필요성이 대두된 새로운 지식재산권을 말한다. 최근 생명공학·정보통신기술 등 첨단기술의 발전으로 새로 탄생되는 창작물을 보호하는 지식재산권을 신지식재산권이라고 한다. 신지식재산권은 산업저작권·첨단산업재산권 및 정보산업재산권 등으로 분류할 수 있다.

가. 산업저작권

산업저작권은 산업재산권과 저작권의 복합어로 창작의 방법과 내용에 있어서 저작권적 측면이 유사하나, 그 용도는 산업재산권과 같이 산업적 활용이 주기능인 지식재산권을 의미한다. 컴퓨터프로그램, 소프트웨어 등이 여기에 속한다.

나. 첨단산업재산권

첨단산업재산권은 생명공학·정보산업 또는 반도체집적회로 설계권 등 첨단기술의 보호와 관련된 지식재산권이다. 최근 하이테크 산업의 발달로 IT분야로 그 영역이 점차 확대되어가는 추세이다.

다. 정보재산권

정보재산권은 상품의 제조·판매·영업·기획 분야에서 상품화될 수 있는 정보와 이의 정보전달수단에 대한 소유권을 말한다. 대표적으로 영업비밀, 뉴미디어 및 데이터베이스가 이에 속한다.

라. 기 타

최근 인터넷의 발달로 등장한 인터넷 도메인 이름, 프랜차이징, 캐릭터, 퍼블리시티권(right of publicity),[1] 트레이드 드레스(trade dress)[2] 등이

---

1) 유명인이 자기의 이름이나 초상에 대한 가치, 즉 아이덴티티(identity)를 경제적으로 이용할 수 있는 권리를 말한다.

2) 트레이드 드레스는 상품이나 서비스의 경우 외관, 색채의 조합, 도형 등의 요소를

새로운 지식재산권이라 할 수 있다.

제 2 절 　 지식재산권제도의 연혁

Ⅰ. 특허제도

1. 의　의

특허제도는 인류의 문명과 더불어 발전되어 왔다. 특허제도는 기원전 3세기 고대 그리스의 도시 시바리스에서 생겨났다고 한다. 14세기 초 유럽에서 세계 최초의 특허인 다색무늬직물에 관한 특허에 대하여 발명자에게 권리를 부여하였다는 기록이 있다.[1] 르네상스의 시대에 과학기술과 문화예술의 발전이 시작되면서 특허권이라는 독점권을 부여하는 제도가 탄생하였다. 특허제도는 역사적인 관점에서 크게 특권시대·국가특허시대 및 국제화시대로 구분할 수 있다. 특허제도의 본래 목적은 발명자에 대해 일정기간 독점배타적 권리를 부여하여 발명을 장려하는 것에 있었다. 지식재산권은 무체재산권으로 동산이나 부동산과 달리 점유할 수 없다는 특징이 있다.

2. 특허제도의 탄생

중세 유럽에서는 상공인 단체인 길드(guild)가 영업비밀, 품질관리, 비조합원의 제품판매 금지 및 인쇄 등에 대한 강력한 통제권을 갖고 있었다. 이에 길드에 불만을 품은 영주들이 새로운 발명·발견을 공개한 대가로 일정기간 독점권을 보장하는 제도를 시행하였다. 베니스 공화국에

모두 포함하여 식별력이 있는 상품의 전체적인 이미지를 의미한다. 예를 들어, 피자헛, Sprite 캔 등.
　1) 1331년 영국 Edward 3세가 직물에 대하여 여러가지 무늬를 발명한 John Kempe에 부여한 '다색무늬직물'이 세계 최초의 특허라고 한다.

서는 1474년에 제정된 베니스 공화국 법령[1]에서 발명의 실용성과 신규성을 특허권의 부여시에 고려하여 발명자에게 특허권을 허여하였다. 이 법령은 모직물공업을 제도적으로 보호하였는데, 명주실을 만들어 내는 기계나, 개량기술을 고안한 사람에게는 10년간 그 발명에 대해 독점권을 부여하였다. 베니스 공화국 법령을 특허제도의 원형이라고 보는 학자도 있다. 1594년 물리학자, 갈릴레이 갈릴레오(1564-1642)가 발명한 "양수용기계"가 이 법에 의하여 특허가 허여되었다.

근대적인 특허제도의 원천은 1624년 영국에서 제정한 최초의 성문특허법인 "독점법"(Statute of Monopolies)[2]에서 찾을 수 있다. 이 법은 군주의 특정 사업 분야에 대한 독점허가의 남발을 시정할 목적으로 제정된 합리적인 독점법으로서 특허법의 전형을 보여 주는 최초의 특허법이라 할 수 있다. 이 법은 국왕의 자의적인 독점권 허가를 금지시키고, 예외적으로 새로운 발명을 한 사람에게 독점권을 부여하는 국왕의 권한을 인정하였다. 그러나 영국 엘리자베스 여왕 시대에는 왕에 의해 부여되는 특권이 새로 등장한 상업자본주의 질서에서 요구되는 자유로운 경쟁질서를 저해하는 요인이 되었다. 영국에서 국왕이 특허권을 부여할 때, 다른 사람이 볼 수 있도록 개봉된 상태에서 수여되었으므로 특허증서를 개봉특허장(Letters Patent)이라 하였다. 그후 'Open'이라는 뜻을 가진 'Patent'가 특허권이라는 뜻으로 사용되었다.[3] 이 독점법은 영국 특허법의 기초를 이룬 것으로서, 1760년 방직기계의 발명으로부터 시작된 산업혁명을 성공으로 이끈 기폭제의 역할을 하였다. 18세기에 들어와서 유럽에서는 특허법이 발명자를 보호하기 위한 법적인 보호수단으로 인식되면서 특허법을 제정하기 시작하였다

---

1) 베니스 공화국은 최초로 이러한 특권에 관한 법령인 1474년의 Parte Veneziana를 채택하였다. 베니스 공화국이 제정한 법령으로 10년간 독점권을 부여하고, 신규성·진보성 등 특허요건을 규정하고 있다. 이 법령에 의해 부여된 특허는 약 100건이라고 한다.

2) 이를 전매조례(專賣條例)라고도 하며, 9개 조문으로 구성되었다. 이 법은 특허요건, 특허권의 효력 및 특허의 공익성을 규정하고 있으며, 1624년부터 1852년까지 발효되었다.

3) 세계 각국에서 특허를 "Patent"라 부른다. 이것은 중세 영국의 왕국에서 공개문서인 개봉특허장(Literae Patents). 즉 Letters Patent에서 유래하는데, Patent는 라틴어 patentes ("열다"라는 뜻)에 상당한다. Patent가 공개(disclosure)의 의미를 갖고 있으므로 출원공개 제도와 관련이 있다고 볼 수 있다.

3. 특권시대

일반적으로 15세기부터 18세기까지를 특권시대라 한다. 이 시기에 군주가 부여한 특권(privileges)은 개인에게 특별한 권리를 부여해 주는 하나의 도구였다. 이러한 특권은 길드(Guild)에서 세금면제·영토할당·무이자 대부·귀화, 심지어는 귀족의 호칭 부여 등이다. 광산작업에 허여된 특권이 산업적 특권의 효시였으며, 군주의 관심사항은 새로운 국내사업으로 발명품이 수입품을 대체하는 데 있었다. 유럽 대륙에서 그 당시 통치자들은 특정기술에 대하여 장인(匠人)이 발명한 기술에 대해서 개별적으로 특권을 부여하였다.

16세기 중반경에는 당시 유럽 대륙에 비해 공업이 뒤떨어져 있던 영국의 국왕이 이를 진흥시킬 목적으로 대륙기술자가 국내에서 안정하게 영업할 수 있도록 하는 특권의 표시로서 개봉특허장(letters patent)을 부여하였다. 이 독점적 권리는 새로운 산업을 일으키고 국가의 경제적 발전을 이루게 한 데 대한 보상으로서 신기술 도입자들을 보호해 주고 새로운 사업을 할 수 있도록 해 주었다.[1] 그러나 이와 같은 통치자에 의한 특권의 부여는 점차 남용되어 의회와의 마찰을 가져왔고 결국 영국 하원에 의해 1624년 성문화된 세계 최초의 특허법인 영국의 독점법은 모든 독점권·면책권 및 특권의 무효를 선언하고 새로운 발명에 대해서만 특허 부여를 선언한 것이다. 1760년도부터 산업혁명으로 인해 영국에서의 특허 건수는 급속히 증가되었으나 산업화를 뒤늦게 시작한 다른 유럽 국가들의 특허 건수는 상대적으로 미미하였다. 미국에서 특허제도에 관한 최초의 연방성문법이 1790년에 제정되었다.

4. 국가특허시대

1790년부터 1882년까지를 국가특허(national patent)시대라고 한다. 이 기간에 발명가에게 특허출원의 권리가 부여되었으나 국내발명을 해외 출원하여 다른 나라에서 보호받는 방법은 미련되지 못하였다. 미국(1790

---

1) 일시적인 권리들은 Letters Patent에 의해 종종 부여되었다. 원래 특허제도는 새로운 산업을 촉진하도록 도입되었으나, 그러한 권리를 부여하는 제도는 귀족들의 이익을 증가시키는 수단으로 남용되기도 하였다.

년)과 프랑스(1791년)는 특정한 객관적인 요건이 충족된다면 모든 발명자들에게 특허권을 부여하는 특허법을 채택하였다.[1] 산업혁명의 여파로 특허 건수가 양적으로 증가되었으며, 1815년과 1820년 사이에 1년에 100건 이상 특허를 허여한 국가로서는 미국, 프랑스 및 영국이었다. 1836년에 실체심사를 도입한 미국을 제외하고는 거의 모든 나라에서는 무심사등록제도를 운영하였다. 발명가들과 선진화된 국가의 실업가들이 발명의 국제적 보호개념의 필요성을 제기하면서 1873년 비엔나에서 개최된 세계박람회의 특허의회(patent congress)에서 발명의 국제보호에 대한 다양한 아이디어를 내놓았다.

1883년 파리에서 개최된 세계 박람회 기간중에 산업재산권의 국제적 보호를 위한 해결방안을 모색하기 시작했다. 이에 대한 활발한 논의가 시작되었고, 마침내 1883년 3월 20일 개최된 외교회의에서 "산업재산권 보호를 위한 파리협약"(Paris Convention)이 체결되게 되었다.

5. 국제화시대

역사적으로 파리협약이 채택되면서 다른 나라에 특허출원이 가능하게 되었으므로 1883년 이후부터 특허제도의 국제화시대가 시작되었다.[2] 파리동맹(Paris Union)은 주기적인 개정을 통해 회원국 내에서의 발명의 보호가 다른 회원국 내에서 보다 쉽게 효율적으로 이루어질 수 있도록 하는 기본원칙을 제공하였다. 1967년 스톡홀름 회의에서 산업재산권과 저작권 동맹에 상설조직을 두는 WIPO를 창설하기로 합의하였고, WIPO 창설 이후 파리협약 회원국들 사이에 특별협정(special agreements)을 체결하려는 노력으로 1970년 워싱턴회의에서 특허협력조약(PCT: Patent Coopera-tion Treaty)이 체결되었다. PCT는 특허제도의 국제화에 큰 기여를 하였으며, 나아가 국제무역에도 영향을 주었다. WTO·OECD·아시아태평양지역

---

1) 1791년 1월 7일 제정된 프랑스 특허법 제1조에서 "모든 산업에 있어서 발견이나 신발명은 발견자나 발명자의 재산이 될 것이며 법은 다음에서 정한 조건과 기간에 맞춰 완전한 권리향유를 보장할 것이다"라고 규정하고 있다.
2) 1883년에 브람스(Johannes Brahms)는 교향곡 제3번을 작곡했으며, 스티븐슨(Robert Louis Stevenson)이 보물섬을 출판하였고, 로블링(Emily Roebling)은 뉴욕에서 브루클린 다리(Brooklyn Bridge)를 완성하였다.

경제협력기구(APEC)·북미자유무역기구(NAFTA) 등에서 국제무역과 지식재산권을 연계시키고 있다. 1980년 이후 WIPO, 유럽특허청, 미국특허청 및 일본특허청이 주축이 되어 지식재산권에 대한 국제협력을 도모하면서 국가간의 협력과 개도국의 발전을 추진하여 왔다.

세계 각국의 특허법은 사회의 변동과 경제발전에 따라서 법이 개정되거나 제도가 개선되고 있다. 경제의 지역화와 세계화가 동시에 진행되면서 새로운 형태의 법체계로서 유럽특허조약(1973년)과 유라시안특허조약(1993년)[1]이 탄생되었고, 이 조약들은 독일 특허법을 근간으로 하고 영국 특허법이나 프랑스 특허법의 장점을 가미한 것이 특징이다.[2] 1970년대에 PCT 및 EPC가 체결되면서 각 체약국의 국내법의 정비가 진행되었고, 1980년대 후반부터 1990년대에 걸쳐서 세계 각국이 특허제도를 재정비함에 따라 특허법의 국제적 통일화(harmonization)가 시도되었다. 1995년 1월 1일부로 발효된 TRIPs는 지식재산권의 국제적 조화와 원활한 국제무역을 위해서 체결된 다자간조약이다. TRIPs는 지식재산권의 권리보호에 대한 국제적 표준을 확립하고, 권리행사의 법적 절차에 관해서도 각국이 준수해야 할 기준을 정하고 있다. 또한 2000년 6월 1일 특허의 절차법을 통일화하는 국제조약인 특허법 조약(PLT: Patent Law Treaty)이 체결되었다. 2010년부터 IP5가 세계지식재산권 제도의 발전을 이끌어 가고 있다. IP5는 10대 기반 과제의 추진을 위한 자원과 계획을 합의하고 세계특허제도의 조화와 업무공조를 추진하고 있다. 미국은 1790년 선발명주의를 특색으로 하는 특허법을 제정하였고, 현행법은 1952년 제정되었다. 2011년 9월 16일 미국 Barack Obama 대통령은 특허개혁법안인 미국발명법안(American Invents Act, H. R. 1249)에 서명하였다. 미국은 특허법의 개정으로 오랫동안 고수해 왔던 선발명주의를 포기하고, 선출원주의를 채택하였다.

---

1) 유라시안특허조약(EAPC: Eurasian Patent Convention)은 1993년 3월 12일 모스크바에서 체결되었다. 체약국은 CIS국가들로 Russia, Belarus, Moldova 등 9개국이다.
2) 이러한 조약을 근거로 유럽특허청(EPO)과 유라시안특허청과 같은 지역특허(regional patent office)이 창설되었다.

Ⅱ. 상표제도

1. 상표제도의 기원

상표(Brand)의 어원은 소나 말 등의 목축물에 화인(火印)하는 노르웨이의 고어 "Brandr"로부터 유래하였다고 알려져 있다. 상표제도는 산업혁명 이후 대량생산체제하에서 자유로운 상거래활동과 국가간 교역이 활성화되기 시작한 근세 이후 급속히 발전하게 되었다. 세계 최초의 상표법은 프랑스에서 1857년 6월 상표의 기탁제도를 정한 사용주의 및 무심사주의를 내용으로 하는 "제조표 및 상품표에 관한 법률"이다. 프랑스는 1857년에 상표법을 제정하였다. 그후 영국·미국·독일 등에서 각각 상표와 관련된 제도를 도입하기 시작하였다. 영국은 부정경쟁행위에 관한 Common Law의 일부로 상표가 보호되었으나, 1862년에 상표법이 제정되었다. 미국에서는 1870년 연방상표법을 제정하였고, 현행 상표법은 1946년에 제정된 Lanham법이다. 독일은 1874년 상표법을 제정하였고, 현행 상표법은 1936년에 제정되었다. 유럽공동체이사회는 1988년 EU상표지침을 마련하고, 1993년 EU공동체상표규칙을 발표하였다. 유럽공동체상표(CTM) 및 유럽공동체디자인(RCD)은 유럽공동체 상표디자인청(OHIM)에서 등록절차로 유럽연합 전체 국가에서 권리를 획득할 수 있다. 유럽연합을 구성하고 있는 27개국에서 상표 또는 디자인을 보호받으려면 OHIM에 출원하고 등록을 받아야 한다.

2. 우리나라의 상표제도

우리나라의 상표법은 구한말 순종의 칙령 형식으로 공표된 1908년 8월 12일 대한제국 "상표령"(칙령 제198호)이 그 시초라 할 수 있다. 해방후 우리나라 정부수립 후 1949.11.28 상표법이 제정되었다. 최초 상표법은 미국제도의 영향을 받아 선사용주의를 취하였으나, 우리 실정에 맞지 아니하여 1955.3.11 선출원주의로 개정하였다. 1963년에 상표법(법률 제1295호)이 제정되었다. 이후 60년 동안 국내외 여건 변화에 따라서 수차례 개정되어 현행 법률 제11113호(공포일: 2011.12.2)로 발전하였다.

Ⅲ. 디자인보호제도

1. 디자인제도의 기원

디자인보호제도는 프랑스, 영국 등 유럽에서 발생되었다. 프랑스에서는 1711년 리용(Lyon)시의 집정관이 직물의 도안을 모방하는 등의 행위를 금지하기 위하여 발한 명령을 시초로 보고 있다. 오늘날과 같이 독점권을 기본으로 하는 디자인보호는 1787년 7월 14일 프랑스 참사원이 내린 명령으로서 프랑스 전역에 걸쳐 가구 및 직물의 창작자에 대해 독점권을 인정하였다. 프랑스는 1793년에 저작권법을 제정하였고, 현행 디자인보호법은 1909년에 입법되고 1990년 대폭 개정되었다. 영국에서는 산업혁명에 의해 섬유공업이 발달함에 따라 산업상의 디자인에 대한 보호법이 탄생되었다. 영국 최초의 저작권법(copyright act)은 1734년 그 보호대상이 판화에까지 확대되었고, 1787년에 린넨, 아마포, 비단제품 및 날염기술 등의 디자인과 프린트에 관한 조례(Designing and Printing of Linens ets. Act 1787)가 제정됨으로써 산업상의 디자인 보호는 저작권으로 보호받게 되어 독립된 법을 갖기에 이르렀다. 1949년에는 등록디자인보호법(Registered Design Act)이 제정되었고, 1998년 다시 대폭적으로 개정하였다.

미국에서는 디자인으로 1842년에 연방법으로 최초로 보호했다. 미국의 디자인보호제도는 특허법 안에서 디자인특허(design patent)라는 독점·배타적인 권리를 부여한다.[1] 독일은 1896년 신규의 독창적인 디자인을 국가기관에 기탁하게 하여 무단복제와 모조품의 판매를 금지하는 디자인보호법이 제정되었다. 독일은 2004년 개정법에서 유럽디자인지침서를 반영하였다.

2. 우리나라의 디자인제도

우리나라는 1908년 한국 의장령 공포, 1946년 특허원 창립 및 특허

---

1) 미국 특허법은 특허(utility patent), 식물특허, 디자인특허를 포괄하는 하나의 법체계로 구성된다.

법(디자인은 '미장특허'로 규정) 제정, 1961년 12월 31일 의장법이 제정된 이후 국내외 여건 변화에 따라서 수차례 개정되어 현행 법률 제11111호(공포일: 2011.12.2)를 시행하고 있다.[1] 2001년 개정법에서 부분디자인제도를 도입하였고, 2004년 개정법에서 글자체를 디자인의 범위에 포함시켜 글자체디자인에 대해서도 디자인보호법에 의해 보호가 가능하게 되었다. 물품의 액정화면 등 표시부에 표시되는 도형 등 이른바 화상디자인의 경우에는 물품에 일시적으로 구현되는 경우 그 물품은 화상디자인을 표시한 상태에서 공업상 이용할 수 있는 디자인으로 취급한다. 2004년 개정법에서 "의장"이라는 용어를 "디자인"으로 변경하고, 법률의 명칭을 "의장법"에서 "디자인보호법"으로 변경하였다. 2011년 12월 2일 일부 개정된 디자인보호법은 한미FTA 협정문의 이행을 위한 법률로 "비밀유지명령제도"를 새로 도입하였다.

Ⅳ. 우리나라의 특허제도

1. 서 설

특허제도의 사료(史料)에 의하면, 1882년 8월 23일 지석영 선생이 고종에게 특허제도의 도입과 구체적인 정책을 건의하였다는 기록이 있으나 제도화되지 못하였다.[2] 1908년(순종 2년) 대한제국에서 일본의 특허제도를 모방한 대한민국특허령(칙령 제196호)을 공포하였는데, 이를 우리나라의 특허제도의 효시(嚆矢)로 보는 학자도 있다.[3] 그러나 1910년 한일합방으로 일본의 식민지시대에는 일본 특허법이 시행되면서 1945년까지 특허의 암흑기가 지속되었다. 해방 후 1946년 1월 22일 특허원이 설립되었고, 미국과 일본 특허법을 혼용하여 1946년 10월 5일 특허법을 제정·공포(미군정법령 제91호)하였다. 이 법은 미군정하에서 제정된 법으로 사실상

---

1) 디자인보호법 본법 이외의 하위법령으로 디자인보호법시행령(대통령령), 디자인보호법시행규칙(지식경제부령), 디자인등록령, 디자인등록령시행규칙이 있다.
2) 특허청, 지식재산강국을 향한 도전 30년, 2007, 8면.
3) 특허 제1호로 말총모자(발명자: 정인호)가 등록되었다.

우리나라 최초의 특허법이라 할 수 있다.[1] 1960년 5월 16일 군사혁명으로 수립된 혁명정부는 개혁차원에서 산업재산권 관련 법령을 정비하였다. 1961년 12월 31일 법률 제950호로 특허법을 제정함으로써 특허제도를 자주적으로 시행할 수 있는 법적 토대를 마련하였다.[2]

2. 특허청의 발전

가. 특허청의 업무

특허청은 정부조직법 제32조 제5항에 근거하여 지식경제부장관 소속하에 특허·실용신안·디자인 및 상표에 관한 사무와 이에 대한 심사 및 심판에 관한 사무를 관장하는 중앙행정기관이다.[3] 특허청 조직은 크게 심사를 담당하는 심사국, 심판을 담당하는 특허심판원과 특허정보와 정책을 담당하는 지원부서로 구성된다.

나. 선진특허청으로 발전

1946년 1월 22일 특허원이 설립된 후 특허법과 특허제도의 발전으로 특허청(KIPO: Korean Intellectual Property Office)도 함께 발전하여 왔다. 특허청은 그간 여러 차례 직제개편을 통해 조직과 인원을 보강하였다. 1997년 WIPO 정기총회에서 우리나라 특허청이 세계 10번째의 PCT으로 지국제조사기관(ISA: International Searching Authority)으로, 세계 9번째의 PCT 국제예비심사기관(IPEA: International Preliminary Examination Authority)정되었다. 2012년 현재 특허청은 선진 5개 특허청(IP5)으로 도약하여, 선진 특허청으로서의 세계 특허제도의 효율화에 기여함은 물론 최빈국 개도국에 대한 기술제공 및 상표와 브랜드 개발을 지원하고 있다.

---

1) 이 법은 특허원의 직제를 규정하고, 미국 특허법과 동일한 특허와 디자인에 관한 내용을 포괄적으로 규정한 산업재산권법이다. 그러나 1960년까지 제대로 활용되지 못하였다.

2) 1961년 12월 31일 법률 제951호로 의장법, 농일자보 법률 세952호로 실용신인법이 제정되었다. 부정경쟁방지법은 1961년 12월 30일 법률 제911호로 제정되었다. 상표법은 1949년에 제정된 것을 1963년 3월 5일 법률 제1295호로 일부 개정하였다. 특허법의 경우 특허요건·불특허사유 및 존속기간 등을 규정하였다.

3) 특허청 산하에 독립된 기구로 특허심판원이 있다. 특허법원은 1998년 3월 1일 설립되었고, 2000년 3월 대전으로 이전하여 심결취소소송을 관할하고 있다.

다. 산업재산권 국내출원 동향

2011년 특허청 통계에 의하면, 2010년도 우리나라의 산업재산권 출원 건수는 특허 170,600건, 실용신안 13,690건, 상표 108,450건, 디자인 57,223건으로 총 349,963건이다. 2011년 12월에 발표한 WIPO 통계에 의하면, 전 세계 특허출원 건수의 순위는 미국, 중국, 일본, 한국 순으로 한국이 세계 4위를 차지한다. 2010년 특허출원의 80%는 법인이 출원하였는바, 이 통계에서 우리기업의 R&D 투자증가와 지식재산의 중요성에 대한 인식 확산으로 기업의 특허출원이 증가되고 있음을 알 수 있다.

라. PCT 국제출원 동향

우리나라는 주요 선진국에 대한 해외 특허출원을 활발히 진행하여 2010년 PCT[1] 국제특허출원 건수는 9,686건으로 세계 4위 수준을 유지하였다. PCT 국제출원건수는 2007년 7,063건, 2008년 7,911건, 2009년 8,026건이 출원되었으며. 심사서비스의 해외수출과 관련된 외국인의 PCT 국제조사 신청은 지속 증가되고 있다.

---

1) Patent Cooperation Treaty(특허협력조약): 해외 특허출원 절차의 간소화와 통일화를 위한 조약으로 하나의 출원에 의해 144개국에 특허출원하는 효과가 발생한다.

제 3 절 국제조약

Ⅰ. 지식재산권 관련 조약

1. 서 설

2012년 2월 현재 WIPO가 관장하고 있는 지식재산권 관련 국제조약은 총 24개이다.[1] 이를 3가지로 분류하여 살펴보면, 첫째, 지식재산권보호(IP protection)와 관련된 조약으로 이들 조약은 국제적 보호에 관한 규범을 정하는 조약으로서 지식재산권 보호의 실체 규정을 담고 있다. 여기에는 파리협약, 베른협약, 브르셀협약, 마드리드협정, 나이로비조약, 특허법조약, 음반협약, 로마협약, 싱가포르조약(상표법), 상표법조약, 워싱턴조약, WIPO저작권조약(WCT), WIPO 실연·음반조약(WPPT)이 있다. 둘째, 국제적 보호를 촉진하는 글로벌보호제도(Global protection system)에 관한 조약이다. 이 조약들은 국제출원제도나 등록제도 또는 국제기탁제도를 운영하기 위한 조약으로서, 부다페스트조약, 헤이그협정, 리스본협정, 마드리드협정(상표), 마드리드의정서, 특허협력조약(PCT)과 국제식물신품종보호조약(UPOV)이 있다. 셋째, 분류체계(Classification)에 관한 조약으로서 니스협정, 스트라스부르그협정, 로카르노협정, 비엔나협정이 여기에 속한다. 이 외에 WIPO가 관장하지 않는 지식재산권 관련 조약은 WTO/TRIPs협정, 세계저작권협약(UCC) 등이 있다.

2. 파리협약 (Paris Convention)

가. 파리협약의 탄생

산업재산권 관련 조약 가운데 대표적인 조약이 1883년 파리에서 체결된 파리협약(Paris Convention)이다. 1880년 파리에서 개최된 국제회의에서 프랑스의 제인을 중심으로 토론을 거쳐 조약안이 마련되었으며, 이 조약안은 1883년 3월 20일 파리 외교회의에서 정식으로 채택되었다.[2]

---

1) 산업재산권 관련 국제조약이 18개이고, 저작권과 관련 조약이 6개이다.
2) 파리협약의 체약국은 2012년 2월 현재 174개 국가이다. 우리나라는 1980년 5월

파리협약은 1884년 7월 7일 효력이 발생되었고, 1900년 브뤼셀, 1911년 워싱턴, 1925년 헤이그, 1934년 런던, 1958년 리스본, 1967년 스톡홀름 개정회의 등에서 의정서를 통해 여러 차례 개정되었다.

나. 파리협약의 기본원칙

산업재산권의 국제적 성격에도 불구하고 각국의 산업재산권은 자국의 산업보호의 정신에 기한 속지주의(territoriality)를 확립된 원칙으로 받아들여 왔다. 따라서 파리협약은 속지주의에 입각하여 각국의 산업재산권제도상의 차이를 그대로 시인하고, 그 바탕 위에 3대 원칙인 국민대우의 원칙, 우선권주장의 인정, 특허독립의 원칙을 기둥으로 하여 산업재산권을 국제적으로 보호하는 것을 목표로 한다.

(1) 내국민대우(national treatment)의 원칙

파리협약의 기본원칙 하나는 내국민대우의 원칙이다. 이 원칙에 의하여 각 회원국의 국민은 산업재산권의 보호에 관하여 다른 모든 회원국에서 현재 또는 장래에 부여되는 내국민의 이익과 동등한 이익을 향수한다. 회원국의 국민은 자국민에게 주어지는 조건 및 절차에 따르는 한 자국민과 동일한 보호를 받으며, 또한 자기의 권리의 침해에 대하여 내국민과 동일한 법률상의 구제를 받을 수 있다(파리협약 제2조 제1항).

(2) 우선권(right of priority)주장의 인정

우선권이란 특정 출원인이 어느 한 회원국에서 행한 특허 등의 정식 출원에 기초하여 다른 회원국에서 일정 기간 내에 보호를 요청할 수 있는 권리를 말한다. 동일한 출원과 대응하는 출원을 다른 동맹국에 우선기간 내에 출원한 경우, 후출원은 최초 출원 당시에 출원한 것으로 간주한다. 파리협약의 우선권 주장은 특허의 국제성을 상징하는 것으로서, 기본적으로 다수 국가 출원에 따르는 시간적인 차이를 극복하기 위하여 고안된 것이다.[1] 우선권은 조약 초안에 이미 반영되어, 1911년 워싱턴 회의에서 "어느 회원국에서 정식으로 특허출원을 하거나 실용신안·디자인 또는 상표의 등록출원을 한 자 또는 그 승계인은 타 회원국에서 출원의 목

4일 파리협약에 가입하였다.
  1) WIPO, 236면: 내국민대우는 양자간이나 다자간 모두에 적용된다.

적으로 정하는 기간중 우선권을 가진다"고 우선권을 인정하였다(파리협약 제4조). 이에 따라서 우선기간은 특허 및 실용신안에 대하여는 12개월, 디자인 및 상표에 대하여는 6개월로 하였다(파리협약 제4C조).

우선권주장을 수반하는 출원은 제2국에 있어서는 산업재산권의 출원순위, 신규성, 선원 등을 판단함에 있어서 제1국에 출원한 날에 출원이 있었던 것과 똑같은 이익을 부여함으로써 최초 출원 이후의 행위로 인하여 신규성을 상실하는 일이 발생하지 않도록 하는 것이다.

(3) 특허독립(independence of patents)의 원칙

특허독립의 원칙이란 "회원국의 국민이 각 회원국에 출원한 특허는 그 권리의 발생·변경·소멸 및 효력과 관련하여 타국에서 취득한 특허에 종속되게 하여서는 아니 된다"는 원칙이다(파리협약 제4조의2). 따라서 회원국의 국민에 의하여 여러 회원국에 출원된 특허발명은 회원국이든 비회원국이든 관계없이 타국가에서 취득한 특허와 독립된 지위를 갖는다(파리협약 제4조의2 제1항).[1] 1911년 워싱턴 개정회의에서 그간의 논란을 종식시키는 조항이 하나 추가되었다. 즉 특허독립의 원칙에 관하여 "우선기간 중에 출원된 특허가 그 무효 또는 몰수의 근거에 관하여 그리고 권리의 존속기간에 관하여 서로 독립적이라는 의미로서 이해된다"고 파리협약 제4조의2 제2항에 규정함으로써 특허독립의 원칙은 가장 넓은 의미를 가지고 있음을 분명히 하고 있다.[2]

다. 강제실시권

실시의무는 특허권자의 권리남용에 대응하여 공중의 이익을 고려한 제도라고 할 수 있다. 각 회원국은 불실시와 같은 특허에 의하여 부여되는 배타적인 권리의 행사로부터 발생할 수 있는 남용을 방지하기 위하여 강제실시권의 부여를 규정하는 입법 조치를 취할 수 있다(파리협약 제5A조

---

1) 동일발명에 대하여 특허권을 부여한 나라의 수만금 별개 독립의 특허권이 성립되며 (1국 1특허의 원칙) 이들 특허권은 상호 무관하게 병존한다는 원칙이다.

2) WIPO, 238면: 어느 국가(비회원국을 포함한다)에서 발명특허를 부여했다고 하여 다른 회원국에서 동일발명에 대하여 특허를 부여하여야 하는 것은 아니며, 어느 국가에서 동일발명에 대한 특허가 거절 또는 무효로 된 경우에 다른 회원국에서 이와 똑같이 거절되거나 무효로 되지 않는다.

제2항).[1] 파리협약에서는 특허권의 남용에 따르는 제재로서 강제실시권과 몰수만을 다루고 이를 각 회원국에 위임하고 있다. 따라서 각국은 조약에서 정한 불실시 등 특허권의 남용 이외의 사유로 인한 강제실시권이나 몰수에 관하여는 자율적으로 국내법에 입법할 수 있다.

3. 특허협력조약 (PCT)

특허법 제10장에서는 특허협력조약(PCT: Patent Cooperation Treaty)에 의한 국제특허출원(이하 "국제출원"이라 한다)에 관하여 규정하고 있다. 특허법 제10장 제1절은 국제출원의 국제단계의 절차에 관한 것으로 PCT를 이용하여 외국에서 권리를 취득할 경우 적용되는 절차를 규정하고 있다. 제10장 제2절은 국제출원의 국내단계에서 우리나라를 지정한 국제출원에 대하여 국내법의 적용에 대해서 규정하고 있다.[2] PCT는 특허 또는 실용신안을 해외에 출원할 경우 절차를 간소화하고 비용을 절약하며 기술교류협력을 위하여 체결된 다자간 조약으로, 1970년 6월 19일 워싱턴 외교회의에서 조약이 체결되었다. 2012년 2월 현재 PCT 회원국은 144개국이고, 우리나라는 1984년 8월 10일 가입하였다.

4. 특허법조약 (PLT)

가. 의 의

1980년대 초부터 세계 각국은 특허제도의 국제적 조화(harmonization)가 중요한 과제라는 인식이 급속하게 확산되어 왔다. 1995년 9월 WIPO 정기총회의 결정으로 특허법조약(PLT: Patent Law Treaty)의 검토가 개시되었다. 그후 수차례의 전문가회의를 개최한 결과 2000년 6월 1일에 조약이 채택되었고,[3] 2005년 4월 28일부터 조약이 발효되었다. 2012년

---

1) 파리협약 제5조A. 제2항 내지 제5항에 의하면, 특허실시 의무를 위반한 경우에 대하여 강제실시권(Compulsory Licenses)을 부여하거나 특허를 몰수할 수 있도록 규정하고 있다.

2) 국제출원은 번역문 제출시기를 중심으로 번역문 제출 이전단계를 국제단계(international phase)라 하고, 이 이후의 절차를 국내단계(national phase)라 한다. 국제출원은 국내단계에 진입한 후에는 각국의 국내법에 따라서 각국 특허청에서 일정한 절차를 밟아야 등록이 된다.

3) 스위스 제네바 소재 WIPO에서 2000년 5월 11일부터 6월 2일까지 WIPO 148개 회원국이 참석하여 "특허법조약 채택을 위한 외교회의"(The Diplomatic Conference for the Adoption of the Patent Law Treaty)가 개최되었고, 이 외교회의에서 PLT가 정식으로

2월 현재 PLT 가입국은 29개국이다. 우리나라는 현재 미가입한 상태이다.

나. PLT의 구성

PLT는 27개 조문, 21개 규칙 및 6개 합의선언문으로 구성되어 있다. PLT의 목표는 국내 및 지역 출원절차 및 방식요건의 통일화, 출원인의 편의도모를 위한 출원방식요건의 완화, 특허방식 요건에 대한 상이한 국제표준 도입을 배제하고, 국내 및 지역특허청에서 정하는 요건의 통일화 및 간소화이다. 조약의 주요 내용은 명세서를 대신하는 도면의 제출만으로 출원일 인정이 가능하고, 출원서 양식 및 요건에 관해서는 개정될 PCT 국제단계 요구조건을 준용하고, 재외자에 대한 강제대리 예외사항의 채택 여부를 규정하고, 2005년 6월 2일 후 희망하는 회원국은 100% 전자출원제도 시행이 가능하게 한다.

다. PLT의 장점

출원인 및 대리인 입장에서 볼 때, PLT의 장점은 예측가능하며, 일관되고 간소한 절차를 제공하고, 실수의 가능성을 줄이고, 권리의 상실 없이 실수를 정정하는 기회를 제공하고, 특허청에 효과적인 업무를 가능하게 하여 행정비용이 절약되고 신속 정확한 행정처리가 가능해진다.

라. 조약 내용

PLT의 주요내용은 출원일 결정 기준, 출원서류의 서식 및 작성방법, 제출서류의 서식·언어 및 표기사항, 기간의 연장 및 권리의 복원, 우선권 주장의 정정 및 추가, 강제대리권(강제대리권이 적용되는 번역문의 범위에는 출원서·명세서·청구의 범위 및 도면을 포함한다. 다만, 출원일 설정, 등록유지료 지불 등 간단한 절차는 출원국 대리인을 선임하지 않아도 되도록 강제대리권에 예외규정을 두었다), 전자출원, 권리손실 방지, 구비요건의 완화 등이다.

마. PLT의 효과

PLT가 회원국에서 발효될 경우 그 효과는 나음과 같다. (i) 출원일을 손쉽게 결정할 수 있다. (ii) 출원인의 자격 등에 관한 요건이 PCT에서

채택되었다.

요구되는 요건에 부합한다. (iii) 특허청에 제출하는 양식이 각국별로 표준화된다.[1] (iv) PLT의 장점들로 인하여 결과적으로 특허청의 절차가 간소화된다. (v) 실수로 인하여 권리가 상실되는 경우를 최소화한다. (vi) 특허청에 대한 출원이 전자출원으로 가능해진다.

5. 상표법조약 (TLT)

가. 의 의

1989년부터 WIPO전문가회의에서 상표제도의 국제적인 조화(harmonization)와 통일화를 위해 회의를 진행하였으나 각국의 의견이 상이하여 먼저 절차적 측면에서의 국제적인 조화를 실현하는 데에 인식을 같이하고, 상표제도의 절차를 간소화하는 데에 목표를 두고 조약을 추진하였다. 1994년 10월 27일 스위스 제네바 WIPO외교회의에서 상표법조약(TLT: Trademark Law Treaty)이 채택되었다. TLT는 1996년 8월 1일 발효되었으며, 우리나라는 2003년 2월 25일 가입하였다. 2012년 2월 현재 TLT에 가입한 체약국은 49개국이다.

나. 주요내용

(1) 조약의 적용 상표

TLT에서 적용하는 상표는 시각으로 인식할 수 있는 상표에 적용하고, 다만, 입체상표의 등록을 허용하는 체약국은 입체상표에도 적용한다(TLT 제2조 제1항 (a)). 홀로그램·소리상표나 냄새상표과 같이 시각적으로 인식할 수 없는 상표는 이 조약에 적용하지 아니한다. 서비스표 또는 상품 및 서비스업에 관한 표장은 이 조약에 적용하나, 단체표장·증명표장 및 보증표장은 적용하지 아니한다(TLT 제2조 제2항 (b)). 다만, 연합상표·방호상표 또는 파생상표에는 적용하지 않는다는 취지의 선언을 할 수 있다(TLT 제21조 제1항).

(2) 니스(Nice)분류의 사용

상표출원 및 등록에 있어서 상품 및 서비스업을 표시한 공고에서 상

---

1) PLT에 따르면 복잡한 서류를 줄이고 제출양식도 간소화하여 신속하고 효율적인 특허보호를 도모함은 물론 특허제도의 국제적 통일화 논의를 촉진하는 계기가 될 것으로 예상된다.

표의 국제분류인 니스분류[1]상의 유별로 분류하여 사용하여야 한다(TTL 제9조). 우리나라의 실무에서도 니스분류를 사용하고 있다.

(3) 다류 1등록제도

니스분류상 2 이상의 류에 속하는 상품 및 서비스업이 하나의 동일한 출원서에 기재된 경우 그 출원은 하나의 동일한 등록이 된다(TLT 제6조). 니스분류상 하나의 류 또는 다류에 속하는가에 관계 없이 여러 상품 또는 서비스를 하나의 동일한 출원에 포함된 경우 그 출원은 하나의 동일한 등록이 된다. 우리나라는 1998년 개정법에서 1998년 3월 1일부터 다류 1출원이 할 수 있게 제도를 개선하였다.

(4) 상표권 이전시 절차간소화

상표권 이전시 등록권리자만의 단독으로 신청할 수 있고, 이전공고를 요구할 수 없다(TLT 제11조 제1항). 1997년 상표법에서 상표권 이전시 일간신문에 이전사실을 공고하고 난 후 이전등록신청을 하도록 하는 규정을 폐지하였다.

(5) 상표등록 갱신출원시 견본제출 금지 및 실체심사금지

등록상표의 갱신출원시 그 상표의 견본제출요구를 금지한다(TLT 제13조 제4항). 또 체약국 관청은 등록의 갱신을 위하여 당해 등록에 대한 실체심사를 행할 수 없다((TLT 제13조 제6항). 1997년 개정 상표법에서 갱신출원에 대한 실체심사제도·상표견본제출제도를 폐지하고, 갱신출원시 다류에 속한 상품의 출원서 제출이 가능하도록 하였다.

6. 마드리드 의정서 (Madrid Protocol)

마드리드 의정서는 마드리드 협정이 지니고 있는 문제점을 극복하고 탄력적으로 국제등록제도(Global protection system)를 창설할 목적으로 "표장의 국제등록에 관한 마드리드협정에 대한 의정서"(Protocol Relating

---

1) "표장의 등록을 위한 상품 및 서비스업의 국제분류에 관한 니스(NICE)협정"은 1957년 니스외교회의에서 재택되었다. 니스분류란 상표나 서비스표의 등록을 위한 상품 및 서비스업을 국제적으로 통일된 기준에 의해 분류하기 위한 니스협정에 따른 국제분류를 의미한다. 니스분류는 34개 상품류와 11개 서비스류로 구성되고 총 11,600개의 물품(items)을 분류한다. 2012년 1월 1일부터 니스분류 제10판이 사용되었다. 니스협정에 가입한 체약국은 2012년 2월 현재 83개국이다. 우리나라는 1999년 1월 8일 가입하였다.

to the Madrid Agreement Concerning the International Registration of Marks)
라는 명칭으로 1995년 12월 1일 발효되어 1996년 4월 1일 시행된 조약
이다. 2012년 2월 현재 84개국이 가입하고 있으며, 우리나라는 2003년
4월 10일에 가입하였다. 2001년 상표법에 반영된 마드리드 의정서에 근
거하여 마드리드 의정서 체약국에 대해서는 국내 특허청을 통해 하나의
국제출원서를 영어로 작성하여 출원하면 출원인이 국제출원서에 지정한
국가에 동일한 날짜에 출원한 것으로 간주되기 때문에 국내 기업의 해외
상표등록절차가 매우 간소화되는 한편 비용도 매우 저렴하다.[1] 다만, 이
러한 국제출원을 하기 위한 전제 조건으로 국내에 기초가 되는 상표등록
또는 상표등록출원이 있어야 한다.따라서 국내에 등록상표나 출원상표가
있어야 하며, 국내에 아무런 등록상표나 출원상표가 없는 경우에는 마드
리드 의정서를 통한 국제출원을 할 수 없다.

Ⅱ. 지식재산권협정(TRIPs)

1. 의 의

1995년 1월 1일 세계무역기구(WTO)의 출범으로 세계 각국은 시장개
방·경제의 구조조정·산업경쟁력을 가속화시키는 계기가 되었다. WTO/TRIPs
는 저작권과 산업재산권을 통합해 규정한 최초의 다자간 조약이다. 지식
재산권은 속지주의와 특허독립의 원칙 등을 기본적인 성격으로 가지고
있어서 권리자는 원칙적으로 국내법에서 부여한 권리만을 행사한다. 다
른 나라에서 지식재산권을 행사하려면 그 국가에서 정한 권리행사의 방
법, 절차 등에 따라야 한다. 반면에 창작물은 국경의 장애를 받지 않는다.
이러한 창작물을 어느 한 국가에서만 보호해서는 창작물의 원활한 재생산
이 어렵기 때문에 TRIPs는 이를 극복하기 위하여 각국간의 법률과 관행을
조화하고 통일하는 국제적인 규범이라 할 수 있다.

---

1) 마드리드 의정서 제2조(국제등록을 통한 보호)의 규정에 따라 특허에 관한 국제등록
제도인 PCT처럼 WIPO의 국제사무국 등록원부에 상표를 등록함으로써 체약국의 영역 내
에서 자신의 상표를 보호받을 수 있다.

2. 기본개념

TRIPs는 지금까지 전통적으로 보호해 온 특허·디자인·상표 등 산업 재산권과 저작권 분야의 국제보호를 강화하고 영업비밀·반도체집적회로 배치설계권·컴퓨터프로그램·데이터베이스 등 새로운 지식재산권의 보호 수준을 확대하였다.[1] 또한 TRIPs는 기술혁신의 촉진, 기술이전과 전파, 기술·지식의 생산자와 이용자간의 상호이익의 증진을 기본이념으로 한다. TRIPs는 국제무역의 왜곡과 장애를 줄이고, 지식재산권의 유효하고 적절한 보호를 촉진하며, 지식재산권 보호가 자유무역의 장벽이 되지 않 도록 지식재산권법의 시행을 위한 수단과 절차를 확보하는 것을 목표로 한다.

3. 기본원칙

가. 의 의

회원국은 자신들의 국내법으로 이 협정을 위배하지 않는 범위 내에 서 TRIPs에서 요구하는 보호수준보다 더욱 강화된 보호를 할 수는 있으 나 반드시 그렇게 할 의무는 없다(최소한의 보호 원칙). 회원국은 회원국의 법과 제도의 관행에서 이 협정의 모든 규정을 이행하는 적절한 방법을 자유롭게 결정할 수 있다. TRIPs의 기본원칙은 내국민대우의 원칙, 최혜 국(最惠國)대우의 원칙, 권리소진(權利消盡)의 원칙이다.

나. 내국민대우의 원칙

각 회원국은 지식재산권 보호에 관하여 자국민에 대하여 부여하는 것과 똑같은 대우를 다른 회원국의 국민에게 보장하여야 한다(TRIPs 제3 조). TRIPs의 내국민대우(National Treatment)원칙의 내용은 파리협약과 베 른협약에서 규정하는 원칙과 동일하다.

---

1) TRIPs는 지식재산권의 국제적인 보호를 강화하고 침해에 대한 구제수단을 명문화 했다. TRIPs는 지식재산권에 대한 정의 규정을 두지 않고, 다만, 저작권 및 저작인접권, 상표권, 지리적 표시권, 산업디자인, 특허권, 반도체 설계배치권, 영업비밀권을 지식재산권 의 예로 들고 있다. TRIPs는 WTO회원국 모두에게 적용된다는 점에서 종전의 개별적인 협약과 다르다. 이 규범은 기존의 지식재산권 관련 협약이 속지주의에 따른 내국민대우만 을 보호대상으로 삼은 것과는 대조적으로 최혜국대우를 원칙의 하나로 포함하고 있다.

다. 최혜국대우(MFN: Most-Favored-Nation Treatment)의 원칙

TRIPs에서 최혜국대우를 최초로 도입하였다. MFN에 의하여 WTO회원국은 다른 회원국의 국민에 대해 제공하는 모든 이익·혜택·특전 또는 면제는 즉시 조건없이 다른 모든 회원국의 국민에게 제공되어야 한다(TRIPs 제4조). 이는 대부분의 지식재산권조약이나 협정은 속지주의 원칙을 준수하여 내국민대우보다 상위수준으로 보호해 줄 수 있다는 것을 의미한다.

라. 권리소진의 원칙

권리소진의 원칙(exhaustion doctrine)은 "first-sale doctrine"이라고도 하는데 적법하게 만들어진 특허품(복제품)을 일단 판매하면 그 특허품의 권리자는 원권리자의 독점권에도 불구하고 이를 재판매하거나 다른 방법으로 처분할 수 있다는 원칙이다(TRIPs 제6조). 즉 제1의 판매로써 특허권, 저작권 등의 권리자의 권리는 소진된다는 원칙이다.

4. TRIPs 내용

TRIPs는 전문(前文)과 본문 총7장, 73개 조문으로 구성되어 있다. TRIPs 제2장에는 지식재산권의 획득 가능성, 범위와 이용에 관한 기준을 포괄적으로 규정하고 있다. 지식재산권의 종류는 저작권, 저작인접권, 상표, 지리적 표시, 디자인, 특허, 집적회로 배치설계, 영업비밀, 라이센스계약시의 부정경쟁행위 방지 등이다. TRIPs는 무역과 지식재산권을 규율하는 규범이지만, 사실상 지식재산권에 대한 국제적 보호의무를 포괄적으로 규정한 협정이라 할 수 있다. 일반규정 및 기본원칙, 보호기준, 시행절차, 권리획득 및 유지절차, 분쟁예방 및 해결절차, 경과조치, 제도관련 규정 및 최종 조문으로 구분되어 있다. TRIPs 제3장에는 일반의무, 민사·행정절차의 구제, 잠정조치, 국경조치에 관한 특별요건 및 형사절차 등이 규정되어 있다.

가. 일반의무

지식재산권 보호 및 침해예방을 위하여 각국의 기본의무는 효과적이고 공정하며, 형평성 있는 시행절차를 마련해야 한다. 이러한 절차가 결코 복잡하거나 시간이나 비용을 낭비해서는 안 된다. 그러나 이러한 절차의 마련에 있어서 각국의 사법체계를 존중하며, 시행절차 의무이행을 위해 새로운 재원배분 등을 의무화하지 않는다. 이 외에 시행절차의 기본요건 및 시행절차의 구비의무를 규정하고 있다.

나. 민사 및 행정절차

지식재산권의 권리침해가 계속되는 것을 막거나 또는 증거보전을 위해 가처분을 신청할 수 있다. 동 조치는 20일 혹은 31일 내에 본안소송이 제기되지 않으면 자동 종료되며 특히 가처분이 잘못 결정되었다고 판단되는 경우는 피고에게 적절한 보상을 해야 한다. TRIPs에서 다루어지는 지식재산권의 시행에 관한 민사절차는 회원국 권리자가 이용 가능하도록 해야 한다(TRIPs 제42조). 또한 TRIPs는 민사 및 행정절차와 관련하여 입증책임, 금지명령, 손해배상, 기타 구제조치, 보상금청구권, 피고구제 및 행정절차를 규정하고 있다.

다. 잠정조치

민사 및 행정절차와 구제에 의한 정상적인 사법절차를 취하게 되면 장기간이 소요되는 문제점을 보완하기 위해서 권리자를 보호하기 위한 잠정적인 조치를 규정하고 있다. 즉 정상적인 절차가 진행되는 동안 계속되는 침해를 막을 수 없게 되며 침해의 증거보전이 곤란한 경우가 발생한다. TRIPs에는 이러한 문제점을 해결하기 위해서 잠정조치 절차요건, 잠정조치 절차의 기간, 잠정조치 절차에 대한 피고구제 및 행정절차에 의한 잠정조치 절차가 규정되어 있다(TRIPs 제50조).

라. 국경조치에 관한 특별요건

회원국은 저작권 및 상표권 침해상품의 유통을 저지하기 위해 세관에 의한 통관정지를 청구할 수 있는 국경조치를 규정할 수 있다(TRIPs 제51조). TRIPs 제52조에서는 통관유보조치 신청시 제출해야 할 서류에 대해서 명시하고 있다. 청구를 받은 관할기관은 청구의 수락 여부와 세관당국에 의한 통관유보기간을 합리적인 기간 내에 통보해야 한다. 또한 수입자와 신청인이 상품의 반출금지를 신속하게 통보받을 수 있도록 규정하고 있다. 이외에 국경조치와 관련하여 통관유보기간, 수입자 및 상품소유자에 대한 배상, 조사 및 정보제공권 및 직권조치, 구제, 최소 허용수입량 등은 따로 규정하고 있다.

마. 형사절차

TRIPs 제61조에서는 고의로 상표 또는 저작권을 상업적 규모로 침해한 경우에 적용될 형사절차와 처벌을 규정하고 있다. 이러한 형사조치의 내용으로는 침해자에 대한 구속 또는 벌금을 포함하고 있다. 우리나라의 산업재산권법에도 산업재산권 침해 관련 형사조치가 입법되어 있다.

바. 분쟁예방 및 해결절차

지식재산권의 분쟁을 예방하고 해결하기 위해서 지식재산권 분쟁예방 및 해결절차가 TRIPs 제63조와 제64조에 규정되어 있다. 각국은 분쟁예방을 위해 자국이 관련 법·규정·결정 등에 대한 명료성을 보장해야 하며, 각종 법규 및 결정 등을 공개·발간해야 한다. 또한 분쟁해결은 UR협정 전체의 통일된 GATT상의 분쟁해결절차와 이를 적용하는 WTO의 "분쟁해결의 기준과 절차를 관장하는 양해각서"를 준용하도록 하고 있다. TRIPs이사회는 이 협정의 운영, 특히 체약국들의 의무이행을 감시하며, 회원국들에게 지식재산권과 관련된 무역에 관한 문제에 대하여 협의기회를 제공한다. TRIPs 이사회는 회원국에 의하여 부여되는 다른 업무들도 수행하며, 특히 분쟁해결절차와 관련하여 회원국이 요청한 지원을 이행하여야 한다.

Ⅲ. 자유무역협정(FTA)

1. 서 설

자유무역협정(FTA: Free Trade Agreement)이란 경제통합(Economic integration)의 한 형태로 당사국간의 상품 및 서비스교역에 있어서 관세와 기타 무역장벽들을 제거하는 것으로 목적으로 체결하는 협정이다. 특정국가간의 상호 무역증진을 위하여 상품 또는 서비스 교역을 자유화시키는 FTA는 체약국가간의 무역장벽을 완화하거나 무역자유화를 실현하기 위하여 양국간 또는 지역간에 체결하는 무역에 관한 특혜협정이라 할 수 있다.

일반적으로 상품과 서비스가 국제적으로 이동하게 되면, 지식재산권도 함께 이동되기 때문에 이러한 FTA 협정문에 지식재산권은 당연히 포함될 수밖에 없다. 특히 선진국과 FTA를 체결할 때 지식재산권에 대한 협상이 주요 쟁점이 된다. 최근 WTO 체제의 출범 이후 FTA의 적용 범위도 크게 확대되어 대상범위가 점차 넓어지고 있다. 상품의 관세 철폐 이외에도 서비스 및 투자 자유화까지 포괄하는 것이 일반적인 추세라고 하겠다. 그 밖에 지식재산권, 정부조달, 경쟁정책, 무역구제제도 등 정책의 조화부문까지 협정의 대상범위가 점차 확대되고 있다.

한EU FTA[1] 지식재산권분야의 협정내용은 한미FTA 내용과 거의 동일하므로 한미FTA 협정문을 근거로 특허법, 상표법, 저작권법 등과 같은 지식재산권법에 대하여 서술한다. 우리 국회가 2011년 11월 22일 한미FTA를 비준동의하였다. 이후 한미FTA 협정을 이행하기 위하여 후속조치로 14개 법률안이 개정되었다. 그 중에서 특허법, 실용신안법, 디자인보호법, 상표법, 저작권법, 부정경쟁방지법 등 지식재산 관련 법률이 일부 개정되어 2011년 12월 2일 개정법이 공포되었다. 개정법률은 2012년 3월 중에 시행될 예정이며, 일부 개정 규정은 2008년 1월 1일 이후 최초로 출원하는 특허출원부터 적용한다.

2. 특허법 개정 내용

가. 공지예외 적용시기를 연장

특허출원을 하기 전에 공개된 발명은 특허를 받을 수 없으나, 출원인이 출원발명을 학술대회 발표 등으로 자발적으로 공개한 경우 일정기간 이내에 출원하면 특허를 받을 수 있는 공지예외 적용기간(Grace period)을 현행 6개월에서 12개월로 연장한다. 공지예외 적용기간의 연장은 출원인에게 자신의 발명을 공개한 후에도 특허출원할 수 있는 기회를 확대할 수 있을 것으로 예상된다. 특허법 제30조의 개정규정은 2008년 1월 1일 이후 최초로 출원하는 특허출원부터 적용한다.

---

1) 한EU FTA는 2011년 7월 1일부터 협정이 발효되었다. 지식재산권 분야의 협정문 내용은 한미FTA와 동일하다. 본 장에서 서술하는 한미FTA 협정 내용은 한EU FTA협정과 동일한 것으로 해석한다.

나. 등록지연에 따른 특허권 존속기간 연장제도 도입

특허출원에 대한 심사처리기간 지연 등 출원인의 책임이 아닌 사유로, 특허출원일로부터 4년 또는 출원심사 청구일로부터 3년 중 늦은 날보다 지연되어 특허권이 설정등록된 경우 그 지연기간만큼 특허권 존속기간을 연장한다. 특허법 제83조, 제92조의2 내지 92조의5까지, 제93조, 제132조의3, 제134조, 제139조, 제165조, 제171조, 제176조 및 제187조의 개정규정은 2008년 1월 1일 이후 최초로 출원하는 특허출원부터 적용한다.

다. 비밀유지명령제도 도입

한미FTA 협정문 제18.10조 제11항의 지식재산권 집행을 국내법에 반영하기 위하여 특허권의 침해에 관한 소송에서 법원이 당사자가 보유한 영업비밀에 대해서 법원이 비밀유지명령[1]을 내릴 수 있도록 하고 이를 위반하면 형사벌을 부과할 수 있도록 하는 근거 규정을 신설하였다. 개정법의 비밀유지명령은 해당 영업비밀을 해당 소송의 계속적인 수행 외의 목적으로 사용하는 것, 해당 영업비밀에 관계된 이 항에 따른 명령을 받은 자 이외의 자에게 공개하는 것 등을 금지하고 있다. 특허법 제224조의3 내지 제224조의5까지의 개정규정은 이 법 시행 후 최초로 특허권 또는 전용실시권의 침해에 관한 소송이 제기된 것부터 적용한다.

라. 특허권 취소제도 폐지

강제실시권 허여 후 2년간 불실시된 경우 특허를 취소할 수 있는 특허법 제116조의 특허권 취소제도가 폐지된다. 특허권 취소제도는 그 동안 동 제도를 이용하여 특허권이 취소된 사례가 전무할 뿐만 아니라, 특허권자의 권리를 부당하게 제한하므로 과잉금지의 원칙을 위배할 가능성을 고려하여 제도를 폐지하기로 한 것이다.

---

1) '비밀유지명령'이란 소송절차에서 생성되거나 교환된 영업비밀을 보호하기 위해 소송당사자, 대리인 등에게 소송중 알게 된 비밀을 소송 수행 외의 목적으로 사용하지 못하게 하거나 공개하지 못하게 하는 법원의 명령을 말한다.

3. 상표법 관련 개정 내용

가. 소리·냄새 등 비시각적 표지를 상표법상의 상표로 인정

구 상표법은 상표를 '시각을 통해 인식될 수 있는 표장'으로 한정하고 있으므로 소리[1]·냄새[2] 등 비시각적인 상표는 보호대상이 아니었다. 그러나 소리·냄새 상표는 미국뿐만 아니라 유럽, 호주 등에서도 인정되고 있어서 이를 인정하였다. 2012년 개정 상표법 제2조 제1항에 소리·냄새 등 비시각적 상표에 대한 정의규정을 신설하여 보호대상에 포함시켰다.

나. 증명표장제도 도입

증명표장(certification mark)은 우리의 단체표장과 유사하며 상품이나 서비스업의 품질을 증명하기 위하여 사용하는 표장이다. 이 제도의 도입 취지는 상표의 품질보증 기능을 강화하여 소비자에게 올바른 상품 정보를 제공함으로써 최적의 선택을 유도한다. 주요내용은 증명표장의 정의, 출원인적격, 출원시 제출서류, 등록거절이유, 무효·취소 사유 등을 신설한다.

이 제도는 정부·지자체·민간단체 등에서 시행하고 있는 인증마크제를 활성화시키고 소비촉진에 기여할 것으로 기대된다. 지리적 표시 단체표장권자 및 상표권자에게 선출원주의에 근거한 배타적 권리를 부여한다.

다. 전용사용권 등록을 효력발생요건에서 제3자 대항요건으로 변경

등록하지 않은 전용사용권자도 상표권 침해로부터 손해배상 등을 통해 구제받을 수 있도록 등록을 제3자 대항요건으로 변경한다. 종전에는 전용사용권을 등록함으로써 효력이 발생토록 하던 것을 앞으로는 등록하지 않더라도 그 효력이 발생되도록 한다. 다만, 등록을 제3자 대항요건으로 변경하여 상표사용권자 보호 및 선의의 제3자 보호한다.

라. 법정손해배상제도 도입

상표위조에 의한 침해행위에 대하여 법정손해배상제도를 신설하여 권리자가 실손해액과 법정손해액을 선택적으로 청구할 수 있도록 한다. "법정손해배상제도"란 민사소송에서 원고가 실제 손해를 입증하지 않은

---

1) 소리상표. 예: MGM사의 사자 울음소리, 인텔 컴퓨터의 효과음, 코카콜라 병따는 소리.
2) 냄새상표. 예: 레이저 프린터 토너의 레몬향.

경우에도 사전에 법령에서 정한 일정한 금액(또는 일정한 범위의 금액)을 원고의 선택에 따라 법원이 손해액으로 인정할 수 있는 제도이다.

손해발생 및 실손해액을 증명하기 어려운 경우, 침해사실만 입증하면 5천만원 범위 내에서 상당한 금액을 배상받을 수 있도록 한다. 청구권자는 상표권자 또는 전용사용권자이고, 실손해액과 법정손해액을 선택적으로 청구할 수 있으며, 청구시기는 법원의 변론 종결시까지 가능하다. 손해배상범위는 5천만원 범위 내에서 법원이 변론 취지와 증거조사 결과를 고려하여 상당한 손해액을 인정할 수 있다.

마. 소송절차에서의 비밀유지명령제도 도입

비밀유지명령제도를 도입하여 소송절차에 제출된 영업비밀 관련 자료를 소송당사자 등에게 계속 비밀로 유지할 수 있도록 한다. "비밀유지명령"이란 소송절차에서 생성되거나 교환된 비밀정보(영업비밀 등)를 보호하기 위해 소송당사자, 대리인 등에게 소송중 지득한 비밀을 소송 수행 외의 목적으로 사용하지 못하게 하거나 공개하지 못하게 하는 법원의 명령을 말한다. 소송과정에서의 준비서면, 증거조사에서 영업비밀이 공개될 경우, 소송당사자의 신청에 의해 법원은 당해 영업비밀이 소송 수행 외의 목적으로 사용 금지 및 공개 금지를 명할 수 있다. 국내외에서 정당한 사유없이 특허법 제96조의7 제1항에 따른 비밀유지명령을 위반한 자는 5년 이하의 징역 또는 5천만원 이하의 벌금에 처한다.

4. 저작권법 관련 개정 내용

가. 저작권 보호기간의 연장

2011년 7월 1일 한EU FTA 발효 후 저작권 보호기간이 저작자 생존기간 및 사후 70년으로 연장하는 것으로 저작권법을 개정하였다. 그러나 저작권 보호기간의 연장은 사회에 미치는 영향을 최소화하기 위해 발효 후 2년이 되는 날부터 시행하기로 유예기간을 설정하였다. 한미FTA도 한EU FTA와 동일하게 효력이 발생한다.

나. 일시적 복제권의 인정

일시적 저장에 대한 복제권을 인정한다. 디지털 환경에서 저작권자의 권리를 균형되게 보호하기 위하여 일시적 저장을 복제의 범위에 명시하고 이에 대한 예외를 규정한다. 일시적 복제권은 인터넷 서핑, 이메일 송수신, 인터넷상에서의 음악감상 등 컴퓨터를 사용하는 과정에서 컴퓨터의 기억장치인 램(RAM)이나 버퍼에서 일시적으로 저장되는 복제 등에 대한 권리이다. 이를 "일시적 저장권"이라고도 한다. 일시적이라는 단어가 사용된 것은 컴퓨터 전원을 끄면 순식간에 복제물이 사라지기 때문이다.

다. 법정손해배상제도 도입

저작권에 대한 침해행위에 대하여 법정손해배상제도를 신설하여 권리자가 실손해액과 법정손해액을 선택적으로 청구할 수 있도록 한다. 손해발생 및 실손해액을 증명하기 어려운 경우, 침해사실만 입증하면 5천만원 범위 내에서 상당한 금액을 배상받을 수 있도록 한다. 손해배상범위는 5천만원 범위 내에서 법원이 변론 취지와 증거조사 결과를 고려하여 상당한 손해액을 인정한다.

라. 접근통제 기술적 보호조치 무력화의 금지

공중의 접근이 가능한 장소에서 방송의 시청과 관련하여 입장료를 받는 경우에 한해 방송사업자의 공연권을 인정하고, 이용통제 기술적 보호조치에 더하여 접근통제 기술적 보호조치를 도입한다. 기술적 보호조치는 저작자에게 허락받지 않고 저작물을 도용하거나 저작물에 접근하는 것을 제한하기 위해 사용하는 일련의 조치들을 말한다. 현행법에서 권리 침해 행위로 간주되고 있는 기술적 보호조치 무력화 행위를 금지행위로 규정하되, 암호 연구, 미성년 보호, 국가의 법집행을 위해 필요한 경우 등 기술적 보호조치 무력화 행위 금지의 예외가 허용될 수 있도록 한다. 일반적으로 암호화와 SCMS(Serial Copy Management Systems), 디지털 워터마크, 디지털 서명, 비밀번호 등을 이용한다. 기술적 보호조치에 대한 보호방식으로는 저작물 자체에 접근하는 것을 통제하되 그 방식으로는 접근통제형 조치와 저작권의 복제·전송·배포 등을 통제하는 이용통제형 조치로 구분할 수 있다. 또한 저작권의 허락없이 접근 통제적 기술적 보호조치를 우회하는 행위를 금지하되, 추가 예외 규정 논의를 위한 근거를 마련한다.

마. 저작물의 공정한 이용제도 도입

저작물의 공정한 이용제도를 도입하여 저작물의 통상적인 이용방법과 충돌하지 아니하고 저작자의 정당한 이익을 부당하게 해치지 아니하는 경우에는 저작재산권자의 허락을 받지 아니하고 저작물을 이용할 수 있도록 하고, 그 판단의 기준을 규정한다.

바. 배타적발행권과 출판권의 관계를 명확히 함

출판권과 프로그램배타적발행권의 경우에만 인정되고 있는 배타적 권리를 모든 저작물 등의 발행 및 복제·전송에 설정할 수 있도록 하고, 배타적 발행권 설정에서 출판권 설정을 제외하여 배타적 발행권과 출판권의 관계를 명확히 한다.

사. 영상저작물을 녹화·공중 송신하는 행위 금지

저작권자의 권리침해를 방지하기 위하여 위조라벨의 유통, 영화상영관 등에서 저작재산권자의 허락없이 영상저작물을 녹화, 공중 송신하는 행위 및 방송전 신호를 제3자에게 송신하는 행위 등 금지행위를 규정한다.

아. 저작인접권의 보호기간의 특례

저작인접권 보호의 공평성을 회복하고, 관련 국제조약 규정을 충실하게 이행하기 위하여 1987년 7월 1일부터 1994년 6월 30일 사이에 발생한 저작인접권의 보호기간을 발생한 때의 다음 해부터 기산하여 50년간 존속하도록 한다.

5. 법률시장 개방

가. 의 의

한미FTA 협정에서 법률시장의 개방에 대해서 합의하였기 때문에 한 2012년부터 5년 이내에 국내 법률시장은 완전히 개방된다. 한EU FTA와 한미FTA에서 독소조항이라 할 수 있는 최혜국대우(TRIPs 제4조)[1]원칙을

---

1) TRIPs 제4조(최혜국대우): 지식재산권의 보호와 관련, 일방 회원국에 의해 다른 회원국의 국민에게 부여되는 이익, 혜택, 특권 또는 면제는 즉시, 그리고 무조건적으로 다른 모든 회원국의 구민에게 부여된다. 한EU FTA에서 "최혜국대우"(MFN)를 협정문 제7.8조 및 제7.14조에서 인정하고 있다. "최혜국대우"라 함은 상대국 서비스 공급자 및 설립에 대해 제3국의 서비스 공급자 및 설립에 비해 불리하지 않는 대우를 부여하는 것을 말한다.

인정하고 있다. 한미FTA 국내 전문직 서비스 개방과 한EU FTA 국내 전문직 서비스 단계적 개방은 내용이 거의 동일하다. 법률시장의 개방은 우리나라의 법조계와 법률시장에 종사한 사람들이 한 번도 경험하지 못한 엄청난 지각변동을 가져올 것이라고 생각한다. 2017년 이후 우리나라 법률시장이 어떤 모습으로 변화되어 있을지에 대해서 아무도 이를 예측할 수 없는 상황이다. 앞으로 외국 로펌의 국내 진출이 점점 가시화되면 고객과 우수한 인력이 기존의 로펌에서 외국 로펌으로 이동하면서 법률시장은 새로운 구조로 재편될 것이다. 우리의 법률시장을 지키려면 독일, 프랑스, 일본 등의 법률시장 개방에서 발생한 문제점과 경험을 타산지석(他山之石)으로 삼아 대응하는 것이 바람직하다고 본다.

나. 국내 전문직 서비스 개방 내용

한EU FTA에서 국내 전문직 서비스(법무·회계·세무)를 단계적으로 개방하되, 한미FTA 수준으로 개방하기로 하였다. 법률서비스의 경우 3단계로 회계·세무 분야의 경우 2단계로 추진하기로 합의하였다.[1] EU 회원국 변호사 자격 소지자가 국내에서 국제공법 및 자격 취득국 법률에 대한 자문서비스를 제공하는 것을 허용하고(국내법에 대한 자문은 국내 자격증 취득을 필요로 한다), 회계사·세무사의 경우도 유사한 방식으로 개방한다.

(1) 법률 서비스

가) 1단계(발효) 외국법 및 국제공법자문 허용, 외국 로펌의 사무소 개설을 허용한다.

나) 2단계(발효 후 2년 내) 국내 로펌과의 업무제휴 허용한다.

다) 3단계(발효 후 5년 내) 외국로펌과 국내로펌간의 합작 및 동 사업체의 국내변호사 고용을 허용한다.

(2) 회계·세무 서비스

회계·세무 분야의 경우 2단계로 추진된다. 1단계 발효시 미국 회계·세무 자문허용, 미국 회계·세무 법인의 사무소 개설을 허용한다. 2단계 발효 후 5년내 국내 회계·세무 법인에 대한 미국 회계사·세무사의 출자

한미FTA에서도 이와 동일하게 최혜국대우를 인정하고 있다.

1) 외교통상부 "한EU FTA 상세설명자료" (www.fta.go.kr/pds/fta-korea/eu/EU-DESC.pdf).

를 허용한다.

> 1단계(발효): 외국 회계·세무 자문 허용, 외국 회계·세무 법인의 사무소 개설허용.
> 2단계(발효 후 5년내): 국내 회계·세무 법인에 대한 외국 회계사·세무사의 출자
>   허용.

다만, 법률서비스에 대해서는 정보 제공 차원에서 외국법자문사의 본국 직명(home title) 사용을 추가적으로 허용한다. 예를 들어, 프랑스법 자문사는 "Avocat", 영국법 자문사는 "Solicitor"라는 자국에서 변호사를 가리키는 표현을 사용하는 것을 허용한다.

제 4 절   지식재산기본법

Ⅰ. 서   설

1. 입법배경

가. 입법목적

세계 주요 국가들은 최근 국가가 주도하여 지식재산을 관리하고 보호전략을 세우는 등 범정부적인 지식재산 정책을 추진하고 있음에도 불구하고, 우리나라는 특허권·실용신안권·디자인권·상표권 등의 산업재산권은 특허청, 저작권은 문화체육관광부, 식물의 신품종과 관련된 품종보호권은 농림수산식품부가 관장하고 있는 등 범 정부적인 지식재산 정책이나 보호 전략을 수립하기 어려운 상황이다. 따라서 통합적인 지식재산기본법을 제정하여 지식재산의 창출·보호·활용의 촉진 및 기반 강화에 관한 중·장기 정책목표와 방향을 수립하도록 하고, 범 정부적인 지식재산정책의 심의·조정 등을 위한 국가지식재산위원회를 설치하도록 하는 등 지식재산 정책 수립·추진의 구심점을 설정함으로써 지식재산정책을

체계적·효율적으로 추진하고, 지식기반 경제하에서 국가경쟁력을 강화하려는 것이다.

21세기 지식기반 경제사회에서 우리 정부와 국회가 "지식재산기본법"을 제정하기 위하여 수많은 어려움을 극복하고 노력한 것은 매우 희망적인 일이라고 할 수 있다. 우리나라가 지식재산 경쟁력 제고를 위하여 지식재산 정책을 종합적·체계적으로 추진할 수 있는 제도적 장치로서 국가 전략체계를 구축했다는 측면에서 볼 때 지식재산기본법 제정은 역사적으로 그 의의가 매우 크다고 생각한다.

나. 입법경위

인간의 창조적인 지적활동의 성과로 얻어진 발명과 저작물 등에 대한 재산권으로서의 지식재산 영역을 포괄하면서도 지식재산정책의 기본 틀과 이념을 제공하기 위하여 2010년 4월 16일 "지식재산기본법안"(정부안)이 입법 예고된 후 2010년 8월 4일 국회에 제출되었다. 그후 국회에서 법률안에 대하여 심사숙고한 결과 이들 내용을 통합하여 조정한 위원회 대안을 마련하였다. 제299회 국회 제6차 정무위원회(2011.4.20)에서 법안 심사소위원회의 심사결과를 바탕으로 심사한 결과, 각 법률안의 내용을 통합·조정한 위원회 대안을 제안하기로 의결하였다. 지식재산기본법(법률 제10629호)이 2011년 5월 19일 공포되었고, 2011년 7월 20일부터 시행되었다. 지식재산기본법은 우리나라 지식재산 관련 산업뿐만 아니라 지식재산의 창출·보호·활용의 촉진에 크게 기여할 것으로 전망된다.

2. 목 적

지식재산기본법(이하 "지재법"이라 한다)은 지식재산의 창출·보호 및 활용을 촉진하고 그 기반을 조성하기 위한 정부의 기본 정책과 추진 체계를 마련하여 우리 사회에서 지식재산의 가치가 최대한 발휘될 수 있도록 함으로써 국가의 경제·사회 및 문화 등의 발전과 국민의 삶의 질 향상에 이바지하는 것을 목적으로 한다(지재법 제1조). 여기서 "지식재산"이란 인간의 창조적 활동 또는 경험 등에 의하여 창출되거나 발견된 지식·정보·기술, 사상이나 감정의 표현, 영업이나 물건의 표시, 생물의 품종이나 유전자원(遺傳資源), 그 밖에 무형적인 것으로서 재산적 가치가 실현될 수 있

는 것을 말한다.[1]

3. 기본이념

지식재산 관련 정책의 기본이념은 다음과 같이 추진한다. (i) 저작자, 발명가, 과학기술자 및 예술가 등 지식재산 창출자가 창의적이고 안정적으로 활동할 수 있도록 함으로써 우수한 지식재산의 창출을 촉진한다. (ii) 지식재산을 효과적이고 안정적으로 보호하고, 그 활용을 촉진하는 동시에 합리적이고 공정한 이용을 도모한다. (iii) 지식재산이 존중되는 사회환경을 조성하고 전문인력과 관련 산업을 육성함으로써 지식재산의 창출·보호 및 활용을 촉진하기 위한 기반을 마련한다. (iv) 지식재산에 관한 국내규범과 국제규범간의 조화를 도모하고 개발도상국의 지식재산 역량 강화를 지원함으로써 국제사회의 공동 발전에 기여한다(지재법 제2조).

Ⅱ. 지식재산에 관한 정책

1. 지식재산에 관한 중·장기 정책 추진

정부는 5년마다 지식재산에 관한 중·장기 정책 목표 및 기본방향을 정하는 국가지식재산 기본계획과, 그에 따른 각 기관별·연도별 추진 계획을 정하는 국가지식재산 시행계획을 수립·시행하도록 한다. 정부는 이 법의 목적을 효율적으로 달성하기 위하여 5년마다 지식재산에 관한 중장기 정책 목표 및 기본방향을 정하는 국가지식재산 기본계획(이하 "기본계획"이라 한다)을 수립하여야 한다(지재법 제8조 제1항). 정부는 기본계획을 수립하거나 변경하려는 경우에는 위원회의 심의를 거쳐 확정하고, 지체없이 이를 공고하여야 한다. 다만, 대통령령으로 정하는 경미한 사항을 변경하려는 경우에는 그러하지 아니하다.

정부는 관계 중앙행정기관의 장과 시·도지사로부터 제8조의 기본계획에 따른 추진계획을 제출받아 매년 국가지식재산 시행계획(이하 "시행계

---

[1] 타법 개정을 통해 "지적재산권"을 "지식재산권"으로 변경함으로써, 법률 용어를 통일하도록 한다(지재법 부칙 제1조 및 제2조).

획"이라 한다)을 수립하여야 한다(지재법 제9조 제1항). 정부는 시행계획을 수립하거나 변경하려는 경우에는 위원회의 심의를 거쳐 확정한다. 다만, 대통령령으로 정하는 경미한 사항을 변경하려는 경우에는 그러하지 아니하다.

2. 국가지식재산위원회

지식재산에 관한 주요 정책과 계획을 심의·조정하고 그 추진상황을 점검·평가하기 위하여 대통령 소속으로 국가지식재산위원회[1]를 설치한다. 위원회의 위원장은 국무총리와 민간 위원이 공동으로 맡도록 하며, 위원회의 업무를 지원하기 위하여 사무기구를 둘 수 있도록 한다. 위원회 및 전문위원회의 위원, 사무기구의 직원 및 위원회의 위촉에 의하여 위원회의 업무를 수행하는 사람 중에서 공무원이 아닌 사람은 형법 제129조부터 제132조까지의 규정을 적용할 때에는 공무원으로 의제한다(지재법 제40조). 관계 중앙행정기관의 장과 시·도지사는 해당 기관의 지식재산 정책을 효율적으로 수립·시행하기 위하여 소속 공무원 중에서 지식재산정책책임관을 지정할 수 있다(지재법 제12조).

Ⅲ. 지식재산의 활용촉진

1. 지식재산 창출의 지원과 보상

정부는 지식재산 및 신지식재산의 창출을 지원하고, 연구개발의 결과가 우수한 지식재산의 창출로 이어질 수 있도록 지원하여야 하며, 지식재산 창출자가 정당한 보상을 받을 수 있도록 하여야 한다. 정부는 연구개발 결과가 우수한 지식재산의 창출로 이어질 수 있도록 지원하여야 한다(지재법 제17조 제1항). 정부는 신지식재산의 창출·보호 및 활용을 촉진하여야 하고(지재법 제18조 제1항), 신지식재산의 창출·보호 및 활용 촉진을 위하여 신지식재산의 현황을 조사·분석하여야 한다. 정부는 지식재산을

---

1) 위원회는 위원장 2명을 포함한 40명 이내의 위원으로 구성한다. 위원장은 국무총리와 제3항 제2호의 위원 중에서 대통령이 지명하는 사람이 된다.

창출한 개인이 정당한 보상을 받을 수 있는 사회적 환경과 기반을 마련하고, 이에 필요한 시책을 수립하여야 한다(지재법 제19조).

2. 지식재산 관련 분쟁 제도 정비

정부는 지식재산이 신속·정확하게 권리로 확정되고 효과적으로 보호될 수 있도록 하여야 하고, 지식재산 관련 분쟁이 신속·공정하게 해결될 수 있도록 관련 제도를 정비하며, 외국에서 우리 국민의 지식재산이 보호될 수 있도록 노력하여야 한다. 정부는 지식재산이 신속·정확하게 권리로 확정되고 효과적으로 보호될 수 있도록 다음 사항이 포함되는 시책을 마련하여 추진하여야 한다(지재법 제20조). (i) 지식재산의 심사·심판·등록 체계 등의 정비 방안, (ii) 지식재산의 보호를 위한 법적·행정적 조치 강화 방안, (iii) 지식재산의 보호를 위한 보안 체계와 정보시스템 구축 등 기술적 조치 강화 방안, (iv) 국내외 지식재산 보호 관계 기관·단체와의 협력 방안, (v) 지식재산의 권리화 및 보호 관련 전문인력 확보 방안, (vi) 그 밖에 지식재산의 권리화 및 보호 촉진을 위하여 필요한 사항 등이다.

정부는 지식재산 관련 분쟁이 신속하고 공정하게 해결되어 권리 구제가 충실히 이루어질 수 있도록 소송 절차를 간소화하는 등 제도 개선에 노력하여야 한다(지재법 제21조 제1항). 정부는 지식재산 관련 분쟁해결의 전문성을 확보하기 위하여 소송 체계를 정비하고 관련 인력의 전문성을 강화하여야 한다. 정부는 지식재산 관련 분쟁이 신속하고 원만하게 해결될 수 있도록 조정·중재 등 재판 외의 간단하고 편리한 분쟁해결 절차를 활성화하고, 전문성을 제고하며, 쉽게 이용될 수 있도록 안내와 홍보를 강화하는 등 필요한 조치를 하여야 한다(지재법 제20조).

3. 지식재산의 활용 촉진

정부는 이전, 거래, 사업화 등 지식재산의 활용이 촉진될 수 있도록 하여야 하고, 지식재산서비스산업을 육성하여야 하며, 공동연구에 따른 지식재산의 공정한 배분 및 대기업과 중소기업의 동반성장 추진 등 지식재산이 합리적이고 공정하게 활용될 수 있도록 하기 위하여 노력하여야 한다. 정부는 지식재산의 이전(移轉), 거래, 사업화 등 지식재산의 활용을 촉진하기 위하여 다음 사항이 포함되는 시책을 마련하여 추진하여야 한다(지재법 제25조 제1항).

(i) 지식재산을 활용한 창업 활성화 방안, (ii) 지식재산의 수요자와 공급자간의 연계 활성화 방안, (iii) 지식재산의 발굴, 수집, 융합, 추가 개발, 권리화 등 지식재산의 가치 증대 및 그에 필요한 자본 조성 방안, (iv) 지식재산의 유동화(流動化) 촉진을 위한 제도 정비 방안, (v) 지식재산에 대한 투자, 융자, 신탁, 보증, 보험 등의 활성화 방안, (vi) 그 밖에 지식재산 활용 촉진을 위하여 필요한 사항 등이다. 정부는 국가, 지방자치단체 또는 공공연구기관이 보유·관리하는 지식재산의 활용을 촉진하기 위하여 노력하고, 지식재산의 공정한 이용을 촉진하고, 지식재산권의 남용을 방지하기 위하여 노력하여야 한다(지재법 제28조 제1항). 정부는 공동의 노력으로 창출된 지식재산이 당사자간에 공정하게 배분될 수 있도록 필요한 조치를 하여야 한다. 정부는 대기업과 중소기업간의 불공정한 지식재산의 거래를 방지하고 서로간의 협력을 촉진하여야 한다.

4. 지식재산의 창출·보호 및 활용 촉진을 위한 기반 조성

지식재산이 존중되는 사회환경 조성, 지식재산의 국제표준화 지원, 지식재산에 관한 정보의 원활한 유통, 지식재산 전문인력과 연구기관 육성 등 지식재산의 창출·보호 및 활용 촉진을 위한 기반 조성시책을 추진하도록 한다. 정부는 지식재산이 존중되는 사회환경을 조성하기 위하여 교육, 홍보, 문화행사 등 지식재산에 대한 국민의 인식 제고를 위한 시책을 마련하여 추진하여야 한다(지재법 제29조 제1항). 정부는 각 지역의 지식재산 경쟁력을 높이기 위하여 지역별 지식재산의 창출·보호 및 활용 촉진을 위한 시책을 마련하여 추진하여야 한다.

정부는 지식재산의 창출·보호 및 활용과 그 기반 조성에 필요한 전문인력을 양성하여야 하고(지재법 제34조 제1항), 여성 지식재산 전문인력의 양성 및 활용방안을 마련하고 여성이 지식재산 부문에서 그 자질과 능력을 충분히 발휘할 수 있도록 하여야 한다. 정부는 지식재산 전문인력을 양성하기 위하여 산업계, 학계, 연구계 및 문화예술계 등과 협력하여야 한다.

정부는 개발도상국의 빈곤퇴치, 경제성장 및 문화발전에 기여하기 위하여 개발도상국의 지식재산 창출·활용 역량을 높이는 데 필요한 지원을 할 수 있다(지재법 제37조). 정부는 북한의 지식재산 관련 제도·정책이나 현황 등에 대한 조사·연구 활동을 추진함으로써 남북간 지식재산 분야의 상호교류와 협력을 증진할 수 있도록 노력하여야 한다(지재법 제38조).

≪연습문제≫

〈문 1〉 다음은 널리 지식재산권의 전부 혹은 일부를 가리키는 여러 용어들이다. 그 중 가리키는 영역이 가장 협소한 것은?

① 공업소유권   ② 특허권
③ 산업재산권   ④ 무체재산권

〈문 2〉 보호대상(객체)의 내용이 공서양속에 위반되더라도 인정될 수 있는 권리는? [2007년 사시 1차시험]

① 특허권   ② 실용신안권   ③ 상표권
④ 디자인권   ⑤ 저작권

〈문 3〉 지식재산 선진 5개국 특허청(일명, IP5)으로 옳지 않은 것은?

① 독일특허청   ② 한국특허청
③ 중국특허청   ④ 유럽특허청(EPO)
⑤ 미국특허청(USPTO)

〈문 4〉 산업재산권 보호를 위한 국제협정인 파리조약(Paris Convention)의 원칙으로 옳지 않은 것은?

① 특허독립의 원칙   ② 내국민대우 원칙
③ 우선권주장의 인정   ④ 최혜국대우
⑤ 속지주의

〈문 5〉 다음의 지식재산권에 관한 여러 국제조약들 중 특허 국제출원에서 우선권 제도를 처음으로 도입한 조약으로 옳지 않은 것은?

① 베른협약(Berne Convention)
② 파리협약(Paris Convention)
③ 특허협력조약(PCT)
④ 특허법조약(PLT)
⑤ TRIPs

〈문 6〉 2012년에 발효되는 한미FTA 협정문에서 특허분야의 협정내용으로 옳지 않은 것은?

① 특허법에서 공지예외 적용기간이 6개월에서 12개월로 연장된다.
② 특허법에서 특허권의 취소제도를 폐지한다.
③ 특허권 불실시와 관련된 강제실시권(재정)제도가 폐지된다.
④ 소송절차에서 비밀유지명령제도가 신설된다.
⑤ 등록 지연에 따른 특허권의 존속기간의 연장제도가 신설된다.

〈문 7〉 2012년에 발효되는 한미FTA에서 지식재산권 분야의 협정의 내용으로 옳지 않은 것은?

① 상표법에서 증명표장제도를 도입한다.
② 저작권법에서 일시적 저장에 대한 복제권을 인정한다.
③ 상표법에서 소리상표와 냄새상표를 인정한다.
④ 저작권법에서 저작권 보호기간은 저작자 생존기간 및 사후 70년으로 연장된다. 보호기간 연장 시점은 국내법 시행일부터 바로 적용한다.
⑤ 저작권법과 상표법에서 법정손해배상제도를 도입한다.

≪정답≫   1.② 2.⑤ 3.① 4.④ 5.② 6.③ 7.④
≪문제해설≫
　〈문 1〉 ②번을 제외한 지식재산권은 포괄적인 개념의 권리이다. 특허권과 관련된 특허법은 법률이 존재한다. 그러나 ①, ③, ④는 강학상의 권리이다.
　〈문 2〉 ⑤ 저작권은 공서양속의 위반과 관련이 없다. 상표법이나 특허법은 공서양속에 반하는 상표나 발명을 권리보호에서 명시적으로 제외시키는 규정을 두고 있다. 그러나 저작권법에는 공서양속에 부합되지 않는 저작물에 대한 보호배제 규정을 두고 있지 않으며, 또한 윤리성이나 음란성 여부를 저작물의 보호요건으로 하고 있지 않다. 대법원 1990.10.23 선고 90다카8845 판결에서 "저작권법에서 저작물의 윤리성 여하는 문제되지 아니하므로 설사 그 내용 중에 부도덕하거나 위법한 부분이 포함되어 있다 하더라도 저작권법상 저작물로 보호된다"고 판시하였다.

　　<문 3> 지식재산 선진 5개국(IP5) 특허청은 특허삼극(미국, 일본, 유럽)에 한국과 중국이 추가되었다. 국제적으로 IP5가 지식재산권 재도 발전에 크게 기여하고 있다.

　　<문 4> ①, ②, ③, ⑤는 파리협약의 기본원칙에 해당하고, 최혜국대우의 원칙은 파리협약에는 없다. ④ 최혜국대우는 무역 관련 지식재산권 협정(TRIPs)제4조에 규정되어 있다.

　　<문 5> 우선권제도와 관련되는 국제조약은 파리협약이다.

　　<문 6> ①, ②, ④, ⑤는 맞는 답이다. ③은 전혀 관련이 없다.

　　<문 7> ①, ②, ③, ⑤는 맞는 답이다. ④ 저작권 보호기간 연장 시점은 사회에 미치는 영향을 최소화하기 위해 발효 후 2년이 되는 날부터 시행하기로 유예기간을 설정하였다.

제2장

특 허 법

제1절 개 관

Ⅰ. 서 설

1. 발명의 보호

특허법은 발명을 보호·장려하고 그 이용을 도모함으로써 기술의 발전을 촉진하여 산업발전에 이바지하기 위하여 제정된 것으로서 이 법의 요건을 충족하는 발명에 대하여 독점적으로 이용할 수 있는 권리를 부여한다. 즉, 발명을 보호하는 수단으로서 가장 강력한 제도는 발명자에게 일정기간 발명을 독점해서 사용할 수 있는 특허권을 부여하는 것이다. 발명을 창작한 사람에게 기술공개의 대가로 일정기간 독점권을 부여해 주는 특허권은 기술개발을 촉진하는 역할을 한다. 특허청에 특허를 받기 위하여 특허를 신청하는 자(이하 "출원인"이라 한다)가 완성된 발명을 특허출원하여 절차를 밟는 과정에서 이용할 수 있는 제도로서 출원보정제도·분할출원제도·변경출원제도·우선권제도 등이 있다. 발명이 완성되면 그 발명자에게 먼저 특허를 받을 수 있는 권리가 주어진다(제33조).[1] 출원인은 그 발명에 대하여 특허출원을 하고 그 출원이 공개된 후 타인이 업으로서의

---

1) 제2장에서 달리 법률명 표기가 없는 조문 표기는 모두 "특허법"의 조문임.

실시행위를 할 경우 그 자에 대하여 일정 조건하에서 보상금청구권을 행사할 수 있다(제55조). 이 보상금청구권은 발명이 조기에 공개됨으로써 타인의 침해로부터 출원인이 입게 되는 경제적 손실을 보상해 주기 위한 수단의 하나라 할 수 있다. 특허제도는 특허권자에게는 일정기간 특허권에 대한 독점권을 주는 사익(私益)의 측면과 그 발명의 기술을 공개함으로써 공중(公衆)으로 하여금 더 나은 기술을 개발하도록 하여 궁극적으로는 산업발전을 도모하는 공익(公益)의 측면을 가지고 있다.[1] 그러나 특허가 오히려 산업발전을 저해하거나 공공의 이익을 저해할 우려가 있는 경우, 국가의 비상사태 등 필요한 경우 특허권의 효력을 일부 제한하기 위하여 특허권의 수용·취소 및 강제실시제도를 두고 있다.

2. 발명의 이용

가. 발명의 공개

발명이 이용될 수 있기 위한 전제조건은 발명의 내용이 먼저 공중에게 공개되어야 한다. 발명의 실체인 기술내용을 담고 있는 명세서가 특허공보를 통하여 공개되면 공중은 그것을 기술문헌으로서 이용할 수 있다. 이러한 공개된 기술문헌을 근거로 제3자[2]는 당해 발명보다 더 진보된 기술을 개발할 수 있게 된다. 따라서 명세서는 발명내용을 제3자가 실시할 수 있을 정도로 구체적으로 공개하여야 한다. 만약 명세서가 기재요건을 충족하지 못하는 경우에는 그 출원발명은 기재가 불비하다는 이유로 특허거절결정을 받게 된다.[3] 특허법에서는 발명의 공개수단으로서 출원공개제도와 등록공고제도를 두고 있으며, 출원 후 일정시기에 특허공보를 통하여 특허발명이 공개된다. 다만, 그 발명내용에 대하여 비밀유지가 필

---

1) 지식재산권은 무체물에 대한 소유권이므로 재산권과 마찬가지로 보호되어야 할 사권(私權. private right) 영역에 속한다. 지식재산권법에는 권리의 발생·소멸 등에 관한 절차규정이 혼합되어 있어서 공법적 특성도 있다. 선진국에서는 개인의 권리보호를 강조하는 경향이 있고, 개발도상국에서는 경제발전을 촉진하기 위하여 국가의 공익을 위한 공권(公權)을 강조하는 경향이 있다.

2) 제3자(third party): 소송, 거래, 사건과는 직접 관계가 없으나 이에 의하여 영향을 받는 자이다.

3) 특허권자는 국가로부터 독점권을 허여받는 대가로 명세서의 기술을 의무적으로 공개해야 한다. 명세서의 기재가 불비한 경우에는 특허가 등록된 후에도 무효로 될 수 있다(제133조).

요한 비밀특허출원이거나 공서양속에 위반된 내용은 출원공개 또는 등록 공고가 보류된다(제87조 제4항).

나. 발명의 실시

특허권은 설정등록에 의하여 발생되며, 특허권이 발생할 경우 특허권자는 일정기간 동안 그 특허발명을 업으로서 실시할 권리를 독점한다(제95조). 발명의 공개는 제3자에게 그 발명을 연구·이용할 수 있도록 기술의 진보발전에 필요한 정보를 제공하지만, 그것만으로 특허제도의 본래 목적인 산업발전에 기여할 수는 없다. 발명이 산업발전을 도모하기 위해서는 발명이 공개된 후에 산업현장에서 실시되어야 한다. 특허권자는 일정한 조건으로 특허실시료를 받을 수 있고, 그 발명의 제조·사용 또는 판매할 수 있는 권리를 타인에게 허락할 수 있다. 권리의 존속기간이 만료된 특허권은 독점권이 상실되므로 공중은 그 특허발명을 자유롭게 이용할 수 있게 된다. 특허권자의 허락없이 특허발명을 제조·사용·판매하거나 수입하는 경우에는 특허권을 침해할 수 있다.

3. 발명의 장려

특허권은 독점·배타적인 무체재산권으로 시장에서 독점권을 갖기 때문에 신용창출, 소비자의 신뢰도 향상 및 기술판매를 통한 로열티 수입을 창출할 수 있다. 발명자는 자신이 발명한 특허기술을 적시에 출원하고, 권리화함으로써 타인과의 분쟁을 사전에 예방하고, 타인이 권리를 무단 사용시 그 권리를 근거로 법적 보호를 받을 수 있다. 특허권은 기술개발 투자비를 회수할 수 있는 수단의 하나이다. 발명자는 확보된 특허권을 바탕으로 타인과 분쟁 없이 추가로 새로운 기술개발을 할 수 있다. 특허권을 보유하고 있는 중소기업은 벤처기업의 확인을 받아 벤처기업 지원 혜택을 받을 수 있고, 정부자금과 세제지원 혜택을 받을 수 있다. 미국 특허상표청 전 장관 John Dudas는 "가치 있는 물건을 소유한 사람들은 그것을 보호하고자 한다. 미국이 보유한 지식재산의 가지 5조 달러를 넘는 오늘날 미래의 발명가들이 지식재산 보호 프로세스를 이해하도록 하고 기술혁신을 위한 창조력을 높일 수 있는 혁신정신(innovative spirit)을 심어주는 것이 중요하다"고 역설하였다.

Ⅱ. 발명의 종류

1. 발명의 특성에 따른 분류

가. 결합발명

발명이 복수개의 공지기술의 결합으로 완성되는 경우 각 공지기술의 결합으로 특별한 효과가 있도록 유기적으로 상호 결합된 발명을 결합(combination)발명이라 한다.[1] 기술적 구성요소 A와 B가 상호 작용할 수 있도록 결합되는 발명이 결합발명이다. 그러나 기술적 구성요소 A와 B가 상호작용을 함이 없이 단순히 붙어 있는 발명은 주합(湊合: aggregation) 또는 비결합발명이라고 한다. 예를 들어, "연필에 지우개를 붙인 필기구"라는 발명을 특허청에 출원하였다고 가정하자. 종래에는 연필(A)과 고무지우개(B)가 각각 별개의 독립된 물품으로서 존재하였다. 연필과 지우개를 물리적으로 결합시켜도 연필과 지우개의 고유 기능은 변경되지 않는다. 이와 관련하여 미국 특허청 항고심판소의 심결에서는 이 지우개를 붙인 연필의 발명은 연필과 지우개를 결부시킨 물품은 편리한 것이기는 하나 양자 모두 각각의 기능을 하고 있을 뿐이다. 연필로 쓸 때는 연필만의 작용을 하며 끝에 지우개가 붙어 있지 않은 다른 연필과 동일하다. 또 지우개로 글자를 지울 때는 지우개만의 사용을 하고 끝에 연필이 없는 다른 지우개와 마찬가지다. 당연히 2개의 물건을 결부시킨 것은 편리하고 분실할 염려도 적다는 것이 확실하다. 그러나 그것만으로는 특허성은 생기지 않는다. 연필과 지우개는 공동의 기능을 갖지 않기 때문이라고 판시하면서 이 특허는 단순한 주합이라는 이유로 무효라고 결정하였다.[2]

---

1) 발명은 기술적 구성요소의 상호결합으로 정의된다. 그러나 그 결합에는 특허성 있는 결합과 특허성이 없는 결합으로 구별된다. 전자를 결합발명이라 하고 후자를 주합이라고 한다. 주합은 복수개의 구성요소 각각이 자기의 독자적인 기능을 하고 있을 뿐, 이들 구성요소의 결합 후에도 상호간에 어떠한 영향을 끼치거나 상호작용이 없는 단순한 결합을 말한다. 결합은 축구경기에, 주합은 트랙경기에 비유할 수 있다.

2) 미국 발명가 Heiman이 "연필에 지우개를 붙인 필기구"를 발명하고 특허청에 출원하였다. 미국 특허청 심사국에서는 "상업적 성공"이라는 2차요인으로 진보성을 인정하고 특허를 허여하였다. 그러나 항고심판소 심결에서 "본 특허는 주합이므로 진보성을 인정할 수 없어서 무효로 한다"고 결정하였다(Reckindorfer v. Faber, 92 USPQ 347,1875).

나. 공동발명

단독발명은 한 명의 발명자가 발명을 하는 것이고, 공동발명은 여러 명의 발명자가 참여하여 창작한 발명이다. 오늘날 첨단기술의 발달로 기술이 점점 고도화·복합화되어 가므로 개인의 능력으로 발명할 수 있는 대상에는 한계가 있을 수밖에 없다. 유용한 발명이 탄생하기 위해서는 기계·전기·물리·화학 등 각종의 기술분야가 복합적으로 연구되는 것이 보통이다. 따라서 공동발명자는 특허에 관한 출원을 할 때 공유자 전원이 공동으로 출원하여야 한다(제44조). 이에 위반하여 출원된 것은 거절이유 및 무효사유로 되어 특허를 받을 수 없다.

다. 용도발명

용도발명이라 함은 주로 화학물질과 관련하여 어느 특정 물질 또는 화합물에 대해서 특정용도를 발견한 경우이다.[1] 예를 들어, 트리아진계 화합물이 제초제로 효과가 있는 것을 발견한 경우처럼 특정 화학물질의 용도를 한정하는 경우에 이용된다. 이처럼 화학제품(화합물)에 새로운 용도를 발견한 경우에 진보성이 인정되는데, 이 경우 청구항에 유효성분의 함유량 내지는 함유비율을 한정하여야 한다.[2] 살충제로 널리 알려진 DDT가 용도발명으로 특허를 받은 대표적인 사례이다. 1875년에 DDT를 염료로 사용하기 위해서 합성하였고, 1938년에 DDT가 살충제로 그 용도가 알려지게 되었다. 이처럼 공지의 물질인 DDT에 살충효과가 있다는 것이 발견되면, 이런 속성을 이용하여 "DDT를 유효성분으로 하는 살충제" 또는 "DDT를 벌레에 뿌려서 살충하는 방법"으로 특허출원을 하면 용도발명으로 특허를 받을 수 있다.

라. 기초발명

개량발명에 대한 상대적 개념의 발명을 기초발명(basic invention)이라 한다. 해당기술 분야에서 최초로 개발된 발명을 개척발명(pioneer invention)이라 한다. 예를 들어, 기초발명(A)을 그대로 이용하거나 그 기초발명의 구성에 변경을 가하여 완성한 개량발명(B)이 있고, 이 개량발명(B)을

---

1) 대법원 2009.1.3 선고 2006후3564 판결.
2) 대법원 2005.11.25 선고 2004후3478 판결.

그대로 이용하거나 그 구성에 변경을 가하여 완성한 다른 개량발명(C)이 있는 경우, 개량발명(C)의 기초가 된 것을 기초발명(A)이라고도 한다. 여기서 기초발명(A)이 해당 기술분야에서 최초로 발명된 것이라면 이를 개척발명이라 할 수 있다.

마. 이용발명

이용발명(utilization invention)은 선등록된 특허발명(A)의 구성에 새로운 구성요소(B)를 추가하여 새로운 특허(A+B)를 받았더라도 후등록 특허권자는 선등록 특허권자의 실시허락을 받아야만 자기의 특허발명을 실시할 수 있는데, 이러한 후등록특허(A+B)를 이용발명이라 한다. 예를 들어, 선등록발명(A)이 새로운 개념의 반도체인 경우 그 반도체를 이용하여 100G DRAM(B)을 발명하고 그 반도체를 컴퓨터 기억장치로 이용하였다면, 100G DRAM(B)을 이용발명이라 한다. 선 특허권자는 후 특허권자에게 권리(A)를 행사할 수 있는 반면, 후 특허권자는 선 특허권자로부터 허락 또는 동의를 받아야 특허발명(A+B)을 실시할 수 있다.

바. 개량발명

기초발명의 구성요소 전체 또는 일부를 변경하여 다른 구성으로 완성하거나 다른 효과를 발생시키는 발명으로 완성한 경우 이를 개량발명(improvement invention)이라 한다. 일반적으로 선출원된 기초발명을 사용하여 기초발명보다 성능을 더욱 좋게 개량하는 형태의 발명이다. 기초발명과 개량발명은 모두 특허를 받을 수 있고, 특허권이 형성된 후에도 양 권리는 서로 독립적인 권리로 존재한다. 그러나 개량발명이 기초발명의 일부를 실시하는 경우 타인의 기초발명의 권리가 존속하는 기간 동안에는 기초발명의 권리자로부터 정식으로 실시허락을 받아야 한다.

사. 선택발명

출원발명은 하위개념의 구체적인 발명이지만 그 발명의 상위개념의 발명은 선행기술에 의하여 공지로 되는 경우가 있다. 선택발명(selection invention)은 상위개념으로 구성되어 있는 선행발명에 대해 그 상위개념에 포함되는 하위개념이며, 선행발명의 명세서 등에 구체적으로 제시되어 있지 않은 것을 구성요소로 선택하여 이를 결합함으로써 선행발명에서는 예측할 수 없었던 특별한 효과를 발생시키는 발명을 말한다. 선택발명은 주로 화학분야의 발명에서 주로 나타난다. 예를 들어 출원발명은 특정 화합물에 관한 것인데 선행기술이 그 화합물을 포함하는 상위개념의 화합물 그룹인 경우이다.[1]

2. 발명의 내용에 따른 분류

가. 물건발명

물건발명은 청구항에 기재된 발명의 내용이 구성요소간의 공간적인 결합으로 이루어지는 발명을 의미한다. 물건과 관련되는 발명은 다음과 같이 4 카테고리(category, 범주)로 나누어 볼 수 있다. 즉 (i) 물건발명(물건을 생산하는 기계·기구·장치 등의 발명), (ii) 그 물건을 취급하는 물건의 발명, (iii) 신규한 재료 그 자체(화학물질·조성물 등), (iv) 그 물건의 특정한 성질을 이용하는 물건의 발명(용도발명) 등이다.

나. 방법발명

방법발명은 일반방법 발명과 물건을 생산하는 방법발명으로 구분한다. 일반방법에 관한 발명이 반드시 시계열적인 행위나 현상을 요하지 않는 경우도 있고, 방법을 실현하는 각 단계가 구성요소인 경우가 있다. 그러나 물건을 생산하는 방법발명은 초기물질, 처리수단 및 최종물질의 요소로 이루어진다. 화학물질은 화학적 방법 또는 원자핵 변환의 방법에 의하여 제조되는 물질발명이다.

다. 물질발명

물질발명은 협의로는 화학적인 방법에 의하여 제조될 수 있는 새로운 물질의 발명을 의미하므로 일반적인 유형의 대상물로서 구성의 결합에 특징을 두는 물건 발명과 명백히 구분이 된다. 넓은 의미에서 음식물과 기호물도 물질특허 범주에 포함시킬 수 있으므로 화학물질·의약·음식물·기호물을 물질발명으로 정의한다. 독일·프랑스의 경우 1960년대 후반에 물질특허를 인정하였고, 우리나라는 미국의 통상압력에 의해 1986

---

1) 吉藤, 146면: 선택발명이 이용발명인가의 여부에 대해서 반대론과 찬성론이 있다. 선택발명 전부에 대해서 이용관계를 부정하는 것은 부당하게 기초발명의 보호를 제한하는 것이다. 따라서 선택발명의 내용에 따라서 이용관계의 유무를 판단해야 한다.

년 개정법에서 물질발명을 특허대상으로 도입하였다.

라. 생명공학발명

1950년대에 생명체의 기본물질인 DNA의 구조가 밝혀진 이후 생화학, 분자생물학 등의 발전으로 유전공학이라는 신기술이 발전하였고 더욱이 미국 대법원의 Diamond v. Chakrabarty 판결[1] 이후 특허대상이 확대되기 시작하였다. 오늘날 전 세계적으로 특허대상이 미생물과 유전자에 관한 생명공학과 컴퓨터소프트웨어 등에도 특허대상으로 확대되었다. 유럽 등 선진국에서는 미생물이 생명체라는 이유로 특허대상에서 제외된다는 법적 논리에서 보호대상으로 전환되었으며, 우리나라 특허법에서도 미생물 자체의 특허성을 인정하고 있다. 미생물 관련 발명은 미생물 자체의 발명과 미생물을 이용한 발명을 통칭하는 개념이다. 미생물 관련 발명이 특허를 받기 위해서는 미생물을 기탁·분양하는 특별한 절차를 밟아야 한다.

마. 컴퓨터 관련 발명

하드웨어와 소프트웨어로 구성된 컴퓨터 관련 발명을 일반발명과 구별하여 별도로 취급한 것은 컴퓨터의 특성 때문이다. 즉 하드웨어는 전자회로 발명에 속하므로 컴퓨터 그 자체는 일반발명과 대동소이하나 이 컴퓨터를 수단으로 해서 특정한 목적을 달성시키기 위한 소프트웨어는 인간의 지능에 의해서 도출된 연산식이라 볼 수 있기 때문에 소위 자연법칙을 이용한 발명이 아니므로 저작권법으로 보호하고 있다.[2] 그러나 컴퓨터가 외부의 장치와 결합되어 새로운 아이디어를 실현하는 경우에는 특허법에서 컴퓨터 관련 발명으로 보호하고 있다. 한편 특허청에서는 1984년에 "컴퓨터 관련 발명의 심사기준"을 제정하여 특허심사에 적용하여 오다가 1997년에 이를 개정한 바 있다. 2004년부터 이 분야에 대한 출원이 급증하고, 특허권자들의 법적 보호문제가 미흡하다는 지적이 많았기 때문에 컴퓨터 관련 발명에 대한 심사기준을 좀더 명확하게 하기

---

1) Diamond v. Chakrabarty, 447 U.S. 303, 100 S Ct. 2204, 65L. Ed. 2d 144(1980).
2) 2009년 4월 22일 공포된 저작권법(법률 제 9625호)에 의하여 컴퓨터프로그램보호법을 폐기하고, 저작권법으로 이를 보호하고 있다.

위해서 2005년에 심사기준을 개정하였다.[1]

컴퓨터 관련 발명과 관련이 있는 전자상거래는 재화나 용역의 거래에 있어서 그 일부 또는 전부가 인터넷으로 처리되는 새로운 거래형태를 말한다. 오늘날 인터넷의 등장으로 상거래 방식에 커다란 변화가 있으며, 인터넷 사용이 보편화되고 사업수단으로 등장하면서 정보시스템(컴퓨터, 인터넷, 통신기술)이 경제법칙과 결합된 형태의 전자상거래 관련 특허출원이 증가되고 있다. 전자상거래관련 발명의 유형으로는 인터넷 서점, 역경매시스템 등이 있다. 특허청은 전자상거래와 관련한 특허심사기준으로 활용할 수 있는 "전자상거래관련 발명의 심사지침"을 마련하고 2000년 8월 1일부터 실무에 적용하고 있다.

바. BM발명

디지털 기술과 관련되는 소프트웨어 기술의 발달로 비즈니스 모델 발명(Business Model Invention, 이하 "BM발명"이라 한다)이 새로운 지식재산권으로 등장하였다. BM발명은 컴퓨터와 인터넷을 이용하여 사업을 하는 방법이나 시스템과 관련된 발명을 말한다. BM발명은 그 실시를 위하여 영업방법에 대한 아이디어를 소프트웨어 또는 하드웨어에 의하여 실현하는 논리단계가 필요한 발명이다.[2] 1998년 CAFC의 SSB 판결[3] 이전에 영업방법은 특허로 보호받는 대상이 아니었다. 영업방법은 추상적 아이디어에 불과하거나 영업적 수단으로 다루어졌기 때문에 그 아이디어를 가진 자에게 독점적 지위를 향유하게 하는 것은 바람직하지 못하였다. 비즈니스 모델(Business Model), 즉 비즈니스 방법과 관련이 있는 SSB 판결에 의하면 비즈니스 방법이라도 "유용하고, 구체적이고 유형의 결과"를 산출할 수 있는 것이면 법정 주체가 될 수 있게 되었다. 그 결과, 비즈니스

---

1) 2005년에 개정된 "컴퓨터 관련 발명의 심사기준"은 특허요건과 명세서 기재요건을 명확하게 설명하고, 발명의 성립성·진보성 요건, 특허청구범위 기재요건을 구체적으로 설명하고 있다. 특히 컴퓨터 관련 발명으로 인정되는 경우는 "소프트웨어에 의한 정보처리가 하드웨어를 이용하여 구체적으로 실현되고 있는 경우, 해당 소프트웨어와 협동해 동작하는 정보처리장치"인 경우이다.

2) 대법원 2008.12.24 선고 2007후265 판결.

3) State Street Bank & Trust Co. v. Signature Financial Group, Inc., 149 F. 3d 1368 (Fed. Cir. 1998): 이 판결에서는 영업방법에 관한 발명 또는 유용한 목적에 응용할 목적인 수학적 알고리즘에 관한 발명이 특허대상에 포함되는 것으로 해석하고 있다.

모델에 특허가 부여되게 되면서, 세계적인 이슈로 등장하여 각국에서 이를 발명의 보호대상으로 인정하는 사례가 증가하였다. 2010년 6월 28일 미국 연방대법원이 내린 Bilski 판결[1]이 BM특허와 관한 가장 최근의 판결이다. 미국 대법원은 Bilski 사건에서 MoT 테스트(Machine -or- Transformation test)는 방법발명의 특허적격성을 결정하는 유일한 기준이 아니지만 유용한 도구이다. 상품 거래 분야의 가격 변동 리스크를 방지하는 방법에 관한 특허를 청구한 Bilski 출원은 특허대상에 해당한다고 판단하였다.[2]

사. 식물발명

식물특허는 새로운 변종을 번식시키는 사람에게 부여된다. 우리나라의 식물특허제도는 1946년 미군정에서 미국의 법제를 그대로 받아들인 구특허법 제31조에 의해서 오직 무성적(無性的)으로 반복 생식할 수 있는 변종식물만을 그 보호대상으로 하였다. 과학기술의 발전으로 유성번식식물이라 하더라도 무성적으로 대량증식이 가능한 경우가 있다. 1980년의 미국 대법원의 Diamond v. Chakrabarty 사건에서 생명공학 관련 발명은 "인공적으로 만들어 낸 것은 모두 특허를 받을 수 있다"고 하는 판결에 의해 보호대상이 확대되었다. 예를 들어, 유전자 조작에 의해 암을 쉽게 발생시키는 종양 마우스에도 특허를 부여하고, 미생물, 세포, 및 부분적 유전자 시퀀스 등, 다른 생명공학 관련 발명에도 특허가 부여된다. 이 판례를 영향으로 한국·영국· 독일·일본 등에서 유성·무성 식물발명에 모두 특허를 허여할 필요성이 대두되었다. 식물발명이 유성·무성의 번식식물 여부에 관계없이 변종식물에 해당한다면 식물특허를 받을 수 있다.

아. 동물발명

동물발명이란 동물 그 자체, 동물의 일부분 또는 이러한 것을 만드는 방법 및 이를 이용한 것에 관한 발명을 말한다. 동물특허는 영국 로슬

---

1) Supreme Court of the United States, 2010.6.28 판결, 사건번호 08-964, Bilski *et al.* v. Kappos under USPTO(미국 특허상표청 장관).

2) The machine-or-transformation test is not the sole test for determining the patent eligibility of a process, but rather a useful tool. Bilski's application, seeking a patent on a method for hedging risk in the commodities market, did not draw to a patent eligible subject matter. Affirmed.

린 연구소의 복제양 돌리 탄생을 계기로 세계적인 이슈로 부각되었다. 동물특허의 인정 여부는 국가별로 차이가 있다. 우리나라를 비롯한 미국·일본은 동물특허를 인정하고 있으나 중국·핀란드 등에서는 이를 인정하고 있지 않다. 포유동물에 대한 세계 최초의 특허는 1988년 미국에서 허여된 하버드마우스이다.[1] 우리나라에서는 서울대 서정선 교수가 국내 최초로 "당뇨병 발생 유전자 이식 마우스"에 대해 특허를 받았다.

Ⅲ. 특허법의 특징

1. 법 원(法源)

헌법 제22조는 "① 모든 국민은 학문과 예술의 자유를 가진다. ② 저작자·발명가·과학기술자와 예술가의 권리는 법률로서 보호한다"고 규정하여 특허법은 헌법 조문에 근거하여 입법되었다. 헌법 제22조 제2항은 저작자·발명가·과학기술자와 예술가는 국가의 간섭을 받지 않고 학문과 예술의 자유를 누릴 수 있다는 소극적인 의미의 기본권뿐만 아니라, 저작자와 발명가의 권리는 법률로 보호해야 한다는 적극적인 내용을 규정하고 있다.

2. 특허법의 성격

특허법은 형식적 의미에서 "특허법"이라고 불리는 법전(法典)을 가리키지만, 실질적 의미로는 특허제도를 규율하는 법률을 말한다. 특허법은 특허를 받을 수 있는 자가 권리를 어떻게 주장할 것이고 절차를 어떻게 진행하며, 특허청 심사관은 어떤 기준으로 특허를 허여할 것이며, 심판관은 어떠한 방식으로 심판할 것인가를 규율하는 법이다. 특허법에는 권리의 발생·소멸 등에 관한 공법적 절차규정도 있으나, 그 보호대상인 특허권은 소유권과 마찬가지로 사권이며 목직물에 대한 권리이므로 본질적으로 사법의 영역에 속한다. 특허법은 발명의 실시에 대하여 개인의 독점을

---

[1] 미국특허 제4736866호: Transgenic non-human mammals(특허일 1988.4.12)

인정하는 측면에서 볼 때 사적(私的) 독점보장법이라 할 수 있다.[1]

3. 특허법과 다른 법과의 관계

가. 공정거래법

자유롭고 공정한 경쟁의 유지를 통해서 창의적인 기업활동의 조장, 소비자보호, 국민경제 균형 있는 발전을 추구하는 "독점규제 및 공정거래에 관한 법률"(이하 "공정거래법"이라 한다) 제59조(무체재산권의 행사행위)는 "이 법의 규정은 저작권법, 특허법, 실용신안법, 디자인보호법 또는 상표법에 의한 권리의 정당한 행사라고 인정되는 행위에 대하여는 적용하지 아니한다"고 규정하여 지식재산권의 행사행위에 대해서 공정거래법을 적용하지 않는 것으로 하고 있다. 지식재산권에 의해 부여된 사용·수익 권리는 기본적으로 독점적·배타적인 성격을 가지기 때문에 이러한 권리의 행사에 대해서는 독점규제법이 적용되지 않는다. 다만, 지식재산권은 개별법이 정한 범위 내의 권리의 행사로서 인정되는 범위에서만 보호되는 것이며, 이러한 권리는 남용하는 것까지 허용하는 것은 아니다. 공정거래위원회는 지식재산권의 행사와 관련하여 불공정거래행위로 인정될 수 있는 행위유형 및 위법으로 보기 어려운 행위유형들을 제시한 "지식재산권 부당한 행사에 대한 심사지침"을 제정하여 운용하고 있다.

나. 상 표 법

상표법은 진정한 상표를 보호함으로써 부정경쟁을 방지하고 건전한 상거래질서 확립을 통하여 산업발전을 도모하고자 하는 일종의 경쟁법 또는 경업질서법이라고 말할 수 있다. 특허법은 자연법칙을 이용한 기술적 사상의 창작을 보호대상으로 한다. 이에 반하여 상표법은 상표사용자의 업무상의 신용유지를 도모하여 산업발전에 이바지함과 아울러 수요자의 이익보호를 목적으로 한다. 또한 특허는 신규성·진보성·산업상 이용 가능성을 갖추어야 하지만 상표는 자타상표를 식별할 수 있는 식별력을 갖추고 일부 부등록 사유에만 해당되지 않으면 된다. 아울러 정보라는 측

---

1) 윤선희, 2면: 특허법은 특허권자에게 일정기간 독점권이라는 인센티브를 제공하여 발명을 장려하고, 더 나아가 기술의 발전을 촉진하여 궁극적으로 산업발전에 이바지함을 목적으로 하는 산업재산권법의 하나이다.

면에서 볼 때, 특허법은 새로운 기술정보를 보호하는 법이고 상표법은 상징정보(symbolic information)인 상표를 보호하는 법이라 할 수 있다.

상표법에서는 출원·심사·등록절차 중 일부 절차는 특허법을 준용하고 있다. 그러나 상표법은 특허법과 비교하면, 보호대상·등록요건·존속기간·보호범위 등에서 차이가 있다.

다. 민사소송법

민사소송이란 사법적 법률관계에서 발생한 분쟁을 판결절차를 통해 강제적으로 해결하는 제도를 말한다. 민사소송법은 사법상의 권리의 확정·실현을 위한 재판절차에 관한 소송절차법이고, 재판부와 사인의 관계를 규정하는 공법이다. 특허법은 특허출원 및 등록에 관한 절차법으로 그 성질에 반하지 않는 범위 내에서 특허소송절차는 민사소송법을 준용한다.

Ⅳ. 특허법의 기본 원칙

특허법 체계를 거시적으로 분석하여 보면, 권리발생(제2장-제5장), 권리행사(제6장), 권리분쟁(제7장-제9장, 12장) 및 특허제도가 경제에 기여하는 측면으로 구분할 수 있다. 특허법은 선출원주의, 속지주의, 등록주의, 발명의 단일성, 심사주의, 출원공개주의, 직권주의 등을 기본원칙으로 채택하고 있다. 특허법은 산업재산권법의 기본이 되는 법률이고, 하위 법령으로 특허법시행령과 특허법시행규칙을 두고 있다.

1. 선출원주의

선출원주의는 동일한 발명에 대한 특허출원이 경합되는 경우 누구에게 특허를 줄 것인가를 판단하는 기준이다. 선발명주의는 먼저 발명한 발명자에게 권리를 부여하고, 선출원주의는 먼저 특허출원을 한 자에게 권리를 부여한다(제36조). 한국·일본·독일 등 세계 대부분의 국가들이 선출원주의를 채택하고 있다. 미국은 선발명주의를 오랫동안 유지하여 왔다. 2011년 9월 16일 미국 Barack Obama 대통령은 특허개혁법안인 미국발명법안(America Invents Act, H.R. 1249)에 서명하였다. 미국은 특허법의 개정으로 그 동안 고수해 왔던 선발명주의를 포기하고, 선출원주의를 채택하였다.

2. 속지주의

동맹국의 국민에 의하여 여러 동맹국에서 출원된 특허는 동일한 발명에 대하여 동맹국 또는 비동맹국가에 관계없이 타국에서 획득한 특허와 독립적이다(파리협약 제4조의2 제1호). 파리협약 제4조의2에서 규정하는 특허독립의 원칙에 따라 각국의 특허는 서로 독립적으로 효력이 발생하므로 특허권을 획득하고자 하는 나라에 특허출원을 하여 그 나라에서 특허권을 취득하여야만 해당 국가에서 독점·배타적인 권리를 확보할 수 있다. 우선권의 혜택으로써 획득된 특허는 각 동맹국에서 우선권의 혜택 없이 출원 또는 부여된 특허와 같은 존속기간을 갖는다(파리협약 제4조의2 제5호).

3. 등록주의

발명은 완성과 동시에 자동적으로 권리가 발생하는 것은 아니다. 등록주의란 특허가 법정의 요건을 구비하는 경우 업무상 사용한 사실이 있는지의 여부에 불문하고 그 등록을 허용하는 입법주의를 말한다. 특허법은 특허권은 설정등록에 의하여 발생한다고 규정함으로써 등록주의를 명문화하고 있다(제87조). 특허청 심사관으로부터 특허결정서를 받았다 하더라도 등록절차를 밟지 아니하면 특허권이 발생하지 않는다.

4. 발명의 단일성

1특허 1출원주의(발명의 단일성)란 하나의 특허출원에 하나의 발명을 출원해야 한다는 원칙이다(제45조). 특허법 제45조를 위반할 경우 거절이유가 되지만 무효사유는 되지 않는다. 1특허출원의 요건에 대하여는 특허법시행령 제6조에서 1군의 발명에 대한 1특허출원의 요건을 규정하고 있다.

5. 심사주의

우리 특허법은 특허권 허여의 방식으로서 특허출원에 대하여 심사주의를 채택하고 있다. 심사주의란 특허출원에 대하여 특허청이 절차적·실체적 특허요건을 심사한 후 등록 여부를 결정하는 방식이다. 이에 반하여 무심사주의는 형식적 요건만 구비한 것이면 일단 수리하여 등록해 주고 특허요건의 구비 여부에 대해서는 등록 후 무효심판의 절차를 통하여 분쟁을 해결하도록 한다.

6. 출원공개주의

선출원주의 국가에서 심사주의에 충실하다 보면 공개기간이 길어지고, 심사가 적체되는 단점이 있다. 특히 기술수준이 향상되고 출원 건수가 증가하는 추세에서는 심사적체는 피할 수 없다. 발명의 공개가 늦어짐에 따라 동일기술에 대한 중복연구와 중복투자가 이루어져 국민경제의 손실이 초래될 수 있다. 따라서 우리나라 특허법은 특허출원에 대한 심사여부에 관계없이 발명내용을 출원일로부터 1년 6개월 후 또는 조기에 공개하는 출원공개제도를 채택하여 심사주의의 단점을 보완하고 있다(제64조).

7. 직권주의

직권주의는 특허심사 및 심판절차에 있어서 권한과 책임의 주도권을 국가행정기관인 특허청에 부여하는 것을 말한다. 특허법은 심사·심판에 있어서 심리를 위한 자료 및 증거의 채증은 심사관·심판관이 직권으로 할 수 있는 직권탐지주의(제159조)와 당사자 등의 의사에 관계없이 절차를 진행할 수 있는 직권진행주의(제158조)에서 직권주의를 택하고 있다.

V. 특허법 개정 동향

1. 2007.1.3 공포 특허법 개정내용

가) 발명의 상세한 설명 기재요건 완화(제42조 제3항)

나) 특허청구범위제출 유예제도 도입(제42조 제5항)

다) 청구항별 심사제도 도입(제63조 제2항)

라) 특허청구범위 작성방법 다양화(제42조 제6항)

마) 무효심판절차에서의 정정청구 기회 확대(제133조의2)

바) 권리범위 확인심판에서 확인대상발명의 보정범위 확대(제140조 제2항)

2. 2009.1.30 공포 특허법 개정내용

가) 거절결정불복심판 청구기간 연장 허용(제15조 제1항)

나) 특허출원 명세서 또는 도면의 보정에 대한 제한 요건 완화(제47조)

다) 재심사청구제도 도입(제67조의2)

라) 분할출원 가능시기 확대(제52조)

마) 심사관에 의한 직권보정제도 도입(제66조의2)

바) 추가납부료의 차등제도 도입(제81조 제2항, 제81조의2 제3항)

사) 국어의 PCT 국제공개어 채택 사항 반영(제207조 제3항 등)

아) 특허청 직원 등의 비밀누설죄 처벌 강화(제226조)

자) 의약품 등의 특허권 존속기간 연장등록출원에 관한 보정 가능 시기 규정(제90조제6항 단서)

차) 심판청구서의 (피)청구인 보정요건 완화(제140조, 제140조의2)

카) 서류의 열람 규정 정비(제216조)

타) 체계 정비를 통한 조문 간결화·명확화(제29조 제4항 등)

3. 2011.12.2 공포 특허법 개정내용

2012년 특허법 개정[1]은 대한민국과 미합중국간의 자유무역협정(이하 "한미FTA"라 한다) 및 한미FTA에 관한 서한 교환의 합의사항에 따라 지식재산권 집행을 국내법에 반영하기 위하여 일부 개정하였다. 또한 일반 국민이 특허법을 알기 쉽게 이해할 수 있도록 일부 조문의 문구를 알기 쉽게 하였다.

가. 공지예외 적용시기를 연장 (제30조 제1항)

특허출원을 하기 전에 공개된 발명은 특허를 받을 수 없으나, 출원인이 출원발명을 학술대회 발표 등으로 자발적으로 공개한 경우 일정기

---

1) 한미FTA 협정을 이행하기 위한 후속조치로 특허법을 일부 개정하고 개정법을 2011.12.2 공포하였다. 개정법의 시행은 부칙 제1조에 따라 한미FTA 및 한미FTA에 관한 서한교환이 발효되는 날 시행한다. 특허법 개정법이 2012년 3월에 시행되므로 본서에서는 편의상 "2012년 개정법"으로 통칭한다.

간 이내에 출원하면 특허를 받을 수 있는 공지예외 적용기간(Grace period)을 현행 6개월에서 12개월로 연장된다. 공지예외 적용기간의 연장은 출원인에게 자신의 발명을 공개한 후에도 특허출원할 수 있는 기회를 확대할 수 있을 것으로 예상된다. 특허법 제30조의 개정규정은 2008년 1월 1일 이후 최초로 출원하는 특허출원부터 적용한다.

나. 등록지연에 따른 특허권 존속기간 연장제도 도입 (제92조의2 내지 제92조의5)

특허출원에 대한 심사처리기간 지연 등 출원인의 책임이 아닌 사유로, 특허출원일로부터 4년 또는 출원심사 청구일로부터 3년 중 늦은 날보다 지연되어 특허권이 설정등록된 경우 그 지연기간만큼 특허권 존속기간을 연장한다.[1] 특허법 제83조, 제92조의2 내지 제92조의5까지, 제93조, 제132조의3, 제134조, 제139조, 제165조, 제171조, 제176조 및 제187조의 개정규정은 2008년 1월 1일 이후 최초로 출원하는 특허출원부터 적용한다.

다. 비밀유지명령제도 도입 (제224조의3 내지 제224조의5, 제229조의2)

특허권의 침해에 관한 소송에서 법원이 당사자가 보유한 영업비밀에 대해서 법원이 비밀유지명령[2]을 내릴 수 있도록 하고 이를 위반하면 형사벌을 부과할 수 있도록 하는 근거규정을 신설하였다. 개정법의 비밀유지명령은 해당 영업비밀을 해당 소송의 계속적인 수행 외의 목적으로 사용하는 것, 해당 영업비밀에 관계된 이 항에 따른 명령을 받은 자 이외의 자에게 공개하는 것 등을 금지하고 있다. 특허법 제224조의3 내지 제224조의5 및 229조의2의 개정규정은 이 법 시행 후 최초로 특허권 또는 전용실시권의 침해에 관한 소송이 제기된 것부터 적용한다. 관련 조문에 대한 구체적인 해설은 제9절에서 후술한다.

---

1) 특허권 존속기간은 특허권 설정등록이 있는 날부터 특허출원일로부터 20년이다(제88조).

2) "비밀유지명령"이란 소송절차에서 생성되거나 교환된 영업비밀을 보호하기 위해 소송당사자, 대리인 등에게 소송중 알게 된 비밀을 소송 수행 외의 목적으로 사용하지 못하게 하거나 공개하지 못하게 하는 법원의 명령을 말한다.

라. 특허권 취소제도 폐지 (제116조)

강제실시권 허여 후 2년간 불실시된 경우 특허를 취소할 수 있는 특허권 취소제도(구법 제116조)가 폐지된다. 특허권 취소제도는 그 동안 동제도를 이용하여 특허권이 취소된 사례가 전무할 뿐만 아니라, 특허권자의 권리를 부당하게 제한하므로 과잉금지의 원칙을 위배할 가능성을 고려하여 제도를 폐지하기로 한 것이다.

마. 특허법 제26조 삭제[1]

(1) 국제조약 우선 적용 규정의 문제점

특허법 제26(조약의 효력)에 "특허에 관하여 조약에 이 법에서 규정한 것과 다른 규정이 있으면 그 규정에 따른다"고 규정하고 있다. 국회의 비준동의로 국내법 체계로 조약이 들어오면, 국내법과의 저촉·충돌의 발생과 그 해결문제가 대두된다. 국제법 규범도 국내법질서로 들어온 이상 국내법질서 내부에 설정된 충돌해결기준과 원칙을 통해 접근함이 타당할 것이며, 이 과정에서 국제법적인 요소가 존중되어야 할 것이다. 국제조약과 헌법과의 효력에 대하여 일반적으로 국민주권주의를 근거로 조약의 헌법변경 효력을 인정할 수 없다는 점에서 헌법우위론을 취하고 있으며, 헌법재판소의 판결도 같은 취지이다. 따라서 조약이든 일반적으로 승인된 국제법규이든 국내법적으로 수용함에는 국내최고법인 헌법에 종속된다.

(2) 본 조문 삭제 이유

법률과의 관계에서는 헌법 제60조 제1항에 의거 국회의 동의를 받은 조약과 그렇지 않은 조약으로 구분된다. 국회의 동의를 받은 조약은 국내법률과 동일하게 취급되므로 신법우선원칙이나 특별법우선원칙이 적용될 수 있으나, 국회의 동의를 받지 않은 조약은 법률보다 하위 규범으로 보는 것이 통설이다. 그런데 특허법 등 지식재산권 관련 국내법에서 국제조약과 국내법이 저촉되어 충돌할 경우에는 국제조약이 우선 적용한다는 규정은 우리헌법의 조약의 국내법과 동일시하는 규정에 맞지 않는다. 더구나, 한미FTA처럼 모든 분야를 망라하는 포괄적인 협정에서 FTA협정의 국내법보다 우선 적용은 지식재산권 부문도 다른 여타 부문과 함께 이익

---

1) 국회지식경제위원회, 특허법 일부개정법률안 검토보고서, 2011.10, 8-10면.

의 균형을 취하고 있으므로 이를 하나의 독자적 영역의 협정으로 인식함은 맞지 않다고 본다. 더 나아가서 한미FTA 이행법에서 미국 국내법의 FTA협정에의 상위효력 규정과 비교시 상호주의에 맞지 않는 규정이므로 특허법 제26조를 폐기하는 것이 바람직하다. 따라서 헌법과 국제조약 등을 고려하여 특허법 제26조는 삭제한다.

≪연습문제≫

〈문 1〉 특허를 받을 수 있는 권리에 관한 설명 중 옳지 않은 것은? [2011년 사시 1차시험]

① 특허를 받을 수 있는 권리가 공유인 경우 각 공유자는 다른 공유자의 동의를 얻지 아니하면 그 지분을 양도할 수 없다.

② 특허를 받을 수 있는 권리는 이전할 수 있다.

③ 특허를 받을 수 있는 권리는 질권의 목적으로 할 수 있다.

④ 특허출원 전 특허를 받을 수 있는 권리의 승계는 그 승계인이 특허출원을 하지 아니하면 제3자에게 대항할 수 없다.

⑤ 특허를 받을 수 있는 권리의 상속에 있는 경우 그 상속인은 지체없이 그 취지를 특허청장에게 신고하여야 한다.

〈문 2〉 특허법의 내용으로 옳지 않은 것은?

① 온라인에 의하여 전자문서를 이용하여 특허출원이 가능하다.

② 특허권은 특허출원일 후 20년이 되는 날까지 존속한다.

③ 심사관은 특허출원에 대하여 거절이유를 발견할 수 없을 때에는 특허결정을 하여야 한다.

④ 부적법한 심판청구로서 그 흠결을 보정할 수 없는 때에는 피청구인에게 답변서 제출의 기회를 주고, 심결로써 이를 각하할 수 있다.

〈문 3〉 특허법에 관한 실명으로 옳지 않은 것은?

① 특허공보에는 공개특허공보와 등록특허공보 등 2 종류가 있다.

② 공개특허공보는 무조건 특허출원 후 1년 6개월이 지나서 공개한다.

③ 산업재산권법은 공정거래법 제59조에 의하여 행사 행위가 배제된다.

④ 보상금청구권의 행사는 특허권의 설정등록후에만 행사할 수 있다.

⑤ 특허공보가 공개되면, 이를 선행기술(prior art)라고 부른다.

〈문 4〉 특허법이 채택하고 있지 아니한 제도를 묶은 것? [2007년 사시 1차시험]

> ㄱ. 무심사등록제도　　ㄴ. 우선심사제도　　ㄷ. 심사청구제도
> ㄹ. 조기공개제도　　ㅁ. 취소심판제도　　ㅂ. 존속기간등록제도

①　ㄱ, ㄴ, ㄷ　　　②　ㄱ, ㄹ, ㅁ　　　③　ㄱ, ㅁ, ㅂ
④　ㄴ, ㄷ, ㄹ　　　⑤　ㄴ, ㅁ, ㅂ

〈문 5〉 한국인 A씨는 롤러스케이트를 발명하고, 2009년 3월 6일에 특허출원을 하였다. 2011년 1월 30일에 특허권이 설정등록되고 2011년 3월 15일 등록공고되었다. 이 경우 특허법에 규정된 기간에 관한 설명으로 옳지 않은 것은?

> ㄱ. 이 건 특허권의 존속기간은 2029년 3월 6일까지이다.
> ㄴ. 누구든지 2014년 3월 6일까지 그 특허출원에 관하여 심사청구를 할 수 있다.
> ㄷ. 특허청장은 2010년 9월 6일이 경과한 때에는 그 특허출원에 관하여 출원공개를 하여야 한다.
> ㄹ. 심사관 또는 이해관계인은 2011년 3월 15일 이후부터 무효심판을 청구할 수 있다.

①　ㄹ　　②　ㄱ　　③　ㄷ　　④ 없음　　⑤　ㄱ, ㄹ

≪정답≫ 1.③ 2.④ 3.② 4.③ 5.①
≪문제해설≫
　〈문 1〉 ① 제37조 제2항. ② 제37조 제1항. ③ 특허를 받을 수 있는 권리는 질권의 목적으로 할 수 없다(제37조 제2항). ④ 제38조 제1항. ⑤ 제38조 제5항.
　〈문 2〉 ① 특허청 통계에 의하면, 전체 특허출원의 98%가 온라인 출원임. ② 제88조 제1항. ③ 제66조. ④ 제142조(심결각하): 부적법한 심판청구로서 그 흠결을 보정할 수 없는 때에는 피청구인에게 답변서 제출의 기회를 주지 아니하고 심결로써 이를 각하할 수 있다.
　〈문 3〉 ① 특허법시행령 제19조(특허공보). ② 제64조 제1항: 출원인이 조기공개를 신청한 경우 1년 6개월 이전에 언제든지 출원공개가 가능하다. ③ 공정거래법 제59조(무체재산권의 행사행위). 이 법의 규정은 저작권법, 특허법, 실용신안법, 디자인보호법 또는 상표법에 의한 권리의 정당한 행사라고 인정되는 행위에

대하여는 적용하지 아니한다. ④ 제65조 제3항. ⑤ 출원발명이 특허공보에 게재되면, 선행기술의 지위를 갖게 된다.

<문 4> ㄱ. 무심사등록제도는 디자인보호법에만 있다. ㅁ. 취소심판제도와 존속기간갱신등록제도는 상표법에만 있다. 나머지 제도들은 특허법에 있는 제도이다.

<문 5> ㄱ. 특허권의 존속기간은 출원일 후 20년이 되는 날까지로 기산한다. ㄴ. 제59조 제2항에 따라 심사청구는 출원일부터 5년 이내로 기산한다. ㄷ. 제64조 제1항에 따라 일반 특허출원의 공개일은 출원일로부터 1년 6개월이 경과하면 된다. ㄹ. 제133조 제1항 본문에 따라 (1) 누구든지 2011년 3월 15일 이후부터 3월 이내에 무효심판을 청구할 수 있다(종전의 이의신청제도와 동일함). (2) 심사관 또는 이해관계인이 무효심판을 청구할 수 있는 시기는 등록공일로부터 3개월이 지난 2011년 6월 15일 이후부터 무효심판을 청구할 수 있다.

제 2 절 총 칙

Ⅰ. 서 설

1. 권리능력

사람은 생존하는 동안 권리와 의무의 주체가 된다(민법 제3조). 자연인(自然人)은 모두 사법상의 권리·의무 주체가 될 수 있는 권리능력을 가지고 있다.

권리능력이란 권리·의무의 주체가 될 수 있는 법률상의 지위 또는 자격을 말한다. 법인(法人)은 내국법인·외국법인이든, 영리법인·비영리법인이든, 사단법인·재단법인이든 모두 권리능력을 갖는다(민법 제4조).

특허법상 권리능력의 주체는 민법상의 권리의 주체와 동일하게 자연인과 법인이다. 특허에 관한 권리인 특허를 받을 수 있는 권리, 특허권 또는 실시권 등을 가질 수 있기 위해서는 권리능력을 가져야 한다.

가. 자 연 인

자연인은 생존하는 동안의 사람을 의미하고 자기의 행위의 의미나 결과를 판단할 수 있는 능력, 즉 의사능력이 요구된다. 그러나 유아·광인 등의 행위는 의사능력이 없는 자의 행위이므로 무효이다. 특허법 제3조에서는 미성년자·한정치산자 또는 금치산자가 특허에 관한 절차를 밟는 경우에 행위능력을 제한한다. 이는 특허에 관한 절차에 있어서 미성년자·한정치산자 또는 금치산자 등 행위무능력자를 보호하고 법적 안정성을 도모하기 위한 것이다.

나. 법 인

자연인이 아니면서 법에 의하여 마치 사람처럼 권리의무의 주체가 될 수 있는 자격을 인정한 것이 법인이다. 법인은 일정한 사람의 집합(사단) 또는 일정한 목적을 위하여 출연된 재산의 집합체(재단)에 법인격을 부여하여 법률상 권리·의무의 주체가 될 수 있다. 법인은 권리의무의 귀속주체가 될 뿐만 아니라 기관(이사, 주주총회 등)을 통하여 자기의 이름으로 법률행위를 할 능력도 가진다.[1] 국가·공공단체·각종 회사·사학·종교단체 등이 법인에 속한다.

다. 외 국 인

(1) 의 의

외국인이란 대한민국의 국적을 갖지 않는 자로서 외국의 국적을 가진 자 또는 무국적자를 포함한다. 국적의 취득 및 상실에 관하여는 국적법이 규정하고 있다. 헌법 제6조 제2항에서 외국인의 법적 지위를 국제법과 조약의 범위 내에서 보장할 것을 명문화하고 있다. 따라서 외국인의 권리능력은 내국인과 마찬가지로 평등한 것이 원칙이다(내외국인 평등주의). 이처럼 외국인의 권리능력은 내외국인 평등주의가 헌법의 기본원칙이지만, 특별법에서는 예외적으로 외국인의 권리능력을 제한하는 경우가 있다. 특허법 등 지식재산권법에서는 외국인의 권리능력은 상호주의에 입각하여 특허출원 등을 제한하고 있다. 특허법은 국내에 주소, 거소 또는 영업소를 가지지 아니한 외국인(재외자)에게 특별한 경우를 제외하고는 원칙적으로 권리능력을 인정하고 있지 않다.[2] 특허법은 재외자 중 외국인에게는 상호주의를 인정하는 경우와 조약에 의하여 권리가 인정되는 경우를 제외하고는 특허권 또는 기타 특허에 관한 권리의 향유를 인정하고 있지 않다.

(2) 권리능력을 인정하는 경우

외국인의 권리능력을 인정하는 경우는 (i) 대한민국 국민이 그 외국인이 속한 나라에서 그 나라의 국민과 동일한 조건으로 권리의 향유가 인정되는 경우(평등주의)(제25조 제1호). (ii) 대한민국이 그 나라의 국민에게 권리의 향유를 인정하는 조건으로 우리나라 국민에게 권리의 향유를 인정하는 경우(상호주의)(제25조 제2호). (iii) 조약 및 이에 준하는 것에 의하여 특허권 또는 특허에 관한 권리의 향유를 인정하는 경우(제25조 제3호)이다.

---

[1] 행위능력(법률행위능력)이란 단독으로 유효한 법률행위를 할 수 있는 지위 또는 자격을 말한다. 행위능력자는 반드시 권리능력자임과 동시에 의사능력을 가져야 한다. 민법에서 인정하는 무능력자는 미성년자(민법 제5조), 한정치산자(민법 제10조) 및 금치산자(민법 제13조)이다.

[2] 김철수, 282면.

(3) 효 과

우리나라가 외교적으로 승인하지 않는 국가라 할지라도 파리협약의 동맹국이거나 상호주의를 채택하고 있는 등 특허법 제25조의 요건을 충족하는 국가의 국민은 특허에 관한 권리의 향유가 인정된다. 권리능력이 없는 외국인이 한 출원은 특허거절결정되고, 등록이 되었다고 하더라도 무효사유가 된다.

2. 절차능력

가. 특허에 관한 절차능력

특허법 제3조에서 특허에 관한 절차를 "특허에 관한 출원·청구 기타의 절차"라고 정의하고 있다. 즉 특허에 관한 절차란 특허제도와 관련한 절차 중 출원인·청구인·신청인 및 그 상대방이 특허청장, 특허심판원장, 심판장, 심사장, 심사관 및 심판관에게 하는 절차를 의미한다. 특허법에는 권리능력에 관하여 별도의 규정이 없지만, 민법상 권리능력이 있는 자만이 특허에 관한 절차를 밟을 수 있다.[1] 특허에 관한 절차를 밟는 사람(이하 "출원인"이라 한다)에 의하여 특허청에서 특허출원을 비롯하여 실용신안등록출원, 상표등록출원, 디자인등록출원을 할 수 있다.

나. 재내자의 절차능력

국내에 주소 또는 영업소를 가지는 자는 "재내자"라 하고, 국내에 주소 또는 영업소를 가지지 아니하는 자는 "재외자"라 한다. 재내자는 원칙적으로 절차능력이 있다. 다만, 재내자의 경우 무능력자인 미성년자·한정치산자 또는 금치산자는 절차능력이 인정되지 아니한다. 특허법에서 의사능력이 없는 자의 행위는 무효로 된다. 민사소송법 제55조에서도 이러한 민법의 취지에 따라 소송수행상의 행위능력인 소송능력에 관하여 규정하고 있다.

다. 재외자의 절차능력

재외자(법인의 경우에는 그 대표자)가 국내에 체재하는 경우를 제외하고

---

1) 절차능력(capacity of performing actions): 특허출원, 청구, 기타 특허에 관한 절차를 당사자가 스스로 유효하게 행하는 데 필요한 능력을 말한다.

는 그 재외자의 특허에 관한 대리인으로서 국내에 주소 또는 영업소를 가지는 대리인(이하 "특허관리인"이라 한다)에 의하지 아니하면 특허에 관한 절차를 밟을 수 없다(제5조 제1항). 따라서 재외자는 특허에 관한 대리인으로서 특허관리인을 반드시 선임하여야 한다. 이것은 특허에 관한 절차에 있어서 특허청이 서류송달 등의 절차를 외국에 있는 당사자에 대하여 직접 수행하여야 하는 어려움을 방지하기 위한 것이다.

Ⅱ. 절차의 총칙

1. 대리인 제도

가. 의 의

대리란 본인과 일정한 관계에 있는 타인이 본인(출원인)을 위하여 제3자에 대하여 의사표시를 하거나 의사표시를 수령하고 그 법률효과는 직접 본인에게 생기게 하는 제도이다. 대리인이란 특허에 관한 절차를 밟을 경우 일정한 사항에 대하여 본인을 대신하여 법률행위를 할 수 있는 자격이 있는 자를 말한다. 대리인이 본인을 대리하여 특허출원 등의 대리행위를 한 경우 그 대리인이 행한 법률행위의 효과는 본인에게 직접 귀속된다. 특허법에서 출원인을 보호하기 위하여 출원인에게 중대한 불이익을 줄 수 있는 특정사항에 대하여는 특별수권사항을 정하고 있다.

나. 대리인의 종류

특허법상 대리인제도에서 대리인은 크게 구별하여 법정대리인과 임의대리인이 있다. 법정대리인이란 본인의 의사에 의하지 아니하고 법률의 규정에 의하여 대리인이 된 자를 말한다. 임의대리인은 본인의 의사(수권행위)에 의해 대리권이 발생하는 경우로, 위임에 의한 대리인 이외에 특허관리인 및 지성내리인이 있다.[1] 특허에 관하여 특허청에 대하여 하는 사항의 대리는 업으로 하지 아니하면 누구라도 할 수 있으나, 업으로

---

[1] 임의대리인은 "통상의 대리인"과 "특허관리인"으로 구분된다. 위임대리인은 특허에 관한 절차를 밟기 위하여 본인의 의사에 의하여 선임되는 임의대리인(변리사)이다.

할 수 있는 자는 변리사에 한한다(변리사법 제2조).

(1) 위임대리인

임의대리인의 대리권의 범위는 수권행위에 의하여 정하여진다. 특허법에서는 위임에 의한 대리인의 대리권 범위로 특별수권사항만을 규정하고 있다. 특별수권사항 이외의 대리인 권한은 민사소송법 제90조 제1항이 준용된다. 당사자를 보호하기 위하여 당사자에게 중대한 불이익을 줄 수 있는 특정사항(반소의 제기, 소의 취하, 신청의 취하, 청구의 취하, 복대리인의 선임 등)에 대하여는 특별한 수권을 받도록 규정하고 있다(민사소송법 제90조 제2항). 특허법에서도 같은 취지로 특별수권사항을 규정하고 있다. 특별수권사항은 위임장에 명시되어야 한다. 위임대리인이 특별한 수권을 얻지 아니하면 대리행위를 할 수 없는 특별수권사항은 다음과 같다. (i) 특허출원의 변경·포기·취하, (ii) 특허권의 존속기간의 연장등록출원의 취하, (iii) 특허권의 포기, (iv) 신청의 취하, (v) 청구의 취하, (vi) 조약의 우선권 주장이나 그 취하, (vii) 특허거절결정 등에 대한 심판의 청구, (viii) 복대리인의 선임 등이다(제6조).

(2) 포괄위임등록

포괄위임제도란 특허에 관한 절차를 대리인에 의하여 밟는 경우에 있어서 현재 및 장래의 사건에 대하여 미리 특정사건을 명기하지 않고 포괄적으로 위임을 하고자 할 경우 특허청에 포괄위임등록서(포괄위임장 첨부)를 제출하면 포괄위임등록번호를 부여한다. 출원서 및 중간서류의 제출시 포괄위임등록번호를 기재함으로써 위임장을 제출하는 효과가 있다. 따라서 포괄위임등록을 하면 그 등록된 범위 안에서는 개개의 절차마다 위임장을 제출할 필요없이 특허에 관한 절차를 대리할 수 있다(시행규칙 제5조의2). 포괄위임의 경우에도 특별수권사항은 포괄위임장에 명시되어야 한다.

(3) 특허관리인

재외자는 국내에 주소 또는 영업소를 가지는 대리인(특허관리인)에 의하지 아니하면 특허에 관한 절차를 밟을 수 없으며, 법령에 의하여 행정청이 한 처분에 관하여 소를 제기할 수 없다. 재외자는 내국인 또는 외국인을 불문하므로 국내에 주소 또는 영업소를 가지지 않는 대한민국 국민도 재외자에 해당한다. 그러나 재외자가 국내에 체재하는 경우 또는 PCT에 의한 국제특허출원인은 기준일까지는 특허관리인에 의하지 않고 특허에 관한 절차를 밟을 수 있다(제206조 제1항: 재외자의 특허관리인의 특례).

다. 복대리인(復代理人)

복대리인은 대리인이 대리권의 범위 내에서 선임한 본인의 대리인을 의미한다. 복대리인은 대리인이 자기의 이름으로 선임하지만 대리인의 대리인이 아니고 본인의 대리인이며, 대리인은 복대리인을 선임한 후에도 여전히 대리권을 가진다. 복대리인은 그 권한 내의 행위에 대하여 본인을 대리하고 본인 및 제3자에 대하여 대리인과 동일한 권리 의무가 있다(민법 제123조). 또한 복대리인은 수권을 받지 않고 다시 복대리인을 선임할 수 없다. 복대리권은 대리권과 마찬가지로 민법 제127조의 대리권의 소멸사유에도 불구하고 제8조의 사유로 인하여 소멸하지 않는다.

라. 대리권의 불소멸

(1) 의 의

민법에서 대리인을 선임한 본인이 사망한 경우 대리권은 소멸한다고 규정하고 있다. 수권행위에 의하여 발생한 대리권에 대하여 민법은 본인의 사망, 대리인의 사망, 금치산 또는 파산 등을 소멸사유로 규정하고 있다(민법 제127조 및 제128조). 민법에서 대리권은 본인과 대리인 사이의 특별한 신임(信任)관계에 기초하여 수여되는 것이므로 본인이 선임한 대리인을 상속인의 대리인으로 하는 것은 적당하지 않기 때문이다. 특허법 제8조에서 민법상의 대리제도와 달리 대리권 불소멸에 관한 규정을 둔 이유는 특허에 관한 절차의 연속성이 요구되는 관계상 본인이 사망한 이후에도 대리인에게 절차진행의 계속적 권한을 부여하는 것이 오히려 그 절차의 수계자에게 이익이 보장될 수 있기 때문이다.[1]

(2) 대리권이 소멸되지 않는 경우

특허에 관한 절차를 밟은 자의 위임에 의한 대리인의 대리권은 다음

---

1) 민사소송법 제95조 및 제96조에서 소송대리권이 소멸되지 아니하는 경우를 규정하고 있다.

각호의 1에 해당하는 경우에 소멸하지 아니한다. (i) 본인의 사망이나 능력의 상실,[1] (ii) 본인인 법인의 합병에 의한 소멸, (iii) 본인인 수탁자의 신탁임무의 종료,[2] (iv) 법정대리인의 사망이나 능력의 상실 또는 (v) 대리권의 소멸이나 변경 등이다(제8조). 대리인의 대리권이 소멸되는 경우는 대리인이 사망하거나 본인 또는 법정대리인의 지위를 승계하는 자가 대리인을 해임함으로써 대리권을 상실하게 되는 경우이다.

2. 복수당사자의 대표

2인 이상이 특허에 관한 절차를 밟는 때에는 다음 각호의 어느 하나에 해당하는 사항을 제외하고는 각자가 전원을 대표한다. 다만, 대표자를 선정하여 특허청 또는 특허심판원에 신고한 때에는 그러하지 아니하다. (i) 특허출원의 변경·포기·취하 또는 특허권의 존속기간의 연장등록출원의 취하, (ii) 신청의 취하, 특허법 제55조 제1항의 규정에 의한 우선권주장 또는 그 취하, (iii) 청구의 취하, (iv) 특허법 제132조의3의 규정에 의한 심판청구.

복수당사자가 특허에 관한 절차를 수행하는 경우 다른 당사자에게 불이익을 초래할 수 있는 절차를 제외하고는 각자가 전원을 대표한다. 복수의 당사자가 공동으로 절차를 밟아야 할 사항은 특허법 제6조의 규정에 의하여 통상의 위임 대리인이 특별수권을 얻어야 대리할 수 있는 사항과 유사하다. 특허법 제11조 제1항 단서의 규정에 의하여 신고한 때에는 대표자로 선임된 사실을 서면으로 증명하여야 한다.

3. 기간과 기일

특허에 관한 절차를 밟는 과정에서 절차의 준비 또는 절차진행과 관련하여 일정한 법적 효과를 발생하는 시간의 길이에는 기간과 기일이 있다. 기간은 일정 시점부터 다른 시점까지 계속되는 시간의 길이로서 그 기간 동안 일정한 행위를 할 수 있는 법률효과를 발생시킨다. 기일이라

---

[1] 본인의 능력 상실이란 대리권을 수여한 본인이 법원에 의하여 한정치산선고나 금치산 선고를 받아 능력이 상실되는 경우를 말한다.
[2] 본인인 수탁자의 신탁임무의 종료란 본인이 수탁받은 신탁임무를 수행하기 위하여 대리인을 선임하였는데 그 본인인 수탁자의 신탁임무가 종료되는 경우를 말한다.

함은 당사자가 일정한 절차를 밟기 위한 특정한 시점을 의미한다.

가. 기간의 종류

특허법상의 기간은 그 기간을 정하는 법규의 성질에 따라 법정기간과 지정기간이 있다. 법정기간이란 특허법에서 이를 직접 규정하고 있는 법률에 의하여 정해진 기간을 말한다. 심사청구기간, 우선권주장 관련 기간 또는 특허권의 존속기간 등이 법정기간에 해당된다. 지정기간이란 특허청장·특허심판원장·심판장 또는 심사관이 특허법 및 관련 법령 등에 근거하여 지정할 수 있는 기간을 말한다. 예를 들어, 절차의 보정기간, 심사의 견제출통지서에 대한 의견서 제출기간 및 증거조사와 관련한 지정기간 등이 있다.

나. 기간의 연장

특허청장 또는 특허심판원장은 청구에 따라 또는 직권으로 법정기간인 제132조의3에 따른 특허거절결정 또는 특허권의 존속기간의 연장등록결정에 따른 심판의 청구기간을 1회에 한하여 30일 이내에서 연장할수 있다(제15조 제1항). 법정기간의 연장은 청구 또는 직권에 의하여 기간을 연장할 수 있도록 하고 있다. 지정기간의 경우 청구에 의하여 지정기간의 단축이 가능하지만, 법정기간의 경우에는 기간단축은 할 수 없다. 한편 교통이 불편한 지역에 있는 자의 경우에는 그 횟수 및 기간을 추가로 연장할 수 있도록 배려하고 있다(제15조 제1항 단서). 특허청장·특허심판원장·심판장 또는 심사관은 이 법에 따라 특허에 관한 절차를 밟을 기간을 정한 때에는 청구에 따라 그 기간을 단축 또는 연장하거나 직권으로 그 기간을 연장할 수 있다(제15조 제2항).[1]

다. 기간의 계산

특허법상 기간의 계산에 있어서 초일은 불산입한다. 기간을 월 또는 언으로 정한 때에는 역에 의하여 계산한다. 월 또는 연의 처음부터 기간

---

1) 지정기간의 단축은 2007년 법에 신설된 것으로서 신속한 절차 진행을 희망하는 당사자가 기간 경과시까지 절차의 진행을 기다려야 하는 불편함을 해소하기 위하여 마련된 것이다. 따라서 지정기간의 단축은 직권에 의한 단축은 인정하지 않고 당사자의 청구에 의한 경우만 기간의 단축을 인정하고 있다.

을 기산하지 아니하는 때에는 최후의 월 또는 연에서 그 기산일에 해당하는 날의 전일로 기간이 만료한다. 다만, 월 또는 연으로 정한 경우에 최종의 월에 해당 일이 없는 때에는 그 월의 말일로 기간이 만료한다. 특허에 관한 절차에 있어서 기간의 말일이 공휴일인 경우에는 기간은 그 다음 날로 만료한다. 기간의 기산일이 공휴일인 경우에도 기간의 기산일은 공휴일부터 시작된다. 또한 최종월에 해당일이 없는 경우 그 월의 말일로 기간이 만료한다. 2월 30일이 없는 경우 2월의 말일인 2월 28일(또는 2월 29일까지 있는 경우 2월 29일)로 지정기간이 만료한다.

4. 절차의 무효

가. 의 의

특허에 관한 절차가 특허법령이 정하는 방식에 위반되어 특허청장의 보정명령을 받은 자가 그 흠결을 해소하지 못한 경우에 그 절차를 무효로 할 수 있다(제16조 제1항). 절차의 무효라 함은 특허청 또는 특허심판원에 대하여 이미 행해진 특허에 관한 절차를 그 절차상 발생된 흠결을 이유로 소급하여 효력을 상실시키는 특허청장 또는 특허심판원장의 처분을 말한다.[1] 특허에 관한 절차가 대리인의 선임 또는 개임명령 위반시, 특허법 제46조의 규정에 의한 보정명령을 받은 자가 지정된 기간 이내에 그 보정을 하지 아니한 경우에 해당될 때에는 당해 절차를 무효로 할 수 있다.

나. 절차의 보정

특허에 관한 절차를 무효로 할 수 있는 자는 절차의 보정을 명령한 특허청장 또는 특허심판원장이다. 심판장은 특허심판의 주체로서 보정명령을 할 수 있지만 절차의 무효처분권은 없다. 그러나 심판장은 심판청구서가 방식에 위반되는 경우에 그 흠결의 보정을 명하고, 보정명령 기간 내에 그 흠결이 보정되지 않은 경우에는 결정으로 그 심판청구서를 각하하여야 한다(제141조). 또한 심판장은 심판청구에 있어서 이해관계의 성립

---

1) 특허에 관한 절차를 신속하게 처리하기 위해서 보정명령 없이 서류를 불수리 처분할 수 있는 대상은 시행규칙 제11조에서 별도로 정하고 있다. 그러나 무효처분은 일정한 보정 기회를 부여한 후 행하는 처분이라는 점이 불수리 처분과 구분된다.

이 안 되는 경우와 같이 부적법한 심판청구로서 그 흠결을 보정할 수 없는 때에는 심결로써 각하할 수 있다(제142조).

다. 무효처분의 효과

무효로 된 출원에 대하여는 특허법 제36조 제1항 내지 제3항의 규정을 적용함에 있어서는 처음부터 없었던 것으로 보며, 무효로 된 출원의 출원서에 최초로 첨부된 명세서 또는 도면에 기재된 발명을 기초로 국내 우선권주장출원을 할 수 없다(제55조 제1항). 출원공개 후 출원이 무효로 된 경우에는 특허법 제65조 제2항의 출원공개에 따른 보상금지급청구권은 처음부터 발생하지 아니한 것으로 본다(제65조 제4항).

5. 절차의 효력의 승계와 속행

특허권 또는 특허에 관한 권리에 관하여 밟은 절차의 효력은 그 특허권 또는 특허에 관한 권리의 승계인에게 미친다(제18조). 즉 승계가 있는 경우 절차를 처음부터 다시 받는 것이 아니라 이미 행한 절차는 유효하게 되므로 이미 밟은 절차는 다시 밟을 필요가 없다. 특허청장 또는 심판장은 특허에 관한 절차가 특허청 또는 특허심판원에 계속중에 특허권 또는 특허에 관한 권리의 이전이 있는 때에는 그 특허권 또는 특허에 관한 권리의 승계인에 대하여 그 절차를 속행하게 할 수 있다(제19조). 심사관은 승계인에 대하여 특허에 관한 절차를 속행하게 하고자 할 때에는 특허청장 명의로 그 취지를 당사자에게 서면으로 통지하여야 한다(시행규칙 제18조).

6. 절차의 추후보완

특허에 관한 절차를 밟은 자가 책임질 수 없는 사유로 인하여 특허법 제132조의3의 규정에 의한 심판의 청구기간, 특허법 제180조 제1항의 규정에 의한 재심의 청구기간을 준수할 수 없을 때에는 그 사유가 소멸한 날부터 14일 이내에 지키지 못한 절차를 추후 보완할 수 있다. 다만, 그 기간의 만료일부터 1년이 경과한 때에는 그러하지 아니하다(제17조). 이와 같이 특허에 관한 절차를 밟은 자가 책임을 질 수 없는 사유로 심판이나 재심의 법정기간을 경과하여 결정, 심결 또는 판결이 확정된 경우 당사자가 치명적인 불이익을 받게 되는 것은 가혹하기 때문에 절차를 추후에 보완할 수 있게 한다.

7. 절차의 정지

가. 절차의 중단

절차의 중단은 당사자에게 절차를 수행할 수 없는 사유가 발생했을 경우에 새로운 절차의 수행자가 나타나 절차를 수행할 수 있을 때까지 법률상 당연히 절차의 진행이 정지되는 것을 말한다. 특허에 관한 절차가 다음 각호의 어느 하나에 해당하는 경우에는 특허청 또는 특허심판원에 계속중인 절차는 중단된다. 다만, 절차를 밟을 것을 위임받은 대리인이 있는 경우에는 그러하지 아니하다. (i) 당사자가 사망한 경우, (ii) 당사자인 법인이 합병에 의하여 소멸한 경우, (iii) 당사자가 절차를 밟을 능력을 상실한 경우, (iv) 당사자의 법정대리인이 사망하거나 그 대리권을 상실한 경우, (v) 당사자의 신탁에 의한 수탁자의 임무가 종료한 경우, (vi) 제11조 제1항 단서의 규정에 의한 대표자가 사망하거나 그 자격을 상실한 경우, (vii) 파산관재인 등 일정한 자격에 의하여 자기 이름으로 남을 위하여 당사자가 된 자가 그 자격을 잃거나 사망한 경우(제20조).

나. 절차의 중지

절차의 중지는 특허청의 입장에서 절차를 속행할 수 없는 장애가 생겼거나 당사자에게 절차를 계속 진행하는 데 부적당한 사유가 발생하여 법률상 당연히 또는 특허청의 결정에 의하여 절차가 정지되는 것을 말한다. 특허청장 또는 심판관이 천재·지변, 기타 불가피한 사유로 인하여 그 직무를 행할 수 없는 때에는 특허청 또는 특허심판원에 계속중인 절차는 그 사유가 소멸될 때까지 중지된다(제23조 제1항). 특허청장 또는 심판관은 당사자가 부정기간의 장애로 특허청 또는 특허심판원에 계속중인 절차를 속행할 수 없는 때에는 결정으로 그 중지를 명할 수 있다(제23조 제2항).

다. 중단 또는 중지의 효과

특허에 관한 절차가 중단 또는 중지된 경우에는 그 기간의 진행은 정지되고 그 절차의 수계통지를 하거나 그 절차를 속행한 때부터 다시 모든 기간이 진행된다(제24조). 즉 이 경우 진행기간은 절차의 중지나 중단 전 잔여기간의 진행으로 지정기간이나 법정기간이 완성되는 것이 아니라 중단 전 진행된 기간이 무시되고 다시 처음부터 전 기간이 진행된다. 절차가 중단 또는 중지되는 동안에는 특허청장 또는 심사관은 물론 당사자도 원칙적으로 절차를 진행할 수 없다.

라. 중단된 절차의 수계

특허청 또는 특허심판원에 계속중인 절차가 중단된 때에는 특허법 제21조 각호의 어느 하나에 해당하는 자가 그 절차를 수계하여야 한다(제21조). 특허법 제20조의 규정에 의하여 중단된 절차에 관한 수계신청은 상대방도 할 수 있다. 특허청장 또는 심판장은 중단된 절차에 관한 수계신청이 있는 때에는 이를 상대방에게 통지하여야 한다(제22조 제2항).

8. 서류의 제출

가. 의 의

특허출원시 특허를 받고자 하는 자는 특허출원서에 명세서 등을 첨부하여 특허청장에게 제출하여야 한다(제42조 제1항). 특허청에 서류를 제출하는 방식은 서면주의를 채택하고 있기 때문에 종전부터 시행한 종이로 된 서류를 제출하는 방식과 전자적 기록 매체와 전자출원으로 제출하는 방식이 있다. 전자출원제도를 시행하기 위하여 당사자 식별, 전자적 방법에 의하여 밟은 절차의 효력 및 전자문서에 의한 특허에 관한 절차의 수행에 대하여는 특허법 제28조의2 내지 제28조의5에서 규정하고 있다. 특허에 관한 절차를 밟고자 하는 자는 특허청 또는 특허심판원에 자신의 고유번호의 부여를 신청하여야 한다(제28조의2 제1항).

나. 서류제출 방법

특허에 관한 절차를 밟고자 하는 자는 특허청장 또는 특허심판원장에게 제출하는 특허출원서, 기타 서류를 특허법시행규칙 제9조의2에서 정하는 방식에 따라 전자문서화하고 이를 정보통신망을 이용하여 제출하거나 플로피디스크 또는 광디스크 등 전자적 기록매체에 수록하여 제출할 수 있다(제28조의3 제1항). 이러한 전자문서는 이 법에 의하여 제출된 서면에 의한 서류와 동일한 효력을 갖는다.

다. 서류제출의 효력

(1) 도달주의 원칙

특허법에서 서류제출의 효력 발생시기는 도달주의를 원칙으로 하고 예외적으로 국내출원의 경우, 우편물의 발신일이 분명한 경우와 수령증으로 발신한 날이 증명될 경우 우편으로 서류를 제출하는 때에는 우체국에 제출한 때에 특허청에 도달하는 것으로 보는 발신주의를 취하고 있다. 특허청 또는 특허심판원에 제출하는 출원서·청구서, 기타의 서류(물건을 포함한다)는 특허청 또는 특허심판원에 도달된 날부터 그 효력이 발생된다(제28조 제1항). 즉 도달주의를 원칙으로 한다.[1]

(2) 도달주의의 예외

서류를 우편으로 특허청 또는 특허심판원에 제출하는 경우에 우편물의 통신일부인에 표시된 날이 분명한 경우에는 그 표시된 날에 특허청 또는 특허심판원에 도달한 것으로 본다(제28조 제2항). 그러나 통신일부인의 표시가 불분명한 경우에는 우체국에 제출한 날을 우편물의 수령에 의하여 증명한 날에 도달한 것으로 간주한다.[2]

(3) 우편제출과 관련한 국제출원의 경우

특허권 및 특허에 관한 권리의 등록신청서류, 특허협력조약(PCT) 제2조 제7항의 규정에 의한 국제출원(이하 "국제출원"이라 한다)에 관한 서류를 우편으로 제출한 경우에는 도달주의 원칙이 적용된다(제28조 제2항 단서). 그러나 국제출원일 부여와 관계되는 국제출원서 또는 보완에 관한 서류에 한정된다. 국제출원의 경우, 특허청장은 국제출원이 특허청에 도달한 날을 PCT 제11조의 국제출원일로 인정하여야 한다(제194조 제1항). 국제출원의 경우 서류를 우편으로 제출하는 경우에는 등록신청서류는 권리변동

---

[1] 민법 제111조 제1항: 상대방이 있는 의사표시는 그 통지가 상대방에 도달한 때로부터 그 효력이 생긴다. 민사소송법 제189조(발신주의): 제185조 제2항(송달할 장소를 알 수 없는 경우) 또는 제187조(우편송달)의 규정에 따라 서류를 발송한 경우에는 발송한 때에 송달된 것으로 본다.

[2] 대법원 2006.3.24 선고 2005다66411 판결: 우편물이 수취인 가구의 우편함에 투입되었다는 사실만으로 수취인이 그 우편물을 실제로 수취하였다고 추단할 수 없다.

을 수반할 수 있기 때문에 등록의 순위를 명확히 하기 위하여 원칙적으로 도달주의를 취하고 있다. 그 이유는 PCT에 의한 국제출원의 경우에는 기본적 요건이 충족되어 있음을 확인하는 것을 조건으로 그 수리일을 국제출원일로 인정하도록 규정하고 있기 때문이다. 그러나 국제출원일 부여 이후에 국내법령에 따라 제출되는 서류를 우편으로 제출하는 경우에는 발송주의가 적용된다.

9. 서류의 송달

특허법 및 그 하위 법령에서 특허에 관한 절차의 심사결과가 당사자의 특허권의 득실이나 이해에 영향을 미치는 경우 심사결과의 서류를 일정한 절차에 따라 당사자에게 통보(송달 및 발송)하도록 하고 있다. 이는 서류를 수령할 자에게 확실히 서류를 교부함으로써 후일에 일어날 수 있는 분쟁을 미연에 방지하는 데 그 목적이 있다. 특허법에 규정된 서류의 송달절차 등에 관하여 필요한 사항은 대통령령으로 정한다(제218조). 서류를 송달하는 방법에는 교부에 의한 송달, 우편에 의한 송달 및 공시송달이 있으며 이들 서류의 송달 방법은 특허법시행령 제18조에 규정되어 있다. 공시송달의 경우 최초의 공시송달 효력발생 시기는 특허공보에 게재한 날로부터 2주일 경과 후이다. 특허청은 2011년 4월 1일부터 2명 이상이 특허에 관한 절차를 밟거나 공동으로 대리권을 행사하는 경우 출원인의 의사와 무관하게 최종 지정된 대리인에게만 서류를 송달하는 "서류송달 대표자 선정제도"를 시행하고 있다. 따라서 2명 이상이 특허에 관한 절차를 밟거나 공동으로 대리권을 행사하는 경우 그 중 1명에게 서류를 송달하되, 서류송달 대표자를 선정하여 신고한 경우에는 그 대표자에게 송달한다.

10. 서류의 열람 등

특허 또는 심판에 관한 증명, 서류의 등본 또는 초본의 교부, 특허원부 및 서류의 열람 또는 복사를 필요로 하는 자는 특허청장 또는 특허심판원장에게 이를 신청할 수 있다(제216조 제1항). 서류의 열람 또는 복사신청 등은 누구라도 일정한 수수료를 납부하면 신청할 수 있다. 특허청장 또는 특허심판원장은 관련 서류에 대하여 열람 또는 복사신청이 있다 하더라도 그 출원내용이 아직 설정등록[1] 또는 출원공개가 되지 아니한 특허출원에 관한 서류와 공공의 질서·선량한 풍속을 문란하게 할 염려가 있는 경우에는 이를 허가하지 아니할 수 있다(제216조 제2항). 특허출원·심사·심판·재심에 관한 서류 또는 특허원부는 이를 외부에 반출할 수 없다(제217조 제1항). 한편 특허출원·심사·심판이나 재심으로 계속중에 있는 사건의 내용 또는 특허여부결정·심결이나 결정의 내용에 관하여는 감정·증언 또는 질의에 응답할 수 없다(제217조 제2항). 특허출원의 심사·심판은 심사관 또는 심판관의 전문지식과 관련법규에 따라 독립적으로 수행되기 때문에 특허청 내·외의 어느 누구도 심사 또는 심판에 영향을 미쳐서는 아니 될 뿐만 아니라, 공정성이 담보될 수 있도록 하기 위해서는 외부로부터의 어떤 간섭 또는 압력도 배제시키는 것이 법의 취지이다.

11. 취하·포기

가. 의 의

특허출원은 특허거절결정이나 특허결정에 의해서 그 절차가 종료된다. 그러나 특허출원이 특허청 계류중에 그 출원의 취하(取下) 또는 포기(抛棄)의 사유가 발생하면 그 출원절차도 종료된다.[2] 출원의 취하·포기는 원칙적으로 의사표시에 의하여 법적 효력이 발생하지만, 일정한 경우에는 법률의 규정에 의하여 취하 또는 포기로 간주된다. 특허심판도 취하할 수 있다.[3]

나. 출원의 취하

출원의 취하란 절차상의 하자나 흠결이 있어서 그 미비사항을 보정하여 재출원하고자 하는 경우에 출원인의 자발적인 의사에 의하여 출원

---

1) 대법원 2001.7.29 선고 99후2020 판결: 2008년 개정법에서 설정등록 이후에 서류열람이 가능한 실무를 반영하여 명확하게 "설정등록"으로 수정하였다;

2) 포기(abandonment)와 취하(withdrawal)를 미국 특허법에서는 엄격히 구별하지 않으나, 한국과 일본 특허법에서는 양자의 개념을 구분하여 사용한다. 예컨대, 출원의 포기와 절차의 포기가 있다. 취하는 신청하였던 사건이나 제출한 서류 따위를 취소하는 것으로 출원의 취하, 심판청구의 취하, 선출원의 취하 등이 있다.

3) 심판청구는 심결이 확정될 때까지 이를 취하할 수 있다(A request for a trial may be the petitioner before the trial decision).

을 소급적으로 철회하는 것을 말한다. 특허출원이 취하로 간주되는 경우는 출원심사의 청구를 5년 이내에 하지 아니한 때, 국제특허출원의 명세서 및 청구의 범위에 대한 번역문을 국내서면제출기간 내에 제출하지 아니한 경우, 재외자인 국제특허출원의 출원인이 특허관리인에 의하지 아니하고 국제특허출원의 번역문을 제출한 후 기준일로부터 2개월 이내에 특허관리인 선임신고가 없을 때, 국내우선권 주장의 기초가 된 선출원이 그 출원일로부터 1년 3개월을 경과한 때 등이다.

다. 출원의 포기

출원의 포기란 출원인의 의사에 의하여 특허를 받을 수 있는 권리를 단념하는 법률행위이다. 이는 동일한 발명에 대하여 타인에게도 권리가 발생하는 것을 방지하고자 하는 경우에 행한다. 예를 들어, 특허권의 특허료를 법정기간 내에 추가납부하지 아니한 때 특허권의 설정등록을 받고자 하는 자의 특허출원은 포기한 것으로 간주된다.

≪연습문제≫

⟨문 1⟩ **특허법상 기간에 관한 설명으로 옳지 않은 것은?** [2011년 변리사 1차시험]
① 특허법상 기간에는 법정기간 지정기간이 있으며, 법정기간에는 분할출원기간, 변경출원기간, 절차의 보정기간 등이 있다.
② 국내우선권 주장에 있어서 선출원의 취하 간주일, 특허권 존속기간의 만료일은 기간의 말일이 공휴일이라 하더라도 기간의 말일이 그 다음 날로 연장되지 않는다.
③ 전자문서를 제출하려는 자가 기한 전에 정보통신망을 이용하여 전자문서를 발송하였으나 특허청장이 사전에 공지하지 않은 전산장애로 인하여 기한 내에 제출되지 않는 경우, 기간은 그 장애가 제거된 날이 다음 날로 만료한다.
④ 특허청장의 특허에 관한 절차를 밟을 기간을 정한 때에는 청구에 따라 그 기간을 단축 또는 연장하거나 직권으로 그 기간을 연장할 수 있다.
⑤ 법정기간 중 특허거절결정에 관한 불복심판 청구기간은 1회에 한하여 30일 이내에서 연장할 수 있고, 교통이 불편한 지역에 있는 자의 경우에는

그 횟수 및 기간을 추가로 연장할 수 있다.

〈문 2〉 특허법상의 기간에 대한 연결이 옳지 않은 것은?

① 거절사정불복심판의 청구: 거절사정등본을 송달받은 날부터 30일 이내 청구

② 출원공개: 특허출원일부터 1년 6개월이 경과 한 때 또는 특허출원일부터 1년 6개월이 경과하기 전이라도 출원인의 신청이 있는 때

③ 특허출원 등을 기초한 국내우선권 주장: 그 특허출원이 선출원의 출원일부터 1년 이내 출원하면서 우선권 주장

④ 특허출원심사의 청구: 누구든지 특허출원일부터 3년 이내

〈문 3〉 특허에 관한 절차를 대리하는 대리인제도에 대하여 특허법상의 위임대리인에 해당하지 아니한 대리인은?

① 특허관리인   ② 법정대리인
③ 복대리인   ④ 포괄위임등록

〈문 4〉 재외자의 특허관리인에 관한 다음 설명 중 옳지 않은 것은?

① 우리나라에 주소를 가지지 않은 미국인 A는 한국에 거주하는 변리사를 선임하지 않고 특허출원하면, 특허청에 제출한 서류는 반려된다.

② 국내에 주소 또는 영업소를 가지지 아니하는 자(재외자)는 특허관리인에 의하지 아니하면 특허에 관한 절차를 밟을 수 없다.

③ 특허관리인은 포괄위임대리인이 될 수 없다.

④ 특허관리인에 의하지 아니하면 특허청의 처분에 대한 소를 제기할 수 없다.

〈문 5〉 우리나라 특허청에 제출하는 서류의 효력발생시기 중 옳지 않은 것은?

① 우리나라는 원칙적으로 도달주의를 택하고 있다.

② 특허출원서를 우편으로 특허청에 제출하는 경우에, 통신일부인이 불분명한 경우에는 우체국에 제출한 날을 우편물 수령증에 의하여 증명한 날에 도달한 것으로 본다.

③ 도달주의를 원칙적으로 하고, 예외적으로 발송주의를 가미하고 있다.

④ PCT에 의한 국제출원에 관한 서류는 발송주의를 택하고 있다.

〈문 6〉 특허절차에 관한 설명으로 옳은 것은? [2011년 변리사 1차시험]

① 국내에 주소 또는 영업소를 가지지 아니하는 재외자로서 국내에 체재하는 경우에는 국내에 주소 또는 영업소를 가지는 특허관리인을 통하지 않고도

특허에 관한 절차를 밟을 수 있다.

② 특허절차 천재·지변을 이유로 중지된 경우에는 그 기간의 진행이 정지 되고 위 불능사유가 소멸되어 절차의 진행이 속행되면 잔여기간이 진행 된다.

③ 당사자의 사망으로 특허절차가 중단되어 수계신청을 할 때에는 사망 당사 자의 상속인 또는 상속재산관리인만이 신청할 수 있다.

④ 특허절차의 진행중 당사자인 법인이 해산된 경우는 당해 특허절차가 중단 된다.

⑤ 미성년자의 법정대리인은 친족회의 동의없이 심판 또는 재심에 관한 절차 를 밟을 수 있다.

≪정답≫　1.① 2.④ 3.② 4.③ 5.④ 6.①

≪문제해설≫

<문 1>　① 특허법상 기간에는 법정기간, 지정기간 및 부가기간이 있다. 법정 기간은 특허권에 관한 법률 또는 이에 근거한 명령으로 정한 기간을 말한다. 분할 출원기간(제52조 제1항), 변경출원기간(제53조 제1항), 절차의 보정기간은 특허법 에서 정하고 있지 않으므로 틀린 지문이다 ② 제14조는 특허에 관한 절차의 기간 에 대해서만 적용된다. 특허에 관한 권리의 기간은 다음날로 연장되지 않고 원래 의 해당일로 종료한다. 이는 특허에 관한 절차를 밟는 자의 편의를 고려한 것이다. ③ 특허법시행규칙 제9조의4 제3항: 전자문서를 제출하고자 하는 자가 그 전자문 서를 기한 전에 정보통신망을 이용하여 발송하였으나 정보통신망의 장애, 특허청 이 사용하는 컴퓨터 또는 관련 장치의 장애(정보통신망, 특허청이 사용하는 컴퓨 터 또는 관련 장치의 유지·보수를 위하여 그 사용을 일시 중단한 경우로서 특허청 장이 사전에 공지한 경우에는 이를 장애로 보지 아니한다)로 인하여 기한 내에 제 출할 수 없었던 경우에는 그 장애가 제거된 날의 다음 날에 그 기한이 도래한 것 으로 본다. ④ 제15조 제2항. ⑤ 법정기간은 원칙적으로 기간의 연장이 불가능한 불변기간이나 거절결정불복심판청구기간의 경우에는 1회에 한하여 30일 이내에 연장할 수 있다(제15조 제1항).

<문 2>　① 제132조의3. ② 제64조 제1항. ③ 제55조 제1항(국내우선권). ④ 제59조 제1항에 따라 심사청구기간은 특허출원일부터 5년 이내이다.

<문 3>　② 제3조(미성년자 등의 행위능력): 미성년자·한정치산자 또는 금치 산자는 법징대리인에 의하지 아니하면 특허에 관한 절차를 밟을 수 없다. 특허법 상 법정대리인이 될 자 및 그들의 권한 등에 관하여는 민사소송법 제58조 내지 제63조의 규정에 따른다. 특허관리인(제5조), 복대리인(제6조), 포괄위임등록(특 허법시행규칙 제5조의2 제1항)은 변리사법 제2조에서 규정하는 변리사에게 위임

대리인의 자격이 있다. 따라서 법정대리인은 위임대리인으로 볼 수 없다.

<문 4> ①② 외국인은 국내에 주소를 둔 특허관리인(변리사)을 선임해야 특허에 관한 절차를 밟을 수 있다(제5조 제1항). ③ 특허관리인은 외국인을 대리하는 위임대리인이고, 국내에 주소나 영업소를 가지지 않는 외국기업(예: IBM)의 경우 우리나라 특허청에 매년 수백 건의 특허출원을 해야 하기 때문에 "포괄위임"에 의해서 특허청의 절차를 밟는 것이 편리하다. ④ 제5조 제2항.

<문 5> ① 제28조 제1항. ② 제28조 제2항. ③ 제28조 제1항은 도달주의 제1항은 발송주의라 할 수 있다. ④ 제28조 제2항 단서 규정에 따라 PCT에 의한 국제출원에 관한 서류는 도달주의의 원칙이 적용된다. 그러나 이는 국제출원일 부여와 관계되는 국제출원서 또는 보완에 관한 서류에 한정된다. 국제출원일 부여 이후에 국내법령에 따라 제출되는 서류를 우편으로 제출하는 경우에서는 발송주의가 적용된다.

<문 6> ① 제5조 제1항: 재외자는 내국인 또는 외국인을 불문하므로 국내에 주소 또는 영업소를 가지지 않은 대한민국 국민도 재외자에 해당한다. 그러나 재외자가 국내에 체재하는 경우 또는 PCT에 의한 국제특허출원인은 기준일까지는 특허관리인에 의하지 않고 특허에 관한 절차를 밟을 수 있다(제206조 제1항: 재외자의 특허관리인의 특례). ② 특허에 관한 절차가 중단 또는 중지된 경우에는 그 기간의 진행은 정지되고 그 절차의 수계통지를 하거나 그 절차를 속행한 때부터 다시 모든 기간이 진행된다(제24조). ③ 특허절차가 중단되어 수계신청을 할 때에는 사망 당사자의 상속인, 상속재산관리인 또는 법률에 의하여 절차를 속행할 자가 신청할 수 있다. ④ 당사자인 법인이 합병에 의하여 소멸한 경우만이 중단사유가 된다(제20조). 합병 이외의로 해산된 때에는 청산법인이 존재하여 절차를 수행할 수 있다. ⑤ 미성년자의 법정대리인은 친족회의 동의없이 상대방이 청구한 심판 또는 재심에 대한 절차를 밟을 수 있다(제3조 제2항).

제 3 절 특 허 요 건

Ⅰ. 서 설

1. 의 의

특허법은 소정의 요건을 구비한 발명에 대해서만 특허를 부여한다. 출원인이 특허청에 특허출원한 발명(이하 "출원발명"이라 한다)[1]이 특허를 받기 위한 필요한 요건들을 특허요건(特許要件)이라 한다. 특허심사란 심사관이 출원발명을 대상으로 특허요건이라는 잣대로 옥석(玉石)을 가리는 행정처분이라 할 수 있다. 특허요건은 크게 주체적 요건, 실체적 요건 및 절차적 요건으로 나누어 볼 수 있다. 출원발명은 이러한 요건들을 모두 충족해야만 특허를 받을 수 있다. 이하 본 절에서는 특허청 "특허·실용신안 심사지침서"(이하 "심사지침서"라 한다)를 참고하여 해설한다.

2. 특허요건의 종류

가. 주체적 요건

출원인의 자격 요건으로 특허를 받기 위해서는 권리능력이 있어야 한다. 발명을 한 자 또는 그 승계인만이 특허를 받을 수 있는 권리를 가진다(제33조 제1항).

나. 실체적 요건

발명 자체의 성질이나 특징과 관련된 요건을 말한다. 광의(廣義)의 특허요건은 출원발명이 특허법 제62조의 거절사유에 해당하지 않는 발명으로 인정되는 요건이라 할 수 있다. 협의(狹義)의 특허요건은 특허법 제29조 제1항 및 제2항에서 규정하는 발명의 성립성 및 산업상 이용가능성·신규성·진보성과 제36조 및 제29조 제3항 및 제4항에서 규정하고 있

---

1) 출원인은 특허를 받기 위하여 특허법 제42조에 의하여 특허출원서에 명세서를 첨부하여 특허청장에게 제출해야 한다. 출원발명은 실질적으로 명세서의 "특허청구범위"에 기재된 발명을 의미한다.

는 선원주의 등을 들 수 있다. 일반적으로 특허법 29조 제1항 및 제2항에서 규정하고 있는 산업상 이용가능성, 신규성 및 진보성을 "적극적 특허요건"이라 한다. 따라서 출원발명이 특허를 받기 위해서는 산업상 이용가능성·신규성 및 진보성을 구비하여야 한다. 대부분의 국가에서 특허요건은 거의 동일하나 제도운용 면에서 차이가 있다. 심사관은 출원발명의 기술내용을 먼저 파악하고 출원일을 기준으로 해서 선행기술을 검색한 후 신규성·진보성 등의 특허요건을 순서대로 심사한다.

다. 절차적 요건

절차적 요건은 출원인이 특허에 관한 절차를 밟는 행정절차에서 충족되어야 하는 요건이다. 예를 들어, 특허를 받기 위해서는 특허법에서 정해진 방식에 따라 작성한 특허명세서와 도면을 첨부한 특허출원서를 특허청에 제출해야 한다(제42조 제1항). 이와 같이 특허출원의 절차와 관련된 요건으로 특허법 제42조 제3항 및 제4항, 제42조 제5항, 제45조 등이 절차적 요건이라 할 수 있다.

3. 특허를 받을 수 있는 자

가. 특허를 받을 수 있는 권리

특허권은 설정등록에 의해서 발생한다(제87 제1항). 특허발명이라 함은 특허를 받은 발명을 말한다. 특허를 받을 수 있는 권리의 성질에 대해서는 3가지 학설이 대립되고 있다. 특허를 받을 것을 청구하는 권리라고 하는 공권설(公權說), 발명의 지배를 목적으로 하는 사권이라고 하는 사권설(私權說), 양자의 결합으로 보는 절충설 등이다. 어느 입장이나 양도성이 있는 재산권이라고 하는 점에서는 일치하고 있으나, 다수설은 특허를 받을 수 있는 권리를 일면적으로만 취급하지 않고 국가에 대해 특허 부여라는 행정처분을 청구하는 권리는 공권이지만 발명의 완성과 함께 발명자권이라는 사권을 원시적으로 취득하는 것으로 보는 입장이다.[1]

나. 특허를 받을 수 있는 자

발명자는 발명을 함으로써 특허를 받을 권리가 발생한다. 특허를 받

---

1) 中山, 363면.

을 수 있는 자는 정당한 발명자 또는 그 승계인이어야 하고, 권리능력이 있는 자연인 또는 법인이어야 한다. 다만, 특허청 직원 및 특허심판원 직원은 상속 또는 유증(遺贈)의 경우를 제외하고는 재직중 특허를 받을 수 없다(제33조 제1항). 특허를 받을 수 있는 자는 본래 발명자이다. 발명자는 특허를 받을 권리를 가짐과 동시에 그 이름이 특허에 발명자로서 명시될 권리를 갖는다(파리협약 제4조 제3항). 또한 특허법 제25조에 위반된 출원은 거절이유가 되고, 특허등록 후에 특허에 관한 권리를 향유할 수 없게 된 경우에는 그 시점부터 특허가 무효로 된다. 특허권이 권리를 향유할 수 없는 외국인에게 양도된 경우 특허권 자체가 무효로 되는 것이 아니고 양도계약이 무효로 된다고 해석된다.

다. 발 명 자 [1]

1) 특허를 받을 수 있는 권리는 발명의 완성에서부터 거절결정의 확정 또는 특허권 설정등록 전까지 발명자가 가지는 권리이다. 특허를 받을 수 있는 권리는 발명을 함과 동시에 아무런 조치 없이 원시적으로 발명자에게 귀속된다. 특허법 제33조 제1항은 발명을 한 자 또는 승계인은 특허를 받을 수 있다는 원칙을 규정하고 있으며, 제2항에서는 2인 이상이 공동으로 발명을 한 때에는 특허를 받을 수 있는 권리를 공유로 하도록 규정하고 있다. 특허를 받을 수 있는 권리를 가지지 아니한 자가 출원하거나 공동으로 발명한 자가 공동으로 출원을 하지 않은 경우 거절이유 및 무효사유가 된다.

2) 발명자란 자연법칙을 이용하여 기술적 사상을 창작한 자를 의미한다. 발명은 사실행위로서 미성년자 등과 같이 행위능력이 없는 자도 발명자가 될 수 있으며, 법정대리인을 통하여 절차를 밟기만 하면 특허를 받을 수 있다.

3) 발명이 공동으로 이루어진 경우 공동발명자 전원이 발명자이므로 특허를 받을 수 있는 권리는 공동발명자 전원에게 있다. 따라서 이 경우 그 중의 일부의 자민이 출원하여 특허를 받을 수는 없나. 공동발병사가 되기 위해서는 발명이 완성되기까지의 과정중 적어도 일부에 공동발명자

---

[1] 심사지침서 제2부 제1장, 2102-2103면.

각각이 기술적인 상호 보완을 통하여 발명의 완성에 유익한 공헌을 하여야 하며, 발명의 완성을 위하여 실질적으로 상호 협력하는 관계에 있어야 한다.

　　4) 출원인이 착오로 발명자 중 일부의 기재를 누락하거나 잘못 적은 때에는 심사관이 특허 여부를 결정하기 전까지 필요에 따라 추가 또는 정정할 수 있다. 심사관의 특허 여부 결정이 있은 후에는 발명자의 기재가 오기임이 명백한 경우 또는 출원 과정을 통해 출원서에 적은 바 있던 발명자를 누락했음이 명백한 경우 외에 새로이 발명자를 추가하는 등의 정정은 불가하다. 심사 과정에서 발명자를 변경하는 보정서가 제출된 경우 특별한 사정이 없는 한 착오로 인해 발명자의 누락이나 오기재가 있었는지의 여부만을 판단하면 충분하며 입증서류를 따로 요구할 필요는 없다. 여기서 특별한 사정이란 특허법 제29조 제3항을 이유로 거절이유를 통지하였더니 발명자의 변경을 통해 거절이유를 해소하려고 하는 등 착오가 아니라는 의심을 할 만한 합리적인 이유가 있는 경우를 말한다.

　　5) 출원서에 발명자로 기재된 자가 진정한 발명자가 아니라는 합리적인 의심이 드는 경우에는 출원에 대하여 보정을 요구할 수 있다. 진정한 발명자가 아니라는 합리적인 의심이 드는 경우로는 발명자가 자연인이 아닌 경우, 발명을 하였을 것이라고 인정되지 않는 미성년자가 발명자로 기재되어 있는 경우 등이 있다.

라. 승 계 인 [1]

특허를 받을 수 있는 권리는 재산권이며 양도성이 있다. 이에 따라 특허법 제37조에서 특허를 받을 수 있는 권리를 이전할 수 있도록 규정하였다.

(1) 승계를 위한 절차

1) 특허를 받을 수 있는 권리를 출원 전에 양도하는 경우에는 특별한 절차를 필요로 하지 않으나, 특허출원 후의 양도는 포괄승계를 제외하고는 출원인변경신고를 하여야 그 효력이 발생한다. 한편 출원 전에 특허를 받을 수 있는 권리를 양도받은 승계인이 제3자에게 대항하기 위해서는

---

1) 심사지침서 제2부 제1장, 2103-2104면.

출원을 하여야 한다.

2) 특허출원 후 양도받은 경우로서 출원인변경신고를 하고자 하는 자는 특허법시행규칙 별지 제20호 서식의 권리관계변경신고서에 출원인 변경의 원인을 증명하는 서류, 제3자의 허가·인가·동의·승낙이 필요한 경우에는 이를 받았음을 증명하는 서류 및 대리인에 의하여 절차를 밟는 경우에는 그 대리권을 증명하는 서류 각 1통을 첨부하여 그 출원의 설정 등록 전까지 특허청장에게 제출하여야 한다. 2 이상의 특허출원에 대하여 출원인변경신고를 하고자 하는 경우에는 그 신고의 내용이 동일한 것을 전제로 하나의 신고서로 제출할 수 있다.

3) 2인 이상이 공동으로 출원을 하거나 출원인변경신고를 하는 경우로서 출원인 또는 그 승계인의 권리에 관하여 지분을 정하고자 할 때 또는 민법 제268조 제1항 단서의 규정에 의하여 5년 이내에 분할하지 않기로 한 계약이 있는 때에는 그 출원서 또는 권리관계변경신고서에 그 취지를 기재하고 이를 증명하는 서류를 제출하면 된다.

4) 특허에 관한 절차를 밟는 자가 사망하여 특허를 받을 수 있는 권리의 상속 및 상속인 등은 민법 제5편의 상속에 관한 규정에 의한다.

5) 특허를 받을 수 있는 권리는 합유(合有)에 준하는 성질도 가지고 있어 특허를 받을 수 있는 권리가 공유인 경우에는 각 공유자는 다른 공유자의 동의를 얻지 아니하면 그 지분을 양도할 수 없다.

(2) 특수한 승계의 취급

1) 동일한 자로부터 승계한 동일한 특허를 받을 수 있는 권리에 대하여 다른 날에 2 이상의 특허출원이 있는 때에는 실제 승계의 선후를 가리지 아니하고 특허법 제36조 제1항에 따라 먼저 출원한 자만이 특허를 받을 수 있다.

2) 동일한 자로부터 승계한 동일한 특허를 받을 수 있는 권리에 대하여 같은 날에 2 이상의 특허출원이 있는 때에는 출원한 자간의 협의에 의하여 정한 사 외의 사의 승계는 그 효력이 발생하지 아니한다. 이 경우, 심사관은 특허법 제38조 제7항에서 준용하는 같은 법 제36조 제6항에 따라 특허청장 명의로 기간을 정하여 출원인들에게 협의결과를 신고

할 것을 요구한다. 협의요구에도 불구하고 협의가 성립하지 아니한 경우 그 승계는 효력이 발생하지 않으므로 모든 출원은 무권리자에 의한 출원으로 보고 같은 법 제33조 위반으로 거절이유를 통지하고 거절결정한다.

　3) 동일한 자로부터 승계한 동일한 특허를 받을 수 있는 권리에 대하여 같은 날에 2 이상의 출원인변경신고가 있는 때에는 신고한 자간의 협의에 의하여 정한 자 외의 자의 신고는 그 효력이 발생하지 아니한다. 이 경우, 심사관은 같은 법 제38조 제7항에서 준용하는 같은 법 제36조 제6항에 따라 특허청장 명의로 기간을 정하여 신고자들에게 협의결과를 신고할 것을 요구하고 그 기간 이내에 신고가 없는 때에는 협의는 성립되지 아니한 것으로 본다. 협의가 성립되지 않은 경우, 이를 이유로 거절이유를 통지하는 것이 아니라 출원인 변경신고가 없었던 것으로 보고 심사를 진행한다.

마. 정당한 권리자의 보호

　우리 특허법은 발명자 등을 두텁게 보호하기 위해 특허를 받을 수 있는 권리를 가진 정당한 권리자의 출원 전에 무권리자의 출원이 있더라도 일정한 요건을 갖춘 경우 그 정당한 권리자를 보호하는 규정을 두고 있다. 특허법 제34조 및 제35조는 정당한 권리자를 보호하기 위하여 무권리자의 출원이 거절되거나 특허권이 무효로 된 경우 정당한 권리자의 출원이 후출원이라는 이유로 거절되지 않도록 규정하고 있다. 여기서 "무권리자"란 발명자가 아닌 자로서 발명자 또는 그 승계인으로부터 특허를 받을 수 있는 권리를 적법하게 승계받지 아니한 자를 말한다. 즉, 특허를 받을 수 있는 권리를 정당하게 승계받지 못한 자가 마치 정당한 승계인처럼 모인(冒認)하는 자와 그 모인하는 자로부터 특허를 받을 수 있는 권리를 양도받은 선의의 승계인도 무권리자이다.

바. 공동발명의 경우 권리행사

　여러 사람이 공동으로 발명을 한 경우 특허를 받을 수 있는 권리는 발명자 전원이 공유하게 된다(제99조). 발명자가 특허를 받을 수 있는 권리의 일부를 양도한 경우에도 공유관계가 발생한다. 민법상의 공유는 각자가 자기의 지분을 양도할 때 타공유자의 동의가 불필요하나(민법 제263

조), 특허법상의 특허를 받을 수 있는 권리의 공유는 민법상의 공유와 구별되어 각 공유자가 자기의 지분을 자유로이 처분할 수 없고(제37조 제3항), 지분에 대해 강제집행도 할 수 없다. 또한 특허를 받을 수 있는 권리가 공유인 경우 공유자 전원이 아니면 출원할 수 없고(제44조), 따라서 공유자의 일부에 의한 출원은 거절된다. 또한 심판청구는 청구인이 되는 경우나 피청구인이 되는 경우에도 전원이 하여야 한다. 이를 "고유필수적 공동심판"이라 한다. 이에 대하여는 제8절 심판편에서 후술한다.

사. 권리의 이전

특허를 받을 수 있는 권리는 이전할 수 있다(제37조 제1항). 특허를 받을 수 있는 권리는 다른 재산권과 같이 당사자간의 의사표시에 의해 이전된다. 즉 특허출원 전의 권리의 이전에는 당사자간의 합의에 의해서만 이전의 효과가 발생된다. 다만, 승계인이 특허출원을 아니하면 제3자에 대한 대항력은 발생하지 않는다(제38조 제1항). 특허출원 후의 권리의 이전(특허출원인 변경신고)은 특허청에의 출원이 효력발생요건이다(제38조 제4항). 특허를 받을 수 있는 권리는 질권의 목적으로 할 수 없다(제37조 제2항). 담보물권에는 법정담보물권과 약정담보물권이 있는데, 전자는 유치권, 후자에는 저당권, 질권 등이 있다. 이중 특허를 받을 수 있는 권리에 대하여 담보물권이 성립할 수 있는지의 여부는 질권과 관련된다. 특허를 받을 수 있는 권리의 이전성은 인정하면서 질권의 설정을 금지하는 이유는 특허를 받을 수 있는 권리는 확정적인 것이 아니므로 제3자에게 불측의 손해를 줄 우려가 있다는 점, 자본가에게 헐값에 넘어갈 수 있다는 점, 경매 등에 의해 권리가 공개될 경우 권리 자체가 훼손될 염려가 있다는 점 등으로 질권의 목적으로 할 수 없도록 하고 있다.[1]

같은 법 제37조는 주로 특허를 받을 수 있는 권리의 사적인 측면을 강조하는 규정이다. 반면에 같은 법 제38조 제1항은 출원 전의 특허를 받을 수 있는 권리의 승계에 대하여, 제38조 제4항은 공권적 측면에서 출원 후 특허를 받을 수 있는 권리의 승계에 규정한다. 특허출원 전의 특

---

1) 특허를 받을 수 있는 권리에 관하여서는 저당권 설정은 있을 수 없다. 법에서 특허를 받을 수 있는 권리는 양도담보의 설정을 인정하고 있지 않지만 등록된 특허권에 대해서는 담보권의 설정이 가능하다. 특허를 받을 수 있는 권리에 대한 강제집행은 불가능하다.

허를 받을 수 있는 권리는 어떠한 공시수단도 없고 무체재산으로서 점유가 불가능하므로, 출원 전의 특허를 받을 수 있는 권리의 대항요건은 특허출원이다. 특허출원 전에 특허를 받을 수 있는 권리의 승계에서 가장 문제가 되는 것은 직무발명의 예약승계 문제와 대항력 문제이다. 대항요건은 출원 전에는 특허출원에 의해서, 출원 후에는 특허청장에 대한 신고에 의해서 발생된다. 즉 특허출원 후에 특허를 받을 수 있는 권리의 승계는 상속 기타 일반승계의 경우를 제외하고는 특허출원인 변경신고를 하지 아니하면 그 효력이 발생하지 아니한다(제38조 제4항).

4. 특허를 받을 수 없는 발명

가. 서 설

특허법에서는 특허를 받을 수 있는 대상을 적극적으로 규정하고 있지 않다. 그 대신 특허를 받을 수 없는 발명에 대하여, 특허법 제29조, 제32조에서 명문화하고 있다. 공공의 질서 또는 선량한 풍속을 문란하게 하거나 공중의 위생을 해할 염려가 있는 발명에 대하여는 같은 법 제29조 제1항 및 제2항의 규정에 불구하고 특허를 받을 수 없다(제32조). 공공의 질서, 선량한 풍속을 문란하게 하는 발명, 즉 공서양속을 문란하게 하는 발명이 불특허 사유로 되어 있다. 일반적으로 양자를 구별하지 않고 사용하고 있지만 보다 분명히 구별하면 "공공의 질서"는 국가사회의 일반적 이익을 의미하고, "선량한 풍속"은 사회의 일반적·도덕적 관념을 가리킨다고 할 수 있다. 같은 법 제32조는 이러한 불특허 사유를 소극적으로 규정하고 있어서, 이를 "소극적 특허요건"이라고 한다. 본조는 공익을 위한 불특허 대상을 규정한 조문으로 "공공의 질서 또는 선량한 풍속을 문란하게 하거나 공중의 위생을 해할 염려가 있는 발명"은 특허법 제29조의 규정에 의해 특허요건을 구비한 발명이라도 특허를 받을 수 없음을 분명히 하고 그러한 발명을 열거한 규정이다. 그러나 본조에 해당하는 발명은 같은 법 제29조의 특허요건을 구비하고 있는지의 여부를 따져볼 필요도 없이 본 조 위반으로 거절결정한다.

나. 공서양속을 해칠 수 있는 발명

공공의 질서와 선량한 풍속을 해칠 염려가 있는 발명은 특허를 받을 수 없다. 공공의 질서는 국가사회의 일반적 이익을 의미하고, 선량한 풍속은 사회의 일반적·도덕적 관념을 가리킨다. 이 경우 출원발명이 본래 공서양속을 해칠 목적을 가진 경우는 물론 출원발명의 공개 또는 사용이 공서양속에 반하는 경우에도 적용한다. 최근 줄기세포 추출과정에서 인간배아를 파괴하는 것이 공서양속의 위반인지의 여부가 논란이 되고 있다.[1] 이처럼 공서양속을 문란하게 하는 것에 대하여 특허를 허여해서는 안 된다는 것은 특허법의 목적을 고려하지 않더라도 사회 통념상 당연한 것이다. 본 규정에 해당하는 것은 당해 발명이 본래 공서양속을 문란하게 할 목적을 가진 경우뿐 아니라, 당해 발명의 공개 또는 사용이 공서양속에 반하는 경우도 포함한다고 해야 할 것이다. 그러나 당해 발명의 본래의 목적 이외에 부당하게 사용한 결과 공서양속을 문란하게 하는 경우까지를 말하는 것은 아니라고 보아야 할 것이다. 예를 들어, 당해 발명에 관계되는 기구(빙고)가 순수한 오락용으로 제공되는 것을 목적으로 한 것이고, 도박행위 그 밖의 부정행위용으로 제공하는 것을 목적으로 한 것이 아님이 명세서의 기재내용상 분명하고, 또한 당해 발명의 내용에 비추어 당해 장치를 순수한 오락용으로 제공하고 부정행위용으로 제공하지 않는다는 것이 가능하다고 인정되는 경우에는 당해 장치가 부정행위의 용도로 제공될 수 있다는 이유만으로 공서양속을 문란하게 할 염려가 있다고는 할 수 없다.

다. 공중위생을 해칠 염려가 있는 발명

공중위생을 해칠 염려가 있는 발명은 특허를 받을 수 없다. 이는 공서양속을 해칠 염려가 있는 발명의 경우와 취지가 동일하다. 출원발명이 제조방법인 경우 그 방법 자체가 공중위생을 해칠 염려가 있는지의 여부를 판단하여야 할 뿐만 아니라 그 제조방법의 목적생성물이 공중위생을 해칠 염려가 있는지에 대해서도 고려하여야 한다. 공중위생을 해칠 염려

---

1) EPO DG3 확대항고심판부 2008.11.25, G 2/06(OJ EPO 2009.306) 심결: 출원서(발명의 명칭: stem cell)에 기재된 바와 같이 청구된 물건의 발명을 추출하기 위하여서는 출원 시점의 기술수준이 필연적으로 인간배아를 파괴할 수밖에 없다면 비록 그 추출방법이 청구항에 포함되어 있지 않더라도 청구된 물건과 관련된 청구항은 공서양속과 공중위생을 위배하여 특허를 받을 수 없다.

가 있는 발명에서도 공서양속을 문란하게 할 염려가 있는 발명의 경우와 동일하게 취급되며 이에 해당하는지 아닌지의 판단도 전술한 공서양속을 문란하게 하는 경우에 준하여 고려해야 할 것이다.

당해 발명의 방법에 의해 얻어진 물(物)이 학술서에서 유해하다고 되어 있는 경우라도 복지부가 약사법에 근거해 제조를 허가하고 있는 경우에는 해당 학술서의 기재로 인해 공중위생을 해칠 염려가 있는 것에 해당한다고 할 수 없다. 또한 발명 본래의 유익한 목적은 달성되지만 그 결과 공중의 위생을 해칠 염려가 있는 경우에는 그 해를 제거하는 수단은 있는지 아닌지의 여부 또는 그 효과를 비교·형량함이 바람직하다.

Ⅱ. 발명의 성립성

1. 발명의 정의

발명의 성립성이란 출원발명이 특허법상 특허대상(subject matter)인 발명으로 인정되기 위한 요건을 말한다. 즉 발명의 성립성 요건은 출원발명이 특허법에서 규정하는 발명의 정의를 만족하는지의 여부를 판단하는 것이다. 특허법 제2조 제1호에서 발명이라 함은 자연법칙을 이용한 기술적 사상의 창작으로 고도한 것을 말한다고 정의하고 있다.

발명의 성립성이 인정되기 위해서는 발명이 자연법칙을 이용할 것, 기술적 사상의 창작일 것, 고도할 것 등 3가지 원칙을 충족해야 한다. 독일 베를린대학의 교수이며 특허법 학자인 코울러는 "발명이란 자연력을 이용하여 자연을 극복하고 일정한 효과를 유도해 내서 인간의 수요에 도움이 되는 것에 대한 사상의 창작표현"이라고 정의한 바 있다. 우리 특허법상의 발명의 정의는 코울러의 학설을 그대로 답습한 것이다.

특허법에서 정의하는 발명의 종류는 물건(物件. products)에 대한 발명과, 방법(方法. processes)에 관한 발명으로 2가지로 분류한다(제2조 제3호). 미국 특허법상의 특허대상은 "신규하고 유용한 방법·기계·제품·조성물 또는 이들에 관한 신규하고 유용한 개량을 발명"으로 정의하고 있다.[1] 한편 유럽특허조약(EPC)에서 정의하는 발명의 종류는 물건·방법·장치 및 용도로 구분하고 있다.

2. 자연법칙을 이용한 것

일반적으로 자연법칙이라 함은 자연계에 존재하는 것을 경험적으로 밝혀낸 법칙을 의미한다. 자연법칙의 예로는 열역학의 법칙, 중력의 법칙, 만유인력, 에너지 보존의 법칙 등 무수히 많다. 발명은 자연법칙을 이용하여 주어진 과제를 해결하기 위한 기술적 사상의 창작에 의하여 목적하는 바가 달성될 수 있는 것이므로 발명으로 성립하기 위해서는 반드시 자연법칙을 이용하여야 한다.[2] 자연법칙이 아닌 것은 게임규칙, 암호작성방법, 보험제도 등이다. 특히 자연법칙에 반하는 것은 영구기관의 발명이다. 발명은 자연계에 존재하는 법칙, 즉 자연법칙을 이용하여 주어진 과제를 해결하기 위한 기술적 사상이므로 자연법칙 자체는 발명에 해당하지 않는다. 따라서 열역학 제1법칙·제2법칙, 에너지 보존의 법칙과 같은 자연법칙 자체는 발명이 아니다. 이 외에 자연법칙을 이용하지 아니한 것으로는 경제법칙, 수학공식, 논리학적 법칙, 게임의 규칙 그 자체, 인간의 정신활동(영업계획, 교수방법, 금융보험제도 그 자체, 과세제도 그 자체) 등은 발명에 해당되지 않는다.

발명은 자연법칙을 이용하여 만들어 낸 기술사상의 창작을 의미하므로 발명자가 발명활동에서 이용되는 자연법칙의 원리를 정확하게 인식할 필요까지는 없고, 그 자연법칙의 원리만을 이용한 것으로 충분하다. 예를 들어, 에디슨이 방전(放電) 현상을 실험하여 탄소필라멘트로 된 백열전구를 발명하였다면,[3] 그는 "전류의 흐름이 탄소소재를 거치면서 저항 때문에 빛과 열로 변한다"는 법칙을 과학적으로 알고 있을 필요는 없다. 전류

---

1) 35 U.S.C. 101 Inventions patentable. Whoever invents or discovers any new and useful process, machine, manufacture, or composition of matter, or any new and useful improvement thereof, may obtain a patent therefor, subject to the conditions and requirements of this title.
2) 대법원 2003.5.16 선고 2001후3149 판결; 대법원 2004.4.16 선고 2002후635 판결.
3) 에디슨의 백열전구의 특허발명(미국특허 제223, 898호)은 탄소필라멘트의 지름을 1/64인치 이하로 한 백열등으로 비교적 높은 전압과 비교적 약한 전류로 빛을 내고 발광력이 세며, 내구력도 100시간 정도의 효과가 인정되어 특허를 받았다.

가 빛으로 전환되는 과정에서 방전현상 및 진공원리 같은 자연법칙의 원리를 이용하는 것으로 충분하다.

3. 기술적 사상의 창작

특허법에서 "특허를 받을 수 있는 대상"이란 곧 "발명"(invention)을 의미한다. 그 발명이란 기술적 사상(technical idea)의 창작물을 말한다. 창작(創作)은 새로운 것을 만드는 작업이다. 따라서 발명의 정의에서 창작의 요건인 "기술적 사상의 창작"이란 일정한 목적을 달성하기 위하여 창작된 구체적인 아이디어가 이용 가능성과 반복 가능성을 구비한 것을 말한다. 신규성 판단에서 새롭다는 것은 청구항의 기술적인 아이디어(구성요소의 결합)를 인용발명과 대비할 경우 복제한 것이 아니고 새로운 것을 의미한다.[1]

4. 고도한 것

발명은 그 창작의 수준이 고도(高度)한 것이어야 한다. 발명의 "고도한 것"은 특허법의 발명과 실용신안법의 보호대상인 고안(考案)과의 차이를 나타내는 개념이다. 실용신안법상 고안이란 "자연법칙을 이용한 기술적 사상의 창작"이라고 정의하고 있으므로(실용신안법 제2조 제1호), 특허법상의 발명과의 차이점은 결국 고도성에 있다고 할 수 있다. 발명의 고도성과 발명의 진보성과의 차이점에 대한 관점은 강학상 객관설과 주관설이 있으나 특별한 차이가 있는 것은 아니다.[2] 심사실무에서는 "고도한 것"의 의미는 일반적으로 실용신안법 상의 "고안"과 특허법상의 "발명"을 구분하기 위한 상대적인 개념이므로 실무상 발명의 성립요건에 대한 판단시에는 "고도한 것"에 대해서는 고려하지 않는 것으로 한다(심사지침서 제3부 제1장 3101면). 고도성의 일차적인 판단 주제는 발명자 또는 출원인이다. 출원인이 출원하고자 하는 출원발명이 고도한 출원인지 아닌지에

---

1) 대법원 2004.4.16 선고 2002후635 판결.
2) 吉藤, 90면: 고도성은 발명의 성립요건이고, 진보성은 발명의 특허요건이지만, 양자는 판단하는 시점을 달리하는 데 불과하다고 해석하는 것이 객관설이다. 이에 대해 고도는 실용신안법상의 고안과 정의상 구별하기 위한 것이고, 그 이상의 의미는 없으며 창작자가 스스로 고도라고 생각하면 고도라고 해석하는 것이 주관설이다.

대한 판단에 대하여 시행착오가 있을 수 있으므로 특허법은 출원인의 편의를 위하여 변경출원제도를 채택하고 있다.

5. 발명의 성립요건을 위배한 경우

"발명"일 것의 성립요건은 다른 특허요건을 판단하기에 앞서서 판단하는 특허요건이다. 발명의 성립요건이 인정되지 않는 발명은 실무상 특허법 제29조 제1항 본문으로 거절된다. 예를 들어, 에너지 보존법칙에 위배한 출원발명은 자연법칙에 어긋나는 발명으로서 같은 법 제29조 제1항 본문에서 규정한 발명의 요건을 충족하지 못한다. 특허청구 범위에 기재된 발명의 일부라도 자연법칙에 위배되는 부분이 있으면 발명에 해당되지 않게 된다. 대법원 2007.5.11 선고 2007후66 판결은 자연법칙을 위배한 출원발명에 대하여는 특허법 제29조 제1항 본문으로 거절한다고 판시하였다.

Ⅲ. 산업상 이용가능성

1. 서 설

가. 의 의

특허를 받기 위해서는 발명의 성립성 이외에 "산업상 이용가능성"을 만족해야 한다. 특허법은 산업발전을 목적으로 하는 것이므로 당연히 산업상 이용가능성이 없는 발명은 특허를 받을 수 없다(제29조 제1항). 산업상 이용가능성은 산업기술상 동일한 결과를 반복해서 실시(생산)할 수 있는 가능성을 의미한다. 특허법 제29조 제1항 본문의 산업상 이용할 수 있는 발명은 강학상 발명의 성립요건과 산업상 이용가능성의 요건으로 구분한다(심사지침서 제3부 제1장 3101면). 산업상 이용가능성은 출원발명이 산업에 유용한지 그렇지 않은지의 여부를 판단하는 기준이다. 산업상 이용가능성이 없는 발명은 같은 법 제62조의 거절이유가 되고, 같은 법 제133조의 무효사유가 된다.

나. 산업의 의미

산업(産業)이란 용어의 내용과 관련해서 특허법에서는 명확하게 정의하고 있지 않다. 특허법 제29조 제1항 본문의 "산업"은 가장 넓은 의미의 산업으로 해석해야 한다. 즉, 산업은 유용하고 실용적인 기술에 속하는 모든 활동을 포함하는 가장 넓은 개념으로 해석된다. 산업은 공업·광업·농업·임업·어업·수산업·목축업 등으로 반복생산이 가능한 분야를 말한다. 그러나 의료업은 특허법상의 산업에 포함시키지 않는 것이 통설이다. 이 외에 보험업·금융업도 산업으로 인정하지 않으며, 세탁방법·광고방법·금융방법 또는 보험방법은 산업으로 인정한다. 또한 학술적이고 실험에서만 이용될 수 있는 발명은 산업성이 없는 발명으로 본다.

다. 이용의 의미

산업상 이용가능성에서 이용은 실시를 의미하므로 특허법의 목적인 "산업발전에 기여한다"는 관점에서 판단한다. 예를 들어, 치료방법의 발명은 이것을 실시하는 경우에 산업상 이용가능성이 결여되는 경우에는 특허의 대상으로 할 수 없다. 그러나 치료기계나 의약의 발명처럼 물건의 발명에 있어서는 이것을 사용하는 것이 의료업상의 이용일지라도 이것을 생산하는 것 자체가 산업상 이용가능성이 있으므로 특허대상이 될 수 있다. 이러한 관계는 교육방법과 교육기구, 경기방법과 경기기구에 있어서도 동일하게 적용될 수 있다.

2. 산업상 이용가능성이 없는 발명

산업상 이용할 수 없는 발명에 해당하지 않는 것의 대표적인 유형은 다음과 같다.

가. 의료행위

의약품 등 화학물질이나 의료업은 실무상 산업상 이용가능성이 부정되는 경우가 있다. 인간 또는 동물의 치료를 위한 진단방법, 치료 및 수술방법(의료행위)은 산업상 이용가능성이 없는 것으로 해석된다(TRIPs 제27조 제3항a). 그러나 이들 방법에 사용하기 위한 생산물인 의료기기 또는 의약품 등은 산업상 이용할 수 있는 발명으로 인정된다. 한편 미국 특허법에

서는 수술방법 또는 진단방법을 특허대상으로 인정하고 있다.[1]

특허청은 의료진단방법과 관련되는 발명 중 실질적으로 의료진단 방법으로 볼 수 있어도 의사의 직접적인 임상적 판단을 포함하지 않는 경우에는 특허대상으로 인정하기로 하고, 이를 반영한 "의료·위생분야 심사기준" 및 "의약분야 심사기준"을 마련하여 2008년 1월부터 시행하고 있다.[2] 특허법에 의하면, 인간의 신체를 대상으로 의사가 행하는 수술이나 치료 및 진단방법과 같은 의료방법 발명은 국민의 의료이용 접근성 보장이라는 공익적 측면을 고려하여 원칙적으로 특허를 받을 수 없었다. 특허청의 심사기준 개정은 의사의 의학적 지식과 경험이 적용되는 임상적 판단에까지 특허를 부여하는 것은 공익적 측면에서 적절치 않지만, 의사의 소견이 배제된 진단기술은 과학기술로 간주해 특허등록이 가능하도록 하는 세계적 추세를 반영한 것이라 할 수 있다.

개정된 심사기준에 의하면 임상적 판단, 즉 의학적 지식 및 경험을 바탕으로 질병 또는 건강상태를 판단하는 정신적 활동이 포함되지 않는 의료진단과 관련된 방법발명은 특허대상으로 인정된다. 또한 인간을 수술하거나 치료하거나 또는 진단에 사용하기 위한 의료기기 그 자체, 의약품 그 자체 등은 산업상 이용할 수 있는 발명에 해당한다. 신규한 의료기기의 발명에 병행하는 의료기기의 작동방법 또는 의료기기를 이용한 측정방법 발명이 그 구성에 인체와 의료기기간의 상호작용 또는 실질적인 의료행위를 포함하는 경우를 제외하고는 산업상 이용가능한 것으로 취급한다(심사지침서 제3부 제1항 3107면).

나. 인간으로부터 채취한 것

인간으로부터 자연적으로 배출된 것(예: 소변, 변, 태반, 모발, 손톱) 또는 채취된 것(예: 혈액, 피부, 세포, 종양, 조직)을 처리하는 방법이 의료행위와 분리 가능한 별개의 단계로 이루어진 것 또는 단순히 데이터를 수집하는

---

1) 다른 입법례로는 EPC 제52조 제4항에서 "이 조항은 치료방법에 사용되는 물건, 특히 화학물질이나 조성물에는 적용되지 않는다"고 규정하고 인간 또는 동물의 질병의 치료방법을 특허대상에서 제외하고 있다.

2) 의료·위생 분야 심사기준의 적용 분야는 국제특허분류(IPC) A61B, C, F-H, J-N 및 기타 의료·위생과 관련되는 기술분야의 분류에 적용한다. 또 의약분야 심사기준의 적용분야는 IPC A61, C07, C08, C12, G01 중 의약발명을 취급하는 기술분야의 분류에 적용한다.

방법은 경우에는 산업상 이용할 수 있는 것으로 취급한다. 그러나 채취한 것을 채취한 자에게 치료를 위해 되돌려 줄 것을 전제로 하여 처리하는 방법, 예를 들어, 혈액투석방법은 의료행위에 해당하므로 산업상 이용할 수 있는 발명으로 인정하지 않는다.

다. 현실적으로 명백하게 실현될 수 없는 발명

이론적으로는 그 발명을 실시할 수 있더라도 그 실시가 현실적으로 전혀 불가능하다는 사실이 명백한 발명은 산업상 이용할 수 있는 발명에 해당하지 않는 것으로 취급한다. 예를 들어, 오존층의 감소에 따른 자외선의 증가를 방지하기 위하여 지구표면 전체를 자외선흡수플라스틱 필름으로 둘러싸는 방법과 같은 것이다. 영구기관이나 추상적인 에너지 변환장치 또는 기술적으로 의심스러운 발명 등에 대해서 그 실시가 현실적으로 전혀 불가능하다는 사실이 명백하다고 판명이 되면 그 발명은 산업상 이용할 수 있는 발명에 해당하지 않는 것으로 취급한다.

라. 업(業)으로 이용할 수 없는 발명

개인적으로 또는 실험적·학술적으로만 이용할 수 있고, 업으로서 이용될 가능성이 없는 발명은 산업상 이용할 수 있는 발명에 해당되지 않는다. 그러나 시판(市販) 또는 영업의 가능성이 있는 발명은 산업상 이용할 수 있는 발명에 해당하는 것으로 취급한다.

아이디어의 표현 그 자체에 불과한 것은 특허의 대상이 될 수 없지만, 그 아이디어를 이용하는 것은 특허법으로 보호될 수 있다. 예를 들어, 아인슈타인이 연구한 상대성 이론을 논문으로 발표하고 저서로 출판한다면 이는 아이디어의 표현이므로 저작권으로 보호받을 수 있으나, 그 이론은 자연법칙 자체이므로 특허의 대상이 되지 않는다. 컴퓨터프로그램 그 자체는 저작물로 저작권법의 보호대상이 되지만, 컴퓨터프로그램이 하드웨어와 결합하여 특정한 기술적인 문제를 해결하는 경우에는 컴퓨터 관련 발명으로서 특허대상이 될 수 있다.

3. 산업상 이용할 수 있는 발명

가. 의 의

산업상 이용가능성이 있는 발명은 앞에서 설명한 산업상 이용할 수 없는 발명을 제외한 모든 산업기술이 해당된다. 예를 들어, 의료기기 그 자체, 의약품, 인간으로부터 채취한 것을 처리하는 방법 또는 이를 분석하여 각종 데이터를 수집하는 방법, 인간을 수술, 치료, 진단하는 방법에 이용할 수 있는 발명이라도 그것이 인간 이외의 동물에만 한정한다는 사실이 특허청구범위에 명시되어 있는 경우 등이다. 산업상 이용가능성은 명세서에 구체적으로 명시되어야 하고, 발명의 카테고리와 발명의 특성에 따라 구별되어야 한다. 만약, 어떤 발명자가 새로운 에이즈(AIDS)치료제를 발명했다면 그 발명은 물질발명이고, AIDS치료제를 만드는 새로운 방법이나 과정에 관한 발명은 방법발명에 해당한다. 만약 그 치료제가 AIDS 치료에만 사용되는 물질이라면 그 치료제는 용도발명이 될 수 있다.

나. 특허대상

최근 과학기술의 발달로 첨단기술 분야에 대한 지식재산권 보호의 필요성이 증대되면서 물질발명, 미생물 관련 발명, 컴퓨터 관련 발명 및 인터넷 관련 발명 등 새로운 지식재산권이 탄생되고 있다. 또한 TRIPs의 발효 후 특허대상이 점차 확대되고 있고, 발명의 국제적 보호에 대한 인식이 제고되고 있다. 미국은 대법원의 판결에 의하여 특허대상을 확대하여 왔다. Diamond v. Chakrabarty 사건에서 "유전자를 재조합하는 기술로 제조된 석유를 먹는 미생물(living microorganism)이 원유의 구성요소를 파괴할 수 있는 것으로서 유전적으로 조작되는 박테리아는 유출 원유를 정화하는 데 유용하므로 특허될 수 있다"고 판시하였다.[1] 또한 1981년의 Diamond v. Diehr 사건[2]에서 "컴퓨터가 사용되지 않았다면 특허를 받을 수 있었던 공정이 컴퓨터에 의해서 그 공정이 수행되었다는 이유만으로 특허를 받을 수 없다고 할 수는 없다"고 컴퓨터프로그램도 특허의 대상이

---

1) 이 판결에서 "태양 아래 인간에 의해 만들어진 모든 것(anything under the sun made by the man)이 특허대상이 된다"고 특허대상을 확대하였다.

2) Diamond v. Diehr, 450 U.S. 175, 209 USPQ 1(1981): 이 판결은 컴퓨터관련 발명에 대한 특허성을 최초로 인정한 리딩판례(leading case)이다.

될 수 있다고 판단하여 특허대상이 확대되는 시발점이 되었다.

다. 줄기세포 치료제에 관한 특허

2011년 7월 1일, 우리나라 식품의약품안전청이 줄기세포 치료제에 대하여 세계 최초로 품목허가[1]를 내줬다. 이는 줄기세포 치료제가 세계에서 처음으로 국내에서 상용화 단계에 돌입하였음을 의미한다. 줄기세포 치료제는 줄기세포를 체외에서 배양·증식하거나 선별하는 방법으로 조작하여, 환자의 병든 조직을 대체하거나 신체기능을 회복시킬 수 있도록 제조된 의약품을 말한다. 줄기세포는 인체의 다양한 조직으로 분화될 가능성이 있는 미분화된 세포로, 장기이식을 대체하거나 난치성 질환을 치료할 수 있는 획기적인 치료법을 제공할 것으로 주목받아 왔다. 줄기세포 치료제는 아직은 대량생산이 어렵고 시술 비용이 매우 비싸지만, 이번 식약청의 품목허가로 난치병 환자들은 새로운 희망을 갖게 되었고 관련 연구도 더욱 탄력을 받을 것으로 예상된다. 최근 들어, 줄기세포 치료제에 대한 연구가 국내에서 활발히 진행되고 있는데 이는 특허출원 건수에도 그대로 나타난다.

특허청에 의하면, 줄기세포 치료제에 관한 국내 특허는 2002년에 최초로 출원된 이후 계속 증가하여 2010년까지 모두 281건이 출원되었고, 특히, 2010년에는 전년 대비 62%의 높은 증가세를 보였다. 내국인이 국내 전체 특허출원의 63%를 차지하고 있는데, 내국인 출원을 출원인별로 보면, 대학과 병원이 55%, 중소기업이 28%로 출원비중이 높고, 대기업의 비중은 1%로 매우 적은 것이 특징이다. 한편 줄기세포 치료제에 대한 출원을 기술분야별로 보면, 성체줄기세포에 관한 출원이 43%, 수정란 배아줄기세포에 관한 출원이 36%로, 이들 기술분야가 국내 특허출원의 대부분을 차지하고 있는데, 내국인은 성체줄기세포에, 외국인은 수정란 배아줄기세포에 출원이 집중되고 있는 것이 특징이다. 이번 우리나라 식약청의 품목허가를 계기로, 앞으로 줄기세포 치료제에 관한 연구개발 투자가 크게 확대되고, 특허출원도 더욱 큰 폭으로 증가할 것으로 예상된다.[2]

---

1) 품목허가라 함은 정부가 당해 의약품의 국내 생산 및 판매를 허가한다는 것을 말한다.

2) 특허청, 2011.8.3, KIPO NEWS: 줄기세포 치료제 특허출원, 큰 폭으로 증가― 우리

라. 생명공학 관련 특허

생명공학기술의 산업화는 1982년 미국 FDA의 승인을 획득한 유전자 재조합 인슐린을 필두로 생명공학 신제품들이 시장에 등장하면서 본격화되기 시작하여, 현재 생물의약, 생물전자, 생물화학, 바이오식품, 생물농업, 생물환경 등 다양한 생물산업군으로 발전하고 있으며, 최근 Human Genome Project가 완료됨에 따라 비약적인 성장이 예상된다.

생명공학의 응용기술을 바탕으로 21세기에 꽃을 피우게 될 생명공학 산업화의 주도권은 원천기술을 바탕으로 하는 지식재산권 확보에 의존하므로, 지식재산권 보호의 중요성에 대한 국제적 인식은 나날이 증대되어 왔다. 이에 따라 관련제도 구축 및 적정 보호를 위한 국제적인 노력이 끊임없이 계속되어 왔다. 우리나라는 1998년 국제적 추세에 부합하는 생명공학분야 특허심사기준을 제정, 운용중이며, 급증하는 특허출원에 부응하여 유전자 서열 전자출원제도를 도입하고, 유전자 서열 D/B 및 생명공학 검색시스템을 구축, 활용중이다.

<생명공학분야 심사기준에 따른 특허 보호대상>

구분	대 상	특허 여부	비 고
물질	유전자 (DNA서열)	특허가능	유용성이 밝혀진 경우에만 가능
	단백질 (아미노산서열)	특허가능	
	단세포 생명체 (virus, bacteria)	특허가능	관련 미생물 기탁의무
	동물	특허가능. 단, 공서양속에 반하지 않을 것	동물 발명에 대한 심사기준 신설
	인간 신체 부분	특허불가	인간의 존엄성을 해치는 발명은 특허 대상에서 배제
방법	수술, 치료방법	사람불가, 동물가능	사람의 치료 진단방법은 의료행위에 해당하므로 산업상 이용가능성이 없는 것으로 봄 (특허법 제29조 제1항 본문)
	유전자 치료법	사람불가, 동물가능	
	진단방법	사람불가, 동물가능	

나라가 세계에서 가장 빨리 줄기세포 치료제의 상용화 단계에 다가선만큼, 앞으로는 세계시장을 조기에 선점할 수 있도록 노력해야 할 것이다.

4. 미국 판례

미국 특허법에서는 한국 특허법의 산업상 이용가능성을 유용성(usefulness)으로 표현하고 있다. 미국 특허법 제101조에서 "특허를 받을 수 있는 발명은 신규하고 유용한 방법·기계·제조물·화학조성물 또는 이에 대한 신규하고 유용한 개량을 발명 또는 발견한 자는 특허를 받을 수 있다"고 규정하고 있다. 미국 특허법에서 규정하고 있는 유용성의 요건은 "유용성"(utility)이라는 용어로 설명하고 있다. 유용성의 요건은 특허대상이 과연 유용한 발명인가를 결정하는 것으로 특허권자가 독점권을 갖는 대가로 반드시 사회에 어떠한 이익을 주어야 한다는 특허법 목적에 근거한 것이라 볼 수 있다. 특허발명은 어떤 식으로든 사회에 기여할 수 있는 이익의 정도에 대해서 논란이 있어 왔다. 이에 대하여 Brenner v. Manson[1] 사건에서 미연방대법원은 제조방법에 대한 특허가 유용성을 갖기 위해서는 만들어진 물질이 단순히 공중에 해가 되지 않는다는 것만으로는 부족하고 반드시 사회적으로 상당히 유용한 측면이 있어야 한다고 판결하였다. 또한 1976년 In re Joly 사건[2]에서 특허항소법원(CCPA)은 발명 자체로는 유용성이 없고 다만, 다른 물질을 만들기 위한 중간체로 사용되는 물질의 경우에는 유용성이 없다고 판단하였다. 한편 소비자를 기만하는 발명의 경우 유용성이 인정될 수 있는지의 여부에 대하여 1999년 연방순회항소법원(CAFC)은 Orange Bang v. Juice Whip 사건[3]에서, 비록 소비자를 기만할 여지가 있는 발명일지라도 다른 특허요건을 만족한다면 유용성이 없다는 이유로 특허성이 부정되지 않는다고 판단하였다.

5. EPO 심결

산업상 이용성이 있는 발명이란 어떠한 산업에서도 이용될 수 있는 발명을 의미한다(EPC 제57조). 산업상 이용성이 없는 출원발명은 명백히 발명으로 인정되지 않는다. 특허요건의 하나인 발명의 산업상 이용가능성과 관련된 EPO 항고심판부 심결은 산업상 이용가능성이 없는 것으로

---

1) Brenner v. Manson, 383 U.S. 519(1966).
2) In re Joly, 376 F.2d 906 (CCPA 1967).
3) Orange Bang v. Juice Whip, 185 F.3d 1364 (Fed. Cir. 1999).

간주될 수 있는 발명은 무엇인가에 대하여 판단하고 있다. EPO 심사관은
식용억제 및 이로 인한 체중감소를 위한 식용억제제의 경과투여에 관한
발명은 본질적으로 생물학적인 발명이므로, 즉 식용억제제로 인한 생리
적 효과가 본질적으로 인체의 생리작용에 의한 것이므로 산업상 이용가
능성이 없어 특허를 받을 수 없다고 거절사정하였다. 이 사건에서 항고심
판부는 심사관의 결정에 대하여 "출원발명은 영리목적의 실험실에서 전
문의료지식을 갖지 않은 통상의 기술자가 실시할 수 있는 정도이며, 통상
의 기술자는 출원발명을 이용하여 의사가 환자를 진단할 때 사용될 수
있는 방법을 만들어 낼 수 있다. 따라서 인간 또는 동물과 관련된 발명은
만일 그 발명이 전문의료 지식이 없는 기술자가 그 발명을 이용하여 원
하는 결과를 얻는 데 사용될 수 있다면 그 발명은 산업상 이용성이 있다"
고 심결하였다.[1]

Ⅳ. 발명의 신규성

1. 서 설

가. 의 의

특허제도는 발명을 공개하는 대가로 특허권을 부여하는 제도이므로
이미 일반에 이미 알려진 발명에 대하여 독점배타적 권리를 부여하지 아
니한다. 신규(新規)하지 않은 공지기술에 대하여 독점권을 인정한다면, 일
반 공중(公衆)이 공지기술을 자유롭게 이용할 수 없고, 산업발전을 저해하
는 결과를 가져올 수 있다. 따라서 특허법은 신규성을 특허요건으로 규정
하여 신규한 발명을 공개한 자에 대해서만 공개의 대가로서 특허권을 부
여하고 있다. 신규성은 출원발명의 청구항에 기재된 발명이 그 출원 전에
공지 또는 공개되지 않는 새로운 것이어야 한다는 특허요건을 말한다. 발
명의 신규성(novelty)이라 함은 발명의 내용이 공개되지 않는 것을 말한다.

---

1) EPO DG3 1986. 3.27. T 0144/83-3.3.1: EP 79300879 (www.epo.org/patent/appeals/eba-decision. html-) Search the boards of appeal decisions database.

나. 신규성상실 사유

일반에 알려진 발명에 대하여 독점배타적 권리를 부여하지 아니하므로 특허법 제29조 제1항에서는 특허출원 전 국내 또는 국외에서 공지된 발명, 특허출원 전 국내 또는 국외에서 공연히 실시된 발명, 특허출원 전 국내 또는 국외에서 반포된 간행물에 게재된 발명, 대통령령이 정하는 전기통신회선을 통하여 공중이 이용가능하게 된 발명 중 어느 하나에 해당하는 발명은 신규성이 없는 발명으로서 특허를 받을 수 없도록 하고 있다.

2. 관련 규정의 이해

가. 특허출원 전

특허출원 전이란 특허출원일의 개념이 아니고 특허출원 시(時)를 고려한 개념이다. 실무에서는 공지의 여부를 정하는 데 시각이 문제되는 경우는 드물며, 신규성 판단의 선행기술을 검색할 때 기준일은 출원일을 기준으로 한다. 그러나 동일한 발명이 같은 날 2개 이상 출원된 경우의 선후원(先後願)의 문제는 신규성과 달리 출원일을 기준으로 한다.

나. 국내 또는 국외에서

신규성 판단의 지역적 범위를 정하는 방법은 3 가지의 유형이 있다. 공지·공용의 발명 또는 선행기술의 범위를 세계 모든 국가에서 발행된 간행물에 게재된 사실을 기준으로 하면 이를 세계주의 또는 국제주의라 한다. 비록 외국에서는 공지된 발명이라 하더라도 국내에서 공지되어 있지 아니하면 신규성을 인정하는 것을 국내주의라 하며, 신규성상실사유의 대상에 따라 국제주의와 국내주의를 병용하는 절충주의가 있다. 나라마다 각기 산업발전의 수준이 다르므로 산업정책상 선행기술의 지역적인 범위가 다르나, 21세기로 진입하면서 정보화가 심화되고 인터넷의 발달로 특허정보의 검색이 용이하게 되면서 우리나라뿐만 아니라 다른 선진국들은 대부분 국제주의를 취하고 있다.

다. 공지된 발명

공지(公知)된 발명이란 특허출원 전에 국내 또는 국외에서 그 내용이

비밀상태로 유지되지 않고, 불특정 다수인에게 알려지거나 알려질 수 있는 상태에 놓여 있는 발명을 의미한다. 특허출원 전에 대통령령이 정하는 전기통신회선이 다른 전기통신회선을 통하여 공중이 이용가능하게 된 발명도 "공지된 발명"에 해당한다. 여기서 "불특정인"이란 그 발명에 대한 비밀준수 의무가 없는 일반 공중(public)을 말한다.

라. 공연히 실시된 발명

공연(公然)히 실시된 발명이라 함은 특허출원 전에 국내나 국외에서 그 발명이 공연히 알려진 상태 또는 공연히 알려질 수 있는 상태에서 양도 등의 방법으로 실시되어 불특정 다수인이 인식할 수 있는 상태에 놓인 것을 의미한다.[1] 어떤 공장에서 어떤 물건의 제조공정을 불특정 다수인에게 견학을 시킨 경우에 그 제조상황을 보고 그 기술분야에서 통상의 지식을 가진 자가 그 기술내용을 알 수 있거나 알고 있는 경우에는 공연히 실시된 것으로 본다. 공연히 실시된 고안이라 함은 당해 기술분야에서 통상의 지식을 가진 자가 그 고안의 내용을 용이하게 알 수 있는 상태로 실시하는 것, 즉 그 기술사상을 보충 또는 부가하여 다시 발전시킴이 없이 그 실시된 바에 의하여 직접 쉽게 반복하여 실시할 수 있는 기술을 의미한다. 단지 계약을 체결한 것만으로 공연히 실시된 것이라고 할 수 없다.[2]

마. 반포된 간행물에 게재된 발명

(1) 간행물의 정의

반포(頒布)된 간행물(刊行物)이라 함은 불특정 다수의 공중이 그 기재내용을 인식할 수 있는 상태에 있는 간행물을 말한다. 간행물이란 공개성을 지님과 동시에 공중에게 반포에 의하여 공개할 목적으로 한 것이어야 한다. 다시 말해서 간행물이란 공중에 대한 정보전달을 목적으로 하여 인쇄 또는 사진·복사 등의 수단에 의하여 복제된 문서·도면·사진 등을 의미한다. 공중에게 반포에 의하여 공개할 목적으로 복제된 것이란, 반드시 공중이 열람을 위하여 미리 공중의 요구를 만족할 수 있을 정도의 부수

---

1) 대법원 2006.6.30 선고 2004후3409 판결.
2) 대법원 2008.5.29 선고 2007후4557 판결.

가 원본에서 복제되어 공중에게 제공되어야 하는 것은 아니며, 원본이 공개되어서 공중의 자유로운 열람에 제공될 수 있고, 그 복사물이 공중의 요구에 의하여 즉시 교부될 수 있는 상태에 놓여 있으면 반포된 간행물로 인정될 수 있다.

(2) 반포의 정의

반포란 간행물이 불특정인이 볼 수 있는 상태에 놓이는 것을 말한다. 배포되지 않은 간행물은 반포된 간행물이 아니다. 현실적으로 불특정인이 그 간행물을 보았다는 사실을 필요로 하는 것은 아니다. 예를 들어, 어떤 회사에서 외국의 전문잡지를 직접 구입하고 도서관에 비치한 후 상기 잡지의 열람 범위를 자사 직원에 한정하고 비밀을 유지했다고 해도 그 조치는 반포된 간행물에 대한 조치에 해당하므로 그 잡지는 반포된 간행물로 본다.

학위논문의 반포 시점은 그 내용이 논문심사 전후에 공개된 장소에서 발표되었다는 등의 특별한 사정이 없는 한 최종 심사를 거쳐서 공공도서관 또는 대학도서관 등에 입고되거나 불특정인에게 배포된 시점을 반포시기로 인정한다.[1]

(3) 간행물에 게재된 발명

간행물에 게재된 발명이란 그 문헌에 직접적으로 명확하게 기재되어 있는 사항 및 문헌에 명시적으로는 기재되어 있지 않으나 사실상 기재되어 있다고 인정할 수 있는 사항에 의하여 파악되는 발명을 말한다. 여기서 게재된 발명이라 함은 게재된 내용에 그 발명이 속하는 기술분야에서 통상의 지식을 가진 자가 쉽게 제조·생산할 수 있을 정도로 기재되어 있는 발명을 의미한다. 다시 말해서 간행물에 게재된 발명이란 그 발명이 속하는 기술분야에서 통상의 지식을 가진 자가 그 간행물의 반포시에 간행물에 게재된 사항에 의하여 도출해 낼 수 있는 사항을 의미하고, 간행물 반포 당시의 기술수준을 참작할 수 있는 발명을 말한다. 발명의 구성만 기재되어 있고, 발명의 목적과 효과가 기재되어 있지 않더라도 발명이 게재된 것으로 인정한다. 사문서는 그 진정 성립에 대해서는 제출자가 이

---

1) 대법원 2002.9.6 선고 2000후1689 판결.

를 입증하여야 한다.[1]

(4) 디지털 기억매체의 증거력

원본을 디지털 신호화하여 기억시키면 편집이 용이하므로 간행물로 불인정하는 견해가 있지만, 최근에 출판의 개념이 크게 바뀌어 특허정보나 사전류에 대해서는 활자인쇄 대신에 CD-ROM 등의 디지털 기억매체의 형태로 발행하고 있으므로 활자출판물과 동일하게 취급한다. 특히 원본 그 자체가 공개되어 공중의 열람에 제공되어 있는 경우 그 원본 자체를 간행물로 볼 수 있는가 하는 문제가 있지만, 일반적으로 원본이 공개되는 동시에 복사 가능한 경우에는 원본을 간행물로 보는 것이 통설이다.

(5) 전기통신회선을 통하여 공중이 이용 가능하게 된 발명

인터넷 등에 공개된 기술정보는 잡지나 도서 등의 형태로 간행된 기술정보와 같은 정보성을 가지고 있고, 과학·기술계에서 일반적으로 이용되고 있는 점을 반영하여 전기통신회선을 통하여 공중이 이용 가능하게 된 발명도 신규성상실사유로 추가되었다. 특허청은 공개용 특허공보와 등록공고용 특허공보를 CD-ROM으로 제작해서 배포하고 있으며, 누구나 인터넷 등을 통해서 이를 무료로 열람할 수 있다. 인터넷상에 공개된 발명은 공개일을 인정하기 곤란한 경우가 있기 때문에 신규성상실사유로 활용할 수 있는 전기통신회선은 특허법시행령 제1조의2에서 규정하고 있는 전기통신회신 운영자로 한정하고 있다. 특허법에서 신뢰성과 접근성이 보장되는 기관이 운영하는 인터넷 사이트에 공개된 발명에 대해 간행물에 기재된 발명과 동등한 선행기술의 지위를 부여하고 있다. 그러나 인터넷 등 전기통신회선을 통하여 공개된 기술정보는 그 내용을 변조하기 쉽고 공개일자의 특정이 어려우므로 정부·지방자치단체·국제기구·국공립학교 및 특허정보와 관련된 업무를 수행할 목적으로 설립된 법인으로서 특허청장이 지정하여 고시하는 법인이 운영주체인 전기통신회선을 법적용 대상으로 한정하고 있다. 전기통신회선은 통신을 전송하기 위한 무선 또는 유선을 의미하며, 인터넷·공중게시판·이메일 등이 대표적인 예이다.[2]

---

1) 대법원 2008.11.27 선고 2006후1957 판결.
2) 양영환, 227면: 전기통신회선을 통하여 공중이 이용가능하게 된 발명, 즉 인터넷상

3. 신규성 판단절차

가. 의 의

신규성 판단은 청구항에 기재된 발명이 특허법 제29조 제1항 각호의 1에 해당하는지의 여부의 판단이다. 즉 청구항에 기재된 발명이 신규성 상실에 해당하는 발명과 동일하면 신규성이 없는 발명이며, 동일하지 않으면 신규성이 있는 발명이다.[1] 심사관은 신규성 판단을 위해서 먼저 출원발명과 관련되는 선행기술을 검색(search)하고 선행기술 중 출원발명과 가장 근접한 선행기술[2]로서 신규성 판단시 대비되는 발명(이하 "인용발명"이라 한다)과 비교하여 구성의 차이점과 일치점을 추출하여서 판단한다. 신규성 판단은 출원발명과 인용발명[3]의 동일성 여부를 판단하는 심사이다. 여기서 "동일하다" 함은 구성의 동일을 의미한다. 만약 하나의 인용발명에 청구항의 구성요소가 모두 포함되어 있다면 출원발명은 신규성이 없다고 판단한다. 따라서 신규성을 판단할 때는 하나의 인용발명으로 대비·판단하고, 실무에서 2개 이상의 인용발명을 결합하여 출원발명의 신규성을 판단하는 것은 허락되지 않는다.

나. 출원발명의 특정

발명은 특허청구범위에 기재된 사항으로 정의되므로 출원발명의 기

에 공개된 기술정보는 그 정보량, 전달의 신속성 등에 비추어 이미 산업계의 기술수준을 구성하고 있는 것으로 볼 수 있으므로 인터넷상에 공개되어 있는 것만으로 신규성상실 사유로 한 것이다. 이는 인터넷에 의해 접근(access) 가능한 상태를 의미하며 정보를 업로드 (up load)한 때가 이용 가능한 시점으로 된다. 다만, 업로드된 정보는 변경이 용이하고 정보 존재의 시점을 증명하기 어려운 면이 있다. 따라서 프린트 아웃(print out)한 정보에 특허청장이 지정하는 대학·관청 등 공증능력이 있는 기관의 증명을 붙여 신규성상실 사유의 증거로 사용할 수 있다.

1) 청구항은 보호를 받고자 하는 사항을 기재한 항이므로 발명의 동일성은 원칙적으로 청구항에 기재된 사항으로부터 특정되는 발명의 동일성 여부에 의하여 판단한다(심사지침서 제3부 제4장 3406면).

2) 선행기술(先行技術. prior art)이라 함은 특허출원일 이전에 국내·국외에서 서면에 의하여 공개된 기술(특허공보, 기술논문, 잡지 등에 기재된 종래 기술)로 정의된다. 특허법상의 선행기술의 범위는 출원일 전에 국내 또는 국외에서 공지(公知)되었거나 공연히 실시된 발명, 국내 또는 국외에서 반포된 간행물에 기재된 발명을 말한다.

3) 대법원, 특허법원의 판결문, 특허심판원의 심결문에서 "인용발명"은 "비교대상발명"으로 부르고 있다. 그러나 심사국에서는 "인용발명"을 사용하므로 본서에서는 편의상 인용발명과 비교대상발명을 함께 사용한다.

술적 특징(technical features)은 청구항에 기재된 구성으로부터 특정한다. 이어서 출원발명과 인용발명의 구성을 비교한 후 출원발명이 인용발명과 구별되는 기술적 특징을 적어도 하나 이상 갖고 있지 않으면 "출원발명은 신규성이 없다"고 판단한다. 특허청구범위에 2 이상의 청구항이 있는 경우에는 청구항마다 신규성을 판단해야 한다. 청구항에 기재된 용어의 의미를 명확하게 해석할 수 없는 경우에는 발명의 상세한 설명 또는 도면을 참작하여 해석한다.[1]

다. 선행기술의 조사

심사관은 출원발명의 신규성과 진보성의 심사를 위해서 선행기술을 조사한다. 선행기술은 출원발명이 신규성 또는 진보성이 없다는 이유로 거절이유를 통지할 때 필요한 심사자료이다. 선행기술조사는 기술주제별로 정리된 문헌에서 검색한다. 검색대상 특허정보는 각국의 특허문헌과 정기간행물 등에 게재된 논문이나 기타 비특허문헌도 포함한다. 또한 선행기술조사는 전 세계의 특허정보 데이터 베이스, 전 세계 특허청 또는 특허정보관련 기관의 사이트를 검색한다.[2]

(1) 선행기술의 조사범위

선행기술조사는 심사의 대상이 되는 출원발명과 직접적으로 관련되는 기술분야의 선행기술은 모두 포함한다. 어느 범위까지 선행기술을 조사할 것인지에 대하여는 청구항에 기재된 기술내용에 따라 좌우된다. 또한 신규성과 진보성에서 채택하는 선행기술의 범위가 상이하다. 진보성에서 채택하는 인용발명은 해당 기술분야로 한정한다. 선행기술의 검색범위는 다음과 같다. 특허법 제29조 제1항의 규정에 따른 선행기술은 특허출원 전에 국내 또는 국외에서 공지되었거나 공연히 실시된 발명, 특허출원 전에 국내 또는 국외에서 반포된 간행물에 게재된 발명, 전기통신회선을 통하여 공중이 이용가능하게 된 발명,[3] 같은 법 제29조 제3항과 제

---

1) 대법원 2005.12.23 선고 2005후285 판결.
2) 일반적으로 한국은 특허정보원 검색서비스(www.kipris.or.kr), 또는 WIPS(www.wips.co.kr), 미국은 미국특허청(www.uspto.gov)과 IBM 검색서비스(www.ibm.com), 유럽은 유럽특허청(www.epo.org), 일본은 일본특허청(www.jpo.go.jp)의 데이터베이스를 이용한다.
3) 전기통신회선에서 공개시점은 전기통신회선에 관련기술을 게재한 시점이다. 따라

4항에 관련된 선행기술은 출원발명의 출원일 이전에 출원되고 선출원의 출원일 이후에 공개 또는 공고된 출원발명, 특허법 제36조와 관련된 선행기술은 선출원 또는 같은 날 출원된 발명이다.

(2) 선행기술의 인용

선행기술은 해당 출원발명의 출원일 전에 공개된 공지된 발명·공연히 실시된 발명 또는 출원일 전에 반포된 특허공보 등으로 객관적으로 의문이 없는 기술이어야 한다. 특히 간행물에 게재된 발명은 간행물에 게재되어 있는 사실을 근거로 한다. 간행물에 게재된 사실에 의한 발명의 선정시에는 당해 간행물의 반포시의 기술상식을 참작하여 도출될 수 있는 사항도 반포된 간행물에 게재된 발명으로 선정한다.[1] 출원발명이 공지된 발명, 공연히 실시된 발명 또는 반포된 간행물에 게재된 발명과 동일한 것일 경우에는 그 발명은 신규성이 상실된다.

라. 인용발명의 선택

국내외에 출원일 전에 존재하는 선행기술을 검색한 후 그 중에서 "출원발명과 가장 가까운 선행기술" 하나를 선택한다. 선택된 하나의 선행기술을 "인용발명"(reference cited)이라 한다. 선행기술의 기술분야에 대하여 제한이 없지만, 신규성 판단의 비교 대상인 인용발명은 원칙적으로 출원발명과 같은 기술분야에 속하거나 출원발명의 기술적 과제, 효과와 관련된 기술분야에서 선택하는 것이 바람직하다. 출원발명의 신규성을 부정하기 위해서는 하나의 인용발명에 출원발명의 모든 구성요소가 명시적으로 포함되어 있을 것을 필요로 한다.

신규성 판단의 실무는 출원발명과 인용발명의 동일성을 판단하는 것이므로 인용발명을 정확하게 선택하는 것이 신규성 판단의 중요한 판단요소라 할 수 있다.

신규성 판단에서 인용발명은 1개를 선택하는바, 이를 미국 특허법에서는 "Single Source Anticipation Rule"이라 한다.[2] 신규성 판단에서는

서 공개시점을 공개일로 본다. 하이퍼링크(hyperlink)한 다른 web site는 전기통신회선으로 볼 수 없다.

1) 대법원 2006.3.24 선고 2004후2307 판결.
2) Structural Rubber Product Co. v Park Rubber Co., 749 F.2d 707,223 U.S.P.Q.(BNA)

인용발명의 선택범위는 판단자·판단수준 및 기술분야에 대하여 제한이 없다. 이 점이 진보성에서 선정하는 인용발명과 다른 점이다. 실무에서 신규성 판단시 1개의 인용발명을 선정하고, 2개 이상의 인용발명을 조합하여 출원발명과 대비하는 것은 허용되지 않는다.[1] 이때 출원발명과 대비되는 인용발명은 특허청구범위에 기재된 발명으로만 한정되는 것이 아니라, 발명의 상세한 설명이나 도면 등 명세서에 기재된 발명이라도 인용발명이 된다.

마. 출원발명과 인용발명의 구성 대비

특허법 제29조 제1항의 발명의 신규성 판단은 특허청구범위에 기재된 발명과 인용발명의 기술적 구성이 동일한가의 여부에 따라 판단하고, 그 효과도 참작하여야 한다. 만약, 출원발명과 인용발명의 구성에 차이점이 있는 경우에는 청구항에 기재된 발명은 신규성이 있는 발명으로 판단하고, 구성에 차이점이 없으면 출원발명은 신규성이 없는 발명으로 판단한다. 출원발명이 인용발명에 속하는 기술분야에서 용이하게 실시할 수 있는 기술조건으로 그것을 부가·삭제 또는 변경한 것으로 새로운 기술적 효과가 전혀 인정되지 아니하거나 또는 이것이 인정된다 하더라도 그것이 예측 가능한 범위 내의 것이면 신규성이 있다고 할 수 없다. 출원발명과 인용발명이 동일하다 함은 그 기술적 구성이 전면적으로 일치하는 경우에는 물론 그 범위에 차이가 있을 뿐 부분적으로 일치하는 경우라도 그 일치하는 부분을 제외한 나머지 부분만으로 별개의 발명을 이룬다거나 위 일치하는 부분의 발명이 신규의 발명과 유기적으로 연결되어 일체로서 새로운 발명으로 되는 등의 특별한 사정이 없는 한 양 발명은 동일한 것으로 간주한다. 양 발명의 구성에 상이점이 있어도 그 기술분야에서 통상의 지식을 가진 자가 보통으로 채용하는 정도의 변경에 지나지 아니하고 발명의 목적과 작용 효과에 각별한 차이를 일으키지 아니하는 경우에는 양 발명은 역시 동일한 발명으로 본다.[2]

1246(Fed. Cir., 1984): 이 사건에서 Single Source Anticipation Rule을 제시하였다.

[1] 특허법원 2000.6.16 선고 99허7070 판결: 신규성 여부는 인용증거와 1:1로 대비하여 하나의 인용증거가 등록고안의 구성요소를 모두 가지고 있을 때 신규성이 없다고 판단한다.

[2] 대법원 2006.6.30 선고 2004후3409 판결.

다음 그림에서 인용발명은 미국 질레트사의 3중 면도기이고, 출원발명은 한국 도르코사의 6중 면도기라고 가정한다. 심사관은 출원일을 기준일하여 인용발명을 선택하고, 양 발명의 구성요소를 비교한다. 출원발명의 청구범위의 구성요소(A+B+C)가 인용발명의 구성요소(A, B, C)에 모두 있다면, "출원발명은 신규성이 없다"고 판단한다. 만약 구성요소 중 C가 없다면(어느 하나라도 없다면) 출원발명은 신규하다고 취급한다.

대법원 2011.2.24 선고 2009후4124 판결은, "발명의 명칭을 '분산성 중합체 분말'로 하는 이 사건 출원발명(출원번호 제2003-7006788호)의 특허 청구범위(이하 "이 사건 제1항 발명"이라 한다)의 '티오펜 반복 단위를 포함하는 중합체 T' 및 '1종 이상의 추가의 다가음이온 중합체 P'는 비교대상발명에서 '폴리(3,4-에틸렌)디옥시티오펜' 및 '폴리스티렌술포네이트'의 각 상위개념으로서 동일하다. 이 사건 제1항 발명은 위 중합체가 '수분산성 분말', 즉 물에 분산되는 성질을 가지는 분말의 성상(性狀)으로 구성되어 있고, 비교대상발명에는 위 중합체가 '분산액'의 성상으로 구성된 것으로 개시되어 있는데, 이 사건 출원발명과 비교대상발명의 명세서 등에 의하면, 이 사건 제1항 발명에서의 '수분산성 분말'은 물에 녹지 않고 미립자 상태로 떠다니는 성질을 가지는 분말이고, 비교대상발명의 '분산액'은 콜로이드(colloid)로 존재하는 작고 둥근 입자가 물에 녹지 않고 분산되는 것으로서 분산액 속의 분말은 수분산성의 성질을 가지고 있음을 알 수 있으므로, 비교대상발명의 '콜로이드성 분산액'에는 '수분산성을 가지는 분말'에 관한 구성이 개시되어 있다고 할 것이고, 한편 '수분산성 분말'에 관한 물건의 발명인 이 사건 제1항의 발명의 신규성을 부정하기 위하여 비교대상발명에 분산액으로부터 물을 제거하여 수분산성 분말을 제조하는 방법이 개시되어 있어야 하는 것은 아니다. 결국 이 사건 제1항 발명의 구성은 비교대상발명의 대응구성과 동일하다. 따라서 이 사건 제1항 발명은 비교대상발명에 의하여 신규성이 부정된다고 할 것이다"고 판시하였다.

4. 신규성 판단의 포인트

가. 인용발명이 하위개념인 경우

출원발명과 인용발명이 각각 상·하위개념으로 표현된 경우에는 다음과 같이 취급한다. 출원발명이 상위개념으로 표현되어 있고 인용발명이 하위개념으로 표현되어 있는 경우에는 출원발명은 신규성이 없는 발명이다. 예를 들어, 출원발명의 청구항에 '금속'으로 기재되어 있고, 인용발명이 하위개념인 '구리'(Cu)가 개시되어 있는 경우 출원발명은 신규성이 없는 발명으로 판단한다.[1]

나. 인용발명이 상위개념인 경우

출원발명의 청구항에 하위개념으로 표현되어 있고 인용발명이 상위개념으로 표현되어 있는 경우에는 통상 출원발명은 신규성이 있다고 본다. 다만, 출원 당시의 기술상식을 참작하여 판단한 결과, 상위개념으로 표현된 인용발명으로부터 하위개념으로 표현된 발명이 도출될 수 있는 경우에는 출원발명은 신규성이 없는 것으로 본다.[2] 예를 들어, 출원발명의 청구항에 리벳트가 기재되어 있고 인용발명에는 체결수단으로만 기재되어 있는 경우, 인용발명의 체결수단에 의해서 리벳트에 관한 출원발명의 신규성은 상실되지 아니한다.

다. 단순한 설계변경 등

기술적 구성에 차이가 있더라도 그 차이가 과제 해결을 위한 구체적 수단에서 주지 관용기술의 부가·삭제·변경 등으로 새로운 효과의 발생이 없는 정도의 미세한 차이에 불과하다면 양 발명은 서로 동일한 것으로

---

1) 인용발명이 상위개념의 발명이고 출원발명이 하위개념의 발명인 경우에는 신규성이 인정되지만, 인용발명이 하위개념의 발명이고 출원발명이 상위개념의 발명인 경우 신규성이 인정되지 않는다.

2) 단순히 개념상으로 하위개념이 상위개념에 포함되거나 또는 상위개념의 용어로부터 하위개념의 요소를 열거할 수 있다는 사실만으로는 하위개념으로 표현된 발명이 도출될 수 있다고 할 수 없다.

본다.[1] 또한 기술적 사상에 영향을 미치지 않는 단순한 설계변경에 해당하거나 그 과제해결을 위한 미세한 차이에 지나지 않는 경우는 신규성 판단에 해당하고, 이 경우 양 발명은 실질적으로 동일하다고 판단한다.[2]

라. 균등물·재료의 치환 등

신규성을 판단할 때 선행기술에 기재된 내용과 균등한 것까지도 선행기술 내용에 포함시키는 것은 바람직하지 못하다. 균등물의 판단은 진보성 판단의 문제이기 때문이다. 심사기준에서도 균등물·설계변경·재료의 변환 등을 신규성에서 판단하지 않고 진보성 판단에서 다루도록 규정하고 있다(심사기준 제3부 제3장 3307면). 특히 공지기술, 주지·관용기술의 결합으로 효과가 현저한 경우, 설계변경 또는 선택적인 발명, 재료 또는 형태(형상, 배열)의 변경, 수치한정 등에 대한 특허성은 진보성 판단에서 다루어야 한다.

5. 신규성 의제

가. 의 의

발명의 신규성은 출원일을 기준하여 출원 전의 선행기술에 포함되면 신규성이 없다고 판단하는 것이 원칙이다. 그러나 공표된 발명이 모두 특허를 받을 수 없다면 발명자에게 너무 가혹하다. 특허출원을 하기 전에 공개된 발명은 특허를 받을 수 없으나, 출원인이 출원발명을 학술대회 발표 등으로 자발적으로 공개한 경우 12개월 이내에 발명자가 출원한 경우에 한해서 예외적으로 신규한 발명으로 취급한다(제30조). 특허법 제30조의 취지는 산업발달에 기여하는 발명자에게 신규성 또는 진보성의 상실사유가 있다 해도 사회통념상, 그리고 경험칙상 그 사유에 정당한 이유가 인정될 때에는 적극적으로 이를 구제하여 신규성이나 진보성에 대한 거절에서 제외시켜서 특허를 받을 수 있도록 하는 데에 있다.[3]

2012년 3월에 시행되는 2012년 개정법에 따라 특허를 받을 수 있는

---

1) 대법원 2004.3.12 선고 2002후2778 판결.
2) 대법원 2004.10.15 선고 2003후472 판결.
3) 특허법 제30조의 명칭은 "공지 등이 되지 아니한 발명으로 보는 경우" 또는 간단히 "신규성 의제(擬制)"라고 한다. 본서에서는 편의상 "신규성 의제"로 통칭하기로 한다.

공지예외 적용기간(Grace period)은 현행 6개월에서 12개월로 연장된다. 공지예외 적용기간의 연장은 출원인에게 자신의 발명을 공개한 후에도 특허출원할 수 있는 기회를 확대할 수 있을 것으로 예상된다.[1] 특허법 제30조의 개정규정은 2008년 1월 1일 이후 최초로 출원하는 특허출원부터 적용한다.

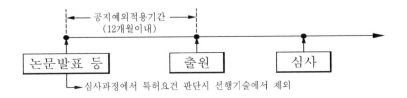

나. 취 지

특허법 제30조는 신규성을 상실하는 공표에 대한 예외규정에 불과하고, 공표시점에 출원한 것으로 소급효를 인정하는 것은 아니다. 신규성 의제는 출원 전에 공표가 행해져서 출원발명이 일정요건을 갖춘 경우 신규성이나 진보성을 적용시 선행기술로 사용하지 않도록 하는 규정이다. 즉 신규성 의제는 어디까지나 이에 해당되는 출원발명에 대하여 신규성과 진보성에 대한 거절을 배제하는 규정이라 할 수 있다. 출원발명이 신규성을 갖고 있음을 입증하는 것은 아니므로 출원인은 공개 전에 특허출원을 하는 것이 바람직하다.

다. 신규성 의제 성립요건

특허를 받을 수 있는 권리를 가진 자가 그 발명을 특허출원 전에 공개하였으나 신규성 의제를 적용받기 위해서는 다음 요건을 충족하여야 한다. 발명이 특허를 받을 수 있는 권리를 가진 자에 의하여 공지 등이 된 경우일 것, 공지 등이 된 날부터 12개월 이내에 특허를 받을 수 있는

---

1) 출원발명이 특허를 받기 위해서는 그 출원 전에 그와 동일하거나 유사한 기술이 국내 또는 국외에서 간행물 또는 그 이외의 방법으로 알려져 있지 않아야 하는 것이 원칙이나, 이 원칙만을 고수할 경우에는 연구성과의 공개를 기피하게 될 뿐 아니라 공개된 자기 발명에 의하여 특허를 받지 못하게 되는 가혹한 경우가 발생할 수 있다. 따라서 대부분의 나라는 출원인이 자발적으로 공개한 후 12개월 이내에 특허출원하면 그 공개된 내용을 거절이유에서 제외하는 신규성 의제 제도를 채택하고 있다.

권리를 가진 자가 출원할 것(제30조 제1항). 출원서에 특허법 제30조 규정을 적용받고자 하는 취지를 기재할 것, 출원일부터 30일 이내에 증명서류를 제출할 것(제30조 제2항) 등이다.

출원 전에 공지 등이 된 발명이 신규성 의제로 인정받기 위해서는 상기 공통 요건 이외에 특허법 제29조 제1항 각호 중 어느 하나의 요건을 만족하여야 한다.

라. 권리자의 의사에 반하여 공지된 경우

특허를 받을 수 있는 자가 특허출원을 하기까지는 발명을 비밀로 유지하고 있는데도 불구하고, 의사에 반하여 발명이 공지되는 경우가 있다. 특허법은 이런 경우를 예외규정의 적용을 받을 수 있게 하고 있다(제30조 제1항 제2호). 의사에 반한 공지의 대표적인 예로 사기·강박·산업스파이 그리고 고용인의 고의·과실 등이 있다. 출원인이 특허제도를 잘 이해하지 못하여, 공지와는 상관없이 출원발명은 특허를 받을 수 있다고 생각하고 공개한 경우에는 의사에 반한 경우로 볼 수 없다. 그러나 출원인이 출원발명이 공개되기 직전에 자신의 발명이 공개되는 것을 원치 않아서 자발적으로 취하한 경우에도 불구하고, 특허청이 당해 출원발명을 공개하였다면 의사에 반한 공지로 인정하여 신규성 의제를 적용받을 수 있다. 이 경우에는 특허를 받을 수 있는 자가 발명을 공개한 경우와 달리 출원서에 그 취지를 기재할 필요는 없다.

비밀로 유지되는 기술을 다른 사람에게 전달할 권한을 갖고 있지 않은 제3자가 다른 사람에게 기술을 전달하면 이는 명백한 악용이 된다. 여기서 명백한 악용이라는 표현은 발명자가 비밀을 조건으로 발명을 공개했으나 제3자가 비밀을 어김으로써 발명이 공지된 경우에 적용된다.[1]

마. 우선권을 주장한 경우

조약에 의한 우선권주장 출원의 경우는 신규성 판단의 기준일이 우선일로 출원일이 소급되므로 신규성상실의 예외가 적용된다. 조약에 의한 우선권 주장을 수반하는 출원에 있어서 특허법 제30조 규정을 받기 위해서는 특허법 제30조 규정의 적용대상이 되는 행위를 한 날부터 12개

---

1) 대법원 2004.5.27 선고 2002후1911 판결.

월 이내에 우리나라에 출원을 하여야 한다. 그러나 국내우선권주장 출원
에 있어서는 공지 등이 있는 날부터 12개월 이내에 공지예외의 적용 신
청을 수반하여 선출원을 한 경우라면 후출원을 12개월 이내에 하지 않더
라도 특허법 제30조의 적용을 받을 수 있다.

바. 출원발명을 개량한 경우

출원인이 A발명을 공표하고 이를 개량하여 발명한 A+α 를 출원하
였을 경우 신규성상실 예외규정의 적용을 받을 수 있다. 만일 A발명을
공표하고 A+α만 출원했다면, A와 A+α는 동일발명이 아니어도 신규성
의제를 적용하며, A는 진보성을 적용할 수 있는 근거가 되어도 A+α는
A에 의거 거절될 수 없다. 한편 A+α뿐만 아니라 A도 출원했다면, A는
당연히 신규성 의제 대상에 해당되므로 A의 공개공보를 진보성으로 거
절하기 위한 인용발명으로 사용할 수 없기 때문에 A+α를 거절할 수 없
다. 따라서 출원인은 A+α 발명을 출원하면서 신규성 의제를 주장할 수
있다.[1]

사. 분할출원·변경출원의 경우

특허출원시에 신규성 의제를 신청하지 않았던 출원에 관한 분할출원
또는 변경출원과 동시에 신규성 의제를 신청한 경우, 분할 또는 변경출원
이 발명의 발표일부터 12개월 이내인 경우 분할 또는 변경출원은 특허출
원한 때에 출원한 것으로 본다. 그러나 특허법 제30조 제2항을 적용하는
경우 당해 분할출원시 또는 변경출원시에 출원한 것으로 간주한다. 출원
발명이 신규성상실 예외규정의 적용을 받고 있는 경우에 대해서는 그 분
할 또는 변경출원에 의한 새로운 출원에 대해서 출원일의 소급효는 인정
하지 않는다.

아. 신규성 의제에 해당하는 경우 진보성 판단

심사관은 출원인이 제출한 서류를 검토하여 방식에 흠결이 없는 경
우에는 실체심사에 착수한다. 특허법 제30조 규정을 적용받은 공지된 자

---

1) 종래법에서는 발표발명과 출원발명이 동일한 경우에만 신규성상실 예외 대상으로
인정했으나, 2001년 개정법에서 형식상 동일한 것이 아니더라도 출원발명이 개량된 경우
(A+α)도 신규성 의제가 적용되므로 진보성이 결여되었다는 이유로 거절되지 아니한다.

료는 심사에서 특허법 제29조 제1항 및 제2항 적용시 선행기술로 보지
않는다. 즉 신규성상실 또는 진보성 결여의 사유로 거절되지 아니한다.
발명이 공개된 후 12월 이내에 동일발명을 출원(A)하여 특허법 제30조의
규정에 의하여 공지예외주장출원의 규정을 적용받았고, 상기 출원일과
같은 날에 동일발명에 대하여 제3자가 출원(B)을 한 경우, A는 B와의 관
계에서는 특허법 제36조 제2항의 같은 날 출원된 동일발명에 해당되어
협의 대상발명에 해당되고 B는 동시에 A의 공개에 의하여 신규성이 상실
된 발명에 해당된다. 따라서 B출원은 특허법 제36조의 규정을 적용하지
않더라도 공개된 발명에 의하여 신규성이 없어 특허를 받을 수 없다. 이
경우 심사관은 A와 B를 심사함에 있어 B가 신규성이 없다는 이유로 거절
이유를 통지한 후 거절결정하는 것이 아니라 B에 대하여 신규성이 없다
는 거절이유통지와 동시에 A와 B에 대하여 A와 B는 같은 날 출원된 동일
발명에 해당되므로 협의에 의하여 정하여진 하나의 발명만이 특허를 받
을 수 있다는 취지를 기재하여 특허법 제36조 제6항의 규정에 따라 협의
를 명한다. 협의명령에 따라 B를 취하 등의 적절한 조치를 취하는 경우
A는 특허를 받을 수 있다. 특허출원이 무효·취하 또는 포기되거나 거절
결정이나 거절한다는 취지의 심결이 확정된 때에는 그 특허출원은 처음
부터 없었던 것으로 본다(제36조 제4항).

V. 발명의 진보성

1. 서 설

가. 취 지

공지기술로부터 용이하게 발명할 수 있는 기술에까지 독점권을 부여
한다면, 오히려 제3자가 공지기술을 자유롭게 이용하는 것을 제한하여
산업발전을 저해할 우려가 있다. 따라서 특허법은 진보성(進步性. inventive
step)을 특허요건으로 규정하고 있다. 진보성이란 특허출원 전에 그 발명
이 속하는 기술분야에서 통상의 지식을 가진 자(a person having ordinary

skill in the art. 이하 "통상의 기술자"라 한다)가 특허법 제29조 제1항 각호의 1에 규정된 발명에 의하여 용이하게 발명할 수 있는 것일 때에는 그 발명에 대하여 제1항의 규정에 불구하고 특허를 받을 수 없다는 특허요건이다. 진보성 판단의 대상이 되는 발명은 출원발명 중 신규성이 있는 발명임을 전제로 한다. 심사관은 진보성 판단시 신규성이 있다고 판단되는 출원발명을 대상으로 하며, 청구항에 기재된 발명을 파악하게 된다.[1] 특허요건 중 진보성 판단이 가장 난해한 특허요건으로, 심사관과 출원인간에 가장 논쟁이 많은 판단이라 할 수 있다. 특히 진보성의 판단에서는 출원 당시 기술 수준과 기술 난이도를 비교·판단하는 과정에서 인용발명을 해석하는 관점이 다를 수 있고, 용이한지의 여부를 판단하는 과정에서 심사관의 주관이 개입될 가능성이 높기 때문이다.

즉 진보성 판단은 특허출원 전에 그 발명이 속하는 기술분야에서 통상의 기술자가 특허출원 전에 공지된 발명으로부터 동기 유발에 의하여 또는 통상의 창작능력의 발휘를 통하여 청구항에 기재된 발명을 쉽게 생각해 낼 수 있는지의 여부의 판단이라 할 수 있다.

나. 진보성 판단요소

(1) 통상의 기술자

출원발명이 속하는 기술분야에서 통상의 기술자가 인용발명으로부터 용이하게 출원발명을 실시할 수 있다면 그 발명은 진보성이 없다고 판단한다. 그 발명이 속하는 기술분야에서 통상의 기술자란 출원시 당해 기술 분야의 기술상식을 보유하고 있는 사람으로 연구개발(실험, 분석, 제조 등)을 위하여 통상의 수단 및 능력을 자유롭게 구사할 수 있는 통상의 기술자를 의미한다. 통상의 기술자는 출원시의 기술수준에 있는 모든 선행기술을 입수하여 출원발명과 관련되는 기술분야의 선행기술을 알고 있는 자로 가상의 인물(imaginative creature)이다. 그러나 실무에서 통상의 지식을 가진 자가 통상의 기술자(當業者) 또는 가상의 인물이라고 한다면 진보

---

1) 대법원 2001.3.23 선고 98다7209 판결; 대법원 1996.6.2 선고 91마540 판결: 특허발명의 진보성은 신규성이 있음을 전제로 하는 것으로서, 청구항에 기재된 발명이 신규성이 없을 경우에는 그 사유만으로도 특허를 받을 수 없으므로 진보성에 대한 판단은 별도로 할 필요가 없다.

성을 판단하는 기준이 애매모호해질 수밖에 없을 것이다. 진보성을 판단하는 주체인 통상의 기술자는 출원발명의 출원일 전에 존재하는 선행기술을 모두 알고 있는 전문가라 할 수 있다.[1] 일반적으로 통상의 기술자는 출원일 당시 그 기술 분야의 일반적인 지식을 알고 있는 통상의 실무자 또는 선행기술, 특히 검색보고서에 인용된 문서에 해당하는 모든 것에 접근 수단을 가지고 있는 자이다.[2]

(2) 용이하게 발명할 수 있는 것

진보성 판단시 1개 이상의 인용발명(주지·관용 기술 포함)을 상호 조합시켜 판단할 수 있으나, 그 조합이 출원시에 통상의 기술자에게 자명한 경우에 한한다. 또한 청구항에 기재된 발명과 그 발명이 속하는 기술 분야의 선행기술 중에서 인용발명을 선정한 후 양 기술분야의 관련성, 과제해결의 유사성, 효과의 동일성, 인용의 타당성을 충분히 검토하고, 통상의 기술자의 기술수준에서 용이하게 발명할 수 있는지의 여부를 판단한다.[3]

(3) 출원발명의 특정

특허출원된 발명이 특허법 제29조 제1항·제2항에서 정한 특허요건, 즉 신규성과 진보성이 있는지를 판단할 때에는, 특허출원된 발명을 같은 조 제1항 각호에서 정한 발명과 대비하는 전제로서 그 발명의 내용이 확정되어야 한다.[4] 출원발명은 청구항에 기재된 발명으로 특정한다. 이 경우에 청구항에 기재된 발명의 특정방법은 신규성 판단에서 특정하는 것과 동일하다. 대법원 2011.1.13 선고 2009후1972 판결은, "랄옥시펜의 생체이용률이 낮다는 것이 이 사건 특허발명의 우선권주장일 당시 알려져 있다는 점만으로는 통상의 기술자가 이를 의약으로 개발할 만한 동기가 없었다고 단정할 수 없고, 비교대상발명에 사용된 동물모델 및 뼈 손실 측정방법이 부적절하다고 보이지도 않으며 설사 그렇다 하더라도, 발

---

1) 김원준, 177면.
2) Custom Accessories, Inc. v. Jeffrey-allan Industries, Inc., 807 F. 2d 955, 962 (Fed. Cir. 1986): The person of ordinary skill is a hypothetical person who is presumed to be aware of all the pertinent prior art.
3) 대법원 2009.11.12 선고 2007후3660 판결.
4) 대법원 2009.7.23 선고 2007후49777 판결.

명의 진보성 판단에 제공되는 대비 발명은 반드시 그 기술적 구성 전체가 명확하게 표현된 것뿐만 아니라, 미완성 발명 또는 자료의 부족으로 표현이 불충분한 것이라 하더라도 통상의 기술자가 경험칙에 의하여 극히 용이하게 기술내용의 파악이 가능하다면 그 대상이 될 수 있다. 비교대상발명이 이 사건 특허발명의 진보성을 부정하는 선행기술이 되지 못한다고 할 수 없고, 갑 제7호증의 논문 기재 내용으로 인하여 비교대상발명을 신뢰할 수 없다고 할 수도 없다"고 판시하였다.

(4) 인용발명의 선택

진보성 판단에서 인용발명을 선택하는 방법은 신규성 판단과 유사하다. "가장 가까운 인용발명"은 선정된 인용발명들 중 통상의 기술자가 이용할 수 있는 가장 유력한 선행기술을 의미한다. 출원발명의 기술적 특징을 가장 많이 포함하고 있는 것이므로 되도록 청구항에 기재된 발명의 기술분야와 근접하거나 동일 또는 유사한 기술적 과제, 효과 또는 용도를 갖는 인용발명 중에서 선택하는 것이 바람직하다.

신규성 판단에서는 선행기술의 조사범위에 제한이 없지만 진보성에서는 이를 제한하므로 신규성과 진보성의 선행기술조사 범위는 차이가 있다. 진보성 판단에서는 해당 기술분야가 아닌 분야에서 인용발명을 선정하여 출원발명과 대비한다면 처음부터 진보성 판단의 법리를 오해하게 된다. 진보성 판단의 비교 대상인 인용발명은 원칙적으로 출원발명과 같은 기술분야에 속하거나 출원발명의 기술적 과제, 효과 또는 용도와 합리적으로 관련된 기술분야에서 선택되어야 한다. 여기서 같은 기술분야란 원칙적으로 당해 발명이 이용되는 산업분야를 말하는 것이나, 청구항에 기재된 발명의 효과 혹은 발명의 구성의 전부 또는 일부가 가지는 기능으로부터 파악되는 기술분야도 포함된다. 인용발명이 청구항에 기재된 발명과 다른 기술분야에 속해 있다 하더라도, 인용발명 자체가 통상 다른 기술분야에서도 사용될 가능성이 있다거나, 통상의 기술자가 특정 기술적 과제를 해결하기 위해 참고할 가능성이 있는 것으로 인정되는 경우에는 인용발명으로 선정할 수 있다. 만약, 청구항에 기재된 발명과 상이한 분야의 선행기술을 인용발명으로 인용할 경우에는 양 기술분야의 관련성, 과제해결의 동일성, 기능의 동일성 등 인용의 타당성을 충분히 검토하여야 한다.

진보성 판단에서는 1개 이상의 인용발명(주지·관용 기술 포함)[1]을 상호 조합시켜서 판단할 수 있으나, 그 조합이 당해 발명의 출원시에 그 발명이 속하는 기술분야에서 통상의 지식을 가진 자에게 자명한 경우에 한한다.[2] 예를 들어, 인용발명은 수은으로 된 체온계이고 출원발명은 디지털 체온계라고 가정하면, 디지털체온계를 심사하는 심사관은 진보성 판단시 신규성 판단처럼 출원일을 기준으로 선행기술을 조사하고 수은으로 된 체온계와 관련되는 인용발명을 1개 이상 선정하여 진보성을 판단한다.

예1: 출원발명은 개봉이 쉽고 완벽히 밀폐할 수 있는 식물영양제 용기용 캡에 관한 것이고, 인용발명으로서 다양한 점도의 액체에 사용할 수 있는 분출 폐쇄구 조립체가 개시된 경우, 양자 모두 액체를 수용하는 용기의 입구를 폐쇄 또는 개봉하는 수단에 관한 것이라는 점에서 기술의 전용이 가능한 인접 기술분야에 속한다고 볼 수 있으므로 분출 폐쇄구 조립체는 인용발명으로서 적절하게 선택된 것이라고 할 수 있다.

예2: 우산과 파라솔은 기술분야가 엄밀히 일치하지는 않지만 모두 중앙 지지봉을 중심으로 상부 덮개를 펼칠 수 있는 구조로 이루어져 있어 그 기술분야가 매우 인접하므로 파라솔을 인용발명으로 하여 우산의 진보성을 부정할 수 있다.

2. 진보성 판단의 기본원칙

가. 사후적 고찰 금지

진보성의 판단은 결국 출원발명을 심사하는 심사관이 선행기술로부터 얻은 지식과 경험을 바탕으로 판단하게 된다. 심사시기는 출원 후 5개

---

1) 대법원 2007.1.12 선고 2006후2783 판결: 통상의 기술자가 3개 이상의 선행기술을 용이하게 결합할 수 있고 그 결합에 의하여 각 효과의 총계 이상의 증진된 효과를 낳지 못하는 경우에 3개 이상의 선행기술을 결합하여 진보성을 부정할 수 있다. 주지기술(周知技術)이란 그 기술에 관해 상당히 다수의 문헌이 존재하거나 또는 업계에 알려져 있거나, 혹은 그 기술분야에서 일반적으로 알려진 기술을 말한다. 관용기술(慣用技術)은 주지기술 중 자주 사용되고 있는 기술을 말한다. 실무에서 진보성으로 거절시 보통 2개의 인용발명을 결합한다. 만약 2개의 인용발명 중 하나가 주지·관용 기술인 경우에는 1개의 인용발명과 주지·관용 기술을 결합해서 거절한다.

2) 대법원 2008.5.15 선고 2007후2759 판결.

월 내지 1년 이상 지난 후이므로 그 동안 관련기술이 발달할 수 있다는 점, 심사관은 당해 출원의 명세서를 읽고 있으므로 문제와 해답을 다 알고 있다는 점에서 진보성 판단시 사후(ex post facto)적인 고찰로 자의적인 판단을 하기 쉽다. 심사의 대상이 되는 특허출원의 명세서에 기재된 사항에 의하여 얻은 지식을 전제로 하여 진보성을 판단할 경우에 콜럼버스 달걀 식으로 사후적 고찰을 해서는 안 된다는 원칙이 진보성 판단의 전제조건이다. 따라서 진보성 판단의 대상이 된 발명의 명세서에 개시되어 있는 기술을 알고 있음을 전제로 하여 사후적으로 통상의 기술자가 그 발명을 용이하게 발명할 수 있는지를 판단하는 것은 바람직하지 않다.

나. 출원발명과 인용발명의 대비

진보성 심사는 특허출원 전에 통상의 기술자가 출원발명(청구항에 기재된 발명)을 인용발명에 의하여 용이하게 발명할 수 있는가에 대한 판단이다. 특허출원 전에 통상의 기술자가 출원발명을 인용발명에 의하여 용이하게 발명할 수 있는 경우에는 그 발명은 진보성이 없다.

다. 청구항마다 진보성 판단

특허청구범위에 청구항이 2 이상 있는 경우에는 청구항마다 진보성 유무를 판단한다.

라. 신규성 판단과 진보성 판단 순서

신규성과 진보성은 별개의 거절이유로서 진보성 판단에 앞서 신규성 판단이 선행되어야 하나, 심사절차의 간소화 및 출원인의 대응 용이성을 위해 신규성이 없다고 판단되는 발명에 대해서 진보성도 없다는 거절이유를 함께 통지할 수 있다. 특허발명의 진보성은 신규성이 있음을 전제로 하는 것이어서, 어느 발명이 공지기술에 비추어 새로운 것인가의 신규성 문제와 그것이 공지기술로부터 용이하게 생각해 낼 수 있는 것인가의 진보성 문제는 구별되어야 하고, 따라서 발명의 진보성을 판단하기 위해서는 먼저 그 발명의 신규성의 판단이 선행되는 것이 순서라고 할 것이다.

마. 마커쉬 청구항의 진보성 판단

마커쉬 청구항에 2 이상의 발명이 기재된 청구항(복수의 청구항이나 구성요소를 선택적으로 인용하는 경우 포함)에 대해 일부 발명에 대해서만 신규성 또는 진보성이 없다는 거절이유를 통지하는 경우에는 해당 거절이유가 있는 발명을 구체적으로 지적하여야 한다.

3. 진보성 판단 절차

발명의 진보성은 다음의 절차에 따라 판단한다.

1) 청구항에 기재된 발명을 특정한다.

2) 인용발명을 특정한다. 인용발명을 특정할 때에는 청구항에 기재된 발명과 공통되는 기술분야 및 기술적 과제를 통상의 기술자의 관점에서 특정하여야 한다.

3) 청구항에 기재된 발명과 "가장 가까운 인용발명"을 선택하고 양자를 대비하여 그 차이점을 명확히 한다.

4) 청구항에 기재된 발명이 가장 가까운 인용발명과 차이가 있음에도 불구하고 가장 가까운 인용발명으로부터 청구항에 기재된 발명에 이르는 것이 통상의 기술자에게 용이한가, 용이하지 아니한가를 다른 인용발명과 출원 전의 기술상식 및 경험칙 등에 비추어 판단한다.

4. 진보성 판단 방법

가. 출원발명과 인용발명의 대비

심사관은 선행기술을 검색하고, 출원발명을 특정한 후 선행기술 중에서 출원발명과 가장 유사한 인용발명을 채택한 후 다음과 같은 순서로 발명의 진보성을 판단한다.

청구항에 기재된 발명과 인용발명을 대비하여 그 차이점을 명확히 구분한다. 그 차이점을 확인할 때에는 인용발명과 청구항의 발명을 전체로서 고려한다.

진보성 판단은 인용발명과 출원발명을 대비하여 해결하고자 하는 과제(목적), 과제의 해결수단(구성) 및 효과 등 발명의 3요소[1]를 비교하는 심사이다. 대법원 판례에서 진보성에 대한 판단은 우선적으로 청구항에 기

---

1) 발명의 목적, 구성 및 효과를 발명의 3요소라 한다. 특허법 제42조 제3항에 의하면 발명의 상세한 설명에 대한 기재방법은 해결하고자 하는 과제, 과제의 해결수단 및 효과를 명확하고 상세하게 기재하여야 한다.

재된 과제의 해결수단 및 발명의 효과를 중심으로 판단한다는 원칙을 취하고 있다.[1)]

출원발명의 진보성 판단의 근거가 되는 인용발명은 그 특허공보에 기재된 발명의 과제 및 특허청구범위만으로 한정되는 것이 아니라 그 공보의 도면을 포함하여 명세서 전반에 나타난 기술적 구성 및 작용효과를 통하여 알 수 있는 기술적 사항을 말한다.

다음 그림은 진보성 판단을 설명하기 위한 것이다.

신규성 판단과 다른 점은 계단(STEP)이 표현된 것이다. 심사관이 선택한 인용발명 1은 미국 질레트사의 3중 면도기이고, 인용발명 2는 독일 쉬크사의 4중 면도기이고 출원발명은 한국 도루코사의 6중 면도기라고 가정한다. 심사관은 출원일(2010.5 10)을 기준일로 하여 인용발명 1, 2를 선택하고, 양 발명의 목적, 구성 및 효과를 비교한다. 심사관의 판단 포인트는 출원발명이 인용발명들에 비하여 얼마나 기술적인 진보가 있는지의 여부라 할 수 있다.

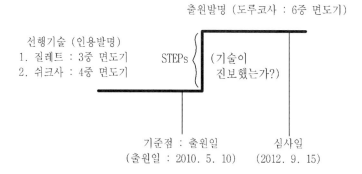

다음 표는 클레임 차트이다. 맨 좌측에 출원발명의 청구항 1의 구성요소 A, B, C, D를 나열하고, 인용발명 1(Y1)과 인용발명 2(Y2)에 구성요소 A, B, C, D가 있는지를 체크한다.

인용발명 1에는 구성요소 A, B, C가 있고 D가 없다. 인용발명 2에는 A, B, D가 있고 C가 없다고 가정한다. 먼저 심사관은 청구항 1의 구성요소를 용이하게 발명할 수 있는지를 설명하기 위해서 인용발명 1과 인용

1) 대법원 2008.5.15 선고 2008후545 판결.

발명 2를 결합한다. 이러한 인용발명을 결합을 근거로 "출원발명은 진보성이 없다"고 거절한다.[1)]

청구항 1의 구성	인용발명 1 (Y1)	인용발명 2 (Y2)
A	○	○
B	○	○
C	○	×
D	×	○

나. 발명의 목적, 구성 및 효과 비교

진보성 판단에서는 출원발명과 인용발명의 목적·구성 및 효과를 대비하고 양자의 차이점을 판단한다. 법원의 진보성 관련 판결문 또는 특허심판원의 심결문을 살펴보면, 대부분이 발명의 3요소를 대비하여 판결 또는 심결하고 있다.[2)] 발명의 3요소인 발명의 목적·구성·효과 중에서 진보성 판단에서 가장 핵심이 되는 것은 "발명의 구성"이라 할 수 있다. 2007년 개정법에서 특허법 제42조 제3항에서 기존의 발명의 3요소 대신 해결하고자 하는 과제, 과제의 해결수단 및 작용효과로 변경되었으나, 그 발명의 3요소는 실질적으로 변경된 것은 아니다. 발명의 진보성을 판단할 때, 구성의 곤란성(난이도)에 중점을 두면서 목적의 동일성과 효과의 현저성(우월성)을 종합적으로 판단한다. 진보성 판단을 할 경우 구성의 곤란성이 있는 것이 명백한 때에는 목적과 작용효과에 각별한 것이 없어도 진보성이 있는 것으로 보고, 목적이 특이하거나 작용효과가 현저한 경우에는 통상의 기술자라고 하더라도 그 구성의 채택결합을 용이하게 할 수 없는 것이라고 보아 진보성이 있는 것으로 보며, 목적이 특이하지 않고 작용효과가 현저하지 않을 경우에는 설사 구성에 차이가 있더라도 그 구

---

1) 가장 바람직한 인용발명의 결합은 출원발명의 해결하고자 하는 과제(목적)와 인용발명 1, 2의 해결하고자 하는 과제가 같을 경우에 결합이 가능하다. EPO 심사실무에서는 이 원칙이 엄격하게 적용되지만, 우리나라 실무에서 이러한 원칙은 엄격하게 적용하지 않는 경향이다.

2) 대법원 2007.11.29 선고 2006후2097 판결: 결합발명의 진보성 판단시 특유의 과제해결원리에 기초하여 유기적으로 결합된 전체로서의 구성의 곤란성, 특유한 효과도 함께 고려하여야 한다.

성의 채택결합을 용이하게 할 수 있는 것이라고 보아 진보성이 없는 것으로 판단한다.

5. 용이성 판단의 근거

출원발명이 인용발명과의 차이점을 극복하여 인용발명으로부터 출원발명에 이르게 된 것이 그 발명이 속하는 기술분야에서 통상의 지식을 가진 자에게 용이한가, 용이하지 아니한가를 인용발명과 출원 전의 기술상식 및 경험칙 등에 비추어 판단한다. 여기서 "용이성"이란 그 발명이 속하는 기술분야에서 통상의 지식을 가진 자에게서 당연히 기대할 수 있는 범위 이내의 통상의 창작능력을 발휘하는 것을 의미한다.

가. 발명에 이를 수 있는 동기가 있는 것

(1) 인용발명에서 출원발명의 시사

인용발명의 내용 중에 청구항에 기재된 발명에 대한 시사(示唆)가 있는 경우, 통상의 기술자가 인용발명에 의하여 출원발명을 용이하게 발명할 수 있다는 유력한 근거가 된다. 즉 인용발명의 내용 중에 출원발명에 관한 기술이 출원 전에 존재했음을 암시하는 기재가 있으면 그 발명이 속하는 기술분야에서 통상의 지식을 가진 자가 인용발명으로부터 출원발명에 이르게 된 것이 자명하다는 사실을 입증하는 유력한 자료가 된다.[1]

대법원 2011.1.13 선고 2009후1972 판결은, "명칭을 '뼈 손실 예방에 유용한 벤조티오펜'으로 하는 이 사건 특허발명(특허번호 제161300호)의 특허청구범위 제5항(이하 '이 사건 제5항 발명'이라 하고, 나머지 청구항들도 같은 방식으로 부른다)은 '랄옥시펜 화합물 또는 약제학적으로 허용되는 그의 염을 함유하며, 폐경기 후 여성의 에스트로겐 결핍에 기인한 뼈 손실을 억제함으로써 폐경기 후 골다공증을 예방 또는 치료하는 데 사용하기 위한 약학제제'에 관한 것인데, 비교대상발명에는 '난소 절제한 쥐에 타목시펜 또는 랄옥시펜을 투여한 결과 난소 적출에 의한 뼈 밀도의 감소를 현저하게 지연시킨다'는 내용이 개시되어 있음을 알 수 있다. 한편 비교대상발명에는 타목시펜이 난소절제로 야기된 뼈 밀도의 감소를 현저하게 억

---

[1] 대법원 2008.7.10 선고 2006후2059 판결.

제한다는 실험결과를 근거로 타목시펜을 폐경기 후 여성의 골다공증 치료제로 사용할 수 있음을 시사하고 있다. 랄옥시펜도 타목시펜과 같이 난소절제로 야기된 뼈 밀도의 감소를 현저하게 억제한다는 실험결과를 함께 제시하고 있다. 이 사건 제5항 발명은 그 기술분야에서 통상의 기술자라면 비교대상발명의 위 대응구성으로부터 용이하게 도출할 수 있어서 구성의 곤란성이 없다. 그리고 이 사건 제5항 발명은 랄옥시펜 화합물을 투여하여 골다공증 등 뼈 손실을 억제하면서 다른 부작용을 피할 수 있는 것을 그 효과로 하고 있는데, 비교대상발명도 골다공증의 예방 또는 치료를 하면서 자궁내막암 또는 유방암의 위험을 감소시키는 효과에 대하여 기재하고 있으므로, 이 사건 제5항 발명은 그 효과에서 비교대상발명과 차이가 없거나 통상의 기술자가 예측 가능한 정도에 불과하다고 할 것이다. 따라서 이 사건 제5항 발명은 통상의 기술자가 비교대상발명으로부터 용이하게 발명할 수 있어서 진보성이 부정된다"고 판시하였다.

(2) 기술분야의 관련성

출원발명과 관련되는 기술분야의 공지기술 중에 기술적 과제 해결과 관계되는 기술수단이 존재한다는 사실은 통상의 기술자가 인용발명에 의하여 출원발명을 용이하게 발명할 수 있다는 유력한 근거가 된다. 대법원 판결에서 "문제로 된 비교대상발명의 기술적 구성이 특정 산업분야에만 적용될 수 있는 구성이 아니고 당해 특허발명의 산업분야에서 통상의 기술을 가진 자가 특허발명의 당면한 기술적 문제를 해결하기 위하여 별다른 어려움이 없이 이용할 수 있는 구성이라면 이를 당해 특허발명의 진보성을 부정하는 선행기술로 삼을 수 있다"고 판시하였다.[1]

> 예: 양말의 구성에 관한 발명에 있어서, 인용발명에 양말의 구성과 흡사한 장갑이 기재된 경우, 장갑과 양말은 극히 근접한 기술분야에 속하고 서로 관련성이 크므로 통상의 기술자라면 용이하게 장갑의 구성을 양말의 구성으로 치환해 볼 수 있을 것이다.

---

1) 대법원 2008.9.11 선고 2006후3939 판결.

(3) 과제의 공통성

인용발명과 출원발명의 발명이 해결하고자 하는 과제(problem to be solved by the invention)[1]가 동일한 경우에는 그 발명이 속하는 기술분야에서 통상의 기술자가 인용발명으로부터 출원발명에 이르게 된 것이 자명하다는 사실을 인정하는 유력한 근거가 된다. 그러나 그 발명이 속하는 기술분야에서 통상의 기술자가 당해 인용발명으로부터 별도의 사고과정을 통하여 출원발명과 동일한 구성에 이를 수 있었다는 사실이 자명한 경우에는 발명의 목적이 서로 다른 경우에도 진보성이 부정될 수 있다.[2]

예: 출원발명은 다이아프램의 외주부에 힘을 가하여 외주부의 경사를 조절함으로써 다이아프램의 스냅동작특성을 조정하는 스냅동작 다이아프램에 관한 것이고, 인용발명은 온도의 변화에 따라 동작하는 서모스타트에 관한 것으로, 출원발명과 인용발명의 기술적 과제는 모두 다이아프램의 스냅 동작 특성을 조정하고자 하는 것이어서 서로 동일하다. 이때 출원발명의 다이아프램이 압력 변화에 따라 동작하는 것인 반면 인용발명의 다이아프램은 온도의 변화에 따라 동작하는 것이라는 점에서 차이가 있지만, 이 차이가 발명의 본질에 영향을 미치는 것이 아니고 인용발명의 열응동(熱應動)에 의한 스냅동작 조정방법을 압력응동(壓力應動)방식의 다이아프램에 적용하는 것이 통상의 기술자가 용이하게 할 수 있는 정도의 것이라면 출원발명의 진보성은 인정되지 않는다.

(4) 작용 및 효과의 공통성

인용발명과 청구항에 기재된 발명의 작용 및 효과가 공통되는 경우에 그것은 통상의 기술자가 인용발명에 의하여 출원발명을 용이하게 발명할 수 있다는 유력한 근거가 된다. 출원발명의 기술적 구성에 의하여 발생되는 효과가 인용발명의 효과에 비하여 우수한 효과를 갖는 경우에 진보성 판단에서 고려될 수 있다.[3] 발명의 작용·효과의 차이점은 발명의

---

[1] 진보성 판단은 발명의 3요소를 비교·판단하는 점이 신규성 판단과 다른 점이다. 여기시 목적은 엄밀히 말하면 발명이 해결하고자 하는 과제이다.

[2] 대법원 2005.11.25 선고 2004후3487 판결.

[3] 출원발명의 출원시의 기술수준에서 그 발명이 속하는 기술분야에서 통상의 지식을 가진 자가 예측할 수 없었던 효과(unexpectable results)를 천재의 섬광(flash of genius),

구성으로부터 효과의 예측성이 낮은 분야의 발명에 대한 진보성 판단에서 적용된다. 진보성 판단의 상당부분은 이 효과의 우월성에 따라서 결정된다. 특히 출원발명이 그 출원 전에 공지된 기술수단보다 새로운 작용효과가 있는 것이라면 진보성이 있는 발명이다.[1]

> 예: 출원발명은 특정한 구조의 여과부가 형성된 가정용 여과장치에 관한 것이고, 인용발명 1에는 여과부의 구조만 상이할 뿐 다른 구성은 출원발명과 동일한 가정용 여과장치가 개시되어 있으며, 인용발명 2에는 출원발명과 여과부의 구조가 동일한 자동차용 여과장치가 개시되어 있는 경우, 인용발명 1 및 2에 기재된 여과장치는 여과라는 기능 내지는 작용면에서 서로 공통되고, 여과장치에서 일반적으로 요구되고 있는 목적 내지 과제 측면에서 서로 다른 기술분야의 발명이라고도 할 수 없으므로, 인용발명 1에 인용발명 2에 기재된 여과장치를 도입하여 출원발명에 이르는 것은 통상의 기술자라면 용이하게 할 수 있는 정도의 것이다.

(5) 구성의 난이도

인용발명과 출원발명의 구성이 차이가 없는 경우에는 그 발명이 속하는 기술분야에서 통상의 지식을 가진 자가 인용발명으로부터 출원발명에 이르게 된 것이 자명하다고 판단하게 된다. 명세서의 과제의 해결수단에는 출원발명이 해결하고자 하는 과제에 대한 해결방법, 즉 기술적 특징(technical features)이 반드시 나타나야 한다. 이 기술적 특징이 바로 발명의 구성이며 이는 청구항의 구성요소가 된다. 진보성 유무를 가늠하는 창작의 난이도는 그 기술구성의 차이와 작용효과를 고려하여 판단한다.[2] 대법원 2011.3.24 선고 2009후3886 판결은, "명칭을 '숯을 함유한 비닐의 제조방법'으로 하는 이 사건 특허발명(특허번호 제828585호)의 특허청구범위 제1항(이하 '이 사건 제1항 발명'이라고 하고 나머지 청구항도 같은 방식으로 부른다)과 '숯을 함유한 플라스틱 용기의 제조방법'에 관한 원심 판시 비교대상발명 1은 숯 분말과 폴리에틸렌 수지 등의 혼합물을 이용하여 비닐

상승효과 또는 특이하고 놀라운 효과(unusual and surprising results)라 한다.
 1) 대법원 2005.12.23 선고 2003후1895 판결: 새로운 효과를 참작하여 진보성을 인정한 경우.
 2) 대법원 2008.5.15 선고 2007후2759 판결.

이나 플라스틱 용기를 제조하는 방법이라는 점에서 그 기술분야가 동일하거나 밀접한 관련이 있다. 이 사건 제1항 발명의 원심 판시 구성 3은 비교대상발명 1에서 '숯이 함유되어 있는 플라스틱 칩을 90℃의 열풍으로 4시간 정도 건조시켜 수분을 완전히 제거하는' 구성과 대응되고, 양 대응구성은 90℃ 정도의 온도에서 숯 분말과 폴리에틸렌 수지 등의 혼합물에 포함된 수분을 제거하는 점에서 동일하며, 다만, 수분 제거를 이 사건 제1항 발명은 칩의 성형단계 이전에 하는 반면, 비교대상발명 1은 칩의 성형단계 이후에 하는 점에서 차이가 있다. 그러나 구성 3은 칩의 성형단계 이전에 수분 제거를 통하여 기공 형성을 방지하고자 하는 것인데, 비교대상발명 1에는 칩의 성형단계 이전인 숯 분말과 폴리에틸렌 수지가 혼련(魂鞾)되는 과정에서 기공의 형성을 방지하는 구성이 나타나 있으므로, 그 기술분야에서 통상의 기술자라면 비교대상발명 1의 대응구성에서 칩의 성형단계 이전에 수분을 제거하는 구성으로 변경하는 것에 기술적 어려움이 없다고 할 것이다. 따라서 구성 3은 통상의 기술자가 비교대상발명 1의 대응구성으로부터 용이하게 도출해 낼 수 있다. 그 밖에 이 사건 제1항 발명의 원심 판시 구성 1, 2, 4, 5는 비교대상발명 1에 개시된 대응구성과 차이가 없다. 그렇다면 이 사건 제1항 발명은 통상의 기술자가 비교대상발명 1로부터 용이하게 발명할 수 있어서 진보성이 부정된다"고 판시하였다.

나. 통상의 기술자의 창작능력의 발휘에 해당하는 것

(1) 공지기술의 일반적인 적용

특허청에 출원되는 출원발명 중 일부는 공지기술을 개량한 개량발명이라 할 수 있다. 일부 개량발명은 공지기술의 재료를 비슷하게 작용하는 다른 요소로 대체(substitution)하는 경우가 많은데, 이 경우에는 비록 새로운 발명이지만 진보성을 인정받을 수 없다.[1] 예를 들어, 1950년대 이전의 증폭회로로 쓰인 진공관을 트랜지스터로 대체한 경우, 알려진 구성요소를 새로운 구성요소로 대체한 것이므로 전력소비 및 중량의 감소를 가져오므로 일응 특허될 수 있는 것으로 판단할 수 있다. 그러나 트랜지스

---

1) 대법원 2009.5.14 선고 2008후4325 판결.

터의 전력소비 및 무게의 감소 이점은 트랜지스터가 공개되면서 알려진 것이므로 그 우수한 효과가 새로운 것이라 하여도 완전히 예측할 수 있는 것이었다. 따라서 미국 특허청의 항고심판부는 진공관을 트랜지스터로 대체하는 기술은 예기치 못한 새로운 효과가 있는 것이 아니어서 이 정도의 기술대체는 그 당시에 통상의 기술자에게 자명한 것이라고 판단하였다. 미국 특허청 항고심판부는 이미 알려진 한 그룹의 트랜지스터로 된 논리회로를 집적회로(Integrated Circuit)로 대체하는 것도 자명한 것으로 판단하고 진보성을 부정한 바 있다.

(2) 종래기술의 문제점 해결

발명의 진보성 판단은 선행기술의 범위와 내용을 밝히고 그에 비추어 출원발명의 목적, 기술적 구성, 작용효과를 종합적으로 검토하여 결정한다. 출원발명의 해결수단인 구성의 곤란성 여부가 판단의 핵심이고, 이와 동시에 효과의 현저성 등도 참작하여야 한다. 작용효과가 종래기술과 동일·유사하더라도 그와 전혀 다른 새로운 해결수단을 창작한 때에는 그 새로운 해결방법의 제공에 의한 기술의 발달이 인정되어 진보성이 인정될 수 있다. 또한 기술적 구성이 곤란하지 않다 하더라도 종래 알려지지 않은 놀랄 만한 효과가 발생한 경우에도 진보성이 인정될 수 있다.[1] 발명이 당해 기술분야에서 특정 기술과제에 대한 연구 및 개발을 방해하는 기술적 편견으로 인해 통상의 기술자가 포기하였던 기술적 수단을 채용함으로써 만들어진 것이고 이로써 그 기술과제를 해결하였다면 진보성 판단의 지표 중 하나로 고려할 수 있다. 출원발명이 다른 사람이 해결하려고 하다가 실패한 기술적 곤란을 극복하는 방안을 제시하였거나 과제를 해결하는 방안을 제시한 것이라면, 발명의 진보성을 인정하는 유리한 증거가 될 수 있다.

(3) 균등물에 의한 치환

발명의 구성 일부를 동일 기능을 수행하고 호환성이 있는 공지의 구성으로 치환하는 것은 더 나은 효과를 갖는 등의 특별한 사정이 없는 한 통상의 기술자의 통상의 창작능력의 발휘에 해당하여 진보성이 인정되지

---

1) 대법원 2008.5.29 선고 2006후3052 판결.

않는다(심사지침서 제3부 제3장 3307면).

예1 : 청구항에 기재된 열교환장치를 인용발명과 대비해 보면 다른 기술적 구성은 인용발명에 개시된 바와 같고 다만, 재질에 있어 SiC를 균등관계에 있는 알루미늄으로 치환한 것에 차이가 있는 경우, 부피가 작고 내식성이 좋은 열교환기를 제공하고자 하는 당해 기술분야에서 SiC와 알루미늄이 서로 균등관계에 있다는 사실이 이 출원 전에 이미 공지되어 있었다면, 출원발명의 진보성은 인정되지 않는다.

예2 : 청구항에 기재된 발명은 반응을 가속시켜 결정 형성을 촉진시키기 위해 탄산마그네슘을 첨가한 반면 인용발명은 동일한 목적으로 산화마그네슘을 사용하고 있고, 동시에 해당 기술분야에서 반응온도가 1300℃ 이상으로 올라가면 탄산마그네슘이 산화마그네슘으로 변화하는 것이 알려져 있는 경우, 인용발명의 산화마그네슘을 탄산마그네슘으로 단순 치환하는 것은 더 나은 효과를 가져오지 않는 균등물에 의한 치환에 불과하여 진보성이 인정되지 않는다.

(4) 일부 구성요소의 생략

선행기술에 개시된 공지된 발명의 일부 구성요소를 생략한 결과 관련된 기능이 없어지거나 품질(발명의 효과를 포함한다)이 열화되는 경우에는 그러한 생략은 통상의 기술자에게 자명한 것으로 보아 진보성이 부정된다. 그러나 출원시의 기술상식을 참작할 때 통상의 기술자의 통상적으로 예측 가능한 범위를 벗어나 일부 구성요소의 생략에도 불구하고 그 기능이 유지되거나 오히려 향상되는 경우에는 진보성을 인정할 수 있다(심사지침서 6.2.3.).

(5) 기술의 구체적 적용에 따른 단순한 설계변경

청구항에 기재된 발명이 인용발명의 기술사상을 그대로 이용한 채 단순히 적용상의 구체적 환경변화에 따라 설계변경한 것이고, 그로 인해 더 나은 효과가 있는 것으로 인정되지 않을 때에는 특별한 사정이 없는 한 통상의 기술자의 통상의 창작능력의 발휘에 해당하여 진보성이 인정되지 않는다.

예를 들어, 청구항에 기재된 발명과 인용발명과의 차이가 공지된 기술 구성의 구체적 적용에 따라 발생된 것으로, 단순히 구성요소의 크기,

비율(proportion), 상대치수(relative dimension) 또는 양에만 있는 경우에는 통상의 기술자가 가지는 통상의 창작능력의 발휘에 해당하는 것으로 보아 진보성을 부정한다. 다만, 그러한 차이로 인해 동작이나 기능 등이 달라지는 효과가 있고, 그러한 효과가 통상의 기술자의 통상적인 예측 가능 범위를 벗어나는 더 나은 효과로 인정되는 경우에는 진보성을 인정할 수 있다.

> 예: 출원발명의 전동안마기용 제어회로를 인용발명의 김치냉장고용 마이콤과 대비해 보았더니 구성상 차이는 전동안마기에 적용하기 위한 저항치 정보와 전동모터 구동용 제어 사양에만 있는 경우, 출원 시점의 마이콤 설계기술 수준을 고려할 때 이 차이는 제어 대상에 마이콤을 맞추기 위한 통상의 기술자의 단순한 설계변경에 해당한다면 진보성이 인정되지 않는다.

다. 더 나은 효과의 고려

(1) 새로운 작용효과

청구항에 기재된 발명의 기술적 구성에 의하여 발생되는 효과가 인용발명의 효과에 비하여 더 나은 효과를 갖는 경우에 그 효과는 진보성 인정에 긍정적으로 참작할 수 있다. 출원된 기술에 공지된 선행기술로부터 예측되는 효과 이상의 더욱 나은 새로운 작용효과가 있는 것으로 인정되어 출원된 기술이 선행기술보다 현저하게 향상·진보된 것으로 판단되는 때에는 기술의 진보발전을 도모하는 특허제도의 목적에 비추어 통상의 기술자가 용이하게 발명할 수 없는 것으로서 진보성이 있는 것으로 취급한다.

(2) 현저한 효과

인용발명의 특정 사항과 청구항에 기재된 발명의 특정 사항이 유사하거나, 복수의 인용발명의 결합에 의하여 일견(一見), 통상의 기술자가 용이하게 생각해 낼 수 있는 경우에도 청구항에 기재된 발명이 인용발명이 가진 것과는 이질의 효과를 갖거나 동질이라도 현저한 효과를 가지며, 이러한 효과가 당해 기술수준으로부터 통상의 기술자가 예측할 수 없는 경우에는 진보성이 인정될 수 있다. 특히, 선택발명이나 화학분야의 발명 등과 같이 물건의 구성에 의한 효과의 예측이 쉽지 않은 기술분야의 경우에는 인용발명과 비교되는 더 나은 효과를 갖는다는 것이 진보성의 존재를 인정하기 위한 중요한 사실이 된다.

예: 두 개 이상의 화합물을 소정 비율로 배합하여 제조한 염료조성물의 진
보성은 그 조성물 자체의 작용효과 유무에 따라 판단되어야 하는 것이며,
비록 조성물을 구성하는 개개의 성분이 공지의 범주에 속하는 화합물이라
할지라도 이를 소정비율로 배합한 결과 종전에 예측할 수 없는 작용효과가
창출되었다면 이는 진보성이 있다.

(3) 상세한 설명에 인용발명과 비교되는 더 나은 효과가 기재된 경우

상세한 설명에 인용발명과 비교되는 더 나은 효과가 기재되어 있거
나, 인용발명과 비교되는 더 나은 효과가 명세서의 상세한 설명에 직접
기재되어 있지 않더라도 통상의 기술자가 상세한 설명이나 도면에 기재
된 발명의 객관적 구성으로부터 쉽게 인식할 수 있는 경우에는 의견서
등에서 주장·입증(예를 들면, 실험 결과)하는 더 나은 효과를 참작하여 진보
성을 판단한다. 그러나 상세한 설명에 기재되어 있지 않고 상세한 설명
또는 도면의 기재로부터 통상의 기술자가 미루어 짐작할 수 없는 경우에
는 의견서 등에서 주장·입증하는 효과는 참작해서는 안 된다.

예: 출원발명이 작동봉 하단에 반개원통이 연장 설치된 구성을 갖는 부항에
관한 것으로서, 반개된 원통을 채용함으로써 그 내부에 삽입된 유동고무판
의 상태를 손쉽게 확인할 수 있다는 점, 작동봉 손잡이를 당겨 진공을 해제
할 때 반개된 부분으로 공기가 원활하게 유통되어 부항을 용이하게 제거할
수 있다는 점 등, 출원발명의 상승효과를 통상의 기술자가 상세한 설명 및
기술상식으로부터 쉽게 확인할 수 있다면, 출원발명의 진보성은 이를 참작
하여 판단한다.

6. 결합발명의 진보성 판단

가. 결합발명의 특징

결합발명은 발명의 기술적 과제를 달성하기 위하여 선행기술들에 기
재된 기술적 특징을 종합하여 새로운 해결수단으로 구성한 발명을 말한
다. 청구항에 기재된 발명은 전체로 고려되어야 하는바 결합발명의 진보
성을 판단함에 있어서 청구항에 기재된 발명의 구성요소 각각이 공지 또

는 인용발명으로부터 자명하다고 하여 청구항에 기재된 발명의 진보성을 부정해서는 안 된다. 청구항에 기재된 발명은 구성요소를 결합한 전체로 발명을 파악하여야 한다. 청구항에 기재된 발명의 구성요소를 분해한 후 분해된 각각의 구성요소들이 공지 또는 자명하다고 하여 청구항에 기재된 발명의 진보성을 부정할 수는 없다.[1] 다만, 발명의 구성이 유기적으로 결합되어 있지 않고 단순한 조합에 불과한 경우에는 각 구성별로 검토하여 어느 구성에도 진보성이 없으면 청구항에 기재된 발명은 진보성이 없다고 판단한다.

1) 결합에 대한 암시, 동기 등이 선행기술문헌에 제시되어 있는지의 여부는 선행기술에 그대로 교시되어 있는 경우뿐만 아니라 발명이 이루고자 하는 기술적 과제의 성질 그 자체에 내재되어 있는지 또는 통상의 기술자가 가지는 기술상식이나 경험칙 내에 포함되어 있는지를 종합적으로 판단하여 결정하도록 한다.

> 예: 인용발명 1이 연질 플라스틱 재질의 투시창을 포함하는 유모차 보호덮개를 개시하고 있고, 출원발명은 유아의 시력을 보호하기 위해 상기 투시창의 재질을 인용발명 2에 개시된 경질 플라스틱으로 변경한 것인 경우, 투시창 재질로 사용되던 연질 플라스틱이 유아의 시력을 손상시킨다는 사실이 출원발명의 우선권주장일 전에 공중파 TV를 통하여 보도되었고, 경질의 플라스틱은 이와 같은 문제가 없다는 사실이 당 기술분야에서 기술상식에 해당한다면, 인용발명 1의 투시창의 재질을 인용발명 2의 경질의 플라스틱으로 변경하는 것에 각별한 어려움은 없다고 할 수 있다.

2) 일반적으로 어느 선행기술문헌이 다른 문헌을 인용하고 있을 때에는 결합의 암시 또는 동기가 선행기술문헌에 제시되었다고 할 수 있으므로 양자의 결합은 용이한 것으로 보고 진보성을 부정한다. 또한 동일 문헌 내에 존재하는 복수의 기술적 특징의 결합은 통상의 기술자가 이를 서로 관련짓는 데에 각별한 어려움은 없는 것으로 보아 용이한 것으로 취급한다. 주지관용기술을 다른 선행기술문헌과 결합하는 것은 통상 용이하다고 본다. 다만, 결합되는 기술적 특징이 당해 기술분야에서 주지관

---

1) 대법원 2007.9.6 선고 2005후3285 판결.

용기술이라고 하더라도 다른 기술적 특징과의 유기적인 결합에 의해 더 나은 효과를 주는 경우에는 그 결합은 자명하다고 할 수 없다.

> 예: 출원발명의 안내부를 제외한 나머지 구성들은 인용발명 1에 그대로 나타나 있고, 상기 안내부는 인용발명 1에서 인용하고 있는 인용발명 2의 가이드부재와 실질적으로 동일한 경우, 인용발명들의 결합이 이미 암시되었다고 볼 수 있으므로, 인용발명 1과 인용발명 2를 결합하여 출원발명에 이르는 것은 용이하다고 할 수 있다.

3) 결합발명은 기술적 특징간의 기능적 상호 작용으로 인해 개개의 특징의 기술적 효과의 합과는 다른, 예를 들어, 더 큰 복합적인 상승효과를 달성하는 경우, 기술적 특징의 집합을 기술적으로 의미 있는 조합으로 간주하여 진보성을 인정할 수 있다. 청구항에 기재된 결합발명이 단순히 "기술적 특징들의 병렬 또는 단순한 결합"에 해당되어 기술적으로 의미 있는 조합이 아닌 것으로 인정되는 경우에는, 그 밖에 진보성을 인정할 수 있는 근거가 없는 하나의 기술적 특징이 자명하다고 입증함으로써 결합발명의 진보성을 부정할 수 있다.

> 예1: 출원발명이 인용발명 1의 유압액츄에이터를 서보모터로 변경하고 인용발명 1의 스핀들을 인용발명 2의 절곡구로 대체한 것인 경우, 그 구성을 대체·변경함에 별다른 구성상 어려움은 없고 작용효과 또한 인용발명 1과 인용발명 2가 가지는 총합 이상은 아니라고 인정된다면, 단순 결합에 해당하여 진보성을 인정할 수 없다.

> 예2: 출원발명이 인용발명 1에 개시된 통상의 사출성형기에 진공 상태에서 성형이 가능하도록 하기 위한 진공챔버(인용발명 2 개시)와 작업 편의성을 도모하기 위한 금형 체결 시스템(인용발명 3 개시)을 모아 놓은 것에 해당하는 경우, 구성요소를 결합하는 데 특별한 곤란성이 없고, 작용효과에 현저한 차이가 없다면, 출원발명은 용이하게 발명될 수 있는 것에 해당한다고 볼 수 있다.

나. 인용발명의 결합

발명의 진보성을 판단함에 있어서는 그 인용되는 기술을 조합 또는 결합하면 당해 특허발명에 이를 수 있다는 암시·동기 등이 선행기술문헌에 제시되어 있거나, 그렇지 않더라도 당해 특허발명의 출원 당시의 기술 수준, 기술상식, 해당 기술분야의 기본적 과제, 발전경향, 해당 업계의 요구 등에 비추어 보아 그 기술분야에 통상의 기술자가 용이하게 그와 같은 결합에 이를 수 있다고 인정할 수 있는 경우에는 당해 발명의 진보성은 부정된다.[1]

결합발명의 진보성을 판단함에 있어 출원발명에 이르기 위해 가장 가까운 인용발명과 하나 이상의 다른 인용발명을 결합하지 않으면 안 된다는 사실은 진보성의 존재를 시사하는 것이 될 수 있으므로 진보성 판단에 주의하여야 한다. 또한 결합된 인용발명의 수가 많을수록 사후적 고찰 또는 합당한 거절이유가 결여되어 있는 경우에 해당할 가능성이 높아진다는 점에도 유의하여야 한다. 두 개 이상의 다른 선행기술을 결합하는 것이 용이한지를 결정하는 경우 심사관은 통상의 기술자가 결합할 가능성이 있는지의 여부, 선행기술의 출처가 동일하거나 인접 기술분야인지의 여부, 결합을 위해 서로 관련지을 만한 합리적인 근거가 있는지의 여부를 고려하여야 한다.

다. 공지기술의 결합

출원발명이 그 출원 전에 공지된 인용발명을 결합한 경우에는 인용발명을 결합하는 데 각별한 곤란성이 있다거나 이로 인해 새로운 작용효과가 있는 것이라면 진보성이 있는 발명으로 인정된다. 진보성에 관한 판례는 대부분 인용발명으로부터 출원발명에 이르게 된 것이 그 발명이 속하는 기술분야의 통상의 지식을 가진 자에게 자명한 경우에는 당해 발명의 진보성을 불인정하고, 자명하지 않은 경우에는 진보성을 인정하고 있다.[2]

결합발명의 진보성은 2 이상의 선행기술(주지관용기술[3]포함)을 상호 결합시켜서 판단할 수 있으나, 그 결합은 당해 발명의 출원시에 통상의 기

---

1) 대법원 2009.7.9 선고 2008후3377 판결.
2) 대법원 2008.3.13 선고 2006후1452 판결.
3) 주지기술(周知技術)이란 그 기술에 관해 상당히 다수의 문헌이 존재하거나, 또는 업계에 알려져 있거나, 혹은 예시할 필요가 없을 정도로 잘 알려진 기술과 같이 그 기술분야에서 일반적으로 알려진 기술을 말하며, 관용기술(慣用技術)이란 주지기술 중 자주 사용되고 있는 기술을 말한다. 주지관용기술임을 나타내는 증거자료로는 교과서, 초학자를 대상으로 하는 서적, 기술 표준 사전, 해당 기술분야의 국가표준(KS) 규격 등이 있다.

술자가 용이하게 할 수 있다고 인정되는 경우에 한한다. 이때 결합할 수 있는 선행기술의 개수에 특별한 제한은 없다. 여러 선행기술문헌을 인용하여 결합발명의 진보성을 판단함에 있어서는 그 인용되는 기술을 결합하면 당해 출원발명에 이를 수 있다는 암시·동기 등이 선행기술문헌에 제시되어 있는지의 여부를 주로 참작하여 판단한다. 다만, 그렇지 않더라도 당해 출원발명의 출원 당시의 기술수준, 기술상식, 해당 기술분야의 기본적 과제, 발전 경향, 해당 업계의 요구 등에 비추어 보아 그 기술분야에 통상의 지식을 가진 자가 용이하게 그와 같은 결합에 이를 수 있다고 인정할 수 있는 경우에는 당해 결합발명의 진보성을 부정할 수 있다.

예1: 출원발명은 웹을 통해 게임을 다운받아 실행하는 웹 게임서버에 관한 것으로서, 인용발명과의 구성 상 차이는 "게임 프로그램과 게임 데이터를 분리하여 다운로드한다는 점"에만 있는 경우, 출원 당시의 기술 수준을 감안할 때 프로그램 코드와 데이터를 분리하여 다운받는 기술적 특징은 단순한 주지관용 기술에 불과하다면, 이를 인용발명에 단순 결합하는 것에 각별한 어려움은 없는 것이므로 진보성은 인정되지 않는다.

예2: 이미지 센서를 이용하여 일련번호를 추출하는 유가증권 계수 방법에 대하여 인용발명 1과는 광학식 센서로 권종을 인식한다는 점에만 차이가 있고 인용발명 2에는 이미지 센서를 이용한 지폐분류 단계가 개시된 경우, 인용발명들의 기술분야가 상호 일치하고, 출원 당시의 기술수준을 감안할 때 차이가 나는 사항은 인용발명 1의 광학식 센서를 인용발명 2의 이미지 센서로 치환함으로써 용이하게 생각해 낼 수 있는 사항이라고 인정되므로, 출원발명은 통상의 기술자가 인용발명들을 결합함으로써 용이하게 생각해 낼 수 있는 것이다. 일반적으로 진보성 판단에서 일견하여 진보성이 부정되는 예로는 (i) 공지기술의 단순한 주합·치환 또는 전용, (ii) 관용수단의 전환·부가·삭제, (iii) 단순한 설계변경 또는 재료한정, (iv) 용도한정발명, (v) 작용효과가 동일한 경우, (vi) 기술사상이 동일하고 발명의 카테고리가 다른 경우 등이다.

7. 발명의 유형에 다른 진보성 판단

가. 물건의 제조방법

물건의 발명에 진보성이 인정되는 경우에는 그 물건을 생산하는 방법에 관한 발명 및 그 물건의 용도발명도 원칙적으로 진보성이 인정된다. 진보성 유무를 가늠하는 창작의 난이도는 그 기술구성의 차이와 작용효과를 고려하여 판단하여야 하는 것이므로, 특허된 기술의 구성이 선행기술과 차이가 있을 뿐 아니라 그 작용효과에 있어서 선행기술에 비하여 현저하게 향상 진보된 것인 때에는, 기술의 진보발전을 도모하는 특허제도의 목적에 비추어 특허발명의 진보성을 인정하여야 한다.

나. 선택발명

선택발명(selection invention)이란 인용발명의 상위개념으로 표현되어 있으나 출원발명에는 하위개념으로 표현된 발명으로, 인용발명에는 직접적으로 개시되어 있지 않은 사항을 발명의 구성에 없어서는 아니 되는 사항으로 하여 선택한 발명을 의미한다. 공지기술로부터 실험적으로 최적의 것을 선택하는 것은 일반적으로 그 발명이 속하는 기술분야에서 통상의 지식을 가진 자의 통상의 창작능력의 발휘에 해당하여 진보성이 인정되지 않는다. 다만, 선택발명이 인용발명의 효과에 비하여 유리한 효과를 가질 경우에는 그 선택발명은 진보성이 인정된다. 선행 또는 공지의 발명에 구성요건이 상위개념으로 기재되어 있고 위 상위개념에 포함되는 하위개념만을 구성요건 중의 전부 또는 일부로 하는 이른바 선택발명은 선행발명이 선택발명을 구성하는 하위개념을 구체적으로 개시하지 아니하고, 선택발명에 포함되는 하위개념들 모두가 선행발명이 갖는 효과와 질적으로 다른 효과를 갖고 있거나, 질적인 차이가 없더라도 양적으로 현저한 차이가 있는 경우에 한하여 특허를 받을 수 있고, 선택발명의 상세한 설명에 그와 같은 효과가 있음을 구체적으로 확인할 수 있는 비교실험자료 또는 대비결과까지 기재하여야 하는 것은 아니라고 하더라도 통상의 기술자가 선택발명으로서의 효과를 이해할 수 있을 정도로 명확하고 충분하게 기재하여야 명세서 기재요건이 구비되었다고 할 수 있다.[1]

> 예: 출원발명과 인용발명은 모두 중추신경계 퇴행성 질환의 치료에 사용되는 것으로 신경 보호작용을 하는 화합물에 관한 것이고, 출원발명은 인용발명이 직접적으로 기재하지 않은 하위개념상의 화합물을 선택한 발명인 경우, 그 선택에 따라 출원발명의 경구활성이 10배 정도 우수한 효과(명세서

---

1) 대법원 2007.9.6 선고 2005후3338 판결.

에 명확히 기재되어 있는 효과)를 발휘하게 되었다면 효과의 현저성이 인정되어 진보성은 긍정된다.

다. 수치한정발명

수치한정발명이란 청구항에 기재된 발명의 구성의 일부가 수량적으로 표현된 발명을 의미한다. 청구항에 기재된 발명의 과제가 인용발명과 공통되고 효과가 동질인 경우에는 그 수치한정의 임계적 의의가 요구된다. 청구항에 기재된 발명의 과제가 인용발명과 상이하고 그 효과도 이질적(異質的)인 경우에는 수치한정을 제외한 양 발명의 구성이 동일하여도 수치한정의 임계적 의의를 요하지 아니한다. 공지기술로부터 실험적으로 최적의 수치범위를 선택하는 것은 일반적으로는 그 발명이 속하는 기술분야에서 통상의 기술자의 통상의 창작능력의 범위 내에 해당하여 진보성이 인정되지 않는다. 다만, 청구항에 기재된 발명이 한정된 수치범위 내에서 인용발명의 효과에 비하여 유리한 효과를 가질 때에는 통상 진보성이 인정된다. 수치한정이 어떤 범위에 걸치는 경우는 그 범위 내의 대표적인 수치에 관한 효과만이 아니고 대표적인 수치 이외의 부분에 관한 효과에 대하여도 판단하지 않으면 안 된다.[1]

예1: 출원발명은 인용발명과는 달리 나선의 1회전도를 내경 지름의 약 12배가 되는 관체 길이 이내로 수치 한정한 발명인 경우, 출원발명의 상세한 설명에 "12배 이하"로 한정함에 대한 아무런 기술적 설명이 없는 점으로 보아 단지 나선의 회전도를 너무 완만하게 하지 않는다는 의미 이상의 별다른 기술적 효과는 없는 것으로 인정되므로 출원발명에서의 수치한정은 아무런 기술적 의미가 없다.

예2: 출원발명의 제조원료나 제조공정이 공지된 인용발명의 그것과 일부 유사하거나 동일한 점이 있다고 하더라도 출원발명이 그 제조원료의 구성비나 공정상의 첨가물에 있어 인용발명과 다르고 또 그로 인하여 경제성과 완제품의 품질이 인용발명보다 현저하게 향상 진보된 경우에는 진보성이 있다.

---

1) 대법원 2007.11.16 선고 2007후1299 판결.

라. 제조방법으로 특정된 물건발명의 진보성 판단

물건발명의 특허청구범위는 특별한 사정이 없는 한 발명의 대상인 물건의 구성을 직접 특정하는 방식으로 기재하여야 하므로, 물건 발명의 특허청구범위에 그 물건을 제조하는 방법이 기재되어 있다고 하더라도 그 제조방법에 의해서만 물건을 특정할 수밖에 없는 등의 특별한 사정이 없는 이상 당해 출원발명의 진보성 유무를 판단함에 있어서는 그 제조방법 자체는 고려할 필요 없이 그 특허청구범위의 기재에 의하여 물건으로 특정되는 발명만을 그 출원 전에 공지된 발명 등과 비교하면 된다. 방법적 형식으로 기재한 물건에 관한 청구항에 있어서 보호받고자 하는 대상은 방법이나 제조장치가 아니라 물건 자체로 해석되므로 진보성 등에 대한 판단 대상은 물건이다. 따라서 심사관은 신규성이나 진보성 판단 등에 있어 그 방법이나 제조장치가 특허성이 있는지의 여부를 판단하는 것이 아니라 그러한 방법으로 제조된 "물건 자체"의 구성이 공지된 물건의 구성과 비교하여 진보성 등이 있는지의 여부를 판단하여 특허 여부를 결정한다. 이 경우 방법적 기재에 의해 물성·특성·구조 등을 포함하여 특정되는 물건이 판단의 대상이 된다.

예1: 출원발명이 시트벨트장치용 벨트결합금구를 청구하면서 청구항에 "판상체의 일부를 일측면측으로부터 타측면으로 구부림과 동시에 구부린 부분을 일측면측으로 밀어 되돌림으로써"라고 제조방법을 기재한 경우, 시트벨트는 그 구성을 직접 특정함에 아무런 어려움이 없으므로 제조방법 자체는 고려하지 않고, 그 방법에 의해 얻어진 시트벨트만을 인용발명과 대비하여 진보성을 판단하면 된다.

예2: 출원발명이 케나프 차를 청구하면서 청구항에는 "60℃에서 45분간 가열처리하고 60℃에서 30-45분 동안 1.6kW의 원적외선을 조사하여 무기질 함량이 증가된 케나프 잎을 유효성분으로 함유"한다고 기재한 경우, 상세한 설명의 기재로부터 상기 제조방법에 의해 케나프 차의 무기질 함량이 현격히 증가된다는 사실이 확인된다면 이를 토대로 그 방법에 의해 제조된 케나프 차의 특질변화를 인정하여 진보성을 인정할 수 있다.

마. 상업적 성공

출원인이 출원발명의 상업적 성공이 청구항에 기재된 발명의 기술적인 특징과 직접적으로 연관되어 이루어진 것이고, 판매기술·선전·광고기술 등 발명의 기술적 특징 이외의 요인에 의한 것이 아니라는 사실을 입증하는 경우에는 진보성을 인정하는 긍정적인 근거로 참작될 수 있다. 대법원 판례는 진보성이 결여된 출원발명이 단순히 상업적으로 성공한 경우에는 진보성을 인정하지 않는다. 특허발명이 상업적으로 성공을 하였다는 점은 진보성을 인정하는 하나의 자료로 참고할 수 있지만, 위에서 본 바와 같이 이 사건 특허발명의 명세서를 토대로 한 기술적 검토 결과 이 사건 제1, 2항 발명이 선행기술보다 향상 진보된 것으로 인정되지 아니하는 이 사건에서, 설령 원고가 이 사건 특허발명의 실시에 의하여 상업적으로 성공을 거두었다고 하더라도 그 점만으로 특허발명의 진보성을 인정할 수는 없다.[1]

　　발명의 제품이 상업적으로 성공하였거나 업계로부터 호평을 받았다는 사정 또는 출원 전에 오랫동안 실시했던 사람이 없었던 점 등의 사정은 진보성을 인정하는 하나의 보조적 자료로서 참고할 수 있다. 다만, 이러한 사정만으로 진보성이 인정된다고 할 수는 없고 진보성은 우선적으로 명세서에 기재된 내용, 즉 발명의 목적, 구성 및 효과를 토대로 판단되어야 하므로, 상업적 성공이 발명의 기술적 특징으로부터 비롯된 것이 아니라 다른 요인, 예를 들어, 판매기술의 개선이나 광고 선전 등에 의해 얻어진 것이라면 진보성 판단의 참고자료로 삼을 수 없다.

> 예: 출원발명에 해당하는 휴대용 영상가요반주기가 비록 일본에서 선풍적 인기를 끌어 2년간 8천 4백만달러의 수출계약을 체결하였다 하더라도 그것이 출원발명의 기술적 구성의 우월성에만 기초한 것이라 단정할 수 없고 실시자의 영업적 능력에 기인한 것으로 인정되는 때에는 상업적 성공의 사정만으로 진보성을 인정할 수 없다.

8. 진보성 판단시 유의사항

가. 다항제 관련 진보성 판단

　　다항제의 기본원칙은 "각 청구항마다 발명이다"는 것이다. 독립항과 종속항과의 관계도 권리해석상 독립되어 있는 것으로 해석하지만 종속항

---

[1] 대법원 2008.8.21 선고 2006후3472 판결.

은 선행하는 독립항을 인용하고 있어서 독립항에 종속되어 있는 상태이다. 일반적으로 종속항은 독립항보다 권리범위가 좁기 때문에 독립항의 진보성이 인정되는 경우에는 그 독립항에 종속되는 종속항도 당연히 진보성이 인정된다. 예를 들어, 청구항 제2항과 제3항은 독립항인 제1항을 인용하는 종속항으로서 청구항 제1항의 발명이 신규성과 진보성이 인정되면, 청구항 제2항과 제3항의 발명도 신규성과 진보성이 인정된다. 그러나 독립항의 진보성이 인정되지 않는 경우에는 그 독립항에 종속되는 종속항에 대하여는 별도로 진보성을 판단하여야 한다.

대법원 2007.11.29 선고 2006후2097 판결은 "어느 특허발명의 특허청구범위에 기재된 청구항이 복수의 구성요소로 되어 있는 경우에는 각 구성요소가 유기적으로 결합한 전체로서의 기술사상이 진보성 판단의 대상이 되는 것이지 각 구성요소가 독립하여 진보성 판단의 대상이 되는 것은 아니므로, 그 특허발명의 진보성 여부를 판단함에 있어서는 청구항에 기재된 복수의 구성을 분해한 후 각각 분해된 개별 구성요소들이 공지된 것인지의 여부만을 따져서는 안 되고, 특유의 과제 해결원리에 기초하여 유기적으로 결합된 전체로서의 구성의 곤란성을 따져 보아야 할 것이며, 이때 결합된 전체 구성으로서의 발명이 갖는 특유한 효과도 함께 고려하여야 한다. 원심이 명칭을 '궤도차량용 정보서비스 표시 시스템'으로 하는 원고의 이 사건 특허발명을 그 판시의 비교대상발명들과 대비하여, 이 사건 특허발명의 청구항 1은 비교대상발명들에 비하여 목적에 특이성이 있고 구성의 곤란성이 있으며 효과의 현저성도 있으므로 그 진보성이 부정되지 않고, 청구항 1의 진보성이 부정되지 않는 이상, 그 종속항인 청구항 2 내지 9 역시 진보성이 부정되지 않는다고 판단하였음은 정당한 것으로 수긍이 간다"고 판시하였다.

나. 여러가지 판단 요소를 고려하여 결정

진보성 판단은 원칙적으로 청구항에 기재된 발명의 목적, 기술적 구성, 작용효과를 종합적으로 검토하되, 기술적 구성의 곤란성을 중심으로 목적의 특이성 및 효과의 현저성을 참작하여 종합적으로 판단하는 것이지만, 진보성을 판단함에 있어서 여러가지 판단요인이 있을 수 있으므로 출원인이 의견서에서 용이하게 발명될 수 없다고 주장하는 경우 진보성이 없다는 결론에 쉽게 도달해서는 안 된다. 심사의 대상이 되는 출원의 명세서에 기재된 사항에 의하여 얻은 지식을 전제로 하여 진보성을 판단할 경우에는 통상의 기술자가 인용발명으로부터 청구항에 기재된 발명을 용이하게 발명할 수 있는 것으로 인정하기 쉬운 경향이 있으므로 주의를 요한다. 또한 어떤 원인의 해명에 의한 발명으로, 일단 그 원인이 해명되면 해결이 용이한 발명의 경우에는 그 원인의 해명 과정을 중시하여 진보성을 판단하여야 하며, 단순히 그 해결수단이 자명하다는 이유만으로 진보성을 부정해서는 안 된다.

> 예: 출원발명은 비상 상황에서 수신부의 음성신호 수신은 차단하고 송신부의 송화음성 송출만을 허용하는 도청모드를 포함하는 단말기에 관한 것이고, 인용발명에는 "단말기로부터의 음성 송신을 다른 사람이 알아차리지 않게 한다"는 기재만 있는 경우, 통상의 기술자가 상기 기재로부터 출원발명의 구체적인 기술구성을 쉽게 알 수는 없으므로, 출원발명이 상기 인용발명의 기재 사항으로부터 용이하게 안출될 수 있다고 하는 것은 명세서에 기재된 내용을 알고 있음을 전제로 하여 사후적으로 판단한 것에 해당한다.

다. 독립항과 종속항의 진보성 판단

독립항의 진보성이 인정되는 경우에는 그 독립항을 인용하는 종속항도 진보성이 인정된다. 그러나 독립항의 진보성이 인정되지 않는 경우에는 그 독립항에 종속되는 종속항에 대하여는 별도로 진보성을 판단하여야 한다.

라. 물건발명과 방법발명의 진보성

물건에 관한 발명이 진보성이 인정되는 경우에는 그 물건의 제조방법에 관한 발명 및 그 물건의 용도 발명은 원칙적으로 진보성이 인정된다.

마. 마커쉬 청구항의 경우

청구항에 기재된 발명이 마커쉬 형식(Markush Type) 또는 구성요소가 선택적으로 기재된 경우 등에 있어서 그 선택 요소 중 어느 하나를 선택하여 인용발명과 대비한 결과 진보성이 인정되지 않으면 그 청구항에 대하여 진보성이 없는 것으로 인정할 수 있다. 이 경우 출원인은 진보성이 없는 것으로 지적한 선택요소를 삭제하여 거절이유를 해소할 수 있다. 한편 마커쉬 형식 또는 구성요소가 선택적으로 기재된 청구항의 진보성을 판단함에 있어 선택 요소 중 어느 하나에 대한 효과를 출원발명 전체의 효과로 확대하여 인정하지 않도록 주의하여야 한다.

예: 출원발명이 여러가지 화합물을 선택 요소로 포함하는 신경보호용 크로만 화합물인 경우, 화합물 모두가 인용발명에 비하여 현저한 효과가 있어야 특허를 받을 수 있는 것이므로, 명세서에 효과가 뛰어나다고 기재해 놓은 일부 화학식(III) 화합물에 대한 대비실험자료만을 가지고 출원발명 전체의 효과로 인정하여 진보성을 인정하는 것은 잘못이다.

바. 퇴보발명의 진보성

퇴보발명은 진보성이 없다. 퇴보발명에 대해 특허를 허여하는 것은 기술적 진보의 유도를 통해 산업발전을 도모하는 특허법의 목적에 부합되지 않으며, 비록 특허를 허여하여 독점권을 부여해도 실시되는 일도 없을뿐더러 실시하는 자는 오히려 실시에 따른 헛된 노력의 폐해만 야기할 수 있기 때문이다.

사. 법률상의 제한

국내외 법률상의 제한으로 그 기술내용의 구현이 금지된다고 하더라도 기술의 곤란성을 판단함에 있어 그러한 법률상의 제한을 고려하지는 않는다.

예: 출원발명과 인용발명은 복권의 추첨방식에만 차이가 있고, 복권의 추첨방식은 법률에 의해 엄격히 제한되어 복권의 설계자가 용이하게 변경할 수 없는 경우, 발명의 진보성 판단에 있어 법률상의 제한은 고려대상이 아니므로 기술적 곤란성만을 감안하여 통상의 기술자가 용이하게 선택할 수 있는 정도의 것이라면 진보성은 부정된다.

9. 신규성과 진보성 판단의 차이점

신규성의 선행기술의 범위는 기술분야의 제한은 없으나, 진보성에서는 해당 기술분야로 한정한다는 점이 다르다. 신규성과 진보성의 또 다른 차이점은 신규성 판단은 발명의 구성을 비교하나, 진보성은 해결하고자 하는 과제(목적), 과제의 해결수단(구성) 및 효과를 비교대상으로 한다는 점이 상이하다. 또한 신규성에서는 판단의 주체와 기준에 대한 언급이 없으나, 진보성에서 판단의 주체는 해당 기술분야의 통상의 지식을 가진 자이며, 판단의 기준은 용이하게 발명할 수 있는 것을 요구하고 있다. 실무에서는 인용발명의 수는 신규성 판단에서는 1개로 제한하지만, 진보성의 인용발명은 1개 이상을 선정하여 결합하는 것이 일반적이다.

10. 미국의 진보성 판단

가. 진보성 판단 기준

미국 특허법 제103조에 의하면 발명은 선행기술에 비하여 자명하지 않을 때 특허로 인정된다. 미국 특허법 제103조의 자명성 또는 비자명성(nonobviousness)을 판단하는 기법으로 (i) 선행기술의 내용을 명확히 할 것, (ii) 선행기술과 문제가 되는 청구항과 기술적 차이를 명확히 할 것, (iii) 통상의 기술자의 수준을 명확히 할 것 등의 세 단계로 진행하는 Graham test가 적용되고 있다. 이 진보성 판단 기준은 Graham v. John Deere 사건[1]에서 미국 대법원이 인정한 진보성 판단의 기준이다.

나. TSM테스트

1990년 In re Dillon 사건에서 CAFC는 출원 또는 특허발명의 진보성은 그 발명과 관련된 특정 사실에만 기초하여 그 자체만을 가지고 판단할 것이 아니라, 모든 상황을 종합적으로 고려하여 판단하여야 한다고 전원합의체로 판결하였다. 또 CAFC는 "동기(motivation), 암시(suggestion) 또는 교시(teaching)는 진보성을 부정하는 경우에 반드시 제시되어야 할 것이고, 이들에 의하여 선행기술들을 조합할 경우 특허청구된 발명을 성공적으로 발명할 수 있다는 것이 합리적으로 인정될 수 있어야 한다"고

---

1) Graham v. John Deere Co., 383 U.S. 1148 USPQ 459(1966): 이 사건에서 제시된 자명성 판단의 객관적인 기준인 교시(teaching), 시사(suggestion), 동기(motivation)의 테스트인 소위, "TSM test"가 미국 법원의 발명의 자명성을 판단하는 정형화된 공식처럼 적용되어 왔다. 즉 특허발명이 자명하기 위해서는 선행기술들을 결합해서 특허발명에 이르도록 하는 "teaching, suggestion, motivation"이 선행기술에 있어야 함을 요구한다.

판시하였다.[1] 선행기술이 유사선행기술이라고 하더라도 이들을 조합하여 거절하기 위해서는 반드시 선행기술에 조합에 관한 동기가 있어야 한다. 즉 선행기술을 전체적으로 볼 때 조합이 바람직하다는 것을 시사하는 내용이 반드시 포함되어 있어야 한다. 인용문헌의 조합이 바람직하다고 하는 내용으로는 원가를 절감한다든지, 속도를 빠르게 한다든지, 보다 효율적이고 안정적이라든지 하는 것 등이다.

다. 인용발명의 조합

인용발명을 조합하여 진보성을 판단하는 경우 출원발명의 자명성을 증명하기 위하여 2개의 인용발명을 조합하는 것이 출원시에 통상의 기술자에게 자명하지 않다면 그러한 조합에 근거하여 진보성을 부인할 수 없다. 비자명성으로 거절시 다수개의 인용발명을 조합하여 인용할 경우, 그 수가 너무 많다고 주장해도 비자명성은 인정되지 않는다.

라. 2007년 KSR판결

2007년 미국 대법원이 내린 KSR판결[2]은 미국의 새로운 진보성에 대한 판결이다. KSR판결은 미국 자명성 판단 기준의 종전의 판결인 Graham판결에 근거하여 진보성 판단기준을 기본적으로 지속하는 것이다. KSR판결은 Graham판결 후의 진보성 판단의 TSM테스트를 매우 엄격하게 적용하는 것을 배제하는 것으로 했지만, TSM 자체는 유지하는 것으로 하였다. 미국 대법원은 특허권자에게 불리한 KSR판결을 내린 바 있는데 미국 특허청은 심사기준(MPEP)에 이 KSR판결을 진보성 판단의 기준에 반영하였다.

---

1) In re Dilon, 919 F.2d 688(Fed. Cir. 1990).
2) KSR International Co. v. Teleflex Inc., 127 S. St. 1727(April 30, 2007): 이 KSR판결은 특허권자의 침해주장과 관련하여 관련 특허의 유효성을 부인할 수 있는 특허성 판단의 핵심 요건인 자명성 기준을 완화한 것이다.

Ⅵ. 발명의 동일성

1. 확대된 선원

가. 의 의

출원발명이 당해 특허출원을 한 날 전에 특허출원 또는 실용신안등록출원을 하여 당해 특허출원을 한 후에 출원공개되거나 등록공고된 타특허출원 또는 등록공고된 타특허출원 또는 실용신안등록출원의 출원서에 최초로 첨부된 명세서 또는 도면에 기재된 발명 또는 고안과 동일한 경우에 그 발명에 대하여 특허법 제29조 제1항의 규정에 불구하고 특허를 받을 수 없다(제29조 제3항). 선원주의에 따르면 후출원을 배제하기 위해서는 선후출원의 특허청구범위가 동일해야 한다. 그런데, 같은 법 제29조 제3항의 규정에 의하면 후출원을 배재할 수 있는 범위가 선출원의 특허청구범위에서 최초로 첨부된 명세서 또는 도면에 전체에 기재된 발명으로 확대되었다. 제29조 제3항 및 제4항은 제36조의 미비점을 보충해 주고 있는바, 제36조 규정을 "선원 또는 선출원주의"라고 부르고 제29조 제3항 및 제4항은 "확대된 선원"이라고 부른다. 아래 그림은 확대된 선원을 설명하는 자료이다. 심사관의 심사일은 2012.5.10이고, 선출원은 후출원 출원일 이후 2011.7.5 공개되었다고 가정한다. 심사관이 심사하는 대상물은 후출원이다. 후출원의 청구범위와 선출원의 명세서(도면)를 대비하여 발명의 동일성을 판단한다. 발명의 동일성이란 구성요소를 비교하여, 후출원의 청구범위에 기재된 구성요소가 선출원의 명세서 또는 도면에 모두 포함되어 동일하다면, "후출원은 선출원과 동일하다"고 특허법 제29조 제3항의 위반으로 거절된다.

선출원   후출원   심사일
(출원인 : 2010. 1. 5.)   (출원일 : 2010. 5. 6.)   (2012. 5. 10.)
(공개일 : 2011. 7. 5.)

명세서(도면)   청구범위   동일성판단

나. 취 지

특허법 제29조 제3항은 확대된 선원에 대하여 규정하고 있고, 동조 제4항에서는 확대된 선원의 규정이 국제특허출원(또는 국제실용신안등록출원)에도 동일하게 적용됨을 규정하고 있다. 명세서 또는 도면에 기재되어 있는 발명은 출원공개 또는 등록공고에 의하여 공개되므로 특허청구범위에 포함되어 있지 않아도 그 발명은 출원인의 입장에서 보면 대가 없이 사회에 제공한 발명이라 볼 수 있다. 명세서 또는 도면에 기재되어 있는 발명은 출원공개 또는 등록공고에 의하여 공개되므로 특허청구범위에 포함되어 있지 않아도 그 발명은 출원인의 입장에서 보면 대가 없이 사회에 공여한 발명이라 볼 수 있다. 따라서 특허법 제29조 제3항 및 제4항은 이렇게 공여된 발명을 후출원한 제3자의 전유물로 하는 것은 불합리할 뿐만 아니라, 새로운 발명에 대한 공개의 대가로 일정기간 동안 독점배타적 권리를 부여하는 특허제도의 취지에도 부합되지 않으므로 특허를 허여하지 않겠다는 취지이다. 또한 명세서 또는 도면에 기재된 발명을 보정에 의해 특허청구범위에 기재할 경우 같은 법 제36조 규정에 의한 선출원이 될 가능성이 있어 후출원의 심사를 선출원의 심사 종결시까지 미뤄야하는 문제가 생기므로 이를 방지하기 위한 측면도 있다. 따라서 제29조 제3항 및 제4항은 이렇게 제공된 발명을 후출원한 제3자의 전유물로 하는 것은 불합리할 뿐만 아니라 새로운 발명에 대한 공개의 대가로 일정기간 동안 독점권을 부여하는 특허제도의 취지에도 부합되지 않으므로 특허를 허여하지 않겠다는 것이 본조의 취지이다. 그리고 당초의 명세서와 도면에 기재되어 있는 발명 전부에 후출원을 배제할 수 있는 효과를 부여하면 선출원에 관한 출원심사청구 여부에 상관없이 후출원을 배제할 수 있는 장점이 있게 된다. 또한 소위 방어출원 등이 심사청구를 하지 않아도 방어출원으로서의 역할을 충분히 할 수 있도록 하여 불필요한 심사 부담을 경감시키는 역할도 할 수 있다.

다. 성립요건

(1) 당해 출원이 타출원의 출원일 이후의 출원일 것

당해 특허출원(이하 "당해 출원"이라 한다)의 출원일(조약 우선권주장을 수반하는 출원의 경우 우선권주장일, 국내우선권을 주장한 출원은 선출원) 이전에 타 특허 출원 또는 실용신안등록출원(이하, "타출원"이라 한다)이 출원되어 있어야 한 다. 분할출원이나 변경출원은 특허법 제29조 제3항을 적용할 때 출원일 이 소급되지 않으므로 당해 출원보다 출원일이 늦어 선행기술로 사용할 수 없으나, 원출원은 당해 출원보다 출원일이 앞서므로 타출원으로 하여 선행기술로 사용할 수 있다.

1) 타출원이 분할출원 또는 변경출원인 경우에는 제29조 제3항 및 제4항 적용에 있어 출원일은 분할 또는 변경출원일이다(제52조 제2항 단서, 제53조 제3항 단서).

예1: 분할출원이나 변경출원은 제29조 제3항 적용시 출원일이 소급되지 않 으므로 당해출원보다 출원일이 늦어 선행기술로 사용할 수 없으나, 원출원 은 당해출원보다 출원일이 앞서므로 타출원으로 하여 선행기술로 사용할 수 있다.

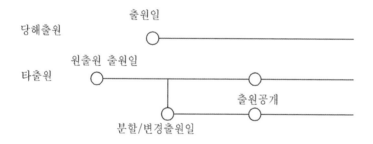

2) 타출원이 파리조약에 의한 우선권주장을 수반하는 출원인 경우에 는 제1국 출원의 명세서 또는 도면(이하 출원의 당초 명세서 또는 도면은 "당초 명세서 등"이라 한다)과 우선권주장수반출원의 당초 명세서 등에 공통으로 기재된 발명에 대하여는 제1국 출원일을 타출원의 출원일로 인정한다.

예: 아래 예에서 제1국출원에 기재된 발명 A는 특허법 제29조 제3항 적용 시 제1국 출원일을 출원일로 보므로 우선권주장출원을 타출원으로 선행기 술로 사용힐 수 있으나 제1국출원에 기재되지 아니한 B발명은 출원일이 실 제 우리나라에 출원한 날이므로 타출원의 선행기술자료로 사용할 수 없다. 한편 제1국출원에는 기재되어 있었으나 우선권주장 출원에 포함되지 아니 한 C발명은 우리나라에 출원된 발명이 아니므로 타출원의 선행기술자료로

사용할 수 없다.

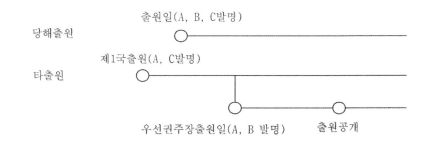

3) 국내우선권주장의 기초가 된 선출원의 당초 명세서에 기재된 발명 또는 당해 우선권의 주장을 수반하는 출원(이하 "후출원"이라 한다)의 당초 명세서 등에 기재된 발명을 제29조 제3항·제4항의 타출원으로 할 경우에는 다음과 같이 취급한다.

　　　가) 후출원과 선출원 모두의 당초명세서 등에 기재된 발명에 관해서는 선출원의 출원일을 타출원의 출원일로 하여 특허법 제29조 제3항·제4항의 규정을 적용한다(제55조 제3항·제4항). 후출원의 당초 명세서 등에만 기재되고 선출원의 당초명세서 등에는 기재되지 아니한 발명에 대해서는 후출원의 출원일을 타출원의 출원일로 하여 제29조 제3항·제4항의 규정을 적용한다(제55조 제4항). 선출원의 당초 명세서 등에만 기재되고, 후출원의 당초 명세서 등에는 기재되어 있지 아니한 발명에 대하여는, 제29조 제3항·제4항의 규정을 적용할 수 없다(제55조 제4항). 선출원은 그 출원일로부터 1년 3월(2001.7.1 이후 출원된 실용신안등록출원의 경우 즉시)을 경과한 때에 취하된 것으로 간주되어(제56조 제1항), 출원공개되지 않으므로 후출원이 출원공개 또는 등록공고되었을 때 후출원의 당초명세서 등에 기재된 발명중 선출원의 당초명세서 등에 기재된 발명은, 상기 등록공고 또는 공개되었을 때에 출원공개된 것으로 간주된다(제55조 제4항). 또한 후출원과 선출원의 당초명세서 등에는 기재되어 있지 않으나 보정에 의하여 새로이 기재된 발명에 대해서는 동 규정이 적용되지 아니하고, 선출원의 당초명세서 등에는 기재되어 있으나 후출원의 당초명세서 등에 기재되어 있지 아니한 발명에 대하여는 출원공개된 것으로 보지 않는다. 따라서 이

러한 발명에 대하여도 특허법 제29조 제3항·제4항의 규정은 적용되지 않는다.

　　나) 가)의 경우에 있어서, 선출원이 국내우선권주장을 수반하는 출원(파리조약에 의한 것을 포함한다)일 경우에는 후출원과 선출원 모두의 당초 명세서 등에 기재된 발명 중, 당해 선출원의 우선권주장의 기초가 되는 출원의 당초 명세서 등에 기재된 발명에 관해서는 후출원의 출원일을 타출원의 출원일로 하여 제29조 제3항·제4항의 규정을 적용한다(제55조 제5항).

　　예1:　아래의 사례 ①에서 후출원이 선출원만을 기초로 우선권 주장 출원을 하였다면 선출원에 기재된 A. C 발명 중 제1국 출원에 기재된 발명 A는 특허법 제29조 제3항 적용시 후 출원일에 출원한 것으로 간주하므로 당해출원에 A발명이 기재되어 있더라도 후출원을 선행기술자료로 사용할 수 없고 C발명에 대하여만 선행기술로 사용할 수 있다.

　　예2: 아래의 사례 ②에서 후출원이 제1국출원과 선출원을 기초로 우선권주장출원을 하였다면 A발명도 특허법 제29조 제3항 적용시 타출원으로 하여 선행기술로 사용할 수 있다.

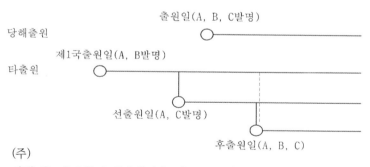

　　(주)
　　사례 ①: 후출원이 선출원만을 기초로 우선권주장 출원을 한 경우
　　사례 ②: 후출원이 선출원과 제1국출원을 기초로 우선권 주장 출원을 한 경우

(2) 당해 출원을 한 후에 타출원이 출원공개 또는 등록공고되었을 것

　　타출원의 출원공개·등록공고가 당해 출원 전일 경우에는 선행기술에 해당되므로 특허법 제29조 제1항 및 제2항이 적용된다. 그러나 같은 법 제29조 제3항이 적용되려면, 당해 출원을 한 후에 타출원이 출원공개

또는 등록공고되어야 한다. 출원공개·등록공고 후 타출원이 취하·무효·포기되어도 확대된 선원의 지위는 남는다.

⑶ 당해 출원의 발명이 타출원의 명세서에 기재되어 있을 것

당해 출원의 청구항에 기재된 발명이 타출원의 최초 명세서 또는 도면에 기재되어 있어야 한다. 출원 후 보정에 의하여 새로이 추가된 발명은 확대된 선원의 지위가 주어지지 아니한다. 그 기재 정도는 당해 기술분야에 있어서 통상의 지식을 가진 자가 실시 가능하도록 구체적·객관적으로 기재되어야 한다.

⑷ 조약의 우선권주장을 수반한 출원인 경우

타출원이 파리협약에 의한 우선권주장을 수반하는 출원인 경우에는 제1국 출원의 명세서 또는 도면(이하 출원의 당초 명세서 또는 도면을 "최초명세서 등"이라 한다)과 우선권주장 수반출원의 최초명세서 등에 공통으로 기재된 발명에 대하여는 제1국 출원일을 타출원의 출원일로 인정한다. 제1국 출원에 기재된 발명 A는 특허법 제29조 제3항을 적용할 때 제1국 출원일을 출원일로 보므로 우선권주장 출원을 타출원으로 선행기술로 사용할 수 있으나, 제1국출원에 기재되지 아니한 B발명은 출원일이 실제 우리나라에 출원한 날이므로 타출원의 선행기술자료로 사용할 수 없다. 한편 제1국출원에는 기재되어 있었으나 우선권주장 출원에 포함되지 아니한 C발명은 우리나라에 출원된 출원발명이 아니므로 타출원의 선행기술로 인정하지 않는다.

⑸ 국내우선권주장을 수반한 출원인 경우

국내우선권주장의 기초가 된 선출원의 최초명세서 등에 기재된 발명 또는 당해 우선권주장을 수반하는 출원(이하, "후출원"이라 한다)의 최초명세서 등에 기재된 발명을 특허법 제29조 제3항 및 제4항의 타출원으로 할 경우에는 다음과 같이 취급한다. (i) 후출원과 선출원 모두의 당초명세서 등에 기재된 발명에 관해서는 선출원의 출원일을 타출원의 출원일로 하여 적용한다. (ii) 후출원의 최초명세서 등에만 기재되고 선출원의 최초명세서 등에는 기재되지 아니한 발명에 대해서는 후출원의 출원일을 타출원의 출원일로 하여 적용한다. (iii) 선출원의 최초명세서 등에만 기재되고, 후출원의 최초명세서 등에는 기재되어 있지 아니한 발명에 대하여는 본조를 적용할 수 없다.

(6) 적용 예외

특허법 제29조 제3항 및 제4항을 적용하지 않는 경우는 당해 출원과 타출원이 동일자 출원인 경우, 당해 출원의 출원시 발명자와 타출원의 발명자가 동일한 경우, 당해 출원의 출원인과 타출원의 출원인이 동일한 경우이다. 출원인 동일에 대한 판단은 당해 출원시점에서 타출원과 당해 출원의 출원서에 기재된 출원인의 동일 여부를 판단한다. 또한 당해 출원이 분할출원 또는 변경출원인 경우에는 제29조 제3항 적용시 출원일이 소급되지 않으므로 당해출원보다 출원인이 늦어 선행기술로 사용할 수 없으나, 원출원은 당해 출원보다 출원일이 앞서므로 타출원으로 하여 선행기술로 사용할 수 있다.

2. 선 원

가. 의 의

특허권은 독점배타적 권리이기 때문에 동일발명에 대해서는 하나의 특허만을 부여하는데 이를 1발명 1특허의 원칙 또는 중복특허배제의 원칙이라 한다. 따라서 동일한 발명에 대하여 둘 이상 출원한 경우 먼저 출원한 자에게만 권리를 부여하는 것을 원칙으로 한다. 먼저 출원한 자에게 특허를 부여하는 제도를 선출원주의 또는 선원주의라 한다. 선출원주의는 동일발명에 대하여 중복특허를 배제하고 조기출원을 유도하여 발명의 사회적 공개를 촉진시키는 데 그 취지가 있다. 1980년 개정법에서 출원공개제도, 심사청구제도 및 특허청구범위의 다항제가 도입되었다. 출원공개제도에 의하여 선출원이 공개되기까지는 출원일로부터 1년 6월이 소요되는바, 출원 후 공개 사이에 선출원의 명세서 또는 도면에 기재된 발명과 동일한 발명의 후출원이 출원된 경우, 후출원을 어떻게 취급할지가 문제된다.

다음 그림은 선원을 설명하기 위한 자료이다. 심사관의 심사일은 2012. 8.20이고, 심사관이 심사하는 대상물은 후출원이다. 후출원의 청구범위와 선출원의 청구범위를 대비하여 발명의 동일성을 판단한다. 발명의 동일성이란 구성요소를 비교하여, 후출원의 청구범위에 기재된 구성요소가 선출원의 청구범위와 동일하다면, "후출원은 선출원과 동일하다"고 특허법 제36조의 위반으로 거절된다.

선출원	후출원	심사일
(2011. 5. 10.)	(2011. 8. 10.)	(2012. 8. 20.)
청구범위	청구범위	동일성판단

나. 선원의 내용

(1) 취 지

선출원주의(first to file system)란 동일한 발명이 경합된 경우 가장 먼저 출원한 자에게 특허를 허여하는 제도로 한국을 비롯한 대부분의 국가가 채택하고 있는 제도이다. 특허법 제36조의 대상이 되는 출원은 정규출원이며, 불수리의 처분을 받는 것은 본조의 대상이 될 수 없다. 출원 후에 취하되거나 또는 무효로 되는 출원은 제36조 적용과 관련해서는 처음부터 없었던 것으로 간주된다. 특허제도는 발명의 공개의 대상으로서 일정기간 독점권을 인정하므로 선출원의 명세서에 기재되어 있는 발명과 동일한 발명을 나중에 출원한 자에게 다시 독점권을 부여하는 것은 모순이다. 이에 따라 선출원의 명세서 및 도면에 기재되어 있는 발명이 공개되는 것을 조건으로, 그와 동일한 발명에 대한 후출원은 원칙적으로 거절사정하여야 한다.

(2) 선원(先願)의 지위를 갖지 않는 출원

가) 출원이 무효·취하 또는 포기된 때　특허출원 또는 실용신안등록출원이 무효·취하 또는 포기되는 때에는 특허법 제36조를 적용함에 있어서는 처음부터 없었던 것으로 보기 때문에 선원의 지위를 상실하게 된다(제36조 제4항).

나) 무권리자의 출원　발명자 또는 고안자가 아닌 자로서 특허 또는 실용신안등록을 받을 수 있는 권리를 승계하지 않은 자의 특허출원 또는 실용신안등록출원은 선원의 지위가 인정되지 않는다(제36조 제5항).

다) 거절결정 또는 심결이 확정된 때 특허출원 또는 실용신안등록출원에 대하여 거절결정이나 거절한다는 취지의 심결이 확정된 때에는 처음부터 없었던 것으로 보기 때문에 선원의 지위가 상실된다(제36 제4항).

라) 미완성 발명 명세서에 기재된 기술구성이 반복 실시되어 목적하는 기술적 효과를 얻을 수 있을 정도까지 구체적·객관적으로 개시되어 있다고 할 수 없으므로 미완성발명에 해당하고 미완성발명은 확대된 선원의 지위를 가질 수 없다.

(3) 다른 날에 2 이상의 출원이 있는 경우

동일한 발명에 대하여 다른 날에 2 이상의 특허출원이 있는 때에는 먼저 출원한 자만이 그 발명에 대하여 특허를 받을 수 있다. 또한 특허출원된 발명과 실용신안등록출원된 고안이 동일한 경우 특허출원과 실용신안등록출원이 다른 날에 있는 때에도 먼저 출원한 자만이 그 발명 또는 고안에 대하여 특허 또는 실용신안등록을 받을 수 있다.

(4) 같은 날에 2 이상의 출원이 있는 경우

동일한 발명에 대하여 같은 날에 2 이상의 특허출원이 있는 때 또는 특허출원된 발명과 실용신안등록출원된 고안이 동일한 경우 같은 날에 출원이 있는 때에는 출원인의 협의에 의하여 정해진 하나의 출원만이 그 발명에 대하여 특허를 받을 수 있으며, 협의가 성립하지 않거나 또는 협의를 할 수 없을 때에는 어느 출원인도 특허를 받을 수 없다. 특허청장은 협의를 할 수 없을 때에는 특허출원인에게 기간을 정하여 협의의 결과를 신고할 것을 명하고 그 기간 내에 신고가 없는 때에는 협의는 성립되지 아니한 것으로 본다(제36조 제6항).

3. 발명의 동일성 판단

가. 의 의

특허법 제29조 제3항 및 제4항의 적용에 따른 발명의 동일성 판단은 당해 출원의 청구항에 기재된 발명(이하, "당해 발명"이라 한다)과 타출원의 최초출원시 출원서에 첨부된 명세서 또는 도면에 기재된 발명 또는 고안(이하 "타발명"이라 한다)을 기준으로 양자가 동일한지의 여부를 판단한다. 같

은 법 제36조의 적용시 당해 특허출원의 청구항에 기재된 발명이 선출원
된 발명의 청구항과 동일한지의 여부를 판단한다. 중복특허를 배제하는
원칙이 제36조의 취지이므로 발명의 동일성 판단은 기술적 사상의 동일
성의 판단뿐만 아니라 중복특허의 배제라는 관점에서도 판단한다. 출원
발명과 실용신안등록출원의 고안이 동일한 경우에도 적용된다. 따라서
청구항에 기재된 표현이나 기재형식이 다르다고 해서 곧 양 발명이 다른
것으로 판단해서는 안 되고, 발명의 사상의 동일성을 판단하는 것이 필요
하다. 양 발명의 구성 및 그것에 기초한 효과의 표현이 동일한 경우 및
그들의 표현이 동일하지 않아도 그 차이가 단지 표현상의 차이가 있을
뿐 내용이 동일한 경우에는 실질적으로 양 발명은 동일한 것으로 간주한
다.[1]

　　대법원 2011.4.28 선고 2010후2179 판결은, "확대된 선출원에 관한
특허법 제29조 제3항에서 규정하는 발명의 동일성은 발명의 진보성과는
구별되는 것으로서 양 발명의 기술적 구성이 동일한가의 여부에 의하되
발명의 효과도 참작하여 판단할 것인데 기술적 구성에 차이가 있더라도
그 차이가 과제해결을 위한 구체적 수단에서 주지·관용기술의 부가·삭
제·변경 등에 지나지 아니하여 새로운 효과가 발생하지 않는 정도의 미
세한 차이에 불과하다면 양 발명은 서로 실질적으로 동일하다고 할 것이
나,[2] 양 발명의 기술적 구성의 차이가 위와 같은 정도를 벗어난다면 설
사 그 차이가 그 발명이 속하는 기술분야에서 통상의 기술자가 용이하게
도출할 수 있는 범위 내라고 하더라도 양 발명을 동일하다고 할 수 없다"
고 판시하였다.

나. 동일성 판단 방법

　발명의 동일한지의 여부에 대한 판단의 대상이 되는 발명은 청구항
에 기재된 발명이다. 청구항이 2 이상인 경우에는 각 청구항에 기재된 발

---

[1] 대법원 2008.3.13 선고 2006후1452 판결: 특허법 제29조 제3항에서 규정하는 발명
의 동일성 여부의 판단은 양 발명의 기술적 구성이 동일한가 여부에 의하되 발명의 효과도
참작하여야 할 것인데, 기술적 구성에 차이가 있더라도 그 차이가 과제해결을 위한 구체적
수단에서 주지·관용기술의 부가·삭제·변경 등으로 새로운 효과의 발생이 없는 정도에 불
과하다면 양 발명은 서로 실질적으로 동일하다고 하여야 한다.
[2] 대법원 2011.3.24 선고 2010후3202 판결.

명이 동일 여부 판단의 대상이 된다. 먼저 청구항에 기재된 발명을 확정한다. 이어서 청구항에 기재된 발명을 상호 대비하여 양자의 구성에 대한 일치점과 차이점을 분석하고, 만약 양자의 구성에 차이가 없으면 동일한 것으로 판단한다. 그러나 양자의 구성에 차이점이 있다 하더라도 양자의 차이가 주지·관용기술의 부가·삭제·전환 등의 차이에 불과한 것으로 새로운 효과를 발생하지 않는 경우, 하위개념으로 표현된 선원의 기술사상에 대하여 후출원이 이를 상위개념으로 표현한 것에 지나지 않는 차이, 즉 단순한 카테고리의 차이에 불과할 경우 동일한 것으로 판단한다.

대법원 2009.9.24 선고 2007후2797 판결은 "두 발명이 서로 동일한 발명인지의 여부를 판단함에 있어서는 대비되는 두 발명의 실체를 파악하여 따져보아야 할 것이지 표현양식에 따른 차이가 있는지의 여부에 따라 판단할 것은 아니므로, 대비되는 두 발명이 각각 물건의 발명과 방법의 발명으로 서로 발명의 범주가 다르다는 사정만으로 곧바로 동일한 발명이 아니라고 단정할 수 없다. 이들 발명은 암로디핀 염기와 벤젠설폰산의 반응에 의하여 생성되는 암로디핀의 베실레이트염을 내용으로 하는 점에서 동일하고, 비록 이들 발명에 다소 상이한 부분이 있더라도 이는 단순한 범주의 차이에 불과하거나 통상의 기술자가 보통으로 채용할 수 있는 정도의 변경에 지나지 아니하고 발명의 작용효과에 특별한 차이를 일으킨다고 할 수 없으므로, 이 사건 제1항 발명과 이 사건 선출원 제1항 발명은 서로 동일한 발명이라고 봄이 옳다"고 판시하였다.

4. 특허법 제29조 제3항과 제36조의 비교

선출원주의를 적용하는 대상은 확정된 특허청구범위만을 비교하여 동일성을 판단하지만, 확대된 선원에서는 출원서에 최초로 첨부된 명세서 또는 도면에 기재된 타발명과 당해 발명을 비교하여 동일성을 판단한다. 선출원주의를 적용하는 것은 같은 날 출원의 경우, 출원인 또는 발명자가 동일한 경우에도 적용이 가능하다. 즉 특허법 제36조 제2항 및 제3항은 동일한 기술사상에 대한 이중특허의 배제를 위한 규정이므로 출원인이 동일한 경우에도 적용된다. 또 출원인이 동일한 경우에는 협의를 위한 별도의 시간이 필요하지 않으므로 협의명령과 거절이유통지를 동시에 하는 것으로 한다. 확대된 선원에서는 선출원의 발명자와 후출원자가 동일할 경우에는 적용하지 않으며, 같은 날 출원인 경우도 적용하지 않는다. 또 확대된 선원에서는 선출원 명세서 또는 도면의 내용이 신규성 판단의 기초가 되는 공지기술로 되기 위해서는 당해 출원이 타출원의 출원일 이후에 출원공개 또는 등록공고되는 것을 전제조건으로 하나 선출원주의에서는 이러한 전제조건은 없다. 선출원주의에 있어서는 선원이 무효·포기 또는 취하로 된 경우 선원으로서의 지위를 상실하나(제36조 제4항), 확대된 선원에서는 출원공개 또는 등록공고된 이후 무효·포기·취하 등은 아무런 영향도 미치지 아니한다. 선출원주의에서는 선원 또는 후원의 출원인 또는 발명자가 동일한 경우 중복특허를 방지하여야 하므로 후원이 거절되어야 한다.

≪연습문제≫

〈문 1〉 특허를 받을 수 있는 발명의 대상으로 바르게 묶인 것은? [2010년 사시 1차시험]

> ㄱ. 영구기관   ㄴ. 아편흡입기   ㄷ. 인간의 질병에 관한 의사의 수술방법
> ㄹ. 기본화학물질에서 새롭게 발견한 용도   ㅁ. 미생물의 생산방법

① ㄱ, ㄴ   ② ㄱ, ㄷ   ③ ㄴ, ㄹ   ④ ㄷ, ㅁ   ⑤ ㄹ, ㅁ

〈문 2〉 기억법이나 암산법 등은 특허를 받을 수 없다. 이러한 것들이 특허를 받을 수 없는 이유는? [2011년 사시 1차시험]

① 특허법상 발명에 해당하지 아니하므로
② 특허법상 발명에 해당하나 신규성이 없으므로
③ 특허법상 발명에 해당하나 진보성이 없으므로
④ 특허법상 발명에 해당하나 산업상 이용할 수 없으므로
⑤ 특허법상 발명에 해당하나 공서양속에 반하므로

〈문 3〉 특허법 제2조 제1호의 발명의 정의에 관한 설명으로 옳지 않은 것은?

① 신규한 것   ② 자연법칙의 이용

③ 기술적 사상의 창작　④ 고도의 것

〈문 4〉 특허요건으로서 산업상 이용가능성에 관한 설명으로 옳지 않은 것은?
(다툼이 있는 경우에는 판례에 의함) [2011년 변리사 1차시험]

① 의사 또는 의사의 지시를 받은 자의 행위가 아니라 할지라도 메스 등 의료기기를 이용하여 인간을 수술하거나 의약품을 사용하여 인간을 치료하는 방법은 의료행위에 해당하므로, 산업상 이용 가능한 발명으로 인정되지 않는다.

② 인체를 처치하는 방법이 치료효과와 미용효과와 같은 비치료효과를 동시에 가지고 있는 경우에 치료효과와 비치료효과를 구별 및 분리할 수 없는 처치방법은 치료방법으로 간주되므로, 산업상 이용가능한 발명으로 인정되지 않는다.

③ 인간으로부터 채취된 혈액, 피부, 세포, 종양, 조직 등을 처리하는 방법이 의료행위와는 분리가능한 별개의 단계로 이루어진 경우라도 인체를 대상으로 하는 발명이므로 산업상 이용가능한 발명으로 인정되지 않는다.

④ 인간을 수술 및 치료하는 방법의 발명인 경우에는 산업상 이용가능성이 없는 것으로 하지만, 인간 이외의 동물에만 한정된다는 사실이 특허청구범위에 명시되어 있으면 산업상 이용할 수 있는 발명으로 인정된다.

⑤ 특허청구범위에 의료행위를 적어도 하나의 단계 또는 불가분의 구성요소로 포함하고 있는 방법의 발명은 산업상 이용가능한 발명으로 인정되지 않는다.

〈문 5〉 특허요건에 관한 설명으로 옳지 않은 것은? (다툼이 있는 경우에는 판례에 의함) [2011년 변리사 1차시험]

① 선행발명이 기술구성 전체가 명확하게 표현되어 있지 않고, 자료의 부족으로 표현이 불충분하거나 일부 내용에 흠결이 있는 경우에는, 당해 기술분야에서 통상의 지식을 가진 자가 경험칙에 의하여 쉽게 그 기술 내용을 파악할 수 있더라도, 진보성 판단을 위한 대비대상이 될 수 없다.

② 특허출원된 발명의 출원일 이전에 발행된 연구보고서 및 논문, 카탈로그가 그 형식과 내용 등에 비추어 발행일로부터 불특정다수인이 인식할 수 있는 상태에 형식과 내용 등에 비추어 발행일로부터 불특정다수인이 인식할 수 있는 상태에 놓여 있다고 볼 수 있는 경우에는 진보성 판단의 대비대상이 될 수 있다.

③ 발명의 내용이 계약상 또는 상관습상 비밀유지의무를 부담하는 특정인에게 배포된 기술이전 교육용 자료에 게재된 사실만으로는 공지된 것이라 할 수 없다.

④ 특허법 제29조(특허요건) 제1항의 "특허출원 전"의 의미는 발명의 공지 또는 공연 실시된 시점이 특허출원 전이라는 의미이지 그 공지 또는 공연

실시된 사실을 인정하기 위한 증거가 특허출원 전에 작성된 것을 의미하는 것은 아니므로, 법원은 특허출원 후에 작성된 문건들에 기초하여 어떤 발명이 특허출원 전에 공지 또는 공연 실시된 것인지를 인정할 수 있다.

⑤ 특허출원된 발명이 공지·공용의 기존 기술을 결합하여 이루어진 경우. 이를 결합하는 데 각별한 곤란성이 있다면 진보성이 있다.

〈문 6〉 특허요건 중 신규성에 관한 설명으로 옳지 않은 것은? [2009년 사시 1차시험]
① 특허출원 전에 국내 또는 국외에서 공지·공용 된 발명은 신규성을 상실한다.
② 신규성 판단은 등록일을 기준으로 한다.
③ 특허출원 전에 국내 또는 국외에서 반포된 간행물에 기재된 발명은 신규성을 상실한다.
④ 일정한 전기통신회선을 통하여 공중이 이용가능하게 된 발명은 신규성을 상실한다.
⑤ 신규성을 상실한 발명에 대해서도 일정한 사유에 해당하는 경우 예외적으로 등록받을 수 있도록 제도가 마련되어 있다.

〈문 7〉 발명의 신규성의 설명으로 옳지 않은 것은?
① 박사학위논문의 경우 논문심사를 거쳐서 공공도서관 또는 대학도서관 등에 입고된 날 또는 불특정 다수인에게 배포된 시점이 반포시기로 간주된다.
② 회사에서 발행한 제품 선전용 카탈로그는 제작되었으면 반포되는 것이 사회통념이라 할 것이므로 카탈로그 배포범위, 비치장소 등에 관하여 구체적인 증거가 없다고 하더라도 카탈로그가 제작되었으면 반포된 것으로 본다.
③ 출원발명의 청구항의 구성요소가 A+B+C라고 할 경우, 인용문헌 X가 구성요소 A, B, C를 모두 포함하고 있을 때, 출원발명은 인용문헌 X에 의해서 신규성이 상실된다고 한다.
④ 손을 보호하는 문의 내부 구성에 특징이 있는 발명에 대하여 그 외형 사진만이 카탈로그에 도시되어 있는 경우에 이를 인용문헌으로 하여 신규성이 상실된다고 할 수 있다.
⑤ 출원발명이 상위개념으로 표현되어 있고, 인용발명이 하위개념으로 표현되어 있는 경우에는 그 출원발명은 신규성이 없는 발명이다.

〈문 8〉 발명의 진보성과 신규성의 차이점에 관한 설명으로 옳지 않은 것은?
① 진보성 판단은 그 기술분야에서 통상의 지식을 가진 자가 판단한다.
② 신규성 판단에서는 인용발명의 기술분야가 제한되지 않는다.
③ 진보성 판단 실무는 보통 2개의 인용발명을 결합하여 판단한다.
④ 진보성 판단에서 선택하는 인용발명은 해당 기술분야에서 선택한다.

⑤ 진보성 판단에서는 구성의 난이도만을 주로 비교한다.

〈문 9〉 미국인 K씨는 2010년 3월 1일 자신의 발명을 완성하고 2010년 4월 5일 자신의 발명을 하버드대학의 세미나에서 처음 논문으로 발표하였다. 그리고 2011년 2월 1일 미국 특허청에 특허출원을 하고 공지예외의 적용을 받았다. 이 경우 K씨가 한국 특허청에 파리협약에 의한 우선권주장을 인정받으면서 특허를 받으려면 언제까지 특허출원을 하여야 하는가? (이 문제는 2010년에 1월에 시행된 구 특허법을 적용한다.)

① 2010년 9월1일 ② 2010년 10월 5일 ③ 2011년 4월 5일
④ 2012년 2월 1일 ⑤ 2011년 3월 1일

〈문 10〉 특허출원에 있어서 선원의 판단에 관한 설명 중 옳지 않은 것은?
① 동일한 발명에 대하여 서로 다른 날에 한 2 이상의 출원이 있는 때에는 가장 먼저 출원한 자만이 특허를 받을 수 있다.
② 동일한 발명에 대하여 같은 날에 한 2 이상의 출원이 있는 때에는 출원인의 협의로 정해진 자가 특허를 받을 수 있다.
③ 특허출원된 발명과 실용신안등록출원된 고안이 동일한 경우에는 특허출원한 자가 선원의 지위를 갖는다.
④ 선원의 판단에 있어서 특허출원이 무효 또는 취하된 경우에 그 출원은 처음부터 없었던 것으로 본다.

〈문 11〉 갑과 을이 같은 날 동일한 발명을 출원한 경우에 관한 설명으로 옳은 것은? [2011년 사시 1차시험]
① 선·후출원의 판단시점은 출원한 시각이 기준이 된다.
② 신규성 요건의 판단시점은 발명시로 소급된다.
③ 특허청장은 갑·을에게 기간을 정하여 다시 출원할 것을 명하고, 그 기간 중 먼저 출원한 자가 특허를 받을 수 있다.
④ 갑·을 사이의 협의에 의하여 정해지는 1인만이 특허를 받을 수 있다.
⑤ 갑·을 사이에 협의가 성립되지 않는다면, 추첨을 통하여 특허를 받을 수 있는 자가 정하여진다.

≪정답≫ 1.⑤ 2.① 3.① 4.③ 5.① 6.② 7.④ 8.⑤ 9.② 10.③ 11.④
≪문제해설≫
〈문 1〉 ㄱ. 영구기관은 자연법칙에 위배되는 발명이다. ㄴ. 아편흡인기는 제32조에 따라 공중의 위생을 해할 염려가 있는 발명이다. ㄷ. 인간의 질병에 대한 의사의 수술방법은 산업상 이용발명에 해당되지 않는다. 따라서 ㄹ과 ㅁ만이 발명

의 대상이다.

<문 2> 기억법이나 암산법은 사람의 정신활동에 관한 것으로 자연법칙을 이용한 것이 아니므로 제2조 제1호에서 정의하고 있는 발명에 해당되지 아니한다.

<문 3> 제2항 제1호: "발명"이라 함은 자연법칙을 이용한 기술적 사상의 창작으로서 고도한 것을 말한다.

<문 4> ①, ⑤는 특허청 "의료·위생분야 심사기준"에 따라 맞는 지문이다. ② 치료효과의 비치료효과를 구별 및 분리할 수 없는 처지방법은 치료방법으로 간주되므로 산업상 이용가능한 발명으로 인정되지 않는다. ③ 인간으로부터 채취된 혈액, 피부, 세포, 종양, 조직 등을 처리하는 방법이 의료행위와 분리 가능한 별개의 단계의 이루어진 경우에는 발명으로 인정된다. ④ 동물에 대한 수술 및 치료방법은 산업상 이용가능성이 있다.

<문 5> ① 선행발명이 그 기술 내용을 파악할 수 있으면 진보성 판단의 대비대상이 될 수 있다. ② 불특정다수인인 알 수 있는 상태에 놓여 있다면 진보성 판단의 대비대상이 될 수 있다. ③ 특정인에게만 배포된 교육용 자료는 공지된 것으로 볼 수 없다. ④는 신규성 판단, ⑤는 진보성 판단 실무에 맞다.

<문 6> ① 제29조 제1항 제1호에 따른 신규성상실 사유. ② 신규성 판단은 출원일을 기준으로 한다. ③, ④ 제29조 제1항 제2호에 따른 신규성상실 사유. ⑤ 제30조에 따른 공지 등이 되지 아니한 발명으로 보는 경우.

<문 7> ① 대법원 2002.9.6 선고 2000후1689 판결. ② 대법원 2007.1.6 선고 2005후2090 판결. ③ 신규성 판단 실무에 맞다. ④ 외형 사진만이 카탈로그에 도시되어 있는 경우에는 구성을 파악할 수 없기 때문에 인용문헌과 대비할 수 없으므로 신규성이 상실된다고 할 수 없다.

<문 8> ⑤ 진보성 판단에서는 출원발명의 청구항과 인용발명을 대비하여 발명의 목적, 구성 및 효과를 비교한다. 신규성 판단에서는 구성만을 비교한다.

<문 9> 출원발명에 대하여 신규성 의제와 우선권 주장일을 적용하는 문제이다. 조약에 의한 우선권 주장을 수반하는 출원에 있어서 구 특허법 제30조의 적용대상이 되려면 6월 이내에 한국에 출원하여야 한다. 2010년 4월 5일 자신의 발명을 하버드대학의 세미나에서 처음 논문으로 발표하였으므로 4월 5일에 공지된 것이다. 따라서 4월 5일부터 6개월 이내에 한국 특허청에 출원하여야 한다. 이 경우에는 우선권 주장은 고려하지 아니한다.

<문 10> ① 제36조 제1항. ② 제36조 제2항. ③ 제36조 제3항의 적용시 특허와 실용신안은 동등하게 취급한다. ④ 제36조 제4항.

<문 11> ① 판단시점은 출원일을 기준으로 한다. ② 신규성 판단은 출원일이 기준일이다. ③ 출원발명 심사는 심사관이 한다(제57조). 따라서 제36조 제2항에 의하여 협의를 명령할 수 있는 자는 특허청장이 아니고 심사관이다. ④ 제36조 제2항.

제 4 절 명세서·특허청구범위

I. 서 설

1. 의 의

출원인이 실제로 특허를 받기 위해서는 특허출원서류를 특허청에 제출하고 특허에 관한 절차를 밟아야 한다. 특허발명의 보호범위를 정확히 명시하는 권리서로서의 역할 및 발명의 기술적 내용을 공개하는 기술문헌으로서의 역할을 가진 특허명세서(이하 "명세서"라 한다)에 의하여 이루어지게 된다. 출원인은 자신의 발명이라고 주장하는 발명을 보호받기 위해서는 명세서에 발명의 명칭, 도면의 간단한 설명, 발명의 상세한 설명, 특허청구범위를 기재하여야 한다(제42조 제2항). 명세서는 발명자가 창작한 발명의 내용을 서술한 문서로서 여기에는 발명의 공개를 위한 발명의 상세한 설명과 발명의 권리인 특허청구범위를 포함하여야 한다.

2. 명세서의 역할

명세서는 특허제도의 목적을 달성하는 수단으로서 매우 중요한 역할을 한다. 특허법은 발명자에게 독점배타적인 권리를 보장해 주는 대신, 그 발명의 내용을 명세서에 기재하고 이를 공중(公衆)에게 공개할 의무를 명시하고 있다. 특허출원서에 첨부하는 명세서는 출원공개공보에 게재되고, 심사 후에는 등록공보에 게재된다. 명세서는 특허발명을 실시하기 위한 기술설명서라 할 수 있다. 명세서는 발명의 내용을 공중에게 공개하는 기술문헌임과 동시에 독점배타적인 기술적 범위를 나타내는 권리서의 역할을 한다. 또한 특허심사의 대상은 명세서의 청구항에 기재된 발명에 한하므로 명세서는 특허보호대상을 포함한다. 따라서 명세서는 특허청·특허심판원·특허법원 및 일반법원에서 특허권의 유효·무효 여부 또는 특허권 침해 여부에 대한 판단의 객체라 할 수 있다.

3. 작성 서식

발명이 공개되는 대상은 출원서에 첨부된 명세서와 도면이다. 특허
청에서 발행되는 특허공보는 등록공고용특허공보와 공개용특허공보로
구분한다(특허법시행령 제19조 제1항). 명세서와 도면은 특허공보에 게재된
다. 따라서 출원인은 특허법시행규칙에서 규정하는 명세서 서식에 따라
작성하여야 한다. 명세서의 서식은 2007.6.30 이전 출원, 2007.7.1 이후
출원과 2010.1.1 이후 출원으로 서식이 변경되었다. 2012년에 사용되고
있는 서식은 다음과 같다. 2007.7.1에 시행된 서식과 다른 점은 [배경기
술], ([선행기술문헌]), ([특허문헌]), ([비특허문헌])이 추가되었고, 기재사
항의 위치가 조정되었다. 실용신안등록출원서에 첨부되는 명세서 서식은
다음의 서식과 동일하다. 발명의 상세한 설명은 청구항에 기재한 발명을
명확하게 공개하고 제3자가 용이하게 실시할 수 있도록 하는 역할을 하
기 때문에 특허법시행규칙 제31조 제3항에 따라서 서식이 개선된 것으로
보인다.

명 세 서

【발명의 명칭】
【기술분야】
【배경기술】
 (【선행기술문헌】)
   (【특허문헌】)
   (【비특허문헌】)
【발명의 내용】
  【해결하려는 과제】
  【과제의 해결 수단】
  【발명의 효과】
【도면의 간단한 설명】
【발명을 실시하기 위한 구체적인 내용】
  (【실시예】)
 (【산업상 이용 가능성】)
 (【부호의 설명】)
 (【수탁번호】)
 (【서열목록 자유텍스트】)
【특허청구범위】
  【청구항 1】

Ⅱ. 명세서 작성방법

1. 명세서 기재 내용

가. 발명의 명칭

발명의 명칭은 출원발명의 분류·정리 및 조사 등을 용이하게 하기 위하여 적절하게 표현할 수 있는 명칭을 사용하여 간단·명료하게 기재한다. 발명의 명칭에 개인명, 상표명, 극히 추상적인 용어인 "최신식", "문명식", "발명특허"와 같은 표현을 사용하거나 또는 "특허"라는 용어를 사용해서는 안 된다. 출원발명의 명칭은 발명의 물건·장치·방법·용도로 구분하여 기재하여야 한다. 발명의 명칭은 출원서의 표지, 보호받고자 하는 기술주제 및 청구항의 말미 기술주제와 일치하여야 한다. 발명의 명칭은 해당 기술 분야에서 통용되는 기술 용어를 사용하여야 한다. 또한 발명의 명칭은 청구하고자 하는 발명의 카테고리가 명확히 나타낼 수 있도록 기재한다. 물건발명인 경우에는 예를 들어, 물건명, 물질명, 장치명, 품종명, 결합체 등으로 기재하고, 방법발명인 경우에는 발명의 명칭을 "~방법"으로 기재한다.

나. 도면의 간단한 설명

도면은 필요한 경우에 출원서에 첨부된다. 도면이 출원서에 첨부되는 경우, 도면의 간단한 설명란에는 각 도면이 무엇을 표시하는가를 간단명료하게 기재하여야 한다. 도면에 관한 구체적이고 상세한 설명은 발명의 상세한 설명란에 서술되기 때문이다. 첨부한 도면의 구성요소에 부호를 부여하고 있는 경우, 이를 도면의 주요 부호의 설명란에 기재하고, 특허청구범위에 기재된 구성의 부호도 주요 부분의 부호의 설명란에 기재하여야 한다. 도면의 간단한 설명란에는 도면 각각에 대하여 각 도면이 무엇을 표시하는가를 아래 예시와 같이 기재하여야 한다.

> 예: [도면의 간단한 설명]
> 도1은 전체를 조립한 평면노
> 도2는 어느 부분을 보인 정면도
> 도3은 어느 부분의 종단면도

다. 발명의 상세한 설명

(1) 특허법 제42조 제3항

특허법 제42조 제2항 제3호에 따른 발명의 상세한 설명의 기재는 다음 각호의 요건을 충족하여야 한다. (i) 그 발명이 속하는 기술분야에서 통상의 지식을 가진 자가 그 발명을 쉽게 실시할 수 있도록 지식경제부령이 정하는 기재방법에 따라 명확하고 상세하게 기재할 것, (ii) 그 발명의 배경이 되는 기술을 기재할 것. 특허법 제42조 제3항 제1호에 따른 발명의 상세한 설명에는 다음 각호의 사항이 포함되어야 한다(특허법시행규칙 제21조). (i) 기술분야, (ii) 해결하고자 하는 과제, (iii) 과제의 해결 수단, (iv) 그 밖에 그 발명이 속하는 기술분야에서 통상의 지식을 가진 자가 그 발명의 내용을 쉽게 이해하기 위하여 필요한 사항. 여기서 발명의 상세한 설명의 기재를 이해하는 "그 발명이 속하는 기술분야에서 통상의 지식을 가진 자"란 그 출원이 속하는 기술분야에서 보통 정도의 기술적 이해력을 가진 평균적 기술자를 의미한다.

(2) 작성원칙

가) 실시할 수 있게 명확하게 기재할 것   발명의 상세한 설명은 그 발명이 속하는 기술분야에서 통상의 지식을 가진 자가 그 발명을 쉽게 실시할 수 있도록 명확하고 상세하게 기재되어야 한다. 이는 해당 기술분야의 평균적 기술자가 출원시 그 발명이 속하는 기술분야의 기술상식과 명세서 및 도면에 기재된 사항에 의하여 그 발명을 쉽게 실시할 수 있을 정도로 명확하고 상세하게 기재하여야 한다. 구체적으로 발명의 주제가 명확하게 표현되어야 한다. 또한 표현하고자 하는 기술용어나 내용을 명세서에 정확하게 표현하여야 한다. 대법원 2005.9.29 선고 2004후486 판결은, "특허의 명세서에 기재되는 용어는 그것이 가지고 있는 보통의 의미로 사용하고 동시에 명세서 전체를 통하여 통일되게 사용하여야 하나, 다만, 어떠한 용어를 특정한 의미로 사용하려고 하는 경우에는 그 의미를 정의하여 사용하는 것이 허용되는 것이므로, 용어의 의미가 명세서에서 정의된 경우에는 그에 따라 해석하면 족하다"고 판시하였다.

나) 실시 가능하게 기재할 것   발명의 상세한 설명란에는 그 발

명이 속하는 기술분야에서 통상의 기술자가 그 발명을 쉽게 실시할 수 있도록 명확하고 상세하게 기재하여야 한다. 여기서 "그 발명을 쉽게 실시할 수 있다"라 함은 통상의 기술자가 출원시의 기술수준으로 보아 발명의 상세한 설명의 기재를 쉽게 이해함으로써 추가적인 지식을 동원하거나 별도의 실험절차 등을 거치지 아니하고 실시(제조)할 수 있을 정도로 출원발명이 명세서에 구체적으로 표현되어야 하는 정도를 말한다.[1] 다만, 발명의 상세한 설명에 대한 기재방법은 특허법시행규칙 제21조 제3항에서 규정하는 기재방식에 따라 기재하여야 한다(제42조 제3항). 대법원 2005.11.25 선고 2004후3362 판결은 "특허법 제42조 제3항은 발명의 상세한 설명에는 그 발명이 속하는 기술분야에서 통상의 지식을 가진 자가 용이하게 실시할 수 있을 정도로 그 발명의 목적·구성 및 효과를 기재하여야 한다고 규정하고 있고, 같은 조 제4항은 청구항은 발명의 상세한 설명에 의하여 뒷받침될 것 등을 규정하고 있는바, 이러한 규정의 취지는 특허출원된 발명의 내용을 제3자가 명세서만으로 쉽게 알 수 있도록 공개하여 특허권으로 보호받고자 하는 기술적 내용과 범위를 명확하게 하기 위한 것으로서, 특허법 제42조 제3항의 규정상 '그 발명이 속하는 기술분야에서 통상의 지식을 가진 자가 용이하게 실시할 수 있을 정도'라 함은 그 출원에 관한 발명이 속하는 기술분야에서 보통 정도의 기술적 이해력을 가진 자, 평균적 기술자가 당해 발명을 명세서 기재에 의하여 출원시의 기술수준으로 보아 특수한 지식을 부가하지 않고서도 정확하게 이해할 수 있고 동시에 재현할 수 있는 정도를 뜻한다. 특허법 제42조 제4항의 규정상 '특허청구범위가 상세한 설명에 의하여 뒷받침되고 있는지의 여부'는 특허출원 당시의 기술 수준을 기준으로 하여 그 발명과 관련된 기술분야에서 평균적 기술 능력을 가진 사람의 입장에서 볼 때, 그 특허청구범위와 발명의 상세한 설명의 각 내용이 일치하여 그 명세서만으로 특허청구범위에 속한 기술구성이나 그 결합 및 작용효과를 일목요연하게 이해할 수 있는가에 의하여 판단하여야 할 것이다"고 판시하였다.

---

1) 대법원 2007.3.30 선고 2005후14517 판결.

라. 발명의 상세한 설명의 구체적인 기재방법

[발명의 상세한 설명]은 원칙적으로 [기술분야], [발명의 배경이 되는 기술], ([선행기술문헌]), [발명의 내용], [발명의 실시를 위한 구체적인 내용], ([산업상 이용가능성]), ([수탁번호]) 및 ([서열목록 자유텍스트])란으로 구분하여 기재하며, 그 내용은 해당 기술분야의 평균적 기술자가 그 발명을 쉽게 이해하고 쉽게 반복하여 재현할 수 있도록 명확하고 상세하게 기재되어야 한다. 여기서 "발명의 상세한 설명"이란 특허법 제42조 제2항의 해석상 출원인이 출원서에 첨부하여 제출한 명세서에 기재된 사항 중 발명의 명칭, 도면의 간단한 설명([부호의 설명]이 기재된 경우 이를 포함한다) 및 특허청구범위를 제외한 나머지 기재사항을 의미한다.

(1) 기술분야

특허를 받고자 하는 발명의 기술분야를 명확하고 간결하게 기재하여야 한다. 기술분야를 적어도 1개 이상 기재하여야 하나, 명시적 기재가 없더라도 평균적 기술자가 기술상식으로 그 발명이 속하는 기술분야를 이해할 수 있을 때에는 기재하지 않아도 무방하다. 출원인이 발명이 속하는 국제특허분류(IPC)를 알고 있는 경우에는 참조하여 기재할 수 있다. 발명이 속하는 기술분야는 명세서에서 출원발명의 기술분야를 특정하고 명확하게 하기 위하여 기재한다.

(2) 배경기술(종래 기술)

가) 발명의 배경이 되는 기술(배경기술)이라 함은 발명의 기술상의 의의를 이해하는 데에 도움이 되고 선행기술 조사 및 심사에 유용하다고 생각되는 종래의 기술을 말한다. 배경기술로는 출원발명과 관련성이 있는 최근의 종래기술을 비교의 대상으로 하여야 한다. 종래기술의 내용을 나타내는 문헌이 존재할 경우에는 그 문헌명을 같이 기재한다. 이때 그 문헌이 외국어로 된 것일 경우에는 국어로 표기하되 괄호 안에 그 원어를 병기하여야 한다. 배경기술의 기재요건이 충족되지 않는 명세서에 대해서는 거절이유의 대상으로 하지만, 무효사유 및 정보제공 사유에서는 제외한다.

나) 2011.7.1부터 제출되는 특허출원 또는 실용신안등록출원에

대하여 배경기술의 기재원칙을 적용한다(제42조 제3항 제2호). 배경기술은 특허출원의 심사에 유용할 뿐만 아니라 특허협력조약(PCT)규칙에서도 필수기재 사항임을 감안하여, 특허법에 그 발명의 배경이 되는 기술을 기재하도록 명확하게 할 필요가 있다. 기재내용은 특허법시행규칙 별지 제15호 서식(명세서)의 기재요령으로 위임하여 규정되고 있는 배경기술 기재 의무사항을 특허법 제42조 제3항 제2호에서 규정한다. 그러나 2011.6.30 이전의 출원의 경우, 특허법 시행규칙 별지 제15호 서식의 기재요령에서 발명의 배경기술을 구체적으로 기재하고 가급적 배경기술의 문헌정보를 개시하는 것으로 정하고 있었으나, 배경기술을 적지 않아도 거절이유가 되지는 않는다.

다) 배경기술 기재요건　　2011년 개정법에서 특허법 제42조 제3항 제2호를 신설하여 "그 발명의 배경이 되는 기술을 기재할 것"을 명문화 하였다. 따라서 명세서의 배경기술란에 특허청구범위에 기재된 발명의 배경기술에 관한 설명을 적거나, 그 배경기술에 개시된 선행기술정보를 기재하여야 한다. 심사관은 해당 기술분야의 종래기술 축적 정도와 출원인(발명자)의 연구개발 활동 정도 등을 고려하여 배경기술 기재 요건을 판단한다. 출원인은 배경기술 기재불비로 심사관의 의견제출통지를 받았을 경우에는 적절한 배경기술이 개시된 선행기술문헌의 정보를 추가하여 거절이유를 해소할 수 있다. 여기서 출원인이 주의하여야 할 사항은 배경기술의 구체적인 설명을 추가하는 보정이 특허법 제47조 제2항의 신규사항 추가로 될 가능성이 높기 때문에 보정서를 제출할 때 이점에 유의할 필요가 있다.

라) 배경기술은 특허를 받고자 하는 발명에 관한 것이어야 한다. 특허를 받고자 하는 발명이란 특허청구범위에 기재된 사항에 의하여 정하여지는 발명을 말한다. 심사관은 배경기술이 특허를 받고자 하는 발명과 관련성이 있는지의 여부를 심사할 때 발명의 기술적 과제, 과제의 해결수단, 발명의 효과를 전체적으로 고려하여 판단한다.

마) 출원인은 발명의 상세한 설명의 [발명의 배경이 되는 기술] 항목에 배경기술의 구체적 설명을 기재해야 하고, 가급적 그러한 배경기술이 개시된 선행기술 문헌 정보도 기재해야 한다. 선행기술문헌 정보는

특허문헌의 경우 공보번호, 공개일 등을 기재하고, 비특허문헌의 경우 저자, 간행물명(논문명), 발행처, 발행연월일 등을 기재한다. 다만, 배경기술의 구체적 설명을 적지 않고 선행기술문헌 정보만을 기재하였더라도 그 선행기술문헌이 발명에 관한 적절한 배경기술을 개시하고 있는 경우 발명의 배경기술을 적은 것으로 본다.

바) 기존의 기술과 전혀 다른 신규한 발상에 의해 개발된 발명이어서 배경기술을 특별히 알 수 없는 경우에는, 인접한 기술분야의 종래기술을 기재하거나 적절한 배경기술을 알 수 없다는 취지를 기재함으로써 해당 발명의 배경기술 기재를 대신할 수 있다.

(3) 발명의 내용

발명의 내용은 원칙적으로 [해결하고자 하는 과제], [과제의 해결 수단], [효과]란으로 구분하여 다음과 같이 기재한다.

가) 해결하고자 하는 과제　출원발명과 관련하여 종래기술이 이미 존재하였지만 그 종래기술이 아직까지 해결하지 못한 점을 구체적으로 지적하여야 한다. 발명이 해결하고자 하는 과제는 예를 들어, 성능이 충분하지 않거나, 정밀도가 충분히 나오지 않거나, 오작동할 우려가 있는 등의 문제점을 기재한다. 출원발명은 미해결의 과제의 문제점을 해결하기 위하여 창작된 것임을 밝힘으로써, 출원발명의 목적을 명료하게 서술할 수 있게 된다. 그 발명이 해결하고자 하는 기술적 과제는 청구항에 기재되는 발명과 관련시켜서 기술적 과제를 적어도 하나 이상을 기재하는 것이 바람직하다. 다만, 명시적인 기재가 없더라도 평균적 기술자가 명세서의 다른 기재와 기술 상식으로부터 발명이 해결하려고 하는 과제를 이해할 수 있을 때에는 기재하지 않아도 무방하다. 또한 종래기술과 전혀 다른 신규한 발상에 의해 개발된 발명 등과 같이 원래부터 해결하고자 하는 과제가 상정되지 않았던 경우에도 과제 기재를 생략할 수 있다.

나) 과제의 해결수단　과제의 해결수단은 출원발명의 목적을 달성하기 위하여 안출된 구체적인 기술적 수단을 말한다. 과제의 해결수단이 바로 청구항에 기재된 발명이다. 따라서 이러한 과제의 해결수단은 종래기술의 문제점을 해결하기 위하여 어떠한 구성요소를 왜, 어떠한 방법

으로 채용했는지를 당해 기술분야의 통상전문가가 용이하게 실시할 수 있도록 상세히 기재하여야 한다. 기술적 수단이 물건 또는 장치에 의한 구성요소로 이루어진 경우에는 도면을 첨부하여야 하고, 첨부된 도면에는 각 구성의 명칭을 부여하여 구체적이고 상세하게 설명하여야 한다. 과제의 해결수단은 명확하고 구체적으로 기재하여야 한다. 명세서에 기재되어 있는 기술구성의 형상, 상호연결, 접속관계, 상호처리의 흐름 등을 쉽게 이해할 수 있을 정도로 기재하여야 한다. 또한 명세서에서 사용되는 용어는 전체적으로 통일할 필요가 있다. 다만, 특허를 받고자 하는 발명이 해결수단 그 자체가 되지만, 명시적인 기재가 없더라도 평균적 기술자가 해결하고자 하는 과제, 실시예 등 명세서의 다른 기재로부터 과제의 해결과정이 충분히 이해할 수 있는 경우에는 기재하지 않아도 무방하다. 종래기술과 전혀 다른 신규한 발상에 의해 개발된 발명 등과 같이 당초부터 해결하고자 하는 과제가 상정되지 않았던 경우에는 해결 수단의 기재는 생략할 수 있다.

다) 효 과   발명의 효과란 기술적 과제를 해결하기 위하여 출원발명의 과제의 해결수단이 이루어 낸 직접적인 결과를 말한다. [효과]란에는 특허를 받고자 하는 발명이 종래기술과 대비하여 우수하다고 인정되는 특유의 효과를 기재한다. 출원발명의 유리한 효과가 명세서에 기재되는 경우 그 발명의 진보성의 존재를 추인하는 하나의 요소로 될 수 있으므로 출원인이 아는 한도 내에서 충분히 기재할 필요가 있다. 발명의 효과는 청구항에 기재된 발명과 직접 관련이 있는 효과여야 한다. 따라서 청구항에 기재되어 있지 않은 사항에 의해 발생하는 효과를 발명의 효과로서 기재할 필요는 없다. 발명의 효과는 기술적인 측면에서 객관적이고 간명하게 기재하는 것이 보다 설득력을 가지므로, 기술적 효과를 중심으로 하여 기재하는 것이 바람직하다.

(4) 발명을 실시하기 위한 구체적인 내용

가) [발명을 실시하기 위한 구체적인 내용]에는 그 발명의 평균적 기술자가 그 발명이 어떻게 실시되는지를 쉽게 알 수 있도록 그 발명의 실시를 위한 구체적인 내용을 적어도 하나 이상, 가급적 여러 형태로 기

재한다. 발명이 어떻게 실시되는지 보이기 위해서는 과제를 해결하기 위한 기술적 수단을 기재할 필요가 있으며, 기술적 수단이 복수인 경우에는 이들간에 서로 어떠한 유기적인 결합관계로 유리한 효과를 야기하는지 기재할 필요가 있다. 기술적 수단은 단순히 그 수단이 가지는 기능 또는 작용만을 표현할 것이 아니라 구체적인 수단 그 자체를 기재하여야 한다.

나) 발명을 실시하기 위한 구체적 내용으로 발명의 구성 자체뿐만 아니라 그 기능에 관해서도 기재할 필요가 있다. 실제로 기술분야에 따라 기능을 기재하는 것이 구성을 상세하게 기재하는 것보다 훨씬 적절할 수 있다. 예를 들어, 컴퓨터 분야의 경우 개개의 기술적 수단이 어떤 기능을 하는지와 이들이 서로 어떤 관련성으로 작용하여 그 과제를 해결하는지 등을 기재하는 것이 유리할 수 있다.

다) 필요한 경우에는 [실시예]란을 만들어 그 발명이 실제로 어떻게 구체화되는가를 나타내는 실시예를 기재한다. 실시예는 가능한 여러 가지로 기재한다.

(5) 산업상 이용가능성

[산업상 이용가능성]은 특허를 받고자 하는 발명이 산업상 이용할 수 있는 것인지의 여부가 불분명할 때 그 발명의 산업상 이용방법, 생산방법 또는 사용방법 등을 기재한다. 산업상 이용가능성은 명세서의 다른 기재로부터 충분히 유추 가능하므로 별도의 기재가 필요하지 않은 경우가 많다.

마. 청구범위

청구범위의 기재는 특허권의 보호범위가 그에 근거하여 결정된다는 점에서 중요한 의미를 갖는다. 청구범위가 기재요건을 충족시키지 못하는 경우, 그 특허권에 의해 제3자의 권리가 부당하게 제약을 받을 수 있으며, 권리자 스스로도 특허권이 무효로 되거나 특허권의 보호범위가 불필요하게 제한되는 등 불이익을 받을 수 있다. 청구범위에 청구항으로 기재된 사항은 특허법 제42조 제4항 및 제8항의 청구범위 기재방법에 따라 발명의 상세한 설명에 개시한 발명 중 출원인이 스스로의 의사로 특허권으로 보호를 받고자 하는 사항으로 선택하여 기재한 사항이다. 청구범위는 특허법에서 매우 중요한 것이므로 후술한다.

2. 도면 등

가. 도　면

1) 출원인은 발명을 설명하는 데 필요한 경우에는 도면을 출원서에 첨부해야 한다(제42조 제2항). 출원된 발명을 설명하는 데 필요한 경우, 명세서에 기재된 발명의 구성을 보다 잘 이해할 수 있도록 보충하기 위해 도면을 첨부할 수 있다. 보통 조성물이나 방법에 관한 발명을 제외하고는 일반적으로 도면이 첨부된다.

2) 도면이 포함된 경우에는 도면에 청구항의 내용이 모두 표현될 수 있도록 하여야 한다. 도면은 발명의 내용을 이해하기 위한 명세서의 보조자료로서 활용되는 부분이므로 필요한 경우에만 도면을 첨부하며, 이 경우 도면의 내용은 설계도면과 같이 상세한 것일 필요는 없다. 명세서가 도면을 포함하고 있을 때에는 도면의 간단한 설명란에 도면에 관한 설명을 기재하여야 한다.

3) 출원서에 첨부하는 도면은 특허법시행규칙 별지 제17호 서식 기재요령에 따라 작성하여야 한다. 결정구조, 금속조직, 섬유의 형상, 입자의 구조, 생물의 형태, 오실로스코프 결과 등과 같이 특허법시행규칙 별지 제17호 서식 기재요령의 제도법에 따라 작도하기가 곤란한 경우, 발명의 내용을 표현하기 위해 불가피한 경우 또는 사진으로 실시예를 보다 명확하게 표현할 수 있는 경우에는 이들을 표현하는 사진으로 도면을 대용할 수 있다. 출원인이 도면을 대신하여 사진을 제출한 경우, 공보에 게재할 수 있는 명료한 것에 한하여 인정하며 그레이스케일 또는 칼라사진은 불가피한 경우에 한하여 인정한다.

나. 요　약　서

요약서(abstract)는 출원발명의 내용을 공중이 용이하게 이용할 수 있도록 기재한 서류로서, 기술정보로서 활용하기 위하여 특허출원서에 필수적으로 첨부되는 서류이다. 요약서는 기술정보로서 활용될 수 있지만, 특허발명의 보호범위를 징하는 네 사용할 수 없다(제43조).

요약서에 기재되어 있는 사항은 확대된 선출원의 규정이 적용되지 않으며, 자명하지 않은 사항이 요약서에 기재되어 있는 경우에는 이를 보정에 의하여 명세서에 추가하면 신규사항 추가로 취급될 수 있다. 특허출원시 요약서의 제출이 없는 경우 특허청장은 요약서의 제출에 대한 보정을 명하고, 이를 이행하지 않는 경우 당해 특허출원절차를 무효로 할 수 있다.

다. 기타 첨부서류

대리인이 출원을 대리하는 경우에는 위임장, 신규성 의제를 주장하는 경우에는 그 입증서류, 공동출원의 경우 공동출원인이 대표자를 선정한 때에는 대표자를 증명하는 서류, 특허관리인이 출원 또는 청구의 절차를 밟을 때에는 특허관리임을 증명하는 서류, 모인출원의 정당권리자가 출원하는 경우에는 입증서류, 우선권을 주장하는 경우에는 제1국 정부가 증명하는 우선권 서류, 미생물 관련 출원인 경우에는 미생물기탁증 사본, 핵산염기 및 아미노산 서열을 포함한 출원인 경우에는 서열목록을 기록한 전자파일 등을 출원서에 첨부하여야 한다. 특허청장이 정한 방식에 따라서 작성한 서열목록을 기재한 명세서 또는 서면으로 출원하는 경우에는 컴퓨터로 판독이 가능한 형태로 작성되어야 한다.

3. 미생물의 명세서

가. 의 의

미생물은 일반적으로 크기가 작기 때문에 인간의 육안으로는 식별이 곤란한 생물을 말하고, 특허법상 미생물은 유전자, 벡터, 재조합벡터, 형질전환체, 융합세포, 재조합단백질, 모노클로날항체, 바이러스, 세균, 효모, 곰팡이, 버섯, 방선균, 단세포조류, 원생동물, 동식물 세포, 조직배양물, 종자 등 특허절차상 기탁 가능한 생물학적 물질(Biological material)을 의미한다. 특허를 출원할 때에는 명세서에 타인이 반복·재현할 수 있도록 기재하여야 하나 미생물은 구조가 복잡하고 살아있는 것이어서 미생물에 관한 발명을 특허출원하는 경우 명세서에 타인이 반복·재현할 수 있도록 기재하는 것이 곤란하기 때문에 출원된 미생물을 공인된 기관에 기탁하고 공개 후에는 제3자가 분양받을 수 있도록 함으로써 명세서 기재사항을 보완하기 위하여 별도의 미생물 기탁제도를 두고 있다.

특허법시행령 및 시행규칙에서는 미생물 기탁제도(시행령 제2조), 미생물 관련 발명의 명세서 기재요건(시행령 제3조), 미생물시료 분양(시행령 제4조), 미생물의 수탁번호 변경신고(시행규칙 제22조), 미생물 시료의 분양절차(시행규칙 제23조)에 관해 규정하고 있다.

나. 미생물 관련 발명의 명세서 기재

미생물에 관계되는 발명에 대하여 특허출원을 하려는 자는 특허법 제42조 제2항에 따른 명세서를 적을 때 특허법시행령 제2조 제1항 본문에 따라 미생물을 기탁한 경우에는 그 기탁기관 또는 국제기탁기관에서 부여받은 수탁번호를, 같은 항 단서에 따라 그 미생물을 기탁하지 아니한 경우에는 그 미생물의 입수방법을 적어야 한다(특허법시행령 제3조).

다. 미생물 기탁제도

미생물은 구조가 복잡하고 살아 있는 것이므로, 명세서에 타인이 반복 재현할 수 있도록 기재하는 것이 곤란하므로(제42조 제3항), 미생물 기탁제도는 특허출원 미생물을 공인기탁기관에 기탁하여, 공개 후에는 제3자가 분양받아 실시할 수 있도록 함으로써 명세서 기재사항을 보완하기 위한 제도이다. 미생물에 관계되는 발명에 대하여 특허출원을 하고자 하는 자는 특허청장이 정하는 기탁기관 또는 "특허절차상 미생물기탁의 국제적 승인에 관한 부다페스트조약" 제7조의 규정에 의하여 국제기탁기관으로서의 지위를 취득한 기관(이하 "국제기탁기관"이라 한다)에 그 미생물을 기탁하고 특허출원서에 그 사실을 증명하는 서류(국제기탁기관에 기탁한 경우에는 특허절차상 미생물기탁의 국제적 승인에 관한 부다페스트조약 규칙 제7규칙에 의한 최신의 수탁증 사본)를 첨부하여야 한다. 다만, 당해 발명이 속하는 기술분야에서 통상의 기술자가 그 미생물을 용이하게 입수할 수 있는 경우에는 이를 기탁하지 아니할 수 있다(특허법시행령 제2조 제1항). 출원인 또는 특허권자는 제1항의 미생물의 기탁에 대하여 특허출원 후 새로운 수탁번호가 부여된 때에는 지체없이 그 사실을 특허청장에게 신고하여야 한다.

라. 미생물시료의 분양

득허법시행령 제2조에 따라 기탁된 미생물에 관계되는 발명을 시험 또는 연구를 위하여 실시하려는 자는 다음 각호의 어느 하나에 해당하는 경우 기탁기관 또는 국제기탁기관으로부터 그 미생물시료를 분양받을 수 있다(특허법시행령 제4조 제1항). (i) 그 미생물에 관계되는 발명에 대한 특허출원이 공개되거나 설정등록된 경우, (ii) 특허법 제63조 제1항(법 제170조 제2항에서 준용하는 경우를 포함한다)에 따른 의견서를 작성하기 위하여 필요한 경우 미생물시료를 분양받은 자는 그 미생물을 타인에게 이용하게 하여서는 아니된다.

마. 부다페스트 조약

체약국 상호간에는 특허출원 미생물을 하나의 국제기탁기관에만 기탁하도록 하여, 각국에 따로 기탁해야 하는 부담을 해소하기 위한 국제조약으로서, 1977년에 조약이 체결되어 1988년 3월 28일 우리나라가 가입하였고, 2012년 1월 현재 75개국이 가입되어 있다.

또한 부다페스트 조약에서는 하나의 지정된 기탁기관에 기탁시 조약국간에는 다른 기관에 기탁하지 않아도 기탁한 것으로 인정하고 있다. 따라서 부다페스트조약 제7조의 규정에 의하여 국제기탁기관으로서의 지위를 취득한 기관(국제기탁기관)에 미생물을 기탁하면 각 나라의 기탁기관에 각각 기탁해야 하는 번거로움을 덜 수 있다. 우리나라에서 미생물 기탁이 가능한 기관은 2012년 1월 현재 KCTC, KCCM, KCLRF, KACC 4곳이며, 국제기탁기관은 KCTC, KCCM, KCLRF 3곳이다.

구 분	한국생명공학연구원생명자원센터 (KCTC)	한국미생물보존센터 (KCCM)	한국세포주연구재단 (KCLRF)	국립농업과학원농업유전자원센터 (KACC)
국내기탁기관 (지정일)	○ (1981.08.25)	○ (1981.08.25)	–	○ (2002.01.01)
국제기탁기관 (지정일)	○ (1990.06.30)	○ (1990.06.30)	○ (1993.08.31)	–

(2011.12 현재)

바. 미생물기탁절차

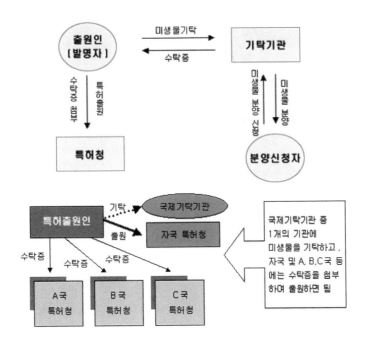

4. 서열목록 제출제도

특허출원시, 컴퓨터 판독이 가능한 형태의 서열목록 전자파일을 제출하도록 하는 제도로서, 핵산염기 서열 또는 아미노산 서열을 포함한 특허 출원의 증가에 대처하여 신속한 심사처리 및 서열 D/B 구축에 활용을 위해 시행하고 있다. 관련규정은 특허법 시행규칙 제21조의2(핵산염기 서열 또는 아미노산 서열을 포함한 출원 등), 특허법 시행규칙 제112조의2(핵산염기 서열 또는 아미노산 서열을 포함한 국제특허출원의 특례), 실용신안법 시행규칙 제4조(핵산염기 서열 또는 아미노산 서열을 포함한 실용신안등록출원), 및 특허청고시 제2009-19호(2009.8.24시행, 핵산염기 서열 또는 아미노산 서열을 포함한 특허출원의 서열목록 작성 및 제출요령)가 있다.

<유전자 서열목록 제출절차>

┌─────────────────┐   ┌─────────────────┐
│ 특허심사의 효율화 │   +   │   유전정보의   │
│   │   │ DB화 및 Network화 │
└─────────────────┘   └─────────────────┘

- 유전자 서열을 포함하는   - 귀중한 유전정보의 활용을
  특허출원에 대한 신규성 등   극대화하기 위해서는
  특허요건의 심사는   유전자 서열의 DB화 및
  서열(sequence)의 비교가   Network화 등 지적기반의
  필수적이나, 육안으로   정비가 중요
  대비가 어려움

- 최근 4Mbyte에 이르는
  서열목록(A4 2천장분량)이
  출원되는 등 업청난 용량의
  유전정보에 대한 출원이 본격화

┌─────────────────────────────────┐
│ Standard for Presentation of Nucleotide │
│ and Amino Acid Sequence Listings │
│   in Patent Applications   │
└─────────────────────────────────┘

적용대상	작성방법	제출방법
- 4개 이상의 직쇄상 아미노산 서열 - 10개 이상의 직쇄상 핵산염기 서열	- 서열목록은 WIPO ST.25에 따른 특허청고시 제2009-19호의 「핵산염기 서열 또는 아미노산 서열을 포함한 특허출원의 서열목록 작성 및 제출요령」에 따라 특허청에서 무료로 배포하는 프로그램(KoPatentIn) 으로 작성.	- 서면으로 제출하는 경우 서열목록이 저장된 전자적 기록매체와 함께, 서면상의 서열목록과 전자적 기록매체상에 기록된 서열목록이 서로 일치한다는 취지의 "진술서"를 제출

<Tip: 명세서를 잘 쓰려면>

○ 명세서 작성자는 탐험가 또는 고고학자(考古學者)

특허전문가가 되려면 명세서를 이해하고 작성할 수 있어야 합니다. 명세서는 발명자 또는 출원인이 작성하는 것이 원칙입니다. 그러나 오늘날 기술이 발달하고, 기술의 융합 등으로 발명의 아이디어를 명세서에 작성하는 일이 전문성을 요구하기 때문에 특허전문가 또는 변리사(이하 편의상 "작성자"라고 함)가 대신해서(대리하여) 명세서를 작성하는 경우가 특허청 전체 출원의 80%를 차지하고 있습니다. 이하는 필자가 변리사업을 개업하고서, 명세서를 직접 작성한 경험을 바탕으로 "변리사의 명세서 작성"에 대한 필자의 소견(所見. tips)

입니다.

변리사(辨理士)의 변(辨)자는 한 가운데 칼도(刂)변이 들어 있어서, 이를 "분별할 변(辨)"이라고 합니다. 변리사는 고객(발명자)을 만나서 발명의 내용을 파악하기 위해서 상담을 반드시 해야 합니다. 인터넷 시대에도 변리사는 "고객이 있고, 고객을 상담해야 한다"는 장점이 있으므로, 변리사는 21세기 지식기반 경제사회에서 경쟁력이 있는 유망한 직업이라 할 수 있겠습니다. 만약, 변리사가 명세서를 작성할 수 있는 능력이 부족하면, 마치 의사가 환자를 진찰하고 병을 치료할 수 있는 능력이 부족한 것과 다를 바 없다고 생각합니다. 변리사 시험에 합격한 사람은 첫해에 최소한 50건 이상의 명세서를 작성하도록 노력을 한다면, 명세서를 잘 쓸 수 있게 될 것입니다. 로펌에서 일하게 될 경우 사정상 명세서를 쓸 수 없는 위치에 있다면, 명세서의 핵심을 이해하는 데에 관심을 가지는 것도 좋을 것입니다. 특허업계에서 발명의 내용을 가장 잘 아는 사람은 발명자입니다. 변리사는 발명자를 만나서 상담을 할 때 탐험가 또는 고고학자가 되어야 합니다. 예리한 칼로 물건을 자르듯이, 변리사의 예리한 지식으로 발명을 파악하고 명료하게 명세서를 작성할 수 있다면, 특허분야의 전문가(專門家)로 존경을 받을 수 있을 것입니다. 수술을 잘하는 외과의사가 존경을 받듯이, 명세서를 잘 쓰는 변리사는 특허업계에서 당연히 그 실력을 인정받을 수 있을 것입니다.

○ 명세서 작성자가 발명자를 상담하는 요령

작성자는 발명자를 만나서 상담을 할 경우 발명자와 발명을 존중하는 자세를 가져야 합니다. 이 자세가 매우 중요합니다. 아무리 하찮은 발명이라 할지라도 일단 겸허(謙虛)하게 이를 인정해 주는 것이 바람직하다고 생각합니다. 필자는 발명자(개인 발명가, 연구소 연구원 또는 교수 등)를 만나면, 발명자와 발명 자체에 대하여 칭찬을 자주 하였습니다.

발명자는 작성자의 태도를 보고서 마음을 열게 되며, 발명의 내용을 상세하게 공개하게 되는 것입니다. 명세서를 작성하기 위하여 발명자로부터 기초자료를 다음 순서에 따라서 수집합니다. 첫째, 발명을 하게 된 동기, 즉 배경기술에 대하여 자세하게 문의를 하고, 관련된 종래기술의 문헌(특허공보나 기술문헌 등)을 찾아내야 합니다. 둘째, 종래기술의 문제점이 무엇인지와 발명의 해결하고자 하는 과제를 파악해야 합니다. 셋째, 해결하기 위한 수단에 대해서 구체적으로 이해할 수 있어야 합니다. 발명을 가장 잘 아는 발명가는 회로도, 설계도, 사시도, 플로차트(flowchart) 등의 자료를 가지고 있으므로 그것을 찾아내서 발명자가 창작한 아이디어와 해결수단을 연결시켜서 기술을 파악하고, 이해가 잘 안 되면 이해가 될 때까지 끈질기게 문의를 해야 합니다. 이 과정에서 특허청구범위를 설계하고, 어떤 도면을 선택하고 청구항별로 어떤 도면을 제시해야 하는지를 결정하여야 합니다. 필요하면, 연구소, 공장 또는 대학교 연구실 등의 현장을 직접 방문하여 기계장치나 견본을 눈으로 확인하고 발명의 내용을 파악할 필요가 있습니다. 발명자는 작성자가 직접 현장을 방문하는 것을 좋아할 뿐만 아니라 작성자를 신뢰(信賴)하게 되는 경우가 많습니다. 마지막으로 발명의 효과를 최소한 3가지 이상 찾아내서 정리하고, 발명의 명칭은 어떻게 하면 좋을지에 대해서 발명자에게 의견을 듣고 결정하여야 합니다. 이러한 일련의 과정을 통해서 상담을 하고 나면, 작성자는 발명자가 창작한 아이디어와 관련 정보를 발명자로부터 모두 꺼내서 작성자의 머릿속에 집어넣고, 누에가 실을 뽑아내듯이, 명세서의 서식에 맞게 순서대로 명세서를 작성하면 되겠습니다.

Ⅲ. 명세서 작성 사례

특허번호 제71169호: 의자 등받이

《 명 세 서 》

[발명의 명칭]
   의자 등받이

[도면의 간단한 설명]
   제 1 도는 본 발명에 따른 등받이의 측면도.
   제 2 도는 제 1 도에서 도시된 등받이의 배면도.
   제 3 도는 제 2 도의 선 A-B상의 단면도.
   제 4 도는 본 발명에 따른 등받이의 다른 실시예를 뒤쪽에서 본 부분사시도.

[발명의 상세한 설명]
본 발명은 의자, 시트, 걸상 등을 위한 의자 등받이에 관한 것이다.
겨드랑이 아래로 맞추어져서 척추를 지지하는 측면부분을 포함하는 의자나 자동차용 시트 등을 위한 등받이들이 공지되어 있다(독일특허 공보 제 12 82 264호 참조). 또한 그러한 시트들은 자동차에 사용되었을 때 접히는 시트로서 배치될 수도 있고(독일 특허 공개공보 제 20 40 66호 참조), 사람이 자리에 앉을 때 시트들이 자동적으로 펼쳐진다. 이들 시트들을 생산하는 데에는 비용이 많이 들고 충분한 안락감을 제공하지 못하기 때문에, 어떠한 등받이들도 적용되지 못하였었다. 본 발명의 목적은 앉은 사람의 척추에 걸리는 스트레스를 효과적으로 해소하는 등받이를 구성하는 것이다. 이러한 스트레스는 자세를 바꾸면서 오래 앉았을 때 또는 시트를 사용하는 사람들의 여러 다른 신체적 특징이 포함되는 경우에 생긴다.

본 발명은 측면으로 서로 간격을 두고 있으며 정면을 향하여 횡으로 오목하고 수직으로 볼록한 말안장의 접촉면 식으로 형성된 두개의 등받이 외판, 및 단단한 연결을 위해서 지지 가로대와 각각의 등받이 외판과의 사이에 고정된 스프링 요소에 의하여 특징되어지는, 걸상, 시트, 의자 등을 위한 등받이를 제공한다. 본 발명의 저변에 깔린 개념은 시트 외판의 특별한 형상에 있다. 이러한 유형의 형상은 다양한 신체적 특징에도 불구하고, 시트를 사용하는 사람이 항상 지지되며, 이는 자동차 시이트의 경우에 축 방향의 힘들이 등받이에 의해서 수용되어야 하기 때문에 특히 중요하다. 이것은 본 발명에 따른 등받이에 의해서 자동적으로 유효하게 수행될 수 있어서, 골반 및 요추부의 스트레스가 해소된다. 본 발명은 생산의 단순화 외에도, 고도의 안락함, 및 척추를 위하여 적합한 지지를 제공하는 등받이를 목적으로 한다. 더욱이 이 등받이는 사용자의 다양한 신체의 치수에 적합하다.

이하, 첨부된 도면들에 따라서 본 발명에 더욱 상세히 설명된다.

제 1 도를 참조하면, 시트표면(20)상에 제공되어 있는 본 발명에 따른 의자 등받이는, 중간 가로대(3, 4)를 거쳐서 탄성요소(2)에 의하여 서로 일정한 간격을 두고서 고정된 두개의 등받이 외판(1)으로 구성된다. 이들 등받이 외판(1)은 시트 표면(20)에 수직인 축방향으로 볼 때 오목하고(제 3 도 참조), 횡방향 수평축 방향으로 볼 때는 볼록하게 구성된 형상을 가진다(제 1 도 참조). 바꾸어 말하면, 2개의 등받이 외판(1)은 정면을 향하여 횡방향으로 오목하고 수직방향으로 볼록하다. 예를 들어서 인장스프링, 스파이럴 스프링 또는 탄성튜브 등의 형태로 제공되는 탄성요소(2)는, 형상-잠금끼움(shape-locking fit)을 형성하도록 그 중간지점 부근에서 중간 가로대(3)와 연결되어 있다. 중간 가로대(3)는 높이가 조절될 수 있도록 의자의 수직방향의 중간 가로대(4)와 연결될 수 있다. 보다 큰 안락함을 제공하기 위하여 패드(6)가 등받이 외판(1)의 정면 또는 후면에 끼워질 수 있는데, 만일 패드(6)가 등받이 외판(1)의 후면에 끼워지는 경우에는 탄성요소(2)에 탄성적으로 부착되는 것이 바람직하다. 사용자가 이러한 의자 등받이에 맞대어 뒤로 기대었을 때, 2개의 등받이 외판(1)이 앉아있는 사람의 흉곽(ribcage) 및 겨드랑이 아래에서 접혀져서 척추를 지지한다. 그러나 사용자가 이러한 오른쪽 뒤로 기대기를 원한다면, 등받이 외판(1)이 수평축을 중심으로 회전한다. 이런 경우에, 탄성요소(2)는 외력에 의해서 굽혀진다. 탄성요소(2)가 부착지점에서 구부러지면서 탄성적으로 길이가 늘어나면, 등받이 외판(1)이 측방향으로 탄력있게 구부러질 수도 있다. 제 4 도는 다른 실시예처럼, 단지 고무 원통부를 가지는 중간 가로대(3)에 등받이 외판(1)을 연결시킨 경우에도, 동일한 작용이 이루어질 수 있다.

(57) 청구의 범위

청구항 1
두개의 등받이 외판(1)을 포함하고 있는 의자 등받이에 있어서, 상기 두개의 등받이 외판(1)이 서로 축방향으로 떨어져 있고 시트표면(20)에 수직인 축방향으로 볼 때 오목하고 상기 시트표면(20)위에 배치된 횡방향 수평축 방향으로 볼 때 볼록하게 말안장의 접촉면식으로 형성되어 있으며, 각각의 상기 등받이 외판(1)의 상, 하단에서 탄성요소(2)의 단부들이 중간 가로대(3)에 단단히 연결된 것을 특징으로 하는 의자 등받이.

청구항 2
제 1 항에 있어서, 세 개의 공간축을 중심으로 상기 등받이 외판(1)이 회전할 수 있도록 상기 등받이 외판(1)의 중앙지역에서 스프링요소(5)가 상기 중간 가로대(3)에 고정되어 있는 것을 특징으로 하는 의자 등받이.

청구항 3
제 1 항 또는 제 2 항에 있어서, 상기 등받이 외판(1)의 전면에 절연재료로 이루어진 쿠션용 패드(6)가 배치된 것을 특징으로 하는 의자 등받이.

청구항 4
제 1 항 또는 제 2 항에 있어서, 상기 등받이 외판(1)의 후면에 절연재료로 이루어진 쿠션용 패드(6)가 배치된 것을 특징으로 하는 의자 등받이.

[도면]
* 주요 도면 부호의 설명 *
1 : 외판   2 : 탄성요소   3, 4 : 중간가로대
5 : 스프링요소   6 : 패드   20 : 시트표면

도면1

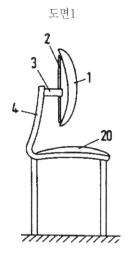

도면2

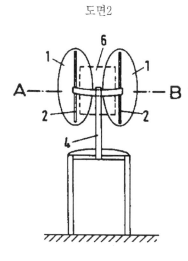

도면3

(A-B)

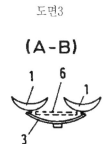

도면4

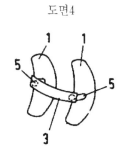

IV. 특허청구범위

1. 서 설

가. 의 의

특허청구범위에는 보호를 받고자 하는 사항(이하 "청구항"이라 한다)이 1 또는 2 이상 있어야 한다(제42조 제4항 본문). 청구항은 특허심사·심판 및 소송의 판단대상이다. 따라서 청구항의 문장은 간단명료하게 표현하고, 발명의 상세한 설명은 상세하고 구체적으로 작성해야 한다. 특허청구범위는 특허의 심장부라 할 수 있다. 이는 특허청구범위에 의해서 신규성과 진보성 판단시 특허허여 여부가 결정됨은 물론 특허권이 부여된 후에는 특허권 침해 여부도 특허청구범위에 의하여 결정되기 때문이다. 청구항은 발명의 상세한 설명과 일관성이 있어야 하며, 명세서에 의해 뒷받침되어야 한다. 또한 청구항은 명료하고 간결하게 기재해야 한다.[1] 세계 주요 국가들은 하나의 명세서에 다수의 청구항을 기재하는 다항제(多項制)를 심사·심판 및 특허소송 실무에 적용하고 있다.

나. 특허청구범위의 기능

특허법 제97조에서 "특허발명의 보호범위는 특허청구범위에 기재된 사항에 의하여 정해진다"고 특허청구범위가 법률적인 사항임을 명확하게 규정하고 있다. 특허청구범위는 다음 3가지 기능을 갖는다. (i) 특허성의 조건·법적 금지조항 및 기술공개 요건들을 적용시키기 위해서 발명을 정의한다. (ii) 특허권의 침해, 즉 특허권자의 정당한 허락없이 다른 사람들이 제조·사용 또는 판매할 수 없도록 특허된 발명이 무엇인가를 알려 준다. (iii) 선행기술과 청구된 발명을 명확하게 구분하는 경계선의 역할을 한다.

대법원 2009.7.9 선고 2008후3377 판결은 "특허권의 권리범위 내지 보호범위는 특허출원서에 첨부한 명세서의 특허청구범위에 기재된 사항에 의하여 정하여지는 것이므로, 발명이 특허를 받을 수 없는 사유가 있는지의 여부를 판단함에 있어서 특허청구범위의 기재만으로 권리범위가 명백하게 되는 경우에는 특허청구범위의 기재 자체만을 기초로 하여야

---

1) 대법원 2004.7.22 선고 2002후451 판결.

할 것이지 발명의 상세한 설명이나 도면 등 다른 기재에 의하여 특허청
구범위를 제한 해석하는 것은 허용되지 않는다"고 판시하여 특허법 제97
조의 취지와 같은 입장을 취하고 있다.

다. 특허청구범위의 특성

특허청구범위는 시간에 따라서 또는 사람에 따라서 변화되고, 다르
게 해석될 수 있는 특성을 가지고 있다. 먼저 사람에 대하여 살펴보면,
출원인·심사관·심판관·법관·침해자 또는 실시권자 등의 관점에 따라서
특허청구범위는 다르게 해석될 수 있다.[1] 또한 출원 전, 출원시, 심사
중, 특허 후 또는 침해소송시에 그 시기에 따라서 특허청구범위는 보정이
나 일부 청구항 포기 등으로 변화될 수 있기 때문에 권리범위가 좁게 해
석될 수 있다. 특허권의 권리범위는 가변성이 있다. 예를 들어, 특허청구
범위의 권리범위는 정정심판 또는 무효심판에서 변경될 수 있어서, 특허
권자에게 독점권이 부여된 후에도 그 권리는 완전한 것이 아니고 상황에
따라 변경 또는 제한이 있을 수 있다. 특허청구범위의 권리는 청구항의
구성요소가 적을수록 보호범위가 넓어지는 특성이 있다.[2]

2. 특허청구범위의 기재요건

특허청구범위에는 보호받고자 하는 사항을 기재한 청구항이 1 또는
2 이상이 있어야 하며, 그 청구항은 발명의 상세한 설명에 의하여 뒷받침
되어야 하고, 또 발명이 명확하고 간결하게 기재되어야 한다(제42조 제4
항). 출원인은 보호받고자 하는 발명을 다면적으로 보호받기 위해서 특허
청구범위의 다항제를 활용하게 된다. 특허청구범위를 기재할 때에는 보
호받고자 하는 사항을 명확히 할 수 있도록 발명을 특정하는 데 필요하
다고 인정되는 구조·방법·기능·물질 또는 이들의 결합관계 등을 기재하
여야 한다(제42조 제6항).[3]

---

1) 특허청구범위는 문자로 표현되어 있어서 다른 부동산이나 동산처럼 명확하게 형태
가 있는 것이 아니고 형태가 없는 추상적인 권리이기 때문에 사람들의 관점에 따라 해석이
달라질 수 있다. 특허청구범위를 변화시키는 또다른 요인은 특허청구범위의 범위를 축소하
거나 제한할 수 있는 선행기술 또는 무효증거자료 등의 추가적인 발견이다.
2) 대법원 2006.11.23 선고 2005후187 판결.
3) 대법원 2004.10.14 선고 2002후956 판결: 특허청구범위 전제부의 구성이 통상의

　　대법원 2006.11.24 선고 2003후2089 판결은 "특허법 제42조 제4항은 특허청구범위에는 보호를 받고자 하는 사항을 기재한 청구항이 1 또는 2 이상 있어야 하며 그 청구항은 다음 각호에 해당하여야 함을 규정하고 있는데 그 뜻은 다음과 같이 해석하여야 할 것이다. 먼저, 같은 항 제1호는 '특허청구범위가 상세한 설명에 의하여 뒷받침될 것'을 요구하고 있는바, 그 의미는 청구항은 특허출원 당시의 기술수준을 기준으로 하여 그 발명과 관련된 기술분야에서 통상의 기술자의 입장에서 볼 때 그 특허청구범위와 발명의 상세한 설명의 각 내용이 일치하여 그 명세서만으로 특허청구범위에 속한 기술구성이나 그 결합 및 작용효과를 일목요연하게 이해할 수 있어야 한다는 것이다. 다음으로, 같은 항 제2호는 '발명이 명확하고 간결하게 기재될 것'을 요구하고 있는바, 그 취지는 특허법 제97조가 특허발명의 보호범위는 특허청구범위에 기재된 사항에 의하여 정하여진다고 규정하고 있음에 비추어 청구항에는 명확한 기재만이 허용되는 것으로서 발명의 구성을 불명료하게 표현하는 용어는 원칙적으로 허용되지 아니하며, 나아가 특허청구범위의 해석은 명세서를 참조하여 이루어지는 것임에 비추어 특허청구범위에는 발명의 상세한 설명에서 정의하고 있는 용어의 정의와 다른 의미로 용어를 사용하는 등 결과적으로 청구범위를 불명료하게 만드는 것도 허용되지 않는다"고 판시하였다.

　　따라서 특허를 받고자 하는 발명의 인정은 출원인이 자신의 의사에 의하여 선택한 청구범위의 기재 내용을 존중하여 각 청구항에 기재된 사항에 근거하여 이루어져야 하고, 청구항의 기재가 불명료하거나 기술용어의 의미, 내용이 불명확한 경우에 한해 발명의 상세한 설명 또는 도면의 기재를 참작하여야 하며, 청구범위의 기재를 벗어나 발명의 상세한 설명에 개시된 발명의 내용으로부터 청구항에 기재된 발명은 허용되지 아니한다.

가. 발명의 상세한 설명에 의하여 뒷받침될 것(제42조 제4항 제1호)

　1) 특허법 제42조 제4항 제1호의 취지는 발명의 상세한 설명은 기술

기술자에게 이미 공지된 기술인 경우 이에 대한 심결이 미진하더라도 이러한 사실이 심결의 결론에 영향을 미치지 못한다면 위법한 것이라 할 수 없다.

공개서로서 역할을 하는바, 상세한 설명에 기재하여 공개하지 않은 발명을 청구범위에 청구항으로 기재하여 등록되면 공개하지 않은 발명에 대하여 특허권이 부여되는 결과가 되므로 이를 방지하기 위한 것이다. 따라서 청구항은 발명의 상세한 설명의 지지를 받아야 한다. 예를 들어, 발명의 상세한 설명란에 구체적인 기재가 없는 경우 기재내용이 불명료한 청구항을 기재할 수밖에 없게 된다.[1] 청구항에 기재한 발명이 발명의 상세한 설명에 의해 뒷받침되는가의 판단은 그 발명이 속하는 기술분야에서 통상의 지식을 가진 자의 입장에서 청구항에 기재된 내용이 발명과 대응되는 사항이 발명의 상세한 설명으로부터 이해할 수 있도록 기재되어 있는가의 여부 판단이라 할 수 있다. 발명의 상세한 설명에 기재되어 있지 않음으로 인해서 청구항의 기재가 불명료하면, 권리내용이 명확하지 않은 특허권이 부여될 수 있다.

　　2) 대법원 2007.3.15 선고 2006후3588 판결은 "특허법 제42조 제4항 제1호의 취지는 특허출원서에 첨부된 명세서의 발명의 상세한 설명에 기재되지 않은 사항이 청구항에 기재됨으로써 출원자가 공개하지 않은 발명에 대하여 특허권이 부여되는 부당한 결과를 막기 위한 것으로서, 청구항이 발명의 상세한 설명에 의하여 뒷받침되고 있는지의 여부는 특허출원 당시의 기술 수준을 기준으로 하여 그 발명이 속하는 기술분야에서 통상의 지식을 가진 사람의 입장에서 특허청구범위에 기재된 사항과 대응되는 사항이 발명의 상세한 설명에 기재되어 있는지의 여부에 의하여 판단하여야 한다. 이 사건 특허발명의 상세한 설명에는 '…셔터를 구성하는 각각의 셔터 격자가 최초의 길이(L)에서 외력에 의해 항복점 이하에서 최대한으로 늘어날 수 있는 길이(L')의 차이(L'-L)인 변위 길이(L)의 1/2이 되는 선택길이(δ)를 구하고, 위 가이드프레임의 내부에 삽입되어 있는 셔터 격자의 양단에 체결구들을 각각 체결하되 가이드프레임의 내측단에서 위 선택길이(δ) 만큼의 위치에 베어링을 설치한 체결구를 체결하는 것을 특징으로 하는 본 발명의 셔터를 제공한다', '이때 위 체결구가 가이드프레임에서 최초 위치하고 있는 상태에서 내측단에 걸리게 될 때까지 이동

---

[1] 대법원 2009.7.23 선고 2009후78 판결.

하는 거리는 위와 같이 선택길이(δ)와 같다'는 등의, '…필요에 따라 위
각각의 셔터 격자 양단상에 보강판을 고정한 다음 체결구를 체결할 수
있다', '…각각의 셔터 격자 상, 하부에 보강판을 고정하여 체결구를 체결
함으로써 제 문제점을 해결할 수 있다. 이러한 각각의 보강판은 각각의
셔터 격자에 체결됨으로써 각각의 체결구를 통해 전해지는 충격을 흡수
하게 되어 결국 셔터 격자의 훼손을 방지할 수 있게 되는 것이다. 이때
위 보강판은 리벳에 의한 리벳팅 고정 또는 소폿용접에 의한 용접 고정
등을 취할 수 있고…'라는 등의 기재가 각 있으므로, 이 사건 특허발명의
특허청구범위 제1, 2항에 기재된 사항에 대응되는 사항이 나와 있다고
볼 것이다"고 판시하였다.

　　3) 실시가능요건과 발명의 상세한 설명에 의해 뒷받침되어야 한다는
요건은 서로 밀접한 관계에 있으므로 심사의 효율성 및 일관성 유지를
위하여 특허법 제42조 제3항 제1호는 해당 기술분야에서 통상의 지식을
가진 자, 즉 평균적 기술자가 청구항에 관련된 발명을 발명의 상세한 설
명의 기재로부터 쉽게 실시할 수 없는 경우에 적용하고, 같은 법 제42조
제4항 제1호는 청구항에 기재된 발명이 상세한 설명에 기재되어 있지 않
거나 상세한 설명에 기재된 내용으로부터 해당 기술분야의 평균적 기술
자가 인식할 수 있는 범위를 벗어난 경우에 적용한다(심사지침서 제2부 제4
장 2304면).

　나. 발명이 명확하고 간결하게 기재되어야 할 것(제42조 제4항 제2호)

　　1) 청구항에 기재된 발명이 명확하고 간결하게 기재되어 있는가의
여부는 원칙적으로 발명의 상세한 설명 또는 도면의 기재와 출원시의 기
술상식 등을 고려하여 그 발명이 속하는 기술분야에서 통상의 지식을 가
진 자의 입장에서 청구항의 기재를 기준으로 판단하되, 청구항의 기재를
무시하고 다른 부분만을 기초로 판단해서는 안 된다. 발명이 간결하게 기
재되어야 한다는 취지는 청구항의 기재 그 자체가 간결하여야 한다는 것
이지 그 발명의 개념이 간결하여야 한다는 것은 아니다.

　　2) 특허법 제42조 제4항 제2호는 청구항의 기재가 불명확하거나 그
기재내용이 간결하지 않은 발명에 대하여 특허권이 부여되면 발명의 보

호범위가 불명확하여 특허발명의 보호범위를 결정하는 권리서로서의 역할을 다할 수 없을 뿐만 아니라, 특허요건의 판단 등도 불가능하게 되기 때문에 이와 같은 문제를 방지하기 위한 규정이다. 따라서 청구항은 명확하고, 간결하게 기재하여야 한다. 이는 청구항의 기재가 불명확하거나 그 기재내용이 간결하지 않은 발명에 대하여 특허권이 부여되면 발명의 보호범위가 불명확하게 되므로 특허발명의 보호범위를 결정하는 권리서의 사명을 다할 수 없기 때문이다. 또한 청구항에 사용되는 용어는 해당 기술분야에서 사용되는 용어여야 하고 그 범위에서 해석되어야 한다.

3) 대법원 2008.12.24 선고 2007후2230 판결은 "이 사건 출원발명(출원번호 제1998-702490호)의 특허청구범위 제1항(이하 이 사건 제1항 발명이라 한다)은 화학식 1의 이미다졸 유도체 또는 약학적으로 허용되는 그 에스테르 또는 염에 관한 것이어서 화학식 1의 이미다졸 유도체의 약학적으로 허용되는 그 에스테르를 포함한다. 어떤 특정한 화합물의 에스테르가 그 에스테르의 수나 종류에 따라 그 물리·화학적 성질 및 생체 내에 투입되었을 때의 약리효과에서 상당한 차이가 있음은 피고의 주장과 같다. 생체 내에 투입되었을 때 원래의 화합물을 분리·방출하지 않고 그 자체로 활성을 가지는 경우와 같이 원래의 화합물이 가지는 성질에 큰 변화를 일으키는 경우를 원래의 화합물의 약학적으로 허용되는 에스테르라고 보기는 어려워서 원래의 화합물의 약학적으로 허용되는 에스테르는 생체 내에 투입되었을 때 효소 작용 등에 의해 원래의 화합물을 분리·방출하여 원래의 화합물의 활성형태를 그대로 가지는 것을 의미한다고 보아야 한다. 이 사건 제1항 발명의 화학식 1의 이미다졸 유도체의 약학적으로 허용되는 그 에스테르 또한 생체 내에 투입되었을 때 원래의 화합물인 이미다졸 유도체의 활성형태를 그대로 가지는 것을 의미한다고 할 것이다. 그렇다면 이 사건 제1항 발명은 그 청구항이 넓게 기재되어 있을 뿐 약학적으로 허용되는지가 불분명한 화합물을 포함하는 것은 아니어서 명확하게 기재되어 있다고 할 것이다. 이 사건 제1항 발명이 특허청구범위 기재요건을 충족하였다고 본 원심의 판단은 정당하다"고 판시하여 청구범위가 넓게 기재되어 있다는 이유만으로 그 기재가 불명확하다고 볼 수 없다고 하였다. 일반적으로 출원인은 특허출원을 할 때, 가급적 청구항을

넓게 기재하여 보호받고자 하는 발명을 취득하려고 하므로 판례도 같은
입장을 취한 것으로 보인다.

3. 특허청구범위의 기재원칙

가. 모든 구성요소포함의 원칙

특허청구범위에는 출원일 전 공지된 사항을 제외하고 특허발명에 없
어서는 아니 되는 모든 구성요소(all elements)를 기재하여야 한다.[1] 그 이
유는 특허청구범위의 각 구성요소에 대하여 권리가 주어지는 것이 아니
라, 특허청구범위는 각 구성요소의 결합에 의하여 표현되는 기술적 사상
에 대하여 권리가 주어지기 때문이다. 대법원 2009.7.9 선고 2008후3377
판결은 "특허권의 권리범위 내지 보호범위는 특허출원서에 첨부한 명세
서의 특허청구범위에 기재된 사항에 의하여 정하여지는 것이므로, 발명
이 특허를 받을 수 없는 사유가 있는지의 여부를 판단함에 있어서 특허
청구범위의 기재만으로 권리범위가 명백하게 되는 경우에는 특허청구범
위의 기재 자체만을 기초로 하여야 할 것이지 발명의 상세한 설명이나
도면 등 다른 기재에 의하여 특허청구범위를 제한 해석하는 것은 허용되
지 않는다. 이 사건 제1항 발명의 '특정 네트워크', '통신차단대상' 및 '통
신차단을 위한 ARP 패킷을 만들어 송신하는 단계'의 각 기재는 그 자체
로 기술적인 의미와 그것이 포섭하는 범위가 분명하므로, 이를 반드시
'통신차단이 필요하지 않은 장비가 1대 이상 존재하는 네트워크', '네트
워크 내부에 통신차단이 필요하지 않은 장비가 존재함을 전제로 한 통신
차단이 필요한 장비들' 및 '통신차단대상의 장비들간의 통신을 차단하기
위하여 ARP 패킷을 유니캐스트 방식으로만 송신하는 단계'라는 의미로
각각 제한하여 해석할 수 없고, 이 사건 제16항 발명의 '어떤 네트워크',
'통신차단 대상으로 설정된 장비들'의 각 기재 역시 위와 같은 이유로 이
를 반드시 '통신차단이 필요하지 않은 장비가 1대 이상 존재하는 네트워
크', '네트워크 내부에 통신차단이 필요하지 않은 장비가 존재함을 전제
로 한 통신차단이 필요한 장비들'이라는 의미로 각각 제한하여 해석할 수

---

1) Ryoichi Takaoka, 75면: 모든 구성요소 포함의 원칙은 AER(All Elements Rule)이라
한다.

없다고 할 것이다"고 판시하였다.

나. 다기재 협범위(多記載 狹範圍)의 원칙

특허청구범위는 넓은 청구항에서 좁은 청구항까지 발명의 내용에 따라서 여러가지 형태로 기재할 수 있다. 출원인은 선행기술과 출원발명과 구분될 수 있도록 청구항을 명료하고 간결하게 기재하여야 한다. 청구항의 구성요소가 많으면 많을수록 그 권리범위는 좁아지게 된다. 이를 일명 '다기재 협범위(多記載 狹範圍)원칙' 또는 '다한정 협범위(多限定 狹範圍)의 원칙'이라고도 한다. 이 원칙은 특허청구범위의 해석에서 기본이 되는 원칙이다.[1] 따라서 청구항을 기재할 때 동일한 기술적 사상에 대하여 구성요소가 많으면 많을수록 그만큼 침해를 주장할 수 있는 기회가 줄어들 것이므로 청구항의 구성요소를 가급적 적게 기재하는 것이 바람직하다.

다. 다항(多項)으로 기재

1) 특허청구범위는 그 기재형식에 따라 단항제와 다항제로 구분된다. 다항제라 함은 특허청구범위를 2 이상의 청구항으로 기재하는 것을 말한다. 예를 들어, 출원발명의 청구항이 10개이면, 그 출원발명에는 10개의 발명이 존재하는 것으로 해석한다. 1특허출원으로 할 수 있는 경우는 발명의 단일성이 인정되는 1군의 발명인 경우에도 가능하고, 이 경우 특허청구범위를 1 또는 2 이상의 청구항으로 기재할 수 있다. 일반적으로 청구항을 다수개 항으로 기재할 경우에는 1군의 발명에 해당하는 출원발명으로서 다양한 형태로 보호를 받을 수 있다. 따라서 발명의 성질에 따라 1군의 발명을 다면적으로 기재하여 보호할 필요성이 있다고 인정되는 경우에는 1군의 발명에 대하여 복수의 독립항으로 기재할 수 있다. 다항제하에서는 동일발명일지라도 복수의 청구항으로 기재할 수 있다.

2) 방법발명의 경우 방법만 청구할 수 있지만 발명의 다면적(多面的) 보호를 받기 위해서는 물건과 장치도 청구하는 것이 바람직하다. 청구항은 가급적 다항으로 기재하는 것이 바람직하다. 예를 들어, 신발제조 방

---

1) 특허발명의 보호범위는 청구항에 기재된 사항에 의하여 정해진다. 또 침해 여부 판단의 기본적 원칙인 All Elements Rule을 적용하면, 비교대상발명(침해품)에 모든 구성요소가 포함되어야 비로소 침해를 구성한다. 결국 특허침해판단은 청구항의 기재요건과 밀접한 관계가 있다.

법만 청구한 경우 그 제조방법을 실시하기 위한 기계장치의 판매는 직접
침해가 아니다. 그 기계를 작동시켜 사용하는 행위만 직접침해를 구성한
다. 따라서 기계장치를 청구항에 기재한다면, 기계장치의 제조판매 행위
로 인한 침해는 예방할 수 있다.

라. 구성요소간의 결합관계

청구항의 기재형식에 따라 청구항의 기술적 범위에 차이가 발생하는
것은 아니므로 청구항을 전제부와 특징부로 나누어 기재한 이른바 젭슨
형(Jepson type) 청구항의 경우라도 전제부를 포함한 전체로서 발명을 특
정한다. 이때 전제부에 기재되었다는 사실만으로 전제부에 기재된 구성
요소들이 공지된 것이라고 판단해서는 곤란하다. 결합(combination)관계
에 있는 청구항은 특허성을 인정받을 수 있으나, 단순한 주합(aggregation)
인 경우는 특허성이 인정되지 않는다. 예를 들어, 가솔린 엔진과 개량 카
브레이터가 결합된 발명은 특허성이 인정되었으나, 1858년 미국의 발명
가, 하이만이 발명한 연필에 지우개가 결합된 발명은 특허성을 인정받지
못하였다.[1] 그 이유는 전자의 경우 엔진과 카브레이터는 상호작용을 하
며 공동으로 발명의 목적을 실현하고 있으나, 후자의 경우 연필의 기능은
지우개와 아무런 관련없이 각자의 기능만을 하고 있을 뿐, 구성요소간에
상호작용이 없기 때문이다.

마. 특허청구범위의 기재영역

특허청구범위를 기재할 때에는 보호받고자 하는 사항을 명확히 할
수 있도록 발명을 특정하는 데 필요하다고 인정되는 구조·방법·기능·물
질 또는 이들의 결합관계 등을 기재하여야 한다(제42조 제6항). 이와 같이
특허청구범위를 기재하는 영역이 확대되었으므로 출원인은 기술의 형태
에 따라 특허청구범위를 구성요소의 결합뿐만 아니라 기능이나 동작·수
단 등도 기재할 수 있기 때문에, 복합적이고 고도화된 기술을 다양한 표
현방법으로 청구항에 기재할 수 있다. 대법원 2009.7.23 선고 2007후
4977 판결은, "특허출원된 발명이 특허법 제29조 제1항·제2항에서 정한
특허요건, 즉 신규성과 진보성이 있는지를 판단할 때에는, 특허출원된 발

---

1) Heiman의 미국특허 제19,783호.

명을 같은 조 제1항 각호에서 정한 발명과 대비하는 전제로서 그 발명의 내용이 확정되어야 한다. 따라서 특허청구범위는 특허출원인이 특허발명으로 보호받고자 하는 사항이 기재된 것이므로, 발명의 내용의 확정은 특별한 사정이 없는 한 특허청구범위에 기재된 사항에 의하여야 하고 발명의 상세한 설명이나 도면 등 명세서의 다른 기재에 의하여 특허청구범위를 제한하거나 확장하여 해석하는 것은 허용되지 않으며, 이러한 법리는 특허출원된 발명의 특허청구범위가 통상적인 구조, 방법, 물질 등이 아니라 기능, 효과, 성질 등의 이른바 기능적 표현으로 기재된 경우에도 마찬가지이다. 따라서 특허출원된 발명의 특허청구범위에 기능, 효과, 성질 등에 의하여 발명을 특정하는 기재가 포함되어 있는 경우에는 특허청구범위에 기재된 사항에 의하여 그러한 기능, 효과, 성질 등을 가지는 모든 발명을 의미하는 것으로 해석하는 것이 원칙이나, 특허청구범위에 기재된 사항은 발명의 상세한 설명이나 도면 등을 참작하여야 그 기술적 의미를 정확하게 이해할 수 있으므로, 특허청구범위에 기재된 용어가 가지는 특별한 의미가 명세서의 발명의 상세한 설명이나 도면에 정의 또는 설명이 되어 있는 등의 다른 사정이 있는 경우에는 그 용어의 일반적인 의미를 기초로 하면서도 그 용어에 의하여 표현하고자 하는 기술적 의의를 고찰한 다음 용어의 의미를 객관적·합리적으로 해석하여 발명의 내용을 확정하여야 한다"고 판시하였다.

바. 특허청구범위제출 유예제도

1) 특허청구범위제출 유예제도란 특허청구범위를 출원과 동시에 기재하도록 강제하지 않고, 일정기간 유예하여 주는 제도를 말한다. 특허법 제42조 제5항에 따라, 출원인은 특허청구범위를 기재하지 아니한 명세서를 특허출원서에 첨부할 수 있다. 이는 청구범위의 작성 없이 신속한 출원을 가능하게 하고 특허이용전략을 충분히 검토하여 효과적으로 청구범위를 작성할 시간적 여유를 제공함으로써 출원인의 권리보호를 도모하고자 마련된 제도이다.

2) 심사 및 제3자의 기술이용 측면에서 청구범위를 기재할 필요가 있는바, 일정한 시점(심사청구의 취지를 통지받은 날부터 3개월이 되는 날까지 또는

우선일 등으로부터 1년 6개월되는 날까지 등)까지는 보정을 통해 청구범위를 기재하도록 하고 있다. 청구범위를 기재하지 않은 명세서를 출원서에 첨부한 출원인이 다음의 제한된 기한 내에 청구범위를 기재하는 보정을 하지 않으면 해당 출원은 그 기한이 되는 다음날에 취하된 것으로 본다. (i) 출원일(우선권주장이 있는 경우 최선일)부터 1년 6월이 되는 날까지. (ii) (i)의 기한 이내에 제3자 심사청구의 취지를 통지받은 날부터 3개월이 되는 날까지(출원일(우선권주장이 있는 경우 최선일)부터 1년 3월이 되는 날 후에 통지받은 경우에는 출원일(우선권주장이 있는 경우 최선일)부터 1년 6월이 되는 날까지).

　3) 출원인은 청구범위가 기재된 명세서가 제출된 때에 한하여 출원심사의 청구를 할 수 있다. 청구범위가 기재되지 않은 명세서가 첨부된 출원에 대하여 출원인이 심사청구를 하는 경우 그 심사청구서는 소명 기회를 부여한 후 반려한다.

　4) 청구범위가 기재되지 않은 명세서가 첨부된 출원은 출원일(우선권주장이 있는 경우 최선일)부터 1년 6월이 되는 날의 다음 날에 취하 간주될 것이므로 출원공개 대상에서 제외된다. 한편 청구범위가 기재되지 않은 명세서가 첨부된 출원이 취하 간주되기 전에 조기 공개신청서가 제출되는 경우, 소명 기회를 부여하고 반려한다.

　5) 원칙적으로 분할출원, 변경출원, 정당한 권리자의 출원에 대해서도 청구범위를 기재하지 않은 명세서를 첨부할 수 있다. 다만, 원출원일(우선권주장이 있는 경우 최선일)로부터 1년 6월이 되는 날까지 청구범위를 기재하는 보정을 하지 않으면 그 다음 날로 취하 간주됨에 주의하여야 한다. 한편 분할출원, 변경출원, 정당한 권리자의 출원의 경우, 그 출원을 한 때에 이미 원출원일(우선권주장이 있는 경우 최선일)로부터 1년 6월이 경과한 경우에는 소명 기회를 부여한 후 출원서를 반려한다.

　6) 청구범위제출 유예제도에서 청구범위가 기재되었는지의 여부는 특허법시행규칙 별지 제15호 서식의 명세서 중 특허청구범위의 식별항목이 삭제되었는지의 여부로 판단한다. 즉, 특허청구범위 식별항목이 기재된 경우에는 그 이하에 어떤 기재(예: 공란, 점, 쉼표 등)를 포함하더라도 청구범위제출 유예제도를 이용하지 않는 것으로 취급한다.

4. 특허청구범위의 종류

가. 물건의 발명과 방법의 발명

특허법 제2조 제3호에서 발명을 "물건의 발명, 방법의 발명, 물건을 생산하는 방법"으로 3가지의 카테고리로 나누고 있다. 물건의 발명인 경우에는 특허발명의 구성과 실질적으로 동일한 구성을 포함하는 물건을 생산·사용·양도·대여 또는 수입하거나 그 물건의 양도 또는 대여의 청약(양도 또는 대여를 위한 전시를 포함한다. 이하 같다)을 하는 행위에 그 권리범위가 미친다(제2조 제3호 가목). 물건의 발명은 기계·기구 및 화학물질, 조성물과 같은 물건의 구조나 형상 그 자체에 관한 발명으로 시간의 경과적인 요소가 없는 발명이다. 방법의 발명인 경우에는 특허발명의 방법을 사용하는 행위에 권리범위가 미친다(제2조 제3호 나목). 방법의 발명은 일정한 목적을 향한 시계열적으로 관련 있는 행위나 공정에 의하여 성립하는 것으로 시간의 경과적인 요소가 포함되는 발명이라 할 수 있다. 물건의 발명과 방법의 발명(물건을 생산하는 방법의 발명 포함)은 그 권리범위가 전혀 상이한 별개의 발명이 아니라, 그 카테고리(표현형식)의 차이에 기인하여 권리범위가 넓고·좁음의 차이가 있을 뿐이다.[1]

나. 젭슨형 청구항

특허청구범위는 여러가지 유형으로 나뉘며, 그 중에서 "...에 있어서,"라는 표현이 들어가는 청구항을 젭슨형(Jepson format) 청구항이라고 한다. 이러한 청구항은 기원은 미국 연방대법원에 내린 Ex parte Jepson 사건[2]에서 유래한 것인데. "...에 있어서," 부분을 '전제부'라고 하여 발명의 배경이나 발명이 사용되는 기술분야(종래기술) 등을 기재하며, 나머지 부분은 본문이라고 하여 신규한 기술을 구분하여 기재하는 방식을 특허청구범위의 기재방식으로 허용하였다. 이러한 젭슨형 청구항의 기재형식

---

1) 대법원 2009.9.24 선고 2007후2797 판결: 이 사건 제1항 발명과 이 사건 선출원 제1항의 발명이 물건의 발명과 방법의 발명으로 발명의 범주가 다르기는 하나, ㄱ와 같이 발명외 범주가 다르다고 하고 곧바로 누 발명이 동일한 발명이 아니라고 단정할 수 없다. 두 발명의 기술사상을 살펴보면, 양 발명은 서로 동일한 발명이라고 봄이 옳다.

2) Ex parte Jepson 1917 C. D. 62, 243 O. G. 525: In combination with an [A] of the type wherein [conventional elements B and C are provided for something], the improvement which comprises; ⋯.

은 어떠한 분야에서 사용되는 기술인지(전제부), 특허 발명의 구성요소 중
에서 신규한 점(본문)을 명확하게 할 수 있다는 점에서 편리하다. 젭슨형
식 청구항은 유럽식 청구항으로 발명의 전체 구성요소 중 공지부분에 속
하는 사항은 청구항의 전제부에 기재하고, 개량된 부분은 본문(body)에
기재하는 청구항을 말한다. 일반적으로 연결부의 표현을 "~에 있어서,
~를 특징으로 하는 ~."과 같은 형식으로 작성한다.

　　예: 젭슨형 특허청구범위 작성사례(특허 제328612호; 감고추장 및 그 제조방법)

　　　청구항 1.
　　　전질분 재료를 증자한 후 엿기름을 첨가하여 당화시킨 후 고추가루, 메
　　주가루 소금을 혼합하여 숙성시켜 제조되는 감고추장의 제조방법에 있어
　　서, 상기 당화액을 농축하고 냉각한 다음 상기 당화액에 감퓨레, 고춧가루
　　및 메주가루를 혼합하여 12시간 동안 1차 숙성시키고, 소금을 혼합하여 30
　　일 동안 2차 숙성시키는 것을 특징으로 하는 감고추장.

다. 제법한정 물건청구항(Product by Process Claim)

　　물건의 청구항이면서도 청구항에 기재되어 있는 하나 이상의 구성이
그것을 제조하는 방법이나 수단을 사용하여 표현된 경우가 있는데, 이를
"방법적 형식으로 기재한 물건에 관한 청구항, 즉 제법한정 물건청구항
(Product by Process Claim)"이라 한다. 예를 들어, "~방법으로 제조된 물
건" 또는 "~장치로 제조된 물건"이라고 표현된다. 제법한정 청구항은 물
건으로 기재하면서도 그 물건의 구성을 나열하는 대신 그 물건을 얻기
위한 제조과정이나 방법을 서술함으로써 그 물건을 특정하는 형태의 청
구항을 말한다.

　　특허법 제94조에 의하면, 특허권자는 업(業)으로서 그 특허발명을 실
시할 권리를 독점한다. 방법의 발명은 물건을 생산하는 방법의 발명과 그
외의 방법의 방법으로 나누어 실시의 내용을 달리 규정하고 있다. 물건을
생산하는 방법의 발명인 경우에는 그 방법을 사용하는 행위 이외에 그
방법에 의하여 생산한 물건을 사용·양도·대여 또는 수입하거나 그 물건
의 양도 또는 대여의 청약을 하는 행위까지 그 실시에 포함되므로, 물건
을 생산하는 방법의 발명인 경우에는 그 방법에 의하여 생산된 물건에까

지 특허권의 효력이 미친다.

특허청구범위에 발명의 대상이 되는 물건의 구성을 직접적으로 기재하여 특정하는 것이 불가능하거나 곤란한 경우에 출원인의 권리보호를 위하여 예외적으로 그 물건의 제조방법에 의하여 물건의 구성을 특정할 수 있는 청구항(product-by-process claim)[1]을 허용하고 있다. 제법한정 물건청구항은 방법으로 표현되지만 물건의 특허이다. 화학분야의 발명에서 해당되는 물건을 정의하여 청구할 때, 방법으로 표현하는 외에 달리 방안이 없을 경우 허용되는 청구항의 한 형태로 표현된다. 우리나라에서도 제법한정 물건청구항을 실무에서 허용하고 있다. 일반적으로 출원인은 청구범위가 더 넓은 물건에 관한 청구항이 무효로 가능성을 피하기 위하여 제법한정 물건청구항을 선호하는 경향이 있다.[2] 다음은 화학분야의 제법한정 물건청구항의 작성사례이다.[3]

청구항 1.
칩화된 독립기포성 폴리에틸렌폼과 고무를 7:3-9:1의 부피로 혼합하여 그 용융점 이하의 온도로 가열한 다음 약 8-12mm 두께를 갖도록 가압 성형하여 복합성분의 폼을 얻고, 상기 복합성분의 폼은 이 역시 8-12mm 두께로 성형 제작된 통기성 폴리머와 접착제로 접착하는 방법으로 제조되는 건물 층간 소음방지용 패드.

---

1) Robert C. Faber, Landis on Mechanics of Patent Claim Drafting(5th edition), Practising Law Institute, 2004, 5-5면: A product-by-process claim is one where an article or at least one element of an article is claimed by reciting the process for fabricating the article or its element.; Donald S. Chisum, Elements of United States of Law(2nd edition). 雄松堂, 2000, 214면: 제법한정 물건청구항(product-by-process claim)은 신규한 물건(a new product)을 제조방법으로 특정한 청구항이다.

2) In re Hughes, 496 F. 2d 1216, 1217, 182 USPQ 106(C.C.P.A., 1974): Furthermore, even if it is shown that the product can be broadly defined solely in terms of structure and characteristics, he is entitled to product-by-process claims that recite his novel process of manufacture as a hedge against the possibility that his border product claim might be invalidated.

3) 조성호 외1, "제법한정 물건청구항의 기재요건 판단", 화학·생명특허 심사쟁점연구(제1집), 특허청, 2007, 209면.

라. 기능식 청구항(Means plus Function Claim)

1) 기능(function)은 개인의 숙련에 의해서 달성될 수 있는 것으로서 지식으로 제3자에게 전달될 수 있는 객관성이 결여되어 있다. 따라서 기능은 발명에 해당되지 않는다. 예를 들어, 악기 연주방법, 볼을 손가락으로 잡는 방법과 볼을 던지는 방법에 특징이 있는 투구방법 등(심사지침서 제3부 제1장 3103면).

2) 기능식 청구항은 발명을 이루는 필수적 구성요소 중 전부 또는 일부를 기능식 표현으로 기재한 청구항을 말한다. 여기에서 "기능식 표현"이라고 함은 발명의 필수적 구성요소를 물리적 구조나 재료 등으로 직접적이고 구체적으로 표현(이하 "구성적 표현"이라 한다)하지 않고, 당해 구성요소의 기능·효과·성질 등을 통하여 간접적이고 추상적으로 표현한 것으로서, 그것이 당해 기술분야에서 일정한 기술적 구성을 간단하게 나타내는 일반적인 표현에 해당하지 않는 것을 말한다.[1] 그러나 기능식 청구항은 기술적 구성을 직접적으로 기재한 것이 아니라 그것이 행하는 기능·효과·성질 등을 통하여 간접적으로 기재한 것이기 때문에 청구항의 기재 자체만으로는 기술적 구성을 명확하게 이해할 수 없는 경우가 많고, 또 청구항에 기재된 기능식 표현을 문자 그대로 해석하게 되면 극단적인 경우 당해 기능을 수행하는 모든 구성을 포함하는 것으로 해석될 여지가 있어 발명의 보호범위가 발명의 상세한 설명에 의하여 뒷받침되는 것에 비하여 지나치게 넓어질 위험이 있다.

3) 특허출원인은 특허청구범위를 가급적 넓게 기재하여 보호받고자 하므로 기능식 청구항을 선호하게 된다. 그것은 장래의 침해사건이나 예상되는 기술의 발전과 설계변경 등으로부터 그 청구항이 보호해 주기를 기대하기 때문이다. 그러나 기능식 청구항에 대한 본질을 제대로 파악하지 못해서 특허심사와 특허심판 과정에서 기능식 청구항이 출원인의 기대보다 권리의 범위가 좁게 해석되는 경우가 많다. 기능식 청구항은 기술적 구성을 직접적으로 기재하지 아니하고 그것이 작용하는 기능을 통하여 간접적으로 기재한 것이므로 청구항의 기재 자체만으로는 기술적 구

---

1) 박원규, "기능식 청구항의 해석", 특허판례의 연구, 박영사, 2009, 123면.

성을 명확하게 이해할 수 없다는 특성이 있다.

4) 대법원 2009.7.23 선고 2007후4977 판결은 "특허청구범위는 특허출원인이 특허발명으로 보호받고자 하는 사항이 기재된 것이므로, 발명의 내용의 확정은 특별한 사정이 없는 한 특허청구범위에 기재된 사항에 의하여야 하고 발명의 상세한 설명이나 도면 등 명세서의 다른 기재에 의하여 특허청구범위를 제한하거나 확장하여 해석하는 것은 허용되지 않으며, 이러한 법리는 특허출원된 발명의 특허청구범위가 통상적인 구조·방법·물질 등이 아니라 기능·효과·성질 등의 이른바 기능적 표현으로 기재된 경우에도 마찬가지이다. 따라서 특허출원된 발명의 특허청구범위에 기능·효과·성질 등에 의하여 발명을 특정하는 기재가 포함되어 있는 경우에는 특허청구범위에 기재된 사항에 의하여 그러한 기능·효과·성질 등을 가지는 모든 발명을 의미하는 것으로 해석하는 것이 원칙이다. 특허청구범위에 기재된 사항은 발명의 상세한 설명이나 도면 등을 참작하여야 그 기술적 의미를 정확하게 이해할 수 있으므로, 특허청구범위에 기재된 용어가 가지는 특별한 의미가 명세서의 발명의 상세한 설명이나 도면에 정의 또는 설명이 되어 있는 등의 다른 사정이 있는 경우에는 그 용어의 일반적인 의미를 기초로 하면서도 그 용어에 의하여 표현하고자 하는 기술적 의의를 고찰한 다음 용어의 의미를 객관적·합리적으로 해석하여 발명의 내용을 확정하여야 한다"고 판시하였다.

5) 청구항에 발명의 기능이나 효과를 기재한 기능적 표현이 포함된 경우 그러한 기재에 의하더라도 발명의 구성이 전체로서 명료하다고 보이는 경우가 아니면 허용될 수 없다. 여기서 기능적 표현에 의하더라도 발명의 구성이 전체로서 명료하다고 인정되는 경우라고 함은, 종래의 기술적 구성만으로는 발명의 기술적 사상을 명확하게 나타내기 어려운 사정이 있어 청구항을 기능적으로 표현하는 것이 필요한 경우(BM발명이나 컴퓨터관련 발명 등 기술분야에 따라 발명의 특성상 특허청구범위를 구체적인 구조의 기재만으로 표현하기 어려운 경우가 있다), 또는 발명의 상세한 설명과 도면의 기재에 의하여 기능적 표현의 의미 내용을 명확하게 확정할 수 있는 경우 등을 가리킨다.

마. 마커쉬청구항

1) 특허를 받고자 하는 발명의 구성에 없어서는 안 되는 사항으로, 상호 유사한 성질 또는 기능을 가지는 2 이상의 구성요소가 있는 경우에는 이들 구성요소를 마커쉬(Markush) 형식 등 택일적 형식으로 하여 하나의 청구항에 기재할 수 있다. 택일적 형식에 의한 기재가 화학물질에 관한 것일 경우에는 (i) 모든 구성요소가 공통되는 성질 또는 활성을 가지며, (ii) 모든 구성요소가 중요한 화학구조요소를 공유하고 있거나, 또는 모든 구성요소가 그 발명이 속하는 기술 분야에서 하나의 그룹으로 인식되는 화학물질 군에 속하는 경우의 요건을 모두 만족하면, 그 구성요소는 유사한 성질 또는 기능을 가지는 것으로 볼 수 있다.

2) 청구항이 마커쉬(Markush) 형식으로 기재되어 있고 발명의 상세한 설명에는 청구항에 기재된 구성요소 중 일부의 구성요소에 관한 실시예만이 기재되어 있을 뿐 다른 구성요소에 대하여는 언급만 있고 실시예가 기재되어 있지 아니하여 평균적 기술자가 쉽게 실시할 수 있을 정도로 기재되어 있지 않은 때에는 특허법 제42조 제3항 제1호 위반으로 거절된다.

> 예: 청구항에는 치환기(X)로 CH3, OH, COOH가 택일적으로 기재된 치환벤젠의 원료화합물을 니트로화하여 파라니트로치환벤젠을 제조하는 방법이 기재되어 있으나 발명의 상세한 설명에는 그 실시예로 원료화합물이 톨루엔(X가 CH3)인 경우에 대해서만 기재되어 있고 그 방법은 CH3와 COOH의 현저한 배향성의 상이(相異) 등으로 보아 원료가 안식향산(X가 COOH)인 경우에는 부적절하다고 인정되는 경우에는 특허법 제42조 제3항 제1호 위반으로 거절된다.

Ⅴ. 청구범위 기재방법

특허청구범위는 특허의 심장부라고 한다. 특허법을 공부하는 사람에게 특허청구범위에 대한 이해는 특허법의 알파(Α)요 오메가(Ω)라 할 수 있다. 특허법의 핵심은 "특허청구범위와 특허침해론"에 있다고 해도 과언(過言)이 아니다. 명세서에 기재되는 청구범위는 특허발명의 보호범위를 결정하는 권리서로서의 역할을 다할 수 있도록 그 기재방법이 법정화되어 있다. 특히, 우리 특허법은 청구범위에 보호받고자 하는 사항을 기재한 청구항을 1 또는 2 이상 기재할 수 있도록 하여 다항제를 채택하고 있다. 특허법시행령 제5조에서 특허청구범위 다항제에 따른 청구범위 기재방법을 명확히 규정하고 있다.

1. 독립항과 종속항(특허법시행령 제5조 제1항)

청구범위에 기재된 청구항(이하 "청구항"이라 한다)은 독립청구항(이하 "독립항"이라 한다)과 독립항을 한정하거나 부가하여 구체화하는 종속청구항(이하 "종속항"이라 한다)으로 구분할 수 있다. 여기서 종속항이 독립항을 한정하거나 부가하여 구체화한다는 의미는 기술구성을 부가하거나 상위개념을 하위개념으로 한정함으로써 발명을 구체화하는 것을 말하며, 종속항이란 발명의 내용이 다른 항에 종속되어 다른 항의 내용변경에 따라 해당 청구항의 발명의 내용이 변경되는 청구항을 말한다(시행령 제5조 제1항).

발명의 내용 측면에서는 독립항을 부가하거나 한정하고 있다 하더라도 형식적으로 인용하고 있지 않다면 종속항이라 할 수 없으며, 독립항을 형식적으로는 인용하고 있다 하더라도 독립항을 한정하거나 부가하지 않는 경우(예: 청구항에 있어서 A의 구성 요소를 B로 치환하는 물건)에는 종속항이라고 할 수 없다.

가. 독립항의 기재 형식

독립항은 다른 청구항을 인용하지 않는 형식, 즉 독립 형식으로 기재한다. 다만, 독립항이라도 동일한 사항의 중복 기재를 피하기 위하여 발명이 명확하게 파악될 수 있는 범위 내에서 다른 청구항을 인용하는 형식으로 기재할 수 있다.

예1: 청구항 ○의 방법으로 제조된 ......물건
예2: ......하여 청구항 ○의 물건을 제조하는 ......방법
예3: 청구항 ○의 방법으로 제조된 물건을 이용하여 ......하는 방법
예4: 청구항 ○의 장치로 제조된 물건

나. 종속항의 기재형식

1) 종속항은 독립항 또는 다른 종속항을 인용하여 형식으로 기재한다. 종속항은 인용되는 청구항의 특징을 모두 포함한다.

예1: 청구항 ○의 ......에 있어서, ... 물건
예2: 청구항 ○ 또는 청구항 ○의 ...... 방법에 있어서, ...를 특징으로 하는 방법

2) 종속항은 인용하는 청구항의 구성요소를 한정하거나 제한하는 형식(이를 "내적 부가형 종속항"이라 한다)과 인용하는 청구항에 구성요소를 추가하는 형식(이를 "외적 부가형 종속항"이라 한다)으로 구분된다.[1]

예:
  청구항 1.
  잉크가 들어 있는 볼펜심(A)과, 상기 볼펜심을 감싸는 몸체(B)와, 상기 볼펜심을 상하로 움직이도록 볼펜심의 한쪽 끝에 부착되는 스프링(C)을 포함하는 것을 특징으로 하는 볼펜. (독립항: A+B+C로 해석)

  청구항 2.
  제1항에 있어서, 상기 몸체(B)는 플라스틱(B')인 것을 특징으로 하는 볼펜. (내적 부가형 종속항: A+B'+C로 해석)

  청구항 3.
  제1항에 있어서, 상기 몸체(B)의 볼펜을 고정시킬 수 있는 고정수단(D)을 더 부착하는 특징으로 하는 볼펜. (외적 부가형 종속항: A+B+C+D로 해석)

3) 다음과 같은 청구항은 종속항으로 보지 않고 독립항으로 취급한다.

인용되는 항의 구성요소를 감소시키는 형식으로 기재하는 경우, 인용되는 항에 기재된 구성을 다른 구성으로 치환하는 형식으로 기재하는 경우 등이다.

예:
  [청구항 1] 기어 전동기구를 구비한 ......구조의 동력전달장치

---

1) 특허법시행령 제5조제1항이 "독립항을 한정하거나 부가하여 구체화하는 청구항은 종속항으로 기재할 수 있다"고 규정하고 있으나, 이는 독립항을 한정하거나 부가하여 구체화하는 청구항은 모두 인용하는 형식으로 기재하여야 한다는 규정이 아니므로, 독립항을 한정하거나 부가하여 구체화하는 청구항도 독립항 형식으로 기재할 수 있다.

[청구항 2] 청구항 1에 있어서, 기어 전동기구 대신 벨트전동기구를 구비한 동력전달 장치

다. 특허법시행령 제5조 제2항

1) 청구항은 발명의 성질에 따라 적정한 수로 기재하여야 한다. 이 규정은 특허법 제45조의 발명의 단일성 규정과는 별개로 취급되어야 한다. 청구항이 적정한 수로 기재되지 않은 경우로는 하나의 청구항에 카테고리가 다른 2 이상의 발명이 기재된 경우, 청구하는 대상이 2 이상인 경우, 동일한 청구항을 중복하여 기재(문언적으로 동일한 경우를 말하며 실질적으로 동일할 뿐 표현을 달리한 경우는 제외한다)하는 경우, 하나의 청구항 내에서 다수의 청구항을 다중으로 인용하는 경우 등이 있다.

예: 하나의 청구항에 2 이상의 대상이 기재되어 있는 경우: … 고분자 화합물 및 그 고분자 화합물을 이용한 콘택트렌즈

2) 청구항 내에서 2 이상의 항을 인용하고 그 인용한 청구항 내에서 다시 다수의 항을 인용하는 경우, 예를 들어, "청구항 ○ 또는 청구항 ○의 방법으로 제조되는 청구항 ○ 또는 청구항 ○의 물건"과 같은 것을 말한다. 이는 2 이상의 항을 인용하는 종속항이 2 이상의 항을 인용한 다른 청구항을 인용한 경우와 같은 혼란을 야기하므로 배제하는 것으로 한다.

라. 특허법시행령 제5조 제4항

종속항을 기재할 때에는 독립항 또는 다른 종속항 중에서 1 또는 2 이상의 청구항을 인용하여야 하며, 이 경우 인용되는 항의 번호를 기재하여야 한다.

예1: 청구항 ○에 있어서, ……하는 방법
예2: 청구항 ○ 내지 청구항 ○ 중 어느 하나의 항에 있어서, ……장치

마. 특허법시행령 제5조 제5항

2 이상의 항을 인용하는 청구항은 인용되는 항의 번호를 택일적으로 기재하여야 한다.

1) 인용하는 청구항을 택일적으로 기재한 예

예1: 청구항 1 또는 청구항 2에 있어서, ...장치
예2: 청구항 1 내지 청구항 3 중 어느 하나의 항에 있어서, ...장치
예3: 청구항 1, 청구항 2 또는 청구항 3 중 어느 한 항에 있어서, ...장치
예4: 청구항 1, 청구항 2 또는 청구항 3에 있어서, ...장치
예5: 청구항 1 내지 청구항 7 및 청구항 9 내지 청구항 11 중 어느 한 항에 있어서, ...장치
예6: 청구항 1, 청구항 2 및 청구항 4 내지 청구항 7 중 어느 한 항에 있어서, ...장치

위의 예에서 "~중 어느 한 항에 있어서"가 "및"의 전후에 열거된 청구항 전체를 한정한 것으로 보아 인용되는 항의 번호를 택일적으로 기재한 것으로 인정한다. "및" 대신 "또한"으로 연결된 경우에는 "또한"의 전후에 열거된 청구항을 각각 한정한 것으로 보아 인용되는 항의 번호를 택일적으로 기재한 것으로 인정한다.

2) 인용되는 항의 번호를 택일적으로 기재하지 않은 예

예1: 청구항 1, 청구항 2에 있어서, ...장치
예2: 청구항 1 및 청구항 2 또는 청구항 3에 있어서, ...장치
예3: 청구항 1 및 청구항 2 또는 청구항 3 중 어느 한 항에 있어서, ...장치
예4: 청구항 1, 2에 있어서, ...장치

바. 특허법시행령 제5조 제6항

2 이상의 항을 인용하는 청구항에서 그 청구항의 인용된 항이 다시 2 이상의 항을 인용하는 방식을 사용해서는 아니 된다. 이 규정의 취지는 하나의 청구항을 해석함에 있어서 다수의 다른 청구항을 참조하여야 하는 어려움을 방지하기 위한 것이다.

1) 2 이상의 항을 인용하는 청구항이 2 이상의 항을 인용한 다른 청구항을 인용한 경우.

예: 다음 청구항 4는 2 이상의 항을 인용하는 종속항으로서 2 이상의 항을 인용한 다른 청구항(청구항 3)을 인용하고 있어 청구범위 기재방법에 위배된다.

[청구항 1] ......장치
[청구항 2] 청구항1 에 있어서, ...장치
[청구항 3] 청구항 1 또는 청구항 2에 있어서, ...장치
[청구항 4] 청구항 2 또는 청구항 3에 있어서, ...장치

2) 2 이상의 항을 인용한 청구항에서 그 청구항의 인용된 항이 다시 하나의 항을 인용한 후에 그 하나의 항이 결과적으로 2 이상의 항을 인용한 경우.

예: 다음 청구항 5는 2 이상의 항을 인용하는 종속항으로서, 2 이상의 항을 인용하고 있는 제3항을 인용한 제4항을 인용하고 있어 청구범위 기재 방법에 위배된다.
[청구항 1] ......장치
[청구항 2] 청구항 1에 있어서, ...장치
[청구항 3] 청구항 1 또는 청구항 2에 있어서, ...장치
[청구항 4] 청구항 3에 있어서, ...장치
[청구항 5] 청구항 2 또는 청구항 4에 있어서, ...장치
[청구항 6] 청구항 5에 있어서 ......장치

상기와 같은 경우 청구항 제4항은 청구항 제3항만 인용하고 있다고 하더라도 제3항이 2 이상의 청구항을 인용하고 있어 실질적으로 2 이상의 항을 인용하는 경우와 같으므로 제5항에 대하여 특허법 제42조 제8항 위반으로 거절된다.

사. 특허법시행령 제5조 제7항

인용되는 청구항은 인용하는 청구항보다 먼저 기재하여 한다. 이는 보다 용이하게 청구항에 기재된 발명을 파악하기 위한 것이다. 청구범위에 기재된 청구항이 자신의 청구항과 같은 번호의 청구항을 인용하는 경우도 인용되는 청구항을 먼저 기재하지 않은 것으로 취급한다.

아. 특허법시행령 제5조 제8항

각 청구항은 항마다 행을 바꾸어 기재하고, 그 기재하는 순서에 따라 아라비아 숫자로 일련번호를 붙여야 한다. 개조식으로 청구항을 기재하는 것이 발명의 이해에 도움이 되는 경우에는 다음 예와 같이 기재할 수 있다.

[청구항 1] 다음의 각 공정으로 이루어지는 금속재료 가공방법

(가) 금속재료를 800-850℃ 에서 가열하는 제1공정

(나) 가열된 재료를 단조하는 제2공정

(다) 단조된 재료를 600℃로 재가열하는 제3공정

(라) 재 가열된 재료를 소입 처리하는 제4공정

2. 청구범위의 기재방식

가. 미국식 기재방식

우리나라 특허법 또는 특허법시행규칙에는 특허청구범위에 대하여 그 기재방식을 규정하고 있지 아니하다. 그러나 유럽 특허법 시행규칙과 미국 특허법 시행규칙에서는 특허청구범위의 기재방식을 규정하고 있다. 미국식 청구항 기재방식은 전제부(Preamble), 연결부(Transition) 및 본문(Body)으로 구성된 청구항을 주로 사용하고 있다.[1] 미국은 청구항의 연결부로 "~ comprising" 또는 "~ consisting of"를 사용한다.

예: 미국특허 제6212777호("안전면도날" 청구범위)

What is claimed is:

1. A safety razor blade unit comprising a guard, a cap, and a group of first, second, and third blades with parallel sharpened edges located between the guard and cap, the first blade defining a blade edge nearest the guard having a negative exposure not less than -0.2 mm, and the third blade defining a blade edge nearest the cap having a positive exposure of not greater than +0.2 mm, said second blade defining a blade edge having an exposure not less than the exposure of the first blade and not greater than the exposure of the third blade.

2. A safety razor blade unit according to claim 1, wherein the span between the first blade edge and the guard is substantially smaller than a span between the edges of the first and second blades and the span between the edges of the second and third blades.

---

1) 미국 특허법시행규칙, 37 C. F. R. 1.75와 MPEP 608.01(i)(m)에서 상세하게 청구항 작성방식을 규정한다.

3. A safety razor blade unit according to claim 2, wherein a span between the first blade edge and the guard is in the range of 0.5 mm to 1.5 mm.

나. 젭슨형 청구항

우리나라에서는 유럽식 청구항(젭슨형 청구항)을 선호하는 경우가 많다. 청구항의 전제부에는 주로 발명의 기술분야, 발명을 요약하거나, 발명의 명칭, 종래기술과 관계를 표현하고 이다. 연결부에 대해서는 한국은 "~에 있어서", 일본은 "~において", EPO는 "~characterized in that" 또는 "~characterized by"를 사용한다. 본문에는 발명의 기술적 특징(technical features)을 발명의 구성요소를 나열하고, 구성요소들간의 구조적, 물리적 또는 기능적으로 결합하는 방식으로 기재한다.

○ 전제부: 발명의 기술분야, 발명을 요약하거나, 발명의 명칭, 종래기술과 관계를 표현
○ 연결부: "~에 있어서" (한국)
　　　　　 "~において" (일본)
　　　　　 "~characterized in that" 또는 "~characterized by"(EPO)
○ 본문: 발명의 핵심적인 부분으로 발명의 구성요소를 나열하고, 구성요소들간의 구조물리적 또는 기능적으로 어떻게 연결되는지를 명확하게 기재

예1: 유럽특허 제139166호("광섬유케이블" 청구범위)

Claims

1. An optical fiber cable comprising a central core(2) including high tensile elements and having cushioning poperies; at least one optical fiber stranded around the core(2); and a jacket(3,45)around the or each optical fiber(1); characterized in that optical fiber cable the core(2) comprises at least two high tensile stranded filaments(21); and the stranded pitch of the high tensile filaments(21) of the core(2) is greater than that of said at least one optical fiber.

예2: 특허번호 제 383656호(지하층 바닥 콘크리트를 이용한 배수로 시공방법)

청구항 1.

지하 암반층에서 발생되는 지하수의 수두차에 의한 높은 상향수압을 방지시키면서 지하수를 바닥 콘크리트의 일측에 형성된 집수정으로 배수시키기 위한 배수로를 형성시키는 시공방법에 있어서, 굴토마감면 자체 또는 소량의 자갈 등을 이용하여 수평을 이루도록 정지 작업하는 공정; 상기 방수용 굴토마감면 위에 소정 높이를 가지며 폭이 크고 작은 거푸집을 가로 및 세로로 서로 소정의 간격을 이루면서 수평되게 연결하여 배치하되 상기 암반층의 굴토마감면과 상기 거푸집 사이에 부직포를 개재하면서 일측으로 모여진 거푸집의 출구가 상기 집수정과 연결되도록 설치하는 공정; 상기 굴토마감면 위와 부직포위 그리고 거푸집 아래 또는 위에 비닐을 설치하는 공정; 상기 굴토마감면 위에 몰탈을 소정 높이로 타설하여 바닥 콘크리트를 형성하되 상기 바닥 콘크리트의 저면에 거푸집에 의해 집수정과 연결되는 배수로가 형성되도록 한 지하층 바닥 콘크리트를 이용한 배수로 시공방법.

3. 특허청구범위 작성 사례

가. 식물특허(공개번호 특1999-025916, 하이브리드 티 장미 식물 NO.304)

청구항 1.

꽃 색상이 중간 적색(RHS Red Group 46B)이고, 잎에 윤기가 있고 줄기 길이는 약 70cm로 균일하고 견고하며, 운송 특성이 우수하고 강인할 뿐 아니라, 꺾은 후 화병에서의 수명이 매우 긴 것이 특징인 수분(受粉)에 의해 육종되고 아접(芽接)에 의해 무성번식되는 새로운 하이브리드 티 온실 장미 식물 변종.

나. 동물특허(특허번호 제268714호, 당뇨병 발생 유전자 이식 마우스)

청구항 1.

생식 세포와 체세포에 인간 열충격 단백질 70 유전자의 2.3kb Bam HI-Hind III 단편에 연결된 인간 인슐린 유전자 프로모터의 1.8kb Hind III -EcoRI 절편으로 구성된 재조합 DNA를 포함하는 당뇨병 발생 유전자 이식 마우스로서, 상기 DNA는 상기 유전자 이식 마우스의 배 단계에서 도입된 당뇨병 발생 유전자 이식 마우스.

다. 물건발명과 방법발명(특허번호 제482168호, 돌출외주면을 갖는 크라운형 풀리 및 그 제조방법)

청구항 1.
엔진벨트의 장력 및 위상차를 보상하기 위해 개재되는 텐셔너/아이들러 풀리에 있어서, 강판을 다단계의 프레스 소성가공에 의해, 풀리 외주면을 일주하며 중앙부위가 돌출부로 돌출되게 구성하되, 상기 돌출부는 주연부로부터 중앙부쪽으로 갈수록 경사면을 이루면서 돌출하고, 상기 돌출된 경사면의 높이는 0.2mm 정도인 것을 특징으로 하는 돌출외주면을 갖는 크라운형 풀리.

청구항 4.
금속판재를 절단하여 풀리의 크기에 상응하는 판상의 풀리판소재를 얻는 블랭킹단계; 상기 풀리판소재를 압인하여 풀리의 형상과 부합되게 요입형상을 형성하는 드로잉단계; 상기 드로잉된 소재의 외경부를 절단하여 제거하는 트리밍단계; 상기 트리밍된 소재의 중심부를 천공하여 중심공을 형성하는 피어싱단계; 상기 중심공이 형성된 소재의 플랜지부를 가공하여 플랜지부를 제거하는 플랜지가공단계; 및 상기 플랜지부가 제거된 소재의 외주면을 타격하여 중심부위가 돌출한 크라운형의 풀리를 완성하는 리스트라이킹단계를 포함하는 제1항에 따른 돌출외주면을 갖는 풀리제조방법.

라. 줄기세포의 제조방법(특허번호 제957233호, 신경줄기세포를 제조하는 방법 및 상기 분화된 세포의 세포치료제로서의 용도)

청구항 1.
여성의 소음순 진피조직에서 세포를 분리한 다음, 상기 분리된 세포를 로우 글루코즈(low glucose) DMEM 배지에서 배양하는 것을 특징으로 하는, 하기의 특성을 나타내는 다분화성 성체줄기세포의 제조방법:
  (1) CD13, CD29, CD44 및 CD90에 대하여 모두 양성 면역학적 특성을 나타냄;
  (2) dermo-1은 발현하나 SHOX-2 유전자는 발현하지 않음;
  (3) 세포 배양 접시에 부착되어 성장하며, 선형태의 형태학적 특성을 나타냄;
  (4) 내배엽, 외배엽 및 중배엽 유래 세포로 분화하는 능력을 가짐; 및
  (5) 사이토카인 미포함 배지 배양 하에서도, 다분화 능력이 유지된 상태로 수득되고 대량 증식되는 능력을 가짐.

청구항 2.

제1항에 있어서, 상기 로우 글루코즈(low glucose) DMEM 배지는 5-15%의 FBS를 더 포함하는 것을 특징으로 하는 다분화성 성체줄기세포의 제조방법.

마. 연료전지 특허(특허번호 제788196호, 연료전지)

청구항 1.

연료에서 수소가 정제되는 개질기; 상기 개질기에 연결되어 그 개질기에서 정제된 수소와 산소의 전기화학적 반응으로 전기에너지와 열에너지가 생성되는 적어도 한 개 이상의 스택; 상기 개질기와 스택 사이에 설치되어 수소를 저장하는 수소버퍼; 및 상기 수소버퍼와 개질기 사이에 설치되어 상기 수소버퍼에 저장되는 잉여 수소가 상기 개질기로 반송되도록 하는 수소반송유닛을 포함한 연료전지.

청구항 3.

제1항에 있어서, 상기 수소반송유닛은 각 스택에 전기적으로 연결되어 수소의 수요량과 공급량의 차이를 산출하는 제어부와, 상기 수소버퍼와 개질기 사이의 수소반송라인에 설치되고 상기 제어부에 전기적으로 연결되어 그 제어부의 지령에 따라 개폐되는 수소반송밸브로 이루어지는 연료전지.

바. 장치발명의 청구항(특허번호 제279184호, 글라스 컷팅 디스크)

청구항 1.

주변 리지를 형성하기 위해 방사상 바깥쪽으로 베벨된 외주변부를 포함하고 상기 주변 리지에는 원주방향으로 컷팅 디스크의 방향으로 교번하도록 표면특성이 형성된 글라스 컷팅 디스크.

청구항 2.

제1항에 있어서, 상기 표면 특성은 서로 교번하는 돌기 및 홈의 형태이고, 상기 돌기는 소정의 피치로 공간을 두고, 그리고 각각의 홈의 기부로부터 주변에지로 측정한 소정의 높이를 하고, 상기 피치 및 상기높이는 컷팅 디스크의 외부 직경에 따라 선택되는 글라스 컷팅 디스크.

청구항 3.

제2항에 있어서, 상기 피치는 컷팅 디스크의 외부직경이 1~20mm일 때 20~200㎛인 글라스 컷팅 디스크.

[도면]

도면 1: 본 발명의 바림직한 실시예의 글라스 컷팅 디스크를 확대한 측면도.

도면 2: 본 발명의 제2 바림직한 실시예의 글라스 컷팅 디스크를 확대한 측면도.

* 주요 도면 부호의 설명 *

    11: 커팅 디스크   12: 중심구멍   13: 주변에지

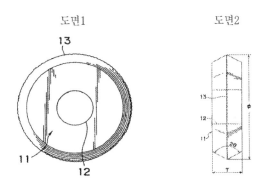

≪연습문제≫

⟨문 1⟩ **특허청구범위에 관한 설명으로 옳지 않은 것은?** [2011년 사시 1차시험]
  ① 특허청구범위에는 청구항이 1 또는 2 이상 기재되어 있어야 한다.
  ② 청구항은 발명의 상세한 설명에 의하여 뒷받침되어야 한다.
  ③ 청구항에는 발명이 명확하고 간결하게 기재되어야 한다.
  ④ 청구항을 기재할 때에는 보호받고자 하는 발명을 특정하는 데 필요하다고 인정되는 구조, 방법, 기능, 물질 등을 기재하여야 한다.
  ⑤ 특허출원이 출원 당시 출원서에 첨부하는 명세서에는 특허청구범위가 기재되어 있어야 한다.

〈문 2〉 특허청구범위에 대한 설명 중 옳지 않은 것은? [2008년 사시 1차시험]
① 특허청구범위에 보호를 받고자 하는 사항을 기재한 항이 1 또는 2 이상 있어야 한다.
② 특허청구항은 발명의 상세한 설명에 의하여 뒷받침되어야 한다.
③ 특허청구항은 발명이 명확하고 간결하게 기재되어야 한다.
④ 특허청구항은 발명의 구성에 없어서는 아니 되는 사항만으로 기재되어야 한다.
⑤ 특허출원인은 특허출원 당시에 특허청구범위를 기재하지 아니한 명세서를 특허출원서에 첨부할 수 있다.

〈문 3〉 미생물 기탁제도에 관한 설명으로 옳지 않은 것은? (다툼이 있는 경우에는 판례의 의함) [2011년 변리사 1차시험]
① 미생물에 관계되는 발명에 대하여 특허출원을 하고자 하는 자는 그 미생물을 당해 기술분야에서 통상의 지식을 가진 자가 용이하게 입수할 수 있는 경우를 제외하고는 반드시 기탁기관에 그 미생물을 기탁하고 특허출원서에 그 사실을 증명하는 서류를 첨부하여야 한다.
② 국제특허출원이 우선권주장의 기초로 된 경우, 미생물이 국제출원일 이전에 국제기탁기관에 기탁되고 그 수탁번호가 국제특허출원의 명세서 중에 기재되어 있어야 우선권의 효과를 향유할 수 있다 .
③ 미생물 기탁은 당해 기술분야에서 통상의 지식을 가진 자가 미생물에 관계되는 발명을 쉽게 실시할 수 있도록 하기 위하여 발명의 상세한 설명의 기재를 보충하고자 하는 것이므로 출원 당시에 기탁이 완료되어 있어야 한다.
④ 미생물의 기탁이 필요한 출원에서 출원서에 최초로 첨부된 명세서에 수탁번호가 기재되어 있지 않던 것을 보정에 의하여 새로이 기재하는 것은 신규사항의 추가가 아니다.
⑤ 기탁된 미생물에 관계되는 발명을 시험 또는 연구를 위하여 실시하고자 하는 자가 거절이유통지에 대한 의견서를 작성하기 위하여 필요한 경우 그 기탁된 미생물 시료를 분양받을 수 있다.

〈문 4〉 청구범위제출 유예제도에 관한 설명으로 옳지 않은 것은? [2011년 변리사 1차시험]
① 원칙적으로 분할출원 및 변경출원에 대해서도 특허청구범위를 기재하지 않는 명세서를 첨부할 수 있다.
② 특허출원을 하는 경우에 특허청구범위를 기재하지 않는 명세를 출원서에 첨부한 특허출원인이 출원일(우선권주장이 있는 경우에는 최선일)부터 1

년 6개월이 되는 날까지 특허청구범위를 기재하는 보정을 하지 아니하면
당해 출원은 그 기한이 되는 날에 취하된 것으로 본다.
③ 특허출원인은 특허청구범위가 기재된 명세서가 제출된 때에 한하여 출원
심사를 청구할 수 있으며, 특허청구 범위가 기재되지 않은 명세서가 첨부
된 출원에 대하여 심사청구가 된 경우에는 소명 기회를 부여한 후 그 심사
청구서를 반려할 수 있다.
④ 선출원을 국내우선권주장의 기초로 하여 특허출원하면서 특허청구범위를
기재하지 아니한 명세서로 특허출원한 경우에는 선출원의 출원일부터 1년
6개월이 되는 날까지 특허청구범위를 보정하여야 한다.
⑤ 특허청구범위를 기재하지 아니한 명세서로 특허출원된 것에 대하여, 그 출
원일(우선권 주장이 있는 경우에는 최선일)부터 1년 4개월이 경과한 후에
특허출원인이 아닌 자로부터 심사청구가 있다는 통지를 받은 경우에는 출
원일부터 1년 6개월이 되는 날까지 특허청구범위를 기재하는 보정을 하여
야 한다.

〈문 5〉 명세서와 특허청구범위에 관한 설명으로 옳지 않은 것은?
① 청구항의 기재요건은 발명의 상세한 설명에 의하여 뒷받침되어야 하고, 명
확하고 간결하게 기재되어야 한다.
② 청구항은 발명의 효과를 기재해서는 안 되고, 발명의 구성에 없어서는 아
니되는 사항만으로 기재하여야 한다.
③ 청구항이 다항으로 기재된 경우 청구항마다 발명으로 간주한다.
④ 다항제는 2개 이상의 청구항으로 기재하는 제도로 특허법 제45조의 발명
의 단일성을 만족해야 한다.
⑤ 발명의 상세한 설명에 반드시 발명의 배경이 되는 기술을 기재하여야 한다.

〈문 6〉 특허법상 명세서에 관한 설명 중 옳지 않은 것은? [2009년 사시 1차시험]
① 명세서는 발명자가 특허를 권리로서 주장할 기술적 범위를 명백히 하기
위한 권리서로서의 목적을 갖는다.
② 특허발명의 보호범위는 명세서에 기재된 특허청구범위의 기재에 의하여
정하여진다.
③ 명세서에 대한 법령의 요건을 갖추지 않는 경우라도 일단 특허로 등록된
이상 특허무효사유가 되지 아니한다.
④ 두면이 필요하지 않은 발명의 경우에는 명세시에 도면에 대한 설명을 기재
할 필요가 없다.
⑤ 명세서에 기재할 발명의 상세한 설명은 그 발명이 속하는 기술 분야에서 통
상의 지식을 가진 자가 그 발명을 쉽게 실시할 수 있도록 기재하여야 한다.

〈문 7〉 독립항과 종속항에 관한 설명으로 옳은 것은?

① 다른 항을 인용하는 항의 구성을 치환하거나 삭제하는 항은 종속항이다.
② 다른 항의 기술적 특징을 한정하거나 부가하는 항은 종속항으로 기재하여야 한다.
③ 다른 항을 인용하고 인용하는 항과 기술적 주제가 동일하면 독립항이다.
④ 종속항은 형식적으로 다른 항을 인용하고 내용적으로 인용되는 항의 구성을 한정하거나 부가하는 항을 말한다.
⑤ 인용하는 항과 인용되는 항의 카테고리가 상이한 경우에도 인용하는 항은 종속항이라 할 수 있다.

〈문 8〉 다음 중 인용항을 기재함에 있어서 청구항의 번호를 택일적으로 기재한 경우에 해당하지 않는 경우는?

① 청구항 1 또는 청구항 2에 있어서, ……장치
② 청구항 1 내지 청구항 3 중 어느 하나의 항에 있어서, ……장치
③ 청구항 1, 청구항 2 또는 청구항 3 중 어느 한 항에 있어서, ……장치
④ 청구항 1, 청구항 2 또는 청구항 3에 있어서, ……
⑤ 청구항 1 및 청구항 2 또는 청구항 3에 있어서, ……장치

〈문 9〉 특허청구범위의 기재방법에 관한 설명으로 옳지 않은 것은?

① 종속항은 독립항만을 1 또는 2 이상 인용하여야 한다.
② 2 이상의 항을 인용하는 청구항은 인용되는 항의 번호를 택일적으로 기재하여야 한다.
③ 2 이상의 항을 인용하는 청구항은 2 이상의 항이 인용된 다른 청구항을 인용할 수 없다.
④ 독립항 또는 다른 종속항을 인용하는 종속항은 인용되는 독립항 또는 다른 종속항보다 먼저 기재할 수 없다.
⑤ 청구항은 개조식으로 기재할 수 있다.

〈문 10〉 다항제에 관한 설명으로 옳지 않은 것은?

① 독립항이 보정되면 이를 인용하는 종속항도 보정된 효과가 미친다.
② 심사시 청구항마다 특허요건을 심사하여 청구항마다 특허요건을 판단한다.
③ 심사시 거절이유가 통지된 후 보정된 경우, 보정에 의하여 거절이유를 해소한 청구항에 대하여 등록결정되고, 거절이유를 해소하지 못한 청구항에 대하여는 거절결정된다.
④ 일반적으로 종속항이 신규성이나 진보성을 구비하지 못했다면 그 독립항은 신규성이나 진보성을 구비하지 못한다.

⑤ 거절이유가 있는 경우에는 심사관은 거절이유가 있는 청구항을 특정하여 그 거절이유를 출원인에게 구체적으로 통지하여 의견제출기회를 주어야 한다.

〈문 11〉 발명의 단일성에 관한 설명으로 옳지 않은 것은?

① 1특허출원의 범위에 관한 특허법 제45조의 규정은 상호 기술적으로 밀접한 관계를 가지는 발명에 대하여 그들을 하나의 출원서로 출원할 수 있도록 하는 제도이다.

② 일반적으로 1출원의 범위는 출원인의 입장에서는 넓은 것이 유리하고 제3자나 특허청의 입장에서는 좁은 것이 유리하다.

③ 발명의 단일성은 각 청구항에 기재된 발명들 사이에 "특별한 기술적인 특징"을 포함하는 기술적 관계가 존재하는가에 달려 있다. 특별한 기술적인 특징은 청구범위에 기재된 발명이 전체적으로 보아 선행기술과 구별되는 것을 말한다.

④ 상세한 설명에만 기재되고 청구항에 기재되지 않은 발명도 보정에 의하여 청구범위에 포함될 수 있으므로 발명의 단일성 충족 여부를 판단하는 대상이 된다.

⑤ 독립항이 발명의 단일성에 대한 요건을 만족하는 경우에는 이들 독립항에 종속된 종속항은 발명의 단일성이 만족된다.

≪정답≫ 1.⑤ 2.④ 3.④ 4.② 5.② 6.③ 7.④ 8.⑤ 9.① 10.③ 11.④
≪문제해설≫
　〈문 1〉 ① 제42조 제4항 본문. ② 제42조 제4항 제1호. ③ 제42조 제4항 제2호. ④ 제42조 제6항(신설 2007.1.3). ⑤ 제42조 제5항(특허청구범위 기재유예제도: 신설 2007.1.3)에 따라 특허출원시 특허청구범위를 첨부하지 아니하고 출원이 가능하다.
　〈문 2〉 ① 제42조 제4항 본문. ② 제42조 제4항 제1호. ③ 제42조 제4항 제2호. ④ 제42조 제4항 제3호(삭제 2007.1.3). ⑤ 제42조 제5항에 따라 특허출원시 특허청구범위를 첨부하지 아니하고 출원이 가능하다.
　〈문 3〉 ① 특허법시행령 제2조. ② 특허법시행령 제3조. ③ 특허법시행령 제3조. ④ 출원 전 미생물을 기탁하고 증명서를 첨부하였어도 최초로 명세서에 수탁번호가 기재되어 있지 않던 것을 보정에 의해 새롭게 기재하는 것은 신규사항의 추가로 보아 거절한다(제47조 제2항). ⑤ 특허법시행령 제4조.
　〈문 4〉 ① 분할출원의 원출원의 최초 명세서 또는 도면에 2 이상의 발명이 포함되어 있는 경우 객체적 요건을 만족하고, 변경출원은 변경출원의 명세서 또는 도면에 기재된 발명이 원출원의 출원서에 최초로 첨부된 명세서 또는 도면에 기재된 사항의 범위 이내이면 객체적 요건을 만족한다(제52조 제1항, 제53조 제1항). ② 출원일로부터 1년 6개월, 제3자의 출원심사청구의 취지를 통지받은 날부터 3월이 되는 날까지 또는 1년 3개월이 되는 날 후에 통지받은 경우에는, 출원일부터 1년 6월이 되는 날까지 명세서를 보정하여 특허청구범위를 기재하지 아니한 경우에는 그 기한이 되는 날의 다음 날에 해당 특허출원은 취하된 것으로 본다(제42조 제7항). ③ 제59조 제2항 단서. ④ 제42조 제5항 제1호. ⑤ 제42조 제5항 제2호: 1년 3개월이 되는 날 후에 통지받은 경우에는, 출원일부터 1년 6월이 되는 날까지 특허청구범위를 기재하는 보정을 하여야 한다.

<문 5> ① 제42조 제4항 제1호. ② 제42조 제4항 제2호, 제42조 제4항 제3호(구성에 없어서는 아니 되는 사항의 기재)는 삭제됨. ③ 제42조 제4항 본문(다항제). ④ 제45조 제1항에 따라 청구항은 발명의 단일성을 만족하여야 한다.

<문 6> ① 명세서 중 특허청구범위가 권리서의 역할을 한다. ② 제97조. ③ 제133조 제1항에 따라 등록된 특허는 등록공고일 이후에는 언제든지 무효심판의 대상이 된다. ④ 화학발명의 경우에는 도면이 필요하지 않으므로 당연히 도면의 설명은 필요가 없다. ⑤ 제42조 제3항 제1호(상세한 설명의 기재요건).

<문 7> ① 특허법시행령 제4조 제1항 본문. ②, ③, ⑤는 특허법시행령 제4조 제1항 본문에서 정의하는 독립항과 종속항의 정의에 위배된다. ④ 종속항의 정의에 해당한다.

<문 8> ①, ②, ③, ④는 특허법시행령 제5조 제5항의 요건에 부합한다. ⑤ 청구항 1 및 청구항 2는 택일적 기재가 아니다.

<문 9> ① 종속항은 독립항 또는 선행하는 종속항을 인용할 수 있다. ② 특허법시행령 제5조 제5항. ③ 특허법시행령 제5조 제6항. ④ 특허법시행령 제5조 제6항. ⑤ 청구항의 기재형식에는 별도의 규정이 없고, 방법발명의 경우 청구항을 개조식으로 기재하기도 한다.

<문 10> ① 종속항은 독립항을 인용하기 때문에 보정의 효과가 미친다. ② 제63조 제2항에 따라 심사관은 청구항마다 심사를 하고 청구항마다 거절이유를 통지할 수 있다. ③ 우리나라는 심사처리 단위가 1특허출원 단위로 하므로 청구항 중 어느 하나의 항에 거절이유가 있으면(보정으로 이를 삭제하지 않을 경우) 출원 전체가 거절사정된다. 그러나 미국 특허청은 거절이유가 해소된 청구항은 등록결정한다. ④ 종속항은 독립항에 종속되어 있으므로 종속항이 신규성 또는 진보성이 결여되면 당연히 독립항도 신규성 또는 진보성이 결여된다. ⑤ 제63조 제2항.

<문 11> ① 제45조 제2항에 따라 특허법시행령 제6조 제1호. ② 출원인은 가급적 넓은 청구항을 선호한다. 이는 발명을 넓게 다면적으로 보호받고자 하기 때문이다. ③ 특허법시행령 제6조 제2호: 기술적 특징은 발명 전체로 보아 선행기

술에 비하여 개선된 것이어야 한다. ④ 제47조 제2항에 따라 신규성 추가로 보정이 불인정될 수 있다. 또한 제45조의 적용은 특허청구범위에 기재된 발명을 대상으로 단일성을 판단한다. ⑤ 종속항은 독립항에 종속되고, 심사지침서에 기재된 사례에서도 단일성이 만족되는 사례로 소개하고 있다.

제 5 절 특 허 출 원

Ⅰ. 서 설

1. 출원등록절차

가. 출 원 서

출원인[1]이 출원발명을 특허청에 출원하면 특허출원절차가 시작된다. 출원인은 특허출원서에 명세서, 도면 및 요약서를 첨부하여 특허청장에게 제출하여야 한다(제42조 제1항). 특허출원서 양식은 특허법 시행규칙에서 규정하고 있다. 출원인이 특허를 받기 위해서는 특허청에 출원서와 명세서를 제출하여야 한다. 출원인은 특허청에서 지급받은 전자문서용 소프트웨어를 이용하여 작성된 출원서 등을 온라인을 이용하여 전송한 후 접수번호(출원번호)를 부여받는다. 특허법은 그 출원내용에 미비한 사항이나 기재상의 하자가 있을 때에는 일정 범위 내에서 보정할 수 있는 제도를 두고 있다. 또한 심사과정에서 심사관이 한 판단상의 오류나 절차상의 하자가 있을 경우 이를 치유할 수 있는 제도적 장치로서 심판제도를 별도로 마련하고 있다.

나. 전자출원

특허출원 방법에는 종이에 의한 서류로 출원하는 방법(이하 "서면출원"이라 한다)과 전자적 기록매체와 인터넷을 이용하여 출원하는 전자출원이 있다.[2] 오늘날 정보통신기술의 발달로 특허출원의 98% 이상이 전자출원으로 출원되고 있다. 출원인은 특허출원서에 명세서·도면 및 요약서를 첨부하여 특허청장에게 제출하여야 한다. 특허출원서가 특허청에 접수되면 그 출원에 대한 출원일자 및 출원번호가 부여되며, 출원인에게는 출원

---

1) 출원인이란 특허출원인 또는 실용신안등록출원인을 말한다. 우리나라와 같은 선출원주의 국가에서 출원인은 자연인(발명자) 또는 법인이 될 수 있다.

2) 특허청은 1999년 1월 5일부터 인터넷에 의한 전자문서출원(electronic filing system. 전자출원) 제도가 시행되고 있다. 종래의 서면에 의한 출원방식과 병행하여 이 제도가 운영되고 있다.

번호 통지서가 송달된다. 특허법 제28조의3 내지 제28조의5에서 전자출원에 관한 절차를 규정하고 있고, 구체적인 사항은 특허법시행규칙 제9조 내지 제9조의8에서 상세히 규정하고 있다. 전자출원의 경우에도 서면출원의 경우와 마찬가지로 소정의 기재사항을 전자문서화하여 기재하여야 하고, 필요한 도면 및 요약서를 첨부하여야 한다.

2. 절차적 요건

출원인이 특허청에서 특허를 받기 위한 절차는 선행기술조사, 출원인코드부여신청(사전등록절차), 출원서류작성, 제출서류준비, 접수 및 출원번호 통지서 수령, 수수료 납부, 출원공개, 심사청구 및 심사, 등록결정서 수령, 등록료 납부, 특허증 수령의 순서로 진행된다.

가. 서면심사주의

특허출원 서류는 서면출원 또는 전자출원 방식으로 특허청에 제출된다. 다만, 물건의 견본은 심사참고용으로 제출하는 것이 허용된다. 출원절차에 적용되는 서면심사주의는 특허심사 및 특허심판 등 특허에 관한 절차 전반에 걸쳐서 적용된다. 그러나 전자출원의 시행에 따라 이 서면심사주의는 강학상의 표현에 지나지 않는다고 할 수도 있으나 전자출원의 경우도 컴퓨터 화면에 파일(서면)을 띄운 후 업무를 처리할 수 있으므로 서면출원과 동일한 절차가 진행된다. 서면이라 함은 종이로 된 서류, 전자파일 또는 플로피디스켓(FD) 부본을 의미한다. 특허에 관한 절차를 밟기 위하여 특허청 또는 특허심판원에 제출하는 서류는 1건마다 작성하여야 하고, 부적법한 서류는 반려된다.

나. 국어주의

특허출원시의 제출하는 서류는 국어로 작성하여야 한다. 제출서류가 국어로 기재되지 않은 경우에는 반려된다. 다만, 위임장·국적증명서 등 외국어로 기재한 서류를 제출할 수 있으나, 이 경우 국어로 번역한 번역문을 첨부하여야 한다.

다. 서식주의

출원인은 특허출원절차를 밟을 때 특허법령에서 정하고 있는 서식을 이용해야 한다. 특허출원서에 적용하는 서식은 시행규칙에서 규정하고 있다. 특허법령상의 소정의 서식을 사용하지 않은 출원 등은 특허청장으로부터 보정명령을 받게 되며, 기간 내 보정을 하지 않으면 당해 절차가 무효로 될 수 있다(제16조).

라. 수수료 납부

특허에 관한 절차를 밟는 자는 소정의 수수료를 납부하여야 한다(제82조 제1항). 이 규정에 의한 수수료·납부대상 및 납부기간 등에 대한 구체적 사항은 "특허료 등의 징수규칙"에 규정되어 있다. 출원료 등의 수수료·특허료 및 등록료를 납부하고자 하는 자는 특허청으로부터 먼저 당해 서류에 대한 접수번호를 부여받은 후 그 접수번호를 납부자 번호로 하여 접수번호를 부여받은 날의 다음 날까지 해당 요금을 은행에 납부하여야 한다. 특허청장은 특허출원 등의 절차시 수수료를 납부하지 않거나 부족하게 납부한 경우에는 보정을 명할 수 있다.

Ⅱ. 특허출원의 종류

1. 의 의

특허출원은 출원의 주체(출원인)를 기준으로 하면 기본출원·공동출원 및 무권리자의 출원으로 나눌 수 있다. 객체(출원내용)를 기준으로 하면 기본출원, 변경출원, 분할출원, 국제출원, 국방상 필요한 발명의 출원 및 직무발명의 출원으로 구분할 수 있다.

2. 공동출원

공동으로 발명을 한 자는 특허를 받을 수 있는 권리의 공유자가 된다(제33조 제2항). 공동발명자란 실질적인 발명과정에 관여한 자만을 가리키고, 자본과 자재의 제공자 또는 발명을 하도록 지시를 함에 지나지 않은 자와 원조자, 관리자는 공동 발명자로는 인정하지 않는 것이 통설이다. 공동출원이 된 경우 대표자를 선정하지 않은 경우에는 특수한 경우를 제외하고 각자가 전원을 대표하기 때문에 그 중 1인이 한 행위나 절차는 유효하게 된다(제11조). 따라서 특허를 받을 수 있는 권리가 공유인 경우에는 공유자 전원이 공동으로 특허출원을 하여야 한다(제44조). 심판에서 공유자 전원이 심판청구인이나 피심판청구인이 되어야 한다(제139 제2항·3항). 특허를 받을 수 있는 권리가 공유인 경우에는 재산권으로서 그 지분을 양도할 수 있기 때문에 타공유자의 동의가 있어야 한다.

3. 무권리자의 출원

무권리자의 출원이라 함은 진정한 발명자가 아닌 자로서 특허를 받을 수 있는 권리를 승계하지 아니한 자(이하 "무권리자"라 한다)가 정당한 권원없이 특허출원(이하 "모인(冒認)출원"이라 한다)하는 형태의 출원을 말한다. 모인출원으로 인하여 정당한 권리자가 특허를 받지 못하게 되는 경우에는 그 무권리자의 특허출원 후에 한 정당한 권리자의 특허출원은 무권리자가 특허출원한 때에 특허출원한 것으로 본다(제34조). 한편 무권리자에 대하여 특허법 제133조 제1항 제2호에 해당되어 무효로 한다는 심결이 확정된 경우 그 특허출원 후에 한 정당한 권리자의 특허출원은 취소 또는 무효로 된 특허출원시에 특허출원한 것으로 본다(제35조).

4. 국제출원

1) 다른 나라의 특허를 얻고자 하는 자는 파리협약의 기본원칙인 특허독립의 원칙에 따라 특허권을 획득하고자 하는 나라에 출원을 하여 그 나라의 특허를 받아야만 해당국에서 독점배타적 권리를 확보할 수 있다. 국제출원을 하는 방법에는 전통적인 출원방법, PCT국제출원 및 지역특허제도를 이용하여 출원하는 방법으로 구분할 수 있다. 전통적인 국제출원은 특허획득을 원하는 모든 나라에 각각 개별적으로 특허출원하는 방법으로 파리협약을 통한 출원(Paris route)이라고도 한다. 선출원에 대한 우선권을 주장하는 경우 선출원의 출원일로부터 12개월 이내에 해당 국가에 출원하여야 우선권을 인정받을 수 있다(제54조 제2항).

2) PCT에 의한 국제출원방법은 당사국의 특허청(수리관청)에 하나의 PCT출원서를 제출하고, 정해진 기간 이내에 특허획득을 원하는 국가(지

정국)로의 국내단계에 진입할 수 있는 제도로서 PCT국제출원의 출원일이 지정국가에서 출원일로 인정받을 수 있다. 선출원에 대한 우선권을 주장하여 출원하는 경우 선출원의 출원일부터 12개월 이내에 PCT 국제출원을 하여야 우선권 주장을 인정받을 수 있다.

5. 국방상 필요한 발명의 출원

정부는 국방상 필요한 경우에는 외국에의 특허출원을 금지하거나 발명자·출원인 및 대리인에게 그 발명을 비밀로 취급하도록 명할 수 있다. 비밀로 취급할 것으로 인정된 출원발명은 당해 비밀취급이 해제될 때까지 출원공개 및 등록공고가 되지 않는다. 다만, 정부의 허가를 얻은 때에는 외국에의 특허출원을 할 수 있다(제41조 제1항). 정부는 특허출원한 발명이 국방상 필요한 경우에는 특허를 하지 아니할 수 있으며, 전시·사변 또는 이에 준하는 비상시에 있어서 국방상 필요한 경우에는 특허를 받을 수 있는 권리를 수용할 수 있다(제41조 제2항). 이러한 경우 정부는 정당한 보상금을 지급해야 한다(제41조 제3항·제4항).

Ⅲ. 발명의 단일성

1. 서 설

가. 의 의

특허법 제45조에서 1특허 1출원의 원칙(이하 "발명의 단일성"이라고 한다)을 규정하고 있다. 이는 상호 기술적으로 관련성이 있는 발명을 하나의 출원으로 출원할 수 있도록 하여 출원인·제3자 및 특허청의 편의를 도모하는 제도이다. 일반적으로 출원인이 가능한 1군(group)의 발명을 하나의 출원으로 출원하면, 출원료를 줄일 수 있고 특허관리 측면에서도 유리하다. 제3자의 입장에서는 출원 절차의 형평성, 권리에 대한 감시와 선행기술 자료로서의 이용 등의 측면에서 가능한 한 1출원의 범위를 좁히는 것이 유리하다. 한편 특허청의 입장에서는 출원의 분류, 검색 등 심사 부담 측면에서 1출원의 범위는 좁은 것이 바람직하다. 따라서 이 규정은 서로 다른 복수의 발명을 하나의 출원서에 다수 포함시키고자 하는 출원인과 이것을 허용할 경우 불이익을 받게 되는 제3자 및 특허청과의 사이에 균형을 유지하기 위한 규정이라고 할 수 있다.

나. 1출원의 범위

1) 1출원의 범위란 하나의 출원서에 여러가지 청구항을 기재할 수 있는 발명의 범위를 말한다. 여기서 발명의 단일성은 명확히 구분되는 1발명뿐만 아니라, 하나의 총괄적 발명개념(SGIC: single general inventive concept)을 갖는 1군(群)의 발명(a group of inventions)을 포함한다. 1출원으로 할 수 있는 1발명의 범위는 하나의 발명 또는 하나의 총괄적 발명의 개념을 형성하는 1군의 발명을 말한다.[1]

2) 특허법 제45조 제1항에서 규정하고 있는 하나의 총괄적 발명의 개념을 형성하는 "1군의 발명"에 해당되는지의 여부는 각 청구항에 기재된 발명들 사이에 "1 또는 2 이상의 동일하거나 대응하는 특별한 기술적인 특징들이 관련된 기술관계"가 있는지의 유무에 달려 있다.[2] 특허법 제45조 제1항에서 규정하고 있는 하나의 총괄적 발명의 개념을 형성하는 단일성에 해당되는가의 여부는 같은 특허법시행령 제6조에 따라 하나 또는 둘 이상의 동일하거나 상응하는 "특별한 기술적인 특징"을 포함하고 있어, 각 청구항에 기재된 발명들이 기술적으로 상호 관련성이 있는가에 달려 있다. 특별한 기술적인 특징은 각 발명에서 전체로 보아 선행기술과 구별되는 개선된 부분을 말한다. 여기서, 각 발명의 특별한 기술적인 특징은 동일하지 않더라도 상응하기만 하면 된다. 예를 들어, 어떤 청구항에서 탄성을 주기 위한 특별한 기술적인 특징이 스프링이었다면 다른 청구항에서는 탄성을 주는 특별한 기술적인 특징이 고무블록일 수 있다.

3) 특별한 기술적인 특징은 발명의 단일성을 판단하기 위하여 특별

---

1) PCT 제13.1(requirement of unity of invention): 국제출원은 하나의 발명 또는 단일한 총괄적 발명 개념을 형성하는 1군의 발명과 관련하여야 한다(The international application shall relate to one invention only or to a group of inventions so linked as to form a single general inventive concept).

2) 각 발명의 특별한 기술적인 특징은 동일하지 않더라도 대응하기만 하면 된다. 즉, 각 발명에 대해서 전체적으로 보아 선행기술과 구별되는 개량부분(the claimed inventions considered as a whole make over the prior art)을 말한다.

히 제시된 개념으로, 해당 출원 전 공지 등이 된 선행기술에 비해 신규성과 진보성을 구비하게 되는 기술적 특징을 말하며, 발명을 전체로서 고려한 후에 결정되어야 한다. 특별한 기술적인 특징은 선행기술에 비해 개선된 부분을 의미하므로 발명의 단일성을 충족하는지의 여부의 판단은 경우에 따라 선행기술을 검색하기 전에도 가능하지만 선행기술을 고려한 후에 판단하는 것이 일반적이다. 예를 들어, 발명 A+X와 A+Y에 대한 청구항의 경우에 A가 청구항 모두에 공통적이므로 선행기술을 검색하기 전이라면 선험적으로 발명의 단일성이 존재하는 것으로 판단할 수 있으나, A와 관계된 선행기술이 검색된 경우에는 각 청구항은 선행기술에 비해 구별되는 동일하거나 상응하는 특별한 기술적 특징을 갖지 않으므로 발명의 단일성은 결여하게 된다.

　　4) 1군의 발명에는 하나의 출원 내에 카테고리가 동일한 여러 개의 독립항을 포함하는 경우도 있고, 하나의 출원 내에 카테고리가 상이한 여러 개의 독립항을 포함하고 있는 경우도 있을 수 있다. 또한 하나의 청구항 내에도 1군의 발명의 범위를 넘는 발명들이 포함되어 단일성이 만족되지 않는 경우가 있을 수 있다.

　　5) 1군의 발명들이 하나의 총괄적 발명의 개념을 형성하는가의 여부에 대한 판단은 1군의 발명들이 각각 별개의 청구항으로 청구되었는지 또는 하나의 청구항 내에 택일적 형식으로 청구되었는지의 여부와는 관계가 없다.

2. 단일성 요건

가. 의 의

　　발명의 단일성 요건은 각 청구항에 기재된 발명들이 (i) 기술적 상호 관련성이 있으면서, (ii) 청구된 발명들이 동일하거나 상응하는 기술적 특징들을 포함하고 있는지의 여부를 말한다. 이 경우 특별한 기술적인 특징은 발명 전체로 보아 선행기술과 구별되게 기술적으로 진보한 것을 의미한다. 특허법 제45조의 규정에 의한 발명의 단일성 심사시에는 각 청구항마다 발명으로 보고 심사를 진행한다. 그 결과 특허법시행령 제6조를 충족하지 않는 청구항이 존재하는 경우에는 그 청구항이 다른 청구항과 동일의 관계를 가지고 있는가를 판단하여 실질적으로 동일하지 않은 경우에는 특허법 제45조 위반으로 거절된다.[1]

나. 분할출원과 관계

발명의 단일성에 부합되지 않는 출원의 경우에 심사관은 거절이유를 구체적으로 지적하여 통지하면서 기간을 정하여 의견서 등을 제출할 수 있는 기회를 주어야 한다. 심사관은 출원인에게 거절이유통지시에는 출원인이 거절이유에 대하여 보다 쉽게 대응할 수 있고 신속 정확한 심사에 도움이 된다고 인정되는 경우에는 출원의 분할을 권고하는 표현을 할 수 있다.

다. 발명의 단일성과 다항제

특허청구범위의 기재형식에 다항제를 적용한다고 하여 무조건 2 이상의 발명도 1출원으로 할 수 있다는 것을 의미하지 않는다. 특허법 제42조 제4항은 청구항의 기재요건을 규정하고, 같은 법 제45조는 상호 기술적으로 밀접한 관계를 가지는 발명에 대하여 그들을 하나의 출원으로 할 수 있는 범위를 규정하고 있다.

3. 단일성 판단

특별한 기술적 특징은 선행기술에 비해 개선된 부분을 의미하므로, 선행기술에 비해 신규성과 진보성을 구비하게 되는 기술적 특징이며, 발명을 전체로서 고려한 후에 결정되어야 한다. 또한 발명의 단일성을 충족하는지의 여부의 판단은 선행기술을 고려한 후에 판단하는 것이 일반적이다. 단일성을 판단하는 방법은 통상 다음과 같은 순서로 진행한다.

1) 제1발명을 정하고 제1발명과 관련된 선행기술과 비교하여 선행기술에 비해 개선되는 데 실질적 작용을 하는 특별한 기술적인 특징을 확정한다.

---

1) 특허법 제45조는 서로 다른 2 이상의 발명이 특정한 관계를 가질 경우에 한해 1출원서에 기재하여 출원할 수 있음을 규정하고 있다. 특허법 제42조 제4항 및 제8항은 실질적으로 동일한 발명에 대하여 복수로 청구할 수 있도록 한 규정이다. 따라서 복수의 청구항 중 어떤 청구항이 다른 어느 독립항과도 동일하지 않고, 또 특허법 제45조 및 시행령 제6조의 어느 경우에도 해당되지 않을 경우에는 특허법 제45조의 위반이 된다.

2) 제2발명에 제1발명과 동일하거나 상응하는 특별한 기술적인 특징이 존재하는지의 여부를 판단하여 2개의 발명이 기술적으로 관련이 있는지 확정한다.

3) 만약 2개의 발명간에 동일하거나 상응하는 특별한 기술적인 특징을 포함하는 기술적 상호 관련성이 존재한다면 그들은 하나의 총괄적 발명개념에 속한다는 결론을 얻을 수 있다. 예를 들어, 발명의 카테고리가 같은 경우 발명의 단일성이 있는지의 여부를 살펴보면, 다음 모든 청구항에 공통되는 특별한 기술적 특징은 필라멘트 A이다. 청구항 1, 2 및 3 사이에는 단일성이 존재한다.

[청구항 1]: 램프용 필라멘트 A
[청구항 2]: 필라멘트 A가 있는 램프 B
[청구항 3]: 필라멘트 A가 있는 램프 B와 회전테 C로 구성되는 서치라이트.

4) "...방법으로 제조된 물건" 또는 "...장치로 제조된 물건" 등의 형식으로 물건에 관한 청구항을 기재하는 방식은 특허를 받고자 하는 물건의 구성을 적절히 기재하기 어려운 경우(신규한 물질, 식품, 음식물 등)에 한하여 예외적으로 인정하며, 이와 같은 청구항은 방법, 장치, 물건으로 기재된 청구항과 1군의 발명으로 하여 1출원으로 하는 것이 허용된다.

Ⅳ. 보정제도

1. 서 설

가. 의 의

보정은 그 내용에 따라 절차보정과 특허출원의 보정으로 구분할 수 있다. 방식심사 과정에서 행하는 보정을 "절차보정"이라 한다. 한편 특허출원서의 명세서 등의 기재내용에 흠결이나 하자가 있는 경우 출원의 동일성이 유지되는 범위 내에서 이를 치유하는 절차를 특허출원의 보정이라 한다. 이러한 보정절차가 제한 없이 행해질 경우에는 심사처리의 지연 등의 문제가 발생되므로 특허법에서는 보정제도를 두고 있다.

나. 취 지

선출원주의하에서는 먼저 출원을 해야 선원의 지위가 확보되기 때문에 대부분의 출원인은 출원을 서두르게 된다. 출원시에 명세서를 완벽하게 작성하여 제출하는 것이 바람직하지만 예기치 못한 하자가 발생할 수 있다. 또한 출원인이 명세서나 도면을 완벽하게 작성하였다 할지라도 심사과정에서 미비한 점이 발견되는 경우도 있으므로, 발명자의 보호와 제3자에게 불이익을 주지 않는 범위에서 특허출원 후의 보정을 인정하고 있다. 그러나 보정의 과정에서 특허출원시에 명세서 또는 도면에 기재되지 않거나 "신규사항"(new matter)을 추가하는 경우 선출원주의에 위배될 뿐만 아니라 법적 안정성을 해칠 우려가 있으므로 일정한 제한을 하고 있다.[1]

2. 보정요건

가. 보정의 절차적 요건

명세서 또는 도면을 보정할 수 있는 자는 보정할 당시의 그 출원의 출원인이다. 출원인이 복수인 경우 보정은 출원인 모두가 절차를 밟지 않아도 되며 출원인 각자가 보정할 수 있다. 명세서 등을 보정하기 위해서는 보정의 대상이 되는 출원이 특허청에 계속중이어야 한다. 따라서 출원이 무효, 취하 또는 포기되거나 거절결정이 확정된 경우는 보정할 수 없다.

나. 보정의 실체적 요건

명세서 등의 보정 범위는 보정기간에 따라 달리 규정하고 있다. 심사가 착수되기 전으로 자진보정할 수 있는 기간 및 최초거절이유통지에 대한 의견서 제출기간 이내에 하는 보정은 신규사항을 추가하는 것이 금지되나, 최후거절이유통지에 대한 의견서 제출기간 이내의 보정 및 재심사를 청구하면서 하는 보정의 경우에는 신규사항의 추가 금지뿐만 아니라 청구범위를 감축하여야 하는 등 보정의 범위가 더욱 제한된다. 실체적 요건을 만족하지 않는 보정에 대한 취급 방법도 보정기간에 따라 달리 정해진다. 자세한 사항은 다음 표와 같다.

---

1) 대법원 2008.10.30 선고 2008후2916 판결.

보 정 기 간	보정의 범위		부적합한 보정의 취급
	발명의 상세한 설명·도면	특허청구범위	
① 특허결정의 등본 송달 전 ② 최초거절이유통지에 따른 의견서제출기간 이내	신규사항 추가금지		심사중: 거절이유 등록후: 무효사유
① 최후거절이유통지에 따른 의견서제출기간 이내 ② 재심사를 청구할 때	신규사항 추가금지	신규사항 추가금지 + 청구범위 감축 요건 등 추가	심사중: 보정각하 등록후: 무효사유 (특허법 제47조 제2항·제3항의 요건은 제외)

3. 보정기간

가. 자진보정기간

자진보정기간은 특허법 제47조 제1항에 의한 보정기간 중 특허청장이 특허결정의 등본을 송달하기 전까지의 기간으로 특허법 제47조 제1항 각호의 기간을 제외한 기간이다. 여기서 특허청장이 특허결정의 등본을 송달한 때는 심사관이 특허결정의 등본을 발송한 때이다. 따라서 심사관이 특허결정 등본을 발송한 이후 출원인이 특허결정등본을 받지 않은 기간중에 보정서를 제출한 경우 그 보정은 인정되지 않는다.[1] 심사관이 특허법 제36조 및 제38조에 따른 협의요구 또는 분할출원의 불인정(예고)통지 등에서 지정한 기간이 특허결정의 등본을 송달하기 전으로써 특허법 제47조 제1항 각호의 기간이 아니라면 명세서 등을 자진으로 보정하여 특허법 제36조에 의한 거절이유 또는 분할불인정 사유 등을 해소할 수 있다.

나. 거절이유통지에 따른 의견서 제출기간

1) 출원인은 특허법 제63조의 규정에 의한 거절이유통지를 최초로 받거나 특허법 제47조 제1항 제2호의 거절이유통지(최후거절이유통지)가 아닌 거절이유통지를 받은 경우에는 당해 거절이유통지에 의한 의견서 제출기간 내에만 명세서 등에 관한 보정서를 제출할 수 있다. 의견서의 제

---

1) 심사관이 최초거절이유를 통지한 후 출원인이 의견제출통지서를 받기 전까지는 자진보정기간에 해당한다.

출기간은 통상 2개월 이내로 지정하되 특허법 제15조 제2항에 따라 출원인의 지정기간연장신청이 있는 경우 연장이 가능하다. 다만, 4개월을 초과하는 경우에는 심사관의 기간연장승인 여부에 따라 연장이 결정된다.

2) 특허법 제47조 제1항 제1호에서의 의견서 제출기간이란 특허법 제63조 규정에 의한 의견서의 제출기간에 한정되므로 특허법 제36조 제6항에 따른 협의요구기간 또는 특허법 제46조에 따른 절차보정기간 등은 여기에 해당되지 않는다.

3) 특허법 제47조 제1항 제2호에 해당하는 거절이유통지(최후거절이유통지)가 있는 경우에도 의견서를 제출할 수 있는 기간 이내에만 명세서 등의 보정이 가능하다. 다만, 이 기간중의 보정은 보정할 수 있는 범위가 더욱 제한된다.

다. 재심사를 청구할 때

특허출원인은 특허법 제67조의2에 따라 거절결정등본을 송달받은 날부터 30일 이내에 재심사를 청구할 수 있으며, 재심사청구와 동시에 특허출원서에 첨부된 명세서 또는 도면을 보정할 수 있다. 특허거절결정에 대한 불복심판청구기간은 특허법 제15조 제1항의 규정에 따라 요건이 충족되는 경우 연장이 가능하므로 심판청구기간이 연장된 경우 연장기간 내에 재심사청구와 동시에 보정할 수 있다.

4. 보정절차

가. 보정의 시기

출원인은 특허결정의 등본을 송달하기 전까지 특허출원서에 첨부된 명세서 또는 도면을 보정할 수 있다(제47조 제1항). 출원인이 심사관의 거절이유통지를 받은 경우에는 의견서제출기간 내에 보정할 수 있고, 최후거절이유통지에 대해서도 다시 거절이유통지를 받은 경우에는 당해 거절이유통지에서 정한 의견서제출기간 내에 보정을 할 수 있다. 또한 특허법 제67조의2에 따른 재심사를 청구할 때에 명세서 또는 도면을 보정할 수 있다.

나. 보정의 범위

1) 명세서 또는 도면의 보정은 특허출원서에 최초로 첨부된 명세서

또는 도면에 기재된 사항의 범위 안에서 보정할 수 있다(제47조 제2항). 보정범위를 벗어나서 보정한 경우에는 거절이유 및 무효사유가 된다. 한편 보정서에 보정할 수 있는 범위 내의 보정사항이 있더라도 범위 외의 사항(신규사항)이 포함되어 있는 경우 출원 전체가 거절이유의 대상이 된다.

2) 최후거절이유통지 후의 특허청구범위에 대한 보정은 청구항을 한정 또는 삭제하거나 청구항에 부가하여 특허청구범위를 감축하는 경우, 잘못된 기재를 정정하는 경우, 분명하지 아니한 기재를 명확하게 하는 경우, 특허법 제47조 제2항에 따른 범위를 벗어난 보정에 대하여 그 보정된 특허청구범위로 되돌아가거나 되돌아가면서 특허청구범위를 제1호부터 제3호까지의 규정에 따라 보정하는 경우에만 할 수 있다(제47조 제3항).

3) 또한 출원인은 그 특허출원에 관하여 거절결정등본을 송달받은 날부터 30일 이내에 그 특허출원의 특허출원서에 첨부된 명세서 또는 도면을 보정하여 해당 특허출원에 관하여 재심사를 청구할 수 있다. 이는 신규사항을 추가하는 보정을 거절이유로 하고, 최후거절이유통지 후 특허청구범위의 보정을 제한하지 않으면 심사관이 후속처리를 할 수 없는 문제가 발생될 수 있기 때문에 이를 방지하기 위한 것이다.

4) 특허청구범위제출 유예제도가 도입되었으므로, 특허청구범위는 출원일(또는 우선일)로부터 1년 6월까지 기재를 유예하고 출원공개일까지 특허청구범위가 명세서에 기재되도록 보정하여야 한다(제42조 제5항). 또한 출원일로부터 1년 6월 이전에 제3자가 그 특허출원에 대해 심사청구를 한 경우에는 심사청구 후 3월 이내에 특허청구범위를 제출하도록 하고, 기간 내에 특허청구범위 제출이 없으면 그 특허출원은 취하된 것으로 본다.

다. 보정제한주의

선출원주의하에서 출원인이 보정을 언제든지 자유롭게 할 수 있게 한다면, 특허행정의 절차를 지연시키거나 흐름을 왜곡시키므로 결국 출원처리를 지연시키는 결과를 초래하게 된다. 또한 공중이 받는 불이익도 있으므로 출원인이 받는 이익을 비교하여 균형있게 제도를 운용하기 위해 보정에 대한 내용과 시기를 제한할 필요가 있다. 따라서 신규사항 추가금지와 같은 내용의 제한을 두고 제도를 운영하게 되면 심사처리에 소요되는 시간을 단축하고, 선출원주의 원칙에 충실할 수 있게 된다. 특허법은 출원인이 수시로 자유롭게 보정할 수 있게 되면, 심사처리가 지연되게 되는 점을 고려하여 보정에 대해서 심사청구제도·출원공개제도 및 우선권주장제도 등과 절차적인 충돌이 없는 범위 내에서 보정시기를 제한하고 있다.

5. 절차보정

특허청장 또는 특허심판원장은 특허에 관한 절차가 행위능력이 없는 자에 의하여 된 경우 또는 대리권의 범위에 흠결이 있는 경우, 특허법에 의한 명령이 정하는 방식에 위반된 경우,[1] 출원료 등의 수수료를 납부하지 아니하는 경우에는 기간을 정하여 보정을 명하여야 한다(제46조). 특허출원시 보정할 수 없는 대상은 보정을 명하지 않고, 서류를 불수리 처분하도록 하고 있다. 특허에 관한 절차를 밟은 자는 그 사건이 특허청 또는 특허심판원에 계속중인 경우에 그 절차를 보정할 수 있다. 다만, 특허청장이 기간을 정하여 보정명령을 한 경우에는 지정된 기간 내에 보정을 하지 아니하거나 그 기간을 경과하여 보정을 한 경우에는 특허청장은 그 특허에 관한 절차를 무효로 처분할 수 있다(제16조).

6. 출원보정

가. 신규사항 추가금지

1) 특허법 제47조 제2항은 명세서 또는 도면의 보정은 "특허출원서에 최초로 첨부된 명세서 또는 도면에 기재된 사항의 범위 안에서 할 수 있다"고 규정하고 있어 특허법 제47조 제1항 본문과 동항 제1호에 따른 보정에서도 신규사항의 추가가 금지된다. 이 기간에 하는 명세서 또는 도면의 보정에 관하여 신규사항 추가 금지 외의 보정범위의 제한은 없다.

2) 출원서에 최초로 첨부된 명세서 또는 도면에 기재된 사항의 범위를 벗어나는 사항을 신규사항이라 한다. 여기서 최초로 첨부된 명세서 또

---

1) 방식심사란 특허청에 제출된 특허출원 서류의 방식이나 절차상의 흠결 유무를 점검하는 심사를 말한다.

는 도면(이하 "최초 명세서 등"이라 한다)에 기재된 사항이란 최초 명세서 등에 명시적으로 기재되어 있는 사항이거나, 명시적인 기재가 없더라도 통상의 기술자라면 출원시의 기술상식에 비추어 최초 명세서 등에 기재되어 있는 것과 마찬가지라고 이해할 수 있는 사항을 말한다.

즉, 통상의 기술자가 최초 명세서 등에 기재된 사항에 의하여 판단한 결과 직접적으로 표현하는 기재는 없으나 기재되어 있다고 자명하게 이해할 수 있는 사항은 신규사항이 아니다.

3) 신규사항인지의 여부의 판단 대상은 보정된 명세서 또는 도면이며 이 중 어느 한 곳에라도 신규사항을 추가하는 보정은 허용되지 않는다.

4) 명세서 등의 보정에 의해 추가된 사항이 신규사항인지의 여부를 판단하기 위한 비교 대상은 출원서에 최초로 첨부된 명세서 또는 도면이다. 여기서 최초로 첨부되었다 함은 출원일까지 출원서와 함께 제출되었음을 의미하고 출원일 이후 보정에 의해 추가된 사항은 최초로 첨부된 명세서 등에 기재된 사항이 아니다.

나. 신규사항을 추가한 보정의 취급(대법원 2007.2.8 선고 2005후3130 판결)

(1) 사건개요

원고는 발명의 명칭을 "전철기용 텅레일부 융설장치"로 하는 이 사건 특허발명(특허번호 제358407호)의 특허권자이다. 피고는 이 사건 특허발명에 대하여 무효심판을 청구하였고, 특허심판원은 청구성립의 심결을 하였다. 이에 대하여 원고는 특허법원에 심결취소의 소를 제기하였고, 특허법원 2005.10.16 선고 2004허7845 판결에서 원고의 청구를 기각하였다. 원고가 대법원에 상고한 이 사건에 대한 판결이 대상판결이다.

청구항 1.
a) 고정레일에 대한 전철기 텅레일의 위치를 감지하기 위한 위치센서;
b) 상기 텅 레일과 고정레일 사이에서 눈의 존재 여부를 감지하기 위한 눈 감지센서;
c) 선로의 온도를 감지하기 위한 온도센서;
d) 전기장치에 의해 열을 발생하는 히터; 및
e) 상기 위치센서에서 측정된 고정레일에 대한 전철기 텅레일의 위치정보, 상기 눈 감지센서에서 측정된 텅레일과 고정레일 사이의 눈의 존재 여부에

관한 정보, 및 온도센서에서 측정된 선로의 온도정보를 수신하여 히터의 열 발생 정도를 제어하는 제어부를 포함하는 것을 특징으로 하는 전철기용 텅 레일부 융설장치.

[최초 출원서에 첨부된 명세서 기재]
이 사건 특허발명의 특허출원서에 최초로 첨부된 명세서에는 눈 감지 센서와 관련하여 "텅레일과 고정레일 사이에 존재하는 눈을 감지할 수 있는 센서(또는 눈을 감지하기 위한 인디케이터)"라고 기재하고 있다.

[보정 후 명세서 기재]
출원인은 최후 보정에 이르러 "눈감지센서는 리액턴스 방식으로 작동되는 센서로서 한 쌍의 금속성판 사이에 눈이 존재하면 유전율의 변화로 한 쌍의 금속성판으로 형성된 평행판 축전기의 정전용량이 변하게 되고, 이에 따른 교류회로의 전류변화 값을 측정하는 것"이라는 취지의 기재를 추가하였다.

(2) **판결요지** [상고기각]

특허법 제47조 제2항에서 최초로 첨부된 명세서 또는 도면(이하 '당초 명세서 등'이라 한다)에 기재된 사항이란 당초 명세서 등에 명시적으로 기재되어 있는 사항이거나 또는 명시적인 기재가 없더라도 그 발명이 속하는 기술분야에서 통상의 지식을 가진 사람이라면 출원시의 기술상식에 비추어 보아 보정된 사항이 당초 명세서 등에 기재되어 있는 것과 마찬가지라고 이해할 수 있는 사항이어야 한다.

특허발명의 특허출원서에 최초로 첨부된 명세서에는 눈 감지 센서와 관련하여 "텅레일과 고정레일 사이에 존재하는 눈을 감지할 수 있는 센서(또는 눈을 감지하기 위한 인디케이터)"라는 기재만이 있을 뿐이었다가 최후 보정에 이르러 "눈감지센서는 리액턴스 방식으로 작동되는 센서로서 한 쌍의 금속성판 사이에 눈이 존재하면 유전율의 변화로 한 쌍의 금속성판으로 형성된 평행판 축전기의 정전용량이 변하게 되고, 이에 따른 교류회로의 전류변화 값을 측정하는 것"이라는 취지의 기재가 추가된 경우 이는 특허출원서에 최초로 첨부된 명세서에 기재된 범위를 벗어난 것으로서 신규사항의 추가에 해당하여 특허법 제47조 제2항에 위배된다.

다. 청구범위의 보정제한

1) 특허법 제47조 제3항에 따라 최후거절이유통지에 대응한 보정 또는 재심사를 청구하면서 하는 보정 중 청구범위에 대한 보정은 청구항을 한정하는 등에 의한 청구범위를 감축하는 것이거나 오기를 정정하는 것이거나 불명료한 기재를 명확히 하는 것이거나 신규사항을 삭제하기 위해 하는 보정 중 어느 하나에 해당하여야 한다. 특허법 제47조 제3항의 보정요건은 보정한 청구항에 대하여만 적용한다. 이 경우 독립항이 보정되면 그 독립항을 인용하는 종속항도 보정된 것으로 취급한다. 또한 청구범위를 보정한 사항이 상기 나열한 경우 중 어느 하나에 해당하는지의 여부는 최후거절이유통지시 심사의 대상이 된 청구항과 같은 번호의 청구항을 비교하여 판단한다. 다만, 번호가 다르더라도 보정 후의 청구항이 다른 번호의 청구항을 보정한 것이라는 상황이 자명한 경우에 한하여 번호가 다른 청구항과 대비하여 보정의 적합성을 판단할 수 있다.

2) 출원인이 하나의 청구항을 하나의 어구만 보정하든 아니면 청구항을 전반적으로 보정하든 관계없이 그 청구항에 관한 보정이 제47조 제3항의 각호의 어느 하나에 해당되는 경우 그 보정은 특허법 제47조 제3항의 보정으로 적합한 것으로 한다. 다만, 이 경우에도 하나의 청구항에 2 이상의 발명이 있는 경우(마커쉬 타입이나 복수의 항을 인용한 청구항) 각 발명마다 판단하도록 한다.

3) 특허법 제47조 제3항의 청구범위를 감축하는 경우는 청구항을 한정하는 경우, 청구항을 삭제하는 경우 및 청구항에 기술적 특징을 부가하는 경우로 제한된다. 청구항을 한정하는 경우는 청구항에 기재된 발명의 범위를 내적으로 제한하는 것으로서 수치범위의 축소, 상위개념에서 하위개념 기재로의 변경 등이 있다. 청구항을 삭제하는 것은 청구범위의 감축에 해당되므로 적법한 보정으로 인정한다.

4) 명세서의 상세한 설명 또는 청구범위에 기재되어 있던 새로운 기술적 사항을 직렬적으로 부가함으로써 발명의 범위가 축소되는 경우이다. 예를 들어, "A에 B를 부착시킨 병따개"라는 기재를 "A에 B를 부착시키고 다시 B에 C를 부착시킨 병따개"로 하는 것과 같은 경우이다.

5) 청구항을 신설하거나 택일적으로 기재된 구성요소를 추가 또는

인용항을 추가하여 청구범위에 발명을 추가하는 경우는 특허법 제47조
제3항 제1호에 해당되지 않는 보정으로 취급한다. 다만, 청구항을 신설
하였다고 하더라도 청구항을 정리하면서 발생하는 불가피한 경우로서 의
견서 등에서 명백히 밝힌 경우에는 제외한다.

[보정 전]
청구항 1: 구성요소 A, B로 이루어진 장치
청구항 2: 청구항 1에 있어서, 구성요소 C를 부가한 장치
청구항 3: 청구항 1 또는 청구항 2에 있어서 D, E를 부가한 장치

[보정 후]
청구항 1: 삭제
청구항 2(정정): 구성요소 A, B, C로 이루어진 장치
청구항 3(정정): 구성요소 A, B, D, E로 이루어진 장치
청구항 4(신설): 구성요소 A, B, C, D, E로 이루어진 장치

7. 재심사청구시 보정의 적법성

가. 심사관의 보정서 취급

재심사청구된 경우 종전의 거절결정은 취소된 것으로 보므로, 거절
결정 전으로 돌아가 보정서가 제출된 통상의 심사와 동일하게 심사를 진
행한다. 다만, 거절결정만 취소 간주될 뿐 그 전에 행해진 심사절차는 취
소된 것이 아니므로 거절결정 전 진행된 특허에 관한 절차 및 심사관이
행한 절차(최초거절이유통지, 보정, 최후거절이유통지, 보정각하 등)는 재심사 과정
에서 모두 유효한 것으로 보고 심사를 진행한다. 심사관은 재심사를 청구
하기 위해 보정서가 제출된 경우 재심사에 앞서 보정각하 여부를 먼저
판단하여 심사대상 명세서를 확정하여야 한다.

나. 보정명세서

보정의 적법성 여부 판단시 비교의 대상이 되는 보정명세서는 다음
과 같다.

(1) 재심사가 청구되기 전 보정각하 없이 거절결정된 경우

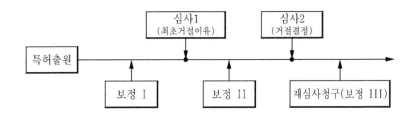

    보정 I 의 내용을 반영한 명세서로 심사하여 최초거절이유를 통지하고, 출원인이 제출한 보정 II 를 반영하여 다시 심사한 결과 거절이유를 해소하지 못하여 거절결정한 경우 출원인이 재심사를 청구하면서 보정 III 을 제출한 경우, 보정요건 중 특허법 제47조 제2항의 신규사항 추가 여부는 최초의 특허출원 명세서 및 도면과 비교하고, 특허법 제47조 제3항의 보정요건은 보정 II 의 내용을 반영한 명세서 및 도면과 비교하여 판단한다.

(2) 재심사가 청구되기 전 보정각하 후 거절결정된 경우

    보정 II 의 내용을 반영한 명세서로 다시 심사한 결과 보정 II 에 의하여 발생한 거절이유가 있어 최후거절이유를 통지하고, 출원인이 제출한 보정 III 의 보정요건을 판단한 결과 보정 III 이 보정요건을 충족하지 못한 것으로 판단되어 보정 III 을 보정각하하였으며, 보정 II 명세서로 돌아가 심사한 결과 최후거절이유를 해소하지 못한 것으로 판단되어 거절결정한 경우 출원인이 재심사를 청구하면서 보정 IV 를 제출한 경우, 보정요건 중 특허법 제47조 제2항의 신규사항 추가 여부는 최초의 특허출원 명세서 및 도면과 비교하고, 특허법 제47조 제3항의 보정요건은 보정 II 의 내용을 반영한 명세서 및 도면과 비교하여 판단한다. 즉, 보정 III 은 이미 보정각하되었고 재심사청구 전에 한 보정각하결정에 대하여는 불복할 수 없으므로 특허법 제47조 제3항의 보정 요건 충족 여부를 판단할 때 보정 III 은 고려할 필요가 없다.

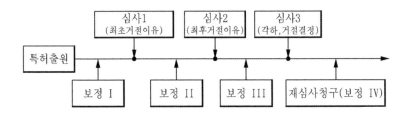

8. 보정각하

가. 의 의

심사관은 최초거절이유 및 최후거절이유에 대한 보정이 신규사항 관련 보정이나 특허청구범위를 감축하는 보정의 규정을 위반하거나 그 보정에 따라 새로운 거절이유가 발생한 것으로 인정하면 결정으로 그 보정을 각하하여야 한다(제51조 제1항). 특허법 제67조의2에 따른 재심사의 청구가 있는 경우 그 청구 전에 한 보정의 경우에는 보정각하를 할 수 없다. 보정각하는 당해 보정절차 그 자체를 대상으로 하는 처분을 말하며, 특허출원에 대한 처분은 아니다. 만일 신규사항추가에 해당되는 보정을 심사관이 간과하여 이를 수리한다면 출원시의 발명이 보정에 의하여 변경되므로 제3자에게 미치는 피해가 크게 된다. 따라서 출원서에 최초로 첨부된 명세서 또는 도면에 신규사항을 추가하거나 특허청구범위의 보정이 부적법한 것을 보정각하의 대상으로 하고 있다.

나. 보정각하 요건

1) 최후거절이유통지에 대한 의견서 제출기간의 보정 또는 재심사를 청구하면서 하는 보정이 특허법 제47조 제2항 및 제3항의 규정을 위반하거나 그 보정에 따라 새로운 거절이유가 발생한 것으로 인정되는 때에는 특허법 제51조 제1항에 따라 보정을 각하하여야 한다. 여기서 "그 보정에 따라 새로운 거절이유가 발생한 경우"란 해당 보정서의 제출로 인해 전에 없던 거절이유가 발생한 경우(해당 보정에 의해 기재불비가 새로 발생하거나 신규성 또는 진보성 거절이유가 새롭게 발생한 경우 등)를 의미하는 것으로, 해당 보정 전 거절이유통지되었던 거절이유들은 물론 보정 이전의 명세서 등에 있었으나 통지되지 않았던 거절이유는 새로운 거절이유가 아니다.

2) 재심사를 청구하면서 한 보정의 경우 그 청구 전에 한 보정이 보정각하 대상이었음에도 불구하고 심사과정에서 간과되었다면 이 보정사항은 재심사청구에 따른 보정의 보정각하여부를 판단함에 있어서는 제외되어야 한다.

3) 보정으로 인해 새로운 거절이유가 발생하였는지의 여부를 판단함에 있어서 특허법 제47조 제3항 제1호 또는 제4호에 따라 청구항을 삭제하는 보정에 의해 새로운 거절이유가 발생된 경우는 제외된다. 이때 청구항을 삭제하는 보정에 의해 새로운 거절이유가 발생한 경우란 청구항을 삭제하면서 이를 인용하는 종속청구항을 보정하지 않아 기재불비가 발생한 경우만을 말하는 것으로, 그 종속청구항을 보정하였으나 삭제된 청구항을 여전히 인용하고 있는 경우, 청구항 삭제에 따라 청구항을 정리하면서 청구항 삭제와는 직접적인 관련없이 새로운 거절이유가 발생한 경우 등은 제외된다.

다. 보정각하 요건 판단방법

최후거절이유통지 이후의 보정 또는 재심사를 청구하면서 하는 보정에 대한 보정요건의 만족 여부 판단은 각 보정요건의 선후를 가리지 않고 검토할 수 있으며, 보정요건 중 복수의 요건을 만족시키지 못한 경우 가능한 한 만족시키지 못한 경우에는 보정각하된다.

보정각하결정에 대한 불복수단은 별도로 마련되어 있지 않으므로 심사관의 보정각하와 동시에 보정 전 명세서로 다시 심사하여 특허 여부를 결정하거나 거절이유를 통지한다.

V. 분할출원·변경출원

1. 분할출원

가. 의 의

출원인이 발명의 단일성 요건을 간과하거나 국제특허분류(IPC)를 잘 이해하지 못하여 2 이상의 발명을 하나의 특허출원으로 한 경우에는 일정한 기간 내에 원특허출원의 일부를 새로운 특허출원으로 분할할 수 있다. 2 이상의 발명이 특허청구범위에 기재된 경우뿐만 아니라 발명의 상세한 설명 또는 도면에 기재되어 출원된 경우가 있다. 1출원에 2 이상의 발명을 포함시켜 출원한 경우 이를 하나 이상의 출원으로 나누어 분할한 특허출원을 "분할출원"이라 한다.

나. 분할출원의 시기

특허출원인은 2 이상의 발명을 하나의 특허출원으로 한 경우에는 그 특허출원의 출원서에 첨부된 명세서 또는 도면에 기재된 사항의 범위 안에서 특허법 제47조 제1항에 따라 보정을 할 수 있는 기간 또는 특허거절결정을 송달받은 후 특허법 제132조의3에 따라 심판을 청구할 수 있는 기간 중 어느 하나에 해당하는 기간 이내에 그 일부를 하나 이상의 특허출원으로 분할할 수 있다(제52조 제1항).

다. 분할출원의 대상

분할출원의 대상은 원출원서에 최초로 첨부된 명세서 또는 도면에 기재된 2 이상의 발명이다. 분할출원을 하는 자는 분할출원서에 그 취지 및 분할의 기초가 된 특허출원의 표시를 하여야 한다(제52조 제3항). 분할출원을 할 수 있는 경우는 단일성 요건에 위반된 경우, 발명의 상세한 설명 또는 도면에만 기재되어 있는 발명을 별개의 출원으로 하는 경우 등이다. 단일성 요건에 위반된 경우에는 특허청구범위에 기재되어 있는 발명을 분할하는 것이기 때문에 분할출원과 동시에 원출원은 보정해야 한다.[1]

라. 효 과

분할출원이 있는 경우 그 분할출원은 특허출원한 때에 출원한 것으로 본다(제52조 제2항). 분할출원은 출원일의 소급효가 인정되므로 분할출원에 대한 신규성·진보성 및 선원의 요건은 원특허출원시를 기준해서 판단해야 한다. 또한 분할출원에 대한 출원공개의 시기, 심사청구기간, 심사청구기간의 특례, 특허권존속기간의 기산점 및 선사용권 요건의 판단기준노 원특허출원시를 기준으로 판단해야 한다.

---

1) 대법원 2008.4.20 선고 2006다35308 판결.

2. 분할요건

가. 주체적 요건

특허법 제52조 제1항은 분할출원을 할 수 있는 자는 특허출원인으로 규정하고 있다. 따라서 분할출원을 할 수 있는 권리를 가진 자는 원출원을 한 자 또는 그 승계인(원출원인)이다. 공동출원의 경우에는 원출원과 분할출원의 출원인 전원이 완전히 일치하여야 한다. 원출원을 한 자와 분할출원인이 동일인임을 인정받기 위해서는 출원인의 주소 또는 영업소가 일치될 것, 출원인의 성명 또는 명칭이 일치될 것, 출원인의 인장이 일치될 것이 필요하다.

나. 객체적 요건

1) 분할출원을 할 수 있는 발명은 원출원의 출원서에 최초로 첨부된 명세서 또는 도면에 기재된 사항의 범위 내이다. 이때, 분할출원의 명세서 또는 도면에 기재된 발명 모두는 원출원의 명세서 또는 도면에 포함되어야 하며, 분할출원의 발명 중 일부라도 원출원에 포함되어 있지 않은 경우에는 그 분할출원은 부적법하거나 거절이유를 갖는 것으로 취급된다.

2) 분할출원된 발명이 원출원의 명세서 또는 도면에 포함되는지의 여부는 분할출원된 발명이 원출원에 최초로 첨부된 명세서 또는 도면에 명시적으로 기재되어 있는 사항인지, 혹은 명시적인 기재는 없더라도 기재되어 있다고 자명하게 이해할 수 있는 사항인지의 여부로 판단하여야 한다.

3) 분할출원 범위의 적법성 판단에 기초가 되는 명세서 또는 도면은 원출원의 출원일에 첨부된 명세서 또는 도면이다. 따라서 원출원에 최초로 첨부된 명세서 또는 도면에 기재된 발명이 보정에 의해 삭제되어 보정된 명세서에 기재되어 있지 않다 하더라도 삭제된 발명은 분할출원할 수 있다. 한편 보정에 의해 원출원에 새롭게 추가된 발명은 원출원에 최초로 첨부된 명세서 또는 도면에 없던 발명이므로 분할출원의 대상이 되지 않는다.

4) 분할출원이 있는 경우 그 분할출원은 원출원한 때에 출원한 것으로 보므로, 분할출원의 청구범위에 기재된 발명이 원출원의 청구범위에

기재된 발명과 동일하면 동일한 발명에 대해 같은 날에 2 이상의 출원이 있는 문제가 발생한다. 이 경우 분할출원의 객체적 요건은 만족되므로 분할출원은 인정하고, 특허법 제36조 제2항을 적용하여 심사하여야 한다. 분할출원 당시에는 청구범위에 기재된 발명이 동일하지 않았으나 원출원 또는 분할출원이 보정되어 청구범위에 기재된양자의 발명이 동일하게 된 때도 또한 같다.

3. 변경출원

가. 의 의

일정한 요건을 갖추면 실용신안등록출원과 특허출원간에 출원 형식을 변경할 수 있다. 변경된 특허출원(이하 "변경출원"이라 한다)이란 최초 출원의 동일성을 유지하면서 출원형식만 변경하는 출원을 말한다. 선출원 주의하에서 출원인은 출원일을 확보하기 위하여 출원을 서두르거나, 발명에 대한 판단의 곤란성 등으로 특허출원 또는 실용신안등록출원의 선택을 잘못할 수 있다. 출원인은 출원 후에 보다 유리한 출원형식으로 변경하기를 희망하므로 특허출원과 실용신안등록출원간에 변경출원을 할 수 있다. 그러나 변경출원이 허용되더라도 시기적으로나 내용적으로 아무 제한 없이 허용되면 권리의 내용 및 권리존속기간에 변동이 생기게 되고, 이러한 변동으로 선의의 제3자가 피해를 볼 수 있으므로 제3자와의 관계를 고려하여 변경출원의 시기와 범위를 제한하게 된다.

나. 변경출원의 시기

실용신안등록출원인은 변경출원의 기초가 되는 출원이 적법하고 유효하게 특허청에 계속중인 한 그 실용신안등록출원의 출원서에 최초로 첨부된 명세서 또는 도면에 기재된 사항의 범위 안에서 그 실용신안등록출원을 특허출원으로 변경할 수 있다. 다만, 그 실용신안등록출원에 관하여 최초의 거절결정등본을 송달받은 날부터 30일이 경과한 때에는 특허출원으로 변경할 수 없다(제53 제1항). 특허출원으로 변경출원을 할 수 있는 자는 실용신안등록출원인이며 공동출원의 경우에는 출원인 전원이어야 한다. 실용신안등록출원 후 등록결정이 있기 전까지 변경할 수 있으며, 거절결정이 있은 때에는 그 결정등본을 송달 받은 날부터 30일 이내에 변경할 수 있다.

다. 변경출원의 범위

변경출원할 수 있는 범위는 그 실용신안등록출원의 출원서에 최초로 첨부된 명세서 또는 도면에 기재된 사항의 범위 내이다. 따라서 출원서에 최초로 첨부된 명세서 또는 도면에 기재되지 않았던 사항이 특허출원으로 변경출원되면서 추가되거나 변경되는 경우에는 적법한 변경출원으로 인정될 수 없고, 출원일의 소급도 인정받을 수 없게 된다.

라. 효 과

변경출원이 있는 경우에 그 변경출원은 실용신안등록출원을 한 때에 특허출원한 것으로 본다(제53조 제4항). 그러나 소급효를 인정하지 않는 경우는 변경출원이 확대된 선출원의 지위를 갖는 경우, 공지예외적용 취지 및 증명서류 제출기간 기산시, 조약우선권 주장 및 증명서류 제출기간 기산시, 국내우선권 주장 취지를 기재한 서류 제출기간 기산 등이다. 변경출원이 있는 경우에는 그 실용신안등록출원은 취하된 것으로 본다.

4. 변경출원의 요건

가. 원출원이 특허청에 계류중일 것

변경출원시에 실용신안등록출원이 취하·무효·포기 등의 이유로 소멸된 경우에는 이를 근거로 한 변경출원을 할 수 없다. 따라서 원출원은 특허청에 계류중이어야 한다.

나. 출원인이 동일할 것

변경출원인은 실용신안등록출원의 출원인과 동일인이거나 적법한 승계인이어야 한다. 이는 변경출원을 하는 경우 실용신안등록출원이 취하된 것으로 간주되기 때문이다.

다. 변경출원할 수 있는 기간 내일 것

실용신안등록출원에 대하여 거절결정등본을 송달 받은 날로부터 30일 이내에 변경출원할 수 있다. 반대로 특허출원을 기초로 실용신안등록출원으로 변경출원하는 경우에도 그 특허출원에 대하여 최초로 거절결정등본을 송달받은 날로부터 30일 이내에 실용신안등록출원으로 변경할 수 있다. 다만, 거절결정불복심판 청구기간이 연장된 경우에는 그 연장된 기간에 따라 변경출원을 할 수 있는 기간도 연장된다.

라. 동일성 유지

실용신안등록출원을 특허출원으로 변경할 경우 변경출원의 범위는 최초로 첨부된 명세서 또는 도면에 기재된 사항의 범위 안을 요구하고 있으므로, 변경출원은 실용신안등록출원과 기술내용의 동일성이 유지되어야 한다.[1]

VI. 우선권제도

1. 서 설

우선권제도에는 국가를 달리하는 출원간에 인정되는 파리협약의 우선권(이하 "조약우선권"이라 한다)과 국내출원간에 인정되는 국내우선권(이하 "국내우선권"이라 한다)이 있다. 이들 제도는 모두 발명보호를 위한 절차적 수단이나, 조약우선권은 파리협약의 운영과 관련되는 국제적인 발명보호 수단인 반면에 국내우선권은 국내출원인의 발명보호 수단이라는 점에서 차이가 있다. 조약우선권은 국제적으로 시간적·공간적 제약을 극복하기 위해서 출원일의 소급효를 기본원칙으로 하고 있다. 우선권(priority)[2]이란 파리협약 회원국에서 최선으로 정규의 출원을 한 자 또는 그 승계인이 일정한 기간 내에 다른 당사국에 동일한 발명을 출원한 경우 출원의 순위 및 특성 판단에 있어서 그 최선출원의 출원일을 제1국의 최초의 출원일, 즉 우선일[3]에 출원한 것으로 인정해 주는 권리이다. 우리나라는

---

1) 대법원 2004.3.12 선고 2000후2778 판결.
2) 특허법 제54조에서 "우선권"은 파리협약 제4조의 우선권을 의미하므로 특허법에서도 동일하게 사용된다. 국내우선권은 조약우선권과 본질적으로 차이가 있으나 편의상 용어는 동등하게 취급한다.
3) 우선일(priority date)이란 특허법 제201조 제1항의 정의에서 PCT 제2조(정의) xi호 "우선일" 정의에 따르고 있으므로 PCT에서 정의하는 우선일은 조약우선권제도에 적용된다. 우선일은 기간의 계산상 다음과 같다. ① 파리협약 우선권주장을 수반하는 경우에는

1980년 5월 4일 파리협약에 가입하고 조약우선권제도를 특허법에 규정하고 있다.

2. 조약우선권

가. 의 의

파리협약에 의하여 대한민국 국민에게 특허출원에 대한 우선권을 인정하는 당사국 국민이 그 당사국 또는 다른 당사국에 특허출원(이하 "선출원"이라 한다)을 한 후 동일발명을 우리나라에 특허출원(이하 "후출원"이라 한다)하여 우선권을 주장하는 경우 특허법 제29조 및 같은 법 제36조의 규정을 적용함에 있어서 그 당사국에 특허출원한 동일발명을 대한민국에 특허출원한 날로 본다(제54조 제1항).

나. 우선권주장의 요건

조약우선권을 주장하기 위한 제1국에서의 요건은 파리협약 당사국의 국민일 것, 당사국 또는 파리협약 당사국에 출원하였을 것, 그 출원은 정규의 출원일 것 등이다. 제2국에서의 요건은 특허출원한 자는 파리협약 당사국에 특허출원한 자와 동일인이거나 그의 상속인 또는 그의 승계인이어야 한다. 또한 우리나라에 특허출원한 발명은 파리협약 당사국에 특허출원한 발명과 동일해야 한다.

다. 시기의 제한

우선권을 주장하고자 하는 자는 우선권주장의 기초가 되는 우리나라에 특허출원을 하면서 파리협약 당사국 출원일(우선일)부터 1년 이내(우선기간)에 출원하여야 한다. 만약 2 이상의 우선권주장을 하는 경우에는, 가장 먼저 출원한 날(최선일)로부터 기산한다. 특허출원시 특허출원서에 우선권주장의 취지, 최초로 출원한 국명 및 출원의 연월일을 기재하여야 한다(제54조 제3항).

우선권이 주장되는 출원의 출원일(filing date), ② 국제출원이 2개 이상의 조약우선권을 수반하는 경우는 우선권을 가장 먼저 주장한 출원의 출원일, ③ 국제출원이 조약우선권 주장을 안 한 경우는 국제출원의 출원일이다.

라. 우선권주장에 대한 심사

우선권주장의 성립 여부에 대한 심사는 선출원과 후출원의 기술내용에 대한 동일성 판단이라 할 수 있다. 여기서 양 발명의 동일성 여부는 우선권을 주장한 출원의 청구항에 기재된 발명과 제1국 출원시 명세서 또는 도면으로부터 파악되는 발명이 동일하면 된다.

마. 효 과

우선권이 인정될 경우 특허법 제29조(신규성, 진보성) 및 제36조(선출원)의 규정을 적용함에 있어서는 동맹국의 어느 제1국에 출원하고 우선권 주장기간 내에 제2국에 출원할 경우 제2국에서는 제1국에 출원한 날을 제2국에 출원한 날로 인정하고 심사한다.[1]

3. 국내우선권

가. 의 의

우리나라에 선출원을 한 자 또는 그 승계인이 선출원일로부터 일정기간 이내에 개량발명을 하여 그 개량발명과 선출원발명을 하나의 출원에 포함시켜 후출원을 하여 우선권주장을 한 경우, 그 우선권주장의 기초가 된 선출원의 출원서에 최초로 첨부된 명세서 또는 도면에 기재된 발명에 관한 특허출원은 그 선출원의 출원시에 특허출원한 것으로 본다. 일반적으로 대부분의 발명은 기초발명을 바탕으로 개량발명이 나오고, 관련 주변 발명들이 속속 개발된다. 국내우선권제도는 국내의 선출원에 근거해서 개량발명한 후출원을 출원하면서 우선권을 주장할 경우 선출원의 출원일에 출원한 것으로 인정해 줌으로써, 국내산업계에서 개발한 기술을 적극적으로 보호해 주기 위한 것이 제도의 취지이다.

나. 우선권 주장

특허를 받으려는 자가 특허발명에 관하여 특허나 실용신안등록을 받을 수 있는 권리를 가진 특허출원 또는 실용신안등록출원으로 선출원한 출원서에 최초로 첨부된 명세서 또는 도면에 기재된 발명을 기초로 하여

---

1) 선출원이 다른 국내우선권주장 또는 조약우선권주장을 수반하는 이중우선은 소급효를 적용하지 아니한다.

우선권을 주장할 수 있다(제55조 제1항). 국내우선권을 주장할 수 없는 경우는 특허출원이 선출원의 출원일부터 1년이 지난 후에 출원된 경우, 선출원이 분할출원이나 변경출원인 경우, 그 특허출원을 할 때에 선출원이 포기·무효 또는 취하된 경우, 그 특허출원을 할 때에 선출원이 특허 여부의 결정, 실용신안등록 여부의 결정 또는 거절한다는 취지의 심결이 확정된 경우 등이다.

다. 우선권주장의 요건

(1) 선출원의 요건

선출원이 특허청에 계류중이어야 한다. 후출원시에 선출원이 이미 포기·무효·취하 또는 특허 여부의 결정, 실용신안등록 여부의 결정 또는 거절한다는 취지의 심결이 확정된 경우에는 선출원을 기초로 우선권을 주장할 수 없다. 우선권주장의 기초가 되는 선출원이 분할출원이거나 변경출원이 아니어야 한다. 그 이유는 분할출원 또는 변경출원을 기초로 하여 우선권주장을 할 경우에는 우선권주장의 적법성 이외에도 분할출원과 변경출원의 적법성까지도 파악해야 하므로 심사처리가 복잡해지고, 일반인은 서류열람시 이를 파악하기가 곤란하다는 어려움이 있기 때문이다.

(2) 후출원의 요건

국내우선권을 주장할 수 있는 자는 선출원의 출원인(승계인을 포함한다)이다. 따라서 후출원인은 후출원 시점에서 선출원인과 동일인이거나 선출원의 적법한 승계인이어야 한다. 즉 주체가 동일해야 한다. 공동출원의 경우에도 선출원인과 후출원인은 마찬가지로 동일해야 한다. 선출원의 승계인이 되기 위해서는 명의변경신고를 특허청장에게 제출하면 된다. 또한 선출원을 기초하여 국내우선권주장을 하면 주체의 동일성이 인정된다. 이때 선출원과 후출원의 발명이 동일해야 한다. 즉 객체가 동일해야 한다. 선출원이 될 수 있는 것은 특허출원이나 실용신안등록출원이다.[1] 그러나 우선권의 기초인 선출원 명세서 등에 기재된 발명이라 하더라도

---

1) 우리나라를 지정한 국제출원도 선출원이 될 수 있다. 여기서 "동일해야 한다" 함은 국내우선권주장의 대상인 후출원의 청구항에 기재된 발명이 선출원의 최초명세서 및 도면에 기재된 발명과 동일해야 한다는 것을 의미한다.

그것이 선출원 이후의 보정에 의하여 추가된 발명일 경우에는 이를 근거로 하는 우선권주장은 인정되지 않는다.

(3) 우선권주장의 시기

선출원을 기초로 국내우선권을 주장할 수 있는 기간은 선출원일로부터 1년 이내이다. 우선기간을 1년으로 정한 이유는 파리협약, PCT 및 각국의 우선권제도와 균형을 맞추기 위해서이다. 또한 2 이상의 선출원을 기초로 하여 국내우선권을 주장할 수도 있는바, 이 경우는 우선권주장의 형태가 복합우선에 해당되므로 2 이상의 선출원 중 최선(最先)의 출원일로부터 1년 이내에 주장하여야 한다.

라. 우선권주장의 절차

(1) 특허출원시 절차

선출원을 근거로 우선권을 주장하고자 하는 자는 특허출원을 할 때에 특허출원서에 그 취지와 선출원의 표시를 하여야 한다(제55조 제2항). 이 절차는 국내의 출원절차에만 적용되고 국제특허출원에는 적용되지 않는다. 국내우선권주장의 절차에서는 이미 선출원의 서류가 특허청에 제출되어 있기 때문에 조약우선권의 경우와는 달리 선출원에 관한 증명서류는 제출할 필요가 없다.

(2) 신규성 의제를 주장하는 경우

선출원을 근거로 국내우선권을 주장한 자가 그 후출원에서도 선출원에서 주장한 신규성 의제의 혜택을 승계받고자 할 때에는 후출원시에 그 취지를 기재한 서면을 특허청장에게 제출하고 후출원일로부터 30일 이내에 특허법 제30조 제2항의 증명서류를 제출하여야 한다. 파리협약에 의한 우선권을 주장하는 자가 동시에 특허법 제30조의 공지예외의 적용을 받고자 하는 경우에는 그 발명이 공지된 날로부터 12개월 이내에 우리나라에 특허출원을 하여야 한다. 만약, 일본에서 최초 공지일이 2012년 5월 1일이면 그날로부터 12개월 이내(2013년 5월 1일 이내)에 특허출원하여야 한다.

(3) 심사대상 발명의 선출원 기재

국내우선권을 주장하면서 심사대상 발명의 선출원 기재 여부가 중요한 심사 포인트이다. 명세서에 선출원 심사대상 발명을 기재한 경우에는 선출원일을 기준으로 심사를 하고, 이를 기재하지 않는 경우에는 후출원일을 기준으로 심사한다. 심사대상 발명의 선출원 기재 여부에 따라서 심사의 기준일이 결정된다.

마. 선출원의 취하 간주

특허법 제55조 제1항에 따른 국내우선권주장의 기초가 된 선출원은 그 출원일부터 1년 3개월이 지난 때 취하된 것으로 본다(제56조 제1항). 출원인은 선출원의 출원일부터 1년 3개월을 경과한 후에는 그 우선권주장을 취하할 수 없다. 그러나 특허출원이 선출원의 출원일부터 1년 3개월 이내에 취하된 때에는 그 우선권주장도 동시에 취하된 것으로 본다(제56조 제3항).

VII. 직무발명

1. 서 설

직무발명이란 종업원·법인의 임원 또는 공무원(이하 "종업원 등"이라 한다)이 그 직무에 관하여 발명한 것이 성질상 사용자·법인 또는 국가나 지방자치단체(이하 "사용자 등"이라 한다)의 업무범위에 속하고, 그 발명을 하게 된 행위가 종업원 등의 현재 또는 과거의 직무에 속하는 발명을 말한다.[1] 오늘날 과학기술이 고도화되면서 기업의 연구개발은 회사 내의 연구소를 중심으로 체계적으로 행해지는 경우가 많다. 이러한 경우에 그 연구소 내의 물적·인적 자원 및 구체적 경험을 기초로 해서 이루어지는 발명이 큰 비중을 차지하고 있다. 직무발명에 대하여 종전에는 특허법 제

---

[1] 종업원 등의 직무로부터 또는 회사 내의 숙련된 노하우로부터 창작된 기술적인 발명이 직무발명이다. 작업과 직무범위 밖에서 발생하거나 회사 내의 숙련된 노하우로부터 발생하지 아니한 발명은 직무발명이 아니라 자유발명이라고 한다.

39조 및 제40조에서 규정하였으나, 2006년 개정법에서 본 조문이 발명진흥법으로 통합되어 발명진흥법 제10조 내지 제19조에서 규정하고 있다. 이러한 직무발명에 대하여 종업원 등[1]이 특허를 받았거나 특허를 받을 수 있는 권리를 승계한 자가 특허를 받았을 때에는 사용자 등은 그 특허권에 대하여 통상실시권을 가진다(발명진흥법 제10조 제1항). 사용자 등은 미리 종업원 등이 한 직무발명에 대해 특허를 받을 권리 또는 특허권을 사용자 등에게 승계시키거나, 전용실시권을 사용자 등을 위해 설정하는 취지를 정한 계약 또는 근무규정 등에 의해 이상의 권리를 유효하게 승계할 수 있다. 이를 소위 "예약승계"[2]라 한다.

2. 직무발명의 내용

가. 의 의

최근 기업, 연구소 및 대학 등에 의해 연구·개발된 특허기술의 증가로 전체 특허출원에서 직무발명의 비율이 82%에 이르는 등 직무발명의 비중이 갈수록 증가하고 있다. 이 법에서 직무발명이라 함은 종업원·법인의 임원 또는 공무원(이하, "종업원 등"이라 한다)이 그 직무에 관하여 발명한 것이 성질상 사용자·법인 또는 국가나 지방자치단체(이하 "사용자 등"이라 한다)의 업무범위에 속하고, 그 발명을 하게 된 행위가 종업원 등의 현재 또는 과거의 직무에 속하는 발명을 말한다. 이러한 직무발명에 대하여 종업원 등이 특허를 받았거나 특허를 받을 수 있는 권리를 승계한 자가 특허를 받았을 때에는 사용자 등은 그 특허권에 대하여 통상실시권을 가진다(발명진흥법 제10조 제1항).

직무발명의 요건인 "고용관계의 존재"는 발명의 완성 당시를 기준으로 하므로 어떤 종업원이 과거의 재직회사에서 발명의 기본적인 아이디어를 구성하였다가 새롭게 이직한 회사에서 발명의 구체적인 내용을 완성한 경우에는 그 발명은 나중 회사의 직무발명이 된다.

---

1) 직무발명에서의 "종업원 등"이라 함은 사용자(국가, 법인, 사장 등)에 대한 노무제공의 사실관계만 있으면 되므로, 고용관계가 계속적이지 않은 고용식이나 수습공을 포함하고, 상근·비상근, 보수지급 유무에 관계없이 사용자와 고용관계에 있으면 종업원으로 본다.
2) 吉藤, 276면: 계약 등으로 예약의 의미를 명확하게 함과 동시에, 권리이전의 대항요건을 갖추기 위해, 발명이 완성된 후 지체없이 "양도증서"를 작성하고 보존하는 것이 필요하다.

나. 직무발명의 성립요건

직무발명이 성립되려면, (i) 종업원 등이 자신의 직무에 관하여 발명하였을 것, (ii) 종업원 등의 발명은 사용자 등의 업무범위에 속할 것, (iii) 종업원 등의 발명행위는 현재 또는 과거의 직무에 속할 것, (iv) 종업원 등은 직무발명 완성사실을 통지할 것, (v) 사용자 등은 4개월 이내에 승계 여부를 통지를 할 것 등의 요건을 만족하여야 한다.

다. 종업원 등에 대한 보상

종업원 등은 직무발명에 대하여 특허를 받을 수 있는 권리 또는 직무발명에 대한 특허권을 계약 또는 근무규정에 의하여 사용자 등에게 승계하거나 전용실시권을 설정한 경우에는 정당한 보상(報償)을 받을 권리를 가진다(발명진흥법 제15조 제1항). 기업체나 연구소 등에 고용되어 있는 많은 발명자들이 직무발명을 할 경우에 정당한 보상을 받고 싶어하며, 사용자 입장에서는 이 발명을 잘 활용하여 연구와 개발에 투자하고자 한다. 정당한 보상금은 직무발명으로 사용자 등이 얻을 이익과 그 발명의 완성에 사용자 등 및 종업원 등이 공헌한 정도를 고려해야 한다.[1]

라. 사용자 등의 통상실시권

직무발명에 대하여 종업원 등이 특허를 받거나 종업원 등으로부터 특허를 받을 수 있는 권리를 승계한 자가 특허를 받았을 경우, 사용자 등은 그 특허권에 대하여 통상실시권을 갖는다. 공무원의 직무발명에 대하여 국가 또는 지방자치단체가 이를 승계한 경우에는 정당한 보상금을 지급하여야 한다(발명진흥법 제15조 제4항). 사용자는 종업원 등의 직무발명에 대하여 법정의 무상통상실시권을 가진다.

3. 직무발명의 보상금

기업체나 연구소 등에 고용되어 있는 종업원은 직무발명에 대하여 특허를 받을 수 있는 권리 또는 직무발명에 대한 특허권을 계약 또는 근무규정에 의하여 사용자 등에게 승계하거나 전용실시권을 설정한 경우에

---

1) 서울고등법원 2003.6.24 선고 2001나 34227 판결: 피고(K사)는 원고에게 직무발명 보상금으로 등록보상금 976,000원을 지급하라.

는 정당한 보상을 받을 권리를 가진다(발명진흥법 제15조 제1항). 정당한 보
상금은 직무발명으로 사용자 등이 얻을 이익과 그 발명의 완성에 사용자
등 및 종업원 등이 공헌한 정도를 고려해야 한다.[1] 특허법에 의해 인정
되는 직무발명 보상금 청구권은 강행규정이므로 보상금 청구권의 발생,
행사 및 보상금의 정당한 액수에 어떠한 제한을 가하는 계약 또는 근무
규정은 무효가 된다. 판례에서 적용되는 정당한 보상금의 계산식은 "매출
액"ד회사의 독점적 지위에 의한 이익률"ד적정실시료율"ד발명자 기여
율"ד원고 기여율(다수의 발명자가 관련된 경우)"이다. 직무발명에 대하여 종
업원 등이 특허를 받거나 종업원 등으로부터 특허를 받을 수 있는 권리를
승계한 자가 특허를 받았을 경우, 사용자 등은 그 특허권에 대하여 통상실
시권을 갖는다.

4. 공무원의 직무발명

공무원의 직무발명에 대하여 국가 또는 지방자치단체가 이를 승계한
경우에는 정당한 보상금을 지급하여야 한다(발명진흥법 제15조 제4항). 우리
정부는 "공무원직무발명의 처분·관리 및 보상 등에 관한 규정"을 개정하
여 공무원직무발명의 보상수준을 적절한 보상이 가능하도록 제도화하였
다. 또한 공무원의 직무발명에 대한 권리는 국가 또는 지방자치단체가 승
계하며, 국가 또는 지방자치단체가 승계한 공무원의 직무발명에 대한 특
허권 등은 국유 또는 공유로 한다(발명진흥법 제10조 제2항).[2] 예를 들어, 처
분보상금은 처분수입금의 50%를 발명자에게 지급하도록 하였다(공무원직
무발명의 처분·관리 및 보상 등에 관한 규정 제17조). 또 "기술이전촉진법시행령"
을 개정하여 공공연구기관의 연구원에게 기술료 순수입의 50% 이상을
보상금으로 지급하도록 하는 등 직무발명의 보상기준을 법으로 보호하고
있다(기술개발촉진법 시행령 제20조 제4항).

---

1) 대법원 2010.11.11 선고 2010다26769 판결.
2) 국·공립학교 교직원의 직무발명에 대한 권리는 "기술이전 및 사업화 촉진에 관한
법률" 제11조 제1항 후단에 따라 전담조직이 승계하며, 전담조직이 승계한 국·공립학교
교직원의 직무발명에 대한 특허권 등은 그 전담조직의 소유로 한다.

5. 직무보상금 관련 판례

가. 직무발명에 있어서 종업원이 연구한 발명의 권리 귀속 및 대가[1]

(1) 사건개요

X(나까무라 슈지)는 Y회사(니치아화학)의 전 종업원이며, Y회사 재직중에 "질화물 반도체 결정막의 성장 방법"(청색발광 다이오드)에 대한 발명을 하였다. Y회사는 본 발명에 대한 특허출원을 하고, 특허권의 설정등록을 받았다. X는 특허법 제35조 제3항에 기초하여 직무발명에 대하여 특허를 받는 권리를 승계시킨 것에 대한 상당한 대가를 요구하였다.

(2) 판결요지

이 사건은 상기 분야에서의 선행연구에 기초하여 고도의 기술정보를 축적하고, 인적 및 물적으로도 풍부한 진용의 연구 부문을 구비한 대기업에서, 다른 기술자의 고도의 지견 내지 실험능력에 기초한 지도나 원조에 의해 발명을 한 것 같은 사례와는 전혀 상이하고, 소기업의 빈약한 연구환경 아래에서 종업원 발명자가 개인적 능력과 독창적인 발상에 의해 경업회사를 비롯한 전 세계의 연구기관에 앞서, 산업계가 열망했던 세계적 발명을 이루었다는 직무발명으로서는 전혀 없었던 사례인 것으로 인정하여, 재판소는 직무발명의 상당한 대가로서, 604억 3,006만엔을 인정했다. X는 그 일부로서 200억엔을 청구하고 있었으므로, 재판소는 200억엔의 지불을 Y회사에 명하는 판결을 내렸다.[2] Y회사는 이에 불복하여 동경고등법원에 항소했지만, 그후 화해가 성립했다. 그리고 직무발명의 상당한 대가는 6억 857만엔으로 하고, 지연손해금 2억 3,534만엔을 포함한 합계 8억 4,391만엔(한화 약 80억 5천만원)을 Y사가 X에 지불하는 것으로 화해가 성립했다.

---

1) 일본 동경지방재판소 평성 13(와)17772 판결.

2) 직무발명 보상금 산정기준일: 장래이익에 대하여 대가 산정은 사실심 구두변론 종결시까지 생긴 일체의 사정을 참작할 수 있는 것은 당연하다. 또 독점이익의 산정기준시로 "근무규칙 등에 대가의 지급시기가 정해져 있는 경우에는 지불시기의 시점에 있어서 금액으로 산정한다고 하여 본건 특허(제2628404호: 청색발광다이오드)의 설정등록시로 인정한다. 이 사건에서 특허권이 만료하는 2010년까지의 예측매상을 포함해서 1조 1,054억엔으로 인정했다. 법원은 장래이익, 특허발명의 실시상황, 발명자의 공헌도(50%를 밑돌지 않는다) 등을 고려하고, 원고의 청구액이 200억엔임을 감안하여, "피고는 원고에게 200억엔을 지급하라"고 판시하였다.

나. 직무발명 보상금의 산정 관련 판례[1]

(1) 사건개요

피고(L사)는 석유화학제품 등의 제조가공 및 판매업 등을 사업목적으로 하는 회사이고, 이 사건 발명에 대한 등록권리자이고, 원고 X1, X2는 피고 회사에서 근무하던 사람들로서, 이 사건 특허의 특허등록공보(특허번호 제0150019호: 몬모릴로아니트 점토 촉매를 이용한 알킬머캅탄의 개선된 제조방법)에 소외 A와 더불어 이 사건 발명의 공동발명자로 기재되어 있다. 피고는 이 사건 발명을 토대로 1997년경부터 국내에서 처음으로 TDM을 생산하기 시작하여 현재까지 이를 생산·판매하고 있다. 이에 원고들은 피고에게 직무발명보상금을 지급하라고 제소하였다. 원고는 피고가 이 사건 발명을 원고들로부터 직무발명으로 양도받아 특허출원한 후 이를 실시하여 수익을 얻고 있다고 주장하면서, "피고는 구 특허법(2001.2.3, 법률 제6411호로 개정되기 전의 것, 이하 "구 특허법"이라 한다) 제40조에 기하여 이 사건 발명으로 인하여 피고가 특허의 존속기간 만료일까지 얻을 수익 약 2,650억원을 기준으로 한 직무발명보상금 10억 6천만원 중 일부로서 합계 2억원을 지급하라"고 청구하였다.

(2) 판결요지

원고들이 피고 회사에 연구개발실에 근무하면서 이 사건 발명의 개발 과정에 참여한 사실, 피고는 이 사건 발명을 토대로 TDM을 생산·판매하고 있는 사실 등은 당사자들 사이에 다툼이 없으므로, 피고는 원고에게 소정의 직무발명보상금을 지급할 의무가 있다.

매출액 합계 580억, 피고가 이 사건 발명으로 인하여 얻을 이익(20%), 직정실시료율(3%), 발명자 기여도(30%) 및 원고들이 차지하는 비중(1/3)을 고려하여 직무발명보상금은 580억원×20%×3%×30%×1/3=34,800,000원이 적정하다. 직무발명의 개발에 참여한 연구진의 구성, 경력 및 개발에 참여한 정도, 참여기간 등을 고려하면, 이 사건 발명에 참여한 연구진들의 기여도 비중은 상당부분(1/3 정도) 인정해야 한다고 봄이 성당하다.

---

1) 서울지방법원 2005.10.28 선고 2004가합91538 판결.

다. 사용자가 직무발명을 실시하고 있지 아니하여 청구를 기각한 사례

원고는 피고(JPM)의 회사에 입사하여 근무하면서 직무발명으로 본건발명 1 내지 4를 출원하였다. 원고는 피고가 자신의 발명(특허번호 제2771438호: 주수발포 탈취방법 및 장치)의 이용 및 원고가 제공한 노하우의 제공으로 피고는 상당한 영업이익의 달성이 가능하였으므로, 원고는 피고에 대해 직무발명 및 노하우의 상당 대가로 30억 4980만엔을 요구한 사안이다. 원고가 상기 주장하는 발명은 피고가 직접 실시하고 있다는 증거가 없으므로, 앞으로도 실시 예정이 극히 불투명하다. 또한 상기 일부 발명은 거절결정이 확정되어 발명으로서 가치가 없으므로 원고의 주장은 이유가 없다.[1]

라. 직무발명 보상금청구권의 소멸시효 기산점

서울지방법원 2006.10.20 선고 2004가합3995 판결은 직무발명보상금 중 처분보상금의 소멸시효 가산점은 출원일이 아니라 처분시점이 됨을 판시한 판례이다. 이 판례는 처분보상금청구권 소멸시효의 기산점을 처분을 통하여 이익을 얻는 시점으로 본 사례이다. 이와 동일한 취지로 내린 판결로 서울지방법원 2009.8.20 선고 2008나119134 판결에서 보상금 청구권은 민법상 일반채권으로서 10년의 소멸시효기간이 적용됨을 밝히고, 원고의 이 사건 소는 특허등록일로부터 10년이 경과된 후에 제기되었으므로 이 사건 특허에 관한 보상금청구권은 이 사건 소 제기 전에 이미 시효를 소멸하였다고 판시하였다.

마. 예약승계의 위반에 따른 손해배상의무 관련 판례[2]

종업원이 한 발명이 명백하나, 취업규칙이 이 사건 기술의 발명 당시에 유효하게 존재하고 있었다고 볼 만한 아무런 증거도 없을 뿐만 아니라 명시적인 예약승계 계약의 규정도 없었으며, 또한 묵시적인 예약승계규정도 없었으므로, 예약승계의 규정을 위반하였다는 것을 전제로 하는 손해배상청구는 인정되지 않는다. 정당한 보상금의 계산식= "매출액" × "회사의 독점적 지위에 의한 이익률" × "적정실시료율" × "발명자 기여율" × "원고 기여율(다수의 발명자가 관련된 경우)"이다.

---

1) 일본 오사카지방재판소 평성 21(와)15068 판결.
2) 수원지방법원 2005.10.7 선고 2003가단32000 판결.

바. 직무발명에 의해 얻은 이익이 없는 경우[1]

본건은 원고가 피고 회사에 재직중 합계 26건의 발명을 단독 또는 공동으로 발명하였고, 원고가 피고에 대해 본건 26건의 발명에 대해 특허를 받을 수 있는 권리의 양도에 대한 상당의 대가로서 산정한 55억엔 중 1억엔의 지불을 구하고 있다. 이에 대해 피고는 본건 26건의 발명의 출원명세서의 "발명자"란에는 피고의 이름이 기록되어 있지 않아서 형식적으로도 발명자라고 할 수 없고, 실질적으로 보아도 공동발명자가 아니라고 주장하고 있다. 또한 피고는 본건 26건의 발명(특허번호 제3297754호: 적층필름 및 사진용 지지대 등 합 26건)에 의해 독점의 이익을 얻고 있지 않으므로 특허를 받을 수 있는 권리의 양도에 대한 상당의 대가는 없다고 주장하였다. 법원은 "과거 본건 26건의 발명에 의해 피고가 얻은 이익은 없으며, 따라서 본건 26건의 발명에 대해 원고가 발명자인가 아닌가를 판단할 필요도 없이 피고가 얻은 이익은 전혀 없다. 아울러 본건 각 발명에 대해, 원고가 공동발명자라는 사실을 인정할 수 없으며, 또한 본건 26건의 발명에 대해 피고가 해당 발명에 의해 얻은 이익이 있다고 인정할 수 없으므로 원고의 주의적 청구는 이유가 없다. 또한 예비적 청구도 본건 각 등록발명에 대해 원고가 공동발명자라는 것을 인정할 수 없으며, 공동발명자라고 할지라도 이전등록청구에 의해 얻을 수 있는 법률상 근거도 없으므로 이유가 없음은 명백하다"고 판시하였다.

사. 직무발명의 보상금 산정 기준[2]

대법원 2007다37370 판결은 피고가 원고에게 구 특허법 제40조 소정이 직무발명보상금을 지급할 의무가 있는 경우 직무발명보상금에 대한 판결로, 원고의 주장을 일부 인용하여 원고들이 피고로부터 지급받을 직무발명보상금의 액수를 구체적으로 산정한 사례이다.

이 판결은 회사 임원의 직무발명에 관하여 회사 등이 그 임원을 배제한 채 회사명의의 특허등록을 마침으로써 임원의 특허를 받을 수 있는 권리를 침해한 경우, 위 임원이 입은 재산상 손해액의 산정 방법 및 등록

---

1) 일본 동경지방재판소 평성 14(와)8496 판결.
2) 대법원 2008.12.24 선고 2007다37370 판결.

된 특허권 또는 전용실시권의 침해행위에 따른 손해배상액 산정에 관한 특허법 제128조 제2항을 이 경우에 유추 적용할 수 있는지의 여부에 대하여 판시하였다.

Ⅷ. PCT 국제출원

1. 서 설

가. 의 의

우리나라 특허법 제10장에서는 특허협력조약(PCT: Patent Cooperation Treaty)에 의한 국제특허출원(이하 "국제출원"이라 한다)에 관하여 규정하고 있다. 특허법 제10장 제1절은 국제출원의 국제단계의 절차에 관한 것으로 PCT를 이용하여 외국에서 권리를 취득할 경우 적용되는 절차를 규정하고 있다. 제10장 제2절은 국제출원의 국내단계에서 우리나라를 지정한 국제출원에 대하여 국내법의 적용에 대해서 규정하고 있다.[1] PCT는 특허 또는 실용신안을 해외에 출원할 경우 절차를 간소화하고 비용을 절약하며 기술교류협력을 위하여 체결된 다자간 조약이다. PCT는 1970년 6월 19일 워싱턴외교회의에서 조약이 체결되었으며 체결시 20개국이 서명하였다. 1978년 1월 24일자로 PCT조약이 발효되었으며, 2012년 2월 현재 PCT 체약국(contracting parties)은 144개 국가이다. 우리나라는 1984년 8월 10일 PCT에 가입하였고, 특허청은 PCT 수리관청, 지정관청, 국제조사기관(ISA) 및 국제예비심사기관(IPEA)으로 지정되어 국제출원 업무를 처리하고 있다.

나. PCT 장점

출원인이 여러 국가에 각각 별도로 출원을 한다면 그 나라 제도와 절차가 다를 뿐만 아니라 비용도 많이 들게 된다. PCT는 하나의 절차로

---

1) 국제출원은 번역문 제출시기를 중심으로 번역문 제출 이전단계를 국제단계(international phase)라 하고, 이 이후의 절차를 국내단계(national phase)라 한다. 국제출원은 국내단계에 진입한 후에는 각국의 국내법에 따라서 각국 특허청에서 일정한 절차를 밟아야 등록이 된다.

서 국제출원을 하고 권리를 획득할 수 있는 장점이 있다. PCT는 출원인이 수리관청에 하나의 국제출원서류를 제출하면서 다수의 체약국을 지정하면, 지정된 모든 체약국에 국제출원서류를 제출한 날에 직접 출원된 것과 동일한 것으로 인정해 준다. 또한 PCT국제조사기관·국제예비심사기관에서 관련 선행기술의 조사 및 특허성의 예비심사를 통하여 출원인이 각국에서 출원절차를 밟기 전에 특허성을 미리 알아볼 수 있다.

2. PCT 출원절차

가. 제출서류

PCT 국제출원을 하기 위해서는 Request(국제출원서), 명세서, 청구의 범위, 요약서, 도면(있는 경우), 서열목록(해당하는 경우)으로 이루어진 국제출원 관련 서류를 별도로 제출해야 한다. 이 경우 국내출원시 제출한 서류를 그대로 제출하는 것은 아니다. 명세서도 국내출원과 달리 PCT규칙에서 규정하는 기술순서에 따라 작성하여야 하며, 국내출원과 달리 명세서와 청구의 범위를 구분하여 별도로 작성하여야 한다. 국제출원서(Request)는 반드시 영어 또는 일본어(일본어 출원의 경우)로 작성하여야 한다.

나. 수리관청

PCT 국제출원에 필요한 서류를 접수하는 특허청(수리관청) 중 우리나라 특허청을 수리관청으로 하여 출원하는 출원인은 국제조사기관으로 한국·오스트리아·호주·일본 특허청(일본어 출원에 한함) 중 하나를 선택할 수 있다. 국제예비심사기관으로는 한국·오스트리아·일본 특허청(일본에서 국제조사를 받은 경우에 한함) 중 하나를 선택할 수 있다. PCT국제출원 중 우리나라를 국제조사기관으로 지정한 나라는 필리핀, 베트남, 인도, 인도네시아, 몽고, 뉴질랜드, 미국, 싱가포르, 말레이시아이다.

다. 방식심사

국제출원이 접수되면 수리관청에서 서류작성의 적정 여부 등에 대한 방식심사는 국제출원 접수 후 1월 이내, 우선일로부터 13월 이내에 한다. 다음은 PCT 국제출원 절차도이다.

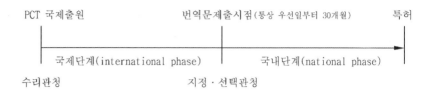

라. 국제조사

PCT는 국제단계와 국내단계로 구분되어 절차가 진행된다.[1] PCT 제
1장의 규정에 따라서 국제단계에서 국제출원과 국제조사는 출원인이 밟
아야 하는 필수적인 절차이다. 국제조사(International Search)란 국제출원
된 발명에 대하여 국제조사기관이 선행기술을 조사하는 것을 말한다. 국
제조사 결과는 조사용 사본의 수령일로부터 3월 또는 우선일로부터 9월
중 늦게 만료되는 기간 내에 작성되는 국제조사보고서(International
Search Report)는 출원인 및 WIPO 국제사무국에 송부한다. 이 국제조사보
고서는 출원인이나 지정관청을 구속하는 효력은 없다.

마. 국제공개

국제단계에서 WIPO 국제사무국은 국제출원의 우선일로부터 18개
월이 경과한 후 이를 신속하게 국제공개한다. 국제사무국은 수리관청이
송부한 국제출원서류와 국제조사기관이 보내 온 국제조사보고서를 합하
여 국제공개공보를 발간함으로써 국제공개를 행하고, 이를 출원인 및 각
지정관청에 송부한다.

바. 국제예비심사

PCT 제2장에 의하여 국제예비심사(International Preliminary Examination)
는 국제예비심사기관에서 행한다. 국제예비심사는 출원인의 선택사항이
다. 통상 우선일로부터 22개월 이내에 국제예비심사를 청구하고, 국제예
비심사기관은 특허성에 관한 예비적인 심사를 하여 그 결과를 "특허성에

---

1) PCT 국제출원은 한 번의 출원으로 세계적으로 특허를 받는 것이 아니라 일단 국제
출원일을 인정받은 후, 검증단계(국제조사 및 국제예비심사)를 거친 후 각 지정국에 번역문
을 제출하여야 비로소 각 국에서 특허허여 여부에 관한 심사가 진행된다. PCT 국제출원
절차는 국제단계와 국내단계가 분리되어 있는 것이 특징이다.

관한 국제예비보고서"로 작성하여 통상 우선일로부터 28개월 이내에 출원인에게 통보한다. 국제예비심사기관은 심사청구된 발명에 대하여 특허성에 관하여 심사한 후 예비적이고 비구속적인 판단(preliminary and non-binding opinion)을 내린다. 또한 이를 국제예비심사보고서(International Preliminary Examination Report)로 작성하여 출원인 및 국제사무국에 송부하며, 국제사무국은 이를 각 선택관청에 송부한다.

사. 국내단계 진입

출원인은 국제조사보고서 등을 기초로 실제 특허를 얻고자 하는 국가에 국제출원의 번역문 및 국내수수료 등을 납부하는 국내단계에 진입(통상 우선일로부터 30개월 이내)하여 해당 지정국에서 특허심사절차를 밟게 된다. 우리나라는 우선일로부터 31개월 이내에 국내단계절차를 밟아야 한다.

3. PCT 국제출원제도의 장점과 단점

가. PCT 국제출원제도의 장점

(1) 출원일 인정요건이 간편함

한 번의 국제출원으로 다수의 가입국에 직접 출원한 효과를 얻을 수 있기 때문에 개별 나라마다 일일이 출원해야 하는 번거로움을 덜어준다.

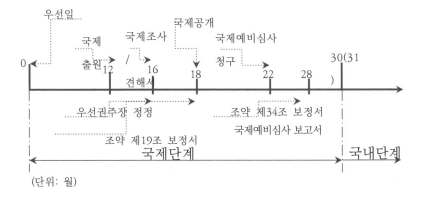

(단위: 월)

(2) 특허획득 가능성 제고

특허를 받고자 하는 나라의 특허청(지정관청)의 심사에 앞서 국제조사기관의 선행기술조사 및 특허성에 대한 견해(필수절차)와 국제예비심사기관의 특허성 유무에 대한 예비심사(선택절차)를 거침으로써 특허획득 가능성을 미리 예측할 수 있을 뿐만 아니라 평가·보정의 기회도 가질 수 있어 특허획득에 유리할 수 있다.

(3) 출원서 작성이 용이

PCT 국제출원시에는 하나의 언어로 된 출원서류를 작성하여(한국 특허청의 경우 국어·영어·일어 중 택일) 제출하면 되므로 다수 국가를 지정하여 PCT 국제출원을 하는 경우 초기에 개별국가 언어로 된 번역문을 일일이 준비하지 않아도 되므로 편리하다.

(4) 무모한 해외출원 방지

발명 또는 고안을 PCT 국제출원을 통하여 각 지정국 특허청에 직접 출원한 것과 같은 효력을 확보한 다음, 그 지정국의 국내단계 진입기한(통상 우선일로부터 30개월 이내. 다만, 스위스 등 일부 국가는 우선일로부터 19개월 이내에 국제예비심사를 청구한 경우에만 30개월 이내)까지 국제조사보고서·견해서 및 국제예비심사보고서를 토대로 특허획득 가능성을 면밀히 검토함과 동시에 각 지정국의 시장성을 조사한 다음에 국내절차 이행 여부를 결정함으로써 불필요한 비용지출 및 무모한 해외출원을 방지할 수 있다.

(5) 국내단계진입시 수수료 감면

세계 주요 특허청에서는 PCT를 통한 외국인의 국내단계 진입시 자국 특허수수료를 일정 조건에 따라 감면해 주는 제도를 두고 있다.

나. PCT 국제출원제도의 단점

(1) PCT 국제출원 비용 별도부담

PCT 국제출원 비용이 별도로 소요되고, 지정국의 국내단계에 진입하는 경우에는 개별국 출원시와 동일한 비용이 추가로 필요하므로 비용부담이 가중되는 단점이 있다.

(2) 심사절차가 이중으로 진행

국제예비심사를 받았음에도 불구하고 국내단계 진입시 각국마다 새로운 심사를 받게 되므로, 심사절차가 이중적으로 진행되는 단점이 있다. 이와 달리 개별국가출원을 하였을 경우에는 각국마다 심사관이 제시하는 선행기술을 고려하여 권리범위를 보정함으로써 국가에 따라서는 의외로 더 넓은 권리를 얻을 가능성이 있다.

4. 국제출원

가. 국제단계

국제출원절차에서 번역문 제출이 분기점이 된다. 이는 번역문 제출 이전까지는 PCT 국제출원서를 수리관청에 제출할 때부터 시작하여 지정국에 번역문을 제출할 때까지의 국제출원절차를 의미한다.

나. 국내단계

출원인이 국제조사보고서 또는 국제예비심사보고서 등을 토대로 국내단계를 밟기로 결정한 지정국에 대하여 통상 30개월 이내에 국제출원의 번역문 제출, 수수료 납부, 대리인 선임 등 지정국의 국내법에 따른 국내출원절차를 밟는 것을 국내단계에 진입한다고 한다. 국내단계에서의 특허 여부는 각국의 특허청에서 국내법에 의하여 심사를 한 후 결정된다.

다. 국제출원서류

국제출원을 하고자 하는 자는 국어·영어 또는 일어로 국제출원의 출원서류를 작성하여야 한다. 다만, 국어로 작성하는 경우에는 국제공개를 위하여 우선일로부터 1년 4개월 이내에 국제출원의 영어 번역문을 특허청장에게 제출하여야 한다. 국제출원서류에 첨부하는 서류로는 수수료계산서, 대리인의 경우 위임장, 기타 필요한 증명서류 등이다. 미생물을 기탁할 경우에는 기탁증 사본을 명세서 맨 마지막에 첨부한다. 유전자공학 관련 국제특허출원시에는 서열목록을 제출하고 이를 수록한 디스켓을 반드시 제출하여야 한다.

라. 국제단계에서의 보정

(1) PCT 제19조에 의한 보정

국제출원서류 중 청구의 범위[1]에 대해서는 출원인이 국제조사보고서를 받고나서 국제사무국에 보정을 청구할 수 있다. 이는 단지 청구의 범위에 대해서만 보정이 인정되며, 명세서 및 도면에 대해서는 허용되지 않는다(제204조). 출원인은 청구의 범위를 보정하면 권리획득에 유리하다고 판단될 경우에는 국제조사보고서를 받은 후, 기준일까지 외국어로 출원한 경우에는 그 보정서의 국어번역문, 또는 국어로 출원한 경우에는 그 보정서의 사본을 특허청장에게 제출하여야 한다.

(2) PCT 제34조에 의한 보정

국제특허출원의 출원인은 PCT 제34조에 따라 국제특허출원의 "명세서, 청구의 범위 및 도면"을 보정한 경우 기준일까지 해당 서류를 특허청장에게 제출하여야 한다. 외국어로 출원한 국제특허출원의 경우에는 그 보정서의 국어에 의한 번역문, 국어로 출원한 국제특허출원의 경우에는 그 보정서의 사본을 특허청장에게 제출하여야 한다(제205조 제1항).

마. 국내단계에서 보정

"명세서, 청구의 범위 및 도면"에 관하여 보정하여야 할 사항을 국제단계에서 보정하지 못한 경우에는 국내단계에서 각 지정관청 또는 선택관청에 보정을 청구할 수 있다. 우리나라의 경우에 출원인이 자진하여 "명세서, 청구의 범위 또는 도면"을 보정할 수 있는 기회는 심사청구와 동시에 보정서를 제출하는 경우밖에 없다.

바. 번역문 제출

국제출원의 경우에는 국제출원서류와는 별도로 각 지정국에 번역문을 제출하고 이를 기초로 심사를 진행하도록 하고 있다. 국제특허출원을 외국어로 출원한 경우에 국제예비심사청구 여부와 관계없이 국내서면제출기간(2년 7개월) 이내에 번역문을 제출하도록 하여야 한다(제201조 제1항).

---

1) 특허법 제42조에서 규정하는 명세서 안에 "특허청구범위"를 포함한다(제42조 제2항). 그러나 PCT 국제출원에서 구비서류로 "청구의 범위"를 별도의 문서로 취급한다(제193조 제1항).

오역 등의 사유로 인하여 국제출원서류의 원문과 번역문이 상이하게 된 경우 이를 조정하기 위하여 다음과 같은 특례규정을 두고 있다. (i) 국제출원일에 제출된 국제특허출원의 명세서나 청구의 범위에 기재된 사항 중 번역문에 기재되지 아니한 것은 국제출원일에 제출된 국제특허출원의 명세서 및 청구의 범위에 기재되지 아니한 것으로 본다. (ii) 국제출원일에 제출된 도면 중의 설명 부분으로서 번역문에 기재되지 아니한 것은 국제출원일에 제출된 국제특허출원에 도면 중의 설명이 없었던 것으로 본다. (iii) 국제출원일에 제출된 국제특허출원의 명세서, 청구의 범위 또는 도면 중의 설명에 기재된 사항(원문명세서)이라 하더라도 국내서면제출기간 내에 제출된 국어번역문(출원번역문)에 기재되지 아니한 사항은 국내출원으로 인정되지 않는다.

≪연습문제≫

〈문 1〉 특허를 받을 수 있는 권리에 대한 설명으로 옳은 것은?
① 발명을 한 자는 스스로 당해 발명을 실시할 수 있으나, 특허출원 전에는 제3자에게 실시를 허락할 수 없다.
② 특허출원 전에 있어서 특허를 받을 수 있는 권리의 승계에서 특허출원이 권리이전의 효력발생요건이다.
③ 특허를 받을 수 있는 권리는 질권의 목적으로 설정할 수 없다.
④ 특허출원 후 특허를 받을 수 있는 권리를 상속한 경우 특허출원인변경신고가 있는 때에는 신고를 하지 않으면 그 효력이 발생하지 아니한다.

〈문 2〉 다음은 특허출원시 제출하는 출원서류에 담기는 내용들이다. 이 중 특허권의 효력과 관련된 것은?
① 도면　　　　　　② 특허청구범위
③ 요약서　　　　　④ 발명의 상세한 설명

〈문 3〉 특허협력조약(PCT)에 의한 특허출원의 보정에 관한 설명으로 옳지 않은 것은? [2011년 변리사 1차시험]
① 출원인은 국제조사기관이 국제사무국 및 출원인에게 국제조사보고서를 송

부한 날부터 2월의 기간 또는 우선일부터 16월 중 늦게 만료되는 기간 내에 국제사무국에 보정서를 제출할 수 있고, 이때 국제출원의 명세서에 대하여 1회에 한하여 보정할 수 있다.

② 국제특허출원을 외국어로 출원한 출원인이 국제조사보고서를 받은 후에 청구의 범위에 관한 보정을 하고 원문에 대한 번역문을 제출할 때에는 국제출원일에 제출한 청구의 범위에 대한 국어번역문을 보정 후에 청구의 범위에 대한 국어번역문으로 대체하여 제출할 수 있다.

③ 출원인은 국제예비심사보고서가 작성되기 이전에 청구의 범위, 명세서 및 도면을 횟수에 관계없이 보정하여 그 보정서를 국제예비심사기관에 제출할 수 있으며, 이때 그 보정범위는 국제출원에 기재된 범위를 넘어서는 안 된다.

④ 국제특허출원을 외국어로 출원한 출원인은 특허협력조약 제34조(국제예비심사기관에서의 절차) (2)b에 따라 국제특허출원의 명세서, 청구의 범위 및 도면에 다하여 보정을 한 경우 기준일까지 그 보정서의 국어번역문을 특허청장에게 제출하여야 한다.

⑤ 국제특허출원을 국내단계에서 보정하려는 출원인이 수수료를 납부하고 국어번역문을 제출하였더라도 기준일(기준일이 출원심사청구일인 경우에는 출원심사를 청구한 때)이 경과되지 아니하면 보정을 할 수 없다.

〈문 4〉 갑, 을, 병은 각각 독자적인 연구개발을 수행하여 동일한 A발명을 완성하고, 보기와 같이 각각 대한민국에 특허출원을 하였다. 갑, 을, 병, 중 누가 특허를 받을 수 있는가? (각 출원은 심사청구 및 출원 공개되었음을 전제로 함) [2011년 사시 1차시험]

> ㄱ. 갑은 2010.1.30 A발명을 완성하였으나 비밀을 유지한 상태로 자기 실시만 하다가 2010.9.17 특허출원을 하였다.
> ㄴ. 을은 A발명이 완성되자 우선 그 내용을 2010.3.15 학술 세미나에서 발표하고, 2010.8.24 특허출원을 하였다.
> ㄷ. 병은 A발명이 완성되자 곧바로 2010.6.6 특허출원을 하였다.

① 갑만 특허를 받을 수 있다.
② 을만 특허를 받을 수 있다.
③ 병만 특허를 받을 수 있다.
④ 갑, 을, 병 중 어느 누구도 특허를 받을 수 없다.
⑤ 갑, 을, 병 중 추첨에 의하여 정해진 1인이 특허를 받을 수 있다.

〈문 5〉 특허법상 특허출원절차에 관한 설명으로 옳지 않은 것은? [2011년 변리사 1차시험]

① 특허출원인이 특허출원서에 착오로 발명자 중 일부의 기재를 누락하거나

잘못 기재한 경우에는 심사관이 특허여부를 결정하기 전까지 필요에 따라 추가 또는 정정할 수 있지만, 특허출원서에 적은 발명자의 기재가 누락 또는 잘못 적은 것임이 명백한 경우에는 특허여부결정 후에도 추가 또는 정정할 수 있다.

② 등록된 특허발명에 대하여 무권리자에 의한 출원이라는 사유로 무효심결이 확정된 경우에 무권리자의 특허출원에 대한 등록공고가 있는 날부터 2년이 경과한 후에 정당한 권리자가 출원을 하였더라도 무권리자가 특허출원일부터 5년이 경과하지 않았다면 정당한 권리자의 출원일이 무권리자 특허출원한 날로 소급된다.

③ 특허를 받을 수 있는 권리가 공유인 경우에 각 공유자는 다른 공유자의 동의를 얻지 아니하면 그 지분을 양도할 수 없다.

④ 특허를 받을 수 있는 권리를 출원 전에 양도하는 경우에는 특별한 절차를 필요로 하지 않으나, 특허출원 후에 양도는 상속 기타 일반승계를 제외하고는 출원인변경신고를 하여야 그 효력이 발생한다.

⑤ 무권리자가 한 특허출원이 특허를 받을 수 있는 권리를 가지지 아니한 사유로 거절결정된 경우에, 거절결정이 확정된 날부터 30일이 경과하며 정당한 권리자가 한 특허출원은 무권리자가 특허출원한 때는 소급적용을 받지 아니한다.

〈**문 6**〉 갑과 을은 2008년 5월 1일 공동으로 A를 발명하여 2009년 4월 1일 발명 A에 대하여 공동으로 특허출원 X를 하였으나, 출원 후 을은 자신의 특허를 받을 수 있는 권리를 갑의 동의없이 2009년 6월 1일 병에게 양도하였다. 이후 병은 미공개 상태인 발명 A를 현저하게 개량시킨 발명 A'를 단독으로 완성하였고, 특허출원 X를 선출원으로 하여 국내우선권주장을 하면서 2010년 3월 2일 발명 A와 발명 A'에 대하여 단독으로 특허출원 Y를 하였다. 다음 설명 중 옳은 것은? (단, 발명 A에 비하여 발명 A'은 진보성이 인정되며, 설문에서 제시된 사항 외의 다른 거절이유는 없는 것으로 한다.) [2011년 변리사 1차시험]

① 갑과 을이 공동 출원한 특허출원 X는 병의 특허출원 Y의 국내우선권주장의 기초가 된 선출원으로서 그 출원일부터 1년 3개월이 지난 때에 취하 간주되므로 특허를 받을 수 없다.

② 을로부터 특허를 받을 수 있는 권리가 특허출원 후에 병에게 승계되었으므로, 특허출원인 변경신고를 하여야 그 승계의 효력이 발생한다.

③ 병이 출원한 특허출원 Y는 무권리자의 출원일 뿐만 아니라 선출원주의 규정에 위배되어 특허를 받을 수 없다.

④ 발명 A'은 발명 A에 비하여 진보성이 인정되므로 특허출원 Y는 특허를 받을 수 있다.

⑤ 병의 특허출원 Y 중 발명 A에 관한 특허요건 판단시점은 2009년 4월 1일이다.

〈문 7〉 갑은 미국에서 2009년 2월 10일 특허출원한 발명 A를 2009년 12월 1일 우리나라에 특허법 제54조(조약에 의한 우선권 주장)의 규정에 의한 우선권을 주장하여 특허출원하였고, 현재 국내에서 심사가 진행중이다. 한편 을은 2009년 1월 5일에 간행된 저명한 학술잡지에 갑의 발명 A와 동일한 발명을 발표하였고, 2009년 6월 10일에 특허법 제30조(공지 등이 되지 아니한 발명으로 보는 경우)의 규정에 의하여 공지 등이 되지 아니하였다는 취지를 기재한 서면 및 증명서를 첨부하여 발명 A를 우리나라에 특허출원하였다. 다음 설명 중 옳은 것은? (단, 갑과 을은 각각 독자적으로 발명 A를 발명한 것으로 본다.) [2011년 변리사 1차시험]

① 갑은 적법하게 조약우선권주장을 수반하는 출원을 하였으므로 을의 국내출원 여부와 상관없이 특허를 받을 수 있다.

② 갑의 국내출원은 을의 국내출원보다 출원일이 늦기 때문에 특허를 받을 수 없다.

③ 을의 국내출원은 출원시 공지예외주장을 수반하고 있어 출원일이 소급되므로 갑의 미국출원 여부와 상관없이 특허를 받을 수 있다.

④ 을의 국내출원은 적법한 공지예외주장에도 불구하고 갑의 미국출원보다 출원일이 늦어, 미국에서의 발명 A의 공개 여부와 무관하게 신규성이 부정되므로 특허를 받을 수 없다.

⑤ 갑과 을의 국내출원은 모두 특허를 받을 수 없다.

〈문 8〉 특허출원의 보정에 관하여 옳지 않은 것만을 모두 고른 것은? [2011년 변리사 1차시험]

> ㄱ. 특허출원인이 명세서 또는 도면에 대하여 자진하여 보정하는 경우에도 신규사항을 추가하는 보정을 하여서는 안 된다.
>
> ㄴ. 특허출원인이 최후거절이유통지에 대한 의견서제출기간 내에, 신규사항을 추가하지 않았으나 특허청구범위를 확장하는 보정을 하여 특허등록이 된 경우, 위 보정이 위법하다는 사유로 특허무효심판을 청구할 수 있다.
>
> ㄷ. 특허출원인이 최후거절이유통지에 대한 의견서제출기간 내에 청구항을 삭제하여 특허청구범위를 감축하는 보정을 한 경우에 심사관은 그 보정에 따라 새로운 거절이유가 발생한 경우 서면으로 이유를 붙여 그 보정에 대해 직권으로 각하결정할 수 있다.
>
> ㄹ. 특허출원인은 직권보정 사항의 전부 또는 일부를 받아들일 수 없을 때에는 특허료를 납부할 때 까지 의견서를 제출하여 심사관의 직권보정 통지에 대하여 직권보정 사항별로 취사선택을 할 수 있다.

① ㄱ, ㄴ　② ㄱ, ㄷ　③ ㄴ, ㄷ　④ ㄴ, ㄹ　⑤ ㄷ, ㄹ

≪정답≫　1.③　2.②　3.①　4.④　5.②　6.③　7.⑤　8.③

≪문제해설≫

<문1> ① 제37조 제1항: 특허를 받을 수 있는 권리는 재산권이기 때문에 이전이 가능하다. 그러나 "실시"란 특허발명을 대상으로 계약에서 의하여 허락을 하게 된다. ② 특허출원이 제3자에게 대항요건이다(제38조 제1항). ③ 제37조 제2항. ④ 제38조 제4항: 특허출원 후에 특허를 받을 수 있는 권리의 승계는 상속 기타 일반승계의 경우를 제외하고는 특허출원인변경신고를 하지 아니하면 그 효력이 발생하지 아니한다.

<문2> ② 제97조: 특허발명의 보호범위는 특허청구범위에 기재된 사항에 의하여 정하여진다. 따라서 "특허청구범위"가 특허권의 효력을 표현한다.

<문3> ① 제204조 제1항 및 PCT 제19조: 출원인은 국제조사보고서를 받은 후, 즉 국제조사기관이 국제사무국 및 출원인에게 국제조사보고서를 송부한 날로부터 2월의 기간 또는 우선일로부터 16월 중 늦게 만료하는 기간 내에 국제사무국에 보정서를 제출함으로써 국제출원의 청구범위에 대하여 1회에 한하여 보정할 수 있다. ② 제201조 단서. ③ PCT 제34조 제2항. ④ 제205조. ⑤ 제208조.

<문4> 지문에서 가장 먼저 특허출원을 한 사람은 병이다. 병의 출원은 선출원이므로 제36조의 "선원"을 적용하면, 갑과 을은 후출원으로 거절된다. 또한 병은 을이 출원일 전 2010.3.15 세미나에서 발표한 자료가 공지되었으므로 제29조 제1항 제1호에 따라 신규성을 상실하게 되어 거절된다. 따라서 갑, 을 병 중 어느 누구도 특허를 받을 수 없다. 다만, 을이 신규성 의제를 적용받을 수 있으나, 갑이 그 이전에 자기 실시한 사실을 입증하게 된다면 을의 출원은 제29조 제1항 제1호에 따라 신규성을 상실하게 된다.

<문5> ① 특허법시행규칙 제28조 제1항 단서. ② 제35조 단서: 이 경우는 소급되지 아니한다. ③ 제37조 제3항. ④ 제38조 제4항. ⑤ 제34조 단서.

<문6> ① 우선권주장의 요건을 만족시키기 위해서는 우선권주장출원 당시에 출원인을 선출원의 출원인 또는 그 승계인과 동일인이어야 한다(제55조 제1항). 병이 국내우선권주장을 하게 되면 거절된다. ② 특허를 받을 수 있는 권리가 공유인 경우에는 각 공유자는 다른 공유자의 동의를 얻지 아니하면 그 지분을 양도할 수 없다(제37조 제3항). ③ 병이 출원한 특허출원 Y는 무권리자가 출원이 되고, 우선권 주장이 부적법하여 2010년 3월 2일을 기준으로 심사하여, A발명에는 선출원주의 규정에 위반되는 하자가 있으므로, 출원일체의 원칙에 따라 특허출원 Y는 특허를 받을 수 없다. ④ 병이 출원한 특허출원 Y는 무권리자의 출원일 뿐만 아니라 선출원주의 규정에 위배되어 특허를 받을 수 없다. ⑤ 우선권주장이 부적합하여 우선권주장을 무효 처분한 경우 실제 출원한 후 출원일을 기준으로 심사한다.

<문7> ① 갑의 출원발명의 판단시점은 2009년 2월 10일로 소급될 수 있으나 그 이전 인 2009년 1월 5일에 A가 이미 공지되었으므로 특허를 받을 수 없다.

② 갑 출원발명의 판단시점 2009년 2월 10일로 소급되므로 을의 국내출원보다 선출원이 된다. ③ 을의 국내출원은 공지예외주장을 수반하였으므로 2009년 1월 5일에 공지된 A는 문제되지 않으나 갑보다 후 출원으로 취급되므로 선출원주의 또는 확대된 선원주의 위배되어 특허를 받을 수 없다. ④ 을의 국내출원은 공지예외주장을 수반하였으므로 2009년 1월 5일에 공지된 A로부터 신규성이 부정되지 않는다. 갑의 국내출원은 신규성이 부정되고, 을의 국내출원은 선출원주의 또는 확대된 선원주의에 위배되므로 갑과 을은 국내출원은 모두 특허를 받을 수 없다.

　　<문 8> ㄱ. 제47조 제2항. ㄴ. 제62조 제5호에 따라 제47조 제2항(신규사항 추가)은 제133조 제1항 제6에 따라서 신규사항 추가는 무효사유이다. 제47조 제3항은 심사의 효율성을 위해 둔 규정이기 때문에 형식적 하자에 불과하고, 신규사항 추가금지 위반은 아닌데 제47조 제3항만 위반이라는 것은 최초명세서 또는 도면의 범위를 벗어나지 않았기 때문에 일반인의 이익을 해하지 않으므로 별도의 제재조치를 취하지 않음이 원칙이다. ㄷ. 최후거절이유통지에 따른 의견서 제출기간 내 보정을 하였으나, 새로운 거절이유가 발생한 것으로 인정되면 심사관은 그 보정에 대하여 결정으로 각하하여야 한다(제51조 제1항).

제 6 절 특 허 심 사

Ⅰ. 특허심사 절차

출원발명이 특허를 받기 위해서는 특허청 심사관의 심사를 받아야 한다. 특허심사란 일정자격을 갖춘 특허청 심사관이 당해 출원발명이 소정의 특허요건을 구비하고 있는지의 여부를 판단하는 심사이다.

1. 전자출원

특허출원은 특허청의 특허넷(KIPO NET)에 의한 컴퓨터 온라인에 의한 전자출원이 대부분이고 일부는 서면출원에 의한다. 종래처럼 서류가 이송되지 않고 대신 전자문서가 특허청 전산정보처리조직의 파일로 전송·저장된다. 특허청 심사관이 실체심사를 시작할 경우 전산정보처리조직에 저장된 출원서류의 파일을 불러와서 심사를 착수하게 된다. 실무에서는 종이로 된 서류가 물리적으로 이동하지 않지만 전자출원의 흐름은 서면출원과 동일하다.

2. 심사 및 등록절차

가. 방식심사

방식심사란 출원인, 신청인 또는 청구인 등이 밟는 특허에 관한 절차에 대하여 행위능력 또는 대리권의 범위에 하자는 없는지, 특허법 또는 특허법에 의한 명령이 정하는 방식에 적합한지, 수수료는 적법하게 납부되었는지, 특허법시행규칙 제11조 제1항 각호에 따라 서류를 반려할 사유에 해당하지는 않는지의 여부 등을 심사하는 것을 말한다.

나. 심사청구

선출원주의 국가에서는 특허출원의 증가로 인한 심사적체를 해소하고자 심사청구제도를 두고 있다. 특허출원이 있는 때에는 누구든지 5년 이내에 출원심사의 청구를 할 수 있다(제59조). 출원심사의 청구는 취하할 수 없다.

다. 출원공개

특허청장은 특허출원일로부터 1년 6월이 경과되면, 그 특허출원에 관하여 특허공보에 게재하여 출원공개를 하여야 한다. 특허청의 공개공보는 전산정보처리조직에 저장된 파일을 복제하여 정보통신망을 이용하여 발행된다. 공개공보의 게재순서는 출원번호순에 의하고, 공보의 게재기간은 3월로 한다.

라. 실체심사

특허청 심사관이 출원발명에 대한 특허요건을 비롯하여 특허법 제62조의 거절이유에 해당하는지의 여부를 판단하는 심사를 "실체심사"(substantive examination)라 한다. 실체심사는 심사관이 심사청구된 출원발명을 대상으로 심사한다.

가) 심사관에 의한 심사   특허청장은 심사관으로 하여금 특허출원을 심사하게 한다(제57조). 특허청 심사관은 특허출원에 대해 실질적인 권한을 특허청장으로부터 위임받아서 독립적으로 심사업무를 수행한다. 심사관은 출원심사에 대한 심사의 주체로서 자기의 책임하에서 업무처리를 하므로 심사관을 특허청장의 업무수행의 대리자 또는 보조자로 볼 수 없다. 이런 관점에서 심사관은 특허청장으로부터의 복무상 또는 인사상의 지휘·감독을 받지만 업무상으로는 독립적인 지위를 갖는다(시행령 제8조).

나) 심사관의 제척(除斥)   심사관이 당해 특허출원과 특별한 관계가 있는 경우에는 그 출원심사가 공정성과 객관성을 갖도록 하기 위하여 특허출원의 심사에 관하여 심판관에 대하여 적용되는 제척규정이 준용된다(제68조).[1] 다만, 당해 특허출원에 대하여 심사관 또는 심판관으로서 특허 여부 결정, 또는 심결에 관여한 경우는 제척의 대상이 되지 않는다. 이는 심사에는 전심(前審)관여[2]가 없으므로 거절사정에 대한 불복심판에

---

[1] 특허법 제148조의 제척사유 중 동조 제6호의 규정은 심사관의 제척사유에서는 제외하고 있다. 이는 심사관은 전심관여가 없기 때문이다. 당해 특허출원에 대하여 심사관 또는 심판관으로서 결정 또는 심결에 관여한 경우는 그 적용을 제외하고 있다

[2] 송상현, 75면; 이시윤, 74면: 전심관여라 함은 최종변론, 판결의 합의나 판결의 작성 등에 깊이 관여한 경우를 말한다. 전심관여의 취지는 재판의 공정성과 심급제도의 유지에 있으므로 단지 최종변론 전의 변론, 검증, 증거조사 또는 증거결정, 판결선고 등에 관여한 경우에는 제척사유가 되지 아니한다.

서 사정(查定)이 취소되고, 파기환송된 경우 사정에 관여한 심사관이 다시 이를 심사할 수 있기 때문이다.

마. 등록공고

심사관이 심사과정에서 출원발명이 특허요건을 충족한 것으로 판단하면 특허결정을 하고, 심사관의 거절이유를 해소하지 못하면 특허거절결정을 하게 된다. 특허청장은 설정등록이 있는 특허에 관하여 특허공보에 게재하여 등록공고를 하여야 한다.

바. 재심사청구제도

출원인은 그 특허출원에 관하여 거절결정등본을 송달받은 날부터 30일 이내에 그 특허출원의 특허출원서에 첨부된 명세서 또는 도면을 보정하여 해당 특허출원에 관하여 재심사(이하 "재심사"라 한다)를 청구할 수 있다(제67조의2). 재심사는 심사관이 거절결정한 출원에 대하여 출원인이 거절결정등본을 송달받은 날부터 30일(거절결정불복심판청구기간이 연장된 경우 그 연장된 기간을 말한다) 이내에 명세서 또는 도면을 보정하면 심사관으로 하여금 보정된 출원을 다시 심사하게 하는 제도이다.

거절사정된 특허출원은 재심사를 통해서 심사관에게 다시 심사를 받을 수 있도록 함으로써 거절결정불복 심판청구와 재심사청구 중에서 출원인이 원하는 수단을 선택할 수 있으므로 특허에 관한 절차가 간소화된다. 다만, 재심사에 따른 특허거절결정이 있거나 특허법 제132조의3에 따른 심판청구가 있는 경우에는 적용하지 않는다. 재심사청구가 있는 경우에는 해당 특허출원에 대하여 종전에 이루어진 특허거절결정은 취소된 것으로 본다(제67조의2 제2항). 이는 재심사청구가 있는 경우 거절결정은 취소된 것으로 간주되므로 재심사청구의 취하에 따라 절차상 혼란이 발생할 수 있기 때문이다. 다음 심사절차 흐름도와 같이 특허청에서 출원발명이 심사를 받고 등록된다. 만약 출원인이 출원발명이 거절결정이 되어 거절사정을 받은 경우 불복심판청구를 비롯한 특허법원, 대법원의 절차를 밟을 수 있다.

<심사절차 흐름도>

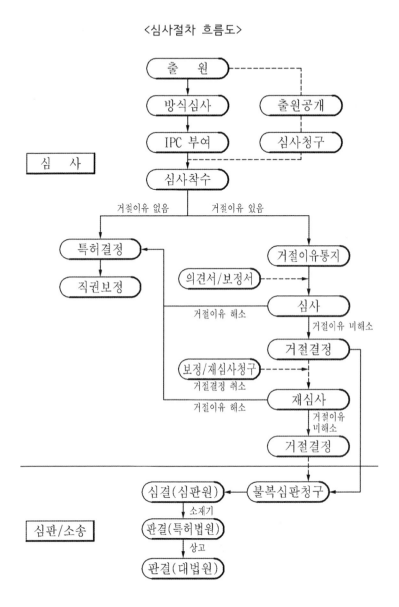

Ⅱ. 심사관의 처분

1. 특허심사

특허심사는 출원발명을 심사하는 행정행위로 행정법상 "확인처분"이라 할 수 있다. 특허심사는 분류심사·검색(search) 및 실체심사 등 3 단계로 구분할 수 있다. 심사관의 처분에는 특허결정, 특허거절결정, 보정각하의 결정, 직권에 의한 보정 및 특허권 존속기간의 연장등록출원에 대한 거절결정·등록결정 등이 있다.

2. 심사의견통지

가. 거절이유 내용

특허법 제62조에서 열거하고 있는 거절이유는 다음과 같다. (i) 출원발명이 특허요건을 충족시키지 못한 경우, 공공의 질서 또는 선량한 풍속을 문란하게 하거나 공중의 위생을 해할 염려가 있는 경우, 조약의 규정에 위반된 경우, (ii) 특허출원서류의 작성과 관련하여 명세서의 기재내용 중 발명의 상세한 설명과 특허청구범위의 기재요건을 충족하지 못한 경우, 1특허 1출원의 범위에 관한 요건을 위배한 경우, (iii) 특허출원의 주체와 관련하여 특허출원인이 권리능력이 없는 외국인인 경우, 특허를 받을 수 있는 자의 요건에 위반된 경우, 공동출원의 요건에 위반된 경우, 발명을 한 자 또는 그 승계인이 아닌 자가 한 출원인 경우, 특허청 직원 및 특허심판원 직원은 유증의 경우를 제외하고는 재직중 특허를 받을 수 있는 권리를 가질 수 없다는 규정을 위반한 경우, (iv) 특허출원의 보정이나 특수한 출원과 관련하여, 특허출원서 또는 원출원서에 최초로 첨부된 명세서 또는 도면에 기재된 사항의 범위를 벗어난 보정, 분할출원, 변경출원 등이다.[1)]

나. 거절이유통지

심사관은 특허거절결정을 하고자 할 때에는 그 특허출원인에게 거절

---

1) 2006년 법에서 보정제도와의 형평성 등을 고려하여 원출원에 최초로 첨부된 명세서 또는 도면에 기재된 사항의 범위를 벗어난 분할출원 및 변경출원이 거절이유로 추가하였다.

이유를 통지하고 기간을 정하여 의견서를 제출할 수 있는 기회를 주어야 한다. 다만, 각하결정을 하고자 하는 때에는 그러하지 아니하다(제63조 제1항). 이는 심사관이 특허거절결정을 하고자 할 때에는 사전에 출원인에게 거절이유를 통지하도록 함으로써 심사관의 거절에 대하여 출원인에게 항변기회를 줌으로써 출원심사의 객관성 및 공정성을 도모하기 위한 것이다.

다. 의견서의 제출

출원인은 심사관이 한 특허거절결정의 이유가 되는 거절이유를 해소하기 위하여 의견서를 제출할 수 있고, 필요하면 보정서를 제출할 수 있다. 심사관에 의한 특허거절결정은 거절이유통지서상에 명시된 법적 근거 및 이유에서만 할 수 있다. 다른 이유로는 특허거절결정을 할 수 없으며, 새로운 이유로 특허거절결정을 하고자 하는 경우에는 이를 이유로 다시 거절이유를 통지하여야 한다. 대법원 2008.4.24 선고 2006후329 판결은 "심사관이 심사절차에서 제1차 거절이유를 통지하고 거절사정을 한 다음, 보정에 의하여 개시된 심사전치절차에서는 제1차 거절이유와 다른 새로운 거절이유를 발견하여 제2차 거절이유를 통지하고, 제2차 거절이유가 해소되지 아니하였음을 이유로 원결정을 유지한다는 심사결과 보고서를 작성하였다고 하더라도 위 심사결과보고는 그 내용이 그 후에 진행되는 심판절차의 심리에 참고로 되는 것에 불과하여 새로운 결정으로 볼 수 없다. 또한 구 특허법(2001.2.3, 법률 제6411호로 개정되기 전의 것, 이하 "구 특허법"이라고 한다) 제47조, 제51조에 의하면, 특허출원인은 특허출원서에 첨부된 명세서와 도면의 요지를 변경하지 않은 범위에서 보정을 할 수 있으므로, 특허심판원이 보정을 적법하다고 인정하였다 하더라도 이는 요지변경이 없음을 인정하였음을 의미할 뿐 보정 전의 거절이유가 해소되었음을 인정한 것은 아니다. 보정 후 거절사정에 대한 심판절차에서는 새로이 거절이유 통지가 이루어져야 하는지의 여부에 대하여, 특허출원의 거절사정과 거절이유통지 등에 관하여 규정하고 있는 구 특허법 제62조, 제63조 및 제170조 제2항에 의하면, 거절사정에 대한 심판에서 그 거절사정의 이유와 다른 거절이유를 발견한 경우에는 거절이유의 통지를

하여 특허출원인에게 새로운 거절이유에 대한 의견서 제출의 기회를 주
어야 하지만, 거절사정에 대한 심판청구를 기각하는 심결 이유가 그 주된
취지에서 거절사정의 이유와 부합하는 경우에는 거절사정의 이유와 다른
별개의 새로운 이유로 심결을 한 것으로 볼 수 없으므로, 이러한 경우에
까지 특허출원인에게 새로이 거절이유를 통지하여 그에 대한 의견서 제
출의 기회를 주어야 하는 것은 아니다"고 판시하였다.

3. 특허결정

심사관은 특허출원이 특허법 제62조의 거절이유에 해당되는지의 여
부를 심사하고, 특허거절결정 또는 특허결정으로 확정시킨다. 심사관은
특허출원에 대해서 거절이유를 통지한 후 출원인이 해당 거절이유에 대
해서 보정서 또는 의견서를 제출하면, 이를 재심사하여야 한다. 심사관은
특허출원에 대하여 심사한 결과 거절이유를 발견할 수 없을 때에는 특허
결정을 하여야 한다(제66조).

4. 특허거절결정

심사관은 특허출원에 거절이유가 있어서 특허거절결정을 하고자 할
때에는 특허거절결정 이전에 그 출원인에게 해당 거절이유를 통지하고
기간을 정하여 의견서 제출기회를 주어야 한다. 이처럼 출원인에게 의견
서 제출기회를 부여하는 이유는 심사절차의 공정성과 객관성을 확보하기
위해서이다. 심사관이 출원인에게 기간을 정하여 의견서 제출기회를 주
지 않은 채 특허거절결정을 할 경우에는 위법한 처분으로 불복의 대상이
된다. 특허거절결정서는 심사관이 특허를 무효로 한다는 무효처분과는
달리 특허출원의 특허를 인정하지 않는다는 통지라 할 수 있다. 특허거절
결정은 심사관이 특허출원에 대하여 심사한 결과 거절이유를 발견한 경
우, 거절이유를 통지하고 출원인에게 기간을 정하여 의견서를 제출할 수
있는 기회를 주고 그 거절이유가 해소되지 아니할 경우에는 당해 특허출
원을 거절하는 심사관의 행정처분이다(제63조 제2항).

대법원 2007.7.26 선고 2006후1766 판결은 "특허법 제62조는 심사
관은 특허출원이 소정의 거절이유에 해당하는 경우에는 거절사정을 하여

야 하고, 같은 법 제63조는 심사관은 제62조의 규정에 의하여 거절사정을 하고자 할 때에는 그 특허출원인에게 거절이유를 통지하고 기간을 정하여 의견서를 제출할 수 있는 기회를 주어야 한다고 규정하고 있으며, 같은 법 제170조 제2항은 거절사정에 대한 심판에서 그 거절사정의 이유와 다른 거절이유를 발견한 경우에 제63조의 규정을 준용한다고 규정하고 있는바, 이들 규정은 이른바 강행규정이다. 거절사정에 대한 심판에서 그 거절사정의 이유와 다른 거절이유를 발견한 경우에는 거절이유의 통지를 하여 특허출원인에게 새로운 거절이유에 대한 의견서 제출의 기회를 주어야 하지만, 거절사정에 대한 심판청구를 기각하는 심결 이유가 그 주된 취지에서 거절사정의 이유와 부합하는 경우에는 거절사정의 이유와 다른 별개의 새로운 이유로 심결을 한 것으로 볼 수 없으므로, 이러한 경우에까지 특허출원인에게 새로이 거절이유를 통지하여 그에 대한 의견서 제출의 기회를 주어야 하는 것은 아니다"고 판시하였다.

5. 심사제도

가. 의견제출통지

특허청구범위가 여러 청구항으로 되어 있는 경우에 어느 하나의 청구항이라도 거절이유가 있는 때에는 그 출원은 전부가 거절된다. 심사관은 특허청구범위에 2 이상의 청구항이 있는 특허출원에 대하여 어느 하나의 청구항이라도 거절이유가 있는 출원은 해당출원 전체를 거절할 수 있으므로, 심사관이 출원인에게 의견제출통지를 할 경우 모든 청구항에 대하여 특허 여부를 심사하고 통지하여야 한다. 특허발명의 특허청구범위의 청구항이 복수의 구성요소로 되어 있는 경우에는 그 각 구성요소가 유기적으로 결합된 전체가 특허발명의 요지를 이루는 것이고, 이러한 경우 특허청구범위를 해석함에 있어서 출원경위에 나타난 출원인의 의사를 참작한다고 하더라도 그 구성요소의 일부를 배제하는 것은 허용될 수 없다.

나. 심사처리 결과

특허출원에 대한 심사는 심사관의 결정에 의하여 종료된다. 결정의 종류에는 특허성을 부정하는 거절결정과 특허성을 인정하는 특허결정이 있다. 거절결정을 받은 자는 이에 불복하고자 할 경우, 법정기간 내에 심판을 청구할 수 있으며, 특허결정을 받은 자는 법정절차에 따라 특허권의 설정등록을 하면 특허권이 발생된다. 심사관은 특허법 제132조의3(특허거절결정에 의한 심판)의 규정에 의한 심판이 청구된 경우에 그 청구가 이유 있다고 인정한 때에는 심결로써 특허거절결정 또는 특허권의 존속기간의 연장등록결정을 취소하여야 한다(제176조 제1항).

다. 특허출원심사의 유예

출원인이 출원심사의 청구를 한 경우로서 출원심사의 청구일부터 18개월이 경과된 시점에서 특허출원에 대한 심사를 받고자 하는 때에는 출원심사의 청구일부터 6개월 이내에 그 시점을 기재한 심사유예신청서를 제출할 수 있다(시행규칙 제40조의3). 특허청은 2011년 4월 1일부터 심사유예신청 제도를 개선하여 시행하고 있다. 심사유예 신청가능 시기는 일반심사를 위한 준비기간을 고려하여 심사청구 후 6개월까지를 심사청구 후 9개월까지이다. 또한 심사유예희망시점은 심사청구 후 24개월부터 출원일로부터 5년 이내이다.

라. 심사관의 직권보정제도

명세서에 경미한 하자가 있는 경우 종전에는 거절이유를 통지하여 출원인이 보정을 통해 하자를 해소하도록 유도했으나, 거절이유에 해당하지 않는 경미한 오류나 누락만을 이유로 거절이유통지하는 사례가 증가함으로써 심사절차가 지연되는 문제가 있었다. 심사관의 직권보정제도란 명세서의 기재가 불비한 출원에 대하여 심사한 결과 특허결정이 가능하나, 명백한 오탈자, 참조부호의 불일치 등과 같이 명백히 잘못된 기재가 있는 경우에 심사관이 의견제출통지를 하지 않고 간편한 방법으로 명세서의 단순한 기재불비 사항을 수정할 수 있게 하는 제도를 말한다(제66조의2). 심사관의 직권보정제도에 의하여 특허결정한 발명과 전혀 다른 발명으로 변경되거나 새로운 기술적 사항이 포함되는 경우에 이로 인한 제3자의 피해를 구제할 수 있다. 그러나 명백히 잘못 기재된 것이 아닌 사항에 대하여 직권보정이 이루어진 경우에는 그 직권보정은 처음부터 없었던 것으로 본다. 출원인이 특허료를 납부할 때까지 직권보정사항에 대한 이의가 있는 경우에는 직권보정사항이 없었던 것으로 보고, 지정된 기간 내에 회신이 없는 경우에는 직권보정사항을 수용한 것으로 취급한다. 등록 이후단계에서 보정된 내용이 통상의 기술자에게 자명하지 않는 것으로 인정되는 경우에는, 그러한 보정이 처음부터 없었던 것으로 판단한다.

6. 환 송

특허심판원에서 원결정이 취소되면, 심사국으로 환송된다. 특허심판에서 특허거절결정 또는 특허권의 존속기간 연장등록거절결정을 취소할 경우에는 심사에 붙일 것이라는 심결을 할 수 있다(제176조 제2항). 특허법은 환송을 심판관의 자유재량으로 하고 있다. 심판정책과는 거절결정 또는 취소결정을 취소하고 다시 심사에 부칠 것이라는 심결이 있을 때에는 그 등본을 첨부하여 출원서류 등 서류 일체를 해당 심사국으로 송부하여야 한다.[1]

가. 기속력(羈束力)

환송 심결에서 취소의 기본이 된 이유는 그 사건에 대하여 심사관을 기속한다(제176 제3항). 사건이 다시 심사국에 환송된 경우에는 그 파기의 기본이 된 이유는 그 사건에 대하여 심사관을 기속한다.[2] 따라서 심사관은 심판관의 판단에 반한 심사를 할 수 없으나 파기의 기본이 된 이유에 저촉되지 아니하는 범위 내에서 자유로운 판단을 할 수 있다.[3]

나. 환송된 출원의 심사

심사관은 심사국으로 취소환송된 출원의 출원파일 또는 등록파일을 이송받은 날로부터 1월 이내에 다시 심사에 착수하는 것을 원칙으로 하고 그 심사결과를 특허심판원장에게 통보하여야 한다. 실무적으로 환송하는 경우가 거의 대부분이나 심사단계의 경과를 보았을 때 원래의 거절결정이유 이외에 다른 거절이유가 없는 것이 확실하고, 절차의 경제상 심

---

1) 2011.3.31, 특허청훈령 제690조; 심판사무취급규정 제34조.
2) 기속력이란 법원이 일단 선고한 재판(판결, 결정, 명령)을 법원이 취소·변경·철회할 수 없는 구속력을 말한다. 이것을 자박성(自縛性)이라고도 한다. 법원이 스스로 재판해 두고 변경한다면 재판이 반복되어 끝이 없게 되고, 법적안정성을 해치게 된다(특허법원 2009. 7.24 선고 2008허10993 판결 참조).
3) 송상현, 526면; 이시윤, 549면.

사국에 환송하는 것이 바람직하지 않다고 판단되는 경우에는 심판관은 해당 사건에 대해 자판을 하고 특허결정을 할 수 있다.

7. 심사주의 단점을 보완하는 제도

최근 출원건수가 증가되고 심사적체가 큰 문제점이 되고 있다. 특허청은 심사적체를 해소하기 위해서 선출원주의의 단점을 보완할 수 있는 심사청구제도를 두어서 실제로 심사가 필요한 것에만 심사인력을 집중시켜서 심사를 촉진시킬 수 있도록 하고, 특허출원 후 일정기간이 지나면 모든 특허출원을 공개하도록 하는 출원공개제도를 두고 있다. 또한 출원공개 후 출원인이 아닌 자가 업으로서 출원발명을 실시하고 있다고 인정되는 경우 또는 특허법시행령 제9조에서 정하는 특허출원으로서 긴급처리가 필요하다고 인정되는 경우에는 우선심사를 할 수 있도록 규정하고 있다(제61조).

Ⅲ. 심사청구제도

1. 서 설

심사관은 특허출원심사의 청구(이하 "심사청구"라 한다)가 있을 때에 한하여 그 청구일 순서에 따라 심사한다. 출원인은 주로 특허권을 획득하고자 특허출원을 하게 되지만, 어떤 출원에 대해서는 권리행사보다 방어적인 목적으로 출원하는 경우도 있다. 만약, 심사관이 특허출원한 건을 모두 심사한다면, 특허청의 심사가 적체되고, 기업도 특허출원 관련 비용을 과다하게 지출하게 될 것이다. 심사청구제도의 취지는 심사청구한 출원만 심사하도록 함으로써 심사를 효율적으로 할 수 있게 하고, 출원인의 비용을 절감하게 하는 등 출원인의 편의를 도모하기 위한 제도이다.

2. 심사청구의 요건

가. 청구인의 적격

특허출원에 대한 심사청구는 누구든지 할 수 있다. 출원인은 물론 제3자라도 심사청구를 할 수 있다(제59조 제2항). 제3자는 출원공개 전이라도 출원발명의 내용을 알고 있는 경우가 있으므로 출원공개 전후를 불문하고 출원심사청구를 할 수 있게 한 것이다. 공동출원의 경우 공유자 각자는 다른 공유자의 동의 없이도 심사청구를 할 수 있다. 다만, 대표자를 정하여 특허청에 신고한 때에는 그 대표자가 심사청구하여야 한다(제11조 제1항).

나. 청구기간

심사청구는 출원일로부터 5년 이내에 누구든지 할 수 있다(제59 제2항). 특허법에서 심사청구기간을 5년으로 정한 이유는 이 정도의 기간이라면 출원인이 출원발명에 대한 사업화 여부를 판단하는 데 충분한 기간으로 보기 때문이다. 여기에서 출원일은 실제의 출원일을 의미하므로 조약에 의한 우선권 주장을 수반하는 출원에 있어서는 제1국 출원일이 아닌 우리나라에서 실제 출원일을 의미하고, 국내우선권주장을 수반하는 출원의 경우에는 선출원일이 아닌 우선권주장을 수반하는 후출원일을 의미한다.

다. 특허청구범위기재가 유예된 경우

2007년 개정법에서 명세서에 첨부하는 특허청구범위를 출원공개일까지 보정할 수 있도록 특허청구범위 기재를 유예하는 제도가 도입되었다. 따라서 출원인이 심사청구를 할 경우에는 특허청구범위가 기재된 명세서가 첨부된 때에 한하여 출원심사의 청구를 할 수 있다(제59조 제2항). 다만, 원출원일로부터 5년 경과 후에 이루어진 분할출원 또는 변경출원이라 하더라도 30일 이내에 심사청구가 허용되므로 기간 내에 심사청구를 할 경우 당해 분할출원 또는 변경출원은 취하된 것으로 간주되지 않는다.

3. 심사청구절차

가. 심사청구서의 제출

출원심사의 청구를 하고자 하는 자는 출원심사청구서를 특허청장에게 제출하여야 한다(제60조 제1항). 다만, 특허출원과 동시에 심사청구를 하는 경우(특허청구범위가 기재된 명세서가 첨부된 경우에 한한다)에는 출원서에 그 취지를 기재함으로써 그 청구서에 갈음할 수 있다. 심사청구료의 산정은 심사청구 당시의 특허청구범위에 기재된 청구항수를 기준하여 청구항이 1항을 초과할 경우에는 초과하는 1항마다 가산료를 납부하여야 한다.

나. 심사청구 사실의 통지

특허청장은 출원공개 전에 심사청구가 있는 때에는 당해 출원의 출원공개시의 공개공보에, 출원공개 후에 심사청구가 있는 때에는 특허공보에 지체없이 그 취지를 게재하여야 한다(제60조 제2항). 심사청구는 하나의 출원에는 1회만으로 그 취지가 달성되므로, 이미 심사청구된 동일출원에 대한 중복적인 심사청구를 방지하기 위하여 심사청구 사실을 공개하여야 한다. 특허청장은 출원인이 아닌 자로부터 출원심사의 청구가 있는 때에는 그 취지를 출원인에게 통지하여야 한다(제60조 제3항). 이는 심사청구 사실을 출원인에게 알림으로써 그에 따른 명세서 또는 도면을 보정하는 등 출원인에게 적절한 대응의 기회를 부여하기 위해서이다.

다. 심사청구료 납부유예절차

특허청은 2011년 4월 1일부터 출원인에게 편의를 제공하기 위하여 심사청구료의 납부를 유예하는 제도를 신설하여 운용하고 있다. 이는 심사청구와 동시에 심사유예를 신청하는 경우에 출원인이 희망하는 경우에는 심사청구료 납부유예를 선택할 수 있게 하는 것이다. 출원인은 심사청구일부터 24개월부터 출원일로부터 5년 이내에 심사유예 희망시점을 기재한 신청서를 제출할 수 있다. "특허료 등의 징수규칙" 제8조 제4항에 따라 특허출원심사의 유예를 신청한 경우 심사를 받으려는 시점으로부터 2개월 전까지 심사청구료를 납부하여야 한다.

라. 효 과

(1) 심사의 순위

특허출원에 대한 실체심사는 심사청구가 있는 출원을 대상으로 하고 있는 경우 특허출원에 대한 심사는 심사청구순위에 의한다. 다만, 심사청구된 특허출원을 분할한 후 그 분할출원에 대하여 심사청구를 한 경우 또는 심사청구된 실용신안등록출원을 변경출원하여 심사청구한 경우의 심사순위는 원출원의 심사청구순위에 따라 심사한다.

(2) 심사청구의 취하금지

심사청구를 한 이후에는 취하할 수 없다. 심사청구에 따라 심사가 상당히 진행되고 있는 도중에 청구취하를 허용한다면 이미 행한 심사의 처리문제, 제출된 보정서의 취급 또는 취하 후 재심사청구를 인정해야 될 것인지 등 복잡한 문제가 발생하므로 절차적 낭비를 막고 법적 안정성을 유지시키기 위하여 심사청구의 취하는 허용하지 않는다.

(3) 심사청구를 하지 않는 경우

특허출원에 대하여 출원심사의 청구를 할 수 있는 기간 내에 심사청구를 하지 아니하면 그 특허출원은 취하된 것으로 간주된다. 즉 특허출원일로부터 5년 이내에 심사청구를 하지 않거나 또는 원출원일로부터 5년이 경과된 후에 한 분할출원 또는 변경출원에 대하여 그 출원일로부터 30일 이내에 심사청구를 하지 아니할 때에는 그 특허출원은 취하한 것으로 본다(제 59조 제5항).

(4) PCT 국제출원의 심사청구 시기

출원인은 특허출원 후 5년 이내에 출원심사의 청구를 하여야 한다. 국제특허출원의 심사청구 기산일은 국제출원일이다. 국제특허출원에 대한 심사청구는 출원인이 하는 경우와 출원인이 아닌 자가 하는 경우에는 그 시기가 다르다. 국제특허출원인이 아닌 자는 국내서면제출기간이 경과된 후에만 심사청구가 가능하다. PCT 제23조 및 제40조에서 국내서면제출기간 경과 전에는 출원인의 명시적 청구가 있는 경우에 한하여 국제출원의 처리 또는 심사가 가능하도록 규정하고 있는바, 이는 조약의 취지를 반영한 것이다.

(5) 국제특허출원의 특례

국제특허출원의 출원인은 특허법 제201조 제1항의 절차를 밟고(외국어로 된 국제출원에 대해서는 국제특허출원 원문에 대한 출원번역문을 제출하고) 국내수수료를 납부한 경우 국내서면제출기간 이내에 심사청구를 할 수 있다(제210조). 이 경우 국내서면제출기간 이내에 심사청구를 하면 그 시점이 기준일이 된다. 국제특허출원에서 소정기간 내에 출원심사청구가 없는 경우에는 당해 출원은 취하된 것으로 간주한다. 비록 그 특허출원에 대하여 심사청구를 포기한다는 의사표시가 없다 하더라도 그 특허출원을 취하한 것으로 보고 당해 특허출원의 절차를 종결시킨다. 국내서면제출기간까지 번역문을 제출하지 않는 국제특허출원은 취하된 것으로 간주하고 있다.

Ⅳ. 출원공개제도

1. 서 설

특허청장은 특허출원에 대하여 특허출원일로부터 1년 6개월이 경과한 때 또는 특허출원일로부터 1년 6개월이 경과하기 전이라도 출원인의 신청이 있는 때에는 그 특허출원을 특허공보에 게재하여 출원공개를 하여야 한다(제64조 제1항). 출원공개제도는 발명을 공개시킴으로써 일반인에게 기술내용을 알려서 중복연구 또는 중복투자를 방지함으로써 국가산업발전에 기여할 수 있고, 특허청에 특허정보를 제공할 수 있게 하여 정확한 심사가 달성되도록 보완해 주는 제도이다. 출원공개제도는 심사청구제도와 함께 도입된 제도로 특허출원 후 일정기간이 경과한 때에 특허출원의 심사 여부와 관계없이 출원된 내용을 공개한다. 출원공개 없이 특허가 등록되는 경우에만 발명을 공개하던 제도하에서는 심사가 지연되는 경우 출원된 발명의 공개가 늦어져 기술정보로서의 가치가 떨어짐으로써 그 발명을 사회일반의 공통지식으로 하여 산업발전에 기여하고자 하는 특허제도의 목적을 적절히 반영하지 못하는 측면이 있다. 이에 따라 심사와 발명의 공개를 분리하고 특허출원 후 일정기간이 경과하면 특허출원의 내용을 공개하는 출원공개제도를 도입하게 되었다. 출원공개는 특허청 홈페이지(www.kipo.go.kr) 또는 특허정보검색서비스(www.kipris.or.kr)에서 인터넷공보를 통해 이루어지고 있으며, 동일한 자료가 DVD, CD-ROM 등으로 공개되고 있다.

2. 출원공개의 대상

특허법 제64조 제1항 각호의 어느 하나에 해당하는 날로부터 1년 6월이 경과하거나 특허출원일로부터 1년 6월이 경과하기 전이라도 출원인의 조기공개신청이 있는 모든 특허출원은 원칙적으로 출원공개의 대상이 된다. 공개되는 내용은 특허법시행령 제19조 제3항에 열거된 사항이다. 다만, 출원공개의 대상이 되는 출원이라도 특허법 제42조 제5항 본문에 따라 특허청구범위가 기재되지 아니한 출원, 등록공고를 한 출원, 무효, 취하 또는 포기되거나 거절결정이 확정 출원의 경우에는 예외적으로 출원공개의 대상이 되지 않는다.[1] 국방상 비밀을 요하는 특허출원은 출원공개하지 않는다. 또한 공공의 질서 또는 선량한 풍속을 문란하게 하거나 공중의 위생을 해할 염려가 있는 사항은 공개용 특허공보에 게재하지 않는다.

3. 출원공개의 시기

가. 출원일로부터 1년 6개월 경과 후 공개

출원공개는 원칙적으로 특허출원일로부터 1년 6월이 경과한 때에 공개한다. 다만, 조약에 의한 우선권주장출원이나 국내우선권주장출원은 제1국 출원일이나 선출원일로부터 기산하고, 2 이상의 우선권이 주장된 출원에 대해서는 제1국 출원일이나 선출원일 중 최선일로부터 기산한다.

---

1) 국내우선권주장출원의 기초가 된 선출원이 취하로 간주되기 이전(선출원이 특허출원인 경우에는 선출원일로부터 1년 3개월 이내)에 출원인이 조기공개를 신청하거나, 공개시기가 도래한 경우(예를 들어, 국내우선권주장출원의 선출원이 조약에 의한 우선권주장을 수반하는 출원으로 취하로 간주되기 이전에 공개시기가 도래한 경우)에는 그 선출원을 공개하여야 한다.

나. 분할 또는 변경출원의 경우

분할출원이나 변경출원에 대하여는 원출원한 때에 출원한 것으로 보므로 원출원일로부터 출원의 공개시점이 기산된다. 따라서 분할출원이나 변경출원이 원출원일로부터 1년 6월 이내에 출원된 경우에는 원출원일로부터 1년 6월이 경과된 시점에 공개하며, 분할출원이나 변경출원이 1년 6월이 경과된 후에 있는 경우에는 그 후 지체없이 특허출원을 공개한다.

다. 조기공개를 신청한 경우

출원공개시기는 원칙적으로 특허출원일로부터 1년 6월이 경과한 때 공개하는 것이 기본원칙이다. 그러나 출원인이 공개를 신청한 때에는 특허출원일부터 1년 6월이 경과하기 전이라도 특허청장은 특허출원을 조기에 공개하여야 한다(제64조 제1항). 조기공개제도는 출원인에게 편의를 제공하기 위한 것이다.

4. 출원공개의 효과

가. 출원발명을 실시한 자에 대한 경고권

특허출원 후 1년 6월 또는 1년 6월이 경과하기 전에 출원공개된 발명은 공중에게 유익한 기술정보로 활용된다. 출원인은 출원공개가 있은 후 그 출원발명을 업으로서 실시한 자에게 침해를 예방하기 위하여 출원발명임을 서면으로 제시하면서 경고할 수 있다(제65조 제1항).

나. 보상금청구권

출원인은 출원공개가 있은 후 그 출원발명의 내용을 서면으로 제시하여 경고한 때에는 그 발명을 업으로서 실시한 자에 대하여 경고를 받거나 공개된 발명임을 안 때부터 설정등록시까지 통상 받을 수 있는 금액에 상당하는 보상금의 지급을 청구할 수 있다. 다만, 그 청구권은 당해 특허출원이 설정등록된 후가 아니면 행사할 수 없으며, 청구권의 행사는 특허권의 행사에는 아무런 영향을 미치지 않는다. 보상금청구권이란 특허출원이 공개된 후 제3자가 경고를 받거나 공개된 발명임을 알고 그 발명을 업으로서 실시하고 있는 경우, 제3자가 그 경고를 받거나 출원공개된 발명임을 안 때로부터 특허권의 설정등록시까지 출원인은 그 발명의 실시에 대하여 통상 받을 수 있는 금액에 상당하는 보상금의 지급을 청구할 수 있는 권리를 말한다(제65조 제2항). 보상금청구권은 특허법이 출원인에게 부여하는 특수한 성격의 권리이다. 출원공개 후에 제3자의 실시가 없었다면, 출원인이 그 발명을 실시하여 보다 많은 이익을 얻을 수 있음에도 불구하고 제3자가 실시한 결과 출원인이 상대적으로 그만큼 손해를 입게 된다는 것을 전제로 하여 잃게 된 이익의 보상을 위해서 인정되는 청구권이라 할 수 있다.[1]

다. 특허출원에 대한 정보제공

특허출원이 있는 때에는 누구든지 그 특허출원이 거절이유에 해당되어 특허될 수 없다는 취지의 정보를 증거와 함께 특허청장에게 제공할 수 있다(제63조의2). 정보제공제도는 특허를 받을 수 없는 발명이 특허되는 것을 방지하기 위하여, 공중의 심사를 거치도록 하는 것으로, 그 발명이 특허될 수 없는 이유를 알고 있는 자로 하여금 그 정보를 제공할 수 있도록 하여 심사의 정확성 향상에 기여하기 위한 제도이다. 즉 정보제공제도는 심사관이 선행기술의 검색에 소요되는 시간을 그만큼 절약할 수 있기 때문에 출원심사의 내실을 도모할 수 있고, 하자있는 특허권의 발생을 사전에 저지할 수 있는 효과가 있다.

라. 선행기술의 지위

출원이 공개되는 경우 특허법 제29조 제1항 제1호 및 제2호에 해당되어 선행기술로서의 지위를 획득할 수 있을 뿐만 아니라 특허법 제29조 제3항의 타특허출원으로 활용될 수 있게 된다.

V. 우선심사제도

1. 서 설

특허출원에 대한 심사는 심사청구의 순서에 따라 하는 것을 원칙으

---

1) 吉藤, 464면.

로 하지만, 특별한 사유가 있는 출원일 때에는 예외적으로 우선하여 처리할 수 있다. 우선심사란 심사순위의 특례조치라 할 수 있다. 우선심사제도는 국익 또는 개인의 권익보호를 위하여 타출원에 우선하여 심사하게 함으로써 심사제도의 원활한 운영을 도모하려는 것이 그 취지이다.

우선심사대상출원은 1981년 우선심사제도를 도입한 후 점차 확대되어 왔다. 2008.10.1부터는 우선심사의 신청을 하려는 자가 특허출원된 발명에 관하여 특허법 제58조 제1항에 따른 전문기관에 선행기술의 조사를 의뢰한 경우로서 그 조사결과를 특허청장에게 통지하도록 해당 전문기관에 요청한 특허출원에 대해서까지 우선심사대상을 확대하였다. 또한 2009.10.1부터는 범정부차원에서 추진하고 있는 저탄소 녹색성장을 지원하기 위해 녹색기술과 직접 관련된 특허출원이 우선심사 대상이 된다. 특히 녹색기술과 직접 관련된 특허출원으로서 전문기관에 선행기술의 조사를 의뢰하여 그 조사결과를 특허청장에게 통지한 경우에는 초고속심사를 받을 수 있도록 하는 초고속 우선심사제도를 도입하였다. 한편 "저탄소 녹색 성장 기본법"이 2010.4.14에 시행됨에 따라, 국가정책과 연계되어 금융지원 및 인증을 받은 녹색기술과 직접 관련된 특허출원도 우선심사 대상으로 추가되었다.

2. 우선심사의 대상

가. 출원공개 후 침해된 경우

우선심사의 대상에 대해서는 특허법 제61조 및 동법 시행령 제9조에서 규정하고 있다. 출원공개 후 특허권이 설정등록되기 이전에 특허출원인이 아닌 자(제3자)가 업으로서 출원발명을 실시하고 있다고 인정되는 경우에 특허청장은 당해 출원에 대하여 우선심사하게 할 수 있다(제61조 제1항). 출원인은 출원공개의 효과로서 보상금청구권을 갖게 되나 그 권리행사는 특허권의 설정등록 후에 가능하다. 그러나 출원공개 후 특허권 설정 시까지의 심사기간 동안 타인이 모방을 할 경우 대처가 곤란하고, 타인은 출원인으로부터 경고를 받은 후 심사기간이 장기화되면 그만큼 실시가 어려워질 우려가 있다. 따라서 이러한 폐단을 방지하기 위해서는 심사를 신속히 진행시킬 필요가 있기 때문에 이를 우선심사 대상으로 한다. "제3

자 실시"에서 실시란 특허법 제2조 제3호에 규정된 실시를 의미하며 해당하는 행위를 국내에서 실시한 경우를 의미한다.

나. 긴급처리가 필요한 특허출원

긴급처리가 필요하다고 인정되는 것으로서 대통령령이 정하는 특허출원에 대하여도 우선심사를 허용하고 있다(제61조 제2항). 특허법시행령 제9조에 해당되는 특허출원으로서 특허청장이 정하는 출원을 우선심사의 대상으로 하고 있다. 특허청은 2009.9.1부터 우선심사 신청시 선행기술조사 결과를 의무적으로 제출하도록 고시하였다. 따라서 우선심사 신청인은 출원발명과 관련된 선행기술을 직접 조사하고 선행기술조사 결과 및 선행기술문헌과의 대비한 설명을 우선심사신청설명서에 기재하여 제출해야 한다.

다. 특허법시행령 제9조에 해당되는 특허출원

(1) 방위산업분야의 특허출원

방위산업분야의 출원이란 "방위산업에 관한 특별조치법" 제4조의2, 동법 시행령 제4조, 동법시행규칙 제3조 및 제4조에서 규정하고 있는 방위산업물자 또는 그 제조방법에 관한 출원을 말한다.

(2) 녹색기술에 직접 관련된 특허출원

특허청은 녹색기술 관련 특허출원의 우선심사 운영기준을 마련하여 2009.10.1부터 시행하고 있다. 녹색기술산업 관련 기술은 (i) 소음진동방지시설·방음시설·방진시설 또는 그 시설이 목적으로 하고 있는 방법에 관한 출원, (ii) 수질오염방지시설 또는 그 시설이 목적으로 하고 있는 방법에 관한 출원, (iii) 대기오염방지시설 또는 그 시설이 목적으로 하고 있는 방법에 관한 출원, (iv) 폐기물처리시설 또는 그 시설이 목적으로 하고 있는 방법에 관한 출원, (v) 자원화시설·정화시설·공공처리시설 또는 그 시설이 목적으로 하고 있는 방법에 관한 출원, (vi) 자원 재활용시설 또는 그 시설이 목적으로 하고 있는 방법에 관한 출원, (vii) 공공하수처리시설·분뇨처리시설·중수도·개인하수처리시설 또는 그 시설이 목적으로 하고 있는 방법에 관한 출원, (viii) 국가 등으로부터 금융지원 또는 인증을 받은 신재생에너지 기술, 탄소절감 에너지 기술, 고도 물처리 기술, LED

응용 기술, 그린 수송 시스템 관련 기술, 첨단 그린 도시 관련 기술, 에너지와 자원을 절약하고 효율적으로 사용하여 온실가스 및 오염물질의 배출을 최소화하는 기술에 관한 특허출원이다.

(3) 수출촉진에 직접 관련된 특허출원

수출촉진에 직접 관련된 특허출원이란 수출실적이 있고, 신용장을 개설하였거나 특허권이 필요하다는 수출품 구매자로부터의 요청이 있는 출원을 말한다. 국제표준의 채택절차가 진행중이거나 국제표준으로 채택된 경우에도 수출촉진에 직접 관련된 출원으로 본다. 출원인은 이러한 사실들을 입증하는 서류를 모두 구비하여 특허청에 제출하여야 한다.

(4) 국가 또는 지방자치단체의 직무에 관한 특허출원

국가 또는 지방단체의 직무에 대한 특허출원도 우선심사의 대상이다. 여기에서 해당되는 특허출원은 국가 또는 지방단체의 공무원 등의 직무발명에 관련된 보건·교통·위생·수도 및 환경 분야의 발명이 해당되는 것으로 해석된다. 직무범위에는 고등교육법에 따른 국·공립학교의 직무에 관한 특허출원으로서 "기술의 이전 및 사업화 촉진에 관한 법률" 제11조 제1항에 따라 국공립학교 안에 설치된 기술이전·사업화 전담조직에 의한 특허출원이 포함된다.

(5) 벤처기업의 확인을 받은 특허출원

"벤처기업육성에 관한 특별조치법" 제25조의 규정에 의한 벤처기업의 확인을 받은 기업의 특허출원은 우선심사의 대상이 된다. 이는 벤처기업을 육성하기 위한 정책의 일환으로 볼 수 있다.

(6) 신기술개발 또는 품질인증사업에 관한 특허출원

국가의 신기술개발지원사업 또는 품질인증사업의 결과물에 관한 특허출원은 우선심사의 대상이 된다.

(7) 조약에 의한 우선권 주장의 기초가 된 특허출원

파리협약 제4조에 의한 우선권 주장의 기초가 되는 특허출원은 우선심사의 대상이 된다. 이 경우 당해 특허출원을 기초로 우선권 주장을 하여 외국 특허청에서 특허에 관한 절차가 진행중인 출원에 한한다.

(8) 출원인이 실시하고 있거나 실시 준비중인 특허출원

출원인이 출원한 발명을 본인이 직접 실시하고 있거나 실시 준비중인 특허출원은 우선심사 대상이 된다. 출원인이 출원발명을 업으로서 실시중이거나 실시 준비중임을 증명할 수 있는 서류로 실시 또는 실시 준비 중임을 입증할 수 있는 서류와 실시 또는 실시 준비가 업으로서 이루어지고 있음을 입증할 수 있는 서류를 모두 제출해야 한다.

(9) 전자상거래와 직접 관련된 특허출원

전자거래기본법 제2조에서 규정하고 있는 전자상거래를 촉진하는 관련 출원으로서 전자거래와 직접 관련된 다음 출원 중 어느 하나에 해당되는 특허출원은 우선심사의 대상이 된다. (i) 전자거래에 있어서 거래방법에 관한 특허출원, (ii) 전자거래를 위한 전자화폐 또는 결제기술에 관한 특허출원, (iii) 전자거래를 위한 보안 또는 인증기술에 관한 특허출원, (iv) 기타 전자거래의 촉진을 위하여 특별히 우선심사해야 할 필요성이 있다고 인정되는 특허출원 등이다.

(10) 기술혁신형 중소기업의 특허출원

"중소기업 기술혁신촉진법" 제15조에 따라 기술혁신형 중소기업으로 선정된 기업의 특허출원은 우선심사의 대상이 된다.

(11) 특허심사하이웨이

특허청장이 외국 특허청장과 우선심사하기로 합의한 특허출원으로 특허심사하이웨이(Patent Prosecution Highway. 이하 "PPH"라 한다)에 관련된 특허출원은 우선심사의 대상이 된다. 2012년 2월 현재 PPH 대상국은 일본, 미국, 덴마크, 영국, 캐나다, 러시아, 핀란드, 독일, 스페인 등 9개국이다. "우선심사의 신청에 의한 고시" 제4조 제3호 나목에 따라 한미 PCT-PPH를 2011.7.1부터 시행하고 있다. 한국이나 미국에서 수행된 PCT 국제조사나 국제예비심사에서 신규성, 진보성, 산업상 이용가능성 등이 모두 있다고 판단되는 특허출원이 우선심사의 대상이 된다. PPH나 PCT-PPH 출원은 외국 특허청장과 우선심사하기로 합의한 특허출원에 대해서는 우선심사 결정일로부터 4개월 내에 처리하고 있다.

(12) 전문기관 선행기술조사

우선심사의 신청을 하려는 자가 출원발명에 관하여 전문기관에 선행기술의 조사를 의뢰한 경우로서 그 조사결과를 특허청장에게 통지하도록 해당 전문기관에 요청한 특허출원은 우선심사의 대상이 된다. 전문기관 선행기술조사에 의해 우선심사한 원출원에 대하여 분할출원이 있는 경우의 우선심사절차를 개선하여 2011.7.1 이후의 신청부터 적용하고 있다. 출원인은 분할출원의 모든 청구항과 분할 전 원출원 청구항의 대응관계표와 원출원의 전문기관 선행기술조사보고서에 분할출원의 모든 청구항에 대한 선행기술조사 결과가 기재되어 있음을 설명하는 설명서를 우선심사신청서에 첨부하여 제출하여야 한다.

3. 우선심사 절차

가. 우선심사신청

우선심사신청은 출원공개 후 업으로서 실시되고 있는 출원에 대해서는 출원인 이외에 그 발명을 실시하고 있는 제3자도 신청할 수 있다. 그러나 긴급처리가 요구되는 경우 특허청의 실무는 국가 또는 지방자치단체의 직무에 관한 출원은 국가 또는 지방자치단체만이 가능하지만 그 이외의 출원에 대하여는 출원인은 물론 제3자라도 우선심사신청이 가능한 것으로 해석할 수 있다.

나. 우선심사신청에 대한 결정

심사국의 심사관은 우선심사신청서에 대하여 의견문의 또는 심의요청에 따른 소요기간을 제외하고 특허청장으로부터 신청서를 이송받은 날로부터 15일 이내에 우선심사 여부를 결정해야 한다. 해당 심사국에서 우선심사하기로 결정한 때에 신청인에게 그 사실을 통지해야 하고 우선심사결정통지서 발송일로부터 2월 이내에 심사에 착수하여야 한다.

4. 효 과

특허에 관한 심사순위는 원칙적으로 심사청구 순위에 의한다. 그러나 출원공개 후 특허출원인이 아닌 자가 업으로서 특허출원된 발명을 실시하고 있다고 인정되거나 국가 산업발전이나 공익상 긴급처리가 필요하다고 인정되는 출원에 대해서까지 예외 없이 이러한 원칙을 적용하다 보면 국익 및 발명의 적절한 보호가 저해될 수 있다. 이에 따라, 특허법에서는 우선심사제도를 마련하여 일정 이유에 해당하는 출원에 대해서는 특허법시행규칙 제38조에 의한 심사순위와 관계없이 심사할 수 있도록 심사순위에 관한 특칙을 두고 있다. 우선심사의 결정이 있게 되면 당해 특허출원에 대한 실체심사는 심사청구순위에 관계없이 우선심사 결정통지서 발송일로부터 2월 이내에 처리함을 원칙으로 하여 우선적으로 착수한다. 우선심사의 시기는 제3자가 실시하고 있는 경우에는 당해 특허출원이 출원공개된 후이고, 대통령령으로 정하고 있는 특허출원인 경우에는 당해 특허출원이 출원공개 전이라도 할 수 있다.

5. 3트랙심사제도

가. 3트랙심사

특허청은 2008년 10월 1일부터 빠른심사·일반심사·늦은심사의 3가지 서비스 중에서 출원인이 자신의 특허전략에 따라 심사처리의 시점을 직접 선택·관리하는 맞춤형 3트랙 특허심사제도를 시행하고 있다. 출원인은 빠른 심사를 통해 하루 빨리 특허권을 획득해 독점적 지위를 선점할 수도 있고, 늦은 심사를 통해 사업화를 위한 충분한 시간을 확보할 수도 있다. 또한 2009년 10월부터 특허청은 우리 녹색기술의 조기 권리화를 지원하고자 초고속심사 제도를 시행하고 있다. 초고속심사란 특정 우선심사 요건을 모두 만족한 경우에는 다른 우선심사 출원보다 더 빨리 심사에 착수하는 우선심사를 말한다.

나. 우선심사 처리기간의 차등화

"특허·실용신안 심사사무취급규정" 제66조 제1항에 따라 긴급처리 필요성을 고려하여 우선심사 신청 사유별로 최초 심사결과 제공하는 처리기간을 차등화한다. 벤처기업, 녹색기술 등 긴급처리가 필요한 우선심사는 우선심사 결정일로부터 2개월 내(우선심사 신청일로부터 약 3개월 내) 처리한다. 또한 전문기관에 선행기술조사를 의뢰한 것을 이유로 우선심사를 신청한 경우 우선심사 결정일로부터 4개월 내에 처리한다.

다. 초고속심사

초고속심사대상은 다음 (i) 내지 iii)의 요건을 모두 만족한 경우에 해당하는 특허출원이다. 초고속심사는 신청일 기준으로 1개월 내 심사결과를 제공함을 목표로 하고 있다. 출원인은 출원서, 우선심사신청서, 우선심사신청설명서 등에 보정 또는 보완 사항이 없고 초고속심사 신청요건을 모두 만족한 경우에만 초고속심사를 받을 수 있다. 초고속우선심사 요건은 다음과 같다. (i) 국가의 지원·인증 등을 받은 녹색기술 또는 공해방지에 유용한 환경 관련 녹색기술 중 어느 하나, (ii) 전문기관 선행기술조사를 의뢰한 출원일 것, (iii) 우선심사신청서에 취지를 표시하여 전자출원으로 제출할 것 등이다. 초고속심사신청은 일반 우선심사신청 절차와 동일하게 우선심사신청서에 우선심사신청설명서를 첨부하여 제출하여야 한다. 특허청 심사처리 기간은 초고속심사는 1월, 우선심사는 3월, 일반심사는 평균 18월 이내에 처리를 목표로 하고 있다.

6. 특허심사하이웨이(PPH)

PPH 목적은 시행국에 공통으로 특허를 출원한 출원인이 상대국에서 우선심사 또는 조기심사를 받아 신속하고 효율적으로 특허권을 취득하도록 하고, 주요국 특허청과의 심사협력을 강화하여, 상대국 특허청이 이미 심사한 결과를 참고하여 심사부담을 경감하고 심사품질을 향상하도록 하는 데에 있다. 특허청은 미국, 일본, 덴마크, 영국, 캐나다, 러시아, 핀란드, 독일, 스페인 등 9개 나라와 PPH협정을 체결하고 시행하고 있다. PPH 대상은 한국의 PPH 상대국의 최초 특허출원을 기초로 대한민국에 출원한 "조약에 의한 우선권주장 특허출원" 또는 대한민국과 상대국의 국내단계에 진입한 우선권 주장이 없는 PCT 출원이 그 대상이다. 다음 그림은 PPH의 절차에 대해서 나타낸 것이다. 예를 들어, 제1청은 한국 특허청이고, 제2청은 미국 특허청이라 가정하면, 한국 출원인이 출원 A를 하고 대응하는 출원을 우선권주장을 하면서 미국 특허청에 대응출원 A'를 출원한 상태이다. 출원 A와 대응출원 A'의 청구항이 대응관계에 있다고 하면, 출원인이 PPH를 신청하고 소정의 서류를 미국 특허청에 제출하면, 미국 특허청에서는 빠른 시일 내에 PPH에 의하여 심사를 착수하게 된다. 제1청의 특허출원의 모든 청구항은 제2청 특허청에서 특허가능하다고 판단된 청구항과 실질적으로 동일하여야 한다.

<청구항 대응 관계표>

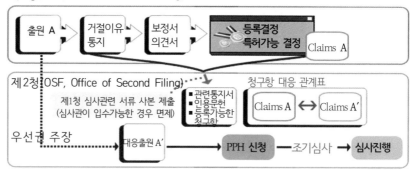

Ⅵ. 특허등록절차

1. 특 허 료

가. 특허료의 납부 등

특허권의 설정등록을 받으려는 자 또는 특허권자는 특허료를 납부하여야 한다. 특허법은 특허권자에게 업으로서 특허발명을 독점적으로 실시할 수 있는 권리를 부여함과 동시에 특허권자가 이행하여야 하는 사항으로 특허발명의 실시, 특허료의 납부(제79조), 특허실시의 보고(제125조) 등이 있다. 특허발명의 실시와 특허실시의 보고는 임의 규정이고, 특허료의 납부는 강행규정이다.

나. 납부방법 등

특허료·납부방법·납부기간 그 밖에 필요한 사항은 "특허료 등의 징수규칙"에서 규정하고 있다. 특허권의 설정등록을 받으려는 자는 설정등록을 받으려는 날(이하 "설정등록일"이라 한다)부터 3년분의 특허료를 납부하여야 한다. 특허권자는 그 다음 연도분부터의 특허료를 해당 권리의 설정등록일에 해당하는 날을 기준으로 매년 1년분씩 납부하여야 한다(제79조 제1항). 특허권자는 특허결정서등본을 송달받은 후 3월 이내에 특허료를 납부하고, 정상적으로 설정등록을 하여야 한다. 또한 특허권자는 제4년 도분부터의 특허료를 그 납부연차순위에 따라 수년분 또는 모든 연차분을 일괄하여 납부할 수 있다(제79조 제2항).

다. 특허료의 추납(追納)

특허권의 설정등록을 받고자 하는 자 또는 특허권자가 납부기간 내에 납부하지 아니한 때에는 그 납부기간이 경과한 후에도 6개월 이내에 특허료를 추가로 납부할 수 있다(제81조 제1항). 특허권의 설정등록을 받고자 하는 자 또는 특허권자가 추가납부기간 또는 제81조의2 제2항의 규정에 의한 보전기간 이내에 보전하지 아니한 때에는 특허권의 설정등록을 받고자 하는 자의 특허출원은 이를 포기한 것으로 보며, 특허권자의 특허권은 특허료를 납부할 기간이 만료되는 날의 다음 날로 소급하여 소멸된다(제81조 제3항).

라. 추가납부료의 차등납부

특허료 납부기간이 경과되어 특허료를 추가납부할 때의 납부금액을 특허료의 2배 이내의 범위에서 특허법 특허료 등의 징수규칙으로 정한 금액을 차등하여 납부할 수 있다(제81조 제2항). 종전에는 특허료의 납부기간이 경과되어 특허료를 추가납부할 때에는 납부기간의 경과일수에 관계없이 납부하여야 할 특허료의 2배의 금액을 일률적으로 추가납부하도록 하고 있어서, 특허권의 설정등록을 받으려는 자나 특허권자에게 과도한 비용을 부담하게 하는 문제점이 있었다. 따라서 특허료를 추가로 납부할 때의 납부금액을 특허료의 2배 이내의 범위에서에서 차등하여 납부할 수 있다(제81조의2 제3항).

마. 특허료 등의 반환

납부된 특허료 및 수수료는 반환하지 않는다. 그러나 다음의 경우에는 납부한 자의 청구에 의하여 이를 반환하여야 한다. (i) 잘못 납부된 특허료 및 수수료, (ii) 특허취소결정 또는 특허를 무효로 한다는 심결이 확정된 연도의 다음 연도부터의 특허료의 해당분, (iii) 특허권의 존속기간의 연장등록을 무효로 한다는 심결이 확정된 연도의 다음 연도부터의 특허료 해당분, (iv) 특허출원(분할출원, 변경출원 및 우선심사의 신청이 있는 특허출원을 제외한다) 후 1개월 이내에 해당 특허출원을 취하하거나 포기한 경우에 이미 납부된 수수료 중 특허출원료 및 심사청구료 등이다(제84조 제1항). 특히 무효로 된 경우의 특허료는 국가의 부당이득에 해당한다고 할 수 있으므로 이를 반환해 주는 것을 원칙으로 한다.

바. 실시 중인 특허권이 소멸한 경우 회복절차

실시중인 특허발명의 특허권이 추가납부기간 이내에 특허료를 납부하지 아니하였거나 보전기간 이내에 보전하지 아니하여 소멸한 경우 그 특허권자는 추가납부기간 또는 보전기간 만료일부터 3월 이내에 특허법 제79조의 규정에 따른 특허료의 3배를 납부한 후 그 소멸한 권리의 회복을 신청하여야 한다(제81조의3 제3항).

2. 특허등록

가. 의 의

특허권은 설정등록에 의하여 발생한다(제87조 제1항). 특허에 관한 등록은 특허청장의 행정처분이기 때문에 특허법이 부여하는 등록의 효력 이외에 행정법상의 형식적 확정력(確定力)이 발생된다. 특허등록이란 특허청장이 특허청에 비치한 특허원부(特許原簿)에 특허권의 변동사항을 기록하는 것을 말한다. 특허청장은 특허청에 특허원부를 비치하고 특허권의 설정·이전·소멸 등에 관한 변경 사항을 특허원부에 기재하여야 한다. 특허권 및 전용실시권의 변동은 등록이 효력발생요건이며, 통상실시권의 변동은 등록이 대항요건이다. 특허권자의 의사표시(실질적 요건)가 있더라도 등록(형식적 요건)을 하지 않으면 법률적으로 권리가 성립하지 않는 것을 효력발생요건이라 하고, 이미 발생한 권리 이해관계를 타인에게 주장할 수 있게 하는 요건을 대항요건이라 한다.

나. 등록제도

특허법에서도 특허권에 관한 법적 안정을 도모하고 제3자의 손해를 미연에 방지하기 위해서 특허권의 설정·이전·변경·소멸·회복·처분의 제한, 존속기간의 연장 등 특허권의 존재, 내용 및 권리변동 등을 공시하는 특허등록제도를 채택하고 일반인에게 특허원부를 열람하게 할 수 있다. 특허원부는 종래에는 종이로 된 서류의 원부를 사용하였으나 오늘날 전자출원을 시행하므로 컴퓨터 모니터에 특허원부가 영상화면으로 표현된다(이를 "온라인 열람"이라고 한다). 따라서 특허원부에 기록되는 정보는 특허청 전산정보처리조직의 파일에 저장되고 자기테이프 등으로 수록되며 거기에 기록되어 있는 사항을 기재한 서류의 교부를 신청하거나 온라인 열람을 신청할 수 있다.

다. 특허원부

특허원부란 특허권 또는 그에 대한 권리관계 등 법령이 정하는 소정의 등록사항을 기재한 공적장부로서, 특허청장이 특허청에 비치하여 관리하는 문서를 말한다. 특허원부는 아파트 등기부등본과 같이 무체재산권의 권리관계와 그 변동을 기록한 정부문서라 할 수 있다.

특허원부에는 특허등록원부, 특허관계거절심결 재심청구원부 및 특허신탁원부 3종류가 있다. 특허발명의 명세서 및 도면 기타 대통령으로 정하는 서류는 등록원부의 일부로 보며, 부속서류로서 특허등록 접수부와 특허료납부 접수부가 있다. 또한 권리의 존속기간만료나 포기 등으로 권리가 소멸되어 소멸 등록한 원부를 폐쇄특허원부라 하며, 이 폐쇄특허원부의 보존기간은 폐쇄한 날로부터 20년으로 한다. 특허청장은 특허의 소멸등록을 한 경우에는 해당 특허등록원부를 폐쇄하여야 한다.

라. 등록사항

특허원부는 특허번호, 등록사항을 기재하는 권리란, 등록료란, 특허권자란, 전용실시권자란 또는 통상실시권자란으로 구성된다. 특허청장은 특허청에 특허원부를 비치하고 권리의 변동사항을 등록하여야 한다(제85조). 등록할 수 있는 권리는 특허권과 이들을 목적으로 하는 전용실시권·통상실시권 및 이들 권리를 목적으로 하는 질권이다. 질권은 담보물권의 하나다. 목적물을 맡아 두었다가 갚지 않을 때 그 목적물로 우선 변제받을 수 있는 권리이다. 특허권은 자유로이 양도할 수 있는 재산권이므로 질권의 목적으로 이용할 수 있다. 특허법상의 등록사항은 특허권의 설정·이전·소멸·회복·처분의 제한 또는 존속기간의 연장, 전용실시권 또는 통상실시권의 설정·보존[1]·이전·변경·소멸 또는 처분의 제한, 특허권·전용실시권 또는 통상실시권을 목적으로 하는 질권의 설정·이전·변경·소멸 또는 처분의 제한 등이다.

마. 특 허 증

특허청장은 특허권의 설정등록을 한 때에는 특허권자에게 특허증을 교부하여야 한다(제86조 제1항). 특허청장은 특허원부 기타 서류와 부합되지 아니한 때에는 신청에 의하여 또는 직권으로 특허증을 회수하여 정정 교부하거나 새로운 특허증을 교부하여야 한다. 또한 특허청장은 정정심판의 심결이 확정된 때에는 그 심결에 따라 새로운 특허증을 교부하여야 한다. 특허증을 발급받은 특허권자가 희망하면 특허증에 기재된 내용과 동일한 내용을 외국어로 기재한 특허증(외국어 특허증)을 발급받을 수 있다. 2011년 4월 1일부터 특허권자는 영어, 일본어, 프랑스어, 러시아어, 스페인어, 중국어, 아랍어로 된 특허증을 발급받을 수 있다. 또한 동일한 규정을 적용하여 휴대용 외국어 특허증도 발급받을 수 있다.

바. 효 과

특허권 및 전용실시권의 등록효력은 설정등록에 의하여 발생하므로 특허등록원부에 소정의 사항을 등록하지 아니하면 그 효력이 발생하지 아니한다(제101조 제1항). 설정등록 후 특허권의 효력이 발생되려면 그 전제로서 특허결정 또는 특허가 유효한다는 심결이 있어야 하고, 특허등록료가 납부되어야 한다. 특허권의 이전(상속 기타 일반 승계를 제외)·포기에 의한 소멸 또는 처분의 제한의 등록은 소유권의 이전등록과 달리 효력발생요건이다. 또한 전용실시권의 설정·이전·변경·소멸 또는 처분의 제한은 등록에 의해서 권리변동의 효력이 발생하므로 등록은 권리변동의 효력발생요건이다.이와 같이 등록에 의하여 권리변동사항을 공시하는 절차는 등록과 권리의 실체를 일치시킬 수 있게 되므로 법적 안정성에 기여할 수 있다. 한편 통상실시권을 등록한 때에는 그 등록 후에 특허권 또는 전용실시권을 취득한 자에 대해서도 그 효력이 발생한다(제118조 제1항). 통

---

[1] 법정통상실시권의 이전을 제3자에게 대항하기 위해서는 그 등록을 필요로 하므로 법정통상실시를 이전하고자 하는 경우 사전에 그 보존등록을 하여야 한다.

상실시권의 설정·이전·변경·소멸 또는 처분의 제한, 통상실시권을 목적
으로 하는 질권의 설정·이전·변경·소멸 또는 처분의 제한은 이를 등록하
지 아니하면 제3자에게 대항할 수 없다.

3. 등록공고

가. 의 의

특허청장은 특허권이 설정등록된 때에는 그 특허에 관하여 특허공보
에 게재하여 등록공고를 하여야 한다(제87 제3항). 등록공고라 함은 등록
된 특허를 소정의 절차에 따라 공중에게 공표하는 특허의 공시제도를 말
한다. 등록공고제도는 심사의 투명성과 공정성을 담보하기 위한 제도이
다. 특허된 권리 중에는 거절이유가 있음에도 불구하고 심사관의 착오로
권리가 설정되어 존속될 수 있으므로 특허청장은 등록공고를 통해서 하
자 있는 특허를 발견할 수 있는 기회를 부여하고자 특허 후 등록공고를
하는 것이다.

나. 등록공고의 절차

등록공고에 관하여 등록공고용 특허공보에 게재할 사항은 대통령령
으로 정한다. 특허공보는 등록공고용 특허공보와 공개용 특허공보로 구
분된다. 종래에는 종이로 된 특허공보를 발행했으나 최근에는 전자정보
시대에 걸맞게 특허법시행규칙이 정하는 바에 의하여 전자적 매체로 발
행하고 있다.[1] 특허청장은 등록공고가 있는 날부터 3개월간 출원서류 및
그 부속물건을 공중의 열람에 제공하여야 한다(제87조 제5항). 이는 특허법
제133조 제1항의 본문 단서에서 "특허권의 설정등록이 있는 날부터 등록
공고 후 3월 이내에 누구든지 무효심판을 청구할 수 있다"는 규정과 관련
이 있다.

다. 효 과

등록공고가 있게 되면 공중은 등록공고가 있는 날부터 3개월간 출원
서류 및 그 부속물건을 특허청에서 열람할 수 있다. 공고기간 후에도 출

---

1) 특허법 시행규칙 제120조의4(특허공보의 발행매체): 전자적 매체는 읽기전용광디스크 또
는 정보통신망으로 한다. 특허청은 특허공보를 CD-ROM과 특허정보검색서비스(www.kipris.or.kr)
에서 인터넷으로 발행하고 반포한다.

원서류 등의 열람이 가능하며 공고기간중의 열람처럼 이 경우에도 수수료를 납부하여야 한다. 부속물건에는 특허출원 이후 제출된 모든 서류 및 실물견본 등의 물건이 포함된다. 즉 출원서·보정서·심사청구서·정보제공자료·의견제출통지서·우선권증명서류 및 각종 증거물 등이 모두 열람대상에 해당된다. 특허청은 열람대상 관련 서류 등 전반에 걸쳐 열람을 허용함으로써 심사의 투명성을 유지하고, 특허심판·특허소송 및 특허침해소송시 누구나 정확한 특허정보를 이용할 수 있도록 하고 있다.

≪연습문제≫

〈문 1〉 특허법 제65조(발명의 공개 효과)에 의하면, 여러 가지 공개효과가 발생한다. 다음 중 옳지 않은 것은?
① 보상금 지급청구권
② 특허출원에 대한 정보제공
③ 출원발명을 실시하는 사람에게 경고장을 보낼 수 있다.
④ 공개공보는 이중투자·이중연구 개발을 방지한다.
⑤ 출원공개가 있으면 그날부터 보상금청구권이 발생한다.

〈문 2〉 선출원주의 단점은 출원이 증가되어 심사가 지연(적체)되는 것이다. 이러한 선출원주의의 문제점을 해결하기 위하여 특허법상 두고 있는 제도는 몇 개인가?

ㄱ. 출원공개제도 ㄴ. 변경출원제도 ㄷ. 우선심사제도
ㄹ. 심사청구제도 ㅁ. 우선권주장제도 ㅂ. 분할출원제도

① 2개 　 ② 4개 　 ③ 3개 　 ④ 5개 　 ⑤ 1개

〈문 3〉 특허법상 심사청구에 관한 설명으로 옳은 것은? (다툼이 있는 경우에는 판례에 의함) [2011년 변리사 1차시험]
① 특허출원의 심사청구는 특허출원인만 할 수 있다.
② 심사청구기간은 특허출원일부터 5년이고, 국제특허출원의 경우에는 우리나라에 번역문을 제출할 날부터 5년 이내에 심사청구를 할 수 있다.

③ 분할출원·변경출원의 경우에는 원출원 또는 선출원의 절차를 승계하므로 새로이 심사청구를 할 필요가 없다.

④ 출원공개 후에 심사청구가 있는 때에는 특허공보에 그 취지를 기재하지 않아도 된다.

⑤ 국제특허출원의 출원인은 국어번역문 제출 및 수수료 납부 후에는 특허협력조약(PCT) 제2조(정의)에 의한 우선일부터 2년 7월 전이라도 심사청구를 할 수 있지만, 국제특허출원인이 아닌 자는 우선일부터 2년 7월이 경과된 후가 아니면 심사청구할 수 없다.

〈문 4〉 **특허거절결정 및 이에 대한 불복심판에 관한 설명으로 옳지 않은 것은?** (다툼이 있는 경우에는 판례에 의함) [2011년 변리사 1차시험]

① 다수의 청구항이 있는 특허출원에 있어서 단지 하나의 청구항에만 거절이유가 있는 경우라도 그 특허출원 전체에 대하여 특허거절결정을 하여야 한다.

② 특허법 제36조(선출원)를 이유로 하는 거절결정에 대하여 불복심판을 제기하지 않아 거절결정이 확정된 이후에 선출원된 등록권리가 무권리자의 출원임을 이유로 소급하여 무효가 되었다고 하더라도, 재심으로 그 거절결정에 대하여 다툴 수 없다.

③ 특허거절결정에 대한 심판은 특허를 받을 수 있는 권리가 공유인 경우 공유자 전원이 청구하여야 하며, 일부 공유자가 누락된 경우 심판청구기간 이내에는 청구인을 추가하는 보정이 가능하나 심판청구기간이 경과한 후 청구인을 추가하는 보정은 심판청구서의 요지변경에 해당되어 허용되지 않는다.

④ 특허거절결정의 이유 중에 심사관이 통지하지 않는 거절이유가 일부 포함되어 있다 하더라도, 특허거절결정에 대한 심판청구를 기각하는 심결이유가 심사관이 통지하지 아니한 거절이유를 들어 특허거절결정을 유지하는 것이 아니라면, 그 와 같은 사유만으로 심결이 위법하다고는 할 수 없다.

⑤ 특허거절결정 후 재심사의 청구가 있는 경우, 그 청구 전의 심사단계에서 한 보정각하결정에 대하여는 거절결정불복심판에서 다툴 수 없다.

〈문 5〉 **특허료의 관한 설명으로 옳지 않은 것은?** [2010년 사시 1차시험]

① 특허권의 설정등록을 받고자 하는 자 또는 특허권자는 특허료를 납부하여야 한다.

② 이해관계인은 납부하여야 할 자의 의사에 반하지 않는 한 특허료를 납부할 수 있다.

③ 이해관계인이 특허료를 납부한 경우에는 납부하여야 할 자가 현재 이익을 받는 한도에서 그 비용의 상환을 청구할 수 있다.

④ 특허료 납부기간이 경과한 후에도 6월 이내에 특허료를 추가 납부할 수

있으며, 납부하여 할 특허료의 2배 이내의 범위에서 지식경제부령을 정한 금액을 납부하여야 한다.

⑤ 특허권의 설정등록을 받고자 하는 자가 소정의 납부기간 이내에 특허료를 납부하지 못한 경우에는 그 특허출원은 이를 포기한 것으로 간주된다.

〈문 6〉 특허법상 출원심사청구제도에 대한 설명에 해당하지 않은 것은? [2008년 사시 1차시험]

① 특허출원은 심사청구가 있을 때에는 한하여 이를 심사한다.

② 심사청구가 있는 경우 특허출원은 그 출원일 순서에 따라 실체심사가 진행된다.

③ 분할출원의 경우 원출원이 심사청구되어 있더라도 다시 심사청구하여야 한다.

④ 변경출원의 경우에는 원출원일로부터 5년이 경과한 후라도 변경출원일로부터 30일 이내에 심사청구할 수 있다.

⑤ 출원심사의 청구를 할 수 있는 기간내에 출원심사의 청구가 없는 때에는 그 특허출원은 취하한 것으로 본다.

〈문 7〉 괄호 안에 들어갈 수 있는 옳은 것으로 묶은 것은? [2007년 사시 1차시험]

> 특허출원은 (A)가 있는 후 그 특허출원된 발명을 업으로 실시한 자에게 특허출원된 발명임을 서면으로 경고할 수 있고, 이러한 경고를 받았음에도 불구하고 그 특허출원된 발명을 계속해서 업으로 실시한 자에게 특허출원인은 그 경고를 받은 때부터 (B)까지의 기간 동안 그 특허발명의 실시에 대하여 통상 받을 수 있는 금액에 상당하는 보상금의 지급을 청구할 수 있다.

	A	B
①	출원공개	특허결정시
②	출원공고	특허결정시
③	출원공개	특허권의 설정등록시
④	등록공고	특허결정시
⑤	출원공고	특허권의 설정등록시

≪정답≫ 1.⑤ 2.③ 3.⑤ 4.③ 5.⑤ 6.② 7.③

≪문제해설≫

　　<문 1>　① 제65조 제2항. ② 63조의2: 일반 공중은 공개특허공보를 본 후 정보를 제공할 수 있다. ③ 제65조 제1항. ④ 출원공개의 효과로 볼 수 있다. ⑤ 제65조 제1항: 경고는 출원공개일 이후에 서면으로 할 수 있다.

　　<문 2>　선출원주의 국가는 심사가 적체된다는 문제점이 있다. 이것을 해결하기 위해서 출원공개도, 심사청구제도, 우선심사제도를 두어 문제점을 해결할 수 있다. 특허청구범위 다항제와 발명의 단일성도 관련이 있다.

　　<문 3>　① 누구든지 심사청구를 할 수 있다(제59조 제2항). ② 제210조(출원심사청구시기의 제한)에 위배된다. ③ 분할출원, 변경출원은 원출원 또는 선출원의 절차를 승계하지 않기 때문에 새로이 심사청구를 하여야 한다. ④ 출원공개용 특허공보에는 공공의 질서 또는 선량한 풍속을 문란하게 하거나 공중의 위생을 해할 염려가 있다고 인정되는 사항을 제외한 소정의 사항을 게재하여야 한다(특허법 시행령 제19조 제3항 단서). ⑤ 제210조.

　　<문 4>　① 심사관은 출원한 발명의 특허청구범위에 기재된 청구항 별로 특허요건에 위반되는지의 여부, 즉 거절이유에 해당하는지의 여부를 심사하지만 하나의 청구항이라도 거절이유가 있는 경우 출원 전체를 거절 결정하는데 이를 "출원심사일체의 원칙"이라고 한다. ② 제178조 제2항에 따라 민사소송법 제451조 적용. ③ 제140조의2 제2항 제1호 단성 규정에 따라 청구인의 보정은 요지변경이 아니다. ④ 대법원 2010.4.29 선고 2009후4285 판결에 따라 이 경우는 해당 심결이 위법하지 않다고 판시함. ⑤ 제67조의2 제2항.

　　<문 5>　① 제79조 제1항. ② 제80조 제1항. ③ 제80조 제2항. ④ 제81조 제1항, 제2항. ⑤ 제81조 제3항: 특허권의 설정등록을 받고자 하는 자 또는 특허권자가 추가납부기간 또는 제81조의2 제2항의 규정에 의한 보전기간 이내에 보전하지 아니한 때에는 특허권의 설정등록을 받고자 하는 자의 특허출원은 이를 포기한 것으로 보며, 특허권자의 특허권은 특허료를 납부할 기간이 만료되는 날의 다음 날로 소급하여 소멸된다.

　　<문 6>　① 제59조 제1항. ② 특허법시행규칙 제38조(심사순위)에 따라 출원심사는 청구순위에 의한다. ③ 분할출원은 새로운 출원이기 때문에 심사청구를 하l여야 한다. ④ 제53조 제1항. ⑤ 제59조 제5항.

　　<문 7>　제65조 제1항 제2항(출원공개의 효과): ① 특허출원인은 출원공개가 있은 후 그 특허출원된 발명을 업으로서 실시한 자에게 특허출원된 발명임을 서면으로 경고할 수 있다. ② 제1항의 규정에 의한 경고를 받거나 출원공개된 발명임을 알고 그 특허출원된 발명을 업으로 실시한 자에게 특허출원인은 그 경고를 받거나 출인공개된 발명임을 안 때부터 특허권의 설정등록시까지의 기간 동안 그 특허발명의 실시에 대하여 통상 받을 수 있는 금액에 상당하는 보상금의 지급을 청구할 수 있다.

제 7 절 특 허 권

I. 서 설

특허권은 특허를 받을 수 있는 권리를 가진 자가 특허법에서 정한 방식에 따라 특허출원을 하고, 그 출원에 대한 심사를 받고, 특허결정에 따라 특허료를 납부한 후에 설정등록하면 특허권이 발생한다. 특허권은 재산권이므로 특허권자 또는 전용실시권자는 특허발명을 업으로 실시할 수 있는 권리를 독점하고, 다른 사람에게 권리를 실시할 수 있도록 허락해 줌으로써 경제적인 이득을 얻을 수 있다. 이러한 일련의 과정에서 다른 사람에게 권리가 양도 또는 이전되거나 필요에 따라서 공유 또는 소멸하는 등 특허권의 권리주체가 변동될 수 있다.

1. 특허의 법률적 의미

행정법의 측면에서 보면 특허(特許)는 특정인을 위하여 권리, 능력, 포괄적 법률관계, 기타 법상의 힘을 설정하는 행정행위이다. 법률적 행정행위중 명령적 행정행위에는 하명·허가·면허가 있고, 형성적 행정행위는 특허·인가·대리로 구분한다. 준법률행위적 행정행위에는 확인·공증·통지·수리가 있다. 실정법규에서 허가·인가·면허 등의 용어를 사용하는 경우가 있는 반면, 특허가 아닌데 특허라는 용어를 사용하는 경우(예: 특허법상의 특허)가 있다. 행정법상 특허의 예로는 광업허가, 어업면허, 하천점유허가, 공유수립매립면허, 자동차운수사업면허, 공무원임명, 귀화허가 등을 드는 것이 일반적이다.[1] 특허행정에서 심사관의 처분은 "확인처분"에 해당한다. 이는 심사관이 출원발명을 심사하고 확인한 결과 특허권이 형성되는 효과가 있기 때문이다. 행정법에서 확인(確認)이란 일정한 사실 또는 법률관계의 존부(存否)를 인정하거나 대외적으로 표시하는 행위이다.

---

1) 강경선·이계수, 행정법 I, 한국방송통신대학교출판부, 2010, 181면.

2. 특허권의 특성

가. 대세권(對世權)

특허권은 특허발명을 독점배타적으로 실시할 수 있는 물권적 권리이다. 따라서 특허권자는 특허발명을 독점적으로 실시할 수 있고, 타인의 무단실시에 대하여는 배타권을 행사할 수 있다. 이런 관점에서 특허권은 특정인을 의무자로 하여 그 자에 대해서만 권리를 주장할 수 있는 상대권으로서의 대인권이 아니라, 누구에게나 주장할 수 있는 절대권으로서의 대세권이다.

나. 추 상 성

특허권은 무형의 재산인 특허발명을 보호대상으로 하고 있으므로 권리의 범위가 매우 관념적이고 추상적이다. 이러한 특허권은 부동산처럼 등기부 등본에 숫자 등으로 재산의 현황이 표기되는 것이 아니고, 특허청구범위에 기재된 글자로 해석하기 때문에, 특허청구범위의 해석은 전문지식이 요구되는 영역이라 할 수 있다.

다. 유 한 성

특허권은 일정기간 내에서만 독점권이 인정되는 재산권이란 점이 그 객체가 존재하는 한 영속적으로 존속되는 소유권과 다르다. 이처럼 특허권이 시간적으로 유한한 권리로 제한하는 이유는 특허권은 특허발명을 보호하는 것이며, 제3자에게 그 발명을 연구·이용할 수 있는 기회를 제공하고, 국가의 공익적인 측면 등을 모두 고려하여야 하기 때문이다.

라. 제 한 성

재산권을 행사할 경우 공공의 이익에 대해서는 일정한 제한이 따르게 된다. 특허권은 특히 산업정책상 또는 공익상의 이유로 다른 재산권에 비하여 그 권리행사가 제한된다. 특허권을 제한하는 조문으로는 특허권의 효력이 미치지 아니하는 범위(제96조), 법정실시권 및 강제실시권(제107조) 등이 있다.

마. 지 배 성

특허권자는 특허발명을 사용·수익·처분할 수 있는 권리를 갖는다.

즉 특허권자는 특허발명에 대한 이용과 사용가치의 전부에 대한 포괄적
인 지배권을 갖는다. 실시권과 같은 권리는 제한된 범위 내에서만 객체를
지배할 수 있지만, 특허권은 특허발명을 전 범위에 걸쳐 지배할 수 있다.
특허권자가 발명 전부에 대하여 할 수 있는 사용·수익·처분의 권능을 특
허권의 지배성이라 한다.

바. 국 제 성

오늘날 정보통신의 발달로 지적 창작물이 급속하게 전파되고, 국가
간의 무역에서 수많은 특허권이 상품이나 서비스와 함께 이동된다. 산업
재산권보호에 관한 파리협약의 우선권 주장제도와 TRIPs의 국경제한 조
치 등에 기하여 특허권은 국제적인 특성을 갖고 있다.

3. 특허권의 본질

가. 의 의

특허권자는 자신의 특허발명을 업으로 독점배타적으로 실시할 수 있
는 특허권을 갖는다. 특허권은 국가가 그 발명자에게 허여하는 독점배타
권으로 국가와 특허권자간의 일종의 계약(contract)이라 할 수 있다.[1] 특
허청 심사관이 출원발명을 심사한 후 등록결정서를 통지하면, 출원인은
소정의 수수료를 납부하고 설정등록하게 된다. 특허권의 본질에 대해서
는 여러가지 이론이 있다. 미국의 경우 특허권에 대한 창작자의 권리는
당연히 개인의 소유라고 하는 자연주의 이론(nature theory)과 특허권자가
자신의 발명을 특허공보를 통해서 공개하는 대가에 대해서 국가는 특허
권자에게 특허권을 부여한다는 대가설(reward theory)이 있다. 대가설이
통설이다. 대가설은 발명자에게 배타권을 부여하는 반면에 이용자의 권
리를 보호하는 등 발명자와 이용자간의 적절한 이익의 균형을 유지하는
것을 목표로 한다.

나. 객체적 범위

특허권의 보호대상은 특허명세서 중 특허청구범위에 기재된 발명이

---

1) Ronald B. Hildreth, 1면: A patent is a contract between inventor and the
government which the government grants the inventor a limited monopoly.

다. 즉 특허발명의 보호범위는 특허청구범위에 기재된 사항(문언)에 의하여 정하여지므로, 명세서 중 발명의 상세한 설명에 기재되어 있어도 특허청구범위에 기재되지 아니한 발명은 원칙적으로 보호대상이 아니다.

다. 지역적 범위

특허권의 효력이 미치는 지역적 범위는 파리협약의 특허독립의 원칙이 적용되므로 특허권은 그 권리를 부여한 국가 내에서만 효력을 미친다. 따라서 우리나라에서 부여한 특허권은 우리나라의 통치권이 미치는 영토 내에서만 그 효력이 미친다.

라. 속지주의

1) 특허권은 우리나라의 영토에서만 그 효력이 미치고 외국에는 그 효력이 미치지 아니하는 속지주의 원칙(principle of territoriality)이 적용된다. 속지주의 원칙에 따르면, 특허권이 각국에 의해 독립되어 있고 국내법원은 국내특허의 해석에 관해 독립적 판단권을 가지고 있다. 최근 인터넷과 전자상거래의 발전으로 발생되는 지식재산권의 침해의 관할문제와 병행수입에서 속지주의가 주요 논쟁이 되고 있다. 동일한 발명을 다른 나라에서 보호받기 위해서는 그 나라의 법률이 정하는 바에 따라 특허를 취득하여야 하고(1국 1특허의 원칙), 각 나라에서 특허권의 발생·소멸도 그 나라의 법률에 따르며 특허권은 서로 독립하여 병존한다(특허독립의 원칙). 속지주의는 파리협약의 특허독립의 원칙에 근거한다고 보는 설이 다수설이다. 파리협약에 의해 외국인을 내국인과 평등하게 취급한다는 내국민대우의 원칙과 우선권제도는 속지주의 원칙을 전제로 하고 있다. 따라서 파리협약 제4조 제2항에서 "동맹국의 국민에 의하여 여러 동맹국에 출원된 특허는 동일한 발명에 대하여 동맹국 또는 비동맹국 여부에 관계없이 타국에서 획득한 특허와 독립적이다"라고 특허독립의 원칙을 명문화하고 있다.

2) 헌법 제3조에서 "대한민국의 영토는 한반도와 그 부속도서로 한다"고 규정하고 있어서 북한은 한반도의 일부이므로 대한민국의 주권이 미치므로 내한민국 헌법에 따라 제정·시행되는 모든 법령의 효력은 북한지역에도 적용된다고 본다.[1] 남한과 북한간의 특수한 역사적인 관계로

---

1) 김철수, 124, 131면.

인해서 지식재산권 분야의 실질적인 교류는 이루어지고 있지 않다.[1] 남한과 북한은 모두 WIPO협정·파리협약·PCT조약의 회원국임에도 불구하고,[2] PCT국제출원의 경우 남한의 출원인이 북한을 지정국으로 지정할 수 있지만, 북한에서는 국내단계 진입을 허용해 주고 있지 않다. PCT 국제출원시 북한을 지정국으로 하는 경우 북한에서 PCT 국내단계에 진입이 허용되지 않는 국가는 남한과 일본이다.

마. 시간적 범위

특허권은 소유권과 달리 한시적인 권리로서 권리존속기간 내에서만 유효하다. 그러나 존속기간 이내라 하더라도 특허권자가 특허권을 포기하거나 특허료의 불납 등의 이유로 특허권 소멸사유가 발생하면 특허권은 소멸된다. 한편 농약·약품 및 화학분야의 발명에 대하여는 그 특성상 임상실험 실시기간 등을 감안하여 예외적으로 그 실시할 수 없었던 기간에 대하여 5년의 기간 내에서 당해 특허권의 존속기간을 연장할 수 있다(제89조).

4. 특허권의 내용

가. 업 으 로

특허권자는 업(業)으로서 그 특허발명을 실시할 권리를 독점한다(제94조). 따라서 특허권자는 특허발명을 적극적으로 실시할 수 있으므로, 타인은 특허권을 무단으로 침해해서는 안 된다. 여기서 "업"(業)이란 사업적이라는 의미이다. 즉 업으로의 실시란 "반복·계속의 의사를 가지고 사업적으로 경제적 행위를 하는 것"을 의미하므로 영리적 행위인지 비영리적 행위인지를 불문한다.[3]

---

1) 월북작가의 저작권은 우리 헌법의 적용을 받는다(서울지방법원 1994.2.14 선고 93카합 2009 판결). 월북작가 박태원의 역사소설 "갑오농민전쟁"을 출판한 출판사가 1988년 12월 형사처벌을 받았다(서울지방법원 1989.12.12 선고 89고단 4609 판결).

2) PCT는 하나의 발명을 PCT 동맹국에 중복 출원하여 특허를 받을 수 있는 국제출원 제도이다. 특허 또는 실용신안의 해외출원 절차를 통일하고 간소화하기 위해서 1970년 워싱턴에서 조약이 체결되어 1978년에 발효된 조약이다.

3) 吉藤, 501면: 반드시 영리를 목적하는 경우에 한하지 않는다. 예를 들어, 국영공사로서의 항만공사 특허와 관계되는 준설기를 사용하는 것은 업으로서의 실시이다.

나. 특허발명

특허발명이란 특허를 받은·발명을 의미하므로 설정등록 이후의 발명으로서 특허권이 발효되고 있는 발명을 말한다. 따라서 설정등록된 특허발명이라 하더라도 특허권이 중도에서 소멸되면 특허권의 효력도 함께 소멸된다.

다. 실 시

특허발명의 실시란 특허발명이 산업상 이용되는 것을 말하며, 실시의 형태는 발명의 종류에 따라 상이하다. 특허법 제2조 제3호는 물건의 발명, 방법의 발명 및 물건을 생산하는 방법의 발명으로 구분하여 그 실시의 내용을 규정하고 있다. 즉 실시라 함은 (i) 물건의 발명인 경우에는 그 물건을 생산·사용·양도(assigning)·대여(leasing) 또는 수입하거나 그 물건의 양도 또는 대여의 청약(offering)을 할 수 있는 행위, (ii) 방법의 발명인 경우 그 방법을 사용하는 행위이다. 논란이 되는 실시행위는 "수출·소지·수리·개조"이다. 수출이나 소지는 그 자체는 실시행위가 아니지만, 수출을 목적으로 국내에서 제조(생산)하는 경우와 같이 수출에 이르게 되는 과정에서 실시행위가 개입되는 경우 실시행위로 인정될 수 있다.[1] 소지는 실시행위로 이어질 가능성이 많기 때문에 침해금지청구의 대상이 될 수 있다. 수리·개조의 경우에는 그 수리·개조의 정도에 따라 판단되는데, 행위가 특허권자만이 실시할 수 있는 "생산"의 정도에 이르게 되면 특허발명의 실시로 해당하는 것으로 본다.

라. 독 점

특허발명에 대한 실시의 독점이란 "타인을 배제하고 특허권자만이 오로지 그 발명을 실시할 수 있는 권리를 갖는다"고 해석하므로 특허권은 독점권을 갖는다. 특허권의 침해란 특허권자 외의 자가 정당한 권한 없이 특허발명을 업으로 실시하는 행위를 말한다.

---

1) 서울고등법원 2005.1.12 선고 2003나38858 판결: 침해자의 국내 제조로 발생한 수출물량은 제조와 수출간에 상당한 인과관계가 인정되므로 특허권 침해로 인한 손해배상을 인정한다.

Ⅱ. 특허권의 효력

1. 서 설

특허권자는 업으로서 그 특허발명을 실시할 권리를 독점한다. 다만, 그 특허권에 관하여 전용실시권을 설정한 때에는 특허법 제100조 제2항의 규정에 의하여 전용실시권자가 그 특허발명을 실시할 권리를 독점하는 범위 안에서는 그러하지 아니하다(제94조). 특허권의 효력에는 특허권자가 특허발명을 독점적으로 실시할 수 있는 적극적 효력과 타인의 실시를 배제시킬 수 있는 소극적 효력이 있다. 특허법 제94조에서 특허권의 적극적 효력을 규정하고 있고, 소극적 효력은 특허법 제96조에서 규정하고 있다고 할 수 있다. 특허권의 효력은 그 실시범위가 정해져 있고, 그 범위 내에서는 특허권자가 자신의 특허발명을 업으로 실시할 수 있지만, 일정한 경우 그 효력을 제한받기도 한다.

가. 발명의 보호범위

심사대상이 되는 발명은 특허출원서에 첨부된 명세서의 특허청구범위에 기재된 사항이다. 특허청구범위에는 보호를 받고자 하는 사항을 기재한 청구항이 1 또는 2 이상 있어야 한다(제42조 제4항). 따라서 출원인은 자신의 발명 중 특허권으로 보호를 받고자 하는 사항을 청구항에 기재하여야 하며, 특허권이 부여된 경우에는 그 특허발명의 보호범위는 청구항에 기재된 사항에 의하여 정하여지는 것이므로 특허권은 결국은 명세서의 특허청구범위에 기재된 발명으로 정의한다(제97조).

나. 존속기간

특허권의 존속기간은 특허권의 설정등록이 있는 날로부터 특허출원일 후 20년이다. 출원인은 특허출원 후 특허를 받을 때까지의 기간 동안에는 완전한 권리행사를 하지 못하지만, 특허를 받으면 특허권 존속기간 동안에는 침해행위를 방지할 수 있고, 자신이 특허권을 독점적으로 실시할 수 있는 권한을 가진다. 출원인은 특허권의 설정등록 전에는 특허법 제65조에 따라 출원공개가 있은 후 경고권 및 보상금지급 청구권을 가진다. 다만, 청구권 행사는 특허권 설정등록 후에 가능하다.

2. 특허권 효력의 제한

가. 의 의

특허권은 산업정책상 또는 공익상의 이유로 그 효력이 제한되는 경우가 있다. 특허권의 효력은 발명의 성질상 타권리와의 관계 또는 법적 안정성을 유지하는 차원에서 제한된다. 그 제한 대상이 되는 유형은 (i) 타권리와 이용·저촉 관계에 있는 경우, (ii) 권리의 성격상 타인의 동의를 얻어야 하는 경우, (iii) 타인의 실시를 그대로 인정하여야 하는 경우, (iv) 자기의 특허발명이면서도 타인의 허락없이 스스로 실시할 수 없는 경우 등이 있다.

나. 특허권의 효력이 미치지 아니하는 범위

(1) 연구·시험을 위한 특허발명의 실시

특허발명의 기술적 효과를 확인 또는 검사하기 위하여 실험실이나 연구소 등에서 타인의 특허발명을 실시하는 경우에는 특허권의 효력이 미치지 아니한다(제96조 제1항 제1호). 이와 같은 실시는 기술개발에 필요하지만 그 시험의 결과가 특허권자의 경제적 이익을 특별히 해하는 것도 아니고, 기술을 다음 단계로 발전시키는 것을 목적으로 하는 것이므로 특허권의 효력을 이와 같은 실시에까지 미치게 하는 것은 오히려 기술의 발전을 저해하기 때문이다.

(2) 국내를 통과하는 데 불과한 교통수단

단순히 국내를 통과하는 데 불과한 선박·항공기·차량 또는 이에 사용되는 기계·기구·장치 기타의 물건에 대하여는 특허권의 효력은 미치지 아니한다(제96조 제1항 제2호). 이러한 물건들은 국제교통상 필요한 것들이므로 국제교통의 원활화를 위해서는 특허권의 효력이 이들 물건에 대하여는 미치지 않게 할 필요가 있다. 파리협약 제5조의3에서도 이와 같은 취지의 규정이 있지만, 동 조약은 동맹국을 대상으로 하고 있음에 비하여, 특허법은 동맹국 이외 국가의 선박 등도 대상으로 하고 있는 점은 국내법이 파리협약보다 적용범위가 더 넓다 할 수 있다.

(3) 특허출원시부터 국내에 있는 물건

특허발명의 특허출원시에 국내에 존재하고 있는 물건에 대하여는 특허권의 효력은 미치지 아니한다(제96조 제1항 제3호). 특허출원시의 기준일은 우선권 주장이 수반되지 아니한 출원은 출원일이 기준일이 되고, 조약우선권 주장을 수반한 출원은 우선일이 기준일이 된다. 선출원주의에 의하여 먼저 특허출원한 자가 특허를 받을 수 있으나, 출원당시 이미 존재하고 있는 동일한 물건에까지 특허권을 적용하는 것은 사회통념상 불합리하다. 그 이유는 이들 물건에까지 특허권의 효력을 미치게 하는 것은 법적 안정성을 해할 우려가 있고, 다른 한편으로 이들 물건은 이미 출원시에 존재한 것들이므로 특허권의 효력을 미치지 않게 한다 하더라도 특허권자에게 경제적 불이익이 되지 않기 때문이다. 특허법 제96조 제1항 제3호의 취지는 당해 물건을 비밀로 소지하고 그 소지하고 있는 것이 당해 발명의 실시 또는 실시의 준비에 해당되지 않는 것과 같은 경우이다. 특허출원시부터 국내에 있는 물건이 특허출원 전에 있었다면 이는 공용(公用)에 해당하는 것으로 권리범위 확인심판이나 특허침해소송에서 모두 항변사항으로 주장할 수 있다.

(4) 제조되는 의약의 발명 등

2 이상의 의약을 혼합함으로써 제조되는 의약의 발명 또는 2 이상의 의약을 혼합하여 의약을 제조하는 방법의 발명에 관한 특허권의 효력은 약사법에 의한 조제행위와 그 조제에 의한 의약에는 미치지 아니한다(제96조 제2항). 여기서 "의약"이라 함은 사람의 질병의 진단·경감·치료·처치 또는 예방을 위하여 사용되는 물건을 말한다. 이는 의사의 처방전에 의하여 약사 등이 의약을 자유로이 조제할 수 있도록 함으로써 국민의 생명유지 또는 건강관리라는 공익차원에서 기여할 수 있도록 하기 위함이다. 조제행위는 의사가 교부하는 처방전에 의해 하여야 하는 것이므로 그것을 조제하는 약사는 처방전에 따를 수밖에 없으며, 처방전은 많은 의약 중에서 당해 병상에 가장 적절한 약효를 기대할 수 있도록 선택하여 조제하는 것을 지시하는 것이므로 의사는 그때마다 혼합방법이 특허권과 저촉하는지의 여부를 판단하는 것이 현실적으로 곤란하다는 특징이 있다.

Ⅲ. 특허권의 변동

1. 특허권의 공유

가. 의 의

특허권의 공유(共有)라 함은 특허권을 2인 이상이 공동으로 소유하는 것을 말한다. 특허권이 공유인 경우에도 특허권 본래의 대세적 효력에는 변화가 없으나 공유특허권의 처분행위 등에 있어서는 일정한 제약이 가해진다. 특허권의 공유는 특허권을 대상으로 다수인이 지분의 결합에 의하여 권리관계를 형성하고 있다. 공유물 또는 그 지분의 처분행위에 있어서는 다른 공유자의 지분권을 고려하여 일정한 제약이 따르지만, 공유자 간에는 원칙적으로 실시의 자유가 보장된다. 이러한 특허권 공유의 성격을 민법이 규정하고 있는 재산권의 공동소유형태인 총유(민법 제275조)·합유(민법 제271조)·공유(민법 제262조)와 비교해 보면, 특허권의 공유관계는 특허권이 재산권인 이상 원칙적으로 공유(公有)규정이 적용되지만(민법 제278조), 특허권은 무체재산권으로 점유할 수 없기 때문에 일반적인 소유권과 비교하여 상이한 특유의 성질을 갖고 있다. 따라서 특허권은 합유 (合有)[1]에 준하는 성질을 가진다고 할 수 있다 .

나. 공유관계의 성립

특허권이 공유로 되는 경우는 공동발명자, 공동상속인, 자금 제공자와 발명자 등이 공동출원하여 공동으로 특허를 받은 경우에 공유관계가 성립한다. 또한 특허권의 일부를 양도하거나 또는 공유특허권의 지분의 일부를 다시 양도함으로써 다수 공유관계가 형성되기도 한다. 특허권은 양도뿐만 아니라 상속이나 질권의 행사 또는 수용을 통하여 이전할 수 있다(제99조).

다. 공유특허권의 효력

특허권이 공유인 경우에 특허권은 추상적이고 형태가 없는 재산권이

---

1) 민법 제271조(물건의 합유): 법률의 규정 또는 계약에 의하여 수인의 조합체로서 물건을 소유하는 때에는 합유로 한다. 한편 물건이 지분에 의하여 수인의 소유로 된 때에는 공유로 한다(민법 제262조 제1항).

기 때문에 각 공유자는 자신의 지분만큼의 특허발명을 실시할 수 없으므로 민법상의 공유에 관한 규정을 그대로 적용할 수 없다. 특허발명은 각자 자유롭게 실시할 수 있는 반면에, 특허발명을 다른 사람에게 양도하거나 실시권·질권 등을 설정하는 경우엔 이를 제한하고 있다(제99조 제2항· 제3항).

라. 공동심판의 공유자 지위

공유특허권에 관한 심판은 공유자 전원에 대하여 합일적으로 처리되게 하는 것이 경제적이고 합리적이다. 따라서 공유인 특허권의 특허권자에 대하여 심판을 청구하고자 하는 자는 공유자 전원을 피청구인으로 하여야 하며, 공유자가 공유특허권에 관하여 심판을 청구할 때에는 공유자 전원이 청구인이 되어야 한다(제139조 제3항). 공동심판은 민사소송법상의 고유필수적 공동소송의 형태가 되므로, 공유특허권자 중의 일부를 누락시킨 심판청구는 부적법한 심판청구로서 각하 대상이 된다(제141조 제2항).

마. 심결취소소송

공유인 특허권의 특허를 무효로 한 심결에 대한 취소의 소송은 공유자 전원이 공동으로 제기할 것을 요하는가의 여부, 즉 공유권리자 중 한 사람만이 제기한 소송이 적법한지의 여부에 대해서 특허법 제139조에서 "그 전원이 공동으로 심판을 청구해야 한다"고 규정하고 있으나, 심결취소소송에 대해서는 아무런 규정이 없으므로 민사소송법 제65조의 취지를 고려할 때, 공유인 특허권의 특허를 무효로 한 심결에 대한 취소소송은 공유자 전원이 공동으로 제기하는 것이 적법하다고 본다.

바. 손해배상청구소송

특허권이 공유인 경우에는 특허법상의 규정이 적용되지만, 그 외의 법률관계는 민법과 민사소송법이 적용된다. 따라서 특허발명의 무단실시에 대해서는 공유자 각자가 특허권의 침해금지청구권을 행사할 수 있으나, 손해배상청구소송은 공유자 전원이 함께 소송을 청구하여야 한다(민사소송법 제65조).

2. 특허권의 이전

가. 의 의

특허권은 이전이 가능한 재산권이다. 특허권의 이전이라 함은 특허권의 내용의 동일성을 유지하면서 특허권의 귀속주체인 권리자를 교체하는 것을 말한다. 특허권의 이전은 전부이전과 일부이전으로 나눌 수 있다. 일부이전시에는 지분의 이전으로서 공유특허권의 발생원인이 된다. 특허권은 무체재산권으로서 사권의 일종이므로 특허권자는 자신의 특허발명을 그 자신이 직접 실시할 수도 있고(실시권능), 다른 사람에게 실시하도록 실시권을 허락함으로써 그 실시료(royalty)를 받을 수 있을 뿐만 아니라(수익권능), 자신의 특허발명을 다른 사람에게 자유롭게 양도함으로써 처분할 수도 있다(처분권능). 따라서 특허법은 특허권자로 하여금 자신의 특허권을 자유롭게 실시·수익·처분할 수 있는 법적 근거를 명문으로 인정함으로써, 특허권자가 자신의 특허발명의 재산적 권리를 전면적·총괄적으로 행사할 수 있도록 보장하고 있다. TRIPs 제28조 제2항에서 "특허권은 양도·상속 또는 라이선스 등에 의하여 이전된다"고 규정함으로써 특허권은 이전할 수 있는 재산권임을 명문화하고 있다.

나. 법률행위에 의한 이전

(1) 특허권의 이전

특허권은 이전이라는 의사표시에 의하여 이전할 수 있다. 이전의 형태는 매매, 증여, 교환, 회사에 현물출자 등 당사자간의 쌍방권리에 의하는 경우와 재단법인의 설립행위 등과 같이 단독행위에 의하는 경우도 있다. 공유특허권의 이전은 공유자 전원의 동의가 있어야 하며, 공유자 중 1인이 자기의 지분을 이전하고자 할 때에도 다른 공유자의 동의가 필요하다.

(2) 특허권의 신탁에 의한 이전

특허권은 신탁행위에 의해서도 이전된다. 신탁이란 신탁설정자가 법률행위에 의하여 신탁인수자에게 재산권을 이전하는 동시에 재산권을 일정한 목적에 따라 지기 또는 제3자를 위하여 관리·처분하게 하는 법률관계를 말한다. 이 신탁을 설정하는 계약 또는 유언이 신탁행위이다. 신탁법에 의한 특허권의 이전은 특허신탁원부에 등록하여야 제3자에게 대항할 수 있으며(신탁법 제3조), 등록절차로서는 수탁자를 등록권리자로 하고 위탁자를 등록의무자로 하여 등록신청을 하여야 한다.

다. 법률행위 이외의 사유에 의한 이전

(1) 상 속

법률행위 이외의 사유에 의한 특허권의 이전은 법률의 규정에 의한 경우가 통상적이긴 하지만, 그 이외의 사유로 이전될 수 있다. 특허권은 상속, 기타 일반승계에 의하여 이전된다. 이 경우는 사망 또는 회사의 합병 등에 의하여 이전 권리자가 갖는 권리·의무가 포괄적으로 승계인에게 이전되는 경우이다.

(2) 판 결

특허권의 권리귀속에 관하여 분쟁이 발생한 경우 법원의 이행판결의 확정에 의하여 특허권이 이전될 수 있다.[1] 특허권의 이전을 가능하게 할 수 있는 판결은 특허제도의 내용으로 보아 이행판결이 해당되겠으나, 이 경우 특허법 제101조 제1호의 취지에 따른 등록이 완료됨으로써 권리이전의 효력이 발생한다.

(3) 경 매

특허권에 대한 질권의 실행 또는 강제집행에 의하여 특허권이 경락(競落)되면 경락대금의 납부에 의하여 특허권이 이전된다.[2]

(4) 수 용

정부는 특허발명이 전시·사변 또는 이에 준하는 비상시에 있어서 국방상 필요한 때에는 특허권을 수용(收用)할 수 있다. 특허권이 수용된 때에는 그 특허권은 국가에 귀속되며 수용 당시에 존재하던 그 특허발명에 관한 특허권외의 권리는 모두 소멸된다(제106조 제2항).

---

1) 형성판결은 일정한 법률관계를 새로이 형성·변경 또는 소멸시키는 것을 내용으로 하는 판결을 말한다. 즉 그 판결의 확정 자체로서 법률관계 변동의 효과가 생기지만, 이행판결은 그 판결내용에 따른 급부가 행해질 때 권리변동의 효과가 생긴다.

2) 경락은 경매(競賣)에 의하여 매수인이 그 대상인 동산(動産) 또는 부동산의 소유권을 취득하는 것을 말한다. 경매의 성립과 함께 사법상의 경매와 동일한 효력이 발생하고 경락인은 대금과 상환으로 경락물의 인도를 받게 된다(민사집행법 제205조 제2항).

라. 청구항마다 이전

특허권은 청구항마다 특허가 되거나 청구항마다 특허권이 이전된다 (제215조). 특허법 제215조는 2 이상의 특허 또는 특허권에 관한 특칙이 다.[1] 2 이상의 청구항이 있는 특허출원에 대한 특허결정을 받은 자가 특 허료를 납부한 때에는 청구항별로 이를 포기할 수 있다(제215조의2). 특허 법 제101조 제1항 제1호의 규정에 의하여 특허권의 이전(상속 기타 일반승 계에 의한 경우를 제외함)·포기에 의한 소멸 또는 처분의 제한은 2 이상의 청 구항 중 각 청구항마다 등록할 수 있고, 등록하지 아니한 청구항에 대하 여 그 효력이 발생하지 아니한다. 특허법 제85조 제1항 제1호와 관련하 여서는 특허권의 소멸의 경우에 한하여 각 청구항마다 등록할 수 있다.

3. 특허권의 소멸

가. 의 의

특허권은 동산이나 부동산과 달리 일정한 사유로 인하여 그 효력이 상실된다. 특허권의 상속인이 없는 경우, 특허존속기간이 만료된 경우, 특허권이 포기된 경우에 특허권이 소멸된다. 특허를 무효로 한다는 심결 이 확정된 때에는 그 특허권은 처음부터 없었던 것으로 본다. 특허권의 소멸이라 함은 특허권이 일정사유의 발생에 의하여 그 효력을 상실하게 되는 것을 말한다. 특허권에 전용실시권 또는 통상실시권이 존재하거나 질권이 설정되고 있는 경우에 당해 특허권이 소멸되면 특허권에 부수하 는 이들 권리도 함께 소멸된다. 특허권은 특허권의 존속기간이 만료되면 자동으로 소멸된다. 특허법이 정하고 있는 특허권의 소멸사유에는 존속 기간의 만료 이외에도 특허료의 불납, 특허권의 포기(抛棄), 특허권의 취 소, 특허의 무효, 특허권 존속기간의 연장등록의 무효심결에 의한 소멸 및 상속인의 부존재(不存在) 등이다.

---

1) 특허법 제215조는 제한 열거 규정으로 조문을 해석할 때는 청구항의 수에 따른 특허 처분이 행해지고, 청구항 수만큼의 특허 또는 특허권이 존재하는 것으로 본다. 따라서 본 조 또는 다른 규정이 없는 경우에는 2 이상의 청구항이 있는 특허 또는 특허권에 관하여 청구항마다 취급을 할 수 없다.

나. 특허권의 존속기간 만료

특허권은 존속기간이 만료되면 소멸된다. 특허권의 존속기간은 일반 소유권과 달리 존속기간이 제한되므로 특허권은 권리존속기간 내에서만 유효하며 특허권의 존속기간은 특허출원일로부터 20년을 초과할 수 없다. 다만, 존속기간의 연장등록출원에 의하여 존속기간이 연장된 경우에는 25년을 초과할 수 없다. 특허존속기간의 연장이 잘못된 경우에는 그 연장등록의 무효심판을 청구할 수 있다. 심판에 의해서 연장등록을 무효로 하는 심결이 확정된 때에는 그 연장등록에 의한 존속기간의 연장은 처음부터 없었던 것으로 본다(제134조 제3항).

다. 특허료의 불납

특허권의 설정등록을 받고자 하는 자 또는 특허권자는 법정기간 내에 특허료를 납부하여야 한다(제79조 제1항). 특허료를 법정기간 내에 납부하지 아니할 때에는 특허권의 설정등록을 받고자 하는 자의 특허출원은 이를 포기한 것으로 보며, 특허권자의 추가특허료를 납부할 기간이 경과한 때에는 소급하여 그 특허권이 소멸된 것으로 본다(제81조 제3항).

라. 특허권의 포기

특허권은 권리자가 당해 특허권을 포기함으로써 소멸된다. 특허권의 포기는 일반적으로 특허권이 조기에 소멸되는 형태의 하나로 특허권자의 의사에 의하여 특허권을 소멸시키는 의사표시이다. 특허권은 재산권이므로 특허권자의 의사에 의하여 포기할 수 있으나, 특허권에 대하여 이해관계인이 있을 때에는 일정한 제한이 있다(제119조). 또한 2 이상의 청구항이 있는 특허출원에 대한 특허결정을 받은 자가 특허료를 납부하는 때에는 청구항별로 이를 포기할 수 있다(제215조의2). 포기의 경우에는 특허원부에 말소등록이 됨으로써 포기에 의한 특허권 소멸의 효력이 발생한다. 즉 포기의 의사를 표명하더라도 포기에 따른 특허권말소등록이 되지 아니하면 특허권은 소멸되지 않는다(제101조 제1항). 특허권의 포기가 있는 때에는 특허권을 포기한 시점부터 권리가 소멸된 것으로 본다(제120조).

마. 상속인의 부존재

특허권은 상속이 개시된 후 상속인이 없는 경우에는 소멸된다(제124

조). 공유특허권에 있어서는 공유자 중의 1인이 사망하고 그 상속인이 없을 때에는 그 지분은 다른 공유자에게 귀속되고, 특허권자에게 상속인이 없으면 특허권이 소멸된다.

Ⅳ. 특허발명의 실시권

1. 서 설

특허권은 존속기간 동안 그 권리를 부여한 국가 내에서 특허청구범위에 기재된 발명의 범위 내에서 효력이 미친다. 또한 특허권은 매매나 상속 등에 의하여 양도될 수 있다. 특허권자는 타인에게 실시료(일명 로열티. royalty)를 받고 특허발명의 제조·사용 또는 판매할 수 있는 권리의 전용실시권 또는 통상실시권을 허락할 수 있다(제100조, 제102조). 특허권자는 특허발명을 업으로 실시(實施)할 권리를 독점한다(제94조). 실시권은 특허권자가 타인에게 자신의 특허발명을 실시할 수 있는 권능을 부여하는 대가로 소정의 실시료를 얻게 되므로, 특허권자와 타인 사이의 약정에 의해 발생하는 것이 원칙이다. 실시권 설정을 통해 특허권자는 실시료를 받아 경제적 이익을 얻게 되고, 실시권 설정을 받은 자는 허락받은 범위 내에서 특허발명을 실시함으로써 합법적인 지위와 함께 이윤을 창출할 수 있게 된다. 강제실시권과 법정실시권은 원칙적으로 통상실시권에 한정하여 발생하도록 하고 있다.

2. 실시권의 종류

가. 실시권의 효력 기준

특허발명을 실시할 수 있는 권리가 독점배타적인지의 여부에 따른 기준에 의하면, 특허발명을 독점배타적으로 실시할 수 있는 전용실시권(exclusive license)과 특허발명을 단순히 실시할 수 있는 통상실시권(non-exclusive license)으로 구분할 수 있다.

나. 실시권의 발생원인 기준

실시권의 발생원인 기준에 의하면, 특허권자와 실시권자 사이의 계약에 의하여 발생하는 허락실시권, 특허권의 공익성에 기초하여 국가기관이 강제로 허여하는 강제실시권 및 특허법에 규정된 법정요건에 해당하는 경우에 법률에 의하여 발생하는 법정실시권이 있다.

(1) 허락실시권

기술도입·기술제휴 등은 허락실시권의 설정을 내용으로 하는 실시계약에 의하여 이루어진다. 허락실시권은 특허권자 또는 전용실시권자와 실시권자간의 계약에 의하여 설정된다. 허락에 의한 통상실시권이라 함은 특허권자(또는 전용실시권자)와 특허발명을 실시하고자 하는 자가 계약에 의하여 발생하는 통상실시권을 말한다(제102조 제1항).

(2) 법정실시권

법정실시권은 특허권자의 의사에 관계없이 제3자의 지위에 관한 공평의 원칙과 국가의 산업정책적 측면을 고려하여 공익상 필요에 의하여 특허권자 또는 전용실시권자의 의사와 관계없이 법률상 당연히 발생하는 통상실시권이다. 법률에 의해 성립되는 통상실시권인 법정실시권은 다음과 같다. (i) 직무발명에 관하여 사용자가 갖는 통상실시권(발명진흥법 제10조), (ii) 선사용에 의한 통상실시권(제103조), (iii) 무효심판청구등록 전의 실시에 의한 통상실시권(제104조), (iv) 디자인권의 존속기간 만료 후 통상실시권(제105조), (v) 질권행사로 인한 특허권의 이전에 따른 통상실시권(제122조), (vi) 재심에 의하여 회복한 특허권에 대한 선사용자의 통상실시권(제182조), (vii) 재심에 의하여 통상실시권을 상실한 원권리자의 통상실시권(제183조), (viii) 특허권 효력제한 기간중 선의로 실시한 통상실시권(제81조의3 제5항) 등이다. 예를 들어, 선사용에 의한 통상실시권은 가장 빠른 출원에 특허권을 부여하는 선출원제도의 단점을 보완하기 위한 취지에서 규정하고 있다.[1] 특허출원시에 그 특허출원된 발명의 내용을 알지 못하고 그 발명을 하거나 그 발명을 한 자로부터 지득(知得)하여 국내에서

---

1) 선사용권은 모든 사람에게 성립되는 것이 아니고 성립요건에 해당하는 자에게만 부여된다. 따라서 선사용권의 주장은 대세적인 효력을 갖는 권리범위확인에서는 다툴 수 없고, 침해소송에서 피고가 항변으로 주장할 수 있는 사항이다.

그 발명의 실시사업을 하거나 그 사업의 준비를 하고 있는 자는 그 실시 또는 준비를 하고 있는 발명 및 사업의 목적의 범위 안에서 그 특허출원된 발명에 대한 특허권에 대하여 통상실시권을 가진다.[1] "발명 및 사업의 목적의 범위 안"이라 함은 실시하고 있는 발명이 특허출원발명의 일부에 지나지 않는 경우는 그 일부에 대해서만 통상실시권을 갖는다는 의미이다.

3. 전용실시권

특허권자와 실시권자 사이에 전용실시권의 설정계약을 체결하고, 특허청에 등록함으로써 효력이 발생되는 실시권으로서 전용실시권자는 설정계약의 범위 내에서 특허발명을 독점배타적으로 실시할 수 있다(제100조 제2항). 전용실시권자는 타인의 특허권을 일정범위 내에서 업으로서 독점적으로 실시할 수 있는 권리를 갖게 되며 설정행위로 정한 범위 내에서 특허권자와 동등한 권리를 갖는다. 전용실시권 설정계약시 특허권의 실시에 대한 기간, 지역 및 내용을 합의하여 정해야 한다. 전용실시권자는 특정인에 대해서만 효력이 미치는 상대권이 아닌 특허권자를 포함하여 누구에게나 권리를 주장할 수 있는 절대권으로서의 대세력을 갖는다.

4. 통상실시권

통상실시권이라 함은 타인의 특허발명을 업으로 실시할 수 있는 권리를 말한다(제102조 제2항). 통상실시권은 독점권 및 배타권이 보장되지 않는다는 관점에서 전용실시권과 구별된다. 즉 일정 범위 내에서 특허발명을 업으로 실시할 수 있는 권리일 뿐 제3자에 대하여 통상실시권의 효력을 주장하는 등의 대세적 효력은 인정되지 않는 상대적 권리이다. 따라서 동일 범위의 통상실시권이라도 공존이 가능하며, 특허권자는 통상실시권의 허락 후에도 특허발명을 자신이 실시할 수도 있다.

---

1) 헌법재판소 2004.12.16 선고 2002헌마511 판결.

5. 강제실시권

가. 의 의

강제실시권이란 정치적 또는 사회적 목적을 위하여 정부기관 또는 제3자에 의한 지식재산권의 사용을 허가하기 위하여 정부에 의하여 특허권자에게 부과되는 비자발적인 실시권 설정 계약을 한다. 강제실시권은 특허권 등에 의해 인정되는 배타적 독점권에 내재된 위험에 대한 안전장치의 일종으로서 공익적 목적을 위하여 많은 국가에서 권리자의 권리를 유보하는 형태를 취하고 있다.

나. 강제실시권의 종류

강제실시권은 국가가 개입하여 타인의 특허발명의 실시를 원하는 자에게 주로 공익(公益)을 이유로 하여 강제로 통상실시권을 설정해 주는 권리이다. 특허법상의 강제실시권은 목적 및 처분근거에 따라 국방상 필요한 경우 등에 의한 실시권(제106조), 재정(裁定)에 의한 실시권(제107조), 통상실시권 허여심판에 의한 실시권(제138조) 등이 있다. 통상실시권 허여심판에 의하여 부여되는 강제실시권은 그 통상실시권자의 당해 특허권 등과 함께 이전되고 소멸된다(제102조 제4항).

다. 강제실시권의 설정

강제실시권은 당사자간의 협의에 의한 실시권 허여가 불가능하고 법정 요건을 만족시키는 경우에 특허권자의 의사에 갈음하여 국가기관인 행정청의 처분에 의해 신청인이 특허발명을 사용할 수 있도록 강제적으로 통상실시권을 허여하는 행정처분에 의한다. 일반적으로 특허권 등이 부당하게 사용되는 경우 또는 특허발명이 공공의 이익을 위하여 필요한 경우 특허발명이 강제실시권 이외의 방법을 통해서는 이용할 수 있는 합리적 대체 수단이 없는 경우에만 제한적으로 인정된다.

(1) 국가비상시의 통상실시권

정부는 특허발명이 전시, 사변 또는 이에 준하는 비상시에 있어서 국방상 필요한 때에는 특허권을 수용할 수 있다(제106조 제1항). 특허권이 수용되는 때에는 그 특허발명에 관한 특허권외의 권리는 소멸된다. 정부가 제106조에 따라 특허권을 수용하는 경우에는 특허권자, 전용실시권자 또는 통상실시권자에 대하여 정당한 보상금을 지급하여야 한다. 정부는 특허발명이 국가 비상사태, 극도의 긴급상황 또는 공공의 이익을 위하여 비상업적으로 실시할 필요가 있다고 인정하는 경우에는 그 특허발명을 실시하거나 정부 외의 자로 하여금 실시하게 할 수 있다(제106조의2 제1항).

(2) 심판에 의한 통상실시권

통상실시권 허여의 심판에 의한 통상실시권은 특허발명이 선출원된 타인의 특허발명, 등록실용신안, 등록디자인과 이용관계에 있거나 타인의 선등록된 디자인권 또는 상표권과 저촉관계에 있을 경우, 후출원자가 선권리에 대하여 통상실시권의 허여심판을 청구하여 그 특허발명의 실시 조정을 위한 심결을 통하여 부여되는 통상실시권이다(제138조). 심판청구의 요건은 이용·저촉관계가 있을 것,[1] 상당한 경제적 가치가 있는 중요한 기술적 진보가 있을 것, 당사자간의 협의가 성립되지 않거나 협의를 할 수 없을 것, 선원발명과 이용발명이 권리존속중에 있을 것, 자기의 특허발명의 실시에 필요한 범위 내에서 청구할 것[2] 등이다.

통상실시권 허여심판의 심결문은 주문란에 통상실시권의 범위, 기간 및 대가를 구체적으로 명시하여야 하며 다른 사항은 특허법 제162조의 규정에 따른다. 통상실시권을 허여받은 자가 심결의 주문에서 정하고 있는 대가를 정해진 기간 내에 지급하면 통상실시권 발생한다. 다만, 자기가 책임질 수 없는 사유로 지급할 수 없는 경우에는 공탁하여야 한다.

(3) 재정에 의한 통상실시권

재정에 의한 통상실시권은 특허발명의 실시가 부적절하거나 공공의 이익을 위하여 필요한 경우, 또는 불공정 거래행위의 시정을 위한 경우

---

1) 이용이란 후원발명을 실시할 경우 선원발명 등의 전부를 실시하게 되나 선원발명 등을 실시하더라도 후원발명의 전부의 실시가 되지 아니하는 기술적 관계를 말한다. 저촉이란 어느 한쪽의 권리를 실시할 경우 타방권리를 그대로 실시하는 것과 같게 되는 소위 권리간의 충돌관계를 말한다.

2) 심판에 의하여 선출원 발명에 대한 통상실시권이 허여된 경우, 출원자가 후출원 이용발명을 실시하고자 할 때, 통상실시권 허여심판 청구가능하다. 이를 "상호실시허락" (Cross-license)이라 한다.

등 법정요건에 해당될 경우에 그 특허발명을 실시하고자 하는 자의 재정 청구에 의하여 특허청장이 통상실시권을 허여하는 것이다.

가) 재정신청 요건 특허법 제107조에 따라 강제실시를 위한 통상실시권 재정신청 요건은 (i) 천재·지변, 기타 불가항력 및 대통령령(특허권의 수용·실시 등에 관한 규정 제6조)이 정한 정당한 이유없이 계속하여 3년 이상 국내에서 불실시한 경우, (ii) 정당한 이유없이 계속하여 3년 이상 국내에서 상당한 영업규모로 실시되지 아니하거나 적당한 정도와 조건으로 국내수요를 충족하지 못한 경우, (iii) 특허발명의 공공이익을 위하여 특히 필요한 경우, (iv) 사법적 절차 또는 행정적 절차에 의해 불공정거래행위로 판정된 사항을 시정하기 위하여 특허발명을 실시할 필요가 있는 경우, (v) 자국민 다수의 보건을 위협하는 질병을 치료하기 위하여 의약품을 수입하고자 하는 국가에 그 의약품을 수출할 수 있도록 특허발명을 실시할 필요가 있는 경우(제107조 제1항)이다.

나) 강제실시권 청구현황 강제실시권은 주로 의약품에 적용된다. 우리나라에서 강제실시권을 통한 통상실시권의 재정을 청구한 경우는 4건이 있으나 실제로 적용한 것은 1978년 일본 닛봉 소다의 특허가 제철화학에 실시된 사례가 있다.[1] 백혈병 치료제 글리벡에 대한 강제실시를 청구한 사건에서 특허청은 급박한 국가적 위험이 아니고, 특허제도의 원래의 취지를 훼손하고, 자기치료목적의 수입이 가능하다는 이유로 재정을 인정하지 않았다.[2]

---

1) 1978년 제철화학이 특허권자인 일본의 소다(주)가 3년 이상 불실시를 한 것을 이유로 하여 통상실시권의 재정을 청구하여 실시료 3%를 주는 조건으로 강제실시권이 허여되었다.
2) 이익희, "특허발명의 강제실시제도 공중보건문제를 해결하기 위한 제도개선을 중심으로", 지식과 권리, 특허청, 2005, 195면.

<통상실시권 재정의 신청 현황>

결정일	신청 이유	신청 결과	비고
1980	비스-티오 벤젠의 제조방법(일본, 닛봉 소다 주식회사 소유)에 관한 특허가 정당한 이유없이 3년 이상 국내에서 불실시되었다는 이유로 청구	특허권자의 3년이상 불실시가 정당한 이유 없는 특허권의 남용으로 인정되어 통상실시권을 허여	인용
1993	낙태약(mifepristone)의 제조방법(프랑스 제약회사 소유)이 정당한 이유없이 국내에서 3년 이상 불실시되었다는 이유로 청구	낙태목적의 약품은 국내 제조 불허 대상이므로 정당하게 불실시되는 것으로 판단하여 통상실시권을 불허	기각
2003	백혈병 치료제 '글리백'(스위스 제약회사'노바더스'소유)에 대한 환자의 경제적 부담완화를 이유로 청구	강제실시를 할 정도로 공공의 이익이 있는 것으로 판단되지 아니하여 통상실시권을 불허	기각
2009	에이즈 치료제 '푸제온'(스위스 제약회사 '로슈')에 대한 의약품 접근권 확보를 이유로 청구	강제실시를 할 정도로 공공의 이익을 위해서 특히 필요한 경우에 해당한다고 보기 어렵고, 강제실시의 실익이 없는 것으로 판단하여 통상실시권을 불허	기각

(4) 반도체 기술

공공의 이익을 위한 비상업적 실시 또는 불공정 거래행위를 시정하기 위하여 반도체 기술을 실시하고자 하는 경우 특허발명의 재정을 청구할 수 있다(제107조 제6항). 재정의 청구를 위해서는 당해 특허권자 또는 전용실시권자와 합리적인 조건하에서 통상실시권의 허락에 관한 협의를 하였으나, 합의가 이루어지지 아니하는 경우 또는 협의를 할 수 없는 경우에 한하여 보충적으로 청구하여야 한다. 다만, 공공의 이익을 위해 특히 필요하여 비상업적으로 실시하고자 하는 경우, 불공정 거래행위의 시정을 위한 경우 및 반도체 기술을 실시하고자 하는 경우에는 협의를 요하지 아니한다.

V. 특허권의 존속기간의 연장

1. 서 설

가. 의 의

특허발명을 실시하기 위하여 다른 법령의 규정에 의하여 허가를 받거나 등록 등을 하여야 하고, 그 허가 또는 등록 등(이하 "허가 등"이라 한다)을 위하여 필요한 활성·안전성 등의 시험으로 인하여 장기간이 소요되는 경우 대통령령이 정하는 발명인 경우에는 그 실시할 수 없었던 기간에 대하여 5년의 기간 내에서 당해 특허권의 존속기간을 연장할 수 있다(제89조 제1항). 특허법 제89조 제1항의 규정을 적용함에 있어서, 특허권자에게 책임있는 사유로 소요된 기간은 제1항의 "실시할 수 없었던 기간"에 포함되지 아니한다. 특허권의 존속기간의 연장이라 함은 특허권자가 일정한 요건을 갖추면 특허발명을 적법하게 독점적으로 실시할 수 있는 발명의 보호기간을 5년 이내에서 연장하는 것을 말한다. 특허법에는 존속기간연장에 허가 등에 따른 특허권 존속기간의 연장과, 등록지연에 따른 특허권 존속기간의 연장이 있다.

나. 취 지

특허권은 설정등록에 의하여 발생하며 특허권의 존속기간은 특허권의 설정등록이 있는 날부터 특허출원일 후 20년이 되는 날까지로 한정된다. 그러나 의약품과 농약 등 일부 분야에서는 그 특허발명을 실시하기 위하여 다른 법령에 의한 허가나 등록을 받아야 하고, 허가나 등록을 받기 위하여 소요되는 기간에는 그 발명을 독점적으로 실시할 수 없기 때문에 다른 특허권과의 형평성 문제가 야기되었다. 따라서 특허발명을 실시하기 위하여 다른 법령의 규정에 따라 허가를 받거나 등록을 하여야 하는 경우로서 대통령령이 정하는 발명은 특허법 제88조 제1항에도 불구하고 5년의 기간 내에서 그 실시할 수 없었던 기간에 대하여 해당 특허권의 존속기간을 연장할 수 있다. 한미FTA 협정을 이행하기 위하여 2012년 개정법에서 "등록지연에 따른 특허권 존속기간 연장제도"를 도입하였다. 이 제도는 특허출원에 대한 심사처리기간 지연 등 출원인의 책임이 아닌 사유로, 특허출원일로부터 4년 또는 출원심사 청구일로부터 3년 중 늦은 날보다 지연되어 특허권이 설정등록된 경우 그 지연기간만큼 특허권 존속기간을 연장한다. 특허법 제83조, 제92조의2 내지 제92조의5까지, 제93조, 제132조의3, 제134조, 제139조, 제165조, 제171조, 제176조 및 제187조의 개정규정은 2008년 1월 1일 이후 최초로 출원하는 특허출원부터 적용한다.

2. 허가 등에 따른 특허권 존속기간의 연장[1)]

가. 존속기간 연장등록출원의 대상발명

모든 특허발명에 대하여 존속기간이 연장되는 것은 아니다. 허가 등에 따른 특허권의 존속기간의 연장제도의 대상분야는 특허법시행령 제7조에서 규정하고 있는 발명으로 약사법 제26조 제1항 또는 같은 법 제34조 제1항의 규정에 의하여 품목허가를 받아야 하는 의약품의 발명과 농약관리법 제8조 및 같은 법 제16조, 제17조의 규정에 의하여 등록을 받아야 하는 농약 또는 원재료의 발명으로 일정기간 특허발명을 실시하지 못한 발명에 한한다. 여기에 해당되는 특허발명으로는 주로 물질특허·제법특허·용도특허 및 조성물특허 등이다. 특허권의 존속기간의 연장등록출원은 대상이 되는 특허발명의 특허권이 존속되는 경우에만 가능하다. 따라서 당해 특허권이 무효되거나 특허료를 납부하지 않아 소멸한 경우에는 특허권의 존속기간의 연장등록출원이 인정되지 않는다. 해당 특허권에 대하여 무효심판이 계속중인 경우에도 연장등록출원을 할 수 있다.

나. 연장받을 수 있는 기간[2)]

허가 등에 따른 특허권의 존속기간을 연장받을 수 있는 기간은 그 특허발명을 실시할 수 없었던 기간으로서 5년의 기간 내로 한정된다. 특허발명을 실시할 수 없는 기간의 산정에 관하여는 다음과 같이 한다. 기간을 산정할 때에는 특허권 설정등록일 이후의 기간만을 고려하되, 해당 관청의 허가 또는 등록 신청 관련서류의 검토기간중 특허권자 또는 신청

---

1) 심사지침서 제7부 제1장, 7101-7206면 참조.
2) 특허청, 특허권의 존속기간의 연장제도 운용에 관한 규정, 특허청 고시 제2008-30호, 2008, 제4조.

인의 책임 있는 사유로 인하여 소요된 기간은 제외한다.

　　가) 의약품(동물용 의약품은 제외한다)의 품목허가를 받기 위하여 식품의약품 안전청장의 승인을 얻어 실시한 임상시험기간과 식품의약품안 전청에서 소요된 허가신청 관련서류의 검토기간을 합산한 기간.

　　나) 동물용 의약품의 품목허가를 받기 위하여 국립수의과학검역원장 으로부터 승인을 얻어 실시한 임상시험기간과 국립수의과학검역 원에서 소요된 허가신청 관련서류의 검토기간을 합산한 기간.

　　다) 농약 또는 농약원제를 등록하기 위하여 농약관리법시행령이 정하 는 시험연구기관에서 실시한 약효나 약해 등의 시험기간과 농촌진 흥청에서 소요된 등록 신청 관련서류의 검토기간을 합산한 기간.

다. 허가 등에 따른 특허권의 존속기간의 연장대상 판단에서의 고려사항[1]

1) 하나의 특허에 포함된 복수의 유효성분에 대하여 복수의 허가가 있는 경우 복수의 허가 중에서 하나를 선택하여 1회에 한해 존속기간 연 장이 가능하다. 예를 들어, 하나의 특허와 관련하여 연장등록출원의 대상 이 되는 유효성분 A, B 및 C에 대하여 각각 허가 A, B 및 C를 받았다면 각 유효성분 중에서 연장받고자 하는 허가 하나만을 선택하여 1회에 한 하여 연장등록출원을 할 수 있다.

2) 하나의 특허에 포함된 동일 유효성분에 대하여 복수의 허가가 있 는 경우 최초의 허가에 한해 존속기간의 연장이 가능하다. 예를 들어, 연 장등록출원의 대상이 되는 유효성분 (가)에 대하여 제품허가 A, 원제허가 B 및 제형변경허가 C를 차례로 받았다면 그 최초 허가인 제품허가 A로서 특허발명의 실시가 가능해지므로, 최초 허가인 A에 대해서만 연장등록출 원이 가능하다.

3) 하나의 허가에 대하여 복수의 특허가 관련된 경우 허가와 관련된 특허 각각에 대하여 존속기간 연장이 가능하다. 예를 들어, 허가 D를 받 은 의약품의 유효성분에 관한 물질특허, 제법특허 및 용도특허가 각각 있 는 경우 이들 특허발명의 실시에 그 허가를 받을 필요가 있다고 인정되는 경우 그와 관련된 특허 A, B 및 C에 대해 각각 연장등록출원이 가능하다.

---

1) 특허청, 앞의 고시, 제3조.

라. 허가 등에 따른 특허권의 존속기간의 연장등록출원

(1) 특허권의 존속기간의 연장등록출원서 제출

특허법 제89조 제1항의 규정에 의하여 특허권의 존속기간의 연장등록출원을 하려는 자(이하 "연장등록출원인"이라 한다)는 특허권의 존속기간의 연장등록출원서를 특허청장에게 제출하여야 한다(제90조 제1항).

(2) 연장등록출원인

특허권 존속기간의 연장등록출원인은 특허권자에 한하며 특허권이 공유인 경우에는 공유자 전원이 공동으로 특허권 존속기간의 연장등록출원을 하여야 한다(제90조 제3항). 특허권 존속기간의 연장등록 출원을 한 자가 특허권자가 아니거나 공유자 전원이 공동으로 특허권 존속기간의 연장등록출원을 하지 않은 경우에는 거절이유가 된다. 연장등록출원인은 심사관이 연장등록여부결정등본을 송달하기 전까지 연장등록출원서에 기재된 사항에 대하여 보정할 수 있다. 다만, 특허법 제93조에 따라 준용되는 거절이유통지를 받은 후에는 해당 거절이유통지에 따른 의견서 제출기간에만 보정할 수 있다.

(3) 출원할 수 있는 시기

특허권의 존속기간의 연장등록출원은 특허법 제89조 제1항의 규정에 의한 허가 등을 받은 날부터 3월 이내에 출원하여야 한다. 다만, 제88조에서 규정하는 특허권의 존속기간의 만료 전 6개월 이후에는 할 수 없다(제90조 제2항). 특허권이 만료한 이후에 특허권 존속기간의 연장등록출원을 한 경우에는 특허법시행규칙 제11조 규정에 따라 소명의 기회를 부여한 후 특허권의 존속기간의 연장등록출원서는 반려된다.

마. 연장등록출원의 심사 및 등록여부결정

특허권의 존속기간의 연장등록출원에 대한 심사절차는 특허출원의 심사절차와 유사하다. 특허권의 존속기간의 연장등록출원이 접수되어 심사관에 이관되면 심사관은 출원서류가 이관된 날로부터 4월 이내에 심사에 착수한다. 심사관은 출원인이 제출한 보정서와 의견서를 참고하여 다시 심사한다. 심사한 결과 거절이유를 유지할 수 있는 경우에는 거절결정(제90조)하고, 다른 거절이유도 발견할 수 없는 경우에는 연장등록 결정한다(제90조 제1항). 연장등록출원의 특허권 존속기간의 연장 여부에 대한 결정은 특허법 제93조가 준용하는 같은 법 제67조에 따라 서면으로 하여야 한다. 특허청장은 특허권의 존속기간의 연장등록출원의 등록결정이 있는 경우에는 그 결정의 등본을 출원인에게 송달하여야 한다.

바. 연장등록출원의 효과

특허권의 존속기간의 연장등록출원이 있는 때에는 그 존속기간은 연장된 것으로 본다. 다만, 그 출원에 관하여 특허법 제91조 제1항의 연장등록거절결정이 확정된 때에는 그러하지 아니하다. 또한 연장등록출원 후 연장등록거절결정되기 이전에 출원을 취하하거나, 무효 또는 반려된 경우에도 처음부터 특허권의 존속기간이 연장되지 않았던 것으로 본다.[1] 허가 등에 따라 특허권의 존속기간이 연장된 특허권의 효력은 그 연장등록의 이유가 된 허가 등의 대상물건(그 허가 등에 있어 물건이 특정의 용도가 정하여져 있는 경우에 있어서는 그 용도에 사용되는 물건)에 관한 그 특허발명의 실시외의 행위에는 미치지 아니한다(제95조).

3. 등록지연에 따른 특허권의 존속기간의 연장

가. 의 의

특허출원에 대하여 특허출원일부터 4년과 출원심사 청구일부터 3년 중 늦은 날보다 지연되어 특허권의 설정등록이 이루어지는 경우에는 특허법 제88조 제1항에도 불구하고 그 지연된 기간만큼 해당 특허권의 존속기간을 연장할 수 있다(제92조의2 제1항). 이 경우 출원인으로 인하여 지연된 기간은 제1항에 따른 특허권의 존속기간의 연장에서 제외된다. 다만, 출원인으로 인하여 지연된 기간이 겹치는 경우에는 특허권의 존속기간의 연장에서 제외되는 기간은 출원인으로 인하여 실제로 지연된 기간을 초과하여서는 아니 된다(제91조의2 제2항).

---

1) 연장등록거절결정은 특허거절결정과 유사하게 연장등록거절결정불복심판이 없는 경우에는 연장등록거절결정의 등본이 송달된 후 30일이 경과한 시점에 확정되며, 연장등록거절결정불복심판이 청구된 경우에는 연장등록거절결정불복심판에 관한 심결이 확정된 때에 확정된다.

나. 취　지

2012년 개정법은 특허출원에 대하여 심사처리기간 지연 등 출원인의 책임이 아닌 사유로, 특허출원일부터 4년 또는 출원심사 청구일로부터 3년 중 늦은 날보다 지연되어 특허권이 설정등록되는 경우 그 지연기간만큼 특허권의 존속기간을 연장하도록 하고 있다. 종래 규정에 의하면 심사처리기간 지연 등으로 특허권 설정등록이 늦어지면 특허권의 존속기간이 짧아지게 되어, 특허권의 행사기간이 실질적으로 짧아지게 되는 불만이 있어 왔다. 예를 들어, 출원인이 특허출원 후 3년 만에 설정등록한 경우 특허권 존속기간 17년이다. 그러나 출원인이 특허출원 후 5년 만에 설정등록을 한다면 특허권의 존속기간 15년이 된다.

다. 등록지연에 따른 특허권의 존속기간의 연장등록출원

특허법 제92조의2에 따라 특허권의 존속기간의 연장등록출원인은 연장 대상 특허권의 특허번호, 연장신청의 기간, 연장이유 등을 적은 특허권의 존속기간의 연장등록출원서를 특허청장에게 제출하여야 한다(제92조의3 제1항). 등록지연에 따른 특허권의 존속기간의 연장등록출원은 특허권의 설정등록일부터 3개월 이내에 출원하여야 한다. 특허권이 공유인 경우에는 공유자 전원이 공동으로 특허권의 존속기간의 연장등록출원을 하여야 한다. 연장등록출원인은 심사관이 특허권의 존속기간의 연장등록 여부결정 전까지 연장등록출원서에 기재된 사항에 대하여 보정할 수 있다.

라. 연장등록출원의 심사 및 등록여부결정

등록지연에 따른 특허권 존속기간 연장등록출원에 대한 심사절차는 특허출원의 심사절차와 유사하다. 심사관은 출원인이 제출한 보정서와 의견서를 참고하여 심사하고, 심사한 결과 거절이유를 유지할 수 있는 경우에는 거절결정(제92조의4 제1항)하고, 거절이유를 유지할 수 없고, 다른 거절이유도 발견할 수 없는 경우에는 연장등록 결정한다(제92조의5 제1항). 특허청장은 특허권의 존속기간의 연장등록출원의 연장등록결정이 있는 경우에는 특허권의 존속기간의 연장을 특허원부에 등록하여야 한다(제92조의5 제2항).

마. 등록지연에 따른 특허권의 존속기간의 연장등록거절결정

심사관은 특허권의 존속기간의 연장등록출원이 다음 어느 하나에 해당하는 경우에는 그 출원에 대하여 연장등록거절결정을 하여야 한다. (i) 연장신청의 기간이 제92조의2에 따라 인정되는 연장의 기간을 초과한 경우, (ii) 연장등록출원인이 해당 특허권자가 아닌 경우, (iii) 특허법 제92조의3 제3항을 위반하여 연장등록출원을 한 경우(제92조의4 제1항).

바. 등록지연에 따른 특허권의 존속기간의 연장등록결정 등

심사관은 등록지연에 따른 특허권의 존속기간의 연장등록출원에 대하여 특허법 제92조의4 제1항 각호의 어느 하나에 해당하는 사유를 발견할 수 없는 경우에는 연장등록결정을 하여야 한다(제92조의5 제1항). 특허청장은 등록지연에 따른 특허권 존속기간 연장등록이 있으면 특허공보에 게재하여야 한다.

사. 허가 등에 따른 존속기간이 연장된 경우 효과

특허권의 존속기간의 연장등록출원이 있는 때에는 그 존속기간은 연장된 것으로 본다. 다만, 그 출원에 관하여 특허법 제92조의4의 연장등록거절결정이 확정된 때에는 그러하지 아니하다. 또한 연장등록출원 후 연장등록이 거절결정되기 이전에 출원을 취하하거나, 무효 또는 반려된 경우에도 처음부터 특허권의 존속기간이 연장되지 않았던 것으로 본다.

4. 한미FTA 의약품 관련 특허제도[1]

가. 의약품 허가·특허 연계제도 도입

특허기간이 아직 만료하지 않은 특허신약의 임상실험 자료를 원용하여 식약청에 복제약의 시판허가를 신청하는 경우에, 특허권자에게 허가신청사실을 통보하도록 하고, 특허권자가 특허침해 소송 등을 제기하면 일정한 기간 동안 복제약의 시판허가 절차를 정지할 수 있다(한미FTA 제18.9조 제5항). 한미FTA 협상에서 정부는 허가 과정에서 오리지널 의약품의 특허권이 침해되지 않도록 하는 허가·특허 연계제도를 도입하였으며, 국내 업계의 부담을 최소화할 수 있도록 특허기간중 시판방지 조치 시행

---

1) 외교통상부, 한미FTA 지석재산권 관련 설명자료(http://www.fta.go.kr/korus/section.

시기에 대해서는 3년의 유예기간을 확보하였다. 허가·특허 연계제도가 도입되더라도, 복제약 제조업체는 특허신약의 특허기간 만료 전에 미리 복제약 시판허가를 신청할 수 있다. 이 경우 특허기간 만료를 조건으로 시판허가를 받게 되므로, 특허신약의 특허가 만료되는 즉시 복제약 판매가 가능하다.

나. 의약품 자료독점

최초 개발자가 시판허가 획득시 제출한 안전성·유효성 자료에 대하여 최초 개발자의 동의없이 제3자가 동 자료에 근거하여 동일 또는 유사의약품을 판매하는 것을 최초 개발자의 시판허가일로부터 최소 5년간(농약의 경우 최소 10년) 금지한다. 또한 의약품의 추가적인 적응증(new indications) 시판허가를 위하여 제출한 새로운 임상정보의 경우 시판허가일로부터 최소 3년간(농약의 경우 최소 10년) 보호하여야 한다.

다. 시판허가 신청 목적의 특허물질 사용

신약의 특허기간 도중 특허권자의 동의없이 시판허가 요건의 충족 이외의 목적으로 의약품을 실시(제조, 판매, 사용)하는 것을 금지한다. 신약 특허기간 만료 즉시 복제약을 출시할 수 있도록 시판허가 획득목적으로 특허 의약품을 실시하는 것은 가능하다. 그러나 현행 제도하에서 복제약 제조업체들이 신약의 특허기간 만료 전에 사실상 복제약을 판매할 수 있으나, 특허권 침해로 판명되면 복제약 시판허가가 취소될 수 있다(약사법 시행규칙 제43조).

라. 의약품 시판허가 지연으로 인한 특허기간 연장

신약 시판허가에 소용된 기간을 보상하기 위하여 의약품의 특허기간을 연장한다. 특허법 제89조는 의약품 및 농약의 경우, 시판허가에 소요된 기간에 대하여 최대 5년 범위 내에서 특허기간 연장을 규정하고 있다. 한편 같은 법 제92조의2에서 특허출원 후 4년과 심사청구 후 3년을 모두 초과하여 특허가 등록될 경우, 초과한 기간만큼 특허권의 존속기간을 연장하는 "등록지연에 따른 특허권의 존속기간의 연장제도"를 새로 도입하였다.

마. 특정 공중보건조치에 관한 양해

"TRIPs와 공중보건선언" (Declaration on the TRIPs Agreement and Public Health)에 의하면 남아프리카의 에이즈 창궐 등 개발도상국의 공중위생 문제의 심각성으로 인식한 WTO 회원국은 TRIPs가 회원국의 공중보건의 조치를 저해하여서는 안 된다는 취지의 선언을 채택하고, 국가적 긴급사태 등 위급한 상황하에서 특허권자의 허가없이 국가가 특허의약품을 사용할 수 있는 강제실시권을 인정한다. 한국과 미국은 TRIPs조항과 한미 FTA 지식재산권 조항이 상치되는 상황이 발생하는 경우 양국이 신속하게 이 문제를 협의하기로 협정문에 명시하였다.

≪연습문제≫

〈문 1〉 발명의 '실시'에 대하여 특허법이 명시적으로 규정한 행위로 옳지 않은 것은?
① 수입   ② 대여   ③ 양도
④ 수출   ⑤ 청약

〈문 2〉 특허권의 특성이 아닌 것은?
① 무체재산으로 점유권이 있다.
② 권리범위가 추상적이고 관념적이다.
③ 일정기간만 독점권이 인정되는 유한한 재산권이다.
④ 공공의 이익에 대하여 제한이 따른다.
⑤ 특허권은 지역 또는 시간의 제한이 있다.

〈문 3〉 특허권의 효력에 관한 설명으로 옳지 않은 것은?
① 연구 또는 시험을 위한 특허발명의 실시
② 특허등록시부터 국내에 있는 물건
③ 국내를 통과하는 데 불과한 선박·항공기·차량 또는 이에 사용되는 기계
④ 2 이상의 의약을 혼합함으로써 제조되는 의약의 발명

〈문 4〉 다음 문자의 ( ) 안에 들어갈 말로 바르게 묶인 것은? [2010년 사시 1차 험]

> 특허권의 존속기간은 (ㄱ) 로부터 (ㄴ) 후 20년이 되는 날까지 이며, 소정의 사유가 있는 경우 최대 (ㄷ) 까지 존속 기간을 연장할 수 있다.

① ㄱ-설정등록일   ㄴ-특허출원일   ㄷ-2년
② ㄱ-설정등록일   ㄴ-특허출원일   ㄷ-3년
③ ㄱ-설정등록일   ㄴ-특허출원일   ㄷ-5년
④ ㄱ-특허출원일   ㄴ-설정등록일   ㄷ-3년
⑤ ㄱ-특허출원일   ㄴ-설정등록일   ㄷ-5년

〈문 5〉 특허발명의 보호범위에 관한 설명으로 옳지 않은 것은?
① 특허권자가 실시하는 것은 특허청구범위에 기재된 발명의 독점이다.
② 특허청구범위는 특허심사·특허심판·특허소송의 대상물(계쟁물)이다.
③ 특허발명의 보호범위에 속하는 발명을 실시하는 경우에는 반드시 특허권을 침해하게 된다.
④ 발명의 보호범위는 특허법 제97조에 의하여 특허청구범위에 기재된 사항으로 정하고 있다.

〈문 6〉 특허법상 실시권에 관한 설명 중 옳지 않은 것은? [2009년 사시 1차시험]
① 전용실시권자는 실시사업과 같이 이전하는 경우 또는 상속 기타 일반승계의 경우를 제외하고는 특허권자의 동의를 얻지 아니하면 그 전용실시권을 이전할 수 없다.
② 전용실시권자는 특허권자의 동의를 얻지 아니하면 그 전용실시권을 목적으로 하는 질권을 설정할 수 없으나 통상실시권은 허락할 수 있다.
③ 전용실시권의 설정·변경·처분의 제한은 등록하지 아니하면 그 효력이 발생하지 아니한다.
④ 특허출원일 전 또는 특허출원일과 같은 날에 출원되어 등록된 디자인권이 그 특허권과 저촉되는 경우 그 디자인권의 존속기간이 만료되는 때에는 그 원디자인권자는 원디자인권의 범위 안에서 당해 특허권 또는 그 디자인권의 존속기간이 만료되는 당시에 존재하는 전용실시권에 대하여 통상실시권을 가진다.
⑤ 선사용에 의한 통상실시권을 인정받기 위해서는 특허출원 시에 그 특허출원된 발명의 내용을 알지 못하고 그 발명을 하거나 그 발명을 한 자로부터 지득하여 국내에서 그 발명의 실시사업을 하거나 그 사업의 준비를 하고 있어야 한다.

〈문 7〉 특허권의 제한에 관한 설명으로 옳지 않은 것은? [2011년 변리사 1차시험]

① 특허출원일 전 출원되어 등록된 디자인권이 그 특허권과 저촉되는 경우, 그 디자인권의 존속기간이 만료되는 때에는 그 원디자인권자는 원디자인권의 범위 안에서 당해 특허권에 대하여 무상의 통상실시권을 가진다.

② 행정절차에 의하여 불공정거래행위로 판정받은 사항의 시정을 위하여 특허발명을 실시할 필요가 있어서 재정에 의하여 통상실시권을 허락받은 경우에는 상당한 대가를 지급하여야 한다.

③ 특허발명의 실시가 정당한 이유없이 3년 이상 국내 수요에 미치지 못하는 경우, 그 특허발명이 출원일부터 4년이 지난 것이어야 통상실시권 설정의 재정을 청구할 수 있다.

④ 특허출원시부터 국내의 자동차 생산라인에 설치되어 있던 자동화장치에는 특허권의 효력이 미치지 않는다.

⑤ 농약관리법에 따른 제초제의 등록을 위한 시험목적으로 제초제를 사용하는 행위에는 특허권의 효력이 미친다.

〈문 8〉 선사용에 의한 통상실시권에 관한 설명으로 옳지 않은 것은? [2011년 사시 1차시험]

① 특허법은 특허발명과 동일한 발명을 특허출원 전부터 선의로 실시하고 있는 자에 대하여 일정한 요건하에 이를 인정하고 있다.

② 특허법상의 선사용에 의한 통상실시권은 법률 규정에 의하여 발생되는 실시권의 일종이다.

③ 특허법상의 선사용에 의한 통상실시권은 무상의 실시권이다.

④ 특허법은 선사용에 의한 통상실시권을 인정하고 있으나, 실용신안법은 이를 인정하지 아니한다.

⑤ 디자인보호법은 타인의 디자인과 동일한 디자인을 그 디자인 등록출원시에 선의로 창작하여 실시하고 있는 자에게 일정한 요건하에 통상실시권을 인정하고 있다.

〈문 9〉 강제실시권의 종류에 해당하지 아니한 것은?

① 선사용에 의한 통상실시권　　② 재정에 의한 실시권

③ 국방상 필요에 의한 특허권 수용　　④ 통상실시권 허여심판에 의한 실시권

〈문 10〉 특허권의 효력이 제한되는 경우가 아닌 것은? [2009년 사시 1차시험]

① 연구 또는 시험을 하기 위한 실시

② 2 이상의 의약을 혼합하여 제조되는 의약의 발명에 관한 약사법상의 조제행위

③ 국내를 통과하는 데 불과한 항공기에 사용되는 기계
④ 특허출원시부터 국내에 있는 물건
⑤ 물건의 발명의 경우 그 물건의 양도 청약을 하는 행위

〈문 11〉 특허권에 관한 설명 중 옳지 않은 것은? [2009년 사시 1차시험]
① 특허권은 그 양도가 가능하다.
② 특허권이 공유인 경우 각 공유자는 다른 공유자의 동의를 얻지 아니하면 그 지분을 목적으로 하는 질권을 설정할 수 없다.
③ 특허권이 공유인 경우 각 공유자는 다른 공유자의 동의를 얻지 아니하면 그 특허발명을 자신이 실시할 수 없다.
④ 특허권이 공유인 경우 각 공유자는 다른 공유자의 동의를 얻지 아니하면 그 특허권에 대하여 전용실시권을 설정할 수 없다.
⑤ 특허권이 공유인 경우 각 공유자는 다른 공유자의 동의를 얻지 아니하면 그 특허권에 대하여 통상실시권을 허락할 수 없다.

〈문 12〉 갑은 진통효과가 뛰어난 신규한 화합물 A를 발명하였고, 특허청구범위에 화합물 A와 이를 포함하는 약한 조성물을 각각 기재한 특허출원을 하여 특허권 설정등록을 하였다. 이후 갑은 약사법에 따른 허가를 받기 위하여 필요한 활성 및 안전성 등을 확인하기 위한 임상시험을 3년간 진행하였고, 이에 대한 자료를 식품의약품안전청에 제출하여 화합물 A를 유효성분으로 함유하는 정제의 제조 및 판매 허가를 받았다. 이후 갑은 화합물 A를 유효성분으로 함유하는 캡슐제에 대한 임상시험을 6개월간 추가로 실시하여 화합물 A를 유효성분으로 함유하는 캡슐제의 제조 및 판매 허가를 추가로 받았다. 다음 설명 중 옳지 않은 것은? [2011년 변리사 1차시험]
① 갑은 화합물 A를 유효성분으로 함유하는 정제의 제조 및 판매하기를 받은 날부터 3월이 경과한 때 또는 특허권 존속기간의 만료 전 6월 이후에는 특허권 존속기간 연장등록출원을 할 수 없다.
② 특허권자인 갑만이 특허권 존속기간 연장등록출원을 할 수 있다.
③ 갑의 특허권 존속기간의 연장은 최초로 제조 및 판매 허가를 받은 화합물 A를 유효성분으로 함유하는 정제와 관련된 임상시험 기간에 대해서만 이루어질 수 있다.
④ 갑은 특허권 존속기간 연장등록출원에 대하여 연장등록여부결정등본 송달 전까지 또는 심사관의 거절이유통지가 있은 후에는 당해 거절이유통지에 따른 의견서 제출기간 내에 연장대상 특허청구범위 및 연장대상특허권의 특허번호의 표시를 변경하는 보정을 할 수 있다.
⑤ 갑의 특허권의 존속기간이 연장된 경우, 그 특허권의 효력은 그 연장등록의 이유가 된 허가 등의 대상물건에 관한 그 특허발명의 실시 외의 행위에는 미치지 않는다.

《정답》 1.④ 2.① 3.② 4.③ 5.③ 6.② 7.⑤ 8.④ 9.② 10.⑤ 11.③ 12.④
《문제해설》

<문 1> ① 제2조 제3호 "실시"의 정의에서 "수출"은 포함되지 않는다.

<문 2> ① 특허권은 점유할 수 없는 무채재산권이다. ②, ③, ④, ⑤는 특허권의 특성에 해당한다.

<문 3> ① 특허권의 효력이 미치지 아니하는 범위 제96조 제1호. ② 제96조 제3호의 적용시점은 특허출원일이다. ③ 제96조 제2호. ④ 제96조 제2항.

<문 4> 제88조(특허권의 존속기간): 특허권의 존속기간은 특허권의 설정등록이 있는 날부터 특허출원일 후 20년이 되는 날까지로 한다. 제89조 제1항: 특허권의 존속기간의 연장은 5년의 기간 내에서 가능하다.

<문 5> ① 제94조, 제97조. ② 특허청구범위는 특허심사·특허심판·특허소송의 대상물이다. ③ 제127조 간접침해가 있다. 사업적 목적의 실시가 아닌 개인적 또는 가정에서의 일상적인 실시는 침해에 해당되지 아니한다. 또한 연구 또는 시험을 하기 위한 특허발명 실시가 있으나 특허권의 효력이 미치지 아니한다(제96조 제1항 제1호). ④ 제97조.

<문 6> ① 제100조 제3항. ② 제100조 제4항의 위반. ③ 제101조 제1항. ④ 제105조(디자인권의 존속기간 만료 후의 통상실시권). ⑤ 제103조.

<문 7> ① 제105조. ② 제107조 제5항 제1호: 통상실시권자는 재정에서 정한 바에 따라 대가를 지급하거나 그 대가를 공탁하여야 한다(제112조). ③ 제107조 제1항 제2호. ④ 제96조 제1항 제3호. ⑤ 제96조 제1항 제1호에 따라 특허권의 효력이 미치지 아니한다.

<문 8> ① 제103조(선사용에 의한 통상실시권). ② 제103조: 법정실시권이다. ③ 제103조에 따른 통상실시권은 무상의 실시권이다. ④ 실용신안법 제28조에 따라 특허법 제103조를 준용하므로 실용신안법에서도 선사용에 의한 통상실시권을 인정한다. ⑤ 디자인보호법 제50조(선사용에 의한 통상실시권)에 존재한다.

<문 9> ① 법정실시권. ②, ③, ④는 강제실시권이다 .

<문 10> ① 제96조 제1항 제1호. ② 제96조 제2항. ③ 제96조 제2항 제2호. ④ 제96조 제1항 제3호. ⑤ 제2조 제3호 "실시" 행위에 해당한다.

<문 11> ① 제99조 제1항. ② 제99조 제2항. ③ 특허권자는 공유자의 동의 없이 각자가 특허권을 실시할 수 있다. ④ 제99조 제4항. ⑤ 제99조 제4항.

<문 12> ① 제90조 제2항. ② 존속기간 연장장등록출원은 특허권자만이 할 수 있다(제91조 제4호). ③ 제89조 제1항. ④ 제92조의3 제4항: 연장대상 특허권의 특허번호 또는 특허청구범위의 변경 등은 오기를 바로잡는 보정과 같은 자명한 사항이 아닌 것으로 요지를 변경하는 보정은 허용되지 않는다. ⑤ 제95조.

제 8 절 특허심판

Ⅰ. 서 설

특허권은 기술개발을 촉진하는 긍정적인 측면이 있지만, 그 권리의 효력이 미치는 일반 산업계의 자유로운 산업활동을 위축시켜서 산업발전을 저해하는 부정적인 측면도 갖고 있다. 특허청에는 출원발명을 심사하는 심사국이 있고, 특허권 설정등록 이후 특허발명의 특허권에 대한 분쟁이 발생하면 이를 심판하는 특허심판원을 두고 있다. 특허심판이란 특허권에 대한 무효를 청구하거나 특허출원에 대한 특허거절결정과 같은 심사관의 처분에 대하여 불복이 있을 경우 특허청 특허심판원에서 행하는 특별행정심판 또는 준사법절차의 일종이라고 할 수 있다. 특허심판제도 개혁의 일환으로 특허청의 심판소와 항고심판소를 통합하여 특허심판원을 설치하는 한편 1998년 3월 1일부로 전문법원으로 고등법원급인 특허법원을 설립하였다. 특허심판원의 심결 또는 결정에 대한 불복의 소는 특허법원의 전속관할로 하고 특허법원의 판결에 대하여는 대법원에 상고할 수 있다.

1. 특허심판의 종류

가. 결정계 심판

결정계 심판은 심사관의 처분에 불복하는 심판이다. 결정계 심판의 당사자는 청구인과 피청구인이 당사자계 심판처럼 대립구조를 취하지 아니하고, 피청구인이 없고 단지 청구인만 존재한다. 결정계 심판에는 특허출원의 특허거절결정에 대한 불복심판, 제91조에 따른 특허권의 존속기간의 여장등록거절결정 또는 제92조의4에 따른 특허권의 존속기간의 연장등록거절결정(제132조의3) 및 정정심판(제136조)이 있다. 출원인은 특허거절결정 등의 결정등본을 받은 후 30일 이내에 특허청 심판원에 심판을 청구할 수 있다.

나. 당사자계 심판

당사자계 심판이란 이미 설정된 권리 또는 사실관계에 관한 분쟁이 발생하여 당사자로서 청구인과 피청구인이 대립되는 구조를 갖는 특허심판을 말한다.

이러한 특허심판에는 특허무효심판·정정무효심판·특허권의 존속기간 연장등록의 무효심판, 권리범위 확인심판 및 통상실시권허여심판이 있다. 특허무효심판이나 권리범위 확인심판은 특허침해분쟁에서 당사자 간의 다툼이 많은 특허심판이라 할 수 있다.

2. 특허심판의 특징

가. 소송법적 성격

특허심판 절차의 대부분은 민사소송법의 절차를 준용하고 있다. 심결의 효력이 판결의 효력과 같아서 소송법적 성격이 강하다. 특허심판원의 심결(결정)에 불복하여 고등법원급 전문법원인 특허법원에 소를 제기할 수 있고, 대법원에 상고할 수 있으므로 특허심판은 준사법적인 역할을 수행한다고 볼 수 있다.

나. 기술의 사실관계 판단

특허심판의 심판대상물(이하 "심판물"이라 한다)은 명세서의 특허청구범위에 기재된 사항을 그 심판대상으로 하고 있다. 특허심판의 심리내용은 이러한 발명이 선행기술 또는 침해기술과 대비하여, 과연 기술적 진보성이 있는지 또는 신규성이 있는지의 사실관계의 판단이 대부분이다. 따라서 심판의 실체는 기술내용에 관한 사실관계에 대한 판단이 대부분이고, 판단의 주체 및 기준의 일관성 유지가 요체라 할 수 있다. 심판관은 해당 출원을 거절한 심사관의 거절이유의 타당성뿐만 아니라, 특허를 부여해야 하는지의 여부에 대해서도 직권으로 심리할 수 있다(제159조).

다. 심판관의 전문성

특허심판의 실체는 발명의 신규성 또는 진보성 등 기술내용의 사실관계를 다루는 것이 대부분이기 때문에 그 심리판단에는 기술지식은 물론 심사·심판의 경험에 의하여 축적되는 전문적 지식이 필수요건이라 할 수 있다. 특허심판의 심리에서는 그 적정성을 담보하기 위하여 행정기관에서 준사법적 절차에 의하여 진행되고 일부 민사소송 법리가 준용되고 있다. 특허심판이 공정하고 정확한 기술의 사실관계의 판단을 요구하기 때문에, 특허심판은 해당 기술분야의 전문지식을 가지고 있는 기술 전문가 집단이 심판의 합의체를 구성하여 판단하여야 한다.

라. 민사소송과 차이점

특허심판과 특허침해소송(민사소송)을 간단히 비교하면, 특허심판은 직권진행주의가 적용되나 민사소송에서는 당사자주의가 적용된다. 민사소송에서는 변론주의가 적용되나 특허심판에서는 직권탐지주의가 적용된다. 또한 민사소송에서는 구술심리주의가 적용되나 특허심판에서는 구술심리와 서면심리가 모두 적용되고 있다. 기본적으로 특허심판과 민사소송은 사인간의 분쟁해결을 위한 제도이지만, 민사소송의 판결의 효력이 당사자에게만 미치는 반면 특허심판의 심결은 당사자 이외에 제3자에게도 미치는 대세적 효력이 있는 점이 다르다.

Ⅱ. 심판의 요건

1. 적극적 요건

가. 의 의

심판청구가 특허심판원의 심결을 받기 위해 구비하여야 할 요건을 심판요건이라 한다. 심판청구가 부적법한 경우에는 본안에 대한 심결을 하지 않고, 심판청구를 각하하게 되므로 심판요건은 바로 본안심결의 요건이라 할 수 있다. 심판의 적극적 요건이란 그 존재가 본안심결의 전제조건이 되는 사항을 말한다. 특허심판원은 심판권을 가진 사항에 대해서만 심판할 수 있다. 특허심판원은 특허거절결정불복심판, 특허무효심판 등 특허법상 규정된 심판에 대해서만 심판권이 있다. 민사소송에서의 소송물의 요건에 상당하는 것으로 특허심판에 있어서 심판물은 등록된 권리가 소멸되지 않고, 등록된 권리와 비교되는 대상이 특정되어야 한다.

심판청구가 적법한 경우에는 청구의 당부에 대한 판단을 하게 되나, 부적법한 경우에는 본안에 대한 판단에 들어가지 않고 심판청구를 각하한다. 그러나 본안심리에 앞서 반드시 심판요건의 조사를 모두 끝내야 하는 것은 아니며 본안심리중이라도 그 흠결이 드러나면 본안심리를 중단하고 심판청구를 각하할 수 있다.

나. 당 사 자

특허법에서는 특허출원의 주체가 될 수 있는 자나 당사자능력에 관한 규정을 따로 두고 있지 아니하므로, 특허권과 특허법의 성질에 비추어 민법과 민사소송법에서 정하고 있는 권리능력과 당사자능력이 있는 자만이 특허출원인이나 그 심판·소송의 당사자가 될 수 있다. 특허심판의 당사자란 심판의 청구인 또는 재심의 청구인과 피청구인이고, 당사자능력과 당사자적격 등을 갖추어야 한다.

(1) 당사자능력

심판을 청구할 수 있는 일반적인 자격을 당사자능력이라고 한다. 즉 당사자로서 스스로 절차를 밟는 데 필요한 능력을 말하며, 민법상의 권리능력에 해당한다. 결정계 심판은 특허출원인 또는 특허권자가 심판을 청구하므로 당사자능력은 문제되지 않는다. 그러나 당사자계 심판은 자연인 또는 법인 이외에도 법인이 아닌 사단 또는 재단으로 대표자나 관리인이 정해져 있는 권리능력이 없는 사단 등도 당사자능력을 갖고 있으므로 심판청구를 할 수 있다.

(2) 당사자적격

심판청구인이 심결을 받을 수 있는 자격을 당사자적격이라 한다. 결정계 심판에서는 특허출원인, 정정심판에서는 특허권자가 당사자 적격을 갖는다. 무효심판의 경우 청구인이 될 수 있는 자는 등록공고일 후 3개월 이후에는 이해관계인 및 심사관이고. 피청구인은 특허권자이다.

(3) 고유필수적 공동심판의 당사자

민사소송법에서 말하는 고유필수적 공동소송[1]의 형태를 취하는 심

---

1) 이시윤, 649면: 필수적 공동소송이라 함은 공동소송인 사이에 합일확정을 필수적으로 요하는 공동소송이다. 필수적 공동소송은 고유필수적 공동소송과 유사필수적 공동소송

판에서 공동심판청구인 중 일부 또는 공동피심판청구인 중 일부에 대한 청구를 취하하는 것은 일부 취하로서 유효하다. 고유필수적 공동심판의 형태를 취하는 심판에는 (i) 동일한 특허권에 관하여 무효심판 또는 권리범위 확인심판을 청구하는 자가 2인 이상이 있는 때에는 그 전원이 공동으로 심판을 청구하는 경우(제139 제1항),[1] (ii) 공유자 전원을 피청구인으로 하여 청구하는 경우(제139조 제2항), (iii) 특허권 또는 특허를 받을 수 있는 권리의 공유자가 그 권리에 관하여 심판을 청구하는 때에는 공유자 전원이 공동으로 청구하는 경우(제139조 제3항) 등으로 구분된다.[2]

다. 이해관계인

심판청구에 있어서 청구인은 일반적으로 이해관계인이어야 하며, 이해관계가 없는 자의 심판청구는 심결로 각하된다. 이해관계인 여부는 심판사건과의 관계를 구체적으로 판단하여 결정한다. 이해관계인에는 그 심판에 관련된 특허발명과 동일한 장치나 물품을 제조·판매 등을 하고 있는 자는 당연히 포함되고 동종의 방법을 실시하거나 동종의 장치나 물품을 제조·판매 등을 하고 있는 자를 포함한다. 또한 그 업무의 성질상 장래에 그러한 물품을 업으로 제조·판매·사용하리라고 추측이 갈 수 있는 자도 이해관계인에 포함된다.[3]

2. 소극적 요건

소극적 요건이란 그 부존재(不存在)가 본안심결의 전제조건이 되고, 만일 존재하면 심판청구가 부적법한 청구로 되는 사항으로 다음 사항 등을 들 수 있다.

가. 청구기간의 경과

심판은 언제든지 청구할 수 있으나, 특별한 경우 그 청구기간이 제

으로 분류된다. 고유필수적 공동소송은 소송공동이 법률상 강제되고, 또 합일확정이 필요한 공동소송이다.
  1) 대법원 2009.5.28 선고 2007후1510 판결.
  2) 공동심판 중 (i)은 공동심판의 청구로 민사소송법상의 유사필수적 공동소송에 해당하고, (ii)는 공유인 특허권의 피청구인에 관한 것이고, (iii)은 공유인 권리에 관한 심판청구에 대한 것으로 (ii)와 (iii)은 민사소송법상의 고유필수적공동소송에 해당한다.
  3) 대법원 2000.4.11 선고 97후3241 판결.

한된다. 특허거절결정 또는 특허취소결정에 대한 심판은 그 결정의 등본을 송달받은 날로부터 30일 이내에 청구할 수 있다. 또 재심은 당사자가 심결의 확정 후 재심의 사유를 안 날로부터 30일을 경과하면 청구할 수 없으며, 심결의 확정 후 3년이 경과한 때에는 청구할 수 없다. 다만, 특허법 제17조의 규정에 의하여 절차를 추완할 수 있는 경우에는 그러하지 아니하다.

나. 중복제소금지

특허심판원에 계류중인 사건에 대하여는 다시 동일한 심판을 청구할 수 없다. 이를 중복소송금지의 원칙 또는 이중소송금지의 원칙이라 한다 (민사소송법 제259조).[1] 특허법에는 중복제소를 금지하는 명문의 규정은 없으나, 동일 당사자간에 동일사건을 중복하여 심판청구한 것은 흠결을 보정할 수 없는 부적법한 청구라 할 것이어서 심결로써 이를 각하할 수 있다.

다. 일사부재리의 원칙

(1) 의 의

특허법에 의한 심판의 심결이 확정된 때에는 그 사건에 대하여는 누구든지 동일사실 및 동일증거에 의하여 다시 심판청구를 할 수 없다(제163조). 일사부재리의 원칙이란 소송법상 판결이 확정되어 판결의 기판력이 발생하면 그후 동일사건에 대하여는 거듭 심판하는 것이 허용되지 아니한다는 것을 말한다.[2] 일사부재리의 원칙은 헌법 제13조의 규정에 그 근거를 두고 있다.[3] 특허심판에 있어서 기판력의 효력은 대세적이며 소

---

1) 정동윤, 264면: 중복된 소제기에 해당하려면 소송 계속되어 있는 사건(前訴)과 같은 사건에 관하여 別訴(後訴)가 제기되어야 한다. 사건이 같으려면 소송의 주체인 당사자가 동일하고, 심판의 객체인 청구(소송물)가 같아야 한다. 또한 전소와 후소가 모두 소송 계속 중이어야 한다.

2) 신동운, 435면: 기판력은 동일한 피고사건에 대해 후소법원의 새로운 심판을 금지하는 효력이다. 기판력은 원칙적으로 유죄판결, 무죄판결, 면소판결이 확정된 경우에 발생한다. 면소판결은 형식재판이면서도 재소금지의 기판력이 발생한다. 면소판결에서는 다음의 경우에는 판결로써 면소(免訴)의 선고를 하여야 한다. 확정판결이 있은 때, 사면이 있은 때, 공소의 시효가 완성되었을 때, 범죄 후의 법령개폐로 형이 폐지(廢止)되었을 때이다(형사소송법 제326조).

3) 김철수, 475면: 우리 헌법은 제13조 제1항에서 "모든 국민은… 동일한 범죄에 대하여 거듭 처벌받지 아니한다"고 규정하여 일사부재리의 원칙을 인정하고 있다. 일사부재리의 원칙과 이중위험(double jeopardy)금지의 원칙과의 상관관계가 문제되고 있다. 일사부

송물의 동일성이 명료하기 때문에 심판경제의 관점에서 심판청구의 남발을 막고, 확정심결에 대한 법적 안정성을 유지하기 위하여 일사부재리의 원칙을 명문화하고 있다.

(2) 효 력

특허심판의 심결에 있어서 일사부재리의 효력은 특허심결이 행정처분적 및 공익적 성질이 있고, 일사부재리의 효력이 미치는 인적 범위는 "누구든지"이므로, 확정된 심결의 당사자나 승계인뿐만 아니라 누구라도 일사부재리의 효력에 반하는 심판청구를 할 수 없다. 여기서 동일사실이라 함은 소송물의 동일함을 의미하고, 동일증거라 함은 전(前)심결에서 제출·심리되었던 증거와 동일한 증거를 말한다. 동일사실 및 동일증거를 해석함에 있어서, 동일사실은 청구인이 주장하는 무효사유 등 구체적 주장사실을 기준하여 판단하여야 하고, 동일증거는 그 표시는 다르더라도 내용이 실질적으로 동일한 경우 등 동일성이 있는 증거가 포함된다는 것이 통설이다. 전심결에서 제출되지 않았던 새로운 증거라 하더라도 이 사건에 하등의 영향을 줄 수 없는 것은 "새로운 증거"로 볼 수 없고 "동일증거"에 포함되는 것으로 해석한다.

(3) 일사부재리의 원칙이 적용되는 대상 심결

일사부재리의 원칙은 본안심결의 확정사건에만 인용되므로 본안심결이 아닌 각하심결에는 적용하지 않는다. 각하심결은 소정의 사실 및 증거를 참작하여 내려진 심결이 아니고 본안에 대한 심리 없이 심판청구를 배척하는 심결이기 때문이다. 또한 일사부재리의 원칙은 등록이 무효 또는 취소 혹은 권리범위확인에 관한 확정심결 또는 판결에 한하여 인정되는 것이고, 결정계 사건에 대한 항고심결에 인정될 수 없는 것이다. 이는 거절결정 불복심판에 대한 심결과 관련하여 확정등록제도가 없기 때문이다. 심결이 아닌 참가의 허여의 결정 등은 심결이 아니므로 일사부재리에 해당되지 않는다.

재리의 원칙은 실체판결의 실체적 확정력의 문제이고, 이중위험의 금지는 절차상의 관점에서 본 것으로, 양자는 근본적으로 같은 의의를 가진 것이라 할 수 있다.

(4) 타법의 일사부재리의 원칙과 비교

민사소송법상 기판력은 당해소송(前訴)보다는 위의 별도소송(後訴)에서 법원 및 당사자에 대한 구속력으로 문제된다. 하지만 특허법상 일사부재리의 원칙은 누구든지에 대하여도 적용되는 점에서 차이가 있다. 형사소송법상 일사부재리의 원칙에 따르면 범죄사실이 동일한 경우 증거가 다르더라도 다시 심리할 수 없다. 반면에 특허법상 일사부재리의 원칙에 따르면 동일사실 및 동일증거를 대상으로 하고 있어서, 동일사실 및 동일증거에 기한 재심판청구는 보정불능한 심판청구로서 그 흠결을 보정할 수 없으므로 심결로써 이를 각하할 수 있다(제142조).

(5) 동일증거의 범위

법원 2005.3.11 선고 2004후42 판결에 의하면 일사부재리의 원칙을 정한 특허법 제163조에 규정된 "동일 증거"에는 전에 확정된 심결의 증거와 동일한 증거만이 아니라 그 심결을 번복할 수 있을 정도로 유력하지 아니한 증거가 부가되는 것도 포함하는 것이므로 확정된 심결의 결론을 번복할 만한 유력한 증거가 새로 제출된 경우에는 일사부재리의 원칙에 저촉된다고 할 수 없다고 판단하였다. 동일증거의 범위에 대하여는 확정된 심결을 번복할 수 있을 정도로 유력하지 아니한 증거가 부가되는 것도 포함하는 것으로 해석한다. 진보성의 결여를 이유로 한 등록무효심판청구에 대한 심결이 확정된 후 다시 특허가 미완성발명·기재불비를 이유로 등록무효심판을 청구하는 것은 일사부재리에 해당하지 않는다.

(6) 판단시점

어느 심판청구가 일사부재리의 효력에 반하는지의 여부를 판단하는 기준일은 심판청구시가 아니라 심결시를 기준하여 판단한다.[1]

라. 심판요건이 부적합한 경우

부적합한 심판청구로서 보정을 할 수 없는 경우는 특허거절결정 불복심판의 경우 심판청구기간이 경과한 후 심판청구, 당사자능력이 없는 자에 의한 심판청구, 무효심판에 있어서 피청구인이 특허권자가 아닌 자

---

1) 대법원 2006.6.16 선고 2004후3300 판결.

의 무효심판청구, 무효심판에서 피청구인이 공유특허권자의 일부인 경우, 일사부재리의 규정에 위반되는 심판청구 등이다.

Ⅲ. 심판절차

1. 심판청구

가. 의 의

심판을 청구하는 자(이하 "청구인"이라 한다)는 심판청구서와 필요한 첨부서류를 특허심판원장에게 제출하여야 하며, 특허심판원장이 이를 수리하면 심판절차가 개시된다. 청구인이 특허심판원에 제출하는 심판청구서가 갖추어야 할 기본요건은 심판청구서가 형식적인 기재요건 등 법령이 정하는 방식에 적합하고, 소정의 수수료를 납부하고, 심판청구가 법적 요건을 충족하여야 하며, 청구인의 청구 자체가 정당성이 있어야 하고, 청구인이 주장사실을 입증하여야 한다.

나. 심판청구서

청구인이 특허심판원에 심판을 청구할 때 심판청구서에 특허법 제140조 제1항의 각호의 사항을 기재하여 특허심판원장에게 제출하여야 한다. 심판청구서의 심판사건의 표시란에는 권리번호와 심판의 종류를 표시한다. 청구의 취지란에는 청구인이 심판으로부터 구하고자 하는 법률효과를 적은 심판의 결론부분으로 청구인이 바라는 심결의 주문을 간단명료하게 기재하여야 한다. 청구의 이유란에는 청구의 취지를 뒷받침하기 위한 주장과 청구인측이 입증할 사실관계를 서술하고 관련 증거자료를 제출하여야 한다.

다. 예고등록

특허권에 대한 심판의 청구가 있는 경우에는 특허심판원장은 특허청장에게 그 사실을 통보하여 특허원부에 그 요지가 등록되도록 예고등록을 한다(특허등록령 제3조). 주로 제3자에게 공시하는 목적으로 등록하는 것이며 효력발생요건이나 대항력 부여를 위한 것은 아니다. 특허청장은 그 이후의 권리의 이전, 전용실시권 허여 등 변동사항을 특허심판원장에게 통보하여야 한다.

2. 심판절차

가. 주요 심판절차

당사자계의 특허심판은 심판청구, 방식심사, 심판번호 및 심판관 지정통지, 예고등록, 당사자에게 통지, 부본의 송달, 적법성심리, 본안심리 및 심리종결순으로 진행된다. 그러나 결정계 심판의 기본적인 절차는 당사자계 심판절차와 같으나 재심사청구제도가 있어서 일부 절차가 다르다.

나. 특허심판의 객체

특허심판의 객체인 심판물은 특허청구범위이다. 특허발명과 침해제품간에 분쟁이 있는 경우에는 이 특허청구범위에 기재된 발명의 보호범위의 확정이 심리판단의 전제가 된다. 이를 위하여 심판관은 특허청구범위의 해석과 특허사건의 사실관계의 판단을 위해 전문지식을 필수적으로 갖추어야 한다.

다. 심판의 지휘

심판절차를 진행함에 있어서 많은 사건을 원활하고 능률적으로 처리하기 위해서는 이를 당사자의 자유에 맡겨서는 아니 되며 심판관에게 주도권을 인정함이 적당하므로 직권진행주의를 취한다. 따라서 심판장은 심판물이 기재사항을 구비하고 있는지의 여부 등의 형식적 사항에 관하여 그 적법 여부를 판단할 권한이 있고, 심판의 절차적 진행을 지휘·감독한다. 심판장은 특허심판의 신속·원활한 처리를 위하여 당사자 또는 참가인이 법정기간 또는 지정기간 내에 절차를 밟지 아니하거나 특허법 제154조 제4항에서 규정한 기일에 출석하지 아니하여도 심판을 진행할 수 있다(제158조). 다만, 구술심리기일 등에 출석하지 아니하더라도 상대방의 주장사실을 자인하는 것으로 간주되는 민사소송법상의 의제자백의 효과는 발생되지 아니한다. 이것은 직권탐지주의가 적용되는 특허심판의 특성상 가능하나 불출석에 따르는 사실상의 불리한 판단까지 배제되는 것은 아니다.

다. 합 의 체

심판은 3인 또는 5인의 심판관으로 구성되는 합의체에서 한다(제146조 제1항). 특허심판은 직무상 독립된 3인 또는 5인의 심판의 합의체의 준사법적인 절차에 따라 공정하게 특허분쟁을 해결하는 심판제도이다. 합의는 심판의 합의체가 각 사항에 대한 인정 및 판단하는 것으로 개개의 심판관의 주관을 배제하고, 객관성을 가지는 심판이 되도록 하기 위한 것이다.

라. 심판청구서의 보정

심판사무의 신속한 처리와 피청구인의 방어를 고려하여 심판청구서의 보정은 그 요지를 변경할 수 없다(제140조 제2항). 따라서 심판청구서는 그 요지를 변경하지 아니하는 범위 내에서 보정할 수 있으며, 보정한 때에는 최초의 심판청구서를 제출한 날에 청구된 것으로 간주한다. 심판청구서의 보정에서 다음의 경우에는 요지변경에 해당하지 않는다(제140조 제2항 단서). (i) 당사자 중 특허권자의 기재를 바로잡기 위하여 보정(추가하는 것을 포함한다)하는 경우, (ii) 청구의 이유를 보정하는 경우, (iii) 특허권자 또는 전용실시권자가 청구인으로서 청구한 권리범위 확인심판에서 심판청구서의 확인대상 발명(청구인이 주장하는 피청구인의 발명을 말한다)의 설명서 및 도면에 대하여 피청구인이 자신이 실제로 실시하고 있는 발명과 비교하여 다르다고 주장하는 경우에 청구인이 피청구인의 실시 발명과 동일하게 하기 위하여 심판청구서의 확인대상 발명의 설명서 및 도면을 보정하는 경우 등이다.

마. 심판청구의 각하

특허권의 권리범위 확인심판을 청구할 때 심판청구의 대상이 되는 확인대상발명은 당해 특허발명과 서로 대비할 수 있을 만큼 구체적으로 특정되어야 한다. 만약, 확인대상발명의 일부 구성이 불명확하여 다른 것과 구별될 수 있는 정도로 구체적으로 특정되어 있지 않다면, 특허심판원은 요지변경이 되지 아니하는 범위 내에서 확인대상발명의 설명서 및 도면에 대한 보정을 명하는 등의 조치를 취해야 한다. 그럼에도 그와 같은 특정에 미흡함이 있다면 심판의 심결이 확정되더라도 일사부재리의 효력이 미치는 범위가 명확하다고 할 수 없으므로, 나머지 구성만으로 확인대상발명이 특허발명의 권리범위에 속하는지를 판단할 수 있는 경우라 하더라도 심판청구를 각하하여야 한다. 대법원 2011.9.8 선고 2010후3356 판결은 "특허권의 권리범위 확인심판을 청구할 때 심판청구의 대상이 되는 확인대상발명은 당해 특허발명과 서로 대비할 수 있을 만큼 구체적으로 특정되어야 할 뿐만 아니라, 그에 앞서 사회통념상 특허발명의 권리범위에 속하는지를 확인하는 대상으로서 다른 것과 구별될 수 있는 정도로 구체적으로 특정되어야 한다. 만약 확인대상발명의 일부 구성이 불명확하여 다른 것과 구별될 수 있는 정도로 구체적으로 특정되어 있지 않다면, 특허심판원은 요지변경이 되지 아니하는 범위 내에서 확인대상발명의 설명서 및 도면에 대한 보정을 명하는 등의 조치를 취해야 한다. 그럼에도 그와 같은 특정에 미흡함이 있다면 심판의 심결이 확정되더라도 일사부재리의 효력이 미치는 범위가 명확하다고 할 수 없으므로, 나머지 구성만으로 확인대상발명이 특허발명의 권리범위에 속하는지를 판단할 수 있는 경우라 하더라도 심판청구를 각하하여야 한다"고 판시하였다.

바. 실시권자 등에게 통지

심판장은 특허등록의 무효심판, 특허권존속기간 연장등록의 무효심판 또는 정정의 무효심판의 청구가 있는 때에는 등록원부를 조사하여 그 취지를 그 특허권의 전용실시권자 기타 특허에 관하여 등록을 한 권리를 가지는 자에게 통지하여야 한다.

사. 부본의 송달

피청구인이 있는 심판의 경우 심판장은 심판청구서의 부본을 피청구인에게 송달하고 기간을 정하여 답변서 제출기회를 주고, 답변서를 수리한 때에는 그 부본을 상대방에게 송달하여 방어의 기회를 주어야 한다.

3. 심 리

가. 의 의

심리란 당사자가 사건에 관한 사실을 주장하고 증거를 제출하는 과정과 특허심판원이 당사자가 제출한 증거를 조사해서 당사자가 주장하는 사실의 진위 여부를 판정하는 과정으로 이루어지는 일련의 절차를 말한다. 심판물의 심판요건 구비 여부에 대한 심리를 적법성 심리라 한다. 심판요건은 일반적으로 직권조사사항이므로 이에 관한 당사자의 주장은 직권조사를 촉구하는 의미로 해석된다. 이해관계의 소멸, 부제소 특약 등은 피청구인의 적극적인 항변이 있어야 고려되는데, 적법성심리 사항은 다음과 같다. 당사자에 대한 심리, 고유필수적 공동심판의 경우 그 흠결 여부, 대리권의 유무 및 범위, 법정기간 내에 청구되었는지의 여부, 동일사건이 계속 중인지의 여부(중복제소 금지), 일사부재리원칙에 위배되는지의 여부, 제척기간에 해당되는지의 여부, 부제소특약 등이 있는지의 여부 등이다.

나. 판단의 기준시점

심판요건 존부(存否)에 대한 판단의 기준시점은 원칙적으로 심리종결시이다. 심판청구시에는 존재하지 아니하였다 하더라도 심리종결시 존재하면 적법한 청구이고, 심판청구시에 존재하였더라도 심리종결시에 존재하지 아니하면 부적법한 청구가 된다.

다. 심리방법

특허심판은 구술심리 또는 서면심리에 의한다. 일반적으로 기술설명회를 통해서 구술심리가 진행된다. 다만, 당사자가 구술심리를 신청한 때에는 서면심리만으로 결정할 수 있다고 인정되는 경우 외에는 구술심리를 하여야 한다(제154조 제1항). 사실상 무효심판의 성격면에서, 심판의 객체와 대부분의 증거가 기술에 관한 것이어서 서면심리가 오히려 유리한 경우가 많다. 실무에서는 서면심리를 원칙으로 하고 구두심리를 보충적인 것으로 인정하고 있었다. 이러한 실정을 반영하여 2001년 개정법에서는 심판을 구술심리 또는 서면심리로 하나 당사자가 구술심리를 신청한 때에는 서면심리만으로 결정할 수 있다고 인정되는 경우 외에는 구술심리를 하여야 한다고 개정하였다.

라. 심리의 순서

특허심판에서의 심리는 원칙적으로 심판청구서의 심사·심판요건의 심리·청구의 당부(當否)의 심리순으로 심리가 진행되므로 심판청구서의 심사는 심판요건의 구비 여부나 청구의 당부보다 먼저 따져져야 하는 절차이다. 그러나 적법요건의 흠결이 있고 또 보정도 불가능하여 심판청구를 심결각하하여야 하는 경우에는 심판청구서의 심사에 들어가지 않고 곧바로 각하하는 것이 실무이다.

마. 직권탐지주의

1) 특허심판에서는 직권탐지주의가 적용된다. 심판에 있어서는 직권탐지주의를 취하여 당사자의 주장에 구애되지 아니하고 직권으로 사실을 탐지하고 증거조사를 할 수 있다. 민사소송과 달리 당사자뿐만 아니라 널리 직권의 이해에 관한 문제를 해결함을 목적으로 하고 공익적, 국가산업정책적인 관점에서 해결을 꾀할 필요가 있기 때문이다. 심판에서는 당사자 또는 참가인이 신청하지 아니한 이유 또는 취하한 이유에 대한의 이를 심리할 수 있다(제159조). 직권탐지주의에서는 당사자의 주장책임이 배제되므로 당사자의 변론은 특허심판원의 직권탐지를 보완하는 데 그치고 당사자가 주장하지 않는 사실도 직권으로 수집하여 심결의 기초로 삼을 수 있다.

2) 대법원 2006.6.27 선고 2004후387 판결은, "특허심판원의 심판절차에서 당사자 또는 참가인에게 직권으로 심리한 이유에 대하여 의견진술의 기회를 주도록 한 특허법 제159조 제1항의 규정은 심판의 적정을 기하여 심판제도의 신용을 유지하기 위하여 준수하지 않으면 안 된다는 공익상의 요구에 기인하는 이른바 강행규정이므로, 특허심판원이 직권으로 심리한 이유에 대하여 당사자 또는 참가인에게 의견진술의 기회를 주지 않은 채 이루어진 심결은 원칙적으로 위법하여 유지될 수 없다. 형식적으로는 이러한 의견진술의 기회가 주어지지 아니하였어도 실질적으로는 이러한 기회가 주어졌다고 볼 수 있을 만한 특별한 사정이 있는 경우에는 심판절차에서의 직권심리에 관한 절차위반의 위법이 없다고 보아야

한다. 특허심판원이 심판절차에서 직권으로 특허발명의 명세서의 기재불비 여부를 심리하면서 형식적으로는 직권심리이유에 대하여 원고에게 의견진술의 기회를 주지 아니하였더라도 실질적으로는 의견진술의 기회가 주어졌다고 보아야 한다는 이유로, 심판절차에 절차위반의 위법이 없다"고 판시하였다.

3) 또한 당사자의 증거신청 여부에 불구하고 특허심판원은 원칙적으로 직권증거조사를 할 책임이 있으며, 당사자의 자백은 특허심판원을 구속할 수 없고 한낱 증거자료에 그치므로 자백·의제자백만으로는 심결할 수 없다. 또한 직권탐지주의에서는 처분권주의가 제한을 받기 때문에 청구의 포기·인낙 또는 화해는 허용되지 아니한다.

바. 증거조사 및 증거보전

심판에 있어서는 당사자·참가인 또는 이해관계인의 신청에 의하여 또는 직권으로 증거조사나 증거보전을 할 수 있다(제157조). 이 경우에 구체적인 증거조사와 증거보전 등의 절차는 민사소송법 제2편 제3장(증거)에 관하여 이를 준용한다. 심판장은 직권으로 그 결과를 당사자 및 참가인 또는 이해관계인에게 송달하고 기간을 정하여 이에 대한 의견서 제출의 기회를 주어야 한다(제157조 제4항).

사. 심리절차

심판요건에 대한 심사는 심판물의 심리 후 본안(本案)심리에 앞서 또는 본안심리와 동시에 진행하나 불복기간 경과 후의 심판청구와 같이 심판요건의 위배가 명백한 경우 등에는 심판청구서의 심사 후 곧바로 심판청구를 심결로 각하하거나 필요한 경우 보정명령을 할 수 있다. 또 본안심리중이라도 심판요건의 구비여부 등에 대하여도 심리할 수 있고, 그 결과에 따라 보정명령 또는 심판청구의 각하 등을 할 수 있다. 부적법한 심판청구로서 그 흠결을 보정할 수 없는 것인 경우에는 피청구인에게 답변서 제출의 기회를 주지 아니하고 심결로 각하할 수 있다. 부적법한 심판청구라 하더라도 보정이 가능한 경우에는 청구인에게 보정을 명한 후가 아니면 각하할 수 없고, 심판의 각하결정을 받은 자는 특허법원에 소를 제기할 수 있다(제186조 제1항).

아. 심리종결

심판청구서가 형식적인 기재요건 등 법령이 정하는 방식에 적합하고 소정의 수수료가 납부되고 적법한 심판청구로서 사건이 성숙한 것으로 인정되면 당사자간의 주장과 증거 등을 살펴서 심판물을 심리한다. 심리한 결과 청구인의 주장이 타당한 때에는 그 청구를 인용하고 부당한 때에는 기각한다. 심판요건을 갖춘 심판청구에 대하여 그 심판의 청구의 취지가 타당한지의 여부를 가리는 심결을 본안심결(本案審決)이라 한다. 이 본안심결에는 청구인의 주장이 인용되는 인용심결과 청구인의 주장이 배척되는 기각심결이 있다. 심판장은 심결절차를 공정하고 신속하게 진행하기 위해서 심결에 앞서 심리의 진행상황을 당사자 및 참가인에게 심리종결통지를 하여야 한다. 심판장은 심리종결통지 이후에도 필요하다고 인정할 때에는 당사자 또는 참가인의 신청에 의하여 또는 직권으로 심리를 재개할 수 있다. 심리종결통지 후 심결까지 답변서, 보정서, 의견서 등의 서류가 제출된 때에는 그 서류는 심결에 참작하지 아니하고 그대로 기록에 편철하고 신청이 있으면 반환한다. 그러나 심결문 등본의 발송 후에 제출된 이유보충서는 반려한다.

4. 심 결

가. 심결각하

심결각하란 심판청구요건의 불비를 이유로 그 심판청구를 각하하는 심결을 말한다. 예를 들어, 특허거절결정 불복심판의 경우, 심판청구기간을 경과하여 청구한 경우, 일사부재리의 원칙에 위반된 심판청구의 경우 등이다. 심판청구가 부적법하고 그 흠결이 보정될 수 없는 것일 때에는 피청구인에게 답변서 제출기회를 주지 아니하고 심결로써 이를 각하할 수 있다(제142조).

나. 본안심결

심판요건을 갖춘 심판청구에 대하여 그 심판의 청구의 취지가 타당한지의 여부를 판단하는 심결을 말한다. 심결에는 합리적인 이유가 기재되어 심리미진 또는 판단유탈 등이 되지 않도록 하여야 한다. 심판은 심결각하되는 경우를 제외하고는 심결로써 이를 종결한다(제162조 제1항).

다. 심결의 방식

심결은 그 내용을 명확히 하여야 하며, 아래 심결문의 예시처럼 다음 사항을 기재한 서면으로 하고 심판관이 기명날인하여야 한다. 심결문의 기재사항은 심판의 번호, 당사자 및 참가인의 성명과 주소, 대리인이 있는 경우에는 그 대리인의 성명 및 주소나 영업소의 소재지, 심판사건의 표시, 심결의 주문, 심결의 이유(청구의 취지 및 그 이유의 요지를 포함), 심결연월일 등이다. 주심이 작성한 심결문 초안을 심판장 및 합의체의 타심판관에게 회람시켜 검토하게 한다. 심결문에 대한 의견이 일치되어 심결문이 완성되면 심결한 심판관은 이에 기명날인하여야 한다(제162조 제2항).

5. 심판의 종료

가. 의 의

심판은 심판의 청구로 개시된 후 심결로써 종료된다. 또한 심판청구의 취하 등 그 이외의 사유로도 종료된다. 특허심판은 민사소송의 경우와는 달리 청구의 포기, 피청구인의 인낙, 심판상의 화해에 의해서는 종료되지 않는다. 이는 특허심판이 채택하고 있는 직권주의에 배치(背馳)되기 때문이다.

나. 심판청구의 취하

심판청구의 취하는 청구인이 청구한 심판의 전부 또는 일부를 철회하는 행위를 말하는 것으로서 이로 인하여 심판이 종료된다. 심판청구가 취하되면 그 심판청구가 처음부터 없었던 것으로 보기 때문에 나중에 다시 동일한 청구취지로 같은 피청구인에 대하여 심판을 청구할 수 있다. 심판청구의 취하는 심결이 확정될 때까지 이를 취하할 수 있다. 다만, 답변서 제출이 있는 때에는 상대방의 동의를 얻어야 한다(제161조 제1항). 또한 2 이상의 청구항에 관하여 무효심판 또는 권리범위 확인심판을 청구한 때에는 청구항마다 이를 취하할 수 있다(제161소 세2항). 심판장은 심판청구의 취하가 있을 때에는 상대방에게 서면으로 통지한다.

다. 심결에 의한 종료

심판은 보통 심결로 종결하고, 심결이 확정되면 심판은 종료된다. 넓은 의미의 심판은 그 형식에 따라 심결·결정·명령의 3가지로 나눌 수 있다.

(1) 심 결

심결이란 심판사건을 해결하기 위하여 심판의 합의체가 행하는 종국적인 판단이다. 즉 당사자 주장의 당부에 대한 공권력의 판단으로 특허심판의 청구에 대한 종결이다. 따라서 본안심결의 과정에서 이루어지는 제척·기피신청 또는 참가신청과 같은 부수적인 사항에 대한 결정과는 다르다. 심결에는 각하심결과 본안심결이 있다. 심판장은 심판사건이 성숙한 때에는 당사자 및 참가인에게 심리종결을 통지하고, 그 날로부터 20일 이내에 심결하여야 한다(제162조 제3항·제5항). 심리종결통지 후에 당사자 또는 참가인이 제출한 서류는 심결에 참작하지 아니하며, 그 서류는 신청이 있는 경우에 당사자 또는 참가인에게 반환된다.

(2) 결 정

결정은 심판청구의 본안이 아닌 심판의 절차적 신청에 대하여 심판장 또는 심판부가 그 당부를 심리·판단하여 내리는 결론으로서 다음과 같이 심결이 아닌 결정의 형식으로 표시된다. 부적법한 심판청구로서 그 흠결을 보정할 수 없는 때에는 심결각하(제142조), 심판관의 제척 또는 기피신청에 대한 결정(제152조 제1항), 참가신청에 대한 참가 여부의 결정(제156조 제3항), 증거조사 또는 증거보전 신청에 대한 결정(제157조 제1항) 등이다.

(3) 명 령

명령이란 심판장 또는 심판관이 조치하는 심판진행상 필요한 간단한 절차로서 반드시 문서나 이유를 붙일 것을 요하지 않는다. 명령의 종류로는 방식위반에 대한 심판장의 보정명령, 기타 심판장 또는 심판관의 자료제출명령 등이 있다. 특허심판원으로부터 증거조사 또는 증거보전에 관하여 서류 기타 물건의 제출 또는 제시의 명령을 받은 자로서 정당한 이유없이 그 명령에 응하지 아니한 자, 특허심판원으로부터 증인·감정인 또는 통역인으로 소환된 자로서 정당한 이유없이 그 명령에 응하지 아니한 자는 50만원 이하의 과태료 처분대상이 된다(제232조).

라. 등본의 송달

심판장은 심결 또는 결정의 등본을 당사자·참가인 및 심판에 참가신청을 하였으나 그 신청이 거부된 자에게 송달하여야 한다(제162조 제6항). 특허심판원의 심결문 등은 반드시 우편송달만 기능하였으나, 2011년 4월 1일부터 고객의 편의 증진과 행정비용의 절약을 위하여 출원인이 희망하면 심결문의 전자송달을 시행하고 있다.

마. 심결의 확정

심결 및 결정은 그것에 대하여 불복이 있는 자가 법정기간내에 불복절차를 밟지 않거나 불복절차를 밟았으나 심결 또는 결정이 종국적으로 더 이상 다툴 수 없게 되면 확정된다. 한편 특허할 것으로 한다는 심결이나 정정심판에서 정정이 인정된 경우의 심결은 심결등본의 송달이 있는 때에 확정된다.

바. 심결의 효력

심결등본이 당사자 등에게 송달되면 심결의 기속력이 발생하고 심결이 확정되면 심결의 확정력·구속력 및 일사부재리의 효력이 발생한다.

(1) 심결의 기속력

일단 심결등본이 당사자 등에게 송달된 후에는 심판관도 그 내용을 철회하거나 변경할 수 없는 것을 심결의 기속력이라 한다. 외부에 공개된 심결이 심판기관에 의하여 자유로이 변경된다면 법적 안정성을 해치고 심판의 신뢰성과 당사자의 이익보호에 불리하게 작용될 수 있기 때문이다.

(2) 심결의 확정력

확정된 심결은 재심사유가 없는 한 소멸 또는 변경되지 아니한다. 단지 재심에 의하여 취소·변경을 구할 수 있을 뿐이다. 이는 민사소송의 판결의 형식적 확정력에 해당한다고 할 수 있다. 확정된 심결은 고도의 공익적 요구가 있을 때에는 취소 또는 변경이 가능한 일반 행정처분보다 강한 확정력이 인정된다.

(3) 일사부재리의 효력

특허법이 일사부재리의 효력을 규정하는 이유는 한번 내려진 심결에 근거한 구체적인 권리관계에 대하여 다시 다툼이 생긴 경우, 심판기관과 당사자 모두에게 그 확정된 심결의 내용과 상치되는 판단과 주장을 하지 못하도록 함으로써 법적 안정성을 기하고 심판의 권위를 지키는 한편 당사자를 보호하고 심판의 경제성을 도모하기 위함이다. 특허법상의 일사부재리 효력은 민사소송법상의 판결의 기판력과 유사하다. 그러나 기판력은 동일사실(소송물)에 관하여 미치므로 증거가 다르더라도 동일 소송물에 관한 것인 한 다시 소를 제기할 수 없으나, 특허심판의 일사부재리 효력은 동일사실에 관한 것이라 하더라도 증거가 다르면 다시 심판을 청구할 수 있는 점에서 서로 다르다.

(4) 심결의 구속력

심결이 확정되면 당사자뿐만 아니라 제3자에게도 그 효력이 미친다. 이와 같은 구속력을 심결의 대세적 효력이라 한다. 예를 들어, 특허를 무효로 한다는 심결이 확정되면 당해 특허는 소급적으로 소멸하고 당사자, 제3자 및 법원도 이에 구속된다.

Ⅳ. 주요 심판의 내용

1. 특허거절결정 불복심판

가. 의 의

특허거절결정 불복심판이란 특허출원에 대한 심사관의 특허거절결정에 불복하는 자가 결정등본을 송달받은 날부터 30일 이내에 청구하는 심판이다(제132조의3). 특허거절결정 불복심판은 당사자계 심판과 같이, 심판청구·방식심사·심판관지정·심리진행·심리·심리종결 순서대로 진행된다. 2009년 법에서 재심사청구제도가 도입되었기 때문에, 특허거절결정 불복심판의 절차는 종래와 동일하나, 명세서의 보정은 금지된다. 특허거절결정 불복심판 청구 전에 명세서에 기재된 청구항 등의 보정과 동시에 재심사를 청구하면 심사관으로부터 다시 심사를 받을 수 있도록 재심사청구제도를 도입하였다(제67조의2).

나. 심판절차

출원인이 심사관으로부터 특허거절결정서 등본을 송달받은 후, 명세서를 보정하면서 재심사를 받을지의 여부를 판단한 후 명세서 보정서를 첨부하여 특허청장에게 제출하면 재심사가 시작된다. 그러나 심사관이 재심사를 한 후 다시 거절결정하기로 결정하면, 출원인에게 재차 거절결정서를 통지한다. 출원인은 거절결정서 등본을 송달받은 날부터 30일 이내에 특허심판원에 특허거절결정 불복심판을 청구할 수 있다.

다. 특허거절결정의 취소

심판관은 특허거절결정 불복심판이 청구된 경우에 그 청구가 이유 있다고 인정한 때에는 심결로써 특허거절결정, 제91조에 따른 특허권의 존속기간의 연장등록거절결정 또는 제92조의4에 따른 특허권의 존속기간의 연장등록거절결정을 취소하여야 한다(제176조 제1항). 특허거절결정, 제91조에 따른 특허권의 존속기간의 연장등록거절결정 또는 제92조의4에 따른 특허권의 존속기간의 연장등록거절결정을 취소할 경우에는 심사에 부칠 것이라는 심결을 할 수 있다(제176조 제2항). 이 경우 심결에 있어서 취소의 기본이 된 이유는 그 사건에 대하여 심사관을 기속한다(제176조 제3항).

2. 정정심판

가. 정정의 절차

정정심판의 절차는 특허거절결정 불복심판과 같이, 심판청구·방식심사·심판관지정·심리진행·심리종결 순서로 진행된다. 다만, 심결이 인용된 경우에 정정명세서를 공고하는 절차가 별도로 존재한다. 정정심판의 심결이 기각되는 경우에는 거절불복심판과 동일한 절차에 따라서 불복하는 소송을 제기할 수 있다.

나. 정정의 범위

정정심판이란 특허권자가 특허발명의 명세서 또는 도면의 정정을 요구하는 심판이다. 특허발명의 명세서 또는 도면에 대하여 정정을 한다는 심결이 확정된 때에는 그 정정 후의 명세서 또는 도면에 의하여 특허출원·출원공개·특허결정 또는 심결 및 특허권의 설정등록이 된 것으로 본다(제136조 제8항). 정정심판은 특허권이 소멸된 후에도 이를 청구할 수 있다. 다만, 심결에 의하여 특허가 무효로 된 후에는 그러하지 아니하다(제136조 제6항). 정정심판에 의하여 특허권의 범위가 확장 또는 변경된다면 제3자에게 예측할 수 없는 손해를 주게 되므로 명세서 또는 도면에 대한 정정은 특허청구범위의 감축, 잘못된 기재를 정정하는 경우, 분명하지 아니한 기재를 명확하게 하는 경우에 한하여 청구할 수 있다(제136조 제1항).[1] 또한 명세서 또는 도면의 정정은 특허발명의 명세서 또는 도면에 기재된 사항의 범위 내이어야 한다(제136조 제2항). 특허청구범위의 감축에 해당하는 정정은 정정 후의 특허청구범위에 기재된 사항이 특허출원을 한 때에 특허를 받을 수 있는 것이어야 한다(제136 제4항).

3. 무효심판

가. 의 의

특허권이 유효하게 성립하였지만 하자가 있는 특허권을 그대로 유지시킬 경우, 특허권자를 부당하게 보호하게 되고 그 결과 공중에 피해를 끼침은 물론 산업발달에 지장을 초래할 수 있으므로 하자있는 특허권을 무효로 할 수 있다(제133조). 무효심판은 유효하게 설정등록된 특허권을 법정무효의 사유에 해당함을 이유로 특허심판원의 심판절차에 의하여 그 특허권의 효력을 상실시키는 특별한 행정처분이라 할 수 있다. 특허무효의 이유는 특허법 제133조 제1항에서 열거한 것에 한정되므로 이 외의 것을 이유로 하여 무효심판을 청구할 수 없다. 특허청구범위의 청구항이

---

1) 대법원 2009.5.28 선고 2009후498, 528 판결: 특허청구범위를 정정하는 것이 특허청구범위를 확장하거나 변경하는 경우에 해당하는지의 여부를 판단할 때는 특허청구범위 자체의 형식적인 기재만을 가지고 대비할 것이 아니라 발명의 상세한 설명을 포함한 명세서 및 도면의 전체내용을 실질적으로 대비하여 확장이나 변경에 해당하는지의 여부를 판단하는 것이 합리적이다.

2 이상인 때에는 청구항마다 무효심판을 청구할 수 있다. 최근 특허출원의 기술내용이 복잡해지고 고도화되면서 특허청구범위 다항제의 활용이 보편화되고 있다. 따라서 특허무효심판에서도 각 청구항마다 발명이라는 인식하에 청구항마다 무효심판을 청구할 수 있다.

나. 무효원인 존부판단의 기준시점

무효원인의 존부에 대하여 판단의 시점을 구분할 필요가 있다. 그 판단의 시점은 법률 및 사실상태에 비추어 무효사유마다 다르다. 예를 들어, 특허법 제29조 및 제36조는 통상 출원시이지만, 동법 제133조 제1항 제4호의 무효사유와 같이 특허 후에 있어서 특허가 조약에 위반된 경우의 판단 기준시점은 특허법 위반시이다.

다. 특허권 소멸 후의 청구

특허무효심판의 청구는 특허권의 존속기간중에는 물론 특허권의 만료 후에도 청구할 수 있다(제133조 제2항). 특허권자는 특허권이 존속기간 만료에 의하여 소멸된 후라 하더라도 존속기간중의 침해행위에 대하여 손해배상을 청구할 수 있다. 이에 대응하여 그 상대방은 특허권의 소멸 후라 하더라도 그 특허에 대한 무효심판을 청구할 수 있다.

라. 특허무효심판중의 특허정정

피청구인은 무효심판청구에 대한 답변서 제출기간 내 또는 직권심리 이유에 대한 의견서 제출기간 내에 명세서 또는 도면에 대한 정정을 할 수 있다. 이는 무효심판절차에 있어서의 심리의 신속성을 도모하도록 하는 데에 있다. 무효심판의 피청구인은 무효심판청구에 대한 답변서 제출기간 또는 직권심리이유에 대한 의견서 제출기간 이내에 특허발명의 명세서 또는 도면에 대하여 정정을 청구할 수 있다(제133조의2 제1항). 대법원 2009.1.15 선고 2007후1053 판결은 "특허무효심판절차에서 정정청구가 있는 경우 정정의 인정 여부는 무효심판절차에 대한 결정절차에서 함께 심리되는 것이므로, 독립된 정정심판청구의 경우와 달리 정정만이 따로 확정되는 것이 아니라 무효심판의 심결이 확정되는 때에 함께 확정된다. 한편 특허의 등록무효 여부는 청구항별로 판단하여야 하더라도, 특허무효 심판절차에서의 정정청구는 특별한 사정이 없는 한 불가분의 관계에 있어 일체로서 허용 여부를 판단하여야 한다. 특허청구범위의 정정을 인정하고 특허청구범위 제1항 내지 제5항의 무효심판청구를 기각한 심결을 취소한 원심판결중, 특허청구범위 제3항의 특허무효에 관한 부분에 대한 상고만이 이유 있고 정정사항이 특허청구범위 전체에 걸쳐 있는 사안에서, 정정청구 부분을 포함한 원심판결 전부가 파기되어야 한다"고 판시하였다.

마. 무효심결의 효력

특허를 무효로 한다는 심결이 확정된 후에는 특허권을 행사할 수 없다. 다만, 특허권을 행사하여 상대방에게 손해를 입힌 경우에 부당제소에 관련된 판례 및 학설은 나라마다 입장을 달리한다. 특허를 무효로 한다는 심결이 확정된 때에는 그 특허권은 처음부터 없었던 것으로 본다(제133조 제3항). 따라서 확정심결에는 소급효가 인정된다. 다만, 예외적으로 특허된 후 그 특허권자가 특허권 설정시에는 무효사유가 존재하지 않았으나, 그후에 특허권자가 특허법 제25조의 규정에 의하여 특허권을 향유할 수 없는 자로 되거나 또는 그 특허가 조약에 위반되게 되는 경우, 조약이 파기되거나 변경되어서 특허출원할 권리능력이 부인되는 경우 등에는 그 사유가 발생한 때부터 특허권이 존재하지 않았던 것으로 본다. 특허무효에 대한 확정심결이 있는 경우에는 형성적 효력이 인정된다. 무효심결은 이처럼 법률관계를 변경시키는 형성적 효력을 가지며 제3자에게도 효력이 미치는 대세적 효력을 갖는다.

바. 실시료·손해배상금의 반환

특허무효의 효과는 소급효가 발생되므로 특허가 무효로 된 경우 무효심결확정 전에 지급받은 실시료 또는 손해배상금을 반환하는 문제가 발생한다. 실시료의 경우 실시권 설정계약시 특허가 무효로 된 경우에 이미 지급한 실시료를 반환하기로 계약을 하였다면 당연히 상대방으로부터 받은 실시료는 반환하여야 한다. 이에 관한 계약이 없다면 실시료 반환의무는 없다고 보는 것이 통설이다. 그러나 무효로 된 특허권을 행사하여 상대방으로부터 손해배상금의 지급을 받은 경우에는 특허권자는 그 손해배상금을 상대방에게 반환하여야 한다. 특허권 침해에 따른 손해배상청구는 유효한 특허권을 전제로 한 것이므로 그 특허가 무효로 된 경우에는 무권리자가 특허권을 행사한 것으로 인정되므로 특허법 제128조에서는 상대방에게 입힌 손해액에 대해서 이를 추정할 수 있도록 하고, 그 손해배상을 청구할 수 있도록 규정하고 있다. 다만, 특허권자의 고의·과실이 없었을 경우에는 부당이득만 반환하면 된다(제126조).

사. 특허료의 반환 청구

납부된 특허료 및 수수료는 원칙적으로 이를 반환하지 아니한다. 그러나 특허를 무효로 한다는 심결이 확정된 경우 확정된 연도의 다음 연도부터의 특허료 해당분은 납부한 자의 청구에 의하여 이를 반환한다(제84조 제1항).

아. 통상실시권의 발생

특허가 무효로 된 당시에 존재하는 특허권 또는 전용실시권에 대하여 원특허권자 등은 일정범위 내에서 통상실시권을 갖는다(제104조 제1항).

자. 재심사유

특허권 침해의 유죄판결이 확정되거나 손해배상금 지급판결이 확정된 후 특허무효심결이 확정된 때에는 당해 특허권이 유효한 것임을 전제로 한 민사상·형사상 확정판결에 대하여 재심을 청구할 수 있다(민사소송법 제451조).

4. 권리범위 확인심판

가. 의 의

특허권자·전용실시권자 또는 이해관계인은 특허발명의 보호범위를 확인하기 위하여 특허권의 권리범위 확인심판을 청구할 수 있다(제135조 제1항). 권리범위 확인심판은 권리를 가지지 아니한 자가 현재 실시하고 있거나 장래에 실시하고자 하는 기술이 특허발명에 기술적으로 속하는지의 여부를 가리기 위한 심판이다. 특허권에 관한 분쟁이 발생하였을 경우, 공신력 있는 국가기관이 득허권의 보호범위를 객관적으로 공정하게 해석함으로써 당사자간의 분쟁을 신속히 해결할 수 있게 하기 위하여 심판관이 이를 심판할 수 있도록 권리범위 확인심판제도를 마련하고 있다. 권리범위 확인심판을 청구할 때에는 특허발명과 대비될 수 있는 확인대상발명의 설명서 및 도면을 첨부하여야 한다. 대법원 2005.9.29 선고 2004후486 판결은 "특허권의 권리범위 확인심판을 청구함에 있어서 심판청구의 대상이 되는 확인대상발명은 당해 특허발명과 서로 대비할 수 있을 만큼 구체적으로 특정되어야 한다. 특정을 위해서 대상물의 구체적인 구성을 전부 기재할 필요는 없지만, 적어도 특허발명의 구성요건과 대비하여 그 차이점을 판단함에 필요할 정도로 특허발명의 구성요건에 대응하는 부분의 구체적인 구성을 기재하여야 한다. 만약, 확인대상발명이 불명확하여 특허발명과 대비할 수 있을 정도로 구체적으로 특정되어 있지 않다면 특허심판원으로서는 요지변경이 되지 아니하는 범위 내에서 확인대상발명의 설명서 및 도면에 대한 보정을 명하여야 한다"고 판시하였다.

나. 실체적 판단

권리범위 확인심판에서 심판요건이 모두 갖추어지고 확인대상발명도 적법하게 특정되었다면 실체적 판단을 하게 되는데, 실체적 판단은 특허발명의 권리범위가 확인대상발명에 미치는가의 여부를 판단하는 것이다. 먼저 특허청구범위의 해석을 통하여 특허발명의 권리범위를 확정하고, 특허발명과 확인대상발명을 비교하여 문언침해가 되는가를 판단한다. 만약, 문언침해가 되지 않는다면 균등침해가 되는가를 판단한다. 판단의 과정에서 상세한 설명의 참작, 공지기술의 참작, 모든 구성요소 포함의 원칙(All Elements Rule) 등 기타의 침해이론이 적용될 수 있다. 대법원 2008. 7.10 선고 2008후64 판결은 권리범위확인 심판청구의 대상이 되는 확인대상고안이 공지의 기술만으로 이루어지거나 그 기술분야에서 통상의 지식을 가진 자가 공지기술로부터 극히 용이하게 실시할 수 있는지의 여부를 판단할 때에는 확인대상고안을 등록실용신안의 실용신안등록청구범위에 기재된 구성과 대응되는 구성으로 한정하여 파악할 것은 아니고, 심판청구인이 특정한 확인대상고안의 구성 전체를 가지고 그 해당 여부를 판단하여야 한다고 한다.

다. 자유실시기술

권리범위 확인심판에서 확인대상발명이 등록권리가 출원되기 전의 공지·공용의 발명들과 그 기술구성이 동일 또는 유사할 뿐만 아니라 등록권리에서 보이는 진보적인 기술구성을 찾아볼 수 없다면, 결국 확인대상발명은 등록권리의 권리범위에 속하지 않는 것이 된다. 특허출원 당시 공지·공용된 기술 또는 당해 분야에서 통상의 지식을 가진 자가 이것들로부터 용이하게 도출할 수 있는 기술은 누구도 권리로 등록할 수 없고 자유롭게 실시할 수 있는 소위 "자유실시기술"이라 한다. 만약, 확인대상발명이 이러한 자유실시기술에 해당되는 것으로 판단된다면, 확인대상발명과 등록권리를 대비할 필요없이 확인대상발명은 등록권리의 권리범위에 속하지 않는 것으로 간주한다. 특히 자유실시기술인지의 여부를 판단할 경우 신규성뿐만 아니라 진보성까지 판단하고 있다.[1]

라. 권리범위 확인심판의 종류

권리범위 확인심판은 어떤 당사자가 심판을 청구하느냐에 따라서 그 심판의 형식이 달라지는 특징이 있다. 적극적 권리범위 확인심판은 특허권자가 비권리자를 상대로 하여 청구하는 권리범위 확인심판이다. 이 경우 청구의 취지에 "확인대상발명은 특허발명의 권리범위에 속한다"는 심결을 청구한다. 반면에 소극적 권리범위 확인심판은 비권리자인 실시자가 특허권자를 상대로 심판을 청구하는 경우로 심판청구의 취지에 "확인대상발명은 특허발명의 권리범위에 속하지 아니한다"는 심결을 청구한다.

5. 특허권 존속기간 연장등록의 무효심판

가. 의 의

특허권 존속기간 연장등록의 무효심판이란 제3자가 과오에 의하여 연장등록된 특허권의 존속기간을 연장하지 아니한 상태로 환원시키기 위하여 그 연장등록의 무효를 청구하는 심판이다. 특허권 존속기간 연장등록의 무효심판에는 허가 등에 따른 특허권의 존속기간 연장등록의 무효심판(제134조 제1항)과 2012년 개정법에서 신설된 등록지연에 따른 특허권의 존속기간 연장등록의 무효심판(제134조 제2항)으로 구분된다.

나. 허가 등에 따른 특허권의 존속기간 연장등록의 무효심판

특허법 제92조에 따른(허가 등에 따른) 특허권의 존속기간 연장등록의

---

1) 대법원 2009.7.9 선고 2008후1562 판결.

무효심판의 경우 연장등록의 무효사유는 연장등록출원에 대한 거절이유와 동일하다. 즉 (i) 특허발명을 실시하기 위하여 특허법 제89조의 허가 등을 받을 필요가 없는 출원에 대하여 연장등록을 한 경우, (ii) 특허권자·전용실시권자 또는 통상실시권자가 특허법 제89조의 허가 등을 받지 아니한 출원에 대하여 연장등록이 된 경우, (iii) 연장등록에 의하여 연장된 기간이 그 특허발명을 실시할 수 없었던 기간을 초과하는 경우, (iv) 당해 특허권자가 아닌 자의 출원에 대하여 연장등록이 된 경우, (v) 특허법 제90조 제3항의 규정을 위반한 출원에 대하여 연장등록이 된 경우 등이다. 연장등록을 무효로 한다는 심결이 확정된 경우에는 그 연장등록에 따른 존속기간의 연장은 처음부터 없었던 것으로 본다. 다만, 연장등록이 특허법 제134조 제1항 제3호에 해당되어 무효로 된 경우에는 그 특허발명을 실시할 수 없었던 기간을 초과하여 연장된 기간에 해당하는 경우에는 그 해당하는 기간에 대하여만 연장이 없었던 것으로 본다(제134조 제4항).

다. 등록지연에 따른 특허권의 존속기간 연장등록의 무효심판

이해관계인 또는 심사관은 특허법 제92조의5에 따른(등록지연에 따른) 특허권의 존속기간의 연장등록이 다음 각호의 어느 하나에 해당하면 무효심판을 청구할 수 있다.

1. 연장등록에 따라 연장된 기간이 제92조의2에 따라 인정되는 연장의 기간을 초과한 경우.
2. 해당 특허권자가 아닌 자의 출원에 대하여 연장등록이 된 경우.
3. 제92조의3 제3항을 위반한 출원에 대하여 연장등록이 된 경우.

연장등록을 무효로 한다는 심결이 확정된 경우에는 그 연장등록에 따른 존속기간의 연장은 처음부터 없었던 것으로 본다. 다만, 연장등록이 특허법 제134조 제2항 제1호에 해당되어 무효로 된 경우에는 같은 법 제92조의2에 따라 인정되는 연장의 기간을 초과하여 연장된 기간에 해당하는 경우에는 그 해당하는 기간에 대하여만 연장이 없었던 것으로 본다(제134조 제4항).

6. 정정의 무효심판

이해관계인 또는 심사관은 특허법 제133조의2 제1항 또는 동법 제136조 제1항의 규정에 의한 특허발명의 명세서 또는 도면에 대한 정정이 위반된 경우에는 그 정정의 무효심판을 청구할 수 있다(제137조 제1항). 이 것은 정정되어서는 아니 될 사항이 정정되어 출원시까지 소급하여 유효한 권리로서 행사됨에 따라 선의의 제3자가 입게 될 예측할 수 없는 손해를 방지하기 위한 것이다.

7. 통상실시권 허여심판

가. 의   의

통상실시권 허여심판이란 특허권자·전용실시권자 또는 통상실시권자는 당해 특허발명이 선출원된 타인의 특허발명·등록실용신안·등록디자인과 이용관계에 있거나 또는 타인의 디자인권 또는 상표권과 저촉관계에 있을 경우 자기의 특허발명의 실시를 위하여 다른 사람의 권리에 대한 통상실시권의 허여를 청구하는 심판을 말한다(제138조 제1항).

나. 심판요건

통상실시권 허여심판은 선발명과 후발명간에 이용·저촉관계가 있을 경우 후출원의 권리(A+B+C+D)는 선출원의 권리(A+B+C)에 의하여 그 실시가 제한되고, 후출원자가 선출원자의 동의없이 자기의 특허발명을 실시하면 권리의 침해가 성립되므로 후출원자는 선출원자로부터 동의를 얻어야 하나 그러하지 못할 때 문제가 발생한다. 이 문제를 해결하는 제도가 통상실시권 허여심판제도이다. 특허발명이 불실시되는 경우에는 재정(裁定)에 의하여 통상실시권이 허여되지만 권리간의 이용·저촉에 따른 통상실시권의 허여 여부는 특허심판원에서 판단한다.

다. 효   과

통상실시권을 허여한다는 취지의 심결이 확정되면 통상실시권이 발생된다. 통상실시권 허여의 심판에 있어서는 심결의 주문에 통상실시권의 범위·기간 및 대가를 포함하여야 한다(제162조 제1항 제4호). 통상실시권자는 특허권자·실용신안권자·디자인권자 또는 그 전용실시권자에 대하여 대가를 지급하여야 한다(제138조 제4항). 통상실시권 허여심판으로 대가에 대하여 심결을 받은 자가 그 대가에 대하여 불복이 있는 때에는 법원에 소송을 제기할 수 있다(제190조 제1항).

V. 재 심

1. 서 설

당사자는 확정된 심결에 대하여 재심(再審)을 청구할 수 있다. 재심은 확정심결 또는 확정판결 재심사유에 해당하는 하자가 있는 경우에 사건의 재심판을 구하는 비상의 불복신청방법이다. 원칙적으로 심결 또는 판결이 확정되면 불복신청이 인정되지 않으나 그 절차에 중대한 하자나 불공정 등이 있을 때 이를 방치한다면 당사자에게 가혹할 뿐만 아니라 국가기관의 권위를 실추시키는 요인이 된다. 따라서 재심제도는 법적 안정성을 실현시키기 위하여 부적법 또는 불합리한 판단을 시정하여 구체적 타당성을 충족시키는 권리구제수단 중의 하나이다. 특허법상 특허재심의 사유 및 심리절차는 민사소송법의 재심 관련 규정을 일부 준용하는 한편 제3자를 해하는 심결에 대한 재심을 인정하고 있다. 일반적 재심사유는 확정된 종국판결(확정된 심결)에 대하여 민사소송법 제451조 및 제453조에서 규정하고 있는 재심사유를 말한다(제178조 제2항).[1]

2. 사해심결에 대한 재심사유

심판의 당사자가 공모하여 제3자의 권리 또는 이익을 사해할 목적으로 심결을 하게 한 때에는 제3자는 확정된 심결에 대하여 재심을 청구할 수 있다(제179조 제1항).[2] 예를 들어, 특허권자가 그 특허권에 대하여 갑(甲)을 위하여 질권을 설정하고, 그 후 갑의 권리를 해(害)할 목적으로 을(乙)과 공모하여 을로 하여금 무효심판을 청구하게 한 다음 허위진술, 자료 등을 제출하여 심판관을 기만하여 얻은 심결은 재심청구의 대상이 된다.

---

1) 대법원 2008.7.24 선고 2007후 852 판결: 상고심 계속중에 당해 특허발명의 정정심결이 확정된 경우, 정정 전의 특허발명을 대상으로 무효 여부를 판단한 원심판결에는 민사소송법 제45조 제1항 제8호의 소정의 재심사유가 있다.
2) 민법상 채무자가 고의로 그 재산의 감소를 초래하게 하여 채권자의 채권의 만족에 유해·불이익으로 되는 제3자를 해하는 행위를 한 경우에, 채무자가 채권자를 해함을 알고 재산권을 목적으로 한 법률행위를 한 때에는 채권자는 그 취소 및 원상회복을 법원에 청구할 수 있다(민법 제406조).

3. 재심절차

재심은 확정심결의 당사자가 청구한다. 청구인은 재심의 대상으로 하는 심판의 패소자가 되고 피청구인은 승소자가 된다. 결정계 심판의 확정심결에 대한 재심청구에서는 당해 심판의 청구인이 재심의 청구인이 되고, 당사자계 심판의 확정심결에 대한 재심청구에 있어서 당해 심판 청구인 또는 피청구인이 재심의 청구인이 되며 각각의 상대방이 재심의 피청구인이 된다. 사해심결의 재심사유로 재심을 청구할 때에는 권리 또는 이익을 침해받은 제3자가 청구인이 되고 제3자를 해하는 심결을 하게 한 심판의 당사자가 공동피청구인이 된다(제179조 제1항). 재심은 당사자가 심결확정 후 재심의 사유를 안 날로부터 30일 이내에 청구하여야 한다(제180조 제1항). 따라서 재심의 사유에 따라서 그 기간을 계산하는 기준 시점이 달라질 수 있다. 재심을 청구할 자가 30일의 재심의 청구기간을 책임질 수 없는 사유로 인하여 준수할 수 없을 때에는 재심청구인은 그 사유가 소멸한 날부터 14일 이내에 지키지 못한 절차를 추후 보완할 수 있다. 다만, 그 기간의 만료일로부터 1년이 경과한 때에는 그러하지 아니하다(제17조). 심결확정 후 3년이 지난 때에는 재심을 청구할 수 없다. 재심의 제척기간은 법적 안정성을 기하기 위하여 적용한다.

4. 재심의 효력

가. 원심결의 취소

재심에 의하여 심판청구가 이유 있다는 심결이 확정되면 원심결은 취소된다. 일반원칙과 마찬가지로 재심청구에 대한 심결에 대하여도 심결의 효력으로써 구속력·형식적 확정력 및 실질적 확정력이 생긴다.[1]

나. 회복된 특허권의 효력제한

특허법에서는 재심에 의하여 회복된 특허권의 효력으로 인하여 소급해서 침해자가 될 가능성이 있는 선의(善意)의 제3자를 구제하기 위하여

[1) 소송법상 확정판결에 대하여는 형식적 확정력과 실질적 확정력(기판력)이 발생한다. 재판이 확정된 후 동일 사건이 소송상 문제가 되어도 당사자는 이에 반한 주장을 할 수 없으며(不可爭), 법원도 이에 저촉되는 내용의 재판을 할 수 없는(不可反) 구속을 기판력(旣判力) 또는 실질적 확정력이라 한다.

회복된 특허권의 효력을 제한하여 선의의 실시자와 특허권자와의 관계를 고려하고 있다. 재심의 심결이 확정된 원심결과 상반될 경우 확정된 원심 결을 신뢰하고 발명의 실시 등을 한 자는 재심에 의하여 회복된 특허권 자 등으로부터 권리대항을 받게 되는 등 예측하지 못한 피해를 입게 될 수 있다. 다음의 경우 재심에 의해 회복된 특허권의 효력은 당해 심결이 확정된 후 재심청구의 등록 전에 선의로 수입 또는 국내에서 생산하거나 취득한 물건에는 미치지 아니한다(제181조 제1항). 즉 무효로 된 특허권 또 는 무효로 된 존속기간의 연장등록의 특허권이 재심에 의하여 회복된 경 우, 특허권의 권리범위에 속하지 아니한다는 심결이 확정된 후 재심에 의 하여 이와 상반되는 심결이 확정된 경우, 거절한다는 취지의 심결이 있었 던 특허출원 또는 특허권의 존속기간의 연장등록출원이 재심에 의하여 특허권의 설정등록 또는 특허권의 존속기간의 연장등록이 된 경우, 심결 확정 후 재심청구의 등록 전에 선의로 수입 또는 국내에서 생산하거나 취득한 물건에는 특허권의 효력이 미치지 아니한다.

≪연습문제≫

〈문 1〉 특허무효심판에 관한 설명으로 옳지 않은 것은?
① 당사자가 신청하지 아니한 청구취지에 대해서도 심리할 수 있다.
② 심결이 확정등록되면 일사부재리의 효과가 발생한다.
③ 특허권이 소멸된 후에도 청구할 수 있다.
④ 청구항이 2 이상인 때에는 하나의 청구항에 대하여도 청구할 수 있다.

〈문 2〉 특허거절이유에 해당되나 특허무효심판청구사유에는 해당되지 않는 것 은? [2008년 사시 1차시험]
① 1특허출원범위위반   ② 신규성위반   ③ 진보성위반
④ 공서양속 위반   ⑤ 선출원주의위반

〈문 3〉 다음 설명 중 옳지 않은 것은?
① 공유인 특허권의 공유자가 그 공유인 권리에 관하여 심판을 청구하는 경우

반드시 공유자 전원이 공동으로 청구해야 한다.
② 심판청구의 취지는 요지를 변경하지 않는 범위 내에서만 보정이 가능하나 청구의 이유를 보정하는 경우에는 제한없이 보정이 가능하다.
③ 특허법원은 특허권의 침해를 원인으로 하는 특허침해소송을 관할한다.
④ 특허법원에 대한 소는 심결등본을 송달받은 날부터 30일 이내에 제기하여야 한다.

〈문 4〉 특허심판제도에 관한 설명으로 옳지 않은 것은?
① 심판에서는 청구인이 신청하지 아니한 청구의 취지에 대하여 심리할 수 없으나, 당사자 또는 참가인이 신청하지 않는 이유에 대하여는 직권으로 심리할 수 있다.
② 공유인 특허권의 공유자가 그 공유인 권리에 관하여 심판을 청구하는 경우 반드시 공유자 전원이 공동으로 청구해야 한다.
③ 보정 불능한 심판청구를 심결로써 각하하고자 하는 경우 먼저 피청구인에게 답변서 제출의 기회를 주어야 한다.
④ 심판청구의 취지는 요지를 변경하지 않는 범위 내에서만 보정이 가능하나 청구의 이유는 제한없이 보정이 가능하다.

〈문 5〉 일사부재리에 관한 설명으로 옳지 않은 것은?
① 심판의 심결이 확정된 때에는 그 사건에 대하여는 누구든지 동일사실 또는 동일증거에 의하여 다시 심판을 청구할 수 없다.
② 거절결정에 대한 불복심판의 확정 심결에 일사부재리가 적용된다.
③ 일사부재리 위반 여부는 심결시를 기준으로 판단한다.
④ 일사부재리원칙은 헌법 제13조의 규정에 근거를 두고 있다.

〈문 6〉 특허쟁송에 관한 설명이다. ( )에 들어갈 말로 바르게 묶인 것은? [2010년 사시 1차시험]

> 특허무효심판은 일단 유효하게 설정등록된 특허권에 일정한 법정사유가 있는 경우, 이해관계인 또는 (ㄱ) 의 청구에 의해 소급적으로 특허권의 효력을 소멸시키는 제도이다.
> 권리범위 확인심판은 특허권을 둘러싼 분쟁이 발생하면 확인 대상발명이 해당 특허발명의 권리범위에 속하는지이 여부를 판단하는 제도로 청구권자는 특허권자 (ㄴ) (이)다.
> 정정심판은 설정등록된 특허발명의 (ㄷ) 또는 도면에 오기, 불명확한 기재 등이 있을 때 그 내용을 정정해 줄 것을 (ㄹ) 이(가) 청구하는 제도이다.

	ㄱ		ㄴ		ㄷ		ㄹ
①	심사관	-	이해관계인	-	명세서	-	특허권자
②	특허권자	-	후출원 특허권자	-	명세서	-	특허권자
③	심사관	-	이해관계인	-	특허등록부	-	심사관
④	특허권자	-	이해관계인	-	특허등록부	-	심사관
⑤	심사관	-	후출원 특허권자	-	특허등록부	-	심사관

〈문 7〉 **특허법상 무효심판 및 정정심판에 관한 설명으로 옳지 않은 것은?** (다툼이 있는 경우에는 판례에 의함) [2011년 변리사 1차시험]
① 무효심판 진행중에 정정청구가 있는 경우, 정정의 인정 여부는 무효심판절차에서 함께 심리되는 것이므로 무효심판의 심결이 확정되는 때에 함께 확정된다.
② 정정심판은 특허권 존속기간 존속기간이 만료되거나 특허료 미납으로 특허권이 소멸된 후에도 청구할 수 있다.
③ 무효심판에 있어서 특허청구범위가 2 개의 독립항으로 되어 있는 경우, 각 청구항마다 무효심판을 청구할 수 있고, 제1항이 무효라고 하여 제2항도 무효라고 할 수 없다.
④ 무효심판은 특허권의 설정등록이 있는 날부터 등록공고일 후 3월 이내에 이해관계인 또는 심사관에 한하여 청구할 수 있다.
⑤ 무효심판이 특허심판에 계속중에는 별도로 정정심판을 청구할 수 없고, 무효심판에서 정정청구만 할 수 있다.

〈문 8〉 **특허법상 무효심판청구사유에 해당하지 않는 것은?** [2011년 사시 1차시험]
① 산업상 이용가능성이 결여된 발명
② 특허심판원 직원이 재직중 출원한 발명(상속 또는 유증의 경우 제외)
③ 공유자 전원이 공동으로 출원하지 아니한 발명
④ 공중의 위생을 해할 염려가 있는 발명
⑤ 1발명 1출원 원칙에 위반된 발명

〈문 9〉 **특허심판원의 심결이 확정되면 발생되는 효력으로 옳지 않은 것은?**
① 심결의 기속력   ② 일사부재리의 효력
③ 심결의 형식적 확정력   ④ 심결의 대인적 효력

〈문 10〉 **특허법상 권리범위 확인심판에 관한 설명으로 옳은 것은?** (다툼이 있는 경우에는 판례의 의함) [2011년 변리사 1차시험]
① 소극적 권리범위 확인심판의 심판청구서의 확인대상발명이 실제로 실시하

고 있는 발명과 다르게 특정된 경우, 심판청구인은 요지변경에 해당하더라도 실제 실시발명과 동일하게 하기 위하여 확인대상발명을 보정할 수 있다.

② 특허출원인이 특허청구범위 중 일부를 특허권의 권리범위에서 의식적으로 제외하고 있는 사정이 보이는 경우에는 출원된 기술사상의 내용과 명세서의 다른 기재 및 출원인의 의사와 제3자에 대한 법적 안정성을 두루 참작하여 특허권의 권리범위를 제한 해석하는 것이 가능하다.

③ 어느 발명이 특허발명의 권리범위에 속하는지를 판단하기 위해서는 먼저 특허발명의 특허청구범위를 기준으로 그 권리범위를 확정하여야 하고, 이를 확정함에 있어서는 공지·공용의 기술은 그것이 신규한 기술과 유기적으로 결합된 것이라도 권리범위에서 제외하여야 한다.

④ 상대방의 특허권을 인정하고 그 특허권에 위반되는 행위를 하지 않는다는 내용의 약정을 한 자는 소극적 권리범위 확인심판청구의 이해관계인으로서의 지위를 상실하였다고 볼 수 있다.

⑤ 확인대상발명이 특허발명의 권리범위에 속한다는 심결이 확정된 경우 동일한 당사자의 동일한 확인대상발명에 관한 특허침해소송에서 법원은 확인대상발명이 특허발명의 권리범위에 속하지 않는다는 판단을 할 수 없다.

≪정답≫ 1.① 2.① 3.③ 4.③ 5.② 6.① 7.④ 8.⑤ 9.④ 10.②

≪문제해설≫

<문 1> ① 제159조 제2항: 심판에서는 청구인이 신청하지 아니한 청구의 취지에 대하여는 심리할 수 없다. ② 제163조. ③ 제133조 제2항. ④ 제133조 제1항 본문.

<문 2> ① 제45조(1특허출원의 범위)는 거절이유가 되나, 무효사유에는 해당하지 않는다. 그 이유는 1군의 발명(발명의 단일성)의 위배되어 거절하면 출원인은 분할출원을 하거나 특허청구범위를 삭제하거나 감축하는 보정을 통해서 거절이유를 해소할 수 있기 때문이다.

<문 3> ① 제139조 제3항. ② 제140조 제2항 제2호. ③ 특허침해소송은 민사법원이 관할한다. 특허법원은 특허심판원의 심결취소소송을 전속관할한다. ④ 제186조 제3항.

<문 4> ① 제159조 제1항·제2항. ② 제139조 제3항. ③제142조: 부적법한 심판청구로서 그 흠결을 보정할 수 없는 때에는 피정구인에게 답번서 제출의 기회를 주지 아니하고 심결로써 이를 각하할 수 있다. ④ 제140조 제2항 제2호.

<문 5> ① 제163조. ② 각하심결과 거절사정 불복심판에서는 일사부재리가 적용되지 아니한다. ③ 대법원 2006.6.26 선고 2003후427 판결: 심결의 일사부재

리 판단 시점은 심결시이다. ④ 헌법 제13조 제1항: 모든 국민은 행위시의 법률에 의하여 범죄를 구성하지 아니하는 행위로 소추되지 아니하며, 동일한 범죄에 대하여 거듭 처벌받지 아니한다.

<문 6> 무효심판의 청구인은 이해관계인 또는 심사관이다(제133조 제1항). 권리범위 확인심판의 청구인은 특허권자·전용실시권자 또는 이해관계인이다(제135조 제1항). 정정심판은 특허권자가 특허발명의 명세서 또는 도면을 정정을 청구하는 심판이다(제136조 제1항).

<문 7> ① 제136조 제8항. ② 제136조 제6항: 정정심판은 동일 권리에 대하여 청구횟수에 제한이 없으며 특허권 존속중에는 물론 특허권이 소멸된 후에도 청구할 수 있다. ③ 제133조 제1항 본문. ④ 특허권의 설정등록이 있는 날로부터 등록공고일 후 3개월이 되는 날까지는 누구든지 특허무효심판을 청구할 수 있다(제1333조 제1항 단서). ⑤ 제132조의2: 특허무효절차에서의 특허의 정정.

<문 8> 특허무효의 사유는 제133조 제1항 각호에 나열되어 있다. 제45조(1출원의 범위)는 거절이유가 되지만, 특성상 무효사유는 아니다.

<문 9> ①, ②, ③은 심결이 확정되면 발생되는 효력이다. ④는 해당되지 아니한다.

<문 10> ① 특허권자 또는 전용실시권자가 청구인으로서 청구한 권리범위 확인심판에서 심판청구서의 확인대상발명의 설명서 및 도면에 대하여 피청구인이 자신이 실제로 실시하고 있는 발명과 비교하여 다르다고 주장하는 경우에 청구인이 피청구인의 실시 발명과 동일하게 하기 위하여 심판청구서의 확인대상 발명의 설명서 및 도면을 보정하는 경우에는 요지변경으로 취급되지 않는다(제140조 제2항 제3호). ② 대법원 2004.7.22 선고 2002후1157 판결은 단순히 상대방의 권리를 인정하고 그 권리에 위반되는 행위를 하지 않는다는 내용의 약정을 하였다 하더라도, 그 합의로써 곧바로 확인대상발명이 특허발명의 권리범위에 속함을 인정하였다거나 그 특허발명의 권리범위를 확인하는 심판청구권까지를 포기하기로 한 것으로 볼 수 없으므로, 그와 같은 합의가 있었다는 사정만으로 심판청구인의 권리범위 확인심판에 관한 이해관계가 소멸하였다고 할 수는 없다고 판단하였다. ③ 대법원 2006.11.9 선고 2005후1127 판결은 유기적으로 결합한 구성요소 중 일부가 공지되었다고 하더라도 확인대상고안이 등록고안의 권리범위에 속하는지의 여부를 판단함에 있어서 그 공지된 부분을 제외하고 판단하여서는 아니 된다고 판시하였다. ④ 대법원 2008.10.23 선고 2007후2186 판결: 금반언의 경우 권리범위를 제한하여 해석할 수 있다. ⑤ 권리범위에 속한다(또는 속하지 않는다는 권리범위 확인심판의 심결이 확정된 후 법원에서 침해가 아니다 또는 침해이다)라고 판결하여도 위법한 판결이 아닌 것으로 보고 있다.

제 9 절 특허권자의 보호

I. 서 설

특허법의 목적은 발명자의 사익(私益)을 보호하기 위한 측면뿐만 아니라, 사회의 공익(公益)을 보호하는 두 가지 측면이 있기 때문에 특허법에서는 이러한 사익과 공익의 균형을 유지하는 데에 초점을 맞추고 있다. 특허권은 기술적 창작에 대한 대가로 부여되는 독점배타적 권리로서, 이는 국가의 산업발전에 이바지하는 발명적 기여를 보호함을 목적으로 하는 점에서 신규의 창작에 관한 보호권인 실용신안권이나 디자인권과 동일하다. 정당한 권리자의 특허권을 제3자가 침해한 경우에 당사자간의 분쟁을 해결하고자 공권력에 구제를 신청하는 것을 침해에 대한 구제라 한다. 특허법은 특허권자의 보호를 위한 규정을 두어 특허권 또는 전용실시권(이하 "특허권 등"이라 한다)의 침해에 대한 구제수단을 명문화하고 있다. 구제방법으로 사법적 구제, 행정적 구제, 전문가에 의한 중재 등을 들 수 있다. 불법행위에 의하여 특허권 등이 침해된 경우 특허법은 침해자의 행위에 대하여 고의 또는 과실의 유무에 따라 특허권자 또는 전용실시권자(이하 "특허권자 등"이라 한다)에게 민사적인 구제수단과 형사적인 구제수단을 강구할 수 있도록 하고 있다.

1) 민사적 구제　특허권의 침해에 대하여 특허권자 등은 민사적 구제방법으로 침해금지청구·손해배상청구·신용회복조치 및 부당이득반환청구를 할 수 있다.

2) 형사적 구제　특허권 등의 침해가 고의(故意)라고 판단된 경우 특허권자 등은 검찰청(또는 경찰청)에 고소장을 제출하여 형사처벌을 요청할 수 있다. 관련 벌칙으로는 특허침해죄, 위증죄, 허위표시의 죄, 사위행위의 죄, 비밀누설죄가 있으며, 양벌규정 및 몰수가 있다.

3) 행정적 구제　특허청에 특허무효심판 청구서를 제출하고 권리의 무효를 다툴 수 있고, 권리범위 확인심판도 청구할 수 있다. 이 외에 특허권의 강제실시를 위한 통상실시권 설정의 재정(裁定)신청처럼 특허청에

신청서를 제출하여 행정조정을 청구할 수 있다.

4) 화해·조정 또는 전문가에 의한 중재 특허분쟁 절차에서 당사자 간 상호 양보하여 합의를 도출하여 분쟁을 해결하는 구제방법으로 실시계약의 체결 또는 양도, 화해, 조정 및 전문가에 의한 중재 등이 있다.

Ⅱ. 민사적 구제

1. 침해금지청구권

특허권자 등은 자기의 권리를 침해한 자 또는 침해할 우려가 있는 자에 대하여 그 침해의 금지 또는 예방을 청구할 수 있다(제126조 제1항). 특허권 등은 특허발명을 독점적으로 지배할 수 있는바, 이들 권리가 침해될 때에는 그 침해행위를 금지시킬 수 있도록 하는 물권적 청구권을 침해금지청구권이라 한다. 다만, 소유권으로부터 생기는 물권적 청구권에는 소유물반환청구권, 방해제거청구권 및 방해예방청구권이 있지만 권리 성격상 특허권에 대하여는 침해금지청구권과 침해예방청구권만이 인정되고 있다. 특허권자 등이 침해금지청구권을 행사하는 것은 침해에 의하여 초래될 장래의 손해를 미리 예방하기 위해서 고의 또는 과실이 없는 자의 침해행위에 대하여도 침해금지청구권을 행사할 수 있다. 이 점이 침해행위에 대하여 고의 또는 과실을 요건으로 하고 있는 손해배상청구권 행사의 요건과 다른 점이다.

또한 특허권자 또는 전용실시권자가 침해금지 및 예방을 청구할 때에는 침해행위를 조성한 물품의 폐기, 침해행위에 제공된 설비의 제거, 기타 침해의 예방에 필요한 행위를 함께 청구할 수 있다(제126조 제2항).

2. 손해배상청구권

가. 의 의

특허권자 등은 고의 또는 과실에 의하여 특허권 등을 침해한 자에 대하여 그 침해로부터 자기가 받은 손해의 배상을 청구할 수 있다. 특허권 침해는 민법상 불법행위에 해당하여 특허권자 등은 민법 제750

조[1]의 일반 불법행위 책임에 따라 손해배상청구를 할 수 있다. 그러나 특허권자 등이 손해배상을 청구하려면 고의·과실, 위법성, 손해의 발생, 손해의 발생과 위법행위 사이의 인과관계를 모두 입증하여야 한다. 그러나 특허권이 무체재산권이기 때문에 그 침해행위로 발생되는 손해액을 산정하는 것이 매우 어려운 일이다. 따라서 특허법 제130조에서 과실추정의 규정을 두고 있고, 특허권자가 손해액의 입증을 용이하게 하기 위하여 여러 특별 규정을 두고 있다.

나. 청구요건

특허권 침해에 대한 손해배상청구권의 근거는 민법 제750조의 불법행위의 책임이라는 것에 대해서는 이견이 없다. 특허권 침해로 인한 손해배상의 책임을 묻는 경우에도 민법상의 일반불법행위 책임이 원칙이며, 특허법에서 규정하지 않는 부분에 대해서는 민법상 손해배상 청구를 할 실익이 있다.[2] 일반 불법행위 책임을 묻기 위해서 손해배상을 청구할 수 있는 요건은 가해자(침해자)의 고의·과실이 있어야 하고, 손해의 발생, 침해행위와 손해에 인과관계가 있어야 한다. 손해배상을 청구할 수 있는 자는 특허권자 및 전용실시권자이다. 침해금지청구권과 달리 특허권이 소멸된 이후에도 채권의 소멸시효가 만료되지 않았다면 행사할 수가 있다. 다만, 출원공개 후 특허출원이 포기·무효 또는 취하된 때, 특허출원의 특허거절결정이 확정된 때 또는 무효심판에 의한 무효심결이 확정된 때에는 손해배상청구권은 처음부터 발생하지 아니한 것으로 본다(제65조 제6항).

다. 손해액의 추정

특허권 등의 침해에 대한 손해배상청구에 있어서, 침해자의 고의 또는 과실의 입증책임은 특허권자 등에게 있지만 특허권의 특성상 이를 입증하기는 매우 어렵다. 이에 특허권자 등이 특허권 등의 침해를 동종업계의 이해관계인이라면 누구나 알 수 있다는 것을 전제로 침해자의 고의 또는 과실을 추정함으로써 그 입증책임을 침해자에게 전환한다. 이와 같

---

1) 고의 또는 과실로 인한 위법행위로 다른 사람에게 손해를 가한 자는 그 손해를 배상할 책임이 있다(민법 제750조). "손해배상책임은 손해에 의해서가 아니라 과실에 의하여 발생한다"는 과실 책임의 원칙이 우리 민법에 채용되고 있어서, 특허법은 이를 준용한다.

2) 사법연수원, 특허법, 2010, 432면.

이 입증책임을 침해자에게로 전환한 것은 특허권자 등이 특허권 등의 침해시 피해의 구제를 용이하게 하도록 하고, 특허권 등의 침해하는 것을 예방함으로써 특허권 관련 분쟁을 방지하려는 것이 취지이다.

라. 손해액의 산정

(1) 침해자의 상품 양도수량과 권리자의 손해액산정

특허권자 또는 전용실시권자는 자기의 특허권 또는 전용실시권을 고의 또는 과실로 침해한 자에 대하여 그 침해에 의하여 자기가 입은 손해의 배상을 청구하는 경우 당해 권리를 침해한 자가 그 침해행위를 하게 한 상품을 양도한 때에는 그 상품의 양도수량에 특허권자 또는 전용실시권자가 그 침해행위가 없었다면 판매할 수 있었던 상품의 단위수량당 이익액을 곱한 금액을 특허권자 또는 전용실시권자의 손해액으로 할 수 있다. 이 경우 손해액은 특허권자 또는 전용실시권자가 생산할 수 있었던 상품의 수량에서 실제 판매한 상품의 수량을 뺀 수량에 단위수량당 이익액을 곱한 금액을 한도로 한다. 다만, 특허권자 또는 전용실시권자가 당해 침해행위외의 사유로 판매할 수 없었던 사정이 있는 때에는 당해 침해행위외의 사유로 판매할 수 없었던 수량에 따른 금액을 빼야 한다(제128조 제1항).

(2) 침해자의 이익을 통한 권리자의 손해액추정

특허권 또는 전용실시권자가 고의 또는 과실에 의하여 자기의 특허권 또는 전용실시권을 침해한 자에 대하여 그 침해에 의하여 자기가 받은 손해의 배상을 청구하는 경우 권리를 침해한 자가 그 침해행위에 의하여 이익을 받은 때에는 그 이익의 액을 특허권자 또는 전용실시권자가 받은 손해의 액으로 추정한다(제128조 제1항). 대법원 2006.10.12 선고 2006다1831 판결은 "특허법 제128조 제2항은 특허권자가 고의 또는 과실로 자기의 특허권을 침해한 자에 대하여 그 침해에 의한 손해배상을 청구하는 경우에, 권리를 침해한 자가 침해행위에 의하여 이익을 받은 때에는 그 이익의 액을 특허권자의 손해액으로 추정한다고 규정하고 있고, 여기서 말하는 이익이란 침해자가 침해행위에 따라 얻게 된 것으로서 그 내용에 특별한 제한은 없으나, 이 규정은 특허권자에게 손해가 발생한 경우에 그 손해액을 평가하는 방법을 정한 것에 불과하여 침해행위에도 불구하고 특허권자에게 손해가 없는 경우에는 적용될 여지가 없으며, 다만, 손해의 발생에 관한 주장·입증의 정도에 있어서는 위 규정의 취지에 비추어 경업관계 등으로 인하여 손해 발생의 염려 내지 개연성이 있음을 주장·입증하는 것으로 족하다고 보아야 할 것이다"고 판시하였다.

(3) 실시료의 청구

특허권자 또는 전용실시권자가 고의 또는 과실에 의하여 자기의 특허권 또는 전용실시권을 침해한 자에 대하여 그 침해에 의하여 자기가 받은 손해의 배상을 청구하는 경우, 그 특허발명의 사용에 대하여 통상 받을 수 있는 금액에 상당하는 액(이하 "실시료"라 한다)을 특허권자 또는 전용실시권자가 받은 손해의 액으로 하여 그 손해배상을 청구할 수 있다(제128조 제3항). 특허법에서 이러한 실시료를 특허권자 등의 손해액으로 산정할 수 있도록 하는 규정을 두고 있는 이유는 특허권 등의 침해에 대하여 최소한의 손해액을 배상받도록 하려는 것이 그 취지이다. 따라서 특허권자 등은 특허발명의 불실시기간중에도 특허권의 침해가 있는 경우에는 최소한 실시료의 손해배상을 청구할 수 있다. 특허권자 등이 본 조항을 적용받기 위해서는 침해자의 양도(판매) 수량, 침해행위가 없었다면 권리자가 판매할 수 있는 물건의 단위 수량당 이익액, 권리자의 실시능력 등을 입증해야 한다.

(4) 통상실시료 초과액 청구

손해의 액이 특허법 제128조 제3항에서 규정하는 금액을 초과하는 경우에는 그 초과액에 대하여도 손해배상을 청구할 수 있다. 이 경우 특허권 등을 침해한 자에게 고의 또는 중대한 과실이 없는 때에는 법원은 손해배상의 액을 정함에 있어서 이를 참작할 수 있다(제128조 제4항).

(5) 법원의 재량에 의한 손해액 산정

법원은 특허권 또는 전용실시권의 침해행위에 관한 소송에 있어서, 손해가 발생된 것은 인정되나 그 손해액을 입증하기 위하여 필요한 사실을 입증하는 것이 해당 사실의 성질상 극히 곤란한 경우에는 특허법 제128조 제1항 내지 제4항의 규정에 불구하고 변론 전체의 취지와 증거조사의 결과에 기초하여 상당한 손해액을 인정할 수 있다(제128조 제5항). 그러나 법원이 경과실을 참작한다고 하더라도 소정의 실시료보다 적은 금액을 손해액으로 정할 수는 없다. 또한 법원은 특허권 등의 침해와 관계되는 소송에 있어서 손해액을 입증하는 것이 사실의 성질상 곤란한 경우에는 구술변론의 전체의 취지와 증거조사의 결과에 기초하여 상당한 손해액을 인정할 수 있다.

마. 손해배상청구권의 소멸시효

특허권 등의 침해에 의하여 발생되는 손해배상청구권은 민법상 불법행위에 의한 손해배상청구권과 같은 관점에서 소멸시효가 적용된다. 불법행위로 인한 손해배상의 청구권은 피해자나 그 법정대리인이 그 손해 및 가해자를 안 날로부터 3년간 이를 행사하지 아니하면 시효로 인하여 소멸한다. 또한 불법행위를 한 날로부터 10년이 경과하면 손해배상청구권의 시효는 소멸된다(민법 제766조).

3. 신용회복청구권

법원은 고의 또는 과실에 의하여 특허권 등을 침해함으로써 특허권자 등의 업무상의 신용을 실추하게 한 자에 대하여는 특허권자 등의 청구에 의하여 손해배상에 갈음하거나 또는 손해배상과 함께 업무상의 신용회복을 위하여 필요한 조치를 명할 수 있다(제131조). 신용회복구권이 성립되기 위해서는 침해자에게 고의 또는 과실이 있어야 하며, 권리침해로 인하여 업무상의 신용이 실추되어야 한다. 특허권 등의 침해에 대한 신용회복의 조치방법에는 신문·잡지 등에 사죄광고를 게재하는 것이 보통이다. 다만, 헌법재판소에서 특허권의 침해소송에 대한 사건은 아니지만, 민법상의 명예훼손에 대한 신용회복조치 청구소송에서 법원이 재판으로 사죄광고를 강요하는 것은 헌법이 규정하는 양심의 자유에 반한다는 한정위헌 결정[1]을 내린 바가 있으므로 특허권 침해소송에 있어서도 이를 적용하는 것은 타당하다고 본다.

4. 부당이득 반환청구권

법률상의 원인없이 타인의 재산 또는 노무로 인하여 이익을 얻고 이

---

1) 헌법재판소 1991.4.1 선고 89헌마160 결정.

로 인하여 다른 사람에게 손해를 가한 자는 그 이익을 반환하여야 한다
(민법 제741조). 민법 제741조의 규정에 따라 법률상 타인의 특허권으로 인
해 이익을 받고 이로 인하여 타인에게 손실을 준 자는 그 이익이 존재하
는 한도 내에서 반환할 의무가 있다. 부당이득반환청구권은 특허법에는
규정되어 있지 않지만, 민법 제741조의 규정을 준용하여 이를 청구할 수
있다.

특허법상 명문의 규정은 없으나 불법으로 타인의 특허발명을 실시하
고 있는 자에 대하여 불법행위와 별도로 부당이득반환청구가 가능하다.
특히 불법행위의 요건인 고의 또는 과실을 증명할 수 없는 경우에 유익
하므로 당사자간의 공평의 이념에서 인정되고 있다. 따라서 특허권자 등
은 침해자에 대하여 손해보전의 수단으로서 부당이득의 반환을 청구할
수 있다. 특허권 등의 침해행위에 대하여 손해배상청구를 할 수 있는 경
우에 그것을 행사하지 않고 부당이득반환을 청구할 수 있을 것인지에 대
하여는 학설상의 대립이 있으나 긍정하는 견해가 통설이다. 손해배상청
구는 피해자가 입은 손해를 배상하는 것이 목적이고 부당이득반환청구는
위법행위에 의하여 이익을 얻은 수익자의 이득을 반환시키는 것이 목적
이라는 점에서 제도의 취지에 차이가 있다. 청구권의 행사요건에 있어서
도 손해배상청구는 침해자에게 고의 또는 과실을 전제로 하지만, 부당이
득반환청구의 요건은 침해자의 고의 또는 과실을 전제로 하지 않는다. 부
당이득반환청구권의 행사가 필요한 경우는 손해배상청구권의 행사시기
가 시효의 완성으로 이미 소멸된 때이다. 손해배상청구권의 소멸시효는
3년이나, 부당이득반환청구권의 소멸시효는 일반의 채권과 같이 10년이
므로 손해배상을 청구할 수 없는 경우에 부당이득의 반환을 청구한다면
그 실익이 있다.

5. 손해배상 관련 규정

가. 과실의 추정

특허법은 타인의 특허권 등을 침해한 자는 그 침해행위에 대하여 과
실이 있는 것으로 추정한다(제130조). 이는 특허권의 침해가 있는 경우에
특허권의 속성상 특허권자가 상대방의 침해행위에 대하여 과실이 있음을

입증하는 것이 쉽지 않기 때문에, 그 침해자의 행위에 대하여는 일단 과실이 있는 것으로 추정하는 규정을 둠으로써 특허권자 등이 과실의 입증에 대한 책임을 경감시켜 주기 위해서이다.[1] 특허법이 침해자의 행위에 대하여 과실의 추정을 인정하는 이유는 특허발명이 특허공보나 특허등록원부 등에 의하여 공시(公示)되고 있어서, 공보 발행일 무렵부터는 불특정 다수인이 위 특허공보의 기술내용을 인식할 수 있는 상태에 있기 때문이다. 따라서 관련 기술분야의 통상의 기술자가 조금만 관심을 기울인다면 당해 특허발명의 허여 여부 내지 존속 여부를 쉽게 알 수 있다는 점을 전제하고 있다. 대법원 2003.7.25 선고 2002후2396 판결은 "통상적으로 손해배상을 청구할 때는 상대방의 고의 또는 과실을 청구권자가 입증해야 되나 특허는 특허공보에 공시되어 있고, 누구나 그 등록원부를 열람가능하기 때문에 어떠한 사업을 하고자 하는 자는 자기가 실시하고자 하는 대상물이 특허권자의 특허권을 침해하는지의 여부를 조사해야 할 의무가 있다. 따라서 특허법은 과실의 입증책임을 침해자에게 전환하여 침해자가 과실이 없음을 입증하지 못하면 손해배상의 책임을 면할 수 없도록 하고 있다"고 판시하였다.

나. 입증책임의 전환

특허침해소송에서 침해대상의 특허가 특정물품을 얻기 위한 제법특허인 경우 특허된 방법으로 얻어진 물건이 새로운 것이거나, 침해물품이라고 주장된 물품이 특허의 방법에 의해 만들어졌을 가능성이 많으나 특허권자의 합리적인 노력에도 불구하고 실제로 어떤 방법이 사용되었는지를 알 수 없었을 경우에는 각 체약국은 피고로 하여금 침해물품이 특허된 방법 이외의 방법으로 만들어졌다는 점을 입증하도록 하여야 한다(TRIPs 제34조 제1항). TRIPs 제34조 제1항에서는 법원에 대하여 피고로 하여금 반대사실 입증을 명할 수 있도록 규정하고 있다. 소송절차에서 증거를 수집하고 조사함에 있어 피고의 적법한 이익을 고려할 수 있다.

다. 생산방법의 추정

동일한 물건이라도 그 물건을 생산하는 방법은 여러가지가 있을 수

---

1) 대법원 2009.1.30 선고 2007다6545 판결.

있다. 따라서 물건을 생산하는 방법발명에 대한 특허권자는 그 방법특허에 의하여 생산된 물건과 동일한 물건에 대하여도 그 생산방법이 다르다면 특허권을 행사할 수가 없게 된다. 특허침해소송에 있어서 침해사실은 원고인 특허권자가 입증해야 한다. 즉 특허가 방법발명인 경우 특허권자는 피고인 침해자가 실시하고 있는 방법이 자기의 특허방법과 동일하다는 것을 입증해야 한다. 그러나 원고가 피고의 생산방법을 파악하기가 용이하지 아니하므로 입증의 어려움을 경감시키기 위하여 물건을 생산하는 방법의 발명에 관하여 특허가 된 경우 그 물건이 특허출원 전에 국내에서 공지된 물건이 아닌 때에는 일반적으로 그 물건과 동일한 물건은 특허방법에 의하여 생산된 것으로 추정한다(제129조). 예를 들어, 물건발명의 특허청구범위에 그 물건의 제조방법이 기재되어 있는 경우, 특허발명의 진보성 유무 판단에서 그 제조방법 자체는 고려할 필요없이 그 특허청구범위의 기재에 의하여 물건으로 특정되는 발명만을 그 출원 전에 공지된 발명과 비교하여 판단한다. 대법원 2006.6.29 선고 2004후3416 판결은 "물건의 발명의 특허청구범위는 특별한 사정이 없는 한 발명의 대상인 물건의 구성을 직접 특정하는 방식으로 기재하여야 하므로, 물건의 발명의 특허청구범위에 그 물건을 제조하는 방법이 기재되어 있다고 하더라도 그 제조방법에 의해서만 물건을 특정할 수밖에 없는 등의 특별한 사정이 없는 이상 당해 특허발명의 진보성 유무를 판단함에 있어서는 그 제조방법 자체는 이를 고려할 필요없이 그 특허청구범위의 기재에 의하여 물건으로 특정되는 발명만을 그 출원 전에 공지된 발명 등과 비교하면 된다"고 판시하였다.

일본의 경우 특허법 제104조의2를 신설하여 생산방법의 추정의 문제점을 개선하였다. 일본 특허법 제104조의2에서는 "특허권 또는 전용실시권의 침해에 관한 소송에 있어서, 특허권자 또는 전용실시권자 침해행위를 조성한 것이라고 주장하는 물건 또는 방법의 구체적 태양을 부인할 때는 상대방은 자기의 행위의 구체적인 태양을 명확히 해야 한다"고 규정하고 있다.

Ⅲ. 특허권자 관련 제도

1. 특허권자 준수사항

가. 의 의

특허법은 특허권자에게 업으로 특허발명을 독점적으로 실시할 권리를 부여하지만, 일정한 이행사항도 함께 부과하고 있다. 다만, 특허권자에게 어떤 의무를 부과할 것인지는 각국의 특허제도의 운영상의 문제로서 국가의 산업정책과 관련된다 하겠다. 특허법에서는 특허권자에게 특허발명의 실시, 특허료의 납부, 특허실시보고를 기본적인 이행사항으로 규정하고 있다. 그러나 일부 규정은 임의 규정이고. 특허료의 납부는 강행규정으로 이를 이행하지 않을 경우 특허권이 소멸된다.

나. 특허권의 실시

특허권자가 정당한 이유없이 특허발명을 실시하지 아니하거나 특허발명이 불성실하게 실시되고 있을 때에 그 특허발명의 특허권자 또는 전용실시권자와 합리적인 조건하에 통상실시권 허락에 관한 협의를 하였으나 합의가 이루어지지 아니하는 경우 또는 협의를 할 수 없는 경우에는 특허청장에게 통상실시권 설정에 관한 재정(이하 "재정"이라 한다)을 청구할 수 있다. 다만, 공공의 이익을 위하여 비상업적으로 실시하고자 하는 경우와 제4호의 규정에 해당하는 경우에는 협의를 하지 아니하여도 재정을 청구할 수 있다(제107조 제1항).

재정에 의하여 허여되는 통상실시권은 강제실시권으로서, 통상실시권자는 재정으로 허가받은 범위 내에서 특허발명을 업으로 실시할 수 있다. 또한 특허발명이 선출원하여 등록된 타인의 특허권 등과 이용·저촉관계에 있어 특허발명의 자유로운 실시가 제한을 받고 있는 경우에, 그 타인이 정당한 이유없이 이용발명 등의 실시에 대한 허락을 거부하는 등 협조하지 아니함으로써 이용발명 등이 실질적으로 실시할 수 없게 되는 경우가 있다. 특허법에서는 이용·저촉관계의 조정을 위하여 통상실시권 허여의 심판에 의하여(제138조) 이용발명 등의 실시자에게 통상실시권을 허여함으로써 이용발명 등이 적절히 실시될 수 있도록 하고 있다.

다. 특허료의 납부

특허료의 납부는 출원인(특허권자)이 특허권의 발생 및 특허권의 유지를 위하여 이행하여야 하는 하나의 의무사항이다. 특허권의 설정등록을 받고자 하는 자 또는 특허를 유지하고자 하는 특허권자는 특허료를 납부하여야 한다. 특허료를 법정기간 내에 납부하지 아니하면 특허결정을 받았다 하더라도 특허권이 발생되지 아니하며, 또한 설정등록된 특허권이라 하더라도 그 권리가 소멸된다.

라. 특허의 실시보고

특허청장은 특허권자·전용실시권자 또는 통상실시권자에게 특허발명의 실시 여부 및 그 규모 등에 관하여 보고하게 할 수 있다(제125조). 이는 임의규정으로서 특허청에서 국내에서의 특허 이용실태를 파악하여 정책의 수립 및 수행에 참고하기 위하여 특허권자 등에게 실시보고를 요구할 수 있는 권고 규정이라 할 수 있다.

마. 특허표시

특허표시의 제도는 특허권자의 권리를 제품에 공시(公示)함으로써 특허침해를 예방하는 효과가 있고 타상품과 식별력을 가질 수 있기 때문에 공중의 보호에도 기여하도록 하는 데 그 목적이 있다. 특허권자·전용실시권자 또는 통상실시권자는 물건의 특허발명에 있어서는 그 물건에, 물건을 생산하는 방법의 특허발명에 있어서는 그 방법에 의하여 생산된 물건에 특허표시를 할 수 있으며, 물건에 특허표시를 할 수 없을 때에는 그 물건의 용기나 포장에 표시를 할 수 있다(제223조).

2. 권리남용의 제한

가. 의 의

민법 제2조 제2항은 "권리는 남용하지 못한다"고 규정하여 권리의 사회성·공공성의 구체적인 실천원리로서 신의성실의 원칙과 함께 권리남용금지의 원칙을 규정하고 있다. 권리남용금지의 원칙이란 권리의 행사가 외관상으로는 적법한 것으로 보이지만, 실질적으로는 권리의 사회성에 반하여 정당한 권리의 행사라고 할 수 없기 때문에 이를 금지한다

는 원칙이다. 특허권자는 특허권을 행사하는 과정에서 이를 정당하게 행
사하여야 한다. 특허권을 남용(濫用)할 경우에는 공정거래법 제23조에 따
라서 거래처의 제한, 판매량의 한정 등 불공정거래행위의 금지 제재를 받
게 된다. 또한 특허발명을 불성실하게 실시하면 이해관계인은 특허청장
에게 통상실시권설정에 관한 재정을 청구할 수 있다.[1]

나. 권리남용에 의한 무효항변

특허권의 유효성이나 침해에 관한 소송에서 특허의 무효나 불침해를
주장하는 당사자는 당해 특허의 무효를 주장할 수 있다. 미국에서는 피고
가 반소 또는 항변으로 특허무효를 주장할 수 있도록 제도화되어 있다.
우리 대법원도 일찍부터 신규성이 결여된 특허의 경우 무효심결의 유무
에 관계없이 그 권리범위를 인정할 수 없다고 하여 사실상 무효항변을
인정하고 있다.[2] 다만, 진보성이 결여된 특허인 경우 무효심결이 확정되
지 아니하는 한 특허권이 무효로 되는 것이 아니므로[3] 이론상 무효항변
은 있을 수 없고, 권리남용의 항변에 의해 해결할 수 있다. 대법원 2004.
10.28 선고 2000다69194 판결에서 "특허침해소송을 심리하는 법원은 특
허에 무효사유가 있는 것이 명백한지의 여부에 대하여 판단할 수 있고,
심리한 결과 당해 특허에 무효사유가 있는 것이 분명한 때에는 그 특허권
에 기초한 금지와 손해배상 등의 청구는 특별한 사정이 없는 한 권리남용
에 해당되어 허용되지 아니한다"고 무효항변에서 권리남용을 인정하는 판
결을 내렸다. 위 대법원 판결은 특허권도 사권의 일종인 이상 그 권리의
행사는 신의성실의 원칙에 따라야 하며 권리의 남용은 허용되지 아니한다
는 원칙을 천명한 것이다.

최근에 내려진 대법원 2009.9.24 선고 2009후1057 판결에서 이 사
건 특허발명이 선출원규정에 위반하여 등록되어 특허법상의 무효사유가

---

1) 일본 특허법 제104조의3(특허권자 등의 권리행사의 제한): 특허권 또는 전용실시권
의 침해에 관한 소송에 있어서, 당해 특허가 특허무효심판에 의해 무효가 되는 것으로 인정
될 때에는 특허권자 또는 전용실시권자는 상대방에 대하여 권리를 행사할 수 없다.

2) 대법원 2004.10.28 선고 2000다69194 판결: 이 판결은 일본 최고재판소 2000.4.
11 선고 제3소법정판결 제364호(일명 "Kilby 판결")의 판결과 그 취지가 동일하다. 일본의
Kilby 특허(특허번호 제320275호)는 무효가 확정되었다.

3) 대법원 2004.2.27 선고 2003도6283 판결: 특허를 무효로 한다는 심결 등이 확정되지 않는
한 유효하다.

존재함이 명백하고 이에 따라 특허무효심판이 청구되는 경우 특허무효심결이 내려져 확정될 것이 확실시되므로 피고가 이 사건 특허권을 원고의 확인대상발명과 관련하여 행사하는 것은 권리남용에 해당하여 허용될 수 없다는 이유와, 신규성 위반에 관한 대법원 판결의 법리는 특허발명이 선원주의 위반의 무효사유를 갖는 경우에도 그대로 적용하는 것이 논리적이라는 이유로 확인대상발명은 이 사건 특허발명과 대비할 필요없이 그 권리범위에 속한다고 할 수 없다고 판단한 원심에 대하여, 위 부가적 이유만을 받아들여 상고를 기각하였다. 위 대법원 판결은 종래의 개별적 입장을 선출원규정 위반에까지 확장한 것으로 볼 수 있으므로 2000다69194 판결의 입장과 다른 판결이라 할 수 있다.

3. 서류제출명령

특허권 또는 전용실시권의 침해에 관한 소송에 있어서 당사자의 신청에 의하여 타당사자에 대하여 당해 침해행위로 인한 손해의 계산을 하는 데 필요한 서류의 제출을 명할 수 있다(제132조). 특허권이 침해된 경우에 침해자가 당해 특허를 사용해서 거래한 상품의 수량이나 금액 등이 명백히 밝혀지지 않으면 손해액의 산정이 곤란하기 때문에 서류의 제출명령제도를 마련한 것이다. 그러나 법원의 서류 제출명령이 있더라도 그 서류의 소지자가 그 서류의 제출을 거절할 정당한 이유가 있는 때에는 제출을 거부할 수 있다.

법원의 서류제출 명령 권한에 관하여는 민사소송법 제292조, 제344조, 제347조, 제366조, 제367조 등을 통해서 당사자의 주장을 입증하기 위한 문서제출, 검증, 진술 등을 명령할 수 있다. 입증 자료 이외에, 해당 침해행위로 인한 손해액 산정에 필요한 자료는 특허법 제132조에 따라 상대방 당사자에게 제출하게 할 수 있다.

4. 비밀유지명령제도

가. 비밀유지명령제도의 도입 배경

비밀유지명령제도를 도입한 이유는 한미FTA 및 한미FTA에 관한 서한 교환의 합의사항에 따라 법원으로 하여금 디자인권의 침해에 관한 소송에서 당사자가 제출한 준비서면 등에 영업비밀이 포함되어 있고 그 영업비밀이 공개되면 당사자의 영업에 지장을 줄 우려가 있는 경우 등에는 당사자의 신청에 따라 결정으로 해당 영업비밀을 알게 된 자에게 소송수행 외의 목적으로 영업비밀을 사용하는 행위 등을 제한하는 명령을 내릴 수 있도록 하기 위함이다. 특허권의 침해에 관한 소송에서 법원이 당사자가 보유한 영업비밀에 대해서 법원이 비밀유지명령을 내릴 수 있도록 특허법 제224조의3 내지 제224조의5에 비밀유지명령 신청 및 취소와 관련된 절차 등을 신설하고, 이를 위반하면 형사벌을 부과할 수 있도록 동법 제229조의2에 비밀유지명령위반죄를 신설하였다.

나. 의 의

한미FTA 협정문 제11항에서 사법당국의 명령위반에 대한 제재 권한을 규정하고 있다. "비밀유지명령"이란 소송절차에서 생성되거나 교환된 영업비밀을 보호하기 위해 소송당사자, 대리인 등에게 소송중 지득한 비밀을 소송 수행 외의 목적으로 사용하지 못하게 하거나 공개하지 못하게 하는 법원의 명령을 말한다. TRIPs와 한EU FTA 협정은 민사사법절차에서 사법당국의 증거자료 제출 명령 권한을 중점적으로 규정하고 있다. 한미FTA 경우는 "비밀유지명령"을 규정하고 있다. 개정 법률은 부정경쟁행위 또는 영업비밀 침해행위로 인한 영업상 이익의 침해에 관한 소송에서, 침해 및 손해의 증명을 원활히 하기 위하여 제출된 영업비밀 등이 소송 외의 목적 등 대외적으로 누출되는 것을 방지하고 당사자의 입장에서는 영업비밀을 유지하기 위한 목적으로, 한미FTA의 지식재산권 집행 분야 합의사항의 하나인 비밀유지명령제도를 도입하고 위반시 형사처벌을 부과할 수 있도록 하였다. 미국과 일본에서도 이와 동일한 제도를 운영하고 있다.[1] 따라서 법원은 비밀유지명령제도를 근거로 민사소송절차에서

---

1) 1. 미국: 연방 민사소송규칙 §26(c) (증거개시에 대한 보호명령)

　　당사자간에 정보제공의 청구와 청구개시(discovery)가 가능하고, 피청구자는 유·불리를 묻지 않고 원칙적으로 개시의무가 있다. 소지문서를 상대방에게 개시·열람하지 않으면 적정한 재판이 가능하지 않다는 입장이다. 개시된 영업비밀에 대해서는 protective order가 내려지고, 통상 재판관, 소송대리인에 대해서 비밀유지의무가 내려진다.

　　2. 일본: 부정경쟁방지법 제10조-제12조(비밀유지명령제도)

　　당사자 신청에 따라 결정으로 당사자, 소송대리인 또는 보좌인에 대하여 당해 영업

영업비밀 등을 적극적으로 제출하도록 유도하여 영업비밀보호는 물론 산업재산권의 침해행위의 입증을 용이하게 하고, 법원의 침해 여부의 판단에도 활용할 수 있다.

2012년 개정법에서 규정하는 비밀유지명령은 해당 영업비밀을 해당 소송의 계속적인 수행 외의 목적으로 사용하는 것, 해당 영업비밀에 관계된 이 항에 따른 명령을 받은 자 이외의 자에게 공개하는 것 등을 금지하고 있다. 특허법 제224조의3 내지 제224조의5 및 229조의2의 개정규정은 이 법 시행 후 최초로 특허권 또는 전용실시권의 침해에 관한 소송이 제기된 것부터 적용한다.

다. 비밀유지명령

(1) 관련 규정

법원은 디자인권 또는 전용실시권의 침해에 관한 소송에 있어서 그 당사자가 보유한 영업비밀("부정경쟁방지 및 영업비밀보호에 관한 법률" 제2조 제2호에 따른 영업비밀을 말한다. 이하 같다)에 대하여 다음 각호의 사유[1]를 모두 소명한 경우에는 그 당사자의 신청에 따라 결정으로 다른 당사자(법인인 경우에는 그 대표자), 당사자를 위하여 소송을 대리하는 자, 그 밖에 해당 소송으로 인하여 영업비밀을 알게 된 자에게 그 영업비밀을 해당 소송의 계속적인 수행 외의 목적으로 사용하거나 그 영업비밀에 관계된 이 항에 따른 명령을 받은 자 외의 자에게 공개하지 아니할 것을 명할 수 있다(제224조의3 제1항). 다만, 그 신청 시점까지 다른 당사자(법인인 경우에는 그 대표자), 당사자를 위하여 소송을 대리하는 자, 그 밖에 해당 소송으로 인하여 영업비밀을 알게 된 자가 제1호에 규정된 준비서면의 열람이나 증거 조사 외의 방법으로 그 영업비밀을 이미 취득하고 있는 경우에는 그러하지

비밀을 당해 소송의 수행목적 이외의 목적으로 사용하거나 또는 법에 의한 명령을 받은 자 이외의 자에게 개시하지 아니한다는 취지의 명령을 내릴 수 있고, 비밀유지명령 위반시에는 5년 이하의 징역 또는 5백만에 이하의 벌금에 처한다. 병과도 가능하다. 일본은 비밀유지명령 및 처벌에 관한 규정을 2004년 법 개정을 통해 도입, 또한 특허법 상표법 등 지식재산권 개별법에도 각각 도입하였다.

1) 제1호: 이미 제출하였거나 제출하여야 할 준비서면 또는 이미 조사하였거나 조사하여야 할 증거에 영업비밀이 포함되어 있다는 것, 제2호: 제1호의 영업비밀이 해당 소송 수행 외의 목적으로 사용되거나 공개되면 당사자의 영업에 지장을 줄 우려가 있어 이를 방지하기 위하여 영업비밀의 사용 또는 공개를 제한할 필요가 있다는 것.

아니하다.

(2) 비밀유지명령 절차

비밀유지명령의 신청은 비밀유지명령을 받을 자, 비밀유지명령의 대상이 될 영업비밀을 특정하기에 충분한 사실을 적은 서면으로 하여야 한다. 법원은 비밀유지명령이 결정된 경우에는 그 결정서를 비밀유지명령을 받은 자에게 송달하여야 한다. 비밀유지명령은 제3항의 결정서가 비밀유지명령을 받은 자에게 송달된 때부터 효력이 발생한다. 비밀유지명령의 신청을 기각 또는 각하한 재판에 대하여는 즉시항고를 할 수 있다(제224조의3 제2항 내지 제5항).

라. 비밀유지명령의 취소

비밀유지명령을 신청한 자 또는 비밀유지명령을 받은 자는 특허법 제224조의3 제1항에 따른 요건을 갖추지 못하였거나 갖추지 못하게 된 경우 소송기록을 보관하고 있는 법원에 비밀유지명령의 취소를 신청할 수 있다(제224조의4 제1항). 법원은 비밀유지명령의 취소 신청에 대한 재판이 있는 경우에는 그 결정서를 그 신청을 한 자 및 상대방에게 송달하여야 한다. 비밀유지명령의 취소 신청에 대한 재판에 대하여는 즉시항고를 할 수 있다. 비밀유지명령을 취소하는 재판은 확정되어야 그 효력이 발생한다. 비밀유지명령을 취소하는 재판을 한 법원은 비밀유지명령의 취소 신청을 한 자 또는 상대방 외에 해당 영업비밀에 관한 비밀유지명령을 받은 자가 있는 경우에는 그 자에게 즉시 비밀유지명령의 취소 재판을 한 사실을 알려야 한다(제224조의4 제5항).

마. 소송기록 열람 등의 청구 통지 등

비밀유지명령이 내려진 소송(모든 비밀유지명령이 취소된 소송은 제외한다)에 관한 소송기록에 대하여 민사소송법 제163조 제1항[1]의 결정이 있었던 경우, 당사자가 같은 항에서 규정하는 비밀 기재 부분의 열람 등의 청

---

1) 민사소송법 제163조(비밀보호를 위한 열람 등의 제한): 법원은 당사자의 신청에 따라 결정으로 소송기록중 비밀이 적혀 있는 부분의 열람·복사, 재판서·조서 중 비밀이 적혀 있는 부분의 정본·등본·초본의 교부(이하 "비밀 기재부분의 열람 등"이라 한다)를 신청할 수 있는 자를 당사자로 한정할 수 있다.

구를 하였으나 그 청구절차를 해당 소송에서 비밀유지명령을 받지 아니한 자가 밟은 경우에는 법원서기관, 법원사무관, 법원주사 또는 법원주사보(이하 "법원사무관등"이라 한다)는 같은 법 제163조 제1항의 신청을 한 당사자(그 열람 등의 청구를 한 자는 제외한다. 이하 제3항에서 같다)에게 그 청구 직후에 그 열람 등의 청구가 있었다는 사실을 알려야 한다(제224조의5 제1항). 법원사무관등은 특허법 제224조의5 제1항의 청구가 있었던 날부터 2주일이 지날 때까지(그 청구절차를 행한 자에 대한 비밀유지명령신청이 그 기간 이내에 행하여진 경우에는 그 신청에 대한 재판이 확정되는 시점까지) 그 청구절차를 행한 자에게 비밀 기재 부분의 열람 등을 하게 하여서는 아니 된다. 열람 등의 청구를 한 자에게 제1항의 비밀 기재 부분의 열람 등을 하게 하는 것에 대하여 같은 법 제163조 제1항의 신청을 한 당사자 모두의 동의가 있는 경우에는 적용되지 아니한다.

바. 비밀유지명령 위반죄

국내외에서 정당한 사유없이 특허법 제224조의3 제1항에 따른 비밀유지명령을 위반한 자는 5년 이하의 징역 또는 5천만원 이하의 벌금에 처한다(제229조의2 제1항). 비밀유지명령 위반죄는 비밀유지명령을 신청한 자의 고소가 없으면 공소를 제기할 수 없다. 비밀유지명령 위반죄가 성립하기 위해서는 같은 법 제224조의3 제1항에 따른 비밀유지명령을 위반한 사실 또는 최소한의 높은 개연성에 대한 인식이 있어야 할 것이다. 비밀유지명령을 위반한 죄는 친고죄로 규정되어 있어서 피해자의 고소가 전제되어야 한다. 친고죄의 경우 해당 권리를 이전 또는 이전 등록받은 승계인은 그 이전 또는 이전등록 이전에 발생한 죄에 대하여도 피해자의 지위를 승계한다고 해석된다.[1]

---

1) 정상조·박준석, 173면.

≪연습문제≫

〈문 1〉 특허권의 보호에 관한 설명으로 옳은 것은? [2011년 사시 1차시험]

① 특허권의 침해에 대한 보호는 직접침해의 경우에만 인정된다.

② 연구 또는 시험을 하기 위한 특허발명의 실시인 경우에도 특허권의 침해가 인정된다.

③ 특허권에 대하여 침해를 받은 자는 침해행위를 조성한 물건의 폐기, 침해행위가 제공된 설비의 제거를 청구할 수 있다.

④ 특허권의 침해에 대한 금지청구는 고의 또는 과실로 특허권을 침해하는 경우에만 인정된다.

⑤ 특허권자는 자기 특허권에 대해 현실적으로 침해를 당한 경우에 한하여 침해금지청구권을 가진다.

〈문 2〉 甲과 乙은 甲의 특허권에 대하여 乙에게 전용실시권을 설정하는 계약을 체결하였다. 甲은 위 전용실시권의 설정등록이 되기 전에 丙에게 이와 동일 범위의 통상실시권을 허락 하였다. 다음의 설명 중 옳지 않은 것은?
[2008년 사시 1차시험]

① 전용실시권의 경우 설정등록이 효력발생 요건이므로 乙은 아직 전용실시권자라 할 수 없다.

② 통상실시권은 당사자간의 설정계약에 의해 그 효력이 발생하므로 丙은 계약으로 정한 범위 내에서 통상실시권자로서 甲의 특허발명을 업으로 정당하게 실시할 수 있다.

③ 丙은 甲의 동의를 얻지 아니하면 그 통상실시권을 목적으로 하는 질권을 설정할 수 없다.

④ 乙의 전용실시권이 설정등록된 경우에 甲은 乙과 丙의 동의를 얻어야 자신의 특허권을 포기할 수 있다.

⑤ 乙의 전용실시권과 丙의 통상실시권이 모두 설정등록된 경우에 그 선후를 불문하고 丙은 乙에게 대항할 수 없다.

〈문 3〉 특허권자의 보호에 관한 설명으로 옳은 것은?

① 특허권자는 자기의 권리를 침해한 자에 대하여 침해의 금지를 청구할 수 있으나, 침해할 우려가 있는 자에 대하여 침해의 예방을 청구할 수 없다.

② 특허권자가 그 특허발명을 실시하고 있지 않은 경우에도 고의로 특허권자는 특허권을 침해하고 있는 자에 대하여 손해배상을 청구할 수 있다.

③ 특허권자가 자기의 특허권을 침해한 자에 대하여 손해배상을 청구하는 경우, 그 특허발명의 실시에 대하여 통상 받을 수 있는 금액에 상당하는 액

을 손해액으로 하여 청구할 수 있으며, 손해액이 이 금액을 초과하는 경우에는 그 초과액에 대하여는 손해배상을 청구할 수 없다.

④ 물건을 생산하는 방법의 발명에 관하여 특허가 된 경우에 그 물건이 특허출원 전에 국내에서 공지된 물건이 아닌 때에는 그 물건과 동일한 물건은 그 특허된 방법에 의하여 생산된 것으로 추정한다.

〈문 4〉 갑은 프린터를 발명하여 2010년 2월 15일 특허출원한 후 이를 제작·판매하면서, 사용수명이 다 되면 교체해 주어야 하는 프린터의 핵심부품으로 갑의 프린터에만 사용될 수 있는 카트리지를 별도로 독자 판매하였다. 그런데 경쟁업자인 을이 갑의 허락없이 갑의 프린터의 소모품인 카트리지를 제작·판매하기 시작하였고, 갑은 이에 대한 조치를 취하고자 한다. 갑이 특허등록 전·후 취할 수 있는 조치 및 결과로서 옳지 않은 것은? (다툼이 있는 경우에는 판례에 의함) [2011년 변리사 1차시험]

① 갑은 특허권을 조기에 획득하여 을의 행위에 대응하기 위해 출원공개 전이라도 출원된 발명을 업으로서 실시 중임을 이유로 우선심사를 신청할 수 있다.
② 갑은 특허등록 전이라도 을에게 출원공개 후 경고를 하여 보상금청구권을 발생시킬 수 있고, 이를 특허권 설정등록 후 행사할 수 있다.
③ 갑은 특허등록 후 을에게 침해금지청구를 할 수 있으며, 이와 함께 침해행위를 조성한 물건의 폐기도 청구할 수 있다.
④ 갑은 특허등록 후 손해배상청구를 통해 을로부터 손해배상을 받을 수 있다.
⑤ 갑은 특허등록 후 을을 특허권 침해죄로 고소할 수 있으며, 을의 행위는 침해죄에 해당한다.

〈문 5〉 다음 설명 중 옳은 것은? [2009년 변리사 1차시험]
① 특허권자는 자기의 특허권에 대해서 전용실시권을 설정한 후에는 당해 전용실시권을 침해하는 자에 대하여 금지청구권을 행사할 수 있다.
② 특허권자는 침해자의 고의 또는 과실을 불문하고 당해 특허권을 침해한 자에 대하여 손해배상을 청구할 수 있다.
③ 특허권이 공유인 경우, 각 공유자는 다른 공유자의 동의없이 당해 특허권을 침해한 자에 대해 그 침해의 금지를 청구할 수 있다.
④ 특허권에 질권이 설정된 경우, 계약으로 특별히 정한 경우를 제외하고는 질권자가 그 특허발명을 업으로 실시하는 것은 당해 특허권의 침해가 된다.
⑤ 특허권자는 자기의 특허권을 침해하는 자에 대하여 등록된 발명임을 서면으로 제시하여 경고한 후가 아니면 그 침해의 금지를 청구할 수 없다.

≪정답≫ 1.③ 2.⑤ 3.② 4.⑤ 5.④
≪문제해설≫

<문1> ① 특허침해는 간접침해도 인정하고 있다(제127조). ② 연구 또는 시험을 하기 위한 특허발명의 실시인 경우에도 특허권의 효력이 미치지 아니한다(제96조 제1항 제1호). ③ 제126조 제1항. ④ 침해자의 고의 또는 과실을 불문하고 당해 특허권을 침해한 자에 대하여 침해금지청구를 할 수 있다(제126조 제1항). ⑤ 제126조 제2항: 침해의 예방에 필요한 청구를 할 수 있다.

<문2> ① 제101조 제1항. ② 제102조 제6항. ③ 제100조 제4항. ④ 제119조 제1항(포기의 제한). ⑤ 제118조 제1항: 통상실시권을 등록한 때에는 그 등록 후에 특허권 또는 전용실시권을 취득한 자에 대하여도 그 효력이 발생한다.

<문3> ① 제126조 제2항. ② 특허권의 침해에 대한 손해배상청구는 고의 또는 과실로 특허권을 침해하는 경우에만 인정된다(제128조 제1항). ③ 제128조 제3항, 초과액에 대하여 손해배상을 청구할 수 있다(제128조 제4항). ④ 제129조.

<문4> ① 제61조 제1호에 따라 우선심사를 신청할 수 있다. ② 경고권은 출원공개 후에 가능하다(제65조 제1항). ③ 제126조. ④ 제128조. ⑤ 특허법은 침해로 보는 행위를 규정하고 있으므로(제127조), 민사적으로는 직접침해의 경우와 마찬가지로 침해금지청구나 손해배상청구소송 등으로 구제될 수 있다. 형사적으로는 직접침해의 미수단계는 처벌되지 않으므로 미수의 전단계로서 예비적 행위인 간접침해는 처벌되지 않아야 하며, 죄형법정주의 원칙에 따라 간접침해는 형벌에서 제외되는 것이 타당하다고 본다. 대법원 1993.2.23 선고 92도3350 판결은 특허권 등을 침해한 자에 대한 처벌규정에 의한 형사처벌까지 가능한가가 문제될 수 있는데, 확장해석을 금하는 죄형법정주의의 원칙에 비추어, 특허권 등 침해의 미수범에 대한 처벌규정이 없어 특허권 등 직접침해의 미수범은 처벌되지 아니함에도 특허권 등 직접침해의 예비단계 행위에 불과한 간접침해행위를 위 벌칙조항에 의하여 특허권 등 직접침해의 기수범과 같은 벌칙에 의하여 처벌할 때 초래되는 형벌의 불균형성 등에 비추어 볼 때, 제127조는 특허권자 등을 보호하기 위하여 특허권 등의 간접침해자에게도 민사책임을 부과시킴으로써 특허권자 등을 보호하기 위한 취지의 정책적 규정일 뿐 이를 특허권 등의 침해행위를 처벌하는 형벌법규의 구성요건으로서까지 규정한 취지는 아닌 것으로 봄이 옳다고 판단하였다.

<문5> ① 전용실시권자가 금지청구권을 행사할 수 있다(제126조 제1항). ② 손해재상청구는 민법 제750조에 따른 것이므로 침해자에게 고의 또는 과실이 있어야 한다. ③ 공유자 1인이 단독으로 특허권 침해금지청구를 할 수 있다. ④ 특허권·전용실시권 또는 통상실시권을 목적으로 하는 질권을 설정한 때에는 질권자는 계약으로 특별히 정한 경우를 제외하고는 당해 특허발명을 실시할 수 없다(제121조). ⑤ 침해금지청구에서는 침해자의 고의 또는 과실을 요건으로 하지 않으므로 서명경고를 사전 요건으로 하고 있지 않다(제126조 제1항).

제10절 특허소송

I. 특허쟁송

특허쟁송(特許爭訟, patent litigation)이라 함은 특허에 관한 절차 및 권리의 발생·침해·구제·소멸 등과 관련된 다툼을 말한다.[1] 특허쟁송은 일반적으로 특허소송·특허침해소송·특허행정소송으로 구분할 수 있다. 특허권자는 특허를 받은 발명을 권원없이 제조·사용 또는 판매하는 침해자에 대하여 법원에 특허침해소송을 제기할 수 있다. 한편 침해자는 특허심판원에 특허발명에 대한 무효심판 등을 청구하여 이에 대항할 수 있다. 특허쟁송은 특허소송·특허침해소송 및 특허행정소송으로 구분한다.

특허권에 대한 분쟁이 발생하면, 특허소송과 특허침해소송은 각각 다른 루트(route)로 진행되면서, 사건이 병렬로 동시에 진행되는 특징이 있다. 이러한 특허분쟁은 국내에서뿐만 아니라 해외에서도 빈번하게 발생되고 있다.

1. 특허소송

넓은 의미의 특허소송이라 함은 산업재산권, 즉 특허권을 비롯한 실용신안권, 디자인권 및 상표권 등과 관련된 일체의 소송을 말한다. 좁은 의미의 특허소송은 특허심판원의 심결에 불복하는 자가 그 취소를 요구하는 심결취소소송을 말한다. 일반적으로 특허법원이 관할하는 심결취소소송을 "특허소송"이라 일컫는다. 특허소송은 행정소송의 일종이지만 특허심판사건의 특수성 및 심판절차의 준사법적 성격상 행정소송법과는 다른 여러가지 규정이 적용된다. 특허소송은 특허법원의 전속관할로 하고 있으며 이에 대한 불복은 대법원에 상고할 수 있다.

2. 특허침해소송

특허권이 설정등록된 후 특허권과 유사한 제품을 제3자[2]가 특허권

---

1) 吉藤, 733면: 행정기관에 의한 심리절차만을 행정쟁송(行政爭訟)이라고 하고, 특허쟁송(特許爭訟)은 특허에 관한 사건이 소송까지 가는 경우가 있으므로 사법기관을 포함한다.
2) 본 절에서 "제3자"는 권리자가 아닌 자가 특허권을 모방하거나 침해하여 특허권

자 허락없이 특허존속기간 내에 국내에서 판매·제조·사용 등의 행위를
할 경우에 특허권자와 제3자간에 특허분쟁이 발생한다. 일반적으로 특허
침해소송이라 함은 특허침해를 주장하는 특허권자가 제3자에게 제기하
는 민사소송·형사소송을 말한다. 특허침해에 관한 민사소송에는 특허권
에 대한 침해금지청구소송, 손해배상청구소송 및 신용회복조치 등이 있
다. 특허형사소송에서는 특허침해죄를 비롯한 특허허위표시죄 등에 관한
고소를 형사소송법에 따른 절차에 따라 다룬다. 특허침해소송은 지방법
원, 고등법원, 대법원으로 소송절차가 진행된다.

3. 특허행정소송

특허행정소송이라 함은 특허출원·등록 등에 관한 특허청장의 행정
처분에 대한 불복, 특허권의 수용·제한에 따른 보상금지급결정에 대한
불복, 통상실시권 설정을 위한 재정에 대한 불복, 권리승계와 관계된 권
리자명의 이전청구 및 특허절차에 대한 불복 등과 관련하여 특허청장이
내린 행정상의 처분에 불복하여 권리 또는 이익을 침해받은 자가 특허청
을 상대로 제기한 일체의 소송을 말한다.[1] 특허행정소송은 지방법원, 고
등법원, 대법원으로 절차가 진행된다.

II. 특허소송

1. 특허법원

1998년 3월 1일 고등법원급인 특허법원이 설치되었다. 특허법원의
심판권은 판사 3인으로 구성된 합의부에서 이를 행한다. 특허법원은 특
허심판원의 심결에 불복하여 제기되는 심결취소소송(이하 "특허소송"이라 한
다)을 관할한다.

침해의 주장을 받은 자 또는 침해가 아님을 주장하는 자를 의미한다.
  1) 대법원 2006.10.26 선고 2004두14274 판결: 특허청에 대리인 사무소에서 분할출원
관련 서류를 이중으로 제출하여 특허등록이 중복된 경우, 권리를 취소하기 위한 행정심판
에서 원고가 패소했다.

2. 관 할

특허심판원의 심결 또는 심판청구서나 재심청구서의 각하결정을 받은 자가 불복하고자 하는 경우에 심결 또는 결정의 등본을 송달받은 날부터 30일 이내에 특허법원에 소를 제기할 수 있다(제186조). 따라서 특허법원은 특허심판원의 심결취소 사건, 다른 법률에 의하여 특허법원의 권한에 속하는 사건을 재판한다. 특허법원의 관할은 특허법 제186조 제1항, 실용신안법 제56조, 디자인보호법 제75조 및 상표법 제82조 제2항이 정하는 제1심사건, 다른 법률에 의하여 특허법원의 권한에 속하는 사건이다.

3. 특허소송절차의 진행

당사자계 특허소송은 원고가 특허심판원으로부터 심결문의 등본을 송달받은 날부터 30일 이내에 소장을 특허법원에 제출하면, 소장의 방식심사, 답변서 제출명령, 변론준비절차, 변론 및 증거조사, 판결순으로 소송절차가 진행된다. 재판장은 소장심사와 준비절차 여부를 검토하고 수명법관이 준비절차 기일을 지정한다. 준비절차가 1회 이상 진행된 후에 변론기일이 지정된다. 법정에서 변론이 개최된 후 재판의 변론은 종결되고 판결이 선고된다.

가. 제소기간

특허소송은 심결 또는 결정의 등본을 송달받은 날로부터 30일 이내에 제기하여야 한다(제186조 제3항). 이 제소기간은 불변기간이나 심판장은 원격 또는 교통이 불편한 지역에 있는 자를 위하여 직권으로 불변기간에 대하여 부가기간을 정할 수 있다(제186조 제5항).[1]

나. 소 송 물

심판은 특허심판원에서의 행정절차이고 심결은 행정처분이며, 그에 대한 불복의 소송인 특허소송은 항고소송에 해당하여 그 소송물은 심결의 실체적·절차적 위법 여부다. 특허법 제186조 제1항의 규정에 의거 특허법원에 소를 제기하기에 앞서 반드시 특허심판원의 심결이 전제되어야

---

1) 이에 관하여는 민사소송법 제159조 제2항에 규정되어 있다. 심판장이 심결문에 연장기간을 기재하며 국내인은 20일, 재외자는 30일 범위에서 이를 허용하고 있다.

한다. 당사자는 심결에서 판단되지 아니한 것이라도 그 심결의 결론을 정당하게 하거나 위법하게 하는 사유를 특허소송 단계에서 주장·입증할 수 있다. 대법원 2004.7.22 선고 2004후356 판결은 "심판은 특허심판원에서의 행정절차이고 심결은 행정처분이며, 그에 대한 불복의 소송인 심결취소소송은 항고소송에 해당하여 그 소송물은 심결의 실체적·절차적 위법 여부이므로, 당사자는 심결에서 판단되지 아니한 것이라도 그 심결의 결론을 정당하게 하거나 위법하게 하는 사유를 심결취소소송 단계에서 주장·입증할 수 있다. 따라서 거절결정 불복심판 청구를 기각하는 심결의 취소소송에서 특허청장은 거절결정의 이유와 다른 새로운 거절이유에 해당하지 않는 한 심결에서 판단되지 않은 것이라고 하더라도 심결의 결론을 정당하게 하는 사유를 주장·입증할 수 있다"고 판시하였다.

다. 소장(訴狀)

특허심판원의 심결이나 각하결정에 대하여 불복을 하는 자가 그의 취소를 요구하려면 특허법원에 특허소송을 제기해야 한다. 특허소송은 사법부에 대한 소송행위이므로 특허법원에 소장을 제출하여야 소송절차가 개시된다. 제출된 소장을 중심으로 공격과 방어가 전개되므로 특허소송에서는 소장작성이 중요하다. 소장에는 당사자의 성명과 주소, 법정대리인, 사건의 표시, 청구취지, 청구원인, 부속서류의 표시, 작성일자, 작성자의 기명날인, 법원의 표시를 기재한다. 그 중 당사자, 법정대리인, 청구취지와 청구원인은 필요적 기재사항이다(민사소송법 제249조 제1항).

라. 당자자계 특허소송의 소장

특허법원에 제기되는 특허소송은 크게 거절결정 심결취소의 소, 정정 심결취소의 소, 등록무효 심결취소의 소, 권리범위확인 심결취소의 소로 나눌 수 있다. 이러한 특허소송에서 소장의 필수 기재사항인 청구취지·청구원인·입증방법 첨부서류는 동일하다. 다만, 청구원인의 내용에서 차이가 있다. 특허소송에는 특허법 등이 우선 적용되고, 특허법 등에 규정이 없는 사항의 경우 특허소송은 기본적으로 행정소송적인 성질을 가지므로 행정소송법이 준용되며, 행정소송법에 특별한 규정이 없는 경우에는 민사소송법이 준용된다. 그러므로 특허소송절차 중의 각종 신청절차에도 대부분 민사소송법이 준용되고, 그에 따라 특허소송절차에서 사용하는 소장의 서식은 대체로 민사소송절차의 서식과 같다.

가) 등록무효심판 심결취소의 소 청구원인란에 특허심판원에서의 절차경위, 이 사건 특허발명과 비교대상발명의 요지, 심결 이유의 요지, 심결 취소사유 등을 차례대로 기재한 입증방법에서는 특허심판원의 심결문, 특허등록원부, 등록특허공보, 비교대상발명의 공보를 첨부하여야 한다.

나) 권리범위 확인심판 심결취소의 소 청구원인란에 특허심판원에서의 절차경위, 특허발명과 확인대상발명[1]의 요지, 심결 이유의 요지, 심결 취소사유 등을 차례대로 기재하여 한다. 입증방법으로 특허심판원의 심결문, 특허등록원부, 등록특허공보를 첨부한다. 권리범위 확인심판에서 특허발명과 비교할 수 있는 확인대상발명의 명세서와 도면은 별지로 첨부하여야 한다.

다) 거절결정 심결취소의 소 거절결정 특허소송의 소장은 기본적으로 당사자계 특허소송의 소장과 같다. 다만, 피고가 특허청장이 되고, 청구원인의 내용이 상이하다는 차이가 있다. 소장에는 일반적으로 특허심판원에서의 절차경위, 이 사건 출원발명과 비교대상발명,[2] 심결 이유의 요지, 심결 취소사유 등을 차례대로 기재하여야 한다.

4. 당 사 자

가. 원고적격

특허소송을 제기할 수 있는 원고는 당사자·참가인 또는 심판이나 재심에 참가신청을 하였으나 그 신청이 거부된 자에 한한다(제186조 제2항). 당사자계 사건에서는 심판청구가 기각된 경우에는 심판청구인이 원고가 되며, 심판청구가 인용된 경우라면 피심판청구인이 원고가 된다. 또한 이

---

1) 권리범위 확인심판에서 침해가 예상되는 물건(또는 방법)의 확인대상발명을 명세서와 도면으로 제출하여야 한다. 이를 종래에는 (가)호 물건 (방법)으로 표현하였으나, 실무는 "확인대상발명"으로 하고 있다. 확인대상발명의 도면은 현재 피고가 실시하고 있거나 실시할 예정인 물건, 장치 또는 방법을 토대로 작성이 되어야 한다. 일반적으로 특허법원에 제출되는 확인대상발명의 명세서와 도면은 특허심판원의 심결문에서 사용된 서류와 동일한 것으로 제시하여야 한다.

2) 비교대상발명은 출원발명의 거절이유가 "진보성이 없다"인 경우, 실무에서 출원발명과 비교하기 위한 인용발명을 보통 "비교대상발명"이라 한다.

들 심판에 참가한 자 및 참가신청이 거부된 자도 원고적격이 인정된다.

나. 피고적격

거절결정 불복의 심결 등과 같은 결정계 사건과 정정심판에 있어서는 특허청장이 피고가 되며, 특허무효심판과 같은 당사자계 사건에 있어서는 심판의 청구인 또는 피청구인이 피고가 된다(제187조). 판례에 의하면, 특허법원의 심결취소소송은 전형적인 항고소송이라고 한다. 그러나 항고소송이라고 하면 특허청장을 피고로 하여야 하는데 특허법에서 당사자를 형식적으로 정하고 있으므로 당사자계 심결취소소송은 엄밀하게 말하면 "형식적 당사자소송"이라 할 수 있다.

5. 답 변 서

통상 소송절차에서 피고가 원고의 청구를 다투는 경우에는 소장의 부본을 송달받은 날부터 30일 이내에 답변서를 제출하여야 한다(민사소송법 제256조 제1항). 민사소송법 제257조 제1항은 "법원은 피고가 답변서를 제출하지 아니한 때에는 청구의 원인이 된 사실을 자백한 것으로 보고 변론 없이 판결할 수 있다"고 규정하여, 무변론판결제도를 도입하였다. 답변서는 피고가 제출하는 준비서면으로, 소장에서 원고가 한 주장에 대하여 피고의 답변을 기재한 최초의 준비서면이다. 청구원인에 대한 답변은 원고가 주장하는 청구원인의 사실에 대하여 피고가 어떤 점을 다투고 어떤 점을 인정하는지를 밝히는 것이다. 답변방식은 자백(自白), 부인(否認), 부지(不知) 및 침묵(沈黙)과 같은 네 가지로 구분할 수 있다. 부인과 구별을 요하는 것으로 항변(抗辯)이 있다.

Ⅲ. 특허소송의 심리

1. 서 설

가. 심리의 원칙

소장이 접수되면 재판부는 변론기일 이전에 준비절차를 거쳐 쟁점을 정리함으로써 집중심리를 원칙으로 한다. 재판의 효율화를 도모코자 심리는 변론주의 및 공개심리를 원칙으로 하되, 공익적 측면에서 직권탐지주의가 적용된다. 행정소송의 일종인 심결취소소송에 있어서 직권주의가 가미되어 있다고 하더라도 여전히 변론주의를 기본 구조로 한다. 따라서 법원이 당사자가 주장하지도 아니한 법률요건에 대하여 판단하는 것은 변론주의 원칙에 위배되는 것이다.[1]

나. 심리의 대상

특허소송에서의 심리는 소송물인 심결의 실체상의 적법성, 절차상의 적법성, 판단유탈의 유무(有無)가 그 대상이 된다. 판단유탈이라 함은 심결의 결론에 영향을 주는 중요한 소송물 또는 증거에 대하여 판단을 미진하게 하였거나 중요한 당사자의 주장 및 반박에 대하여 판단을 하지 아니한 경우를 말한다.

다. 적법성 심리

특허소송의 소송물에 대하여 발명의 요지파악, 비교대상발명 또는 확인대상발명의 채택, 신규성 또는 진보성 판단 등 심결의 실체적 판단이 적법한지의 여부를 심리의 대상으로 한다. 또 절차상의 하자가 심결 또는 심사의 결과에 영향을 미쳤는지의 여부를 소송물을 근거로 판단한다. 예컨대 거절이유 통지시 출원인에게 충분한 의견서 제출기회를 주지 않고 특허거절결정한 경우는 중대한 절차상의 하자에 해당한다.

2. 심리범위

가. 의 의

특허법원의 심리범위를 어느 한도로 인정할 것인지는 중요한 사항이나 법에 명시된 바는 없다. 특허법원은 소송상의 제1심이므로 특허법원에서는 어떠한 주장·입증도 제한하지 않아야 된다는 견해가 있는가 하면 특허법원은 실질적으로는 특허심판의 심결에 대한 항소심적인 불복절차이므로 특허심판에서 심리 판단되지 아니한 새로운 주장 및 증거제출은 허용할 수 없다는 주장도 있다. 그러나 법원은 원고가 비록 심판단계에서

---

1) 대법원 2003.8.19 선고 2001후1655 판결.

주장하지 아니하였거나 제출하지 아니한 증거라도 소송물의 범위 내의 주장이면 이를 주장할 수 있고, 심판에서 제출하지 아니한 증거도 제출할 수 있다는 심리범위의 무제한설이 통설이다.[1]

나. 당사자계 심리범위

권리범위 확인심판은 사실상 당사자간의 특허권 침해문제를 둘러싼 민사분쟁적 성격이 있으므로 소송에서 그 심결의 결론을 정당하게 하거나 위법하게 하는 사유를 특허소송 단계에서 주장·입증할 수 있고, 그 사실심리에 어떠한 제한을 가할 합리적인 이유가 없다. 무효심판의 경우에는 그 무효사유가 무권리자에 대하여 특허되었다거나 특허가 조약에 위반됨을 이유로 하는 경우에는 일반 민사사건과 유사하다 할 것이므로 역시 특허법원에서의 사실심리를 제한할 이유가 없다고 본다. 다만, 무효심판 중 당해 발명이 신규성이나 진보성이 없음을 이유로 하는 심판의 경우에는 그 심리의 내용이 고도의 기술적인 관점에서 볼 때 특허법원에서의 사실심리를 제한할 필요가 있다.

대법원 2011.3.10 선고 2009후1965 판결은, "특허권의 권리범위 확인심판의 청구는 현존하는 특허권의 범위를 확정하려는 데 그 목적이 있으므로, 일단 적법하게 발생한 특허권이라 할지라도 그 권리가 소멸된 이후에는 그에 대한 권리범위확인을 구할 이익이 없어진다. 이 사건 특허발명은 이 사건 소가 상고심에 계속중이던 2011.1.13 진보성이 인정되지 아니한다는 이유로 그 특허가 무효로 확정되었으므로, 이 사건 특허발명의 특허권은 처음부터 없었던 것으로 되었고, 따라서 이 사건의 심결은 결과적으로 존속하지 않는 특허권을 대상으로 판단한 셈이 되어 위법한 것이라 하겠다. 한편 이 사건 특허발명의 특허권이 소멸된 결과 이 사건 심판의 심결의 취소를 구할 법률상 이익도 없어졌다고 할 것이어서, 이 사건 소 자체가 부적법하게 되었다"고 판시하였다.

다. 결정계 심리범위

특허거절결정불복심판의 특허소송에서 실무는 피고특허청장이 거절결정 당시 거절이유로 삼지 아니한 새로운 거절이유를 주장하거나 그 증

---

[1] 대법원 2004.7.22 선고 2004후303 판결.

거를 제출할 수 없다는 제한설의 입장을 취하고 있다.[1] 그러나 거절결정 불복심판청구를 기각하는 심결의 특허소송에서 특허청은 심결에서 판단 되지 않은 것이라고 하더라도 거절사정의 이유와 다른 새로운 거절이유 에 해당하지 않는 한, 심결의 결론을 정당하게 하는 사유를 주장·입증할 수 있다. 특허소송을 관할하는 특허법원은 달리 볼 만한 특별한 사정이 없는 한, 제한없이 이를 심리 판단하여 판결의 기초로 삼을 수 있다.

3. 준비절차

가. 의 의

준비절차에 회부한 사건에 대하여는 먼저 서면에 의한 쟁점정리절차 를 시작하는데, 서면에 의한 쟁점정리절차는 준비서면 공방과 변론기일 전 증거조사가 핵심요소이다. 준비서면 공방에서는 피고가 실질적 내용 이 있는 답변서를 제출하면 이를 원고에게 송달하고, 원고는 준비서면을 제출한다. 이 과정에서 당사자는 준비서면에 의한 주장의 제출과 더불어 그 주장을 뒷받침하는 증거를 모두 제출하여야 한다. 따라서 관련 서증은 원칙적으로 준비서면에 첨부하여 제출하여야 하고, 문서송부촉탁, 사실 조회, 검증·감정신청과 그 촉탁은 물론 증인신청까지도 모두 이 단계에 서 마치는 것을 원칙으로 한다.

나. 준비서면

준비절차에서는 소장과 준비서면에 기재된 사실 또는 법률상의 주장 에 대하여 진술하고 후에 구두변론에서 조사하여야 할 증거의 신청을 한다. 준비서면이란 당사자가 변론에서 진술하고자 하는 사항을 미리 기재하여 법원에 제출하는 서면을 말한다. 준비절차에서 하지 아니한 주장이나 증거 신청은 원칙적으로 구두변론에서도 할 수 없게 된다(민사소송법 제276조).

다. 변론기일지정

서면공방절차를 통하여 서면공방이 종료되면, 재판장은 이 상태에서 본격적인 기록검토 및 사건분류를 하여 심리방향을 결정하는데 이 과정 에서 쟁점 및 변론기일 전 증거제출이 일단 완료되었다고 판단되는 사건

---

1) 특허법원, 지적재산소송실무, 42면.

은 쟁점정리기일을 지정하게 된다. 쟁점정리기일은 당사자 본인이 법관 면전에서 사건의 쟁점을 확인하고 상호 반박을 하는 기회를 가짐으로써 구술주의의 정신을 구현하는 절차이다. 이 절차에서 쟁점이 되는 기술내용에 관하여 심도있게 심리를 진행하기 위하여 기술설명회가 개최된다. 기술설명회에서 특허사건의 기술내용을 정확히 파악하기 위하여 당사자를 비롯한 관계 기술자를 출석시켜 실물·모형·컴퓨터그래픽·파워포인트 등을 이용하여 기술적 사항에 관한 각자의 주장을 구체적으로 설명하도록 함으로써 쟁점과 증거를 정리할 수 있다.

라. 기술심리관

특허법원의 준비절차에서는 특허청에서 파견된 공무원인 기술심리관이 심리에 참여할 수 있다. 심리에 참여한 기술심리관은 기술적 사항에 관하여 재판장의 허가를 얻어 소송관계인에게 질문을 할 수 있으므로 기술심리관을 활용하여 전문적 기술분야에 관한 심리를 효율적으로 진행할 수 있다.

마. 집중심리

특허사건은 특별한 사정이 없는 한 우선 재판부가 소장 기타 소송서류를 검토하고 기술심리관의 설명을 들어 기술내용을 파악한 다음, 준비절차에 회부하여 수명법관의 지휘 아래 집중적으로 심리한다. 실무에서 디자인 및 상표사건 역시 준비절차에 회부할 수 있으나, 이들 사건은 특허 및 실용신안사건에 비하여 상대적으로 그 내용이나 쟁점이 간단한 경우가 많으므로, 대개는 준비절차를 거치지 아니하고 바로 변론기일을 지정하고 있다. 쟁점정리기일에 이어지는 다음 기일은 이른바 집중증거조사기일로서 각 사건에 관련된 쌍방의 증인 및 당사자신문 대상자 전원을 한꺼번에 집중적으로 신문하고, 신문을 마친 사건은 그로부터 단기간 내에 판결을 선고하는 구조로 운영한다.

바. 자유심증주의

특허법원의 특허소송절차에는 민사소송의 절차처럼 공개심리주의·구술심리주의와 변론주의 등이 동일하게 적용된다. 특허법원은 변론 전체의 취지와 증거조사의 결과를 참작하여 자유로운 심증으로 사회정의와 형평의 이념에 입각하여 논리와 경험의 법칙에 따라 사실주장이 진실한지 아닌지를 판단한다(민사소송법 제202조).[1] 쟁점이 되는 사실의 인정에 관하여 증거조사의 결과 등을 토대로 자유심증주의에 의하여 그 진실 여부를 가리며, 그 진실 여부의 판명이 안 되면, 입증책임으로 문제를 해결하게 된다.

사. 변 론

변론은 기일에 법원의 공개법정에서 당사자가 구술에 의하여 판결의 기초가 될 소송자료인 사실과 증거를 제출하는 방법으로 소송을 심리하는 절차를 말한다.[2] 변론의 실시는 민사소송법의 일반원칙에 의한다. 민사소송의 절차로 변론주의, 처분권주의 및 직권심리주의 등이 적용된다. 특허소송이 제기된 경우에 법원은 이에 대하여 판결을 선고하여야 하고, 판결을 선고하기 위해서는 필요적 변론에 의하지 않으면 아니 된다(민사소송법 제134조 제1항). 결국 특허소송에서 당사자의 구술진술에 의한 변론이 필수적인 절차이다.

4. 소송의 종료

가. 판 결

법원은 특허법 제186조 제1항의 규정에 의하여 소가 제기된 경우에 그 청구가 이유 있다고 인정한 때에는 판결로서 당해 심결 또는 결정을 취소하여야 한다(제189조 제1항). 소의 제기에 의하여 개시된 소송은 판결을 선고함으로써 당해 심급에서의 소송은 종료된다. 이를 종국판결이라 하고, 종국판결에는 원고의 청구를 인용하는 심결취소판결과, 원고의 청구가 이유 없다고 하는 기각판결, 원고가 제기하는 소의 소송요건의 불비를 이유로 하는 소송판결로서의 소각하판결이 있다. 법원은 취소의 종국판결을 하는 경우에도 심결을 취소할 수 있을 뿐이고 특허발명에 대하여 즉 특허의 효력에 관해서는 자판할 수는 없다. 그 이유는 종국적 처분은

---

1) 이를 소위 "자유심증주의"라고 한다. 자유심증주의라 함은 사실주장에 대하여 진실인지 아닌지를 판단함에 있어서 법관이 정해진 증거법칙에 세약 받지 않고, 변론과정의 전체의 취지(전취지)와 증거자료를 참작하여 자유로운 심증(心證)으로 행하는 원칙을 말한다.

2) 이상경, 104면: 넓은 의미에서 변론은 신청·진술·증거신청 등 당사자의 소송행위뿐만 아니라 소송지휘, 증거조사, 판결의 선고 등 기일에 있어서 재판기관의 소송행위도 포함한다. 좁은 의미의 변론은 특히 당사자의 소송행위와 입증활동만을 가리킨다. 일반적으로 입증활동을 제외한 당사자의 소송행위만을 의미한다.

3권 분립의 원칙상 행정부기관인 특허청의 권한이고 법원이 행정부에 대하여 이행명령을 할 수 없기 때문이다.

나. 판결문 내용

판결문의 내용은 기초사실(특허청에서의 절차의 경위, 이 사건 특허발명의 요지 및 이 사건 심결이유의 요지), 당사자의 주장 요지(원고 주장의 심결취소사유 요지, 피고의 주장 요지), 판단, 결론 등 4개 부문으로 구성된다(민사소송법 제208조).

다. 소송의 통지

법원은 특허법 제186조 제1항의 규정에 의한 소의 제기 또는 동법 제186조 제8항의 규정에 의한 대법원에 상고가 있는 때에는 지체없이 그 취지를 특허심판원장에게 통지하여야 한다. 그 소송절차가 완결된 때에는 지체없이 그 사건에 대한 각 심급의 재판서 정본을 특허심판원장에 송부하여야 한다.

5. 판결의 효력

특허법원의 심결취소 판결이 확정되면 특허심판원은 그 사건을 다시 심리하여 심결 또는 결정하여야 한다(제189조 제2항). 이 경우 판결에 있어서 취소의 기본이 된 이유는 그 사건에 대하여 특허심판원을 기속한다(제189조 제3항).[1] 그러나 특허법원이 특허거절결정을 취소하고 특허권을 부여하거나 특허를 무효로 하는 등의 판결을 할 수 없으며, 특허심판원으로 하여금 일정한 행위를 하도록 하는 이행판결도 할 수 없다. 특허법원의 판결은 주문 및 그 전제로 된 요건사실의 인정과 효력의 판단에 미친다. 그러나 새로운 증거 추가 등으로 사실관계가 변경된 경우에는 동일내용의 심결을 할 수 있다.

---

1) 심결취소의 판결이 확정되었을 때 그 판결은 특허심판원을 기속(羈束)한다. 여기서 기속력은 특허심판원에 대해서 이후에 동일사항에 관해서 동일 당사자에 대한 관계, 동일한 이유로 처분하는 것을 금지하는 효력이다. 이것은 원심이 파기 전의 과오를 되풀이하지 않도록 하기 위함이다. 환송이나 이송을 받은 법원은 다시 변론에 의하여 재판하여야 한다. 이 경우 상고법원이 파기이유로 한 사실상·법률상의 판단에 기속된다(민사소송법 제436 제2항).

6. 상 고

1) 특허법원의 판결에 대하여 불복하는 자는 대법원에 상고(上告)할 수 있다(제186조 제8항). 특허법원의 판결에 대한 상고심절차는 민사소송법상의 상고에 관한 규정이 그대로 적용된다. 대법원에 상고를 하는 경우에는 판결이 송달된 날부터 2주일 이내에 상고장을 특허법원에 제출함으로써 제기된다(민사소송법 제425조). 대법원은 상고권이 없거나 방식을 위반하여 부적법한 경우에는 상고각하판결을 하며, 상고가 이유 없다고 인정될 때 또는 상고인이 기간 내에 상고이유서를 제출하지 아니한 때에는 상고기각판결을 한다. 또한 상고가 이유가 있다고 인정된 때에는 원판결을 파기하고 사건을 특허법원에 환송하는 판결을 한다.

2) 상고의 남발을 막기 위해서 "상고심 절차에 관한 특례법"[1]이 특허소송에도 적용되므로 대법원은 특허법원의 판결에 대하여 일정한 경우 심리를 하지 아니하고 판결로 상고를 기각할 수 있다.[2] 특허소송의 경우 당사자의 주장이 첨예하게 대립되거나 정책적인 정리가 요구되는 것은 정상적인 절차를 거쳐서 판결을 하지만 무효사유가 명백한 사건이나, 현장검증 등을 통해서 신규성이 없다는 것이 입증된 경우 등에서는 더 나아가 심리를 진행하지 아니하고 상고를 기각한다. 대법원은 상고이유에 관한 주장이 다음 각 호의 어느 하나의 사유를 포함하지 아니한다고 인정하면 더 나아가 심리를 하지 아니하고 판결로 상고를 기각한다. (i) 원심판결(原審判決)이 헌법에 위반되거나, 헌법을 부당하게 해석한 경우, (ii) 원심판결이 명령·규칙 또는 처분의 법률위반 여부에 대하여 부당하게 판단한 경우, (iii) 원심판결이 법률·명령·규칙 또는 처분에 대하여 대법원 판례와 상반되게 해석한 경우, (iv) 법률·명령·규칙 또는 처분에 대한 해석에 관하여 대법원 판례가 없거나 대법원 판례를 변경할 필요가 있는 경우, (v) 제1호부터 제4호까지의 규정 외에 중대한 법령위반에 관한 사

---

1) 대법원은 1994년 7월 27일 상고심절차에 관한 특례법을 제정하여 동법에서 허용하는 사항에 대하여 상고를 제기할 수 있도록 하였다. 따라서 특허법원의 판결에 대하여 상고하는 경우에도 상기의 특례법의 적용을 받아야 한다. 2002년 7월 1일부터 시행된 이 법률의 제4조(심리의 불속행)의 규정에서 나열하고 있는 사유에 해당하면, 심리를 더 이상 속행하지 않고 상고를 기각한다.

2) 대법원 2008.5.15 선고 2008후545 판결.

항이 있는 경우, (vi) 민사소송법 제424조 제1항 제1호부터 제5호까지에
규정된 사유가 있는 경우 등이다.

7. 보상금 등에 대한 불복의 소

특허청장 또는 심판관이 행한 보상금 및 대가에 관한 결정·심결 또
는 재정을 받은 자가 그 보상금 또는 대가에 대하여 불복이 있는 때에는
법원에 소송을 제기할 수 있다(제190조 제1항). 특허청장 또는 심판관의 보
상금액 등의 결정은 일종의 행정처분에 해당되므로 행정심판법상의 불복
절차에 따르게 할 수도 있다. 보상금 등에 관한 소송은 확정된 금액에 대
한 지급청구 그 자체를 목적으로 하는 것이 아니라 특허청장 또는 심판
관이 보상금이나 대가에 대하여 결정 또는 심결한 결과로서 발생된 법률
관계, 즉 보상금 및 대가의 지급관계를 다투는 소송이다. 이 소송의 성격
에 관해서는 민사소송으로 보는 견해도 있으나, 이 소송은 실질적으로는
행정처분을 대상으로 하는 형식적 당사자소송이므로 행정소송법상의 당
사자 소송이라 할 수 있다(행정소송법 제3조). 보상금 또는 대가에 관한 소송
은 심결·결정 또는 재정의 등본을 송달받은 날로부터 30일 이내에 이를
제기하여야 한다(제190조 제2항).

8. 변리사 보수와 소송비용

소송을 대리한 변리사의 보수에 관하여는 민사소송법 제109조의 규
정을 준용한다. 이 경우 "변호사"는 "변리사"로 본다(제191조의2). 이는 특
허소송에서 변리사가 소송대리를 한 경우에 승소자가 지급하였거나 지급
할 변리사의 보수를 소송비용에 산입하는 근거규정이다. 소송비용에는
인지세, 송달료 등 재판비용 외에도 일정금액의 변리사 보수를 산입한
다.[1] 그러나 소송대리인이 변리사라는 이유로 변리사 보수를 소송비용
으로 인정하지 않는 것은 형평의 원칙에 위배되므로, 2006년 개정법에서
변리사가 특허법원이나 대법원에서 소송대리한 경우 소송비용에 산입할
수 있는 규정을 입법하였다.

---

1) 민사소송법 제109조(변호사의 보수와 소송비용): 소송을 대리한 변호사에게 당사자
가 지급하였거나 지급할 보수는 대법원규칙이 정하는 금액의 범위안에서 소송비용으로 인
정한다. 민사소송법 제98조(소송비용부담의 원칙): 소송비용은 패소한 당사자가 부담한다.

≪연습문제≫

〈문 1〉 심결취소소송을 제기하는 경우 제소기간에 대한 설명으로 옳지 않은 것은?

① 특허법원에 제기하는 소는 심결 또는 결정의 등본을 송달받은 날부터 30일 이내에 제기하여야 한다.

② 특허법원에 소를 제기하는 기간은 불변기간으로 한다.

③ 심판장은 원격 또는 교통이 불편한 지역에 있는 자를 위하여 직권으로 특허법원의 소 제기기간의 불변기간에 대하여는 부가기간을 정할 수 있다.

④ 법원은 법정기간 또는 법원이 정한 기간을 늘리거나 줄일 수 있다. 다만, 불변기간은 그러하지 아니하다.

⑤ 심판장은 부가기간을 지정하는 경우 심결문에 연장기간을 기재하고, 재외자의 경우 20일을 부가기간으로 허용한다.

〈문 2〉 특허법상 심결취소소송에 관한 설명 중 옳지 않은 것은? (다툼이 있는 경우에는 판례에 의함) [2007년 변리사 1차시험]

① 심결취소소송은 성질상 행정소송이며 대법원은 특허권자 또는 이해관계인을 상대로 하는 당사자계 사건에 대한 심결도 행정처분에 해당하는 것으로 보아 그에 대한 불복소송인 심결소송은 항고소송이라고 판시하고 있다.

② 소의 이익 유무는 사실심 변론종결시를 기준으로 판단한다. 다만, 대법원 판례는 상고심 계속중에 소의 이익 등 소송요건이 흠결되는 경우에는 그러한 사정도 고려하여 소의 이익이 없다고 본다.

③ 기술심리관에게도 심판관의 제척사유 등의 규정이 준용되며 기술심리관에 대한 제척 기피의 재판은 그 소속 법원이 결정으로 하여야 한다.

④ 특허심판원이 행한 심결처분의 위법성여부의 판단시점에 대하여 대법원 판례는 심결의 위법 여부는 심결 당시의 법령과 사실상태를 기준으로 판단하되 심결이 있은 이후 발생한 사실도 판단의 근거로 삼을 수 있다고 한다.

⑤ 당사자계 심판에 대한 심결취소소송의 심리범위에 관하여 대법원 판례는 심결에서 판단되지 않은 처분의 위법사유도 심결취소소송단계에서 주장·입증할 수 있고 법원은 특별한 사정이 없는 한 제한 없이 이를 심리·판단하여 판결의 기초로 삼을 수 있다고 본다.

〈문 3〉 특허법원에 제출하는 소장의 필요적 기재사항으로 옳지 않은 것은?

① 당사자   ② 사건의 표시   ③ 청구의 취지
④ 청구의 원인   ⑤ 법정대리인

〈문 4〉 특허법원의 소송절차에 관한 설명으로 옳지 않은 것은?

① 행정소송인 심결취소소송에서도 원칙적으로 변론주의가 적용되므로 자백 또는 의제자백도 인정된다.

② 심결취소소송에 있어서 심리판단의 대상이 되는 것은 심결의 위법성 일반 으로서 실체상의 판단의 위법과 심판절차상의 위법이 포함된다.

③ 특허법원에 제기한 소는 당사자, 참가인에 한하여 제기할 수 있다. 다만, 당해 심판이나 재심에 참가신청을 하였으나 그 신청이 거부된 자는 이를 제기할 수 없다.

④ 특허법원의 판결에 있어서 취소의 기본이 된 이유는 그 사건에 대하여 특 허심판원을 기속한다.

⑤ 특허법원에서 주장하지 아니하였다가 상고심에 이르러 비로소 주장하는 새로운 사실은 적법한 상고이유가 될 수 없다.

〈문 5〉 특허법원의 소송절차에서 심리에서 적용되는 원칙으로 옳지 않은 것은?

① 직권심리주의   ② 자유심증주의   ③ 공개심리주의
④ 변론주의   ⑤ 구술심리주의

≪정답≫ 1.⑤ 2.④ 3.② 4.③ 5.①

≪문제해설≫

〈문 1〉 ① 제186조 제3항. ② 제186조 제4항. ③ 제186조 제5항. ④ 민사소 송법 제172조 제1항. ⑤ 심판장이 부가기간을 정할 때, 재내자는 20일, 재외자 는 30일의 범위에서 이를 허용한다. 민사소송법 제173조 제1항 단서.

〈문 2〉 ①, ④ 대법원 2004.7.22 선고 2004후356 판결: 심판은 특허심판원 에서의 행정절차이고 심결은 행정처분이며, 그에 대한 불복의 소송인 심결취소소 송은 항고소송에 해당한다. ② 대법원 2001.5.8 선고 98후1921 판결: 원칙적으로 심결이 있은 이후 비로소 발생한 사실을 고려하여 판단의 근거로 삼아 심결이 부 적법하다는 이유로 이를 취소할 수는 없으나, 취소소송 자체를 구할 이익이 있는 지의 여부 등 소송요건의 존부는 원칙적으로 사실심의 변론종결시를 기준으로 하 여 판단하되 사실심 변론종결시 이후 소의 이익 등 소송요건이 흠결되는 경우 그 러한 사정도 고려하여 소의 이익이 없다고 보는 것이 대법원 판례의 일반적인 경 향이라 할 것이다. ③ 제188조의2 제2항. ⑤ 대법원 2002.6.25 선고 2000후1290 판결: 특허법원의 당사자계 소송의 심리범위는 무제한설의 입장. 그러나 거절사정 불복심판청구사건에 관하여는 "거절사정 이유와 다른 새로운 거절이유에 해당하 는 경우만" 판결의 기초를 삼을 수 있다고 판시함으로써 제한설을 채택하고 있다 (대법원 2009.5.28 선고 2007후4401 판결 참조).

<문 3> 민사소송법 제249조 제1항: 소장에는 당사자와 법정대리인, 청구의 취지와 원인을 적어야 한다. ② 사건의 표시는 필요적 기재사항이 아니다.

<문 4> ① 대법원 2000.12.22 선고 200후1542 판결. ② 대법원 2003.2.11 선고 2002후2303 판결. ③ 제186조 제2항: 특허법원의 소는 당사자, 참가인 또는 당해 심판이나 재심에 참가신청을 하였으나 그 신청이 거부된 자에 한하여 이를 제기할 수 있다. ④ 제189조 제3항. ⑤ 대법원 2008.8.21 선고 2006후5130 판결.

<문 5> ① 특허심판에서 직권탐지주의가 적용된다(특허법 제159조). ②, ③, ④, ⑤의 원칙들은 특허법원의 소송절차에서 모두 적용되는 원칙들이다.

제11절 특허침해소송

Ⅰ. 서 설

특허권은 특허발명을 일정기간 독점배타적으로 이용할 수 있는 권리로서, 특허권자는 이 특허발명을 실시함으로써 시장에서 경제적 이익을 독점적으로 확보하게 된다. 이러한 경제적 이익을 제3자가 침해할 경우 특허권자는 구제수단으로서 민사상·형사상의 방법을 강구할 수 있다. 최근 새로운 기술개발·기술혁신의 과정에서 국내기업간에 또는 국내기업과 외국기업간에 특허분쟁이 발생하고 있으며, 고액의 손해배상청구소송도 증가하고 있다. 국제적으로 무역분쟁으로 비화되기도 하는 특허침해소송은 결국 당사자간의 민사 또는 형사소송으로 다루어지게 되지만 대부분 손해배상청구로 귀결된다. 일반적으로 특허침해소송은 관할하는 민사법원에서 침해소송절차가 진행되면서, 피고가 항변을 하는 수단으로 특허심판에서 등록무효심판 또는 권리범위 확인심판(소극)을 청구하기 때문에 동시에 다른 심판절차로 특허소송이 병렬로 절차가 진행되기도 한다.

1. 침해의 종류

특허권에 대한 침해는 공개된 발명지식을 무단으로 이용하는 것이므로 눈에 보이는 것이 아니고, 그 손해의 범위도 무형적인 영업손실, 특허침해가 없었더라면 있었을 가상의 이익을 중심으로 하는 것이므로 그 산정이 매우 어렵다.[1] 침해는 직접침해(direct infringement)와 간접침해(contributory infringement)로 구분할 수 있다. 특허권침해는 일차적으로 특허청구항에서 정한 발명내용의 문언적 기술(文言的 記述)에 의거하여 판단하지만, 침해되었다고 보여지는 대상이 동일한 효과를 가져오는 경우에 발명의 동일성 여부를 판단하기 위해서 균등론(均等論)을 적용하여 판단하기도 한다.

---

1) 사법연수원, 특허법연구, 2011, 497면.

2. 민사적·형사적 구제

민사소송은 사법상의 권리관계의 확정·보전·실현 등 3가지를 과제로 하는 소송절차이다. 확정절차가 판결절차이고, 권리의 실현을 대비하여 미리 잡아두는 보전절차가 가압류·처분절차이며, 권리의 강제적인 실현절차가 강제집행절차이다. 특허법에서 규정하는 민사상 구제로서 특허권자는 침해의 금지 및 예방을 청구할 수 있고, 손해배상·부당이득반환·신용회복 등을 청구할 수 있다. 형사상 구제로서는 특허권의 침해행위에 대하여 침해죄 등을 규정하고 있다.

3. 확인대상발명의 특정

특허침해소송에서 특허침해 여부의 판단이란 특허의 권리범위가 확인대상발명에 미치는가의 여부를 판단하는 소송이므로, 먼저 특허발명의 보호범위와 확인대상발명을 확정해야 한다.[1] 원고는 피고가 제조·판매하는 물건 또는 방법(확인대상발명)을 구체적으로 특정하고, 확인대상발명과 특허권의 내용에 대하여 권리범위에 속한다는 취지를 주장하고, 이를 입증하여야 한다. 피고의 항변에 대하여 원고가 입증책임을 진다. 물건발명의 경우는 피고의 제품, 홈페이지에 게재된 기술설명서, 카탈로그 등에 의해 특정이 용이하지만, 방법의 발명인 경우에는 입증이 곤란한 경우가 많다. 원고는 피고의 방법발명을 입증하기가 어려우므로 특허법 제129조에 따라 생산방법으로 추정할 수 있다. 예를 들어, DDT를 살충제로서 사용하는 방법에 특허가 되어 있고 DDT가 살충방법으로만 사용된 경우가 이에 해당된다.

---

1) 송상현, 297면: 소송에 있어서는 소송주체인 당사자는 물론 그 소송객체인 소송물(소송상의 청구, 심판대상)을 특정하여야 그 절차가 혼란 없이 진행될 수 있다. 소송물은 처분권주의(민사소송법 제203조)에 의하여 원고가 제기한 소의 내용에 의하여 특정되며, 법원은 이와 다른 것에 대하여 판단할 수 없다.

Ⅱ. 특허권침해금지 가처분

1. 서 설

가. 의 의

특허권침해금지 가처분이란 특허권에 근거한 금지청구권을 피보전 권리로 하여 채무자의 침해행위의 금지를 구하는 가처분이다. 특허권에 대한 침해행위가 있을 경우, 특허권 침해를 신속히 금지시키기 위하여 심리에 많은 시간이 소요되는 본안소송의 확정판결을 기다려서는 특허권의 보호를 기대할 수 없고, 채권자가 본래의 권리내용을 향유할 수 없는 위험에 빠진 경우 채권자는 이 위험을 제거하기 위하여 금지청구권을 피보전권리로 하여 침해의 정지 또는 예방을 명하는 가처분을 신청할 수 있다.[1] 일반적으로 특허권자는 특허침해에 대한 긴급 구제방법으로 법원에 특허권침해금지 가처분을 신청하는 경우가 많다. 특히 판결시점에 이미 침해물품이 사라지거나, 피고가 중간에 도산되는 경우도 있어 손해배상을 받기 어려운 경우도 발생하기 때문에 가처분을 통하여 침해물품의 생산 또는 판매 중지를 신청할 수 있으며, 가압류도 동시에 청구할 수도 있다.

나. 관 할

가처분의 재판은 본안의 관할법원 또는 다툼의 대상이 있는 곳을 관할하는 지방법원이 관할한다(민사집행법 제303조). 피고가 법인 등인 경우에는 그 주된 사무소 또는 영업소의 소재지 등에 보통재판적으로 정하고, 사무소와 영업소가 없는 경우에는 주된 업무담당자의 주소에 따라 정한다(민사소송법 제5조 제1항).

2. 가처분의 요건

사분절차는 본안소송의 판결의 집행을 용이하게 하거나 확정판결이 있을 때까지 손해가 발생하는 것을 방지할 목적으로 일시적으로 현상을 동결하거나 임시적 법률관계를 형성하게 하는 재판으로서 긴급성·부수

---

1) 송상현, 32면.

성·밀행성·자유재량성·잠정성(임시성)을 특징으로 한다. 특허권침해금지 가처분의 요건으로는 피보전 권리가 있을 것(특허권이 상대방에 의해 침해되고 있을 것), 보전의 필요성이 있을 것(가처분을 신청하지 않으면 아니되는 절박한 사정이 있을 것)이 필수적인 요건이다. 또한 가처분명령을 얻기 위해서는 예외없이 담보(보증금)가 필요하다(민사집행법 제300조). 특허권침해금지 가처분의 인용 여부가 본안소송에 직접적이고 결정적인 영향을 미친다. 따라서 가처분 사건의 심리에서 공격방어방법을 집중하게 되어 심리가 본안소송 못지않게 장기화되는 경우가 많다. 일반적으로 가처분사건의 결론이 나면 그대로 분쟁이 종국적으로 해결된다.

3. 피보전권리의 소명

피보전권리는 보존의 필요성이 명료하고 구체적으로 소명되어야 한다. 보전의 필요성을 참작하기 위해서는 특허발명의 실시품이 갖는 채무자 상품과의 품질의 차이, 동종상품의 유무, 영업의 정도 및 채권자 또는 채무자의 영업에서 차지하는 비율, 실시품의 이익률, 손해배상능력의 유무 등이 함께 고려되어야 한다. 보통 특허품에 비하여 불량품 또는 조악품을 제조·판매하는 경우는 필요성이 커진다.

전용실시권을 설정한 특허권자의 경우는 필요성이 부정될 경우도 있다. 가처분을 신청할 수 있는 자는 특허권자·전용실시권자이며, 권리관계는 특허등록원부·특허공보 등에 의하여 알기 쉽게 입증할 수 있다. 권리자임을 주장하기 위하여 특허공보, 특허권의 등록원부등본을 제출하고, 상대방의 제품(또는 사진), 모형, 카탈로그, 설계도 및 신청인이 실시하고 있는 실시품(또는 사진) 등을 제출하여야 한다.

4. 가처분의 실체적 판단

가처분에 있어서, 특허침해 여부에 대한 실체적 판단은 첫째 소송물(특허발명의 내용)의 확정, 둘째 확인대상발명(침해대상물)의 특정, 셋째 양자를 대비하고 침해 여부를 판정하는 3단계 절차를 거쳐서 판단한다. 특허침해의 여부는 유체물에 대한 침해에 있어서와 같이 분명하게 판정할 수 없다는 점에 어려움이 있다. 그러나 가처분의 단계에서는 신속성을 요하므로 금지의 가처분은 명백히 침해가 인정되고 또 가처분의 필요성이 소명된 경우에만 인정함이 타당하므로 침해의 성립에 관하여 문제가 있고 신중한 심리를 거치지 않으면 판단할 수 없는 것과 같은 사안에 관해서는 피보전권리의 소명이 없거나 불충분한 것으로 인정하게 된다.

5. 가처분의 집행

가처분절차는 가압류절차에 관한 규정을 준용한다(민사집행법 제301조). 가처분의 피보전권리는 통상적으로 비금전적 채권으로 그 집행절차는 비금전채권의 실현을 위한 본집행절차에 준한다. 특허권에 대한 가처분은 처분금지가처분과 방해금지가처분이 있다. 특허권은 양도가 자유롭고 실시권의 설정이 가능하므로 특허권에 대한 이전등록청구권이나 말소등록청구권의 보전을 위해서는 당해 특허권에 대한 처분금지가처분을 하여 둘 필요가 있다. 이러한 처분금지가처분의 집행에 있어서는 특허청장에게 가처분기입등록을 촉탁한다. 방해금지가처분은 특허권에 기한 금지청구권을 보전하기 위하여 특허권을 침해하거나 침해할 우려가 있는 자에게 침해금지의 부작위를 구하는 가처분이다. 이러한 가처분에는 단순히 부작위를 구하는 형태와 점유의 제한이 수반되는 형태가 있다. 전자의 경우에는 통상의 부작위 가처분과 동일한 절차로 집행되나, 후자의 경우에는 유체동산의 점유이전금지가처분의 집행방법에 준한다.[1]

Ⅲ. 특허권침해금지 청구소송

1. 서 설

가. 의 의

특허권자 또는 전용실시권자는 자기의 권리를 침해한 자 또는 침해할 우려가 있는 자에 대하여 그 침해의 금지 또는 예방을 청구할 수 있다(제126조 제1항). 특허권자 또는 전용실시권자가 침해의 금지 또는 예방을

---

1) 전세정, 824면.

청구할 때에는 침해행위를 조성한 물건의 폐기, 침해행위에 제공된 설비의 제거 기타 침해의 예방에 필요한 행위를 청구할 수 있다(제126조 제2항). 이러한 청구소송을 보통 특허권침해금지 청구소송(이하 "침해금지소송"이라 한다)이라고 한다. 침해금지소송은 특허권의 물권적 성격, 즉 그 배타성에 기초하여 인정되는 침해행위를 하지 아니할 부작위의무의 이행을 구하는 소에 해당한다.

나. 관 할

지식재산권에 관한 소를 제기하는 경우에는 해당 사건에 관계되는 소재지를 관할하는 고등법원이 있는 곳의 지방법원에 제기할 수 있다(민사소송법 제24조). 법원은 특허권에 관한 소가 제기된 경우 그 소송의 전부 또는 일부를 관할 법원으로 이송할 수 있다. 이는 특허권과 같이 전문지식이나 거래실무가 심리의 주요내용이 되는 특정한 유형의 소는 그에 관한 전문재판부가 설치된 고등법원 소재지 지방법원에 특별재판적을 인정하여 심리를 전문적으로 원활하게 처리하도록 하기 위한 것이 그 취지이다.

다. 당 사 자

침해금지소송의 원고는 특허권자 또는 전용실시권자이고 침해금지소송을 청구할 수 있다. 특허권자가 전용실시권을 설정한 경우에는 특허권의 실시는 제한을 받지만 금지청구권은 행사할 수 있다. 통상실시권자는 침해금지소송을 제기할 수 없다. 침해금지소송의 피고는 특허권을 침해한 자 또는 침해할 우려가 있는 자이다.

2. 소송절차

가. 소의 제기

소를 제기하려면 소장(訴狀)을 1심법원에 제출하여야 한다. 소장이 제출되면 소송절차는 특허소송의 절차와 같이 소장의 심사, 소장의 송달, 답변서 제출 명령, 변론준비절차, 변론, 판결순으로 소송이 진행된다.

나. 소 장

소장으로서 효력을 갖기 위해서 반드시 기재하여야 할 사항으로 당사자 및 법정대리인의 표시, 청구취지,[1] 청구원인이 필요적 기재사항이다. 소장에 이러한 것이 갖추어지지 않았는데도 보정하지 않으면 재판장은 명령으로 소장을 각하하여야 한다(민사소송법 제254조). 소장에는 원고·피고와 소송물이 특정되어야 한다.[2] 제출된 소장을 중심으로 하여 공격과 방어가 전개되므로 침해금지소송에서 소장이 가장 중요한 서면이라 할 수 있다.

다. 소송성립의 요건

침해금지소송이 성립되기 위한 요건은 원고가 특허권자 또는 전용실시권자일 것, 피고는 침해행위를 하고 있거나 침해할 우려가 있을 것, 피고의 침해행위는 특허발명을 업으로 실시할 것 등이다. 따라서 원고는 침해금지소송의 청구의 원인란에 원고가 특허권자 또는 전용실시권자라는 사실, 피고가 업으로 물건을 생산 또는 방법을 실시하거나 또는 그 생산이나 실시의 우려가 있다는 사실, 위 물건이나 방법이 원고의 특허권에 저촉된다는 사실, 즉 특허발명의 기술적 범위에 속한다는 사실을 기재하여야 한다.

라. 청구취지

청구취지는 원고가 소장에서 소송의 목적인 권리 또는 법률관계에 관하여 어떠한 내용과 범위의 판결을 구하는 것인가를 표시하는 핵심적인 부분으로 원고가 청구하는 결론적 내용이다. 청구취지는 소송의 결론인 판결의 주문에 대응하는 필요적 기재사항의 하나이다. 따라서 청구취지에서는 원고가 금지 및 예방을 구하는 피고의 침해행위를 구체적으로 특정하여야 한다. 특허법의 경우에는 원고의 특허발명의 실시 등이 피고의 침해행위에 속하는 구체적 행위에 해당한다. 청구취지는 특허권에 대한 침해의 금지를 구하는 대상으로서 다른 것과 구별될 수 있을 정도로

---

[1] 대법원 2009.11.12 선고 2007다53785 판결: 청구취지는 민사소송에 있어서 소송물의 동일성을 판단하는 기준으로서, 법원은 처분권주의 때문에 그 의미가 매우 중요하다. 또한 청구취지는 소가의 산정, 사물관할, 상소 이익의 유무, 소송비용의 분담률, 시효중단의 범위 등을 정하는 기준이 된다. 따라서 청구취지는 그 내용 및 범위를 명확히 알아볼 수 있도록 구체적으로 특정되어야 한다.
[2] 이시윤, 233면.

구체적으로 특정되어야 한다. 청구취지의 특정 여부는 직권조사사항이라고 할 것이므로 청구취지가 특정되지 않은 경우에는 법원은 피고의 이의 여부에 불구하고 직권으로 그 보정을 명하고, 이에 응하지 않을 때에는 소를 각하하여야 한다.

대법원 2011.9.8 선고 2011다17090 판결은 "민사소송에서 청구취지는 내용 및 범위를 명확히 알아볼 수 있도록 구체적으로 특정되어야 하므로, 특허권에 대한 침해의 금지를 청구하는 경우 청구의 대상이 되는 제품이나 방법은 사회통념상 침해의 금지를 구하는 대상으로서 다른 것과 구별될 수 있는 정도로 구체적으로 특정되어야 한다. 청구취지의 특정 여부는 직권조사사항이므로 청구취지가 특정되지 않은 경우 법원은 피고의 이의 여부에 불구하고 직권으로 보정을 명하고, 이에 응하지 않을 때에는 소를 각하하여야 하나, 형식적으로는 청구취지 보정의 기회가 주어지지 아니하였어도 실질적으로는 이러한 기회가 주어졌다고 볼 수 있을 만한 특별한 사정이 있는 경우에는 보정명령 없이 소를 각하하더라도 이를 위법하다 할 수 없다"고 판시하였다.

마. 청구원인

청구원인은 청구취지에 기재된 소송물인 권리관계와 발생원인에 해당하는 사실관계, 즉 청구의 취지를 이유있게 하는 모든 사실관계를 말한다. 이는 청구취지와 함께 소송물인 권리 또는 법률관계를 특정하여 당해 소송에서 원고가 주장·입증하고 법원이 판단하여야 할 사항을 제시하는 것으로 소장의 필요적 기재사항의 하나이다. 특허에 관한 침해금지소송에서 청구원인란에는 원고의 특허권, 특허발명의 내용, 피고의 침해행위, 특허발명과 확인대상물건의 목록에 기재된 제품과 비교, 원고의 권리 등을 객관적으로 서술하는 것이 바람직하다.

바. 침해행위의 특정

1) 물건의 발명의 경우에는 피고가 생산하는 물건이, 방법의 발명의 경우에는 피고가 실시하고 있는 방법이 특허발명의 구성과 대비할 수 있을 정도로 구체적으로 특정되어야 한다. 원고가 피고의 행위가 특허권의 간접침해에 해당한다는 주장을 할 경우에는 피고의 행위가 특허법 제

127조 각호의 어느 침해 행위에 해당하는지의 여부를 명확히 특정하여야 한다. 소송절차에서 피고가 위 물건이나 방법의 실시에 관하여 부인하는 경우에는 원고에게 입증책임이 있다. 특허청구범위에 기재불비의 하자가 있어 권리범위를 인정할 수 없었던 특허발명에 대하여 그 특허청구범위를 정정하는 심결이 확정된 경우, 정정 전에 행하여진 피고인의 제품 제조·판매행위가 특허권침해죄에 해당하는지의 여부를 판단함에 있어서 정정 전의 특허청구범위를 침해대상으로 삼아 피고인이 그 특허발명의 침해죄를 범하였는지의 여부를 판단하여야 한다.

　　2) 대법원 2005.10.14 선고 2005도1262 판결은 "피고인의 위 제조, 판매행위 이후에 원심 판시와 같은 경위로 이 사건 특허발명의 특허청구범위를 정정하는 심결이 확정된 사실이 인정되고, 피고인이 제조·판매한 제품이 정정 후의 특허청구범위와 동일 또는 균등한 관계에 있는 물건일 수도 있다. 이와 같은 정정심결이 확정된 경우 그 정정이 별도의 정정무효심판절차에 의하여 무효로 되지 아니하는 한, 그 특허발명은 처음부터 정정된 특허청구범위에 의하여 특허권 설정등록이 된 것으로 보아야 한다. 헌법 제13조 제1항, 형법 제1조 제1항의 입법 취지 및 특허발명의 특허청구범위는 특허권자가 독점하여 실시할 수 있는 영역과 제3자가 침해해서는 아니 되는 영역을 객관적으로 획정하여 대외적으로 공시하는 규범적 효력이 있는 점에 비추어 보면, 피고인의 행위가 특허권침해죄에 해당하는지의 여부를 판단함에 있어 정정 후의 특허청구범위를 침해대상 특허발명으로 삼는 것이 피고인에게 불리한 결과를 가져오는 경우까지도 정정의 소급적 효력이 당연히 미친다고 할 수는 없는 법리이다. 그 결과 원심이 정정 전의 특허청구범위를 침해대상 특허발명으로 삼아 피고인이 그 특허발명의 침해죄를 범하였는지의 여부를 판단한 것은 정당하다"고 판시하였다.

사. 준비서면

　　준비서면이라 함은 당사자가 변론에서 하고자 하는 진술사항을 기일 전에 예고적으로 기재하여 법원에 제출하는 서면을 말한다. 준비서면의 목적은 법원이나 상대방 당사자가 복잡한 사안에 대하여 미리 이해하고 준비하여 변론에 임하게 하려는 것이다. 따라서 실질적인 변론 및 증거조사를 집중하여 신속한 결론을 내도록 유도하여야 한다. 준비서면은 상대방이 준비하는 데 필요한 기간을 두고 제출하여야 하며, 법원은 상대방에게 그 부본을 송달하여야 한다. 민사소송법은 변론의 집중을 선언하고 있을 뿐만 아니라 병행심리방식에서 집중심리방식으로 과감하게 전환하였다. 준비서면은 변론예고에 그치기 때문에 이를 제출하는 것만으로 소송자료가 될 수 없다. 소송자료가 되기 위해서는 변론에서 진술을 필요로 한다. 준비서면은 일반적으로 준비서면 외에 답변서와 요약준비서면 등 3가지가 있다. 답변서는 피고나 피상소인의 본안신청을 적어 놓은 최초의 준비서면을 말한다. 요약준비서면은 변론 종결 전에 종래의 쟁점과 증거의 정리 결과를 요약한 것으로 나중에 제출하는 준비서면이다. 준비서면에 기재하지 아니한 사실은 상대방이 출석하지 아니한 때에는 변론에서 주장하지 못한다. 이는 예측하지 못한 주장사실에 대하여 진술할 기회를 상실한 채 의제자백으로 되는 상대방의 불이익을 방지하려는 것이 그 취지이다.

아. 입증방법

입증방법으로 특허등록원부·특허등록공보·침해행위를 입증할 수 있는 피고의 카탈로그 또는 피고 제품의 사진·경고장 등을 첨부하여야 한다. 민사소송법은 적시제출주의를 취하고 있으므로 공격 또는 방어의 방법은 소송의 정도에 따라 적절한 시기에 제출하여야 한다(민사소송법 제146조). 재판장은 당사자의 의견을 들어 한 쪽 또는 양 쪽 당사자에 대하여 특정한 사항에 관하여 주장을 제출하거나 증거를 신청할 기간을 정할 수 있으며, 당사자가 위 기간을 넘긴 때에는 정당한 사유를 소명하지 못하는 한 주장을 제출하거나 증거를 신청할 수 없다. 재판장은 소장을 심사하면서 필요하다고 인정하는 경우에는 원고에게 청구이유에 대응하는 증거방법을 구체적으로 적어 내도록 명할 수 있으며, 원고가 소장에 인용한 서증의 등본 또는 사본을 붙이지 아니한 경우에는 이를 제출하도록 명할 수 있다.

3. 심리의 원칙

가. 구술심리주의

당사자는 소송과 관련하여 법원에서 변론하여야 한다(민사소송법 제134조 제1항). 민사소송법은 구술심리주의를 원칙으로 하면서 서면심리주의로 그 결점을 보완하고 있다. 당사자는 소송에 있어서 법관의 면전에서 구술변론을 하여야 하고, 구술로 진술한 소송자료만이 판결의 기초로 된다. 판결은 기본이 되는 변론에 관여한 법관이 하여야 한다. 법원의 심리는 준비절차와 변론을 통하여 심리가 진행된다.

나. 처분권주의

처분권주의라 함은 절차의 개시, 재판의 대상 그리고 절차의 종결에 대하여 당사자에게 주도권을 주어 그 처분을 맡기는 것을 말한다. 법원은 당사자가 신청하지 아니한 사항에 대하여는 판결하지 못한다(민사소송법 제203조). 즉 처분권주의는 당사자의 소송물에 대한 처분자유를 의미한다.[1]

다. 변론주의

당사자는 주장과 입증을 충실히 할 수 있도록 사전에 사실관계와 증거를 상세히 조사하여야 한다(민사소송규칙 제69조). 변론주의라 함은 소송자료의 수집·제출의 책임을 당사자에게 맡기고, 당사자가 수집한 소송자료만을 재판의 기초로 삼아야 한다는 입장이다. 소송자료는 넓은 의미에서 사실자료와 증거자료를 포함하나, 좁은 의미에서는 사실자료만을 의미한다. 변론주의 예외로서 직권탐지주의와 직권조사주의가 있다. 민사소송규칙 제69조에서 사실관계와 증거에 관한 사전조사의 의무를 당사자에게 부과한 것은 변론주의를 염두에 둔 것으로 볼 수 있다. 변론주의를 제출주의라고도 한다.[2]

라. 적시제출주의

공격 또는 방어의 방법은 소송의 정도에 따라 적절한 시기에 제출하여야 한다. 적시제출주의는 당사자가 공격방어방법을 소송의 정도에 따

---

1) 이시윤, 277면.
2) 이시윤, 285면. 대법원 2005.4.15 선고 2004후448 판결.

라 변론의 종결에 이르기까지 어느 때라도 공격방어방법을 제출할 수 있는 제도를 말한다. 새로운 민사사건 관리방식에 의하면 소장 부본을 받아 본 피고가 다투는 경우 서면에 의한 쟁점정리절차에 들어가고 그 단계에서 증인신문을 제외한 모든 주장·입증이 완료되는 것을 원칙으로 하고 있다. 집중심리방식은 소송의 초기단계에서 사건을 분류하여 각 사건에 적합한 처리방법을 정하고, 조기에 쟁점과 증거를 정리하여 증명의 대상이 되어야 할 사실을 명확히 한 다음 이에 초점을 맞추어 효율적이고 집중적인 증거조사를 실시하는 심리방식을 말한다. 따라서 원고는 소장 접수 단계에서부터 청구원인을 명확히 하고, 소장에는 증거로 될 문서 가운데 중요한 것의 사본을 첨부하여 함께 제출하여야 한다. 소장·답변서 기타 준비서면에 사실상의 주장을 기재한 때에는 가능한 한 증거방법을 부기하여야 한다(민사소송규칙 제63조 제2항).

마. 법원과 당사자주의의 역할

소송심리의 과정은 실체적 진실을 발견하기 위하여 당사자와 법원의 공동으로 전개된다. 이와 관련하여 당사자에게 소송운영의 주도권을 부여하는 원칙을 당사자주의라 하고, 법원에게 그 주도권을 부여하는 원칙을 직권주의라고 하는데 이는 다음과 같은 세 가지 측면으로 나타난다. 첫째 법원의 심판대상, 즉 소송물을 누가 특정할 것인가와 관련하여 당사자에게 주도권을 인정하는 원칙을 당사자처분권주의(민사소송법 제203조)라고 하여 오늘날 일반적으로 채택되어 있다. 둘째 소송진행의 주도권을 누가 갖느냐와 관련하여 당사자진행주의와 직권진행주의로 나뉘는데 직권진행주의를 법원의 권능의 관점에서 파악하면 소송지휘권을 그 내용으로 한다. 셋째 심판자료의 수집 및 제출에 관한 기능과 책임에 관하여 변론주의와 직권탐지주의로 나눌 수 있다.[1]

---

1) 송상현, 381면.

Ⅳ. 특허침해론

1. 서 설

가. 특허침해의 유형

특허침해의 유형은 크게 문언침해·균등침해·생략침해 및 기타 유형으로 구분할 수 있다. 대부분의 특허침해는 생략침해와 균등침해라 할 수 있으며, 이러한 침해는 침해유무를 판단하기가 쉽지 않다. 그러나 문언침해나 이용침해는 청구항의 구성요소와 침해발명의 구성요소를 쉽게 판단할 수 있는 영역이다. 다음 표는 특허침해에 대한 대법원 판례의 경향이다.[1] 이러한 경향은 미국, 일본, 독일 등의 판례와 거의 대동소이하고 할 수 있다.

<특허침해의 유형 및 판례 경향>

특허침해 유형	특허발명 구성	침해발명 구성	침해성립 여부	대법원 판례
문언침해	A+B+C	A + B + C	인 정	2000후273
균등침해	A+B+C	A + B + C1	인 정	2001후171
이용침해	A+B+C	A + B + C + D	인 정	2004후59
생략침해	A+B+C	A + B	불인정	2005후18
선택침해	A+B+C	a + B + C	불인정	2007후883
우회침해	A+B+C	A + b + B + C	인 정	2003후1734
불완전 이용침해	A+B+C	A + B + D	불인정	2000후3449

주) 1. 영문자 A, B, C는 특허발명(청구항)의 구성요소
2. 영문자 A, B, C, a, b, C1, D는 침해발명(실시품)에 있는 구성요소

나. 특허침해의 종류

(1) 직접침해

직접침해란 침해자가 타인의 특허된 발명을 생산·판매하는 등 직접적으로 실시한 것을 말한다. 예를 들어, 제3자가 특허발명을 위조하거나 모방한 제품을 제조·판매하는 등 침해행위를 한 경우 그 실시행위(모조품)가 특허발명의 구성요소 모두를 포함하는 경우에는 직접침해라고 판단한

---

1) 특허법원 지적재산소송실무연구회, 216면.

다. 특허법에서는 직접침해의 요건은 명문화하고 있지 않지만, 침해죄에 대해서는 특허법 제225조 제1항에서 규정하고 있다. 침해행위는 제3자가 정당한 권한없이 업으로 물건의 특허발명인 경우 그 물건의 생산·사용·양도·대여 또는 수입하거나 그 물건의 양도 또는 대여의 청약을 하는 행위, 방법의 특허발명인 경우에는 그 방법을 사용하는 행위, 물건을 생산하는 방법의 특허발명인 경우에는 그 방법을 사용하는 행위 외에 그 방법에 의하여 생산된 물건을 사용·양도·대여 또는 수입하거나 그 물건의 양도 또는 대여의 청약을 하는 행위를 말한다. 대법원 2001.8.21 선고 99후2372 판결은 특허발명의 특허청구범위의 청구항이 복수의 구성요소로 되어 있는 경우에는 그 각 구성요소가 유기적으로 결합된 전체로서의 기술사상이 보호되는 것이지 각 구성요소가 독립하여 보호되는 것은 아니므로, 특허발명과 대비되는 확인대상발명이 특허발명의 청구항에 기재된 필수적 구성요소들 중의 일부만을 갖추고 있고 나머지 구성요소가 결여된 경우에는 원칙적으로 그 확인대상발명은 특허발명의 권리범위에 속하지 아니한다 할 것이다. 또한 특허발명의 청구항이 일정한 범위의 수치로 한정한 것을 구성요소의 하나로 하고 있는 경우에는 그 범위 밖의 수치가 균등한 구성요소에 해당한다는 등의 특별한 사정이 없는 한 특허발명의 청구항에서 한정한 범위 밖의 수치를 구성요소로 하는 확인대상발명은 원칙적으로 특허발명의 권리범위에 속하지 아니한다고 판단하였다.

(2) 간접침해

직접침해는 특허청구범위에 기재된 특허발명의 모든 구성요소를 당해 침해품이 모두 실시할 경우에 침해가 성립한다. 그러나 이러한 원칙을 고수한다면 다수의 구성요소로 구성된 특허발명이 다수의 부품으로 나누어져 생산·양도되고 최종소비자에 의해 조립·완성되어 개인적으로 사용될 경우에는 부품생산자에게 직접침해의 책임을 추궁할 수 없기 때문에 특허권의 효력은 현저히 감소될 수 있다. 간접침해는 당해 특허권의 구성요소(부품) 일부기 침해품의 일부 구성요소와 동일한 경우 그 침해품의 일부구성이 "그 물건의 생산에만 업으로 실시된 경우"에 침해로 간주한다 (제127조). 제3자가 당해 특허발명에만 사용되고 있는 발명의 구성의 일부인 특정부품을 제조하거나 생산하여 장차 직접 침해할 우려가 있는 경우이다. 직접침해가 성립되지 않지만, 침해로 볼 수 있는 행위를 특허침해로 간주해서 처벌하고, 특허권자의 권리의 보호를 강화하려는 것이 간접침해의 취지이다.

판례에 따르면, 특허법 제127조의 법조문의 해석에서 "업으로", "생산에만", "실시에만"에 대한 용어에 대한 해석이 쟁점이 되고 있다. 일반적으로 간접침해가 성립하려면, 발명의 실시가 영업을 목적으로 하고 있고, 당해 특허발명의 생산 또는 실시의 용도 이외에는 사용되지 아니하고, 당해 특허발명의 생산에만 사용되는 물건에 해당하면 간접침해가 성립되는 것으로 취급한다.[1]

다. 특허침해의 성립요건

특허권의 침해란 특허발명을 업으로 실시할 권한이 없는 자가 그것을 업으로 실시할 경우에 성립된다. 특허권의 침해는 다음의 요건을 필요충분조건으로 하여 성립된다.

(1) 실시행위가 업으로일 것

특허권의 침해는 업으로 실시할 때 성립된다. 특허발명의 실시란 특허법 제2조 제3호의 행위를 의미하지만, 이상의 행위가 특허권의 침해로 성립되기 위해서는 발명의 실시행위가 반드시 영업을 목적으로 실시되고 있어야 한다. 업으로의 실시가 아닌 가정적·개인적인 목적의 실시는 침해에 해당하지 않는다.

(2) 특허청구범위에 기재된 발명일 것

특허권의 침해는 특허청구범위에 기재된 발명을 업으로 실시할 때 발생한다. 명세서의 발명의 상세한 설명 또는 도면에만 기재되고 있는 발명의 실시는 원칙적으로 특허권의 침해를 구성하지 않는다. 그 이유는 특허발명의 보호범위는 특허청구범위에 기재된 사항에 의하여 정하여지기 때문이다(제97조). 대법원 2009.7.23 선고 2007후4977 판결은 "특허출원된 발명이 특허법 제29조 제1항·제2항에서 정한 특허요건, 즉 신규성과

---

1) 대법원 2001.1.30 선고 98후2580 판결.

진보성이 있는지를 판단할 때에는, 특허출원된 발명을 같은 조 제1항 각 호에서 정한 발명과 대비하는 전제로서 그 발명의 내용이 확정되어야 한다. 따라서 특허청구범위는 특허출원인이 특허발명으로 보호받고자 하는 사항이 기재된 것이므로, 발명의 내용의 확정은 특별한 사정이 없는 한 특허청구범위에 기재된 사항에 의하여야 하고 발명의 상세한 설명이나 도면 등 명세서의 다른 기재에 의하여 특허청구범위를 제한하거나 확장하여 해석하는 것은 허용되지 않는다. 이러한 법리는 특허출원된 발명의 특허청구범위가 통상적인 구조·방법·물질 등이 아니라 기능·효과·성질 등의 이른바 기능적 표현으로 기재된 경우에도 마찬가지이다. 따라서 특허출원된 발명의 특허청구범위에 기능·효과·성질 등에 의하여 발명을 특정하는 기재가 포함되어 있는 경우에는 특허청구범위에 기재된 사항에 의하여 그러한 기능·효과·성질 등을 가지는 모든 발명을 의미하는 것으로 해석하는 것이 원칙이다. 다만, 특허청구범위에 기재된 사항은 발명의 상세한 설명이나 도면 등을 참작하여야 그 기술적 의미를 정확하게 이해할 수 있으므로, 특허청구범위에 기재된 용어가 가지는 특별한 의미가 명세서의 발명의 상세한 설명이나 도면에 정의 또는 설명이 되어 있는 등의 다른 사정이 있는 경우에는 그 용어의 일반적인 의미를 기초로 하면서도 그 용어에 의하여 표현하고자 하는 기술적 의의를 고찰한 다음 용어의 의미를 객관적·합리적으로 해석하여 발명의 내용을 확정하여야 한다"고 판시하였다.

(3) 유효한 특허발명의 실시일 것

특허권의 침해가 성립하려면 그 발명이 특허발명으로서 유효한 것이어야 한다. 특허출원 중 또는 특허권이 소멸된 후의 실시행위는 독점권이 존재하지 아니한 상태에서의 실시이므로 특허권의 침해가 성립될 수 없다. 특허권의 존속기간은 특허권의 효력이 미치는 시기적 한계를 정한 것이므로 존속기간의 만료 이후에는 누구나 특허발명을 실시할 수 있다.

(4) 위법한 실시행위일 것

특허권의 침해는 실시행위가 위법(違法)한 경우에만 성립된다. 위법한 실시란 권한없는 제3자가 타인의 특허발명을 업으로 실시하는 것을 의미한다. 실시권자가 업으로 특허발명을 실시하더라도 그것이 적법한 실시행위라면, 특허권의 침해가 되지 않는다.

2. 특허청구범위의 해석

가. 의 의

1) 특허권 침해의 문제는 소송물, 즉 확인대상발명이 특허권의 권리범위에 속하는지의 여부를 판단하는 것이다. 권리설정 이후 특허침해 판단과 특허청구범위의 해석은 법원의 권한에 속한다. 우리나라 법원의 판례와 특허심판원의 심결을 살펴보면, 사건의 진실을 파악하기 위해서 특허청구범위에 기재된 사항을 위주로 해석하는 원칙에 따라 권리범위를 해석하되, 판례 등을 참작하여 법률문제와 사실문제에 입각하여 판단한다. 일반적으로 특허청구범위 기재사항 우선원칙, 모든 구성요소 포함의 원칙, 발명의 상세한 설명 및 도면의 참작, 균등론, 금반언 또는 공지배제 원칙 등이 선택적으로 적용된다.

2) 대법원 2005.10.14 선고 2005도1262 판결은 특허를 무효로 하는 심결이 확정되기 전이라도 그 권리범위를 인정할 수 없고, 이처럼 권리범위가 인정되지 아니하는 특허발명과 동일 또는 균등한 관계에 있는 발명을 실시하는 행위는 특허권침해죄를 구성하지 아니하는 법리에 의하면, 피고인이 공소사실 기재의 환편기용 실저장 및 공급장치를 제조, 판매할 당시 이 사건 특허발명의 필수적 구성요소가 모두 기재되어 있다고 할 수 없는 이 사건 특허발명의 특허청구범위(원심 판시의 "정정 전 특허청구범위"임)는 구 특허법 제8조 제4항에 위반된 것이어서 그 권리범위를 인정할 수 없는 것이므로, 피고인이 제조, 판매한 물품이 정정 전 특허청구범위와 동일 또는 균등관계에 있는지의 여부에 관계없이 피고인의 행위가 특허권침해죄에 해당하지 아니한다는 취지의 원심 판단은 그 결론에 있어서 정당하다고 판단하였다.

나. 청구항의 기재형식

미국식 청구항 기재방식은 전제부, 연결부 및 본문으로 구성되는 형식의 청구항 기재방식이 정립되어 있다.

우리나라 실무에서는 유럽식 청구항(젭슨형 청구항)을 선호하는 경향이다. 젭슨형 청구항을 기재할 경우 전제부에는 주로 발명의 기술분야, 발명을 요약하거나, 발명의 명칭, 종래기술과의 관계를 나타낸다. 본문에는 발명의 기술적 특징인 발명의 구성요소를 나열하고, 구성요소들간의 구조적·물리적 또는 기능적으로 결합하는 방식으로 청구항을 기재한다.

다. 청구항의 전제부 해석

청구항의 해석에서 쟁점이 되는 것은 특허침해소송에 있어서 전제부에 대한 취급이다. 특허법 제97조는 "특허발명의 보호범위는 특허청구범위에 기재된 사항에 의하여 정하여 진다"고 규정하고 있으므로 특허청구범위에 기재된 구성요소는 (전제부를 포함하여) 모두 필수구성요소로 볼 것인지 아니면 전제부가 공지기술이라면 이를 제외할 것인지의 여부이다.

이러한 젭슨형 청구항에 대한 발명의 해석에 관하여 미국 판례는 전제부의 기재가 청구항에 의미를 주고, 발명을 정확하게 기능을 하는 때에는 특허청구범위의 한정, 즉 구성요소로 본다는 것이고, 그러한 유형으로 전제부가 특허발명을 종래기술과 구별 짓는 데 도움을 주는 경우와, 발명이 전제부에 기재된 특정한 구성을 실현 가능하게 한 경우 등을 들고 있다. 그러나 이러한 미국에서의 해석은 위에서 본 우리나라나 일본에서의 해석과도 조화되는 것으로서 상충하는 면은 없고, 단지 일반적인 전제부 해석원칙을 다시 한번 확인하는 정도에 그친다고 할 것이다. 결국, 전제부를 포함한 특허청구범위에 기재된 모두 구성요소는 필수 구성요소이므로 전제부를 갖추지 아니한 발명은 특허를 침해한 것이 아니지만, 전제부는 종래의 공지기술이나 특허발명이 적용되는 기술분야 등을 나타내는 것이기 때문에 특허청구범위의 특정부(본문)에 비하여 다소 낮은 엄격성으로 전제부를 실시하고 있는지의 여부를 판단하면 된다는 것이다. 주의할 것은 앞에서 살펴본 바와 같이 우리나라 법원의 판례에서 젭슨형 청구항에서 전제부를 해석할 경우 무조건 공지기술로 해석하지 않는다는 점이다. 따라서 전제부의 구성을 필수구성요소로 인정하는 판례도 있나는 점에 유의하여야 한다.

라. 특허청구범위의 전제부에 대한 해석 관련 판례

(1) 전제부에 기재된 것을 필수구성요소로 인정한 판결

특허법원 2004.2.20 선고 2003허2096 판결은 "이 사건 제1항 발명에 있어서, 최초 정정심판청구서에 의한 정정은 특허청구범위 중 '~을 필름화시킨 상태에서 이를 6조각으로 가닥을 내고'를 삭제하고 그 대신 앞부분에 '여러 조각으로 가닥난 필름을 꼬아서 형성된 고강력 합성수지 끈에 있어서, 위 필름은'을 부가하는 내용으로 정정하는 것이므로 살피건대, 정정 전에는 '6조각으로 가닥난 필름'으로 한정되어 있던 구성이 정정 후에는 '6조각 이외의 조각으로 가닥난 필름'까지 모두 포함하는 구성으로 되었으므로 위 정정은 이 사건 제1항 발명의 특허청구범위를 실질적으로 확장하는 것이 되어 부적법하다고 할 것이다. 원고는, 발명의 요지는 전제부가 아닌 특징부에 있는 것이고 위 정정은 종래 기술인 전제부를 더욱 확대한 것에 불과하므로 특허청구범위를 확장한 것이 아니라고 주장하나, 특허발명의 청구항이 복수의 구성요소로 되어 있는 경우 각 구성요소가 유기적으로 결합된 전체가 특허발명의 요지를 이루는 것이고, 이른바 젭슨형 청구항(Jepson type claims)에 있어서 전제부에 기재된 구성요소 역시 당해 특허발명의 필수적 구성요소라고 보아야 한다"고 판시하였다. 특허법원 2002.9.6 선고 2002허1355 판결도 원고가 등록고안의 청구범위는 '~에 있어서'라는 이른바 젭슨형 청구항을 기재한 점, 전제부의 구성인 '계수기 투시용 투시구(2)에는 힌지 방식의 투명창(4)'에 관하여는 명세서에 그 구성 및 작용이 구체적으로 기재되어 있으므로 위 구성이 청구범위의 전제부에 기재되어 있다는 사실만으로 등록고안의 기술적 과제를 수행함에 있어 필수적인 구성요소가 아니라고 단정할 수 없다고 한다.

(2) 전제부에 기재된 것을 권리범위에서 제외되는 듯이 판시한 판결

대법원 2002.6.14 선고 2000후2712 판결은 "거절이유통지를 받고 의견서 및 보정서를 제출하면서 인용참증에 저촉되는 부분을 공지의 기술로 하여 청구범위를 대폭 축소 한정한다고 주장함과 아울러 청구항 제1항 및 제2항을 결합하여 하나의 청구항으로 만들되 청구항 제1항에 있던 부분을 모두 전제부로 기재하고 청구항 제2항에 있던 부분을 특징부에 기재한 경우, 출원인 스스로 전제부 기재사항을 공지의 기술로 인정하였고 이것은 이와 균등관계에 이는 구성에 대해서는 그 권리범위를 주장하지 않겠다는 취지이므로 출원경과 금반언의 원칙상 특징부의 구성을 달리하는 것은 출원인이 의식적으로 그 보호범위를 제외한 것으로 봄이 상당하다"고 판시하였다. 특허법원 2004.8.26 선고 2003허6227 판결도 "청구항의 구성요소가 종래기술을 기재한 전제부(구성요소 1)와 전제부에 기재된 종래기술에 신규한 사항을 부가하거나 종래기술을 특정한 구성으로 한정하는 형식(이와 같은 형식으로 기재한 청구항을 "젭슨형 청구"라 한다)으로 기재된 것이 아니라, 전제부에 기재된 구성요소 1을 특징부에 기재된 구성요소 2로 대체하는 형식으로 기재되어 있다 할 것이므로, 신규성 및 진보성을 판단함에 있어서는 종래기술에 불과한 구성요소 1을 비교대상고안과 대비할 필요없이 구성요소 2를 중심으로 비교대상고안과 대하면 된다"고 판시하면서 청구항이 "～에 있어서"라는 젭슨형으로 기재되었다고 하더라도 젭슨형 청구항이라고 할 수 없다는 취지로 판단하였다.

3. 특허침해소송에서 적용되는 원칙

가. 특허청구범위 우선의 원칙

특허발명의 보호범위는 특허청구범위에 기재된 사항에 의하여 정하여지는 것이므로 특허청구범위에 기재된 사항에 발명의 상세한 설명이나 도면에 기재된 사항을 참작하여 특허보호범위를 변경하거나 확장하여 해석하는 것은 인정될 수 없다. 특허침해를 판단하는 것은 결국 비교의 대상인 확인대상발명과 기술적 동일성 여부를 심판하는 것이므로 보호범위 판단의 전제 조건으로 특허발명과 확인대상발명이 먼저 확정되어야 한다. 특허청구범위를 해석하는 경우 특허청구범위에 기재된 사항만으로 해석하는 것이 원칙이다.[1] 특허청구범위의 기재와 명세서의 기타 부분이 모순이 있는 때에는 특허청구범위의 기재에 명백한 오기가 있어서 그 것을 시정하여 해석하더라도 제3자의 이익을 해하지 아니한 경우를 제외

---

1) Youkisato Ida, 영문명세서 번역의 실무, 사단법인 발명협회(2007), 294면: 특허청구범위는 특허의 심장이다(The claims are the heart of the patent).

하고 특허청구범위가 우선한다. 특허청구범위에 기재되지 아니한 발명의 상세한 설명 또는 도면에 기재된 사항에 관하여 권리범위를 인정하는 것은 허용되지 않는다. 대법원 2008.3.13 선고 2006후1452 판결은 특허권의 권리범위는 명세서의 특허청구범위에 기재된 사항에 의하는 것이 원칙이고, 그 기재만으로 기술적 구성을 알 수 없거나, 알 수 있더라도 권리범위를 확정할 수 없는 경우에만 예외로 발명의 상세한 설명이나 도면 등 다른 기재에 의하여 보충하여 권리범위를 확정하되, 이 경우에도 그 다른 기재로 권리범위를 확정해석하거나 제한 해석할 수 없다고 판단하였다.

나. 모든 구성요소 포함의 원칙

특허청구범위란 복수의 기술적 구성요소의 유기적 결합이라고 정의할 수 있다. 모든 구성요소 포함의 원칙(AER: All Elements Rule)이란 특허발명의 권리범위의 해석에 있어서 이른바 "구성요소설"이라 부르는 해석방법과 본질적으로 동일하다. 이는 "특허청구범위에 기재하는 모든 구성요소(element)를 실시하면 침해가 성립한다"고 하는 원칙이다. 따라서 구성요소가 하나라도 생략된 실시는 침해가 성립하지 않는다. 구성요소 포함의 원칙에 따르면, A+B+C+D로 구성된 청구항을 가진 발명이 있다고 가정할 때 A+B+C로 구성된 실시태양은 D라는 구성요소를 결여하고 있기 때문에 침해로 인정되지 아니한다. 만약 A+B+C+D'로 구성된 경우 D'가 D의 균등물이라고 인정되는 경우는 침해로 인정될 수 있다.

대법원 2006.11.23 선고 2005후18 판결은 특허발명의 보호범위는 특허청구범위에 기재된 사항에 의하여 정하여지는 것으로서, 특허발명이 복수의 구성요소로 되어 있는 경우에 그 각 필수적 구성요소 중 일부 구성요소만을 갖추고 있는 발명은 특허발명의 권리범위에 속하지 않는다. 특허발명이 종래기술에서 일반적으로 사용되던 기술적 수단을 생략하였음을 특징으로 하는 구성을 가지고 있는 경우, 그에 대비되는 확인대상발명이 그 생략된 기술적 수단을 명시적으로 채택하고 있다면, 그 확인대상발명은 특허발명의 위 구성을 갖추지 못한 것으로서 특허발명의 권리범위에 포함되지 않는다고 판단하였다.

다. 발명의 상세한 설명 및 도면의 참작

발명의 보호범위는 특허청구범위를 기준으로 판단하고, 특허청구범위를 해석할 경우에는 발명의 상세한 설명 및 도면을 참작할 수 있다. 명세서 중 발명의 상세한 설명에는 그 발명이 해결하려고 하는 기술적 과제와 그 과제를 해결하기 위한 구체적 수단 및 그 수단에 의하여 달성되는 작용효과가 구체적으로 기재되고 있으므로, 특허청구범위에 기재되고 있는 추상적인 기술사상을 정확히 이해하기 위해서는 발명의 상세한 설명을 참작할 수 있는 것이다.

특허법에는 "특허발명의 보호범위에 관하여 발명의 상세한 설명에 기재된 내용을 참작하여야 한다"는 명시적인 표현은 없으나 법원의 판례에서는 이 원칙을 묵시적으로 지지하고 있다. 대법원 2008.2.28 선고 2005다77367 판결은 "특허권의 권리범위 내지 보호범위는 특허출원서에 첨부한 명세서의 특허청구범위에 기재된 사항에 의하여 정하여지는 것이 원칙이다. 특허청구범위에 기능·효과·성질 등에 의한 물건의 특징을 포함하고 있어 그 용어의 기재만으로 기술적 구성의 구체적 내용을 알 수 없는 경우에는 발명의 상세한 설명이나 도면 등을 참작하여 특허발명의 기술적 구성을 확정하여야 한다. 특허의 명세서에 기재된 용어는 명세서에 그 용어를 특정한 의미로 정의하여 사용하고 있지 않은 이상 당해 기술분야에서 통상의 기술자에게 일반적으로 인식되는 용어의 의미에 따라 명세서 전체를 통하여 통일되게 해석되어야 한다. 또한 특허청구범위에 기재된 용어 그대로의 해석이 명세서의 다른 기재에 비추어 보아 명백히 불합리한 경우에는 출원된 기술사상의 내용과 명세서의 다른 기재 및 출원인의 의사와 제3자에 대한 법적 안정성을 두루 참작하여 정의와 형평에 따라 합리적으로 해석하여야 한다"고 판시하였다.

라. 균등론(Doctrine of Equivalents)

균등론은 발명의 보호범위가 특허청구범위에 기재된 발명뿐만 아니라 합리적인 균등물에까지 미친다는 이론이다. 1950년 미국 대법원이 내린 Graver Tank 판결이 균등론에 대한 리딩판결이라 할 수 있다.[1] Graver

---

[1] Graver Tank v. Linde Air Products Co. 339 U.S. 605(1950): 균등 판단의 3단계

Tank 사건은 전기용접에 사용되는 용제조성물에 관한 사건으로 원고 Lind Air Product사의 특허를 알칼리 토류금속(2A족) 규산염으로 칼슘과 마그네슘 규산염을 개시하였고, 피고 Graver Tank사는 7A족인 망간(Mn)을 사용하여 실시하였다. 소송과정에서 전문가들은 용접용 조성물은 망간(Mn)과 마그네슘(Mg)이 등가물로 치환이 가능하다고 증언하였다. Graver Tank 사건의 판시사항은 문언적 침해가 아니더라도 실질적으로 동일한 방법(same way), 동일한 기능(same function), 동일한 결과(same result)의 3가지 요건을 모두 만족한 경우에는 균등침해가 인정되므로 직접침해가 성립된다고 판시하였다. 다음표는 Graver Tank 사건에 대한 침해판단 절차도이다.

<Graver Tank 사건의 침해판단 절차>

1	2	3	4	5	6
Inssued Claim	Accused Item	All Element Rule	Doctrin of Equivalents	File Wrapper Esstoppel	Direct Infringement
Calcium Fluoride	Calcium Fluoride	Yes	N/A	N/A	Yes
Calcium Silicate	Calcium Silicate	Yes	N/A	N/A	Yes
Magnesium Silicate	Magnesium Silicate	No	Yes	No	No

(1) 균등의 일반적 성립요건

일반적으로 균등이 성립하려면 특허발명의 구성요소와 기능이 동일하고 그것이 치환되어도 특허발명과 동일한 작용효과를 발휘하고(치환가능성), 특허발명은 복수의 구성요소의 유기적 결합관계(A+B+C+X)에 있고 만약 그 구성요소의 하나(C) 또는 유기적 결합관계(X)를 그것과 기능이 동일한 구성요소 C'또는 결합관계 X'로 치환하여도 동일한 작용효과를 달성할 수 있고, 그 치환이 특허출원 당시 통상의 기술자가 용이하게 추론할 수 있는 정도의 것이고(예측가능성), 즉 그 치환을 통상의 기술자가 출

기준을 제시하였다(...perform substantially the same function in substantially the same way to obtain the same result).

원 당시의 기술상식에 의하여 용이하게 추론할 수 있는 것인 경우에 A+B+C'+X'로 구성된 발명은 특허발명과 균등한 발명이므로 특허발명의 권리범위에 속하는 것으로 본다.[1]

(2) 균등의 기본원칙

균등에 관한 우리나라 최초 리딩판결인 대법원 2000.7.28 선고 97후2200 판결에서 제시한 균등의 기본원칙은 다음과 같다. (i) 특허발명과 확인대상발명의 기술사상 내지 과제의 해결원리가 공통하거나 동일할 것, (ii) 확인대상발명의 치환된 구성요소가 특허발명의 구성요소와 실질적으로 동일한 작용효과를 나타낼 것, (iii) 치환하는 것 자체가 그 발명이 속하는 기술분야에서 통상의 지식을 가진 자가 용이하게 도출해 낼 수 있을 정도로 자명할 것, (iv) 확인대상발명이 당해 특허발명의 출원시에 이미 공지된 기술이거나 그 공지기술로부터 통상의 기술자가 용이하게 도출해 낼 수 있는 것이 아닐 것,[2] (v) 확인대상발명의 치환된 구성요소가 특허청구범위로부터 의식적으로 제외된 기술이 아닐 것 등이다.[3]

마. 금반언(禁反言, estoppel)

(1) 의 의

금반언이란 특허침해소송에서 출원 중에 본인이 주장한 절차와 모순되는 주장을 하는 것을 금지하는 원칙이다. 실무에서 특허출원중 출원인이 행한 특허청구범위를 감축하는 보정과 관련하여, 침해소송에서 보정 전에 한 당초의 넓은 특허청구범위로 확장해석을 금지하는 원칙이다. 특허청구범위의 해석에 있어서 금반언의 원칙을 도입한 것은 균등론에 의한 보호범위의 지나친 확장해석을 제한하기 위해서이

---

1) 대법원 2009.6.25 선고 2007후3806 판결.

2) 대법원 2007.1.12 선고 2006후2790 판결: 공지기술배제의 원칙으로 확인대상발명이 공지기술 뜨는 그로부터 용이하게 도출해 낼 수 있는 기술은 누구도 특허를 받을 수 없는 자유실시기술로 특허권의 권리범위가 미치지 않기 때문에, 결국 균등 영역에 해당하지 않는다고 판단한다.

3) 대법원 2008.4.10 선고 2006다35308 판결: 출원포대금반언의 원칙(file wrapper estoppel)으로 특허출원의 심사과정에서 인용된 선행기술을 피하기 위하여 특허청구범위를 축소하는 보정을 한 경우 당초의 특허청구범위에 기한 권리는 인정할 수 없다.

다.[1] 금반언은 발명의 보호범위를 특허청구범위에 기재된 사항 외에 균등물에까지 확대해석하려는 균등론과 함께 전통적인 법이론인 금반언 원칙에 의거 이론적 지지를 받게 되어 침해판단의 기본원칙으로 적용된다.

대법원 2009.5.28 선고 2007후4410 판결은 "심판은 특허심판원에서의 행정절차이며 심결은 행정처분에 해당하고, 그에 대한 불복의 소송인 심결취소소송은 항고소송에 해당하여 그 소송물은 심결의 실체적·절차적 위법 여부이므로, 당사자는 심결에서 판단되지 않은 처분의 위법사유도 심결취소소송단계에서 주장·입증할 수 있고, 심결취소소송의 법원은 특별한 사정이 없는 한 제한없이 이를 심리·판단하여 판결의 기초로 삼을 수 있다. 특허심판단계에서 소극적으로 하지 않았던 주장을 심결취소소송단계에서 하였다는 사정만으로 금반언 내지 신의칙에 위반된다고 볼 수 없으므로, 특허심판단계에서 확인대상발명을 실시하고 있지 않다는 주장을 하지 않았다고 하더라도 심결취소소송단계에서 이를 심결의 위법사유로 주장할 수 있다"고 판시하였다.

(2) 금반언과 균등관계의 관계

균등론과 금반언은 특허청구범위해석과 관련하여 가장 쟁점이 되고 있다. 균등론은 일반적으로 특허청구범위를 확장하는 방향으로 작용하고,[2] 반면에 금반언은 특허청구범위를 축소하는 방향으로 작용한다. 특허침해소송에서 균등론과 금반언을 적용할 때, 금반언을 먼저 적용한다는 것이 통설이다. 실무에서 균등물이 존재하는 경우 먼저 금반언을 적용하여 그 균등물이 심사과정에서 특허청구범위의 감축된 요소가 아닌지의 여부를 판단한다. 대법원 2004.11.26 선고 2002후2105 판결에서 이 사건 특허발명에 대한 무효심판절차에서 공지기술로 제시된 간행물 3에 게재된 발명의 받침대를 회전시키는 구성과 이 사건 제1항 발명의 제1구동부의 구성을 차별화하기 위하여 이 사건 제1항 발명의 구성을 정정에 의하여 구체적인 구성으로 특정하였고, 원고 실시 발명의 제1구동부의 구성은 정정절차에 의하여 제외된 구동장치에 속하는 것이므로, 피고가 위

---

1) Richard T. Holzmann, 122면.
2) 吉藤, 554-55면.

정정이 있은 후에 원고 실시 발명의 제1구동부의 구성이 정정된 이 사건 제1항 발명의 제1구동부의 구성과 균등관계에 있다는 이유로 원고 실시 발명이 이 사건 제1항 발명의 권리범위에 속한다고 주장하는 것은 금반언의 법리에 의하여 허용되지 아니한다고 판단하였다.

(3) 페스토(Festo) 판결의 의미

미국 대법원은 2002년 5월 28일 Festo 판결을 내렸다. 산업기기 메이커인 Festo사는 공업용 장치에 관한 특허권자로서 일본의 SMC사가 자기(磁氣)실린더의 제조특허를 침해하였다고 1988년 지방법원에 소를 제기한 지 14년 만에 승소하였다.[1] 연방대법원은 출원경과에 의한 금반언은 선행기술을 회피하기 위한 보정뿐만 아니라 특허법상의 요건을 충족하기 위해서 행해지는 모든 청구항 보정에 적용될 수 있으나, 보정된 청구항 요소에 대한 모든 균등물을 침해품으로서 추급하는 소송을 금지하는 것은 아니라고 판단하였다. Festo 판결은 특허발명에 대한 청구항의 감축 보정이 있다고 해서 무조건 금반언을 적용하는 것이 아니라 보정은 Complete bar(완전 장애사유)와 Flexible bar(유연한 장애사유)로[2] 엄격하게 구분하여 Complete bar에 의한 보정에 대해서만 금반언을 적용해야 한다는 원칙을 제시하였다.

바. 공지배제설

공지배제설이란 일반적으로 특허청구범위에 기재된 구성요소 중 공

---

1) Festo Corp. v Shoketsu Kinzoku Kogyo 사건에서 Festo사는 특허청 심사관이 첫 번째 특허에 대해 최초의 출원을 기재불비를 이유로 거절하자 그 출원을 보정하여 그 공업용 장치가 한 쌍의 일방향 실링 링을 포함하고 동시에 바깥쪽 슬리브가 자화된 재료로 구성되어 있다고 새로운 한정을 추가하였다. Festo사가 이 장치를 판매한 후 SMC(피상고인)이 하나의 일방향 실링 링과 하나의 자화되지 않는 슬리브를 사용한 유사한 장치를 시장에 판매하였다.

2) 청구항의 보정은 2가지 경우로 나눌 수 있다. 특허청 심사관의 심사통지서(OA)를 받고 출원인이 스스로 자진해서 보정을 하는 경우를 Flexible bar(Flexible bar approach)라 한다. 한편 심사관의 심사통지시에 기하여 특허를 받기 위해서 또는 무효심판절차에서 무효를 피하기 위해서 의도적으로 청구범위를 감축하는 경우를 Complete bar(Absolute bar approach)라 한다. CAFC는 출원인이 보정서에 의해 청구항을 감축한 경우, 이유 여하를 불문하고 감축된 부분에 대해서는 금반언이 적용되고, 금반언이 적용되는 경우 균등론의 적용은 절대적으로 배제된다고 판단하여 Festo사가 패소하였다. 그러나 연방대법원은 이 사건에 대하여 전원일치로 CAFC 판결을 파기 환송하였다.

지사항을 제외하고 특허발명의 보호범위를 해석하여야 한다는 이론을 말한다. 이는 특허청구범위의 의미를 명확하게 이해하기 위해서 출원시의 기술수준(공지사실)을 참작해야 한다는 이론이다. 그러나 이 이론을 잘못 이해하면 모순에 빠질 수 있다. 발명은 구성요소의 상호결합이라고 정의되므로 그 구성요소 중에 있는 공지요소를 제외한다면 발명의 일체성을 해치거나 권리범위를 확대하여 해석할 수 있다. 공지배제설에 근거하여 특허청구범위에 기재된 구성요소가 공지기술인가를 조사하여 계쟁대상물이 특허발명의 출원 전에 공지된 것이라면 당해 특허발명의 권리범위에 속하지 않는다. 또한 특허발명의 전체가 공지이면 침해품이 특허발명의 권리범위에 속하지 않는 것으로 본다.

대법원 2001.6.15 선고 2000후617 판결은 특허발명의 청구항이 복수의 구성요소로 되어 있는 경우에는 그 각 구성요소가 유기적으로 결합된 전체로서의 기술사상이 보호되는 것이지, 각 구성요소가 독립하여 보호되는 것은 아니므로, 특허발명과 대비되는 확인대상발명이 특허발명의 청구항에 기재된 필수적 구성요소들 중의 일부만을 갖추고 있고 나머지 구성요소가 결여된 경우에는 원칙적으로 그 확인대상발명은 특허발명의 권리범위에 속하지 아니한다. 복수의 구성요소로 이루어진 특허발명에 있어서 그 중 일부구성이 공지된 경우, 각 구성요소가 독립하여 별개의 발명이 되는 것이 아니라 그 구성요소들이 결합된 전체로서 하나의 발명이 되는 것이고, 또한 여기에서 이들 구성요소를 분리하게 되면 그 발명의 목적달성은 불가능하게 되고, 이러한 공지의 구성요소가 나머지 신규의 구성요소들과 유기적 결합관계를 이루고 있다고 하지 않을 수 없으므로, 확인대상발명이 특허발명의 권리범위에 속하는지의 여부를 판단하는 데에도 공지된 부분을 제외하여서는 아니된다고 판단하였다.

사. 이용·저촉관계인 경우

1) 특허발명이 그 특허발명의 특허출원일 전에 출원된 타인의 특허발명·등록실용신안 또는 등록디자인과 이용관계가 있을 수 있다. 이용관계는 선행한 권리를 실시하지 아니하고는 자기 권리 실시가 불가능한 경

우에 발생된다. 즉 선후 권리간의 권리충돌시 이용관계가 발생한다. 예를 들어, 선특허발명과 후특허발명, 선특허발명과 후실용신안, 특허발명과 등록디자인, 선실용신안과 후실용신안간에 이용관계가 발생할 수 있다. 특허법은 선출원의 지위, 즉 선원주의의 원칙에 입각하여 선특허발명을 이용하고 있는 후특허발명을 실시할 경우에는 선특허권자의 허락을 받도록 하는 등의 실시상의 제약을 가함으로써 후특허권의 효력을 제한하고 있다. 이용발명의 경우가 대표적인 사례이다.

2) 이용발명(利用發明)이란 타인의 발명 등을 이용한 특허발명을 말한다. 발명의 이용관계는 후특허발명이 선특허발명의 특허요지에 새로운 기술구성요소를 추가하는 경우로 후특허발명이 선특허발명의 요지를 전부 포함하고 이를 그대로 이용하는 경우이다. 이용관계에 있는 경우에 후특허발명을 권리자가 선특허권자의 허락없이 함부로 선특허발명을 실시할 경우에는 선특허권을 침해하게 된다. 예를 들어, 선특허권의 구성은 A + B + C이고, 후특허발명의 구성이 A + B + C + D인 경우에 후특허발명은 선특허권의 A + B + C를 모두 이용하고 있으므로 후특허발명은 선특허권을 침해하게 된다.

3) 통상적으로 후특허발명은 그 특허발명의 특허출원일 전에 출원된 선특허발명 등을 개량을 통하여 이루어진다. 특허법 제94조 및 같은 법 제98조에 따라 후특허발명의 권리자가 선특허발명의 특허권자의 허락을 받지 아니하면 특허침해가 성립되므로, 후특허발명의 권리자는 선특허발명의 특허권자의 허락을 받고 실시하는 것이 바람직하다. 선특허발명의 특허권자가 정당한 이유없이 실시를 허락하지 아니한 경우에는 같은 법 제138조의 규정에 따라 통상실시권 허여의 심판을 청구하여 문제를 해결할 수 있다.

V. 벌 칙

1. 서 설

특허권자는 업으로서 특허발명의 실시를 독점하고, 특허권은 독점적 효력과 금지적 효력을 가지는 재산권이다. 따라서 제3자가 정당한 권원 없이 업으로서 특허발명을 실시하면 특허권 또는 전용실시권을 침해한 것으로 되어 민사상 또는 형사상의 책임을 추궁할 수 있다.

특허법은 특허와 관련되어 법이 금지하고 있는 위법한 행위를 한 자를 처벌함으로써 특허권자 등의 권리와 이익을 보호하기 위하여 형사제재수단으로 벌칙(罰則)을 두고 있다. 특허법상의 벌칙은 무형의 기술사상을 적절히 보호하려는 형법의 특별법적 규정이라 할 수 있다. 따라서 특허범죄에 관한 것은 특허법에 규정된 경우를 제외하고는 형법의 규정이 그대로 적용된다. 특허법에서 규정하는 특허에 관한 범죄(犯罪)로서는 특허권 등의 침해죄, 위증죄, 허위표시의 죄, 사위(詐僞)행위의 죄 및 비밀누설죄 등이 있다.

2. 침 해 죄

가. 의 의

1) 특허권 등의 침해에 고의(故意)가 있었다고 판단될 경우 특허권자 등은 수사기관에 고소(告訴)하여 형사처벌을 요구할 수 있다. 특허권 등의 침해죄의 성립에 대해서도 형법상의 성립요건인 범죄의 구성요건해당성·위법성 및 범죄자의 책임이 적용된다. 전용실시권이 설정된 경우에는 그 범위 내에서는 특허권자의 실시권은 제한되므로 그 경우의 권리침해는 전용실시권의 침해다. 특허권 등을 침해한 자는 7년 이하의 징역 또는 1억원 이하의 벌금에 처한다(제225조 제1항). 특허권 침해죄의 성립에는 고의를 요한다.

2) 침해죄의 직접적인 보호법익은 개인적 재산권이므로 피침해자의 고소가 있어야 소추가 개시된다. 특허권 등의 침해는 업으로 행하여질 것을 요하므로 침해행위가 동일 권리에 대하여 수회에 걸쳐 행해지더라도 그것은 반복 실시 과정에 불과하여 포괄일죄의 성격을 띠고 있다. 친고죄

에 대하여는 범인을 알게 된 날로부터 6월을 경과하면 고소하지 못한다 (형사소송법 제230조). 여기서 "범인을 알게 된 날"이란 범죄행위가 종료된 후에 범인을 알게 된 날을 가리키는 것으로서, 이러한 경우 고소기간은 범죄행위가 종료된 때부터 계산하여야 한다. 대검찰청은 홈페이지에 고소장 표준서식을 발표하였다. 대검찰청의 고소장 표준서식은 기재사항을 통일하고, 명료하게 하기 위해서 권고한 고소장 서식이라 할 수 있다.

3) 대법원 2004.10.28 선고 2004도5014 판결은 "형사소송법 제230조 제1항에서 말하는 '범인을 알게 된 날'이란 범죄행위가 종료된 후에 범인을 알게 된 날을 가리키는 것으로서, 고소권자가 범죄행위가 계속되는 도중에 범인을 알았다 하여도, 그 날부터 곧바로 위 조항에서 정한 친고죄의 고소기간이 진행된다고는 볼 수 없고, 이러한 경우 고소기간은 범죄행위가 종료된 때부터 계산하여야 한다. 동종행위의 반복이 당연히 예상되는 영업범 등 포괄일죄의 경우에는 최후의 범죄행위가 종료한 때에 전체 범죄행위가 종료된 것으로 보아야 한다. 포괄일죄의 일부만이 유죄로 인정된 경우 그 유죄 부분에 대하여 피고인만이 상고하였을 뿐 무죄나 공소기각으로 판단된 부분에 대하여 검사가 상고를 하지 않았다면, 상소불가분의 원칙에 의하여 유죄 이외의 부분도 상고심에 이심되기는 하나 그 부분은 이미 당사자간의 공격·방어의 대상으로부터 벗어나 사실상 심판대상에서부터도 이탈하게 되므로, 상고심으로서도 그 부분에까지 나아가 판단할 수 없다"고 판시하였다.

나. 고소장 기재사항

고소란 범죄의 피해자가 수사기관에 특정인의 범죄사실을 신고하여 처벌을 요청하는 것을 말한다. 고소장에는 고소를 하는 사람(고소인)과 고소 상대방(피고소인)의 인적사항, 범죄사실과 죄명, 피고소인에 대한 처벌의사, 고소사실과 관련된 사건의 수사 및 재판 여부 등이 필요적 기재사항이다. 임의적 기재사항은 범행 경위 및 정황 등 고소를 하게 된 이유, 증거자료 유무, 관련사건에 대하여 민사소송이 진행중인지의 여부, 고소사실에 대한 진실 확약 등도 기재할 수 있다. 이는 고소장에 기재된 범죄사실을 뒷받침하는 사항들이다. 고소인은 증거가 있을 경우 그 내용을

"별지"에 구체적으로 인적증거, 증거서류 및 증거물을 작성하여 고소장 제출시 일괄하여 제출하여야 한다.

다. 특허형사소송의 절차

특허에 대한 형사적 보호수단을 마련하고 있는 국가는 비교적 적은 편이다. 미국의 경우 특허침해에 대해서 민사적 구제절차만 있고 형사적 구제절차는 없다. 우리나라는 특허에 대한 형사적 구제절차가 마련되어 있다. 검사가 특허권 침해죄에 대해서 유죄를 인정하고 침해자를 기소하여 공소를 제기하면, 일반적으로 지방법원의 형사단독(1심), 형사합의부(2심), 대법원(3심)으로 형사소송절차가 진행된다.

3. 위 증 죄

위증죄(僞證罪)란 법의 규정에 의하여 선서한 증인·감정인 또는 통역인이 특허심판원에 대하여 허위의 진술·감정 또는 통역을 한 경우 적용되는 범죄이다. 이와 같은 범죄는 국가의 심판작용 등을 그릇되게 할 위험이 있기 때문에 처벌하는 것이다. 위증죄에 대하여는 법률에 의하여 선서한 증인이 허위의 공술을 한 때에는 5년 이하의 징역 또는 1천만원 이하의 벌금에 처한다(제227조 제1항). 위증죄를 범한 자가 그 사건의 심결의 확정 전에 자수한 때에는 그 형을 경감 또는 면제받을 수 있다. 본 죄는 법률상 감경사유가 있기 때문에 법원은 재량권에 기하여 형(刑)을 경감 또는 면제할 수 있다.

4. 허위표시죄

허위표시란 특허된 것이 아닌 물건이나 특허출원 중이 아닌 물건 등에 특허표시 또는 특허출원표시를 하거나 혼동하기 쉬운 표시를 하는 것을 말한다. 이러한 허위표시 행위는 상품 등의 선택에 있어 수요자간에 오인·혼동을 일으키게 함으로써 거래의 안정을 해할 우려가 있어서 이를 금지시켜야 한다. 허위표시의 죄는 상거래의 안전을 해할 우려가 있는 경우 허위표시의 죄로 처벌함을 규정한 것이다. 특허법은 특허품 등에 정당한 특허표시방법에 대하여 일정한 기준을 제시하고 있다(제223조). 특허표시가 그러한 방법으로 되지 않는 경우 그것을 허위표시로 볼 수 있을 것인지가 문제이다. 실제의 특허가 다른 번호가 있는데도 불구하고 실수로 특허번호를 오기한 경우에는 허위표시가 아닌 것으로 본다. 특허표시의 행위를 위반한 자는 3년 이하의 징역 또는 2천만원 이하의 벌금에 처한다(제228조).

5. 사위행위죄

사위(詐僞)행위죄란 거짓 기타 부정한 행위에 의하여 특허, 특허권의 존속기간 연장등록 또는 심결 등을 받음으로써 성립하는 죄를 말한다. 사위행위의 죄는 심사 또는 심판과정에서 허위의 자료나 위조된 자료 등을 제출하여 심사관 또는 심판관을 착오에 빠뜨려 특허를 받거나 자기에게 유리한 심결을 받는 행위자에 대하여 적용되므로 개인적 법익보호를 중시하여 둔 재산범죄인 사기죄와는 달리 국가적 법익(法益)에 대한 침해죄이다.

6. 비밀누설죄

특허청직원·특허심판원직원 또는 그 직에 있었던 자가 그 직무상 지득한 특허출원중의 발명에 관하여 비밀을 누설하거나 도용한 때에는 5년 이하의 징역 또는 5천만원 이하의 벌금에 처한다(제226조). 이 규정은 특허청 직원에게 적용되는 범죄로서 형법 제127조에 규정된 공무원이 공무상 지득한 사실에 대하여 비밀준수 원칙을 준용한 것이다. 특허법 제58조 제1항의 규정에 따른 전문기관 또는 특허문서 전자화기관의 임원·직원 또는 그 직에 있었던 자는 특허법 제226조의 규정을 적용함에 있어서 특허청 직원 또는 그 직에 있었던 자로 본다(제226조의2).

7. 양벌규정

특허법은 실효성이 있는 범죄행위의 방지를 위해 법인의 대표자, 법인 또는 개인의 대리인, 사용자 기타 종업원이 그 법인 또는 개인의 업무에 관하여 특허침해, 허위표시 및 사위행위의 죄를 범한 경우 행위자를 벌하는 외에 그 법인과 개인에 대하여는 벌금형을 과한다(제230조). 특허법 제225조 제1항의 경우에는 3억원 이하의 벌금, 같은 법 제228조 또는 같은 법 제229조의 경우에는 6천만원 이하의 벌금을 과한다.

8. 과 태 료

과태료란 행정상의 질서위반자에 대하여 과하는 행정벌의 일종으로서 형법상의 형벌은 아니다. 특허법은 특허에 관한 심판 등의 절차에서 허위진술 등을 함으로써 심판절차의 적정을 저해하는 경우 등 일정 행위를 한 자에게 행정상의 질서벌로서 과태료를 부과하도록 하고 있다. 특허청장은 과태료를 부과한 때에는 당해 위반행위를 조사·확인한 후 위반사실과 과태료의 금액 등을 명시하여 이를 납부할 것을 과태료 처분대상자에게 서면으로 통지하여야 하며, 이 경우 특허청장은 10일 이상의 기간을 정하여 과태료 처분대상자에게 구술 또는 서면에 의한 의견진술기회를 주어야 한다.

≪연습문제≫

〈문 1〉 특허권 침해죄에 관한 설명 중 옳지 않은 것은? [2011년 사시 1차시험]
  ① 침해죄는 친고죄이다.
  ② 침해죄는 당해 특허권의 존재를 알고 침해한 때 성립한다.
  ③ 침해죄에는 양벌규정이 적용된다.
  ④ 출원공개 후 특허권 설정등록 전 제3자가 무단으로 실시한 행위에 대해서도 침해죄가 성립된다.
  ⑤ 침해행위를 조성한 물건은 몰수의 대상이 된다.

〈문 2〉 특허청구범위 해석의 일반 원칙으로 옳지 않은 것은?
  ① 공지배제설
  ② 균등론
  ③ 침해자의 고의, 과실의 참작의 원칙
  ④ 발명의 상세한 설명 및 도면의 참작
  ⑤ 모든 구성요소의 포함의 원칙(All Elements Rule)

〈문 3〉 특허권침해 및 그 구제에 관한 설명으로 옳지 않은 것은? [2009년 사시 1차시험]

① 법원은 특허권의 침해에 관한 소송에 있어서 손해발생의 사실은 인정되나 그 손해액을 입증하기 극히 곤란한 경우에 변론 전체의 취지와 증거조사의 결과에 기초하여 상당한 손해액을 인정할 수 있다.

② 특허권자가 고의 또는 과실로 인하여 자기의 특허권을 침해한 자의 침해행위로 입은 손해의 액이 통상의 실시료 상당액을 초과하는 경우에 그 초과액에 대하여도 손해배상을 청구할 수 있으나. 이 경우 법원은 침해자에게 고의 또는 중대한 과실이 없는 때에는 이를 참작할 수 있다.

③ 특허권자는 고의 또는 과실로 인하여 자기의 특허권을 침해한 자에 대하여 그 침해에 의하여 자기가 받은 손해배상을 청구하는 경우 그 특허발명의 실시에 대하여 통상 받을 수 있는 금액에 상당하는 액을 손해의 액으로 하여 그 손해배상을 청구할 수 있다.

④ 특허가 방법의 발명의 경우에 그 방법의 실시에만 사용하는 물건을 수입하는 행위를 업으로서 하는 경우에는 특허권을 침해한 것으로 본다.

⑤ 특허출원 전에 국내에서 공지된 물건을 생산하는 방법의 발명에 관하여 특허가 된 경우에 그 물건과 동일한 물건은 그 특허된 방법에 의하여 생산된 것으로 추정된다.

〈문 4〉 특허쟁송에 대한 설명으로 옳지 않은 것은?

① 특허침해소송은 일반민사법원에서 진행된다.

② 특허소송과 침해소송은 병렬로 진행된다.

③ 특허소송의 쟁점은 진보성, 기재불비, 보정 등이다.

④ 특허침해소송의 쟁점은 신규성과 진보성 판단이 대부분이다.

〈문 5〉 다음 중 특허청구범위의 구성요소가 A+B+C라고 가정할 때, 문언적 침해에 해당하지 않는 것은 몇 개인가?

ㄱ. 확인대상발명이 A+B+C 인 경우
ㄴ. 확인대상발명이 A+C 인 경우
ㄷ. 확인대상발명이 A+B+D 인 경우
ㄹ. 확인대상발명이 A+B 인 경우
ㅁ. 확인대상발명이 A+B+C+D+E 인 경우

① 5개 ② 3개 ③ 2개 ④ 4개 ⑤ 1개

〈문 6〉 물건발명 X에 관한 특허권자 A사는 B사가 Y물건을 제조·판매하자 B사를 상대로 특허권 침해금지청구소송을 제기하였다. 이 경우 B사의 항변으로 적절하지 못한 것은?

① B사는 A사보다 특허출원일이 늦기는 하지만 자신도 특허권이 있다고 주장한다.

② B사는 특허발명 X가 그 특허출원 전에 이미 공지된 기술과 동일하다고 항변한다.

③ B사는 Y물건이 A사의 특허발명 X에 대하여 그 특허출원 전에 이미 공지된 기술과 동일하다고 주장한다.

④ B사는 자사가 실시하는 Y물건이 특허발명 X와 동일하지 않다고 주장한다.

⑤ B사는 Y물건이 A사의 특허출원시부터 국내에 있었던 물건이라고 항변한다.

〈문 7〉 특허침해소송에서 입증책임은 원고(특허권자)에게 있다. 피고에게 입증책임을 전환시키기 위해서 추정 규정으로 옳지 않은 것은?

① 고의 또는 과실로 특허권을 침해한 경우 피고의 이익액으로 손해액 추정

② 물건을 생산하는 방법에 특허가 된 경우 동일물건은 그 특허된 방법으로 추정

③ 타인의 전용실시권을 침해한 자는 그 침해행위에 과실이 있는 것으로 추정

④ 특허권을 침해한 경우 손해배상을 업무상의 신용회복으로 추정

〈문 8〉 특허권자인 L전자가 서울지방법원에 S전자 A 제품에 대한 판매금지가처분을 신청하였다. 다음 설명 중 틀린 것은 모두 몇 개인가?

> ㄱ. 가처분결정이 내려지기 위해서는 특허침해에 대한 S전자의 자백이 있어야 한다.
> ㄴ. 민법상 불법행위와 달리 특허권 침해를 이유로 가처분결정은 내려지지 않는다.
> ㄷ. 나중에 침해금지 본안소송에 특허침해가 아닌 것으로 판결이 나온다면, L전자는 가처분결정으로 판매하지 못하여 발생한 S전자의 손해는 배상하여야 한다.
> ㄹ. 채권자는 판매금지청구권을 피보전권리로 하여 침해의 정지 또는 예방을 명하는 판매금지가처분을 신청할 수 있다.
> ㅁ. 가처분 신청은 특허법원에 신청할 수 있다.

① 3개　② 2개　③ 1개　④ 5개　⑤ 4개

〈문 9〉 국내에서 Y라는 물건에 대한 일련의 공정으로 구성된 제조방법의 특허권자가 침해금지 등을 청구할 수 있는 상대방은 모두 몇 개인가?

> ㄱ. 해당 제조방법에 따라 해외에서 물건을 제조하고 그 물건을 국내에 가지고와 판매하고 있는 자
> ㄴ. 해당 제조방법에 따라 국내에서 물건을 제조·판매한 자
> ㄷ. 해당 제조방법에 따라 해외에서 물건을 제조한 자로부터 구 물건을 수입한 자
> ㄹ. 국내에서 생산된 다른 용도가 있는 중간 부품을 구입하여 상기 제조방법의 일부 공정을 적용하여 제작하고 있는 자

① 없음   ② 2개   ③ 3개   ④ 4개   ⑤ 1개

≪정답≫   1.④ 2.③ 3.⑤ 4.④ 5.② 6.① 7.④ 8.① 9.③
≪문제해설≫
　〈문 1〉 ① 제225조 제2항. ② 특허권의 존재는 침해성립 요건의 하나다. ③ 제230조(양벌규정)에서 침해죄(제225조)가 적용된다. ④ 특허권 침해죄는 특허발명에 대한 침해행위를 심판하는 것이므로, 출원공개 후에는 특허권이 설정등록 되기 전이므로 침해죄가 성립되지 않는다. ⑤ 제231조 제1항.
　〈문 2〉 특허청구범위를 해석할 때 공지배제설, 균등론, 발명의 상세한 설명 및 도면의 참작, 모든 구성요 포함의 원칙(All Elements Rule) 등이 선택적으로 적용된다. 그러나 ③ 침해자의 고의·과실의 참작의 원칙은 지문과 관련이 없다.
　〈문 3〉 ① 제128조 제5항. ② 제128조 제4항. ③ 제128조 제3항. ④ 제129조(생산방법의 추정). ⑤ 특허출원 전에 국내에서 공지되었거나 공연히 실시된 물건(제129조 제1호)은 그 특허된 방법에 의하여 생산된 것으로 추정하지 않는다.
　〈문 4〉 ① 특허침해소송은 일반민사법원에서 진행된다. ② 특허소송(특허심판원-특허법원-대법원)과 침해소송(지방법원-고등법원-대법원)은 병렬로 소송절차가 진행된다. ③ 특허소송에서 거절사정 불복심판은 특허법 제62조의 거절이유, 무효심판은 특허법 제133조 제1항의 무효사유로 대부분이 진보성과 기재불비가 논점이 된다. ④ 특허침해소송의 쟁점은 신규성과 진보성 판단이 아니고, 특허발명의 구성요소를 확인대상발명이 포함하고 있는지의 여부가 실체적 판단의 핵심이다.
　〈문 5〉 대법원 판례와 침해소송의 실무에서 생략발명은 침해가 아니라고 본다. 즉 특허발명의 구성요소를 하나라도 뺀 경우(ㄴ, ㄹ)는 침해가 아닌 것으로 취급한다. 또한 ㄷ처럼 구성요소 C≠D인 경우도 침해가 아닌 것으로 취급한다. 따

라서 3개이다.

<문 6> 특허침해소송에서 피고는 항변으로 피고의 실시행위(모조품)는 ⓐ 기술적 범위에 속하지 않는다는 주장, ⓑ 특허무효의 주장, ⓒ 실시권 존재 등의 주장, ⓓ 권리남용 또는 실효이론 등의 주장을 할 수 있다. 이 중에서 권리침해자로 된 피고는 자기제품 또는 실시방법은 상대의 특허발명의 권리범위에 속하지 않으므로 권리침해가 되지 않는다는 취지를 주장함으로써, 원고인 권리자의 공격을 물리칠 수 있다. ①의 경우 출원일이 늦기 때문에 물건발명 X에 대한 후출원으로 거절될 수 있어서 바람직한 항변방법으로 볼 수 없다.

<문 7> ① 제128조 제2항. ② 제129조. ③ 제130조. ④ 특허권자등의 신용회복에 필요한 조치에는(제131조) 추정 규정이 없다.

<문 8> ㄱ과 ㄹ은 맞다. ㄴ의 경우 특허권 침해가 인정되면 가처분이 결정된다. ㄷ의 경우 현행 실정법에서는 손해배상은 반드시 인용되기 어렵다. 권리남용 등의 이유로 반소를 제기할 경우 사안에 따라 법원의 재판으로 결정되는 사항이다. ㅁ에서 특허법원은 특허침해소송을 관할하는 법원이 아니고 심결취소소송을 관할한다.

<문 9> ㄱ(판매), ㄴ(제조·판매), ㄷ(수입)의 행위는 특허침해로 취급될 수 있는 실시행위에 해당한다. 그러나 ㄹ의 행위는 간접침해로 볼 수 없기 때문에 침해금지 대상이 아니다.

제3장

실용신안법

제1절 개 관

Ⅰ. 서 설

1. 의 의

대부분의 국가들은 기술적 사상의 창작물을 특허법으로 보호하고 있다. 이에 비해 우리나라를 비롯하여 독일·일본·중국 및 일부 국가에서는 특허법 외에 별도의 실용신안법을 두고 있다. 독일은 유럽의 다른 국가들에 비하여 공업이 뒤떨어져 있었기 때문에 이를 극복하고, 국민들의 발명의욕을 고취시키기 위한 정책으로 1891년 실용신안법을 제정하였다. 실용신안제도는 독일·일본을 비롯한 여러 나라에서 시행되어 산업발전에 긍정적 기여를 해 온 것으로 평가되고 있고 우리나라에서도 이를 이용하고 있다. 실용신안제도는 중소기업이나 기술투자에 충분한 물적·인적자원이 부족한 저개발국이나 개발도상국의 발명가들에게 기술개발에 관심을 가지고 적은 비용이라도 기술투자를 하도록 장려하는 제도이다. 또한 실용신안제도에 의한 소발명(작은 발명)보호는 특허제도의 보호대상인 발명수준의 저하를 방지하는 간접적인 역할도 한다.

실용신안제도를 운영하고 있는 나라는 우리나라 외에 독일, 일본, 프랑스, 중국, 스페인, 이탈리아, 대만, 말레이시아, 필리핀, 오스트리아, 핀란드, 아일랜드, 헝가리, 유고슬라비아, 폴란드, 멕시코, 브라질, 우루과이, 칠레, 과테말라 등 30여 개국이다.

2. 실용신안의 보호

19세기에 들어서 새롭게 만들어진 제품(product) 또는 생산방법(process)으로서 발명이 실제 활용됨으로써 유럽과 미국의 산업을 비약적으로 발전시켰다. E. Picard와 J. Kohler는 특허권과 저작권의 권리객체가 발명자와 저작자의 정신적 산물로서 무형의 재산적 가치를 가지고 있으므로 종래 재산권(소유권)과 구별되는 특별한 재산권(sui generis property)인 "무체재산권"(無體財産權)으로 논의해야 한다는 주장을 전개하기 시작하였다. 특허권이 독점권으로 행사되는 것은 권리의 본질에서 연원하는 것이 아니라 공개의 대가로서 독점권이 부여된 것이라는 이론이 수용되면서 각국은 자국의 입법에 반영하였다. 여기서 근거를 제시하는 이론으로서 보상설과 유인설을 가지고 논의하였으나, 산업정책적 또는 경제적 측면에서 독점적 가치를 인정하는 근거를 명확히 제시하지 못하였다. 지식재산권법은 인간의 지적 창작성을 자극함으로써 인류의 복지를 증진하는 것을 목표로 한다. 이에 지식재산권에 대한 창작자의 권리는 사물의 본성에서 도출된다고 하는 자연론이 주장되고 있기도 하지만 미국에서는 여전히 대가설(對價設. quid pro quo theory)이 주류를 이루고 있다.

이러한 이론적 배경에 근거하여 볼 때, 실용신안은 물품에 대하여 새로운 아이디어를 창작한 고안자에게 주어지는 무체재산이다. 실용신안제도는 인간생활에 유용한 새로운 물품을 창작하였지만 발명의 고도성의 기준에 도달하지 못한 소발명을 단기간 동안 신속하게 보호하는 장점이 있다. 우리나라는 국가산업정책상 벤처기업, 중소기업 또는 개인발명자가 연구·개발한 고안을 보호·장려할 필요가 있으므로 특허제도를 보완하기 위해서 실용신안제도를 운용하고 있다. 실용신안제도의 목적은 새로운 실용제품에 대하여 고안자에게 일정기간 고안을 독점 배타적으로 실시할 수 있는 권리를 보장함으로써 중소기업 등이 소규모의 자본으로 기술을 개발할 수 있는 경제적 인센티브를 제공하여 산업발전에 기여할 수 있도록 하는 데에 있다. 실용신안법을 가지고 있는 나라의 입법례는 다양하다. 프랑스는 특허법 체계 속에서 실용증이라는 제도를 두고 발명에 대하여 신속하고 간단한 절차의 보호제도를 가지고 있다. 반면에 독일, 일본, 우리나라는 실용신안법이라는 별개의 독립된 법률을 제정하여 보호하고 있다.

3. 우리나라 실용신안법의 발전

실용신안법은 소발명을 보호하기 위해서 19세기 말경에 독일에서 탄생한 법률이다. 우리나라의 실용신안법은 일제 강점기에는 일본법을 그대로 시행하였다. 1946년 해방 후 군정법령에 의해 특허법 안에서 실용특허로 규정되어 보호되다가 1961년 실용신안법이라는 독자적인 법률로 제정되었다. 1998년 개정 이전의 실용신안법은 일본의 종전의 실용신안법을 거의 그대로 받아들이고 있었으나, 1998년 전문 개정으로 선등록제도로 전환됨에 따라 독자적인 입법체계를 갖추게 되었다. 선등록제도가 1999년 7월 1일부터 시행되었으나 2000년대 이후 특허출원에 대한 심사처리기간이 대폭 단축되었고, 신속한 권리설정을 목적으로 도입된 실용신안 선등록제도의 장점이 감소되고, 심사업무의 효율성 저하 등 선등록제도의 문제점이 부각되었다. 이에 2006년에 실용신안제도를 심사후 등록제도로 개정하였다. 실용신안제도가 특허제도와 마찬가지로 심사후 등록제도로 변경됨에 따라 합리적 이 제도 운영을 위해 특허제도와의 통일된 절차를 마련하였다. 현재 시행되고 있는 실용신안법(법률 제11114호)은 1961년 실용신안법이 제정된 이후 20여 차례의 법개정을 통하여 국제화되고 현대화된 법률로 발전된 것이다.

Ⅱ. 다른 법과의 관계

1. 디자인보호법

디자인은 물품의 형상·모양·색채 또는 이들을 결합한 것으로 시각을 통하여 미감을 일으키게 공업적으로 이용 가능한 디자인은 보호대상으로 한다(디자인보호법 제2조, 제5조). 물품에 대한 창작인 점에서 실용신안과 공통점이 있으나, 디자인은 미적 과제의 해결을 목적으로 하므로 기술적 과제의 해결을 목적으로 하는 실용신안과 구별된다. 출원인은 물품의 형상·구조에 특징이 있는 고안은 실용신안으로 출원할 수 있고, 물품의 외관에 특징이 있는 디자인은 디자인으로 출원할 수 있다.

2. 특 허 법

실용신안법은 특허법의 절차를 대부분 그대로 준용하고 있어서 출원 및 등록절차가 특허와 동일하고, 권리발생과 권리행사와 관련되는 제도 역시 특허제도와 동일하다. 실용신안은 특허에서 파생된 작은 특허 내지 간이 특허이므로 우리나라 실용신안제도는 대부분이 특허제도와 동일하나 다음과 같이 실용신안법은 특허법과 차이점이 있다.

구 분	특 허 법	실용신안법
보호대상	특허대상은 물건·방법·장치·용도이며, 발명이란 자연법칙을 이용한 기술적 사상의 창작으로서 고도한 것으로 정의	물품의 형상·구조 또는 조합에 관한 고안을 등록대상으로 하고, 그 고안은 자연법칙을 이용한 기술적 사상의 창작인 것으로 정의
심사청구	출원일부터 5년 이내	출원일부터 3년 이내
진보성 판단	용이하게 발명할 수 있는지의 여부	극히 용이하게 고안할 수 있는지의 여부
우선심사	우선심사 있음	심사청구와 동시에 2개월 내
권리존속 기간	출원일 후 20년간	출원일 후 10년간

Ⅲ. 실용신안법 개정 동향

1. 2006.3.3 공포된 실용신안법 개정내용

가) 국외에서 공지·공용된 기술에 대하여 실용신안 제한(제4조 제1항 제1호).[1]

나) 실용신안등록출원 전 6개월 이내에 이루어진 모든 형태의 자발적인 공개행위를 거절이유에서 제외(제5조 제1항).

다) 공개되지 아니한 상태에서 거절·포기된 실용신안등록출원의 기술내용을 거절이유에서 제외(제7조 제4항).

---

1) 제3장에서 달리 법률명 표기가 없는 조문 표기는 모두 "실용신안법"의 조문임.

라) 이중출원제도의 폐지 및 변경출원제도의 도입(제10조).

마) 이의신청제도를 무효심판제도로 통합(제31조 제1항 본문 단서 조항).

2. 2007.1.3 공포된 실용신안법 개정내용

가) 고안의 상세한 설명 기재요건 완화(제8조 제3항).

나) 실용신안등록청구범위 제출유예제도 도입(제8조 제5항).

다) 청구항별 심사제도 도입(제14조 제2항).

라) 실용신안등록청구범위 작성요건의 다양화(제8조 제6항).

마) 무효심판절차에서의 정정청구 기회 확대(특허법 제133조의2 제1항).

바) 권리범위 확인심판에서 확인대상고안의 보정범위 확대(특허법제 140조 제2항 제3호).

3. 2009.1.30 공포된 실용신안법 개정내용(특허법 준용)

가) 명세서 또는 도면의 보정에 대한 제한 요건 완화(특허법 제47조).

나) 재심사청구제도 도입(특허법 제67조의2).

다) 심사관에 의한 직권보정제도 도입(특허법 제66조의2).

라) 추가납부료의 차등제도 도입(특허법 제81조 제2항).

마) 심판청구서의 (피)청구인 보정요건 완화(특허법 제140조 제2항 제1호).

4. 2011.12.2 공포된 실용신안법 개정내용

대한민국과 미합중국간의 자유무역협정(이하 "한미FTA"라 한다) 및 한미FTA에 관한 서한 교환의 합의사항에 따라 지식재산권 집행을 국내법에 반영하기 위하여 일부 실용신안법을 개정하였다. 또한 일반국민이 실용신안법을 알기 쉽게 이해할 수 있도록 일부 조문의 문구를 알기쉽게 하였다. 2012년 실용신안법 개정내용은 다음과 같다.[1]

가) 공지예외 적용시기의 연장(제5조 제1항).

나) 등록지연에 따른 실용신안권의 존속기간 연장제도 신설(제22조의2

---

1) 한미FTA 협정을 이행하기 위한 후속조치로 실용신안법을 일부 개정하고 개정법을 2011.12.2자로 공포하였다. 개정법의 시행은 부칙 제1조에 따라 한미FTA 및 한미FTA에 관한 서한교환이 발효되는 날부터 시행한다. 개정법의 시행일이 2012년 3월이므로 본서에서는 편의상 "2012년 개정법"으로 표기한다.

내지 제22조의5).

다) 비밀유지명령제도 신설(특허법 제224조의2 내지 제224조의5 준용; 제49조의2).

라) 실용신안권취소제도 폐지(특허법 제116조).

마) 조약의 효력 조문 삭제(특허법 제26조).

제 2 절   실용신안등록요건

I. 서   설

골프는 스코틀랜드에서 발달한 공놀이다. 골프 경기를 하려면 골프 공과 클럽, 그리고 골프 티(golf tee)가 있어야 한다. 그 가운데 골프 티의 발전은 경기시간을 단축시키는 데 중요한 역할을 했다. 골프는 초기에 스코틀랜드와 네덜란드 상류층에서 크게 유행했는데, 당시에는 골프 티가 없어 공을 치기 좋게 작은 흙무덤을 만들어야 했다. 공을 칠 때마다 몇 번이고 새로운 흙무덤을 만들다 못해 티(tee)라는 것이 생겨났다. 1899년 하버드대학 출신의 치과의사 그랜트 박사가 흙무덤을 대신할 것을 연구하다가 나무를 재료로 한 골프 티를 고안하였다. 그 인기는 폭발적이었다. 오늘날에도 우리나라 특허청에 수많은 골프 티가 실용신안으로 출원되고, 등록되고 있다. 실용신안은 산업상 이용할 수 있는 물품의 형상·구조 또는 조합에 관한 고안을 말한다. 실용신안법은 소정의 등록요건을 구비한 고안에 대해서만 실용신안권을 부여한다. 실용신안을 등록받기 위해서는 산업이용가능성·신규성·진보성의 실용신안등록 요건을 갖추어야 한다.

Ⅱ. 실용신안등록의 대상

특허의 보호대상인 발명은 "자연법칙을 이용한 기술적 사상의 창작 중 고도한 것"인 데 비하여 실용신안의 보호대상인 고안은 "자연법칙을 이용한 기술적 사상의 창작"이다. 실용신안등록을 받을 수 있는 고안은 물품의 형상·구조 또는 조합에 관한 고안에 한정하고 있어서 특허의 대상과 실용신안의 대상은 본질적으로 차이가 있다. 실용신안의 보호대상은 "물품의 형상·구조 또는 조합에 관한 고안"으로 한정하고 있으므로 방법이나 물질은 실용신안법의 보호대상이 될 수 없다. 대법원 2006.2.24 선고 2004후2741 판결은 "실용신안법이 정하는 실용적 고안이라 함은 특허법에서 말하는 발명과는 달리 고도의 창작성을 요하지 아니하여 그 고안이 물품의 형상·구조 또는 조합에 의하여 사용가치를 고양하는 기술적 진보가 있으면 신규성이 있으므로, 종전의 공지·공용의 고안에 유기적으로 부가 결합하여 새로운 기술적 고안을 갖출 경우에는 설사 그것이 부가적인 구조라 할지라도 이는 물품에 관한 신규의 형상에 해당하는 공업적 고안이라 할 것이다. 또 공지·공용의 기술을 결합한 고안이라고 할지라도 결합 전에 각 기술이 가지고 있던 작용효과의 단순한 집합이 아니라 결합 전에 비하여 보다 증진된 작용효과가 인정되고 당업자가 극히 용이하게 실시할 수 없는 것일 때는 이를 신규성 및 진보성이 있는 고안이라고 할 것이다"고 판시하였다.

1. 물 품

실용신안법에 물품에 관한 정의 규정은 두고 있지 않지만, 공간적으로 일정한 형태를 가진 것으로 상거래의 대상이 되고 자유롭게 운반 가능한 상품으로서 사용목적이 명확한 것은 실용신안법상의 물품에 해당된다고 할 수 있다. 그러나 실용신안으로서 등록되는 것은 고안이며 물품 그 자체는 아니다. 실용신안법상 물품이라고 말할 수 있기 위해서는 적어도 일정한 형태를 갖는 물건이어야 한다. 따라서 방법은 물품에 해당하지 아니하고 물건과 다른 카테고리에 해당하므로 실용신안법의 보호대상이 되지 않는다. 일반적으로 토양, 점토, 모래, 액체(물, 우유 등), 분말 등과 같은 것들은 일정한 형상 또는 구조를 갖는 것으로 볼 수 없으므로 실용신안등록을 받을 수 없다.

2. 형상·구조

형상이란 선이나 면 등으로 표현된 외형적 형태를 의미한다. 예를 들어, 전화기의 모양, 십자형 드라이버, 공구의 날, 만년필의 펜촉, 휴대전화기의 안테나 형상, 캠(cam)의 구조 등과 같은 물품이 이에 해당된다. 구조란 공간적·입체적으로 조립된 구성으로서 물품의 외관만이 아니고 평면도나 정면도, 경우에 따라서는 측면도나 단면도를 이용하여 표현되는 구성이다. 예를 들어, 현수막 설치대, 공기주입식 회전광고 장치, 할로겐램프 히터가 장착된 로스터 구조 등이다. 전자제품의 전자회로의 경우도 물품의 구조로 간주하여 실용신안의 대상으로 하고 있다. 조성물·합금·화합물 등은 일정한 형상 또는 구조를 갖는 것으로 인정되지 아니하므로 실용신안등록을 받을 수 없다. 또한 기능적 표현만으로 기재되어 있어서 물품의 형상·구조를 특정할 수 없는 것인 경우에는 실용신안등록을 받을 수 없다.

3. 조 합

물품의 사용시 또는 사용하지 않을 때 2개 또는 그 이상의 물품이 공간적으로 분리된 형태로 있다. 또 이들은 각각 독립적으로 일정한 구조 또는 형상을 가지며, 사용에 의하여 이들이 기능적으로 서로 관련되어 사용가치를 발휘하는 것을 물품의 조합이라 한다. 예를 들어, 기계장치의 부속품을 볼트와 너트를 조합하여 결합하는 경우, 송화기와 수화기가 분리되었던 것을 일체형으로 하는 경우 또는 케이스 벽면에 부착된 브래킷과 히터 고정볼트 등이 이에 해당된다.

Ⅲ. 실용신안등록 요건

실용신안은 특허와 마찬가지로 출원·심사·등록의 절차를 통하여 실용신안권이 허여된다. 실용신안등록의 요건에는 주체적 요건, 실체적 요건, 절차적 요건으로 구분할 수 있다.

1. 주체적 요건

실용신안을 등록받기 위해서는 출원인의 자격 요건으로 권리능력이 있어야 한다. 고안을 한 자 또는 그 승계인만이 실용신안을 받을 수 있는 권리를 가진다. 고안을 등록받을 수 있는 자는 정당한 고안자 또는 그 승계인이어야 하고, 권리능력이 있는 자연인 또는 법인이다. 다만, 특허청 직원 및 특허심판원 직원은 상속 또는 유증(遺贈)의 경우를 제외하고는 재직중 실용신안을 받을 수 없다.

2. 실체적 요건

넓은 의미의 실용신안등록의 요건은 출원고안이 실용신안법 제13조의 거절이유에 해당하는지의 여부에 대한 판단이라 할 수 있다. 실체적 요건은 실용신안법 제4조 제1항 및 제2항에서 규정하는 고안의 성립성, 산업상 이용가능성, 신규성 및 진보성과 실용신안법 제7조(선원) 및 제5조 제3항·제4항(확대된 선원)에서 규정하고 있는 선원주의 등을 들 수 있다. 일반적으로 실용신안법 제5조 제1항 및 제2항에서 규정하고 있는 산업상 이용가능성, 신규성 및 진보성을 "적극적 등록요건"이라 한다. 따라서 출원고안이 실용신안을 등록받기 위해서는 산업상 이용가능성·신규성 및 진보성을 구비하여야 한다.

3. 절차적 요건

절차적 요건은 출원인이 특허에 관한 절차를 밟는 행정절차에서 충족되어야 하는 요건이다. 예를 들어, 실용신안을 등록받기 위해서는 실용신안법에서 규정하는 방식에 따라 작성한 실용신안명세서와 도면을 첨부한 실용신안등록출원서를 특허청에 제출해야 한다(제8조). 이와 같이 실용신안등록출원의 절차와 관련된 요건으로 실용신안법 제8조 제3항 및 제4항 및 제9조 등을 절차적 요건이라 할 수 있다.

4. 부등록사유

실용신안법이 공익(共益)과 사익(私益)의 조화를 꾀하고 있음은 특허법과 동일하나, 그 내용에 있어서 차이가 있다. 실용신안법은 등록요건을 갖춘 고안이라 하더라도 공익적 관점에서 일정한 경우를 부등록사유로 규정하고 있다. 실용신안등록출원이 산업상 이용가능성이 있고, 신규성과 진보성을 갖춘 고안이라 할지라도 국기 또는 훈장과 동일하거나 유사한 고안이거나, 공공의 질서 또는 선량한 풍속을 문란하게 하거나 공중의 위생을 해할 염려가 있는 고안은 실용신안등록을 받을 수 없다(제6조).

Ⅳ. 고안의 신규성

1. 신규성상실 사유

실용신안법에서 고안을 공개한 대가로 독점권을 부여하므로 이미 공지되어 있는 고안에 대하여 독점권을 부여해서는 안 된다. 산업상 이용할 수 있는 물품의 형상·구조 또는 조합에 관한 고안 중 다음 각호의 어느 하나에 해당하는 경우에 신규성이 상실되므로 그 고안에 대하여 실용신안등록을 받을 수 없다(제4조 제1항).

1. 실용신안등록출원 전에 국내 또는 국외에서 공지된 고안.
2. 실용신안등록출원 전에 국내 또는 국외에서 공연히 실시된 고안.
3. 실용신안등록출원 전에 국내 또는 국외에서 반포된 간행물에 게재된 고안.
4. 대통령령이 정하는 전기통신회선을 통하여 공중이 이용할 수 있는 고안.

2. 신규성 판단

신규성 판단에 있어서, 공지·공용과 선행기술의 채택 범위는 국제주의를 채택하고 있다. 또한 신규성상실의 예외로 공지 등이 되지 아니한 고안으로 보는 경우에는 실용신안법 제5조에 규정하고 있다. 같은 법 제4조 제1항의 고안의 신규성을 판단함에 있어서 실용신안등록청구범위에 기재된 기술구성과 비교대상고안을 비교하여 동일성이 있는지의 여부를 판단하여야 한다. 양 고안의 기술적 구성이 동일한가의 여부에 의하여 판단하되 그 효과도 참작하여야 할 것인바, 기술적 구성에 차이가 있더라도 그 차이가 과제 해결을 위한 구체적 수단에서 주지·관용기술의 부가, 삭제, 변경 등으로 새로운 효과의 발생이 없는 정도에 불과하다면 양 고안은 서로 동일하여 신규성이 없다고 한다.

3. 공지 등이 되지 아니한 고안으로 보는 경우

실용신안등록출원을 하기 전에 공개된 고안은 실용신안을 받을 수 없으나, 출원인이 출원고안을 학술대회 발표 등으로 자발적으로 공개한 경우 일정기간 이내에 출원하면 실용신안을 받을 수 있는 공지예외 적용을 받을 수 있다. 실용신안등록을 받을 수 있는 권리를 가진 자의 고안이 실용신안법 제4조 제1항 각호의 어느 하나에 해당하는 경우에는 그 날부터 12개월 이내에 실용신안등록출원을 하면 그 실용신안등록출원된 고안에 대하여는 제4조 제1항 또는 제2항을 적용할 때 제4조 제1항 각호의 어느 하나에 해당하지 아니하는 것으로 본다(제5조 제1항). 구 실용신안법(2011. 12. 2 법률 제11114호로 개정되기 전의 것)에서는 공지예외 적용기간이 6개월이었으나, 한미FTA가 발효되면서 이 기간은 12개월로 연장되었다. 공지예외 적용기간의 연장은 출원인에게 자신의 고안을 공개한 후에도 실용신안등록출원을 할 수 있는 기회를 확대할 수 있을 것으로 예상된다. 실용신안법 제5조 제1항의 규정은 2008년 1월 1일 이후 최초로 출원하는 실용신안등록출원부터 적용한다.

Ⅴ. 고안의 진보성

1. 의 의

고안의 진보성 판단은 발명의 진보성 판단과 동일한 절차로 진행된다. 고안의 진보성 판단은 통상의 지식을 가진 자의 수준에서 출원고안과 인용고안을 대비하여 극히 용이하게 고안할 수 있는지 여부를 판단하는 심사이다. 즉 실용신안등록출원 전에 그 고안이 속하는 기술분야에서 통상의 지식을 가진 자(이하 "당업자"라 한다)가 실용신안법 제4조 제1항 각 호의 어느 하나에 규정된 고안에 의하여 극히 용이하게 고안할 수 있는 것일 때에는 그 고안은 신규성이 있다고 하더라도 실용신안등록을 받을 수 없다(제4조 제2항). 진보성이 없는 고안에 실용신안등록을 부여하지 않는 이유는 공지기술로부터 극히 용이하게 생각해 낼 수 있는 고안에 실용신안 등록을 허여하면 제3자의 기술실시를 부당하게 방해하게 되므로 산업발전에 기여하는 것을 목적으로 하는 실용신안제도의 취지에 반하기 때문이다.

2. 발명의 진보성과 고안의 진보성의 차이

고안의 등록요건은 발명의 특허요건과 동일하나 진보성에서 약간의 차이가 있다. 발명의 진보성은 해당 기술분야의 통상의 지식을 가진 자가 "용이하게" 발명할 수 없는 것을 요건으로 하는 데 비하여, 고안의 진보성은 해당 기술분야의 당업자가 "극히 용이하게" 고안할 수 없는 것을 요건으로 하고 있어서 "극히"라고 한정하여 고안의 진보성은 발명의 진보성에 비하여 판단의 수준을 다르게 하는 것이 특징이다. 고안의 진보성에 있어서 "극히 용이"의 여부를 판단하는 것은 발명의 진보성에 있어서 "용이"의 여부를 판단할 경우와 마찬가지로 곤란하다. 결국은 심사관, 심판관의 지식과 경험에 기인한 주관적인 가치판단으로 되지 않을 수 없지만, "극히 용이"한가의 여부를 판단하기 위한 참고적 기준의 예를 들면, 발명의 진보성까지는 이르지 못하나 공지기술에 기인하여 당사자가 당연히 생각할 정도(자명 정도)를 넘는 것이면 고안의 진보성이 있다고 하는 사고방식이다. 추상적이기는 하나 실무에서 널리 적용하고 있다

고 할 수 있다.[1]

3. 진보성 판단

등록고안의 구성이 비교대상고안들을 결합하여 극히 용이하게 고안할 수 있고, 작용효과도 충분히 예측할 수 있는 것은 진보성이 부정된다. 대법원 2006.2.23 선고 2005후2441 판결은 "실용신안법에 있어서 고안이라 함은 특허법에서 말하는 발명과는 달리 창작의 고도성을 요하지는 않으므로 공지·공용의 기술을 결합한 고안이라 하더라도 유기적으로 결합된 형상·구조 또는 조합의 신규성에 의하여 산업상 이용할 수 있는 새로운 기술적 사상의 창작이 어느 정도 존재한다면 이는 새로운 공업적 고안이라 할 수 있다고 하겠으나, 이와 같은 경우에도 결합 전에 각 기술이 가지고 있던 작용효과의 단순한 결합이 아니라 결합 전에 비하여 보다 증진된 작용효과가 인정되고 당해 기술분야에서 당업자가 용이하게 실시할 수 없을 때 비로소 이를 진보성이 있는 고안이라고 할 것이다"고 판시하였다.

Ⅵ. 선출원주의

1. 확대된 선원

출원고안이 실용신안등록출원을 한 날 전에 실용신안등록출원 또는 특허출원을 하여 그 실용신안등록출원을 한 날 전에 그 실용신안등록출원을 한 후에 출원공개되거나 등록공고된 다른 실용신안등록출원 또는 특허출원의 출원서에 최초로 첨부된 명세서 또는 도면에 기재된 고안 또는 발명과 동일한 경우에 그 출원고안에 대하여 실용신안법 제4조 제1항의 규정에 불구하고 실용신안등록을 받을 수 없다. 그 실용신안등록출원의 고안자와 다른 실용신안등록출원의 고안자가 동일한 경우 또는 그 실용신안등록출원 당시 출원인과 다른 실용신안등록이나 특허출원의 출원

---

1) 吉藤, 768면.

인이 동일한 경우에는 예외이다(제4조 제3항).

명세서 또는 도면에 기재되어 있는 고안은 출원공개 또는 등록공고에 의하여 공개되므로 실용신안등록청구범위에 포함되어 있지 않아도 그 고안은 출원인의 입장에서 보면 대가없이 사회에 공여한 고안이라 볼 수 있다. 따라서 실용신안법 제5조 제3항 및 제4항의 취지는 공여된 고안을 후출원한 제3자의 전유물로 하는 것은 불합리할 뿐만 아니라, 새로운 고안에 대한 공개의 대가로 일정기간 동안 독점배타적 권리를 부여하는 실용신안법의 목적에도 부합되지 않으므로 실용신안을 허여하지 않도록 하는 것이다.

2. 선 원

실용신안권은 독점배타적 권리이기 때문에 동일한 고안에 대해서는 하나의 실용신안만을 부여하는데 이를 "1고안 1출원주의"라 한다. 따라서 동일한 고안에 대하여 2 이상 출원한 경우 먼저 출원한 자에게만 권리를 부여하는 것을 원칙으로 한다. 이처럼 먼저 출원한 자에게 실용신안을 허여하는 제도를 선출원주의 또는 선원이라 한다(제7조).

제 3 절 출원 및 심사절차

Ⅰ. 출원절차

1. 의 의

실용신안등록을 받고자 특허청에 신청하는 자(이하 "출원인"이라 한다)는 실용신안등록출원을 할 수 있다 실용신안등록출원(이하 "출원고안"이라 한다)의 출원절차와 심사절차는 출원발명의 절차와 동일하다. 특허청에 출원서류가 접수되고, 방식심사를 받은 후 출원일로부터 1년 6개월이 지나면 출원고안은 자동으로 공개된다. 전체 출원고안 중 심사청구를 출원고안만 심사국으로 이관되고, 심사관이 이를 심사하게 된다.

특허청 심사업무는 국제특허분류(IPC)에 의하여 업무가 분장되므로 심사관은 자신이 담당하는 출원고안을 대상으로 실체심사를 착수하고, 심사 후 실용신안등록결정 또는 실용신안등록거절결정 중 어느 하나를 결정하여야 한다.

가. 출원서 제출

출원인은 실용신안등록출원서에 명세서를 첨부하여 특허청장에게 제출하여야 한다(제8조). 실용신안등록출원은 온라인으로 전자출원할 수 있다. 이러한 전자출원제도의 시행에 따라서 출원인과 대리인에게 고유번호를 부여하는 절차를 비롯하여 전자문서에 의한 실용신안에 관한 절차의 수행 등은 특허법의 규정을 준용한다.[1]

나. 방식심사

방식심사는 특허청에 출원서류가 접수된 후 방식심사 담당관이 서식의 필수사항 기재 여부, 기간의 준수 여부, 증명서 첨부 여부, 수수료 납부 여부 등 절차상의 흠결을 점검하는 심사이다.

2. 심사청구

선출원주의를 채택한 국가는 출원의 증가로 인한 심사적체를 해소하고자 심사청구제도를 두고 있다. 실용신안등록출원의 출원인은 출원 후 3년 이내에 심사청구를 해야 한다. 심사관은 심사청구된 출원고안을 청구일 순서대로 심사한다.

3. 출원공개

출원공개제도는 실용신안등록출원일로부터 1년 6월이 경과되면, 출원고안을 공개실용신안공보에 게재하여 일반인에게 공개하는 제도이다. 특허청은 공개실용신안공보를 전산정보처리조직에 저장된 파일을 복제하여 정보통신망(인터넷)을 이용하여 공개한다. 공개실용신안공보는 출원

---

1) 특허법에서 규정하고 있는 전자출원제도는 실용신안법에서 동일하게 준용된다. 실용신안법 제3조에서 특허법 제28조의2 내지 동법 제28조의5의 규정을 실용신안에 관하여 준용한다.

번호순으로 게재하고, 공개기간은 3개월로 한다.

Ⅱ. 심사절차

1. 실체심사

특허청 심사관이 출원고안에 대하여 실용신안의 등록요건인 산업상 이용가능성·신규성 및 진보성을 갖추고 있는지의 여부를 판단하는 절차를 실체심사라 한다. 실용신안의 실체심사의 절차와 방식은 특허의 실체심사와 동일하다. 심사관은 실용신안등록거절결정을 하고자 할 때에는 그 실용신안등록출원인에게 거절이유를 통지하고, 기간을 정하여 의견서를 제출할 수 있는 기회를 주어야 한다(제14조 제1항).

2. 실용신안등록결정

심사관이 심사절차를 거친 후 당해 출원고안의 등록요건을 충족하면 실용신안등록결정을 하고, 심사관의 거절이유를 해소하지 못하면 실용신안등록거절결정을 한다. 그러나 심사관은 출원고안에 대하여 거절이유를 발견할 수 없는 때에는 실용신안등록결정을 하여야 한다. 특허청장은 설정등록이 있는 등록실용신안에 관하여 실용신안공보에 게재하여 등록공고를 하여야 한다(제21조 제3항).

3. 재심사청구제도

재심사청구제도는 실용신안등록 거절결정 불복심판을 청구하지 않더라도 실용신안등록출원서에 첨부된 명세서 또는 도면의 보정과 동시에 재심사를 청구하면 심사관에게 다시 심사를 받을 수 있도록 하는 제도이다(제15조 준용; 특허법 제67조의2 제2항). 출원인은 그 실용신안등록출원에 관하여 거절결정등본을 송달받은 날부터 30일 이내에 실용신안등록출원서에 첨부된 명세서 또는 도면을 보정하여 해당 출원고안에 관하여 재심사를 청구할 수 있다. 재심사청구제도에 의하여 출원인은 실용신안등록거절결정 후에 심사관에게 다시 심사를 받을 수 있으므로 심판을 청구하지 않고도 실용신안등록을 받을 수 있는 기회를 보장받는 효과가 있다. 재심사청구제도를 이용하면, 실용신안에 관한 절차가 간소화되고 심판비용의 부담이 없어지므로 경제적 손실을 줄일 수 있는 효과가 있다.

4. 실용신안권의 존속기간 및 존속기간의 연장제도

출원고안이 심사를 거쳐 설정등록되면 실용신안권이 발생한다. 실용신안권도 권리로서의 효력 면에서는 특허권과 기본적으로는 동일하다. 실용신안권의 존속기간은 실용신안권의 설정등록이 된 날부터 실용신안권등록출원일 후 10년 되는 날까지이다. 실용신안법에서는 특허법에서 인정하고 있는 허가 등에 따른 존속기간의 연장제도를 채택하고 있지 않다. 그러나 2012년 개정법에서 등록지연에 따른 실용신안권의 존속기간의 연장제도가 신설되었다(제22조의2 내지 제22조의5). 실용신안등록출원에 대한 심사처리기간 지연 등 출원인의 책임이 아닌 사유로, 실용신안등록출원일로부터 4년 또는 출원심사 청구일로부터 3년 중 늦은 날보다 지연되어 실용신안권이 설정등록된 경우 그 지연기간만큼 실용신안권의 존속기간을 연장한다. 실용신안법 제22조의2 내지 제22조의5의 개정규정은 2008년 1월 1일 이후 최초로 출원하는 실용신안등록출원부터 적용한다.

Ⅲ. 명 세 서

1. 명세서의 서식

실용신안법 제8조 제1항에 따라 실용신안등록출원을 하려는 자는 실용신안등록출원서에 명세서·요약서 및 도면을 첨부하여 특허청장에게 제출하여야 한다. 명세서는 특허법시행규칙 별지 제15호서식의 명세서, 요약서는 동 시행규칙 별지 제16호 서식의 요약서, 도면은 동 시행규칙 별지 제17호서식의 도면을 준용한다. 출원인은 출원고안의 명세서에 고안의 명칭, 도면의 간단한 설명, 고안의 상세한 설명, 실용신안등록청구범위를 기재하여야 한다(제8조 제2항). 실용신안명세서는 특허명세서와 그 형식과 요건이 동일하다.

2. 명세서 기재요건

출원인은 실용신안의 기술내용을 설명하는 명세서가 실용신안법에서 규정하는 명세서 기재요건을 만족할 수 있도록 명료하고 알기 쉽게 작성하여야 한다. 심사관은 실용신안등록출원을 심사할 경우 먼저 실용신안등록출원서에 첨부된 명세서 또는 도면을 대상으로 실용신안법 제8조 제3항·제4항·제6항 및 제8항의 명세서 기재요건을 충족하는지의 여부를 심사한다.

3. 명세서 기재 내용

가. 고안의 명칭

고안의 명칭은 출원고안의 분류·정리 및 조사 등을 용이하게 하기 위하여 적절하게 표현할 수 있는 명칭을 사용하여 간단·명료하게 기재한다. 고안의 명칭은 출원서의 표지, 보호받고자 하는 기술주제 및 청구항의 말미 기술주제와 일치하여야 한다. 고안의 명칭은 해당 기술분야에서 통용되는 기술용어를 사용하여야 한다. 또한 고안의 명칭은 청구하고자 하는 고안의 카테고리가 명확히 나타낼 수 있도록 기재하여야 한다.

나. 도면의 간단한 설명

실용신안등록출원은 도면을 반드시 출원서에 첨부해야 한다. 도면의 간단한 설명란에는 각 도면이 무엇을 표시하는가를 간단명료하게 기재하여야 한다. 도면에 관한 구체적이고 상세한 설명은 고안의 상세한 설명란에 서술되기 때문이다. 첨부한 도면의 구성요소에 부호를 부여하고 있는 경우, 이를 도면의 주요 부호의 설명란에 기재하고, 실용신안등록청구범위에 기재된 구성의 부호도 주요 부분의 부호의 설명란에 일치되게 기재하여야 한다.

다. 고안의 상세한 설명

(1) 기술분야

고안이 속하는 기술분야는 명세서에서 출원고안의 기술분야를 특정하고 명확하게 하기 위하여 기재한다. 출원고안과 관련하여 비교의 대상이 되는 기술분야의 종래기술을 기재한다.

(2) 배경기술

배경기술로는 출원고안과 관련성이 있는 최근의 종래기술을 비교의 대상으로 하여야 한다. 종래기술의 내용을 나타내는 문헌이 존재할 경우에는 그 문헌의 이름을 기재한다. 이때 그 문헌이 외국어로 된 것일 경우에는 국어로 표기하되 괄호 안에 그 원어를 병기하여야 한다. 2011년 개정법에서 "그 고안의 배경이 되는 기술을 기재할 것"이라고 배경기술의 기재가 의무화되었다(제8조 제3항 제2호). 배경기술의 기재요건이 충족되지 않는 명세서에 대해서는 거절이유의 대상으로 하지만, 무효사유 및 정보제공 사유에서는 제외된다.

(3) 해결하고자 하는 과제

출원고안과 관련하여 종래기술이 이미 존재하지만 그 종래기술이 아직까지 해결하지 못한 점을 구체적으로 지적하여야 한다. 당해 출원고안이 해결하고자 하는 기술적 과제는 청구항에 기재되는 고안과 관련시켜서 기술적 과제를 하나 이상을 기재하여야 한다.

(4) 과제의 해결수단

과제의 해결수단은 출원고안의 목적을 달성하기 위하여 안출된 구체적인 기술적 수단을 말한다. 이러한 과제의 해결수단은 종래기술의 문제점을 해결하기 위하여 어떠한 구성요소를 어떠한 방법으로 채용했는지를 해당 기술분야의 당업자가 용이하게 실시할 수 있도록 상세히 기재하여야 한다. 기술적 구성이 물건에 의한 구성요소로 이루어진 경우에는 도면을 첨부하여야 하고, 첨부된 도면에는 각 구성의 명칭을 부여하여 구체적이고 상세하게 설명하여야 한다. 과제의 해결수단은 명확하고 구체적으로 기재하여야 한다.

(5) 작 용

작용이라 함은 고안의 구성요소가 그 자체적으로 어떻게 작동하는지, 다른 구성요소에 어떠한 영향을 미치는지 또는 전체의 구성요소 중에서 어떠한 기능을 수행하는지의 여부를 말한다. 따라서 고안의 기술적 구성이 기계적인 요소로 이루어진 경우에는, 각각의 구성요소를 설명하면서 그 구성요소가 행하는 기능, 작동방법, 작동의 방향 및 그들 사이의 상호관계 등을 함께 기재할 필요가 있다.

(6) 실 시 예

실시예는 출원고안의 내용을 당해 기술분야에서 당업자가 보다 이해하기 쉽도록 하기 위하여 기재하는 실시사례이다. 실시예는 출원고안을 실시할 경우 여러 개의 실시 내용 중에서 가장 최선의 실시예(best mode)를 구체적으로 기재하여야 한다.

(7) 고안의 효과

고안의 효과란 기술적 과제를 해결하기 위하여 출원고안의 과제의 해결수단이 이루어 낸 직접적인 결과를 말한다. 고안의 효과는 청구항에 기재된 고안과 직접 관련이 있는 효과여야 한다. 기술적인 측면에서 객관적이고 간명하게 기재하는 것이 보다 설득력을 가지므로, 기술적 효과를 중심으로 하여 기재하는 것이 바람직하다.

4. 도면 등

가. 도 면

출원인은 고안을 설명하는 데 필요한 도면을 출원서에 첨부해야 한다. 출원고안을 설명하는 데에 필요한 경우, 명세서에 기재된 고안의 구성을 보다 잘 이해할 수 있도록 도면을 첨부하여야 한다. 실용신안등록출원에는 반드시 도면을 첨부하고, 도면에 청구항의 내용이 모두 표현될 수 있도록 하여야 한다. 실용신안등록출원의 출원서에 도면이 첨부되어 있지 않은 경우에는 부적법한 출원서로 취급하여 출원인에게 반려된다. 도면이 잘못 첨부된 출원에 대하여 도면을 새로 제출하는 보정을 하는 경우, 신규사항을 추가하는 보정에 해당될 가능성이 높으므로, 도면 작성에 유의하여야 한다.

나. 요 약 서

요약서(abstract)는 출원고안의 내용을 공중이 용이하게 이용할 수 있도록 기재한 서류로서, 기술정보로서 활용하기 위하여 출원서에 필수적으로 첨부되는 서류이다. 요약서는 기술정보로서 활용될 수 있지만, 실용신안의 보호범위를 정하는 데에는 사용할 수 없다. 출원시 요약서의 제출이 없는 경우 특허청장은 요약서의 제출에 대한 보정을 명령하고, 이를 이행하지 않는 경우 당해 출원절차를 무효로 할 수 있다(특허법 제46조).

다. 기타 첨부서류

대리인이 출원을 대리하는 경우에는 위임장, 신규성 의제를 주장하는 경우에는 그 입증서류, 공동출원의 경우 공동출원인이 대표자를 선정한 때에는 대표자를 증명하는 서류, 모인출원의 정당권리자가 출원하는 경우에는 입증서류, 우선권을 주장하는 경우에는 제1국 정부가 증명하는 우선권 서류를 첨부하여야 한다.

IV. 명세서 작성사례

실용신안등록번호 제178590호(플라스틱 의자)

《 명 세 서 》

[도면의 간단한 설명]
    도 1은 본 고안 의자의 외관 사시도.
    도 2는 도 1의 A-A선 단면도.
    도 3은 종래의 플라스틱 의자에 관한 일 예를 도시하는 사시도.

* 도면의 주요부분에 대한 부호의 설명 *
2: 좌대 4: 등받이 6: 팔걸이 8: 다리 8a: 보강살 8b: 대향면

[고안의 상세한 설명]

고안의 목적
고안이 속하는 기술분야 및 그 분야의 종래기술
본 고안은 의자에 관한 것으로서, 특히 사출 성형법에 의해 합성수지를 재료로 하여 일체로 형성된 플라스틱 의자에 관한 것이다. 플라스틱 의자는 좌판과 받침대를 각각 분리 성형하여 조립시킨 구조 또는 좌판만으로 형성된 구조, 좌판과 다리, 팔걸이가 일체로 된

구조 등 여러가지 형태의 것이 실용화되어 간이용으로 널리 활용되고 있다. 한편 근자에 합성수지 사출 기술의 진보에 덧붙여 플라스틱 의자류도 차츰 대형화되고 있는 추세에 있으며, 이에 따라 종래 목욕용이나 좌대 정도의 용도에 그치던 플라스틱 의자는 가든용 의자, 벤치 등으로 용도가 확대되고 있는 실정이다. 도 3은 가든용 의자로 실용화된 전형적인 플라스틱 의자의 일 예를 보여 주고 있다. 도시한 플라스틱 의자는 좌대(2)에 등받이(4)와 팔걸이(6) 및 4개의 다리(8)가 일체로 성형되어 있다. 이러한 구조의 의자는 사출 성형을 위한 금형이 대형화되고, 사출시의 수지 공급 압력도 커야 하는 것이지만 현재의 기술로 충분히 감당할 수 있어서 제조가 가능하다. 그러나 플라스틱은 물성이 약하기 때문에 부분적으로 구조의 보강 문제가 대두된다. 구체적인 예로 설명하면, 플라스틱 의자에서 좌대(2)를 받쳐주는 4개의 다리(8)는 앵글상으로 절곡 형성되어 하중에 잘 견딜 수 있는 단면을 갖추고 있다. 이에 따라 사출되는 플라스틱의 두께를 비교적 얇게 설정하여도 좌대(2)를 지지하는 데에는 별 손색이 없게 된다. 그렇지만 상기 좌대(2)를 지지하는 4개의 다리(8)는 전방측 폭이 후방 측 폭에 비해 더 넓게 배치되어 있으므로 사용시에 전방측 다리(8)는 후방측 다리(8)에 비해 더 쉽게 파손된다. 실제에 있어서 하중에 의한 플라스틱 의자의 파손은 도 3에 도시한 크랙(10)으로 나타난다. 이 크랙(10)은 전방측 다리(8)가 착석자의 하중에 견디지 못하고 측방으로 벌어지려는 경향에 기인하여 발생되는 것이며, 이것에 의해 플라스틱 의자의 사용 수명이 단축된다.

[고안이 이루고자 하는 기술적 과제]
　　본 고안의 목적은 상술한 종래의 플라스틱 의자에서 볼 수 있는 문제점을 해결하고자 전방측 다리 부분에서 크랙이 발생하지 않는 구조로 개선된 플라스틱 의자를 제공함에 있다. 상기 목적을 구현하는 본 고안은 좌대를 중심으로 등받이와 팔걸이, 단면 앵글상으로 된 4개의 다리가 일체로 형성된 플라스틱 의자에 있어서, 상기 전방측 다리의 대향면에 상기 좌판의 하단 양측에서 일체로 연장되어 상기 전방측 다리의 대향면에 직교상으로 형성되는 보강살을 일체로 부여한 구성으로 된다. 상술한 구성의 본 고안 의자는 좌판을 통해 가해지는 하중에 견디는 힘이 배가됨에 따라 전방측 다리 사이가 벌어지지 않고 견고하게 지지하여 주는 것이므로 상기 좌판의 하측 양단에 크랙이 발생하지 않아 사용 수명이 연장된다.

[고안의 구성 및 작용]
　　본 고안의 바람직한 실시예를 첨부 도면에 따라 상세히 설명하면 다음과 같다. 도 1은 본 고안에 관련된 플라스틱 의자의 외관을 도시하는 사시도로서, 상기 도 3에 도시한 의자와 대응하는 부분은 동일 부호로 표시하고 있다. 본 고안의 플라스틱 의자도 종래와 마찬가지로 좌대(2)에 등받이(4)와 팔걸이(6) 및 4개의 다리(8)를 일체로 사출 성형한 구조

로 되어 있다. 상기 4개의 다리(8)는 전방측 배열 폭이 후방측 배열 폭보다 더 넓게 되어 있으며, 이러한 구성에서 전방측 다리(8)는 상호 마주보는 내측에 상기 좌판(2)의 하단 양측으로부터 일체로 연장되는 보강살(8a)이 형성되어 있다. 이 보강살(8a)은 도 2를 통해 더욱 구체적으로 묘사된 바와 같이 전방측 다리(8)의 대향면(8b)에 대하여 직교 방향을 이루게 형성되어 큰 단면 2차 모멘트를 가지게 된다. 이와 같이 형성된 보강살(8a)은 양 전방측 다리(8)의 기계적 강도를 향상시켜 주는 작용을 하게 된다. 따라서 좌대(2)에 사용자가 착석하였을 때에 가해지는 하중이 양 전방측 다리(8)로 가해져 서로 벌어지는 방향으로 발생하는 물리력에 대하여 견고하게 견디는 작용을 하게 되어 상기 좌대(2)의 하단 양측으로 크랙 등이 발생하거나 하는 일이 없게 된다.

[고안의 효과]

이상 설명한 바와 같이 본 고안은 좌대의 하단 양측으로 발생하는 크랙을 방지하기 위하여 양 다리의 대향면에 일체로 보강살을 형성한 것이므로 종래의 플라스틱 의자에 비하여 장시간 사용에도 파손이 발생하지 않아 사용 수명이 연장되는 효과를 나타낸다.

(57) 청구의 범위

청구항 1

좌대를 중심으로 등받이와 팔걸이 그리고 단면 앵글상으로 된 4개의 다리가 일체로 형성된 플라스틱 의자에 있어서, 상기 전방측 다리(8)의 대향면(8b)에 상기 좌판(2)의 하단 양측에서 일체로 연장되어 상기 전방측 다리(8)의 대향면(8b)과 직교상으로 형성되는 보강살(8a)이 일체로 부여된 구성의 플라스틱 의자.

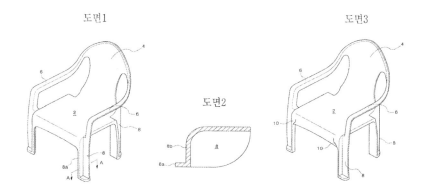

V. 실용신안등록청구범위

1. 실용신안등록청구범위 기재요건

실용신안등록청구범위의 청구항을 기재할 때에는 물품에 관한 독립항을 기재하고, 그 독립항을 한정하거나 부가하여 구체화하는 종속항을 기재할 수 있다. 또한 종속항을 기재할 때 그 종속항을 한정하거나 부가하여 구체화하는 다른 종속항을 기재할 수 있다. 종속항은 인용되는 항의 특징을 모두 포함하며, 인용되는 항의 기술적 사항을 한정하거나 부가하여 구체화하는 청구항이다. 실용신안등록청구범위의 기재사항은 보호받고자 하는 사항을 명확히 할 수 있도록 고안을 특정하는 데 필요하다고 인정되는 형상·구조 또는 이들의 결합관계 등을 기재하여야 한다(제8조 제6항). 실용신안법 제8조 제6항에 따라서 종래의 청구항에 기재되는 구성의 범위가 형상·구조 또는 이들의 결합관계로 확대되었다.

2. 청구항의 기재불비

청구항에 고안의 구성과는 관계가 없는 사항만을 기재하거나 고안의 형상·구조 등 기술적 사항은 전혀 기재되어 있지 아니하여 고안을 특정할 수 없는 경우에는 실용신안법 제8조 제4항의 요건에 위배된다. 대법원 2008.7.10 선고 2008후64 판결에서 등록실용신안의 실용신안등록청구범위의 일부가 불명료하게 표현되어 있거나 그 기재에 오기가 있다 하더라도, 고안의 상세한 설명과 도면 등을 참작하여 볼 때 그 기술분야에서 당업자가 명확하게 이해할 수 있고 오기임이 명백하여 그 고안 자체의 보호범위를 특정할 수 있는 경우에는 등록실용신안의 권리범위를 부정할 수 없다고 한다.

3. 실용신안등록청구범위제출 유예제도

실용신안등록청구범위제출 유예제도는 실용신안등록청구범위를 출원과 동시에 기재하도록 강요하지 않고, 일정기간 유예하여 주는 제도이다. 2007년 개정법에서 실용신안등록청구범위제출 유예제도를 새로 도입하여 실용신안등록청구범위가 첨부되지 않은 명세서만을 첨부하여도 실용신안등록출원을 할 수 있도록 하였다(제8조 제5항). 출원인은 실용신안등록청구범위를 실용신안등록출원서 제출과 동시에 제출할 수 있지만, 출원서 제출 후 1년 6월 전에 실용신안등록청구범위가 기재된 명세서를 보정하여야 한다.

4. 실용신안등록청구범위 작성사례

가. 실용신안등록번호 제139522호(내화절연된 버스바)

본 고안은 내화절연된 버스바(bus bar)에 관한 것으로, 더욱 상세하게는 폴리에스테르 필름과 내화성능이 좋은 마이카 필름을 성형한 내화절연시트를 사용하여 버스바를 둘러싼 내화절연된 버스바에 관한 것이다. 일반적으로 버스덕트(bus duct)는 산업용 전력을 수전 및 배전하는 변전기에서 배전반까지 혹은, 배전반에서 배전반까지의 전기공급이 이루어지는 경로에서 변전기 또는 배전반을 연결하여 전기를 원활하게 공급하는 장치로서, 반도체 공장 등에서 버스덕트에서 전류를 이송하는 도선에 해당하는 것이 버스바이다.

청구항 1.

전도체로 형성된 널판 형상의 버스바(2); 및 두 겹의 폴리에스테르 필름(3, 5)과 상기 폴리에스테르 필름(3, 5) 사이에 형성된 마이카 필름(4)으로 구성되며, 상기 버스바(2)를 둘러싸는 내화절연시트(6)를 포함하여 구성되는 것을 특징으로 하는 내화절연된 버스바.

청구항 2.

제 1 항에 있어서, 상기 내화절연시트(6)는 상기 마이카 필름(4)의 두께가 상기 폴리에스테르 필름(3, 5)의 두께보다 큰 것을 특징으로 하는 내화절연된 버스바.

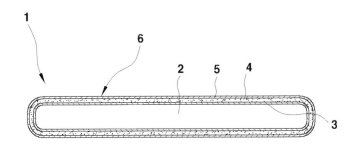

나. 실용신안등록번호 제427067호(방향지시 골프 티)

본 고안은 골프를 즐길 때 골프공을 얹혀 놓고 공을 편리하고 바른 방향으로 타격할 수 있도록 하는 골프 티에 관한 것으로, 특히 골프 티에 골프공이 날아갈 방향과 골프공 높이를 일정하게 조절할 수 있는 깊이 설정턱을 복수로 구성한 방향지시 골프 티에 관한 것이다.

청구항 1.

골프공을 올려놓고 스윙하도록 구성되는 원추형의 받침부재(10)와 이 받침부재(10) 하부에 일체로 연장되어 지면에 삽입되는 삽입봉부재(20)로 구성되는 통상의 골프 티(100)에 있어서, 상기 받침부재(10)의 어느 한 면으로부터 길게 돌출되어 방향을 지시하는 지시봉(11)과, 스윙 위치선정을 바른 자세를 잡기 위한 십자 지시선(12), 그리고 직선의 끝단부에 표시요홈(13)과 수직선과 연결된 지시 돌출표시부(14), 그린에 꽂히는 삽입봉부재(20)에 높낮이를 식별하기 위한 상하에 돌출된 복수개의 깊이 설정턱(21)을 구성됨을 특징으로 하는 방향지시 골프티.

청구항 2.

제1항에 있어서, 상기 십자 지시선(12), 표시요홈(13), 돌출표시부(14)와 설정턱(21)을 색채표기(30)로 인쇄시켜 구성됨을 특징으로 하는 방향지시 골프 티.

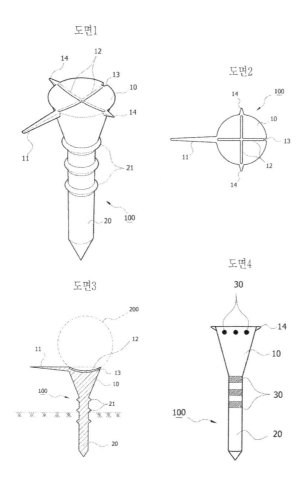

VI. 명세서의 보정

　　실용신안등록출원의 명세서 또는 도면의 보정은 실용신안등록출원서에 최초로 첨부된 명세서 또는 도면에 기재된 사항의 범위 안에서 보정할 수 있다. 실용신안등록출원에 대한 보정은 특허출원과 같이 신규사항의 추가금지를 제한하고 있고, 명세서·도면 등에 대하여 보정할 수 있는 기간도 제한된다. 또 심사관 직권에 의한 보정이 가능하다. 출원인이 보정할 때 신규사항을 추가한 경우에는 거절이유 및 무효사유가 된다. 방식심사 결과 명세서 또는 도면에 대한 보정명령은 특허청장이 하고, 이에 대하여 보정을 하지 아니한 경우에는 특허청장이 실용신안등록출원을 무효로 할 수 있다. 실체심사 과정에서 심사관이 최후거절이유통지서에서 의견서·보정서를 제출할 수 있는 기회를 주었으나 거절이유를 해소하지 못하였거나, 보정을 하지 아니한 경우에는 실용신안등록출원의 보정을 결정으로 각하할 수 있다(특허법 제51조).

Ⅶ. 고안의 단일성

1. 의 의

실용신안등록출원은 1고안을 1실용신안등록출원으로 한다. 다만, 하나의 총괄적 고안의 개념을 형성하는 1군의 고안에 대하여는 1실용신안등록출원으로 할 수 있다(제9조 제1항). 1군의 고안에 대한 1실용신안등록출원의 요건은 특허법시행령 제4조에서 규정하고 있다. 1군의 고안을 1실용신안등록출원으로 하기 위해서는 청구된 고안간에 기술적 상호관련성이 있어야 하고, 청구된 고안들이 동일하거나 상응하는 기술적 특징도 가지고 있어야 한다. 이 경우 기술적 특징은 고안 전체로 보아 선행기술에 비하여 개선된 것이어야 한다(시행령 제4조). 1실용신안등록출원의 범위를 물건에 대한 1실용신안의 출원범위와 일치시키기 위하여 1출원의 범위가 확대되었다.[1]

2. 분할출원

실용신안등록 출원인은 2 이상의 고안을 하나의 실용신안등록 출원으로 한 경우에는 실용신안법 제11조에서 준용하는 특허법 제47조의 규정에 의한 보정기간 내에 그 일부를 1 이상의 실용신안등록출원으로 분할할 수 있다. 분할출원이 적법한지의 여부에 관하여는 실용신안등록 전에는 판단하지 아니하며, 실체심사단계에서 판단하도록 하고 있다.

---

1) 1군의 고안에 대한 개념은 실용신안법상의 고안의 단일성에서 설명한 1군의 고안과 같은 개념이고, 1군의 고안 중 고안의 경우 물건에 해당되는 부분만을 적용한다.

제 4 절 심판 및 소송

I. 실용신안심판

실용신안심판이란 실용신안권을 둘러싼 분쟁이나 실용신안등록출원에 대한 거절결정과 같은 심사관의 처분에 대하여 불복이 있을 경우 특허심판원에서 분쟁해결절차로서 행하는 특별행정심판이라고 할 수 있다. 실용신안심판은 특허법상의 심판제도와 동일하다.

실용신안심판에는 결정계 심판과 당사자계 심판이 있다. 결정계 심판은 특허청 심사관의 처분에 불복하는 심판으로 실용신안등록거절결정 또는 실용신안권의 존속기간의 연장등록 거절결정에 대한 심판이 있다. 당사자계 심판은 실용신안등록의 무효심판(제31조), 실용신안권의 권리범위 확인심판, 정정심판, 통상실시허여의 심판(제32조)이 있다. 실용신안심판절차는 특허심판의 절차와 동일할 뿐만 아니라 그 심리방식도 동일하고, 3인 또는 5인의 심판의 합의체가 실용신안권의 분쟁을 심판한다. 구체적인 절차에 대한 설명은 생략한다.

II. 실용신안소송

특허청 또는 특허심판원에서 절차를 밟는 당사자는 특허청장, 심사관 또는 심판의 합의체가 행한 처분에 대하여 법원에 소송을 제기함으로써 불복을 청구할 수 있다. 실용신안권에 관한 분쟁을 해결하기 위한 실용신안소송에는 특허심판원의 심결 등에 대한 심결취소소송, 행정소송, 실용신인침해소송과 보상금 또는 대가에 관한 불복소송이 있다. 실용신안에 관한 소송절차나 심리 및 판결 등은 특허에 관한 소송과 동일하므로 실용신안에 관한 소송의 절차나 심리방식 등에 대한 설명은 생략한다.

1. 심결취소소송

특허심판원의 심결 등에 대하여 불복하고자 하는 자는 특허법원에 소를 제기할 수 있다. 특허법원이 관할하는 특허심판심결에 대한 취소소송은 준사법적 행정행위의 성질을 갖고, 심판에 대한 불복의 소이므로 실질적 의미에서 항소심의 성격을 가진다. 행정사건에 대한 소송은 일반적으로 행정소송법에 의하지만, 실용신안심판의 심결 등에 대한 심결취소소송은 특허법을 준용하고 있다. 심결취소소송의 대상이 되는 심결에 대한 소 또는 재심청구서의 각하결정은 특허법원의 전속관할로 한다. 심판을 청구할 수 있는 사항에 관한 소는 심결에 대한 것이 아니면 이를 제기할 수 없다. 대가의 심결 및 심판비용의 심결 또는 결정에 대하여는 독립하여 심결 등에 대한 소를 제기할 수 없다.

2. 실용신안권침해소송

가. 의 의

실용신안권침해소송은 지방법원, 고등법원, 대법원의 심급구조로 소송절차가 진행된다. 실용신안권의 침해란 제3자가 권원없이 업으로서 등록실용신안을 실시하거나 간접적으로 실용신안을 침해하는 것을 말한다. 실용신안권은 업으로서 등록실용신안권의 실시를 독점하는 것이며 독점적 효력과 금지적 효력을 가지는 재산권이다(제23조). 따라서 제3자가 정당한 권원없이 업으로서 등록실용신안을 실시하면 실용신안권의 침해로 인정되어 민사상 또는 형사상의 책임을 추궁할 수 있다. 실용신안권의 침해에는 특허권의 침해와 마찬가지로 직접침해와 간접침해가 있다. 직접침해는 기본적으로 침해품의 기술과 등록고안의 등록청구범위에 기재된 사항이 동일한 경우에 적용된다. 특허권의 침해판단과 마찬가지로 실용신안등록청구범위 구성요소와 확인대상고안의 일부 구성요소가 다른 경우에는 균등론·금반언·명세서 및 도면의 참작 원칙 등을 적용하여 구성의 동일 여부를 판단한다.

나. 실용신안권침해의 유형

(1) 직접침해

직접침해란 제3자가 정당한 권원없이 업으로서 등록실용신안을 실시하는 것을 말한다. 실용신안권의 침해가 성립되기 위해서는 실용신안권이 유효하게 존재할 것, 정당한 권원없는 제3자가 업으로서 등록실용신안을 실시할 것, 실시하는 행위가 위법한 행위에 해당하여야 한다. 직접침해란 제3자가 실시하는 침해품(모조품)이 당해 등록실용신안의 구성요소의 전부를 실시하는 것을 의미한다. 만약, 등록고안의 모든 구성요소(all elements)를 침해품이 모두 가지고 있다면 침해로 인정한다.

(2) 간접침해

간접침해라 함은 등록실용신안에 관한 물품의 생산에만 사용하는 물품을 업으로서 생산·양도·대여 또는 수입하거나 업으로서 그 물품의 양도 또는 대여의 청약을 하는 행위를 말한다. 이러한 행위는 실용신안권의 직접침해처럼 모든 구성요소를 포함한 것은 아니지만 일부 구성요소가 그 물품의 생산에만 사용하는 물건을 업으로 실시하는 경우에 적용한다. 실용신안법은 실용신안권자의 보호를 강화하는 차원에서 간접적으로 침해한 것도 침해죄로 취급한다.

다. 침해판단의 절차

(1) 실용신안등록청구범위의 해석

등록실용신안의 보호범위는 실용신안등록청구범위에 기재된 사항에 의하여 정하여진다(특허법 제97조). 그 실용신안등록청구범위에 보호를 받고자 하는 사항을 기재한 항(이하 "청구항"이라 한다)은 복수의 구성요소가 결합된 것이다. 따라서 실용신안등록청구범위를 해석할 때에 청구항의 구성요소가 유기적으로 결합한 전체를 가지고 해석하는 것이 원칙이고, 각 구성요소를 분리하여 해석하지 아니한다. 또한 실용신안등록청구범위의 일부가 불명료하게 표현되어 있거나 그 기재에 오기가 있다 하더라도, 고안의 상세한 설명과 도면 등을 참작하여 볼 때 그 기술분야에서 통상의 지식을 가진 자가 명확하게 이해할 수 있고 오기임이 명백하여 그 고안 자체의 보호범위를 특정할 수 있는 경우에는 등록실용신안의 권리

범위를 부정할 수 없다.[1]

(2) 권리범위의 확정

실용신안등록청구범위의 청구항이 복수의 구성요소로 되어 있는 경우에는 그 각 구성요소가 유기적으로 결합된 전체를 출원고안의 권리범위로 확정한다. 권리범위확인 심판청구의 대상이 되는 확인대상고안이 공지의 기술만으로 이루어지거나 그 기술분야에서 통상의 지식을 가진 자가 공지기술로부터 극히 용이하게 실시할 수 있는지의 여부를 판단할 때에는, 확인대상고안을 등록실용신안의 실용신안등록청구범위에 기재된 구성과 대응되는 구성으로 한정하여 파악할 것은 아니고, 심판청구인이 특정한 확인대상고안의 구성 전체를 가지고 그 해당 여부를 판단하여야 한다.[2] 실용신안등록청구범위를 해석함에 있어서, 출원인이 출원절차를 밟는 과정에서 출원보정 등으로 명세서의 보정을 참작할 때 금반언을 적용하여 구성요소의 일부를 생략하는 보정은 권리범위 해석시 이를 인정하지 않는다.

(3) 침해판단 방법

실용신안권의 침해 여부의 판단은 고안의 기술적 범위에 확인대상고안이 포함되어 있는지의 여부에 대한 실체적 진실을 규명하는 심판이라 할 수 있다. 따라서 실체적 침해판단은 먼저 고안의 기술적 범위와 확인대상고안을 특정한 후, 양자를 대비하여 실용신안권의 침해 유무를 심판한다. 양자를 대비한 결과, 등록실용신안의 구성요소를 확인대상고안의 구성요소가 모두 포함되어 있는 경우에는 "기술적 범위에 속한다"고 한다. 그러나 구성요건의 일부가 생략된 경우 또는 구성요소의 하나 이상이 균등물이 아닌 경우에는 "기술적 범위에 속하지 않는다"고 한다. 즉 등록실용신안과 대비되는 확인대상고안이 등록실용신안의 청구항에 기재된 필수적 구성요소들 중의 일부만을 갖추고 있고 나머지 구성요소를 결여한 경우에는 원칙적으로 그 확인대상고안은 등록실용신안의 권리범위에 속하지 아니한 것으로 판단한다.[3]

---

1) 대법원 2008.7.10 선고 2008후64 판결.
2) 대법원 2005.11.24 선고 2003후2515 판결.
3) 대법원 2006.2.24 선고 2004후2741 판결.

라. 균등론(doctrine of equivalents)

확인대상고안에서 등록실용신안의 실용신안등록청구범위에 기재된 구성 중 치환 내지 변경된 부분이 있는 경우에 적용되는 균등론에 의하면, 양 고안에서 과제의 해결원리가 동일하고, 그러한 치환에 의하더라도 등록실용신안에서 같은 목적을 달성할 수 있고 실질적으로 동일한 작용효과를 나타내며, 그와 같이 치환하는 것이 그 발명이 속하는 기술분야에서 당업자라면 누구나 용이하게 생각해 낼 수 있는 정도로 자명하다면, 확인대상고안이 실용신안등록출원시 이미 공지된 기술과 동일한 기술 또는 당업자가 공지기술로부터 용이하게 고안할 수 있었던 기술에 해당하거나, 실용신안의 출원절차를 통하여 확인대상고안의 치환된 구성이 실용신안등록청구범위로부터 의식적으로 제외된 것에 해당하는 등의 특별한 사정이 없는 한, 확인대상고안은 전체적으로 실용신안등록청구범위에 기재된 구성과 균등한 것으로서 여전히 등록실용신안의 권리범위에 속한다고 한다. 판례에 의하면, 특허침해소송에서 적용하는 균등론은 실용신안침해소송에서도 동일하게 적용하고 있다.

마. 금반언 (estoppel)

실용신안출원인 또는 실용신안권자가 실용신안의 출원 및 등록절차에서 등록실용신안과 대비대상이 되는 제품을 등록실용신안의 실용신안등록청구범위로부터 의식적으로 제외하였다고 볼 수 있는 경우에는 등록실용신안과 대비대상이 되는 제품이 등록실용신안의 보호범위에 속하여 그 권리가 침해되고 있다고 주장하는 것은 금반언의 원칙에 위배되므로 허용되지 아니한다. 그리고 등록실용신안과 대비대상이 되는 제품이 등록실용신안의 출원 및 등록절차에서 등록실용신안의 실용신안등록청구범위로부터 의식적으로 제외된 것에 해당하는지의 여부의 판단은 실용신안등록출원서에 첨부된 명세서뿐만 아니라 출원에서부터 등록될 때까지 특허청 심사관이 제시한 견해, 실용신안출원인이 제출한 보정서와 의견서 등에 나타난 실용신안출원인의 의도 등을 참작하여 판단한다. 판례에 의하면, 특허침해소송의 침해판단에 적용하는 금반언은 실용신안침해소송의 침해판단에서도 동일하게 적용하고 있다.

제 5 절 실용신안권의 침해 및 구제

I. 민사적 구제

1. 침해금지청구권

실용신안권의 침해에 대한 구제는 대체로 특허권과 동일하다. 특허법 제126조(권리 침해에 대한 금지청구권 등). 제128조(손해액의 추정), 제130조(과실의 추정), 제131조(특허권자 등의 신용회복) 및 제132조(서류의 제출)의 규정은 실용신안권자의 보호에 관하여 이를 준용한다(제30조). 실용신안권자 또는 전용실시권자는 자신의 실용신안권, 전용실시권을 침해한 자에 대하여서는 침해의 금지 및 예방을 청구할 수 있다. 또한 실용신안권자 또는 전용실시권자가 침해금지 및 예방을 청구할 때에는 침해행위를 조성한 물품의 폐기, 침해행위에 제공된 설비의 제거, 기타 침해의 예방을 청구할 수 있다.

2. 손해배상청구권

실용신안권 또는 전용실시권이 고의 또는 과실에 의하여 침해되었을 때에는 침해한 자에 대해서 손해배상을 청구할 수 있다. 실용신안권을 권원없이 침해하는 행위가 위법한 경우에는 같은 법 제750조의 불법행위에 기하여 손해배상을 청구할 수 있다. 그러나 민법 제750조에 따른 불법행위로 인한 손해배상을 청구하려면 실용신안자가 고의·과실, 위법성, 손해의 발생 및 손해액, 손해의 발생과 위법행위 사이의 인과관계를 모두 입증하여야 한다. 그러나 실용신안권은 무체재산권이기 때문에 침해소송에서 침해의 판단과 침해에 의한 손해액의 입증이 매우 곤란하므로 실용신안법은 손해액의 추정과 과실추정의 규정을 두고 있다.

3. 과실의 추정

실용신안법 제30조에서 준용하는 특허법 제130조의 과실추정의 규정은 실용신안등록권에 대한 분쟁에서 동일하게 적용된다. 일반적으로 실용신안권의 침해에 대한 손해배상청구소송에서 침해자의 고의·과실의 입증책임은 실용신안권자에게 있다.[1] 실무에서 이를 입증하기는 매우 어려우므로 실용신안등록공보, 실용신안등록원부에 게재된 실용신안권의 공개를 전제로 침해자의 과실을 법률적으로 추정을 인정함으로써 그 입증책임을 실용신안권침해자에게 전환시킨다.

4. 비밀유지명령제도

실용신안권의 침해에 관한 소송에 있어서 법원이 당사자가 보유한 영업비밀에 대해서 법원이 비밀유지명령을 내릴 수 있도록 하고 이를 위반하면 형사벌을 부과할 수 있도록 하는 근거 규정을 신설하였다. 개정법의 비밀유지명령은 해당 영업비밀을 해당 소송의 계속적인 수행 외의 목적으로 사용하는 것, 해당 영업비밀에 관계된 이 항에 따른 명령을 받은 자 이외의 자에게 공개하는 것 등을 금지하고 있다. 국내외에서 정당한 사유없이 실용신안법 제44조에 따라 준용되는 특허법 제224조의3 제1항에 따른 비밀유지명령을 위반한 자는 5년 이하의 징역 또는 5천만원 이하의 벌금에 처한다(제49조의2 제1항). 특허법 제224조의3 내지 제224조의5 및 229조의2의 규정은 이 법 시행 후 최초로 실용신안권 또는 전용실시권의 침해에 관한 소송이 제기된 것부터 적용된다.

Ⅱ. 형사적 구제

1. 의 의

등록실용신안을 정당한 권한없이 업으로 실시하는 행위 외에 등록실용신안에 관한 물품의 생산에만 사용하는 물건을 생산·양도·대여 또는 수입하거나 그 물건의 양도 또는 대여의 청약을 하는 행위도 실용신안권 또는 전용실시권을 침해한 것으로 본다(제29조). 실용신안권을 침해한 자

---

1) 고의 또는 과실로 인한 위법행위로 타인에게 손해를 가한 자는 그 손해를 배상할 책임이 있다(민법 제750조). 실용신안법 제30조에서 준용하는 특허법 제128조(손해액의 추정 등)는 실용신안권자의 보호를 위해 이를 준용한 것이다.

에 대한 형사조치는 실용신안법에서 규정하고 있는 벌칙규정에 의한다.

2. 침 해 죄

실용신안권 또는 전용실시권을 침해한 자는 7년 이하의 징역 또는 1억원 이하의 벌금에 처한다(제45조 제1항). 실용신안권의 침해죄에 관한 규정은 침해품과 등록실용신안을 비교하여 기술구성이 동일한 경우에는 침해로 보고 처벌하는 규정이다. 침해죄는 다른 죄와 달리 친고죄(親告罪)이므로 고소(告訴)가 필요하다. 고소기간은 범인을 안 날로부터 6개월이다.[1] 실용신안권 침해죄의 주체는 자연인 또는 법인이다.

3. 벌 칙

실용신안법은 실용신안권을 침해한 자, 허위표시를 한 자, 사위행위를 한 자에 대한 처벌 규정을 두고 있다. 권리침해죄, 허위표시죄, 사위행위죄에 대해서 특허보다 경미한 처벌규정을 두고 있는 입법례도 있으나, 실용신안법은 특허법과 동일한 처벌을 규정하고 있다.

가. 위 증 죄

위증죄(僞證罪)란 증인·감정인 또는 통역인이 특허심판원에 대하여 허위의 진술·감정 또는 통역을 한 경우 적용되는 범죄이다. 이와 같은 범죄는 국가의 심판작용 등을 그릇되게 할 위험이 있기 때문에 처벌하는 것이다.[2] 민사소송법의 규정에 따라 증인·감정인 또는 통역인이 특허심판원에 대하여 허위의 진술·감정 또는 통역을 한 때에는 5년 이하의 징역 또는 1천만원 이하의 벌금에 처한다(제47조 제1항).

나. 사위행위의 죄

사위(詐僞)행위의 죄란 거짓 기타 부정한 행위에 의하여 실용신안권,

---

1) 고소는 서면 또는 구술로써 검사 또는 사법경찰관에게 하여야 한다(형사소송법 제237조 제1항). 친고죄에 대하여는 범인을 알게 된 날로부터 6개월을 경과하면 고소하지 못하는 것이 원칙이다(형사소송법 제230조 제1항).

2) 법률에 의하여 선서한 증인이 허위의 진술을 한 때에는 5년 이하의 징역 또는 1천만원 이하의 벌금에 처한다(형법 제152조 제1항). 심문절차로 진행되는 가처분 신청사건에서 증인으로 선서하고 허위의 공술을 한 경우 대법원 2003.7.25 선고 2003도180 판결에 의하면, 그 선서는 법률상 근거가 없어 무효라고 할 것이므로 위증죄는 성립하지 않는다고 한다.

등록실용신안권의 존속기간의 연장등록 또는 심결 등을 받음으로써 성립하는 죄를 말한다. 사위행위의 죄는 심사 또는 심판과정에서 허위의 자료나 위조된 자료 등을 제출하여 심사관 또는 심판관을 착오에 빠뜨려 특허를 받거나 자기에게 유리한 심결을 받는 행위자에 대하여 적용되므로 개인적 법익보호를 중시하여 둔 재산범죄인 사기죄와는 달리 국가적 법익(法益)에 대한 침해죄이다.

사위행위는 국가의 권위 또는 기능을 저해하는 행위로서 국가적 법익을 침해하는 비친고죄이므로 피해자의 고소가 없어도 처벌할 수 있다. 거짓 기타 부정한 행위로써 실용신안등록, 실용신안권의 존속기간의 연장등록 또는 심결을 받은 자는 3년 이하의 징역 또는 2천만원 이하의 벌금에 처한다(제49조).

다. 비밀누설죄

특허청 직원·특허심판원 직원 또는 그 직에 있었던 자가 그 직무상 지득한 실용신안등록출원중의 고안에 관하여 비밀을 누설하거나 도용한 때에는 5년 이하의 징역 또는 5천만원 이하의 벌금에 처한다(제46조). 특허청은 심사업무의 부담을 경감하고 심사처리기간을 단축하기 위해서 외부전문조사기관에 선행기술조사사업을 위탁하고 있다. 이에 따라서 특허청에 보관중인 특허출원 또는 특허심사 관련 서류가 전문조사기관 등에 반출될 수 있다. 이 과정에서 비밀누설의 우려가 있기 때문에 전문조사기관 또는 특허문서전자화기관의 임원·직원 또는 그 직에 있었던 자는 실용신안법 제46조의 규정을 적용함에 있어서는 특허청 직원 또는 그 직에 있었던 자로 본다(제43조).

라. 양벌규정

실용신안법은 범죄행위의 방지의 실효성을 강화하기 위해서 행위자를 벌하는 외에 법인 또는 종업원도 벌하는 양벌규정을 두고 있다. 따라서 개인의 종업원 또는 법인의 종업원이 실용신안권을 침해한 때에는 침해죄의 주체는 종업원이 된다. 다만, 양벌규정에 의하여 타인을 고용한 법인 또는 개인에 대하여는 그 종업원이 이들 법인 등의 업무에 관하여 침해죄를 범하였을 때에는 벌금형이 부과된다. 양벌규정은 실용신안권 또는 전용실시권의 침해죄·허위표시죄 및 사위행위의 죄를 범한 경우 행위자를 벌하는 외에 그 법인 또는 개인에 대하여도 벌금형을 과하고 있다. 침해죄의 경우 법인에 대하여는 3억원 이하의 벌금에 처하고, 그 개인에 대하여는 각 해당 조의 벌금형을 과한다(제50조). 양벌규정은 업무주체인 법인의 대표자. 법인 또는 개인의 대리인 혹은 사용인, 기타 종업원이 업무주체의 범위에 관하여 위법행위를 했을 때, 현실의 행위자를 벌하는 외에 업무주체인 법인 또는 개인에 대하여도 소정의 벌금형을 과하는 취지의 규정이다. 이는 사용자의 위치에 있는 법인 또는 개인에 대해서 사회적인 감독책임을 묻는 것이라 할 수 있다.

≪연습문제≫

〈문 1〉 2012년에 시행되는 실용신안법에 관한 설명으로 옳지 않은 것은?
① 실용신안등록출원서에 첨부하는 도면은 반드시 첨부하여야 한다.
② 명세서 고안의 상세한 설명에서 "배경기술"의 기재는 임의 규정이다.
③ 등록지연에 따른 실용신안권의 존속기간 연장제도가 신설되었다.
④ 비밀유지명령제도가 신설되었다.
⑤ 공지예외 적용시기가 6개월에서 12개월로 연장되었다.

〈문 2〉 실용신안법이 채택하고 있지 아니한 제도는? [2010년 사시 1차시험(변형)]
① 출원공개제도　　② 변경출원제도　　③ 심사청구제도
④ 이의신청제도　　⑤ 조약우선권제도

〈문 3〉 산업재산권 보호를 위한 파리협약 제4조는 우선권에 대하여 규정하고 있다. 동 조약에 규정된 산업재산권별 우선기간으로 바르게 묶인 것은?
[2010년 사시 1차시험]
① 특허 1년 — 상표 6월　　② 특허 6월 — 상표 6월
③ 특허 1년 — 디자인 1년　　④ 실용신안 1년 — 디자인 1년
⑤ 실용신안 6월 — 상표 1년

〈문 4〉 실용신안등록의 대상이 되는 것은? [2009년 사시 1차시험]
① 수술방법　　　② 음료수　　③ 톱니바퀴의 형상
④ 공구의 제조방법　　⑤ 의약품

〈문 5〉 실용신안등록의 요건에 관한 설명 중 옳지 않은 것은? [2011년 사시 1차시험]
① 출원 전에 국내에서 공지된 고안은 등록을 받을 수 없다.
② 출원 전에 국내에서 공연히 실시된 고안은 등록을 받을 수 없다.
③ 출원 전에 국외에서 공지된 고안은 등록을 받을 수 없다.
④ 출원 전에 국외에서 공연히 실시된 고안은 등록을 받을 수 있다.
⑤ 출원 전에 국외에서 반포된 간행물에 게재된 고안은 등록을 받을 수 없다.

〈문 6〉 실용신안등록의 요건에 관한 아래의 문장 가운데 괄호 안에 들어갈 말은?
[2007년 사시 1차시험]

> 산업상 이용할 수 있는 물품의 형상·(A) 또는 (B)에 관한 고안으로
> 서 신규성과 진보성이 있는 고안은 실용신안등록을 받을 수 있다.

	A	B
①	모양	조합
②	구조	조합
③	구조	모양
④	모양	색채
⑤	선도	구조

〈문 7〉 특허제도와 실용신안제도간에 차이가 없는 것은? [2008년 사시 1차시험]
① 요구되는 진보성의 정도　　② 심사청구기간
③ 출원공개의 시기　　④ 출원시 도면의 필수성
⑤ 권리존속기간 연장의 가능성

〈문 8〉 다음의 설명 중 옳지 않은 것은? [2008년 사시 1차시험]
① 특허. 실용신안등록을 받기 위해서는 발명·고안에 진보성이 있어야 하지
만, 저작권법의 보호를 받는 저작물이 되기 위해서는 진보성이 요구되지
않는다.
② 특허, 실용신안 및 디자인은 그 권리가 발생하기 위하여 모두 국가기관의
개입을 필요로 한다.
③ 상표권의 존속기간은 갱신등록출원에 의해서 반영구적으로 연장될 수 있
지만 특허권, 디자인인권, 실용신안권은 그러하지 아니하다.

④ 특허출원과 실용신안등록출원 상호간에도 선출원주의가 적용된다.
⑤ 동일한 대상이 디자인권, 상표권, 저작권에 의하여 중첩적으로 보호될 수 는 없다.

〈문 9〉 아래의 문장 가운데 ( )에 들어갈 올바른 용어를 순서대로 나열한 것은?
[2008년 사시 1차시험]

> A. 특허발명의 보호범위는 ( )에 기재된 사항에 의하여 정하여진다.
> B. 디자인권자는 업으로서 ( )을 실시할 권리를 독점한다.
> C. 상표권자는 지정상품에 관하여 ( )를 사용할 권리를 독점한다.
> D. 저작자는 저작재산권과 ( )을 가진다.

① 특허청구범위－등록디자인－등록상표 또는 이와 유사한 상표－저작인접권
② 명세서－등록디자인 또는 이와 유사한 디자인－등록상표－저작인격권
③ 특허청구범위－등록디자인 또는 이와 유사한 디자인－등록상표－저작인격권
④ 명세서－등록디자인－등록상표 또는 이와 유사한 상표－저작인접권
⑤ 특허청구범위－등록디자인－등록상표 또는 이와 유사한 상표－2차적저작 물 작성권

〈문 10〉 실용신안등록제도에 관한 설명으로 옳지 않은 것은? [2011년 변리사 1차시험]

① 실용신안권의 존속기간은 실용신안권의 설정등록을 한 날부터 실용신안등 록출원 후 10년이 되는 날까지이며, 특허법에서와 같은 존속기간연장등록 제도가 있다.
② 실용신안법에서의 간접침해는 등록실용신안에 관한 물품의 생산에만 사용 하는 물건의 경우에 적용된다.
③ 2 이상의 의약을 혼합함으로써 제조되는 의약 또는 2 이상의 의약을 혼합하 여 의약을 제조하는 방법의 경우에는 실용신안등록의 대상이 되지 않는다.
④ 국제실용안등록출원인은 국제출원일에 제출한 국제출원이 도면을 포함하 지 아니한 경우에는 기준일까지 도면(도면에 관한 간단한 설명을 포함한 다)을 제출하여야 하며, 특허청장은 기준일까지 도면의 제출이 없는 때에 는 출원인에게 기간을 정하여 도면의 제출을 명령할 수 있다.
⑤ 특허출원을 한 날부터 3년이 경과된 후에 실용신안등록출원으로 변경한 경 우에는 변경출원을 한 날부터 3년 이내에 출원 심사의 청구를 할 수 있다.

〈문 11〉 산업재산권의 존속기간에 대한 설명으로 옳지 않은 것은?
① 특허권의 존속기간은 특허권의 설정등록이 있는 날부터 특허출원일 후 20

년이 되는 날까지로 한다.

② 디자인권이 존속기간은 디자인권의 출원일부터 15년으로 한다.

③ 상표권의 존속기간은 설정등록이 있는 날부터 10년으로 한다.

④ 실용신안권의 존속기간은 실용신안권의 설정등록이 있는 날부터 실용신안 등록출원일 후 10년이 되는 날까지로 한다.

≪정답≫ 1.② 2.④ 3.① 4.③ 5.④ 6.② 7.③ 8.⑤ 9.③ 10.⑤ 11.②

≪문제해설≫

<문 1> ① 실용신안등록출원은 물품에 관한 고안이므로 도면은 반드시 첨부 하여야 한다. ② 제8조 제3항 제2호는 강행규정이다. ③ 제22조의2 내지 제22조 의5(신설). ④ 제44조 준용. 특허법 제224조의 내지 제224조의5(신설). ⑤ 제5조 제1항.

<문 2> ①, ②, ③, ⑤는 실용신안법에 규정된 제도이다. ④는 상표법 제25 조, 디자인보호법 제29조의2에 규정된 이의신청제도가 있다.

<문 3> 파리협약 제4조 C에 따라 우선기간은 특허 및 실용신안에 대하여는 12개월, 디자인 및 상표는 6개월이다.

<문 4> ①과 ④는 방법발명으로 대상이 되지 않는다. ② 음료수는 액체이므 로 물품으로 취급하지 않는다. ③ 물품의 형상에 해당되므로 맞는 답이다. ⑤ 인간 으로부터 채취한 것을 원재료로 하는 의약품은 산업상 이용가능성이 없는 것으로 본다. 또한 2 이상의 의약을 혼합으로써 제조되는 의약품은 실용신안등록의 대상 이 되지 않는다.

<문 5> ①, ②, ③, ⑤는 제5조 제1항 제1호 및 제2호에 규정된 신규성상실 사유이다. ④ 출원 전에 국외에서 공연히 실시된 고안은 등록을 받을 수 없다.

<문 6> 제4조 제1항 본문의 규정에 따라 실용신안의 대상은 물품의 형상·구 조 또는 조합에 관한 고안이다.

<문 7> ① 진보성의 정도: 실용신안은 특허와 달리 "극히 용이하게"라는 표 현이 다른 점이다. ② 심사청구기간: 특허 5년, 실용신안 3년이다. ③ 출원공개의 시기는 동일하다. ④ 특허의 경우 방법발명에서는 도면이 필요하지 않으나. 실용 신안은 물품에 관한 고안이므로 출원시 도면의 첨부는 필수이다. ⑤ 특허는 허가 등에 따른 특허권의 존속기간의 연장제도와 등록지연에 따른 특허권의 존속기간 의 연장제도 2가지가 있으나, 실용신안은 등록지연에 따른 특허권의 존속기간의 연장제도만 있다.

<문 8> ① 저작권법의 보호를 받는 저작물이 되기 위해서는 창작성이 요구 된다. ② 특허, 실용신안 및 디자인은 그 권리가 발생하기 위하여 모두 특허청 심 사관의 심사를 거쳐서 등록결정서를 받아야 한다. ③ 특허권 20년, 디자인인권 15

년, 실용신안권 10년으로 상표권과 달리 존속기간이 유한하다. ④ 특허출원과 실용신안등록출원 상호간에도 선출원주의가 적용된다(특허법 제36조 제3항; 실용신안법 제7조 제3항). ⑤ 동일한 대상이 디자인권, 상표권, 저작권에 의하여 중첩적으로 보호될 수 는 없다. 다만, 캐릭터의 경우 출원서 양식에 따라 출원하면(대상이 달라짐) 중첩적으로 보호받을 수 있다.

〈문 9〉 A. 특허법 제97조, B. 디자인보호법 제41조, C. 상표법 제50조, D. 저작권법 제10조 제1항: 저작자는 저작인격권과 저작재산권을 가진다.

〈문 10〉 ① 제22조의2. ② 제29조: 등록실용신안에 관한 물품의 생산에만 사용하는 물건을 업으로서 생산·양도·대여 또는 수입하거나 업으로서 그 물건의 양도 또는 대여의 청약을 하는 행위는 실용신안권 또는 전용실시권을 침해한 것으로 본다. ③ 제4조 제1항 본문에 따라 물품의 형상·구조 또는 조합이 실용신안등록의 대상이다. 의약이나 방법은 실용신안의 등록대상에 해당되지 아니한다. ④ 제36조 제1항, 제2항. ⑤ 변경출원하는 경우 원출원일로부터 3년의 기간이 경과된 후라도 변경출원을 한 날부터 30일 이내에 심사청구를 할 수 있다(제10조 제1항 단서).

〈문 11〉 ① 특허법 제88조 제1항. ② 디자인보호법 제40조 제1항: 디자인권의 존속기간은 디자인권의 설정등록이 있는 날부터 15년으로 한다. 다만, 유사디자인의 디자인권의 존속기간 만료일은 그 기본디자인의 디자인권의 존속기간 만료일로 한다. ③ 상표법 제42조 제1항. ④ 실용신안법 제22조 제1항.

제4장

디자인보호법

제1절 개 관

Ⅰ. 디자인보호법상의 디자인

인간의 지적활동의 결과인 디자인[1]은 일반적으로 응용미술·건축·기계나 제품을 개발하고 독창적으로 만들어 내는 과정에서 창출되는 물품의 형태에 관한 창작물이라 할 수 있다. 디자인보호법에서 정의하는 디자인은 물품의 형상·모양·색채 또는 이들을 결합한 것으로서 시각을 통하여 미감을 일으키게 하는 것을 말한다(제2조 제1호).[2] 디자인은 제품디자인, 광고포스터·그래픽디자인·디지털디자인 등과 같은 시각디자인, 생활공간이나 환경에 관한 환경디자인 등을 포괄하는 개념이다. 이러한 물품의 외관에 관한 미적인 창작은 디자인보호법에 의해서 보호된다. 디자인보호법은 산업발전에 이바지함을 목적으로 한다. 따라서 디자인보호법상의 디자인은 산업과 관련하여 독립거래의 대상이 되는 물품의 외관에 관한 "디자인"(design)을 말한다. 디자인은 물품에 구현되는 형상·모양·색채 등의 형태로서, 소위 "물품의 미적외관"이라 정의할 수 있다. 등록디자인이라 함은 디자인등록을 받은 디자인을 말한다(제2조 제2호). 디자인

---

1) 디자인이라는 용어는 "지시하다·표현하다·성취하다"의 뜻을 가지고 있는 라틴어의 데시그나레(designare)에서 유래한다.
2) 제3장에서 달리 법률명 표기가 없는 조문 표기는 모두 "디자인보호법"의 조문임.

등록이라 함은 디자인심사등록 및 디자인무심사등록을 말한다(제2조 제3호). 디자인심사등록이란 디자인등록출원이 디자인등록요건의 전부를 갖추고 있는지를 심사하여 행하는 디자인등록을 말한다. 1997년 개정법에서 유행성이 강한 일부 품목에 대하여 디자인무심사등록제도를 도입하였다. 디자인무심사등록제도란 실체심사를 하지 않고 형식적인 요건만을 심사 한 후 등록을 해주는 디자인등록을 말한다(제2조 제5호).

Ⅱ. 디자인보호법의 목적

1. 디자인의 본질

디자인은 본질적으로 회사 로고나 화장실 사인, 냉장고나 TV, 카페의 인테리어, 아파트처럼 쓸모 있어야 한다. 그 쓸모라는 것은 사람들의 '보편적인' 생각과 미의식을 충족시켜야 한다. 왜냐하면 디자인은 대량으로 복제되고, 특히 기업 제품의 경우 많이 복제되면 될수록 좋기 때문이다. 개인적이고 특별하며 괴벽스러운 취향은 받아들여지지 않는다. 디자인이 결정되면 그것은 공장에서 수천, 수만 개로, 때로는 수백만 개로 복제되어 팔려야 하기 때문이다.[1] 성공적인 지식재산권 관리의 성패는 기술(특허), 디자인, 상표(브랜드)의 3요소에 달려 있다고 말할 수 있다. 아무리 우수한 기술을 갖는 제품도 소비자에게 팔리지 않으면 결국 아무 소용이 없다. IBM에 밀려 쇠락의 길을 달리던 애플 컴퓨터를 기사회생시키고, 스와치를 세계 시장에서 정상으로 등극시키며, 스위스로 하여금 시계산업의 영광을 되찾도록 만든 주인공은 다름아닌 디자인이었다. 따라서 좋은 디자인(good design)이야말로 판매경쟁에서 이길 수 있는 중요한 열쇠라 할 수 있다. 오늘날 소비자의 품질의식의 상승으로 이제 품질과 성능으로는 제품의 우열을 가리기가 힘들어지고 있어서, 결국 고객의 관심은 더 강한 개성을 표현하는 제품, 나만의 스타일을 디자인으로 표현하는 제품에 쏠리고 있다. 시장에서 경쟁제품과 차별화하면서 고급스러움을

---

1) 김신, 고마워 디자인, 디자인하우스, 2011, 62면.

드러내는 최후의 수단은 디자인이라 할 수 있다.

디자이너(designer)는 제품의 품질의 구현자이며, 인간의 숨겨진 욕구를 발견하여 이를 새로운 경험과 스토리로 구현하는 창조자이다. 결국 디자이너가 디자인의 장인 정신을 갖고 디자인한 제품은 고객의 선택을 받게 되고 경쟁에서 살아남을 수 있게 된다.

2. 디자인 경영과 브랜드 가치

디자인의 발상지라 할 수 있는 영국의 대처 전 수상은 "디자인하지 않으려면 사임하라"(Design or resign)라는 말을 하며 강력한 디자인 부흥 정책을 추진한 것으로 유명하다. 1988년 서울올림픽은 우리나라의 디자인을 국제적 무대로 진출시키는 계기가 되었다. 아울러 국민들의 의식도 변화되면서, 외국과 차별화된 개성있는 디자인을 본격적으로 추구하기 시작했다. 우리나라에서 디자인업엤종사하는 사람들과 디자인을 공부하는 학생 등 디자인인구는 미국과 일본만큼 많고, 기업의 디자인에 대한 투자와 열정은 세계에서도 손꼽을 정도이다. 21세기는 무한경쟁시대다. 이제는 톡톡 튀는 디자인으로 된 제품이 경쟁에서 살아남을 수 있을 것이다.

디자인의 경영은 기업의 브랜드 이미지를 향상시킨다. 어떤 회사의 브랜드 이미지가 바뀌게 되면 그 회사 제품에 대해 갖는 고객의 이미지 또한 바뀌게 된다. 그렇게 되면 결국 비슷한 제품이 있을 경우 브랜드 가치가 높은 제품을 구입하게 되는 것이다. 한국 기업들도 디자인을 무기로 세계시장에서 떠오르고 있다. 세계시장에서 삼성전자의 애니콜은 노키아 휴대전화보다 비싼 값에 팔리고, LG전자는 소니와 같은 일본의 가전업체와 세계시장에서 어깨를 나란히 하고 있다. 이러한 기업들의 성공 뒤에는 언제나 디자인이 있다.

3. 디자인보호법의 목적

디자인보호법은 디자인의 보호 및 이용을 도모함으로써 디자인의 창작을 장려하여 산업발전에 이바지함을 목적으로 한다(제1조). 디자인보호법은 디자인의 창작자에게 디자인의 보호에 관한 이익을 공중(公衆:

public)에게는 디자인을 이용할 수 있게 하고, 다른 한편으로는 디자인의 창작을 장려하여 더 나은 디자인을 개발하도록 유도하는 데에 있다고 할 수 있다. 디자인보호법은 등록디자인에 독점배타적인 디자인권을 부여한다. 디자인의 보호는 디자인권에 의한 보호를 비롯하여 선출원권 및 보상금청구권에 의한 실체상의 보호와 절차상의 보호로 구분할 수 있다. 디자인보호법은 디자인을 창작한 자에게 디자인의 창작에 대한 인센티브를 제공하여 사익(私益)을 보장해 주고, 산업발전을 도모하는 공익(公益)적인 측면의 양면성을 가지고 있다.

Ⅲ. 다른 법률과의 관계

1. 산업디자인진흥법

산업디자인진흥법은 "산업디자인·포장진흥법"을 수차례 개정 후 현행법(법률 제9688호, 2009.5.21 일부개정)을 시행하고 있다. 이 법은 산업디자인 연구·개발의 촉진 및 산업디자인의 진흥을 위해서 제정된 법으로 디자인보호법의 목적과 일치된다. 산업디자인진흥법에 의한 우수디자인 상품의 선정기준은 외관을 구성하는 형상·모양 및 색채 등의 요소가 판매를 촉진할 수 있도록 종합적으로 아름답게 구성되고 독창성이 있을 것, 사용목적에 적합한 기능을 갖추고 사용이 편리하며 유지관리가 쉬울 것, 적합한 재료를 사용하고 있을 것, 산업적 생산에 적합하고 경제성이 있을 것이 요구된다. 우수디자인 상품의 선정기준은 디자인보호법의 디자인등록요건과 기본 개념은 거의 유사하다고 볼 수 있다.

2. 부정경쟁방지법

디자인은 물품의 형상·모양·색채 또는 이들을 결합한 것으로서 시각을 통하여 미감을 일으키게 하는 것을 말하므로 디자인은 물품과 불가분의 관계에 있고, 시각을 통하여 인식할 수 있는 미적(美的) 창작물이다(제2조). 그러나 부정경쟁방지법에서는 상품 또는 영업표시화된 산업디자인으로서 당해 상품에 오랫동안 사용되어 소비자에게 널리 인식되어 있

는 경우 등록 여부를 불문하고 주지성을 가지고 있다면 그에 대한 혼동
초래행위로부터 보호될 수 있다. 이 법률에 의해서는 디자인 그 자체를
보호하는 것이 아니라 주지성을 갖춘 디자인만이 보호되는 것이므로 우
리 법제상 부정경쟁방지법은 디자인 그 자체의 보호와는 관련이 적은 법
률이라 할 수 있다.

3. 저작권법

저작권의 보호대상이 되는 저작물은 인간의 사상 또는 감정을 표현
한 창작물로서 사상과 감정의 표현을 보호의 객체로 하므로 저작물은 반
드시 물품에 한정되지 않을뿐만 아니라 시각 외에 청각 등에 인식되는
경우가 있다. 디자인은 출원 및 심사절차에 의하여 등록되면, 디자인권의
권리가 발생한다. 그러나 저작권은 저작물을 창작한 때부터 발생하며 무
방식주의에 의한다. 응용미술 저작물은 그 이용된 물품과 구분되어 저작
권법에 의해 보호받을 수 있고, 디자인보호법에서도 보호를 받을 수 있다.

4. 민 법

디자인권을 권원없이 침해하는 행위가 위법한 경우에는 민법 제750
조의 불법행위에 기한 손해배상청구가 가능하다. 대법원 2010.8.25자
2008마1541 결정은 "인터넷 포털사이트 광고 방해 사건"에 대해서 민법
상 불법행위 적용하여 포털사이트 소유자가 그동안 지식재산권에 투자
한 노력과 비용을 경쟁자가 얻은 엉업이익과 비교·형량한 후, 상도덕과
공정한 경쟁질서의 관점에서 불법행위에 금지청구권을 인정한 최초의 대
법원 판례이다. 대법원은 민법 제750조에 근거하여 경쟁자가 상당한 노
력과 투자에 의하여 구축한 성과물을 상도덕이나 공정한 경쟁질서에 반
하여 자신의 영업을 위하여 무단으로 이용함으로써 경쟁자의 노력과 투
자에 편승하여 부당하게 이익을 얻고 경쟁자의 법률상 보호할 가치가 있
는 이익을 침해하는 행위는 부정한 경쟁행위로서 민법상 불법행위에 해
당한다고 판단하고, 불법행위의 금지 또는 예방을 청구할 수 있다고 판시
하였다.[1]

---

1) 대법원은 피고가 저작권법 또는 정보통신망법 등 성문법을 위반하지 않은 사안임에

Ⅳ. 2012년 법개정 내용

1. 디자인보호법 제4조의25 삭제

가. 국제조약 우선 적용 규정의 문제점 [1]

디자인보호법 제4조의25(조약의 효력)에서 "디자인에 관하여 조약에 이 법에서 규정한 것과 다른 규정이 있으면 그 규정에 따른다"고 규정하고 있다. 국회의 비준동의로 국내법 체계로 조약이 들어오면, 국내법과의 저촉·충돌 발생과 그 해결문제가 대두된다. 국제법 규범도 국내법질서로 들어온 이상 국내법질서 내부에 설정된 충돌해결기준과 원칙을 통해 접근함이 타당할 것이며, 이 과정에서 국제법적인 요소가 존중되어야 할 것이다. 먼저, 국제조약과 헌법과의 효력에 대하여 일반적으로 국민주권주의를 근거로 조약의 헌법변경 효력을 인정할 수 없다는 점에서 헌법우위론의 입장이다. 헌법재판소의 판결도 같은 취지이다. 따라서 조약이든 일반적으로 승인된 국제법규이든 국내법적으로 수용함에는 국내최고법인 헌법에 종속된다고 본다.

나. 본 조문 삭제 이유

법률과의 관계에서는 헌법 제60조 제1항에 의거 국회의 동의를 받은 조약과 그렇지 않은 조약으로 구분된다. 국회의 동의를 받은 조약은 국내법률과 동일하게 취급되므로 신법우선원칙이나 특별법우선원칙이 적용될 수 있으나, 국회의 동의를 받지 않은 조약은 법률보다 하위 규범으로 보는 것이 통설이다. 그런데 특허법 등 지식재산권 관련 국내법에서 국제조약과 국내법이 저촉되어 충돌할 경우에는 국제조약이 우선 적용된다는 규정은 우리 헌법상 조약을 국내법과 동일시하는 규정에 맞지 않는다. 더구나 한미FTA처럼 모든 분야를 망라하는 포괄적인 협정에서 FTA협정을 국내법보다 우선 적용하는 것은 지식재산권 부문도 다른 여타 부문과 함께 이익의 균형을 취하고 있으므로 이를 하나의 독자적 영역의 협정으로

도 불구하고, 민법 제750조의 불법행위에 기하여 부정한 경쟁행위로 판단한 것은 지식재산권법의 특성상 침해용이성과 침해를 입증하기 곤란한 점, 지식재산권은 반복해서 장래에 침해가 계속될 수 있다는 점 등을 종합적으로 고려하여 판단한 것으로 판단된다.
　1) 국회지식경제위원회, 디자인보호법 일부개정법률안 검토보고서, 2011.10, 7-9면.

인식함은 맞지 않다고 본다. 더 나아가서 미국의 한미FTA 이행법에서 미국 국내법의 FTA협정에의 상위효력 규정과의 비교시 상호주의에 맞지 않는 규정이므로 디자인보호법 제4조의25는 폐기하는 것이 바람직하다.

2. 비밀유지명령제도의 도입

가. 제도 도입의 필요성 [1]

2012년 디자인보호법은 디자인권 또는 전용실시권의 침해에 관한 소송에서 법원이 비밀유지명령[2]을 내릴 수 있도록 하고 이를 위반하면 형사벌을 부과할 수 있는 근거규정을 신설하였다. 동 제도를 도입하면, 소송절차에서 알려지게 된 영업비밀이 보호됨에 따라 기업의 경영활동 위축을 막을 수 있고, 서류제출 거부를 남용하는 사례가 대폭 감소할 것으로 보인다. 또한 소송절차에서 손해 입증이 용이해지고, 심리의 충실을 도모할 수 있을 것으로 판단된다. 동 제도와 관련하여, TRIPs와 한EU FTA 규정은 민사사법절차에서 사법 당국의 서류제출 명령 권한을 중점적으로 규정하고 있다. 법원의 서류제출 명령 권한에 관하여는 민사소송법 제292조, 제344조, 제347조, 제367조 등을 통해서 이행 가능하므로 별도 입법이 필요 없었다. 그러나 한미FTA는 제18.10조 제10항에서 서류제출 명령권한을 규정하고, 이와 별도로 제11항에서는 비밀유지명령 위반에 대한 제제를 사법당국의 권한으로 규정하고 있다. 따라서 TRIPs와 한EU FTA와는 달리, 한미FTA 협정문 규정의 충실한 이행을 위해서 비밀유지명령제도를 도입할 필요가 있다.

나. 개정법의 내용

"한미FTA 및 한미FTA에 관한 서한 교환"의 합의사항에 따라 법원으로 하여금 디자인권 침해에 관한 소송에서 당사자가 제출한 준비서면 등에 영업비밀이 포함되어 있고 그 영업비밀이 공개되면 당사자의 영업에 지장을 줄 우려가 있는 경우 등에는 당사자의 신청에 따라 결정으로 해

---

1) 국회지식경제위원회, 디자인보호법 일부개정법률안 검토보고서, 2011.10, 10-13면.
2) "비밀유지명령"이란 소송절차에서 생성되거나 교환된 영업비밀을 보호하기 위해 소송당사자, 대리인 등에게 소송중 알게 된 비밀을 소송 수행 외의 목적으로 사용하지 못하게 하거나 공개하지 못하게 하는 법원의 명령을 말한다.

당 영업비밀을 알게 된 자에게 소송 수행 외의 목적으로 영업비밀을 사용하는 행위 등을 하지 아니할 것을 명할 수 있는 비밀유지명령제도를 도입하였다. 따라서 디자인보호법 제81조의2 내지 제81조의4에 비밀유지명령 신청 및 취소와 관련된 절차 등을 신설하고, 디자인보호법 제85조의2에 비밀유지명령 위반죄를 신설하였다.[1] 관련 법률에 대한 구체적인 해설은 제9절 V에서 후술한다.

≪연습문제≫

〈문 1〉 디자인보호제도에 관한 설명으로 옳지 않은 것은?

① 디자인등록출원된 디자인에 대해서 누구든지 당해 디자인이 거절이유에 해당하여 등록될 수 없다는 취지의 정보를 증거와 함께 특허청장에게 제공할 수 있다.

② 한 벌의 물품 디자인에 해당되는 경우는 한 벌의 다기 세트, 한 벌의 오디오 세트, 한 벌의 개인용 컴퓨터 세트, 한 벌의 책상과 책꽂이 등이 있다.

③ 물품의 기능을 확보하는 데 불가결한 형상만으로 된 디자인은 디자인등록을 받을 수 있다.

④ 무심사디자인등록 대상 물품은 디자인보호법시행규칙 제9조 제3항에서 규정하고 있고, 유행성이 강한 물품으로 사무용지, 침구류, 직물지, 화상디자인 등이 포함된다.

⑤ 인도의 타지마할 묘를 거의 그대로 모방하여 열쇠고리 형태로 디자인하여 디자인등록출원한 경우 창작성이 결여된 것을 이유로 거절된다.

〈문 2〉 다음 디자인보호법에 대한 설명으로 옳지 않은 것은?

① 디자인보호법상의 실시는 디자인에 관한 물품을 업으로 생산·사용·양도·수입 하거나 수출하는 행위를 포함한다.

② 디자인무심사등록 이의신청의 이유는 후발적인 무효사유를 제외하고 디자인등록의 무효사유와 동일하다.

③ 한 벌 물품 디자인의 경우 디자인보호법 제6조 제4호(물품의 기능을 확보하는 데 불가결한 형상만으로 된 디자인)에 해당하는지의 여부는 한　벌

---

1) 국내외에서 정당한 사유없이 디자인보호법 제81조의2 제1항에 따른 비밀유지명령을 위반한 자는 5년 이하의 징역 또는 5천만원 이하의 벌금에 처한다.

물품 일부로써 판단한다.

④ 디자인권 또는 전용실시권을 침해하는 자에 대해서는 민사상 손해배상 외에 7년 이하의 징역 또는 1억원 이하의 벌금에 처할 수 있다.

〈문 3〉 디자인보호법상의 디자인에 관한 설명 중 옳지 않은 것은? [2009년 사시 1차시험]

① 디자인이 등록을 받기 위해서는 공업상 이용가능성이 있어야 한다.

② 글자체는 물품성이 인정되지 않기 때문에 디자인으로 등록받을 수 없다.

③ 디자인으로 등록받기 위해서는 그 분야에서 통상의 지식을 가진 자가 국내에서 널리 알려진 형상·모양·색채 또는 이들의 결합에 의하여 용이하게 창작할 수 있는 것이 아니어야 한다.

④ 디자인권의 효력은 등록디자인뿐만 아니라 그와 유사한 디자인에까지 미친다.

⑤ 2 이상의 물품이 한 벌의 물품으로 동시에 사용되는 경우 당해 한 벌의 물품의 디자인이 한 벌 전체로서 통일성이 있는 때에는 1디자인으로 디자인등록을 받을 수 있다.

〈문 4〉 특허법과 디자인보호법의 비교에 관한 설명 중 옳지 않는 것은?
[2010년 사시 1차시험]

① 특허법과 디자인보호법은 모두 불실시에 대한 통상실시권 설정의 재정에 관한 규정을 두고 있다.

② 특허권과 디자인권이 상호 저촉되는 경우 그 해결을 위해 각 법은 모두 통상실시권 허여심판제도를 두고 있다.

③ 특허법과 디자인보호법에서 신규성과 관련된 공지 또는 공연실시의 여부 판단은 모두 국제주의를 취한다.

④ 특허권과 디자인권의 존속기간 차이를 고려하여 존속기간 만료 후의 법정실시권을 각 법에서 모두 규정하고 있다.

⑤ 특허출원은 디자인등록출원과 달리 일정 기간 경과 후 특허출원이 강제로 공개된다.

〈문 5〉 특허법, 실용신안법, 디자인보호법에 공통적으로 존재하는 제도를 모두 고른 것은? [2011년 사시 1차시험]

ㄱ. 정정심판 ㄴ. 심사청구제도 ㄷ. 무심사등록제도 ㄹ. 통상실시권허여심판 ㅁ. 권리범위 확인심판 ㅂ. 거절결정불복심판

① ㄱ, ㄴ, ㄷ   ② ㄱ, ㄴ, ㄹ   ③ ㄴ, ㄷ, ㅁ

④ ㄷ, ㄹ, ㅂ   ⑤ ㄹ, ㅁ, ㅂ

〈문 6〉 디자인보호법 제1조에 규정하고 있는 목적으로 옳지 않은 것은?
  ① 디자인의 보호   ② 디자인 이용의 도모
  ③ 중복 디자인의 개발방지   ④ 산업발전
  ⑤ 디자인 창작의 장려

≪정답≫   1.③ 2.③ 3.② 4.① 5.⑤ 6.③
≪문제해설≫
  〈문 1〉 ① 제23조의5 ③은 제7조(디자인등록을 받을 수 없는 디자인) 제3호에 규정된 것으로 부등록사유에 해당한다.
  〈문 2〉 ① 2011년 개정법에서 디자인의 실시의 정의에 "수출"이 포함되었다. 즉 제1조 제2조 제6호(실시의 정의), 제63조(침해로 보는 행위)에도 "수출"이 포함된다. ② 제29조의2의 이의신청이유와 제68조 제1항의 무효사유는 동일하다. 다만, 무효사유 중 제68조 제1항 제4호는 후발적 사유로 이것만 다르다. ③ 한 벌 물품의 성립은 전체로써 판단한다.
  〈문 3〉 ① 제5조 제1항 본문 ② 글자체는 제2조 제1호(정의)에서 디자인에 포함된다고 정의한다. ③ 제5조 제2항 ④ 제12조 제1항.
  〈문 4〉 ① 특허법 제107조에 불실시에 관한 강제실시권의 재정에 대하여 규정하고 있으나, 디자인보호법은 불실시에 대한 통상실시권 설정의 재정에 관한 규정을 두고 있지 않다. ② 특허법 제138조와 마찬가지로 디자인보호법 제70조에 통상실시권 허여심판을 두고 있다. ④ 특허법 제105조(디자인권의 존속기간 만료 후의 통상실시권), 디자인보호법 제52조(디자인권 등의 존속기간 만료 후의 통상실시권)에서 존속기간 만료 후의 법정실시권을 모두 규정하고 있다. ⑤ 특허법에서 출원공개는 모든 출원에 대해서 출원일 이후 1년 6개월 경과한 때에 의무적으로 공개하지만, 디자인보호법상에서 출원공개는 출원인이 출원공개를 신청하는 경우에 해당 출원만을 공개한다(제23조의2).
  〈문 5〉 심사청구제도와 정정심판은 특허법과 실용신안법에 존재하고, 무심사등록제도는 디자인보호법에만 있는 제도이다. 나머지 심판제도는 공동으로 존재한다.
  〈문 6〉 디자인보호법은 특허법과 달리 모든 디자인등록출원에 대해서 의무적으로 출원공개를 하지 않을뿐만 아니라 신청한 것만 출원공개하므로 중복 투자, 중복 개발의 방지를 일률적으로 달성할 수 없다고 본다.

제 2 절 디자인의 보호 대상

I. 서 설

디자인보호법 제2조 제1호에서 "디자인"은 물품의 형상·모양·색채 또는 이들을 결합한 것으로서 시각을 통하여 미감을 일으키게 하는 것을 말한다. 즉 (i) 디자인은 물품과 불가분이며 물품을 떠나서 존재하지 않는다(물품성). (ii) 형상·모양·색채 또는 이들을 결합한 것으로 구체적으로 형태를 가지고 있어야 한다(형태성). (iii) 시각을 통하는 것일 것, 즉 시각 이외의 감각으로 감지할 수 있는 것은 디자인이 아니고 육안으로 인식할 수 있는 것이어야 한다(시각성). (iv) 미감을 일으키게 하는 것, 즉 미적(美的)인 처리가 되어 있는 것이어야 한다(심미성). 이상 4가지의 요건을 모두 구비하면 디자인이 성립되고, 이것이 디자인보호법에서 보호하는 객체가 될 수 있는 디자인이다.

II. 디자인의 성립요건

1. 물품성 (物品性)

가. 의 의

물품에 관한 디자인은 원칙적으로 디자인보호법에 의해 보호받을 수 있다. 디자인보호법상 물품이란 독립성·유체성·동산성·구체성을 구비해야 한다. 디자인은 물품과 불가분의 관계에 있으므로 물품을 떠나서는 디자인은 존재할 수 없다.[1] 디자인보호법은 창작된 디자인을 보호하는 것

---

1) 물품성의 개념을 "물품의 불가분성"이라 한다. 물품에 구체적으로 표현 또는 화체되어야 비로소 디자인의 대상이 된다. 디자인보호법에서는 1디자인은 언제나 1물품을 전제하는데, 이는 거래수요자 관점에서 판단한다. 디자인보호법은 거래상의 보호 필요성과 관련 산업계의 보호요청 등을 반영하여 물품의 부분, 글자체, 화상디자인 등에 대하여 물품성 의제 또는 물품 표현 상태의 보호 등으로 물품성 요건을 완화하고 있다. 이는 디자인 창작 대상을 확대하려는 국제적 추세를 반영한 것이라 할 수 있다.

이 아니라, 그 디자인이 적용된 물품을 보호하기 때문에 보호객체의 특정을 위하여 디자인은 반드시 물품에 화체된 상태로 표현되어야 한다. 물품의 수요증대라는 법 목적 실현을 위하여 캐릭터 자체와 같은 추상적 모티브(motive)만의 경우에는 디자인보호법상의 보호객체로 인정하지 아니한다.

나. 물품의 정의

디자인보호법 제2조 제1호에서 말하는 "물품"이란 독립성이 있는 구체적인 유체동산을 의미한다. 이러한 물품이 디자인등록의 대상이 되기 위해서는 통상의 상태에서 독립된 거래의 대상이 되어야 한다. 다만, 부품인 경우에는 다시 호환성을 가져야 한다. 이는 반드시 실제 거래사회에서 현실적으로 거래되고 다른 물품과 호환될 것을 요하는 것은 아니고, 그러한 독립된 거래의 대상 및 호환의 가능성만 있으면 디자인등록의 대상이 될 수 있다.[1] 디자인보호법 제5조 제1항은 공업상 이용할 수 있는 디자인만이 디자인등록을 받을 수 있다고 규정하고 있고, 디자인보호법 제2조 제1호는 "물품의 형상·모양·색채 또는 이들을 결합한 것으로서 시각을 통하여 미감을 일으키게 하는 것"을 "디자인"으로 정의하고 있으므로, 독립성이 있는 구체적인 유체동산에 해당하지 않는 것의 형상·모양·색채 또는 이들을 결합한 것은 디자인보호법 제5조 제1항의 등록을 받을 수 있는 디자인에 해당하지 않는다.

대법원 2008.2.14 선고 2007후4311 판결은, "변론 전체의 취지를 종합하면, 이 사건 등록디자인은 한증막의 형상과 모양을 결합한 것으로서, 디자인등록공보에 기재된 디자인의 설명에 의하면 그 재질은 석재와 황토이고, 내부층은 축열 및 원적외선 방사성이 우수한 석재와 황토를 적층하며, 외부층은 화강암으로 적층 구성하여, 내부공간이 장시간 일정한 온도로 유지되고, 원적외선으로 한증효과가 높다고 되어 있는 사실, 한증막은 일반적으로 담을 둘러막아 굴처럼 만들고 밑에서 불을 때어 한증을 하기 위하여 갖춘 시설을 일컫는 것인바, 별지 도면에 표현된 이 사건 등록디자인의 대상 물품인 한증막의 형상과 모양을 보면, 외부층에는 축대를 쌓는 돌과 유사한 화강암을 27단의 높이로 종(鐘)과 같이 적층하되 그

---

1) 대법원 2004.7.9 선고 2003후274 판결.

하부 양측의 대향된 위치에 화강암 4단의 높이로 2개의 출입문을 설치하며, 내부층에는 황토와 석판을 교대로 적층하되 전체적으로 상당한 두께의 벽체를 형성하는 것인 사실을 인정할 수 있고, 위 인정사실에 의하면, 이 사건 등록디자인의 대상 물품인 한증막은 그 재질과 구조 및 형상과 모양 등에 비추어 볼 때, 현장 시공을 통해 건축되는 부동산에 해당하는 것으로 판단되며, 공업적인 생산방법에 의하여 동일한 형태로 양산되고 운반될 수 있는 유체동산이라고는 보기 어렵다. 따라서 이 사건 등록디자인은 그 대상 물품이 공업적인 생산방법에 의하여 동일한 형태로 양산되고 운반될 수 있는 유체동산에 해당한다고 할 수 없어 공업상 이용가능성이 인정되지 아니하므로 구 의장법 제5조 제1항의 등록을 받을 수 있는 디자인에 해당하지 않는다"고 판시하였다.

< 이 사건 등록디자인 "한증막". 등록번호 제233630호 >

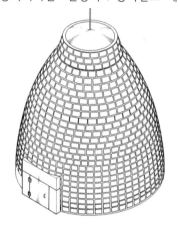

다. 물품성이 인정되지 않는 것

디자인심사기준 제2조 제2항에 의하여 물품성이 인정되지 않는 것의 예는 다음과 같다.

　가) 부동산, 현장 시공을 통해 건축되는 부동산. 다만, 부동산이라도 대량생산이 될 수 있고 운반이 가능한 경우에는 물품성이 인정된다. 예: 공중전화박스, 이동판매대, 승차대, 방갈로, 이동화장

실, 방범초소, 조립가옥 등.

나) 일정한 형체가 없는 것. 예: 열·기체·액체·전기·음향·빛·홀로그램 등.

다) 시멘트, 설탕 등과 같은 분상물 또는 입상물의 집합으로 된 것.

라) 합성물의 구성각편. 다만, 조립완구의 구성각편과 같이 독립거래의 대상이 되고 있는 것은 디자인등록의 대상이 된다.

마) 독립하여 거래의 대상이 될 수 없는 물품의 부분. 예: 병 주둥이, 양말의 뒷굽모양.

바) 물품 자체의 형태가 아닌 것. 예: 손수건 또는 타월을 접어서 이루어진 꽃모양과 같이 상업적 과정으로 만들어지는 디자인으로서 그 물품 자체의 형태로 볼 수 없는 것.

상기 마)의 물품의 부분은 일정한 요건을 충족하면 부분디자인으로 디자인등록을 받을 수 있다. 예를 들어, 시계의 시계줄, 면도기의 손잡이, 화장품용기의 주입구 등과 같이 물품의 부분에 관한 디자인은 부분디자인으로 등록받을 수 있다.

2. 형태성 (形態性)

형태성이란 디자인의 성립요소의 하나이다. 형태란 형상·모양·색채 또는 이들의 결합을 말한다. 심사실무에서 물품에 표시된 문자·표지는 오로지 정보전달을 위해 사용되고 있는 경우를 제외하고 디자인을 구성하는 요소로 취급한다.[1] 이는 이러한 문자·표지가 물품의 장식기능을 위해 사용되는 경우에는 모양으로 인정된다. 일반적으로 형상은 울퉁불퉁한 것으로 공간이 있으나, 모양은 공간이 없는 형상의 표면에 표현되는 것으로 이해할 수 있다.

가. 형상 (shape)

형상이란 물품이 공간을 점하고 있는 윤곽을 말하며, 글자체를 제외한 모든 디자인은 형상을 수반한다. 기하학적인 형상은 점·선·면·입체를 기본 형식으로 한다. 물품의 형상은 입체적인 형상과 평면적인 형상이 있다.

---

1) 문자가 포함된 디자인의 등록. 예: 식품포장용 포대, 등록번호 제517832호.

나. 모양 (pattern)

모양이란 물품의 외관에 나타나는 선도·색흐림·색구분 등을 말한다. "선도"란 선으로 그린 도형을 말하고, "색구분"이란 공간이 선이 아닌 색채로 구획되어 있는 것을 말한다. "색흐림"이란 색과 색의 경계를 흐리게 하여 색이 자연스럽게 옮아가는 것같이 보이2게 하는 것을 말한다. 모양은 대개 형상의 표면에 나타나며, 표면이 울퉁불퉁한 것이다. 물품의 액정화면 등 표시부에 표시되는 도형 등(화상디자인)에 대해서도 디자인을 구성하는 모양으로 취급한다.[1]

다. 색채 (colour)

색채란 일반적으로 반사되는 빛에 의하여 인간의 망막을 자극하는 물체의 성질의 하나로, 시각을 통하여 식별할 수 있도록 물품에 채색된 빛깔을 말한다. 디자인보호법상 색채는 단일색이나, 2색 이상의 경우 형상과 모양(색구분 또는 색흐림)으로 구성된다. 또한 색채는 무채색과 유채색으로 대별되고, 도면에서 객관적으로 특정될 수 없는 질감이나 광택은 색채에 포함되지 않는다.

3. 시각성 (視覺性)

시각성이란 물품에 화체된 형태의 외관을 인간의 육안으로 식별할 수 있고 외부에서 파악할 수 있는 것만을 대상으로 한다.[2] "시각을 통하여"란 육안으로 식별할 수 있는 것을 원칙으로 한다. 따라서 다음에 해당하는 것은 디자인등록의 대상이 되지 아니한다. (i) 시각 이외의 감각을 주로 하여 파악되는 것, (ii) 분상물 또는 입상물의 하나의 단위, (iii) 외부에서 볼 수 없는 것,[3] (iv) 확대경 등에 의해 확대하여야 물품의 형상 등이 파악되는 것.[4] 다만, 디자인에 관한 물품의 거래에서 확대경 등에 의

---

1) 화상디자인의 등록. 예: 화상디자인이 표시된 컴퓨터 모니터, 등록번호 제517268호.
2) 디자인보호법시행규칙 별표 4에서 열거한 눈깔사탕, 캐러멜, 드롭스, 껌은 육안으로 식별할 수 있는 크기의 한도이다. 등록 예: 껌 디자인, 등록번호 제312525호.
3) 분해하거나 파괴하여야 볼 수 있는 기계의 내부구조는 디자인의 대상이 되지 않는다. 그러나 냉장고를 열면 보이는 내부처럼 사용시 뚜껑이나 문을 여는 구조로 된 것은 디자인등록의 대상이 될 수 있다.
4) 2011년 5월 1일 시행된 디자인심사기준 제2조 제2항 제3호 라목을 신설하여 소형 물품에 대한 디자인출원이 가능하도록 하였다.

해 물품의 형상 등을 확대하여 관찰하는 것이 통상적인 경우에는 시각성이 있는 것으로 본다. 시각성이 있는 것으로 보는 예로 "발광다이오드"의 디자인출원이 있다.[1]

<예: 시각성이 있는 것으로 보는 경우>

(디자인의 설명)
　　　　1. 재질은 금속재 및 합성수지재임.
　　　　2. 평면도에서 한 변의 길이는 0.4mm임.

(발광다이오드)

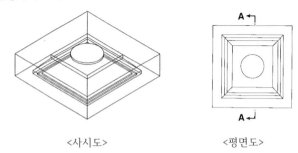

　　　　　　<사시도>　　　　　　　　　<평면도>

4. 심미성 (審美性)

　　디자인은 물품의 미적인 외관이므로 근본적으로 미적(美的) 기능을 발휘한다. "미감(美感)을 일으키게 하는 것"이란 해당 물품으로부터 아름다움을 느낄 수 있도록 처리되어 있는 것을 말한다. 미감은 사람마다 디자인에 대한 미적 감각이 다르다. 미감의 의미는 주관적인 가치판단이 개입되므로 명확한 판단기준을 정하기는 어렵다. 따라서 실무에서는 일단 출원된 디자인은 심미성이 있다고 인정하고 심사를 진행한다. 고도의 심미성에 대한 판단보다는 아름다움을 느낄 수 있을 정도의 형태적 처리가 된 것이면 심미감이 있는 것으로 보고 있다.

---

　　1) 발광다이오드 디자인(등록번호 제624927호): 본 디자인의 물품은 위(top)로 빛이 향하도록 발광다이오드 칩이 장착되는 탑 뷰(top view) 형의 발광다이오드 본체(패키지)로서, 일반 조명 및 데커레이션 조명, 전자기기 인디케이터 조명 및 자동차 광원 등에 사용되고 있다.

디자인심사기준 제2조 제2항 제4호에 따라 기능·작용·효과를 주목적으로 한 것으로서 미감을 거의 일으키지 않는 것, 디자인으로서 짜임새가 없고 조잡감만 주는 것으로서 미감을 거의 일으키지 않는 것은 심미성을 구비하지 못한 것으로 본다.

Ⅲ. 기타 디자인의 보호

1. 글자체 디자인

디자인보호법상 글자체(typeface)라 함은 기록이나 표시 또는 인쇄 등에 사용하기 위하여 공통적인 특징을 가진 형태로 만들어진 한 벌의 글자꼴(숫자, 문장부호 및 기호 등의 형태를 포함한다)을 말한다(제2조 제1의2호).[1] 글자체는 기록이나 표시 또는 인쇄 등에 사용하기 위하여 공통적인 특징을 가진 형태로 만들어진 한 벌의 글자꼴을 말한다. 일반적인 디자인의 성립요건과 마찬가지로 글자체에 있어서도 형태성·시각성 및 미감을 일으키게 하는 심미성의 요건을 구비하면 글자체 디자인으로 성립된다.[2] 글자체의 디자인이 다음의 요건을 구비하지 못한 경우에는 디자인보호법 제2조 제1호에 따른 디자인의 정의에 합치되지 아니하는 것으로 본다. (i) 기록이나 표시 또는 인쇄 등에 사용하기 위한 것일 것, (ii) 공통적인 특징을 가진 형태로 만들어진 것일 것, (iii) 한 벌의 한글 글자꼴, 한 벌의 숫자 글자꼴 또는 한 벌의 특수기호 글자꼴일 것 등이다.

2. 동적디자인

디자인은 대부분 정지된 상태의 디자인으로 이를 "정적디자인"이라 한다. 완구원숭이와 같이 태엽을 감아 드럼을 치는 자태나 손발을 움직이는 형상과 같이 그 물품 자체의 특별한 기능에 의하여 그 형상·모양·색채가 변하도록 조립되어 있어서 정지한 상태만으로는 그 변화하는 상태

---

1) 2004년 개정법에서 물품의 개념에 글자체를 포함하면서 글자체는 디자인보호법의 보호대상이 되었다.

2) 글자체디자인의 등록 예: 한글 글자체(등록번호 제502416호).

가 파악되지 않는 디자인을 "동적디자인"이라고 한다. 동적디자인의 예로 문이 개폐되는 냉장고, 온도의 차이에 따라 색이 변하는 물건, 뚜껑이 열리는 피아노, 렌즈덮개가 열리는 카메라, 요술상자의 뚜껑을 열면 강아지가 뛰어나오는 디자인 등이다. 다만, 단순한 위치 변화에 불과한 디자인은 동적디자인으로 볼 수 없다. 예를 들어, 강아지의 동작 변화를 도면으로 첨부하여 동적디자인으로서 디자인등록을 출원하는 경우이다. 동적 화상아이콘디자인은 움직이는 궤적을 나타내기 위하여 동영상 파일 형식으로 참고도를 제출할 수 있으며, 파일 용량이 1출원당 200MB가 넘지 않아야 한다.[1] 도면이 2D 이미지파일로 제출된 경우 동영상 파일 형식 또는 동영상 파일 형식과 2D 이미지파일의 혼합으로 참고도 제출이 가능하나, 3D 모델링 파일 형식의 참고는 제출할 수 없다.

3. 화상디자인

가. 의 의

디자인심사기준 제3조 제1호에서 "물품의 액정화면 등 표시부에 표시되는 도형 등(화상디자인)이 물품에 일시적으로 구현되는 경우에도 그 물품은 화상디자인을 표시한 상태에서 공업상 이용할 수 있는 디자인으로 취급한다"고 규정하고 있다. 화상디자인이란 "물리적인 표시화면상에 구현되어 일시적인 발광현상에 의해 시각을 통해서 인식되는 이차원적으로 형성되고 모양 및 색채로 구성되는 디자인"을 의미한다.[2] 특정한 물품에 부착된 표시화면을 통하여 표현되는 그 물품의 모양을 의미한다고 정의할 수 있다. 화상디자인의 대표적 예로는 그래픽사용자인터페이스(Graphic User Interface), 아이콘 및 그래픽 이미지 등이 있다.[3]

---

1) 제출 가능한 동영상 파일 형식: SWF(Small Web Format), MPEG(Moving Picture Experts Group), WAV(Window Media Video), Animated GIF(Graphics Interchange Format).

2) 종래부터 동적디자인을 인정하고 있으므로 부분디자인의 경우에는 독창적이고 특징 있는 화상디자인에 대해서도 디자인을 구성하는 모양으로 취급한다. 화상디자인이 물품에 일시적으로 구현되는 경우에도 그 물품은 화상디자인을 표시한 상태에서 공업상 이용할 수 있는 디자인으로 보호받을 수 있다.

3) 대법원 1999.8.23 선고 94누 5623 판결: 타이프페이스(글자꼴)의 저작물성에 대한 사건에서 서체 도안은 신청서 및 제출된 물품 자체에 의한 심사만으로도 저작권법에 의한 보호 대상인 저작물에 해당하지 아니한다. 글자체는 디자인으로 성립되고 보호대상이 된다 (제2조 제1호 및 제1의2호).

나. 화상디자인의 종류

그래픽사용자인터페이스에는 아이콘 이외에 메뉴·메뉴구조·프롬프트(prompt) 등이 포함된다. 또 아이콘(icon)이란 컴퓨터 등의 조작이나 처리할 내용 등을 판단하기 쉽도록 그림으로 표시한 일종의 그림기호로서 화면에 표시된 아이콘을 지시함으로써 소프트웨어를 처리할 수 있는 전자적 버튼의 기능을 하는 것을 의미한다. 또한 그래픽 이미지(graphic images)에는 콘텐츠로서의 그래픽, 컴퓨터 모니터의 화면보호기, 캐릭터, 아바타를 구성하는 아이템 세트, 이모티콘, 3차원 애니메이션 등이 포함된다. 따라서 디자인보호법에 의해 보호되는 화상디자인이란 화상디자인이 표시된 컴퓨터 모니터,[1] 그래픽사용자인터페이스(GUI)가 표시된 휴대전화기, 아이콘이 표시된 개인휴대용정보단말기(PDA) 등과 같이 일정한 물품에 표시된 상태에서만 인정된다.[2]

≪연습문제≫

〈문 1〉 디자인보호법 제2조 제1호에서 정의하고 있는 디자인의 성립성 요건으로 옳지 않은 것은?

① 물품성 ② 신규성 ③ 심미성 ④ 형태성 ⑤ 시각성

〈문 2〉 아래 문장의 ( )에 들어갈 단어로 옳은 것은? [2011년 사시 1차시험]

> "디자인"이라 함은 물품의 형상·(A)·(B) 또는 이들을 결합한 것으로서 시각을 통하여 미감을 일으키게 하는 것을 말한다.

	A	B
①	모양	조합
②	모양	색채
③	구조	색채

---

1) 등록디자인의 예: 화상디자인이 표시된 모니터, 등록번호 제372086호.
2) 디자인심사기준 제13조 제2호.

④ 구조   조합
⑤ 구조   모양

〈문 3〉 디자인의 성립요건이나 등록요건이 결여되어 등록받을 수 없는 것을 모두 고른 것은?

> ㄱ. 대량생산 및 이동이 가능한 공중전화박스
> ㄴ. 경주 첨성대와 유사한 형태의 연필꽃이 디자인
> ㄷ. 새롭게 창작한 글자꼴 디자인
> ㄹ. 자동차 타이어의 디자인
> ㅁ. 타인의 저명상표인 샤넬(CHANEL)로고마크를 본떠서 만든 열쇠고리 디자인
> ㅂ. 휴대폰 케이스의 디자인

① ㄱ ㄷ   ② ㄷ ㄹ   ③ ㄱ ㄷ ㅂ
④ ㄴ ㅁ   ⑤ ㄹ ㅂ

〈문 4〉 디자인의 물품성으로 옳지 않은 것을 모두 고른 것은?

> ㄱ. 공중전화박스   ㄴ. 부동산   ㄷ. 양말의 뒷굽모양
> ㄹ. 손수건을 접어서 이루어진 꽃   ㅁ. 조립가옥   ㅂ. 시멘트
> ㅅ. 이동화장실

① 2개   ② 3개   ③ 4개   ④ 5개

〈문 5〉 디자인권에 관한 설명으로 옳은 것은? [2008년 사시 1차시험]
① 물품의 부분에 관한 디자인도 출원하여 등록받을 수 있다.
② 디자인등록의 요건으로 공업성과 창작성은 필요하나 신규성은 필요 없다.
③ 글자체(typeface)는 저작권의 보호대상이므로 디자인등록을 받을 수 없다.
④ 현실적으로 한 벌의 물품으로 사용되는 경우에도 각각의 물품에 관하여 디자인등록출원을 하여야 한다.
⑤ 무심사등록의 대상이 되는 디자인의 경우에는 방식요건과 공업성에 대한 심사를 하지 않는다.

〈문 6〉 다음 중 디자인등록의 대상이 되는 것은 몇 개인가? [2010년 변리사 1차 시험]

> ㄱ. 투명한 용기에 담아 그 전체적인 형상·모양·색채 또는 이들의 결합을 파악할 수 있게 한 칵테일 음료
> ㄴ. 형상이 연속하는 털실
> ㄷ. 시간의 경과에 따라 변질되어 일정의 형상을 유지할 수 없는 아이스캔디
> ㄹ. 입상물을 고형화한 고형사탕
> ㅁ. 사각형태로 접은 형상 및 모양의 와이셔츠

① 1개   ② 2개   ③ 3개
④ 4개   ⑤ 5개

≪정답≫   1.② 2.② 3.④ 4.③ 5.① 6.③
≪문제해설≫

〈문 1〉 ②는 제5조 제1항의 등록요건이다. 나머지는 디자인의 성립요건에 해당한다.

〈문 2〉 지문의 내용은 디자인보호법 제2조 제1호에서 "디자인"을 정의한 내용이다.

〈문 3〉 디자인심사기준 제2조에서 디자인의 성립요건을 예시하고 있는바, 물품성이 인정되는 경우는 ㄱ이다. 디자인심사기준 제5조에서 디자인의 성립요건을 예시하고 있는바, 용이창작으로 창작성이 결여되는 사례로 ㄴ, ㅁ이 해당한다고 사례를 들고 있다. 따라서 ㄱ, ㄷ, ㄹ, ㅂ이 등록 받을 수 있는 디자인이다.

〈문 4〉 디자인심사기준 제2조에서 디자인의 성립요건을 예시하고 있는바, 물품성이 인정되는 경우는 ㄱ. ㅁ, ㅅ 3개이다. 나머지는 독립적으로 물품이 거래되지 못하므로 물품성이 인정되지 않는다.

〈문 5〉 ① 디자인보호법 제2조 제1호에서 "디자인"을 정의한 내용 중 "부분디자인"이란 물품의 부분의 형태로서 시각을 통하여 미감을 일으키는 것을 말한다. 부분디자인도 디자인의 성립요건을 갖는다. ② 신규성은 적극적 등록요건의 하나이다. ③ 글자체는 디자인 등록을 받을 수 있다(제2조 제1호 및 제1호의2). ⑤ 무심사등록의 대상이 되는 디자인의 경우에는 방식요건과 공업성에 대한 심사를 한다.

〈문 6〉 ㄱ. 일정한 형태가 없는 액체, 기체, 유동체, 반유동체는 그 자체로서 특정된 일정한 형태가 없어 구체성 흠결로서 물품성이 부정된다. 투명한 용기

에 담았더라도 다른 용기에서 다른 형태를 보일 것이다. ㄴ. 털실은 등록 대상이 되는 물품에 해당된다. ㄷ. 아이스캔디는 잠시이긴 하지만 거래시에 정형적인 형태를 유지하는 것이므로 디자인등록의 대상이 되는 물품으로 인정된다. ㄹ. 밀가루, 설탕가루 등의 입상물의 집합은 일정한 형상을 지니지 않기 때문에 물품으로 인정되지 않는다. 다만, 고형사탕과 같이 사탕의 결정을 특정한 형태로 고형화한 것이나 고형약품 등의 경우에는 특정한 형상을 지니는 물건으로 디자인등록의 대상이 되는 물품으로 인정한다. ㅁ. 서비스디자인으로서 물품 그 자체의 형태가 아니므로 구체성 흠결로서 물품성이 부정되며, 공업적 생산방법이 아닌 상업적 과정에 의한 것으로서 공업상 이용가능성도 부정된다.

제 3 절 디자인의 등록요건

Ⅰ. 서 설

디자인등록출원한 디자인을 등록받기 위해서는 기본적으로 디자인의 성립요건과 등록요건을 충족하여야 한다. 디자인의 등록요건은 실체적인 요건과 절차적인 요건으로 구분할 수 있다. 실체적 요건으로 디자인보호법 제5조 제1항 및 제2항에서 디자인이 본질적으로 구비하여야 하는 디자인등록의 요건을 규정하고 있다. 디자인의 등록의 대상이 되는 디자인은 공업상 이용할 수 있는 디자인일 것(공업성), 신규성을 가진 디자인일 것(신규성), 창작이 용이하지 않은 디자인일 것(창작성)의 3가지 요건을 들고 있다. 이것을 디자인등록의 실체적 요건이라고 한다. 실체적 요건은 디자인등록을 받을 수 없는 디자인을 규정하고 있는 디자인보호법 제6조를 "소극적 요건"이라 부르는 것에 대응하여 이를 "적극적 요건"이라고 부르기도 한다.

Ⅱ. 적극적 요건

1. 공 업 성

가. 의 의

공업상 이용가능성(이하 "공업성"이라 한다)이란 공업적 생산방법에 의해 동일물품이 양산 가능한 디자인을 말한다. 공업적 생산방법이란 기계에 의한 생산방법뿐만 아니라 수공업적 생산방법도 포함한다. "동일물품이 양산 가능하다"는 것은 물리적으로 완전히 동일한 물품을 의미하는 것이 아니고 일견하여 동일하게 보이는 정도의 동일성이 있어야 한다는 것을 의미한다. 심사실무에서 디자인의 공업성은 현실적으로 공업상 이용되고 있는 것을 요구하지 않고, 그 가능성을 가지고 있으면 이 요건을 만족하는 것으로 해석한다.

나. 공업성의 판단

공업성의 요건을 충족하기 위해서는 출원한 디자인에 관한 물품의 반복생산이 가능하여야 하고, 공업적으로 양산할 수 있어야 하며, 기술적으로 충분히 달성할 수 있을 정도의 물품이어야 한다. 공업성이 없는 경우는 자연물을 디자인의 주체로 사용한 것으로서 양산할 수 없는 것, 상업적 과정으로 만들어진 서비스디자인, 순수미술 분야에 속하는 저작물, 디자인의 표현이 구체적이지 아니하여 공업상 이용할 수 없는 디자인 등은 공업성이 없기 때문에 디자인등록을 받을 수 없다.

다. 공업성 판단기준의 완화

2010년 도면의 전면 자유화가 시행된 후 실질적으로 공업성 흠결 사유의 요건을 완화하기 위하여 심사기준을 개정하였다. 2011년 5월 1일 시행된 심사기준 제3조 제1호의 나목에서 동일 물품의 양산에 대한 구체적 기준을 제시하고, 동조 제3호 다목 (2)에서 도면 대신 사진을 제출하는 경우 물품의 배경 등의 취급에 대하여, 동조 제3호 아목 (1)에서는 도면만으로 물품의 전체적인 형태를 파악할 수 없는 경우의 흠결 디자인 판단에 대하여, 제4조 제4항 나목에서는 동일 유사 판단 기준 도면의 특정을 규정하고 있다. 이를 구체적으로 살펴본다.

1) 공업성 요건을 충족하기 위하여 "동일한 물품을 양산할 수 있는 디자인"이란 그 디자인 분야에서 통상의 지식을 가진 사람의 지식을 기초로 합리적으로 해석하였을 때 같은 물품으로 보여질 수 있는 수준의 동일성을 가진 물품을 양산할 수 있는 디자인을 의미한다.

2) 디자인의 표현이 구체적이지 아니하여 공업상 이용할 수 없는 디자인은 그 디자인이 속하는 분야에서 통상의 지식에 기초하여 출원서의 기재사항 및 출원서에 첨부된 도면 등을 종합적으로 판단하여 합리적으로 해석한 경우에도 디자인에 관한 물품의 사용목적, 사용방법, 사용상태, 재질 또는 크기 등이 불명확하여 디자인의 요지를 파악할 수 없는 경우뿐만 아니라 사진의 경우 물품의 배경, 음영, 타 물품의 영상 등이 찍혀서 디자인을 정확히 알 수 없는 경우가 포함된다.

3) 도면만으로 물품의 전체적인 형태를 알 수 없는 경우 디자인의 표현 부족을 경험칙에 의하여 보충하여 볼 때, 해당 디자인의 요지 파악이 가능하여 당업자가 그 디자인을 실시할 수 있을 정도라면 표현이 구체적인 디자인으로 본다.

4) 제출한 도면이 물품의 전체 형태를 표현하지 않는 경우에는 제출된 도면만으로 디자인의 창작내용이 충실하게 파악되고 사회통념상 디자인의 전체적인 형태를 알 수 있는 경우로서 디자인의 유사판단에서 비중이 낮은 물품의 부분에 대한 형상이나 모양의 일부가 표현되어 있지 않다고 하더라도 그 부분은 해당 물품의 일반적인 형상으로 보아 유사 여부를 판단한다.

라. 물품성과 공업성의 관련 판례

대법원 2004.7.9 선고 2003후274 판결은 디자인보호법 제5조 제1항에서는 공업상 이용할 수 있는 디자인만이 디자인등록을 받을 수 있다고 규정하고 있고, 같은 법 제2조 제1호는 물품의 형상·모양·색채 또는 이들을 결합한 것으로서 시각을 통하여 미감을 일으키게 하는 것을 디자인으로 정의하고 있는바, 같은 법 제2조 제1호에서 말하는 물품이란 독립된 거래의 대상이 되는 구체적인 유체동산을 의미하는 것으로서, 이와 같이 독립성이 있는 구체적인 유체동산에 해당하지 않는 것의 형상·모양·색채 또는 이들을 결합한 것은 같은 법 제5조 제1항의 등록을 받을 수 있는 디자인에 해당하지 않는다고 판단하였다.

2. 신 규 성

가. 의 의

디자인의 신규성이란 디자인이 객관적 창작성을 가지는 것을 말한다.[1] 구체적으로는 디자인보호법 제5조 제1항 각호에 해당하지 않는 것

---

1) 대법원 2008.9.25 선고 2008도3797 판결: 디자인의 구성 중 물품의 기능에 관한 부분이라 하더라도 그 기능을 확보할 수 있는 선택 가능한 대체적인 형상이 존재하는 경우에는 물품의 기능을 확보하는 데 불가결한 형상이라고 할 수 없다. 등록된 디자인은 객관적 창작성이 있어야만 그 권리범위가 인정되는 것이지만, 디자인보호법이 요구하는 객관적 창작성은 과거 또는 현존의 모든 것과 유사하지 아니한 독특함만을 말하는 것이 아니고, 과거 및 현존의 것을 기초로 하여 거기에 새로운 미감을 주는 미적 창작이 결합되어 그

으로 새로운 디자인을 말한다. 디자인은 물품의 외관만을 보호하는 권리이기 때문에 타인이 쉽게 모방할 수 있고, 권리범위도 좁다. 따라서 디자인출원의 경우, 공지·공용된 디자인과 동일한 디자인뿐만 아니라, 이와 유사한 디자인에 대해서는 신규성이 없는 것으로 본다.

나. 신규성의 판단기준

디자인의 신규성 판단은 동일·유사물품 사이에서만 판단한다. 디자인보호법 제5조 제1호·제2호·제3호의 디자인과 동일·유사한 디자인이라고 하더라도 그 디자인이 비유사물품에 표현된 것이라면 신규성이 있다고 본다. 이 경우에는 주지디자인에 의한 창작성이 없는 것으로 거절된다. 신규성이 있는 디자인은 다음 3가지 신규성상실의 사유에 해당하지 않아야 한다. (i) 디자인등록출원 전에 국내 또는 국외에서 공지되었거나 공연히 실시된 디자인, (ii) 디자인등록출원 전에 국내 또는 국외에서 반포된 간행물에 게재되었거나 전기통신회선을 통하여 공중이 이용 가능하게 된 디자인, (iii) 상기 (i)과 (ii)에 해당한 디자인과 유사한 디자인 어느 하나에 해당되는 디자인은 신규성이 없는 디자인으로 판단한다.[1]

한 벌 물품의 신규성은 전체로서 판단하고, 각 구성물품별로 신규성을 판단하지 아니한다. 완성품과 부품은 원칙상 비유사물품이므로 신규성 판단의 대상이 되지 않는다. 다만, 완성품이 공지 등이 된 경우 그 부품에 대한 출원은 신규성상실 이유로 거절된다. 부품의 구성이 완성품에 가까운 경우에는 유사물품으로 보아 디자인의 유사 여부를 판단한다. 예: 손목시계와 손목시계테.

다. 제5조 제1항 제3호의 유사한 디자인

(1) 의 의

심사실무에서 출원디자인에 대하여 디자인보호법 제5조 제1항 제1호 또는 제2호를 적용하여 거절하는 경우는 드물다. 일반적으로 이보다

전체에서 종전의 디자인과는 다른 미감적 가치가 인정되는 정도면 충분하다.

1) 특허법원 2009.10 28 선고 2009허4131 판결: 양 디자인은 일부 공통점에도 불구하고 전체적인 심미감에 차이가 있어서 서로 유사하다고 할 수 없으므로, 이 사건 등록디자인의 신규성은 비교대상디자인들에 의하여 부정된다고 할 수 없다. 따라서 이 사건 등록디자인은 디자인보호법 제5조에 해당하여 무효로 된다고 할 수 없다.

확대된 개념인 디자인보호법 제5조 제1항 제3호를 적용하여 거절하는 경우가 많다. 이 경우 유사하다고 판단한 구체적인 이유에 대하여는 기재하지 않는 것으로 한다.[1] 본호의 취지는 디자인은 그 객체가 하나의 특정한 형태로 도면에 의해 구체적으로 나타나는 것이므로 신규성 판단의 대상자료로 동일 디자인에만 한정하게 되면 실질적으로 디자인의 객관적 창작을 담보하기 어렵다는 사실 때문에 이미 공개적으로 존재하는 디자인에 유사한 디자인에 대해서도 신규성상실사유로 하는 것이다.

(2) 디자인의 유사 여부

디자인보호법 제5조 제1항 제3호에 따른 디자인의 유사 여부는 다음 기준을 참작하여 심사례, 심결례 및 판례 등에 의하여 판단한다.[2] 동일 또는 유사물품간에서만 유사 여부를 판단한다. 물품의 유사 여부에 따른 디자인의 유사 여부는 다음과 같다.

형태＼물품	동일물품	유사물품	비유사물품
형상·모양·색채 (동일)	동일디자인		
형상·모양·색채 (유사)		유사디자인	
형상·모양·색채 (비유사)			비유사디자인

상기 표에서 "유사한 디자인"이란 다음의 3 가지 태양으로 나누어진다. (i) 동일한 물품에 유사한 형태가 화채[3]된 경우, (ii) 유사한 물품에 동일한 형태가 화채된 경우, (iii) 유사한 물품에 유사한 형태가 화채된 경우이다. 동일물품이란 용도와 기능이 동일한 것을 말한다. 유사물품이란 볼펜과 만년필처럼 용도가 동일하고 기능이 다른 것을 말한다. 수저통과

---

[1] 간행물에 게재된 디자인에 유사한 디자인으로 거절하는 경우 거절통지 예문: 이 디자인등록출원 디자인은 그 출원 전 국내 또는 국외에서 반포된 한국디자인등록공보(간행물 명칭)에 게재된 '게시용 기틀' 디자인(등록번호 제317463호)과 유사하므로 디자인보호법 제5조 제1항 제3호에 의하여 디자인등록을 받을 수 없다.

[2] 디자인심사기준 제4조 제4항.

[3] 화채란, 관념이 그대로 옮겨져 구체적으로 표현되는 것을 말한다.

연필통처럼 원래 비유사물품인 경우에도 용도상으로 혼용될 수 있는 것은 유사한 물품으로 볼 수 있다. 디자인보호법시행규칙 별표 4의 (N1)글자체의 물품의 구분 중 한글 글자체, 영문 글자체, 한자 글자체, 그 밖의 외국문자 글자체, 숫자 글자체, 특수기호 글자체, 상호간은 유사한 물품으로 판단하지 아니한다.

라. 신규성상실의 예외

신규성상실의 예외란 디자인보호법 제5조 제1항 제1호 또는 제2호에 해당하는 디자인을 일정한 조건하에서 거절이유에서 제외하는 것을 말한다. 즉 디자인등록을 받을 수 있는 권리를 가진 자의 디자인이 디자인등록출원 전에 국내 또는 국외에서 공지되었거나 공연히 실시되거나, 국내 또는 국외에서 반포된 간행물에 게재된 디자인이거나, 또는 전기통신회선을 통하여 공중이 이용 가능하게 된 디자인에 해당할 경우 그날로부터 6월 이내에 출원하면 디자인보호법 제5조 제1항 제1호 또는 제2호의 규정을 적용함에 있어서는 신규성을 상실하지 아니한 것으로 본다(제8조 제1항). 이러한 신규성상실의 예외를 적용받고자 하는 자는 디자인등록출원시 디자인등록출원서에 그 취지를 기재하여 특허청장에게 제출하고, 이를 증명할 수 있는 서류를 디자인등록출원일로부터 30일 내에 제출하여야 한다.[1]

마. 신규성상실의 예외와 선출원주의의 관계

디자인등록출원시 제품의 판매를 통하여 공연히 실시된 디자인으로 신규성이 상실된 경우라도 최초 공지일로부터 6월 이내에 신규성상실의 예외 주장에 대한 취지를 출원서에 기재하여 출원하고 출원일로부터 30일 이내에 공지행위에 대한 증명서류를 제출하면 당해 출원은 신규성상실의 거절이유를 해소할 수 있다. 그러나 신규성상실의 예외 주장에 의한 출원은 당해 공지행위에 대한 예외일 뿐, 선출원주의의 예외는 아니므로 공지행위 후 타인이 동일 유사한 디자인을 스스로 창작하여 출원한 경우

---

[1] 출원서 또는 보정서에 그 취지와 함께 신규성을 상실하게 된 일자, 신규성을 상실하게 된 장소 또는 간행물 이 기재되어야 한다. 신규성상실의 예외 규정을 적용받기 위한 증명서류에는 디자인의 도면 등이 첨부되어야 하며, 그 사실이 객관적으로 입증될 수 있어야 한다.

에는 선원주의 위반으로 등록을 받을 수 없다. 2007년 7월 1일 개정법에 의하면, 거절결정이 확정된 디자인등록출원의 경우 선출원의 지위가 인정되지 아니하므로 제3자의 출원에 대하여 공지를 이유로 정보제공을 하여 거절결정을 유도하는 경우에는 선출원 지위가 소급하여 소멸되므로 등록이 가능하다.

바. 대법원 판례의 태도

(1) 공지된 디자인

대법원 2004.4.27 선고 2002후2037 판결은 "디자인보호법 제5조 제1항 제1호가 규정하는 '공지된 디자인'이라 함은 반드시 불특정 다수인에게 인식되었을 필요까지는 없으며 불특정 다수인이 인식할 수 있는 상태에 놓인 디자인을 말하고, '공연히 실시된 디자인'이라 함은 디자인의 내용이 공연히 알려진 또는 불특정 다수인이 알 수 있는 상태에서 실시된 디자인을 말한다. 등록된 디자인에 신규성 있는 창작이 가미되어 있지 아니하여 공지된 디자인이나 그 출원 전에 반포된 간행물에 기재된 디자인과 동일·유사한 경우에는 그 등록무효심판의 유무와 관계없이 그 권리범위를 인정할 수 없으므로, 이 사건 등록디자인의 신규성이 인정되지 아니하는 이상, 확인대상 디자인은 이 사건 등록디자인과 대비할 필요도 없이 이 사건 등록디자인의 권리범위에 속하지 않는다"고 판시하였다.

(2) 카탈로그의 증거력

대법원 2000.12.8 선고 98후270 판결은 "기업에서 자사의 제품을 소개 또는 선전하기 위하여 제작되는 카탈로그는 거래선에 자사제품의 선전, 새로운 거래선의 확보 및 개척을 위하여 제공 또는 송부함으로써 판매촉진을 기하는 것이 일반화되어 있으며 거래선인 소비자는 물론 거래기업에서도 이와 같은 카탈로그를 신속히 입수하여 분석하고 이에 대처하고 있는 것이 산업계의 현실적인 상황이다. 카탈로그는 제작되었으면 배부·반포되는 것이 사회적 통념이고 제작한 카탈로그를 배부·반포하지 아니하고 보관하고 있다는 것은 경험칙상 수긍할 수 없는 것이므로 카탈로그의 배부 범위, 비치 장소 등에 관하여 구체적인 증거가 없다고 하더라도 그 카탈로그가 반포·배부되었음을 부인할 수는 없다"고 판시하였다.

3. 창 작 성

가. 의   의

디자인보호법은 디자인등록의 요건으로서 공업성과 신규성이 있는 디자인이라 하더라도 그 창작이 용이한 것에 대하여는 디자인등록을 받을 수 없다고 규정하고 있다. 창작성이라 함은 선행디자인과의 관계에서 신규성이 있는 디자인이라 하더라도 그 디자인이 속하는 분야에서 통상의 지식을 가진 자가 용이하게 창작할 수 있는 디자인에 대하여는 등록을 받을 수 없는 것을 말한다. 즉 객관적 창작성의 요건을 갖추어 신규성이 있는 디자인으로 인정되는 것이라도 통상의 지식을 가진 자가 용이하게 창작할 수 있는 디자인은 보호할 가치가 없다. 디자인등록출원 전에 그 디자인이 속하는 분야에서 통상의 지식을 가진 자가 신규성이 있는 디자인의 결합에 의하거나 국내에서 널리 알려진 형상·모양·색채 또는 이들의 결합에 의하여 용이하게 창작할 수 있는 디자인에 대하여는 디자인등록을 받을 수 없다(제5조 제2항).[1]

창작성 규정은 높은 수준의 디자인 창작을 유도하는 데에 그 취지가 있다. 2004년 개정법에서 국내 또는 국외에서 공지 등이 된 디자인도 창작성 판단의 기초자료로 할 수 있도록 창작성이 높은 디자인에 대해서만 보호받을 수 있도록 하였다. 최근 일부 유명 캐릭터를 모방하여 인형 디자인 등으로 출원하거나 캐릭터의 특징을 일부 변형하는 등의 교묘한 방법으로 디자인 출원을 하여 등록을 받는 경우도 있다. 특허청은 모방출원이 디자인 창작자의 창작의욕을 떨어뜨려 디자인 산업발전을 저해한다고 판단하고, 유명한 캐릭터를 부정하게 모방하여 디자인출원 하는 경우 등록요건을 보다 엄격하게 적용하여 이를 거절하기로 하였다.[2]

나. 창작성의 판단기준

용이하게 창작할 수 있는 디자인이란 공지·공용의 디자인 또는 주지

---

1) 특허법원 2010.6.10 선고 2010허1206 판결.
2) 특허청 보도자료 2011.11.8: 특허청은 디자인심사기준 제4조 제4항과 제5조 제3항을 개정하여 유명한 캐릭터를 모방한 디자인을 거절할 수 있도록 심사기준을 개정하였다.

의 형상·모양 등을 거의 그대로 모방하거나 그 가하여진 변화가 단순한 상업적 변화에 지나지 않는 것을 말한다. 특허청 디자인심사기준에서 예시한 창작성이 없는 디자인으로 인정되는 대표적인 경우는 다음과 같다.

(1) **주지의 형상·모양에 기초한 디자인**

삼각형·사각형·원·원기둥·정다면체 등 주지의 도형의 형상을 그대로 이용한 것에 불과한 경우, 바둑판무늬·물방울무늬처럼 흔한 모양을 단순 배열한 것에 불과한 경우.

(2) **자연물·유명한 저작물·유명한 건조물·유명한 경치 등을 기초로 한 용이 창작**

로댕의 생각하는 사람, 뽀빠이, 자유의 여신상, 에펠탑, 남산타워, 동물 등을 그대로 나타낸 완구 또는 장식물 디자인, 유명한 경치를 그대로 재현한 장식물 디자인. 예: 유명한 저작물, 김홍도의 풍속도, 만화 주인공 "뽀빠이" 등 널리 알려진 그림·조각·만화·영화 등.

(3) **널리 알려진 공지의 디자인을 기초로 형상·모양 등의 결합에 의한 창작**

간행물이나 TV 등을 통하여 널리 알려져 있는 디자인을 전용한 경우로 유명한 자동차의 형상·모양을 완구에 전용한 경우, ET인형의 형상·모양을 저금통에 전용한 경우, 주지의 라디오 형상과 주지의 시계 형상모양이 결합된 경우.

(4) **공지디자인의 결합에 기초한 창작**

디자인 구성요소의 일부분을 다른 디자인으로 치환[1]한 경우, 복수의 디자인을 합하여 하나의 디자인을 구성한 경우, 공지디자인 구성요소의 배치를 변경한 것에 지나지 않는 경우에 해당하는 디자인은 용이하게 창작할 수 있는 것이다. 이러한 형태의 디자인은 창작용이에 해당한다. 예: 울타리 디자인의 장식판 부분을 다른 장식판으로 치환한 디자인, 벽시계의 중앙에 원형의 접시를 끼워 넣은 벽시계 디자인, 오디오세트의 표지부와 제어부를 변경한 오디오세트.

---

1) 치환은 디자인의 구성요소의 일부를 다른 디자인으로 치환하는 것을 말하며, 치환디자인은 창작성 수준이 낮아 등록받을 수 없다. 예: 시계가 부착된 라디오의 디자인에서 종래의 사각형 시계를 원형의 시계로 치환하는 경우에는 창작성이 없다고 본다.

(5) 복수의 디자인을 합하여 하나의 디자인을 구성하는 용이창작

예: 공지의 책상 형상에 공지의 책꽂이 형상을 부착하여 이루어진 책꽂이가 부착된 책상.

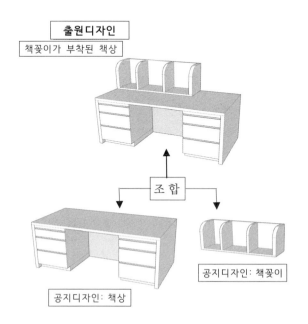

출원디자인
책꽂이가 부착된 책상

조 합

공지디자인: 책상

공지디자인: 책꽂이

다. 대법원 판례의 태도

대법원 2001.4.10 선고 98후591 판결은 디자인보호법 제5조 제2항이 국내에서 널리 알려진 형상, 모양, 색채 또는 이들의 결합으로부터 이 디자인이 속하는 분야에서 통상의 지식을 가진 사람이 용이하게 창작할 수 있는 것은 디자인등록을 받을 수 없도록 규정한 취지는 주지의 형상이나 모양을 거의 그대로 이용하거나 전용하여 물품에 표현하였거나, 이들을 물품에 이용 또는 전용함에 있어서 이 디자인이 속하는 분야에서 통상의 지식을 가진 사람이라면 누구나 그 디자인이 그 물품에 맞도록 하기 위하여 가할 수 있을 정도의 변화에 지나지 아니하는 것은 디자인 등록을 받을 수 없다는 데에 있다고 판단하였다.[1]

---

1) 특허법원 2011.3.24 선고 2010허9545 판결: 창작성이란 이 사건 출원디자인이 그

라. 제5조 제1항 제3호와 제5조 제2항과의 차이점

디자인보호법 제5조 제1항 제3호는 동일 또는 유사물품의 공지된 디자인, 공연히 실시된 디자인 또는 간행물에 게재된 디자인을 대상자료로 하여 객관적 창작성(신규성)을 일반 수요자를 기준으로 미감의 유사 여부를 판단한다. 이 경우에는 창작의 과정·행위에 관계없이 단지 선행디자인과의 관계에서 객관적 창작성·신규성의 유무를 판단한다. 반면에 같은 법 제5조 제2항은 당업자를 기준으로 국내외에서 공지 등이 된 디자인 또는 국내에서 널리 알려진 형상·모양 등을 대상자료로 하여 창작의 용이성의 유무를 판단하고 창작이 용이한 경우 등록하지 않는 것으로 한다. 즉 제5조 제2항에서는 그 창작의 과정을 기초로 하여 창작이 용이하지 아니한 것의 정도를 판단의 포인트로 한다.

Ⅲ. 디자인등록을 받을 수 없는 디자인

1. 서 설

디자인등록의 성립요건을 충족하고, 디자인의 적극적 요건 및 절차적 요건을 구비한 디자인이라 할지라도 디자인보호법 제6조 각호에서 규정하고 있는 디자인에 해당하는 경우에는 디자인등록을 받을 수 없다. 같은 법 제6조에서 디자인등록을 받을 수 없는 디자인을 나열하고 있는바, 이를 "소극적 요건" 또는 "부등록사유"라고 한다. 본조의 취지는 공익적 차원 또는 산업정책적 측면에서 특정인에게 디자인의 독점권을 배제함과 동시에 그 남용을 막기 위한 것이다. 같은 법 제6조 제1호·제2호 및 제4호의 해당 여부 판단시점은 등록여부결정시로 하고, 동조 제3호의 해당 여부 판단시점은 출원시로 한다.

출원 전에 국내에서 널리 알려진 형상 등에 의하여 용이하게 창작할 수 있는 것인지의 여부이다.

2. 소극적 요건

가. 국기·국장 등과 동일 또는 유사한 디자인 (제6조 제1호)

국기·국장·군기·훈장·기타 공공기관 등의 표장과 외국의 국기·국장 또는 국제기구 등의 문자나 표지와 동일 또는 유사한 디자인에 대해 특정개인에게 독점·배타권을 부여하는 것은 공익에 반하고 남용할 가능성이 크므로 디자인등록을 받을 수 없다. 전체 디자인의 일부 구성요소인 경우를 포함하여 동일 또는 유사 여부를 판단하고, 이 경우에 해당 여부에 대한 판단기준 시점은 사정시가 된다. 본호의 적용시 물품의 동일이나 유사 여부는 판단하지 않는다.

나. 선량한 풍속에 어긋나거나 공공질서를 해칠 우려가 있는 디자인 (제6조 제2호)

선량한 풍속이라 함은 모든 국민에게 지킬 것이 요구되는 최소한의 도덕률을 말한다. 공공질서를 위반하는 경우는 물품에 표현된 디자인이 국민감정에 현저하게 반하거나, 특정국가 또는 그 국민을 모욕하는 것을 말한다. 다음에 해당하는 디자인은 선량한 풍속에 어긋나거나 공공질서를 해칠 우려가 있는 디자인으로 간주한다. (i) 인륜, 사회정의 또는 국민 감정에 반하는 것, (ii) 특정국가 또는 그 국민을 모욕하는 것, (iii) 저속·혐오 또는 외설스러운 것, (iv) 국가원수의 초상 및 이에 준하는 것. 예: 국가원수의 형상을 한 인형 등이다. 이 경우에 해당 여부에 대한 판단기준 시점은 사정시가 된다. 본호의 적용시 물품의 동일이나 유사 여부는 판단하지 않는다.

다. 타인의 업무에 관계되는 물품과 혼동을 가져올 염려가 있는 디자인 (제6조 제3호)[1]

디자인은 물품의 외관으로서 수요자가 상품을 선택할 경우 디자인의 특성상 타인의 업무에 관계되는 상품으로 오인·혼동되어 결국 타인의 고객 흡인력에 편승하게 된다. 따라서 디자인보호법은 건전한 상거래 유통

---

1) "혼동을 가져올 염려"에 있어서 혼동이란 타인의 저명한 상표·서비스표·단체표장 및 업무표장을 디자인으로 표현한 디자인(입체상표 포함), 비영리법인의 표장을 디자인으로 표현한 디자인으로 물품상호간에 있어서의 혼동과 출처에 대한 혼동을 의미한다.

질서를 확립하기 위하여 타인의 업무에 관한 물품과 혼동을 일으키는 경우에는 디자인등록을 받을 수 없는 것이다. 다음에 해당하는 디자인은 타인의 업무에 관계되는 물품과 혼동을 가져올 염려가 있는 디자인으로 본다. (i) 타인의 저명한 상표·서비스표 또는 단체표장을 디자인으로 표현한 것. 예: 샤넬(CHANEL) 상표를 포함하는 모양의 핸드백 디자인, 구찌(GUCCI)상표 모양으로 된 펜던트를 갖는 목걸이, (ii) 비영리법인의 표장을 디자인으로 표현한 것, (iii) 혼동의 염려가 있으나 본호가 적용되지 않는 경우. 예: 이용·저촉관계, 자기 상표를 자기 디자인에 사용하는 경우, 기타 실제 사용상 혼동을 일으킬 염려가 없는 경우이다.

라. 물품의 기능을 확보하는 데 불가결한 형상만으로 된 디자인 (제6조 제4호)

본호의 "물품의 기술적 기능을 확보하기 위하여 필연적으로 정하여진 형상으로된 디자인"이란 다음의 디자인을 말한다. (i) 물품의 기술적 기능을 확보하기 위하여 필연적으로 정하여진 형상의 디자인. 예: 파라볼라 형상을 한 위성방송수신용 반사경 디자인, (ii) 물품의 호환성확보 등을 위하여 형상 및 치수 등의 규격이 표준화된 형상의 디자인. 예: KS 규격품, ISO 규격품 등. 물품의 기술적 기능은 오직 형상에 의하여 발휘되는 것이므로 그 디자인의 형상이 기술적 기능을 발휘하는 것이라면 모양과 색채가 부가되어 있다 하더라도 본호를 적용하여 등록될 수 없다.[1] 특히, 규격의 주목적이 기능의 발휘에 있지 않은 물품에 대하여는 적용하지 아니한다. 예: 규격봉투 등.

IV. 절차적 등록요건

1. 의 의

선출원과 후출원 관계에 있는 디자인등록출원인 경우에는 선출원주의와 확대된 선출원주의를 위배하지 않아야 한다. 이와 같은 등록요건을

---

1) TRIPs 제25조 제1항에서 "본질적으로 기술적 혹은 기능적인 것만 나타내는 디자인은 보호대상에서 제외할 수 있다"고 규정하고 있다.

충족하는 디자인 또는 이와 유사한 디자인이 2 이상 출원된 경우에는 가장 먼저 출원한 자만이 등록 받을 수 있다(제16조 제1항). 출원인이 동일한 경우에는 디자인보호법 제5조 제3항을 적용하고 디자인보호법 제16조는 적용하지 아니한다. 디자인보호법은 신규성, 선후원관계, 이용·저촉관계, 디자인의 효력범위, 권리침해 등을 판단할 경우 디자인의 동일성 개념 외에 유사개념을 도입하고 있다.

2. 선출원주의

가. 의 의

선출원주의란 동일 또는 유사한 디자인에 대하여 2 이상의 디자인등록출원이 경합한 경우에 먼저 출원한 자에게 디자인등록을 인정하는 원칙을 말한다. 출원인이 동일한 경우에는 선출원주의가 적용되지 않는다. 같은 날 디자인등록출원이 있는 경우 협의에 의하여 정하여진 하나의 출원인만이 디자인등록을 받을 수 있다. 협의가 성립하지 아니하거나 협의를 할 수 없는 때에는 어느 디자인등록출원도 그 디자인에 대하여 디자인등록을 받을 수 없다(제16조 제2항). 그러나 디자인무심사등록출원에 대하여는 등록 전에 본조의 요건을 적용하지 않는다.

나. 효 과

디자인권은 독점권을 부여하는 것이므로 동일 또는 유사한 디자인이 우연히 2 이상 창작되어 출원되어 있는 경우 오직 한사람에게만 독점권을 부여하기 위하여 최초의 출원인에게만 등록을 허여하는 것이다. 디자인등록출원이 무효·취하·포기된 출원 또는 무권리자의 출원은 선출원의 지위를 가지지 않는 출원이므로 선출원 규정을 적용함에 있어서 처음부터 없었던 것으로 본다. 2007년 개정법에 의해 거절결정이나 거절한다는 취지의 심결이 확정된 때에도 그 디자인등록출원은 선출원 규정의 적용에서 처음부터 없었던 것으로 간주한다.

다. 특허제도의 선출원주의와의 차이점

특허법은 출원인이 동일한 경우에 선출원주의를 적용하나, 디자인보호법은 출원인이 동일한 경우에는 선출원주의를 적용하지 않는다. 디자인보호법의 경우 동일인의 선출원 또는 선등록디자인에 유사한 디자인은 유사디자인으로 등록받을 수 있도록 하는 유사디자인제도를 두고 있기 때문에 만약 동일인의 선출원에 대하여 동일인의 후출원에 대한 선출원의 지위를 인정한다면 자기의 선출원과 충돌하게 되어 유사디자인 등록은 할 수 없기 때문이다.

3. 확대된 선출원

가. 의　의

디자인등록을 출원한 디자인이 당해 디자인등록출원을 한 날 전에 디자인등록출원을 하여 당해 디자인등록출원을 한 후에 출원공개되거나 등록공고된 타디자인등록출원의 출원서의 기재사항 및 출원서에 첨부된 도면·사진 또는 견본에 표현된 디자인의 일부와 동일하거나 유사한 경우에 그 디자인에 대하여는 디자인등록을 받을 수 없다(제5조 제3항). 이것을 "확대된 선출원"이라 한다. 이 규정은 출원일 전에 이미 알려져 있지는 않지만 동일한 디자인을 먼저 창작하고 이를 디자인등록원을 한 경우에도 등록을 받을 수 없다는 원칙이다.

2001년 개정법에서 제5조 제3항을 신설하여 선출원디자인의 일부와 동일·유사한 디자인에 대해서는 디자인등록을 받을 수 없도록 하였다. 본 조항은 당해 디자인등록출원에 관한 디자인이 선출원의 디자인등록출원서의 기재사항 및 첨부도면 등에 표현된 디자인 일부와 동일 또는 유사한 경우에 적용한다. 선출원의 전체 디자인이 디자인공보에 공개되면 그 일부와 동일·유사한 디자인은 이미 새로운 디자인의 창작으로 볼 수 없기 때문이다.

나. 적용되는 선후출원디자인의 유형

디자인보호법 제5조 제3항에 적용되는 유형은 선출원이 전체 디자인이고 후출원이 부분디자인인 경우, 선출원이 완성품 디자인이고 후출원이 완성품에 포함되는 부분디자인, 부품 디자인 또는 부품의 부분디자인인 경우, 선출원이 한 벌 물품 디자인이고 후출원이 그 한 벌 물품에 포함된 구성물품, 구성물품의 부분 또는 구성물품의 부품디자인 경우, 선출원이 부품 디자인이고 후출원이 그 부품에 포함되는 부분디자인인 경우 등이다.

<확대된 선출원 규정의 적용가능 예시>

선 출 원	후 출 원
완성품 완성품, 부품 한 벌 물품 부분디자인(보다 큰)	부품 부분디자인 구성물품 부분디자인(보다 작은)

≪연습문제≫

〈문 1〉 디자인보호법 제5조 제2항에 따라 용이하게 창작될 수 있는 디자인으로 옳지 않은 것은?
① 공지디자인의 구성요소의 배치를 변경한 것에 지나지 않는 전화기
② 샤넬 NO.5 향수병을 입체적으로 보일 수 있게 디자인한 향수병
③ 공지의 책상 형상에 공지의 책꽂이 형상을 부착하여 이루어진 책꽂이가 부착된 책상
④ 공지의 시계가 부착된 라디오의 시계 부분을 단순히 다른 시계의 형상 등으로 치환한 시계가 부착된 라디오
⑤ 둥근 물방울무늬를 반복하여 단순하게 배열한 커텐천의 디자인

〈문 2〉 디자인보호법 제5조에서 규정하는 신규성상실사유로 옳지 않은 것은?
① 디자인등록출원 전에 국내·외국에서 반포된 간행물에 게재된 디자인
② 디자인등록출원 전에 국내에서 공지되거나 공연히 실시된 디자인
③ 디자인등록출원 전에 국내·외국에서 반포된 간행물에 게재된 디자인과 유사한 디자인
④ 디자인등록출원 전에 국내에서 널리 알려진 디자인으로부터 용이하게 창작할 수 있는 디자인

〈문 3〉 디자인보호법 제6조(디자인등록을 받을 수 없는 디자인)에 대한 설명으로 옳지 않은 것은?
① 외국의 국기 또는 국제기관의 표지와 동일 또는 유사한 디자인

② 물품의 기능을 확보하는 데 불가결한 형상만으로 된 디자인

③ 자연물, 유명한 건조물, 유명한 경치

④ 타인의 업무에 관계되는 물품과 혼동을 가져올 염려가 있는 디자인

〈문 4〉 디자인보호법 제5조 제2항의 규정에 의한, 창작이 용이한 디자인으로 옳지 않은 것은?

① 주지의 형상·모양에 기초한 디자인

② 디자인등록출원 전에 미국에서 공지된 디자인

③ 널리 알려진 공지의 디자인을 기초로 형상·모양을 단순히 결합한 디자인

④ 공지디자인의 결합에 기초한 치환디자인

⑤ ET인형의 형상·모양을 저금통에 전용한 경우

〈문 5〉 디자인보호법 제5조에서 규정하는 신규성상실 사유로 옳지 않은 것은?

① 디자인등록출원 전에 외국에서 반포된 간행물에 게재된 디자인

② 디자인등록출원 전에 국내에서 공지된 디자인과 유사한 디자인

③ 디자인등록출원 전에 인터넷을 통하여 반포되고 그 반포된 간행물이 공중이 이용 가능하게 된 디자인과 유사한 디자인

④ 디자인등록출원 전에 국내에서 널리 알려진 디자인으로부터 용이하게 창작할 수 있는 디자인

≪정답≫　1.②　2.④　3.③　4.②　5.④

≪문제해설≫

　〈문 1〉　②는 창작성이 인정된다. 나머지는 디자인심사기준 제5조(용이창작)에서 예시한 창작성이 없는 것으로 인정된다.

　〈문 2〉　①, ②, ③은 제5조 제1항 제1호 내지 제3호에서 규정한 신규성상실 사유이다. ④는 제5조 제2항에서 규정한 창작성에 관한 것이다.

　〈문 3〉　①, ②, ④는 디자인등록을 받을 수 없는 디자인이다. ③은 창작성이 결여된 디자인으로 디자인보호법 제6조와 관련이 없다.

　〈문 4〉　①, ③, ④, ⑤는 제5조 제2항의 창작성이 결여된 사례이다. ②는 제5조 제1항 제1호의 신규성상실 사유이다.

　〈문 5〉　①, ②, ③은 제5조 제1항 제1호 내지 제3호에서 규정한 신규성상실 사유이다. ④는 제5조 제2항에서 규정한 창작성 관련 규정이다.

제4절 출원 및 등록절차

I. 서 설

디자인등록출원에는 디자인심사등록출원과 디자인무심사등록출원
이 있다. 물품의 특성상 유행성이 강하고 라이프 사이클이 짧은 의복류·
침구류·사무용지·포장지·포장용용기·직물지·편물지·합성수지지 등에
대해서는 디자인무심사등록출원으로 하며, 기타물품에 대해서는 디자인
심사등록출원으로 한다. 현재 디자인무심사등록출원할 수 있는 물품은 5
개 대분류로 지정되어 있으나 해당 물품의 조정과 기타 기준에 의한 지
정은 특허청에서 관장하고 있다. 출원서는 디자인등록을 받고자 특허청
에 이를 신청하는 자(이하 "출원인"이라 한다)가 디자인의 내용을 기재한 도
면 등을 첨부하여 제출하기 위한 것이다. 디자인출원에는 디자인심사등
록출원, 디자인무심사등록출원, 정당한 권리자의 디자인심사등록출원 등
이 있다.

II. 출 원 인

디자인을 창작한 자 또는 그 승계인은 디자인보호법에서 정하는 바
에 의하여 디자인등록을 받을 수 있는 권리를 가진다. 따라서 창작자 또
는 그 승계인은 디자인등록을 받을 수 있는 권리를 기초로 하여 국가에
대해 그 디자인을 등록하여 줄 것을 출원할 수 있다. 특허청에서 디자인
출원의 절차를 밟는 출원인은 자연인 또는 법인이다. 국내에 주소 또는
영업소가 없는 자를 "재외자"라 한다. 재외자(법인인 경우 그 대표자)가 국내
에 체재하는 경우를 제외하고는 그 재외자의 디자인에 관한 대리인으로
서 국내에 주소 또는 영업소를 가지고 있는 자(이를 "디자인관리인"이라 한다)
에 의하지 아니하면 디자인에 관한 절차를 밟을 수 없다(제4조의3).

Ⅲ. 출원절차

출원인이 특허청에 인터넷을 이용하여 온라인으로 또는 서면으로 출원서를 제출하면, 특허청 출원과에서 서류를 접수하고 접수증을 발급한다. 서류가 특허청에 접수되면 출원서의 서식과 첨부서류에 대한 적격을 심사하는 방식심사를 한다. 출원서류가 방식심사의 요건을 충족하면 해당 부서로 서류를 이관하고, 서식 등에 흠결이 있는 경우에는 보정통지를 하거나 반려통지를 한다. 출원인은 전자문서 작성용 소프트웨어를 이용하여 작성된 출원서 및 중간 서류 등을 전자출원(온라인출원)으로 특허청에 전송한 후 접수번호(출원번호)를 확인하고 절차를 진행한다. 종래에는 종이로 된 서류에 의하여 출원되었지만, 오늘날에는 주로 온라인에 의한 전자출원을 하고 있다. 플로피디스크(FD)로 출원을 할 경우에는 전자문서 작성용 소프트웨어를 이용하여 작성된 출원서 및 중간서류 등을 FD에 수록하여 특허청에 제출하면 접수증이 교부된다. 서면출원으로 출원할 경우에는 특허청 소정의 양식에 의해 출원서 등을 작성하여 특허청에 직접 또는 우편으로 제출할 수 있다.

Ⅳ. 출원서류 등

1. 출 원 서

디자인등록출원의 출원인이 출원서에 도면을 첨부하여 특허청에 제출하면, 그 절차가 개시된다. 디자인등록을 받고자 하는 자는 디자인심사등록출원서 또는 디자인무심사등록출원서에 출원인의 성명 및 주소, 대리인이 있는 경우 그에 대한 사항, 디자인의 대상이 되는 물품, 단독디자인출원 또는 유사디자인출원 여부, 유사디자인출원의 경우 기본디자인에 관한 사항, 디자인의 창작자, 우선권주장에 대한 사항을 기재하여 특허청장에게 제출하여야 한다(제9조 제1항).

2. 도 면

가. 도면의 역할

도면은 출원디자인의 내용을 표현하는 필수적인 첨부서류이다. 디자인은 물품의 미적 외관을 보호하기 때문에 문장으로 표현하는 것보다도 도면으로 표현하는 것이 디자인을 용이하게 특정할 수 있다. 또한 현물은 보존 및 운반 등에 불편하기 때문에 현물대신 도면으로 제출하여야 한다. 그러나 보존이나 취급에 지장이 없는 경우에는 출원인의 편리를 고려해서 도면 대신에 사진 또는 견본을 제출할 수 있다. 디자인보호법상 도면은 심사대상, 출원보정 및 출원분할의 대상, 권리범위를 결정하는 역할을 한다. 디자인등록출원서에 첨부하는 도면은 6면도로 정면도·배면도·좌측면도·우측면도·평면도·사시도를 포함한다. 도면으로 제출하기 어려운 경우는 디자인 출원용으로 촬영한 사진을 제출할 수 있다. 입체를 표현하는 도면의 경우 사시도와 정투상도면에 의한 6면도, 평면적인 것을 표현하는 도면은 표면도와 이면도, 글자체 도면의 경우 지정글자 도면, 보기문장 도면, 대표글자 도면을 하나의 디자인 도면으로 제출할 수 있다.

나. 도면의 기재사항

도면에는 디자인 대상이 되는 물품, 디자인의 설명 및 창작내용의 요점, 디자인의 일련번호를 기재한다(제9조 제2항). 2008년 개정법에 따라 2008년 1월 1일 출원건부터는 출원시 제출하여야 하는 6면도 중 동일한 도면이 여러 개인 경우 1개를 제외한 나머지 도면은 모두 생략할 수 있다. 액정화면 등의 표시부에 일시적으로 도형 등이 표시되는 화상디자인의 경우에는 정면도를 제외한 도면을 생략할 수 있고, 표면도와 이면도가 같거나 대칭인 경우 또는 이면도에 모양이 없는 평면디자인의 경우에는 이면도를 생략할 수 있다(시행규칙 제5조 제3항).

다. 도면 작성방식의 완화

2009년 개정된 디자인보호법시행규칙에 따라 도면 작성 방식이 완화되었다. 도면의 작성방법은 정투상도법에만 한정하지 않고 창작한 디자인을 충분히 나타낼 수 있는 여타의 투상도법으로도 작성할 수 있도록 하였다. 동적화상디자인은 전자출원시 동적화상아이콘디자인의 동영상 파일을 참고도로 제출할 수 있다. 그 도면의 제출 개수와 관련하여 창작한 디자인의 내용과 보호받고자 하는 형태와 창작의 내용을 표현할 수 있는 하나 또는 그 이상의 도면으로 제출할 수 있도록 규제를 대폭 완화하였다. 또한 도면의 항목표시 방법과 순서에 관한 사항은 국제기준에 따라 개정하였다.

라. 3D 모델링 파일 형식의 확대

2010년 1월부터 디자인등록출원시 2차원의 이미지 파일 외에 3차원의 모델링(Modelling) 파일로 작성된 3D 도면(이하 "3D 모델링 도면"이라 한다)의 제출이 허용되었다.[1] 3D 모델링 도면이란 디자인의 전체적인 형태와 특징을 파악하기 위하여 각축과 각도를 달리하여 돌려보기가 가능한 컴퓨터 3차원 화상 그래픽으로 표현된 도면을 말한다. 2011년 4월 1일부터 디자인 업계에서 많이 활용하고 있는 IGES(Initial Graphic Exchange Specification) 파일을 추가하였다. 3D 모델링 파일 형식으로 출원한 경우 도면(참고도 포함) 보정시 3D 모델링 파일 형식으로 제출하여야 한다. 따라서 3D의 파일이나 동적화상아이콘의 동영상 파일이 파일의 형식을 위반한 경우 반려 사유에 해당된다. 3차원 모델링 파일 형식으로 제출된 3D 모델링 도면은 셰이딩(Shading)으로 표현된 도면을 기준으로 심사하여야 하며, 셰이딩으로 표현된 도면만으로 디자인의 구체적인 형태를 파악하기 곤란한 경우에는 와이어 프레임(Wire-frame)으로 변환된 도면을 참고하여 파악한다. 3D 모델링 도면이 화상으로 표현되는 방식은 입체의 면이 음영으로 표현되는 셰이딩과 점과 선으로만 표현되는 와이어프레임이 있다.

---

[1] 출원 가능한 3D 모델링 파일 형식: 3DS(3D Studio), DWG(Design Web Drawing), DWF(Design Web Format), IGES(Initial Graphic Exchange Specification).

<예: 3D 모델링 도면의 화상 표현방식>

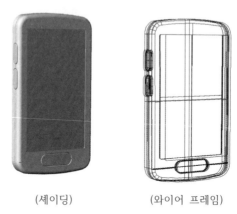

(셰이딩)　　　　　(와이어 프레임)

3. 출원의 보정

　　출원의 보정이란 출원서의 기재사항 및 출원서에 첨부한 도면 등의 내용을 정정하거나 보충하는 것을 말한다(제18조 제1항). 보정이 적법한 경우에는 보정의 효과가 출원시로 소급된다. 출원의 보정은 출원내용의 하자를 치유하는 것으로서 제3자와의 형평성을 고려하여 그 시기와 내용에 있어 엄격한 제한을 하게 된다. 디자인등록출원인은 최초의 디자인등록출원의 요지를 변경하지 아니하는 범위 안에서 디자인등록출원서의 기재사항, 디자인등록출원서에 첨부한 도면, 도면의 기재사항 및 사진이나 견본을 보정할 수 있다(제18조 제1항). 여기서 요지변경이란 출원서에 적힌 디자인의 대상이 되는 물품, 도면 및 도면의 기재사항 등을 종합적으로 판단하여 최초에 출원된 디자인과 보정된 디자인간에 동일성이 유지되지 않은 것을 말한다. 내용적으로 디자인의 동일성이 유지되는 경우로 요지변경이 아닌 경우에만 적법한 보정으로 인정된다. 심사관은 디자인보호법 제18조의 규정에 따라 보정이 디자인등록출원의 요지를 변경하는 것인 때에는 결정으로 그 보정을 각하하여야 한다(제18조의2).

4. 우선권주장제도

　　파리협약에 의한 우선권주장은 파리협약 당사국에 출원한 디자인등록출원을 기초로 하여 6월 이내에 우선권[1]을 주장하면서 다른 당사국에 출원하고 출원일부터 30일 내에 증명서류를 제출하면 출원일을 제1국의 출원일로 소급하여 인정하는 제도이다(제23조). 이 제도는 파리협약 제4조에 따른 것이며, 파리협약에 따른 우선권 주장은 동일한 디자인을 다수국에서 등록받고자 하는 경우 디자인권의 국제적 보호를 도모하기 위한 제도이다.

5. 1 디자인 1 출원주의

1디자인 1출원주의란 디자인등록출원은 1디자인마다 1디자인등록출원으로 하는 원칙을 말하며, 디자인등록출원을 하고자 하는 자는 시행규칙이 정하는 물품의 구분에 따라야 한다(제11조). 이는 디자인 심사대상 및 권리범위의 명확화를 도모하기 위하여 1디자인 1출원의 원칙을 채택한 것이다. 따라서 출원인은 디자인등록출원시 시행규칙에서 정하는 물품의 구분에 따라 하나의 물품을 기재하여야 한다. 부분디자인에 있어서도 하나의 부분디자인에 관한 물품 중에 물리적으로 분리되어 있는 2 이상의 물품의 부분은 1디자인마다의 출원으로 인정되지 않는다(제11조 제1항). 다만, 디자인 창작상의 일체성이 인정되는 경우에는 1디자인으로 간주되어 부분디자인으로 등록받을 수 있다.

6. 출원의 분할

출원인이 1디자인 1출원주의를 위반하여 복수디자인을 1출원으로 한 경우, 그 일부의 디자인을 1 또는 2 이상의 새로운 디자인등록출원으로 분할하여 디자인등록출원할 수 있다(제19조 제1항). 분할출원이 있는 경우 그 분할출원은 최초에 디자인등록출원을 한 때에 출원한 것으로 본다. 분할출원의 취지는 출원형식을 위반하여 하자를 치유하거나 일부 디자인의 등록요건 흠결이 있는 경우 출원일체의 원칙에 의한 출원 전체의 거절을 방지하기 위한 것이다.

---

1) 파리협약 동맹국 1국에서 정규의 디자인출원을 한 자 또는 그 승계인은 최초의 출원일부터 6개월 내에 타 동맹국에 한 디자인 출원에 대하여 특별한 이익을 향유할 수 있는 권리를 우선권이라 한다. 그 이익이 보장되는 기간을 우선기간이라 한다(파리협약 제4조).

7. 복수디자인 등록출원제도

가. 의 의

디자인무심사등록출원은 디자인보호법 제11조 제1항의 규정에 불구하고 20 이내의 디자인을 1디자인등록출원(이하 "복수디자인등록출원"이라 한다)으로 할 수 있다(제11조의2 제1항). 복수디자인등록출원제도의 취지는 유행성이 강한 관련 디자인의 통일적 보호와 출원인의 편의를 도모하기 위한 제도로 디자인무심사등록출원에 대하여 1디자인 1출원주의의 원칙을 엄격하게 적용할 경우 출원절차상 발생하는 불편을 해소하고, 출원비용을 경감하기 위한 것이다. 복수디자인등록출원을 하고자 하는 자는 기본디자인과 함께 그 기본디자인에 속하는 유사디자인을 출원할 수 있다(제11조의2 제3항). 자기의 등록디자인 또는 출원된 디자인의 유사디자인을 복수디자인등록출원을 하는 경우에는 1기본디자인에 속하는 유사디자인에 한하여 1복수디자인등록출원을 할 수 있다(제11조의2 제4항). 복수디자인등록출원된 디자인등록에 대하여서는 각 디자인마다 무효심판을 청구할 수 있다(제68조 제1항).

나. 성립요건

(1) 무심사등록대상의 물품

복수디자인등록출원을 할 수 있는 디자인의 범위는 디자인보호법 제11조 제2항의 규정에 의한 물품 구분상 시행규칙이 정하는 분류가 동일한 것으로 한다(제11조의2 제2항). 1디자인출원에 20개 이내의 디자인을 담을 수 있는 대상 물품은 디자인무심사 대상물품에 한한다.

(2) 디자인 수는 20개 이내일 것

특허청 심사편의상 복수디자인등록출원의 디자인 수는 20개 이내이어야 한다.

(3) 분리하여 표현할 것

복수디자인의 디자인권은 각 디자인마다 발생하므로 복수디자인등록된 디자인권은 각 디자인권마다 분리하여 이전할 수 있다(제46조 제5항). 따라서 복수디자인등록된 디자인은 1디자인마다 분리하여 표현해야 한다. 2005년 개정법에서 디자인보호법 제11조 제1항이 무심사등록출원에도 적용되므로 이 요건을 위반하면 같은 법 제11조 제1항으로 거절할 수 있다.

(4) 분류가 동일할 것

심사편의상 시행규칙 별표 4의 물품의 구분 중 분류가 동일한 것들만 복수디자인등록출원을 할 수 있다. 예를 들어, B1류에 속하는 디자인을 출원하는 경우에는 해당 물품은 B1류 해당하는 물품 중에서 선택하여 1디자인등록출원을 할 수 있다.

Ⅴ. 디자인보호법상 특유의 제도

디자인보호법에는 특허법·실용신안법 또는 상표법에 없는 특유제도가 있다. 예를 들어, 유사디자인제도, 부분디자인제도, 무심사등록출원, 복수디자인등록출원, 신청에 의한 출원공개제도, 비밀디자인제도, 한 벌 물품의 디자인제도 등이다. 그러나 특허법에 있는 심사청구제도, 강제실시권, 정정심판은 디자인보호법에서 채용하고 있지 않다.

1. 유사디자인제도

가. 의 의

디자인은 기본디자인이 창작된 이후에 이를 기초로 한 여러가지 변형디자인이 계속하여 창작되는 특성이 있다. 디자인권은 타인의 모방과 도용이 용이할 뿐만 아니라, 그 유사범위는 추상적이고 불명확하기 때문에 미리 유사범위 내의 유사디자인을 등록받아 침해 또는 모방을 미연에 방지할 필요성이 있다. 이를 위해서 디자인보호법에서는 출원디자인 및 등록디자인권의 권리범위를 동일뿐만 아니라 유사범위까지 확장시키고, 물품 특성에 따라 다양한 제도를 마련해 두고 있다. 유사디자인제도란 자기의 등록디자인이나 디자인등록출원한 디자인에만 유사한 디자인에 대하여 유사디자인만으로 디자인등록을 받을 수 있도록 하는 제도이다(제7조). 이는 디자인권의 권리범위는 추상적이고 관념적이므로 유사디자인제도를 통하여 미리 유사범위를 확인함으로써 침해를 미연에 방지하고 침

해시 신속한 구제를 도모하기 위한 것이다.[1]

나. 등록요건

유사디자인으로 등록을 받기 위한 등록요건은 유사디자인등록출원 전에 기본디자인의 존재, 기본디자인에만 유사한 디자인일 것, 주체의 동일(출원인이 동일인), 유사디자인에만 유사한 디자인이 아닐 것(기본디자인에만 유사), 물품의 동일 또는 유사, 기타 등록요건을 충족하여야 한다. 유사디자인은 기본디자인과의 관계에서 신규성상실 및 선출원의 예외에 한정되며 기타의 등록요건은 일반의 디자인등록요건과 동일하다.

다. 유사디자인의 심사[2]

1) 디자인보호법 제7조의 규정에 의한 유사디자인이라 함은 다음과 같다. 다만, 유사디자인무심사등록출원에 대하여서는 디자인보호법 제7조를 적용하지 아니하고 같은 법 제26조 제1항 제5호의 규정에 의하여 심사한다. 자기의 등록디자인 또는 디자인등록출원한 디자인(이하 "기본디자인"이라 한다)에만 유사한 디자인이란 기본디자인에 유사한 디자인으로서 그 출원일에 선행하는 타인의 디자인(선출원디자인, 등록디자인, 공지디자인)에 유사하지 아니한 것을 말한다. 유사디자인등록출원은 그 디자인이 기본디자인과 유사한 자기의 선행디자인에 유사한 것을 이유로 거절되지 아니한다. 유사디자인등록출원은 같은 법 제5조 제3항을 이유로 거절되지 아니한다.

2) 자기의 유사디자인에만 유사한 디자인은 다음과 같이 처리한다.

자기의 유사디자인이 설정등록되기 전에 출원된 자기의 유사디자인에만 유사한 디자인은 다른 거절이유가 없는 한 단독의 디자인등록출원으로 변경하게 하여 등록한다. 또한 자기의 유사디자인이 설정등록된 후에 출원된 자기의 유사디자인에만 유사한 디자인은 등록에 의하여 공지된 자기의 유사디자인에 유사한 것으로 하여 거절한다.

3) 유사디자인등록을 받을 수 있는 물품의 범위는 기본디자인과 동

---

[1] 유사디자인권은 기본디자인의 디자인권과 불가분의 일체가 되어 이전·소멸된다. 다만, 유사디자인권만으로 무효심판 또는 권리범위 확인심판의 대상으로 하거나 권리를 포기하는 것은 가능하다.

[2] 디자인심사기준 제8조(유사디자인).

일물품 및 유사물품이다. 이 경우 유사물품의 정의는 심사기준 제4조 제4항 가목(3)에 정한 바(용도가 동일하고 기능이 다른 것)와 같다.

4) 기본디자인의 물품명칭과 유사디자인등록출원의 물품명칭이 다른 경우 다음과 같이 처리한다. 기본디자인의 물품명칭이 정당할 경우 유사디자인등록출원디자인의 물품명칭을 기본디자인의 물품명칭과 일치되도록 한다. 또한 유사디자인등록출원의 물품명칭이 기본디자인의 물품명칭에 비해 보다 정당하거나 적합할 경우 기본디자인의 물품명칭에 일치시킬 필요가 없다.

5) 무효심판계류중인 등록디자인을 기본디자인으로 한 유사디자인등록출원이 유사디자인으로 인정될 경우에는 심사보류하지 않고 등록여부결정을 하도록 한다.

6) 기본디자인에 대한 거절결정이 확정되지 않은 경우(거절결정에 대한 심판이 계속중인 경우를 포함한다) 유사디자인등록출원의 심사는 보류하는 것을 원칙으로 한다.

라. 효 과

유사디자인이 등록되면 그 디자인권은 최초의 등록을 받은 기본디자인과 합체한다(제42조). 유사디자인의 권리범위는 기본디자인의 권리범위를 초과할 수 없다.[1] 따라서 기본디자인 등록이 무효로 되면 유사디자인의 등록도 무효로 된다. 유사디자인의 존속기간 만료일은 기본디자인의 존속기간 만료일과 같으며, 유사디자인의 디자인권은 기본디자인의 디자인권과 함께 양도하여야 한다. 다만, 유사디자인권은 독자적으로 무효심판청구의 대상이 되며 유사디자인권의 무효시에도 기본디자인권에는 영향을 미치지 않는다. 2011년 4월 1일부터 디자인등록출원 후 등록되었거나 공개 신청한 출원사항을 디자인공보(디자인심사등록공보, 디자인무심사등록공보, 공개디자인공보)에 게재할 경우 유사디자인등록출원에 대한 기본디자인의 표시를 하도록 하였다.

---

1) 대법원 2008.2.14 선고 2006후1643 판결: 유사디자인이 능복된 경우의 기본디자인의 권리범위 해석에 관한 학설에는 '확인설', '확장설', '결과확장설'로 나뉘고 있으나, 대법원 판례는 "유사디자인의 디자인권은 기본디자인과 합체하고 그 결과 유사디자인의 권리범위는 기본디자인의 권리범위를 초과하지 못한다"고 판시함으로써 확인설을 취하고 있다.

2. 부분디자인제도

가. 의 의

부분디자인제도라 함은 물품의 부분에 관한 형상·모양·색채 또는 이들의 결합에 대하여도 디자인으로 보호하는 제도를 말한다(제2조 제1호).[1] 부분디자인제도는 물리적으로 분리하여 통상의 상태에서 독립거래의 대상이 되는 것이라면 부품이나 부속품을 보호대상으로 할 수 있다. 2001년 개정법에서 산업계의 디자인 개발에 있어 제품의 고부가가치화·차별화를 도모하기 위하여 물품의 부분에 대해서도 디자인보호법에 의한 보호가 가능하도록 하였다.

나. 부분디자인의 성립요건

디자인보호법 제6조 제1호 내지 제3호의 적용에 대하여는 디자인등록을 받고자 하는 부분과 그 외의 부분을 포함하여 부분디자인의 디자인에 관한 물품 전체의 형태를 판단의 대상으로 한다. 다만, 디자인보호법 제6조 제4호의 적용에서는 디자인등록을 받고자 하는 부분의 형상만을 판단의 대상으로 한다. 부분디자인으로 성립하기 위해서는 다음의 요건을 충족하여야 한다.

(1) 물품은 통상의 물품과 동일할 것

부분디자인에서 디자인의 대상이 되는 물품은 독립성이 있는 구체적인 물품으로서 거래의 대상이 될 수 있는 유체물이어야 한다.

(2) 물품의 부분의 형태일 것

부분디자인은 물품의 부분에 관한 형상·모양·색채 또는 이들을 결합한 것을 표현한 것이어야 한다. 그러나 모양 또는 색채만 표현한 것, 물품 형태의 실루엣만 표현한 것은 물품의 부분의 형태라고 볼 수 없다.

(3) 다른 디자인과 대비할 수 있는 물품의 부분일 것

부분디자인은 타디자인과 대비할 때 대비대상이 될 수 있는 물품의

---

[1] 2001년 개정법에서 독창적인 창작이 이루어진 물품의 부분에 관한 디자인을 보호하기 위하여 부분디자인제도를 도입하였다. 디자인보호법 제2조 제1호에서 "디자인"을 정의한 내용 중 "부분디자인"이란 물품의 부분의 형태로서 시각을 통하여 미감을 일으키는 것을 말한다.

부분이어야 한다.

(4) 한 벌의 물품의 디자인에 관한 부분디자인이 아닐 것

디자인보호법 제12조 제1항에 따르면, 한 벌 물품에 대해서는 물품의 부분을 제외하고 있다. 2 이상의 물품이 한 벌의 물품으로 동시에 사용되는 경우 당해 한 벌의 물품의 디자인이 한 벌 전체로서 통일성이 있는 때에는 1디자인으로 디자인등록을 받을 수 있다.

3. 한 벌 물품디자인제도

가. 의   의

2 이상의 한 벌의 물품으로 동시에 사용되는 경우 당해 한 벌의 물품의 디자인이 한 벌 전체로서 통일성이 있는 때에 1디자인으로 디자인등록출원을 받을 수 있다(제12조 제1항). 한 벌 물품의 디자인제도는 1이상의 물품의 조합에 의한 통합적 미감과 시스템디자인을 보호하기 위한 것이다. 원래 디자인보호법은 출원대상을 명확히 하여 심사처리의 신속을 도모함과 동시에 권리범위를 명확히 하기 위하여 하나의 물품은 독립된 하나의 출원으로 하여야 한다는 1디자인 1출원주의를 취하고 있다. 예외적으로 한 벌로 사용되는 물품으로서 전체적으로 통일성이 있는 경우에는 하나의 출원으로 심사·등록할 수 있도록 하는 한 벌 물품 디자인제도를 마련하고 있다.

나. 등록요건

(1) 한 벌의 물품일 것

한 벌의 물품이란 시행규칙 제9조 제2항 별표 5에 정해진 물품으로 한 벌 물품 디자인으로 출원할 수 있는 물품으로 예를 들면 한 벌의 끽연용구 세트, 한 벌의 커피세트, 한 벌의 오디오세트, 한 벌의 응접세트 등 31개 물품이다. 한 벌의 물품은 동시에 사용되어야 하고, 2 이상의 물품의 조합이어야 한다. 동종물품에 한정되지 아니하고, 시행규칙에서 규정하면 한 벌 물품의 대상이 될 수 있다.

(2) 한 벌 전체로서 통일성이 있을 것

디자인이 한 벌 전체로서 통일성이 없다면 1디자인으로서의 창작성이 인정되기 어렵기 때문에 그러한 경우에는 디자인등록출원을 받을 수 없다. 따라서 각 구성물품의 형태가 동일한 표현방법으로 표현되거나, 각 구성물품이 상호 결합되어 하나의 통일된 형태를 표현하거나, 각 구성물품의 형태에 의해 관념적으로 관련이 있는 인상을 주는 등 한 벌 전체로서 통일성이 인정되어야 한다.

⑶ 한 벌 물품의 디자인 전체로서 등록요건을 충족할 것

한 벌 물품의 디자인은 하나의 디자인으로 출원한 것이므로 한 벌의 물품 전체로서 일반적인 등록요건을 만족하여야 한다.

다. 효 과

한 벌의 물품의 디자인은 등록이 되면 하나의 디자인권이 발생한다. 따라서 한 벌의 물품의 디자인 중 그 구성물품의 하나가 등록을 받을 수 없는 거절 이유가 있는 경우 한 벌의 물품의 디자인 전체가 거절 이유로 된다(제26조 제1항 제1호). 한 벌의 물품의 디자인이 등록되면 하나의 무효심판이나 권리범위 확인심판 등은 한 벌의 물품의 디자인에 대하여 하여야 하고, 각 구성물품의 디자인에 대해서 심판을 청구할 수 없다. 또한 한 벌의 물품의 디자인권의 이전 및 소멸 등도 한 벌의 물품에 대하여 하여야 한다. 한 벌의 물품의 디자인의 일부침해에 대하여는 한 벌의 물품의 디자인은 하나의 디자인권이 발생하므로 한 벌의 구성물품의 일부에 대한 타인의 실시행위는 실시행위로 볼 수 없다. 디자인의 유사판단은 전체관찰에 의하여 판단하는 것이 원칙이므로 한 벌의 물품의 디자인 전체를 실시한 경우 침해를 구성하는 것으로 본다.

라. 한 벌의 물품의 디자인등록대상 품목의 확대[1]

2000년 이후 제품개발의 다양화·고도화와 복수의 물품을 결합하여 전체적인 통일성을 갖는 시스템 디자인제품이 많아짐에 따라 이러한 시스템디자인을 한 벌의 물품디자인에 포함시켜야 한다는 디자인업계의 의견이 많이 제기되었다. 특허청은 이러한 산업계의 의견을 수용하여 2001년 6월 30일 산업자원부령 제129호로 공포된 의장법시행규칙 별표

---

[1] 문삼섭, "2009년 12월에 개정된 디자인보호법시행규칙의 주요 내용에 대한 소고", 지식재산21, 2010.1, 163-164면.

5에 기존의 6개 품목에 25개 품목을 새로 추가시켜 총 31개 품목으로 확대하여 2001년 7월 1일부터 시행하였다. 한편 2009년에 개정된 디자인보호법시행규칙에서는 패밀리 룩(Family-look) 디자인, 믹스앤 매치(Mix & Match) 디자인, 시스템 디자인 등의 최신 디자인 트렌드를 반영하는 한편 일본 특허청에서 인정하고 있는 한 벌의 물품의 대상품목 56개 중 종래 국내 한 벌의 물품의 대상품목에 해당하지 아니하는 14개 물품을 추가하고 현재 온·오프라인 상거래 실정에 대한 현황 조사 및 다양한 디자인 및 산업계의 의견조사 결과를 취합하여 41개 물품을 신설함으로써 총 86개 품목을 한 벌의 물품의 디자인등록 대상품목으로 확대하였다. 한 벌의 물품의 디자인등록대상 품목의 확대로 창작자(디자이너)는 시스템 디자인 제품에 대해 한 벌의 물품으로 디자인등록을 받거나 아니면 한 벌의 물품을 구성하는 구성물품 각각에 대한 개별디자인등록을 받을 수 있게 되어 창작자의 디자인권보호 전략에 있어서 선택의 폭을 더욱 넓혀 주었다.

Ⅵ. 디자인권의 설정등록

1. 의 의

디자인권은 설정등록에 의하여 발생한다(제39조 제2항). 디자인권은 디자인 창작의 완성, 특허청에 디자인등록출원, 심사관의 디자인심사, 디자인등록결정, 등록료의 납부, 설정등록의 순서로 절차가 진행된다. 디자인권이 발생하면 제3자에게 대세적인 효력이 발생한다.

2. 등록료 납부

디자인권은 등록결정을 받은 후 소정의 등록료와 함께 특허청에 설정등록을 함으로써 디자인권이 발생한다(제39조 제1항). 권리의 설정등록 시에는 최초 3년차분의 등록료를 납부하여야 하며, 그후 4년차분 이후 등록료에 대하여서는 매 1년 단위로 납부하거나 필요한 기간 단위로 분할하여 납부도 가능하다. 설정등록료 및 연차 등록료의 납부시기를 놓친 경우에는 6개월 이내에 일정한 할증료와 함께 등록할 수 있다. 또한 6개월의 유예기간마저 놓친 경우에도 본인이 책임질 수 없는 불가항력적인 사유에 의하여 등록료를 납부하지 못한 경우에는 그 사유가 없어진 날부터 14일 이내에 증거서류 등을 첨부하여 등록료를 추가 납부할 수 있다. 다만, 6개월의 유예기간 만료일부터 6월이 경과한 때에 등록료를 납부할 수 없다.

3. 등록공고

특허청장은 디자인을 설정등록을 한 경우에는 디자인권자의 성명·주소 및 디자인등록번호 등 시행령이 정하는 그 디자인에 관한 사항을 디자인공보에 게재하여 등록공고를 하여야 한다(제39조 제3항).

4. 디자인등록원부

특허청장은 특허청에 디자인등록원부를 비치하고 다음 사항을 등록한다. (i) 디자인권의 설정·이전·소멸·회복 또는 처분의 제한, (ii) 전용실시권 또는 통상실시권의 설정·이전·소멸·회복 또는 처분의 제한, (iii) 디자인권·전용실시권 또는 통상실시권을 목적으로 하는 질권설정·이전·소멸·회복 또는 처분의 제한(제37조).

5. 디자인등록증의 교부

특허청장은 디자인권의 설정등록을 한 때에는 디자인권자에게 디자인등록증을 교부하여야 한다(제38조 제1항). 특허청장은 디자인등록증이 디자인등록원부 기타 서류와 부합되지 아니한 때에는 신청에 의하여 또는 직권으로 디자인등록증을 회수하여 정정교부하거나 새로운 디자인등록증을 교부하여야 한다.

Ⅶ. 무심사등록제도

1. 의 의

무심사등록제도란 등록요건 중 일부 실체적 요건에 대한 심사 없이 등록시켜 주는 제도로서 제조식품·의류·침구류·사무용지·포장지·직물류·화상디자인처럼 유행성이 강한 물품에 대하여 선행디자인의 검색 없이 신속하게 디자인권을 설정해 주는 제도를 말한다. 디자인무심사등록출원서에 대한 방식심사에서 하자가 없는 경우 1개월 내지 2개월 이내에 등록될 수 있다.[1] 무심사로 디자인을 등록하게 되면 부실권리가 발생될 가능성이 높기 때문에 부실권리를 방지하기 위하여 디자인보호법에서 무심사등록 이의신청제도를 별도로 두고 있다(제26조 제2항).

2. 무심사 등록요건

디자인무심사등록출원된 디자인에 대해서는 등록요건 중 신규성·창작성과 확대된 선출원주의 또는 선출원주의 등을 심사하지 않고, 방식심사를 통하여 디자인의 성립요건, 공업성, 부등록사유 해당 여부만을 심사하여 등록하고 있다. 2007년 개정법에서 무심사등록디자인권의 안정성을 제고하기 위하여 무심사등록출원된 디자인이 국내 주지디자인에 의하여 용이하게 창작된 경우에는 거절할 수 있도록 하여 2007년 7월부터 시행하고 있다.

3. 디자인무심사등록출원

가. 의 의

디자인무심사등록출원할 수 있는 디자인은 디자인보호법 제11조 제2항의 규정에 의한 물품의 구분중 시행규칙이 정하는 물품에 한한다. 이 경우 지정된 물품에 대하여는 디자인무심사등록출원으로만 출원할 수 있다(제9조 제6항). 2011년 4월 1일부터 라이트사이클이 짧고 권리분쟁 및 모방디자인의 출원이 적은 물품 중 일부 품목을 무심사 품목으로 추가하였

---

[1] 특허청은 세계적인 추세에 따라 무심사 물품을 확대하고, 이를 전담하는 심사관으로 하여금 심사하도록 하여 심사기간을 단축하는 정책을 추진하고 있다.

다. 시행규칙 제9조 제3항에 따라 무심사대상품목이 10개 분류에서 18개 분류로 확대되었다. 디자인무심사등록출원을 할 수 있는 물품은 시행규칙 별표4에 나열된 물품의 구분 중 A1류·B1류·B2류·B3류·B4류·B5류·B9류·C1류·C4류·C7류·D1류·F1류·F2류·F3류·F4류·F5·H5류 및 M1류에 속하는 물품, 액정화면 등 표시부에 일시적으로 도형 등이 표시되는 화상 디자인에 관한 물품 중 어느 하나에 해당하는 물품으로 한다.

나. 추가된 무심사 대상 물품예

B3: 신변용품, B4: 가방 또는 휴대용 지갑 등, B9: 의복 및 신변용품, 범용부품 및 부속품, C4: 가정용 보건위생용품, C7: 경조용품, D1: 실내 소형정리용구, F5: 광고용구, 표시용구 및 상품진열용구, H5: 전자계산기 등이다.

Ⅷ. 디자인의 국제적 보호

1. 디자인의 국제등록에 관한 헤이그협정

1999년 7월 2일 제네바에서 개최된 WIPO 회원국의 대표로 구성된 외교회의에서 "디자인의 국제등록에 관한 헤이그협정"(Hague Agreement Concerning the International Registration of Industrial Designs)(이하, "신헤이그협정"이라 한다)이 채택되었다. 신헤이그협정은 심사주의 국가의 가입을 유도하고, 협정가입국의 증대를 통한 동 협정의 지역적 규율범위를 확대하며, 심사주의 국가의 다양한 법제를 수용함으로서 출원절차의 국제적 통일화를 도모하고, 대리인 선임을 강제하지 않고 단일어로 출원할 수 있도록 하며 번역문 제출을 의무화할 수 없도록 하는 등 출원절차의 간소화 및 국제출원 비용의 경제성을 추구한다. 또한 디자인권의 존속기간을 종래의 10년에서 15년으로 연장함으로써 창작자와 디자인의 국제적 보호를 강화하였다. 신헤이그협정은 2003년 12월 23일에 발효되었다.

우리나라를 포함 미국, 일본 등의 국가는 아직 이 협정에 가입하고 있지 않으나 디자인의 광역보호를 위한 국제화의 추세에 따라 가입할 것으로 보인다. 2012년 2월 현재 영국, 독일, 스페인 등 59개국이 가입되어 있다. 국제출원인은 대리인의 선임 없이 WIPO 국제사무국이 직접출원을 하거나 자국의 관청에 간접출원을 할 수 있다. 국제출원서는 영어 또는 불어로 작성하여야 하며, 체약당사국은 번역문 제출을 강제할 수 없다. 디자인 도면은 원칙적으로 그래픽 또는 사진으로 제출하여야 하며 체약 당사국의 관청은 평면디자인은 1개 도면, 입체디자인은 6개 도면 이상 제출을 요구할 수 없다. 또 출원인은 이 외에 단면도, 내부 도면, 기타 도면 등을 추가로 제출할 수 있다. 신헤이그협정에서는 1출원으로 제한 없이 복수디자인출원이 가능하나 국제디자인 분류인 로카르노분류에 의한 동일 물품에 해당하여야 한다. 또한 국제출원인은 부분디자인에 대하여도 출원할 수 있다.

국제사무국은 국제출원서를 접수함으로써 즉시 등록하여야 한다. 신헤이그협정은 국제출원이 요건을 구비하고 있는 경우 국제사무국은 국제등록부에 그 디자인을 등록하고 등록인에게 증명서를 송부하도록 하고 있다. 국제사무국은 국제등록을 공고하며 공고가 있는 경우 모든 체약당사국에서 공고된 것으로 간주된다. 국제등록의 최초등록기간은 국제등록일부터 5년이고, 등록기간은 5년씩 갱신되며 갱신이 가능하다. 그러나 지정된 체약당사국 법에 의하면 15년 이상 보호되는 경우, 등록인이 계속 갱신한다면 체약당사국법에 규정된 기간까지 보호가 가능하다.

2. 디자인의 국제분류의 설정에 관한 로카르노협정

디자인에 관한 통일적인 국제분류의 확립을 목적으로 하는 "디자인의 국제 분류의 설정에 관한 로카르노협정"(Locarno Agreement Establishing an International Classification for Industrial Designs)은 1968년 10월 8일 조인되어, 1971년 4월 27일에 발효되었다.

2012년 2월 현재 독일, 스페인, 러시아, 중국 등 52개국이 가입되어 있다. 우리나라는 2011.4.17자로 가입하였다. 로카르노협정은 디자인 표현되는 물품에 관한 국제 분류를 정한 것으로 그를 위한 단일분류를 채용하고 있다. 국제분류는 32개류로 분류되고 그 하위분류인 세류로서 223종이 채용되어 있으며, 알파벳순 물품목록에는 약 6,600개의 구체적인 물품이 예시되어 있다.

3. WTO/TRIPs 협정

TRIPs 협정이 1993년 12월 15일 체결되고, 1995년 1월 1일 발효되었다. WTO의 모든 회원국은 이 협정에 당연히 가입함으로써 지식재산권의 국제적인 보호가 가능하게 되었다. TRIPs의 목적은 1883년 발효된 파리협약을 강화하고, 회원국은 지적재산 전반에 걸쳐 높은 수준의 보호와 권리의 실현수단을 준비해야 하는 의무가 있다. 제25조는 디자인의 보호요건 및 직물디자인에 대한 특별보호를, 제26조는 권리의 내용, 권리의 제한, 보호의 기간에 관하여 규정하고 있다. TRIPs 제25조 제1항은 "회원국은 새롭거나 독창성 있는 독립적으로 창작된 디자인의 보호를 규정한다. 공지된 디자인 또는 공지된 디자인의 형태의 결합과 현저하게 다르지 않을 경우 그 디자인은 새롭지 않거나 독창성이 없는 디자인이라고 규정할 수 없다"고 규정하고 있다.

TRIPs 제26조 제1항은 "보호되는 디자인의 권리자는 제3자가 권리자의 동의없이 보호디자인을 복제하였거나 실질적으로 복제한 디자인을 지니거나 형체화한 물품을 상업적 목적으로 제조·판매 또는 수입하는 행위를 금지할 권리를 갖는다"고 하여 디자인권의 내용이 보호되는 디자인의 화체된 물품의 제조·판매 또는 수입행위에 대해 배타권을 인정하고 있다. 또한 같은 조 제2항에서는 "회원국은 디자인 보호에 제한적인 예외를 인정할 수 있다. 다만, 이러한 예외는 제3자의 정당한 이익을 고려하여 보호되는 디자인의 통상적인 이용에 불합리하게 저촉되지 아니하여야 하며 보호되는 디자인의 권리자의 정당한 이익을 불합리하게 저해하지 아니하여야 한다"고 규정하고 있다. TRIPs 제26조 제3항에서는 "디자인은 적어도 10년간 보호되어야 한다"고 규정하고 있으므로 우리나라 디자인보호법은 현재 디자인의 보호기간을 15년으로 하고 있기 때문에 이 규정을 충분히 이행하는 것으로 해석된다.

≪연습문제≫

〈문 1〉 디자인보호법상 특유제도로 옳지 않은 것은?
① 유사디자인제도　② 한 벌 물품 디자인제도
③ 비밀디자인제도　④ 디자인출원공개제도
⑤ 등록공고제도

〈문 2〉 1디자인 1출원주의에 관한 설명으로 옳지 않은 것은?
① 디자인보호법 제11조 제1항(1디자인 1출원주의)은 심사 또는 무심사등록 출원 여부와 상관없이 적용된다.
② 복수디자인등록출원의 경우에는 하나의 도면에 2 이상의 디자인을 표현하는 것이 원칙이다.
③ 하나의 물품 중에 물리적으로 분리된 2 이상의 부분디자인이 표현된 경우 디자인보호법 제11조 제1항의 위반이다. 다만, 분리된 부분이 전체로서 하나의 기능을 수행하는 경우에는 예외로 볼 수 있다.
④ 한 벌 물품의 디자인이 한 벌 물품의 디자인의 성립요건을 만족하지 못한 경우 1디자인 1출원주의 위반으로 볼 수 있다.
⑤ 1디자인이라 함은 1물품에 1형태를 의미하는바 다물품에 해당하는 디자인을 출원하는 경우에는 디자인보호법 제11조 제1항의 위반으로 등록받을 수 없다.

〈문 3〉 유사디자인제도에 관한 설명으로 옳지 않은 것은? [2007년 사시 1차시험]
① 디자인권자는 자기의 등록디자인에만 유사한 디자인에 대하여는 유사디자인으로 디자인등록을 받을 수 있다.
② 복수디자인등록출원을 하고자 하는 자는 기본디자인과 함께 그 기본디자인에 속하는 유사디자인을 출원할 수 있다.
③ 유사디자인의 디자인권은 그 기본디자인의 디자인권과 합체한다.
④ 기본디자인의 디자인권과 유사디자인의 디자인권은 함께 양도하여야 한다.
⑤ 유사디자인권이 독자적인 원인에 의하여 소멸된 경우 기본디자인권도 함께 소멸한다.

〈문 4〉 디자인보호법에 대한 설명으로 옳지 않은 것은?
① 등록디자인의 보호 범위는 디자인등록출원서의 기재사항 및 디자인등록출원서에 첨부된 도면·사진 또는 견본과 도면에 기재된 디자인의 설명에 표현된 디자인에 의하여 정해진다.

② 유사디자인의 디자인권은 기본디자인의 디자인권과 합체한다.

③ 등록디자인과 유사디자인의 존속기간의 만료일은 동일하다.

④ 유사디자인권에 대해서만 독자적으로 무효심판을 청구할 수 없다.

〈문 5〉 부분디자인제도에 관한 설명으로 옳지 않은 것은? (설문 중의 디자인등록출원은 모두 디자인심사등록출원이다) [2010년 변리사 1차시험]

① 경제적으로 한 개의 물품으로 독립하여 거래의 대상이 되는 부품에 대하여 부분디자인으로 디자인동록을 받을 수 있는 경우가 있다.

② 부분디자인의 디자인등록출원과 전체디자인의 디자인등록출원 상호간에 유사디자인의 디자인의 디자인등록을 받을 수 있는 경우가 있다.

③ 최초의 디자인등록출원서에 부분디자인 여부란을 설정하지 않고 디자인등록출원한 후에 부분디자인 여부란을 추가하는 보정이 요지를 변경하지 아니한 것으로 보는 경우가 있다.

④ 부분디자인등록출원과 전체디자인의 디자인등록출원간에 디자인의 유사 여부 판단을 하는 경우가 있다.

⑤ 부분디자인이 표현된 전체디자인이 공지된 사실을 가지고 당해 부분디자인에 대한 디자인등록출원에 있어서 디자인보호법 제8조(신규성상실의 예외) 규정의 적용을 받을 수 있다.

〈문 6〉 유사디자인제도에 관한 설명으로 옳은 것은? (설문 중의 디자인등록출원은 모두 디자인심사등록출원이다) [2010년 변리사 1차시험]

① 디자인등록출원인은 자기의 등록디자인에 대하여 디자인등록의 무효심판이 청구되었을 때에는 그 등록디자인을 기본디자인으로 하는 유사디자인의 디자인등록을 받을 수 없다.

② 디자인권자는 자기의 기본디자인의 디자인권과 그 유사디자인의 디자인권 중 유사디자인의 디자인권만을 목적으로 하는 질권을 설정할 수 있다.

③ 유사디자인등록출원된 디자인이 자기의 기본디자인과 그 기본디자인에 유사한 자기의 공지디자인에 모두 유사한 경우에는 유사디자인의 디자인등록을 받을 수 없다.

④ 자기의 유사디자인이 설정등록된 후에 출원된 유사디자인에만 유사한 디자인이 기본 디자인의 유사디자인으로 등록된 때, 유사디자인에만 유사한 등록유사디자인은 디자인등록의 무효사유가 있다.

⑤ 디자인권자는 자기 기본디자인의 디자인권과 그 유사디자인의 디자인권 중 유사디자인의 디자인권만에 대해 통상실시권을 설정할 수 없다.

〈문 7〉 비밀디자인제도에 관한 설명으로 옳은 것은? [2010년 변리사 1차시험]

① 조약당사국에서 디자인등록출원을 하고, 그 디자인공보가 발행된 후, 대한민국에 그 디자인에 관한 우선권을 주장하여 디자인등록출원을 하는 경우 그 디자인을 비밀로 할 것을 청구할 수 있다.

② 한 벌 물품의 디자인과 그 한 벌 물품의 디자인을 구성하는 일부 물품의 디자인에 대해 각각 디자인등록출원을 한 자는 그 한 벌 물품의 디자인에 대해 비밀로 할 것을 청구하지 아니하면 그 한 벌 물품의 디자인을 구성하는 일부 물품의 디자인에 대해서는 비밀로 할 것을 청구할 수 없다.

③ 디자인등록출원인은 디자인공보발행부터 3년 이내의 기간을 정하여 그 디자인을 비밀로 할 것을 청구할 수 있다.

④ 비밀디자인으로 등록된 디자인은 그 디자인을 비밀로 할 것을 청구한 기간이 경과된 후가 아니면 디자인의 대상이 되는 물품의 명칭을 디자인공보에 게재할 수 없다.

⑤ 디자인을 비밀로 할 것을 청구한 후 출원공개신청이 있는 경우에는 그 비밀디자인 청구는 취하된 것으로 본다.

〈문 8〉 한 벌 물품의 디자인에 관한 설명으로 옳은 것은? (설문 중의 디자인등록출원은 모두 디자인심사등록출원이다) [2010년 변리사 1차시험]

① 한 벌 물품의 디자인등록출원은 그 한 벌 물품을 구성하는 각 물품의 형상 및 모양이 모두 통일되어 있지 아니하면 한 벌 물품의 디자인으로 디자인등록을 받을 수 없다.

② 한 벌 물품의 디자인등록출원 전에 그 한 벌 물품을 구성하는 일부 물품이 공지된 경우, 그 한 벌 물품의 디자인등록출원은 그 공지된 구성물품에 대하여 신규성상실의 예외규정의 적용을 받지 아니하면 한 벌 물품의 디자인으로 디자인등록을 받을 수 없다.

③ 한 벌 물품의 디자인을 구성하는 일부 물품의 디자인만이 디자인보호법 제6조(디자인등록을 받을 수 없는 디자인) 제4호에 해당하는 경우 당해 한 벌 물품의 디자인등록출원은 디자인등록을 받을 수 없다.

④ 복수의 한 벌 물품의 디자인을 창작한 자는 그 하나의 한 벌 물품의 디자인을 기본디자인으로 하고, 다른 한 벌 물품의 디자인을 유사디자인으로 하는 디자인등록출원을 하여 디자인등록을 받을 수 없다.

⑤ 한 벌 물품 디자인의 디자인권자는 그 한 벌 물품을 구성하는 물품 가운데 일부를 타인이 실시하는 경우 그 침해의 금지를 청구할 수 없다.

〈문 9〉 디자인보호법상 보정 및 요지변경에 관한 설명으로 옳은 것은? [2010년 변리사 1차시험]

① 유사디자인의 디자인등록출원을 단독의 디자인등록출원으로 보정하는 자는 디자인보호법 제8조(신규성상실의 예외) 제2항의 규정에 불구하고 그 보정을 하는 때에 신규성상실의 예외 규정을 받기 위한 절차를 취하여 디자인등록을 받을 수 있다.

② 디자인등록출원인은 디자인등록결정의 통지서가 송달된 후에 디자인등록출원서의 기재사항 및 도면에 대해 보정할 수 있다.

③ 2 이상의 디자인을 포함하는 유사디자인의 디자인등록출원을 단독의 디자인등록출원으로 변경하는 보정을 하는 경우 그 유사디자인의 디자인등록출원에 대해 1 이상의 새로운 디자인등록출원으로 분할한 후가 아니면 보정을 할 수 없다.

④ 디자인등록출원서상 디자인의 대상이 되는 물품란에 '한복'이라고 기재된 것을 '저고리'라고 물품명칭을 변경하는 보정은 요지변경이 된다.

⑤ 심사관은 디자인등록출원에 관한 보정에 대해 각하결정이 있는 때에는 당해 결정등본을 디자인등록출원인에게 송달한 날부터 30일이 경과하기 전까지는 당해출원의 심사를 중지하여야 한다.

〈문 10〉 한 벌 물품의 디자인에 관한 설명으로 옳지 않은 것은? [2009년 변리사 1차시험]

① [한 벌의 텔레비전 수상기와 받침대]에 관하여 한 벌 물품의 디자인으로 디자인등록을 받은 자는 그 한 벌의 물품을 구성하는 받침대의 디자인에 대해서만 전용실시권을 설정할 수 없다.

② [한 벌의 숟가락 및 젓가락]에 관한 한 벌 물품의 디자인등록에 대하여 한 벌 물품 전체로서 통일성이 없다는 것을 이유로 디자인등록의 무효심판을 청구할 수 없다.

③ [한 벌의 나이프 포크 및 스푼]을 구성하는 각 물품의 손잡이 부분이 공통적인 특징을 가진 한 벌 물품의 디자인에 대하여 부분디자인의 디자인등록을 받을 수 없다.

④ 탁상용 라이터, 재떨이 및 담배함으로 구성되는 [한 벌의 끽연용구 세트]에 관한 디자인등록출원에 대하여 통일성이 없다는 이유로 거절결정되고, 그 거절결정에 대한 심판을 청구한 때에는 그 출원의 일부를 분할하여 탁상용 라이터의 디자인으로 디자인등록을 받을 수 없다.

⑤ 한 벌 물품 전체로서 통일성이 있는 [한 벌의 책상과 책꽂이]에 관한 디자인 등록출원 A와 A에 관한 책상과 유사한 디자인등록출원 B가 같은 날 출원된 경우 A와 B는 디자인보호법 제16조(선출원) 제2항의 협의의 대상이 되지 않는다.

〈문 11〉 디자인등록출원에 관한 설명 중 옳지 않은 것은? [2009년 변리사 1차시험]
① 디자인등록출원에 첨부하는 도면에 색채를 가하는 경우에 색채가 백색 및 흑색에 관한 것인 때에는 그 백색 및 흑색에 대하여 채색을 모두 생략할 수 있다.
② 디자인등록출원서에 첨부하는 도면이 입체를 표현한 경우에 정면도 이외의 도면을 생략할 수 있는 경우가 있다.
③ 부분디자인의 디자인등록출원을 하는 경우에 도면에 갈음하여 디자인의 사진 또는 견본을 제출할 수 있다.
④ 디자인등록출원서에 첨부하는 도면에 색채를 표현한 경우에 그 디자인의 대상이 되는 물품의 전부가 투명한 경우가 있다.
⑤ 디자인등록출원서에 첨부하는 도면에 디자인의 대상이 되는 물품의 사용목적, 사용방법, 재질 또는 크기 등에 관한 설명을 생략할 수 있는 경우가 있다.

≪정답≫ 1.⑤ 2.② 3.⑤ 4.④ 5.② 6.④ 7.① 8.⑤ 9.① 10.④ 11.①
≪문제해설≫
〈문 1〉 ⑤ 등록공고제도는 특허법, 실용신안법, 상표법, 디자인보호법에 있는 제도이다.
〈문 2〉 ① 제11조 제1항은 디자인심사 또는 무심사등록출원에 모두 적용한다. ② 복수디자인등록출원의 경우 각각의 디자인을 분리하여 별개의 도면을 제출하여야 한다(제11조의2 제1항). ③ 만약, 기능적 일체성이 있는 디자인은 제11조 제1항의 위반이 아니다. ④ 제11조 제1항의 예외로서 한 벌 물품의 디자인을 인정한다(제12조 제1항). ⑤ 다물품에 관한 1출원은 2 이상의 디자인으로 볼 수 있으므로 제11조 제1항의 위반이 된다.
〈문 3〉 ⑤ 제42조에 의하여 유사디자인의 디자인권은 기본디자인의 디자인과 합체한다. 다만, 유사디자인권은 독자적으로 무효심판청구의 대상이 되며 유사디자인권이 무효된 경우에 기본디자인권에는 영향을 미치지 않는다.
〈문 4〉 ① 제43조. ②, ③ 제42조. ④ 유사디자인권은 독자적으로 무효심판청구의 대상이 된다.
〈문 5〉 ② 부분디자인등록출원과 전체디자인등록출원은 보호받고자 하는 대상 및 그 보호 방법이 상이하여 선출원주의(제16조) 및 유사디자인(제7조)에 관한 적용이 없다. ⑤ 신규성상실 예외주장의 대상이 되는 공지디자인은 출원디자인과 동일·유사할 것이 요구되지 않는다.
〈문 6〉 ① 디자인심사사무처리규정에 의하면, 무효심판 계류중인 등록디자인을 기본디자인으로 한 유사디자인등록출원이 유사디자인으로 인정될 경우에는 심사보류를 하지 않고 등록여부를 결정한다. 기본디자인에 대한 거절결정이 확정되지 않은 경우에는 유사디자인의 심사를 보류하는 것으로 한다. ② 단독으로 유사디자인권에 대해 질권을 설정할 수 없고, 기본디자인권의 질권은 유사디자인권에 그 효력이 미친다. ③ 유사디자인등록출원은 기본디자인 및 기본디자인과 유사한 자기의 선행디자인과 유사한 이유로 거절되지 않는다(디자인심사기준 제8조). ④ 제7조 제1항을 위반한 경우 무효사유가 된다(제26조 제1항 제1호). ⑤ 유사디자인권에 한정된 통상실시권의 설정은 계약자유의 원칙에 의해 가능하다고 해석된다(제49조).

<문 7> ① 각국에서 디자인등록출원은 독립하므로 타국에서와 공지가 있다 하여 비밀디자인의 청구가 제한되지 않는다. ② 한 벌 물품의 디자인등록출원과 그 구성물품의 디자인등록출원은 별개의 출원이므로, 복수디자인등록출원과 같은 제한이 없다. ③ 설정등록일부터 3년 이내의 기간을 정하여 청구할 수 있다. ④ 디자인등록출원인 또는 디자인권자는 비밀로 하여 줄 것을 지정한 기간을 청구에 의하여 단축하거나 연장할 수 있다. ⑤ 출원공개신청이 있는 경우에는 비밀디자인에 대한 청구는 철회된 것으로 본다(제13조 제5항).

<문 8> ① 한 벌 물품은 한 벌 전체로서 디자인권이 발생한다. 한 벌 물품의 디자인에 대하여는 한 벌 전체로서만 등록요건을 판단한다(디자인심사기준 제15조 제2호 마목). ④ 한 벌 물품은 유사디자인등록출원을 할 수 있다. ⑤ 한 벌 물품은 한 벌 전체로서 디자인권이 발생하므로 그 일부 구성품의 실시는 한 벌의 디자인권의 침해를 구성하지 아니한다(제12조 제1항).

<문 9> ① 제18조 제3항. ② 디지인등록거절결정의 통지서가 송달된 이후에는 재심사의 청구시 보정할 수 있는 기회가 있다. 그러나 디자인등록결정의 통지서가 통지된 이후에는 보정의 기회가 없다. 설정등록 이후에는 특허법과 같은 정정제도가 없다. ③ 2 이상의 디자인이 포함된 경우 1디자인 1출원주의를 위반한 경우로 분할출원 외에도 하나의 디자인을 삭제하는 보정을 하면 거절이유를 극복할 수 있다. ④ 디자인의 대상이 되는 물품의 명칭을 동일성이 유지되는 범위 내에서 오기를 정정하는 것은 요지변경이 아니다. ⑤ 심사관은 보정각하결정이 있는 때에는 당해 결정등본을 디자인등록출원인에게 송달한 날부터 30일이 경과하기 전까지는 당해 디자인등록출원에 대한 디자인등록여부결정을 하여서는 아니된다(제18조의2 제2항). 심사관은 디자인등록출원인이 보정각하결정에 대하여 디자인보호법 제67조의2의 규정에 의하여 심판을 청구한 때에는 그 심판의 심결이 확정될 때까지 그 디자인등록출원의 심사를 중지하여야 한다(제18조의2 제3항).

<문 10> ① 한 벌 물품의 디자인등록에 대하여 한 벌 물품 전체로서 하나의 디자인권이 발생하므로 실시권·질권도 전체로 설정해야 한다(제12조 제1항). ④ 제12조 제1항(한 벌 물품의 디자인)의 성립요건을 충족하지 못하면 다물품에 해당하므로 이 경우에는 제11조 제1항(1 디자인 1 디자인등록출원)의 위반이므로 각각의

구성물품으로 분할출원을 할 수 있다(제19조 제1항 제1호).

<문 11> ① 색채를 가하는 경우에 백색, 회색, 흑색 중 어느 하나를 생략할 수 있다. ④ 색채에는 금속색, 투명색이 포함된다. 물품의 전부 또는 일부가 투명한 디자인인 경우, 외주면에 색채가 없고 모양이 없는 경우에는 투명으로 보이는 부분을 보이는 대로 표현하고, 필요하다고 인정될 경우에는 그 취지를 도면의 "디자인의 설명"란에 기재한다. ⑤ 디자인등록출원서의 "디자인의 설명"란에 도면 등만으로 디자인의 내용을 이해하기 곤란한 경우 물품의 사용목적, 사용방법, 재질 또는 크기 등에 관한 설명을 기재하여야 하나, 충분히 이해할 수 있다면 이를 생략할 수 있다.

제 5 절   디자인심사

Ⅰ. 심사의 종류

1. 방식심사

디자인등록출원은 방식심사·실체심사·등록결정·설정등록순으로 진행된다. 출원인이 디자인등록출원서 등의 서류를 제출하는 경우 특허청장은 이들 서류에 대한 방식심사를 하는데 제출된 서류가 중대한 하자가 있는 경우에는 해당 서류를 반려한다(시행규칙 제2조). 중대한 하자가 아닌 방식상의 경미한 하자만 있는 경우에는 일단 서류를 수리하고 해당 경미한 하자에 대해서는 보정을 명하여, 출원인 등이 보정에 의해서 절차상의 하자를 치유하도록 하고 있다.

2. 실체심사

출원서가 접수되면 소정의 방식심사 후 심사관이 출원일 순서에 따라 실체심사를 한다. 디자인보호법에는 특허법에 있는 심사청구제도가 없다. 심사관이 거절이유를 발견한 경우 그 이유를 출원인에게 통보하고 기간을 정하여 답변할 수 있는 기회를 부여하고, 거절이유가 해소되지 않으면 거절결정한다. 그러나 심사결과 등록받을 수 없는 이유(거절이유)를 발견할 수 없을 때에는 등록결정을 하고, 출원인은 등록료 납부 등 등록절차를 진행한다. 그러나 무심사디자인등록출원에 대해서는 심사를 하지 않고, 등록결정 후 등록공보를 발간하고, 등록공고일부터 3개월 이내에 이의신청을 받는다.

Ⅱ. 거절이유

1. 디자인등록거절결정의 대상

심사관은 디자인등록출원이 다음 각호의 어느 하나에 해당하는 경우에는 디자인등록거절결정을 하여야 한다(제26조 제1항).

1. 외국인의 권리능력(제4조의24), 디자인등록의 요건(제5조), 디자인등록을 받을 수 없는 디자인(제6조), 유사디자인(제7조), 디자인무심사등록출원의 대상(제9조 제6항), 공동출원(제10조), 1디자인 1디자인등록출원(제11조), 복수디자인등록출원(제11조의2), 한 벌 물품의 디자인(제12조), 선출원(제16조 제1항·제2항)에 따라 디자인등록을 할 수 없는 경우.

2. 디자인보호법 제3조 제1항 본문의 규정에 의한 디자인등록을 받을 수 있는 권리를 가지지 아니하거나 동조 동항 단서의 규정에 의하여 디자인등록을 받을 수 없는 경우.

3. 조약의 규정에 위반된 경우.

4. 유사디자인무심사등록출원이 다음 각 목의 어느 하나에 해당하는 경우.

(i) 유사디자인등록된 디자인 또는 유사디자인등록출원된 디자인을 기본디자인으로 표시한 경우, (ii) 기본디자인의 디자인권이 소멸된 경우, (iii) 기본디자인에 관한 디자인등록출원이 무효·취하·포기되거나 디자인등록거절결정이 확정된 경우, (iv) 유사디자인무심사등록출원인이 기본디자인의 디자인권자 또는 기본디자인에 관한 디자인등록출원인과 다른 경우, (v) 유사디자인무심사등록출원된 디자인이 기본디자인에 유사하지 아니한 경우 등이다.

2. 디자인무심사등록출원의 거절

디자인보호법 제26조 제1항의 규정에 불구하고 디자인무심사등록출원에 대하여는 같은 법 제5조, 제7조, 제16조 제1항·제2항의 규정은 이를 적용하지 아니한다. 다만, 디자인무심사등록출원된 디자인이 같은 법 제5조 제1항 본문의 규정에 따른 공업상 이용할 수 없는 것이거나 같은 법 제5조 제2항의 규정 중 국내에서 널리 알려진 형상·모양·색채 또는 이들의 결합에 의하여 용이하게 창작할 수 있는 것인 경우에는 디자인등록거절결정을 하여야 한다.

3. 심사관의 행정처분

가. 정보제공에 대한 처리

심사관은 디자인보호법 제23조의5의 규정에 따라 정보 및 증거의 제공이 있는 디자인무심사등록출원에 대하여는 동법 제26조 제2항의 규정에 불구하고 그 정보 및 증거에 근거하여 제1항의 규정에 따라 디자인등록거절결정을 할 수 있다.

나. 거절이유통지

심사관은 디자인보호법 제26조의 규정에 의하여 디자인등록거절결정을 하고자 할 때에는 그 디자인등록출원인에게 거절이유를 통지하고 기간을 정하여 의견서를 제출할 수 있는 기회를 주어야 한다(제27조 제1항). 복수디자인등록출원된 디자인중 일부 디자인에 대하여 거절이유가 있는 경우에는 그 해당 디자인의 일련번호, 디자인의 대상이 되는 물품 및 거절이유를 명시하여야 한다. 다음 페이지의 흐름도는 디자인등록출원 후 디자인 심사절차의 흐름도이다.

<디자인출원 및 심사절차 흐름도>

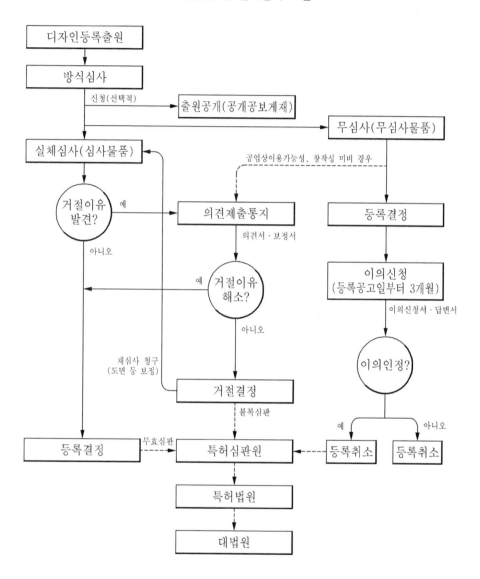

Ⅲ. 출원공개제도

종전의 디자인보호법에 의하면 디자인을 출원한 후 심사절차를 거쳐 등록을 하기 전까지는 디자인권이 발생하지 않으므로 출원중에 있는 디자인을 제3자가 모방할 경우 이에 적절하게 대응할 수 있는 제도적인 장치가 결여되어 있었다. 이와 같은 제도적인 결점을 보완하기 위하여 1996년 7월 1일부터 출원공개제도를 도입하여 시행하고 있으며 2005년 7월부터는 무심사등록출원에 대해서도 공개를 신청할 수 있다.[1] 디자인등록출원시 또는 출원이후 출원인의 출원공개신청이 있는 경우에는 특허청장은 등록 전이라도 디자인의 출원내용을 공보를 통하여 공개하여야 한다. 출원공개 후 제3자로부터의 모방실시가 있는 경우에는 모방자에게 경고할 권리가 발생하며 그 디자인이 등록된 후에는 디자인권자는 모방자에게 보상금청구권을 행사할 수 있다(제23조의3 제2항).

1. 비밀디자인제도

디자인은 모방이 용이하고, 유행성이 강하므로 디자인권자가 사업실시의 준비를 완료하지 못한 상황에서 디자인이 공개되는 경우에는 타인의 모방에 의한 사업상 이익을 모두 상실할 우려가 있다. 따라서 디자인등록출원시 출원인의 신청이 있는 경우에는 디자인등록출원인은 디자인권의 설정등록일부터 3년 이내의 기간을 정하여 그 디자인을 비밀로 할 것을 청구할 수 있다(제13조 제1항).[2] 비밀로 유지할 수 있는 기간은 출원인이 정하며 그 기간은 3년 이내에서 연장하거나 단축할 수 있다. 다만, 다음의 경우에는 비밀디자인임에도 열람이 가능하다. (i) 디자인권자의 동의를 받은 자의 청구가 있는 경우, (ii) 심사·심판·소송의 당사자나 참가인의 청구가 있는 경우, (iii) 디자인권 침해의 경고를 받은 사실을 소명할 자의 청구가 있는 경우, (iv) 법원의 청구가 있는 경우 등이다.

---

1) 공개디자인 30-2011-00011440(공개일: 2011.10.13): 미끄럼 방지용 신발바닥부재
2) 비밀디자인의 청구시기는 출원인의 사정변경 등에 탄력적으로 대응할 수 있도록 2007년 7월 이후에는 출원시는 물론 최초의 디자인등록료를 납부하는 날까지 청구할 수 있도록 디자인보호법을 개정하였다.

2. 정보제공제도

디자인등록출원된 디자인에 대하여 누구든지 당해 디자인이 거절이유에 해당하여 등록될 수 없다는 취지의 정보를 증거와 함께 특허청장에게 제공할 수 있다(제23조의5). 정보제공제도는 디자인등록출원된 디자인에 대한 심사관의 심사의 질적 향상을 도모할 수 있는 제도이다. 이 제도의 취지는 디자인심사등록출원 또는 디자인무심사등록출원 여부를 불문하고 누구든지 당해 디자인에 대하여 등록될 수 없는 이유가 있는 경우에는 관련증거와 함께 정보를 제출할 수 있게 하여 심사의 정확성·공정성 및 신속성을 제고(提高)하는 데에 있다.[1]

IV. 재심사청구제도

1. 요 건

디자인등록출원인은 그 디자인등록출원에 관하여 거절결정등본을 송달받은 날부터 30일(제4조의14 제1항에 따라 제67조의3에 따른 기간이 연장된 경우 그 연장된 기간을 말한다) 이내에 그 디자인등록출원서에 첨부된 도면, 도면의 기재사항 및 사진이나 견본을 보정하여 해당 디자인등록출원에 관하여 재심사를 청구할 수 있다(제27조의2 제1항). 다만, 재심사에 따른 디자인등록거절결정이 있거나 디자인등록거절결정의 심판청구가 있는 경우에는 재심사를 청구할 수 없다. 재심사의 청구가 있는 경우 해당 디자인등록출원에 대하여 종전에 이루어진 디자인등록거절결정은 취소된 것으로 본다(제27조의2 제2항).[2] 또한 재심사의 청구는 취하할 수 없다(제27조의2 제3항).

---

[1] 2001년 6월 이전 법에서는 심사등록출원된 디자인에 대해서만 정보를 제공할 수 있었다. 2005년 7월부터는 무심사등록출원된 디자인에 대해서도 정보를 제공할 수 있도록 하고, 이에 따라 거절결정할 수 있도록 하였다.

[2] 재심사청구에 관한 디자인등록출원의 심사는 디자인등록거절결정이 없었던 상태로 돌아가서 보정된 내용으로 재심사가 이루어진다.

2. 효 과

재심사에 따른 디자인등록거절결정에 대하여는 재심사청구를 할 수 없기 때문에, 이에 대한 불복이 있는 경우에는 그 결정등본을 송달받은 날부터 30일 이내에 심판을 청구할 수 있다(제67조의3). 2009년 개정법에서 종전의 심사전치제도를 폐지하고 대신 디자인등록거절결정에 대한 심판을 청구하지 아니하고도 첨부된 도면, 도면의 기재사항 및 사진이나 견본을 보정하여 재심사를 청구하면 심사관이 그 청구에 관한 디자인등록출원을 다시 심사하도록 제도를 도입하였다. 재심사청구제도는 심사절차를 간소화할 수 있고 출원인의 심판비용을 절감하는 효과가 있다.

V. 이의신청심사

1. 의 의

누구든지 디자인무심사등록출원에 대한 디자인권 설정등록이 있는 날부터 디자인무심사등록 공고일 후 3개월이 되는 날까지 해당 디자인무심사등록이 디자인보호법 제29조의2 제1항 각호의 1에 해당하는 것을 이유로 특허청장에게 디자인무심사등록 이의신청을 할 수 있다. 이의신청제도의 취지는 일부 무심사주의를 채택하여 디자인무심사등록출원에 대해 등록요건 일부만을 심사하여 등록하므로 부실권리를 양산할 우려가 있기 때문에, 심판·소송 등 분쟁절차 전에 비교적 간단한 행정절차로 하자 있는 권리의 등록을 취소시키고자 하는 것이다. 이의신청사유는 같은 법 제29조의2 제1항 각호에 나열된 사유를 말한다. 무심사디자인등록출원[1]에 대해서는 심사를 하지 않고, 등록결정 후 등록공보를 발간하고, 등록공고일부터 3개월 이내에 이의신청을 받는다.

---

1) 직물지, 벽지, 합성수지지 등과 같이 Life Cycle이 짧거나 계절상품인 일부 품목에 대해서는 무심사등록제도를 시행하고 있다.

2. 이의신청서

디자인무심사등록이의신청을 하는 자(이하 "디자인무심사등록이의신청인"
이라 한다)는 다음 각호의 사항을 기재한 디자인무심사등록이의신청서에
필요한 증거를 첨부하여 특허청장에게 제출하여야 한다. (i) 디자인무심
사등록이의신청인의 성명 및 주소(법인인 경우에는 그 명칭 및 영업소의 소재지),
(ii) 디자인무심사등록이의신청인의 대리인이 있는 경우에는 그 대리인의
성명 및 주소나 영업소의 소재지(대리인이 특허법인인 경우에는 그 명칭, 사무소
의 소재지 및 지정된 변리사의 성명), (iii) 디자인무심사등록이의신청의 대상이
되는 등록디자인의 표시, (iv) 디자인무심사등록이의신청의 취지, (v) 디자
인무심사등록이의신청의 이유 및 필요한 증거의 표시 등이다.

3. 이의신청이유

디자인무심사등록이 다음의 사유(제29조의2 제1항 각호의 1)에 해당하는
것을 이유로 특허청장에게 디자인무심사등록 이의신청을 할 수 있다(제
29조의2 제1항). 이의신청이유는 이의신청일로부터 30일 이내에 이의신청
이유 또는 증거를 보정할 수 있다(제29조의3). 디자인보호법 제29조의3의
규정에 의한 디자인무심사등록 이의신청이유 등의 보정기간이 경과하여
제출된 서류는 반려된다.[1]

1. 외국인의 권리능력(제4조의24), 디자인등록의 요건(제5조), 디자인등
   록을 받을 수 없는 디자인(제6조), 유사디자인(제7조 제1항), 공동출원
   (제10조), 선출원(제16조 제1항·제2항)에 위반된 경우.
2. 디자인보호법 제3조 제1항 본문의 규정에 의한 디자인등록을 받
   을 수 있는 권리를 가지지 아니하거나 동조 동항 단서의 규정에
   의하여 디자인등록을 받을 수 없는 경우.
3. 조약의 규정에 위반된 경우.

---

1) 디자인보호법 제26조 제1항 각호에 나열된 거절이유와 차이점은 무심사출원요건,
1디자인 1출원주의, 복수디자인, 한 벌 물품의 디자인 요건, 무심사유사디자인 요건은 거절
이유 및 정보제공 사유에는 해당하지만 이의신청사유가 아니다.

4. 이의신청의 결정

심사장(審査長)은 디자인무심사등록이의신청이 있는 때에는 디자인무심사등록이의신청서 부본을 디자인무심사등록이의신청의 대상이 된 등록디자인의 디자인권자에게 송달하고 기간을 정하여 답변서를 제출할 기회를 주어야 한다. 디자인무심사등록이의신청은 3인의 심사관합의체가 심사·결정한다(제29조의4 제1항).

≪연습문제≫

〈문 1〉 디자인등록 출원의 심사에 대한 설명으로 옳지 않은 것은?
① 디자인등록출원의 심사는 서면주의·직권주의에 의한다.
② 현행 디자인보호법에는 심사주의와 무심사주의가 병존한다.
③ 디자인무사등록출원만 이의신청제도가 있으며, 이의신청기간은 디자인권의 설정등록일로부터 등록공고일 후 2개월 이내이다.
④ 디자인무사등록이의신청은 3인의 심사관합의체가 심사·결정한다.

〈문 2〉 디자인보호법상 출원공개제도에 대한 설명으로 옳지 않은 것은?
① 출원일로부터 6개월이 경과된 이후에는 디자인등록출원이 반드시 공개되는 것이 원칙이다.
② 출원공개 후 제3자로부터 디자인의 모방실시가 있는 경우에는 출원인은 모방자에게 경고할 수 있는 권리가 발생한다.
③ 해당 디자인이 등록된 후에는 디자인권자는 모방자에게 보상금청구권을 행사할 수 있다.
④ 기본디자인에 관한 출원이 출원공개되지 않는 경우에도 유사디자인등록출원에 대하여는 출원공개를 신청할 수 있다.

〈문 3〉 디자인보호법상 재심사청구에 대한 설명으로 옳지 않은 것은?
① 디자인등록출원인은 그 디자인등록출원에 관하여 거절결정등본을 송달받은 날부터 30일 이내에 해당 디자인등록출원에 관하여 재심사를 청구할 수 있다.
② 디자인등록출원인은 재심사를 청구할 때 디자인등록출원서에 첨부된 도

면. 도면의 기재사항 및 사진이나 견본을 보정할 수 있다.

③ 디자인등록출원인은 재심사의 청구를 취하할 수 있다.

④ 재심사에 따른 디자인등록거절결정에 대하여는 재심사를 청구할 수 없다.

⑤ 재심사의 청구가 있는 경우 해당 디자인등록출원에 대하여 종전에 이루어진 디자인등록거절결정은 취소된 것으로 본다.

〈문4〉 디자인무심사등록 이의신청제도에 관한 설명으로 옳은 것은? [2010년 변리사 1차시험]

① 디자인무심사등록 이의신청인은 디자인무심사등록 이의신청기간이 만료된 날부터 30일 이내에 그 이의신청서에 기재한 이유 또는 증거를 보정할 수 있다.

② 디자인무심사등록된 비밀디자인에 대한 이의신청기간은 디자인권의 설정등록이 있는 날부터 당해 디자인의 도면 또는 사진 및 디자인의 설명 등이 기재된 디자인무심사등록공보 발행일 후 3개월까지이다.

③ 디자인무심사등록 이의신청에 관한 심사를 할 때에는 디자인무심사등록 이의신청인이 신청하지 아니한 등록디자인에 관하여도 심사할 수 있다.

④ 특허청장은 디자인무심사등록 이의신청이 있는 때에는 그 부분을 디자인무심사등록이의신청의 대상이 된 등록디자인의 디자인권자에게 송달하고 기간을 정하여 답변서를 제출할 수 있는 기회를 주어야 한다.

⑤ 디자인무심사등록 이의신청에 대한 각하결정이 있는 때에는 그 결정등본을 송달받은 날부터 30일 이내에 그 각하결정에 대한 불복의 심판을 청구할 수 있다.

〈문5〉 디자인의 출원공개에 대한 설명으로 옳지 않은 것은?

① 모든 디자인등록출원에 대해서 출원공개를 하여야 하는 것은 아니다.

② 출원공개된 디자인은 디자인보호법상 공지 등이 된 디자인에 해당된다.

③ 최초의 디자인등록결정등본이 송달된 후에는 출원공개를 할 수 없다.

④ 출원인 또는 승계인의 신청이 있는 경우에 한해서만 출원공개할 수 있다.

⑤ 출원공개 이후에만 정보제공을 할 수 있다.

≪정답≫ 1.③ 2.① 3.③ 4.② 5.⑤

≪문제해설≫

〈문1〉 ③ 이의신청기간은 디자인권의 설정등록이 있는 날로부터 디자인무심사등록공고일 후 3개월이 되는 날까지이다(제29조의2 제1항).

〈문2〉 ① 모든 디자인등록출원에 대해서 출원공개를 하여야 하는 것은 아니다(제23조의2).

　　〈문 3〉 ③ 디자인등록출원인은 재심사의 청구를 취하할 수 없다(제27조의2).

　　〈문 4〉 ① 디자인무심사등록 이의신청인은 디자인무심사등록 이의신청한 날부터 30일 이내에 디자인무심사등록 이의신청서에 이의신청의 취지 및 이유를 기재하여 보정하고 필요한 증거를 첨부하여야 한다(제29조의3 제2항). ② 디자인보호법 제29조의2 제1항. ③ 이의신청을 심사할 때 디자인권자나 무심사등록 이의신청인이 신청하지 아니한 이유에 대하여도 직권으로 심사할 수 있다. 이 경우에는 의견진술의 기회를 주어야 한다. 그러나 무심사등록 이의신청인이 신청하지 아니한 등록디자인에 관하여는 심사할 수 없다(제29조의5 제2항). ④ 심사장은 디자인무심사등록 이의신청이 있는 때에는 디자인무심사등록 이의신청서 부본을 디자인무심사등록 이의신청의 대상이 된 등록디자인의 디자인권자에게 송달하고 기간을 정하여 답변서를 제출할 기회를 주어야 한다(제29조의2 제3항). ⑤ 디자인무심사등록 이의신청에 대한 각하결정 및 디자인등록유지결정에 대하여는 불복할 수 없다(제29조의7 제6항). 그러나 디자인보호법 제18조의 제1항에 의한 출원의 보정에 대한 보정각하결정에 대하여는 불복심판을 청구할 수 있다(제67조의2).

　　〈문 5〉 ② 공서양속을 문란하게 할 염려가 있거나 국방상 비밀로 취급하여야 할 디자인의 경우에는 출원공개신청이 있더라도 공개하지 아니할 수 있다. ⑤ 현행법에서는 구법과 달리 출원공개 여부와 관계없이 정보제공을 할 수 있다(제23조의5).

제 6 절 디 자 인 권

Ⅰ. 서 설

디자인권은 인간의 창작활동으로 얻어진 창작물에 관한 독점배타적인 권리의 하나이다. 디자인권은 물품의 형상·모양·색채 또는 이들을 결합한 것으로서 시각을 통하여 미감을 일으키게 하는 창작에 관한 권리로 물품의 외관을 보호하는 권리이다. 디자인권이 발생된 후 권리의 이전·변동·실시 등의 형태로 권리행사가 가능하다.

디자인권의 존속기간은 디자인의 설정등록이 있는 날부터 15년으로 한다. 다만, 유사디자인권의 존속기간 만료일은 기본디자인권의 존속기간의 만료일로 한다(제40조 제1항). 기본디자인권이 소멸되면 유사디자인권도 함께 소멸된다.

Ⅱ. 디자인권의 효력

1. 디자인권의 발생

디자인권은 등록결정을 받은 후 소정의 등록료와 함께 특허청에 디자인등록을 함으로써 디자인권이 발생한다. 디자인권자는 업으로서 등록디자인 또는 이와 유사한 디자인을 실시할 권리를 독점한다(제41조). 디자인권의 효력이 등록디자인만이 아니고 이와 유사한 디자인에도 미치도록 한 것은 디자인보호법은 물품의 미적 외관을 보호하기 때문에 동일성 개념만으로는 그 보호 범위가 협소하여 실질적인 보호가 실현되지 않고, 또한 디자인제도의 목적을 달성할 수 없기 때문에 이를 보완하기 위한 것이다.

가. 업으로서
업(業)으로서라는 것은 사업으로서란 뜻이다. 이는 반드시 영리를 목적으로 실시하는 것만에 한하지 않는다.[1] 사업을 목적으로 반복 계속해서 행하여지는 것은 모두 업으로서를 의미한다. 따라서 사업적 목적의 실시가 아닌 개인적, 일시적 또는 가정에서의 일상적인 실시는 업으로서에 해당하지 않는다.

나, 실 시

실시란 디자인에 관한 물품을 생산·사용·양도·대여·수출 또는 수입하거나 그 물품의 양도 또는 대여의 청약(양도나 대여를 위한 전시 포함)을 하는 행위를 말한다(제2조 제6호).

다. 독점배타권

디자인권자는 당해 디자인을 독점적으로 실시할 권능을 가짐과 동시에 제3자가 당해 디자인과 동일 또는 유사한 디자인을 실시하는 것을 배제하는 권능을 갖는다.

2. 디자인권의 효력범위

가, 객체적 범위

디자인권의 보호객체는 등록디자인이고, 등록디자인의 보호범위는 디자인등록출원서에 기재된 사항 및 그 출원서에 첨부한 도면·사진 또는 견본과 도면에 기재된 디자인의 설명에 표현된 디자인에 의하여 정하여진다(제43조). 디자인권의 효력은 등록디자인과 동일한 디자인뿐만 아니라 이와 유사한 디자인에 미친다.

나. 지역적 범위

파리협약 제4조의2에 따라 디자인권의 효력은 속지주의 원칙이 적용되므로 대한민국 영토 내에서만 디자인권의 성립·이전·소멸 등의 효력이 미친다. 따라서 등록된 디자인을 권원없이 국내에서 실시하면 디자인권의 침해로 판단될 수 있다. 디자인은 모든 파리동맹국에서 보호된다(파리협약 제5조의1).

---

[1] 吉藤, 501면: "업으로서"가 반드시 영리를 목적으로 하는 경우에 한하지 않는다. 예를 들어, 국영공사로서의 항만공사에 관계되는 준설기를 사용하는 것은 업으로서의 실시라 할 수 있다.

다. 시간적 범위

디자인권의 존속기간은 설정등록일부터 15년으로 시간적 범위는 유한하다. 유사디자인의 디자인권의 존속기간은 기본디자인의 존속기간과 같기 때문에 기본디자인권이 소멸하면 유사디자인권도 함께 소멸된다.

3. 디자인권의 적극적 효력

디자인권의 효력은 적극적 효력(독점적 효력)과 소극적 효력(금지적 효력)으로 나누어진다. 디자인권의 적극적 효력이란 디자인권자가 업으로서 등록디자인 또는 이와 유사한 디자인을 독점적으로 실시할 수 있는 독점적 효력을 말한다(제41조).[1] 여기서 등록디자인이란 디자인등록을 받은 디자인을 말한다. 이에 유사한 디자인이란 동일·유사한 물품에 동일·유사한 형태가 표현되어 외관상 서로 유사한 미감을 일으키는 디자인을 말한다.

4. 디자인권의 소극적 효력

디자인권의 소극적 효력이란 권원없는 제3자가 업으로서 실시하는 것을 배제할 수 있는 금지적 효력을 말한다(제62조). 디자인권자 또는 전용실시권자는 자기의 권리를 침해한 자 또는 침해할 우려가 있는 자에 대하여 침해의 금지 또는 예방을 청구할 수 있다(제62조 제1항).

5. 디자인권의 효력제한

디자인권의 효력제한이란 특별한 경우에 디자인권의 효력이 제한되는 것을 말한다. 설정등록에 의해 발생하는 디자인권은 독점배타권이나, 이러한 독점배타적인 디자인권의 효력을 그대로 인정하는 것이 공익적 견지 또는 제3자와의 관계에서 구체적 타당성을 상실하는 경우 예외적으로 그 효력을 제한하고 있다.

---

[1] 디자인권은 독점배타권이기 때문에 제3자에게 디자인권에 대한 불가침 의무가 부여되어 정당한 권원없이 업으로서 등록디자인 또는 이와 유사한 디자인을 실시하면 디자인권 침해가 인정될 수 있다.

가. 디자인권의 효력이 미치지 않는 경우

다음의 경우에는 디자인권의 효력이 미치지 않다. 연구 또는 시험을 하기 위한 등록디자인의 실시, 국내를 통과하는 데 불과한 선박·항공기·차량 또는 이에 사용되는 기계·기구·장치 기타의 물건, 출원일 전부터 국내에 이미 존재하고 있던 물건에 대하여서는 권리가 미치지 않는다(제44조 제1항). 또한 글자체가 디자인권으로 설정등록된 경우 그 디자인권의 효력은 타자·조판 또는 인쇄 등의 통상적인 과정에서 글자체를 사용하는 경우, 글자체의 사용으로 생산된 결과물에 미치지 아니한다(제44조 제2항).

나. 등록료의 추가납부에 의해 회복된 디자인권의 효력제한

디자인권의 설정등록시에는 최초 3년차분의 등록료를 납부하여야 하고, 그후 4년차분 이후 등록료에 대하여서는 매 1년 단위로 납부하거나 필요한 기간 단위로 분할하여 납부도 가능하다. 설정등록료 및 연차등록료의 납부시기를 놓친 경우에는 6개월 이내에 일정한 할증료와 함께 재등록할 수 있다. 또한 6개월의 유예기간마저 놓친 경우에도 본인이 책임질 수 없는 불가항력적인 사유에 의하여 등록료를 납부하지 못한 경우에는 그 사유가 없어진 날부터 14일 이내에 증거서류 등을 첨부하여 등록료를 추가 납부할 수 있다. 다만, 6개월의 유예기간 만료일부터 6월이 경과한 때에는 등록료를 납부할 수 없다. 회복된 디자인권의 효력은 등록료의 추가납부기간이 경과한 날부터 납부하거나 보전한 날까지의 기간중에 다른 사람이 그 디자인 또는 이와 유사한 디자인을 실시한 행위에 대하여는 효력이 미치지 아니하도록 제한된다(제33조의2 제3항).

다. 이용·저촉에 의한 디자인권의 효력제한

디자인권자는 등록디자인 또는 이와 유사한 디자인이 타인의 선출원 등록디자인 또는 이와 유사한 디자인·특허발명·등록실용신안 또는 등록상표를 이용하거나, 타인의 선출원 디자인권·특허권·실용신안권·상표권과 저촉되는 경우 또는 출원일 전에 발생한 저작권과 이용·저촉의 관계가 있는 경우 선출원권리자의 허락이나 통상실시권 허여심판에 의한 실시권에 의하지 않고서는 자기의 등록디자인 또는 이와 유사한 디자인을 업으로서 실시할 수 없다(제45조).

라. 재심에 의하여 회복한 디자인권의 효력제한

디자인등록의 무효심결이 확정된 후 재심에 의하여 그 효력이 회복된 경우에 당해 심결이 확정된 후 재심청구의 등록 전에 선의로 국내에서 생산하거나 취득한 물품에 대해서는 디자인권의 효력이 미치지 않는다(제74조 제1항).

6. 디자인권의 소멸

디자인권의 소멸이라 함은 설정등록에 의해 발생한 디자인권이 일정한 원인에 의해 디자인권이 상실되는 것을 말한다. 디자인권은 존속기간의 만료, 디자인권의 포기, 등록료의 불납(제33조 제3항), 상속인의 부존재(제59조), 디자인등록의 취소,[1] 디자인등록의 무효심결이 확정된 때[2] 소멸한다. 다만, 디자인은 기술발전과 무관하므로 실시의무가 없기 때문에 특허와 같은 불실시에 의한 재정실시권 및 권리의 취소제도는 존재하지 않는다.

Ⅲ. 실 시 권

1. 의 의

등록디자인의 이전에는 디자인권의 양도와 실시허락의 두 가지 방법이 있다. 실시허락은 계약에 의하여 디자인권자 이외의 자가 일정한 범위 내에서 등록디자인 또는 이와 유사한 디자인을 업으로 실시할 수 있는 권리를 허락하는 것을 말한다. 실시권은 그 효력범위에 따라 전용실시권과 통상실시권으로 구별된다. 통상실시권은 그 발생원인에 의하여 허락실시권, 법정실시권 및 강제실시권으로 대별된다. 허락실시권은 디자인권자 또는 전용실시권자의 허락에 의하여 발생되는 통상실시권으로 보통실시계약으로 이루어진다. 디자인보호법에는 특허법과 같은 불실시에 대

---

1) 심사합의체는 디자인무심사등록이의신청이 이유가 있다고 인정될 때에는 그 등록디자인을 취소한다는 결정을 하여야 한다(제29조의7 제3항). 디자인등록취소결정이 확정된 때에는 그 디자인권은 처음부터 없었던 것으로 본다(제29조의7 제4항).
2) 디자인등록을 무효로 한다는 심결이 확정된 때에는 그 디자인권은 처음부터 없었던 것으로 본다(제58조 제4항).

한 강제실시제도는 없으나, 등록디자인의 적극적 실시를 도모하기 위하여 통상실시권 허여심판에 의하여 강제적으로 실시권이 허여될 수 있도록 심판제도를 두고 있다(제70조).

2. 전용실시권

디자인권자는 그 디자인권에 대하여 타인에게 전용실시권(exclusive licence)을 설정할 수 있다. 전용실시권의 설정을 받은 전용실시권자는 그 설정행위로 정한 범위 안에서 업으로서 그 등록디자인 또는 이와 유사한 디자인을 실시할 권리를 독점한다(제47조 제2항). 전용실시권은 등록된 디자인권을 독점·배타적으로 수익·처분·이용할 권리이다. 전용실시권자는 실시사업과 같이 이전하는 경우 또는 상속 기타 일반승계의 경우를 제외하고는 디자인권자의 동의를 얻지 아니하면 그 전용실시권을 이전할 수 없다. 또한 전용실시권자는 디자인권자의 동의를 얻지 아니하면 그 전용실시권을 목적으로 하는 질권을 설정하거나 통상실시권을 허락할 수 없다(제47조 제4항).

3. 통상실시권

디자인권자는 그 디자인권에 대하여 타인에게 통상실시권(non-exclusive licence)을 허락할 수 있다. 통상실시권자는 설정행위로 정한 범위 안에서 업으로서 그 등록디자인 또는 이와 유사한 디자인을 실시할 수 있는 권리를 가진다(제49조 제2항). 통상실시권은 등록된 디자인권을 채권적으로 사용·수익할 수 있는 권리이다. 디자인 통상실시권 허여심판에 따른 통상실시권은 그 통상실시권자의 해당 디자인권과 함께 이전되고 해당 디자인권이 소멸된 때에는 함께 소멸된다. 통상실시권은 실시사업과 같이 이전하는 경우 또는 상속, 그 밖의 일반승계의 경우를 제외하고는 디자인권자(전용실시권자에 관한 통상실시권에 있어서는 디자인권자 및 전용실시권자)의 동의를 받지 아니하면 이전할 수 없다(제49조 제4항). 또한 통상실시권은 디자인권자(전용실시권자에 관한 통상실시권에 있어서는 디자인권자 및 전용실시권자)의 동의를 받지 아니하면 통상실시권을 목적으로 하는 질권을 설정할 수 없다(제49조 제5항).

4. 법정실시권

법정실시권(statutory licence)은 법률의 규정에 의하여 제3자에게 통상실시권을 부여하는 통상실시권이다. 디자인보호법에서 규정하고 있는 통상실시권은 다음과 같다. 선사용에 의한 통상실시권(제50조), 선출원에 따른 통상실시권(제50조의2), 무효심판청구등록 전의 실시에 의한 통상실시권(제51조), 디자인권 등의 존속기간 만료 후의 통상실시권(제52조), 질권행사로 인한 디자인권의 이전에 따른 통상실시권(제50조의2), 재심에 의하여 회복한 디자인권에 대한 선사용자의 통상실시권(제74조의2), 재심에 의하여 회복한 통상실시권을 상실한 원권리자의 통상실시권(제74조의3) 등이다.[1]

≪연습문제≫

〈문 1〉 다음 디자인보호법에 대한 설명 중 옳지 않은 것은?
① 등록디자인의 보호범위는 디자인등록출원서의 기재사항 및 디자인등록출원서에 첨부된 도면·사진 또는 견본과 도면에 기재된 디자인의 설명에 표현된 디자인이다.
② 유사디자인권은 기본디자인권과 합체한다.
③ 등록디자인과 유사한 디자인에 대해서는 전용실시권을 설정할 수 없다.
④ 유사디자인권에 대해서만 독자적으로 권리범위 확인심판을 청구할 수 있다.
⑤ 유사디자인권이 소멸하면 기본디자인권도 소멸한다.

〈문 2〉 다음 중 디자인권의 권리행사의 효과로 옳지 않은 것은?
① 디자인권이 국내에서 발생한다.
② 디자인권 또는 전용실시권을 침해하는 자를 고소할 수 있다.
③ 유사디자인권의 경우 기본디자인권에 합체되는 효과가 있다.
④ 디자인권이 공유인 경우 각 공유자는 다른 공유자의 동의없이 그 지분을

---

1) 직무발명으로 획득한 디자인등록에 대한 사용자의 통상실시권은 발명진흥법 제10조 제1항에서 규정하고 있다

포기할 수 없다.
⑤ 디자인무심사등록인 경우 이의신청이 기능하다.

〈문 3〉 디자인권에 관한 설명 중 옳지 않은 것은? [2010년 사시 1차시험]
① 디자인권은 설정등록에 의하여 발생한다.
② 디자인권의 존속기간은 디자인권의 설정등록이 있는 날부터 15년으로 한다.
③ 유사디자인의 디자인권은 그 기본디자인의 디자인권과 합체한다.
④ 디자인권자는 업으로서 등록디자인 또는 이와 유사한 디자인을 실시할 권리를 독점한다.
⑤ 글자체는 디자인보호법상의 등록대상이 아니다.

〈문 4〉 디자인보호법상 실시권에 관한 설명으로 옳은 것은? [2010년 변리사 1차시험]
① 선출원에 따른 통상실시권(디자인보호법 제50조의2)은 실시사업과 함께하는 경우 또는 상속 기타 일반승계의 경우에 한하여 이전할 수 있다.
② 통상실시권을 목적으로 하는 질권의 설정은 등록하지 않으면 그 효력이 발생하지 않는다.
③ 디자인권자가 자기의 디자인권에 대해 전 범위의 전용실시권을 설정한 때에는 그 디자인권자는 전용실시권의 이전, 통상실시권의 허락 및 질권의 설정에 대한 동의권만을 가진다.
④ 전용실시권에 대한 통상실시권이 공유인 때에는 각 통상실시권자는 디자인권자, 전용실시권자 및 다른 공유자 전원의 동의를 얻지 아니하면 자기의 통상실시권의 지분을 목적으로 하는 질권을 설정할 수 없다.
⑤ 전용실시권이 공유인 경우에는 각 공유자는 다른 공유자 전원의 동의없이 자기 지분의 전용실시권을 포기할 수 없다.

〈문 5〉 디자인권에 관한 설명으로 옳은 것은? [2010년 변리사 1차시험]
① 등록디자인 또는 이와 유사한 디자인의 보호범위는 디자인등록출원서의 기재사항, 도면 및 도면의 기재사항 중 디자인의 설명에 의하여 정하여 진다.
② 정부는 등록디자인이 전시, 사변 또는 이에 준하는 비상시에 있어서 국방상 필요한 경우에는 디자인권을 수용하거나 등록디자인을 실시하거나 정부 외의 자로 하여금 실시하게 할 수 있다.
③ 디자인등록출원서 첨부된 도면에 기재된 물품의 표면에 표현된 문자가 정보 전달 이외에 물품의 장식을 위하여도 사용되어 있는 경우에는 당해 문자를 포함하여 등록 디자인의 보호범위를 정한다.
④ 디자인권자는 자기의 등록디자인이나 이와 유사한 디자인에 관한 물품의

생산에만 사용하는 장치를 업으로서 수입하는 행위를 한 자에 대해서는 그 침해의 금지 또는 예방을 청구할 수 없다.

⑤ 디자인권자는 그 등록디자인에 유사한 디자인이 그 디자인등록출원일 전에 출원된 타인의 디자인권과 저촉되는 경우에는 그 디자인권자의 허락없이 자기의 디자인권에 대해 전용실시권을 설정할 수 없다.

〈문 6〉 디자인권에 관한 설명으로 옳은 것은? [2009년 변리사 1차시험]

① 디자인권자 갑의 등록디자인 A와 을의 등록디자인 B가 동일자 디자인등록출원인 경우 디자인 A 및 디자인 B에 모두 유사한 디자인 C에 대하여 갑 및 을은 서로 상대방의 허락없이 업으로서 실시할 수 없다.

② 디자인권자 갑은 독창적으로 창작한 자기의 등록디자인이 그 디자인등록출원일 전에 저작권이 발생한 을의 저작물과 동일한 형상인 때에는 을의 허락없이 자기의 등록디자인 또는 이와 유사한 디자인을 업으로서 실시할 수 없다.

③ 디자인권자 갑은 그 디자인권의 등록디자인이 디자인등록출원일 전에 출원된 을의 디자인권과 저촉하는 경우로서 을이 실시허락 하지 않는 때에는 을에 대해 통상실시권 허여심판(디자인보호법 제70조)을 청구할 수 있다.

④ 디자인권자 갑은 자기의 등록디자인 중 등록디자인에 유사한 디자인이 그 디자인등록출원일 전에 출원된 을의 디자인권과 저촉되는 경우에는 그 디자인권에 대하여 병에게 전용실시권을 설정할 수 없다.

⑤ 디자인권자 갑은 그 디자인권에 대하여 을에게 통상실시권을 허락한 때에는 그 통상 실시권과 동일한 범위의 전용실시권을 병에게 설정할 수 없다.

〈문 7〉 디자인의 효력에 대한 설명으로 옳은 것은?

① 비밀디자인으로 등록된 디자인권은 실질적으로 존속기간이 연장되는 효과가 있다.

② 동일한 물품에 대해서 그 물품의 일부분에 대해 부분디자인으로 등록받은 경우 그 일부분을 포함하여 실시하는 경우에도 침해가 성립한다.

③ 복수디자인으로 등록된 경우 등록된 전부에 대해서 하나의 디자인권이 발생한다.

④ 한 벌 물품의 디자인에 관한 디자인권은 그 구성물품 각각에 대해서도 디자인권의 효력이 발생한다.

⑤ 유사디자인권은 기본디자인의 권리범위를 실질적으로 확장하는 역할을 한다.

≪정답≫　1.⑤　2.④　3.⑤　4.④　5.③　6.①　7.②

≪문제해설≫

<문 1> ⑤ 판례의 입장은 유사디자인권은 기본디자인권에 합체되므로 함께 소멸한다.

<문 2> ④ 디자인권이 공유인 경우 각 공유자는 다른 공유자의 동의없이 그 지분을 포기할 수 있다. 지분의 포기는 타인의 동의를 요하지 않는다.

<문 3> ⑤ 글자체는 디자인보호법상의 등록대상이다. 제2조 제1호에 따르면, 디자인의 물품은 물품 및 글자체를 포함하므로 글자체는 디자인보호의 대상이다.

<문 4> ① 디자인권자의 동의를 얻어 이전이 가능하다(제49조 제4항). ② 통상실시권의 이전, 변경, 소멸 또는 처분의 제한, "통상실시권을 목적으로 하는 질권의 설정·이전·변경·소멸 또는 처분의 제한"은 등록하지 아니하면 제3자에게 대항할 수 없다(제52조의2 제3항). ③ 전용실시권이 설정되어 있더라도 타인의 디자인권의 침해에 대한 권리의 행사가 가능하다. ④ 디자인보호법 제49조 제5호·제6호. ⑤ 지분의 포기는 타인의 동의를 요하지 않는다.

<문 5> ① 등록디자인의 보호범위는 디자인등록출원서의 기재사항 및 그 출원서에 첨부한 도면, 사진 또는 견본과 도면에 기재된 디자인의 설명에 표현된 디자인에 의하여 정하여진다(제43조). 등록디자인에 유사한 디자인보호범위가 인정되는 것이 아니라, 등록디자인의 보호범위가 미치는 것으로 해석한다. ② 국방상 필요한 경우와 관련된 규정은 디자인보호법에서 삭제되었다. ③ 오로지 정보전달만을 위해 사용되는 문자의 경우에만 디자인의 구성요소로 인정하지 않으므로, 정보전달 기능 이외에 장식성도 있다면 이는 디자인의 구성요소로서 인정될 수 있다고 본다. ④ 간접침해자에게도 침해금지 또는 예방의 청구를 할 수 있다(제63조). ⑤ 후출원디자인의 디자인권자, 전용실시권자 및 통상실시권자는 선출원권리자의 허락을 얻지 아니하고 이를 업으로서 실시할 수 없을 뿐이지, 실시권의 설정의 제한을 받는 것은 아니다(제45조 제1항).

<문 6> ① 동일자 출원의 경우에는 이용관계에 해당하지 않으므로 유사디자인 C의 권리자 허락없이 갑 및 을은 업으로서 실시할 수 있다. ④ 이용관계에 해당하는 경우 적극적인 디자인권의 효력만 제한되므로 을의 디자인권과 저촉되는 경우에는 그 디자인권에 대하여 병에게 전용실시권을 설정할 수 있다. ⑤ 통상실시권은 독점배타권이 아니므로 전용실시권을 병에게 설정할 수 있다.

<문 7> ① 비밀디자인청구는 일정기간 등록디자인을 비밀로 유지하는 법익이 있을 뿐 디자인권의 존속기간이 연장되는 경우는 없다. ② 부분디자인은 일부분을 실시하여도 침해가 성립되고, 전제디자인은 디자인 전체의 동일 또는 유사한 디자인을 실시하는 경우에만 침해가 성립되므로 부분디자인의 효력범위는 전제디자인으로 등록받은 경우보다 효력범위가 넓다. ③ 복수 개의 디자인권이 발생한다. ④ 한 벌 물품의 디자인에 관한 디자인권은 전체로서만 발생한다. ⑤ 판례의 입장은 유사디자인권은 기본디자인권에 합체되므로 함께 소멸한다.

제 7 절 디자인 유사판단

I. 디자인의 유사판단 기준

1. 의 의

일반적으로 디자인의 유사라 함은 2개의 디자인을 비교할 때, 그 디자인을 구성하는 물품의 형상·모양·색채 또는 이들의 결합이 표현된 디자인이 공통적인 동질성을 가지고 있어서 외관상 서로 유사한 미감(美感)을 일으키게 하는 것을 말한다. 대법원 2004.11.12 선고 2003후1901 판결은 "디자인이 동일·유사하다고 하려면 우선 디자인이 표현된 물품이 동일·유사하여야 할 것인바, 물품의 동일·유사성 여부는 물품의 용도·기능 등에 비추어 거래 통념상 동일·유사한 물품으로 인정할 수 있는지의 여부에 따라 결정하여야 할 것이다. 시행규칙 제9조 제1항 소정의 물품 구분표는 디자인등록 사무의 편의를 위한 것으로서 동종의 물품을 법정한 것은 아니므로 물품 구분표상 같은 유별에 속하는 물품이라도 동일 종류로 볼 수 없는 물품이 있을 수 있고 서로 다른 유별에 속하는 물품이라도 동일 종류로 인정되는 경우가 있으며, 용도와 기능이 상이하더라도 양 물품의 형상·모양·색채 또는 그 결합이 유사하고 서로 섞어서 사용할 수 있는 것은 유사물품으로 보아야 한다"고 판시하였다.

2. 판단대상의 디자인

디자인의 신규성 판단이나 선행디자인과의 유사 여부를 판단함에 있어 그 판단의 대상이 되는 디자인은 반드시 형태 전체를 모두 명확히 한 디자인뿐만 아니라 그 자료의 표현 부족을 경험칙에 의하여 보충하여 그 디자인의 요지 파악이 가능한 한 그 대비 판단의 대상이 될 수 있다. 디자인의 유사 여부의 판단에 있어서 대비되는 디자인은 일반적으로는 출원디자인 또는 등록디자인이다. 디자인의 보호범위는 출원서 및 첨부된 도면에 기초하여 정하여진다. 등록요건을 판단하는 경우에는 신규성을 상실한 디자인과 선출원디자인 등이 판단의 대상이 되고 디자인권의 효력을 판단하는 경우에는 제3자가 실시하고 있는 디자인 등이 판단의 대상이 된다. 디자인의 유사 여부 판단에 있어 판단의 대상이 되는 디자인은 반드시 형태 전체를 모두 명확히 한 디자인뿐만 아니라 그 자료의 표현 부족을 경험칙에 의하여 보충하여 그 디자인의 요지파악이 가능한 한 그 대비 판단의 대상이 될 수 있다. 그러나 인용디자인만으로는 디자인의 요지파악이 불가능한 경우에는 그 대비 판단을 할 수 없다.[1]

3. 형상, 모양 및 색채에 의한 디자인의 유사 여부 판단

디자인등록출원에 대한 실체심사에 있어서는 심사의 대상으로 하는 디자인 등록출원된 디자인과 그 이외의 디자인 사이에서 디자인의 유사관계가 성립하고 있는지에 대한 판단이 중심을 이룬다. 이와 관련하여 특허청에서는 디자인심사의 객관성 및 공정성을 확보하기 위하여 몇 가지 원칙적 기준을 설정하고, 이 기준을 참작하여 심사례, 심결례 및 판례 등에 의하여 판단하고 있다. 디자인의 유사판단에 대한 구체적인 기준에서 디자인의 유사는 동일물품의 유사형태, 유사물품의 동일형태, 유사물품의 유사형태 등의 3가지 태양으로 나누어 판단한다. 다음 표와 같이, 디자인의 유사 여부 판단기준은 주체적 기준, 객체적 기준, 전체적 관찰에 의하여 판단한다.

항 목	주 요 내 용
주체적 기준	• 디자인의 대상이 되는 물품의 유통과정에서 일반수요자를 기준으로 관찰하여 다른 물품과 혼동할 가능성이 있는지의 여부로 판단한다.
객체적 기준	• 형상과 모양이 다른 경우 원칙적으로 비유사로 판단한다. • 형상과 모양 중 어느 하나가 다른 경우 원칙적으로 비유사로 판단한다. • 색채가 다른 경우 색채가 모양을 이루지 않는 한 유사로 판단한다.
전체적 관찰	• 디자인의 요부만을 비교하여 유사 여부를 판단하는 것이 아니라, 양 디자인을 전체 대 전체로서 대비·관찰하여 판단한다.

디자인을 구성하는 각 요소, 각 부분은 협동하여 전체로서의 유기적 통일에 의해 형태를 구성하는 것이므로 이 전체적 통일로서의 형태인 디

---

1) 노태정·김병진, 213면.

자인에 대한 유사 여부 판단은 필연적으로 형태 전체와 관련하여 지배적인 특징 또는 요부가 파악·고찰되며 평가되는 것이다. 또한 디자인의 유사 여부 판단에 있어서 전체관찰은 전체를 통해서 하는 지배적 특징 또는 요부[1]를 통해서 전체적으로 종합평가를 한다. 따라서 디자인의 유사 여부는 이를 구성하는 각 요소를 분리하여 개별적으로 대비할 것이 아니라 그 외관을 전체적으로 대비 관찰하여 보는 사람으로 하여금 상이한 심미감을 느끼게 하는지의 여부에 따라 판단하여야 하므로 그 지배적인 특징이 유사하다면 세부적인 점에 다소 차이가 있더라도 유사하다고 보아야 한다.[2] 디자인보호법이 요구하는 객관적 창작성이란 과거 또는 현존의 모든 것과 유사하지 아니한 독특함만을 말하는 것은 아니므로 과거 및 현존의 것을 초기로 하여 거기에 새로운 마감을 주는 미적 창작이 결합되어 그 전체에서 종전의 디자인과는 다른 미감적 가치가 인정되는 정도면 디자인등록을 받을 수 있으나, 부분적으로는 창작성이 인정된다고 하더라도 전체적으로 보아 종전의 디자인과 다른 미감적 가치가 인정되지 않는다면 디자인등록을 받을 수 없다.[3]

4. 물품의 혼동가능성 판단

디자인은 물품을 떠나서는 존재할 수 없고 물품과 일체 불가분의 관계에 있으므로 디자인이 동일·유사하다고 하려면 디자인이 표현된 물품과 디자인의 형태가 동일·유사하여야 한다.[4] 물품의 동일성 여부는 물품의 용도·기능 등에 비추어 거래 통념상 동일 종류의 물품으로 인정할 수 있는지의 여부에 따라 결정하여야 한다.[5] 디자인의 유사 여부 판단은 동

---

1) 여기서 요부란 대비되는 두 디자인에 표현된 물품에 있어서 흔히 있는 형상이 아니어서 보는 사람의 주의를 가장 끌기 쉬운 부분, 또는 물품의 사용 상태와 용도를 고려할 때 수요자에게 잘 보이는 부분 내지 디자인의 구조적 특징을 가장 잘 나타내는 부분을 말한다.

2) 대법원 2007.1.25 선고 2005후1097 판결.

3) 대법원 2006.7.28 선고 2005후2915 판결.

4) 시행규칙 제9조의 물품구분표는 디자인등록 사무의 편의를 위한 것으로서 물품구분표상 같은 유별에 속하는 물품이라도 동일성이 없는 물품이 있을 수 있고, 서로 다른 유별에 속하는 물품이라도 동일성이 인정되는 경우가 있다.

5) 대법원 2011.4.14 선고 2010후2889 판결: 이 사건 등록디자인(등록번호 제483117호)은 대상물품의 명칭이 "클램프용 손잡이"로 그 물품의 용도, 구성, 거래 실정 등에 비추어 클램프 몸체 및 손잡이가 유기적으로 결합된 전체를 하나의 물품으로 보아야 할 것이다.

일물품 또는 유사물품간에서 판단하게 된다. 동일물품이란 용도 및 기능이 동일한 것을 말하고, 유사물품이란 용도가 동일하고 기능이 다른 것을 말한다. 디자인의 유사 여부 판단은 디자인의 대상이 되는 물품이 유통과정에서 일반수요자를 기준으로 관찰하여 다른 물품과 혼동할 우려가 있는 경우에는 유사한 디자인으로 본다. 또한 혼동할 우려가 있을 정도로 유사하지는 않더라도 그 디자인 분야의 형태적 흐름을 기초로 두 디자인을 관찰하여 창작의 공통성이 인정되는 경우에도 유사한 디자인으로 본다.

5. 디자인심사기준의 유사 여부 판단 사례

1) 참신한 디자인일수록 유사의 폭을 넓게 보고, 같은 종류의 것이 많이 나올수록 유사의 폭을 좁게 본다. 예를 들어, 자전거, 안경, 칼, 식기, 신사복 등은 유사의 폭을 비교적 좁게 보고, 새로운 물품, 특이한 형상 또는 모양은 유사의 폭을 비교적 넓게 본다. 유명 캐릭터 상품을 모방한 디자인출원의 경우 유사의 폭을 넓게 인정하여 디자인출원을 거절한다. 유명 캐릭터 상품의 지배적인 특징(창작성이 부각되는 부분)과 출원디자인의 지배적인 특징이 유사하다면 세부적인 점에 다소 차이가 있을지라도 유사한 것으로 판단한다.[1]

2) 물품의 잘 보이는 면에 유사 여부 판단의 비중을 둔다. 예: 텔레비전, 에어컨 등은 6면 중 정면에 비중을 둔다.

3) 물품 중 당연히 있어야 할 부분은 적게 평가하고 다양한 변화가 가능한 부분을 주로 평가한다. 예: 수저의 경우에는 손잡이 부분의 형상, 모양에 비중을 두고 판단한다.

4) 상식적인 범위에서 물품의 대소 차이는 유사 여부 판단의 요소로 고려하지 아니한다.

5) 재질은 그 자체가 모양이나 색채로서 표현되는 경우에만 유사 여부 판단의 요소로 참작한다.

6) 기능, 구조, 정밀도, 내구력, 제조방법 등은 그 자체가 외관으로

---

1) 특허청은 유명한 캐릭터를 모방한 디자인출원을 방지하기 위하여 2011.11.8 디자인심사기준을 개정하여 시행하고 있다.

표현되지 않는 한 유사 여부 판단의 요소가 될 수 없다.

　　7) 동적디자인의 유사 여부 판단은 다음과 같이 한다.

　　　　가) 동적디자인과 정적디자인　　동적디자인의 정지상태 및 동작 중의 기본적 주체를 이루는 자태가 정적디자인과 유사하면 유사한 디자인으로 본다. 다만, 동작의 내용이 특이하면 유사하지 아니한 디자인으로 본다. 또한 정적디자인이 동적디자인의 정지상태 또는 동작 중의 기본적 주체를 이루는 자태와 유사하면 유사한 디자인으로 본다.

　　　　나) 동적디자인 상호간　　동적디자인 상호간에는 그 정지상태, 동작의 내용 및 동작 중의 기본적인 주체를 이루는 자태 등을 전체로서 비교하여 유사 여부를 판단한다.

　　8) 완성품(부품의 종합체)과 부품의 유사 여부 판단은 다음과 같이 한다.

　　　　가) 완성품과 부품은 비유사물품으로 본다.

　　　　나) 완성품과 부품은 비유사물품이므로 디자인보호법 제16조의 선출원 규정을 적용하지 아니한다. 다만, 선출원된 완성품의 공개 또는 공고 전에 후출원된 부품은 완성품에 관한 선출원이 공개 또는 공고된 때에 동법 제5조 제3항의 확대된 선출원 규정을 적용하여 거절한다.

　　　　다) 공지된 부품을 이용한 완성품은 그 부품이 공지된 것을 이유로 거절하지 아니한다.

　　　　라) 공지된 완성품에 부착된 부품과 동일 또는 유사한 부품은 그 완성품에 의하여 공지된 디자인으로 본다.

　　　　마) 부품의 구성이 완성품에 가까운 경우에는 상기 (1) 및 (2)에 불구하고 양물품은 유사물품으로 보아 디자인의 유사 여부를 판단한다. 예: 사진틀과 사진틀 테, 손목시계와 손목시계 테(본체), 안경과 안경테.

　　9) 형틀과 형틀로부터 만들어지는 물품은 유사하지 아니한 것으로 본다. 예: 빵틀과 빵.

Ⅱ. 유사 여부 판단의 관찰방법

1. 전체관찰과 육안관찰

디자인의 유사 여부는 전체적으로 관찰하여 종합적으로 관찰한다. 디자인의 유사 여부는 개개의 요소에 국한되지 않고 개개의 요소를 결합하여 전체로서 판단하며 이것을 디자인의 전체관찰이라고 한다. 여기에서 말하는 전체관찰이라는 것은 반드시 디자인 전체를 같은 비중을 두고 대비 관찰하여야 하는 것을 의미하는 것은 아니다. 디자인은 물품의 외관에 표현된 미적 창작이므로 디자인의 유사 여부 판단은 시각에 의한 육안에 의해 관찰하도록 한다. 디자인이 유사한지의 여부는 전체로서 유사한가의 문제이므로 부분적으로 유사한 점이 있다 하더라도 전체적으로 상이한 느낌을 주게 되면 유사하지 않은 디자인으로 판단하고, 반대로 부분적으로 상이한 점이 있다 하더라도 전체적으로 비슷한 경우에는 유사한 디자인으로 판단한다. 디자인은 물품의 외관에 표현된 미적 창작이므로 디자인의 유사 여부 판단은 시각에 의한 판단으로서 육안에 의해 관찰하는 것을 원칙으로 한다.

육안에 의한 관찰이란 시각에 의한 관찰로서 현미경, 확대경 또는 화학분석 등에 의한 관찰은 배제한다는 의미이다. 그러나 2011년 5월 1일 시행된 심사기준에서 "디자인에 관한 물품의 거래에서 물품의 형상 등을 확대하여 관찰하는 것이 통상적인 경우에는 확대경·현미경 등을 사용하여 관찰할 수 있다"고 개정하였다.

2. 요부관찰

디자인의 유사 여부는 이를 구성하는 각 요소를 분리하여 개별적으로 대비할 것이 아니라 그 외관을 전체 대 전체로써 대비 관찰하여 판단하며, 보는 사람으로 하여금 상이한 심미감을 느끼게 하는지의 여부에 따라 판단하여야 하므로 그 지배적인 특징이 유사하다면 세부적인 점에 다소 차이가 있을지라도 유사하다고 보아야 한다. 그 구성요소 중 공지부분이 있다고 하더라도 그 부분이 특별한 심미감을 불러일으키는 요소가 되지 않는다면 몰라도 그렇지 않은 한 공지 부분까지를 포함하여 전체로서 관찰하여 느껴지는 장식적 심미감에 따라 판단한다. 따라서 디자인의 유사 여부 판단에 있어서 전체관찰은 전체를 통해서 하는 지배적 특징 또는 요부평가이며 지배적 특징 또는 요부를 통해서 하는 전체적인 평가이다. 디자인에 있어서 지배적 특징 또는 요부란 디자인의 본질적 특징을 표출하는 창작성이 있는 것을 말한다. 디자인의 유사 여부 판단은 전체 대 전체의 관계에서 지배적 특징이 서로 유사하다면 세부적인 특징에 있어서 다소 차이가 있더라도 양 디자인은 유사하다고 본다.

3. 외관관찰

디자인은 물품의 미적 외관이기 때문에 디자인의 유사 여부 판단은 시각을 통하여 대비 관찰하여 외관이 유사한지의 여부에 따라 판단한다. 이것을 "외관유사"라 한다. 디자인의 유사 여부는 이를 구성하는 각 요소를 분리하여 개별적으로 대비할 것이 아니라 그 외관을 전체적으로 대비 관찰하여 보는 사람으로 하여금 상이한 심미감을 느끼게 하는지의 여부에 따라 판단하고, 그 지배적인 특징이 유사하다면 세부적인 점에 다소 차이가 있을지라도 유사하다고 보아야 한다.[1] 또한 관찰은 일반적으로 대비관찰과 격리관찰(이격적 관찰)로 나누어진다. 대비관찰은 2개의 디자인을 서로 비교하면서 디자인의 유사·비유사에 관계하는 객관적 사실을 파악한다. 격리관찰이란 시간과 공간을 달리하여 비교·관찰하는 방법이다.

Ⅲ. 디자인 유사 여부 관련 판례

1. 대법원 2011.2.10 선고 2010후1923 판결 (밸브용 캡 사건)

가. 판결요지

디자인의 유사관계가 성립하기 위해서는 물품적 본질과 형태적 본질이 동일하거나 유사하여야 한다. 디자인의 유사 어부는 이를 구성하는 각

---

1) 대법원 2011.2.24 선고 2010후3240 판결.

요소를 분리하여 개별적으로 대비할 것이 아니라 그 외관을 전체적으로 대비 관찰하여 보는 사람으로 하여금 상이한 심미감을 느끼게 하는지의 여부에 따라 판단하여야 하고, 이 경우 디자인을 보는 사람의 주의를 가장 잘 끌기 쉬운 부분을 요부로서 파악하고 이것을 관찰하여 심미감에 차이가 생기게 하는지의 여부의 관점에서 그 유사 여부를 결정하여야 한다.

나. 판결요지

명칭이 "벨브용 캡"인 이 사건등록디자인(등록번호 제506955호)과 명칭이 "온수밸브 캡"인 비교대상디자인(등록번호 제238594호)의 전체적인 형상과 모양이 잘 나타나는 사시도, 정면도(좌측면도) 및 평면도를 대비하여 볼 때, 이 사건 등록다자인과 비교대상디자인은 외곽과 그 내부에 일정한 간격으로 떨어져 두 개의 원통이 형성되어 있고 내부의 원통은 외곽의 원통보다 조금 낮은 높이로 형성되어 있으며 외곽 원통에는 서로 마주보는 두 곳에 절개부가 형성되어 있는 점 등에서 유사하다. 그러나 양 디자인의 절개부가 이 사건등록디자인 내부 원통 쪽으로 일정하게 들어가 형성되어 있지만 비교대상디자인은 외곽 원통의 일부분이 사다리꼴 형상으로 절개되어 형성되어 있고, 내부 원통이 이 사건 등록디자인은 위와 아래의 두께가 같도록 형성되어 있고 그 안쪽 면이 12각형인 반면, 비교대상디자인은 위에 비하여 아래가 두껍게 형성되어 경사져 있고 그 안쪽 면이 원형인 점 등에서 차이가 있다. 양 디자인의 절개부 및 원통의 구체적인 형상도 물품을 보는 사람들의 눈에 띄기 쉬운 부분으로 지배적인 특징이 하나라고 할 것인 점, 이 사건 등록디자인의 위 절개부의 형상이 그 출원 전에 공지되어 있거나 창작성이 없다고 할 수 없는 점, 그리고 양 디자인의 버너에 대한 높이의 비율 차이로 인하여 비교대상 디자인이 이 사건 등록디자인에 비하여 전체적으로 납작한 느낌을 주는 점 등을 감안하여 양 디자인의 위와 같은 유사점과 차이점을 대비·관찰하면 양 디자인은 위 유사점에도 불구하고 위와 같은 형상의 차이가 전체적인 심미감에 큰 차이를 가져올 정도여서 보는 사람으로 하여금 상이한 심미감을 느끼게 한다고 할 것이므로, 이 사건 등록디자인은 비교대상디자인과 유사하다고 보기 어렵다.

다. 도면비교

<이 사건 등록디자인>

사시도   정면도   평면도

<비교대상디자인>

사시도   정면도   평면도

2. 대법원 2011.2.24 선고 2010후3240 판결 (받침대가 구비된 오일클러용케이스 사건)

가. 판시사항

디자인의 구성 중 물품의 기능에 관련된 부분에 대하여 그 기능을 확보할 수 있는 선택 가능한 대체적인 형상이 그 외에 존재하는 경우에는, 그 부분의 형상은 물품의 기능을 확보하는 데에 불가결한 형상이라고 할 수 없으므로, 그 부분이 공지의 형상에 해당된다는 등의 특별한 사정이 없는 한 디자인의 유사 여부 판단에 있어서 그 중요도를 낮게 평가하여야 한다고 단정할 수 없고, 또한 디자인의 유사 여부는 이를 구성하는 각 요소를 분리하여 개별적으로 대비할 것이 아니라 그 외관을 전체적으로 대비·관찰하여 보는 사람으로 하여금 상이한 심미감을 느끼게 하는지의 여부에 따라 판단하여야 하므로, 그 지배적인 특징이 유사하다면 세부

적인 점에 다소 차이가 있을지라도 유사하다고 보아야 한다.[1]

나. 판결요지

디자인의 전체적인 형상과 모양이 잘 나타나는 사시도와 정면도를 중심으로 하여 '받침대가 구비된 오일쿨러용 케이스'에 관한 이 사건 등록디자인(등록번호 제296675호)과 확인대상디자인을 대비하여 보면, 양 디자인은 몸체부의 전체 외곽 형상이 정사각형에 가까운 사각형이고, 송풍 팬의 장착 부분이 원형의 홀로 형성되어 있는 점, 몸체부의 상판(덮개 부분)이 직사각형의 수평판으로 되어 있고, 중앙의 직하부에 수평의 받침대가 직사각형의 형태로 형성되어 있는 점, 양측 세로판은 상판 및 수평의 받침대와 수직으로 결합되어 있으며, 수평의 받침대가 결합된 부분이 상판과 결합된 부분보다 폭이 넓은 점 등에서 서로 유사하다. 그런데 양 디자인의 위와 같은 유사점 중 사각 형태의 몸체부 외곽 형상이나 원형의 홀 등은 오일쿨러용 케이스의 기본적 형태이거나 위 물품의 기능을 확보하는 데에 불가결한 형상이라 하더라도, 받침대가 양측 세로판 사이에 결합된 형상의 경우 송풍 모터를 지지하기 위한 받침대를 고정시키기 위하여 오일쿨러용 케이스가 반드시 이러한 형상을 갖고 있어야 한다고는 볼 수 없고, 동일한 기능을 수행하면서도 전체적인 미감을 고려하여 그 받침대와 양측 세로판의 형상이 얼마든지 다르게 구성될 수 있으므로, 위와 같은 형상이 이 사건 등록디자인의 출원 전에 공지된 부분이라고 볼 만한 아무런 증거가 없는 이 사건에 있어서, 이 부분은 위 물품을 대하는 일반 수요자가 느끼는 전체적인 심미감에 영향을 미치는 요소임이 분명하다.

그렇다면 양 디자인은 전체적으로 심미감에 차이가 없는 유사한 디자인이라 할 것이고, 비록 양 디자인이 원심 판시와 같이 원형의 홀 내부 및 상판과 받침대 앞면의 모서리 형상, 받침대의 모터 고정용 장공의 유무, 양측 세로판 중하부의 형상 및 볼트구멍의 유무 등에서는 다소 차이가 있다고 하더라도, 이러한 차이점은 당해 물품을 자세히 볼 때에만 비로소 인식할 수 있는 세부적인 구성의 미세한 차이에 불과하거나 흔히

---

[1] 대법원 2010.7.22 선고 2010후920 판결.

취할 수 있는 변형에 해당하여 전체적인 심미감에 큰 영향을 미칠 수 없으므로, 이와 같은 차이점으로 인하여 양 디자인의 전체적인 심미감이 달라진다고 보기는 어렵다.

다. 도면비교

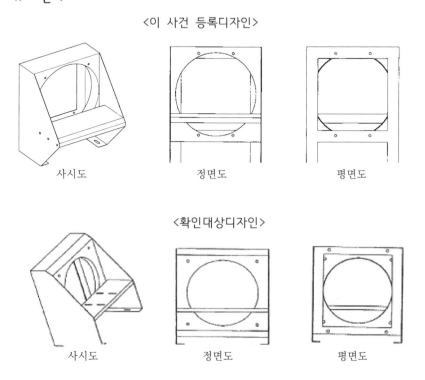

<이 사건 등록디자인>

사시도 　　　　　정면도 　　　　　평면도

<확인대상디자인>

사시도 　　　　　정면도 　　　　　평면도

3. 대법원 2010.11.11 선고 2010후2209 판결 (화장용 팩 마스크 사건)

가. 판시사항

디자인의 등록요건 판단에 있어 그 유사 여부는 이를 구성하는 각 요소를 분리하여 개별적으로 대비할 것이 아니라 그 외관을 전체적으로 대비 관찰하여 보는 사람으로 하여금 상이한 심미감을 느끼게 하는지의 여부에 따라 판단하여야 하므로 그 지배적인 특징이 유사하다면 세부적인 점에 다소 차이가 있을지라도 유사하다고 보아야 하고, 그 구성요소 중 물품의 기능을 확보하는 데 필요한 형상 또는 공지의 형상 부분이 있다고 하여도 그것이 특별한 심미감을 불러일으키는 요소가 되지 못하는 것이 아닌 한 그것까지 포함하여 전체로서 관찰하여 느껴지는 심미감에 따라 판단해야 할 것이며, 보는 방향에 따라 느껴지는 미감이 같기도 하고 다르기도 할 경우에는 그 미감이 같게 느껴지는 방향으로 두고 이를 대비하여 유사 여부를 판단하여야 할 것이다.

나. 판결요지

이 사건 등록디자인과 비교대상디자인의 물품은 "화장용 팩 마스크"로서 동일하다. 양 디자인의 물품은 실제 거래시 또는 사용시 정면의 형상과 모양이 일반 수용자들의 주의를 끌기 쉬운 부분이라 할 것이므로 디자인의 미감적 특징을 나타내는 가장 주된 요부는 정면의 형상과 모양이라고 할 것이다. 아이팩마스크에 대한 등록디자인과 아이마스크에 대한 비교대상디자인을 정면의 형상과 모양이 잘 드러난 사시도와 정면도를 중심으로 하여 비교하면 전체적으로 심미감에 차이가 없는 유사한 디자인이라 할 것이다. 양 디자인의 세부적인 차이점을 들어 위 등록디자인이 비교대상디자인과 유사하지 않다고 판단한 원심판결에는 디자인의 유사 여부 판단에 관한 법리를 오해한 위법이 있다.

다. 도면비교

<이 사건 등록디자인의 도면> (사시도, 정면도)

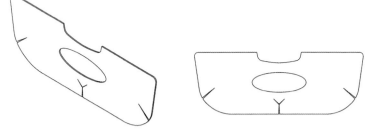

<비교대상디자인의 도면> (사시도, 정면도)

4. 대법원 2008.12.24 선고 2006후1643 판결 (게시용 기틀 사건)

가. 판시사항

이 사건 기본디자인의 권리범위는 이 사건 기본디자인과 유사한 디자인까지만 미치는 것이므로 확인대상디자인이 이 사건 기본디자인과 유사하지 아니한 이 사건에 있어서는 확인대상디자인이 이 사건 등록디자인과 유사하다는 사정만으로는 확인대상디자인이 이 사건 등록디자인의 권리범위에 속한다고 할 수 없다. 유사디자인의 등록과 기본디자인의 권리범위에 있어서, 기본디자인의 권리범위는 유사범위까지 확장할 수 없다. 따라서 확인대상디자인은 유사2호 디자인의 권리범위에 속한다고 할 수 없다.

나. 판결요지

유사디자인이 등록되면 그 디자인권은 최초의 등록을 받은 기본디자인권과 합체하고 유사디자인의 권리범위는 기본디자인의 권리범위를 초과하지 않는다고 할 것이므로, 확인대상디자인이 유사디자인의 권리범위에 속한다고 할 수 있으려면 유사디자인과 유사하다는 사정만으로는 부족하고 기본디자인과도 유사하여야 할 것이다. 이 경우 기본디자인의 권리범위는 유사디자인의 유사범위까지 확장되는 것은 아니다. 이러한 법리와 기록에 비추어, 확인대상디자인은 명칭이 "게시용 기틀"인 이 사건 기본디자인(등록번호 제317463호)과 대비하여 볼 때, 양 디자인의 지배적 특징을 이루는 구성 부분인 봉의 위치와 형상 및 봉이 바탕판에 부착된 형태가 현저히 상이하여 전체적인 심미감이 유사하다고 볼 수 없으므로, 확인대상디자인이 이 사건 유사 2호디자인과 유사한지의 여부에 관하여 더 살필 것도 없이, 확인대상디자인은 이 사건 유사 2호디자인의 권리범위에 속한다고 할 수 없다. 따라서 유사디자인이 기본디자인의 유사범위를 넘는 경우에 기본디자인의 권리범위를 유사디자인의 유사범위까지 확장할 수 없다.

다. 도면비교

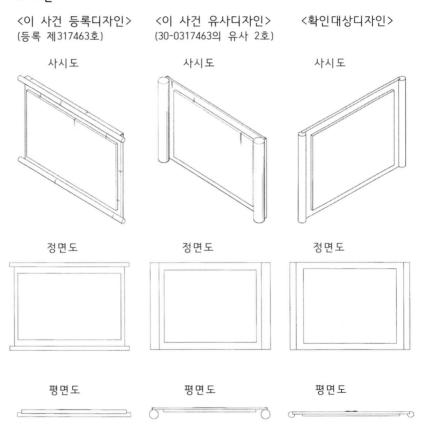

<이 사건 등록디자인> (등록 제317463호)	<이 사건 유사디자인> (30-0317463의 유사 2호)	<확인대상디자인>
사시도	사시도	사시도
정면도	정면도	정면도
평면도	평면도	평면도

라. 검 토

대법원은 확인대상디자인과 이 사건 등록디자인의 유사 여부에 관하여 확인대상디자인과 이 사건 기본디자인을 대비하여 양 디자인의 지배적인 특징을 이루는 구성 부분인 봉의 위치와 형상 및 봉이 바탕판에 부착된 형태가 현저히 상이하여 전체적으로 심미감이 유사하다고 볼 수 없으므로 확인대상디자인이 이 사건 등록디자인과 유사한지의 여부에 관하여 더 살필 것도 없이 확인대상디자인은 이 사건 등록디자인의 권리범위에 속한다고 할 수 없다고 판단하였다. 대법원은 확인설의 입장에 입각하여 유사디자인이 기본디자인의 유사범위를 넘는 경우에 기본디자인의 권리범위를 유사디자인의 유사범위까지 확장할 수 없음에도 불구하고 이 사건 기본디자인의 권리범위가 이 사건 유사 2호 디자인의 유사범위로 확장되는 것을 전제로 확인대상디자인과 이 사건 기본디자인을 대비하여 확인대상디자인이 이 사건 유사 2호 디자인의 권리범위에 속한다고 판단한 원심은 디자인의 권리범위에 관한 법리를 오해한 위법이 있다고 한다.

≪연습문제≫

〈문 1〉 디자인의 유사에 대한 판단기준으로 옳지 않은 것은?
① 대법원 판례에 의하면, 디자인 유사 여부는 이를 구성하는 각 요소를 분리하여 개별적으로 대비 관찰하여야 한다.
② 디자인의 유사 여부는 그 외관을 전체적으로 관찰하여 심미감을 느낄 수 있는지의 여부에 따라서 판단하여야 한다.
③ 디자인의 유사 여부의 판단시 그 지배적인 특징이 유사하다면 세부적인 점에 다소 차이가 있을지라도 유사한 것으로 판단한다.
④ 디자인의 유사판단 관찰방법은 육안에 의한 관찰, 이격관찰, 전체관찰, 외관관찰에 의하여 관찰한다.
⑤ 물품의 동일성 여부는 물품의 용도·기능 등에 비추어 거래 통념상 동일 종류의 물품으로 인정할 수 있는지의 여부에 따라 결정하여야 한다.

〈문 2〉 다음 중 디자인보호법상 유사판단에 관한 설명으로 옳지 않은 것은?
① 디자인의 대상이 되는 물품이 유통과정에서 일반수요자를 기준으로 관찰하여 다른 물품과 혼동할 우려가 있는 경우에는 유사한 디자인으로 본다.
② 유사 여부는 전체적으로 관찰하여 종합적으로 판단한다.

③ 외관에 나타나지 않는 물품의 기능 및 구조의 차이가 디자인의 유사 여부 판단에 영향을 미치는 경우가 있다.

④ 디자인을 구성하는 형상과 모양이 유사한 디자인은 색채가 어떠한지를 불문하고 서로 유사한 디자인으로 판단한다.

⑤ 유사판단은 신규성, 선원주의, 확대된 선원주의, 등록요건을 판단할 때 실익이 있다.

〈문 3〉 디자인의 유사에 대한 판단기준으로 옳지 않은 것은?

① 디자인의 동일·유사 판단의 주체는 창작자를 기준으로 판단한다.

② 디자인의 형상 또는 모양 중 어느 하나가 유사하지 않는 경우에는 원칙적으로 비유사로 판단한다.

③ 디자인의 유사 여부의 판단시 그 지배적인 특징이 유사하다면 세부적인 점에 다소 차이가 있을지라도 유사한 것으로 판단한다.

④ 디자인의 유사판단 관찰방법은 육안에 의한 관찰, 전체관찰, 외관관찰이 원칙이다.

⑤ 기능, 구조, 내구력, 제조방법은 그 자체가 외관으로 표현되지 않는 한 디자인 유사판단의 요소가 될 수 없다.

〈문 4〉 디자인의 유사에 대한 판단기준으로 옳지 않은 것은?

① 디자인의 유사판단에 있어서 그 디자인의 일부 구성요소가 외관상 완전히 일치하는 경우에는 유사하다고 보아야 한다.

② 상표보호의 목적은 상품출처혼동, 오인 등의 행위를 방지하는 데에 있으므로 상표의 유사 여부 판단은 출처혼동 우려가 있는지의 여부를 기준으로 결정한다.

③ 정적디자인이 동적디자인의 정지상태 또는 동작중의 기본적 주체를 이루는 자태와 유사하면 유사한 디자인으로 본다.

④ 완성품과 부품은 비유사물품으로 본다.

⑤ 공지된 완성품에 부착된 부품과 동일 또는 유사한 부품은 그 완성품에 의하여 공지된 디자인으로 본다.

〈문 5〉 디자인보호법 제5조 제1항 제3호에 따른 디자인의 유사 여부에 대하여 설명으로 옳지 않은 것은?

① 동일 또는 유사물품간에서만 유사 여부를 판단한다.

② 유사물품이란 용도가 동일하고 기능이 다른 것을 말한다.

③ 동일물품이란 용도와 기능이 동일한 것을 말한다.

④ 유사물품이란 기능이 동일하고 용도가 다른 것을 말한다.

⑤ 글자체의 물품의 구분 중 한글 글자체, 영문자 글자체, 한자 글자체 상호 간은 유사한 물품으로 볼 수 없다.

≪정답≫　1.① 2.③ 3.① 4.① 5.④

≪문제해설≫

<문 1>　① 대법원 판례에 의하면, 디자인 유사 여부는 이를 구성하는 각 요소를 분리하여 개별적으로 대비하는 것이 아니고 전체적으로 관찰하여야 한다. 디자인심사기준 제4조(공지·공용의 디자인) 제4항에서 구체적인 디자인의 유사 여부 판단 사례를 예시하고 있다.

<문 2>　④ 디자인을 구성하는 형상과 모양이 유사한 디자인은 색채도 판단 요소로 고려한다. 그러나 색채는 모양을 구성하지 아니하는 한 유사 여부 판단의 요소로 고려하지 아니한다.

<문 3>　① 디자인의 동일·유사 판단의 주체는 창작자를 기준으로 판단하지 아니한다. 디자인의 유사 여부 판단은 디자인의 대상이 되는 물품이 유통과정에서 일반수요자를 기준으로 관찰하여 다른 물품과 혼동할 우려가 있는 경우에는 유사한 디자인으로 본다.

<문 4>　유사 여부는 전체적으로 관찰하여 종합적으로 판단한다. ①에서 "디자인의 유사판단에 있어서 그 디자인의 일부구성요소가 외관상 완전히 일치하는 경우에는 유사하다고 보아야 한다"는 것은 틀린 것이다. 유사 여부는 일부구성요소를 대비하지 않는다.

<문 5>　디자인심사기준 제4조 제5항에서 "유사물품"이란 용도가 동일하고 기능이 다른 것을 말한다. 예: 볼펜과 만년필. 다만, 원래 비유사물품인 경우에도 용도상으로 혼용될 수 있는 것은 유사한 물품으로 볼 수 있다. 예: 수저통과 연필통.

제8절 디자인심판

I. 서 설

디자인심판이란 디자인권을 둘러싼 분쟁이나 디자인등록출원에 대한 거절결정과 같은 심사관의 처분에 대하여 불복이 있을 경우 특허심판원에서 분쟁해결절차로서 행하는 특별행정심판이라고 할 수 있다. 디자인보호법은 특허법에서와 같이 심판제도를 두고 있다.

디자인심판에는 결정계 심판과 당사자계 심판이 있다. 결정계 심판은 특허청 심사관의 처분에 불복하는 심판으로 보정각하결정에 대한 심판(제67조의2), 디자인등록거절결정 또는 디자인등록취소결정에 대한 심판(제67조의3)이 있다. 결정계 심판은 심판의 당사자는 대립구조를 취하지 않고, 피청구인이 없고 단지 청구인만 존재한다. 당사자계 심판은 이미 설정된 권리 또는 사실관계에 관한 분쟁을 다루며, 당사자는 청구인과 피청구인이 대립되는 구조를 갖는 심판으로 디자인등록 무효심판(제68조), 디자인권의 권리범위 확인심판(제69조), 통상실시 허여심판(제70조)이 있다. 다만, 특허법과 달리 정정심판과 정정무효심판제도는 없다. 디자인심판절차는 특허심판의 절차와 거의 동일할 뿐만 아니라 그 심리방식도 동일하고, 3인 또는 5인의 심판의 합의체가 디자인권의 분쟁을 심판한다. 여기서는 중요한 제도만 간단히 설명하고, 구체적인 절차는 생략한다.

II. 심판의 청구

1. 심판청구서의 기재요건

디자인심판을 청구하는 자(이하 "청구인"이라 한다)는 심판청구서와 필요한 첨부서류를 특허심판원장에게 제출하여야 한다. 청구인이 특허심판원에 제출하는 심판청구서는 심판청구서가 형식적인 기재요건 등 법령이 정하는 방식에 적합하고, 소정의 수수료를 납부하고, 심판청구가 법적 요건을 충족하여야 하며, 청구인의 청구 자체가 정당성이 있어야 하고, 청구인이 주장사실을 입증하여야 한다.

2. 심판청구방식

청구인이 특허심판원에 심판을 청구할 때 심판청구서에 디자인보호법 제27조의2 제1항의 각호의 사항을 기재하여 특허심판원장에게 제출하여야 한다. 심판청구서의 심판사건의 표시란에는 권리번호와 심판의 종류를 표시한다. 청구의 취지란에는 청구인이 심판으로부터 구하고자 하는 법률효과를 적은 심판의 결론 부분으로 청구인이 바라는 심결의 주문을 간단명료하게 기재하여야 한다. 청구의 이유란에는 청구의 취지를 뒷받침하기 위한 주장과 청구인측이 입증할 사실관계를 서술하고 관련 증거자료를 제출하여야 한다.

가. 결정각하

심판장은 심판청구서가 디자인보호법 제72조의2 제1항·제3항·제4항 또는 제72조의3 제1항에 위반된 경우에는 기간을 정하여 그 보정을 명하여야 한다. 심판장은 보정명령을 받은 자가 지정된 기간에 보정을 하지 아니하면 결정으로 심판청구서를 각하하여야 한다(제72조의4 제2항). 이를 "결정각하"라고 한다. 결정각하는 서면으로 하여야 하며 그 이유를 붙여야 한다. 결정각하는 그 판단대상이 방식요건의 위반과 같은 비교적 경미한 것이므로 심판장이 단독으로 결정하여 처리하는 행정처분이다.

나. 심결각하

부적법한 디자인무심사등록이의신청 또는 심판청구로써 그 흠결을 보정할 수 없는 때에는 피청구인에게 답변서 제출의 기회를 주지 아니하고 심결로써 이를 각하할 수 있다(제72조의5). 이를 "심결각하"라고 한다. 심결각하는 심판청구가 부적법하고 그 흠결을 보정할 수 없는 경우에[1]

---

1) 거절불복심판청구기간의 도과, 당사자의 절차능력·권리능력의 흠결, 일사부재리의 원칙을 위배한 심판청구 등이다.

3인 또는 5인으로 구성되는 심판의 합의체에서 심결로써 각하한다.

3. 심 결

가. 의 의

심판은 특별한 규정이 있는 경우를 제외하고 심결로써 종결한다(제72조의26). 디자인심판의 심결은 민사소송에 있어서의 종국판결에 해당한다. 심결은 심리종결통지를 한 날부터 20일 이내에 한다. 심판장은 심결 또는 결정이 있으면 그 등본을 당사자, 참가인 및 심판에 참가신청을 하였으나 그 신청이 거부된 자에게 송달하여야 한다. 심결은 청구인의 주장이 인용되는 인용심결과 청구인의 주장이 배척되는 기각심결로 나누어진다. 기각심결을 받은 자는 그 심결의 등본을 송달받은 날부터 30일 이내에 특허법원에 소를 제기할 수 있다.

나. 심결의 절차

심판장은 사건이 심결을 할 정도로 성숙한 때에는 심리의 종결을 당사자 및 참가인에게 통지를 하여야 하고, 심결은 이 통지일로부터 20일 이내에 하여야 한다(제72조의26 제5항). 심판장은 필요하다고 인정하면 심리종결을 통지한 후에도 당사자 또는 참가인의 신청에 따라 또는 직권으로 심리를 재개할 수 있다(제72조의26 제4항). 심결은 디자인보호법 제72조의26 제2항 각호의 사항을 기재한 서면으로 하여야 하며 심결한 심판관은 이에 기명날인하여야 한다. 심판장은 심결이 있는 때에는 그 등본은 당사자, 참가인 및 심판에게 참가신청을 하였으나 그 신청이 거부된 자에게 송달하여야 한다(제72조의26 제6항).

다. 심결의 확정

심결은 그것이 취소될 가능성이 없어진 때, 즉 심결에 대한 소를 제기할 수 있는 기간이 도과한 때 또는 심결취소소송에 있어 청구를 기각한다는 취지의 판결이 확정되어, 통상의 불복신청의 수단이 없어진 때에 확정된다.

4. 심결의 효력

심결은 제소기간(심결등본 송달일부터 30일)이 경과하면 확정된다. 심결이 확정되면 대세적 효력, 일사부재리의 효력 및 형식적 확정력이 발생한다.

가. 심결의 구속력

확정된 심결내용은 심결 당사자뿐만 아니라 일반 제3자에 대해서도 효력이 미치며 구속한다(대세적 효력). 예를 들어, 디자인등록을 무효로 한다는 심결이 확정되면, 당해 디자인은 소급적으로 소멸하고 그 디자인권은 처음부터 없었던 것으로 본다. 그러나 확정심결의 법원에 대한 구속력은 그 본질이 공정력이므로(제72조의28) 법원과 특허청간의 권한분배의 원칙에 따라 디자인의 발생, 변경, 소멸에 관한 사항에만 효력이 미친다.

나. 일사부재리의 효력

심판의 심결이 확정된 때에는 그 사건에 대하여는 누구든지 동일사실 및 동일증거에 의하여 그 심판을 청구할 수 없다.[1] 이와 같은 효력을 일사부재리의 효력이라 한다. 일사부재리의 효력이 생기는 것은 동일사실 및 동일증거로써 하는 심판청구에 한정한다. 따라서 동일사실에 관하여 다른 증거가 있는 경우에는 해당되지 않는다.

다. 심결의 확정력

확정된 심결은 재심사유가 없는 한 취소·변경되지 않는다(제73조). 이 점에서 고도의 공익적 요구가 있을 때에는 취소·변경이 가능한 일반행정처분보다 강한 확정력이 인정된다.

5. 심판청구의 취하

심판은 심결에 의한 것 외에 심판청구의 취하에 의해서도 종료된다. 심판청구는 심결이 확정될 때까지 이를 취하할 수 있다(제72조의25 제1항). 심판청구의 취하가 있은 때에는 그 심판청구는 처음부터 없었던 것으로

---

1) 디자인보호법 제72조의27(일사부재리): 이 법에 따른 심판의 심결이 확정된 때에는 그 사건에 대하여는 누구든지 같은 사실 및 같은 증거에 의하여 다시 심판을 청구할 수 없다. 다만, 확정된 심결이 각하심결인 경우에는 그러하지 아니하다.

본다(제72조의25 제2항). 당사자계 심판에서 답변서 제출이 있는 경우에는 상대방의 동의를 얻어야 한다. 이는 민사소송에서 소취하의 제한과 같은 취지라 할 수 있다.

Ⅲ. 결정계 심판

1. 디자인등록거절결정에 대한 심판

디자인등록거절결정을 받은 자가 불복하고자 할 때에는 그 결정등본을 송달받은 날부터 30일 이내에 심판을 청구할 수 있다(제67조의3).[1] 디자인등록거절결정심판은 특허청 행정처분의 취소 및 디자인등록출원의 거절결정에 대해서 출원인에게 불복의 수단을 제공하고 심사의 적정을 기하기 위한 행정절차이다.

2. 디자인등록취소결정에 대한 심판

디자인등록취소결정을 받은 자가 불복하는 때에는 그 결정등본을 송달받은 날부터 30일 이내에 심판을 청구할 수 있다(제67조의3). 디자인등록취소결정심판은 행정처분의 취소 및 이의신청의 취소결정에 대하여 디자인권자에게 불복의 수단을 제공하고 이의신청에 대한 심사의 적정을 기하기 위한 행정절차이다. 또한 이 심판의 심리범위는 청구이유에 한정되지 않으며, 심판관은 디자인등록의 타당성 여부를 심판한다.

Ⅳ. 당사자계 심판

1. 무효심판

이해관계인 또는 심사관은 디자인등록이 디자인보호법 제68조 제1항 각 호의 1에 해당하는 경우에 무효심판을 청구할 수 있다. 복수디자인

---

[1] 특허청장 또는 특허심판원장은 교통이 불편한 지역에 있는 자를 위하여 청구에 의하여 또는 직권으로 디자인등록거절결정불복심판 청구기간을 연장할 수 있다.

등록출원된 디자인등록에 대하여는 각 디자인마다 청구할 수 있다(제68조 제1항). 디자인등록무효심판이란 이해관계인 또는 심사관이 등록된 디자인권이 일정한 무효사유가 있다는 것을 이유로 하여 특허심판원에 심판을 청구한 경우에, 심판의 합의체가 이를 심판하는 특별한 행정절차를 말한다. 이 심판은 궁극적으로 부실한 디자인권을 규제하기 위한 제도라 할 수 있다. 무효사유는 디자인무심사등록 이의신청사유와 같으며, 다만, 후발적 무효사유가 추가된다. 디자인등록의 무효심판청구는 언제나 가능하며, 디자인권이 소멸된 후에도 이를 청구할 수 있다(제68조 제2항). 디자인등록의 무효심판을 청구할 수 있는 자는 이해관계인[1]과 심사관이다. 디자인등록을 무효로 한다는 심결이 확정된 때에는 그 디자인권은 처음부터 없었던 것으로 본다(제68조 제3항).[2]

2. 권리범위 확인심판

가. 의 의

디자인권자·전용실시권자 또는 이해관계인은 등록디자인의 보호범위를 확인하기 위하여 디자인권의 권리범위 확인심판을 청구할 수 있다(제69조). 권리범위 확인심판이란 계쟁대상물인 소위 확인대상디자인과 대비하여 디자인권의 권리범위에 속하는지의 여부를 판단하는 심판이다. 권리범위 확인심판에는 청구취지에 따라, 디자인권자 등이 "확인대상디자인[3]은 디자인권의 권리범위에 속한다"는 확인을 구하는 적극적 권리범위 확인심판과, 이해관계인이 "확인대상 디자인권은 디자인권의 권리범위에 속하지 않는다"는 확인을 구하는 소극적 권리범위 확인심판이 있다. 권리범위 확인심판을 청구할 경우 반드시 확인대상디자인의 도면과

---

1) 이해관계인이라 함은 디자인권이 유효하게 존속함으로 말미암아 직접 또는 간접으로 불이익을 받을 염려가 있는 자를 말한다. 따라서 동종업계 종사자를 포함하여 디자인권자로부터 권리의 대항을 받을 염려가 있음으로 인하여 현재 손해를 받고 있거나 장래 손해를 받을 염려가 있는 자는 모두 이해관계인에 속한다.

2) 기각심결이 확정되면 일사부재리의 원칙이 적용된다. 청구를 인용하는 무효심결이 확정되면 디자인권의 소급소멸, 디자인권에 부수되는 권리인 실시권 또는 질권도 당연히 소멸된다.

3) 권리범위 확인심판의 청구객체는 등록디자인과 계쟁대상물인 확인대상디자인은 이해관계인이 실시하고 있거나 실시할 예정인 디자인을 의미한다.

설명서를 첨부하여야 한다.[1]

나. 심판청구 대상의 확정

디자인권의 권리범위 확인심판을 청구할 때 심판청구의 대상이 되는 확인대상디자인은 당해 등록디자인과 대비할 수 있을 만큼 구체적으로 특정되어야 할 뿐만 아니라, 사회통념상 등록디자인의 권리범위에 속하는지를 확인하는 대상으로서 다른 것과 구별될 수 있는 정도로 구체적으로 특정되어야 한다.

다. 공지의 형상과 모양을 포함하고 있는 경우 권리범위 판단

디자인권은 물품의 신규성이 있는 형상·모양·색채의 결합에 부여되는 것으로서 공지의 형상과 모양을 포함한 출원에 의하여 디자인등록이 되었다 하더라도 공지 부분에까지 독점적이고 배타적인 권리를 인정할 수는 없으므로 디자인권의 권리범위를 정함에 있어 공지 부분의 중요도를 낮게 평가하여야 한다. 따라서 등록디자인과 그에 대비되는 디자인이 서로 공지 부분에서 동일·유사하다고 하더라도 등록디자인에서 공지 부분을 제외한 나머지 특징적인 부분과 이에 대비되는 디자인의 해당 부분이 서로 유사하지 않다면 대비되는 디자인은 등록디자인의 권리범위에 속한다고 할 수 없다.[2] 등록된 디자인이 디자인등록출원 전에 그 디자인이 속하는 분야에서 통상의 지식을 가진 자가 국내에서 널리 알려진 형상·모양·색채 또는 이들의 결합에 의하여 용이하게 창작할 수 있는 디자인에 해당하는 경우에는 그 등록이 무효로 되기 전에는 등록디자인의 권리범위를 부인할 수 없지만, 등록디자인과 대비되는 확인대상디자인이 등록디자인의 디자인등록출원 전에 그 디자인이 속하는 분야에서 통상의 지식을 가진 자가 국내에서 널리 알려진 형상·모양·색채 또는 이들의 결합에 의하여 용이하게 창작할 수 있는 것인 때에는 등록디자인과 대비할

---

[1] 심판청구서에 확인대상디자인의 도면과 설명서를 첨부하지 않는 경우 심판장은 보정을 명하고, 그 보정명령을 받은 자가 지정된 기간 내에 보정을 하지 아니하면 결정으로 심판청구서를 각하하여야 한다.

[2] 대법원 2004.8.30 2003후762 판결: 산업용 안경의 안경테의 전체적인 형상과 모양 및 정면 부분이 공지의 형상과 모양 부분이고, 등록디자인공보에 측면도가 요부확대사진으로 등재되어 있는 경우, 등록디자인과 그에 대비되는 디자인의 유사 여부는 측면의 홀더 및 커넥터의 형상과 모양에 중점을 두어 판단하여야 한다.

것도 없이 그 권리범위에 속하지 않게 된다.[1] 등록된 디자인에 신규성 있
는 창작이 가미되어 있지 아니하여 공지된 디자인이나 그 출원 전에 반포된
간행물에 기재된 디자인과 동일·유사한 경우에는 그 등록무효심판의 유무
와 관계없이 그의 권리범위를 인정하지 아니한다.

라. 자유기술의 항변

(1) 의 의

등록디자인의 신규성 문제와는 달리 창작이 용이한 디자인에 해당하
는 경우에 그 등록이 무효로 되기 전에 등록디자인의 권리범위를 부정할
수 있는지의 여부에 관하여 논란이 있다.

특허에 있어 특허발명과 대비되는 확인대상발명이 공지의 기술만으
로 이루어지거나 당업자가 공지기술로부터 용이하게 실시할 수 있는 경
우에는 특허발명과 대비할 필요도 없이 특허발명의 권리범위에 속하지
않는다는 판례가 확립되어 있고,[2] 이를 소위 '자유기술의 항변'이라고 한
다. 이와 같은 법리는 대법원 2004.4.27 선고 2002후2037 판결(건축용 거
푸집 받침대 사건)에서 등록이 무효로 되기 전에는 등록디자인의 권리범위
를 부인할 수 없지만, 등록디자인과 대비되는 디자인이 등록디자인의 디
자인등록출원 전에 그 디자인이 속하는 분야에서 통상의 지식을 가진 자
가 국내에서 널리 알려진 형상·모양·색채 또는 이들의 결합에 의하여 용
이하게 창작할 수 있는 것인 때에는 등록디자인과 대비할 것도 없이 그
권리범위에 속하지 않게 된다고 디자인소송에서 최초로 자유기술의 항변
의 법리를 적용하였다.

(2) 대법원 2004.4.27 선고 2002후2037 판결

가) 판시사항   명칭을 "건축용 거푸집 받침대"로 하는 등록디자
인과 대비되는 디자인이 그 디자인이 속하는 분야에서 통상의 지식을 가
진 자가 주지의 형상과 모양의 결합에 의하여 용이하게 창작할 수 있는
것이어서 등록디자인과 대비할 것도 없이 등록디자인의 권리범위에 속하

---

1) 대법원 2004.4.27 2002후2037 판결: 건축용 거푸집 받침대(디자인등록 제248331
호) 사건으로, 등록디자인과 대비되는 디자인이 주지 형상으로부터 용이하게 창작할 수 있
는 경우 권리범위에 속하지 않는다.
2) 대법원 2004.6.11 선고 2202도3151 판결.

지 않는다.

　　나) 판결요지　등록된 디자인에 신규성 있는 창작이 가미되어 있지 아니하여 공지된 디자인이나 그 출원 전에 반포된 간행물에 기재된 디자인과 동일·유사한 경우에는 그 등록무효심판의 유무와 관계없이 그의 권리범위를 인정할 수 없는 것이기는 하지만, 등록된 디자인이 디자인 등록출원 전에 그 디자인이 속하는 분야에서 통상의 지식을 가진 자가 국내에서 널리 알려진 형상·모양·색채 또는 이들의 결합에 의하여 용이하게 창작할 수 있는 디자인에 해당하는 경우에는 그 등록이 무효로 되기 전에는 등록디자인의 권리범위를 부인할 수 없으므로, 원심에서 이 사건 등록디자인의 권리범위 자체를 부인한 것은 잘못이다. 그러나 등록디자인과 대비되는 디자인이 등록디자인의 디자인등록출원 전에 그 디자인이 속하는 분야에서 통상의 지식을 가진 자가 국내에서 널리 알려진 형상·모양·색채 또는 이들의 결합에 의하여 용이하게 창작할 수 있는 것인 때에는 등록디자인과 대비할 것도 없이 그 권리범위에 속하지 않게 된다 할 것인바, 국내에 널리 알려진 사각통 형상의 강관과 사각기둥 형상의 목재를 서로 맞대어 통상적인 형태의 못으로 박아 일체화시킨 형상과 모양의 결합을 하고 있는 피고의 실시디자인은 그러한 결합에 의하여 새로운 미감이 생겨나는 것도 아니어서 그 디자인이 속하는 분야에서 통상의 지식을 가진 자가 주지의 형상과 모양의 결합에 의하여 용이하게 창작할 수 있는 것에 불과하므로, 이 사건 등록디자인의 권리범위에 속한다고 할 수 없다.[1)]

3. 통상실시권 허여심판

　디자인권자·전용실시권자 또는 통상실시권자는 당해 등록디자인 또는 등록디자인에 유사한 디자인이 타인의 등록디자인·특허발명·등록실용신안과 이용·저촉관계에 해당되어 실시의 허락을 받고자 하는 경우 그 타인이 정당한 이유없이 허락하지 아니하거나 그 타인의 허락을 받을 수 없을 때에는 자기의 등록디자인 또는 이와 등록디자인에 유사한 디자인의 실시에 필요한 범위 안에서 통상실시권 허여심판을 청구할 수 있다(제

---

1) 대법원 2003.12.12 선고 2002후2187 판결.

70조 제1항). 통상실시권 허여심판이란 이용·저촉관계에 있는 후출원 권리자에게 준사법적 절차에 의하여 선출원 권리의 강제실시권을 부여하는 심판을 말한다. 통상실시권 허여심판의 취지는 적법하게 발생한 권리임에도 이용·저촉관계로 인하여 후출원 권리의 실시가 불가능한 경우에 관련 디자인을 사장시키지 않고 국가의 산업발전에 기여하는 데에 있다.

V. 재 심

1. 서 설

디자인보호법은 확정된 심판의 심결에 대하여 당사자가 재심을 청구할 수 있는 규정을 두고 있으며, 민사소송법 제451조 및 동법 제453조의 규정이 재심청구에 준용된다. 재심(再審)이란 확정된 심결에 법적으로 중대한 하자가 있는 경우 심결한 기관에 대하여 당해 심결을 취소하고 다시 심판할 것으로 구하는 비상의 권리구제의 절차를 말한다. 당사자는 확정된 심결에 대하여 재심을 청구할 수 있다(제73조 제1항). 디자인보호법상의 재심제도는 심리절차는 민사소송법상의 재심 관련 규정을 준용한다. 재심의 심결이 확정되면 대세적 효력, 형식적 효력, 일사부재리의 효력이 발생한다.

2. 재심사유

다음 각호 가운데 어느 하나에 해당하면 확정된 종국판결에 대하여 재심의 소를 제기할 수 있다. 다만, 당사자가 상소에 의하여 그 사유를 주장하였거나, 이를 알고도 주장하지 아니한 때에는 그러하지 아니하다(민사소송법 제451조). (i) 법률에 따라 판결법원을 구성하지 아니한 때, (ii) 법률상 그 재판에 관여할 수 없는 법관이 관여한 때, (iii) 법정대리권·소송대리권 또는 대리인이 소송행위를 하는 데에 필요한 권한의 수여에 흠이 있는 때. 다만, 제60조 또는 제97조의 규정에 따라 추인한 때에는 그러하지 아니하다. (iv) 재판에 관여한 법관이 그 사건에 관하여 직무에 관한 죄를 범한 때, (v) 형사상 처벌을 받을 다른 사람의 행위로 말미암아

자백을 하였거나 판결에 영향을 미칠 공격 또는 방어방법의 제출에 방해를 받은 때, (vi) 판결의 증거가 된 문서, 그 밖의 물건이 위조되거나 변조된 것인 때, (vii) 증인·감정인·통역인의 거짓 진술 또는 당사자신문에 따른 당사자나 법정대리인의 거짓 진술이 판결의 증거가 된 때, (viii) 판결의 기초가 된 민사나 형사의 판결, 그 밖의 재판 또는 행정처분이 다른 재판이나 행정처분에 따라 바뀐 때, (ix) 판결에 영향을 미칠 중요한 사항에 관하여 판단을 누락한 때, (x) 재심을 제기할 판결이 전에 선고한 확정판결에 어긋나는 때, (xi). 당사자가 상대방의 주소 또는 거소를 알고 있었음에도 있는 곳을 잘 모른다고 하거나 주소나 거소를 거짓으로 하여 소를 제기한 때 등이다.

재심사유 중에서 디자인심판에 관한 재심사유는 대부분이 "판결의 기초가 된 민사나 형사의 판결, 그 밖의 재판 또는 행정처분이 다른 재판이나 행정처분에 따라 바뀐 때"이다.

3. 재심관할법원

재심은 재심을 제기할 판결을 한 법원의 전속관할로 한다(민사소송법 제453조). 심급을 달리하는 법원이 같은 사건에 대하여 내린 판결에 대한 재심의 소는 상급법원이 관할한다. 그러나 항소심판결과 상고심판결에 각각 독립된 재심사유가 있는 때에는 그러하지 아니하다.

≪연습문제≫

〈문 1〉 **디자인등록의 무효심판청구의 이유에 해당하는 것은?** [2007년 변리사 1차시험]

① 디자인등록출원 전에 설정등록된 자기의 유사디자인에만 유사한 디자인에 대하여 기본디자인의 유사디자인으로 디자인등록이 된 경우

② 디자인보호법 시행규칙 별표 5의 한 벌의 물품의 구분에 속하지 아니한 물품에 대하여 한 벌 물품의 디자인으로 디자인이 등록된 경우

③ 디자인심사등록출원하여야 하는 디자인에 대하여 디자인무심사등록출원

하여 디자인등록이 된 경우

④ 디자인보호법 시행규칙 별표 4의 물품의 구분상 동일한 대분류에 속하지 아니한 2 이상의 물품에 대해 복수디자인등록출원하여 복수디자인등록이 된 경우

⑤ 하나의 디자인등록출원에 2 이상의 물품의 형상·모양·색채 또는 이들의 결합인 것에 대하여 디자인등록이 된 경우

〈문 2〉 디자인 심판에 관한 설명 중 옳은 것은? [2008년 변리사 1차시험]

① 디자인등록출원서에 첨부한 도면의 보정이 심판관에 의해 보정각하결정이 된 경우 그 보정각하결정을 받은 자가 그 결정에 불복하는 때에는 보정각하결정에 대한 심판을 청구할 수 있다.

② 디자인등록의 무효심판에 대한 당해 심판청구서의 부본을 피심판청구인에게 송달한 후에는 당해 심판청구인이 상대방의 동의를 얻은 경우에 한해 그 심판청구를 취하할 수 있다.

③ 디자인권의 권리범위 확인심판은 디자인권이 소멸된 후에도 심판청구의 이익이 있는 경우에 청구할 수 있다.

④ 하나의 물품 중에 물리적으로 분리된 2 이상의 물품의 부분에 대하여 1디자인으로 하여 디자인등록출원되어 등록된 경우에는 디자인등록의 무효심판을 청구할 수 있다.

⑤ 디자인등록거절결정에 대한 심판청구가 디자인등록거절결정의 등본을 받은 날부터 30일이 경과되어 청구된 경우에 심판장은 결정으로 당해 심판청구를 각하하여야 한다.

〈문 3〉 심판에 대한 설명으로 옳지 않은 것은?

① 디자인보호법 제72조의4에 의한 심판청구서의 각하는 그 판단대상이 방식요건의 위반과 같은 비교적 경미한 것이므로 심판장이 단독으로 결정하여 처리하는 행정처분이다.

② 부적법한 디자인무심사등록이의신청이나 심판청구로서 그 흠결을 보정할 수 없는 때에는 피청구인에게 답변서 제출의 기회를 주지 아니하고 심결로써 이를 각하할 수 있다.

③ 디자인등록의 무효심판을 청구하는 경우에는 반드시 심판청구의 이유를 기재하여야 한다.

④ 디자인등록 거절결정에 대한 심판청구일로부터 30일 이내에 도면 등을 보정할 수 있다.

⑤ 권리범위 확인심판을 청구할 때에는 등록디자인과 대비될 수 있는 도면을 첨부하여야 한다. 청구인이 이를 위반한 경우에는 심판장은 기간을 정하

여 보정을 명하여야 한다.

〈문 4〉 디자인 심판에 관한 설명으로 옳은 것은? [2010년 제47회 변리사 1차시험]

① 심판장은 디자인등록출원에 대한 거절결정을 받은 자가 심판청구기간을 도과하여 불복의 심판을 청구한 때에는 당해 심판청구에 대해 심판의 합의체에 의하여 심결각하하여야 한다.

② 한 벌 물품의 디자인등록에 대하여 그 한 벌 물품의 디자인이 디자인보호법 제12조(한 벌 물품의 디자인)의 규정에 위반된다는 것을 이유로 디자인등록의 무효심판을 청구할 수 있다.

③ 디자인등록거절결정에 대한 심판에서 심판관은 당해 출원에 대해 원거절결정의 이유와 다른 이유로 디자인등록거절결정을 할 수 있다.

④ 갑과 을의 공동출원에 대해 디지안등록거절결정이 된 때, 갑이 대표자로 선정되어 특허청에 신고한 때에는 갑은 단독으로 그 거절결정에 대한 불복의 심판을 청구할 수 있다.

⑤ 디자인등록 무효심판의 청구가 있는 때에는 심판장은 그 청구서의 부분을 디자인권자 및 그 전용실시권자에게 송달하고 기간을 정하여 답변서를 제출할 수 있는 기회를 주어야 한다.

〈문 5〉 디자인심판에 관한 설명 중 옳은 것은? [2009년 변리사 1차시험]

① 복수디자인등록출원된 디자인등록에 대하여는 각 디자인마다 디자인권의 권리범위 확인심판을 청구할 수 없다.

② 심판사건에 대하여 제척 또는 기피의 신청을 한 자는 그 신청한 날부터 30일 이내에 제척 또는 기피의 원인을 소명하여야 한다.

③ 심판장은 디자인등록의 무효심판 청구가 있는 때에는 청구서의 부본을 피청구인과 그 디자인권에 관한 전용실시권자에게 송달하여야 한다.

④ 디자인권자는 디자인등록출원서에 첨부한 도면에 대하여 불일치한 점을 발견한 때에 디자인의 요지를 변경하지 않는 범위 안에서 그 출원서에 첨부된 도면에 대해 정정심판을 청구할 수 있다.

⑤ 자기의 기본디자인에 유사하지 아니한 디자인이 그 기본디자인의 유사디자인으로 등록된 경우 당해 등록유사디자인에 대해 디자인등록의 무효심판을 청구할 수 있다.

≪정답≫   1.① 2.④ 3.④ 4.① 5.⑤

≪문제해설≫

〈문 1〉 ① 무효사유에 제7조 제1항(유사디자인)이 포함되어 있다. 이 사안은 신규성상실에 해당하는데도 불구하고 등록된 것이므로 무효사유에 해당한다. ② 한 벌 물품의 성립요건을 위반한 경우 제11조 제1항 위반에 해당한다. ④ 제11조의2 제2항 위반. ⑤ 2 이상의 디자인이 출원된 경우 제11조 제1항의 위반이다.

<문 2> ① 제75조(심결 등에 대한 소)에 의하여, 심판단계에서 보정각하결정이 된 경우 특허법원에 소를 제기할 수 있다. ② 심판청구를 취하할 때 상대방의 동의가 필요한 경우는 당해 심판청구서의 부본을 피심판청구인에게 송달한 후가 아니고, 피청구인이 답변서를 제출한 후이다. ③ 디자인권의 권리범위 확인심판은 디자인권이 소멸된 후에는 심판청구의 이익이 없기 때문에 디자인권의 존속중에만 청구할 수 있다. ④ 2 이상의 물품의 부분에 대하여 1디자인으로 하여 디자인등록출원되어 등록된 경우에는 1디자인 1출원 위반은 절차상의 하자에 불과하므로 무효사유가 아니다(제68조 제1항 제1호). ⑤ 심판청구기간이 경과되어 청구된 경우에 는 결정각하가 아니라 심결각하를 한다(제72조의5).

<문 3> ① 제72조의4. ② 제74조의5. ③ 제72조의2 제1항에 규정하는 심판청구서에 기재하는 사항으로 제4호 "청구의 취지 및 이유"가 있다. 이것을 기재하지 아니한 경우 심판장은 보정을 명하고, 지정기간 이내에 보정이 안 되면 결정각하한다. ④ 제27조의2(재심사의 청구) 제1항에 따라 디자인등록출원서에 첨부된 도면 등을 보정할 수 있으나, 디자인등록 거절결정에 대한 심판청구에서는 도면 등을 보정할 수 없다.

<문 4> ① 거절결정 불복심판의 청구기간을 도과한 경우에는 심판의 합의체에 의하여 심결각하 하여야 한다(제72조의5: 보정할 수 없는 심판청구의 심결각하). ② 디자인보호법 제12조는 등록 후 이의신청이유 및 무효사유에 해당되지 아니한다. ⑤ 심판청구서의 부분은 피청구인에게 송달하고 기간을 정하여 답변서를 제출할 수 있는 기회를 주어야 한다(제72조의10). 디자인권의 전용실시권자에게는 심판청구의 취지를 통지하여야 한다(제68조 제6항).

<문 5> ① 복수디자인권에 대하여는 각 디자인마다 권리가 발생하기 때문에 권리범위 확인심판을 청구할 수 있다. ② 제척 또는 기피의 원인은 신청한 날부터 3일 이내에 소명하여야 한다(제72조의14 제2항). ④ 디자인보호법에는 정정심판이 없다. ⑤ 기본디자인에 유사하지 아니한 디자인이 그 기본디자인의 유사디자인으로 등록된 경우에는 디자인보호법 제7조 제1항의 위반으로 거절이유, 정보제공사유 및 무효사유에 해당된다.

제 9 절 디자인쟁송

Ⅰ. 서 설

특허청 또는 특허심판원에서 절차를 밟는 당사자는 특허청장, 심사관 또는 심판관합의체가 행한 처분에 대하여 법원에 소송을 제기함으로써 불복을 청구할 수 있다. 디자인권에 관한 분쟁을 해결하기 위한 디자인소송에는 특허심판원의 심결 등에 대한 심결취소소송, 행정소송, 디자인침해소송과 보상금 또는 대가에 관한 불복소송이 있다.[1] 디자인에 관한 소송의 절차나 심리 및 판결 등은 특허에 관한 소송과 거의 동일하므로 디자인에 관한 소송의 절차나 심리방식에 대한 설명은 생략하기로 한다.

Ⅱ. 심결취소소송

1. 의 의

특허심판원의 심결 등에 대하여 불복하고자 하는 자는 특허법원에 소를 제기할 수 있다. 특허법원이 관할하는 특허심판심결에 대한 취소소송은 준사법적 행정행위의 성질을 가진 심판에 대한 불복의 소이므로 실질적 의미에서 항소심의 성격을 가진다. 행정사건에 대한 소송은 일반적으로 행정소송법에 의하지만, 디자인심판의 심결 등에 대한 소송은 디자인보호법 제75조에서 규정하고 있다. 심결 등에 대한 쟁송은 행정청의 처분에 관한 것이나 그 소송의 대상이 일반행정행위와는 크게 다른 데에 기인한다.

---

1) 디자인쟁송은 디자인에 관한 권리의 발생·침해·구제·소멸 등과 관련된 다툼을 말하고, 디자인심결취소소송·디자인침해소송·일반행정소송으로 구분할 수 있다.

2. 심결취소소송의 대상

심결취소소송의 대상이 되는 것은 심결에 대한 소, 심판에서 내린 보정각하결정, 심판청구서 또는 재심청구서의 각하결정은 특허법원의 전속관할로 한다(제75조 제1항). 심판을 청구할 수 있는 사항에 관한 소는 심결에 대한 것이 아니면 이를 제기할 수 없다(제75조 제6항). 대가의 심결 및 심판비용의 심결 또는 결정에 대하여는 독립하여 심결 등에 대한 소를 제기할 수 없다(제75조 제7항). 이 심결에는 모든 심결, 즉 심판사건에 관한 최종적인 판단의 표시로서 하는 심결뿐만이 아니라 심판청구를 각하하는 심결 및 재심의 심결도 포함된다.

3. 심결취소소송의 관할

심결 등에 대한 소는 특허법원의 전속관할로 한다. 행정소송법에 의한 관할은 처분행정청 소재지의 법원이 관할하지만 심결 등에 대한 소는 특별히 특허법원이 관할한다.

4. 당 사 자

가. 원 고

소를 제기할 수 있는 자, 즉 원고적격을 가지는 자는 심판사건의 당사자, 참가인 또는 당해 심판이나 재심에 참가신청을 하였으나 그 신청이 거부된 자이다. 행정소송에서는 처분 등의 취소를 구할 법률상의 이익이 있는 자가 원고적격을 가지므로 이를 심결에 적용하면 전용실시권자, 통상실시권자, 질권자 등도 원고적격을 갖는다. 다만, 심결에 의하여 자기의 법률상 이익이 침해되는 자라도 그 모두에게 원고적격이 인정되는 것이 아니다.

나. 피 고

심결 등에 대한 소에 있어서 피고적격은 원칙적으로 특허청장이지만 등록무효심판, 권리범위 확인심판, 통상실시권 허여심판 또는 그 재심의 심결에 대한 소제기는 그 심판 또는 재심의 청구인 또는 피청구인을 피고로 하여야 한다(제75조의2).

5. 소의 제기

특허심판원의 심결 등에 대한 취소소송의 소는 특허심판원의 심결 또는 결정의 등본을 송달받은 날부터 30일 이내에 제기하여야 한다(제75조 제3항). 특허법원의 판결에 대하여는 대법원에 상고할 수 있다(제75조 제8항). 30일의 법정기간은 연장하거나 단축할 수 없는 불변기간이나 심판장은 원격 또는 교통이 불편한 지역에 있는 자를 위하여 직권으로 부가기간을 정할 수 있다(제75조 제5항). 위 제소기간을 계산함에 있어 심결 등을 송달받은 당일은 계산하지 않고 그 익일을 기산일로 한다. 소의 제기는 법원에 소장을 제출함으로써 제기하는 것이므로 소장은 특허법원에 제출하여야 한다. 심결 등에 대한 소는 심결에 대한 불복이라는 항소심적인 성격이 있지만 사법부에 대한 최초의 소송행위이기 때문에 당연히 특허법원에 소장을 제출하여야 하는 것이다. 법원은 등록무효심판 등 당사자계 사건의 심결에 대한 소의 제기가 있는 때에는 지체없이 그 취지를 특허심판원장에게 통지해야 한다(제75조의3).

6. 심 리

소에 대한 심리는 재판의 합의체가 자유심증주의에 의해 판단을 한다. 소송에서 심리의 대상이 되는 것은 심결 등에 대한 실체상의 위법성 여부와 절차상의 위법성 여부라 할 수 있다. 법원은 당해 청구가 이유가 있다고 인정한 때에는 판결로써 당해 심결 또는 결정을 취소하여야 한다(제75조의4 제1항). 심판관은 심결 또는 결정의 취소판결이 확정된 때에는 다시 심리를 하여 심결 또는 결정을 하여야 한다. 판결에 있어서 취소의 기본이 된 이유는 그 사건에 대하여 특허심판원을 기속한다(제75조의4 제3항).

7. 심결의 효과

특허법원의 심결 또는 결정의 취소판결이 확정된 때에는 취소의 기본이 된 이유는 그 사건에 대하여 특허심판을 기속한다. 따라서 특허심판원의 심판관은 판결의 취지에 반하는 심결 또는 결정을 할 수 없다. 그러나 새로운 거절이유나 무효사유에 대하여는 심리를 할 수 있으며, 그 결과 재차 거절하는 심결이나 무효심결을 하는 것은 가능하다. 특허법원은 청구가 이유 없다고 인정하였을 때에는 청구를 기각한다는 취지의 판결하여야 한다.

8. 변론주의

행정소송의 일종인 심결취소소송에 있어서 직권주의가 가미되어 있다고 하더라도 여전히 변론주의를 기본 구조로 하는 이상 심결의 위법을 들어 그 취소를 청구함에 있어서는 직권조사사항을 제외하고는 그 취소를 구하는 자가 위법사유에 해당하는 구체적 사실을 먼저 주장하여야 하고, 따라서 법원이 당사자가 주장하지도 아니한 법률요건에 대하여 판단하는 것은 변론주의 원칙에 위배되는 것이다.[1] 대법원 2011.3. 14 선고 2010후3509 판결은 "화장용 팩 마스크에 관한 이 사건 등록디자인(등록번호 제511304호)의 등록무효심판에서 특허심판원은 2010.7.30 이 사건 등록디자인이 그 출원 전에 국내에서 공지된 원심 판시 비교대상디자인 또는 등록번호 제212962호의 등록디자인으로부터 용이하게 창작할 수 있는 디자인에 해당하여 디자인보호법 제5조 제2항에 의하여 디자인등록을 받을 수 없다는 이유로 그 등록을 무효로 하는 이 사건 심결을 하였는데, 그 심결취소소송인 원심절차에서 원고는 이 사건 심결의 위법사유로서 이 사건 등록디자인이 비교대상디자인 등으로부터 용이하게 창작할 수 있는 디자인에 해당하지 않으므로 같은 법 제5조 제2항 소정의 등록무효사유가 존재하지 않는다는 주장만을 하였을 뿐이고, 나아가 피고 역시 이 사건 심결의 결론을 정당하게 하는 사유로서 같은 법 제5조 제2항 소정의 등록무효사유가 존재한다고 다투었을 뿐 이 사건 등록디자인이 비교대상디자인과 유사한 디자인에 해당하여 같은 법 제5조 제1항 제3호 소정의 등록무효사유가 존재한다는 점을 주장한 바 없음이 명백하다. 그럼에도 원심은 이 사건 등록디자인이 비교대상디자인 등으로부터 용이하게 창작할 수 있는 디자인에 해당하는지의 여부에 대하여는 아무런 판단도 하지 아니한 채 당사자가 주장하지도 아니한 사유에 기초하여 이 사건 등록디자인은 비교대상디자인과 유사한 디자인에 해당하여 디자인보

---

1) 대법원 2003.8.19 선고 2001후1655 판결.

호법 제5조 제1항 제3호 소정의 등록무효사유가 있다고 판단하였다. 앞서 본 법리에 따르면, 이러한 원심판결에는 변론주의 원칙을 위반하여 판결에 영향을 미친 위법이 있고, 이 점을 지적하는 상고이유의 주장은 이유 있다"고 판시하였다.

Ⅲ. 대가에 관한 불복의 소

통상실시권 허여심판에 따른 대가(제70조 제3항)에 대하여 심결 또는 결정을 받는 자가 그 대가에 불복이 있는 때에는 법원에 소송을 제기할 수 있다(제75조의5 제1항). 보상금에 대한 소송은 심결·결정의 등본을 송달받은 날부터 30일 이내에 제기하여야 한다. 30일의 법정기간은 불변기간이다. 심판관의 대가에 대한 심결이나 결정은 일종의 행정처분에 해당되나 그 처분 중의 대가의 금액에 대한 불복에 대해서는 금액을 지급하거나 지급받을 당사자가 직접 소송의 당사자로 등장하여 법원으로부터 그 적정금액을 조정받도록 하는 것이 절차의 신속성을 기할 수 있고 또한 분쟁의 원만한 해결에도 도움이 된다. 따라서 디자인보호법은 대가에 대한 심결 또는 결정에 대한 불복은 행정소송법상의 당사자 소송과 흡사하게 법원의 관할로 한다. 대가에 관한 소송에 있어서 대가에 대하여는 통상실시권자·전용실시권자 또는 디자인권자를 피고로 하여야 한다(제75조의6).

Ⅳ. 디자인권의 침해 및 구제

1. 의 의

디자인권침해소송은 지방법원, 고등법원, 대법원의 심급구조 소송절차가 진행된다. 디자인권의 침해란 제3자가 권원없이 업으로서 등록디자인 또는 이와 유사한 디자인을 실시하거나 간접적으로 디자인을 모방하는 행위를 하는 것을 말한다. 디자인권은 업으로서 등록디자인 또는 이와 유사한 디자인의 실시를 독점하는 것이며 독점적 효력과 금지적 효력을 가지는 재산권이다. 따라서 제3자가 정당한 권원없이 업으로서 디자인의 내용을 실시하면 디자인권의 침해로서 민사상 또는 형사상의 책임을 추궁할 수 있다(제62조).

2. 디자인권 침해의 유형

가. 직접침해

직접침해란 제3자가 정당한 권원없이 업으로서 등록디자인 또는 이와 유사한 디자인을 실시하는 것을 말한다. 이 경우 디자인권의 내용은 당해 등록디자인 또는 이와 유사한 디자인의 형태적 구성요소의 전부를 실시하는 것을 의미한다. 디자인권의 침해가 성립되기 위해서는 디자인권이 유효하게 존재할 것, 정당한 권원없는 제3자가 업으로서 등록디자인 또는 이와 유사한 디자인을 실시할 것, 실시하는 행위가 위법한 행위에 해당하여야 한다. 그러나 완성품 디자인권에 있어서 그 일부를 구성하는 부품디자인의 실시 또는 한 별 물품 디자인권에 있어서 그 일부를 구성하는 물품디자인을 실시하는 행위는 당해 완성품의 디자인권 또는 한 별 물품 디자인권을 직접 침해하는 것으로 인정되지 않는다.

나. 간접침해

간접침해라 함은 등록디자인이나 이와 유사한 디자인에 관한 물품의 생산에만 사용하는 물품을 업으로서 생산·양도·대여·수출[1] 또는 수입하거나 업으로서 그 물품의 양도 또는 대여의 청약을 하는 행위를 말한다(제63조). 이러한 행위는 디자인권의 직접침해에는 해당하지 않지만, 디자인권자의 보호를 강화하는 차원에서 간접적으로 침해한 것도 침해로 간주한다.

3. 민사적 구제

가. 침해금지청구권

디자인권자 또는 전용실시권자는 자신의 디자인권 또는 전용실시권을 침해한 자에 대하여서는 침해의 금지 및 예방을 청구할 수 있다(제62조

---

1) 2011.6.30 개정법에서 "수출"이 추가되었다.

제1항). 또한 디자인권자 또는 전용실시권자가 침해금지 및 예방을 청구할 때에는 침해행위를 조성한 물품의 폐기, 침해행위에 제공된 설비의 제거, 기타 침해의 예방에 필요한 행위를 청구할 수 있다(제62조 제3항).

나. 손해배상청구권

(1) 의 의

디자인권 또는 전용실시권이 고의 또는 과실에 의하여 침해되었을 때에는 침해한 자에 대해서 손해배상을 청구할 수 있다. 디자인권을 권원 없이 침해하는 행위가 위법한 경우에는 민법 제750조의 불법행위에 기한 손해배상청구가 가능하다. 그러나 불법행위로 인한 손해배상을 청구하려면 디자인권자가 고의·과실, 위법성, 손해의 발생 및 금액, 손해의 발생과 위법행위 사이의 인과관계를 모두 입증하여야 한다. 디자인권은 무체재산권이기 때문에 침해소송에서 침해의 판단과 침해에 의한 손해액의 입증이 매우 곤란하므로 디자인보호법은 손해액의 추정과 과실추정의 규정을 두고 있다.

(2) 손해액의 추정

디자인권 침해에 대한 손해배상청구에 있어서, 침해자의 고의 또는 과실의 입증책임은 디자인권자에게 있지만 이를 입증하기는 매우 어렵다. 이에 디자인권자가 등록디자인의 상품에 사용하고 있는 경우 동종업계에서의 거래자라면 누구나 알 수 있다는 것을 전제로 침해자의 고의 또는 과실을 법률상 추정함으로써 그 입증책임을 침해자에게 전환한다. 이와 같이 입증책임을 침해자에게로 전환한 것은 디자인권자로 하여금 등록디자인에 대한 표시를 유도하여 디자인권 침해시 피해의 구제를 용이하게 하도록 하고, 경쟁업자가 타인의 디자인권을 침해하는 것을 예방함으로써 디자인 관련 분쟁을 방지하려는 것이다.

(3) 손해액의 산정방식

1) 디자인권자 또는 전용실시권자는 고의 또는 과실로 인하여 자기의 디자인권 또는 전용실시권을 침해한 자에 대하여 그 침해에 의하여 자기가 입은 손해의 배상을 청구하는 경우 당해 권리를 침해한 자가 그 침해행위를 하게 한 물건을 양도한 때에는 그 물건의 양도수량에 디자인

권자 또는 전용실시권자가 당해 침해행위가 없었다면 판매할 수 있었던 물건의 단위수량당 이익액을 곱한 금액을 디자인권자 또는 전용실시권자가 입은 손해액으로 할 수 있다. 이 경우 손해액은 디자인권자 또는 전용실시권자가 생산할 수 있었던 물건의 수량에서 실제 판매한 물건의 수량을 뺀 수량에 단위수량당 이익액을 곱한 금액을 한도로 한다. 다만, 디자인권자 또는 전용실시권자가 침해행위 외의 사유로 판매할 수 없었던 사정이 있는 때에는 당해 침해행위 외의 사유로 판매할 수 없었던 수량에 따른 금액을 빼야 한다(제64조 제1항).

2) 디자인권자 또는 전용실시권자가 고의 또는 과실에 의하여 자기의 디자인권 또는 전용실시권을 침해한 자에 대하여 그 침해에 의하여 자기가 받은 손해의 배상을 청구하는 경우 권리를 침해한 자가 그 침해행위에 의하여 이익을 받은 때에는 그 이익의 액을 디자인권자 또는 전용실시권자가 받은 손해의 액으로 추정한다(제64조 제2항).

3) 디자인권자 또는 전용실시권자가 고의 또는 과실에 의하여 자기의 디자인권 또는 전용실시권을 침해한 자에 대하여 그 침해에 의하여 자기가 받은 손해의 배상을 청구하는 경우 그 등록디자인의 실시에 대하여 통상 받을 수 있는 금액에 상당하는 액을 디자인권자 또는 전용실시권자가 받은 손해의 액으로 하여 그 손해배상을 청구할 수 있다(제64조 제3항). 디자인권자 등이 본 조항을 적용받기 위해서는 침해자의 양도(판매)수량, 침해행위가 없었다면 권리자가 판매할 수 있는 물건의 단위수량당 이익액, 권리자의 실시능력 등을 입증해야 한다.

4) 손해의 액이 디자인보호법 제64조 제3항에서 규정하는 금액을 초과하는 경우에는 그 초과액에 대하여도 손해배상을 청구할 수 있다. 이 경우 디자인권 또는 전용실시권을 침해한 자에게 고의 또는 중대한 과실이 없는 때에는 법원은 손해배상의 액을 정함에 있어서 이를 참작할 수 있다(제64조 제4항).

5) 법원은 디자인권 또는 전용실시권의 침해에 관한 소송에 있어서 손해가 발생된 것은 인정되나 그 손해액을 입증하기 위하여 필요한 사실을 입증하는 것이 해당 사실의 성질상 극히 곤란한 경우에는 변론 전체의 취지와 증거조사의 결과에 기초하여 상당한 손해액을 인정할 수 있다

(제64조 제5항).

다. 과실의 추정

타인의 디자인권 또는 전용실시권을 침해한 자는 그 침해행위에 대하여 과실이 있는 것으로 추정한다. 이는 등록디자인의 내용은 등록원부와 디자인등록공보에 공시되어 있기 때문에 공중은 이를 이미 알고 있다고 보기 때문이다. 다만, 디자인보호법 제13조 제1항의 규정에 의하여 비밀디자인으로 설정등록된 디자인권 또는 전용실시권의 침해에 대하여는 그러하지 아니하다(제65조 제1항). 디자인무심사등록디자인의 디자인권자·전용실시권자 또는 통상실시권자가 타인의 디자인권 또는 전용실시권을 침해한 경우에 관하여 과실의 추정을 준용한다.

라. 신용회복청구권

법원은 고의 또는 과실에 의하여 디자인권 또는 전용실시권을 침해함으로써 디자인권자 또는 전용실시권자의 신용을 실추하게 한 자에 대하여는 디자인권자 또는 전용실시권자의 청구에 의하여 손해배상에 갈음하거나 손해배상과 함께 디자인권자 또는 전용실시권자의 업무상의 신용회복을 위하여 필요한 조치를 명할 수 있다(제66조).

마. 부당이득 반환청구권

민법 제741조의 규정에 의하여 법률상 타인의 디자인권으로 인해 이익을 받고 이로 인하여 타인에게 손실을 준 자는 그 이익이 존재하는 한도 내에서 반환할 의무가 있다. 부당이득반환청구권은 디자인보호법에는 규정되어 있지 않지만, 같은 법 제741조의 규정을 준용하여 이를 청구할 수 있다.

바. 서류의 제출

법원은 디자인권 또는 전용실시권의 침해에 관한 소송에 있어서 당사자의 신청에 의하여 해당 침해행위로 인한 손해의 계산을 하는 데에 필요한 서류를 제출하도록 다른 당사자에게 명할 수 있다. 다만, 그 서류의 소지자가 그 서류의 제출을 거절할 정당한 이유가 있는 때에는 그러하지 아니하다(제67조).

4. 형사적 구제

디자인권 또는 전용실시권을 침해한 자에 대해서는 민사상 책임 외에 7년 이하의 징역 또는 1억원 이하의 벌금에 처한다(제82조). 디자인권의 침해죄는 친고죄로서 고소가 없으면 기소할 수 없다. 침해죄의 고소기간은 피해자 또는 그 법정대리인이 범인을 안 날로부터 6월 이내이며, 고소권은 디자인권의 이전과 함께 승계인에게 이전된다. 또한 법인의 대표자, 법인 또는 개인의 대리인 사용자 기타 종업원이 그 법인 또는 개인의 업무에 관하여 상표권 또는 전용사용권을 침해한 때에는 행위자를 벌하는 외에 그 개인에 대해서는 1억원 이하의 벌금형, 그 법인에 대해서는 3억원 이하의 벌금형을 과할 수 있도록 하여 양벌규정을 적용하고 있다(제87조). 디자인권의 침해에 대한 형사적 구제로는 침해죄 외에 위증죄, 허위표시의 죄, 사위행위의 죄, 비밀누설죄 및 양벌규정이 있다.

V. 비밀유지명령제도

1. 비밀유지명령제도의 도입 배경

비밀유지명령제도를 도입한 이유는 "한미FTA 및 한미FTA에 관한 서한 교환"의 합의사항에 따라 법원으로 하여금 디자인권의 침해에 관한 소송에서 당사자가 제출한 준비서면 등에 영업비밀이 포함되어 있고 그 영업비밀이 공개되면 당사자의 영업에 지장을 줄 우려가 있는 경우 등에는 당사자의 신청에 따라 결정으로 해당 영업비밀을 알게 된 자에게 소송 수행외의 목적으로 영업비밀을 사용하는 행위 등을 하지 아니할 것을 명할 수 있는 비밀유지명령제도를 도입하였다. 따라서 디자인보호법 제81조의2 내지 제81조의4에 비밀유지명령 신청 및 취소와 관련된 절차 등을 신설하고, 같은 법 제85조의2에 비밀유지명령위반죄를 신설하였다.[1]

---

1) 국내외에서 정당한 사유없이 디자인보호법 제81조의2 제1항에 따른 비밀유지명령을 위반한 자는 5년 이하의 징역 또는 5천만원 이하의 벌금에 처한다.

2. 의 의

한미FTA 협정문 제18.10조 제10항의 증거제출 명령 권한과는 별도로 제11항에서 사법당국의 명령위반에 대한 제재 권한을 규정하고 있다. "비밀유지명령"이란 소송절차에서 생성되거나 교환된 영업비밀을 보호하기 위해 소송당사자, 대리인 등에게 소송 중 지득한 비밀을 소송 수행 외의 목적으로 사용하지 못하게 하거나 공개하지 못하게 하는 법원의 명령을 말한다. TRIPs와 한EU FTA 협정은 민사소송절차에서 사법당국의 증거자료 제출 명령 권한을 중점적으로 규정하고 있고, 한미FTA 경우는 "비밀유지명령"을 규정하고 있다. 개정 법률은 부정경쟁행위 또는 영업비밀 침해행위로 인한 영업상 이익의 침해에 관한 소송에서, 침해 및 손해의 증명을 원활히 하기 위하여 제출된 영업비밀 등이 소송 외의 목적 등 대외적으로 누출되는 것을 방지하고 당사자의 입장에서는 영업비밀을 유지하기 위한 목적으로, 한미FTA의 지식재산권 집행 분야 합의사항의 하나인 비밀유지명령제도를 도입하고 위반시 형사처벌을 부과할 수 있도록 하였다. 법원은 비밀유지명령제도를 근거로 민사소송절차에서 영업비밀 등을 적극적으로 제출하도록 유도하여 영업비밀보호는 물론 산업재산권의 침해행위의 입증을 용이하게 하고, 법원의 침해 여부의 판단에도 활용할 수 있다.

3. 비밀유지명령

가. 관련 규정

법원은 디자인권 또는 전용실시권의 침해에 관한 소송에 있어서 그 당사자가 보유한 영업비밀에 대하여 다음 각호의 사유[1]를 모두 소명한 경우에는 그 당사자의 신청에 따라 결정으로 다른 당사자(법인인 경우에는 그 대표자), 당사자를 위하여 소송을 대리하는 자, 그 밖에 해당 소송으로 인하여 영업비밀을 알게 된 자에게 그 영업비밀을 해당 소송의 계속적인

---

[1] 제1호: 이미 제출하였거나 제출하여야 할 준비서면 또는 이미 조사하였거나 조사하여야 할 증거에 영업비밀이 포함되어 있다는 것, 제2호: 제1호의 영업비밀이 해당 소송 수행 외의 목적으로 사용되거나 공개되면 당사자의 영업에 지장을 줄 우려가 있어 이를 방지하기 위하여 영업비밀의 사용 또는 공개를 제한할 필요가 있다는 것.

수행 외의 목적으로 사용하거나 그 영업비밀에 관계된 이 항에 따른 명령을 받은 자 외의 자에게 공개하지 아니할 것을 명할 수 있다(제81조의2). 다만, 그 신청 시점까지 다른 당사자(법인인 경우에는 그 대표자), 당사자를 위하여 소송을 대리하는 자, 그 밖에 해당 소송으로 인하여 영업비밀을 알게 된 자가 제1호에 규정된 준비서면의 열람이나 증거 조사 외의 방법으로 그 영업비밀을 이미 취득하고 있는 경우에는 그러하지 아니하다.

나. 비밀유지명령 절차

비밀유지명령의 신청은 비밀유지명령을 받을 자, 비밀유지명령의 대상이 될 영업비밀을 특정하기에 충분한 사실, 제1항 각호의 사유에 해당하는 사실을 적은 서면을 제출하여야 한다. 법원은 비밀유지명령이 결정된 경우에는 그 결정서를 비밀유지명령을 받은 자에게 송달하여야 한다. 비밀유지명령은 제3항의 결정서가 비밀유지명령을 받은 자에게 송달된 때부터 효력이 발생한다. 비밀유지명령의 신청을 기각 또는 각하한 재판에 대하여는 즉시항고를 할 수 있다(제81조의2 제5항).

4. 비밀유지명령의 취소

비밀유지명령을 신청한 자 또는 비밀유지명령을 받은 자는 제81조의2 제1항에 따른 요건을 갖추지 못하였거나 갖추지 못하게 된 경우 소송기록을 보관하고 있는 법원(소송기록을 보관하고 있는 법원이 없는 경우에는 비밀유지명령을 내린 법원)에 비밀유지명령의 취소를 신청할 수 있다(제81조의3). 법원은 비밀유지명령의 취소 신청에 대한 재판이 있는 경우에는 그 결정서를 그 신청을 한 자 및 상대방에게 송달하여야 한다. 비밀유지명령의 취소 신청에 대한 재판에 대하여는 즉시항고를 할 수 있다. 비밀유지명령을 취소하는 재판은 확정되어야 그 효력이 발생한다(제81조의3 제4항). 비밀유지명령을 취소하는 재판을 한 법원은 비밀유지명령의 취소 신청을 한 자 또는 상대방 외에 해당 영업비밀에 관한 비밀유지명령을 받은 자가 있는 경우에는 그 자에게 즉시 비밀유지명령의 취소 재판을 한 사실을 알려야 한다.

5. 소송기록 열람 등의 청구 통지 등

비밀유지명령이 내려진 소송(모든 비밀유지명령이 취소된 소송은 제외한다)에 관한 소송기록에 대하여 민사소송법 제163조 제1항[1]의 결정이 있었던 경우, 당사자가 같은 항에서 규정하는 비밀기재 부분의 열람 등의 청구를 하였으나 그 청구절차를 해당 소송에서 비밀유지명령을 받지 아니한 자가 밟은 경우에는 법원서기관, 법원사무관, 법원주사 또는 법원주사보(이하 "법원사무관등"이라 한다)는 같은 법 제163조 제1항의 신청을 한 당사자(그 열람 등의 청구를 한 자는 제외한다. 이하 제3항에서 같다)에게 그 청구 직후에 그 열람 등의 청구가 있었다는 사실을 알려야 한다(제81조의4). 법원사무관 등은 디자인보호법 제81조의4 제1항의 청구가 있었던 날부터 2주일이 지날 때까지(그 청구절차를 행한 자에 대한 비밀유지명령신청이 그 기간 이내에 행하여진 경우에는 그 신청에 대한 재판이 확정되는 시점까지) 그 청구절차를 행한 자에게 비밀기재 부분의 열람 등을 하게 하여서는 아니 된다. 열람 등의 청구를 한 자에게 제1항의 비밀기재 부분의 열람 등을 하게 하는 것에 대하여 같은 법 제163조 제1항의 신청을 한 당사자 모두의 동의가 있는 경우에는 적용되지 아니한다.

≪연습문제≫

〈문 1〉 디자인권 침해에 대한 형사적 구제에 대한 설명으로 옳지 않은 것은?
① 디자인권 침해죄의 고소기간은 피해자가 범인을 안 날부터 6월 이내이다.
② 디자인보호법상의 범죄구성요건으로 권리범위에 속하여야 한다.
③ 위법성이 인정되려면 반드시 침해자의 침해행위가 있어야 한다.
④ 디자인권을 침해한 자가 그 디자인권의 존재를 알지 못한 경우 디자인권자는 그 침해자의 과실을 입증해야 침해의 금지 또는 예방을 청구할 수 있다.
⑤ 디자인권 또는 전용실시권을 침해하는 자에 대해서는 민사상 책임 이외에

---

1) 제163조(비밀보호를 위한 열람 등의 제한): 법원은 당사자의 신청에 따라 결정으로 소송기록 중 비밀이 적혀 있는 부분의 열람·복사, 재판서·조서 중 비밀이 적혀 있는 부분의 정본·등본·초본의 교부를 신청할 수 있는 자를 당사자로 한정할 수 있다.

7년 이하의 징역 또는 1억원 이하의 벌금에 처한다.

〈문 2〉 침해로 성립되기 위한 요건으로 옳지 않은 것은?
① 디자인권자가 침해자의 고의 또는 과실을 입증할 것
② 디자인권이 유효하게 존속하고 있을 것
③ 등록디자인과 동일 또는 이와 유사한 디자인에 대한 실시일 것
④ 정당한 권원이 없을 것
⑤ 업으로서의 실시일 것

〈문 3〉 디자인권 등에 관한 설명 중 옳은 것은? [2008년 변리사 1차시험]
① 디자인권자는 그 디자인권에 대하여 디자인보호법 제70조(통상실시권 허여심판)의 규정에 의한 통상실시권자가 있을 때에는 그 통상실시권자의 동의없이 당해 디자인권을 포기할 수 없다.
② 디자인권자는 등록디자인 또는 이와 유사한 디자인이 그 디자인등록출원일 전에 발생한 타인의 저작권과 저촉되는 경우에는 그 저작권자의 허락없이 자기의 등록디자인또는 이와 유사한 디자인을 업으로서 실시할 수 있는 경우가 없다.
③ 디자인권자는 자기의 디자인권의 전 범위에 대해 전용실시권을 설정한 경우에는 그 디자인권을 침해한 자에 대하여 그 침해의 금지를 청구할 수 없다.
④ 디자인권자는 그 디자인의 등록디자인에 유사한 디자인만이 디자인등록출원일 전에 출원된 타인의 디자인권과 저촉되는 경우에는 그 디자인권자의 허락없이 자기의 등록디자인을 업으로서 실시할 수 없다.
⑤ 디자인권자는 그 디자인권에 대하여 타인에게 질권을 설정한 때에는 그 질권자의 동의없이 그 디자인권에 대하여 타인에게 전용실시권을 설정할 수 없다.

〈문 4〉 디자인권 등에 관한 설명으로 옳은 것은? [2007년 변리사 1차시험]
① 디자인권의 침해가 디자인무심사등록디자인의 디자인권 침해에 해당하는 경우에는 침해자의 침해행위에 대하여 과실이 있는 것으로 추정되지 아니한다.
② 타인의 등록디자인 또는 이와 유사한 디자인의 범위에 속하지 아니한 디자인을 업으로서 실시하는 것이 디자인권의 침해로 되는 경우는 없다.
③ 디자인등록출원일 전에 발생한 저작권의 저작물과 외견상 동일한 등록디자인에 대해 저작권자의 허락없이 업으로서 실시할 수 있는 경우가 있다.
④ 디자인권이 공유인 경우 각 공유자는 다른 공유자의 동의없이 그 지분을

포기할 수 없다.

⑤ 한 벌 물품의 디자인의 디자인권자는 그 한 벌 물품의 디자인을 구성하는 일부의 물품에 대하여 포기할 수 있는 경우가 있다.

〈문 5〉 비밀유지명령에 관한 설명으로 옳지 않은 것은?

① 비밀유지명령은 준비서면 또는 증거 등에 영업비밀이 포함된 경우, 법원의 명령에 의해 해당 영업비밀을 해당 소송의 계속적인 수행 외의 목적에 사용하는 것과, 해당영업비밀에 관계된 명령을 받은 자 이외의 자에게 공개하는 것을 금지하고 있다.

② 비밀유지명령은 한미FTA 협정문의 이행을 위하여 국내법에 도입된 제도이다.

③ 국내외에서 정당한 사유없이 비밀유지명령을 위반한 자는 3년 이하의 징역 또는 3천만원 이하의 벌금에 처한다.

④ 비밀유지명령은 제3항의 결정서가 비밀유지명령을 받은 자에게 송달된 때부터 효력이 발생한다.

⑤ 비밀유지명령의 신청을 기각 또는 각하한 재판에 대하여는 즉시항고를 할 수 있다.

≪정답≫ 1.④ 2.① 3.② 4.③ 5.③

≪문제해설≫

〈문 1〉 ①, ②, ③, ⑤는 제82조 디자인권 침해죄에 관한 것으로 모두 맞다. ④ 디자인권의 침해 판단은 무체재산권의 특성상 권리자가 입증하는 데에 어려움이 있기 때문에 제65조에서 디자인권을 침해한 자에게 그 침해행위에 대하여 과실이 있는 것으로 추정한다.

〈문 2〉 ②, ③, ④, ⑤는 디자인권의 침해죄로 성립되기 위한 요건이다. 그러나 ①은 제65조에서 디자인권을 침해한 자에게 그 침해행위에 대하여 과실이 있는 것으로 추정하므로, 디자인권자가 침해자의 고의 또는 과실을 입증하지 않는다.

〈문 3〉 ① 디자인권자는 통상실시권자의 동의없이 당해 디자인권을 포기할 수 있다. 제54조 제1항에 디자인권 등의 포기 제한이 규정되어 있으나, 제70조의 통상실시권 허여심판에 의한 강제실시권자는 디자인권자와 대립관계에 있기 때문에 포기할 수 있다. ② 제45조 제3항에 의하여 저작권과 저촉되는 경우에는 그 저작권자의 허락없이 자기의 등록디자인 또는 이와 유사한 디자인을 업으로서 실시할 수 없다. ③ 디자인권자는 자기의 디자인권의 전 범위에 대해 침해의 금지를 청구할 수 있다. ④ 타인의 디자인권과 저촉되는 경우에는 "유사범위에서"이므로 동일성 범위에서는 타인의 디자인권자의 허락없이 등록디자인을 실시할 수 있다.

⑤ 디자인권자는 질권자의 동의없이 그 디자인권에 대하여 전용실시권을 설정할 수 있다.

<문 4> ① 제65조 제2항에 따라 디자인권의 침해에 해당하는 경우에는 침해자에게 과실이 있는 것으로 추정된다. ② 등록디자인과 동일·유사범위 내의 실시가 아니더라도 제63조의 침해로 보는 행위에 해당하면 침해가 성립된다. ③ 저작권의 침해에 해당되지 않는 경우에는 이용·저촉관계가 발생하지 않는다. ④ 공유자의 지분 포기에는 제한이 없기 때문에 언제든지 지분을 포기할 수 있다. ⑤ 한벌 물품의 디자인권 자체로 1디자인권이 인정되므로 일부구성물품의 포기는 허용되지 아니한다.

<문 5> ① 제81조의2(비밀유지명령) 제1항에 규정된 사항이다. ② 제81조의2 내지 제81조의4, 제85조의2(비밀유지명령위반죄)는 한미FTA 협정을 이행하기 위하여 입법한 것이다. ③ 국내외에서 정당한 사유없이 비밀유지명령을 위반한 자는 5년 이하의 징역 또는 5천만원 이하의 벌금에 처한다(제85조의2). ④는 제81조의2 제4항, ⑤는 제81조의2 제5항.

제5장

상 표 법

제1절 개 관

Ⅰ. 서 설

1. 상표제도의 목적

상표제도의 목적은 상표를 보호함으로써 상표사용자의 업무상의 신용유지를 도모하여 산업발전에 이바지함과 아울러 수요자의 이익을 보호함을 목적으로 한다(제1조).[1] 상표제도는 사용자측면에서 상표에 화체된 업무상의 신용과 이익을 보호하고(사익보호), 수요자 측면에서 상표가 나타내는 상품출처와 상품품질에 대한 수용자의 신뢰이익을 보호한다(공익보호). 따라서 상표제도는 상표를 보호하고, 상표사용자의 업무상의 신용유지를 도모하고, 산업발전에 이바지하고, 수요자의 이익을 보호하고, 부정경쟁방지를 목적으로 한다.

가. 산업발전에 기여

상표의 보호를 통하여 상표사용자의 신용이 유지되고 타인에 의한 부정경쟁행위가 방지되고, 수요자가 안심하고 상품거래를 하게 되면 국가 전체적으로는 건전한 상거래질서가 확립되어 이를 통해서 궁극적으로 산업발전에 기여하게 된다. 상표법은 등록상표나 미등록 주지 저명상표

---

1) 제5장에서 달리 법률명 표기가 없는 조문 표기는 모두 "상표법" 조문임.

에 대한 법률에 따른 보호를 통해 제3자의 그 상표의 침해나 모방 도용행위에 의한 오인·혼동을 야기하는 상표의 등록 및 사용을 금지시킴으로써 상표사용자로 하여금 그 상표를 사용하는 동안 상품의 품질을 유지 향상시키도록 함으로써 상표사용자의 신용유지를 도모한다. 이 경우 "업무상의 신용"(goodwill of business)이란 고객이 선호하고 고객의 필요를 충족시켜 주는 상품 및 서비스를 제공하는 업자와 계속 거래하고자 하는 인간의 기본적인 성향을 반영하는 영업상의 가치로 볼 수 있다.

나. 수요자의 이익보호

상표사용자란 사회통념상의 상표로서 존재하는 상표가 법정의 요건과 절차에 따라 등록하여 사용하는 등록상표권자 및 사용권자를 말한다. 다만, 미등록 주지 저명상표의 사용자도 타인의 등록배제를 통하여 보호된다는 점에서 상표사용자의 개념 안에 포함된다. 상표를 보호함으로써 상표의 본래의 기능인 상품출처와 상품품질의 보증 기능이 발휘될 수 있도록 함으로써 수요자와 거래자의 신뢰이익을 보장하고 상표사용자로 하여금 계속적인 상품품질의 향상에 노력하도록 함으로써 결과적으로 수요자의 이익을 보호한다. 상표침해행위나 기타 부정한 수단에 의한 상표의 사용행위는 수요자에게 상품의 출처 및 품질에 관하여 오인·혼동을 일으키게 하여 수요자의 신뢰이익을 해치고 경제적 손실을 초래하므로 이를 방지하여 수요자의 이익을 보호하는 공익적인 목적을 가지고 있다. 상표는 자타상품의 식별표식이며 상품의 얼굴이고, 상품에 부착되는 표지이다.

다. 부정경쟁방지

상표는 영업자가 구매자의 심리에 자기의 상품을 다른 경쟁품과 구별하게 하고 특정시키기 위하여 사용하는 표지이다. 부정경쟁이란 산업상 또는 영업상 공정한 관행에 반하는 경쟁행위를 의미한다. 상표법은 그 기능이나 목적의 면에서 보면 부정경쟁을 방지하고 건전한 상거래 질서의 확립을 목적으로 한다. 상표법이 등록주의 아래에서 등록에 의한 독점배타적인 권리를 부여하고 등록상표와 동일·유사한 상표의 사용을 금지함으로써 강력하게 부정경쟁을 방지함에 반하여, 부정경쟁방지법은 표장의 등록 여부와 관계없이 거래 시장에서 널리 알려진 상품표지 등과 혼

동이 발생하는 행위를 구체적·개별적으로 파악하여 금지한다는 점에서
차이가 있다고 할 수 있다.

2. 새로운 유형의 상표 등장

상표는 기본적으로 자신의 상품을 타인의 상품과 식별되도록 하는
역할을 한다. 과거 상표제도에서는 단순히 문자와 도형, 기호로 이루어진
형태만을 보호하였지만, 오늘날 인간의 오감을 이용한 독특한 마케팅전
략과 새로운 기술의 등장, 소비자 욕구의 다양화로 인하여 과거의 전형적
인 형태와 다른 새로운 형태의 상표가 등장하게 하였다. 입체상표뿐만 아
니라, 색채, 홀로그램, 냄새, 소리 등 과거 상표의 범위에서 벗어난 새로
운 형태의 상표를 광고와 홍보 등을 통해 소비자가 타사의 상품과 서비
스로부터 출처를 구분할 수 있게 되었다. 이는 상표는 사회생활 속에 살
아 있는 존재이며 경제사회가 발전하고 기술이 발달함에 따라 상표의 범
위도 다양하게 확대되어 가는 경향이 있기 때문이다. TRIPs 제15조 제1
항은 "사업자의 상품 또는 서비스를 다른 사업자의 상품 또는 서비스로
부터 식별시킬 수 있는 표지 또는 표지의 결합은 상표를 구성할 수 있다"
고 규정하여, 자타 상품 등의 식별기능을 갖춘 표지이면 상표가 될 수 있
음을 명문화하고 있다.

Ⅱ. 상표의 종류

1. 서 설

상표란 시각, 청각, 미각을 통하여 인식될 수 있는 것이어야 한다.
자기의 상품과 타인의 상품을 식별하기 위하여 사용되지 않는 표장은 상
표로 볼 수 없다. 과거 상표제도에서는 단순히 문자와 도형, 기호로 이루
어진 형태만을 보호하였지만, 시각을 통하여 인식할 수 없는 소리·냄새
등과 같이 청각·후각으로 지각할 수 있는 표장은 현실의 거래사회에서
자타상품의 식별표지로서 사용되고 있다 하더라도 상표법상의 상표로는
보호받을 수 없었다. 그러나 2012년 3월 한미FTA가 발효되면서 소리상

표와 냄새상표도 등록받을 수 있게 되었다. 넓은 의미의 상표개념에는 상표 외에 서비스표, 단체표장, 지리적 표시 단체표장, 업무표장, 증명표장, 지리적 표시 증명표장도 포함한다.

2. 상표의 내용상 분류

가. 상 표

상표(商標)란 자타상품을 식별하기 위하여 사용하는 일체의 감각적인 표현수단을 의미한다. 구상표법(2011.12.2 법률 제11113호로 개정되기 전의 것)에서는 기호, 문자, 도형, 입체적 형상 또는 이들을 결합한 것과 이들 각각에 색채를 결합한 것만으로 상표의 구성요소가 한정되었다. 2007년 개정법에서 상표권의 보호대상이 색채 또는 색채의 조합만으로 된 상표, 홀로그램상표, 동작상표 및 그 밖에 시각적으로 인식할 수 있는 모든 유형의 상표가 상표법으로 보호받을 수 있도록 그 보호대상이 확대되었다. 2012년 개정법에서 상표의 정의가 다음의 어느 하나에 해당하는 것(이하 "표장"이라 한다)으로 확대되었다.

> 가) 기호, 문자, 도형, 입체적 형상 또는 이들을 결합하거나 이들에 색채를 결합한 것.
>
> 나) 다른 것과 결합하지 아니한 색채 또는 색채의 조합, 홀로그램, 동작 또는 그 밖에 시각적으로 인식할 수 있는 것.
>
> 다) 소리·냄새 등 시각적으로 인식할 수 없는 것 중 기호·문자·도형 또는 그 밖의 시각적인 방법으로 사실적(寫實的)으로 표현한 것.

나. 서비스표

서비스표란 서비스업을 영위하는 자가 자기의 서비스업을 타인의 서비스업과 식별되도록 하기 위하여 사용하는 표장을 말한다. 예를 들어, 샘표식품 주식회사의 "샘표", 주식회사 금강의 "금강", 주식회사 진로의 "진로" 등이 이에 속한다. 서비스표의 사용에 대하여 대법원 2011.7.28 선고 2010후3080 판결은 "서비스표는 통상 유형물인 상품과는 달리 수요자에게 제공되는 무형의 서비스를 표장의 대상으로 하는 것이므로 그 서비스 자체에 서비스표를 직접 사용할 수는 없다. 이러한 상품과 서비스의 차이를 고려할 때, 서비스표의 사용에는 서비스업에 관한 광고·정가

표·거래서류·간판 또는 표찰에 서비스표를 표시하고 이를 전시 또는 반
포하는 행위는 물론, 서비스의 제공시 수요자의 이용에 공여되는 물건 또
는 당해 서비스의 제공에 관한 수요자의 물건에 서비스표를 표시하는 행
위, 서비스의 제공시 수요자의 이용에 공여되는 물건에 서비스표를 표시
한 것을 이용하여 서비스를 제공하는 행위 또는 서비스의 제공에 이용하
는 물건에 서비스표를 표시한 것을 서비스의 제공을 위하여 전시하는 행
위 등이 포함된다"고 판시하였다.

다. 단체표장

단체표장(collective mark)이란 상품을 생산·제조·가공·증명 또는 판
매 등을 업으로 영위하는 자나 서비스업을 영위하는 자가 공동으로 설립
한 법인이 직접 사용하거나 그 감독하에 있는 소속단체원으로 하여금 자
기의 영업에 관한 상품 또는 서비스업에 사용하게 하기 위한 표장을 말
한다(제2조 제1항 제3호). 단체표장에 관하여 상표법에 특별히 규정한 것을
제외하고는 상표에 관한 규정이 그대로 적용된다. 단체표장의 예로 로터
리 클럽의 단체표장, 코파스(서울시 가구공업협동조합의 단체표장)의 단체표장
등이 있다.

라. 지리적 표시 단체표장

지리적 표시 단체표장이라 함은 지리적 표시를 사용할 수 있는 상품
을 생산·제조 또는 가공하는 것을 업으로 영위하는 자만으로 구성된 법인
이 직접 사용하거나 그 감독하에 있는 소속단체원으로 하여금 자기 영업에
관한 상품에 사용하게 하기 위한 단체표장을 말한다(제2조 제1항 제3호의4). 지
리적 표시 단체표장의 예로 "동의보감"(쌀), "상주곶감", "정안밤", "영암무
화과", "달마지쌀골드", "생거진천쌀", "이천도자기" 등이 있다.

마. 업무표장

업무표장(business emblem)이라 함은 영리를 목적으로 하지 아니하는
업무를 영위하는 자가 그 업무를 나타내기 위하여 사용하는 표장을 말한
다(제2조 제1항 제4호). 업무표장에 관하여 상표법에 특별히 규정한 것을 제
외하고는 상표에 관한 규정이 그대로 적용된다. 업무표장의 예로 "대한
적십자사", "청년회의소", "YMCA", "보이스카우트" 등이 있다.

바. 증명표장

증명표장(certification mark)은 단체표장과 유사하며 상품이나 서비스업의 품질을 증명하기 위하여 사용하는 표장이다. 증명표장이란 상품이나 서비스업의 품질, 원산지, 생산방법이나 그 밖의 특성의 증명을 업으로 하는 자가 상품의 생산·제조·가공 또는 판매를 업으로 하는 자의 상품이나 서비스업을 영위하는 자의 서비스업이 정하여진 품질, 원산지, 생산방법이나 그 밖의 특성을 충족하는 것을 증명하는 데 사용하게 하기 위한 표장을 말한다(제2항 제1호 제4호). 현행 상표의 기능은 자기의 업무와 관련된 상품을 다른 사람의 상품과 식별하도록 하는 데 중점을 두고 있어 품질인증 기능이 제한적이므로, 상표의 품질보증기능을 강화하여 소비자에게 올바른 상품의 정보를 제공하여 최적의 선택·소비가 가능하도록 하는 데에 그 의미가 있다.

사. 지리적 표시 증명표장

지리적 표시 증명표장이란 상품의 품질, 원산지, 생산방법이나 그 밖의 특성의 증명을 업으로 하는 자가 상품의 생산·제조 또는 가공을 업으로 하는 자의 상품이 정하여진 지리적 특성을 충족하는 것을 증명하는 데 사용하게 하기 위한 지리적 표시로 된 증명표장을 말한다(제2조 제1항 제4호의2). 지리적 표시 증명표장에 관하여는 이 법에서 특별히 규정한 것을 제외하고는 이 법 중 지리적 표시 단체표장에 관한 규정을 적용한다. 이 제도는 정부·지자체·민간단체 등에서 시행하고 있는 인증 마크제를 활성화시키고 소비촉진에 기여할 것으로 기대된다. 지리적 표시 단체표장권자 및 상표권자에게 선출원주의에 근거한 배타적 권리를 부여한다.

3. 상표의 구성상 분류

가. 기호상표

기호상표는 문자나 부호 등을 간략히 도안화하거나 $\Pi \cdot \Omega \cdot \Sigma \cdot \Psi$ 등의 기호를 이용하여 만든 상표를 말한다. 기호상표는 오메가 시계의 상표 "Ω+OMEGA"(지정상품: 시계)와 같이 기호와 문자를 결합하여 사용되기도 한다.

나. 문자상표

문자상표란 한글·한자·외국어·로마자·숫자 등의 문자로 구성된 상표이다. 문자상표의 예로 "PRADA", "VERSACE", "CHANNEL NO.5", "Google", "SONATA", "모나미"(Monami) 등이 있다. 문자상표를 식별력이 있는 순서로 구분하면, "Kodak"과 같은 조어(造語)상표, "Apple"과 같은 임의 선택적 상표, "Microsoft"와 같은 암시적 상표가 있다. 기술적 상표(descriptive mark)는 그 지정상품의 성질을 직접적으로 설명하고 있는 상표이므로 식별력을 인정 할 수 없어 상표등록을 받을 수 없다(제6조 제1항 제3호).

다. 도형상표

도형상표는 동물·식물·풍경 등의 자연물이나 인공물·추상물 또는 기하학적인 도형을 근거하여 만든 로고(logo)를 도형상표라 한다. 도형상표의 예로는 벤츠자동차의 로고, 현대자동차의 로고, NIKE 신발의 로고, Apple 컴퓨터의 로고 등이 있다.

라. 입체상표

입체상표는 상품 또는 용기의 외형을 입체적 형상으로 도안화하여 구성된 상표다. 입체상표라는 그것이 상품의 기능성을 갖지 않고 자타상품의 식별력을 가질 경우 상표등록을 받을 수 있다. 예를 들어, 미키마우스의 형상, KFC의 할아버지 형상, 맥도날드 햄버거 광대(clown), 바나나 우유의 병모양 등이 있다.

마. 결합상표

결합상표는 기호·문자·도형 등이 결합된 상표 또는 입체적 형상 중 2 이상이 하나로 결합되거나 이들 각각에 색채를 결합하여 구성된 상표를 말한다. 예를 들어, BMW. Audi, Microsoft, StarBucks, IBM, 아시아나항공, 대한항공 등의 상표는 결합상표이다.

바. 색채상표

색채상표는 기호·문자·도형 또는 입체적 형상 등에 채색을 하여 구성된 상표를 말한다. 색채는 그 자체로서는 상표의 구성요소로 될 수 없지만, 기호·문자·도형 또는 입체적 형상 등에 채색이 되면 상표의 구성요소로 될 수 있다(제2조 제1항 제1호 가목).[1] 예를 들어, LG전자의 자주색 상표, 삼성전자의 청색 바탕의 상표, 맥도날드 햄버거의 붉은 바탕색 안에 노란색 아치 형상의 상표, Kodak필름의 박스에 채색된 노란색 상표 등이 이에 속한다.

사. 소리상표

2012년 개정법에서 상표의 범위에 "소리상표"를 추가하였다. 펩시콜라의 병따는 소리, MGM영화의 첫 장면에 등장하는 수사자 레오의 울음소리, SK 텔레콤의 "띵띵띠딩띵" 또는 KT의 "두두두 올레"와 같은 소리도 상표로 보호받을 수 있게 되었다. 유럽공동체상표디자인청(OHIM)에 소리상표를 출원할 경우, 사실적 표현 요건을 강조하여 소리표장이 음악 또는 언어가 수반하는 음악인 경우에는 반드시 악보를 제출하여야 하며, 비음악적 소리인 경우 오실로그램, 스펙트럼, 소노그램 등으로 소리를 시각적으로 표현하거나 전자파일을 제출하여야 한다.

아. 냄새상표

2012년 개정법에서 냄새상표가 도입되었다. 제주도 감귤(천혜향)의 향기를 이용하여 피로회복용 드링크에 적용한 경우 천혜향의 냄새도 상표로 등록을 받을 수 있게 된다. 냄새상표를 최초로 인정한 사례로는 1990년 미국에서 자수용실 및 바느질용 실이 지닌 특징적 냄새에 대하여 비기능적인 한 냄새도 출처를 구별하는 상표로서 다른 요소와 달리 취급할 아무런 이유가 없다고 하여, 냄새상표의 사용에 의한 식별력을 인정하였다. 이후 레이저프린트의 토너에 대한 레몬향, 차량용 윤활유에 대한 아몬드향 등에서도 등록결정을 내렸다. 종래에 미국 특허상표청은 냄새상표가 시각적으로 인식이 불가능하므로 상표를 자세하게 설명한 서면 제출을 요구하였으나, 현재 상표심사기준에서는 문지르거나 긁어서 냄새를 맡을 수 있는 스티커를 상표의 견본으로서 설명서와 함께 제출할 것을 요구하고 있다. 유럽공동체상표디자인청(OHIM)은 1999년 테니스공

---

1) 외국의 색체상표 등록 예시: 유럽공동체 제31336호: 상표에 대한 설명- Lilac/purple, single colour as shown in the representation(제30류).

의 신선한 풀 냄새로 최초로 냄새상표로 인정하였는데, 냄새상표의 등록 여부를 연상 작용과 결부시켜 냄새를 통해 우리가 잘 알고 있는 어떤 이미지를 연상할 수 있으면 냄새상표로 등록할 수 있도록 하고 있다. 이후 장미향 나는 타이어, 맥주 냄새가 나는 다트의 화살 날개가 냄새상표로 등록이 되었다.

Ⅲ. 상표의 기능

1. 서 설

말로써 표현할 수 있는 것을 브랜드명(이름), 말로써 표현할 수 없는 기호·디자인 등을 브랜드 마크(brand mark)라고 한다. 브랜드명, 브랜드 마크 가운데에서 독점 배타적인 권리가 법적으로 보증되어 있는 브랜드를 "상표"(商標: trade mark)라고 한다.

1971년 미국 시애틀에 고급 원두커피를 판매하는 최초의 스타벅스 (STARBUCKS)매장이 열렸다. 창업주들은 커피원두 판매점 간판에 "STARBUCKS"라는 브랜드를 붙였다. 오늘날 전세계 15,000여 개의 스타벅스 매장이 있으며, 세계 최고의 커피 브랜드로 명성을 날리고 있다. 스타벅스의 브랜드 네이밍(brand naming)경영의 성공사례를 살펴본다.[1] 스타벅스 창업자들은 스타벅스의 첫두글자인 "ST"의 발음이 사람의 마음을 끌어당겨 오랫동안 기억에 남게 한다고 믿었다. 창업자 중 한 명인 고든은 허먼 멜빌의 소설《모비딕》(Moby Dick)에 나오는 배, 피쿼드(Pequod)호의 일등항해사의 이름이 스타벅(STARBUCK)이고, 그는 커피를 무척 좋아했다는 사실에서 아이디어를 얻었다. 창업주들은 초기 커피 무역상들의 항해 전통과 에메랄드 빛 바다에서의 로맨스를 연상하면서 커피 판매점의 브랜드를 "STARBUCKS"로 결정하였다.

---

1) 김형남, "스타벅스(StarBucks) 브랜드네이밍 경영사례", KOTA Journal, 통권 제1호, 대한상표협회, 2011.5, 28면.

스타벅스 로고는 아름다운 노래로 뱃사람을 유혹한다는 꼬리가 두 개 달린 요정 사이렌(Siren)이라는 바다의 인어로, 17세기 판화를 참고로 제작했다고 한다. 그리스 신화에 나오는 사이렌은 아름답고 달콤한 노랫소리로 지나가는 배의 선원들을 유혹하여 죽게 하는 것으로 알려졌다. 이처럼 사람들을 홀려서 스타벅스에 자주 발걸음을 하게 만들겠다는 뜻으로 로고를 만들었다고 한다. 스타벅스 로고의 칼라는 처음에는 커피를 연상시키는 갈색이었으나, 긍정적인 느낌을 주는 녹색으로 변경하였다. 녹색은 커피 색상과 보색관계를 이루는 색채로 눈에 잘 띠고 인지도를 높이는 효과가 있다고 한다.

2. 자타상품의 식별기능

상표가 상품의 출처를 표시하거나 상품의 품질을 보증하는 기능을 발휘하기 위해서는 그 전체로서 자기의 상품과 타인의 상품을 구별할 수 있어야 한다. 이를 "자타상품의 식별기능"(function of discrimination)이라 한다. 상표는 어느 한 제품을 만드는 여러 다른 생산자의 상품들과 자기의 상품을 식별해 주는 기능을 가진다. 예를 들어, "백년동안"이라는 샘표식품이 만든 흑초와 "홍초"라는 청정원이 제조한 식초에 대하여 소비자는 상표의 구별을 통해 어느 회사에서 그 제품을 생산하였는지의 여부를 판단한 후 상품(식초)을 선택할 수 있다. 상표는 상품의 출처를 나타내는 자타상품의 식별표지이므로 자기의 상품과 다른 사람의 상품과 구별하게 할 수 있는 힘, 즉 "식별력"(識別力)을 갖추어야 등록을 받을 수 있다(제6조). 상표의 자타 상품 식별기능은 상표권자의 상품을 같은 종류의 타인의 상품과 구별시켜 주는 기능으로서 상표의 가장 기본적이고 본질적인 기능이며, 출처표시 기능이나 품질보증 기능을 가능하게 하는 상표의 본원적 기능이라고 할 수 있다.

3. 출처표시 기능

상표의 출처표시 기능(function of indication of origin)이란 동일한 상

표를 표시한 상품은 동일한 출처(source)에서 생산되거나 판매된다는 것을 수요자에게 나타내는 기능을 말한다. 출처표시의 기능은 주로 상표사용자 측면에서 본 상표의 기능이라 할 수 있다. 따라서 오늘날에 있어서 출처표시의 기능은 소비자의 입장에서 본다면 특정 상표가 표시된 상품은 특정 출처에서 나온 것이라는 전통적인 의미가 아니라 동일한 상표가 부착된 상품은 동일한 출처에서 나와 동일한 유통경로를 거쳐 소비자의 손에 도달된 것이라는 의미만을 갖는다. 특히 유명상표가 부착된 상품에 대해서 소비자는 그 상품의 실제 제조업자가 누구인가에 대해서는 별로 관심이 없고 상표만으로 상품의 품질을 믿고 구입하는 것이 통례이다. 예를 들어, 소비자가 "Monami 153"이라는 상표를 부착한 볼펜을 구입한 경우, 그 볼펜의 생산자가 모나미주식회사임을 알 수 있다. 대법원 2007.6.28 선고 2006후3113 판결은 특정인의 출처로 인식된다고 하는 것은 기존의 상표에 관한 권리자의 명칭이 구체적으로 알려져야 하는 것은 아니며, 누구인지 알 수 없다고 하더라도 동일하고 일관된 출처로 인식될 수 있으면 충분하다고 판단하였다.

4. 품질보증 기능

품질보증 기능이란 동일한 상표가 부착된 상품은 통상 동일한 특성과 품질을 가지고 있다고 수요자로 하여금 기억하게 하는 기능을 말한다. 즉 상표의 품질보증 기능은 상품의 품질의 동일성을 보증하는 기능으로 주로 소비자 측면에서 본 상표의 기능이라 할 수 있다. 예를 들어, 1990년에 L사가 판매한 세탁기를 사용한 소비자는 L사가 2012년 3월에 신제품(세탁기)을 시장에 내놓으면, L사 세탁기의 품질을 믿고 L사의 상표가 부착된 신제품을 구입하게 된다. 이러한 경향은 소비자가 L사의 상표를 통해서 제품을 선택하기 때문이다.

5. 광고선전 기능

광고선전 기능은 상표의 상품에 대한 심리적인 연상작용을 동적인 측면에서 파악한 것으로 상표를 수단으로 하여 거래사회에서 상품의 구매의욕을 일으키는 판매촉진수단으로서의 상표의 기능을 말한다. 상표는 소비자들에게 그 상표를 붙인 상품의 출처, 품질, 상표 사용자의 신용을 기억하게 하고 이와 같은 심리적인 연상작용이 광고기능으로 연결돼 그것이 판매촉진의 수단으로 된다. 세계적으로 유명한 "NIKE"라는 스포츠 상표가 의류, 신발, 모자, 가방 등 여러 스포츠 용품에 사용되고 있는 것은 "NIKE"라는 상표를 최경주, 타이거 우즈 등 세계적으로 유명한 선수들을 모델로 하여 TV 광고 등을 통해서 오랫동안 축적해 온 상표의 이미지와 신용을 활용하는 판매전략의 결과라 할 수 있다.

6. 재산적 기능

상표의 재산적 기능이란 상표사용자가 자기의 상표를 오랜 기간 계속 반복적으로 사용함으로써 그 상표에 대한 신용이 화체되어 주지·저명한 상표가 되면 그 상표는 상표 그 자체만으로 엄청난 무형재산(intangible asset)으로서의 가치를 창출하게 된다. 상표의 재산적 기능은 보통 기업의 M&A 등에서 상표권의 양도 및 상표의 사용권 설정을 통해 구현된다. 상표의 출처표시 내지 품질보증의 기능을 통하여 상표사용자의 신용이 상표에 그대로 반영되기 때문에, 상표의 재산적 가치는 여타 동산·부동산 등과 비교가 안 될 정도로 극히 높이 평가된다. 또한 상표는 상표법에 의하여 독점배타적인 권리로 보호를 받기 때문에 시장에서 매우 유리한 위치에서 독점적인 기능을 발휘할 수 있다.

Ⅳ. 상표법 개관

1. 상표법의 특징

상표법은 진정한 상표를 보호함으로써 부정경쟁을 방지하고 건전한 상거래질서 확립을 통하여 산업발전을 도모하고자 하는 일종의 경쟁법 또는 경업질서법이라고 말할 수 있다. 특허법은 자연법칙을 이용한 기술적 사상의 창작을 보호대상으로 한다. 이에 반하여 상표법은 상표사용자의 업무상의 신용유지를 도모하여 산업발전에 이바지함과 아울러 수요자의 이익보호를 목적으로 한다. 정보라는 측면에서 볼 때, 특허법은 새로

운 기술정보를 보호하는 법이고 상표법은 상징정보(symbolic information)
인 상표를 보호하는 법이라 할 수 있다.

상표법은 형식적으로는 지식재산권법 계열의 법률이기는 하지만, 그
목적이나 기능 면에서 본다면 진정한 상표에 대한 신뢰를 보호함으로써
부정경쟁을 방지하고 건전한 상거래질서 확립을 통하여 산업발전을 도모
하고자 하는 일종의 경쟁법 또는 부정경쟁방지법과 유사한 법률이라고
할 수 있다.

2. 상표법의 기본원칙

상표법은 형식적으로는 "상표법"이라고 불리는 법전(法典)을 가리키
지만, 실질적 의미로는 상표제도를 규율하는 법률을 말한다. 상표법 체계
를 거시적으로 분석하여 보면, 권리발생(제1장-제4장), 권리행사(제5장, 제6
장), 권리분쟁(제7장, 제8장, 제10장) 및 상표제도가 경제에 기여하는 측면으
로 구분할 수 있다. 상표법은 산업재산권법의 기본이 되는 법률이고, 하
위 법령으로 시행령(상표법시행령. 이하 "시행령"이라 한다)과 시행규칙(상표법시
행규칙. 이하 "시행규칙"이라 한다)을 두고 있다. 상표법은 상표권은 등록에 의
하여 발생한다는 등록주의, 동일한 상표가 여러 사람에 의해 출원된 경우
가장 먼저 출원한 자에게 등록을 허용하는 선출원주의, 상표등록을 받기
위한 법정요건을 갖춘 것인지의 여부를 특허청에서 심사하는 심사주의,
상표를 자타 상품 식별표지로 사용하고자 하는 자는 누구라도 국가(특허
청)에 등록을 요구할 수 있고 법정요건을 갖추고 있는 한 국가는 이를 거
절할 수 없다는 권리주의를 기본원칙으로 하고 있다.

가. 등록주의

등록주의란 상표가 법정의 요건을 구비하는 경우 업무상 사용한 사
실이 있는지의 여부에 불문하고 그 등록을 허용하는 입법주의를 말한다.
상표법은 상표권은 설정등록에 의하여 발생한다고 규정함으로써 등록주
의를 명문화하고 있다(제41조 제1항). 우리나라의 상표법은 "등록주의"를
채택하고 있으므로, 상표권을 확보하기 위해서는 반드시 특허청에 상표
등록출원서를 제출하여 상표등록을 받아야 하므로, 특허청 심사관으로부
터 상표등록결정서를 받았다 하더라도 등록절차를 밟지 아니하면 상표권

이 발생되지 않는다. 상표제도는 상표에 내재된 영업자의 신용과 자타 상품의 식별력을 보호함으로써 영업자의 이익과 소비자의 이익을 동시에 도모하려는 제도이다. 따라서 상표제도에 의하여 보호되는 상표는 원칙적으로 영업자가 오랫동안 사용함으로써 거래상의 신용이 내재된 것이다. 이와 같이 상표제도 본래의 취지에 따라 상표권의 취득에 있어서 선사용을 조건으로 하는 것을 사용주의라고 하며 미국이 사용주의를 대표하고 있는 나라이다. 우리 상표법은 상표제도의 목적을 구현하고, 상표제도의 원활한 운영을 위하여 등록주의에 사용주의 요소를 가미하고 있다.

나. 선출원주의

선출원주의라 함은 동일 또는 유사한 상표가 동일 또는 유사한 상품에 대하여 2 이상 경합하여 출원된 경우 먼저 출원한 출원인만이 상표등록을 받을 수 있도록 하는 제도를 말하며(제8조 제1항), 이는 상표권의 독점배타성을 보장하고 상품출처의 오인·혼동을 방지하기 위하여 중복등록을 배제하고자 함이다. 따라서 다른 날에 상표와 상품이 동일 또는 유사한 2 이상의 저촉되는 출원이 있는 때에는 먼저 출원한 자만이 상표등록을 받을 수 있으며, 나중에 출원한 자는 등록을 받을 수 없다. 한편 같은 날에 2 이상의 저촉되는 출원이 있는 때에는 협의에 의하여 정해진 하나의 출원인만이 상표등록을 받을 수 있고, 협의가 성립하지 않거나 협의를 할 수 없는 경우에는 특허청장이 행하는 추첨에 의하여 결정된 하나의 출원인만이 상표등록을 받을 수 있다(제8조 제2항).

다. 속지주의

상표의 출원과 등록요건은 파리협약 동맹국에서 그 국내법에 따라 정한다(파리협약 제6조 제1호). 하나의 동맹국에서 정당하게 등록된 상표는 원국가를 포함하는 타 동맹국에서 등록된 상표와 독립적인 것으로 간주한다(파리협약 제6조 제3호). 파리협약 제6조 제3호에서 규정하는 상표 보호의 독립 원칙에 따라 각국의 상표는 서로 독립적으로 효력이 발생하므로 상표권을 획득하고자 하는 나라에 상표등록출원을 하여 그 나라에서 상표권을 취득하여야만 해당 국가에서 독점배타적인 권리를 확보할 수 있다. 어떠한 동맹국에서 정식으로 상표등록출원을 한 자 또는 승계인은 타

동맹국에서 출원의 목적상 6개월의 우선권을 가진다(파리협약 제4조 A.1호).

라. 심사주의

우리 상표법은 상표권 허여의 방식으로서 상표등록출원에 대하여 심사주의를 채택하고 있다. 심사주의란 상표등록출원에 대하여 특허청이 절차적·실체적 상표등록의 요건을 심사한 후 등록 여부를 결정하는 방식이다. 상표권은 시장에서 상품의 유통과 경쟁 질서를 유지하는 데 중요한 기능을 하므로 세계 대부분의 국가들은 심사주의를 채택하고 있다.

마. 권리주의

권리주의란 상표를 상품식별표지로서 사용하고자 하는 자는 누구라도 국가(특허청)에 등록을 신청할 수 있고, 해당 상표가 등록요건을 갖추고 있는 한 국가는 이를 거절할 수 없는 원칙을 말한다. 만약 국가가 부당하게 출원상표를 거절한다면 상표심판과 소송절차를 통해서 구제받을 수 있다. 권리주의는 상표권의 허여를 국가 또는 통치권자의 은혜(恩惠)로 보는 "은혜주의"에 대응되는 개념이다.

바. 직권주의

직권주의는 상표심사 및 심판절차에 있어서 권한과 책임의 주도권을 국가행정기관인 특허청에게 부여하는 것을 말한다. 상표법은 심판에 있어서 심리를 위한 자료 및 증거의 채증은 심판관이 직권으로 심리할 수 있는 직권탐지주의(제77조의22)와 당사자 등의 의사에 관계없이 심판절차를 진행할 수 있는 직권진행주의(제77조의21)에서 직권주의를 택하고 있다.

3. 상표법과 다른 법과의 관계

가. 특 허 법

상표법에서 상표의 보호는 특허법이나 실용신안법과 같은 지적창작물을 보호하는 법적 취지와는 다르다. 특허법은 기술적 아이디어를 보호하고, 상표법은 선택된 표장을 보호한다. 상표법은 상표 사용자의 신용을 보호하고 나아가서 상품이나 서비스를 선택, 구매하는 수요자의 심리적 기능을 보호하는 것이다. 상표는 상품에 관하여 사용되는 것으로 상품 자체 또는 상품의 포장 등에 붙여서 사용된다. 구 상표법(2011.12.2, 법률 제

11113호로 개정되기 전의 법률)에서는 출원·심사·심판의 일부 규정은 특허법을 준용하였으나. 2012년 개정법에서 특허법의 준용규정을 풀고 74개 조문을 새로 신설하였다.

나. 디자인보호법

디자인은 물품의 형상·모양·색채 등으로 창작된 물품외관의 미적 창작을 보호대상으로 하고 공지되지 아니한 신규성·창작성·공업성을 등록요건으로 하고 있다. 상표는 물품이나 물품의 포장에 부착하는 표장을 보호대상으로 하고 표장의 식별력을 등록요건으로 하는 점에서 차이가 있다.

다. 저작권법

상표법과 저작권법은 모두 지식재산권법의 일종이라는 점에서는 유사하지만, 저작권법은 인간의 지적창작물인 문학·예술·미술 또는 음악의 범위에 속하는 저작물의 보호에 관한 법률이다. 반면 상표법은 상표사용자의 단순한 선택에 의한 식별표지를 보호하는 법이라는 점에서 본질적인 차이가 있다. 아울러 정보라는 측면에서 볼 때, 저작권법은 저작물의 표현을 보호하는 법이고, 상표법은 상징정보인 상표를 보호하는 법이다. 책의 제호(題號)의 경우 저작권법으로 보호받지 못하나 이를 상표로 출원하면 상표등록을 받을 수 있다. 단행본의 제호와 달리 시리즈물의 경우에는 상표등록이 가능하다. 예를 들어, "행복이 가득한 집", "뿌리 깊은 나무", "말에서 내리지 않는 무사", "마법천자문" 등이다.

라. 부정경쟁방지법

상표법은 그 기능이나 목적의 면에서 보면 부정경쟁을 방지하고 건전한 상거래질서의 확립을 목적으로 한다는 점에서 부정경쟁방지법과 유사한 측면이 있다. 부정경쟁방지법은 상표등록 여부와 관계없이 거래시장에서 수요자간에 널리 인식된 표지(Mark)와 혼동을 일으키는 행위를 제거함으로써 부정경쟁을 방지하는 상호 보완적인 역할을 수행한다. 부정경쟁방지법은 국내에서 널리 알려진 상표·서비스표는 상표등록이 안 되어 있더라도 혼동적 사용행위자에 대한 금지청구를 할 수 있다. 부정경쟁방지법의 특징으로 타인의 상품이나 서비스로 혼동할 가능성이 있도록 자신의 상품이나 서비스를 표출할 때 적용된다는 점, 산업재산권법 또는 저작권법에 의해서 보호받을 수 없는 경우에 적용된다는 점, 타인의 영업비밀을 침해하는 경우에 적용된다는 점을 들 수 있다. 부정경쟁방지법에서 보호의 대상은 상품 출처를 표시하는 모든 표지이고, 보호의 조건은 국내에서 주지성의 획득이다. 프라이드치킨으로 유명한 "켄터키 프라이드치킨"을 상표등록출원을 했으나 이는 상표등록 요건을 충족하지 못하는 상표로 등록을 받지 못했다. 상표등록이 되지 않은 상표는 상표법에서 독점권을 인정하지 않은 것이므로 제3자가 자유로이 사용할 수 있다. 그러나 "켄터키 프라이드치킨"은 저명한 상표이다. 이 경우 제3자가 켄터키 프라이드치킨을 사용하여 동종의 업을 할 경우 그 제3자는 "켄터키 프라이드치킨"의 상호에 아무런 투자가 없는 상태에서 상표의 저명성에 무임승차하는 것이 되므로 공정한 경쟁을 해치는 행위에 해당한다. "켄터키 프라이드치킨"은 상표법에 의해 보호를 받을 수 없지만 부정경쟁방지법에 의해 보호를 받을 수 있다.

마. 공정거래법

자유롭고 공정한 경쟁의 유지를 통해서 창의적인 기업활동의 조장, 소비자 보호, 국민경제의 균형 있는 발전을 추구하는 "독점규제 및 공정거래에 관한 법률"(이하 "공정거래법"이라 한다) 제59조(무체재산권의 행사행위)는 "이 법의 규정은 저작권법, 특허법, 실용신안법, 디자인보호법 또는 상표법에 의한 권리의 정당한 행사라고 인정되는 행위에 대하여는 적용하지 아니한다"고 규정하여 지식재산권의 행사행위에 대해서 공정거래법을 적용하지 않는 것으로 하고 있다. 지식재산권에 의해 부여된 사용·수익 권리는 기본적으로 독점적·배타적인 성격을 가지기 때문에 이러한 권리의 행사에 대해서는 공정거래법이 적용되지 않는다. 다만, 지식재산권은 개별법이 정한 범위 내의 권리의 행사로서 인정되는 범위에서만 보호되는 것이며, 이러한 권리가 남용되는 것까지 허용하는 것은 아니다.

바. 민사소송법

민사소송이란 사법적 법률관계에서 발생한 분쟁을 판결절차를 통해 강제적으로 해결하는 제도를 말한다. 민사소송법은 사법상의 권리의 확정·실현을 위한 재판절차에 관한 소송절차법이고, 재판부와 사인의 관계를 규정하는 공법이다. 상표법은 상표등록출원 및 등록에 관한 절차법으로 그 성질에 반하지 않는 범위 내에서 상표소송절차는 민사소송법을 준용한다.

4. 2011.12.2 공포된 상표법 개정내용

가) 소리상표와 냄새상표를 상표의 범위에 추가(제2조 제1항 제1호 다목).

나) 상품 및 서비스업에 대한 증명표장 신설(제2조 제1항 제4호).

다) 전용사용권의 등록을 효력발생요건에서 제3자 대항요건으로 변경(제58조 제1항).

라) 법정손해배상제도 신설(제67조의2).

마) 비밀유지명령제도 도입(제92조의7 내지 제92조의9, 제96조의2).

바) 특허법 준용 규정을 풀어서 상표법에 규정(총 74개의 조문을 신설).

구 상표법(2011.12.2, 법률 제11113호로 개정되기 전의 것)은 특허법의 다수의 조문을 준용하고 있어 국민들이 상표법만으로는 그 내용을 이해하기 곤란하다는 문제점을 안고 있었다. 2012년 개정법에서는 그 동안 특허법에서 준용하였던 74개 조문의 내용을 상표법에 직접 규정하여 국민들이 상표법만으로도 상표제도를 쉽게 이해할 수 있도록 하였다. 이로써 이제 우리 상표법은 독립된 법체계를 가질 수 있게 되었다고 할 수 있다.

≪연습문제≫

〈문 1〉 특허법, 디자인법 및 상표법을 비교한 설명으로 옳지 않은 것은?

① 특허법과 실용신안법에는 이의신청제도가 없고, 디자인보호법과 상표법에는 이의신청제도가 있다.

② 상표권을 침해한 자는 고소가 없어도 침해죄를 물을 수 있으나, 특허권 또는 디자인권을 침해한 자는 고소가 없으면 침해죄를 물을 수 없다.

③ 디자인등록출원에 있어서는 반드시 출원서에 도면을 첨부하여야 하지만, 특허출원에 있어서는 출원서에 도면을 첨부하지 않는 경우가 있다.

④ 상표법 및 디자인보호법에는 출원공개제도가 있다.

⑤ 상표권은 "식별력"이 있는 상표를 선택하는 것이고, 디자인권이라 함은 물품의 외관이 심미감이 있는 경우 그 외관(디자인)만을 보호해주는 권리이다.

〈문 2〉 상표법상 상표에 관한 설명으로 옳지 않은 것은? [2007년 사시 1차시험]

① 입체적 형상은 상표가 될 수 없다.

② 기호, 문자, 도형에 색채를 결합한 것은 상표로 등록될 수 있다.

③ 서비스표에 관하여도 상표법에서 특별히 규정한 것을 제외하고는 상표법 중 상표에 관한 규정을 적용한다.

④ 상표등록출원과 업무표장등록출원 상호간에 출원변경은 허용되지 않는다.

⑤ 상품에 관한 거래서류에 상표를 표시하여 반포하는 행위도 상표의 사용에 해당한다.

〈문 3〉 다음 중 상표법상 규정된 사항 중 다음 설명에서 옳지 않은 것은?

① 현행 상표법상 2 이상의 상품류 구분에 속하는 상품을 지정할 수 있으며, 이 경우에는 그 상품들이 서로 유사한 경우에 한하여 1출원으로 할 수 있다.

② 전기, 열, 에너지 자체는 상표법상의 상품이 아니다.

③ 음식점에서 만들어 제공하고 그 식당 안에서 소비되는 요리는 상품이 아니다.

④ 지리적 표시는 "단체표장"으로만 출원할 수 있고, 개인은 권리자가 될 수 없다.

⑤ 자기의 성명·명칭·상호를 상표로 사용하는 경우라도 그 사용이 부정경쟁의 목적에 의한 것이라면 상표권의 효력이 미친다.

〈문 4〉 다음 중 상표법상의 상표적 사용으로 옳은 것은?

① 타인의 등록상표를 제품에 관한 규격표시로 사용한 경우

② 타인의 등록상표를 비교광고로서의 광고에 사용한 경우

③ 타인의 등록상표를 제품에 대한 순전한 디자인적 요소로 사용한 경우

④ 타인의 등록상표를 제품에 대한 태그에 부착한 경우

〈문 5〉 상표법상 상표의 사용에 관한 행위로 옳지 않은 것은?

① 상품의 포장에 상표를 표시하는 행위

② 지정상품과 무관하게 "월간 뿌리깊은나무"에 상표를 단 한번 광고하는 행위

③ 상품에 관한 정가표 또는 간판에 상표를 표시하고 반포하는 행위

④ 상표를 표시한 태그를 상품에 끈으로 매달아 둔 경우 또는 상품의 진열장의 전면에 상표를 표시하는 행위

⑤ 상품의 포장지에 상표를 표시한 것을 양도의 목적으로 전시·수출·수입하는 행위

〈문 6〉 상표법이 채택하고 있는 제도로 옳지 않은 것은?

① 취소심판제도 ② 출원공개제도 ③ 존속기간연장제도

④ 변경출원제도 ⑤ 분할출원제도

〈문 7〉 상표법에서 상표의 개념을 정의한 것이다. ( ) 안에 들어갈 말로 옳은 것을 모두 고른 것은?

> "상표"란 상품을 생산·가공 또는 판매하는 것을 업으로 영위하는 자가 자기의 업무에 관련된 상품을 타인의 상품과 (ㄱ)되도록 하기 위하여 사용하는 다음 각 목의 어느 하나에 해당하는 것을 말한다.
>   가. 기호·문자·(ㄴ)·입체적 형상 또는 이들을 결합한 것
>   나. 다른 것과 결합하지 아니한 색체 또는 (ㄷ)의 조합, 홀로그램, (ㄹ) 또는 그 밖의 시각적으로 인식할 수 있는 것
>   다. 소리·(ㅁ) 등 시각적으로 인식할 수 없는 것 중 기호·문자·도형 또는 그 밖의 시각적인 방법으로 (ㅂ)으로 표현한 것

	ㄱ	ㄴ	ㄷ	ㄹ	ㅁ	ㅂ
①	식별	색체	도형	소리	동작	사실적
②	유통	소리	문자	소리	냄새	감각적
③	식별	도형	색체	동작	냄새	사실적
④	유통	도형	모양	색채	동작	감각적
⑤	식별	색체	문자	동작	위치	시각적

〈문 8〉 상표법 제2조 제1항 제6호에 규정되어 있는 상표의 사용의 개념에 해당하지 않는 것은? [2009년 사시 1차시험]

① 상품에 상표를 표시하는 행위

② 상품 또는 상품의 포장에 상표를 표시한 것을 양도 또는 인도하거나 그 목적으로 전시·수출 또는 수입하는 행위

③ 간판 또는 표찰에 상표를 표시하고 전시 또는 반포하는 행위

④ 명함에 상표를 인쇄하는 행위

⑤ TV 광고에서 상표를 표시하여 방영하는 행위

〈문 9〉 다음 중 상표법상의 상표적 사용으로 옳은 것은?

① 타인의 등록상표를 제품의 포장에 상표를 표시하고 사무실에 보관만 하는 경우

② 타인의 등록상표를 포털사이트에서 비교광고로서의 광고에 사용한 경우

③ 타인의 등록상표를 제품에 대한 순전한 디자인적 요소로 사용한 경우

④ 광고매체가 되는 사은품용 잡지에 타인의 상표를 사용한 경우

⑤ 타인의 등록상표를 거래서류에 상표를 표시하고 반포한 경우

〈문 10〉 표장에 관한 정의 중 옳지 않은 것은? [2011년 사시 1차시험]

① 서비스표라 함은 서비스업을 영위하는 자가 자기의 서비스업을 타인의 서비스업과 식별되도록 하기 위하여 사용하는 표장을 말한다.

② 단체표장이라 함은 상품을 생산·제조·가공·조명 또는 판매하는 것 등을 업으로 영위하는 자나 서비스업을 영위하는 자가 공동으로 설립한 법인이 직접 사용하거나 그 감독하에 있는 소속단체원으로 하여금 자기 영업에 관한 상품 또는 서비스업에 사용하게 하기 위한 표장을 말한다.

③ 업무표장이라 함은 영리를 목적으로 하는 업무를 영위하는 자가 그 업무를 표상하기 위하여 사용하는 표장을 말한다.

④ 지리적 표시라 함은 상품의 특정 품질·명성 또는 그 밖의 특성이 본질적으로 특정 지역에서 비롯된 경우에 그 지역에서 생산·제조 또는 가공된 상품임을 나타내는 표시를 말한다.

⑤ 지리적 표시 단체표장이라 함은 지리적 표시를 사용할 수 있는 상품을 생산·제조 또는 가공하는 것을 업으로 영위하는 자만으로 구성된 법인이 직접 사용하거나 그 감독하에 있는 소속단체원으로 하여금 자기 영업에 관한 상품에 사용하게 하기 위한 단체표장을 말한다.

〈문 11〉 상표법상 사용주의적 요소로 옳지 않은 것은? [2008년 제50회 사시 1차시험]

① 상표불사용 취소심판제도

② 그 상품에 대하여 관용하는 상표의 등록 불허

③ 상표등록을 받을 수 있는 자의 자격요건으로 상표의 사용 또는 사용의사 요구

④ 사용에 의한 자타상품 식별력 취득의 인정

⑤ 타인의 미등록 주지상표와 유사한 상표의 등록 불허

≪정답≫ 1.④ 2.① 3.① 4.④ 5.② 6.② 7.③ 8.④ 9.⑤ 10.③ 11.②

≪문제해설≫

〈문 1〉 ① 디자인보호법 제29조의2, 상표법 제25조. ② 상표의 침해죄만 비친고죄이다. ③ 디자인은 도면이 보호범위에 들어가므로 도면은 필수이다. 특허의 물질특허나 조성물특허의 경우 도면이 필요없다. ④ 상표법에는 출원공개제도가 없다. ⑤ 상표는 식별력 있는 표장을, 디자인은 외관(디자인)을 보호한다.

〈문 2〉 ① 제2조 제1항 제1호 가목에서 상표의 범위에 "입체적 형상"이 포함됨. ② 제2조 제1항 제1호 가목. ③ 제2조 제3항. ④ 제19조 제1항. ⑤ 제2조 제1항 제7호 다목.

〈문 3〉 ① 제10조 제1항에 따라 1상표 1출원은 다류 1출원이 가능하다. 류마다 1류에 해당하는 상품을 지정상품으로 한다. ② 상품은 독립적으로 거래될 수 있어야 한다. 전기, 열, 에너지는 상품이 아니다. ③ 음식점 이름은 서비스표로 보호되나, 요리는 상표법상 상품으로 취급하지 않는다. ④ 제3조의2. ⑤ 제51조 제1항 단서.

〈문 4〉 상표법상 상표의 표시행위에 해당하기 위해서는 반드시 상품 또는 상품의 포장에 직접 표시하여야 하는 것만은 아니고, 상품에 태그나 라벨형식으로 부착하여도 표시행위에 해당한다. ①, ②, ③의 경우에는 출처표시로서의 기능을 발휘하지 않으므로 상표적 사용에 해당하지 않는다.

〈문 5〉 상표의 사용은 해당 지정상품에 직접 관련이 있는 상표를 사용해야 보호가 된다(제52조). 지정상품과 무관한 광고는 상표사용이 아니다. ①, ③, ④, ⑤는 상표의 사용이다.

〈문 6〉 상표법에서 출원공개제도는 채택하지 않는다. ①, ③, ④, ⑤는 상표제도이다.

〈문 7〉 2012년 개정법 제2조 제1항 제1호의 "상표"의 정의에 관한 내용이다.

〈문 8〉 ① 제2조 제1항 제7호 가목. ② 제2조 제1항 제7호 나목. ③ 제2조 제1항 제7호 다목. ④ 명함을 인쇄하고서 이를 전시 또는 반포하여야 상표의 사용

행위가 성립한다. ⑤ 제2조 제1항 제7호 다목.

　　<문 9> 제2조 제1항 제7호 다목에 따라 거래서류에 상표를 표시하고 반포하는 행위는 상표의 사용에 해당한다. ①, ②, ③, ④의 경우에는 출처표시로서의 기능을 발휘하지 않으므로 상표적 사용에 해당하지 않는다.

　　<문 10> ① 서비스표도 상표와 마찬가지로 출처표시 기능 또는 타상품과 식별표시 기능이 주요한 기능이다. ② 제2조 제1항 제3호 정의. ③ 제2조 제1항 제5호 정의: 업무표장은 비영리 업무를 영위하는 자가 등록을 받을 수 있다(제4조). ④ 제2조 제1항 제3호의2 정의. ⑤ 제2조 제1항 제3호의4 정의.

　　<문 11> ① 제73조 제1항 제3호: 국내에서 3년 이상 불사용. ② 관용상표는 사용주의와 무관하다. ③, ④, ⑤는 상표법상 등록주의에 사용주의를 가미한 상표제도이다.

제 2 절 상표등록의 요건

I. 서 설

1. 의 의

상표는 상품을 식별하는 수단일 뿐만 아니라 기업의 브랜드 가치를 평가하는 척도라 할 수 있다. 상표법은 상표에 축적된 영업자의 신용을 보호하고 나아가 상품을 구매하는 소비자의 상품의 식별력을 보호하는 것이므로 인간의 지적창작물을 보호하는 저작권법, 특허법 또는 실용신안법 등과는 그 보호의 대상이나 취지가 다르다. 상표법은 등록주의를 채택하여 상표등록에 의해 출원인에게 독점배타적인 권리를 부여하여 타인이 등록상표와 동일·유사한 상표를 사용하는 것을 금지시킴으로써 부정경쟁을 적극적으로 방지하는 역할을 수행한다.[1]

출원상표가 상표등록을 받기 위해서는 상표법상의 "식별력"(distinctiveness)이 있어야 한다. 식별력이라 함은 거래자나 일반 수요자로 하여금 상표를 표시한 상품이 누구의 상품인가를 알 수 있도록 인식시켜 주는 것을 말한다. 식별력을 "특별현저성"이라고도 한다. 본절에서 특허청 상표심사기준의 해석참고자료와 상표의 예시를 참고한다.[2]

2. 등록요건의 종류

가. 주체적 요건

우리나라에서 주체적 요건(출원인 적격)은 상표권자가 될 수 있는 자격을 갖는 자(개인 또는 법인)로서, 국내에서 상표를 사용하는 자 또는 사용하고자 하는 자는 상표법이 정하는 바에 의하여 자기의 상표를 등록받을 수 있다(제3조). 상표권자가 될 수 있는 자격은 우리나라 국민 또는 법인은

---

1) 대법원 2008.7.24 선고 2006다40461 판결: 이 사건 등록상표권의 행사는 상표사용자의 업무상 신용유지와 공정한 경쟁질서와 상거래질서를 어지럽히는 것이어서 비록 권리행사의 외형을 갖추었다 하더라도 등록상표에 관한 권리를 남용하는 것으로서 허용될 수 없다.
2) 특허청, 상표심사기준, 특허청 예규 제60호, 2011.6.30.

모두 해당되며, 외국인은 상호주의 원칙과 조약에 따라 권리능력을 인정
받을 수 있게 된다(제5조의24).

나. 실체적 요건

상표법 제6조에서 상표등록의 요건을 규정하고 있다. 상표의 등록요
건은 출원의 형식 등 절차적 요건과 상표의 구성 자체가 자타상품의 식
별력을 가진 것인지 부등록사유에 해당되지 않는지에 관한 실체적 요건
이 있다. 이 중에서 실체적 요건은 적극적 요건과 소극적 요건으로 나누
는데 상표법상 등록을 받을 수 있는 요건은 적극적 요건을 말한다. 상표
의 소극적 요건은 등록받을 수 없는 상표의 요건을 말한다(제7조).

다. 적극적 요건

상표의 가장 중요한 기능은 자타상품 식별기능이기 때문에 상표로
등록되기 위해서는 우선 식별력을 가져야 한다. 상표법 제6조 제1항 각
호에서는 자타상품의 식별력이 없는 상표인 경우 상표등록이 불허되는
사유를 제한적으로 열거하고 있다. 일반적으로 식별력 유무의 판단은 지
정상품과 관련하여 판단하고 있다. 식별력이 없는 상표라 하더라도, 그
상표를 사용한 결과 수요자간에 특정인의 상표로 현저하게 인식된 경우
에는 예외적으로 등록이 가능한 경우가 있다(제6조 제2항). 적극적 요건은
구체적으로 상표로 등록하고자 하는 표장이 상표법 제2조 제1항 제1호의
상표의 정의에 해당하고, 같은 법 제6조 및 제7조의 등록요건을 갖추거
나 사용에 의하여 식별력을 갖출 것, 상표의 등록출원인이 상표에 대한
사용의사를 가질 것 등이다.

3. 출원인 적격

가. 상표등록을 받을 수 있는 자

국내에서 상표를 사용하는 자 또는 사용하고자 하는 자는 자기의 상
표등록을 받을 수 있다(제3조). 우리나라에서 상표등록을 받을 수 있는 자
는 국내에서 상표를 사용하는 자 또는 사용하고자 하는 자이어야 하고,
자기의 상표이어야 한다. 상표등록출원의 승계는 상속 기타 일반승계의
경우를 제외하고는 출원인변경신고를 하지 아니하면 그 효력이 발생하지

아니한다(제12조 제1항). 상표등록출원은 그 지정상품마다 분할하여 이전할 수 있다. 이 경우 유사한 지정상품은 함께 이전하여야 한다(제12조 제2항). 상표등록출원이 공유인 경우에는 각 공유자는 다른 공유자 전원의 동의를 얻지 아니하면 그 지분을 양도할 수 없다. 분할하여 이전된 상표등록출원은 원상표등록출원을 한 때에 출원한 것으로 본다(제12조 제6항).

나. 단체표장의 등록을 받을 수 있는 자

상표법에서는 영리를 목적으로 하는 자에 대하여는 상표등록, 서비스표등록 또는 단체표장의 등록을 받을 수 있도록 하고, 비영리를 목적으로 하는 자에 대하여는 단체표장의 등록을 받을 수 있도록 하고 있다. 상품을 생산·제조·가공 또는 판매하는 것 등을 업으로 영위하는 자나 서비스업을 영위하는 자가 공동으로 설립한 법인(지리적 표시 단체표장의 경우에는 그 지리적 표시를 사용할 수 있는 상품을 생산·제조 또는 가공하는 것을 업으로 영위하는 자만으로 구성된 법인에 한한다)은 자기의 단체표장을 등록받을 수 있다(제3조의2). 단체표장의 경우 등록을 받을 수 있는 자는 단체에 가입할 수 있도록 되어 있어 소속 단체원의 업무상의 범위가 상당히 넓게 규정되어 있다. 지리적 표시 단체표장의 경우 지리적 표시를 사용할 수 있는 상품을 생산·제조 또는 가공하는 것을 업으로 영위하는 자만으로 구성된 법인만이 등록을 받을 수 있도록 하여 통상의 단체표장에 비하여 출원인 적격을 제한하였다.

다. 증명표장의 등록을 받을 수 있는 자

상품이나 서비스업의 품질, 원산지, 생산방법이나 그 밖의 특성을 업으로서 증명하고 관리할 수 있는 자는 상품의 생산·제조·가공 또는 판매를 업으로 하는 자나 서비스업을 영위하는 자가 영업에 관한 상품이나 서비스업이 정하여진 품질, 원산지, 생산방법이나 그 밖의 특성을 충족하는 것을 증명하는 데 사용하게 하기 위하여 증명표장을 등록받을 수 있다. 다만, 자기의 영업에 관한 상품이나 서비스업에 사용하려는 경우에는 증명표장의 등록을 받을 수 없다(제3조의3). 증명표장 등록출원인 또는 증명표장의 등록을 받은 자는 그 증명표장과 같거나 유사한 표장을 그 지정상품·서비스업과 같거나 유사한 상품·서비스업에 대하여 상표·서비스표·단체표장·업무표장등록을 받을 수 없다.

라. 업무표장의 등록을 받을 수 있는 자

국내에서 영리를 목적으로 하지 아니하는 업무를 영위하는 자는 자기의 업무표장을 등록받을 수 있다(제4조). 이 경우 비영리업무란 적십자사, 청년회의소, 보이스카우트연맹, 로터리클럽 등 공익법인 등이 수행하는 업무로서 영리를 목적으로 하지 아니하는 업무를 말한다.

4. 상표의 사용

가. 의 의

상표는 상품에 관하여 사용되는 표장이다. 상표법상 "상표의 사용"이라 함은 다음에 해당하는 행위를 말한다. (i) 상품 또는 상품의 포장에 상표를 표시하는 행위, (ii) 상품 또는 상품의 포장에 상표를 표시한 것을 양도 또는 인도하거나 그 목적으로 전시·수출 또는 수입하는 행위, (iii) 상품에 관한 광고·정가표·거래서류·간판 또는 표찰에 상표를 표시하고 전시 또는 반포하는 행위(제2조 제1항 제7호). 상품, 상품의 포장, 광고, 간판 또는 표찰에 상표를 표시하는 행위에는 상품, 상품의 포장, 광고, 간판 또는 표찰을 표장의 형상이나 소리 또는 냄새로 하는 것을 포함한다(제2조 제2항). 상표법은 제2조 제1항 제7호 및 제2항에서 일정한 표시행위, 유통행위, 광고행위를 사용의 유형으로 열거하고 있다. 따라서 원칙적으로 위 3가지 행위 중 어느 하나의 행위에 해당되면 상표법상의 상표의 사용이라 할 수 있다. 즉 상표의 사용이란 상품의 동일성을 표시하기 위한 모든 표장의 이용을 말한다.

가) 표시행위: 상품 또는 상품의 포장에 상표를 표시하는 행위.

나) 유통행위: 상품 또는 상품의 포장에 상표를 표시한 것을 양도 또는 인도하거나 그 목적으로 전시·수출 또는 수입하는 행위.

다) 광고행위: 상품에 관한 광고·정가표·거래서류·간판 또는 표찰에 상표를 표시하고 전시 또는 반포하는 행위.

나. 비교광고로서만 사용된 경우

타인의 등록상표와 동일 또는 유사한 표장을 사용하였으나, 상품에 관한 출처표시로 사용하지 않고 비교광고로서만 사용한 경우를 말한다. 예를 들어, 갑이 "NAVER"라는 표장을 "인터넷포털 서비스업"을 지정서비스업으로 등록받은 경우에 있어서, 을이 "DAUM"이라는 표장으로 인터넷포털 서비스업을 하면서 자신의 인터넷포털 서비스업에 대한 광고문구로 "NAVER에서 못 찾으면 DAUM에서"와 같은 문구를 사용하는 경우이다. 이때 비록 을은 자신의 서비스업에 대한 광고에서 타인의 등록서비스표인 "NAVER"라는 표장을 표시하였으나, 이는 단순히 비교광고로서 사용한 것에 지나지 아니할 뿐, "NAVER"라는 표장 자체를 자신의 서비스업에 대한 출처표시로 사용한 것이 아니므로 갑의 서비스표권에 대한 침해가 되지 않는다.

다. 광고매체가 되는 물품에 대한 상표의 사용

상표법상 "상표의 사용"이라고 함은 상품 또는 상품의 포장에 상표를 표시하는 행위 등을 의미하고, 여기에서 말하는 "상품"은 그 자체가 교환가치를 가지고 독립된 상거래의 목적물이 되는 물품을 의미한다. 상품의 선전광고나 판매촉진 또는 고객에 대한 서비스 제공 등의 목적으로 그 상품과 함께 또는 이와 별도로 고객에게 무상으로 배부되어 거래시장에서 유통될 가능성이 없는 이른바 "광고매체가 되는 물품"은 비록 그 물품에 상표가 표시되어 있다고 하더라도, 물품에 표시된 상표 이외의 다른 문자나 도형 등에 의하여 광고하고자 하는 상품의 출처표시로 사용된 것으로 인식할 수 있는 등의 특별한 사정이 없는 한, 그 자체가 교환가치를 가지고 독립된 상거래의 목적물이 되는 물품이라고 볼 수 없고, 이러한 물품에 상표를 표시한 것은 상표의 사용이라고 할 수 없다.[1]

---

1) 대법원 1999.6.25 선고 98후59 판결: 피심판청구인은 종전부터 자신이 발행하여 오던, 영화·음악·연예인 등에 관한 정보를 담은 "ROADSHOW, 로드쇼"라는 월간잡지의 독자들에게 보급하고 그 구매욕을 촉진시키기 위하여 사은품으로 외국의 유명한 영화배우들의 사진을 모아 이 사건 등록상표인 "WINK"라는 제호의 책자를 발행하여 독자들에게 제공하였고, "WINK"라는 제호의 책자는 그 자체가 교환가치를 가지고 거래시장에서 유통될 가능성이 있는 독립된 상거래의 목적물이 될 수 없어 "광고매체가 되는 물품"에 해당된다고 할 것이다.

Ⅱ. 상표등록의 요건

1. 보통명칭상표

상표법상 그 상품의 보통명칭을 보통으로 사용하는 방법으로 표시한 표장만으로 된 상표는 등록을 받을 수 없다(제6조 제1항 제1호). 보통명칭이라 함은 그 상품을 취급하는 거래사회에서 당업자 및 일반수요자 사이에 그 상품을 일반적으로 지칭하는 것으로 사용되고 인식되어 있는 명칭을 말한다. 보통명칭은 그 자체로 자타상품식별력이 없을 뿐만 아니라, 어떤 상품을 지칭하는 것으로 일상생활에서 보편적으로 사용되는 명칭은 누구나 자유롭게 사용할 필요가 있는 것이므로 특정인에게 독점배타적 권리를 인정하는 것은 공익에 반한다. 상표법 제6조 제1항 제1호에서 규정하는 상품의 보통명칭을 보통으로 사용하는 방법으로 표시한 표장만으로 된 상표에 해당한다고 하기 위해서는 상표의 명칭이 가지는 관념으로부터 유추하여 일반 소비자들이 지정상품의 보통명칭으로 인식할 우려가 있다는 것만으로는 부족하고 실제거래에 있어서 일반 소비자들이 지정상품의 보통명칭으로서 그와 같은 명칭을 보통으로 사용하고 있는 사실이 인정되어야 한다. 제6조 제1항 제1호에 해당하는 상표의 예로 "Car"(지정상품 자동차),[1] "청바지"(피복), "Copyer"(복사기), "Cafe′ Latte′"(커피시럽), "JEEP"(자동차), "ASPIRIN"(해열제), "초코파이"(초코가 든 과자류), "정로환"(구레오소드함유 위장약), "YOGURT"(유산균 발효유), "레스토랑"(요식업), "콘치프"(옥수수 건과자) 등이 있다.

2. 관용상표

상표법상 그 상품에 대하여 관용하는 상표는 등록될 수 없다(제6조 제1항 제2호). 상품의 관용상표는 특정 종류의 상품에 관하여 동업자들에 의하여 관용적으로 사용되는 상표를 말한다. 제6조 제1항 제2호의 관용하는 상표는 처음에는 특정인의 상표였던 것이 주지 저명한 상표로 되었다가 상표권자가 상표 관리를 허술히 함으로서 동종업자들 사이에 자유롭

---

1) 제5장에서 상표 다음에 오는 ( ) 안에 표시된 상품(서비스업)은 그 상표의 지정상품 또는 서비스업을 의미한다.

고 관용적으로 사용하게 된 상표를 말한다. 예를 들어, "정종"(청주), "나폴레온"(꼬냑), "오복채"(장아찌), "TEX·LON·RAN"(직물), 깡(과자), "VASELLINE"(콜드크림), "인단"(구중청량제), "cyber·web·tel·com·net"(통신업), "가든·성·장"(요식업)은 식별력을 상실한 관용상표이다.

제6조 제1항 제1호의 상품의 보통명칭은 그 동업자들만이 아니라 실제 거래에 있어서 일반소비자들까지도 지정상품의 보통명칭으로서 그와 같은 명칭을 보통으로 사용하고 있는 것을 말한다. 다만, 관용상표가 다른 식별력이 있는 표장의 부기적 부분이거나 식별력이 있는 표장에 흡수되어 있는 경우에는 전체적으로 식별력이 있는 것으로 보아 등록이 가능하다.

3. 기술적 상표

상품의 산지·품질·원재료·효능·용도·수량·형상(포장의 형상을 포함한다)·가격·생산방법·가공방법·사용방법 또는 시기를 보통으로 사용하는 방법으로 표시한 표장만으로 된[1] 상표는 상표등록을 받을 수 없다(제6조 제1항 제3호). 상표법 제6조 제1항 제3호는 상품의 성질을 직접적으로 설명하는 것을 내용으로 하는 기술적(記述的, descriptive) 상표에 관한 것으로 이를 소위 "성질표시상표"라고도 한다. 상품의 산지·품질·원재료 등은 성질표시 상표에 관한 예시에 불과하므로 이러한 예시에 해당하지 않는 표장이라도 상품의 성질이나 품질을 표시한 것이라면 성질표시상표로 등록받을 수 없다. 제6조 제1항 제3호의 취지는 통상 상품의 유통 과정에서 필요한 표시이기 때문에 특정인에게 독점 배타적으로 사용하게 할 수 없다는 공익상의 요청과 이와 같은 상표의 등록을 허용할 경우에는 타인의 동종 상품과의 관계에서 식별이 어렵다는 점이라고 할 수 있다. 기술적 표장인지의 여부는 지정상품과의 관계에서 그 상표가 가지고 있는 관념,

---

1) "만으로 된"의 의미는 품질표시 등이 포함된 경우라도 식별력 있는 표장의 부기적 부분에 불과한 경우 또는 식별력 있는 표장에 흡수되어 불가분의 일체를 구성하는 경우에는 전체적으로 식별력이 인정된다. 예를 들어, 출원상표가 "청원모밀"인 경우 산지표시로 식별력이 인정되지 않지만, "도형+청원모밀"로 출원한 경우, 도형 부분이 식별력이 있다고 판단된다면, 청원모밀은 식별력이 없는 부분이기 때문에 상표의 유사 여부 판단에서 제외하고 나머지 부분(도형)을 대비하여 전체적으로 판단하게 된다.

지정상품과의 관계, 일반수요자나 거래자의 그 상표에 대한 이해력과 인식의 정도, 거래사회의 실정 등을 감안하여 객관적으로 판단하여야 한다. 기술적 상표의 유형은 다음과 같다.

가. 산지표시

당해 상품의 생산지를 표시하는 것을 말한다. 상품의 산지 표시는 통상 상품의 유통과정에서 필요한 표시이므로 누구라도 이를 사용할 필요가 있으므로 특정인에게 독점배타적으로 사용하게 할 수 없으므로 이를 허용하고 있지 않다. 산지표시의 예로는 "금산"(인삼), "대구"(사과), "영광"(굴비), "한산"(모시), "울릉도"(오징어), "VIENNA"(안경), "이동"(요식업, 갈비), "청진동"(한식점경영업, 해장국), "마산"(한식점경영업, 아구찜) 등이다. 지정상품과 관련하여 산지표시라고 볼 수 없는 지리적 명칭은 여기에 해당되지 아니한다. 상품의 산지를 표시함으로써 상품의 가치 또는 신용을 증가시키는 경우에는 당해 산지 이외에서 생산·판매되는 상품에 그 산지를 표시함으로써 상품의 품질의 오인이나 혼동을 유발할 우려가 있는 때에는 상표법 제7조 제1항 제11호의 규정을 적용한다.

나. 상품의 특성

상품의 품질·원재료·효능·용도·수량·형상·가격·생산방법·가공방법·사용방법 등 상품의 객관적 특성을 보통으로 사용한 방법으로 표시한 상표는 식별력이 없다

(1) 품 질

상품의 "품질표시"라 함은 당해 지정상품과의 관계에서 그 상품 품질의 상태 또는 우수성을 직접적으로 표시하는 것이라고 인정되는 경우에 이에 해당하는 것으로 본다. 상품의 품질표시에는 상품의 품위와 등급의 표시, 품질보증의 표시와 미감의 표시도 포함되는 것으로 본다. 현실적으로 당해 상품에 표시된 품질의 유무를 불문한다. 다만, 당해 품질이 없거나 과대표시한 때에는 상표법 제7조 제1항 제11호의 규정도 함께 적용한다.

예를 들어, 품질보증, 특선, 원조, 특급, 명품, STANDARD, KS, NEW, DELUXE, GENUINE, SUPER, ACE, SPECIAL, ULTRA, 청정, BIO, GREEN,

무공해(환경관련제품), Soft Brown(화장품류), 생명물(녹차 등), Hitec(기술관련상품), TRAVEL LODGE(호텔 등 경영업), ELEGANCE BOUTIQUE(의류) 등이 있다.

(2) 원 재 료

본호에서 규정하는 그 상품의 "원재료표시"라 함은 당해 원재료(주요부품 을 포함한다)가 당해 지정상품에 현실적으로 사용되고 있거나 사용될 수 있다고 인정되는 경우가 이에 해당하는 것으로 본다. 원재료에는 당해 상품의 주원료 또는 주요부품은 물론 보조원료 또는 보조부품이라 하더라도 동 상품의 품질, 성능, 효능 등에 중요한 영향을 줄 수 있는 것은 여기에 포함된다. 예를 들어, "WOOL"(양복), "STEEL"(금고), "SILK"(블라우스), "KERATIN"(화장품), "알루미늄"(창문틀), "콩"(두부) 등이 있다.

(3) 효 능

본호에서 규정하는 그 상품의 "효능표시"라 함은 당해 지정상품과의 관계에서 물품의 성능 또는 효과를 직접적으로 표시하는 것이라고 인정되는 경우에 이에 해당하는 것으로 본다. 효능의 표시는 당해 상품의 객관적인 성능 또는 효과의 표시는 물론 주관적인 안락감, 쾌감 등 만족감의 표시도 포함한다. 현실적으로 표시된 효능의 유무는 불문한다.

예를 들어, "보들보들"(화장품), "우아미"(가구), "원터치"(전자렌지), "잘나"(약품), "Quick Copy"(복사기), "Color Wearing"(립스틱, 매니큐어), "글라스데코"(그림물감) 등이 있다.

(4) 용 도

본호에서 규정하는 그 상품의 "용도표시"라 함은 당해 지정상품의 용도를 직접적으로 표시하는 것이라고 인정되는 경우에 이에 해당하는 것으로 본다. 용도표시는 지정상품의 사용목적, 사용처, 수요계층 또는 수요자, 다용도, 전천후, 필수품, 편의용품, 오락용 또는 레저용 기타 용도에 관한 기술적 또는 설명적인 표시를 포함한다.

예를 들어, "원예"(비료), "베이비"(의류), "GOLD PET"(애완동물 사료), "DIET COLA"(콜라), "KICKERS"(축구화), "프로용"(운동용용품), "Body Makeup"(화장품) 등이 있다.

(5) 수 량

본호에서 규정하는 그 상품의 "수량표시"라 함은 당해 지정상품과의 관계에서 거래사회에서 사용되고 있는 수량과 수량표시로 인식되고 있는 단위 및 그 단위의 기호 등을 표시하는 것이라고 인정되는 경우에 이에 해당하는 것으로 본다. 수량표시는 거래사회에서 사용되고 있거나 사용될 수 있는 그 상품의 개수, 크기 또는 규격, 중량의 표시로서 그 상품과 관계가 있는 것을 포함한다. 예를 들어, "2짝", "100그램", "10봉지", "30리터"(일반상품), "L-830"(비디오테이프), "200자"(원고지) 등이 있다.

(6) 형 상

형상표시라 함은 단일상품 또는 그 포장(용기를 포함한다)의 외형, 모양, 크기 또는 규격, 무늬, 색깔, 구조 등에 관한 기술적 또는 설명적인 표시(입체상표일 경우에는 그에 관한 도면 또는 사진)를 말한다. 예를 들어, "소형", "대형", "SLIM"(일반상품), "4각표"(연필), "POP MODE"(의류), "캡슐"(의약품) 등이 있다.

(7) 가격표시

본호에서 규정하는 그 상품의 "가격표시"라 함은 당해 거래사회에서 현실적으로 사용되고 있는 가격과 가격표시로 인식되고 있는 단위 및 그 단위의 기호 등을 표시하는 것이라고 인정되는 경우에 이에 해당하는 것으로 본다. 예를 들어, "100원", "백원", "₩500", "1000￥", "10$" 등이 있다.

(8) 생산방법·가공방법·사용방법의 표시

생산방법·가공방법·사용방법의 표시는 상품의 제조, 재배, 양식, 조립, 가공방법이나 push, pull, switch, combination 등의 사용방법 등을 기술적 또는 설명적으로 표시하는 경우를 포함한다. 예를 들어, "훈제"(햄), "조립"(책상), "정밀가공"(시계), "수제"(구도), "멕시칸"(치킨전문점), "자영농법"(농축산업) 등이 있다.

(9) 시기표기

시기표시라고 함은 계절상품에 있어서 춘하추동의 표시, 상품의 특성상 오전, 오후, 주간, 야간, 식전, 식후, 맑은 날 또는 우천, 전천후 등 상품의 판매 또는 사용의 특정 또는 불특정시기를 기술적 또는 설명적으로 표시하는 경우를 말한다. 예를 들어, "전천후·Four Season"(타이어), "Summer shirt"(의류), "식전·식후"(약품) 등이다.

다. 서적의 제호(題號)

서적의 제호(title)가 직접 서적의 내용을 표시하는 경우에는 상표법 제6조 제1항 제3호에 해당되는 것으로 본다. 녹음된 자기테이프, 녹음된 자기디스크, 녹음된 콤팩트디스크(CD), 영상이 기록된 필름 등의 제명에 대하여도 이에 준하여 판단한다. 저작물의 이름은 저작물의 일부가 아니고 그 저작물의 내용을 나타내는 것이므로 저작권법으로 보호되지 않지만 상표법에서 보호받을 수 있다. 단행본 서적의 제호가 직접 서적의 내용을 나타내는 경우에는 품질을 나타내는 것으로, 예를 들어, "민법총칙", "산업재산권법", "경제학", "영한사전", "현대문학전집", "운전면허학과시험문제집"은 식별력이 없다. 그러나 품질표시가 아니어서 식별력이 있는 것으로 "토지", "빙점", "서울야곡", "삼화영한사전", "태백산맥" 등은 등록받을 수 있다. 단행본의 제호와 달리 시리즈물의 경우에는 일정한 경우 상표등록이 가능하다.

4. 현저한 지리적 명칭

1) 상표법상 현저한 지리적 명칭, 그 약어 또는 지도만으로 된 상표는 등록될 수 없다(제6조 제1항 제4호). 현저한 지리적 명칭은 자타상품식별력이 약할 뿐만 아니라, 이를 어느 한 사람에게만 독점시키는 것은 타당하지 않기 때문이다. 현저한 지리적 명칭에 해당한다고 하려면 상표에 표시된 지명이 국내의 일반 수요자나 거래자들에게 널리 알려진 저명한 지명으로서 일반 수요자들에게 즉각적인 지리적 감각을 전달할 수 있는 표장을 말한다. 다만, 현저한 지리적 명칭이 포함된 상표라 하더라도 그 지리적 명칭 등이 상표의 주요 부분으로 볼 수 없고 나머지 부분의 식별력으로 인하여 지리적 명칭을 포함한 상표 전체로서 식별력이 인정되는 경우에는 등록받을 수 있다. 현저한 지리적 명칭이라 함은 국가명, 국내의 서울특별시, 광역시 또는 도의 명칭, 시 또는 서울특별시의 구, 광역시의 구, 군의 명칭, 저명한 외국의 수도명, 대도시명, 주 이름, 유명한 국내외 고적지, 관광지, 번화가 등의 명칭이 해당한다. 현저한 지리적 명칭의 예

로 "OXFORD", "VIENNA LINE", "HEIDELBERG", "샹제리제", "MANHATTAN", "GEORGIA", "핀란디아", "베네치아", "LONDON TOWN", "NIPPON EXPRESS", "종로학원", "장충동왕족발" 등이 이에 해당한다. 현저한 지리적 명칭인지의 여부의 판단은 일반수요자 또는 거래업계에서 널리 인식될 수 있는 정도가 기준이 되어야 하며 사전류에 게재되는 것을 기준으로 할 것은 아니다.

2) 관광지가 아닌 단순한 지명이거나 또는 관광지일지라도 널리 알려진 것이 아닌 경우에는 현저한 지리적 명칭으로 보지 아니한다. 국내외의 산, 강, 섬, 호수 등이 일반수요자들에게 널리 알려진 관광지일 경우에는 현저한 지리적 명칭으로 본다. 현저한 지리적 명칭인 경우는 "한라산", "충주호", "진도", "천마산곰탕" 등이고, 현저한 지리적 명칭이 아닌 경우는 "장안천", "가거도" 등이 있다.

3) 역사적 문화재의 경우에는 그 문화재가 저명한 결과 그 명칭이 단순히 문화재의 호칭으로써뿐만 아니라 그 문화재가 소재하는 지역을 이르는 지리적인 명칭으로서도 현저하게 되었다면 본호에 해당하는 것으로 본다. 이와 같은 정도에 이르렀다고 보기 어려운 경우에는 단순히 저명한 문화재의 명칭이라도 현저한 지리적 명칭으로 볼 수 없다. 현저한 지리적 명칭인 경우는 "남대문", "동대문", "불국사", "해인사", "현충사" 등이고, 현저한 지리적 명칭이 아닌 경우로는 "첨성대"가 있다.

4) 지리적 명칭은 원칙적으로 현존하는 것에 한한다. 다만, 특정 지역의 옛 이름, 애칭이나 별칭 등이 일반수요자나 거래자들에게 통상적으로 사용된 결과 그 지역의 지리적 명칭을 나타내는 것으로 현저하게 인식되는 경우에는 지리적 명칭에 해당하는 것으로 본다. 옛 지명의 애칭이나 별칭이 현저한 지리적 명칭인 경우는 "빛고을"(광주), "한밭"(대전) 등이다.

5. 흔히 있는 명칭

상표법상 흔히 있는 성 또는 명칭을 보통으로 사용하는 방법으로 표시한 표장만으로 된 상표는 등록될 수 없다(제6조 제1항 제5호). 흔히 있는 성 또는 명칭은 자타상품식별력이 약하고, 이를 어느 한 사람에게만 독점시키는 것은 타당하지 않기 때문이다. 다만, 일반 수요자가 직관적으로 흔한 성 또는 명칭으로 인식될 수 있도록 표시된 것을 말하므로 표장이 도형화, 도안화되어 새로운 식별력을 갖는 경우와 흔한 성 또는 명칭이 다른 식별력 있는 부분과 결합함으로써 전체로서 자타상품식별력을 가지는 경우에는 등록이 가능하다. 예를 들어, "윤씨농방", "PRESIDENT", "COMPANY" 등은 흔히 있는 성 또는 명칭의 상표다. 흔히 있는 성 또는 명칭인지의 여부의 판단은 전화번호부 또는 인명록 등에 있는지를 참고로 하여, 특정인에게 독점시킬 때 거래상의 혼란을 가져올 우려가 있거나 같은 성이나 명칭을 가진 자에게 불측의 피해를 줄 우려가 있다고 인정되는지의 여부를 기준으로 한다. 외국인의 성은 비록 당해 국가에서 흔히 있는 성이라고 하더라도 국내에서 흔히 볼 수 있는 외국인의 성이 아닌 한 본호를 적용하지 아니한다. 회장, 총장, 사장 등 직위를 나타내는 명칭은 흔한 명칭으로 본다.

6. 간단하고 흔히 있는 표장으로 된 상표

1) 상표 구성이 간단하고 흔히 있는 표장만으로 된 상표는 등록될 수 없다(제6조 제1항 제6호). 간단하고 흔히 있는 표장은 자타상품식별력이 약할 뿐만 아니라, 이를 어느 한 사람에게만 독점시키는 것은 타당하지 않기 때문이다. 간단할 뿐만 아니라 흔하기도 한 표장이어야 상기 규정이 적용되고, 간단하지만 흔하지 않거나, 흔하기는 하지만 간단하지 않은 표장으로 된 상표는 등록이 가능하다. 또한 간단하고 흔한 표장만으로 된 상표이어야 하므로 간단하고 흔한 표장에 다른 식별력 있는 요소가 결합되어 상표 전체로서 자타상품식별력이 인정되는 경우에는 등록이 가능하다.

2) 2자로 구성된 외국문자가 사물의 관념을 직감 또는 표시한 경우에는 식별력이 있는 것으로 본다. 다만, 거래사회(일반수요자나 거래업계)에서 이해할 수 없는 외국어인 경우에는 그러하지 아니하다. 거래사회에서 사물의 관념을 직감할 수 있는 경우는 물론, 일반사회 통념상 사물의 관념을 직감할 수 있는 경우도 포함한다. "사물의 관념을 직감"한다고 함은 유체물의 표시는 물론 추상적인 관념의 표시도 포함한다.

3) 한글 1자와 영문자 1자가 결합된 경우에는 식별력이 있는 것으로 본다. 지정상품과 관련하여 거래사회에서 성질표시로 인식되거나, 기타

식별력을 인정할 수 없는 경우에는 그러하지 아니한다. 식별력이 없는 것의 예는 'P컴'(퍼스널컴퓨터검증시험의 교재 및 실시업 등), "T봉"(수지침강좌업 등)이고, 식별력이 있는 것의 예로는 "W향"(휴양소업, 미용업 등), "N제"(서적, 연필 등)이다.

4) 1자의 한글 또는 2자 이내의 외국문자가 기타 식별력이 없는 문자와 결합한 때에는 식별력이 없는 것으로 본다. 다만, 외국문자 2자를 "&"로 연결한 때에는 그러하지 아니하다. 식별력이 없는 표장의 예로는 "OMEGA"(Ω), "ALPHA"(α), "Beta"(β), "Co.", "E PRINT"(프린터), "MT", "Ltd." 등이고, 식별력이 있는 표장의 예로는 "A&Z", "AC-BC", "AB55", "ACF" 등이다.

5) 100 이상의 숫자라고 하더라도 "1 2 3 4 5" 등은 흔히 있는 표장으로서 식별력이 없는 것으로 본다. 다만, "1 2 3 & 4 5" 등은 식별력이 있는 것으로 한다. 식별력이 없는 표장으로는 "123", "345", "One", "Two", "Three" 등이다. 식별력이 있는 표장은 "777", "888", "원 화이브 쓰리", "화이브 원 화이브", "One five Three", "FIVE ONE THREE" 등이다.

6) 2개의 숫자를 결합하여 표시한 것, 1자의 외국문자와 1자의 숫자를 결합한 것 또는 숫자를 순위의 문자로 표시한 경우에는 식별력이 없는 것으로 본다. 예를 들어, "57", "A1", "원 쓰리", "ninety-nine", "제2", "second" 등은 식별력이 없다. 대법원 2002.10.22 선고 2001후3132 판결은 "WOOLLEN OIL OZ"로 된 등록상표에서 "OZ"는 영문자 2개를 단순히 나열한 것에 불과하여 그 자체만으로 식별력이 없다고 한다.

7. 기타 상품의 식별력이 없는 상표

1) 상표법상 상술한 식별력이 없는 상표 이외에 수요자가 누구의 업무에 관련된 상품을 표시하는 것인가를 식별할 수 없는 상표는 등록될 수 없다(제6조 제1항 제7호). 제6조 제1항 제4호에서 규정하는 기타 식별할 수 없는 표장의 범위를 판단함에 있어서는 제6조 제1항 제1호 내지 제6호에 해당하지 않는 상표로서 다음 기준으로 한다.

가) 외관상으로 보아 사회통념상 식별력을 인정하기 곤란한 경우
예: "http://", "www", "@", 서적의 한 면을 그대로 복사한 경우.

나) 다수인이 현실적으로 사용하고 있어 식별력이 인정되지 않는 경우. 예: "CYBER", "NET", "COM", "TEL"·"WEB"(통신), "NEWS", "DATA"(정보자료제공), "CASH", "CARD", "PASS"(금융).

다) 공익상 특정인에게 독점시키는 것이 적합하지 않다고 인정되는 경우. 예를 들어, 일반적으로 쓰이는 구호·표어·인사말이나 인칭대명사 또는 유행어로 표시한 표장, 사람·동식물·자연물 또는 문화재를 사진·인쇄 또는 복사하는 등의 형태로 구성된 표장, 기타 수요자가 누구의 업무와 관련된 상품을 표시하는가를 식별할 수 없는 표장으로 "LAND", "MART", "CLUB", "PLAZA", "WORLD", "마을", "마당", "촌", "BANK", "VILLAGE" 등은 식별력이 없다. 일반적으로 쓰이는 구호·표어·인사말의 예로, "Believe it or not, I can do, hi, Good morning, 인류를 아름답게, 사회를 아름답게" 등은 상표등록을 받을 수 없다

2) 대법원 2011.3.10 선고 2010후3226 판결은 "상표법 제6조 제1항 제7호가 규정한 제1호 내지 제6호 외에 수요자가 누구의 업무에 관련된 상품을 표시하는 것인가를 식별할 수 없는 상표라 함은 같은 조항의 제1호 내지 제6호에 해당하지 아니하는 상표라도 자기의 상품과 타인의 상품 사이의 출처를 식별할 수 없는 상표는 등록을 받을 수 없다는 의미이다. 어떤 상표가 식별력이 있는 상표인지의 여부는 그 상표가 지니고 있는 관념, 지정상품과의 관계 및 거래사회의 실정 등을 감안하여 객관적으로 결정하여야 하고, 이러한 법리는 상표법 제2조 제3항에 의하여 서비스표의 경우에도 마찬가지로 적용된다. 호텔업, 모텔업, 레스토랑업, 관광숙박업 등을 지정서비스업으로 한 이 사건 출원서비스표(출원번호 제41-2008-13296호) 'SUPER 8'은 영문자 'SUPER'와 아라비아 숫자 '8'이 한 칸 띄어 결합한 형태로 구성되어 있는데, 그 중 'SUPER' 부분은 최고급의, 특등품의 등의 뜻을 가진 영어 단어로서 지정서비스업과의 관계에서 그 우수성을 나타내는 것으로 직감되므로 지정서비스업의 품질 등을 보통으로 사용하는 방법으로 표시한 기술적 표장에 해당하여 식별력이 없다. '8' 부분은 아라비아 숫자 한 글자에 불과하여 간단하고 흔히 있는 표장으로서 식별력이 없으며, 또한 이들 각 부분의 결합에 의하여 새로운 관념을 도출하거나 새로운 식별력을 형성하는 것도 아니다"고

판시하였다.

8. 지리적 표시 단체표장등록

상표법 제6조 제1항 제3호(산지에 한한다) 또는 제4호의 지리적 명칭에 해당하는 표장이라도 그 표장이 특정 상품에 대한 지리적 표시인 경우에는 그 지리적 표시를 사용한 상품을 지정상품으로 하여 지리적 표시 단체표장등록을 받을 수 있다(제6조 제3항). 산지표시와 관련된 지리적 표시 단체표장등록출원의 경우에는 제6조 제1항 제3호를 적용하지 않고, 본 조항을 적용한다. 다만, 포도주 및 증류주의 산지에 관한 지리적 표시에 해당하는 상표등록출원을 한 경우(제7조 제1항 제14호의 단서규정에 해당하는 경우를 제외한다)에는 같은 법 제7조 제1항 제14호를 적용한다.

9. 사용에 의한 식별력

가. 관련 규정 해설

1) 상표법 제6조 제1항 제3호 내지 제6호에 해당하는 상표라도 상표등록출원 전에 상표를 사용한 결과 그 상표가 수요자간에 누구의 업무에 관련된 상품을 표시하는 것인가 현저히 인식되어 있는 것은 그 상표를 사용한 상품을 지정상품으로 하여 상표등록을 받을 수 있다(제6조 제2항). 식별력을 취득하여 등록을 받을 수 있는 대상은 성질표시 표장, 현저한 지리적 명칭, 흔히 있는 성 또는 명칭, 간단하고 흔히 있는 표장에 한정된다. 보통명칭과 관용표장은 식별력을 취득하여도 등록을 받지 못한다.

2) 같은 법 제6조 제2항에서 규정하는 사용에 의한 식별력을 가지는 상표의 등록은 원칙적으로 그 상표 및 그 상표를 사용하고 있던 상품에 한하여 인정하고 유사한 상표 및 상품에 대해서는 인정하지 아니한다. 수요자(거래자를 포함한다)들이 현저하게 인식하고 있는지의 판단기준은 출원 전 상당시간 사용한 결과 전국적으로 알려져 있는 경우와 일정 지역에서 수요자들이 현저하게 인식하고 있는 경우도 포함한다. 현저하게 인식하고 있는 지역의 범위에 대해서는 지정 상품과 관계를 충분히 고려하여야 한다. 수요자간에 그 상표가 누구의 상표인지 현저하게 인식되었다는 사실은 그 상표가 어느 정도 선전 광고된 사실이 있다거나 또는 외국에서

등록된 사실이 있다는 것만으로는 이를 추정할 수 없고 구체적으로 그 상표 자체가 수요자간에 현저하게 인식되었다는 것이 증거에 의하여 명확하게 입증되어야 한다.[1]

나. 식별력의 입증

1) 사용에 의하여 식별력을 갖는 상표의 입증은 사용한 결과 수요자들이 그 상표 및 상품의 출처를 인지할 수 있다고 인정할 수 있는 정도면 된다. 상표의 사용에 의하여 식별력이 있다고 주장하는 자는 사용한 상표, 상당기간 계속 사용한 사실, 전국 또는 일정지역에서 사용한 사실, 지정상품의 생산·제조·가공·증명 또는 판매량 등, 사용의 방법·횟수 및 내용 등의 입증할 수 있는 자료를 제출하여야 한다. 증거 방법은 국가 또는 시, 도, 기타 공공단체의 증명서, 상공회의소의 증명서, 동업조합의 증명서, 상품거래선 또는 대리점등 충분히 입증할 수 있는 다수의 증명서(이 경우는 상품거래선 또는 대리점등의 사업자 등록증을 첨부할 것), 신문·잡지·라디오·텔레비전 등에 선전·광고한 기간 및 횟수 등에 관한 사실증명서에 해당하는 경우로 한다. 상표는 등록이 되면 우리나라 전역에 효력이 미치는 것이므로 사용에 의한 식별력 취득은 전국적인 범위에서 취득되어야 하며, 국내 일정 지역에서만 널리 인식되었다는 사정만으로는 사용에 의한 식별력 취득이 인정되지 않는다.

2) 지정상품과 관련하여 그 상품의 성질로 직감되지 않거나 단순히 암시 또는 강조하는 데 지나지 않는 경우 및 성질표시상표에 다른 식별력 있는 요소가 결합되어 상표 전체로서도 식별력을 가지는 경우에는 등록이 가능하다. 암시적 상표는 상품의 성질 등을 직감시키는 정도가 아니라 단지 상품의 성질 등을 암시하거나 시사하는 정도의 상표를 말하며, 이러한 암시적 상표는 상표로서의 자타상품식별력이 인정되어 등록이 가능하다. 예를 들어, 반찬용기 등에 대한 "LOCK & LOCK"이라는 상표는 상품의 성질 또는 품질을 직감시키는 것이 아니고 단지 밀폐성능이 우수하다는 등의 품질을 암시하는 것에 불과하므로 상표등록이 가능하다. "Microsoft" 상표도 Microcomputer와 Software를 암시하는 상표로써 상

---

1) 대법원 2003.5.16 선고 2002후1768 판결.

표등록을 받았다.

다. 식별력 취득 관련 판례

대법원 2008.9.25 선고 2006후2288 판결은 "상표법 제6조 제2항이 상표를 등록출원 전에 사용한 결과 수요자 사이에 그 상표가 누구의 상품을 표시하는 상표인가가 현저하게 인식되어 있는 것은 같은 법 제6조 제1항 제3호 내지 제6호의 규정에 불구하고 상표등록을 받을 수 있도록 규정한 것은 원래 식별력이 없는 표장이어서 특정인에게 독점 사용하도록 하는 것이 적당하지 않은 표장에 대하여 대세적 권리를 부여하는 것이므로 그 기준은 엄격하게 해석·적용되어야 할 것이지만, 상표의 사용기간, 사용횟수 및 사용의 계속성, 그 상표가 부착된 상품의 생산·판매량 및 시장점유율, 광고·선전의 방법, 횟수, 내용, 기간 및 그 액수, 상품품질의 우수성, 상표사용자의 명성과 신용, 상표의 경합적 사용의 정도 및 태양 등을 종합적으로 고려할 때, 당해 상표가 사용된 상품에 대한 거래자 및 수요자 대다수에게 특정인의 상품을 표시하는 것으로 인식되기에 이르렀다면 사용에 의한 식별력의 취득을 인정할 수 있다. 사용에 의한 식별력을 취득하는 상표는 실제로 사용한 상표 그 자체에 한하고 그와 유사한 상표에 대해서까지 식별력 취득을 인정할 수는 없지만, 그와 동일성이 인정되는 상표의 장기간의 사용은 위 식별력 취득에 도움이 되는 요소이다. 'K2' 상표와 동일성이 인정되는 'K₂', 'K₂', 'K2' 등의 상표들을 장기간 사용하고 그 후 'K2' 상표를 계속적·중점적으로 사용한 경우, 'K2' 상표가 사용에 의한 식별력을 취득하였다"고 판시하였다.

III. 소극적 요건

1. 서 설

상표가 자타상품의 식별력을 가지고 있다 하더라도 독점배타적 성질의 상표권을 부여하는 경우 공익상 또는 타인의 이익을 침해하는 경우에는 당해 상표의 등록을 배제할 필요가 있다. 상표법은 식별력이 있어도 상표등록을 받을 수 없는 경우를 상표법 제7조에서 열거하고 있다. 이 것을 부등록사유 또는 소극적 등록요건이라고 한다. 소극적 요건은 공 익적 혹은 사익적 견지에서 일정한 경우에 상표등록을 거절할 수 있도 록 규정된 상표법상의 부등록 사유가 존재하지 않을 것을 의미한다. 같 은 법 제7조 제1항 제1호 내지 제5호 및 제11호는 상표등록결정여부결 정시를 기준으로 판단하고, 동 제6호 내지 제10호는 상표등록출원시를 기준으로 판단한다.

2. 국기 등과 동일·유사한 상표

대한민국의 국기(國旗), 국장(國章), 군기(軍旗), 훈장, 포장(褒章), 기장(記章), 대한민국 또는 공공기관의 감독용이나 증명용 인장(印章) 또는 기호와 동일하거나 이와 유사한 상표는 등록을 받을 수 없다(제7조 제1항 제1호). 군기는 육·해·공군기는 물론 그 예하부대의 군기를 포함하고 기장은 공 적을 기념하거나 신분·직위 등을 표상하는 휘장 또는 표장을 의미한다.

파리협약 동맹국, 세계무역기구 회원국 또는 상표법조약 체약국의 훈장·포장, 적십자·올림픽 등의 공공마크와 동일 또는 유사한 상표는 등 록을 받을 수 없다. 예를 들어, 무궁화 도형, 태극문양 도형, 적십자 로고, "IMF", "WTO", "올림픽"(OLYMPIC) 등이 이에 해당한다.

3. 국가 등과의 관계를 허위로 표시하거나 비방하는 상표

국가·인종·민족·공공단체·종교 또는 저명한 고인과의 관계를 허위 로 표시하거나 이들을 비방 또는 모욕하거나 이들에 대하여 나쁜 평판을 받게 할 염려가 있는 상표는 등록을 받을 수 없다(제7조 제1항 제2호). 예를 들어, "Darkie", "양키", "Negro", "로스케" 등이다. 특허법원 2011.11.9 선고 2011허7560 판결은 지정상품을 건강보조식품 또는 쌀, 차 등으로 하는 "허준本家"라는 구성의 상표가 저명한 고인인 허준과의 관계를 허위로 표시한 상표로서 상표법 제7조 제1항 제2호에 해당한다고 판단하였다.

"MOZART" 라는 출원상표는 검은색 바탕에 흰 오선을 긋고 그 위에 단순히 MOZART라는 고인의 성명 자체를 기재하여 상표로 사용한 것에 지나지 아니할 뿐, 고인과의 관련성에 관한 아무런 표시가 없어 이를 가리켜 상표법 제7조 제1항 제2호 소정의 고인과의 관계를 허위로 표시한 상표에 해당한다고 볼 수 없다.[1]

4. 저명한 업무표장과 동일·유사한 상표

1) 국가·공공단체 또는 비영리 공익법인의 표장으로서 저명한 것과 동일 또는 유사한 상표는 등록을 받을 수 없다(제7조 제1항 제3호). 본호는 저명한 업무표장을 가진 공익단체의 업무상의 신용과 권위를 보호함과 동시에 그것이 상품에 사용되면 수요자·거래자에 상품의 출처에 관한 혼동을 생기게 할 염려가 있으므로 일반의 공중을 보호하기 위한 이중의 목적을 가진다. 저명한 업무표장으로 예로는 "보이스카우트", 대학의 마크, "YMCA", "KBS", "JCI", "적십자", "농업협동조합", "한국통신" 등이 있다.

2) 상표법은 제7조 제1항 제3호에서 "국가·공공단체 또는 공익법인의 비영리업무 또는 비영리 공익사업을 표시하는 표장으로서 저명한 것과 동일 또는 유사한 상표"는 해당 기관에서 직접 출원한 경우를 제외하고는 상표등록을 받을 수 없는 것으로 규정하고 있다. 한편, "학교법인, 의료법인, 사회복지법인, 종교법인" 등은 본호 소정의 공익법인에 해당하며, 서울대학교의 로고인

와 같은 표장은 국내 수요자의 대부분이 인식하고 있는 "저명한 표장"에 해당한다. 결국 갑이 자신의 모교에 해당하는 서울대학교의 로고를 출원한 경우라도 상표법 제7조 제1항 제3호에 따라 상표등록을 받을 수 없다.

5. 공서양속에 어긋나는 상표

1) 상표 그 자체 또는 상표가 상품에 사용되는 경우 수요자에게 주는 의미와 내용 등이 일반인의 통상적인 도덕관념인 선량한 풍속에 어긋나거나 공공의 질서를 해칠 우려가 있는 상표는 등록을 받을 수 없다(제7조

---

[1] 대법원 1998.2.13 선고 97후938 판결.

제1항 4호). 국가간의 선린관계 또는 신뢰관계를 저해할 우려가 있는 상표는 공공의 질서에 반하는 상표로 본다. 상표의 구성 자체가 과격한 슬로건으로 이루어진 상표, 문자나 도형을 읽는 방법 또는 보는 방법에 따라서 일반인에게 외설한 인상을 주거나, 성적흥분 또는 수치심을 유발할 수 있는 상표는 선량한 풍속에 저촉된 상표로 본다. "사기꾼", "소매치기", "새치기", "뇌물", "가로채기" 등 형사상 범죄에 해당하는 용어나 공중도덕감정을 저해하는 상표는 공서양속에 반하는 상표로 본다. 사이비종교, 부적 등 미신을 조장하거나 국민간의 불신과 지역감정을 조장하는 문자나 도형은 공서양속에 반하는 상표로 본다.

2) 외국문자 상표의 경우에 그 의미가 공서양속에 반하는 상표라 하더라도 우리나라 국민의 일반적인 외국어 지식수준으로 보아 그러한 의미로 이해할 수 없는 때에는 공서양속에 반하는 상표로 보지 아니한다. 타인의 저명한 저작권을 침해하거나 저명한 고인의 성명 등을 도용하여 출원한 상표는 공정하고 신용있는 거래질서 등 국제간의 신용질서를 침해할 우려가 있는 공서양속에 반하는 상표로 본다. 다만, 저명한 고인의 성명 등의 경우 고인과 관련 있는 기념사업회, 기념재단, 후원연구소나 단체 등의 동의가 있거나 고인의 성명을 관리하고 있는 기념재단, 기념사업회 등이 있는지 확인할 수 없거나 존재할 가능성이 없을 정도로 오래된 고인의 경우에는 다르게 판단할 수 있다.

3) 대법원 2009.5.28 선고 2007후330 판결은 우리은행 사건에서 등록서비스표 "우리은행"의 등록을 허용한다면 "우리"라는 단어에 대한 일반인의 자유로운 사용을 방해함으로써 사회 일반의 공익을 해하여 공공의 질서를 위반하고, "우리"라는 용어에 대한 이익을 그 등록권자에게 독점시키거나 특별한 혜택을 줌으로써 공정한 서비스업의 유통질서에도 반하므로, 제7조 제1항 제4호에서 정한 "공공의 질서 또는 선량한 풍속을 문란하게 할 염려가 있는 상표"에 해당하여 등록을 받을 수 없는 서비스표에 해당한다고 하였다. 그러나 대법원은 JAMES DEAN 사건에서 단순히 고인의 설명 자체를 상표로 사용하는 경우 선량한 풍속에 속하는 상표라고 보기 어렵다고 판단하였다.[1]

---

1) 대법원 1997.7.11 선고 96후2173 판결: JAMES DEAN(본원상표)을 상표법 제7조

6. 박람회의 상장 등과 동일·유사한 상표

정부가 개최하거나 정부의 승인을 얻어 개최하는 박람회의 외국정부가 개최하거나 외국정부의 승인을 얻어 개최하는 박람회의 상패·상장 또는 포장과 동일 또는 유사한 표장이 있는 상표는 등록을 받을 수 없다. 다만, 그 상패·상장 또는 포장을 받은 자가 당해 박람회에서 수상한 상품에 관하여 상표의 일부로서 그 표장을 사용할 때에는 그러하지 아니하다(제7조 제1항 제5호). 본호에서 규정하는 "박람회"라 함은 전시회, 전람회, 품평회, 경진대회 등 그 용어를 불문하고 넓게 해석한다. 또한 "상패, 상장, 포장"이라 함은 공로패, 표창장, 감사장 등 용어를 불문하고 주최자가 수여하는 일체의 증서 또는 기념패 등을 말한다.

7. 저명한 타인의 성명 등 또는 이들 약칭 포함 상표

저명한 타인의 성명·명칭 또는 상호·초상·서명·인장·아호·예명·필명 또는 이들의 약칭을 포함하는 상표는 등록을 받을 수 없다. 다만, 그 타인의 승낙을 얻은 경우에는 그러하지 아니하다(제7조 제1항 제7호). 저명성 판단시기는 출원시를 기준으로 한다. 저명한 타인의 승낙을 얻어 일단 등록된 경우에는 유효한 상표권이 발생한다. 등록 후에도 타인이 그 표장을 부정경쟁 목적없이 사용하는 한 상표권의 효력은 미치지 아니한다(제51조). 승낙없이 등록된 경우에도 무효심결이 확정되지 않더라도 그 상표권의 효력은 당연히 제한된다. 본호에 관련되는 예로는 "DJ", "링컨", "처칠" 등이 이에 해당한다. 대법원 2000.6.9 선고 98후1198 판결은 TIFFANY v. FIFFANY & CO 사건에서 TIFFANY가 객관적으로 국내의 수요자간에 현저하게 인식되었다고 볼 수 없어서 저명한 타인의 명칭에 해당하지 않는다고 판단하였다.

8. 타인의 선등록상표와 동일 또는 유사한 상표

선출원에 의한 타인의 등록상표와 동일 또는 유사한 상표로서 그 지정상품과 동일 또는 유사한 상품에 사용하는 상표는 등록을 받을 수 없다(제7조 제1항 제7호). 상표심사기준에서 적용하는 결합상표의 유사 여부

제1항 제4호 소정의 공공의 질서 또는 선량한 풍속을 문란하게 할 염려가 있는 상표라거나 같은 법 제7조 제1항 제11호 소정의 수요자를 기만할 염려가 있는 상표라고도 볼 수 없다.

판단은 형용사적 요소는 원칙적으로 비교대상에서 제외한다. 2개의 어구가 결합된 상표는 원칙적으로 각각 부분만으로 된 상표와 유사한 것으로 판단한다. 다만, 결합된 어구가 일련 불가분적으로 호칭되거나 새로운 관념을 형성할 때에는 표장 전체를 비교하여 판단한다. 결합상표의 유사 여부 판단기준에 따라서 다음과 같이 구분할 수 있다.

> 가) 유사한 것으로 판단한 경우: "VOLCAN DAMEO"와 "VOLCAN 또는 DAMEO", "ALCOS-ANAL"과 "아날", "GS PIPING"과 "G.S 지에스", "동방플라자"와 "PLAZA", "ROSEFANFAN"[1]과 "ROSE 또는 FANFAN", "SANTA BARBARA POLO CLUB"과 "POLO".
>
> 나) 유사하지 아니한 것으로 판단된 경우: "SANOMY"와 "SAN 또는 NOMY", "WORLD CUP"과 "WORLD", "SUNSTAR"와 "SUNMOON", "Morning Glory"(나팔꽃)와 "Morning 또는 Glory".

9. 상표권 소멸 후 1년을 경과하지 아니한 타인의 등록상표와 동일·유사한 상표

상표권이 존속기간의 만료나 무효 또는 취소심판 등에 의하여 소멸된 경우에도 상표권이 소멸한 날로부터 1년을 경과하기 전에는 소멸된 타인의 등록상표와 동일 또는 유사한 상표를 소멸된 상표의 지정상품과 동일 또는 유사한 상품의 상표로 등록하는 것은 허용되지 않는다(제7조 제1항 제8호). 이는 상표권이 소멸된 상표라도 소멸 후 일정한 기간 동안에는 그 상표가 부착된 상품이 시장에 유통될 수 있고, 그 상표에 화체된 영업상의 신용이 일반 소비자에게 남아 있을 수 있기 때문에 출처의 혼동을 피하기 위하여 권리소멸 후에도 일정 기간 등록을 제한하는 것이다. 1년이 경과하였는지의 여부는 상표등록출원시를 기준으로 하여 판단하여야 한다. 상표법 제7조 제1항 제8호에 따라 선출원 또는 선등록이 존재하는 경우에 이와 유사한 상표를 등록받을 수 없음은 물론이거니와 그 선등록이 소멸되었다 하여도 이로부터 1년 이내 출원한 경우에는 등록을 받을

---

1) 대법원 2008.3.27 선고 2006후3335 판결: 출원상표 "ROSEFANFAN"의 'ROSE' 부분과 'FANFAN' 부분은 모두 요부가 될 수 있으므로, 선등록상표 ROSE, PANPAN과 동일·유사한 지정상품에 사용될 경우 일반 수요자들로 하여금 상품 출처에 대한 오인·혼동을 일으키게 할 염려가 있다.

수 없다. 다만, 제7조 제1항 제8호는 그 소멸된 상표가 소멸일로부터 소급하여 과거 1년 이상 사용되지 아니한 경우에는 적용할 수 없다.

10. 주지상표와 동일 또는 유사한 상표

1) 타인의 상품을 표시하는 것이라고 수요자간에 현저하게 인식되어 있는 상표(지리적 표시를 제외한다)와 동일 또는 유사한 상표로서 그 타인의 상품과 동일 또는 유사한 상품에 사용하는 상표는 등록을 받을 수 없다(제7조 제1항 제9호). 본호는 등록주의의 예외에 해당하는 것으로 그 취지는 주지상표에 축적된 사실상의 법적 이익을 보호하는 데 있다. 실무상 주지상표인지의 여부 판단은 그 상표의 사용기간, 사용방법 또는 형태, 사용량, 거래 범위 등 제반 사정을 고려하여 수요자에게 일반적으로 인식되고 있다고 객관적으로 인정되는지의 여부를 기준으로 정한다. 주지상표(周知商標)는 특정인의 상품을 표시하는 것이라고 수요자간에 현저하게 인식되어 있는 상표를 말한다. 주지상표의 보호규정은 사익보호 측면에서 마련된 제도이고, 저명상표의 보호규정은 공익보호 측면에서 마련된 제도이다.

2) 주지상표가 되기 위해서는 상표의 형태와 외관이 되어 있어야 하며 그것이 수요자에게 현저히 인식되어 있음을 입증하여야 한다. 문자상표의 경우는 라디오, TV 등에 광고한 결과 특정한 칭호, 관념이 있는 것으로 인식되어 있는 때에는 형태 또는 외관의 특징은 요하지 않는 것으로 본다. 주지상표는 원칙적으로 국내에 주지되어야 한다. 국내에는 시판되고 있지 않다고 하더라도 수출 주종상표 또는 외국의 유명상표 등과 같이 국내 관련 거래업계에 주지되어 있는 경우에는 주지상표로 본다.

3) 상표를 사용하는 자가 사용하기 전에 이미 타인이 사용하고 있거나 주지된 것을 알고 있으면서도 그 사용을 계속함으로써 주지상표로 만들어 놓은 경우, 혹은 부정경쟁의 목적으로 사용함으로써 이를 주지가 되게 한 경우에는 이를 주지상표로 인정하지 아니한다.

11. 저명상품 또는 저명영업과 혼동을 일으키게 할 염려가 있는 상표

수요자간에 현저하게 인식되어 있는 타인의 상품이나 영업과 혼동을 일으키게 할 염려가 있는 상표는 등록을 받을 수 없다(제7조 제1항 제10호).

여기서 저명상표라 함은 상표가 당해 상품에 관한 수요자 및 거래자 등 거래관계자 중의 압도적 다수 부분에 당해 상표의 존재가 인식되었을 뿐만 아니라 당해 상품의 품질이나 서비스의 우수성이 인정되어 일반 공중에게 널리 알려진 상표를 말한다. 타인의 상품 또는 영업과 혼동을 일으킬 염려가 있는 경우라고 함은 그 타인의 상품 또는 영업으로 오인하거나 그 상품이나 서비스의 수요자가 그 상품이나 서비스의 출처에 대하여 혼동할 우려가 있는 경우는 물론, 그 타인과 계열관계 또는 경제적·법적 상관관계가 있는 자의 상품 또는 영업으로 오인하거나 출처를 혼동할 우려가 있는 경우를 말한다. 대법원 판례에서 저명상표로 인정한 것으로는 "DONALD DUCK", "CHANEL", "POLO", "NIKE", "NASSAU", "MICKEY MOUSE", "Canon", "Hennessy", "OLYMPUS", "아가방", "백설표", "맥도날드", "TOM & JERRY" 등이 있다. 상표법 제7조 제1항 제10호는 상표등록출원시를 기준으로 하여 판단한다. 저명상표의 출처혼동을 일으키는 지역적 범위는 전국적이든 일정한 지역이든 불문한다.

12. 상품의 품질을 오인하게 하거나 수요자를 기만할 염려가 있는 상표

상품의 품질을 오인하게 하거나 수요자를 기만할 염려가 있는 상표는 등록을 받을 수 없다(제7조 제1항 제11호). 상품의 품질이란 어떤 물품이 본래적으로 갖추고 있는 성질을 뜻한다. 구체적인 사례로 국가명이나 지명 등이 포함된 상표의 경우 그 상표가 당해 국가 또는 산지 이외에서 생산·판매되는 상품에 사용될 때에는 본호를 적용한다. 그 상품의 명칭과 지정상품의 내용이 수요자로 하여금 상품에 대한 품질의 오인·혼동을 가져올 우려가 있을 때 또는 상품의 품질보증표시와 결합한 상표는 본호를 적용한다. 특정상표를 지정상품에 사용할 경우 성질표시에 해당하게 되고, 성질표시에 해당하지 않는 지정상품으로 한정하면 수요자 기만 또는 오인·혼동을 일으킬 우려가 있는 경우에는 본호와 함께 상표법 제6조 제1항 제3호를 적용한다. 출원된 상표가 같은 법 제7조 제1항 제10호의 저명상표와 상품의 출처 또는 영업의 혼동을 일으키고, 그 결과 상품의 품질의 오인 또는 수요자의 기만을 유발하는 경우에는 동 제10호의 규정의 적용과 아울러 동 제11호의 규정을 적용한다. 또한 같은 법 제7조 제1

항 제11호의 규정은 사회거래 질서보호라는 공익적 견지에서 인정되는 것이므로 동 제6호 내지 제10호의 규정과는 달리 품질의 오인 또는 수요자의 기만을 일으키는지의 여부는 원칙적으로 상표등록여부결정시를 기준으로 하여 판단한다.[1]

13. 부정한 목적을 가지고 사용하는 상표

1) 국내 또는 외국의 수요자간에 특정인의 상품을 표시하는 것이라고 인식되어 있는 상표(지리적 표시를 제외한다)와 동일 또는 유사한 상표로서 부당한 이익을 얻으려 하거나 그 특정인에게 손해를 가하려고 하는 등 부정한 목적을 가지고 사용하는 상표는 등록을 받을 수 없다(제7조 제1항 제12호). 타인의 상표가 국내외의 수요자간에 특정인의 상품을 표시하는 것이라고 인식되어 있는 상표(이하 "인용상표"라 한다)에 해당되는지의 여부는 출원시를 기준으로 하여 판단한다. 상표법 제7조 제1항 제12호 소정의 부정한 목적이 있는지의 여부는 특정인의 상표의 주지·저명 또는 창작성의 정도, 특정인의 상표와 출원인의 상표의 동일·유사성의 정도, 출원인과 특정인 사이의 상표를 둘러싼 교섭의 유무와 그 내용, 기타 양당사자의 관계, 출원인이 등록상표를 이용한 사업을 구체적으로 준비하였는지의 여부, 상품의 동일·유사성 내지는 경제적 견련관계 유무, 거래실정 등을 종합적으로 판단하여야 한다.

2) 특허법원 2011.12.16 선고 2011허7911 판결은 "선사용표장 'LUX'는 1920년대부터 비누·샴푸 등에 원고의 출처 표지로 사용되어 왔고, 선사용표장이 사용된 샴푸·헤어컨디셔너 등 사용상품은 일본에서 1998년부터 2009년까지 12년 연속으로 관련 제품 시장에서 점유율 1위를 지켜온 사실 등 선사용표장의 사용기간, 국외(일본)에서의 시장 점유율, 상표등록 사례, 각종 매스컴을 통한 선전광고 등을 종합하여 보면, 선사용표장은 이 사건 등록서비스표의 출원(2008.11.7) 당시 국내외(특히 일본)에서 일반 수요자들 사이에 그 사용상품이 원고의 상품을 표시하는 것이라고 (현저하게) 인식되어 있었다고 봄이 상당하다. 이 사건 등록서비스표 'Luxfeel'은 선사용표장 'LUX'와 동일한 철자를 (일부) 대소문자만 달리

---

1) 상표심사기준 제25조(품질의 오인 또는 수요자기만)의 해석참고자료(6).

하여 표기한 Lux 부분과, 느낌 등의 의미로 널리 사용되는 feel 부분의 두 단어가 띄어쓰기 없이 결합된 표장인데, 그 중 feel은 흔히 사용되는 단어로서 공익상 어느 한 사람에게 독점시키는 것이 적절하지 아니하여 식별력이 없거나 약하고, 또 Lux 부분과 feel 부분의 결합으로 새로운 관념이 형성되는 것도 아닌 점 등에 비추어, 이 사건 등록서비스표는 요부가 Lux 부분이라고 할 것이니, 이 사건 등록서비스표와 선사용표장은 그 외관에 있어서는 유사하지 않으나, 그 호칭과 관념이 동일하므로, 이들 표장은 전체적으로 볼 때 서로 유사하다. 이 사건 등록서비스표의 지정서비스업 중 선사용표장의 사용상품인 '샴푸, 헤어컨디셔너, 비누, 바디워시, 핸드워시, 헤어스타일링 제품'을 직접적인 대상상품으로 하는 서비스업이거나, 이 사건 등록서비스표가 피고(서비스표권자)의 상호와 어느 정도 연관성이 있다고 보이는 점을 감안하더라도, 피고가 선사용표장을 모방하여 그것이 가지는 양질의 이미지나 고객흡인력에 편승하여 부당한 이익을 얻거나 위 표장의 가치를 희석화하여 원고에게 손해를 입히려고 하는 등의 부정한 목적을 가지고 이 사건 등록서비스표를 출원·등록하였다고 봄이 상당하다"고 판단하였다.

14. 포도주 및 증류주의 산지에 관한 지리적 표시

세계무역기구(WTO) 가입국 내의 포도주 및 증류주의 산지에 관한 지리적 표시로서 구성되거나 동 표시를 포함하는 상표로서 포도주, 증류주 또는 이와 유사한 상품에 사용하고자 하는 상표는 등록을 받을 수 없다(제7조 제1항 제14호). 다만, 지리적 표시의 정당한 사용자가 그 해당 상품을 지정상품으로 하여 상표법 제9조 제3항의 규정에 따른 지리적 표시단체표장등록출원을 한 때에는 그러하지 아니하다. 대한민국이 외국과 양자간 또는 다자간으로 체결하여 발효된 자유무역협정(FTA)에 따라 보호하는 타인의 지리적 표시와 동일하거나 유사한 상표 또는 그 지리적 표시로 구성되거나 그 지리적 표시를 포함하는 상표로서 해당 지리적 표시를 사용하는 상품과 동일하거나 동일하다고 인식되어 있는 상품에 사용하는 상표는 등록을 받을 수 없다(제7조 제1항 제17호).

15. 취소심판청구 후 상표등록

상표등록취소심판이 청구되고 그 청구일 이후에 존속기간의 만료로 인한 상표권의 소멸, 상표권의 전부 또는 일부의 포기, 상표등록 취소심결의 확정 중 어느 하나에 해당하게 된 때에는 상표권자 또는 그 상표를 사용한 자는 포기한 날, 소멸한 날 또는 그 심결이 확정된 날로부터 3년이 경과한 후가 아니면 소멸된 등록상표와 동일 또는 유사한 상표를 그 지정상품과 동일 또는 유사한 상품에 대하여 등록을 받을 수 없다(제7조 제5항). 이는 취소심판의 대상 중 제재조치의 성격을 가진 법정취소사유에 해당됨을 이유로 취소심결이 확정된 경우 및 취소심판피청구인인 상표권자가 심결 후 또는 심결확정 전에 상표권을 포기하거나 존속기간만료로 상표권이 소멸한 경우 상표법 제7조 제1항 제8호의 규정에 따라 1년 동안 재출원권을 독점하는 모순을 방지하기 위한 것이다.

≪연습문제≫

〈문 1〉 상표법상 상표등록을 받을 수 있는 자에 관한 설명으로 옳지 않은 것은?
[2009년 사시 1차시험]
① 국내에서 상표를 사용하는 자 또는 사용하고자 하는 자는 자기의 상표를 등록받을 수 있다.
② 특허청 직원 및 특허심판원 직원은 상속 또는 유증의 경우를 제외하고는 재직중 상표를 등록받을 수 없다.
③ 상품을 생산·제조·가공·증명 또는 판매하는 것 등을 업으로 영위하는 자나 서비스업을 영위하는 자가 공동으로 설립한 법인은 자기의 단체표장을 등록 받을 수 있다.
④ 지리적 표시 단체표장의 경우에는 그 지리적 표시를 사용할 수 있는 상품을 생산·제조 또는 가공하는 것을 업으로 영위하는 자만으로 구성된 법인만이 지리적 표시 단체표장을 등록받을 수 있다.
⑤ 국내 또는 국외에서 영리를 목적으로 하지 아니하는 업무를 영위하는 자는 자기의 업무표장을 등록받을 수 있다.

〈문 2〉 상표법 제6조 제1항에 의하여 등록을 받을 수 없는 상표에 해당하지 않는 것은? [2011년 사시 1차시험]

① 그 상품에 대하여 관용하는 상표

② 자기의 이름으로 된 상표

③ 그 상품의 용도를 보통으로 사용하는 방법으로 표시한 표장만으로 된 상표

④ 흔히 있는 성 또는 명칭을 보통으로 사용하는 방법으로 표시한 표장만으로 된 상표

⑤ 간단하고 흔히 있는 표장만으로 된 상표

〈문 3〉 성질표시상표 혹은 기술적 표장(記述的 標章, descriptive marks)에 관한 다음 설명으로 옳지 않은 것은?

① 기술적 표장이란 상품의 품질내용을 설명하거나 특성을 설명할 목적으로 표시된 상표를 말하고, 상표법 제6조 제1항 제3호에 열거되어 있다.

② 어떤 기술적 표장이 그 자체는 식별력을 가지고 있지는 않는 경우 도형상표가 압도적으로 식별력이 있다면, 그 도형과 기술적 상표를 결합한 결합상표(도형+문자)는 식별력을 인정받을 수 있다.

③ 식별력의 판단은 상표출원일을 기준으로 판단하고, 지정상품의 판단은 통상적인 일반인의 평균적 인식을 기준으로 판단하다.

④ 상표법 제51조 제1항 제2호에 의하면 상표법 제6조 제1항 제3호에 열거된 기술적 표장이 등록이 된 경우 상표권의 효력은 미치지 아니할 수 있다.

〈문 4〉 선등록상표는 없다고 가정할 때, 다음 지정상품에 부착된 상표("상표명")가 상표법 제6조 제1항 제3호의 기술적 상표(성질표시 상표)로 판단되어 식별력을 인정할 수 없는 상표를 모두 고른 것은?

> ㉠ 안경(지정상품) － "안경나라"(상표)
> ㉡ 진빵 － "안흥찐빵"
> ㉢ TV, 가전제품 － "HITEK TV",
> ㉣ 향수, 화장품, 삼푸 － "White Christmas"
> ㉤ 넥타이 － "SILK 넥타이"
> ㉥ 책, 도서 － "세계를 간다"
> ㉦ 청바지, 바지, 티셔츠 － "BASIC"
> ㉧ 변호사업, 변리사업, 법률서비스업 － "리더스"(서비스표)

① 2개   ② 3개   ③ 4개   ④ 5개   ⑤ 6개

〈문 5〉 상표법상 자기의 상품과 다른 영업자의 상품을 구별할 수 있도록 하는 상표법 제6조의 표장(標章)의 능력을 가리키는 용어로 옳은 것은?

① 식별력   ② 출처표시 기능   ③ 혼동가능성

④ 합리적인 소비자의 판단능력

〈문 6〉 상표등록요건을 판단하는 기준시점에는 출원시와 결정시가 있다. 다음 중 결정시를 기준으로 하는 것으로 모두 고른 것은? [2007년 사시 1차시험]

> ㄱ. 대한민국의 국기·국장 등과 동일 또는 유사한 상표(상표법 제7조 제1항 제1호)
> ㄴ. 저명한 고인과의 관계를 허위로 표시할 염려가 있는 상표(상표법 제7조 제1항 제2호)
> ㄷ. 저명한 타인의 성명이나 명칭을 포함하는 상표(상표법 제7조 제1항 제6호)
> ㄹ. 저명상표와 혼동을 일으키게 할 염려가 있는 상표(상표법 제7조 제1항 제10호)
> ㅁ. 수요자를 기만할 염려가 있는 상표(상표법 제7조 제1항 제11호)

① ㄱ, ㄴ, ㅁ   ② ㄱ, ㄷ, ㅁ   ③ ㄴ, ㄷ, ㄹ

④ ㄴ, ㄹ, ㅁ   ⑤ ㄷ, ㄹ, ㅁ

〈문 7〉 상표법 제6조 제2항이 규정하는 소위 "사용에 의한 식별력"과 관련한 다음 설명으로 옳지 않은 것은?

① 사용에 의한 식별력이 인정되어 등록된 상표라도 후발적으로 식별력을 다시 상실하게 되었다면 무효사유에 해당한다.

② 보통명칭, 관용상표 및 현저한 지리적 명칭에 대해서는 사용에 의한 식별력 취득의 대상으로 인정되지 아니한다.

③ 상표등록출원 전에 수요자간에 그 상표가 누구의 업무에 관련된 상품을 표시하는 것인지 현저하게 인식되어야 상표등록을 받을 수 있다.

④ 식별력 취득 여부를 판단할 때에는 지정상품의 판매량, 상표사용의 방법 및 횟수, 광고기간 등을 종합적으로 고려한다.

⑤ 사용에 의한 식별력을 인정받기 위해서는 전국적인 범위에서 현저하게 해당 상표가 인식되었음을 출원인이 구체적인 증거로 입증해야 한다.

〈문 8〉 상표법 제7조(상표등록을 받을 수 없는 상표)에 관한 설명으로 옳지 않은 것은? [2011년 변리사 1차시험]

① 상표법 제7조 제1항 제1의3호에 규정된 "저명한 국제기관"이라 함은 국제연합 및 산하기구와 같은 지역 국제기구 등 국제사회에서 일반적으로 인

식되고 있는 국가간의 단체를 말한다.
② 상표법 제7조 제1항 제1의2호에 규정된 "산업재산권의 보호를 위한 파리
협약" 동맹국, 세계무역기구 회원국 또는 "상표법조약" 체약국의 국기와
동일하거나 이와 유사한 상표는 등록을 받을 수 없으며, 본호에서 나열하
는 국가는 우리나라가 승인한 국가만을 의미한다.
③ 상표법 제7조 제1항 제1호의3의 규정된 "국제적십자, 국제올림픽위원회
또는 저명한 국제기관의 명칭 약칭 표장"이라도 등록을 받을 수 있다.
④ 상표법 제7조 제1항 제5호의3에 규정된 "공공기관"은 중앙행정기관, 지방
행정기관, 그 밖의 지방자치단체 공공조합 공법상의 영조물법인과 그 대
표기관 및 산하기관을 포함한다.
⑤ 상표법 제7조 제1항 제1호 및 제1호의5에 규정된 "감독용이나 증명용 인
장 또는 기호"라 함은 상품 등의 규격·품질 등을 통제·증명하기 위하여
대한민국 또는 외국인 국가 자체가 채택한 표장을 말한다.

〈문 9〉 다음 설명 중 옳지 않은 것은?
① 자기의 출원상표가 선출원상표의 지정상품과 상품이 유사하지 않은 경우
라도 상표가 유사한 이상 등록받을 수 없다.
② 선등록상표와 상표와 상품이 동일 또는 유사하면 등록될 수 없다.
③ 선출원주의 규정은 타인간의 출원에 한하여 적용된다.
④ 선출원주의(제8조)와 선등록상표와의 저촉규정(제7조 제1항 제7호)은 모
두 상표권의 독점배타성을 보장하고 상품출처의 오인·혼동을 방지하기 위
하여 중복등록을 배제하고자 함이라는 점에서 동일한 취지의 규정이다.

**〈문 10〉 상표법 제7조의 부등록사유 중 판단시점을 상표등록출원시를 기준으로
하는 것은?** [2009년 사시 1차시험]
① 상품의 기능을 확보하는 데 불가결한 입체적 형상만으로 된 상표
② 일반인의 통상적인 도덕관념인 선량한 풍속에 어긋날 우려가 있는 상표
③ 인종에 대하여 나쁜 평판을 받게 할 염려가 있는 상표
④ 공공단체의 저명한 업무표장과 유사한 상표
⑤ 수요자간에 현저하게 인식되어 있는 타인의 상품이나 영업과 혼동을 일으
키게 할 염려가 있는 상표

≪정답≫ 1.⑤ 2.② 3.③ 4.④ 5.① 6.① 7.② 8.② 9.① 10.⑤
≪문제해설≫
〈문 1〉 ① 제3조. ② 제3조 단서. ③ 제3조의2. ④ 제3조의2. ⑤ 제4조에 따

라 "국내에서"만 해당한다. 국외에서는 해당되지 아니한다.

<문 2> ① 제6조 제1항 제2호. ② 제6조 제1항에 해당하지 아니하고, 식별력이 있음. ③ 제6조 제1항 제3호. ④ 제6조 제1항 제5호. ⑤ 제6조 제1항 제6호.

<문 3> ① 제6조 제1항 제3호에 열거된 항목들이 기술적 상표이다. ② 제6조 제1항 제3호에서 "표장만으로"에 관한 해석에 따라 도형에 식별력이 있고, 문자에 식별력이 없다면, 전체적으로 보아 식별력이 있다고 한다. ③ 지정상품의 판단자는 판례에 따라서 거래자·수요자의 인식을 기준으로 한다(대법원 2008.9.25 선고 2006후2288 판결). ⑤ 제51조 제1항 제2호에 따라서 성질표시 상표는 상표의 효력이 미치지 아니한다.

<문 4> ㉣, ㉥, ◎은 식별력이 인정된다. 나머지 상표들은 제6조 제1항 제3호에 해당되어 식별력이 없다(특허청 상표 심사기준 제8조 해설 참조).

<문 5> ① 상표법 제6조는 "식별력"이 있는 상표를 등록요건으로 한다. ②, ③, ④는 상표의 기능에 해당한다.

<문 6> ㄱ, ㄴ, ㅁ에 해당하는 경우는 상표등록결정시를 기준으로 판단한다. ㄷ, ㄹ의 경우는 상표등록출원시를 기준으로 판단한다.

<문 7> ① 제71조 제1항 제5호: 상표등록이 된 후에 그 등록상표가 제6조 제1항 각호의 1에 해당하게 된 경우. ② 제6조 제2항에서 "현저한 지리적 명칭"(제4호)은 대상이 된다. ③ 제6조 제2항의 취지. ④ 제6조 제2항 관련 판례: 대법원 2003.5.16 선고 2002후1768 판결. ⑤ 대법원 2003.5.16 선고 2002후1768 판결.

<문 8> ① 제7조 제1항 제1호의3에 따른 저명한 국제기관이라 함은 국제연합(UN) 및 산하기구(예: WIPO)와 EU, NATO와 같은 지역 국제기구 등 국제사회에서 일반적으로 인식되고 있는 국가간의 국제기관뿐만 아니라 비정부단체나 국제적 민간단체도 이에 포함된다. ② 제7조 제1항 제1호의2에 따라 모든 외국의 국가가 보호되는 것은 아니며, 동맹국 등의 국기에 한한다. 동맹국이면 되고 우리나라의 국가 승인 여부는 불문한다. ③ 제7조 제1항 제1호의3에 따라서 국제적십자, 국제올림픽위원회 또는 저명한 국제기관이 자기의 명칭, 약칭 또는 표장을 상표등록출원한 때에는 예외적으로 등록이 가능하다. ④ 제7조 제1항 제1호의5에 따라 공공기관은 동맹국 중앙 또는 지방행정기관과 제7조 제1항 제2호의 공공단체(지방자치단체, 공공조합, 공법상의 영조물법인과 그 대표기관 및 산하기관)를 포함한다. ⑤ 제7조 제1항 제1호의5에 따라 옳은 지문이다.

<문 9> ① 선출원상표와 상표와 상품이 모두 동일 또는 유사한 경우에 한하여 등록받을 수 없으므로, 자기의 출원상표가 선출원상표의 상표와 유사한 경우라도 그 상품이 유사하지 않은 이상 등록받을 수 있다. ② 제7조 제1항 제7호. ③ 제8조 제1항. ④ 옳은 지문이다.

<문 10> ①, ②, ③, ④는 상표등록결정시를 기준으로 판단한다. ⑤ 제7조 제1항 제10호의 경우는 상표등록출원시를 기준으로 판단한다.

제 3 절 상표등록출원

Ⅰ. 출원절차

1. 서 설

우리나라의 상표법은 "등록주의"를 채택하고 있으므로, 상표법상 상표권을 확보하기 위해서는 단순히 특정상표를 먼저 사용하였다고 하여 상표권을 확보할 수 있는 것이 아니고 반드시 특허청에 상표등록출원서를 제출하여 일정한 등록요건에 대한 심사를 거쳐 상표등록을 받아야만 한다. 상표를 등록 받기 위한 요건은 (i) 상표법상의 상표에 해당하는가, (ii) 출원상표에 대한 선등록상표가 있는가, (iii) 상표에 대한 사용사실의 유무와 관계없이 상표로서의 구성요건을 갖추어 상표로서의 식별력이 있는가, (iv) 부등록 사유에 해당하지 않는가, (v) 상표법에서 요구하는 적절한 양식을 구비했는가 (vi) 가장 빠른 출원인가 등의 요건과 절차를 만족해야 상표등록을 받을 수 있다.

가. 출 원 서

상표법상 상표등록출원인(이하 "출원인"이라 한다)은 자연인 또는 법인이다. 상표를 출원할 수 있는 권리를 가진 자는 국내에서 상표를 사용하는 자 또는 사용하고자 하는 자이다. 상표등록출원에는 서면주의가 채택되고 있기 때문에 상표등록을 받고자 하는 자는 소정의 출원서에 상표견본을 첨부하여 특허청장에게 제출하여야 한다. 종래에는 종이에 의해서 출원되었지만, 현재는 대분의 상표등록출원은 전자출원으로 하고 있다.

나. 상품의 지정

상표등록출원을 할 때에는 보호받고자 하는 상표와 아울러 시행규칙 제6조의 규정에 따른 "상품류 구분" 및 "상품 및 서비스업의 명칭과 류구분에 관한 고시"에 따라 그 상표를 사용할 상품을 1개류 또는 다류의 상품을 지정할 수 있다(제10조 제2항). 시행규칙 별표에서는 제1류부터 제34

류까지의 34개류의 상품류 구분과 제35류부터 제45류까지 11개류의 서비스업류 구분이 명시되어 있다. 우리나라의 경우 1998년 3월 1일 이전에는 우리나라의 고유한 상품류 구분을 채택하여 사용하였고, 1998년 3월 1일 이후에는 표장의 등록을 위한 상품 및 서비스업에 관한 국제분류인 니스협정(Nice Agreement)에 의한 국제상품분류를 채택·사용하고 있다. 2012년 1월 1일부터 NICE 분류 제10판을 사용하고 있다.

다. 출원일의 인정

상표법 제9조의2는 상표법조약(Trademark Law Treaty)에 가입하기 위하여 신설한 규정으로서, 출원일을 인정받기 위한 최대한의 요건과 그 요건을 완전하게 구비하지 않았을 경우 보완에 관한 절차를 규정하고 있다. 특허청장은 상표등록출원이 상표등록출원에 관한 출원서가 특허청에 도달된 날을 상표등록출원일로 인정하여야 한다(제9조의2 제1항). 특허청장은 상표등록출원이 상표등록을 받고자 하는 취지의 표시가 명확하지 아니한 경우, 출원인의 성명이나 명칭의 기재가 없거나 그 기재가 출원인을 특정할 수 없을 정도로 명확하지 아니한 경우, 상표등록출원서에 상표등록을 받고자 하는 상표의 기재가 없거나 그 기재가 상표로서 인식할 수 없을 정도로 선명하지 아니한 경우, 지정상품의 기재가 없는 경우, 국어로 기재되지 아니한 경우에 해당되는 경우에는 상표등록을 받고자 하는 자에게 상당한 기간을 정하여 상표등록출원에 대하여 보완할 것을 명하여야 한다(제9조의2 제2항).

2. 선출원주의

동일 또는 유사한 상품에 사용할 동일 또는 유사한 상표에 관하여 다른 날에 2 이상의 상표등록출원이 있는 때에는 먼저 출원한 자만이 그 상표에 관하여 상표등록을 받을 수 있다(제8조 제1항). 동일 또는 유사한 상품에 사용할 동일 또는 유사한 상표에 관하여 같은 날에 2 이상의 상표등록출원이 있는 때에는 출원인의 협의에 의하여 정하여진 하나의 출원인만이 그 상표에 관하어 상표등록을 받을 수 있다. 협의가 성립하지 아니하거나 협의를 할 수 없는 때에는 특허청장이 행하는 추첨에 의하여 결정된 하나의 출원인만이 상표등록을 받을 수 있다(제8조 제2항). 상표등록출원이 포기·취하 또는 무효가 된 때 또는 상표등록거절결정이나 심결이 확정된 때에는 그 상표등록출원은 제1항 및 제2항의 규정을 적용함에 있어서는 처음부터 없었던 것으로 본다(제8조 제3항). 이러한 선출원주의는 타인간에만 적용이 되고 동일인 간에는 적용되지 않으므로, 먼저 출원한 상표와 유사한 상표에 해당한다 하여도 동일인이 출원한 경우에는 등록이 가능하다. 또한 비록 먼저 출원한 상표일지라도 그 출원이 최종적으로 거절결정이 되거나, 출원을 취하·포기하여 등록되지 못한 경우에는 선출원으로서의 지위가 소멸된다. 따라서 먼저 출원한 유사한 상표가 있다 하여도 그 출원이 등록이 되지 못한 경우에는 후에 출원한 상표일지라도 등록이 가능하다.

3. 1상표 1출원주의

상표등록출원을 하고자 하는 자는 시행규칙이 정하는 상품류구분상 1류구분 이상의 상품을 지정하여 상표마다 출원하여야 한다. 이 경우 시행규칙이 정하는 바에 따라 하나의 출원서에 상품과 서비스업을 동시에 지정할 수 있다(제10조 제1항). 1상표 1출원주의라 함은 하나의 출원서로 동시에 2 이상의 상표를 출원하는 것이 허용되지 않는다는 원칙이다. 1상표 1출원주의 원칙은 신규 상표등록출원, 지정상품의 추가등록출원, 상표권의 존속기간갱신등록신청에도 적용되는 기본 원칙이다. 1998년 3월 1일부터 "1상표 1류 1출원주의" 제도를 폐지하고 "1상표 다류 1출원주의"를 채택함에 따라 상표마다 출원하되 상표와 서비스업을 동시에 지정하여 출원할 수도 있게 되었다. 따라서 상품에 복수의 상품류구분 또는 상품류구분상의 상품과 서비스업류구분상의 서비스업을 동시에 지정할 수도 있다.

Ⅱ. 출원절차 관련 제도

1. 출원의 분할

출원인은 1 또는 2 이상의 상품류구분내의 상품을 지정상품으로 하여 상표등록출원한 경우에는 이를 상품마다 또는 상품류구분별로 출원을 분할할 수 있다(제18조 제1항). 분할된 상표등록출원(이하 "분할출원"이라 한다)이 있는 경우 그 분할출원은 최초에 상표등록출원을 한 때에 출원한 것으로 본다. 다만, 상표법 제20조 제3항 및 제4항 또는 같은 법 제21조 제2항의 규정을 적용함에 있어서는 그러하지 아니하다(제18조 제2항). 출원분할은 지정상품의 분할을 의미하며, 상표의 분할을 의미하지는 않는다.

2. 출원의 변경

1) 출원인은 상표등록출원·서비스표등록출원·단체표장등록출원·증명표장등록출원에 해당하는 출원은 다른 출원으로 변경할 수 있다(제19조 제1항). 지리적 표시 단체표장등록출원, 업무표장등록출원 및 지리적 표시 증명출원에 대해서는 출원변경이 인정되지 않는다. 무효심판이나 취소심판이 청구된 경우에는 상표권의 존속기간갱신등록신청 또는 지정상품의 추가등록출원을 상표등록출원으로 변경하는 등 상표제도를 악용할 수 있으므로 이와 같은 경우에는 출원변경을 제한한다. 또한 타법 영역으로의 출원의 변경은 인정되지 않으며, 신규의 상표등록출원이나 지정상품의 추가등록출원 또는 상표권의 존속기간갱신등록신청 상호간의 출원변경도 인정되지 않는다.

2) 지정상품의 추가등록출원을 한 출원인은 상표등록출원으로 변경할 수 있다. 지정상품의 추가등록출원의 기초가 된 등록상표에 대하여 무효심판 또는 취소심판이 청구되거나 그 등록상표가 무효심판, 취소심판 등으로 소멸된 경우에는 그러하지 아니하다.

3) 변경출원이 있는 경우 그 변경출원은 최초에 상표등록출원을 한 때에 출원한 것으로 본다. 상표법 제20조 제3항·제4항 또는 같은 법 제21조 제2항을 적용하는 경우에는 그러하지 아니하다. 출원변경은 최초에 한 상표등록출원에 대한 등록여부결정 또는 심결이 확정된 후에는 할 수 없다. 변경출원이 있는 경우에는 최초에 한 상표등록출원은 취하된 것으로 본다.

3. 출원의 보정 등

가. 의 의

상표등록출원의 보정이란 출원의 절차상 또는 내용상의 흠결을 특허청장 또는 심판원장의 명령에 의하여 보정하거나, 출원인이 자진하여 보정할 수 있는 제도를 말한다. 출원의 보정은 상표등록출원의 흠결을 적법하게 보충하거나 정정하는 것을 말하며, 이는 출원에 흠결이 발생한 경우 이를 출원절차 내에서 정정할 수 있도록 하여 출원인의 이익을 보호함과 동시에 재출원으로 인한 절차의 번잡을 방지하는 것을 목적으로 한다.

나. 절차의 보정

특허청장 또는 특허심판원장은 상표에 관한 출원·청구, 그 밖의 절차가 다음의 어느 하나에 해당하는 경우에는 기간을 정하여 보정을 명하여야 한다(제13조).

1. 제5조 제1항 또는 같은 법 제5조의4에 위반된 경우.
2. 이 법 또는 이 법에 의한 명령이 정하는 방식에 위반된 경우.
3. 제37조의 규정에 의하여 납부하여야 할 수수료를 납부하지 아니한 경우.

다. 출원공고결정 전의 보정

출원인은 최초 상표등록출원의 요지를 변경하지 아니하는 범위 안에서 상표등록여부결정의 통지서가 송달되기 전에 출원상표 및 그 지정상품을 보정할 수 있다(제14조 제1항). 여기서 요지가 변경되지 않는 범위의 보정이란 지정상품의 범위의 감축, 오기의 정정, 불명료한 기재를 명확하게 하는 것, 상표의 부기적인 부분의 삭제 등이다(제16조 제1항).

라. 출원공고결정 후의 보정

출원인은 출원공고결정등본의 송달 후에 다음 각호의 어느 하나에 해당하면 해당 호에서 정하는 기간 이내에 최초의 상표등록출원의 요지를 변경하지 아니하는 범위에서 지정상품 및 상표를 보정할 수 있다(제15조).

1. 제23조 제2항 및 같은 법 제48조 제2항에 따른 거절이유의 통지를 받고 그 거절이유에 나타난 사항에 대하여 보정하려는 경우에

는 의견서 제출기간.
2. 상표법 제25조에 따른 상표등록이의신청이 있는 때에 이의신청이유에 나타난 사항에 대하여 보정하려는 경우에는 같은 법 제27조 제1항에 따른 답변서 제출기간.
3. 상표등록거절결정 및 지정상품의 추가등록거절결정을 받고 상표등록거절결정 및 지정 상품의 추가등록거절결정의 이유에 나타난 사항에 대하여 거절결정에 한 심판을 청구한 경우에는 심판청구일부터 30일 이내.

마. 출원의 요지변경

1) 출원공고결정 전의 보정 및 출원공고결정 후의 보정이 지정상품의 범위의 감축, 오기의 정정, 불명료한 기재의 석명, 상표의 부기적인 부분의 삭제에 해당하는 경우에는 상표등록출원의 요지를 변경하지 아니하는 것으로 본다(제16조 제1항). 출원공고결정등본의 송달 전에 한 상표등록출원에 관한 상표 또는 지정상품의 보정이 요지를 변경하는 것으로 상표권의 설정등록이 있은 후에 인정된 때에는 그 상표등록출원은 그 보정서를 제출한 때에 상표등록출원한 것으로 본다(제16조 제2항). 출원공고결정등본의 송달 후에 한 상표등록출원에 관한 상표 또는 지정상품의 보정이 제15조의 규정에 위반된 것으로 상표권의 설정등록이 있은 후에 인정된 때에는 그 상표등록출원은 그 보정을 하지 아니하였던 상표등록출원에 관하여 상표권이 설정등록된 것으로 본다(제16조 제3항).

2) 지정상품의 범위의 감축이라 함은 최초출원의 지정상품의 일부를 삭제하는 경우를 말하며, 지정상품을 그 범위 내에서 세분화하는 것은 요지변경으로 보지 아니한다. 포괄명칭으로 출원한 경우에 그 포괄명칭은 그대로 두고서 그 포괄명칭에 속하는 개별 상품으로 세분화하는 내용의 보정은 요지변경으로 본다.

3) 오기의 정정이라고 함은 오기임이 객관적으로 명백한 경우에 이를 정정함을 말하며 오기가 객관적으로 불명한 경우에 표시의 내용과 다르게 이를 정정하는 것은 요지의 변경으로 본다. 또한 객관적으로 명백한 오기는 이를 정정하지 않더라도 실질적인 내용에 따라 그 효력이 발생하

는 것으로 본다.

4) 불명료한 기재의 석명이라고 함은 지정상품명에 한자 또는 영문을 부기하는 등 불명료 또는 오해를 해소할 수 있는 최소한도의 설명을 의미하며 이를 필요 이상 확대 소명하는 것은 요지의 변경으로 본다.

5) 상표의 부기적 부분이라고 함은 상표의 구성 중 부기적 사항으로서 이를 삭제하더라도 최초 출원상표의 외관·칭호·관념 등에 중요한 영향이 없는 부분을 말한다. 상표 중 부기적 부분이 아닌 보통명칭, 품질표시, 원재료표시 등 문자, 도형 또는 기호를 변경하거나 추가하거나 혹은 삭제하는 것은 요지의 변경으로 본다. 최초 출원상표의 외관·칭호·관념 등에 중요한 영향이 없더라도 추가적 변경은 요지변경으로 본다. 요지변경에 해당하는 경우의 예로는 보정 전 상표는 "VICTORY"이고 보정 후 상표는 "VICTORY/빅토리"인 경우이다. 상표의 구성 중 외형상 부기적 사항이 아닌 경우에는 상표의 외관·칭호·관념 등에 중요한 영향이 없는 일부삭제도 요지의 변경으로 본다.

6) 대법원 2007.11.16 선고 2005후2267 판결은 "출원인이 지정상품과의 관계에서 특허청으로부터 상품의 품질을 오인하게 한다는 등의 이유로 거절이유를 통지받은 후 지정상품에 관하여 종류를 일부 삭제하고 그 용도와 재료를 한정하는 등의 방법으로 지정상품을 감축할 수도 있는 것인바, 이 경우 출원의 요지를 변경하지 아니하고 그와 같이 유통되는 거래계의 실정이 인정된다면 그와 같은 지정상품의 특정도 가능하다고 할 것이다. 원심판결의 이유와 기록에 비추어 살펴보면, 원고는 원래 지정상품은 방습제, 방미제, 탈취제 등으로 하고

 으로 구성된 표장을 상표등록출원(출원번호 제40-2003-50822호)함에 있어서 특허청으로부터 품질오인의 염려가 있다는 의견제출통지를 받자 2004. 11.11자로 이 사건 지정상품을 '탈취제'(녹차와 숯을 원재료로 한 냉장고용에 한함)라고 보정하였는바, 탈취제란 단어의 사전적 의미나 실제 거래계에서도 녹차와 숯의 탈취 혹은 방습 기능이 어느 정도 인식되어 있어 보이는 사정에다가 앞서 본 이 사건 출원경과 등에 비추어 본다

면, 이 사건 출원상표의 지정상품은 최종 보정에 의한 '녹차와 숯을 원재료로 한 냉장고용 탈취제'라고 확정하여야 할 것이므로, 이와 같은 지정상품에 관하여 이 사건 출원상표를 사용한다 한들 그것이 어떤 품질오인의 염려를 주는 것이라고 할 수 없을 것이다"고 판시하였다.

바. 보정의 각하

심사관은 상표등록출원에 관하여 출원공고결정 전의 보정이 출원의 요지를 변경하는 것인 때에는 결정으로 그 보정을 각하하여야 한다(제17조 제1항). 심사관은 각하결정이 있는 때에는 당해 결정등본의 송달이 있은 날부터 30일을 경과할 때까지는 당해 상표등록출원에 대한 상표등록여부 결정을 하여서는 아니 되며, 출원공고할 것을 결정하기 전에 제1항의 규정에 의한 각하결정이 있는 때에는 출원공고결정도 하여서는 아니 된다(제17조 제2항). 심사관은 상표등록출원에 관하여 출원공고결정 후의 보정이 출원의 요지를 변경하는 것인 때에는 결정으로 그 보정을 각하하여야 한다(제17조 제4항). 각하결정은 서면으로 하여야 하며 그 이유를 붙여야 한다. 각하결정에 대하여는 불복할 수 없다. 다만, 거절결정에 대한 심판을 청구하는 경우에는 그러하지 아니하다.

4. 조약에 의한 우선권주장

가. 우 선 권

조약에 의하여 대한민국 국민에게 상표등록출원에 대한 우선권을 인정하는 당사국 국민이 그 당사국 또는 다른 당사국에 상표등록출원을 한 후 동일한 상표를 대한민국에 상표등록출원하여 우선권을 주장하는 때에는 상표법 제8조의 규정을 적용함에 있어서 그 당사국에 출원한 날을 대한민국에 상표등록출원한 날로 본다. 대한민국 국민이 조약에 의하여 대한민국 국민에게 상표등록출원에 대한 우선권을 인정하는 당사국에 상표등록출원한 후 동일한 상표를 대한민국에 상표등록출원한 경우에도 또한 같다(제20조 제1항).

나. 우선권주장

파리협약에 따른 우선권을 주장하고자 하는 자는 우선권주장의 기초가 되는 최초의 출원일부터 6월 이내에 출원하지 아니하면 이를 주장할 수 없다(제20조 제2항). 우선권을 주장하고자 하는 자는 상표등록출원시 상표등록출원서에 그 취지, 최초로 출원한 국명 및 출원의 연월일을 기재하여야 한다. 우선권을 주장한 자는 최초로 출원한 국가의 정부가 인정하는 상표등록출원의 연월일을 기재한 서면·상표 및 지정상품의 등본을 상표등록출원일부터 3월 이내에 특허청장에게 제출하여야 한다(제20조 제4항). 우선권을 주장한 자가 기간 내에 관련 서류를 제출하지 아니한 경우에는 그 우선권주장은 효력을 상실한다.

5. 출원시의 특례

파리협약 제10조 제1호에서 "동맹국의 영역 내에서 개최되는 공식적 또는 비공식적으로 인정된 국제박람회에 출품된 상품에 관하여 각국의 국내 법령에 따라 상표에 대하여 임시보호를 부여한다"고 규정하고 있다. 이는 박람회에 출품한 상품에 사용한 상표에 대하여 일정기간 동안 선출원주의의 예외를 인정함으로써 박람회에 출품한 자를 보호하기 위한 취지에서 마련된 제도이다. 상표등록을 받을 수 있는 자가 다음 각호의 1의 박람회에 출품한 상품에 사용한 상표를 그 출품한 날부터 6월 이내에 그 상품을 지정상품으로 하여 상표등록출원을 한 경우에는 당해 상표등록출원은 그 출품을 한 때에 출원한 것으로 본다(제21조 제1항).

1. 정부 또는 지방자치단체가 개최하는 박람회.
2. 정부 또는 지방자치단체의 승인을 얻은 자가 개최하는 박람회.
3. 정부의 승인을 얻어 국외에서 개최하는 박람회.
4. 조약 당사국 영역 안에서 그 정부나 그 정부로부터 승인을 얻은 자가 개최하는 국제박람회.

출원시의 특례 규정을 적용받고자 하는 자는 그 취지를 기재한 상표등록출원서를 특허청장에게 제출하고 이를 증명할 수 있는 서류를 상표등록출원일부터 30일 이내에 특허청장에게 제출하여야 한다(제21조 제2항).

Ⅲ. 다른 유형의 표장등록제도

1. 증명표장의 등록

가 의 의

2012년 개정법에서 증명표장제도가 도입되면서 상표법에 증명표장의 정의(제2조 제1항 제4호), 출원인적격(제3조의3), 출원시 제출서류(제9조 제5항), 거절이유(제23조 제1항 제8호), 취소사유(제77조의2 제1항 제13호)가 신설되었다. 이 제도의 도입 취지는 상표의 품질보증 기능을 강화하여 소비자에게 올바른 상품정보를 제공함으로써 최적의 선택을 유도하는 데에 있다. 증명표장제도는 소비자가 믿고 선택할 수 있도록 정보를 제공하여 소비자의 편의를 증대시키는 긍정적인 효과가 예상되나, 증명표장권자의 증명능력에 대한 심사는 첨단과학기술, 실험수행능력, 우수인력 등을 구비하고 있는지를 판단하는 과정이므로 심사지침을 보완할 필요가 있다.

나. 증명표장권자

증명표장권자는 표장을 자신이 직접 사용할 수 없고, 증명표장권자가 공시한 일정한 기준에 부합하는 사람·단체에게 사용하게 하여야 한다. 또한 증명표장은 크게 원산지 증명표장,[1] 규격(품질) 증명표장, 노동수행기구 증명표장[2]으로 구분할 수 있다. 품질증명표장은 품질·원재료·제조방법 등에 관한 소정의 기준을 충족하고 있음을 증명하는 표장을 말한다. 예를 들어

    등이 있다.

다음은 상표와 증명표장의 기능, 사용주체, 관리 및 사용허락을 비교한 표이다.

---

1) 특정의 지리적 출처에서 기원하였음을 증명하는 표장. 예: 오른쪽 그림은 아이다호에서 생산되는 감자에 사용되는 증명표장이다.
2) 생산품 또는 서비스의 작업 또는 노동이 어떤 노동조합이나 기구의 소속원에 의하여 수행되었음을 표시하고 증명하는 표장이다.
예: FARMWORKERS AFL-CIO UNION

<상표·서비스표와 증명표장 비교>

구 분	상표·서비스표	증명표장
기능	상품·서비스 출처 표시	품질 및 특징을 증명·보증
사용주체	소유자 본인	정관에서 정한 기준을 충족한 타인
관리	관리·통제 필요성이 낮음 (본인에게 1차적 불이익)	관리·통제 필요성이 높음 (일반 공중의 이익 보호)
사용허락	상표권자의 권리	정관에서 정한 기준을 사용자가 충족하는 경우 차별없이 사용을 허락하여야 함

다. 출원절차

증명표장등록을 받으려는 자는 상표법 제9조 제1항 각호의 사항 외에 시행령으로 정하는 증명표장의 사용에 관한 사항을 정한 서류(법인인 경우에는 정관을 말하고, 법인이 아닌 경우에는 규약을 말한다. 이하 "정관 또는 규약"이라 한다)와 증명하려는 상품 또는 서비스업의 품질, 원산지, 생산방법이나 그 밖의 특성을 증명하고 관리할 수 있음을 입증하는 서류를 첨부한 증명표장등록출원서를 제출하여야 한다(제9조 제5항). 증명표장등록출원인은 제9조 제5항에 규정된 정관 또는 규약의 수정이 필요한 때에는 출원공고결정 전 또는 출원공고결정 후에 따른 기간 이내에 특허청장에게 수정정관 또는 수정규약을 제출할 수 있다(제17조의2).

라. 상표권 등의 이전 및 공유

증명표장등록출원은 이를 이전할 수 없다. 해당 증명표장에 대하여 제3조의3에 따른 증명표장을 등록받을 수 있는 자에게 그 업무와 함께 이전하는 경우에는 특허청장의 허가를 받아 이전할 수 있다(제12조 제10항). 증명표장권은 이전할 수 없다. 해당 증명표장에 대하여 등록받을 수 있는 자에게 그 업무와 함께 이전할 경우에는 특허청장의 허가를 받아 이전할 수 있다(제54조 제10항). 증명표장권을 목적으로 하는 질권은 설정할 수 없다(제54조 제11항). 증명표장권에 관하여는 전용사용권을 설정할 수 없다(제55조 제2항).

2. 단체표장의 등록

가. 출원절차

단체표장등록을 받고자 하는 자는 제1항 각호의 사항 외에 시행령이 정하는 단체표장의 사용에 관한 사항을 정한 정관을 첨부한 단체표장등록출원서를 제출하여야 한다. 이 경우 지리적 표시단체표장을 등록받고자 하는 자는 그 취지를 단체표장등록출원서에 기재하여야 하고, 지리적 표시의 정의에 합치함을 입증할 수 있는 시행령이 정하는 서류를 함께 제출하여야 한다(제9조 제4항). 단체표장등록출원은 이를 이전할 수 없다. 다만, 법인의 합병의 경우에는 특허청장의 허가를 받아 이전할 수 있다(제12조 제9항). 단체표장등록출원인은 정관의 수정이 필요한 때에는 출원공고결정 전 또는 출원공고결정 후에 따른 기간 이내에 특허청장에게 수정정관을 제출할 수 있다(제17조의2 제1항).

나. 단체표장권의 이전 등

단체표장권은 이를 이전할 수 없다. 다만, 법인의 합병의 경우에는 특허청장의 허가를 받아 이전할 수 있다(제54조 제9항). 단체표장권을 목적으로 하는 질권은 설정할 수 없다(제54조 제11항). 단체표장권에 관하여는 전용사용권을 설정할 수 없다(제55조 제2항). 단체표장권의 이전, 질권의 설정 및 전용사용권 설정을 할 수 없도록 한 것은 영리를 목적으로 하지 아니하는 업무를 표상하기 위하여 사용하는 단체표장을 비영리업무를 영위하지 않는 자에게 사용을 허용하는 것은 전용사용권의 취지에 반하고, 단체원의 영업에 관한 상품에 사용하기 위한 단체표장을 소속 단체원이 아닌 자에게 사용할 수 있게 한다면 이 역시 제도의 취지에 반하게 되기 때문이다.

다. 취소사유

1) 단체표장에 있어서 소속단체원이 그 단체의 정관의 규정을 위반하여 단체표장을 타인에게 사용하게 한 경우 또는 소속단체원이 그 단체의 정관의 규정을 위반하여 단체표장을 사용함으로써 수요자로 하여금 상품의 품질 또는 지리적 출처에 관하여 오인을 초래하게 하거나 타인의 업무에 관련된 상품과 혼동을 생기게 한 경우 취소사유가 된다. 다만, 단

체표장권자가 소속단체원의 감독에 상당한 주의를 한 경우에는 그러하지
아니하다(제73조 제1항 제5호).

2) 단체표장의 설정등록을 한 후 정관을 변경함으로써 수요자로 하
여금 상품의 품질의 오인 또는 타인의 업무에 관련된 상품과의 혼동을
생기게 할 염려가 있는 경우에는 취소사유가 된다(제73조 제1항 제6호).

3) 단체표장에 있어서 제3자가 단체표장을 사용함으로써 수요자로
하여금 상품의 품질 또는 지리적 출처에 관하여 오인을 초래하게 하거나
타인의 업무에 관련된 상품과 혼동을 생기게 하였음에도 단체표장권자가
고의로 상당한 조치를 취하지 아니한 경우에는 취소사유가 된다(제73조 제
1항 제10호).

3. 업무표장의 등록

가. 출원절차

업무표장의 등록을 받고자 하는 자는 출원인의 성명 및 주소, 출원
인의 대리인이 있는 경우에는 그 대리인의 성명 및 주소, 상표, 지정상품
및 그 류구분, 우선권주장을 하고자 하는 경우 우선권주장의 취지를 기재
하고, 그 업무의 경영사실을 입증하는 서면을 첨부한 업무표장등록출원
서를 제출하여야 한다(제9조 제6항).

나. 업무표장의 양도 등

업무표장등록출원은 이를 양도할 수 없다. 그 업무와 함께 양도하는
경우에는 그러하지 아니하다(제12조 제7항). 업무표장권을 목적으로 하는
질권은 설정할 수 없다(제54조 제11항). 업무표장권에 관하여는 전용사용권
을 설정할 수 없다(제55조 제2항). 업무표장등록출원의 양도, 업무표장권의
질권설정 및 전용사용권 설정을 할 수 없도록 것은 영리를 목적으로 하
지 아니하는 업무를 표상하기 위하여 사용하는 업무표장을 비영리업무를
영위하지 않는 자에게 사용을 허용하는 것은 전용사용권의 취지에 반하
고, 단체원의 영업에 관한 상품에 사용하기 위한 업무표장을 소속 단체원
이 아닌 자에게 사용할 수 있게 한다면 제도의 취지에 반하게 되기 때문
이다.

4. 지정상품 추가등록

가. 출원절차

상표등록출원인은 상표등록출원시에 1 또는 2개 이상의 상품을 일시에 지정할 수 있으나, 상표등록출원 후 또는 상표등록 후에 지정상품을 추가할 필요가 있을 경우 별도로 지정상품의 추가등록출원서를 제출하여 지정상품을 추가할 수 있다. 상표권자 또는 출원인은 등록상표 또는 상표등록출원의 지정상품을 추가하는 지정상품의 추가등록을 받을 수 있다. 이 경우 추가등록된 지정상품에 대한 상표권의 존속기간 만료일은 그 등록상표권의 존속기간 만료일로 한다(제47조 제1항). 지정상품의 추가등록을 받고자 하는 자는 다음 각호의 사항을 기재한 지정상품의 추가등록출원서를 특허청장에게 제출하여야 한다(제47조 제2항).

1. 출원인의 성명 및 주소, 대리인이 있는 경우 대리인의 성명 및 주소, 우선권주장에 관한 사항, 기타 시행규칙에서 정하는 사항.
2. 등록상표의 등록번호 또는 상표등록출원의 출원번호.
3. 추가로 지정할 상품 및 그 류구분.

나. 지정상품의 추가등록의 요건

지정상품의 추가등록의 요건은 원상표권 또는 원상표등록출원이 존재하여야 하고, 추가등록출원의 출원인은 등록상표의 상표권자 또는 상표등록출원의 출원인과 동일인이어야 하며, 지정상품의 추가등록의 상표는 당해 등록상표 또는 상표등록출원의 상표와 동일하여야 하고, 통상의 상표등록출원에 관한 거절이유에 해당하지 않아야 한다. 지정상품의 추가등록이 있으면 그 추가등록된 지정상품은 원상표권에 합체되어 일체를 이루므로, 상표권의 존속기간이 함께 진행되고 원상표권이 소멸되면 추가등록도 함께 소멸된다. 그러나 무효사유의 존재 여부나 상표권 침해 여부의 판단에 있어서는 당초에 등록된 것과 독립적으로 판단한다.

다. 지정상품의 추가등록거절결정 및 거절이유통지

심사관은 지정상품의 추가등록출원이 다음 각호의 어느 하나에 해당하는 경우에는 그 지정상품의 추가등록출원에 대하여 지정상품의 추가등록거절결정을 하여야 한다(제48조 제1항).

1. 상표등록출원에 대한 거절이유에 해당할 경우(제23조 제1항 각호의 1).
2. 지정상품의 추가등록출원인이 당해 상표권자 또는 출원인이 아닌 경우.
3. 등록상표의 상표권이 소멸하거나 상표등록출원이 포기·취하 또는 무효되거나 상표등록출원에 대한 상표등록거절결정이 확정된 경우.

심사관은 지정상품의 추가등록거절결정을 하고자 할 때에는 그 출원인에게 거절이유를 통지하고 기간을 정하여 의견서를 제출할 수 있는 기회를 주어야 한다(제48조 제2항).

5. 상품분류전환등록

가. 상품분류전환등록의 신청

상품류구분에 따라 상품을 지정하여 상표권의 설정등록·지정상품의 추가등록 또는 상표권의 존속기간갱신 등록을 받은 상표권자는 당해 지정상품을 시행규칙이 정하는 상품류구분에 따라 전환(이하 "상품분류전환"이라 한다)하여 등록을 받아야 한다(제46조의2 제1항). 상품분류전환의 등록(이하 "상품분류전환등록"이라 한다)을 받으려는 자는 다음 각호의 사항을 적은 상품분류전환등록신청서를 특허청장에게 제출하여야 한다.

1. 신청인의 성명 및 주소(법인인 경우 그 명칭 및 영업소의 소재지).
2. 대리인이 있는 경우 그 대리인의 성명 및 주소나 영업소의 소재지.
3. 등록상표의 등록번호.
4. 전환하여 등록받고자 하는 지정상품 및 그 류구분(類區分).

상품분류전환등록신청은 상표권의 존속기간 만료일 1년 전부터 존속기간 만료 후 6월 이내의 기간에 하여야 한다(제46조의2 제2항). 상표권이 공유인 경우에는 공유자 전원이 공동으로 상품분류전환등록을 신청하여야 한다.

나. 상품분류전환등록거절결정 및 거절이유의 통지

심사관은 상품분류전환등록신청이 다음 각호의 어느 하나에 해당하는 경우에는 그 신청에 대하여 상품분류전환등록거절결정을 하여야 한다(제46조의4 제1항).

1. 상품분류전환등록신청의 지정상품을 당해 등록상표의 지정상품

이 아닌 상품으로 하거나 지정상품의 범위를 실질적으로 확장한
경우.
2. 상품분류전환등록신청의 지정상품이 시행규칙이 정하는 상품류
구분에 일치하지 아니하는 경우.
3. 상품분류전환등록을 신청한 자가 당해 등록상표의 상표권자가 아
닌 경우.
4. 상품분류전환등록신청 요건을 갖추지 못한 경우.
5. 상표권이 소멸하거나 상표권의 존속기간갱신등록신청을 포기·취
하하거나 존속기간갱신등록신청이 무효로 된 경우.

심사관은 상품분류전환등록거절결정을 하고자 하는 때에는 그 신청
인에게 거절이유를 통지하고 기간을 정하여 의견서를 제출할 수 있는 기
회를 주어야 한다.

다. 상품분류전환등록 및 소멸

특허청장은 상품분류전환등록결정이 있는 경우에는 지정상품의 분
류를 전환하여 등록원부상의 지정상품의 분류를 전환하여 등록하여야 한
다(제46조의5). 상품분류전환등록된 상표권은 분류전환된 상품류 구분에
의한 지정상품에 대하여 발생하게 되지만, 존속기간 등에 변화가 생기는
것은 아니다. 상품분류전환등록신청기간중에 전환등록신청을 하지 아니
하거나, 상품분류전환등록신청이 취하된 경우, 상품분류전환등록거절결
정이 확정된 경우 또는 상품분류전환등록을 무효로 한다는 심결이 확정
된 경우 그 존속기간의 만료일 다음 날에 그 상표권은 소멸한다(제64조의2
제1항). 등록상표의 보호범위는 상표등록출원서에 적은 상표에 따라 정하
여 진다. 지정상품의 보호범위는 상품분류전환등록신청서에 기재된 상품
에 의하여 정하여진다(제52조 제2항).

6. 상표권의 존속기간 갱신등록

가. 의 의

상표권의 존속기간은 설정등록일로부터 10년이다. 상표권은 10년
마다 계속하여 갱신할 수 있으므로 상표권은 반영구적인 권리라 할 수
있다. 상표권의 존속기간을 갱신하고자 할 경우에는 상표권의 존속기간

만료 전 1년 이내에 상표권의 존속기간갱신등록신청을 하여야 한다. 2010년 개정법에서 상표권의 존속기간갱신등록출원제도를 상표권의 존속기간갱신등록신청제도로 개선하였다. 상표권자는 상표권의 존속기간갱신등록료는 기간 내에 신청하는 경우에는 1상품 류구분마다 31만원을 납부하면 된다(특허료 등의 징수규칙 제5조 제2항 제3호). 존속기간이 만료된 후라도 6개월 이내에 상표권의 존속기간갱신등록신청을 할 수 있다. 상표권의 존속기간갱신등록시 효력은 원등록의 효력이 끝나는 다음 날부터 효력이 발생한다. 예를 들어, 갑이 "마로니에"(지정상품, 신사복)라는 상표를 2003년 6월 15일 등록을 받았다고 하면, 이 경우 상표권의 존속기간은 2013년 6월 15일까지이다. 만약 갑이 2013년 1월 15일 존속기간 갱신등록신청을 하여 2013년 3월 15일에 갱신등록이 되었다면 갱신등록된 상표권의 존속기간은 2023년 6월 15일까지이다.

나. 상표권의 존속기간갱신등록신청

상표권의 존속기간갱신등록을 받으려는 자는 다음의 사항을 적은 상표권의 존속기간갱신등록신청서를 특허청장에게 제출하여야 한다(제43조 제1항).

1. 출원인의 성명 및 주소, 대리인이 있는 경우 대리인의 성명 및 주소, 지정상품 및 그 류구분, 기타 시행규칙에서 정하는 사항.
2. 등록상표의 등록번호.

상표권의 존속기간갱신등록신청서는 상표권의 존속기간 만료 전 1년 이내에 제출하여야 한다. 다만, 이 기간에 상표권의 존속기간갱신등록신청을 하지 아니한 자는 상표권의 존속기간이 끝난 후 6개월 이내에 상표권의 존속기간갱신등록신청을 할 수 있다(제43조 제2항). 상표권이 공유인 경우에는 공유자 전원이 공동으로 상표권의 존속기간갱신등록신청을 하여야 한다.

다. 갱신등록의 요건

상표권을 갱신등록하기 위해서는 우선 갱신등록 출원인은 당초에 등록한 상표권자이거나 또는 그 승계인이어야 하며 지정상품 또한 동일하여야 한다. 한편, 현행 시행규칙에는 갱신등록출원시에 상표견본을 제출하는 제도를 폐지하였으므로 갱신등록출원에 의한 상표는 원등록상표와 당연히 동일한 것으로 인정되어 표장의 불일치는 갱신등록거절사유가 되지 않는 것으로 되었다. 대법원 2005.2.18 선고 2002후505 판결은 "상표권의 존속기간 갱신등록은 그 등록에 의하여 새로운 상표권이 발생하는 것이 아니라 존속기간이 만료하게 된 상표권이 상표권자와 지정상품의 동일성을 유지하면서 그 존속기간만을 연장하는 것이다. 만약, 상표권의 존속기간 갱신등록을 무효로 하는 심결이 확정된 경우에는 설정등록에 의하여 발생한 상표권은 갱신되기 전의 상표권의 존속기간이 종료하였을 때 소멸하는 것으로 보아야 한다. 상표권 존속기간갱신등록제도의 법적 성질 등에 비추어, 2회의 상표권 존속기간 갱신등록이 이루어진 이후 그 상표권 존속기간 1차 갱신등록에 관하여 제기된 무효심판청구가 적법하다"고 판시하였다.

라. 상표권의 존속기간갱신등록신청의 효력

상표권의 존속기간갱신등록신청서는 상표권의 존속기간 만료 전 1년 이내에 상표권의 존속기간갱신등록신청을 하면 상표권의 존속기간이 갱신된 것으로 본다(제46조 제1항). 상표권의 존속기간갱신등록은 원등록의 효력이 끝나는 다음 날부터 효력이 발생한다. 따라서 존속기간갱신등록된 상표권의 효력은 중단되지 아니하고 연장된다. 상표권의 존속기간 갱신등록을 무효로 한다는 심결이 확정된 때에는 상표권의 존속기간갱신등록은 처음부터 없었던 것으로 본다(제72조 제3항).

≪연습문제≫

〈문 1〉 상표법상의 조약에 의한 상표법 제20조(우선권주장)에 대한 설명으로 옳지 않은 것은?

① 우리나라 특허청에 상표를 출원하고, 미국에 상표를 출원하면서 우선권을 주장하고자 하는 자는 최초 출원일(우선일)부터 6월 이내에 출원하여야 한다.

② 파리조약에 의하여 우선권을 주장하고자 하는 자는 우선권주장의 기초가 되는 최초로 출원한 국명 및 출원번호를 반드시 기재하여야 한다.

③ 우선권증명서류는 당해 상표등록출원일부터 3월 이내에 특허청장에게 제출하여야 한다. 다만, 분할출원의 경우 분할출원을 한 날부터 3월 이내에 우선권증명서류를 제출하면 된다.

④ 우선권은 동맹의 제1국에 최초의 정규적인 출원을 함으로써 발생하며, 그 후에 당해 출원이 무효·취하·포기 또는 거절결정이 확정되더라도 우선권주장의 기초가 될 수 있다.

⑤ 우선권 주장 서류를 기간 내에 제출하지 아니한 경우에도 그 우선권주장은 효력을 상실한다.

〈문 2〉 상표권의 존속기간등록에 관한 설명으로 옳지 않은 것은?

① 상표의 존속기간은 상표권의 설정등록이 있는 날부터 10년이 되는 날까지이다.

② 상표의 존속기간갱신등록을 받으려는 자는 상표권의 존속기간갱신등록출원서를 특허청장에게 제출하여야 한다.

③ 상표권의 존속기간갱신등록은 원등록의 효력이 끝나는 다음 날부터 효력이 발생한다.

④ 상표권의 존속기간 만료 전 1년 이내에 또는 존속기간이 끝난 후 6개월 이내에 상표권의 존속기간갱신등록신청이 있으면 당해 상표권의 존속기간은 갱신된 것으로 간주한다.

〈문 3〉 상표법상 국내상표등록출원에 관한 설명으로 옳지 않은 것은? (다툼이 있는 경우에는 판례에 의함) [2011년 변리사 1차시험]

① 출원공고 후라도 상표법 소정의 거절이유를 발견한 경우, 심사관은 상표등록거절결정을 할 수 있다.

② 상표등록이의신청이 있는 경우, 심사관은 상표등록이의 신청서 부분을 출원인에게 송달하고 기간을 정하여 답변서를 제출할 수 있는 기회를 주어야 한다.

③ 출원상표에 대한 심사에 있어서 그와 유사하다는 인용상표에 대한 등록무효심결이 대법원에 계속중인 경우, 심사관은 그 심사절차를 중지하여야 한다.

④ 상표등록여부결정이 있는 경우, 특허청장은 그 결정의 등본을 출원인에게 송달하여야 한다.

⑤ 상표등록출원의 거절결정에 대하여 취소의 심결이 있는 경우, 당해 상표등록출원에 대하여 이미 출원공고된 사실이 있고 다른 거절이유를 발견할 수 없다면 심사관은 출원공고결정을 생략할 수 있다.

〈문 4〉 **상표법상 출원의 승계와 분할 이전에 관한 설명으로 옳지 않은 것은?**
[2010년 사시 1차시험]

① 업무표장등록출원은 그 업무와 함께 양도하는 경우에 한하여 이를 양도할 수 있다.

② 상표등록출원을 그 지정상품마다 분할하여 이전할 경우에는 유사한 지정상품을 함께 이전하여야 한다.

③ 상표등록출원이 공유인 경우에는 각 공유자는 다른 공유자의 의사에 관계 없이 그 지분을 양도할 수 있다.

④ 상표등록출원의 상속이 있는 경우에는 상속인은 지체없이 그 취지를 특허청장에게 신고하여야 한다.

〈문 5〉 **상표법상 조약에 의한 우선권주장에 대한 설명 중 옳은 것은?** [2007년 변리사 1차시험]

① 2002년 7월 19일 미국특허청에 상표등록출원을 하고 2003년 1월 8일 한국특허청에 우선권주장을 하여 상표등록출원을 하였다면 우선권증명서류는 늦어도 2003년 2월 8일까지 제출하여야 한다.

② 상표등록출원시 상표등록출원서에 우선권주장의 취지와 최초로 출원한 국명 및 출원 연월일을 기재하지 못한 경우에도 우선권증명서류 제출기간 내에 우선권증명서류 제출과 동시에 이를 보정할 수 있다.

③ 우선권주장의 기초가 된 동맹국 출원이 무효·취하·포기 또는 거절결정이 확정되었다는 이유로 우선권주장의 기초로서의 효력이 상실되는 것은 아니다.

④ 조약에 의한 우선권을 주장하여 출원하였으나 우선권증명서류의 제출기간을 도과하여 증명서류를 제출할 경우에는 그 출원은 부적법한 것으로서 그 출원자체가 거절된다.

⑤ 상표권의 존속기간갱신등록출원과 지정상품의 추가등록출원에 대하여는 성질상 조약에 의한 우선권을 주장할 수 없다.

〈문 6〉 **상표등록출원에 대한 다음 설명 중 옳지 않은 것은?**

① 상표등록출원서에는 상표와 상품이 반드시 기재되어야 한다.

② 상표등록출원시 하나의 출원서에 상품과 서비스업을 동시에 기재할 수 없다.

③ 상표등록출원시 하나의 출원서에 2개 이상의 상표를 동시에 기재할 수는 없다.

④ 심사관은 상표등록출원에 대한 거절이유를 발견할 수 없는 때에는 상표등록결정을 하여야 한다.

≪정답≫　　1.① 2.② 3.③ 4.③ 5.③ 6. ②

≪문제해설≫

<문 1>　① 제20조 제2항. ② 제20조 제3항에 따라 상표등록출원서에 우선권주장의 취지, 최초로 출원한 국명 및 출원의 연월일을 기재하여야 한다. 출원번호는 의무적 기재사항이 아니다. ③ 제20조 제4항. ④ 파리협약 제4조 A2. ⑤ 제20조 제5항.

<문 2>　① 제42조 제1항. ② 2010년 개정법에 따라서 상표권의 존속기간갱신등록은 신청으로 개정되었다. 출원은 아니다. ③ 제46조 제2항. ④ 제43조 제2항.

<문 3>　① 제28조: 상표등록출원공고 후의 직권에 의한 상표등록거절결정. ② 제27조 제1항. ③ 제32조 제1항에 따라 상표등록출원의 심사에 있어서 필요한 때에는 심결이 확정될 때까지 또는 소송절차가 완결될 때까지 그 상표등록출원의 심사의 절차를 중지할 수 있다. 이는 출원상표에 대한 심사에 있어서 그와 유사하다는 인용상표에 대한 등록무효심결이 대법원에 계속중인 경우라도 심사절차를 반드시 중지하여야 하는 것은 아니며, 심사관의 재량사항이다. ④ 제31조 제2항. ⑤ 제24조 제1항 제2호.

<문 4>　① 제54조 제7항 단서에 따라서 양도할 수 있다. ② 제54조 제1항에 따라 옳은 지문이다. ③ 제54조 제6항에 따라 다른 공유자 전원의 동의를 얻어야 한다. ④ 제58조 제3항에 따라 지체없이 그 취지를 특허청장에게 신고하여야 한다.

<문 5>　① 제20조 제4항에 따라 우선권을 주장하여 상표등록출원을 한 자는 우선권증명서류를 상표등록출원일로부터 3월 내에 특허청장에게 제출하여야 한다. 2003년 1월 8일 한국 특허청에 우선권 주장을 하여 상표등록출원을 하였다면 우선권증명서류는 2003년 4월 8일까지 소급받을 수 있다. ② 제20조 제3항에 따라 출원과 동시에 이러한 기재를 한 경우에 한하여 우선권 주장을 인정하고 있으나, 지문과 같은 보정규정을 두고 있지 않다. ③ 조약우선권주장의 기초가 되는 출원은 동맹의 제1국의 정규출원이면 되므로, 출원 후에 무효·취하·포기 또는 거절결정된 것이라도 조약우선권주장출원이 기초출원이 될 수 있다. ④ 우선권증명서류의 제출기간을 도과하여 증명서류를 제출하면 우선권주장은 효력을 상실한다. ⑤ 제8조(선원)의 규정을 적용함에 있어 제1국 출원일을 우리나라에 출원한 날로 취급하고 제1국 출원과 제2국 출원 사이에 지정상품의 동일성을 요구하고 있으므로 상표권의 존속기간갱신등록출원과 지정상품의 추가등록출원에 대하여는 성질상 조약에 의한 우선권을 주장할 수 없다.

<문 6>　① 제9조 제1항 제4호에 따라 상표등록출원서에 지정상품의 기재는 필수사항이다. ② 상표등록출원서에는 상품의 경우 2개 이상이 지정될 수 있고, 상품과 서비스업을 동시에 기재할 수도 있다. ③ 제10조 제1항에 따라 1상표 1출원의 원칙이 적용된다. ④ 제24조 제1항.

제 4 절 심사 및 등록절차

Ⅰ. 상표심사

1. 서 설

상표등록출원이 있는 경우 특허청 심사관은 해당출원이 상표법상 등록요건을 만족하였는지의 여부를 심사하여 심사결과 거절이유가 있는 경우 거절이유통지를 거쳐 거절결정을 하거나, 심사결과 거절이유가 없는 경우 출원공고를 거쳐 등록결정을 하여야 한다. 심사관은 상표등록출원에 거절이유가 있는 경우 반드시 거절이유를 통지하여 의견제출기회를 부여하여야 하며, 이에 따라 출원인은 거절이유를 통지받은 경우라도 심사관이 제시한 거절이유가 부당하다고 판단되는 경우 의견서를 제출하여 자신의 의견을 개진할 수 있고, 나아가 보정 등을 통하여 거절이유를 해소하여 등록받을 수도 있다. 출원인은 출원공고가 있은 후 당해 상표등록출원과 동일 또는 유사한 상표 및 상품을 사용하는 자에게 서면으로 경고할 수 있고, 이러한 경고를 한 출원인은 경고 후 상표권을 설정등록 할 때까지의 기간에 발생한 당해 상표의 사용에 관한 업무상 손실에 상당하는 보상금의 지급을 청구할 수 있다.

2. 출원에 대한 심사절차

가. 심사의 순위 및 우선심사

특허청장은 심사관으로 하여금 상표등록출원 및 상표등록이의신청을 심사하게 한다(제22조 제1항). 상표등록출원에 대한 심사는 출원의 순위에 따른다(제22조의4 제1항). 특허청장은 다음 각호의 어느 하나에 해당하는 상표등록출원에 대하여는 제1항에도 불구하고 심사관이 다른 상표등록출원에 우선하여 심사하게 할 수 있다(제22조의4 제2항).

1. 상표등록출원 후 출원인이 아닌 자가 정당한 사유없이 업으로서 상표등록출원된 상표와 동일 또는 유사한 상표를 동일 또는 유사한 지정상품에 사용하고 있는 경우.

2. 상표등록출원인이 상표등록출원한 상표를 지정상품의 전부에 사용하고 있는 등 시행령 제2조의4에서 규정하는 상표등록출원으로서 긴급한 처리가 필요한 경우.

나. 거절이유

상표등록출원에 거절이유가 있는 경우라도 심사관은 반드시 거절이유를 통지하여 의견제출기회를 부여하여야 하며, 거절이유통지 없이 곧바로 거절결정을 할 수 없다. 따라서 출원인은 거절이유를 통지받은 경우라도 심사관이 제시한 거절이유가 부당하다고 판단되는 경우 이에 대응하여 의견서를 제출할 수 있다. 의견제출기간은 심사관의 지정기간에 해당되며 통상 거절이유 통지일로부터 2개월의 지정기간이 주어진다. 한편, 의견서를 제출하면 심사관은 의견서의 내용을 토대로 해당출원에 대한 재심사를 하며, 의견서를 참조한 재심사 결과 통지된 거절이유가 부당하다고 판단되면 다시 출원공고를 거쳐 등록결정을 하고, 의견서를 참조한 재심사 결과상으로도 여전히 거절이유가 있다고 판단되면 거절결정을 하게 된다.

다. 거절이유통지 대상

심사관은 상표등록출원이 다음 각호의 어느 하나에 해당하는 경우에는 그 상표등록출원에 대하여 상표등록거절결정을 하여야 한다(제23조 제1항). 심사관은 상표등록거절결정을 하고자 할 때에는 그 출원인에게 거절이유를 통지하고 기간을 정하여 의견서를 제출할 수 있는 기회를 주어야 한다. 이 경우 2 이상의 지정상품의 일부 또는 전부에 거절이유가 있는 때에는 심사관은 그 해당 지정상품별로 거절이유와 근거를 구체적으로 밝혀야 한다(제23조 제2항).

1. 제3조, 제5조의24, 제6조부터 제8조까지, 제10조 제1항, 제12조 제2항 후단, 같은 조 제5항 또는 제7항부터 제10항까지의 규정에 따라 상표등록을 할 수 없는 경우.

2. 조약의 규정에 위반된 경우

3. 조약당사국에 등록된 상표 또는 이와 유사한 상표로서 그 상표에 관한 권리를 가진 자의 대리인이나 대표자 또는 상표등록출원일

전 1년 이내에 대리인이나 대표자이었던 자가 상표에 관한 권리를 가진 자의 동의를 받지 아니하는 등 정당한 이유없이 그 상표의 지정상품과 동일하거나 이와 유사한 상품을 지정상품으로 상표등록출원을 한 경우. 다만, 그 권리자로부터 상표등록이의신청이 있거나 제22조 제3항의 규정에 의한 정보제공이 있는 경우에 한한다.

4. 제2조 제1항 제1호부터 제3호까지, 제4호 및 제5호에 따른 표장의 정의에 합치하지 아니하거나 지리적 표시 단체표장 또는 지리적 표시 증명표장의 경우에는 그 지리적 표시와 표장이 같은 항 제3호의2, 제3호의4 및 제4호의2에 따른 지리적 표시와 표장의 정의에 합치하지 아니하는 경우.

5. 지리적 표시 단체표장등록출원에 있어서 그 지리적 표시를 사용할 수 있는 상품을 생산·제조 또는 가공하는 것을 업으로 영위하는 자에 대하여 정관에 의하여 단체의 가입을 금지하거나 정관에 충족하기 어려운 가입조건을 규정하는 등 단체의 가입을 실질적으로 허용하지 아니한 경우.

6. 제9조 제4항에 따른 정관에 시행령에서 정하는 단체표장의 사용에 관한 사항의 전부 또는 일부를 적지 아니하였거나 같은 조 제5항에 따른 정관 또는 규약에 시행령으로 정하는 증명표장의 사용에 관한 사항의 전부 또는 일부를 적지 아니한 경우.

7. 제3조의2, 제3조의3 및 제4조에 따른 단체표장, 증명표장 및 업무표장의 등록을 받을 수 있는 자에 해당하지 아니하는 경우.

8. 증명표장등록출원에 있어서 그 증명표장을 사용할 수 있는 상품을 생산·제조·가공 또는 판매하는 것을 업으로 영위하는 자나 서비스업을 영위하는 자에 대하여 정당한 사유없이 정관 또는 규약으로 사용을 허락하지 아니하거나 정관 또는 규약에 충족하기 어려운 사용조건을 규정하는 등 실질적으로 사용을 허락하지 아니한 경우.

다음 그림은 상표등록출원, 심사절차 및 등록절차의 흐름을 나타낸다. 심사관은 상표등록출원 후 실체심사를 통해서 당해 상표등록출원에

대하여 최종 처분으로 거절결정 또는 등록결정을 하여야 한다. 상표제도
는 출원공고제도와 이의신청제도를 두어 일반 공중의 심사를 받을 수 있
게 된다. 상표권이 설정된 후에 무효심판절차는 특허심판원, 특허법원,
대법원의 심급구조로 심판 및 소송절차가 진행된다.

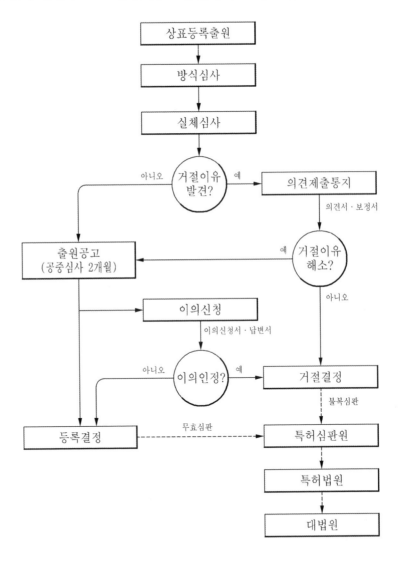

Ⅱ. 출원공고제도

1. 서 설

심사관은 상표등록출원에 대하여 거절이유를 발견할 수 없는 때에는 출원공고결정을 하여야 한다(제24조 제1항). 이에 따라 출원공고가 있는 경우 누구든지 출원공고가 있는 날로부터 2월 이내 이의신청을 할 수 있다. 상표의 출원공고제도는 상표의 공익성과 출원상표의 다양성에 비추어 심사에 공정을 얻기 위한 특허행정절차로 상표로서의 권리를 설정등록하기 전에 이를 일반에게 공개하여 공중심사에 회부함으로써 이의가 있으면 이의신청할 수 있게 한다. 심사관의 출원공고란 심사관이 출원내용에 대하여 심사한 결과 거절할 만한 이유를 발견할 수 없거나 의견서 또는 보정서 제출에 의하여 거절이유가 극복된 경우, 그 출원내용을 공중에 공표하여 이의신청을 할 수 있도록 함으로써 심사의 협력을 구하도록 제도화한 것을 말한다. 이는 특허법 등에는 존재하지 않는 상표법상의 특유의 제도로 상표의 출원공고제도는 상표의 공익성과 출원상표의 다양성에 비추어 특허청 내부 심사관의 심사만으로는 부족하다는 견지에서 상표로서의 권리를 설정등록하기 전에 이를 일반에게 공개하여 공중심사에 회부함으로써 각계의 의견을 듣고 이의가 있으면 이의신청을 할 수 있게 하여 심사에 공정성을 달성하기 위한 일련의 과정이다.

2. 출원공고

가. 출원공고결정

심사관은 상표등록출원에 대하여 거절이유를 발견할 수 없는 때에는 출원공고결정을 한다. 그러나 다음 어느 하나에 해당하는 때에는 출원공고결정을 생략할 수 있다(제24조 제1항).

1. 출원공고결정의 등본이 출원인에게 송달된 후 그 출원인이 출원공고된 상표등록출원을 제18조의 규정에 따라 2 이상의 상표등록출원으로 분할한 경우에 있어서 그 분할출원에 대하여 거절이유를 발견할 수 없는 때.
2. 상표등록출원의 거절결정에 대하여 취소의 심결이 있는 경우에

있어서 당해 상표등록출원에 대하여 이미 출원공고된 사실이 있고 다른 거절이유를 발견할 수 없는 때.

나. 출원공고결정 후 절차

특허청장은 출원공고결정이 있을 때에는 그 결정의 등본을 출원인에게 송달하고 그 상표등록출원에 관하여 상표공보에 게재하여 출원공고를 하여야 한다(제24조 제2항). 특허청장은 출원공고가 있는 날부터 2개월간 상표등록출원서류 및 그 부속서류를 특허청에서 공중의 열람에 제공하여야 한다(제24조 제3항).

다. 출원공고의 효과

1) 출원공고에 의하여 발생되는 효과는 경고권과 손실보상청구권이라 할 수 있다. 출원인은 출원공고 후 당해 상표등록출원에 관한 상표와 동일하거나 이와 유사한 상표를 사용하는 자에게 서면으로 경고할 수 있다(제24조의2 제1항).

2) 출원공고가 있는 후에 서면으로 경고하는 것이 원칙이지만, 상표등록출원의 사본(국제상표등록출원의 경우에는 국제출원의 사본)을 제시하는 경우에는 출원공고 전이라도 서면으로 경고할 수 있다(제24조의2 제1항 단서). 상표출원절차에서, 출원인 상표등록출원을 하면, 출원된 상표와 구성과 서지적 정보가 특허검색서비스(www.kipris.or.kr)에서 출원일 후 1개월 이내에 공개된다. 상표법에는 출원공개제도가 없지만 일반 공중은 인터넷을 통해서 상표등록출원에 대한 정보를 쉽게 얻을 수 있게 된다. 따라서 서면에 의한 경고는 출원공고일 전에도 가능하다. 이는 특허법상 경고권(특허법 제65조 제1항)과 다른 점이라 할 수 있다.

3. 손실보상청구권

가. 손실보상청구권의 의의

경고를 한 출원인은 경고 후 상표권을 설정등록할 때까지의 기간에 발생하는 당해 상표의 사용에 관한 업무상의 손실에 상당하는 보상금의 지급을 청구할 수 있다(제24조의2 제2항). 손실보상금청구권은 상표권의 설정등록이 있은 후가 아니면 당해권리를 행사할 수 없다(제24조의2 제3항).

손실보상청구권이라 함은 출원상표와 유사한 상표의 제3자 사용으로 인하여 상표등록 전에 발생한 출원인의 업무상 손실을 보전하기 위한 금전적 청구권을 말한다. 상표법은 제24조의2에서 "출원인은 출원공고가 있은 후 당해 상표등록출원에 관한 지정상품과 동일·유사한 상품에 대하여 당해 상표등록출원에 관한 상표와 동일·유사한 상표를 사용하는 자에게 서면으로 경고할 수 있고 이러한 경고를 한 출원인은 경고 후 상표권을 설정등록 할 때까지의 기간에 발생한 당해 상표의 사용에 관한 업무상 손실에 상당하는 보상금의 지급을 청구할 수 있다"고 규정하고 있다.

나. 손실보상청구권의 성립요건

상표등록이 되기 전에도 손실보상청구권에 따라 출원상표에 대한 제3자의 무단사용이 있을 경우 이에 대한 보호를 꾀할 수 있다. 손실보상청구권의 성립요건은 다음 각호의 사항을 충족하여야 한다.

1. 출원상표와 상표 및 상품이 유사한 범위내에서 제3자의 무단사용이 있을 것,
2. 출원공고 후 출원인의 서면에 의한 경고가 있을 것,
3. 경고 후 제3자의 계속적 사용이 있을 것,
4. 출원인에게 업무상의 손실이 발생하였을 것.

다. 손실보상청구권의 행사

손실보상청구권의 행사는 당해 상표등록출원에 대한 상표권의 설정등록이 있은 후가 아니면 이를 행사할 수 없다(제24조의2 제3항). 손실보상청구권의 행사는 상표권의 행사에 영향을 미치지 아니한다. 또한 손실보상청구권은 상표권의 설정등록일로부터 3년간 행사하지 아니한 경우 소멸시효로 인하여 소멸된다.

라. 손실보상청구권의 효력

손실보상청구권은 상표등록출원이 등록된 경우에 한하여만 인정된다. 그러나 상표등록출원이 포기·취하 또는 무효로 되거나, 상표등록출원에 대한 상표등록거절결정이 확정되어 설정등록에 이르지 못한 경우에는 처음부터 발생하지 않는 것으로 본다. 또한 설령 설정등록이 되었다 하여도 등록 후 무효심판에 의하여 상표등록무효심결이 확정된 때에도

손실보상청구권은 처음부터 발생하지 않는 것으로 본다(제24조의2 제6항).

4. 직권에 의한 보정 등

심사관은 출원공고결정을 할 때에 상표등록출원서에 기재된 지정상품 또는 그 류구분(類區分)에 명백히 잘못 기재된 내용이 있으면 직권으로 보정(이하 "직권보정"이라 한다)할 수 있다(제24조의3 제1항). 심사관이 직권보정을 하려면 출원공고결정의 등본 송달과 함께 그 직권보정 사항을 출원인에게 알려야 한다. 명백히 잘못 기재된 것이 아닌 사항에 대하여 직권보정이 이루어진 경우 그 직권보정은 처음부터 없었던 것으로 본다(제24조의3 제5항). 그러나 출원인이 심사관의 직권보정 사항의 전부 또는 일부를 받아들일 수 없으면 출원공고기간까지 그 직권보정 사항에 대한 의견서를 특허청장에게 제출하여야 한다(제24조의3 제3항). 출원인이 의견서를 제출한 경우 해당 직권보정 사항의 전부 또는 일부는 처음부터 없었던 것으로 본다.

5. 정보제공제도

상표법 제22조 제3항에서 "누구든지 그 상표등록출원이 상표법상의 거절이유에 해당된다고 인정하는 경우에는 그 정보를 증거와 함께 특허청장에게 제공할 수 있다"고 규정하고 있다. 특정 상표등록출원에 대하여 거절이유가 있음을 이유로 등록될 수 없다는 취지의 정보를 특허청에 제공하는 것을 정보제공제도라 한다. 정보제공은 누구든지 가능하며 이해관계가 있을 것을 요하지 않고, 상표등록여부결정 전까지는 언제든지 가능하다. 정보제공사유는 상표법상의 거절이유와 동일하므로 경쟁업체 등은 특정 상표등록출원에 거절이유가 있다고 생각하는 한 심사계속중 언제든지 정보의 제공이 가능하다. 심사관은 정보제공이 있는 경우 이에 대한 심사를 별도로 착수하는 것이 아니고 제공된 정보를 심사에 관한 참고자료로서 활용하고 그 결과를 상표등록여부결정과 동시에 정보제공자에게 통보하도록 하고 있다.

Ⅲ. 이의신청제도

1. 상표등록이의신청

상표등록이의신청이란 출원공고된 상표등록출원에 상표법상의 거절이유가 있음을 이유로 특허청장에게 그 등록을 거절할 것을 요구하는 신청을 말한다. 출원공고된 상표에 대하여 이의가 있을 때에는 누구나 출원공고일로부터 2월 이내에 상표등록 이의신청을 할 수 있다(제25조 제1항). 이의신청서는 소정의 양식에 의거하여 작성하되 반드시 이의신청의 이유를 기재하고 이에 필요한 증거를 첨부하여야 한다(제25조 제2항).이의신청 심리결과 이의신청이 이유 없으면 당해 상표등록출원은 등록결정이 되며, 이 경우 이의신청인은 이의신청 자체에 대하여 다툴 수는 없으나 무효심판을 별도로 청구하여 다툴 수 있다.

2. 이의신청의 요건

가. 이의신청인

이의신청은 누구든지 신청할 수 있으며, 이해관계인으로 한정하지 아니한다. 이의신청인은 자연인, 법인은 물론이고 법인이 아닌 사단 또는 재단은 대표자나 관리인이 정해져 있는 경우에 그 사단 또는 재단의 이름으로 이의신청을 할 수 있다. 그러나 재외자는 특허관리인을 통하여 이의신청을 할 수 있다.

나. 이의신청이유

이의신청이유는 상표등록출원 및 지정상품의 추가등록출원의 거절결정의 이유(제23조 제1항)와 동일하다. 상표법상의 거절이유에 해당하는 한 어느 사유로도 이의신청이 가능하다.

다. 이의신청기간

이의신청은 출원공고일부터 2개월 이내에 신청하여야 한다. 이는 연장할 수 없는 불변기간이다. 따라서 출원공고 전에 미리 이의신청을 하거나 출원공고일로부터 2개월을 경과하여 이의신청된 경우는 부적합하므로 각하사유에 해당된다.

3. 이의신청의 방법

이의신청을 하고자 하는 자는 상표등록이의신청서에 필요한 증거를 첨부하여 특허청장에게 제출하여야 한다. 상표등록이의신청서에는 (i) 상표등록이의신청인의 성명 및 주소, (ii) 대리인이 있는 경우에는 그 대리인의 성명 및 주소나 영업소의 소재지, (iii) 상표등록이의신청의 대상, (iv) 상표등록이의신청사항, (v) 상표등록이의신청의 이유 및 필요한 증거의 표시 등의 사항을 기재하여야 한다(제25조 제1항). 상표등록이의신청을 한 자(이하 "이의신청인"이라 한다)는 상표등록이의신청 기간의 경과 후 30일 이내에 상표등록이의신청서에 기재한 이유 및 증거를 보정할 수 있다(제26조).

4. 상표등록이의신청에 대한 결정

심사관은 상표등록이의신청이 있는 때에는 상표등록이의신청서 부본을 출원인에게 송달하고 기간을 정하여 답변서를 제출할 수 있는 기회를 주어야 한다. 이는 이의신청인의 주장 외에 출원인의 답변도 고려를 하여야 공정한 결론이 도출될 수 있기 때문이다. 심사관은 상표등록이의신청 기간의 경과 후 30일 경과 후에 상표등록이의신청에 관하여 결정을 하여야 한다(제27조 제2항). 상표등록이의신청에 대한 결정은 서면으로 하여야 하며 그 이유를 붙여야 한다. 특허청장은 이의결정이 있는 때에는 그 결정의 등본을 출원인 및 이의신청인에게 송달하여야 한다. 상표등록이의신청에 대한 결정에 대하여는 불복할 수 없다. 이의결정이유를 붙임에 있어서 2 이상의 지정상품에 대한 결정이유가 다른 경우에는 상품마다 결정이유를 붙여야 한다.

5. 상표등록출원공고 후의 직권에 의한 상표등록거절결정

심사관은 출원공고 후 거절이유를 발견한 경우 직권에 의하여 상표등록거절결정을 할 수 있다(제28조 제1항). 심사관이 직권으로 상표등록거절결정을 할 경우에는 상표등록이의신청이 있더라도 그 상표등록이의신청에 대하여는 결정을 하지 아니한다. 특허청장은 상표등록거절결정을 한 경우에는 이의신청인에게 상표등록거절결정등본을 송달하여야 한다.

6. 상표등록이의신청의 경합

심사관은 2 이상의 상표등록이의신청에 대하여 심사 또는 결정을 병합하거나 분리할 수 있다(제29조 제1항). 심사관은 2 이상의 상표등록이의신청이 있는 경우에 그 중 어느 하나의 상표등록이의신청에 대하여 심사한 결과 그 이의신청에 이유가 있다고 인정한 때에는 다른 상표등록이의신청에 대하여는 결정을 하지 아니할 수 있다. 특허청장은 상표등록이의신청에 대한 결정을 하지 아니한 이의신청인에 대하여도 상표등록거절결정등본을 송달하여야 한다.

IV. 등록절차

1. 상표등록결정

심사관은 등록상표등록출원에 대하여 거절이유를 발견할 수 없는 때에는 상표등록결정을 하여야 한다(제30조). 상표등록여부결정은 서면으로 하여야 하며 그 이유를 붙여야 한다. 특허청장은 상표등록여부결정이 있는 경우에는 그 결정의 등본을 출원인에게 송달하여야 한다.

2. 상표권 설정등록

상표권은 상표의 창작, 특허청에 상표등록출원, 심사관의 상표심사, 등록결정, 등록료의 납부, 설정등록 등의 절차를 거쳐서 발생된다. 상표권은 설정등록에 의하여 발생한다(제41조 제1항). 특허청장은 상표등록료를 납부한 때, 상표등록료를 보전한 때 또는 제36조의3 제1항에 따라 상표등록료를 납부하거나 보전한 때에는 상표권을 설정하기 위한 등록을 하여야 한다(제41조 제2항).

3. 상표원부

특허청장은 특허청에 상표원부를 비치하고 상표권의 설정, 이전, 변경, 소멸, 회복, 존속기간의 갱신, 상품분류전환, 지정상품의 추가 또는 처분의 제한 등의 사항을 등록한다. 또한 전용사용권 또는 통상사용권의 설정, 이전, 변경, 소멸 또는 처분의 제한 등의 사항을 등록한다(제39조 제1항). 특허청장은 상표권의 설정등록을 한 때에는 상표권자에게 상표등록증을 교부하여야 한다(제40조 제1항). 특허청장은 상표등록증이 상표원부와 부합되지 아니한 때에는 신청에 의하여 또는 직권으로 상표등록증을 회수하여 정정교부하거나 새로운 상표등록증을 교부하여야 한다.

≪연습문제≫

〈문 1〉 상표심사와 보정에 관한 설명으로 옳지 않은 것은?
① 상표출원에 거절이유가 있는 경우라도 심사관의 재량에 따라 거절이유통지가 없이 곧바로 거절결정을 할 수도 있다.
② 출원인은 거절이유통지가 있는 경우 이에 대응하여 의견서를 제출할 수 있다.
③ 지정상품의 범위를 감축하는 내용의 보정은 적법한 보정으로서 허용된다.
④ 상표의 주요부에 영향이 없는 부기적인 부분을 삭제하는 내용의 보정은 적법한 보정으로서 허용된다.

〈문 2〉 상표법상의 손실보상청구권(상표법 제24조의2)과 손해배상청구권에 관한 다음 설명 중 옳지 않은 것은? [2007년 변리사 1차시험]
① 손실보상청구권은 마드리드의정서의 가입을 대비하여 국제상표등록출원과 국내상표등록출원과의 형평을 유지하기 위하여 상표등록 전에 일정한 보호를 인정한 것이다.
② 손실보상청구권은 상표를 사용한 자에게 수익이 발생하였는지의 여부를 묻지 않고, 출원인에게 당해 상표의 사용으로 인한 업무상의 손실이 발생하였으면 인정되는 것이다.
③ 손실보상청구권과 등록된 상표의 상표권 침해로 인한 금지청구권 및 손해배상청구권 등 상표권에 기한 권리는 각각 별개로 행사가 가능하다.
④ 손상보상청구권은 출원공고 후 상표등록결정시까지 침해된 권리에 대한 보상제도이므로 출원공고 후 서면에 의한 경고를 한 경우에만 상표등록결정이 있은 후에 이를 실제로 행사할 수 있다.
⑤ 손해액의 추정에 관한 상표법 제67조, 고의의 추정에 관한 상표법 제68조의 규정은 손실보상청구권에는 적용되지 아니한다.

〈문 3〉 상표법상 손실보상청구권에 관한 설명 중 옳은 것은? [2011년 사시 1차 시험]
① 상표등록출원인은 출원공고 후 당해 상표등록출원에 관한 지정상품과 동일 또는 유사한 상품에 대하여 출원상표와 동일 또는 유사한 상표를 사용하는 자에게 서면경고 유무에 관계없이 손실보상을 청구할 수 있다.
② 손실보상청구권을 행사하면 그 기간중 상표권 행사는 보류된다.
③ 상표등록출원에 대한 상표등록거절결정이 확정되더라도 그 출원상표에 기한 손실보상청구권 행사에 영향을 미치지 아니한다.
④ 손실보상청구권은 상표권 존속기간중 언제라도 이를 행사할 수 있다.
⑤ 지정상품의 일부에 대하여 상표출원을 포기하면 그 지정상품과 동일 또는 유사한 상품에 대한 손실보상청구권은 처음부터 발생하지 아니한 것으로 본다.

〈문 4〉 다음 중 손실보상청구권의 대상이 되는 기간으로 옳은 것은?
① 상표출원 후 상표권 설정등록시까지의 기간
② 제3자가 사용한 날로부터 상표권 설정등록시까지의 기간
③ 출원인이 제3자에게 경고한 후 상표권 설정등록시까지의 기간
④ 상표권 설정등록 후 존속기간만료 전까지의 기간

〈문 5〉 상표심사에 관한 설명으로 옳지 않은 것은?
① 상표등록출원의 심사는 출원의 순위에 따른다.
② 상표등록출원의 심사는 특허청 심사관만이 할 수 있다.
③ 특허청장은 상표등록출원의 심사에 있어서 필요하다고 인정하는 경우에는 전문조사기관을 지정하여 상표검색과 상품분류의 부여 업무를 의뢰할 수 있다.
④ 상표등록출원 후 출원인이 아닌 자가 정당한 사유 없이 업으로서 상표등록 출원된 상표와 동일 또는 유사한 상표를 동일 또는 유사한 지정상품에 사용하고 있다고 인정되는 경우 상표등록출원에 우선하여 심사하게 할 수 있다.
⑤ 심사관은 출원공고결정을 할 때에 상표등록출원서에 기재된 지정상품 또는 그 류구분에 명백히 잘못 기재된 내용이 있다 하더라도 직권으로 보정할 수 없다.

≪정답≫   1.① 2.④ 3.⑤ 4.③ 5.⑤

≪문제해설≫

<문 1> ① 심사관은 상표출원에 거절이유가 있는 경우 반드시 거절이유통지를 통하여 의견제출기회를 부여하여야 하며, 곧바로 거절결정을 하는 것은 위법하다. ② 제23조 제2항. ③ 제16조 제1항 제1호는 요지변경이 아니므로 적법한 보정이다. ④ 제16조 제1항 제4호는 요지변경이 아니므로 적법한 보정이다.

<문 2> ① 제24조의2 제1항. ② 제24조의2 제2항. ③ 제24조의2 제4항에 따라 손실보상구권은 상표권과는 별개의 권리로서 손실보상청구권의 행사는 상표권의 행사에 영향을 미치지 아니한다. ④ 제24조의2 제3항에 따라 "설정등록을 할 때까지"를 기준으로 한다. 또한 제24조의2 제1항 단서의 규정에 따라 상대방이 악의라도 출원인이 서면으로 경고를 하여야 손실보상청구권이 발생한다. 출원공고가 있은 후에 서면으로 경고하는 것이 원칙이지만, 상표등록출원의 사본을 제시하는 경우에는 출원공고 전이라도 서면으로 경고할 수 있다. 이는 특허법상 보상금청구권과 다른 점이다. ⑤ 손해액의 추정에 관한 상표법 제67조, 고의의 추정에 관한 상표법 제68조의 규정은 준용하고 있지 않으므로 손실보상청구권에는 적용되지 않는다.

<문 3> ① 제24조의2 제2항에 따라 경고를 한 출원인이 손실보상금을 청구할 수 있다. ② 상표권 행사는 가능하다. ③ 제24조의2 제3항에 따라 "상표권의 설정등록이 있은 후"가 행사 조건이다. ④ 제24조의2 제3항. ⑤ 제61조 상표권의 포기 효과에 의하면 옳은 지문이다.

<문 4> ③ 손실보상청구권은 출원상표와 유사한 상표를 무단으로 사용하는 제3자에게 서면으로 경고를 한 경우 "경고 후 상표권을 설정등록 할 때까지의 기간"에 발생한 당해 상표의 사용에 관한 업무상 손실에 상당하는 보상금의 지급을 청구하는 권리이다.

①, ②, ④는 제23조 제1항 내지 제3항의 규정에 반하므로 틀린 지문이다

<문 5> ① 제22조의4 제1항. ② 제22조 제1항. ③ 제22조의2 제1항. ④ 제22조의4 제2항 제1호. ⑤ 제24조의3 제1항에 따라 심사관은 직권에 의하여 보정이 가능하다.

제 5 절 상표의 유사판단

Ⅰ. 상표의 유사 여부 기준

1. 상표의 유사성 판단

상표의 유사판단(judgement of similarity)은 출원 계속중에는 선출원 및 상표의 등록요건, 등록 후에는 상표권의 효력범위, 상표등록의 무효 또는 취소사유, 상표권의 침해, 타인의 특허권·실용신안권 또는 디자인권 등과 저촉관계의 성립 여부 등에서 판단하여야 하는 상표제도 운용에서 필수적인 실무라 할 수 있다. 그러나 상표법에는 유사판단에 관한 규정을 두고 있지 아니하므로 실무적인 판단기준은 법원의 판례와 특허청 상표 심사기준에 근거하여 운용되고 있는 실정이다. 상표의 유사 여부 판단은 동일·유사한 상품에 사용되는 두 개의 상표를 그 외관·칭호·관념을 객관적·전체적·이격적으로 관찰하여 그 각 지정상품의 거래에서 일반 수요자가 두 개의 상표에 대하여 느끼는 직관적 인식을 기준으로 각 지정 상품의 출처에 대한 오인·혼동을 일으킬 우려가 있는지의 여부의 판단이다. 상표법은 상품의 출처에 관한 수요자의 혼동을 방지하도록 하기 위하여 상표권의 배타적인 효력을 혼동가능성(Likelihood of Confusion)이 있는 범위까지 확장하고, 상표가 동일하거나 유사하고 그 상표가 사용되는 상품이 동일하거나 유사하면 혼동가능성이 있는 것으로 취급한다.

가. 상표 유사판단의 원칙

상표의 유사판단은 원칙적으로 다음과 같다. (i) 상표의 칭호·외관·관념 중 어느 하나가 유사하여 거래상 상품출처의 오인·혼동의 우려가 있는 상표는 유사한 것으로 본다. 칭호·외관·관념 중 어느 하나가 유사하더라도 전체적으로 현격한 차이가 있어 거래상 상품출처의 오인·혼동을 일으킬 염려가 없는 때에는 그러하지 아니하다. (ii) 상표의 유사 여부의 관찰 방법은 전체적·객관적·이격적 관찰을 원칙으로 하되 상표 구성 중 인상적인 부분(요부)에 대하여 중점적으로 비교하는 것으로 한다. (iii)

상표의 유사 여부 판단은 그 상표가 사용될 상품의 주된 수요계층과 기타 상품의 거래실정을 고려하여 평균수요자의 주의력을 기준으로 판단한다.[1]

나. 유사판단의 3요소

상표는 외관·칭호·관념 중 어느 하나라도 유사하고, 거래상 상품출처의 오인·혼동의 염려가 있다면 전체로서 유사한 상표를 판단한다.

(1) 외관유사

외관유사란 대비되는 상표가 상품출처의 오인·혼동을 일으키게 하는 "시각적 요인"의 유사를 말한다. 외관이 유사하다고 본 예로는 "HOP"와 "HCP", "百花"와 "白花", "STARBUCKS"와 "STARBURST" 등이 있다.

(2) 칭호유사

칭호유사란 상표를 호칭하는 발음이 유사한 청감을 가지고 있어 상품출처의 오인·혼동을 일으키게 하는 "청각적 요인"의 유사를 말한다. 현대사회에서의 상품 거래는 정형적·대량적으로 이루어지는 사정으로 인하여 말 또는 전화에 의해 상표가 사용, 인식되는 경우가 많을 뿐만 아니라, 광고 선전 매체의 비약적 발전에 따라 상품이 상표의 호칭에 의해 식별되는 경향이 강화되고 있으므로 상표의 유사 여부를 판단함에 있어 칭호의 유사가 가장 중요한 요소로 인정되고 있다. 칭호가 유사하다고 본 예로는 "千年"과 "天然", "三星"과 "SAMSUNG", "INTERCEPTOR"와 "인터셉터", "Leeman"과 "Riman", "Revillon"과 "Revlon", "TOBY"와 "TOPYE" 등이 있다. 칭호가 유사하지 않다고 본 예로는 "Solar"와 "Polar", "삼정"과 "미쯔이"(MITSUI), "송하"와 "마쓰시다", "TBC"와 "CBC", "휴마쎈"과 **HUMATIN** 등이 있다.

특허법원 2012.1.18 선고 2011허5861 판결에서 "선사용서비스표 1, 2는 한자 '笑笑' 부분에 대한 국내 한자 발음에 의해 '소소'로 호칭될 수도 있지만, '笑笑' 부분 하단에 병기되어 있는 히라가나 'わらわら' 부분에 의해 '笑笑'의 일본식 발음인 '와라와라'로 호칭될 수도 있다. 선사용서비스

---

[1] 대법원 2010.7.15 선고 2010후807 판결.

1, 2가 '와라와라'로 호칭될 경우, 역시 '와라와라'로 호칭되는 이 사건 등록상표 'WARAWARA'와 호칭이 동일하여, 양 표장이 동일·유사한 상품·서비스업에 함께 사용될 경우 상품출처의 오인·혼동의 우려가 있으므로, 이 사건 등록상표는 선사용서비스표 1, 2와 유사하다"고 판시하였다.

(3) 관념유사

관념유사란 상표의 의미 또는 관념이 서로 유사하기 때문에 상품출처의 오인·혼동을 일으키는 지각적 요인의 유사를 말한다. 관념이 유사하다고 본 예로는 "임금"과 "王"과 "King", "平和"와 "PEACE", "Golden Spike"와 "Golden Spur"(상품: 골프화), "SWISS ARMY"와 "SWISS MILITARY", "VICTOR"와 "VICTORY" 등이 있다. 관념이 유사하지 않다고 한 표장의 예로는 "SUNSHINE"과 "일광", "말"(실존관념)과 "용마"(상상관념), "동백표"와 "Camellia", "화니핀 장미"와 "White Rose 또는 화이트 로즈" 등이 있다.

다. 혼동가능성

혼동(confusion)은 상표의 유사 여부를 판단하거나 침해 여부를 판단할 때 기준이 된다. 등록주의를 취하고 있는 우리나라에서는 상품의 출처에 관한 혼동의 실존 여부를 불문하고 "혼동가능성"이 있으면 등록상표의 금지권의 효력이 있는 것으로 보고 있다.[1] 상표법에서는 혼동가능성이 주관적이고 추상적이므로 이를 일반적으로 객관화시킨 것이 "유사"라는 개념이라 할 수 있다. 상표법 제7조 제1항 제9호 및 제10호는 타인의 상품이나 영업과 혼동의 염려가 있으면 양 상표가 유사하지 않더라도 당해 상표의 구성과 모티브 등으로 보아 주지상표·저명상표를 연상시키는 경우에는 혼동이 일어날 가능성이 있다고 취급한다.

---

1) 상표권의 효력 중 금지적 효력은 제3자가 상표권자의 등록상표와 동일 또는 유사한 상표를 지정상품과 동일 또는 유사한 상품에 사용하는 것을 금지할 수 있는 권리를 말한다.

2. 선등록상표와 동일·유사한 경우

가. 상표의 유사 여부

선출원에 의한 타인의 등록상표와 동일 또는 유사한 상표로서 그 지정상품과 동일 또는 유사한 상품에 사용하는 상표는 상표등록을 받을 수 없다(상제7조 제1항 제7호). 따라서 상표법은 출원상표보다 먼저 출원되어 등록된 선등록상표와 유사한 상표를 선등록상표의 지정상품과 동일·유사한 상품에 사용하는 것을 금지하고 있다. 상표 유사 여부는 거래 통념상 두 개의 상표가 외관·칭호·관념 중 어느 하나 이상이 유사하기 때문에 그 결과 이들 상표가 동일 또는 유사한 상품에 사용될 경우에 거래자나 일반 수요자로 하여금 상품의 출처에 관한 오인·혼동을 일으킬 염려가 있느냐 없느냐 하는 관점에서 판단하여야 한다. 헌법재판소 2009.4.40 2006헌바113·114(병합)결정은 상표법 제7조 제1항 제7호의 취지는 선등록상표권자의 상표권을 보호하는 한편, 동일 또는 유사한 상품에 대하여 동일 또는 유사한 상표가 등록되면 수요자에게 상품의 출처에 대한 오인·혼동을 일으켜 상품의 유통질서를 저해하므로 이를 방지하기 위한 것에 있다고 한다.

나. 유사와 혼동의 관계

상표제도의 목적은 상품출처의 혼동방지이지만 혼동의 유무만을 고려할 경우 출원된 상표에 대한 등록여부 판단 및 등록상표의 정확한 권리범위의 확정이 곤란하기 때문에 상표에 대한 신속하고도 정형적인 보호가 어렵게 된다. 상표법 제7조 제1항 제10호에서는 이러한 일반적 출처혼동에 따른 기준 외에 구체적인 출처혼동도 고려할 수 있도록 규정하고 있다. 따라서 상표의 유사 여부는 상표법의 목적에 비추어 상품출처의 혼동 여부를 기준으로 판단해야 한다는 것이 대법원의 확립된 판례이며 통설이다.[1]

---

[1] 대법원 2010.1.28 선고 2009후3268 판결: 상표의 오인·혼동의 염려는 지정상품과 관련하여 일반적·추상적으로 상품의 품질이나 출처의 오인·혼동의 가능성이 존재하는지의 여부에 의하여 판단하여야 한다.

3. 주지상표와 동일·유사한 경우

타인의 상품을 표시하는 것이라고 수요자간에 현저하게 인식되어 있는 상표와 동일 또는 유사한 상표로서 그 타인의 상품과 동일 또는 유사한 상품에 사용하는 상표는 등록받을 수 없다(제7조 제1항 제9호). 먼저 출원된 상표가 등록되고, 등록된 상표만이 상표법상 보호를 받을 수 있으나 특정인의 상품을 표시하는 것이라고 수요자간에 현저하게 인식되어 있는 상표(이를 강학상 "주지상표"라 한다)의 경우 등록 여부에 관계없이 소극적인 면에서 등록상표와 같이 상표법상 보호하여 주지상표와 동일·유사한 상표를 동일·유사한 상품에 사용하는 상표의 등록을 금지하고 있다.

4. 저명상표와 동일·유사한 경우

수요자간에 현저하게 인식되어 있는 타인의 상품이나 영업과 혼동을 일으키게 할 염려가 있는 상표는 상표등록을 받을 수 없다(제7조 제1항 제10호). 본호는 수요자간에 현저하게 인식되어 있는 타인의 상품이나 영업과 혼동을 일으키게 할 염려가 있는 상표(이를 강학상 "저명상표"라 한다)는 상표법 제6조의 규정에 의한 식별력을 갖추고 있다고 하더라도 상표등록을 받을 수 없도록 하는 것을 취지로 하고 있다.

상표법 제7조 제1항 제10호는 기업의 경영다각화 추세에 부합하여 형식적인 유사 개념을 벗어나 저명상표와 혼동을 일으키게 할 염려가 있는 상표의 등록을 배제하기 위한 공익적 규정이다. 이는 저명한 상품 또는 영업과 혼동이 생길 경우 실제적인 피해자는 저명상표권자보다는 일반 수요자이기 때문에 저명상표의 영업주를 보호함을 직접적인 목적으로 하는 것이 아니고, 저명한 상품 또는 영업과의 오인·혼동의 방지를 목적하는 것이 그 입법취지이다.

5. 상품의 유사성 판단

가. 상품의 품질을 오인(誤認)하게 하는 상표

상표는 상품에 부착하는 표장(標章)이다. 상표의 사용이라고 함은 상품 또는 상품의 포장에 상표를 표시하는 행위 등을 말하고, 상품은 그 자체가 교환가치를 가지고 독립된 상거래의 목적물이 되는 물품을 말한다.[1] 상품의 품질을 오인하게 하는 상표란 상표권자가 실제로 사용하는 상표로 인하여 혼동의 대상이 되는 상표를 부착한 타인의 상품의 품질과 오인을 생기게 하는 경우, 그 실사용 상표의 구성 등으로부터 그 지정상품이 본래적으로 가지고 있는 성질과 다른 성질을 갖는 것으로 수요자를 오인하게 할 염려가 있는 경우를 말한다. 상표법 제7조 제1항 제11호에서 정하고 있는 상품의 품질의 오인을 일으키게 할 염려가 있는 상표란 그 상표의 구성 자체가 그 지정상품이 본래적으로 가지고 있는 성질과 다른 성질을 갖는 것으로 수요자를 오인하게 할 염려가 있는 상표를 말하고, 어느 상표가 품질오인을 생기게 할 염려가 있는지의 여부는 일반 수요자를 표준으로 하여 거래통념에 따라 판단하여야 한다. 이에 대하여 판례는 어떤 상표가 품질오인의 우려가 있는지를 판단함에 있어 그 지정상품과 관련지어 생각하여야 한다는 것은 그 상표에 의하여 일반인이 인식하는 상품과 현실로 그 상표가 사용되는 상품과의 사이에 일정한 경제적인 관련이 있어야 함을 의미하는 것이지 그 오인 우려의 여부를 판단함에 있어 상품의 구성 그 자체뿐만 아니라 상품에 부착되거나 포장용기에 부착된 상품의 설명서 등까지 고려하여 오인 여부를 판단하라는 것은 아니라고 한다.[2]

나. 상품출처의 혼동

상품의 식별표지로서 두 상표가 유사하다 함은 대비되는 두 상표가 서로 동일한 것은 아니나 외관·칭호·관념의 면에서 근사하여 이를 동일·유사 상품에 사용할 경우 거래통념상 상품출처의 혼동을 일으킬 염려가 있는 것을 의미한다. 여기서 상품출처의 혼동이란 대비된 두 개의 상표가 붙은 상품이 시장에 유통된다고 가정할 때 거래계의 일반적인 경험칙에 비추어 동일한 생산자·판매자에 의하여 생산·판매되는 것으로 인정되는 일반적 출처의 혼동을 의미한다. 대법원 2011.7.8 선고 2011후538 판결은 상품의 유사여부는 대비되는 상품에 동일 또는 유사한 상표를 사용할 경우 동일 업체에 의하여 제조 또는 판매되는 상품으로 오인될 우려가

---

1) 대법원 2010.9.9 선고 2010후1466 판결.
2) 대법원 2000.10.13 선고 99후628 판결: 출원상표 "Jeans+de CHRISTIAN LACROIX"는 진(Jeans)이 아닌 다른 섬유로 만든 의류에 사용한 경우에는 거래통념상 일반 수요자로 하여금 그 품질을 오인하게 할 가능성이 있다.

있는가의 여부를 기준으로 하여 판단하되, 상품 자체의 속성인 품질, 형상, 용도와 생산 부문, 판매 부문, 수요자의 범위 등 거래의 실정을 종합적으로 고려하여 일반 거래의 통념에 따라 판단하여야 한다고 한다.

대법원 2002.6.25 선고 2000후2682 판결은 (가)호 표장이 사용된 교자상은 많은 사람들이 모여 바닥에 앉아서 식사를 할 때 사용하는 전통적 양식의 상의 일종으로서 시행규칙상의 상품류 구분 제21류 제8군의 비귀금속제 기타 주방용품에 속하는 물건인 데 비하여, 등록상표의 지정상품인 "식탁"은 식사를 할 때 의자와 함께 사용되는 탁자를 말하는 것으로서 같은 상품류 구분 제20류 제17군의 가구에 속하는 별개의 물건이며, 또한 실제 거래계에서도 교자상은 소반이나 함지박 등과 함께 전통목공예점에서 제작하여 판매하는 데 비하여 식탁은 장롱 등과 함께 현대식 가구점에서 판매하는 경향이 있으므로 양 상품은 거래사회의 통념상 서로 동일성이 있는 상품이라고 볼 수 없다고 한다.

다. 지정상품의 유사판단

어떤 상표가 등록될 수 있는지를 결정함에 있어서 지정상품간 유사여부가 중요한 판단요소라 할 수 있다. 지정상품에 대하여 대법원 2010.12.9 선고 2010후2773 판결은 "상표법 제10조 제1항 및 동법 시행규칙 제6조 제1항에 의한 상품류 구분은 선등록의 유무를 판단하는 사무편의를 위하여 구분하는 것으로서 상품의 유사범위를 정한 것이 아니므로, 상품구분표와 같은 류별에 속한다고 하여 바로 동일 또는 유사상품이라고 단정할 수 없다. 지정상품의 유사 여부는 대비된 상품에 동일 또는 유사한 상표를 사용할 경우 동일 업체에 의하여 제조 또는 판매되는 상품으로 오인될 우려가 있는가의 여부를 기분으로 판단하되, 상품 자체의 속성인 품질, 형상, 용도와 생산부분, 판매부분, 수요자의 범위 등 거래의 실정 등을 종합적으로 고려하여 일반 거래의 통념에 따라 판단하여야 한다"고 판시함으로써 부정적인 태도를 취하고 있다. 이 판례는 시행규칙 제6조 제1항의 상품류 별표는 상표등록사무의 편의상 구분한 것으로 동종의 상품을 법정한 것은 아니고, 또 완벽하게 법정할 수도 없으므로 산업발전으로 인한 수많은 새로운 상품의 개발에 따라 고정된 상품의 분류만으로는 도저히 이를 감당할 수 없기 때문이라고 판단하고 있다.

라. 상표법에서 혼동가능성 적용

1) 상표보호의 목적은 상표모용에 인한 오인·혼동 행위 내지 상품출처 혼동 행위의 방지에 있으므로 상표의 유사개념은 출처혼동의 우려를 기준으로 하여 분석함에 타당하다. 그 이유는 상표법의 목적에 비추어 상표권의 보호범위는 혼동적 유사(confusing similarity)의 범위에까지 미친다고 보아야 하기 때문이다.[1] 오늘날 상표의 유사 여부는 상표법의 목적에 비추어 상품출처의 혼동가능성 여부를 기준으로 판단해야 한다는 것이 통설이며 대법원 판례의 태도이므로 혼동가능성이 있으면 등록상표의 금지권이 미치게 된다.[2]

2) 미국 상표법은 타인상표와의 혼동(confusion)·오인(mistake)·기만(deceive)을 등록사유 및 침해사유로 규정하고 있고, 판례에서도 상표의 유사성은 부등록 및 침해사유인 오인·혼동·기만을 판단함에 있어 중요한 요소 중의 하나로 보고 있다. 한편 독일 상표법은 먼저 권리를 취득한 상표와 동일한 상표를 상품(서비스)에 사용하는 경우와, 먼저 권리를 취득한 상표와 동일·유사한 상표를 동일·유사한 상품(서비스)에 사용하여 혼동을 초래할 우려가 있는 경우(관련성의 혼동 포함), 등록거절사유 및 침해사유로 규정하고 있다.

3) 유럽 상표법에서는 유사성(similarity)은 부등록사유나 침해사유로 규정하지 아니하고, 유사성 때문에 혼동의 우려가 있는 경우에 부등록사유 및 침해사유로 규정하고 있다. 이는 미국과 같은 입장이라 할 수 있다.[3] 일본의 경우에도 종래에는 상표법이 규정하는 유사개념은 혼동개

---

1) 송영식, 지적소유권(하), 제9판, 육법사, 2005, 245면: 상표권의 효력이 미치는 기준이 되는 상표의 유사라 함은 혼동적 유사를 말한다. 미국에서는 19세기말 혼동적 유사를 기준으로 권리범위를 정하고 있다.

2) 대법원 2007.5.11 선고 2006후3557 판결: 상표의 유사 여부는 그 외관, 칭호 및 관념을 객관적·전체적·이격적으로 관찰하여 그 지정상품의 거래에서 일반 수요자나 거래자가 상표에 대하여 느끼는 직관적 인식을 기준으로 하여 그 상품의 출처에 관하여 오인·혼동을 일으키게 할 우려가 있는지의 여부에 따라 판단하여야 하므로, 대비되는 상표 사이에 유사한 부분이 있다고 하더라도 그 부분만으로 분리 인식될 가능성이 희박하거나 전체적으로 관찰할 때 명확히 출처의 혼동을 피할 수 있는 경우에는 유사상표라고 할 수 없다.

3) 송영식, 앞의 책, 261면.

념과 달리 독자적인 의의가 있는 규정이라는 견해가 주류를 이루었으나 최근에는 유사성은 혼동의 우려를 의미한다는 학설과 판례가 대두되고 있다.[1]

4) 따라서 입법 연혁적으로 볼 때 상표법 해석상 유사성 개념은 혼동과 별개의 독자적 의의를 가진 것이 아니라, 혼동의 우려와 동일한 의미로 해석함이 타당할 것이다. 원래 칭호나 관념, 호칭 등의 어느 면에서 형식적으로 유사하더라도 혼동의 우려가 없으면 등록이 허용되어야 하고 침해도 성립할 수 없다. 대법원은 설사 두 상표가 형식적으로 유사한 면이 있더라도 거래실정에 비추어 구체적·개별적으로 상품의 출처에 오인·혼동의 염려가 없는 경우 부등록사유 또는 무효사유가 될 수 없다고 판시하여 상표법상 유사개념의 독자성을 명백히 부정하는 태도를 취하고 있다.[2]

II. 상표의 관찰방법

1. 기본원칙

대법원 2006.11.9 선고 2005후1134 판결은 상표의 유사는 상표의 외관·칭호·관념을 일반수요자나 거래자의 입장에서 전체적·객관적·이격적으로 관찰하여 상품의 출처에 관하여 오인·혼동을 일으킬 우려가 있는지의 여부에 의하여 판단하여야 한다고 한다. 이러한 상표의 관찰방법의 기본원칙은 상표의 유사판단에 관한 대원칙으로서 상표심사기준도 이를 따르고 있다.

2. 전체관찰

상표는 상품의 식별표지로서 문자·도형·기호·색채 등이 결합되어

---

1) 최고재판소 昭和 33년(オ)1104판결: 소승(고죠) 소승수사(고죠스시) 사건에서 상표가 외관·칭호·관념(형식상)이 유사하더라도 출처의 혼동이 생기지 않는다고 판단될 수 있다는 것을 보여주는 사례이다.

2) 대법원 1996.9.24 선고 96후153 판결: 상표가 외관, 칭호, 관념(형식상)이 유사하더라도 출처의 혼동이 생기지 않는다고 판단될 수 있다.

이루어진 경우에도 전체로서는 하나의 식별표지로서 일체화된 것이므로 상표의 유사 여부를 판단함에 있어서도 상표를 전체로 관찰하여 그 외관·칭호·관념을 비교 검토하여 판단하는 방법을 "전체관찰"이라 한다. 전체관찰은 객관적으로 상표 전체에 대해 관찰하되, 별도의 기회와 장소에서 유사감을 일으킬 수 있는지 이격적으로 관찰한다. 전체관찰 외에 상표가 2 이상의 요부로 구성된 경우 분리관찰도 가능하며, 식별력 없는 부분을 제외하고 행하는 요부관찰도 병행할 수 있다.[1)]

3. 분리관찰

결합상표의 경우 문자와 문자로 이루어지는 구성의 속성상 두 개 이상의 칭호나 관념이 있을 수 있다. 문자와 문자의 각 구성 부분이 불가분적으로 결합되어 있는 것이 아닌 한 각 구성 부분을 분리하여 상표의 유사 여부를 판단하는 방법을 "분리관찰"이라고 한다. 분리관찰은 어디까지나 각 구성 부분을 분리하여 관찰하는 것이 사회통념상 자연스러운 경우에 한하고 이를 분리하여 관찰하는 것이 자연스럽지 못하거나, 문자와 문자의 결합으로 독자적인 의미를 가지는 경우, 당해 상표가 실제 거래사회에서 전체로서만 사용되고 인식되어져 있어 일부분만으로 상표의 동일성을 인식하기 어려운 경우에는 이를 전체로서 관찰하여 그 유사 여부를 판단하여야 한다. 판례는 하나의 상표에서 두 개 상표의 호칭이나 관념을 생각할 수 있는 경우에 그 중 하나의 호칭·관념이 타인의 상표와 동일 또는 유사하다고 인정될 때에는 두 상표는 유사하다고 보아야 한다.[2)]

가. 유사하다고 판단한 사례

"DAKS Gallery"와 "DAKS", "HUGO"와 "HUGO BOSS", "DICKSON"과 "ARTHUR DIXON", "도형+PAOLO GUCCI"와 "GUCCI", "MARCIANO"

---

1) 대법원 2006.8.25 선고 2005후2908 판결.

2) 대법원 2008.3.27 선고 2006후3335 판결: 출원상표 "ROSEFANFAN"의 "ROSE" 부분과 "FANFAN" 부분은 모두 요부가 될 수 있다. 선등록상표 "ROSE"와 호칭과 관념이 동일하고, 출원상표가 다른 요부인 'FANFAN'으로 호칭될 경우에는 선등록상표 "PANPAN"과 호칭이 유사하므로 출원상표는 선등록상표들과 동일·유사한 지정상품에 사용될 경우 일반 수요자들로 하여금 상품출처에 대한 오인·혼동을 일으키게 할 염려가 있다.

와 "GEORGE MARCIANO", "GIANNI VERSACE"와 "ALFREDO VERSACE", "TREND AURORA"와 "Aurora", "BANANA REPUBLIC"과 "BANANA BOAT", "25시"와 "LG 25시".

나. 유사하지 않다고 판단한 사례

"PILLAR"와 "CATERPILLAR", "RobertoRICCI"와 "NINA RICCI", "SUNSTAR"와 "SUNMOON", "WORLD CUP"과 "WORLD", "SANOMY"와 "SAN 또는 NOMY", "SUNSTAR"와 "MOONSTAR", "BODY GUARD"와 "BOGARD", "CHANELLOCK"과 "CHANEL", "HOMEPLUS"와 "HOME".

4. 요부(要部)관찰

1) 상표의 구성요소 중 중심적 식별력을 가지는 부분을 "상표의 요부"라고 한다. 상표를 전체적으로 관찰할 경우 그 중에서 일정한 부분이 특히 수요자의 주의를 끌기 쉬우며, 그러한 부분이 존재함으로써 비로소 그 상표의 식별력이 인정되는 경우가 있다. 이 경우에 전체관찰과 병행하여 상표를 기능적으로 관찰하여 중심적 식별력을 가진 요부를 추출하여 두 개의 상표를 대비함으로써 유사 여부를 판단하는 방법을 "요부관찰"이라 한다.

2) 요부관찰을 적용하기 위해서 다음과 같은 요건이 충족되어야 한다. 첫째, 상표의 구성요소들 중 일부 구성요소가 다른 구성요들에 비하여 현저한 식별력을 가져야 한다. 둘째, 상표의 구성요소들 중 요부에 해당하는 구성요소를 식별력이 없거나 미약한 구성요소로부터 분리하여 관찰할 수 있어야 한다. 즉 상표의 각 구성요소를 분리하여 관찰하는 것이 자연스럽지 못한 경우에는 원칙적으로 요부관찰이 허용되지 않는다.

3) 일반적으로 자타 상품식별력이 있다면 요부로 보는 경우가 많으나, 원칙적으로 상표 유사판단시 요부가 되기 위해서는 자타상품식별력이 있어야 함은 물론이고 이에 더하여 독점적응성까지 있어야 한다. 상표 전체가 식별력이 없는 표장으로 이루어진 경우에는 상표 전체가 자타상품식별력이 없지만 이를 완전히 제외하고 판단할 수는 없으므로 전체관찰을 하여야 한다. 요부관찰은 전체관찰과 양립 불가의 개념이 아니라 올바른 전체관찰을 유도하기 위한 수단으로서 필요할 뿐이므로, 이 경우 전

체관찰을 하더라도 요부관찰을 병행하여 당해 상표의 식별력 유무를 고려하여야 한다.

5. 전체관찰과 요부관찰과의 관계

상표의 유사 여부에 대한 판단은 원칙적으로 상표를 전체적으로 관찰한 다음에 이루어지고, 구성요소의 각 부분을 추출하여 비교하는 것은 허용되지 않으므로 분리관찰은 전체관찰을 하기 위한 하나의 보조수단에 불과하다. 전체관찰과 요부관찰의 관계에 대하여 대법원 2008.10.9 선고 2008후1470 판결은 "상표는 자타 상품을 식별시켜 상품출처의 오인·혼동을 방지하기 위해 사용하는 것으로서 그 기능은 통상 상표를 구성하는 전체가 일체로 되어 발휘하게 되는 것이므로 상표를 전체로서 관찰하여 그 외관·칭호·관념을 비교 검토함으로써 판단하여야 함이 원칙이다. 다만, 상표를 전체적으로 관찰하는 경우에도 그 중에서 일정한 부분이 특히 수요자의 주의를 끌고 그런 부분이 존재함으로써 비로소 그 상표의 식별 기능이 인정되는 경우에는 전체적 관찰과 병행하여 상표를 기능적으로 관찰하고 그 중심적 식별력을 가진 요부를 이루는 일부만을 분리 내지 추출하여 그 요부에서 생기는 외관·칭호·관념에 의하여 상표의 유사 여부를 판단할 수 있다"고 판시하였다.

Ⅲ. 결합상표 유사 여부의 판단

1. 결합상표의 유사판단 기준

가. 결합상표의 종류

결합상표는 서로 관념이 다른 문자와 문자, 도형과 도형이 결합된 상표, 문자·도형·기호 등 서로 다른 요소를 결합하여 만들어진 상표, 입체적 형상의 표면에 문자·도형·기호 등을 평면적으로 표시한 상표, 상품의 표지가 아닌 기업의 표지에 특수한 문자나 도형을 결합하여 하나의 상품에 대한 상표로 구분할 수 있다. 이러한 결합상표는 각 요부가 서로 분리되는 것이 자연스러운 경우와 부자연스러운 경우, 즉 분리관찰이 허용되지 아니할 만큼 결합된 경우로 나뉘며 이러한 구분에 따라 유사판단의 방법이 크게 달라진다.

나. 유사 여부 판단

(1) 기본원칙

결합상표의 유사 여부는 그 결합의 강약 정도를 고려하여 판단한다. 도형과 문자 또는 문자와 문자가 결합하여 구성된 상표의 경우에는 그 전체로부터 호칭이 발생되기도 하지만, 그 중 수요자의 눈길을 끌도록 현저하게 구성된 요부로부터 발생함이 원칙이다. 하나의 상표에서 두 개 이상의 호칭이 발생하는 경우에는 각각의 호칭을 타상표의 호칭과 대비해야 한다. 또한 결합상표는 거래상 분리하여 관찰함이 자연스러울 경우 각각의 부분만으로 된 상표와 유사한 것으로 보나, 결합된 어구가 일련 불가분적으로 호칭되거나 새로운 관념을 형성할 때에는 그러하지 아니하다. 대법원 2007.10.11 선고 2007후2612 판결은 출원상표 "MANSION CASINO"와 선등록상표 "LUIGI'S MANSION"의 유사판단에서 출원상표의 요부는 "MANSION" 부분이고, 선등록상표는 "LUIGI'S"와 "MANSION" 부분으로 분리하여 관찰함에 특별한 어려움이 없으므로, 동일·유사한 지정상품과 함께 사용되는 경우 "MANSION" 부분을 모두 포함하고 있기 때문에 그 출처에 오인·혼동이 발생할 가능성이 있다고 한다.

(2) 식별력(識別力)이 있는 부분의 판단

상표의 구성 부분 중 식별력이 있는 부분과 식별력이 없는 부분이 결합되어 있는 때에는 후자를 고려대상에서 제외하고 식별력이 있는 부분을 중점적으로 고려하여 유사 여부의 판단 대상으로 한다. 상표법 제6조 제1항 각호에 해당되는 식별력이 없는 표장에 문자·기호·도형 등 다른 부분이 결합되었을 경우 다른 부분이 식별력이 없거나, 식별력이 있다고 하여도 전체적으로 그 부분이 표장의 구성상 매우 작아 상표법 제6조 제1항 각호의 식별력 없는 표장에 흡수될 경우 부기적 또는 부수적인 것으로 해석하고 있다.[1]

---

1) 대법원 2011.3.10 선고 2010후3226 판결: 출원상표 "SUPER 8"은 영문자 "SUPER"와 아라비아 숫자 "8"이 결합된 형태로 구성되어 있다. "SUPER" 부분은 최고급의 뜻을 가진

다. 도형과 문자의 결합상표의 판단

도형과 문자를 결합한 상표들간에 대비를 할 때, 유사판단은 도형은 외관·칭호·관념에, 문자는 칭호와 관념에 중점을 두되 이들 표장간의 전체적 결합상태, 표장의 구성·형태 등 전체적 외관도 부수적으로 고려하여야 한다. 다만, 도형화된 문자 상표는 외관·칭호 및 관념을 함께 고려하여 판단하나, 식별력이 없는 문자상표가 문자인식력을 압도할 정도로 도안화하여 등록받은 경우에는 해당 표장의 외관과 동일·유사 여부를 중심으로 판단한다.

그 자체로부터 호칭이 발생되는 도형과 문자의 결합상표인 경우에는 도형과 문자 각각으로부터 호칭이 발생할 수 있고, 그 중 어느 하나가 타 상표의 그것과 같은 경우에는 양 상표가 유사하다고 판단한다. 별다른 특징이 없는 도형과 문자의 결합상표는 문자부분이 요부이고 그로부터 호칭이 발생한다. 예를 들어, "도형+WESTERN"과 "WESTERN ELECTRIC"의 경우에 "WESTERN"은 호칭·관념이 유사하다. 대법원 2001.7.13 선고 99후1119 판결은 코뿔소 도형과 영문자 "MUSSO"가 결합되어 구성된 등록상표가 그 요부의 하나인 도형부분에 의하여 "코뿔소"로 불려지고 인식되는 경우 한글 "코뿔소"로 구성된 인용상표 1 및 각기 코뿔소 도형으로 구성된 인용상표 2, 3과 호칭 및 관념이 동일하여 서로 유사한 상표이고, 또한 인용상표들은 등록상표의 등록사정시에 이미 특정인의 상표라고 인식될 수 있을 정도로 알려져 있어서 이와 유사한 등록상표는 수요자를 기만할 염려가 있다고 한다.

라. 문자와 문자의 결합상표의 판단

1) 형용사 등 수식어, 부기 문자가 결합된 경우에는 그 부분이 없는 상표와 원칙적으로 유사하다고 판단한다. 예: "MAGIC SALON"과 "SALON", "얼굴"과 "새얼굴", "DIAMOND"와 "BLUE DIAMOND".

2) 단어의 결합에 의해 전체적으로 새로운 관념을 형성하는 경우에는 비유사로 판단될 수 있다. 예: "PROFESSIONAL CADAM"은 "PROFESSIONAL"(프

영어 단어로 기술적 표장에 해당하여 식별력이 없고, "8" 부분은 한 글자에 불과하여 간단하고 흔히 있는 표장으로 식별력이 없으며, 또한 이들 각 부분의 결합에 의하여 새로운 관념을 도출하거나 새로운 식별력을 형성하는 것도 아니다.

로패쇼날)과 비유사.

3) 하나의 상표에서 두 개 이상의 호칭이나 관념을 생각할 수 있는 경우에 그 중 하나의 호칭·관념이 타인의 상표와 동일 또는 유사하다고 인정될 때에는 두 상표는 유사하다. 예: "SANTA BARBARA POLO CLUB" 과 "POLO", "COSMO WIND"와 "COSMO".

4) 상표의 유사 여부 판단에 있어 지정상품과 관련하여 식별력이 없거나 약한 부분은 이를 제외하고 대비한다. 예: "크로바 산업"과 "CLOVERSTUDIO" 는 유사, "영창 그린피아노"와 "그린피아노"는 비유사, "KINGTEX"와 "KING" 는 유사, "ACELAN"과 "ACE"는 유사.

5) 칭호가 길거나 상품의 보통명칭, 관용표장, 기술적 표장 등 식별력이 없는 부분이 결합된 상표는 특징적인 부분만으로 약칭될 가능성이 많고, 그 약칭이 타상표와 호칭되거나 인식될 가능성이 있는 상표는 원칙적으로 그 현저한 어느 일부분만으로 구성된 상표와 유사한 것으로 본다. 예: "Cherry blossom boy"와 "Cherry blossom"은 유사.

6) 상호상표 중 통상 사용하는 "주식회사", "공업사", "제작소", "CO.", "LTD.", "협동조합" 등의 회사 이름에 쓰이는 명칭과 업종 표시 등은 상호의 요부에 해당하는 문자의 접두나 혹은 어느 부분에 구성되어 있든 간에 원칙적으로 이를 제외하고 상표의 유사 여부를 판단한다. 또한 통상 생략되어 호칭되거나 실제 거래상 달리 약칭되는 경우에는 그에 따른다.

7) 도메인이름으로 구성된 상표의 유사 여부는 도메인이름에 공통적으로 쓰이는 부분은 식별력이 없는 것으로 보고 이 부분은 제외한 나머지 부분만으로 유사 여부를 판단한다. 식별력이 없는 표장으로 "www," "http://", "com", "org", "net", "kr", "@", "go" 등이다.

마. 판단시기와 판단자 기준

상표의 식별력의 판단은 등록여부결정시를 기준으로 판단하고, 결합상표의 경우 그 상표의 구성 부분 전체를 기준으로 판단하며, 지정상품에 관한 일반적 거래자 또는 수요자를 기준으로 판단해야 할 것이나 지정상품과의 관계를 고려할 필요가 없는 경우에는 통상적인 일반인의 평균적 인식을 기준으로 판단한다.

2. 결합상표의 관찰방법[1]

가. 의 의

결합상표의 경우는 문자와 문자 등이 결합하여 이루어져 있기 때문에 반드시 그 구성 부분 전체에 의하여 호칭·관념되는 것은 아니고, 각 구성 부분이 분리관찰되면 거래상 자연스럽지 못하다고 여겨질 정도로 불가분적으로 결합되어 있는 것이 아닌 한 그 구성 부분 중 일부만에 의하여 간략하게 호칭·관념될 수 있다. 이러한 경우에 구체적인 상표의 유사 여부 판단에서 전체관찰의 원칙과 분리관찰의 보조수단이 어떻게 상호 작용하는가가 문제로 된다. 또한 하나의 상표에서 둘 이상의 칭호·관념을 생각할 수 있는 경우 그 중 하나의 칭호·관념이 타인의 상표의 칭호·관념과 동일하거나 유사하지 않다 하더라도 다른 칭호·관념이 타인의 상표의 그것과 유사한 때에는 두 상표는 유사한 것이라고 판단한다.

나. 전체관찰을 중심으로 유사 여부를 판단한 사례

(1) 대법원 2010.7.22 선고 2010후1046 판결

출원상표 "ROCKETBOY"가 선등록상표 "ROCKET" 및 "로케트"와 서로 유사하다고 하더라도, "ROCKET" 부분이 이들 상표에서 차지하는 비중, 다른 구성요소에 결합되어 있는 정도와 위치, 이들 상표의 전체적인 구성, 형태 및 관념 등에 비추어 볼 때, "ROCKETBOY"는 의미가 있는 하나의 단어로 직감되고 "ROCKET"은 분리 인식될 가능성이 희박하여 위 출원상표가 선등록상표들과 동일·유사한 지정상품에 다 같이 사용된다고 하여도 일반 수요자나 거래자로 하여금 상품출처에 관하여 오인·혼동을 일으키게 할 염려가 없다.

(2) 대법원 2007.12.27 선고 2007후4298 판결

출원상표 "COCOBABA"에서 "COCO"는 코코야자 등의 뜻을 가진 단어이고, "BABA"는 럼주로 맛낸 건포도 과자 등의 뜻을 가진 단어이나, 일반수요자들이 위와 같은 뜻을 가진 영어 단어로 인식한다고 보기는 어렵고, 그 칭호가 "코코바바"로서 그다지 길지 않고 동일한 글자체로 띄어쓰

---

1) 김원준, "결합상표의 유사판단기준에 관한 연구", 법학논총 제3집 제3호, 전남대학교 법학연구소, 2011, 83-105면에서 일부 발췌하여 인용함.

기 없이 연속적으로 표기되어 "바바" 부분에 더 비중을 둘 만한 사정도 없으므로 이를 분리하여 그 중 뒷부분인 "바바"만으로 분리되어 호칭된 다고 할 수도 없다.

(3) 대법원 2009.4.9 선고 2008후4783 판결

지정상품을 골프채, 복싱용 글러브 등의 스포츠용품으로 하고, "**SHOW**"로 구성된 출원상표와 지정상품을 롱코트, 운동용 유니 폼 등의 의류·신발류 등 및 형상작동완구, 레슬링 경기장 완구 등의 완구 류·스포츠용품으로 하고, 각 "**BIG SHOW**"로 구성된 선등록상표 1, 2 를 전체적으로 관찰할 때, 양 상표는 관념에 있어서 일부 공통되는 점이 있으나, 호칭·외관이 상이하여 동일·유사한 지정상품에 사용되더라도 일 반 수요자나 거래자가 상품의 출처에 관하여 혼동을 일으킬 염려가 없으 므로 유사한 상표에 해당하지 않는다.

다. 요부관찰을 중심으로 유사 여부를 판단한 사례

(1) 대법원 2008.2.28 선고 2006후4086 판결

출원상표 "DRAGON QUEST"는 "DRAGON"과 "QUEST" 부분이 서로 간격을 두고 떨어져 있고 칭호도 짧지 않아 이를 분리하여 관찰함에 특 별한 어려움이 없고, 그 중 "QUEST" 부분이 그 지정서비스업과 관련하여 독립하여 자타상품을 식별하는 기능을 충분히 할 수 있어서 출원상표 서 비스표는 "QUEST" 부분만으로도 호칭·관념된다.

(2) 대법원 2007.7.13 선고 2007후951 판결

출원상표 "LemonBall"은 비록 3음절의 짧은 단어이고 글자간 간격 이 없이 나란히 구성되어 있지만, 외관상 Lemon의 "L" 과 Ball의 "B"가 각 대문자로 시작되어 양 단어를 구분하고 있는 점, 우리나라의 영어 교 육 수준과 일상생활에서 각 단어가 사용되는 빈도를 생각해 보았을 때 "Lemon"이나 "Ball"은 모두 쉬운 단어들로서 수요자들은 직감적으로 Lemon 과 Ball의 결합으로 이루어진 것으로 인식할 수 있다고 보아야 한 다. 양 단어의 결합으로 각각의 단어의 의미를 합한 것 이상의 의미가 생 기는 경우도 아니며, 거래실정상 항상 전체문자로서만 인식되고 통용되 어졌다고 인정할 아무런 자료가 없는 점 등에 비추어 보면, 선출원상표는

그 문자 전체에 의해서만 아니라 "Lemon" 부분만으로도 호칭·관념될 수 있다.

(3) 대법원 2006.5.25 선고 2004후912 판결

등록상표 "칼라2중주, 우린소중하잖아요"의 구성 중 "우린소중하잖아요" 부분과 인용상표 "로레알, 전 소중하니까요"의 구성 중 "전 소중하니까요" 부분은 상품의 출처를 표시하고 있다기보다는 상품구매를 권유하는 압축된 설명문으로 인식될 가능성이 높고 공익상 어느 한 사람에게 독점시키는 것 또한 적절하지 아니하므로 식별력이 없거나 미약하여 요부에 해당한다고 볼 수 없음에도, 위 부분을 "식별력 있는 요부"의 하나로 보아 양 상표의 표장이 서로 유사하다고 판단한 것은 잘못이다. 이 사건 등록상표는 "우린소중하잖아요" 부분을 제외한 "칼라2중주" 부분이 식별력 있는 요부에 해당하고, 인용상표는 "전 소중하니까요" 부분을 제외한 "로레알" 부분이 식별력 있는 요부에 해당한다고 봄이 상당하다.

라. 요부관찰 남용으로 판단한 사례

(1) 사건개요[1]

이 사건 출원상표 "LOGITECH"은 2004.4.16 상표등록출원 제 2004-17075호로 출원한 상표이고, 선등록상표 "로지"는 2000.9.22 상표등록 제477408호로 등록된 등록상표이다. 피고는 이 사건 출원상표의 구성 중 "TECH" 부분이 "기술·기술적인"의 뜻을 가진 technology, technical 등의 약어에 불과하여 식별력이 없다고 주장하였다. 이 사건의 쟁점은 출원상표가 "TECH" 부분을 포함하여 "LOGITECH" 전체로 호칭되어 선등록상표와 대비해 볼 때 그 칭호가 비유사하다고 보아야 하는지의 여부이다.

(2) 판결요지

대법원 2006.7.28 선고 2006후1162 판결은 상품의 보통명칭이나 관용명칭, 기술적 표장 등 식별력이 없는 부분을 제외하고 나머지 구성부분을 요부로 추출하여 두 상표를 비교하는 것은 부적절한 요부관찰의 남용

---

1) 강호근, "상표의 전체관찰 및 요부관찰의 합리성 검토", 지식재산 21, 통권 제97호, 특허청, 2006.11, 78-85면.

으로서 상표의 유사성 판단에 관한 전제관찰의 원칙에 위반되어 허용될 수 없다고 한다. 이는 결과적으로 상표 유사 여부 판단에 있어서의 종전의 하급심 판례와 다른 취지의 판결이다.

(3) 판결내용

이 사건 출원상표인 "LOGITEC"은 문자상표로서 영어 알파벳 대문자 8자가 가로로 띄어쓰기 없이 결합되어 있고, 그 음절 수도 일반 수요자의 영문자 발음 경향에 따라 영어식으로 발음하는 경우 3 내지 4음절에 불과하므로, 일반수요자들로서는 출원상표를 전체로서 "로지텍" 혹은 "로지테크"로 호칭하는 편이 쉽고 자연스럽다고 봄이 상당하다.

피고의 주장처럼 "LOGITECH" 중 "텍"·"테크"로 발음되는 "TECH"만을 분리하여 본다면 이는 기술 또는 기술적인의 뜻을 가진 technology 또는 technical 약어에 불과하여 식별력이 미약하다는 점은 수긍할 수 있다. 그러나 일반 수요자들이 출원상표를 호칭할 때 굳이 "텍" 혹은 "테크"로 발음되는 부분을 제거한 후 "로지"로만 호칭하기에는 오히려 거북하고 어줍다. 그러므로 출원상표 중 "TECH" 부분을 제외한 "LOGI" 부분만을 요부로서 추출하여 출원상표와 선등록상표 사이의 칭호 유사 여부를 비교하는 것은 부적절한 요부관찰의 남용으로서 상표의 유사성 판단에 관한 전제관찰의 원칙에 위반되어 허용될 수 없다. 한편 선등록상표인 "로지"는 한글 2글자가 가로로 나열된 문자상표로서 글자 그대로 "로지"로 호칭될 것이다. 따라서 이 사건 출원상표와 선등록상표는 칭호가 유사하지 아니하다.

또한 두 상표는 각 영어와 한글로서 외관이 완전히 다르며, 모두 특별한 의미를 가지지 아니한 조어상표로서 관념이 유사하다고 볼 수도 없다. 그렇다면, 이 사건 출원상표는 선등록상표와 유사한 상표라고 할 수 없어 상표법 제7조 제1항 제7호에 해당되지 아니하므로 그 상표등록이 허용되어야 한다.

(4) 하급심 판례

특허법원 2006.3.31 선고 2005허9732 판결에서 "듀라브랜드와 DURATEK"은 칭호가 유사하다고 판시하였다. 그 이유는 선등록상표중 "TEK"은 "technology, technical, technic(ian)"의 약칭으로서 "기술상의, 하이테크의, 전문적인, 전문가, 기술자, 과학기술"의 의미로 널리 사용되는 단어인 "tech"의 발음기호인 [tek]와 동일하여서 일반 수요자나 거래자에게 전체 표장 중에서 다른 구성 부분과는 용이하게 구별되어 한눈에 들어오는 부분인 사실을 인정할 수 있다.[1] 위 "TEK" 부분은 지정상품인 반도체제조기계와 관련하여서는 상품의 품질·용도 등을 표시하는 단어라고도 할 것이어서, 양 상표의 위 브랜드 및 TEK 두 단어의 식별력이 극히 미약하므로 양 상표의 중요부분은 "듀라"와 "DURA"라 할 것이고, 양 상표가 "듀라"라고 호칭되는 경우 그 칭호가 동일하므로 양 상표는 전제적으로 유사하다고 판단하였다. 그러나 "NAWOO TECH LTD와 나우콤" 사건에 대하여 특허심판원은 2005.6.21 2005원126 심결에서 문자부분 중 식별력이 없는 부분("TECH LTD")을 제외하고 식별력이 있는 부분("나우")만에 의하여 유사하다고 판단하였다. 그러나 대법원 2006.3.24 선고 2005후3567 판결은 문자 부분이 발음상 3음절에 불과한 경우 문자부분 중 요부만에 의해 호칭된다고 보기 어려우므로 전체를 대비하여 유사 여부를 판단하고, 양 상표는 외관 및 칭호가 서로 다르고 관념은 서로 대비할 수 없어, 전체적·이격적·객관적으로 관찰할 때 서로 유사하지 않다고 판시하였다.

(5) 유럽사법재판소의 판결

유럽사법재판소(European Court of Justice: ECJ)는 유럽공동체상표청(OHIM)에 등록된 등록상표 "CELLTECH"에 대한 사건에서 "결합상표의 유사판단은 전체조합의 평가결과에 따라서, 문자로 이루어진 등록상표의 식별력 있는 문자는 다른 요소들과 관련하여 부분적으로, 개별적으로 판단되어야 한다. 이 사건에서, 1심법원이 'CELLTECH' 전체를 하나의 상표로 보고 해설적 특성을 평가한 것은 적절하였으며, 본 상표가 'cell technology'를 의미하는 것으로 이해하더라도, 등록상품과 서비스를 해석하는 NO 40/94의 EC Article 7(1)(c)를 위반하지 않았다. 항소2심은 거

---

1) 특허청, 앞의 심사기준 제7조(관용상표)와 제12조(식별이 없는 상표)에 의하면, 지정서비스업 통신업에서 "cyber, web, tel, com, net"과 같은 단어와 결합된 상표는 관용상표로 식별력이 없다고 규정하고 있다.

부되며 OHIM의 항소는 기각된다. 따라서 'CELLTECH'은 식별력이 있다"고 판시하였다.[1] 상표는 그 구성 전체로서 하나의 상표로 인식하는 것이므로 유사 여부 판단에 있어서도 상표 전체에 대하여 관찰하는 것이 원칙이다. 상기 대법원 2006후1162 판결은 상표의 전체관찰의 원칙에 따라서 "LOGITECH"을 전체로 관찰하고 요부관찰의 비중을 작게 잡아 그 유사여부 판단을 한 판결이라 할 수 있다. 한편 ECJ도 "CELLTECH" 사건에서 "TECH"를 분리하지 않고, 전체로 관찰하여 식별력이 있다고 판단하고 있으므로 위 대법원 판결과 그 취지가 같다고 알 수 있다.

Ⅳ. 사례연구: 대법원 2010후2773 판결(JS장수구들 사건)

1. 사실개요

가. 이 사건의 등록상표

가) 출원일/공고일/등록번호: 2007.8.27/2008.4.24/제80096호.

나) 등록상표의 구성: JS장수구들.

다) 지정상품: 상품류 구분 제20류의 목제 또는 플라스틱제간판, 애완동물용집, 목제상자, 가대, 강의대, 거울, 걸상, 경대, 다이밴(Divans), 뒤주, 로커(Lockers), 모자걸이, 벤치, 병풍, 붙박이찬장, 비귀금속제보석상자, 비의료용물침대, 삼면경대, 서가, 서류캐비닛, 선반, 세티, 소파, 식탁, 신문진열대, 신장, 실험대, 안락의자, 안마대, 열쇠걸이판, 오디오랙, 옷걸이, 우산걸이, 의약품캐비닛, 의자, 의장(옷장), 이미용품보관대, 장롱, 장의장, 진열대, 진열장, 찬장, 찻장, 책궤, 책꽂이, 책상, 책장, 체경, 침대, 돌침대, 탁자, 테이프꽂이, 팔걸이의자, 피아노의자, 화분대, 화장대, 액자, 이미용의자, 유아용놀이틀.

---

[1] ECJ 2007.4.19 선고 C-273/05 P 판결: Case T-260/03 Celltech v. OHIM의 항소심 판결.

나. 비교대상상표(무효심판의 증거)

가) 출원일/공고일/공고번호: 2001.3.2/2002.4.3/상2002-0012721.

나) 비교대상상표의 구성: 장수돌침대 ★★★

다) 지정상품: 상품류 구분 제20류의 돌침대.

다. 사건의 경위

X(원고, 피상고인)는 상표권자인 Y(피고, 상고인)를 상대로 상표등록 제800096호는 그 등록을 무효로 한다는 무효심판을 청구하였다. 특허심판원은 2010.4.19 2009당2320 심결에서 심판청구를 인용하는 심결을 하였고, 이에 Y는 특허법원에 심결취소소송을 제기하였다. 특허법원은 피고 Y의 등록상표에 대하여 특허심판원의 심결에 대하여 일부인용 일부기각의 판결을 하였다. 이에 대하여 피고 Y가 상고한 대법원 2010.12.9 선고 2010후2773 판결에서 원심판결의 피고 패소 부분 중 이 사건 등록상표의 "목제 또는 플라스틱제 간판, 애완동물용 집, 목제상자, 액자, 이미용의자, 유아용 놀이틀"을 제외한 지정상품에 관한 부분을 파기하고, 이 부분 사건을 특허법원에 환송하고, 나머지 상고를 기각하는 판결을 내렸다.

2. 판결요지

가. 이 사건 등록상표의 요부

"JS장수구들"과 같이 구성된 이 사건 등록상표 중 "JS" 부분은 그 뒤에 표기된 "장수"의 영문 이니셜 정도로만 인식될 수 있을 뿐이어서 독립적인 식별력이 미약하다 할 것이고, "장수" 부분과 "구들" 부분은 그 결합에 의하여 새로운 관념을 형성하는 것은 아니어서 이들을 분리하여 관찰하면 거래상 자연스럽지 못하다고 여겨질 정도로 불가분적으로 결합하였다고 볼 수 없다. 이 사건 등록상표는 그 지정상품 중 "목제 또는 플라스틱제 간판, 애완동물용 집, 목제상자, 가대, 강의대, 거울, 걸상, 경대, 다이밴(Divans), 뒤주, 로커(Lockers), 모자걸이, 벤치, 병풍, 붙박이찬장, 비귀금속제 보석상자, 삼면경대, 서가, 서류캐비닛, 선반, 세티, 소파, 식탁, 신문진열대, 신장, 실험대, 안락의자, 안마대, 열쇠걸이판, 오디오랙, 옷걸이, 우산걸이, 의약품캐피닛, 의자, 의장(옷장), 이미용품 보관대, 장롱, 장의장, 진열대, 진열장, 찬장, 찻장, 책꽤, 책꽂이, 책상, 책장, 체경, 탁자, 테이프꽂이, 팔걸이의자, 피아노의자, 화분대, 화장대, 백자, 이미용의자, 유아용 놀이틀"(이하 "이 사건 지정상품"이라 한다)과 관련하여서도 독립하여 자타상품을 식별하는 기능을 충분히 할 수 있는 "장수" 부분만으로 간략하게 칭호·관념될 수 있다.

나. 비교대상상표의 요부

와 같이 구성된 비교대상상표 역시 문자 부분과 도형 부분을 분리하여 관찰하면 거래상 자연스럽지 못하다고 여겨질 정도로 불가분적으로 결합한 것이라고 할 수 없어, 문자 부분으로 분리하여 관찰할 수 있다. 문자 부분 중 "e-뜨거운 침대"는 지정상품인 "돌침대"와 관련하여 볼 때 지정상품의 품질이나 효능 등을 나타내는 것이어서 식별력이 약한 부분이고, 나머지 문자 부분인 "장수돌침대"는 일응 그 색상에 따라 "장수돌"과 "침대"로 구분될 수 있지만, 지정상품이 "돌침대"인 점을 감안하면 "장수"와 "돌침대"로 분리하여 인식하는 것이 자연스러우며, 이 가운데 "돌침대" 부분은 지정상품 자체를 나타내는 것이어서 식별력이 없으므로, 비교대상상표에서의 요부도 "장수" 부분이라 할 것이다.

다. 이 사건 등록상표와 비교대상상표의 비교

문자와 문자 또는 문자와 도형의 각 구성 부분이 결합된 결합상표는 반드시 그 구성 부분 전체에 의하여 칭호·관념되는 것이 아니라 각 구성 부분을 분리하여 관찰하면 거래상 자연스럽지 못하다고 여겨질 정도로 불가분적으로 결합한 것이 아닌 한 그 구성 부분 중 일부만에 의하여 간략하게 칭호·관념될 수도 있다. 또 하나의 상표에서 두 개 이상의 칭호나 관념을 생각할 수 있는 경우에 그 중 하나의 칭호·관념이 타인의 상표와 동일 또는 유사하다고 인정될 때에는 두 상표는 유사하다고 취급한다. 이 사건 등록상표와 비교대상상표는 각각 "장수" 부분만으로 간략하게 칭호·관념될 수 있어서 이들 상표의 칭호 및 관념이 동일하게 되므로, 이 사건 등록상표와 비교대상상표는 유사한 상표라고 할 것이다.

라. 지정상품의 유사 여부

지정상품의 유사 여부는 대비되는 상품에 동일 또는 유사한 상표를 사용할 경우 동일 업체에 의하여 제조 또는 판매되는 상품으로 오인될 우려가 있는가의 여부를 기준으로 하여 판단하되, 상품 자체의 속성인 품질, 형상, 용도와 생산부문, 판매부문, 수요자의 범위 등 거래의 실정 등을 종합적으로 고려하여 일반거래의 통념에 따라 판단하여야 한다.[1]

이 사건 지정상품 중 "가대, 강의대, 거울, 걸상, 경대, 피아노의자, 화분대, 화장대 등"과 비교대상상표의 지정상품인 "돌침대"는 모두 주로 가정과 사무실 등의 내부 공간에 함께 비치되어 물건을 넣거나 놓고, 또 사람이 앉거나 눕는 등의 생활상의 편의를 도모함과 동시에 그 내부 공간을 장식하는 기능을 하는 가구류 상품들이라는 점에서 그 용도가 서로 유사하고, 가구류를 생산하는 업체에서 함께 생산될 뿐만 아니라, 그 판매자나 소비자 등도 대부분 일치할 것으로 보이므로, 이들 상품은 거래통념상 동일·유사한 상표를 위 상품들에 사용할 경우에 그 출처의 오인·혼동을 일으킬 염려가 있는 유사한 상품에 속한다고 봄이 상당하다. 그러나 이 사건 지정상품 중 "애완동물용 집, 목제상자 액자, 이미용 의자, 유아용 놀이틀"과 비교대상상표의 지정상품인 "돌침대"는 모두 상품류 구분표상 제20류에 속하는 상품이기는 하지만, 그 품질·형상·용도가 같다고 할 수 없거나 생산업체와 판매처 및 수요자 층이 서로 달라 일반 거래의 통념상 동일 또는 유사한 것이라고 할 수는 없다.

---

1) 대법원 2009.7.9 선고 2008후5045 판결: 원상표 "ACTIV.A.C."의 지정상품인 "가정용 감압 상처 치료기기"와 선등록상표 1 "**ACTIV**"의 지정상품 중 "의료용 온도계", 선등록상표 2 "ACTIVE LIFE"의 지정상품인 "인공항문환자·요실금환자용 웨이퍼 부착 플랜지, 인공항문환자요실금환자용 클립 등"은 품질, 형상, 용도와 생산 부문, 수요자의 범위 등에서 상이하므로, 출원상표는 상표법 제7조 제1항 제7호에 해당하지 않는다.

≪연습문제≫

〈문 1〉 다음 중 상표 유사 여부 판단기준(모두 지정상품은 각각 동일하다고 본다)에 따라 "유사하다"고 판단한 것을 모두 고른 것은?

> [상표 유사 여부 판단대상]
> ㉠ "BODY GUARD"와 "BOGARD"
> ㉡ "TRENDAURORA"와 "AURORA"
> ㉢ "LEGO"와 "TEGO"
> ㉣ "휴마쎈"과 "HUMATIN"
> ㉤ "AMORE VITAL"와 "HANKOOK VITAL"
> ㉥ "TOMMY HILFIGER"와 "TOMMY"
> ㉦ "BANANA REPUBLIC"과 "BANANA BOAT"

① 3개　② 4개　③ 5개　④ 6개　⑤ 7개

〈문 2〉 상표의 유사판단 기준에 관한 설명으로 옳지 않은 것은? (지정상품이 동일하다)

① "WOLRLD CUP"과 "WORLD"는 유사하다.
② "MAGIC SALON"과 "SALON"은 유사하다.
③ "KINGTEX"와 "KING"은 유사하다.
④ "Morning Glory"와 "Morning"은 유사하지 않다.

〈문 3〉 다음 중 상표 유사 여부 판단기준(모두 지정상품은 각각 동일하다고 본다)에 따라 "유사하다"고 판단한 것은 모두 몇 개인가?

> ㉠ "SWISS ARMY"와 "SWISS MILITARY"
> ㉡ "PILLAR"와 "CATERPILLAR"
> ㉢ "Revillon"과 "Revlon"
> ㉣ "25시"와 "LG 25시"
> ㉤ "BLUE DIAMOND"와 "DIAMOND"
> ㉥ "RobertoRICCI"와 "NINA RICCI"
> ㉦ "GINNI VERSACE"와 "ALFREDO VERSACE"

① 3개　② 4개　③ 5개　④ 6개　⑤ 7개

〈문 4〉 상표의 유사 여부 판단에 관한 설명으로 옳지 않은 것은? (다툼이 있는 경우에는 판례의 의함) [2007년 변리사 1차시험]

① 상표의 유사 여부를 판단함에 있어 고려되는 요소는 상표의 외관·호칭·관념이며 원칙적으로 위 세 가지 요소 가운데 하나가 동일하거나 유사하다면 유사하다고 판단될 가능성이 높지만 전체로서 명확히 출처의 혼돈을 피할 수 있는 경우에는 그렇지 않다.

② 문자상표의 유사 여부 판단에 있어서는 그 호칭이 유사 여부가 가장 중요한 요소로 취급된다.

③ 하나의 상표에서 두 개 이상의 호칭이나 관념이 발생할 때는 그 중 어느하나의 호칭이나 관념이 타인 상표의 호칭 또는 관념과 동일하거나 유사한 경우에는 전체적으로 유사한 상표라고 할 수 있다.

④ 외국문자 상표에 관한 호칭의 유사 여부 판단에 있어서 내국인 관례상의호칭은 물론 해당 외국인의 대표적인 호칭도 함께 고려되어야 한다.

⑤ 상표의 유사 여부의 관찰방법은 전체적·객관적 관찰과 양 상표를 동시에보았을 때를 기준으로 하는 대비적 관찰을 원칙으로 하되 상표의 구성 중인상적인 부분에 대하여 중점적으로 비교하는 것으로 한다.

〈문 5〉 상표의 유사 여부 판단에 관한 다음의 설명 중 옳지 않은 것은? (다툼이 있는 경우에는 대법원 판례에 의함)

① 대비되는 두 개의 상표가 일반 수요자나 거래자가 상표에 대하여 느끼는 직권적 인식을 기준으로 외관, 호칭 및 관념 중 어느 한 가지에 있어서라도 유사하면 원칙적으로 유사상표이다.

② 외국인 성과 이름을 합쳐서 구성한 상표인 경우, 보통의 주의력을 가진 국내의 일반 수요자나 거래자들이 거래 상황에서 상표를 보고 인식하는 직관적인 인식을 기준으로 판단하여야 한다.

③ 도메인 이름의 형태로 구성된 상표의 유사성 판단은 도메인 이름에 공통적으로 쓰이는 부분(www, com 등)을 포함하여 도메인 이름 전체로 판단을 하여야 한다.

④ 색채는 색채가 다른 구성요소와 결합한 경우에는 상표의 외관유사를 판단하는 중요한 요소가 될 수 있다.

⑤ 문자 상표의 유사 여부 판단에 있어서는 그 호칭의 유사 여부가 가장 중요한 요소이다.

≪정답≫ 1.② 2.① 3.③ 4.⑤ 5.③
≪문제해설≫

〈문 1〉 판례에 따라서 ㉠ 칭호·외관이 다르다. ㉣ 칭호·외관이 다르다. ㉤ 칭호·외관이 다르므로 비유사하다. ㉡ 분리관찰하면 "Aurora"가 동일하다. ㉢은 외관이 유사하다. ㉑ 분리관찰하면 "TOMMY"가 동일하다. ㉚ 결합상표에서 2개의 호칭이 있을 때 그 중에서 하나의 호칭이 같으면 유사하다. 이 경우 "BANANA"의 칭호가 유사하다. 따라서 4개가 유사하다.

<문 2> ① "WOLRLD CUP"은 분리하지 않고 전체로 관찰하므로 "WORLD"와 비유사하다. ② "MAGIC SALON"에서 "MAGIC"은 형용사이므로 "SALON"과 유사하다. ③ "KINGTEX"에서 "TEX"는 관용상표이므로 식별력이 없으므로 "KING"과 유사하다. ④ "Morning Glory"는 나팔꽃을 의미하는 꽃이름으로 전체적으로 보므로 "Morning"과 유사하지 않다.

<문 3> ㉠ "SWISS ARMY"와 "SWISS MILITARY"는 관념이 유사하다. ㉡ "CATERPILLAR"는 분리하지 않고 전체로 관찰하므로 "PILLAR"와 비유사하다. ㉢ "Revillon"과 "Revlon"은 칭호가 유사하다. ㉣ "LG 25시"는 분리관찰하므로 "25시"와 유사하다. ㉤ "BLUE DIAMOND"에서 "BLUE"는 형용사이므로 "DIAMOND"와 유사하다. ㉥ "RobertoRICCI"와 "NINA RICCI"는 전체관찰하므로 비유사하다. ㉦ "GINNI VERSACE"와 "ALFREDO VERSACE"는 2개로 칭호가 되는 상표이므로 "VERSACE"의 칭호가 유사하다. 띠라서 5개가 유사하다.

<문 4> ① 상품출처의 혼동 여부를 기준으로 판단하므로, 외관·호칭·관념 중 어느 하나가 유사하면 상표는 유사하다고 판단하는 것이 원칙이지만, 상표 전체로서 명백히 출처의 오인·혼동을 피할 수 있는 경우에는 유사하다고 할 수 없다는 것이 판례의 태도이다(헌법재판소 2009.4.20 선고 2006헌바113·114(병합결정). ② 대법원 2002.11.26 선고 2001후3415 판결. ③ 대법원 1996.3.8 선고 95후1456 판결: "SANTA BARBARA POLO CLUB"과 "POLO"의 유사 여부에 대하여 하나의 상표에서 둘 이상의 호칭이나 관념이 발생할 수 있으므로 결국 "POLO"로 호칭이 되므로 양 상표는 오인·혼동을 일으킬 염려가 있으므로 유사하다. ④ 상표의 유사 여부를 판단할 때에는 상품의 속성, 수요자 계층, 범위, 업계의 상관습 등 경험칙화된 거래실정을 고려하여야 하므로, 외국문자 상표에 관한 호칭 유사 여부를 판단할 때에는 내국인 관례상의 호칭은 물론 해당 외국인의 대표적인 호칭도 함께 고려되어야 한다. ⑤ 상표의 유사를 판단할 때에는 대비적 관찰을 하지 않고, 때와 장소를 달리하여 상표를 접하는 수요자의 불확실한 기억을 기초로 하여 유사 여부를 판단하는 방법인 이격적 관찰을 한다.

<문 5> ① 대법원 2000.2.25 선고 97후3050 판결. ② 대법원 1995.1.12 선고 94후647 판결: "LAURA ASHLEY"와 "ASHELY 또는 Laura Biagiotti"는 비유사하다. 외국인의 성명상표는 성과 명칭이 결합하여 일체적으로 사용되는지의 여부가 분리관찰의 결정 기준이다. ③ 도메인 이름에 공통적으로 쓰이는 부분(www, com 등)은 식별력이 없기 때문에 이 부분은 제외하고 나머지 부분으로 대비하여 판단하여야 한다. 틀린 지문이나. ④ 세91조의2 제1항: 다른 구성요소가 같고 색채만이 다른 경우에는 동일상표로 인정한다. ⑤ 대법원 2002.11.26 선고 2001후3415 판결 등에서 "칭호"가 중요하다고 판시하였다.

제 6 절 상 표 권

I. 서 설

1. 상표권의 존속기간

상표권은 설정등록에 의하여 발생한다(제41조 제1항). 상표권의 존속기간은 상표권의 설정등록이 있는 날로부터 10년으로 한다(제42조 제1항). 상표권의 존속기간 갱신등록신청에 의하여 10년마다 그 기간을 갱신할 수 있다. 상표권의 존속기간을 갱신하고자 할 경우에는 상표권의 존속기간 만료 전 1년 이내에 상표권의 존속기간갱신등록신청서를 특허청장에게 제출하여야 한다. 이 기간에 상표권의 존속기간갱신등록신청을 하지 아니한 자는 존속기간이 끝난 후라도 6개월 이내에 상표권의 존속기간갱신등록신청을 할 수 있다(제43조 제2항).

2. 상표권의 특징

상표권은 특허권·실용신안권·디자인권과 마찬가지로 궁극적으로 국가발전을 목적으로 하는 산업재산권의 일종이라는 점에서 공통점을 갖고 있다. 상표권의 경우 상품의 식별표장이 상표의 사회경제적인 여러 기능을 보호하는 권리라는 점에서 다른 산업재산권에서는 찾아볼 수 없는 다음과 같은 특징을 갖는다.

가. 신규성이나 창작성을 요하지 않는 권리

상표란 창작의 문제라기보다는 표장의 선택에 관한 문제이므로 당해 상표가 대상물을 다른 상품으로부터 구별할 수 있는 식별력만 갖고 있다면 공익상 또는 사익상의 장애사유가 없는 한 권리로서 보호받을 수 있다. 발명의 경우 산업상 이용 가능성, 신규성과 진보성을 특허요건으로 하고, 저작물의 경우에는 창작성과 표현을 저작물의 성립요건으로 하고 있으나, 상표에서는 이러한 요건을 요구하지 않고 상표법 제6조와 제7조에 등록요건을 규정하고 있다. 특허권과 디자인권은 일정한 존속기간을 제한하여 당해 기간이 종료하면 일반 공중이 자유로이 사용할 수 있게 하고 있다. 그러나 상표는 사용하면 할수록 식별력과 고객흡인력이 증가되므로 존속기간이 만료된 이후라도 갱신에 의하여 반영구적인 권리로서 향유할 수 있다.

나. 상품에 관한 권리

상표는 상품과 불가분의 관계를 갖는다. 상표권은 기본적으로는 상표에 화체된 당해 상품에 관한 상표권자의 영업상의 신용이나 고객흡인력을 보호법익으로 하고 있다. 따라서 상표의 등록요건 및 상표권의 효력은 상품과 관련하여 결정되도록 규정하고 있다. 성명·상호·영업 등의 표지에 관한 권리인 성명권·상호권과 구별되는 권리이다.

다. 공익적 권리

상표는 개성화된 상품의 동일성을 표시하며(상품식별기능), 다른 상품과의 출처의 혼동을 방지하기 위하여 사용되는 것이라는(출처표시기능) 점에서는 상표권자의 이익을 보호하는 것을 목적으로 하는 권리이다. 그러나 상표는 아울러 상품의 품질을 수요자나 거래자를 위하여 보증하는 기능(품질보증기능)을 갖기 때문에 이를 보호하지 않을 경우 당해 상표를 신뢰한 일반 수요자의 이익이 침해를 받게 되고 상거래질서도 문란해지게 된다. 따라서 제도적으로 상표권자에게 당해 등록된 상표를 정당하게 사용하도록 의무화하는 한편, 일반수요자나 거래자의 보호를 위하여 상품의 품질을 오인시키는 상표는 공익에 위반되므로 그 등록을 배제하거나 그 등록을 취소하도록 규정하고 있다. 특허권이나 디자인권 등에 대한 침해는 권리자의 이익을 해치는 것이므로 고소가 있어야 논한다. 반면에 상표권의 침해는 상품출처의 오인·혼동을 초래함으로써 권리자는 물론 일반 소비자에게도 손해를 미치므로 권리자 개인 재산권뿐만 아니라 공익으로서의 수요자의 이익도 포함된다고 할 수 있어 상표권을 권리자가 고소하는 것뿐만 아니라 누구라도 고발하여 그 죄를 논할 수 있는 "비친고죄"(非親告罪)로 규정하고 있다(제93조).

라. 상품거래 수단으로서 상표를 보호하는 권리

상표권은 상품에 대한 상표권자의 시장에서의 지위와 신용을 유지시키고 영업활동을 원활하게 하여 상표권자를 보호하고 경업자간의 불공정한 거래활동을 봉쇄함으로써 공정한 경업질서를 도모한다. 또한 상품의 거래자와 수요자에 대하여 기대하는 품질의 특징을 가진 상품을 상품출처의 오인 또는 품질의 혼동없이 용이하게 구분할 수 있게 하여 소비자를 보호하는 경제적 효과의 측면에서 상품거래의 수단으로 보호하는 특징을 가진다.

Ⅱ. 상표권의 효력

1. 상표의 보호범위

가. 의 의

등록상표의 보호범위는 상표등록 출원서에 기재된 상표와 상표등록 출원서 또는 상품분류전환등록 신청서에 기재된 지정상품에 의하여 정하여진다(제52조). 본조는 상표권의 보호범위를 정함으로써 권리의 내용을 분명히 하고, 분쟁시 해결기준으로 삼기 위한 것이다. 등록상표의 보호범위는 상표등록출원서의 기재사항과 동일한 범위로서 독점적 사용권을 말한다. 이 범위를 넘어 유사한 범위를 침해로 보는 행위는 상표법 제66조에서 규정하고 있다.

나. 등록상표의 보호범위

등록상표의 보호범위는 상표등록출원서에 기재된 상표에 의하여 정하여진다(제52조 제1항). 등록상표란 상표등록출원서에 기재되어 상표등록을 받은 상표를 말하며, 상표등록출원서의 보정이 있는 경우에는 보정된 출원서에 기재된 상표를 말한다.

다. 지정상품의 보호범위

지정상품의 보호범위는 상표등록출원서 또는 상품분류전환등록신청서에 기재된 상품에 의하여 정하여진다(제52조 제2항). 여기서 지정상품이란 지정상품구분 내의 상품세목 중 자기가 등록받고자 하는 상표를 사용할 상품으로 지정한 상품을 말한다.

대법원 2011.1.13 선고 2010도5994 판결은 등록상표를 그 지정상품과 동일 또는 유사한 상품에 사용하면 타인의 상표권을 침해하는 행위가 되나, 타인의 등록상표를 이용한 경우라고 하더라도 그것이 상표의 본질적인 기능이라고 할 수 있는 출처표시를 위한 것이 아니라 서적의 내용 등을 안내·설명하기 위하여 사용되는 등으로 상표의 사용으로 인식될 수 없는 경우에는 등록상표의 상표권을 침해한 행위로 볼 수 없고, 그것이 상표로서 사용되고 있는지의 여부를 판단하기 위해서는 상품과의 관계, 당해 표장의 사용 태양(즉, 상품 등에 표시된 위치, 크기 등), 등록상표의 주지저명성 그리고 사용자의 의도와 사용경위 등을 종합하여 실제 거래계에서 그 표시된 표장이 상품의 식별표지로서 사용되고 있는지의 여부를 종합하여 판단하여야 한다고 한다.

2. 상표권의 효력

상표를 등록할 경우 상표권자는 적극적으로 지정상품에 관하여 그 등록상표를 사용할 권리를 독점하는 독점권과 타인이 등록상표와 동일 또는 유사한 상표를 사용하는 경우 그 사용을 금지할 수 있는 금지권을 행사할 수 있다. 아울러 타인이 자기의 등록상표 또는 등록상표와 유사한 상표를 사용하는 등 상표권을 침해하는 경우 상표권자는 그 자를 상대로 하여 민사적 조치로 침해의 금지 또는 손해배상을 청구할 수 있다(제65조 제1항). 또한 상표권 침해에 대한 고소 등 형사적 조치를 할 수 있다.

가. 적극적 효력

상표권자는 지정상품에 관하여 그 등록상표를 사용할 권리를 독점한다(제50조). 상표권자는 상표권을 직접 사용할 수 있을 뿐만 아니라 자유롭게 상표권을 수익·처분할 수 있는 권리를 갖는다.

나. 소극적 효력

정당한 권원이 없는 자가 등록상표와 동일·유사한 상표를 그 지정상품과 동일·유사한 상품에 사용하면 상표권의 침해가 된다. 상표법에는 상표권의 직접침해는 아니지만, 침해할 개연성이 높은 경우에는 간접침해로 보는 행위에 대하여 규정하고 있다. 상표권자 이외의 자가 정당한 권한없이 등록상표와 동일한 상표를 지정상품과 유사한 상품에 사용하거나 타인의 등록상표와 유사한 상표를 그 지정상품과 동일 또는 유사한 상품에 사용하는 행위 또는 타인의 등록상표와 동일 또는 유사한 상표를 그 지정상품과 동일 또는 유사한 상품에 사용하거나 사용하게 할 목적으로 교부·판매·위조·모조 또는 소지하는 행위는 상표권 또는 전용사용권을 침해한 것으로 본다(제66조).

3. 상표권의 효력제한

가. 적극적 효력제한

상표권은 상표권자가 상표의 사용에 있어서 독점권을 갖는 것이 원칙이지만, 상표등록출원 전부터 이미 사용되고 있는 상호, 품질이나 효능을 보통으로 사용하는 방법으로 표시하는 상표 등 일정한 경우에는 등록상표권의 금지적 효력을 제한하여 그 자유로운 사용을 보장할 필요가 있다. 특히 상표권에 대하여 전용사용권이 설정되어 있는 경우, 저촉관계에 있는 타인의 선출원 특허권, 디자인권이 등이 있는 경우 상표권의 효력이 적극적으로 제한된다.

나. 소극적 효력제한

상표권의 효력이 미치지 아니하는 범위에 속하는 경우, 상표권의 행사가 권리남용 또는 부정경쟁에 해당하는 경우, 진정상품을 병행수입하는 경우 상표권이 소극적으로 제한된다. 상표권의 효력이 미치지 아니한 경우는 상표법 제51조에서 규정하고 있다. 상표법은 공익적 견지 및 상표법의 목적에 비추어 특정인에게 상표권으로 독점시키기에 적합하지 아니한 상표이거나 기타 상표권의 효력범위 밖에 두는 것이 적당한 상표를 열거하여 상표권의 효력이 미치는 한계를 제51조에서 제한하고 있다.

4. 상표권의 효력이 미치지 아니하는 범위

가. 상표법 제51조 제1항 제1호

1) 자기의 성명·명칭 또는 상호·초상·서명·인장 또는 저명한 아호·예명·필명과 이들의 저명한 약칭을 보통으로 사용하는 방법으로 표시하는 상표에는 상표권의 효력이 미치지 아니한다. 다만, 상표권의 설정등록

이 있은 후에 부정경쟁의 목적으로 그 상표를 사용하는 경우에는 그러하지 아니하다(제51조 제1항 제1호). 상표법 제51조 제1호의 취지는 비록 등록상표와 동일 또는 유사한 상표라 하더라도 자신의 성명 등을 보통으로 사용하는 방법으로 표시하는 상표에 관하여는 그 등록상표권의 효력이 제한되어 등록상표권자가 그 상표 사용을 금지시키지 못하게 됨을 의미할 뿐이지 등록상표가 등록상표권자 자신의 성명을 표장하는 것이라고 하여 등록상표권의 효력이 제한되는 것이 아니다. 즉 자신의 상호를 거래계의 관행적인 방법에 따라 상품 등에 표시한 경우에는 상호권 보호차원에서 해당 상호가 타인의 등록상표와 동일 또는 유사하다 하여도 부정경쟁의 목적이 없는 한 상표권 침해에 해당되지 아니한다.

　2) 여기에서 "상호를 보통으로 사용하는 방법으로 표시한다"는 것은 상호를 독특한 글씨체나 색채, 도안화된 문자 등 특수한 태양으로 표시하는 등으로 특별한 식별력을 갖도록 함이 없이 표시하는 것을 의미할 뿐만 아니라, 일반 수요자가 그 표장을 보고 상호임을 인식할 수 있도록 표시하는 것을 전제로 한다. 그러므로 표장 자체가 특별한 식별력을 갖도록 표시되었는지 외에도 사용된 표장의 위치, 배열, 크기, 다른 문구와의 연결관계, 도형과 결합되어 사용되었는지의 여부 등 실제 사용태양을 종합하여 거래통념상 자기의 상호를 보통으로 사용하는 방법으로 표시한 경우에 해당하는지의 여부를 판단하여야 한다.[1]

　3) 제51조 제1항 제1호 단서의 해석　　대법원 2011.7.28 선고 2011후538 판결은 "상표법 제51조 제1항 제1호 단서에 규정된 '부정경쟁의 목적'이란 등록된 상표권자의 신용을 이용하여 부당한 이익을 얻을 목적을 말하고 단지 등록된 상표라는 것을 알고 있었다는 사실만으로 그와 같은 목적이 있다고 보기에는 부족하다. 상표권 침해자측의 상표 선정의 동기, 피침해상표를 알고 있었는지 등 주관적 사정과 상표의 유사성과 피침해상표의 신용상태, 영업목적의 유사성 및 영업활동의 지역적 인접성,

---

1) 대법원 2008.9.25 선고 2006다51577 판결.

상표권 침해자측의 현실적인 사용상태 등의 객관적 사정을 고려하여 판단하여야 한다. 상표법 제51조 제1항 제1호 단서 규정은 어떤 명칭이나 상호 등의 신용 내지 명성에 편승하려는 등 목적으로 이를 모방한 명칭이나 상호 등을 표장으로 사용하는 것을 금지시키는 데 그 취지가 있으므로 등록된 상표가 신용을 얻게 된 경위는 문제되지 않으며 지정상품에 대하여 주지성을 얻어야만 부정경쟁의 목적이 인정되는 것도 아니다. 확인대상표장 '미래메디팜 주식회사'의 사용자인 갑 주식회사가 등록상표 '메디팜'의 상표권자인 을 주식회사를 상대로, 확인대상표장은 자신의 상호를 보통으로 사용하는 방법으로 표시하는 상표로서 상표법 제51조 제1항 제1호 본문에 해당한다는 등의 이유로 소극적 권리범위 확인심판을 청구한 사안에서, 등록상표 표장은 갑 회사가 확인대상표장으로 상호를 변경할 당시 지정상품에 대하여 주지성을 얻을 정도에 이르지 못하였다고 하더라도 국내 의약품 관련 업계에서 을 회사 상호 또는 서비스표로서 이미 널리 알려져 있었고, 갑 회사도 의약품 제조·판매업을 하는 자로서 이를 잘 알고 있었던 것으로 보이는 점, 그럼에도 갑 회사가 등록상표 등록 이후에 등록상표 표장이 포함된 미래메디팜 주식회사로 상호를 변경한 점, 등록상표와 확인대상표장은 조어로서 식별력이 있는 메디팜 부분만으로 호칭될 수 있어서 전체적으로 유사한 점 등을 종합할 때, 갑 회사가 등록상표 설정등록 후에 을 회사의 신용 내지 명성을 이용하여 부당한 이익을 얻을 부정경쟁의 목적으로 확인대상표장을 사용하고 있다"고 판시하였다.

나. 상표법 제51조 제1항 제2호

1) 등록상표의 지정상품과 동일 또는 유사한 상품의 보통명칭·산지·품질·원재료·효능·용도·수량·형상(포장의 형상을 포함한다)·가격 또는 생산방법·가공방법·사용방법 및 시기를 보통으로 사용하는 방법으로 표시하는 상표는 상표권의 효력이 미치지 아니한다(제51조 제1항 제2호). 상표법 제51조 제1항 제2호에 규정하는 상품의 품질·효능·용도 등을 보통으로 사용하는 방법으로 표시하는 상표에 해당하는지의 여부는 그 상표가 지니고 있는 관념, 사용상품과의 관계 및 거래사회의 실정 등을 감안하여

객관적으로 판단하여야 한다.

2) 상표가 도안화되어 있는 경우 전체적으로 관찰할 때 그 도안화의 정도가 일반인의 특별한 주의를 끌어 문자의 기술적 또는 설명적인 의미를 직감할 수 없는 등 새로운 식별력을 가질 정도에는 이르지 못하여 일반 수요자나 거래자들이 사용상품을 고려하였을 때 품질·효능·용도 등을 표시하고 있는 것으로 직감할 수 있으면 제51조 제1항 제2호의 상표에 해당한다.[1] 따라서 이러한 기술적인 결합상표는 상표의 동일·유사의 여부를 판단할 필요없이 상표권의 효력이 미치지 아니한다는 것이 제51조 제1항 제2호의 취지이다.

3) 대법원 2011.5.26 선고 2009후3572 판결   대법원은 확인대상표장인 은 오돌토돌한 형태의 네모난 테두리 안에, "춤"이라는 문자를 큰 글씨체로 하여 왼쪽에, "맑은"이라는 문자를 작은 글씨체로 하여 오른쪽에 세로로 각 배치하고, 이들 도형 및 문자를 모두 붉은 색으로 하여 구성한 표장이다. "춤"은 "참"의 고어로 일반인들에게 어렵지 않게 인식될 것으로 보이고, 전체적으로 볼 때 위와 같은 도안화의 정도만으로는 일반인의 특별한 주의를 끌어 문자의 기술적 또는 설명적인 의미를 직감할 수 없는 등 새로운 식별력을 가질 정도에 이르렀다고 할 수는 없으므로, 확인대상표장은 일반 수요자나 거래자들에게 "참 맑은"이라는 문자로서 인식된다고 할 것이고, 확인대상표장의 실제 사용태양을 고려하더라도 이와 달리 볼 수 없다. 그리고 "참 맑은"은 확인대상표장의 사용상품인 녹차(캔음료), 우롱차(캔음료), 둥글레차(캔음료), 홍차(캔음료) 등에 사용될 경우에 일반 수요자나 거래자들에게 "매우 깨끗한 잡스럽거나 더러운 것이 전혀 섞이지 않은"과 같이 사용상품의 품질 등을 나타내는 의미로 직감될 것으로 보인다. 따라서 확인대상표장은 사용상품의 품질 등을 보통으로 사용하는 방법으로 표시하는 상표법 제51조 제1항 제2호 소정의 상표에 해당하므로, 지징상품을 "과일주스, 비알콜성 음료, 유장(乳

---

[1] 대법원 2010.5.13 선고 2008후4585 판결.

漿)음료" 등으로 하는 이 사건 등록상표

와의 동일·유사 여부를 대비할 필요도 없이 권리범위에 속하지 아니한다고 판시하였다.

다. 상표법 제51조 제1항 제2호의2

입체적 형상으로 된 등록상표에 있어서 그 입체적 형상이 누구의 업무에 관련된 상품을 표시하는 것인지 식별할 수 없는 경우에 등록상표의 지정상품과 동일하거나 유사한 상품에 사용하는 등록상표의 입체적 형상과 동일하거나 유사한 형상으로 된 상표에는 상표권의 효력이 미치지 아니한다.

라. 상표법 제51조 제1항 제3호

등록상표의 지정상품과 동일 또는 유사한 상품에 대하여 관용하는 상표와 현저한 지리적 명칭 및 그 약어 또는 지도로 된 상표는 상표권의 효력이 미치지 아니한다(제51조 제1항 제3호).

상품에 대한 관용표장 또는 현저한 지리적 명칭으로 된 상표를 사용하는 경우에는 타인 상표권의 효력이 미치지 않도록 하는 것은 관용표장 또는 현저한 지리적 명칭은 공익적 차원에서 그 등록 여부를 떠나 누구나 사용하게 할 필요가 있기 때문이다. 예를 들어, 통신업에 대한 "NET"이라는 단어는 해당 업종에 관용적으로 사용되는 관용표장에 불과하고 "서울, 부산, 광주" 등은 현저한 지리적 명칭 그 자체이므로, 통신업에 대한 "NET"라는 표장은 관용표장으로서, "서울, 부산, 광주" 등은 현저한 지리적 명칭으로서 누구든지 그 자체로 또는 전체 상표의 구성요소 등으로 포함하여 사용할 수 있다.

마. 제51조 제1항 제4호

등록상표의 지정상품 또는 그 지정상품의 포장의 기능을 확보하는 데 불가결한 형상, 색채, 색채의 조합, 소리 또는 냄새로 된 상표는 상표권의 효력이 미치지 아니한다(제51조 제1항 제4호). 본호는 2012년 개정법에서 "소리 또는 냄새로 된 상표"가 추가되었다.

5. 지리적 표시 단체표장권의 효력이 미치지 아니하는 경우

지리적 표시 단체표장권의 효력이 미치지 아니하는 경우는 (i) 상표법 제51조 제1항 제1호·제2호(산지에 해당하는 경우를 제외한다) 또는 제4호에 해당하는 상표, (ii) 지리적 표시 등록단체표장의 지정상품과 동일한 상품에 대하여 관용하는 상표, (iii) 지리적 표시 등록단체표장의 지정상품과 동일한 상품에 사용하는 지리적 표시로서 당해 지역에서 그 상품을 생산·제조 또는 가공하는 것을 업으로 영위하는 자가 사용하는 지리적 표시 또는 동음이의어 지리적 표시, (iv) 선출원에 의한 등록상표가 지리적 표시 등록단체표장과 동일 또는 유사한 지리적 표시를 포함하고 있는 경우에 상표권자·전용사용권자 또는 통상사용권자가 지정상품에 사용하는 등록상표 등이다.

III. 상표권의 이전 등

1. 상표권의 이전

1) 상표권은 그 지정상품마다 분할하여 이전할 수 있다. 이 경우 유사한 지정상품은 함께 이전하여야 한다(제54조 제1항). 상표권의 이전이라 함은 상표권의 내용의 동일성을 유지하면서 등록권자만을 교체하는 것이다. 상표권도 무체재산권의 일종으로 일반재산권과 마찬가지로 자유로운 이전이 허용되어야 할 것이나, 상표법의 목적에 비추어 수요자 이익 보호 등을 위해 필요한 경우에 일정한 제한이 가해지고 있다.

2) 상표권의 이전은 발생원인에 따라 특정승계와 일반승계로 나눌 수 있다. 특정승계는 당사자간의 계약 등에 의하여 이전되는 경우를 말하고 일반승계는 상속·회사의 합병 등과 같이 피승계인의 권리의무와 수반하여 함께 이전되는 경우를 말한다. 특정승계의 경우 특허청에 권리이전 등록신청서를 제출하여 이전등록을 하여야만 효력이 발생하며, 등록하지 않은 경우 이전의 효력이 발생하지 않는다. 그러나 일반승계의 경우에는 승계원인의 발생과 더불어 당연히 승계의 효력이 발생하며 이전등록은

필요치 않다. 다만 상표권자가 사망한 날부터 3년 이내에 상속인이 그 상표권의 이전등록을 하지 아니한 경우에는 상표권자가 사망한 날부터 3년이 되는 날의 다음 날에 상표권이 소멸된다.

3) 상표권은 재산권의 일종이므로 원칙적으로 자유로운 이전이 허용된다. 따라서 반드시 영업과 함께 이전될 필요가 없고 상표권 자체만을 특정하여 매매·증여 등에 의하여 자유롭게 이전될 수 있고, 지정상품이 2 이상 있는 경우 일반적으로 상표권은 그 자체만을 특정하여 영업과 함께하지 아니하고도 매매·증여 등에 의하여 자유롭게 양도될 수 있고, 또한 상표권은 지정상품마다 분할이전을 할 수도 있다(제54조 제1항).

4) 상표권의 이전(상속 기타 일반승계에 의한 경우를 제외한다)·변경·포기에 의한 소멸, 존속기간의 갱신, 상품분류전환, 지정상품의 추가 또는 처분의 제한, 상표권을 목적으로 하는 질권의 설정, 이전(상속, 그 밖의 일반승계에 의한 경우는 제외한다), 변경, 소멸(권리의 혼동에 의한 경우는 제외한다) 또는 처분의 제한에 해당하는 사항은 이를 등록하지 아니하면 그 효력이 발생하지 아니한다(제56조 제1항). 상표권 및 질권의 상속, 그 밖의 일반승계의 경우에는 지체없이 그 취지를 특허청장에게 신고하여야 한다(제56조 제2항).

5) 상표권의 이전에는 출처의 오인·혼동방지라는 상표법의 목적에 비추어 일정한 제한이 따른다. 즉 지정상품별로 분할하여 이전하고자 하는 경우 유사한 지정상품은 함께 이전하여야 하고, 업무표장권은 그 업무와 함께 양도하는 경우 외에는 양도할 수 없으며, 단체표장권은 법인의 합병의 경우로서 특허청장의 허가를 받은 경우에만 이전할 수 있다. 이러한 이전제한 규정을 위반하여 상표권이 이전된 경우에는 상표등록취소사유에 해당되고, 이에 따라 취소심판에 의하여 취소될 수 있다(제73조 제1항 제9호).

2. 상표권의 분할

상표권의 지정상품이 2 이상인 경우에는 그 상표권을 지정상품별로 분할할 수 있다(제54조의2 제1항). 상표권의 분할은 무효심판이 청구된 때에는 심결이 확정되기까지는 상표권이 소멸된 후에도 할 수 있다(제54조의2 제2항). 상표권의 분할은 상표를 분할하여 소유하는 것이 권리의 이용이나 관리에 편리할 수 있음을 감안하여 다류 1출원등록제도의 실시와 더불어 채택된 제도이다. 또한 심사 또는 심판절차에서 상품류구분 내지 상품에 따라 거절 또는 등록의 상반되는 결론이 있을 수 있으므로, 출원인이 이에 대처할 수 있도록 하기 위한 점도 있다. 상표등록 후 분할된 상표권은 분할 전의 상표권과 독립된 별개의 권리로서 무효사유와 취소사유 등도 별도로 판단된다.

3. 상표권의 공유

상표권이 공유인 경우에는 각 공유자는 다른 공유자 전원의 동의를 얻지 아니하면 그 지분을 양도하거나 그 지분을 목적으로 하는 질권설정을 할 수 없다(제54조 제5항). 상표권이 공유인 경우에는 각 공유자는 다른 공유자 전원의 동의를 얻지 아니하면 그 상표권에 대하여 전용사용권이나 통상사용권을 설정할 수 없다(제54조 제6항). 상표권이 공유인 경우에는 공유자 전원이 심판의 청구인 또는 피청구인이 되어야 한다. 또한 상표권이 공유인 경우에는 공유자 전원이 공동으로 상표권의 존속기간갱신등록신청을 하여야 한다(제43조 제3항). 지정상품의 추가등록출원과 상품분류전환등록신청도 공유자 전원이 공동으로 출원 또는 신청을 하여야 한다.

4. 상표권의 포기

상표권자는 상표권에 관하여 지정상품마다 이를 포기할 수 있다(제59조). 상표권 등을 포기하고자 할 경우 그 효력은 등록을 하여야 발생하며, 효력의 발생시기는 포기한 때, 즉 등록한 때이다. 포기에 의한 소멸의 경우 상표권이 소멸한 날부터 1년을 경과하지 아니한 타인의 등록상표와 동일 또는 유사한 상표로서 그 지정상품과 동일 또는 유사한 상품에 사용하는 상표는 등록을 받을 수 없다(제7조 제1항 제8호). 상표권자는 전용사용권자·통상사용권자 또는 질권자의 동의를 얻지 아니하면 상표권을 포기할 수 없다(제60조 제1항). 전용사용권자는 질권자 또는 통상사용권자의 동의를 얻지 아니하면 전용사용권을 포기할 수 없다. 통상사용권자는 질권자의 동의를 얻지 아니하면 통상사용권을 포기할 수 없다. 상표권·전용사용권·통상사용권 및 질권의 포기가 있는 때에는 상표권·전용사용권·통상사용권 및 질권은 그때부터 소멸된다(제61조). 공유인 경우 한 공유자가 지분을 포기하면 그 지분은 다른 공유자에게 같은 비율로 귀속된다.

5. 질 권

가. 질권의 사용

상표권·전용사용권 또는 통상사용권을 목적으로 하는 질권을 설정한 경우 질권자는 당해 등록상표를 사용할 수 없다(제62조). 질권이란 채권자가 그 채권의 담보로서 채무자나 물상보증인으로부터 받은 담보물건을 채무의 변제가 있을 때까지 유치함으로써 채무의 변제를 간접적으로 강제하는 동시에, 변제가 없는 때에는 그 담보된 물건으로부터 우선적으로 변제를 받는 권리를 말한다. 상표권도 양도성이 있는 재산권이므로 질권의 설정이 가능하나, 그 특성상 질권에 일정한 제한을 둔 것이다. 질권은 상표권·전용사용권 또는 통상사용권과 이의 공유지분에 대하여 설정할 수 있으며, 상표등록출원에 대하여는 질권의 설정이 인정되지 않는다.

나. 질권의 물상대위

질권은 이 법에 의한 상표권의 사용에 대하여 받을 대가나 물건에 대하여도 이를 행사할 수 있다. 다만, 그 지급 또는 인도전에 이를 압류하여야 한다(제63조). 질권자는 질권의 목적물인 상표권이나 사용권뿐만 아니라 상표권의 사용으로 인하여 받을 대가나 물건에 대하여도 질권을 행사할 수 있다. 우선변제권을 행사할 수 있는 물상대위의 원칙은 상표권에 설정된 질권에도 적용된다. 즉, 상표권의 사용으로 인하여 상표권자 등이 가지는 사용료지급청구권, 손해배상청구권 등에 대하여 질권을 행사할 수 있다. 물상대위를 행사하기 위해서는 압류를 하여야 하는데, 그 지급 또는 인도전에 이를 압류하여야 한다.

6. 상표권의 소멸

상표권은 존속기간의 갱신을 하지 않아 존속기간이 만료하면 소멸된다. 또한 스스로 상표권을 포기하는 경우, 상속인이 그 상표권의 이전등록을 하지 아니한 경우에도 소멸된다. 상표권자가 사망한 날부터 3년 이내에 상속인이 그 상표권의 이전등록을 하지 아니한 경우에는 상표권자가 사망한 날부터 3년이 되는 날의 다음 날에 상표권이 소멸된다(제64조 제1항). 청산절차가 진행중인 법인의 상표권은 법인의 청산종결등기일(청산종결등기가 되었더라도 청산사무가 사실상 끝나지 아니한 경우에는 청산사무가 사실상 끝난 날과 청산종결등기일부터 6개월이 지난 날 중 빠른 날로 한다)까지 그 상표권의 이전등록을 하지 아니한 경우에는 청산종결등기일의 다음 날에 소멸한다(제65조 제2항). 2007년 개정법에서 본조 제2항을 신설한 이유는 상표권의 소멸 여부를 명확히 하고, 상표권의 처분 및 귀속문제를 신속하게 처리하도록 유도하기 위하여 위해서 자연인의 사망의 경우와 동일한 취지로 법인의 소멸시 상표권의 소멸에 관한 규정이 필요하기 때문이다.

Ⅳ. 상표법상의 사용권 제도

1. 서 설

상표법상의 사용권이란 상표권자외의 제3자가 설정행위로 정한 범위 내에서 당해 등록상표를 사용할 수 있는 권리를 말한다. 특허법의 실시권과 동일한 기능을 하는 권리로 상표법에서는 이를 "라이센스"라고도 한다. 상표권자는 상표권의 이전뿐만 아니라 상표권에 대한 사용권 등을 설정함으로써 경제적 이익을 실현할 수 있다. 상표법상의 사용권에는 전용사용권과 통상사용권이 있다. 그 구체적 내용은 다음과 같다.

2. 전용사용권

가. 의 의

상표권자는 타인에게 상표권에 관하여 전용사용권을 설정할 수 있다(제55조 제1항). 전용사용권자는 설정행위로 정한 범위 내에서 지정상품에 관한 등록상표를 사용할 권리를 독점하게 된다(제55조 제2항). 따라서 전용사용권자는 상표권자와 동등하게 타인이 등록상표와 동일하거나 이와 유사한 상표를 그 지정상품과 동일하거나 이와 유사한 상품에 사용하는 등의 권리침해에 대하여 금지 또는 예방을 청구할 수 있다. 또한 상표권자의 동의를 얻어 그 전용사용권을 타인에게 이전하거나 통상사용권을 설정할 수 있다. 전용사용권자는 등록상표를 사용하는 상품에 자기의 성명 또는 명칭을 표시하여야 한다(제55조 제4항). 전용사용권이란 사용권자가 등록상표를 지정상품에 대하여 설정행위로 정한 범위 내에서 독점적으로 사용할 수 있는 권리를 말한다. 전용사용권이 설정된 경우에는 특약이 없는 한 상표권자도 당해 상표를 사용할 수 없다. 전용사용권이 설정되기 위해서는 상표권자와 전용사용권을 설정 받고자 하는 자와의 설정계약이 있어야 한다.

나. 전용사용권의 등록의 효력

전용사용권의 설정·이전(상속, 그 밖의 일반승계에 의한 경우는 제외한다)·변경·포기에 의한 소멸 또는 처분의 제한, 전용사용권을 목적으로 하는 질권의 설정·이전(상속, 그 밖의 일반승계에 의한 경우는 제외한다)·변경·포기에 의한 소멸 또는 처분의 제한은 등록하지 않으면 제3자에게 대항할 수 없다. 2012년 개정법에서 전용사용권의 등록의 효력이 효력발생요건에서 제3자 대항요건으로 변경되었다. 전용사용권을 등록한 때에는 그 등록 후에 상표권 또는 전용사용권을 취득한 자에 대하여도 그 효력이 발생한다(제58조 제2항). 구 상표법(2011.12.2, 법률 제11113호로 개정되기 전의 것)에서는 전용사용권을 등록함으로써 효력이 발생토록 하던 것을 앞으로는 등록하지 않더라도 그 효력이 발생되도록 한다. 등록을 제3자 대항요건으로 변경하면 상표사용권자 보호 및 선의의 제3자를 보호할 수 있다.

3. 통상사용권

상표권자 또는 전용사용권자는 타인에게 그 상표권에 관하여 통상사용권을 설정할 수 있다(제57조 제1항). 통상사용권자는 설정행위로 정한 범위 내에서 지정상품에 관하여 등록상표를 사용할 권리를 가지게 된다. 또한 상표권자 및 전용사용권자의 동의를 얻지 아니하면 그 통상사용권을 타인에게 이전할 수 없다(제57조 제3항). 통상사용권의 설정·이전 등은 등록하지 아니하면 제3자에게 대항할 수 없다(제58조 제1항). 특허청에 통상사용권 등록이 제3자 대항요건이다. 통상사용권자는 등록상표를 사용하는 상품에 자기의 성명 또는 명칭을 표시하여야 한다. 통상사용권자는 지정상품에 등록상표를 사용할 권리만 가지므로 권리침해에 대한 금지청구권은 없으며, 상표권자나 전용사용권자만이 권리침해에 대한 금지청구 등을 할 수 있다. 통상사용권은 상표권자와의 통상사용권 계약만으로 효력이 발생하므로 등록을 받을 필요가 없다. 다만, 통상사용권을 등록하지 않은 경우에는 상표권자 외의 제3자에게 통상사용권의 존재를 주장할 수 없다. 예를 들어, 통상사용권 계약을 하였으나 이를 등록하지 않은 상태에서 상표권자가 등록상표를 타인에게 이전하면 기존의 통상사용권자는 새로운 상표권자에게 통상사용권의 존재를 주장할 수 없고, 해당 상표의 사용을 중지하여야 한다. 따라서 통상사용권자가 상표권의 이전과 무관하게 해당 등록상표를 안정적으로 사용하기 위해서는 통상사용권을 등록하여야 한다. 한편 통상사용권은 비독점적 사용권이므로 제3자의 무단 사용에 대하여 어떠한 조치를 취할 수는 없다. 전용사용권자와 마찬가지로 상표권자의 동의를 얻어 그 통상사용권을 타인에게 이전할 수 있다.

4. 타인의 디자인권 등과의 관계

상표권자·전용사용권자 또는 통상사용권자는 그 등록상표를 사용할 경우에 그 사용상태에 따라 그 상표등록출원일 전에 출원된 타인의 특허권·실용신안권·디자인권 또는 그 상표등록출원일전에 발생한 타인의 저작권과 저촉되는 경우에는 지정상품중 저촉되는 지정상품에 대한 상표의 사용은 특허권자·실용신안권자·디자인권자 또는 저작권자의 동의를 얻지 아니하고는 그 등록상표를 사용할 수 없다(제53조). 이는 상표법과 특허법·실용신안법·디자인법 및 저작권법의 보호 법익이 서로 다른 관계로 각각의 법률에 의한 별개의 권리가 발생하지만, 보호하고자 하는 권리의 내용이 공통되어 권리간의 저촉 또는 충돌이 생길 수 있으므로 이를 조정하기 위한 것이다. 타 권리와 저촉되는 자기 권리의 실시·사용과 관련하여 타 산업재산권의 경우는 선 권리자가 통상실시권을 허락하지 않을 경우 저촉관계에 있는 후 권리자는 통상실시권의 허여를 청구하는 심판을 제기할 수 있으나, 상표권자에게는 선출원된 특허권자 등이 사용을 동의하지 않더라도 법적으로 청구하거나 강제할 수 있는 제도는 없다.

5. 특허권 등의 존속기간 만료 후에 상표를 사용하는 권리

상표등록출원일 전 또는 상표등록출원일과 동일한 날에 출원되어 등록된 특허권이 그 상표권과 저촉되는 경우 그 특허권의 존속기간이 만료되는 때에는 그 원특허권자는 원특허권의 범위 안에서 그 등록상표의 지정상품과 동일하거나 이와 유사한 상품에 대하여 그 등록상표와 동일하거나 이와 유사한 상표를 사용할 권리를 가진다. 다만, 부정경쟁의 목적으로 그 상표를 사용하는 경우에는 그러하지 아니하다(제57조의2 제1항). 상표법 제57조의2 제1항은 입체상표제도의 시행에 따라 입체상표와 저촉될 수 있는 타 권리와의 조정을 위해 마련된 규정으로서, 상표등록출원일 이전에 출원되어 등록된 특허권, 실용신안권 또는 디자인권이 상표권과 저촉되는 경우 존속기간이 만료된 때에는 원특허권 등의 범위 안에서 등록상표를 사용할 권리를 가진다는 것이다. 상표등록출원일 전 또는 상표등록출원일과 동일한 날에 출원되어 등록된 특허권이 그 상표권과 저촉되는 경우 그 특허권의 존속기간이 만료되는 때에는 그 만료되는 당시에 존재하는 특허권에 대한 전용실시권 또는 그 특허권이나 전용실시권에 대한 특허법 제118조 제1항의 효력을 가지는 통상실시권을 가지는 자는 원권리의 범위 안에서 그 등록상표의 지정상품과 동일하거나 이와 유사한 상품에 대하여 그 등록상표와 동일하거나 이와 유사한 상표를 사용할 권리를 가진다. 다만, 부정경쟁의 목적으로 그 상표를 사용하는 경우에는 그러하지 아니하다(제57조의2 제2항). 상표법 제57조의2 제2항은 특허권에 대한 전용실시권 또는 통상실시권이 설정되어 있는 경우 등록상표의 사용을 허용하는 규정이다. 허용범위나 제한요건은 특허권의 경우와 같다. 상표를 사용할 권리를 가진 자는 상표권자 또는 전용사용권자에게 상당한 대가를 지급하여야 한다(제57조의2 제3항).

6. 선사용권에 따른 상표사용권

가. 의 의

타인의 등록상표와 동일하거나 유사한 상표를 그 지정상품과 동일하거나 유사한 상품에 사용하는 자로서 (i) 부정경쟁의 목적이 없이 타인의 상표등록출원 전부터 국내에서 계속하여 사용하고 있을 것, (ii) 상표를 사용한 결과 타인의 상표등록출원시에 국내 수요자간에 그 상표가 특정인의 상품을 표시하는 것이라고 인식되어 있을 것의 요건을 모두 갖춘 자(그 지위를 승계한 자를 포함한다. 이하 "선사용자"라 한다)는 해당 상표를 그 사용하는 상품에 대하여 계속하여 사용할 권리를 가진다(제57조의3 제1항). 선사용권이란 "부정경쟁의 목적없이 타인의 상표등록출원 전부터 국내에서 계속 사용하여, 타인의 상표등록출원시 국내 수요자간에 그 상표가 특정인의 출처로 인식된 경우에" 그 선사용자에게 인정되는 법정통상사용권을 말하며, 이는 정당한 선사용자를 보호하기 위해서 해당상표를 계속하여 사용할 수 있는 선사용권을 부여하고 있다. 예를 들어, 갑의 상표가 을의 출원일 전인 2010년경 국내 수요자들의 상당부분이 인식하고 있는 유명상표가 되었다면 비록 을의 등록상표와 동일 또는 유사하다 하여도 갑은 자신의 사용상표를 선사용권에 따라 계속 사용할 수 있다. 갑이 을의 출원일 전에 특정인의 출처로 인식된 유명상표가 된 것이 아니라면, 갑은 선사용권을 가질 수 없고 비록 먼저 사용하였다 하여도 원칙적으로 그 사용을 중단하여야 한다.

나. 선사용권의 인정요건

1) 선사용권이 인정되기 위해서는 부정경쟁의 목적없이 타인의 상표등록출원 전부터 국내에서 계속 사용을 하고 있어야 한다. 따라서 특정 상표의 신용에 편승하고자 하는 부정경쟁의 목적의 사용이 아니어야 하며, 타인 상표등록출원 전 국내에서 사용을 개시하여야 하므로 출원 후 비로소 사용을 개시하거나 외국에서 사용한 경우에는 선사용권이 인정되지 않는다.

2) 선사용권이 인정되기 위해서는 타인의 상표등록출원 전 상표를 사용한 결과 해당 상표가 타인의 상표등록출원시 국내에서 특정인의 출처로 인식되어야 한다. 한편 특정인의 출처로 인식되었다 함은 당해 상품에 관한 거래자 및 수요자의 상당 부분이 이를 특정인의 상표라고 인식하고 있는 상태를 말하며, 이를 위해서는 상당한 정도의 사용기간, 매출액 및 광고현황 등이 인정되어야 한다. 따라서 타인이 상표등록출원을 하기 전 단순히 먼저 사용하고 있었다는 사정만으로는 선사용권이 인정될

수 없고 현실적으로 타인이 상표를 출원하기 전에 이미 유명상표가 될 정도로 신용이 획득되어야 한다.

3) 선사용자가 갖는 사용권의 범위는 당해 사용상표와 동일한 상표를 그 사용하는 상품과 동일한 상품에 사용하는 경우로 한정된다. 따라서 오로지 자신이 실제로 사용한 상표와 동일한 상표를 동일한 상품에 대하여 사용할 제한적 권리가 인정될 뿐, 실제로 사용한 상표와 유사한 상표를 사용하는 경우에는 타인 상표권에 대한 침해가 될 수 있다.

4) 선사용권은 상표법상의 법정통상사용권이므로 상표권자의 의사와는 상관없이 선사용권의 요건을 갖춘 자는 선사용권에 따라 해당상표를 사용할 수 있다. 그러나 상표권자나 전용사용권자는 선사용자에게 자기의 상품과 선사용자의 상품간의 출처의 오인이나 혼동을 방지할 수 있는 적당한 표시를 할 것을 청구할 수 있다(제57조의3 제2항).

V. 상표권자의 의무

1. 서 설

상표권자는 아무런 사용실적이 없이도 상표법상 등록이라는 행정처분에 의하여 독점배타적인 상표권을 취득할 수 있고 높은 재산적 가치를 지니므로 부정한 목적의 상표등록 또는 상표권의 부정한 이용이나 남용의 가능성이 높다. 따라서 상표법은 상표권자의 상표의 부정한 이용이나 남용을 막고 상표가 거래상 상품식별표지로서 정상적인 기능을 발휘할 수 있도록 상표권자에게 정당한 사용의무, 감독의무, 등록료 납부의무, 공시의무를 부과하고 있다. 상표권자는 사용권자의 사용에 대한 관리·감독의 의무가 있다. 만약, 사용권자의 상표 사용으로 인하여 품질오인 또는 출처혼동이 발생하고 상표권자가 상당한 주의를 하지 않은 경우에는 상표등록이 취소될 수 있다(제73조 제1항 제8호).

2. 등록상표의 사용의무

등록상표의 사용의무란 상표권자 또는 사용권자가 등록상표를 지정상품에 대해서 적절하게 사용해야 하는 의무를 말한다. 상표법은 국내에서 상표를 사용하는 자 또는 사용하고자 하는 자는 상표등록을 받을 수 있다고 규정함으로써 등록주의를 채택하고 있다. 그러나 상표법의 보호대상인 업무상의 신용은 상표의 현실적인 사용에 의해 비로소 화체되는 것이므로 등록상표가 일정기간 사용되지 않는 경우에는 보호해야 할 신용이 발생되지 않고 오히려 제3자의 상표선택의 자유만을 제한하게 된다. 상표법은 일정기간 등록상표를 불사용하는 경우에 그 제재로서 취소심판을 청구할 수 있도록 하고(제73조 제1항 제3호), 취소된 후에는 일정기간 재출원을 금지하여 취소심판 청구인의 독점적인 출원권을 인정하고 있다(제8조 제5항·제6항).

3. 권리남용의 금지

우리 민법 제2조는 "권리의 행사와 의무의 이행은 신의에 좇아 성실히 하여야 한다. 권리는 남용하지 못한다"고 신의성실의 원칙을 규정하고 있는데, 이는 상표권에도 적용된다. 따라서 만약 타인의 미등록 유명상표에 편승하고자 상표권을 형식상 취득한 후 오로지 정당한 사용자의 영업을 방해할 목적으로 정당한 사용자에게 권리행사를 하는 경우에는 상표권의 권리남용에 해당되어 침해가 아닌 것으로 취급될 수 있다.

대법원 2008.7.24 선고 2006다40461,40478 판결은 "상표권자가 당해 상표를 출원·등록하게 된 목적과 경위, 상표권을 행사하기에 이른 구체적·개별적 사정 등에 비추어, 상대방에 대한 상표권의 행사가 상표사용자의 업무상의 신용유지와 수요자의 이익보호를 목적으로 하는 상표제도의 목적이나 기능을 일탈하여 공정한 경쟁질서와 상거래질서를 어지럽히고 수요자 사이에 혼동을 초래하거나 상대방에 대한 관계에서 신의성실의 원칙에 위배되는 등 법적으로 보호받을 만한 가치가 없다고 인정되는 때에는, 그 상표권의 행사는 비록 권리행사의 외형을 갖추었다 하더라도 등록상표에 관한 권리를 남용하는 것으로서 허용될 수 없다. 이 경우 상표권의 행사를 제한하는 위와 같은 근거에 비추어 볼 때 상표권 행사의 목적이 오직 상대방에게 고통을 주고 손해를 입히려는 데 있을 뿐 이를 행사하는 사람에게는 아무런 이익이 없어야 한다는 주관적 요건을 반드시 필요로 하는 것은 아니다"고 판시하였다.

≪연습문제≫

⟨문 1⟩ 상표권의 효력이 제한되는 경우의 설명으로 옳지 않은 것은?
① 자신의 상호를 부정경쟁의 목적없이 거래계의 관행적인 방법에 따라 보통으로 사용하는 방법으로 표시한 경우
② 흔한 성을 표시한 경우
③ 상품의 성질을 직감케 하는 성질표시표장을 보통으로 사용하는 방법으로 표시한 경우
④ 현저한 지리적 명칭을 표시한 경우

⟨문 2⟩ 선사용권에 관한 설명으로 옳지 않은 것은?
① 상표법상의 선사용권을 취득한 자는 그 사용상표와 유사한 상표에까지 사용할 수 있다.
② 상표법상 선사용권이 인정되기 위해서는 부정경쟁의 목적없이 타인의 상표출원 전 국내에서 계속 사용하여야 한다.
③ 상표법상 선사용권이 인정되기 위해서는 타인의 상표출원시에 그 상표가 국내에서 특정인의 출처로 인식되어야 한다.
④ 타인 상표권의 출원일이 2007년 7월 1일 전이라면 어떤 경우라도 선사용권을 주장할 수 없다.

⟨문 3⟩ 상표권 등의 이전에 대한 설명으로 옳은 것은? [2007년 사시 1차시험]
① 영업과 분리하여 상표권만 이전하는 것은 허용되지 않는다.
② 상표권은 그 지정상품마다 분할하여 이전할 수 있으며 이 경우 유사한 지정상품을 함께 이전할 필요는 없다.
③ 상표권이 공유인 경우 각 공유자는 다른 공유자 전원의 동의를 얻지 아니하면 그 지분을 양도할 수 없다.
④ 법인합병의 경우 단체표장권은 존속법인 또는 신설법인에 이전하여야 한다.
⑤ 업무표장권은 특허청장의 허가를 받는 경우에 한하여 업무와 분리하여 양도할 수 있다.

〈문 4〉 상표법 제51조(상표권의 효력이 미치지 아니하는 범위)의 적용에 관한 설명으로 옳지 않은 것은? [2011년 변리사 1차시험]

① 등록상표의 지정상품과 동일한 상품에 대하여 관용하는 상표에는 상표권의 효력이 미치지 아니한다.

② 상표법 제6조(상표등록의 요건) 제2항의 "사용에 의한 식별력"을 인정받아 등록된 상표라 하더라도 그 상표의 지정상품과 동일한 상품의 품질을 보통으로 사용된 상표라 하더라도 그 상표의 지정상품과 동일한 상품의 품질을 보통으로 사용하는 방법으로 표시하는 상표에는 상표권의 효력이 미치지 아니한다고 보는 것이 판례의 일관된 입장이다.

③ 등록상표의 지정상품 또는 그 지정상품의 포장의 기능을 확보하는 데 불가결한 입체적 형상으로 구성된 상표에는 상표권의 효력이 미치지 아니한다.

④ 자신의 저명한 필명을 보통으로 사용하는 방법으로 표시하는 상표에는 상표권의 효력이 미치지 아니하나, 상표권의 설정등록이 있는 후에 부정경쟁의 목적으로 그 상표를 사용하는 경우에는 그러하지 아니하다.

⑤ 입체적 형상으로 된 등록상표에 있어서 그 입체적 형상이 누구의 업무에 관련된 상품을 표시하는 것인지 식별할 수 없는 경우에 등록상표의 지정상품과 동일하거나 유사한 상품을 사용하는 등록상표의 입체적 형상과 동일하거나 유사한 형상으로 된 상표에는 상표권의 효력이 미치지 아니한다.

〈문 5〉 상표권의 이전 등에 관한 설명으로 옳지 않은 것은? [2011년 사시 1차시험]

① 상표권은 그 지정상품마다 분할하여 이전할 수 있다.

② 상표권을 이전할 때에는 유사한 지정상품을 함께 이전하여야 한다.

③ 단체표장권의 이전은 법인의 합병의 경우에 한하며, 특허청장에게 신고하여야 그 효력이 발생한다.

④ 업무표장권은 그 업무와 함께 이를 양도할 수 있다.

⑤ 상표권이 공유인 경우에는 각 공유자는 다른 공유자 전원의 동의를 얻지 아니하면 그 상표권에 대하여 전용사용권을 설정할 수 없다.

〈문 6〉 상표의 전용사용권과 통상사용권에 관한 설명으로 옳지 않은 것은? [2008년 변리사 1차시험(일부 수정)]

① 전용사용권은 설정계약에 의해 이루어지고 등록에 의해 제3자에게 대항할 수 있다.

② 업무표장권이나 단체표장권에 대해서는 전용사용권과 통상사용권을 설정할 수 없다.

③ 상표권자에 의한 통상사용권 설정행위는 상표법 제2조 제1항 제6호에서 정의하고 있는 상표의 사용에 해당하지 않는다.

④ 상표법 제73조 제1항 제8호(전용사용권자 또는 통상사용권자의 부정사용)의 규정에 해당함을 이유로 하는 전용사용권 또는 통상사용권 등록의 취소심판은 누구든지 이를 청구할 수 있다.

⑤ 상표권자와 전용사용권 설정계약을 체결하고 동시에 상표권자로부터 통상사용권 설정에 대한 동의를 얻는 자는 전용사용권 설정등록 이전이라도 제3자에게 통상사용권 설정을 할 수 있다.

〈문 7〉 상표법상 상표권 소멸에 관한 설명으로 옳은 것만을 모두 고른 것은?
[2011년 변리사 1차시험]

> ㄱ. 상표권은 그 설정등록일로부터 10년이 되는 날의 다음 날이 "근로자의 날 제정에 관한 법률"에 의한 "근로자의 날"인 경우에는 그 "근로자의 날"의 다음 날(공휴일이 아님) 소멸한다.
> ㄴ. 통상사용권을 설정한 상표권자는 통상사용권자의 동의를 얻어야만 상표권을 포기할 수 있다.
> ㄷ. 상표권의 포기에 의한 소멸은 이를 등록하지 아니하여도 그 효력이 발생한다.
> ㄹ. 상품분류전환등록을 무효로 한다는 심결이 확정된 경우, 그 지정상품에 관한 상표권은 상표법 제46조의2(상품분류전환등록의 신청) 제3항의 규정에 의한 상품분류전환등록신청기간의 종료일이 속하는 존속기간의 만료일 다음 날에 소멸한다.

① ㄱ, ㄴ   ② ㄱ, ㄷ   ③ ㄴ, ㄷ   ④ ㄴ, ㄹ   ⑤ ㄷ, ㄹ

〈문 8〉 상표권에 관한 내용 중 옳지 않는 것은? [2007년 사시 1차시험]
① 상표권의 존속기간은 상표권의 설정등록이 있는 날부터 10년으로 한다.
② 상표권자는 지정상품에 관하여 그 등록상표 및 이와 유사한 상표를 사용할 권리를 독점한다.
③ 자기의 성명 또는 상호를 보통으로 사용하는 방법으로 표시하는 상표에는 부정경쟁의 목적이 없는 한 상표권의 효력이 미치지 아니한다.
④ 등록상표의 지정상품과 동일 또는 유사한 상품에 대하여 관용하는 상표를 사용하는 경우, 상표권의효력이 미치지 아니한다.
⑤ 등록상표의 보호범위는 상표등록출원서에 기재된 상표에 의하여 정하여 진다.

≪정답≫ 1.② 2.① 3.③ 4.② 5.③ 6.⑤ 7.④ 8.②

≪**문제해설**≫

<문 1> ① 제51조 제1항 제1호. ② 흔한 성의 경우 비록 상표법상 식별력 없는 표장에 해당하나, 상표법 제51조 제1항의 효력제한 사유는 아니다. 따라서 흔한 성을 표시한 경우에는 상표법 제51조 제1항 소정의 상표권의 효력이 제한되는 사유에 해당되지 않는다. ③ 제51조 제1항 제2호. ④ 제51조 제1항 제3호.

<문 2> ① 제57조의3에 따라 상표법상의 선사용권은 오로지 자신이 실제로 사용한 상표와 동일한 상표를 동일한 상품에 대하여 사용하는 경우에 한하여 인정된다. ② 제57조의3 제1항 제1호. ③ 제57조의3 제1항 제2호. ④ 제57조의3(선사용에 따른 상표를 계속 사용할 권리)은 2007.1.3 개정법에서 신설된 조문이기 때문에 그 이전에 출원된 타인의 출원일은 적용될 수 없다.

<문 3> ① 제54조 제1항에 따라 상표권은 지정상품마다 분할하여 이전할 수 있다. ② 제54조 제1항 단서에 위배된다. ③ 제54조 제5항 옳은 지문이다. ④ 제54조 제9항 단서. ⑤ 제54조 제7항.

<문 4> ① 제51조 제1항 제3호. ② 판례는 일관하여 상표법 제6조 제2항에 의하여 식별력을 취득한 상표는 제51조 제1항 제2호에 의한 상표권의 효력 제한을 받지 아니한다고 한다(대법원 1996.5.13 선고 96마217 판결). 따라서 옳지 않은 지문이다. ③ 제51조 제1항 제2호의2. ④ 제51조 제1항 제1호. ⑤ 제51조 제1항 제2호의2.

<문 5> ① 제54조 제1항. ② 제54조 제1항 단서. ③ 제54조 제9항에 따라 옳지 않은 지문이다. ④ 제54조 제7항 단서. ⑤ 제54조 제6항.

<문 6> ① 2012년 개정법에서 제58조 제1항 개정으로 등록이 효력발생 요건이 아니고 제3자에 대한 대항요건이다. ② 제55조 제2항. ③ 제2조 제1항 제7호. ④ 제73조 제6항. ⑤ 상표법상의 통상사용권은 상표권자 혹은 상표권자의 동의를 얻은 전용사용권자만이 설정하여 줄 수 있는 것이므로 상표권자와 사이에 전용사용권 설정계약을 체결하고 나아가 상표권자로부터 통상사용권 설정에 관한 사전 동의를 얻은 자라고 하더라도 전용사용권 설정등록을 마치지 아니하였다면 등록상표의 전용사용권자로서 다른 사람에게 통상사용권을 설정하여 줄 수 없고, 따라서 이러한 자로부터 상표사용 허락을 얻은 자가 상표를 사용한 것은 제73조 제1항 제3호 소정의 통상사용권자로서의 사용이라 볼 수 없어 당해 상표등록이 취소된다(대법원 2006.5.12 선고 2004후2529 판결).

<문 7> ㄱ. 제5조의13 제4호는 상표에 관한 절차에 있어서 기간의 말일이 공휴일(근로자의 날 제정에 관한 법률에 의한 근로자의 날 및 토요일을 포함한다)에 해당하는 때에는 기간은 다음 날로 만료한다고 규정하고 있다. 한편 상표의 존속기간 등과 같은 상표의 권리에 관련된 기간은 기간이 말일이 공휴일이라도 다음 날에 만료되는 것이 아니라 원래의 해당일로 종료된다. ㄴ. 제60조 제1항에 따라 상표자는 전용사용권자·통상사용권자 또는 질권자의 동의를 얻지 아니하면 상표

권을 포기할 수 없다. ㄷ. 제56조 제1항 제1호에 따라 상표권의 이전(상속 기타 일반 승계에 의한 경우를 제외한다), 포기에 의한 소멸 등은 등록하지 아니하면 그 효력이 발생하지 아니한다. ㄹ. 제64조의2 제1항 따라서 옳은 지문이다.

　　<문 8> ① 제42조 제1항. ② 제50조에 따라 유사한 상표는 독점권의 범위에 벗어난다. ③ 제51조 제1항 제1호. ④ 제51조 제1항 제3호. ⑤ 제52조 제1항.

제 7 절 상 표 심 판

Ⅰ. 개 관

1. 서 설

상표심판이란 이미 설정등록되어 있는 상표권을 둘러싼 분쟁이나 상표등록출원에 대한 거절결정과 같은 심사관의 처분에 대하여 불복이 있을 경우 특허심판원에서 분쟁해결절차로서 행하는 행정심판의 일종이다. 상표심판은 특허심판과 절차가 거의 동일할 뿐만 아니라 그 심리방식도 동일하고, 3인 또는 5인의 심판의 합의체가 준사법적인 절차에 따라 상표권의 분쟁을 해결하는 것도 동일하다. 상표심판에는 결정계 심판과 당사자계 심판이 있다. 당사자계 심판은 이미 설정된 권리 또는 사실관계에 관한 분쟁을 다루며, 당사자는 청구인과 피청구인이 대립되는 구조를 갖는 심판을 말한다. 상표법에 규정된 상표심판에는 거절결정에 대한 심판, 보정각하결정에 대한 심판, 상표등록의 무효심판, 권리범위 확인심판, 지정상품 추가등록 무효심판, 상표권의 존속기간갱신등록의 무효심판, 상품분류전환등록의 무효심판, 상표등록의 취소심판이 있다. 상표심판의 절차에 대한 설명은 특허법에 상세히 설명되어 있으므로 생략하고, 중요한 것만 해설하고자 한다.

2. 공동심판의 청구

상표권에 관하여 무효심판, 취소심판, 전용사용권 또는 통상사용권 등록의 취소심판 또는 권리범위 확인심판을 청구하는 자가 2명 이상이면 각자 또는 그 전원이 공동으로 심판을 청구할 수 있다(제77조 제1항). 공유인 상표권의 상표권자에 대하여 심판을 청구하는 때에는 공유자 전원을 피청구인으로 청구하여야 한다. 상표권 또는 상표등록을 받을 수 있는 권리의 공유자가 그 공유인 권리에 관하여 심판을 청구하는 때에는 공유자 전원이 공동으로 청구하여야 한다(제77조 제3항). 청구인이나 피청구인 중 1명에 관하여 심판절차의 중단 또는 중지의 원인이 있는 때에는 전원에 관하여 그 효력이 발생한다.

3. 심판청구서의 결정각하

심판장은 심판청구서가 심판청구방식 또는 거절결정 심판방식에 위반된 경우 및 심판에 관한 절차에 흠결이 있는 경우에는 기간을 정하여 그 보정을 명하여야 한다(제77조의3 제1항). 심판장은 보정명령을 받은 자가 지정된 기간에 보정을 하지 아니하면 결정으로 심판청구서를 각하하여야 한다(제77조의3 제2항). 이를 "결정각하"라고 한다. 결정각하는 서면으로 하여야 하며 그 이유를 붙여야 한다. 결정각하는 그 판단대상이 방식요건의 위반과 같은 비교적 경미한 것이므로 심판장이 단독으로 결정하여 처리하는 행정처분이다.

4. 심결각하

부적법한 심판청구로서 그 흠결을 보정할 수 없는 때에는 피청구인에게 답변서 제출의 기회를 주지 아니하고 심결로써 각하할 수 있다(제77조의4). 이를 "심결각하"라고 한다. 심결각하는 심판청구가 부적법하고, 거절불복심판청구기간의 도과, 당사자의 절차능력·권리능력의 흠결, 일사부재리의 원칙을 위배한 심판청구 등과 같이 그 흠결을 보정할 수 없는 경우에 3인 또는 5인으로 구성되는 심판의 합의체에서 심결로써 각하한다.

5. 심 결

가. 의 의

심판은 특별한 규정이 있는 경우를 제외하고 심결로써 종결한다(제77조의25 제1항). 상표심판의 심결은 민사소송에 있어서의 종국판결에 해당한다. 심판장은 심결 또는 결정이 있으면 그 등본을 당사자, 참가인 및 심판에 참가신청을 하였으나 그 신청이 거부된 자에게 송달하여야 한다(제77조의25 제6항). 심결은 청구인의 주장이 인용되는 인용심결과 청구인의 주장이 배척되는 기각심결로 나누어진다. 기각심결을 받은 자는 그 심결의 등본을 송달받은 날부터 30일 이내에 특허법원에 소를 제기할 수 있다.

나. 심결의 절차

심판장은 사건이 심결을 할 정도로 성숙한 때에는 심리의 종결을 당사자 및 참가인에게 통지를 하여야 하고, 심결은 이 통지일로부터 20일 이내에 하여야 한다(제77조의25 제5항). 심판장은 필요하다고 인정하면 심리종결을 통지한 후에도 당사자 또는 참가인의 신청에 따라 또는 직권으로 심리를 재개할 수 있다(제77조의25 제4항). 심결은 서면으로 하여야 하며 심결한 심판관은 이에 기명날인하여야 한다.

다. 심결의 확정

심결은 그것이 취소될 가능성이 없어진 때, 즉 심결에 대한 소를 제기할 수 있는 기간이 도과한 때 또는 심결 취소소송에 있어 청구를 기각한다는 취지의 판결이 확정되어, 통상의 불복신청구의 수단이 없어진 때에 확정된다.

라. 심결의 효력

심결은 특허법원의 제소기간(심결등본 송달일부터 30일)이 경과하면 확정된다. 심결이 확정되면 심결의 구속력, 일사부재리의 효력 및 심결의 확정력이 생긴다.

(1) 심결의 구속력

확정된 심결내용은 심결 당사자뿐만 아니라 일반 제3자에 대해서도 효력이 미치며 구속한다. 상표등록을 무효로 한다는 심결이 확정되면, 그 상표권은 처음부터 없었던 것으로 본다.

(2) 일사부재리의 효력

심판의 심결이 확정된 때에는 그 사건에 대하여는 누구든지 같은 사실 및 같은 증거에 의하여 다시 심판을 청구할 수 없다(제77조의26). 이와 같은 효력을 "일사부재리의 효력"이라 한다. 일사부재리의 효력이 생기는 것은 같은 사실 및 같은 증거로써 하는 심판청구에 한정한다. 따라서 같은 사실에 관하여 다른 증거가 있는 경우에는 포함되지 않는다.

(3) 심결의 확정력

확정된 심결은 재심사유가 없는 한 취소·변경되지 않는다. 이 점에서 고도의 공익적 요구가 있을 때에는 취소·변경이 가능한 일반 행정처분보다 강한 확정력이 인정된다.

6. 이해관계인

이해관계인이라 함은 상표권이 유효하게 존속함으로 말미암아 직접 또는 간접으로 불이익을 받을 염려가 있는 자를 말한다. 따라서 동종업계 종사자를 포함하여 상표권자로부터 권리의 대항을 받을 염려가 있음으로 인하여 현재 손해를 받고 있거나 장래 손해를 받을 염려가 있는 자는 모두 이해관계인에 속한다. 상표법 제73조 제3항에 따라 상표등록의 취소심판을 청구할 수 있는 같은 법 제6항의 이해관계인이라 함은 취소되어야 할 불법적인 등록상표의 존속으로 인하여 상표권자로부터 상표권의 대항을 받아 그 등록상표와 동일 또는 유사한 상표를 사용할 수 없게 됨으로써 피해를 받을 염려가 있거나 법률상 자신의 지위에 영향을 받을 것이 객관적으로 명백하여 그 등록상표의 소멸에 직접적이고도 현실적인 이해관계가 있는 사람을 말한다. 상표권자가 등록무효심결에 대한 취소소송을 제기하였다가 소를 취하함에 따라 인용상표에 대한 등록무효심결이 확정된 이상, 상표권자가 그동안 인용상표를 그 지정상품에 사용하여 동종영업을 영위하여 왔다거나 또는 상표권자가 위 등록무효심결확정 후 인용상표를 다시 출원하는 등 인용상표를 사용할 의사가 있음을 추측할 만한 특별한 사정이 없는 한 상표권자는 장차 인용상표를 사용할 의사를 포기하였다고 보는 것이 상당하므로 인용상표의 상표권자라는 점만으로는 등록취소심판을 청구할 수 있는 이해관계인에 해당된다고 보기 어렵다. 상표권의 속지주의적 성격상 그 효력은 국내에서만 미치므로 미국에서 이 건 상표와 유사한 상표를 유사한 지정상품에 등록한 사실만으로는 상표등록무효심판의 이해관계가 있다 할 수 없다.

7. 제척기간

가. 의 의

제척기간(除斥期間)을 상표법에 규정하고 있는 이유는 과오로 등록된 상표권이나 취소사유를 안고 있는 상표권이라고 하더라도 일정기간 무효심판이나 취소심판이 청구되지 않고 평온하게 경과한 후에라도 기존의 법률관계를 존중하고 법적 안정성을 확보하는 것이 바람직하기 때문이다. 제척기간은 일정기간 권리를 행사하지 않으면 그 권리가 소멸된다는 점에서 소멸시효와 공통점이 있다. 그러나 제척기간은 법률관계의 신속한 확정을 목적으로 하기 때문에 그 기간이 짧고 중단제도가 없다는 점에서 시효와 다르다. 또한 시효는 당사자가 이를 원용하지 않으면 특허심판원은 심판할 수 없으나 제척기간은 당연히 일정한 기간이 경과하면 당연히 효력이 발생하고, 특허심판원은 이를 기초로 하여 심판하지 않으면 안 된다.

나. 무효심판의 제척기간

상표법 제7조 제1항 제6호 내지 제9호의2 및 제14호, 제8조, 제72조 제1항 제2호와 제72조의2 제1항 제3호에 해당하는 것을 사유로 하는 상표등록의 무효심판, 상표권의 존속기간 갱신등록의 무효심판 및 상품분류전환등록의 무효심판은 상표등록일, 상표권의 존속기간 갱신등록일 및 상품분류전환등록일부터 5년이 지난 후에는 이를 청구할 수 없다(제76조 제1항).

다. 취소심판의 제척기간

상표법 제73조 제1항 제2호·제5호·제6호, 제8호부터 제13호까지 및 제74조 제1항의 규정에 해당하는 것을 사유로 하는 상표등록의 취소심판 및 전용사용권 또는 통상사용권 등록의 취소심판은 취소사유에 해당하는 사실이 없어진 날부터 3년이 지난 후에는 이를 청구할 수 없다(제76조 제2항).

Ⅱ. 심판의 종류

1. 상표등록거절결정심판

결정계 심판은 특허청 심사관의 처분에 불복하는 심판으로 주로 상표등록출원의 거절결정에 대하여 출원인이 특허청의 처분을 다투는 것으로서 행정쟁송의 한 유형이다. 결정계 심판은 심판의 당사자는 대립구조를 취하지 않고, 피청구인이 없고 단지 청구인만 존재한다. 상표등록거절결정, 지정상품의 추가등록거절결정 및 상품분류전환등록거절결정의 어느 하나에 해당하는 결정(이하 "거절결정"이라 한다)을 받은 자가 불복이 있는 때에는 거절결정등본을 송달받은 날부터 30일 이내에 심판을 청구할 수 있다(제70조의2). 상표등록거절결정심판은 특허청 심사관의 상표등록출원의 거절결정에 대해서 출원인에게 불복의 수단을 제공하고 심사의 적정을 기하기 위한 행정절차이다. 보정각하결정을 받은 자가 그 결정에 불복이 있는 때에는 그 결정등본을 송달받은 날부터 30일 이내에 심판을 청구할 수 있다(제70조의3).

2. 상표등록의 무효심판

가. 의 의

이해관계인 또는 심사관은 상표등록 또는 지정상품의 추가등록이 상표법 제71조 제1항 각호의 어느 하나에 해당하는 경우에 무효심판을 청구할 수 있다. 이 경우 등록상표의 지정상품이 2 이상 있는 경우에는 지정상품마다 청구할 수 있다(제71조 제1항). 상표등록의 무효심판이란 이해관계인이 설정등록된 상표권이 일정한 무효사유가 있다는 것을 이유로 하여 특허심판원에 심판을 청구한 경우에, 심판의 합의체가 이를 심판하는 특별한 행정절차를 말한다. 상표등록의 무효심판청구는 언제나 가능하며, 상표권이 소멸된 후에도 이를 청구할 수 있다(제71조 제2항). 무효심판의 청구인적격은 이해관계인과 심사관에 한한다. 상표등록을 무효로 한다는 심결이 확정된 때에는 그 상표권은 처음부터 없었던 것으로 본다(제71조 제3항). 상표법에서 거절이유·이의신청이유·정보제공이유의 대상은 동일하다. 이는 상표가 등록되기 전에 등록되어선 안 될 사유로써 무효사유와는 약간의 차이가 있다. 1상표 1출원(제10조 제1항)을 위반한 경우에는 거절이유 등에는 해당되나 미미한 절차상 하자이기 때문에 이미 등록된 상표권에 있어서는 무효사유가 아니다. 등록상표라 하더라도 후발적인 이유로 식별력을 잃은 경우는 거절이유는 아니고 무효사유가 되는 점에 차이점이 있다.

나. 상표등록 후 식별력을 상실한 경우

상표는 상품의 출처를 나타내는 자타 상품의 식별표지이다. 현행 상표법은 "식별력"을 상표등록의 요건으로 규정하고 있지 않지만, 상표법 제6조 제1항에서 상표등록을 받을 수 없는 식별력 없는 상표를 나열하고 있다. 식별력을 취득하지 못한 상표가 잘못 등록되면 등록무효사유가 된다(제71조 제1항 제1호). 2001년 개정법에서 상표등록 당시에는 식별력을 갖춘 상표가 상표등록 후 식별력을 상실한 경우를 등록무효사유로 추가하고 있다(제71조 제1항 제5호).

다만, 상표등록 후 같은 법 제6조 제2항에 해당하게 된 경우를 제외하고 있다. 이는 상표등록 당시 식별력이 있었던 상표가 상표등록 후 식별력을 상실하였다가 다시 사용에 의한 식별력을 취득한 경우에만 적용되는 것으로 해석하여야 한다. 무효의 효력발생 시기는 원칙적으로 당해 상표가 식별력을 상실하게 된 때로 하고, 이를 특정할 수 없는 경우에는 무효심판의 청구내용이 등록원부에 공시된 때로 하고 있다(제71조 제3항 단서 및 제4항). 대법원 2003.5.16 선고 2002후1768 판결은 등록결정시 또는 거절결정시를 기준으로 식별력의 구비여부를 판단하여야 한다고 한다.

다. 무효심결에 대한 불복과 확정의 효과

심판의 합의체는 무효심판의 대상이 되는 상표권에 무효사유가 있는 경우에는 당해 상표권을 무효로 하는 취지의 인용심결을 하고, 무효사유가 없는 경우에는 심판청구를 기각하는 취지의 기각심결을 한다. 이러한 심판의 심결에 불복하고자 하는 자는 심결등본을 송달받은 날부터 30일 이내에 특허법원에 심결취소의 소를 제기하여 다툴 수 있다. 한편, 무효심결이 확정되면 당해 상표권은 처음부터 없었던 것으로 보므로 과거 침해행위도 소급적으로 침해가 아닌 것으로 되며, 손실보상청구권도 처음부터 발생하지 않는 것으로 본다. 상표권의 지정상품이 복수로 있는 경우 지정상품 전부에 대하여 무효심판을 청구하였으나 일부의 상품에만 무효사유가 존재한다면, 그 무효사유가 있는 일부 상품에 대한 상표권에 한하여 무효심결이 내려지며, 나머지 무효사유가 없는 상품에 대한 상표권은 그대로 유지될 수 있다.

3. 권리범위 확인심판

상표권자·전용사용권자 또는 이해관계인은 등록상표의 보호범위를 확인하기 위하여 상표권의 권리범위 확인심판을 청구할 수 있다(제75조). 권리범위 확인심판이란 특정대상물인 소위 확인대상상표와 대비하여 상표권의 권리범위에 속하는지의 여부를 판단하는 심판이다. 상표권자는 제3자가 특정한 상품에 대하여 사용하는 상표가 등록상표와 동일·유사하고 제3자의 사용상품과 상표권자의 등록상표의 지정상품이 동일·유사할 경우, 상표권자는 특허심판원에 상표권의 효력범위를 확인하는 심판을 청구할 수 있다. 권리범위 확인심판에는 청구취지에 "확인대상상표가 상표권의 권리범위에 속한다"는 심판을 구하는 적극적 권리범위 확인심판과, 이해관계인이 "확인대상상표가 상표권의 권리범위에 속하지 않는다"는 심판을 구하는 소극적 권리범위 확인심판이 있다. 권리범위 확인심판을 청구할 경우에는 별지로 확인대상상표의 도면과 설명서를 첨부하여야 한다(제77조의2 제3항). 권리범위 확인심판의 청구객체는 등록상표와 계쟁대상물인 소위 확인대상상표이다. 확인대상상표는 이해관계인이 실시하고 있거나 실시할 예정인 상표를 의미한다.

대법원 2008.10.9 2007후2834 판결은 "구두"를 사용상품으로 하고 ""으로 이루어진 확인대상표장의 도형 부분이 자타상품의 출처를 표시하기 위한 표장으로도 사용되었으므로, "가죽신, 부츠 등"을 지정상품으로 하고 ""으로 이루어진 이 사건 등록상표(등록번호 제479649호)와 표장 및 지정상품(사용상품)이 서로 유사하여 권리범위에 속한다고 판단하였다.

4. 상표권의 존속기간갱신등록의 무효심판

이해관계인 또는 심사관은 상표권의 존속기간갱신등록이 상표권의 존속기간갱신등록이 신청기간의 규정에 위반된 경우 또는 해당 상표권자가 아닌 자가 상표권의 존속기간갱신등록신청을 한 경우에는 무효심판을 청구할 수 있다. 이 경우 갱신등록된 등록상표의 지정상품이 2 이상 있는

경우에는 지정상품마다 청구할 수 있다(제72조 제1항). 상표권의 존속기간
갱신등록을 무효로 한다는 심결이 확정된 때에는 상표권의 존속기간갱신
등록은 처음부터 없었던 것으로 본다(제72조 제3항).

5. 상품분류전환등록의 무효심판

이해관계인 또는 심사관은 상품분류전환등록이 (i) 상품분류전환등
록이 당해 등록상표의 지정상품이 아닌 상품으로 되거나 지정상품의 범
위가 실질적으로 확장된 경우, (ii) 상품분류전환등록이 당해 등록상표의
상표권자가 아닌 자의 신청에 의하여 행하여진 경우, (iii) 상품분류전환
등록이 신청기간에 위반되는 경우의 어느 하나에 해당하는 경우에는 무
효심판을 청구할 수 있다. 이 경우 상품분류전환등록에 관한 지정상품이
2 이상 있는 경우에는 지정상품마다 청구할 수 있다(제72조의2 제1항). 상
품분류전환등록을 무효로 한다는 심결이 확정된 경우에는 당해 상품분류
전환등록은 처음부터 없었던 것으로 본다.

Ⅲ. 상표등록의 취소심판

1. 서 설

가. 의 의

상표등록의 취소심판이라 함은 일단 유효하게 상표등록이 된 후에
상표법 제73조 제1항에 열거된 취소의 사유에 해당됨을 이유로 그 등록
의 효력을 장래에 향하여 소멸시키는 심판이다. 상표등록을 취소한다는
심결이 확정된 때에는 상표권은 그때부터 소멸된다(제73조 제7항). 상표등
록의 취소심판의 법적성격은 심판절차에 의하여 취소심결이 확정될 경우
상표권의 효력이 소멸된다는 점에서 형성적 성질을 가진 준사법적 행정
행위이라 할 수 있다.

나. 취 지

상표등록의 취소심판은 등록상표가 등록 후 정당한 이유없이 사용되

지 아니할 경우에는 상표의 본래적 기능을 수행하지 못할 뿐만 아니라 제3자의 상표선택의 자유를 부당하게 제한하는 한편 시장진입을 어렵게 만들어 산업발전에도 아무런 도움이 되지 않으며 출원건수의 급증, 상표등록원부에 수많은 공권 설정에 의한 폐단이 초래되기 때문에 이러한 폐해를 해소하려는 것이 이 제도의 취지이다. 특허법이나 실용신안법은 그 권리자가 정당한 이유없이 국내에서 3년 이상 그 발명이나 실용신안을 불실시할 경우 이해관계인의 신청에 의해 재정에 의한 강제실시권의 설정 또는 경우에 따라서는 그 권리의 취소를 할 수 있으나, 상표법의 경우에는 그 실시를 강제하는 규정을 두고 있지 않다. 상표법상의 취소제도는 심판의 합의체가 행한 심판의 심결로써 상표권을 소멸시키는 특유의 제도라 할 수 있다.

다. 상표등록 취소사유

상표등록의 취소는 취소사유에 해당되면 반드시 취소하여야 하고, 오로지 민사소송에 준하는 엄격한 심판절차에 의해서만 할 수 있으며, 그 효력이 장래에 향해서만 발생한다는 점에 특색이 있다. 한편 전용사용권 및 통상사용권등록의 취소는 이들 사용권자의 부정사용에 대한 제재로서 인정된 것이며, 그 효력은 상표등록취소와 같다. 상표등록의 취소사유는 상표법 제73조 제1항에, 전용사용권 및 통상사용권의 등록 취소사유는 상표법 제74조에 각 규정되어 있다. 상표등록의 취소사유는 같은 법 제73조 제1항에 전용사용권 및 통상사용권의 등록 취소사유는 같은 법 제74조 제1항에 규정되어 있다. 상표법에서는 상표등록 취소사유를 다음과 같이 열거적으로 규정하고 있다. (i) 상표권자의 부정사용으로 인한 상표등록의 취소, (ii) 등록상표의 불사용으로 인한 상표등록의 취소, (iii) 상표권의 이전에 관한 요건을 위반한 경우, (iv) 단체표장의 사용과 관련된 고유의 취소사유, (v) 단체표장 설정등록 후 정관을 변경하여 수요자로 하여금 상품의 품질이 오인·혼동이 발생하게 된 경우, (vi) 외국상표권자 등의 승낙없이 그 대리인 등에 의하여 행해진 상표등록의 취소, (vii) 사용권자의 오인·혼동행위로 인한 상표등록의 취소, (viii) 유사상표의 이전의 결과 오인·혼동을 초래하게 하는 경우의 상표등록의 취소, (ix) 증명표장의 취소 등이다.

라. 취소심판 청구절차

상표등록의 취소심판은 원칙적으로 이해관계인에 한하여 이를 청구할 수 있으나 상표권자의 부정사용으로 인한 상표등록의 취소, 단체표장의 부정사용으로 인한 단체표장의 취소, 사용권자의 부정사용으로 인한 상표등록의 취소의 경우에는 누구든지 취소심판을 청구 할 수 있다(제73조 제6항).[1] 상표등록의 취소심판을 청구하고 하는 자는 심판청구서를 특허심판원장에게 제출하여야 한다.

마. 취소심결의 효과

1) 심판절차에 의하여 상표등록을 취소하는 심결이나 사용권등록을 취소하는 심결이 확정되었을 때에는 상표권이나 사용권은 그때부터 소멸한 것으로 본다. 따라서 상표등록취소 및 사용권등록취소의 효과는 그 심결이 확정되었을 때부터 장래에 향하여서만 효력이 발생한다. 이는 상표등록 무효심결의 효과와 다른 점이다.

2) 등록상표의 불사용을 이유로 하는 취소심판이 확정되면, 심판이 확정된 날로부터 3년이 경과한 후가 아니면 소멸된 등록상표와 동일 또는 유사한 상표를 그 지정상품과 또는 동일 유사한 상품에 대하여 상표등록을 받을 수 없다(제7조 제5항). 상표법 제7조 제5항은 상표등록취소심결이 확정된 경우에는 취소심결의 확정 이전에 상표권자에 의하여 등록출원된 상표라고 하더라도 그 출원이 심판청구일 이후에 이루어졌을 때에는 그 상표의 등록을 허용하지 않음으로써 등록취소심판제도의 실효성을 확보하고자 하는 규정이므로, 등록취소심판청구일 이전에 상표권자가 등록출원한 상표에 대하여는 원칙적으로 위 규정이 적용되지 아니한다.[2] 취소심결의 실효를 거두기 위하여 부정사용, 불사용, 단체표장의 부당사용, 대리인에 의한 부당등록, 사용권자의 부정사용, 유사상표의 이전으로 인한 오인·혼동의 초래를 이유로 하는 상표등록취소심판에 있어 상

---

1) 제73조 제6항: 제1항에 따른 취소심판은 이해관계인만 청구할 수 있다. 다만, 제1항 제2호·제5호·제6호 또는 제8호부터 제13호까지의 규정에 해당하는 것을 사유로 하는 심판은 누구든지 청구할 수 있다.

2) 대법원 2002.10.22 선고 2000후3647 판결.

표권자나 그 상표를 사용하는 자는 그 취소심결이 확정된 날로부터 3년이 경과하지 아니하면 재등록을 할 수 없다. 취소심판청구시 상표권자가 상표권 또는 지정상품의 일부를 포기하여 3년간 재등록금지의 불이익을 면탈하는 사례도 있었으므로 그 포기한 날로부터 3년 내에는 취소심판결 확정의 경우와 같이 재등록을 금지하도록 하였다.

3) 상표법 제73조 제1항 제3호의 규정에 해당한다는 것을 이유로 상표등록의 취소심판이 청구되고 그 청구일 이후에 상표등록 취소의 심결이 확정된 경우 그 해당하게 된 날(제3호의 경우 상표등록 취소의 심결에 대하여 소가 제기된 후 소취하나 상고취하로 그 상표등록 취소의 심결이 확정된 때에는 그 취하일을 말한다)부터 6개월간은 취소심판청구인만이 상표등록출원을 하여 소멸된 등록상표와 동일 또는 유사한 상표를 그 지정상품과 동일 또는 유사한 상품에 대하여 상표등록을 받을 수 있다(제8조 제5항).

4) 상표등록의 취소심판이 청구되고 그 청구일 이후, (i) 상표권의 존속기간 만료로 취소심판이 청구된 등록상표가 소멸되는 경우에 있어서 상표법 제43조 제2항 단서의 기간중 그 소멸된 등록상표와 동일하거나 유사한 상표를 그 지정상품과 동일하거나 유사한 상품에 대하여 상표등록출원한 경우, (ii) 상표등록 취소의 심결에 대하여 소가 제기된 후 소취하나 상고취하로 그 상표등록 취소의 심결이 확정되어 취소심판이 청구된 등록상표가 소멸되는 경우에 있어서 그 취소심결의 확정일부터 소취하일 또는 상고취하일까지의 기간중 그 소멸된 등록상표와 동일하거나 유사한 상표를 그 지정상품과 동일하거나 유사한 상품에 대하여 상표등록출원한 경우에 해당하는 상표등록출원이 있는 경우에는 취소심판청구인만이 상표등록을 받을 수 있다(제8조 제6항). 즉 상표권의 존속기간의 만료로 취소심판이 청구된 등록상표가 소멸되는 경우 또는 취소심결의 확정일부터 소취하일(또는 상고취하일)까지의 기간에도 취소심판 청구인만이 상표등록을 받을 수 있다.

2. 상표권자의 부정사용으로 인한 상표등록의 취소

가. 의 의

상표권자가 고의로 지정상품에 등록상표와 유사한 상표를 사용하거나 지정상품과 유사한 상품에 등록상표 또는 이와 유사한 상표를 사용함으로써 수요자로 하여금 상품의 품질의 오인 또는 타인의 업무에 관련된 상품과의 혼동을 생기게 한 경우에는 그 등록상표의 취소심판을 청구할 수 있다(제73조 제1항 제2호). 이 규정은 상표권자가 상표제도의 본래의 목적에 반하여 자신의 등록상표를 그 사용권의 범위를 넘어 부정하게 사용하지 못하도록 규제함으로써 상품거래의 안전을 도모하고, 타인의 상표의 신용이나 명성에 편승하려는 행위를 방지하여 거래자와 수요자의 이익보호는 물론 다른 상표를 사용하는 사람의 영업상의 신용과 권익도 아울러 보호하려는 데에 그 취지가 있다.

나. 제72조 제1항 제2호의 법률요건

상표법 제73조 제1항 제2호의 법률요건은 (i) 상표권자가 고의로, (ii) 지정상품에 등록상표와 유사한 상표를 사용하거나 또는 지정상품과 유사한 상품에 등록상표나 이와 유사한 상표를 사용하여(실사용상표), (iii) 상품의 품질의 오인 또는 타인의 업무에 관련된 상품과의 혼동을 생기게 한 경우를 모두 만족하여야 한다. 위 요건 중에서 실사용 상표와 타인의 상표 사이의 혼동유무는 당해 실사용 상표의 사용으로 인하여 수요자로 하여금 그 타인의 상표의 상품과의 사이에 상품출처의 혼동을 생기게 할 우려가 객관적으로 존재하는가의 여부에 따라 결정한다.

다. 상표권자의 상표 부정사용

대법원 2005.6.16 선고 2002후1225 전원합의체 판결은 "피고 등이 사용하는 'ROOTS' 상표(이하 "이 사건 대상상표"라 한다)가 국내에서 상표등록을 받지 아니한 상표로서 이 사건 등록상표 'ROOT'의 권리범위에 속한다고 볼 여지가 있다고 하더라도, 위 규정을 적용함에 있어서 상표권자가 실제로 사용하는 상표와의 혼동의 대상이 되는 상표로 삼을 수 있다. 원심은 이 사건 등록상표의 종전 상표권자인 주식회사 한서엔터프라이즈가 실제로 사용한 상표인 'ROOTSPORT'(이하 "이 사건 실사용 상표"라 한다)와 이 사건 대상상표 사이의 혼동여부에 관하여, 수요자들이 이 사건 실사용 상표를 보고 'ROOTS'와 'SPORT'가 축약된 것이라는 인식을 가지기 매우 쉬운 점과 이 사건 실사용 상표를 사용할 당시 국내에서 이 사건 대상상표가 알려진 정도에 비하여 이 사건 등록상표에 대한 인식은 미미하였던 점 등을 고려하면, 이 사건 실사용 상표가 사용됨으로써 수요자로 하여금 이 사건 대상상표의 사용상품과의 사이에 상품출처의 혼동을 일으키게 할 우려가 있었다는 취지로 판단하였는바, 원심의 판단은 정당하다"고 판시하였다.

3. 불사용으로 인한 상표등록의 취소

가. 의 의

상표권자·전용사용권자 또는 통상사용권자 중 어느 누구도 정당한 이유없이 국내에서 등록상표를 그 지정상품에 대하여 취소심판청구일 전 계속하여 3년 이상 국내에서 사용하지 아니한 경우에는 그 등록상표의 취소심판을 청구할 수 있다(제73조 제1항 제3호). 취소심판청구 이전에 3년 이상 계속하여 불사용하고 있었으나 청구 당시에는 사용하고 있었던 경우에는 "심판청구일 전 연속하여 3년 이상 불사용"을 규정하고 있으므로 취소심판의 청구 당시까지 불사용 상태가 진행될 것을 취소의 요건으로 한 것이라고 보아야 한다. 따라서 취소심판청구 당시에 사용하고 있었다면 과거에 3년 이상 사용하지 않았다고 하더라도 취소되지 않는다고 보고 있다.

나. 상표의 불사용에 대한 정당한 이유

상표법 제73조 제1항 제3호, 제4항은 불사용으로 인한 상표등록취소심판에 관하여 규정하고 있는바, "상표의 사용"이라 함은 제2조 제1항 제7호 각목의 소정의 행위와 제2조 제2항의 행위를 의미한다. 또한 상표 불사용에 대한 "정당한 이유"라 함은 질병 기타 천재 등의 불가항력에 의하여 영업을 할 수 없는 경우뿐만 아니라 법률에 의한 규제, 판매금지 또는 국가의 수입제한조치 등에 의하여 부득이 등록상표의 지정상품이 국내에서 일반적·정상적으로 거래할 수 없는 경우와 같이 상표권자의 귀책사유로 인하지 아니한 상표 불사용의 경우도 포함된다.[1]

---

1) 대법원 2000.4.25 선고 97후3930 판결.

다. 동일성 범위 내의 사용

상표법 제73조 제1항 제3호, 제4항에 의하면, 상표권자·전용사용권자 또는 통상사용권자 중 어느 누구도 정당한 이유없이 등록상표를 그 지정상품에 대하여 취소심판청구일 전 계속하여 3년 이상 국내에서 사용하지 아니하였을 때에는 심판에 의하여 그 상표등록을 취소하도록 규정되어 있는바, 여기에서 등록상표를 그 지정상품에 사용하는 경우라 함은 등록상표와 동일한 상표를 사용한 경우를 말하고, 동일한 상표라고 함은 등록상표 그 자체뿐만 아니라 거래 사회통념상 등록상표와 동일하게 볼 수 있는 형태의 상표를 포함하나, 유사상표를 사용한 경우는 포함되지 않는다.[1]

라. 제과점 나무상자에 상표 사용

대법원 2011.7.28 선고 2010후3080 판결은 "갑이 을 제과회사를 상대로 지정서비스업을 제과점업 등으로 하는 등록서비스표 '木村屋'이 등록 후 3년 이상 사용되지 않았음을 이유로 상표법 제73조 제1항 제3호에 따라 상표등록취소심판을 청구한 사안에서, 등록서비스표의 통상사용권자인 병 주식회사가 백화점에서 제과점업을 영위하면서 판매대에 있는 등록서비스표가 표시되어 있는 나무상자 등에 구운 빵들을 담아 놓았고 주변에 빵의 종류·가격 등과 함께 등록서비스표가 표시된 나무판들을 놓았는데, 등록서비스표가 표시된 나무상자들은 제과점업이라는 서비스 제공시 수요자의 이용에 제공되는 물건에 해당할 뿐만 아니라 전면은 간판 기능도 하고 있고 나무판들은 서비스업에 대한 정가표라고 볼 수 있으므로, 등록서비스표가 나무상자들 및 나무판에 표시되어 서비스 제공이 이루어졌다는 이유로 심판청구일 전 3년 이내에 국내에서 정당하게 사용되었다고 본다"고 판시하였다.

마. 지정상품에 상표를 사용하지 않는 경우

대법원 2009.7.23 선고 2007후4434 판결은 "상표법 제73조 제1항 제3호, 제4항에 의하면, 상표권자·전용사용권자 또는 통상사용권자 중 어느 누구도 정당한 이유없이 등록상표를 그 지정상품에 대하여 취소심

---

1) 대법원 2001.4.24 선고 98후959 판결.

판청구일 전 계속하여 3년 이상 국내에서 사용하지 아니하였을 때에는 심판에 의하여 그 상표등록을 취소하도록 규정하고 있는바, 여기에서 등록상표를 그 지정상품에 사용하고 있지 아니한 경우라 함은 등록상표를 지정상품 그 자체 또는 거래사회의 통념상 이와 동일하게 볼 수 있는 상품에 현실로 사용하지 아니한 때를 말한다 할 것이고, 지정상품과 유사한 상품에 사용한 것만으로는 등록상표를 지정상품에 사용하였다고 볼 수 없다. 그리고 거래사회의 통념상 동일성 있는 상품인지의 여부는 양 상품의 품질·용도·형상·사용방법·유통경로 및 공급자와 수요자 등 상품의 속성과 거래의 실정을 종합적으로 고려하여 객관적으로 판단하여야 한다. 이 사건 등록상표의 지정상품 중 '음료용 야채주스'와 원심 판시의 사용상품은 품질, 용도, 복용방법, 유통경로, 수요자의 범위 등 상품의 속성과 거래의 실정에서 동일하다고 할 수 없으므로, 원심이 원고가 원심 판시의 사용상품에 이 사건 등록상표를 사용한 것이 거래사회의 통념상 이 사건 등록상표의 지정상품 중 '음료용 야채주스'와 동일성 있는 물품에 대하여 등록상표를 사용한 것이라고 할 수 없다는 취지로 판단한 것은 정당하다"고 판시하였다.

4. 전용사용권 또는 통상사용권 등록의 취소심판

전용사용권자 또는 통상사용권자가 제73조 제1항 제8호의 규정[1]에 해당하는 행위를 한 경우에는 그 전용사용권 또는 통상사용권 등록의 취소심판을 청구할 수 있다(제74조 제1항). 전용사용권 또는 통상사용권 등록의 취소심판을 청구한 후 그 심판청구사유에 해당하는 사실이 없어진 경우에도 취소사유에 영향이 미치지 아니한다. 전용사용권 또는 통상사용권의 취소심판은 누구든지 이를 청구할 수 있다(제74조 제3항). 전용사용권 또는 통상사용권 등록을 취소한다는 심결이 확정된 때에는 그 전용사용권 또는 통상사용권은 그때부터 소멸된다. 심판장은 심판의 청구가 있는 때에는 그 취지를 당해 전용사용권의 통상사용권자 기타 전용사용권에

---

1) 제73조 제1항 제8호: 전용사용권자 또는 통상사용권자가 지정상품 또는 이와 유사한 상품에 등록상표 또는 이와 유사한 상표를 사용함으로써 수요자로 하여금 상품의 품질의 오인 또는 타인의 업무에 관련된 상품과의 혼동을 생기게 한 경우. 다만, 상표권자가 상당한 주의를 한 경우에는 그러하지 아니하다.

관하여 등록을 한 권리를 가지는 자 또는 당해 통상사용권에 관하여 등록을 한 권리를 가지는 자에게 통지하여야 한다(제74조 제5항).

5. 증명표장의 취소심판

증명표장에 있어서 다음 어느 하나에 해당하는 경우에는 그 상표등록의 취소심판을 청구할 수 있다(제73조 제1항 제13호).

1. 증명표장권자가 제9조 제5항에 따라 제출된 정관 또는 규약을 위반하여 증명표장의 사용을 허락한 경우.

2. 증명표장권자가 제3조의3 제1항 단서를 위반하여 증명표장을 자기의 상품 또는 서비스업에 대하여 사용하는 경우.

3. 증명표장의 사용을 허락받은 자가 정관 또는 규약을 위반하여 타인에게 사용하게 한 경우 또는 사용을 허락받은 자가 정관 또는 규약을 위반하여 증명표장을 사용함으로써 수요자로 하여금 상품 또는 서비스업의 품질, 원산지, 생산방법이나 그 밖의 특성에 관하여 오인을 초래하게 한 경우. 다만, 증명표장권자가 사용을 허락받은 자에 대한 감독에 상당한 주의를 한 경우에는 그러하지 아니하다.

4. 증명표장권자로부터 사용을 허락받지 아니한 제3자가 증명표장을 사용함으로써 수요자로 하여금 상품 또는 서비스업의 품질, 원산지, 생산방법이나 그 밖의 상품의 특성에 관하여 오인을 초래하게 하였음에도 증명표장권자가 고의로 상당한 조치를 취하지 아니한 경우.

5. 증명표장권자가 해당 증명표장을 사용할 수 있는 상품을 생산·제조·가공 또는 판매하는 것을 업으로 영위하는 자나 서비스업을 영위하는 자에 대하여 정당한 사유없이 정관 또는 규약으로 사용을 허락하지 아니하거나 정관 또는 규약에 충족하기 어려운 사용조건을 규정하는 등 실질적으로 사용을 허락하지 아니한 경우.

Ⅳ. 재   심

재심(再審)이란 확정된 심결에 대하여 특별한 재심사유가 있을 때 다시 심판하게 하는 제도이다. 당사자는 확정된 심결에 대하여 민사소송법의 재심사유가 있는 때에는 재심을 청구할 수 있다(제83조 제1항).[1] 상표법상의 재심제도의 경우 민사소송법 제451조 및 동법 제453조의 규정은 재심청구에 관하여 이를 준용한다. 재심은 재심사유의 유무를 판단하고, 그것이 인정되면 심결을 취소시킨다. 재심의 심결이 확정되면 형식적 확정력과 실체적 확정력이 발생하고 일사부재리의 원칙이 적용되는 점은 일반심판절차에서 심결이 확정된 경우와 동일하다(제85조).

≪연습문제≫

〈문 1〉 상표법상 심판에 관한 설명으로 옳은 것은? [2011년 변리사 1차시험]
① 등록상표의 권리범위를 확인하기 위한 상표권의 권리범위 확인심판은 상표권자와 전용사용권자만이 청구할 수 있다.
② 불사용을 이유로 하는 상표등록 취소심판의 청구인은 그 대상으로 삼은 지정상품에 관한 취소심판청구 전부를 취하할 수 있을 뿐만 아니라 일부 지정상품만을 분리하여 취하할 수 있다.
③ 법인이 아닌 사단 또는 재단으로서 대표자 또는 관리인이 정하여져 있는 경우에는 그 대표자 또는 관리인의 이름으로 심판청구인이나 피청구인이 될 수 있다.
④ 상표등록취소심결의 효과는 심결시부터 장래를 향하여 발생한다.
⑤ 심판장은 무효심판의 청구가 있는 때에는 그 취지를 당해 상표권의 전용사용권자 기타 상표에 관하여 등록을 한 권리를 가지는 자에게 통지하여야 한다.

〈문 2〉 상표등록 무효심판의 사유에 해당하지 않는 것은? [2009년 사시 1차시험]
① 상표등록 후 그 등록상표가 조약에 위반된 경우

---

1) 대법원 2007.9.6 선고 2005후1998 판결.

② 정당한 승계인이 아닌 자에 의하여 상표등록된 경우
③ 상표법상 권리능력 없는 외국인에 의하여 상표등록된 경우
④ 상표의 정의 규정에 위반된 표장이 등록된 경우
⑤ 업무와는 별도로 업무표장권만을 양도한 경우

〈문 3〉 상표법상의 심판제도에 대한 다음 설명으로 옳지 않은 것은?
① 상표등록거절결정을 받은 자는 거절결정등본 송달일로부터 30일 이내에 특허심판원에 거절결정불복심판을 청구할 수 있다.
② 상표법상의 심판에서 패소한 자는 심결등본송달일로부터 30일 이내에 특허법원에 불복할 수 있다.
③ 상표등록취소심판에 의하여 취소심결이 확정된 경우에는 취소심결확정일로부터 해당 상표권은 소멸하게 된다.
④ 상표등록무효심판에 의하여 무효심결이 확정된 경우에는 무효심결확정일로부터 해당 상표권은 소멸하게 된다.

〈문 4〉 상표법상 불사용에 의한 상표등록취소심판에 관한 설명으로 옳지 않은 것은? [2007년 사시 1차시험]
① 등록상표를 심판청구일 전 계속하여 3년 이상 국내에서 사용하지 않았다면 취소사유가 된다.
② 취소심판청구 당시에 상표권자, 전용사용권자, 통상사용권자 중 어느 누구라도 상표를 사용하고 있다면 취소사유가 되지 아니한다.
③ 등록상표의 사용 사실에 대한 증명책임은 피청구인인 상표권자에게 있다.
④ 복수의 지정상품 중 일부에 대한 취소심판은 청구할 수 없다.
⑤ 상표의 불사용에 대해 정당한 이유가 있다는 것은 천재지변 등 불가항력에 의한 경우나 법령 기타 행정적인 절차의 지연에 의한 경우 등 상표권자가 책임질 수 없는 사유가 여기에 해당한다.

〈문 5〉 상표법상 상표등록의 무효심판 청구사유에 해당하지 않는 것은? [2011년 변리사 1차시험]
① 상표권을 분할하여 이전하면서 유사한 지정상품 중 일부를 이전하지 않은 경우
② 상표등록이 된 후에 그 등록상표가 식별력 없는 상표가 된 경우(상표법 제6조 제2항에 의한 사용에 의한 식별력을 취득한 경우를 제외한다)
③ 지정상품의 추가등록이 그 상표등록출원에 의하여 발생한 권리를 승계하지 아니한 자에 의한 경우
④ 상표등록출원을 분할하여 이전하면서 유사한 지정상품 중 일부를 이전하

지 않는 경우

⑤ 업무표장등록출원을 양도하면서 해당 업무는 함께 양도하지 않은 경우

〈문 6〉 상표등록의 취소심판에 대한 설명으로 옳지 않는 것은?

① 상표등록을 취소한다는 심결이 확정된 때에는 그 상표권은 처음부터 없었던 것으로 본다.

② 상표법 제73조 제1항 제3호의 불사용취소심판은 이해관계인만이 심판을 청구할 수 있다.

③ 불사용에 의한 상표등록취소심판에서 등록상표의 지정상품이 2 이상 있는 경우에는 일부 지정상품에 관하여 취소심판을 청구할 수 있다.

④ 등록상표 "Boheme"의 불사용에 의한 상표등록취소심판에서 피청구인이 심판청구일 전 3년 이내에 국내에서 정당하게 사용하였음을 입증하지 않으면 상기 등록상표는 취소된다.

〈문 7〉 상표등록무효심판에 대한 설명으로 옳지 않은 것은?

① 상표등록무효심판은 이해관계인 또는 심사관이 청구할 수 있다.

② 상표등록이 무효가 되기 위해서는 반드시 상표법 소정의 법정된 무효사유에 해당하여야 한다.

③ 선출원주의에 위반되었음을 이유로 무효심판을 청구하는 경우 설정등록일로부터 5년 이내에 청구하여야 한다.

④ 상표등록무효심판에 따라 무효심결이 확정된 경우 해당 상표권은 당해 심결확정일로부터 소멸된다.

〈문 8〉 상표법상 심판제도에 대한 설명으로 옳지 않은 것은?

① 상표등록의 무효심판은 상표등록일부터 5년이 경과한 후에는 이를 청구할 수 없다.

② 상표취소심판의 제척기간은 취소사유에 해당하는 사실이 없어진 날부터 3년이 경과한 후에는 이를 청구할 수 없다.

③ 상표에 관한 심판의 심결이 확정되면 어느 경우에나 일사부재리의 원칙이 적용된다.

④ 상표등록의 불사용취소심판은 이해관계인만이 이를 청구할 수 있다.

⑤ 상표등록무효심판에 따라 무효심결이 확정된 경우 해당 상표권은 처음부터 없었던 것으로 본다.

〈문 9〉 상표등록의 취소사유에 해당하지 않은 것은? [2008년 사시 1차시험]

① 사용권 설정등록 없이 6개월 이상 제3자에게 등록상표를 사용하게 한 경우

② 상표권을 분할하여 이전하면서 유사한 지정상품을 함께 이전하지 않은 경우

③ 상표권의 공유자가 다른 공유자 전원의 동의를 얻지 아니하고 자신의 지분을 양도한 경우

④ 상표권자·전용사용권자·통상사용권자 모두 정당한 이유없이 등록상표를 그 지정상품에 대하여 취소심판청구일 전 계속하여 3년 이상 국내에서 사용하지 아니한 경우

⑤ 상표권자가 고의로 지정상품과 유사한 상표를 사용함으로써 수요자로 하여금 상품의 품질에 관하여 오인하게 한 경우

〈문 10〉 **상표법상 상표의 사용 또는 상품에 관한 설명으로 옳지 않은 것은?** (다툼이 있는 경우에는 판례에 의함) [2011년 변리사 1차시험]

① 지정상품과의 관계에서 등록상표가 정당하게 사용되었는지의 여부는 그 지정상품이 교환가치를 가지고 독립된 상거래의 목적물이 될 수 있는 물품으로서의 요건을 구비하고 있는지의 여부 및 국내에서 정상적으로 유통되고 있거나 유통될 것을 예정하고 있는지의 여부를 기준으로 판단하여야 한다.

② 고객에게 무상으로 배부되어 거래사정에서 유통될 가능성이 없는 "광고매체가 되는 물품"은 비록 그 물품에 상표가 표시되어 있다고 하더라도, 물품에 표시된 상표 이외의 다른 문자나 도형 등에 의하여 광고하고자 하는 상품의 출처표시로 사용된 것으로 인식할 수 있는 등의 특별한 사정이 없는 한, 그 자체가 교환가치를 가지고 독립된 상거래의 목적물이 되는 물품이라고 볼 수 없다.

③ 상표권자 등이 완구에 대하여 관련 행정법규에서 규정하는 안전검사 등을 받지 아니한 사실이 있다고 하더라도, 그러한 사정만으로 당해 완구가 교환가치를 가지고 독립된 상거래의 목적물이 될 수 있는 물품으로서의 요건을 구비하고 있지 않다거나 국내에서 정상적으로 유통되지 아니하였다고 볼 수 없으므로, 당해 등록상표가 그 완구에 대하여 정당하게 사용되었음을 인정하는 데 아무런 장애가 되지 아니한다.

④ 약사법에서 규정하는 보건복지부장관의 품목별 허가를 받지 않은 의약품을 지정상품으로 하는 등록상표라도 이를 선전·광고하거나 지정상품에 부착하여 판매하는 것은 정당한 상표사용에 해당하여 상표등록의 취소를 면할 수 있다.

⑤ 불사용으로 인한 상표등록취소의 요건과 관련하여 판단할 때, 타인의 저작권을 침해하는 등록상표의 사용이라도 상표의 정당한 사용으로 인정될 수 있다.

≪정답≫   1.⑤ 2.⑤ 3.④ 4.④ 5.① 6.① 7.④ 8.③ 9.① 10.④
≪문제해설≫

<문 1>   ① 상표권자 전용사용권자 또는 이해관계인은 등록상표의 권리범위를 확인하기 위하여 상표권의 권리범위 확인심판을 청구할 수 있다. 이해관계인이 청구하는 권리범위 확인심판이 소극적 권리범위 확인심판이 된다. ② 제73조 제4항. ③ 법인이 아닌 사단 또는 재단의 이름으로 심판의 청구인 및 피청구인 또는 재심의 청구인 및 피청구인이 될 수 있다(제5조의2). ④ 제73조 제7항: 심결이 확정된 때에는 그때부터 소멸된다. ⑤ 제71조 제5항: 옳은 지문이다.

<문 2>   ① 제71조 제1항 제2호. ② 제71조 제1항 제3호. ③ 제71조 제1항 제1호: 제5조의24 ④ 제23조 제1항 제4호에 따라 거절사정된다. ⑤ 옳은 지문이다.

<문 3>   ① 제70조의2. ② 제85조의3 제1항, 제3항. ③ 제73조 제7항. ④ 제71조 제3항: 상표등록무효심판에 의하여 무효심결이 확정된 경우에는 해당 상표권은 처음부터 없었던 것으로 본다.

<문 4>   ① 제73조 제1항 제3호. ② 제73조 제1항 제3호: 옳은 지문이다. ③ 제73조 제4항: 상표등록의 취소심판이 청구되면 상표권자는 피청구인이 된다. 청구인이 주장하는 사실에 대하여 답변서에서 구체적으로 상표의 사용 사실들 입증을 못하면 상표권이 취소될 수 있다. ④ 제73조 제3항: 일부 지정상품에 취소심판을 청구할 수 있다. ⑤ 대법원 2000.4.25 선고 97후3920 판결.

<문 5>   ① 제73조 제1항 제4호에 다라 취소심판의 사유에 해당한다. ② 제71조 제1항 제5호. ③ 제71조 제1항 제3호. ④ 제71조 제1항 제1호: 제12조 제2항 후단. ⑤ 제71조 제1항 제1호: 제12조 제7항.

<문 6>   ① 제73조 제7항에 따라 틀린 지문이다. ② 제73조 제6항. ③ 제73조 제3항. ④ 피청구인이 상표권자이며, 피청구인은 3년 동안 제2조 제1항 제7호 및 제2조 제2항에 따른 상표의 사용사실을 입증하지 못하면, 상표는 취소된다. 제73조 제4항 참조.

<문 7>   ① 제71조 제1항. ② 제71조 제1항 각호의 어느 하나에 해당하여야 한다. ③ 제71조 제1항 제1호: 제8조 및 제76조 제1항(무효심판의 제척기간). ④ 제71조 제3항에 따라 틀린 지문이다.

<문 8>   ① 제76조 제1항: 무효심판의 제척기간은 상표등록일로부터 5년. ② 제76조 제2항: 취소심판의 제척기간 3년. ③ 제77조의26(일사부재리) 단서: 확정된 심결이 각하심결인 경우에는 일사부재리가 적용되지 않는다. ④ 제73조 제6항.

<문 9>   ① 제58조 제1항 제1호에 따라 사용권 설정등록은 제3자에 대한 대항요건이다. 상표등록 취소사유는 아니다. ② 제73조 제3항. ③ 제73조 제1항 제4호: 제54조 제5항에 위반된 경우. ④ 제73조 제1항 제3호. ⑤ 제73조 제1항 제2호 (부정한 사용에 대한 취소사유).

<문 10>   ① 대법원 2005.9.28 선고 2003후1741 판결: 상표법상 상표의 사

용이라고 함은 상품 또는 상품의 포장에 상표를 표시하는 행위 등을 의미하고 여기에서 말하는 상품은 그자체가 교환가치를 가지고 독립된 상거래의 목적물이 되는 물품을 의미한다. ② 대법원 1999.6. 5 선고 98후59 판결: 옳은 지문이다. ③ 행정법규 등에서 요구하거나 검사 등을 받지 않았다 하여 무조건적으로 제73조 제1항 제3호에 있어 등록상표의 정당한 사용이 아니라고 단정해서는 안 되고, 행정법규의 목적, 특성 그 상품의 용도, 성질 및 판매형태, 거래실정상 거래자나 일반수요자가 그 상품에 대하여 느끼는 인식 등 여러 사정을 참작하여 개별적으로 판단한다. ④ 제2조 제1항 제7호 및 제2조 제2항의 상표의 사용 요건을 충족하면 된다. 그러나 "약사법에서 규정하는 보건복지부장관의 품목별 허가를 받지 않은 의약품"은 제7조 제1항 제4호(공공의 질서를 해칠 우려가 있는 상표) 또는 제7조 제1항 제11호(상품의 품질을 오인하게 하거나 수요자를 기만할 염려가 있는 상표)에 해당되므로 부등록사유로 제71조 제1항 제1호의 무효사유에 해당된다. 따라서 틀린 지문이다. ⑤ 대법원 1991.12.13 선고 91후356 판결: 타인의 저작권을 침해하는 등록상표에 대해서는 불문하므로 사용의 요건을 갖추면 충분하다.

제8절 상표쟁송

I. 서 설

특허청 또는 특허심판원에서 절차를 밟는 당사자는 특허청장, 심사관 또는 심판의 합의체가 행한 처분에 대하여 법원에 소송을 제기함으로써 불복을 청구할 수 있다. 상표권에 관한 분쟁을 해결하기 위한 상표소송에는 심결취소소송, 행정소송, 상표침해소송이 있다. 상표에 관한 소송의 절차나 심리 및 판결 등은 특허에 관한 소송과 거의 동일하므로 상표에 관한 소송절차나 심리방식에 대한 설명은 생략하기로 한다. 상표 관련 행정소송은 특허청장이나 특허심판원장이 행한 출원 또는 등록절차에 대한 무효처분, 부적법한 출원서류 등의 반려처분이나 심판청구절차에 대한 무효처분 등의 행정처분에 불복하는 경우 행하는 소송이다. 따라서 특허청장 등의 처분에 대한 불복신청은 행정심판법에 의한 행정심판을 청구하거나 행정소송을 제기하여 구제를 받을 수 있다. 행정소송사건의 심급은 지방법원급인 행정법원, 고등법원, 대법원으로 이어지는 3심급 구조를 갖는다.

II. 심결취소소송

1. 서 설

심결취소소송은 특허심판원의 심결 등에 대하여 불복하고자 하는 자가 특허법원에 제기하는 소송을 말한다. 심결에 대한 소, 심판에서 내린 각하결정, 심판청구서 또는 재심청구서의 각하결정에 대한 소는 특허법원의 전속관할로 한다(제85조의3 제1항). 심판을 청구할 수 있는 사항에 관한 소는 심결에 대한 것이 아니면 이를 제기할 수 없다. 특허법원이 관할하는 특허심판심결에 대한 취소소송은 행정처분인 심결에 불복하는 행정소송의 성격을 가지는 제1심의 소송이라 할 것이나, 준사법적 행정행위의 성질을 가진 심판에 대한 불복의 소이므로 실질적 의미에서 항소심의 성격을 가진다. 특허청 또는 특허심판원에서 절차를 밟는 당사자는 특허청장, 심사관 또는 심판의 합의체가 행한 처분에 대하여 법원에 소송을 제기함으로써 불복을 청구할 수 있다. 상표권에 관한 분쟁을 해결하기 위한 상표소송에는 심결취소소송, 행정소송, 상표침해소송이 있다. 상표에 관한 소송절차나 심리 및 판결 등은 특허에 관한 소송과 거의 동일하므로 상표에 관한 소송절차나 심리방식에 대한 설명은 생략한다.

2. 심결 등에 대한 소

가. 제소기간

심결 등에 대한 소는 심결 또는 결정의 등본을 송달받은 날부터 30일 이내에 제기하여야 한다(제85조의3 제3항). 소제기의 기간은 불변기간이다. 그러나 심판장은 주소 또는 거소가 멀리 떨어진 곳에 있거나 교통이 불편한 지역에 있는 자를 위하여 직권으로 제3항의 불변기간에 대하여 부가기간을 정할 수 있다(제85조의3 제5항). 특허법원의 판결에 대하여는 대법원에 상고할 수 있다(제85조의3 제8항).

나. 당사자 적격

특허법원에 제기하는 심결 등의 소는 당사자, 참가인 또는 해당 심판이나 재심에 참가신청을 하였으나 그 신청이 거부된 자만 제기할 수 있다(제85조의3 제8항). 제85조의3 제1항에 따른 소의 제기는 특허청장을 피고로 하여야 한다. 다만, 상표등록의 무효심판, 상표권의 존속기간갱신등록의 무효심판, 상품분류전환등록의 무효심판, 상표등록의 취소심판, 전용사용권 또는 통상사용권 등록의 취소심판, 권리범위 확인심판 또는 그 재심의 심결에 대한 소제기는 그 청구인 또는 피청구인을 피고로 하여야 한다(제85조의4).

다. 소제기 통지, 재판서 정본 송부

법원은 심결 등에 대한 소의 제기 또는 대법원에 상고가 있는 때에는 지체없이 그 취지를 특허심판원장에게 통지하여야 한다(제85조의5 제1

항). 법원은 상표등록의 무효심판, 상표권의 존속기간갱신등록의 무효심판, 상품분류전환등록의 무효심판, 상표등록의 취소심판, 전용사용권 또는 통상사용권 등록의 취소심판, 권리범위 확인심판 또는 그 재심의 심결에 대한 소에 관하여 소송절차가 완결된 때에는 지체없이 그 사건에 대한 각 심급의 재판서 정본을 특허심판원장에게 송부하여야 한다(제85조의5 제2항).

라. 심결 또는 결정의 취소

법원은 심결 등에 대한 소가 제기된 경우에 그 청구가 이유있다고 인정한 때에는 판결로써 해당 심결 또는 결정을 취소하여야 한다(제85조의6 제1항). 심판관은 특허법원의 심결 또는 결정의 취소판결이 확정된 때에는 다시 심리를 하여 심결 또는 결정을 하여야 한다. 특허법원의 판결에 있어서 취소의 기본이 된 이유는 그 사건에 대하여 특허심판원을 기속한다(제85조의6 제3항).

Ⅲ. 상표침해소송

1. 서 설

상표권은 상표사용자의 업무상 신용유지를 도모하고 아울러 일반 수요자의 이익을 보호하기 위하여 국가가 설정한 권리이다. 상표권자는 권리범위 확인심판을 청구하여 상표권의 효력범위를 확인할 수 있고, 상표권을 침해한 자에 대해 민사상 책임과 형사상 책임을 물을 수도 있다. 상표권 또는 전용사용권 침해로 인한 구제방법으로는 민사상 금지청구·손해배상청구·신용회복청구 등이 있다.[1] 형사상 구제방법으로 침해죄를 비롯하여 허위표시죄·위증죄·몰수 등에 관하여도 벌칙이 규정되어 있다. 상표권 침해에 대한 민사상의 유효한 구제방법으로 상표사용금지가처분 등이 있다. 또 행정적 구제방법으로는 위조상품의 단속, 세관에 의한 국경조치, 산업재산권 분쟁조정제도 등이 별도로 마련되어 있다.

---

1) 대법원 2008.3.27 선고 2005다75002 판결.

2. 상표권 침해의 성립요건

가. 직접침해

상표권은 무체재산의 일종으로서 유체물과는 달리 객체의 점유가 곤란하고 침해가 용이한 반면, 침해여부의 발견과 판단이 쉽지 않고 침해로 인하여 손상된 상표의 신용은 그 회복이 대단히 어려울 뿐만 아니라 상표권자뿐 아니라 일반수요자에게도 미치는 피해가 크다는 특징을 가지고 있다. 상표권은 적극적으로는 상표권자가 지정상품에 대하여 그 등록상표를 독점적으로 사용할 권리를 독점한다(제50조). 상표법이 인정하고 있는 상표권의 침해는 동일상표에 대한 침해를 다투는 사용권에 대한 침해(직접침해)와 유사범위에서의 침해(간접침해)로 나눌 수 있다. 소극적으로는 제3자가 동일·유사한 상표를 동일·유사한 상품에 사용하는 것을 배제할 수 있는 권리이므로, 상표권의 침해죄는 상표의 사용에 의해 성립된다. 상표권의 소극적 효력이 상표와 상품이 유사한 범위까지 인정된다. 타인의 등록상표와 동일 또는 유사한 상표를 그 등록상표의 지정상품과 동일 또는 유사한 상품에 무단으로 사용하면 상표권의 침해가 된다. 대법원 2011.1.13 선고 2010도5994 판결은 타인의 등록상표를 그 지정상품과 동일 또는 유사한 상품에 사용하면 타인의 상표권을 침해하는 행위가 되나, 타인의 등록상표를 이용한 경우라고 하더라도 그것이 상표의 본질적인 기능이라고 할 수 있는 출처표시를 위한 것이 아니라 서적의 내용 등을 안내·설명하기 위하여 사용되는 등으로 상표의 사용으로 인식될 수 없는 경우에는 등록상표의 상표권을 침해한 행위로 볼 수 없고, 그것이 상표로서 사용되고 있는지의 여부를 판단하기 위해서는, 상품과의 관계, 당해 표장의 사용 태양(즉 상품 등에 표시된 위치, 크기 등), 등록상표의 주지저명성 그리고 사용자의 의도와 사용경위 등을 종합하여 실제 거래계에서 그 표시된 표장이 상품의 식별표지로서 사용되고 있는지의 여부를 종합하여 판단하여야 한다고 한다.

나. 상표권의 침해로 보는 행위

상표법 제66조 제1항에서 규정하고 있는 침해로 보는 행위(간접침해)는 다음과 같다. (i) 타인의 등록상표와 동일한 상표를 그 지정상품과 유사한 상품에 사용하거나 타인의 등록상표와 유사한 상표를 그 지정상품과 동일 또는 유사한 상품에 사용하는 행위, (ii) 타인의 등록상표와 동일 또는 유사한 상표를 그 지정상품과 동일 또는 유사한 상품에 사용하거나 사용하게 할 목적으로 교부·판매·위조·모조 또는 소지하는 행위, (iii) 타인의 등록상표를 위조 또는 모조하거나 위조 또는 모조하게 할 목적으로 그 용구를 제작·교부·판매 또는 소지하는 행위, (iv) 타인의 등록상표 또는 이와 유사한 상표가 표시된 지정상품과 동일 또는 유사한 상품을 양도 또는 인도하기 위하여 소지하는 행위 등이다.

다. 지리적 표시 단체표장권을 침해로 보는 행위

지리적 표시 단체표장권을 침해로 보는 행위는 (i) 타인의 지리적 표시 등록단체표장과 유사한 상표(동음이의어 지리적 표시를 제외한다. 이하 이 항에서 같다)를 그 지정상품과 동일한 상품에 사용하는 행위, (ii) 타인의 지리적 표시 등록단체표장과 동일 또는 유사한 상표를 그 지정상품과 동일한 상품에 사용하거나 사용하게 할 목적으로 교부·판매·위조·모조 또는 소지하는 행위, (iii) 타인의 지리적 표시 등록단체표장을 위조 또는 모조하거나 위조 또는 모조하게 할 목적으로 그 용구를 제작·교부·판매 또는 소지하는 행위, (iv) 타인의 지리적 표시 등록단체표장과 동일 또는 유사한 상표가 표시된 지정상품과 동일한 상품을 양도 또는 인도하기 위하여 소지하는 행위 등이다.

3. 침해주장에 대한 대응과 항변

가. 침해주장에 대한 검토결과 상표권 침해에 해당하는 경우

상표권자의 침해 경고장 등을 검토한 결과 법리적으로 상표권 침해가 해당됨이 명백하다면 민형사상의 제재를 받을 수 있기에 원칙적으로 당해 상표의 사용을 중단하여야 한다. 이 경우 통상 상표권자에게 회신문 등을 보내 상표권 침해를 인정하고 그간 무단으로 사용한 것에 대한 일정한 합의금을 지급함과 동시에 앞으로 더 이상 침해를 하지 않겠다는 약속을 하는 선에서 분쟁을 종결할 수 있다. 영업상 해당 상표의 사용을 중단할 수 없다면 상표권자와 협상하여 상표권을 이전받거나, 전용사용권이나 통상사용권 등을 설정하여 해당 상표를 사용할 수 있는 라이선스

계약을 체결함으로써 계속 사용할 수 있다.

나. 침해주장에 대한 검토결과 상표권 침해에 해당하지 않는 경우

상표권자의 침해 경고장 등을 검토한 결과 법리적으로 상표권 침해가 해당되지 않는다고 판단되면, 상표권자에게 회신문 등을 보내 상표권 침해가 아님을 법리적으로 밝히고 무의미한 침해경고 행위를 더 이상 하지 말 것을 요청할 수 있다. 또한 상표권 침해가 아님을 주장하거나 특허심판원에 소극적 권리범위 확인심판을 청구하여 이를 공적으로 확인받을 수 있다. 한편 타인의 등록상표와 유사한 상표에 해당한다 하여도 자기의 사용상표가 상표법상 등록상표에 해당한다면 상표권 침해가 아니며, 타인의 등록상표를 무효심판에 의하여 소멸시킨 경우에는 상표권을 침해도 소급적으로 벗어날 수 있다.

다. 자기의 사용상표 또한 등록상표인 경우

상표권자로부터 침해 경고를 받았고 설령 자기의 사용상표가 상표권자의 등록상표와 동일 또는 유사한 상표에 해당한다 하여도, 자기의 사용상표 또한 상표법상의 등록상표라면 상표권 침해에 해당되지 않으므로 이러한 사실을 상표권자에게 통보하여 상표권 침해가 아님을 항변할 수 있다. 자신의 사용상표가 상표법상의 등록상표라면 상표권 침해를 구성하지 않으므로, 실무상 적극적으로 타인의 모방을 금지하고자 하는 이유뿐만 아니라 타인으로부터 상표권 침해의 대항을 받지 않고 안정적으로 사업을 진행하고자 방어적인 입장에서 상표권을 등록받을 수 있다. 사용자가 자기의 사용상표를 등록 받았다면 상표법상 정당하게 사용할 법적 권리를 부여받은 것이므로 그 등록이 소멸되기 전까지 타인 상표권의 침해가 아니다.

라. 침해를 주장하는 상표권자의 등록상표에 무효사유가 있는 경우

상표법상 등록된 상표권일지라도 그 등록이 착오로 이루어진 것이라면 무효심판을 청구할 수 있고, 무효심판에서 무효심결을 받아내면 해당 상표권은 처음부터 등록이 되지 않은 것으로 취급된다. 따라서 상표권자로부터 침해 경고를 받았고 설령 자기의 행위가 침해에 해당한다 하여도 상표권자의 등록상표에 상표법상의 무효사유가 있다면, 해당 상표권자를 상대로 무효심판을 청구하여 그 등록을 무효시킬 수 있고 이 경우 그 등록상표권은 처음부터 존재하지 않았던 것이 되므로 당연히 상표권 침해에 해당되지 않는 것으로 된다.

Ⅳ. 민사적 구제

1. 침해금지청구권

상표법은 제65조 제1항에서 "상표권자 또는 전용사용권자는 자기의 권리를 침해한 자 또는 침해할 우려가 있는 자에 대하여 그 침해의 금지 또는 예방을 청구할 수 있다"고 규정하고 있다. 이러한 상표법 제65조의 규정에 따라 침해자를 상대로 일반 민사법원에 상표권의 침해행위를 금지해 달라는 내용의 청구를 하는 것을 "상표권 침해금지청구"라 한다.

상표권은 물권적인 독점·배타권이지만 그 대상물을 물리적으로 사실상 지배할 수 없으므로 타인에 의해 쉽게 침해될 소지가 많다. 상표권의 침해금지청구는 상표권자와 전용사용권자만이 청구권을 행사할 수 있고 채권적인 지위에 있는 통상사용권자는 청구할 수 없다.

상표권에 전용사용권을 설정한 경우 상표권자는 그 설정범위 내에서 전용사용권자와는 별도로 금지청구권을 행사할 수 있다. 상표권자 또는 전용사용권자가 공유인 경우 각 공유자는 공유자의 동의없이 보존행위로서 금지청구권을 행사할 수 있다. 상표권자(원고)로부터 상표권 침해금지청구가 제기되면 법원은 침해자(피고)의 행위가 상표법상 상표권 침해에 해당하는지를 심리하게 되며, 심리결과 상표권 침해에 해당되면 상표권자의 침해금지청구를 인용하여 침해자에게 해당 상표를 사용을 금지하는 명령을 내리게 된다.

2. 침해예방청구권

상표법 제65조 제2항은 제1항의 침해금지 및 예방청구권의 실효성을 확보하기 위하여 침해자에 대하여 침해 행위의 조성물건 또는 침해행위에 제공된 설비의 폐기·제거 등 침해예방에 필요한 조치를 함께 청구할 수 있도록 규정한 것이다. 침해예방청구는 상표권자와 전용사용권자만이 청구권을 행사할 수 있고 채권적인 지위에 있는 통상사용권자는 청구할 수 없다.

3. 손해배상청구

상표권의 침해에 의하여 손해를 입은 자는 민법 제750조에 근거한 손해배상청구를 할 수 있다.[1] 손해배상청구가 가능하기 위해서는 제3자의 위법한 권리침해가 있어야 하고, 침해행위에 고의 또는 과실이 있어야 하며, 침해로 인하여 손해가 발생하고, 침해행위와 손해발생 사이에 인과관계가 있어야 한다. 손해배상청구에 있어서의 손해액은 상표권자가 이를 입증하여야 함이 원칙이나, 무체재산권인 상표권 침해의 경우에는 그 특성상 손해액의 입증이 극히 곤란한 경우가 많으므로 상표법은 상표권자의 입증의 편의를 위하여 일정한 실시행위의 유형을 상표권 침해로 규정하고(제66조), 고의의 추정에 관한 규정(제68조) 및 손해액의 추정에 관한 규정(제67조)을 두고 있다.

4. 손해액의 산정

가. 침해자의 상품 양도수량과 권리자의 손해액산정

상표권자 또는 전용사용권자는 자기의 상표권 또는 전용사용권을 고의 또는 과실로 침해한 자에 대하여 그 침해에 의하여 자기가 받은 손해의 배상을 청구하는 경우, 침해한 자가 그 침해행위를 하게 한 상품을 양도한 때에는 그 상품의 양도수량에 상표권자 또는 전용사용권자가 그 침해행위가 없었다면 판매할 수 있었던 상품의 단위수량당 이익액을 곱한 금액을 상표권자 또는 전용사용권자의 손해액으로 할 수 있다. 이 경우

---

1) 대법원 2004.7.22 선고 2003다62910 판결: 상표법 제67조 제2항·제3항·제5항은 같은 조 제1항과 마찬가지로 불법행위에 기한 손해배상청구에 있어서 손해에 관한 피해자의 주장·입증책임을 경감하는 취지의 규정이고, 손해의 발생이 없는 것이 분명한 경우까지 침해자에게 손해배상의무를 인정하는 취지는 아니라 할 것이므로 상표권의 침해행위에도 불구하고 상표권자에게 손해의 발생이 없다는 점이 밝혀지면 침해자는 그 손해배상책임을 면할 수 있는 것으로 해석함이 상당하다 할 것이다. 위와 같이 상표권자에게 손해의 발생이 인정되지 아니하는 경우에는 민법 제750조에 기한 손해배상청구권 역시 인정될 수 없다 할 것이다.

손해액은 상표권자 또는 전용사용권자가 생산할 수 있었던 상품의 수량에서 실제 판매한 상품의 수량을 뺀 수량에 단위수량당 이익액을 곱한 금액을 한도로 한다. 다만, 상표권자 또는 전용사용권자가 당해 침해행위 외의 사유로 판매할 수 없었던 사정이 있는 때에는 당해 침해행위외의 사유로 판매할 수 없었던 수량에 따른 금액을 빼야 한다(제67조 제1항).

나. 침해자의 이익을 통한 권리자의 손해액추정

상표권자 또는 전용사용권자가 고의 또는 과실에 의하여 자기의 상표권 또는 전용사용권을 침해한 자에 대하여 그 침해에 의하여 자기가 받은 손해의 배상을 청구하는 경우 권리를 침해한 자가 그 침해행위에 의하여 이익을 받은 때에는 그 이익의 액을 상표권자 또는 전용사용권자가 받은 손해의 액으로 추정한다(제67조 제2항). 이 규정은 상표권자 등이 상표권 등의 침해로 인하여 입은 손해의 배상을 청구하는 경우에 그 손해의 액을 입증하는 것이 곤란한 점을 감안하여 권리를 침해한 자가 그 침해행위에 의하여 이익을 받은 때에는 그 이익의 액을 상표권자 등이 입은 손해의 액으로 추정하는 규정이다.

상표권자 혹은 전용사용권자로서는 침해자가 상표권 침해행위로 인하여 얻은 수익에서 상표권 침해로 인하여 추가로 들어간 비용을 공제한 금액, 즉 침해자의 이익액을 손해액으로 삼아 손해배상을 청구하거나 혹은 상표권자가 다른 사람에게 침해기간, 침해수량 등에 상응하는 상표의 사용을 허락하는 데 대한 통상적인 대가를 손해배상액으로 청구할 수 있다.[1]

다. 통상사용료 상당액

상표권자 또는 전용사용권자가 고의 또는 과실에 의하여 자기의 상표권 또는 전용사용권을 침해한 자에 대하여 그 침해에 의하여 자기가 받은 손해의 배상을 청구하는 경우 그 등록상표의 사용에 대하여 통상 받을 수 있는 금액에 상당하는 액을 상표권자 또는 전용사용권자가 받은 손해의 액으로 하여 그 손해배상을 청구할 수 있다(제67조 제3항). 이 규정

---

1) 대법원 2008.3.27 선고 2005다75002 판결.

에 불구하고 손해의 액이 동항에 규정하는 금액을 초과하는 경우에는 그 초과액에 대하여도 손해배상을 청구할 수 있다. 이 경우 상표권 또는 전용사용권을 침해한 자에게 고의 또는 중대한 과실이 없는 때에는 법원은 손해배상의 액을 정함에 있어서 이를 참작할 수 있다.

라. 법원의 재량에 의한 손해액 산정

법원은 상표권 또는 전용사용권의 침해행위에 관한 소송에 있어서 손해가 발생된 것은 인정되나 그 손해액을 입증하기 위하여 필요한 사실을 입증하는 것이 해당 사실의 성질상 극히 곤란한 경우에는 변론전체의 취지와 증거조사의 결과에 기초하여 상당한 손해액을 인정할 수 있다(제67조 제5항).

5. 법정손해배상의 청구

가. 의 의

상표권 침해에 따른 손해배상소송에서 손해의 입증이나 손해액을 추정하기 곤란한 경우 상표권자 또는 전용사용권자의 권리보호가 어려운 경우가 있었다. 따라서 2012년 개정법에서 상표위조에 의한 침해행위에 대하여 법정손해배상제도를 신설하여 권리자가 실손해액과 법정손해액을 선택적으로 청구할 수 있도록 하였다. 법정손해배상제도는 민사소송에서 원고가 실제 손해를 입증하지 않은 경우에도 사전에 법령에서 정한 일정한 금액(또는 일정한 범위의 금액)을 원고의 선택에 따라 법원이 손해액으로 인정할 수 있는 제도이다. 5천만원 이하의 손해액에 대하여는 상표권자 또는 전용사용권자의 입증책임을 완화하는 법정손해배상제도를 이용할 수 있다. 청구권자는 상표권자 또는 전용사용권자이고, 실손해액과 법정손해액을 선택적으로 청구할 수 있으며, 청구시기는 법원의 변론 종결시까지 가능하다.

나. 내 용

상표권자 또는 전용사용권자는 자기가 사용하고 있는 등록상표와 같거나 동일성이 있는 상표를 그 지정상품과 같거나 동일성이 있는 상품에 사용하여 자기의 상표권 또는 전용사용권을 고의나 과실로 침해한 자에 대하여 상표법 제67조에 따른 손해배상을 청구하는 대신 5천만원 이하의 범위에서 상당한 금액을 손해액으로 하여 배상을 청구할 수 있다. 이 경우 법원은 변론전체의 취지와 증거조사의 결과를 고려하여 상당한 손해액을 인정할 수 있다(제67조의2 제1항). 자기의 상표권 또는 전용사용권을 고의나 과실로 침해한 자의 침해행위에 대하여 손해배상을 청구한 상표권자 또는 전용사용권자는 법원이 변론을 종결할 때까지 그 청구를 법정손해배상에 따른 청구로 변경할 수 있다(제67조의2 제2항).

6. 상표권 침해금지가처분신청

상표권의 침해가 발생하였을 때 상표권 침해금지청구라는 본안 소송을 제기하여 침해자에 대한 직접적인 책임을 묻게 되기까지는 사실 상당한 시간이 소요되며, 해당 소송에서 승소한다 하여도 이미 상표권에 대한 침해가 상당 정도 진행되어 회복하기 어려운 손해를 입을 수 있다. 따라서 상표권 침해가 발생한 경우 상표권자는 침해자의 침해품에 대한 처분을 금지시킬 수 있는 신속한 조치로서 상표권 침해금지가처분신청을 고려할 수 있다. 이러한 상표권 침해금지가처분신청은 본안소송에 비하여 신속하게 심리가 종결되고, 가처분신청이 인용되는 경우 실질적으로 상표권 침해금지청구라는 본안소송이 받아들여지는 것과 동일한 효과를 가져올 수 있으므로 상표권 침해에 대한 구제방법으로 실무상 많이 이용되고 있다.

7. 고의(故意)의 추정

등록상표임을 표시한 타인의 상표권 또는 전용사용권을 침해한 자는 그 침해행위에 대하여 그 상표가 이미 등록된 사실을 알았던 것으로 추정한다(제68조). 민법에서 고의·과실의 입증책임은 불법행위의 성립을 주장하는 피해자가 가해자의 고의 혹은 과실을 입증하여야 한다. 그러나 상표권 침해에 대한 손해배상청구에 있어 침해자의 고의·과실의 입증책임은 상표권자에 있지만 이를 입증하기는 매우 어렵다. 침해자는 그 상표가 등록된 사실을 알지 못한다고 주장하더라도 상표권의 존재에 대하여는 공시제도인 등록원부와 상표등록공보에 공고되었으므로 공중은 이를 이미 알고 있다고 보기 때문이다. 이와 같이 입증책임을 침해자에게로 전환한 것은 상표권자로 하여금 등록상표에 대한 표시를 유도하여 상표권 침해시 피해의 구제를 용이하게 하고, 경쟁업자가 타인의 상표권을 침해하는 것을 예방함으로써 상표관련 분쟁을 방지하려는 것이 취지이다.

8. 신용회복청구

상표권자는 타인의 침해행위로 인하여 자신의 상표에 대한 신용이 실추되었다고 판단되는 경우에는 손해배상에 갈음하여 또는 손해배상과 함께 법원에 신용회복청구를 할 수 있다. 이는 통상 침해자에게 침해사실에 대하여 신문에 해명광고 등을 할 것을 청구하는 방식으로 이루어지는데, 이러한 청구가 인정되기 위해서는 상표권의 침해가 있다는 사실 외에 침해행위에 의하여 상표권자의 신용이 실추되었다는 사실이 별개로 인정되어야 한다. 법원은 고의 또는 과실에 의하여 상표권 또는 전용사용권을 침해함으로써 상표권자 또는 전용사용권자의 업무상의 신용을 실추하게 한 자에 대하여는 상표권자 또는 전용사용권자의 청구에 의하여 손해배상에 갈음하거나 손해배상과 함께 상표권자 또는 전용사용권자의 업무상의 신용회복을 위하여 필요한 조치를 명할 수 있다(제69조).

9. 서류의 제출명령

법원은 상표권 또는 전용사용권의 침해에 관한 소송에 있어서 당사자의 신청에 의하여 타당사자에 대하여 당해 침해행위로 인한 손해를 계산을 하는 데 필요한 서류의 제출을 명할 수 있다. 그 서류의 소지자가 그 서류의 제출을 거절할 정당한 이유가 있는 때에는 그러하지 아니하다(제70조). 상표법은 상표권이 침해된 경우에 침해자가 당해 상표를 사용해서 거래한 상품의 수량이나 금액 등이 명백히 밝혀지지 않으면 손해액의 산정이 곤란하기 때문에 서류의 제출명령제도를 마련한 것이다. 그러나 법원의 서류 제출명령이 있더라도 그 서류의 소지자가 그 서류의 제출을 거절할 정당한 이유가 있는 때에는 제출을 거부할 수 있다.

10. 비밀유지명령제도

가. 비밀유지명령제도 도입[1]

비밀유지명령제도를 도입하여 소송절차에 제출된 영업비밀 관련 자료를 소송당사자 등에게 계속 비밀로 유지할 수 있도록 한다. "비밀유지명령"이란 소송절차에서 생성되거나 교환된 비밀정보(영업비밀 등)를 보호하기 위해 소송당사자, 대리인 등에게 소송중 지득한 비밀을 소송 수행 외의 목적으로 사용하지 못하게 하거나 공개하지 못하게 하는 법원의 명령을 말한다. 소송과정에서의 준비서면, 증거조사에서 영업비밀이 공개될 경우, 소송당사자의 신청에 의해 법원은 당해 영업비밀이 소송 수행 외의 목적으로 사용금지 및 공개금지를 명할 수 있다. 국내외에서 정당한 사유없이 상표법 제92조의7 제1항에 따른 비밀유지명령을 위반한 자는 5년 이하의 징역 또는 5천만원 이하의 벌금에 처한다(제96조의2).

나. 내 용

"한미FTA 및 한미FTA에 관한 서한 교환"의 합의사항에 따라 법원으로 하여금 상표권의 침해에 관한 소송에서 당사자가 제출한 준비서면 등에 영업비밀이 포함되어 있고 그 영업비밀이 공개되면 당사자의 영업에 지장을 줄 우려가 있는 경우 등에는 당사자의 신청에 따라 결정으로 해당 영업비밀을 알게 된 자에게 소송 수행 외의 목적으로 영업비밀을 사용하는 행위 등을 하지 아니할 것을 명할 수 있는 비밀유지명령제도를 도입하였다. 따라서 상표법 제92조의2 내지 제92조의9에 비밀유지명령 신청 및 취소와 관련된 절차 등을 신설하고, 같은 법 제96조의2에 비밀유지명령위반죄를 신설하였다. 국내외에서 정당한 사유없이 같은 법 제92조의2 제1항에 따른 비밀유지명령을 위반한 자는 5년 이하의 징역 또는 5천만원 이하의 벌금에 처한다. 비밀유지명령 위반죄는 친고죄로 비밀유지명령을 신청한 자의 고소가 없으면 공소를 제기할 수 없다(제92조의2 제2항).

---

1) 국회 지식경제위원회, 상표법 일부개정법률안 검토보고서, 2011.10. 27-38면.

Ⅴ. 형사적 구제

1. 침 해 죄

상표법은 상표권 및 전용사용권을 침해하거나 상표를 허위로 표시한 경우에는 형벌의 제재를 가하고 있다. 상표권 또는 전용사용권의 침해행위를 한 자는 7년 이하의 징역 또는 1억원 이하의 벌금에 처한다(제93조). 상표권의 침해는 상표권자의 영업상 신용과 이익을 해칠뿐만 아니라, 일반 수요자에게 상품출처에 대해 오인·혼동을 초래하여 거래질서를 해치게 되므로 공익에 반하게 된다. 상표법은 과실범을 처벌하는 규정이 없으므로 고의로 상표권을 침해한 고의범에 한하여 형사적인 처벌이 가능하다. 특허권·실용신안권·디자인보호권에 대한 침해죄는 친고죄로 하고 있으나, 상표권의 침해는 침해하는 상표를 부착한 상품이 유통되거나 광고선전 등에 사용될 경우 일반수요자에게 미치는 영향이 크기 때문에 상표권에 대한 침해죄에 대하여 공익상의 이유로 친고죄에 관한 규정을 두고있지 않다. 따라서 상표권의 침해에 대하여는 권리자의 고소가 없더라도 기소할 수 있다.

2. 몰 수

상표법의 벌칙 규정에는 침해죄 이외에 위증죄(제94조), 허위표시의 죄(제95조), 사위행위의 죄(제96조), 양벌규정(제97조), 몰수(제97조의2), 과태료(제98조)를 규정하고 있다. 이러한 죄들은 특허법에서 규정하고 있는 벌칙과 동일하므로 설명을 생략한다.

상표법은 제97조의2에서 "몰수규정"을 두어 상표권의 침해죄에 해당하는 행위에 제공되거나 침해행위로 인하여 생긴 침해품 등을 몰수할 수 있도록 규정하고 있다. 침해품의 외관을 해치지 않고 상표가 쉽게 분리되는 경우에는 상표만을 분리하여 제거하고 물품자체는 몰수하지 않을 수 있다.

3. 무역위원회 불공정무역행위조사 신청제도

최근 국산제품에 대한 경쟁력이 높아짐에 따라 국내 상표권을 침해하는 모방품이 외국에서 제조되어 국내 수입되는 경우가 많이 있다. 이 경우 상표권자는 무역위원회에 상표권을 침해하는 침해품에 대한 수입 행위를 금지시켜 달라는 신청을 할 수 있고 이러한 신청이 바로 무역위원회에 제기하는 이른바 "불공정무역행위조사 신청"이다. 이는 특히 상표권 침해품이 국내로 수입되는 것 자체를 원천적으로 봉쇄할 수 있다는 점에서 상표권자의 조치로서 실무상 아주 중요한 제도 중의 하나이다. 불공정무역행위조사 신청을 위해서는 자신의 상표권에 대한 침해품이 수입되고 있다는 것을 안 날로부터 1년 이내에 무역위원회에 소정의 양식을 갖춘 불공정무역행위조사 신청서를 제출하여야 한다. 이러한 신청에 의하여 상표권 침해사실이 인정되는 경우 무역위원회는 침해품에 대한 국내로의 수입·판매 행위를 금지시키는 시정조치명령을 내리며, 나아가 연평균 거래금액의 30% 또는 5억원 이내의 과징금을 부과할 수 있다.

Ⅵ. 상　고

특허법원의 판결에 대하여는 대법원에 상고할 수 있다. 상고장은 원심법원인 특허법원에 제출한다. 상고기간(판결송달일로부터 2주 이내), 상고이유는 모두 민사소송법에 의한다. 심결취소소송은 고등법원급인 특허법원을 제1심으로 하여 대법원을 최종심으로 한다. 대법원은 상고권이 없거나 방식을 위반하여 부적법한 경우에는 상고각하의 판결을 하며, 상고가 이유 없다고 인정될 때 또는 상고인이 기간 내에 상고이유서를 제출하지 아니한 때에는 상고기각판결을 한다. 또한 상고가 이유가 있다고 인정된 때에는 원판결을 파기하고 사건을 특허법원에 환송하는 판결을 한다. 상고의 남발을 제한하기 위해서 "상고심 절차에 관한 특례법"이 상표소송에서도 적용된다. 2002년 7월 1일부터 시행된 이 법률의 제4조(심리의 불속행)의 규정에서 나열하고 있는 사유에 해당하면, 대법원은 특허법원의 판결에 대하여 더 이상 심리를 속행하지 않고 상고를 기각한다.

≪연습문제≫

〈문 1〉 상표권의 침해에 관한 설명으로 옳지 않은 것은?

① 상표권자는 상표권을 침해한 자에게 고의 또는 과실이 없는 경우에도 그 자의 상표권 침해행위의 금지를 청구할 수 있다.

② 상표권자는 침해행위를 조성한 물건의 폐기, 침해행위에 제공된 설비의 제거 기타 침해의 예방에 필요한 행위만을 독립하여 청구할 수는 없다.

③ 타인의 등록상표가 표시된 그 지정상품과 동일한 상품을 소지하고 있어도 그 것만으로는 상표권 또는 전용사용권의 침해로 인정되지 않는 경우가 있다.

④ 상표권의 침해사실이 있다고 인정되는 경우라도 검사는 상표권자 또는 전용사용권자의 고소가 있어야만 공소를 제기할 수 있다.

⑤ 상표권자로부터 상표권의 침해라는 이유로 침해행위의 금지를 청구당한 자는 그 행위가 무과실에 의한 것임을 입증해도 그 행위의 금지를 면하지 못한다.

〈문 2〉 상표법상 상표권침해와 그 구제방법으로 옳지 않은 것은? [2011년 사시 1차시험]

① 상표권자는 타인이 등록상표와 동일 또는 유사한 상표를 그 지정상품과 동일 또는 유사한 상표에 사용하는 경우 금지청구권을 행사할 수 있다.

② 상표권침해는 타인의 등록상표를 지정상품과 전혀 무관한 상품에 사용하는 경우에도 성립한다.

③ 타인의 등록상표를 위조할 목적으로 그 용구를 제작, 교부, 판매 또는 소지하는 행위도 상표권침해에 해당한다.

④ 상표권침해에 제공된 물건은 몰수의 대상이 된다.

⑤ 상표권 침해죄는 비친고죄이다.

〈문 3〉 상표권 침해 및 그 구제방법에 관한 설명으로 옳지 않은 것은? [2010년 사시 1차시험]

① 상표권에 대한 침해죄는 특허권에 대한 침해죄와 달리 비친고죄이다.

② 타인의 등록상표와 유사한 상표가 표시가 표시된 지정상품과 유사한 상품을 양도하기 위하여 소지하는 행위는 침해행위로 간주된다.

③ 상표권자가 침해자를 상대로 제기한 침해금지청구소송에서 상표권자에 의한 상표권의 행사가 권리남용에 해당한다는 판결이 최종 확정되었더라도 이로써 그 상표권이 곧바로 무효가 되는 것이 아니다.

④ 법원은 고의로 상표권을 침해함으로써 상표권자의 업무상의 신용을 실추하게 한 자에 대하여는 상표권자의 청구에 의하여 그의 업무상의 신용회

복을 위하여 필요한 조치를 명할 수 있으나 과실에 의한 상표권 침해의 경우에는 그러하지 아니하다.

⑤ 법원이 상표권 침해를 이유로 하는 손해배상청구소송에서 당사자에게 손해액 계산에 필요한 서류의 제출을 명하는 경우 그 서류의 소지자가 정당한 이유가 있는 때에는 당해 서류의 제출을 거절할 수 있다.

〈문 4〉 상표권 침해에 관한 설명 중 옳지 않은 것은? (다툼이 있는 경우에는 판례에 의함) [2008년 변리사 1차시험]

① 지리적 표시 단체표장의 경우에 그 지리적 표시 단체표장과 동일 또는 유사한 상표를 그 지정상품과 유사상품에 사용하는 경우에는 침해가 성립하지 않는다.

② 심결확정에 의하여 무효로 된 타인의 상표권이 재심에 의하여 회복된 경우, 당해 심결의 확정 후 재심청구등록 전에 당해 등록상표를 사용한 때에는 상표권의 침해행위가 성립되는 경우가 있다.

③ 수출업자가 작성·서명하여 외국환은행을 통하여 환어음 및 다른 선적서류와 함께 수입업자에게 보내지는 수출송장에 대하여 타인의 등록상표의 지정상품 해당하는 제품에 그 등록상표를 사용한 경우라도 이것이 국내의 유통과정에 놓이는 상품에 사용한 것이 아니기 때문에 침해가 성립되지 않는다.

④ 상표가 상품의 출처를 표시하는 등 상표의 본질적 기능을 발휘하는 태양으로 사용되지 아니하고 단지 장식적으로 사용된 경우에는 상표권 침해가 성립하지 않는다.

⑤ 서적의 제호로서 사용하는 경우에는 그것이 저작권법에 저촉되지 않는 한 누구든지 사용할 수 있는 것으로서 품질을 나타내는 보통명칭·관용표장과 같은 성격을 가지는 것이므로 여기에는 상표권의 효력이 미치지 않는다.

〈문 5〉 다음 설명 중 옳지 않은 것은?

① 상표권 침해가 있는 경우 상표권자는 민·형사상의 조치를 동시에 취할 수는 없다.

② 상표권의 침해로 인하여 신용이 실추된 경우 상표권자는 손해배상청구와는 별도로 신용회복에 필요한 조치를 취할 수 있다.

③ 상표권 침해죄에 해당하는 경우에는 7년 이하의 징역 또는 1억원 이하의 벌금에 처한다.

④ 상표권 침해시 상표권자는 특허청 산하 산업재산권분쟁조정위원회에 산업재산권분쟁조정을 신청할 수 있다.

〈문 6〉 상표권 침해에 관한 설명으로 옳지 않은 것은?

① 상표권 침해경고에 대하여 침해가 아니라고 판단되는 경우 상표권자를 상대로 소극적 권리범위 확인심판을 청구하여 권리범위에 속하지 않는다는 심결을 받아낼 수 있다.

② 자기의 사용상표가 등록상표에 해당된다면, 설령 타인의 등록상표와 동일 또는 유사한 경우라도 상표권 침해가 아니다.

③ 타인의 상표등록이 무효가 된 경우 무효 후 타인의 등록상표를 사용하는 행위는 침해가 아니나, 무효 전 사용하였던 행위는 그대로 침해에 해당한다.

④ 상표권 침해경고를 받은 경우에 있어서 실제 침해에 해당된다면, 그 사용을 중단하거나 상표권자와 협의하여 해당 상표권에 대한 사용권 등을 설정받아 계속 사용할 수 있다.

≪정답≫ 1.④ 2.② 3.④ 4.③ 5.① 6. ③

≪문제해설≫

〈문 1〉 ① 제65조 제1항에 따라, 상표권 침해금지소송에서는 "고의 또는 과실"을 요건으로 하지 않는다. 그러나 손해배상청구(제67조)와 신용회복청구(제69조)에서는 "고의 또는 과실"을 요건으로 한다. ② 상표권자의 침해의 금지 또는 예방청구권은 주로 상대방의 부작위를 청구하는 것이고, 상표권자는 침해행위를 조성한 물건의 폐기나 침해행위에 제공된 설비의 제거 기타 침해의 예방에 필요한 구체적인 행위를 청구한 것이므로 본 청구에 대한 부대청구권의 성격을 가진다. 따라서 제65조 제2항은 제65조 제1항에 따라 소가 제기된 경우 부대적으로 행사할 수 있으므로 침해조성물의 폐기·제거청구권은 독립하여 행사할 수 없다. ③ 제66조 제1항 제2호에 따라, 단순히 그 상품을 소지하고 있는 것은 죄가 성립되지 않고, 그 상품과 "동일 또는 유사한 상품에 사용하거나 사용하게 할 목적"으로 요건을 충족해야 한다. 옳은 지문이다. ④ 제93조에 따라 상표권 침해죄는 비친고죄이므로 틀린 지문이다. ⑤ 상표권 침해금지소송에서는 "고의 또는 과실"을 요건으로 하지 않는다.

〈문 2〉 ① 제66조 제1항 및 제65조 제1항. ② 지정상품과 동일 또는 유사한 상품에 사용하여야 침해죄가 성립한다. ③ 제66조 제1항 제3호. ④ 제97조의2 제1항 ⑤ 제93조.

〈문 3〉 ① 제93조. ② 제66조 제1항 제2호. ③ 침해금지소송과 상표등록의 무효심판은 별개의 사건이다. 무효사유는 침해금지소송의 청구이유와 취지와 내용이 다르므로 제71조에 다라 무효심판을 청구해서 무효심결이 확정되어야 한다 (제71소 세3항). ④ 제69조에 따리시 신용회복 청구소송은 침해자이 "고익 뚜는 과실"을 요건으로 한다. 틀린 지문이다. ⑤ 제70조 단서.

<문 4> ① 제66조 제2항, 제51조 제2항(지리적 표시 단체표장권에 대한 효력이 미치지 아니한 범위). ② 제85조 제1호에 따라 "선의"가 아니라면 침해가 성립될 수 있다. ③ 제2조 제1항 제7호 나목과 제2조 제1항 제7호 다목에 따라 상표의 사용에 있어서, 수출업자가 수입업자에게 보내는 수출송장에 대하여 타인 등록상표의 지정상품에 해당하는 제품에 그 등록상표를 사용한 경우라면 국내 유통과정에 놓이는 상품에 사용한 것이 아니라도 침해가 성립된다. ④ 제2조 제1항 제7에 따라 "표시하는 행위, 유통하는 행위, 광고하는 행위" 중 어느 하나에 해당되어야 침해가 성립된다. ⑤ 서적의 제호도 식별력을 가지면 상표등록을 받을 수 있다. 지문의 경우 틀리지 않는 지문이다.

<문 5> ① 상표권 침해시 상표권자는 민사상의 조치와 형사상의 조치를 별도로 제기할 수도 있고, 동시에 제기할 수도 있다. 틀린 지문이다. ② 제69조. ③ 제93조. ④ 특허법 제109조 준용. 특허청 산하 산업재산권분쟁조정위원회에 조정을 신청할 수 있다.

<문 6> ① 제75조에 따라 옳은 지문이다. ② 타인의 등록상표와 동일 또는 유사한 경우에는 상표권 침해죄로 기소가 되어 침해죄로 유죄가 확정되기 전에는 상표권 침해라고 단정할 수 없다. ③ 상표등록이 무효가 되면 그 등록은 처음부터 없었던 것으로 취급되므로, 무효 후 사용행위뿐만 아니라 무효 전 사용행위도 침해를 소급적으로 벗어날 수 있다. ④ 실제로 상표권 침해죄에 해당된다면, 그 사용을 중단하거나 상표권자와 협의하여 해당 상표권에 대한 사용권을 설정 받아 계속 사용할 수 있다. 옳은 지문이다.

제 9 절 상표의 국제적 보호

I. 서 설

1. 의 의

파리협약(Paris Convention)에 의하면 상표의 출원과 등록요건은 각 동맹국에서 그 국내법에 따라서 정한다고 규정하고 있기 때문에 특허청에 상표를 등록하는 경우 대한민국에서만 등록상표로서 보호되고 해외에서는 원칙적으로는 보호가 되지 않는다(파리협약 제6조). 따라서 국내에서 출원 또는 등록한 상표를 해외에서 보호받고자 하는 경우에는 외국의 특허청에 상표등록 출원하여 상표등록을 받아야만 한다. 외국에 상표등록 출원을 하는 방법으로는 "마드리드 시스템에 의한 국제출원"(Protocol Relating to the Madrid Agreement Concerning the International Registration of Marks, 이하 "의정서"라 한다)[1]이 있다. 상표법 제8장의2에서 "의정서에 의한 국제출원"에 관한 사항을 규정하고 있다. 상표 국제출원은 의정서에 따라 상표를 국제출원할 수 있고, 파리협약에 의한 국제출원 및 유럽공동체 상표제도(CTM)를 이용하여 국제출원할 수 있다.

2. 국제출원

출원인은 파리협약에 의한 절차를 선택하는 경우, 우리나라에 상표등록출원을 하고 6개월 이내에 우리나라의 출원을 기초로 하여 우선권을 주장하면서 외국에 출원하는 경우 출원일의 선후원 판단과 관련하여 6개월 이내의 기간 소급되는 소급효의 이익을 향유할 수 있다. 또한 국내 상표등록출원 후 6개월이 지난 후라도 외국에 상표등록출원을 할 수 있다. 이 경우에는 우선권의 이익을 향유할 수 없다. 따라서 외국에 상표등록을 하고자 하는 경우에는 반드시 국내출원 후 6개월 이내에 하여야 선후원

---

1) Madrid Protocol: 상표의 국제등록에 관한 마드리드 의정서는 1996년 12월 1일 발효되었다. 우리나라에는 2003년 4월 10일부터 발효되었다. 2012년 2월 현재 84개국이 의정서에 가입하고 있다.

관계에서 6개월 이내의 우선권의 이익을 누릴 수 있다. 통상의 국제출원은 출원인이 출원하고자 하는 각국에 그 나라의 고유 언어로 출원서를 작성하고, 각국의 대리인에 의하여 각국의 화폐로 수수료를 납부하고, 각국별 절차에 의해 진행된다는 점에서 비용과 시간이 많이 소요되는 단점이 있다.

3. 의정서에 의한 국제출원

지역적인 측면에서 유럽공동체상표제도와 국제적인 측면에서 의정서가 바로 그 논의의 결과로 탄생한 "다국가 1출원시스템"이라고 할 수 있다. 의정서는 상표를 보호받기를 원하는 국가를 지정한 1통의 출원서로 한국 특허청에 제출하면 일괄하여 상표등록출원이 되도록 하는 국제조약이다. 상표법 제8장의2(의정서에 의한 국제출원)는 3개의 절로 구성되어 있다. 제1절에서는 대한민국의 국민 또는 대한민국 내에 주소나 영업소를 가진 자가 특허청을 통하여 국제출원을 하는 경우에 관한 절차를 규정하고 있다. 제2절에서는 외국인 또는 외국에 주소를 가지고 있는 대한민국의 국민이 외국 특허청을 통하여 국제출원을 하면서 대한민국을 지정국으로 지정하여 그 국제출원이 국제등록된 경우에 관한 국내절차(지정국관청으로서의 특허청에 대한 절차)의 특례를 규정하고 있다. 또한 제3절은 상표등록출원의 특례 규정으로 국제등록의 소멸 또는 의정서의 폐기로 인하여 국제등록을 통상의 국내출원으로 전환(transformation)하는 경우에 관한 국내절차를 규정하고 있다.

2003년 이후 2010년 상반기까지 외국기업들이 한국에 출원한 상표는 전체 180,429건이고, 이 중 의정서 국제상표등록출원은 52,217건으로 29%를 차지했다. 최근 미국, 유럽 등 글로벌 기업들은 우리나라에 상표를 직접 출원하는 방식으로 의정서에 의한 국제출원 방식을 선호하고 있다. 마드리드 국제상표제도를 이용하면 상표권 획득과 유지관리가 개별 국가들에 대한 직접출원보다 더 유리하다. 마드리드 국제출원에서는 국제기구(WIPO)에 하나의 언어(영어, 불어 또는 스페인어)로 출원서를 작성하여 한 번만 출원하면 되고, 명의변경이나 상표권 갱신 등도 국제기구를 통해 일원적으로 할 수 있어서 편리하고 비용이 저렴하다는 장점이 있다. 다음

은 전통적인 방식으로 국제출원을 하는 절차와 의정서에 의한 국제출원
절차를 비교한 것이다.

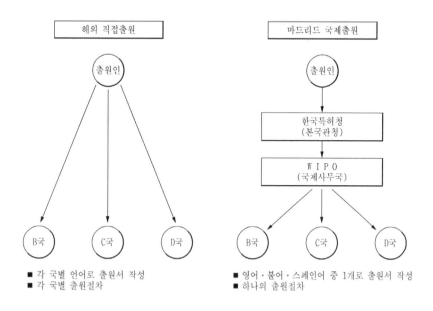

■ 각 국별 언어로 출원서 작성
■ 각 국별 출원절차

■ 영어·불어·스페인어 중 1개로 출원서 작성
■ 하나의 출원절차

4. 유럽공동체상표제도(CTM)를 이용한 해외출원

가. 유럽공동체상표제도(CTM)

유럽의 각국은 유럽공동체(EU)를 형성하여 하나의 상표등록절차로
25개 회원 국가들에 상표권의 효력을 발휘할 수 있는 유럽공동체상표제
도(CTM: Community Trade Mark System)를 운영하고 있다. 이처럼 유럽공
동체상표제도를 이용한 해외상표등록출원방식을 "CTM route를 이용한
해외출원"이라고 한다. 1996년 4월 1일 유럽공동체상표디자인청이 공식
적으로 개청됨에 따라 CTM을 이용한 해외출원제도가 탄생하게 되었다.
유럽공동체상표디자인청의 공식명칭은 "OHIM"[1]이며, 그 소재지는 스페
인 알리칸테, 공식 언어는 영어·불어·독일어·이태리어·스페인어이다.
OHIM에서 EU의 상표·디자인의 출원과 등록절차를 관장한다.

---

1) OHIM: Office for Harmonization in the Internal Market(Trade Marks and
Designs).

나. CTM에 의한 국제출원

CTM제도를 활용하면 유럽 25개국에 개별적으로 상표등록을 하는 절차를 하나의 절차를 통해서 밟을 수 있는 장점이 있다. CTM은 하나의 출원절차에 의하여 유럽 25개국에 해당하는 EU 전체에 대하여 효력을 발생시키게 하는 "EU가 1출원 1심사 1등록시스템"이다. EU 회원국의 국민은 물론 파리협약 동맹국 또는 WTO 회원국의 국민은 EU상표권자가 될 수 있다.

Ⅱ. 의정서에 의한 국제출원

1. 서 설

가. 마드리드 국제출원의 장점

마드리드 국제출원은 국내특허청을 통해 하나의 국제출원서를 영어로 작성하여 출원하면 출원인이 국제출원서에 지정한 국가에 동일한 날짜에 출원한 것으로 간주되기 때문에 국내기업의 해외 상표등록절차가 매우 간소화되는 장점이 있다. 이러한 국제출원을 하기 위해서는 국내에 기초가 되는 상표등록 또는 상표등록출원이 있어야 하기 때문에 국내에 등록상표나 출원상표가 있어야 한다. WIPO 사무국에서 국제등록부에 의해 각국의 권리관계를 일괄적으로 관리하므로 존속기간갱신, 명의변경, 주소이전 등의 절차를 각국마다 따로 할 필요없이 국제등록부만 변경하면 모든 지정국에 자동으로 반영된다.

나. 손실보상청구권 제도

마드리드 의정서 제4조(1)(a)에 의한 효과를 인정하기 위하여, 원칙적으로 출원인이 출원공고 후에는 경고를 하고 업무상 손실에 상당하는 보상금을 청구할 수 있다. 상표등록출원의 사본(국제상표등록출원의 경우에는 국제출원의 사본)을 제시하고 경고하는 경우에는 출원공고 전에도 보상금을 청구할 수 있다.

2. 국제출원

가. 국제등록

의정서 제2조(1)의 규정에 의한 국제등록을 받고자 하는 자는 본인의 상표등록출원, 본인의 상표등록, 본인의 상표등록출원 및 본인의 상표등록에 해당하는 상표등록출원 또는 상표등록을 기초로 하여 특허청장에게 국제출원을 하여야 한다(제86조의2). 특허청장에게 국제출원을 할 수 있는 자는 대한민국 국민이거나 대한민국 안에 주소(법인인 경우에는 영업소)를 가진 자로 한다(제86조의3 제1항).

나. 국제출원서

국제출원을 하고자 하는 자는 시행규칙이 정하는 언어로 작성한 국제출원서(이하 "국제출원서"라 한다) 및 국제출원에 필요한 서류를 특허청장에게 제출하여야 한다(제86조의4 제1항). 특허청장은 국제출원서의 기재사항이 기초출원 또는 기초등록의 기재사항과 합치하는 경우에는 그 사실을 인정한다는 뜻과 국제출원서의 특허청 도달일을 국제출원서에 기재하여야 한다(제98조의5 제1항). 특허청장은 도달일 등을 기재한 후에는 즉시 국제출원서 및 국제출원에 필요한 서류를 의정서 제2조(1)의 규정에 의한 국제사무국(이하 "국제사무국"이라 한다)에 보내고, 그 국제출원서의 사본을 당해 출원인에게 보내야 한다.

다. 존속기간의 갱신

국제등록명의인은 국제등록의 존속기간을 10년간씩 갱신할 수 있다(제86조의7 제1항). 국제등록의 존속기간을 갱신하고자 하는 자는 시행규칙이 정하는 바에 따라 특허청장에게 국제등록존속기간의 갱신을 신청할 수 있다.

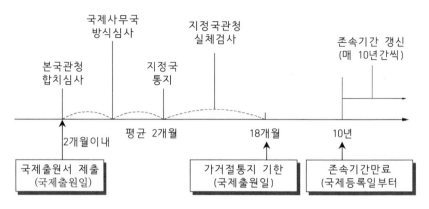

<마드리드 국제출원 흐름도>

* 마드리드 의정서 체약국 (2012년 2월 현재 84개국 가입)

3. 사후지정

국제등록명의인은 국제등록된 상표를 보호받고자 하는 국가 또는 정부간기구를 추가로 지정(이하 "사후지정"이라 한다)하고자 하는 경우에는 시행규칙이 정하는 바에 따라 특허청장에게 사후지정을 신청할 수 있다(제86조의6 제1항). 국제등록명의인은 국제등록된 상표를 보호받고자 하는 국가를 추가로 지정하고자 하는 경우에 특허청장에게 사후지정을 신청할 수 있다. 사후지정이란 국제출원된 상표가 국제등록부에 등록된 이후 체약당사자를 추가로 지정하는 것을 말한다. 이는 (i) 국제출원시 당해 체약당사자를 지정하지 아니하였거나, (ii) 보호를 거절하는 최종결정의 확정·무효·포기 등으로 보호받지 못했으나 그 사유가 더 이상 존재하지 않게 된 경우, (iii) 출원 당시에는 의정서 가입국이 아니었으나 이후 의정서에 가입한 국가로 보호영역을 확장하고자 할 경우에 유용한 제도이다.

4. 본국관청에 관한 절차 규정

특허청장은 국제출원서의 기재사항이 기초출원 또는 기초등록의 기재사항과 합치하는 경우에는 그 사실을 인정한다는 뜻과 국제출원서의 특허청 도달일을 국제출원서에 기재하여야 한다(제86조의5 제1항). 또한 특허청장은 도달일 등을 기재한 후에 즉시 국제출원서 및 국제출원에 필요한 서류를 국제사무국에 보내고, 그 국제출원서의 사본을 당해 출원인에게 보내야 한다. 국제출원의 출원인이 국제출원서를 본국관청(특허청)에 제출한 경우, 특허청은 기재사항이 국제출원의 기초가 되는 국내상표등록출원 또는 국내상표등록의 기재사항과 합치되는지의 여부를 심사한 후 국제사무국에 국제출원서 및 필요한 서면을 송부하여야 한다.

≪연습문제≫

〈문 1〉 상표법상 국제상표등록출원에 관한 설명으로 옳지 않은 것은? [2011년 변리사 1차시험]

① 출원의 승계는 출원인이 국제사무국에 명의변경신고를 하지 아니하면 그 효력이 발생하지 아니한다.

② 상표법 제16조(출원의 요지변경) 제1항 제3호에 규정된 불명료한 기재를 석명하는 보정은 출원의 요지를 변경하지 아니하는 것으로 본다.

③ 상표법 제18조(출원의 분할)에 따른 출원의 분할 및 상표법 제19조(출원의 변경)에 따른 출원의 변경은 허용되지 아니한다.

④ 출원 후 출원인이 아닌 자가 정당한 사유없이 업으로서 상표등록출원된 상표와 동일 또는 유사한 상표를 동일 또는 유사한 지정상품에 사용하고 있다고 인정되는 경우에는 다른 상표등록출원에 우선하여 심사하게 할 수 있다.

⑤ 심사관은 상표등록거절결정을 하고자 할 때에는 국제사무국을 통하여 그 출원인에게 거절이유를 통지하고 기간을 정하여 의견서를 제출할 수 있는 기회를 주어야 한다.

〈문 2〉 무역 관련 지적재산권에 관한 협정(WTO/TRPs)상 상표에 관한 설명으로 옳지 않은 것은? [2011년 변리사 1차시험]

① 회원국은 상표의 실제 사용을 등록출원의 요건으로 할 수 있다.

② 회원국은 등록요건으로서 표지가 시각적으로 인식 가능할 것을 요구할 수 있다.

③ 제3자가 등록상표권자의 허락없이 등록상표와 동일 또는 유사한 표지를 그 지정상품과 동일 또는 유사한 상품에 상업상 사용하여 혼동 가능성을

초래하는 경우, 등록상표권자는 배타적인 사용금지청구권을 가진다.
④ 동일한 상품이나 서비스에 대하여 동일한 표지를 사용하는 경우 혼동 가능
성이 있는 것으로 추정한다.
⑤ 출원일부터 3년의 기간이 만료되기 전에 의도했던 사용이 이루어지지 아
니하였다는 이유만으로 출원이 거절되어서는 아니 된다.

〈문 3〉 상표권의 국제적 보호를 위한 국제출원방식으로 옳지 않은 것은?
① 파리협약을 이용한 전통적인 국제출원
② 마드리드의정서에 의한 국제상표등록시스템의 이용
③ PCT 국제출원등록시스템의 이용
④ 유럽공동체상표제도(CTM)를 이용한 국제출원

**〈문 4〉 파리협약 당사국의 일본에 등록된 상표 X(국내와 수요자간에 인식되어
있지 않음)에 대한 상표권자인 갑의 국내 대리인인 을이 갑의 동의를 받
지 아니하는 등 정당한 이유없이 이와 동일한 상표를 그 지정상품과 유사
한 상품을 지정상품으로 국내에 상표등록 출원하여 등록받은 경우, 갑이
취할 수 있는 조치에 관한 설명 중 옳은 것은?** [2009년 변리사 1차시험]
① 갑이 심사단계에서 상표등록이의신청이나 정보제공을 한 사실이 있는 경
우에 한하여 상표등록의 취소심판 또는 무효심판을 청구할 수 있다.
② ①의 조건과 무관하게 등록 후 5년 이내에 상표등록의 취소심판을 청구할
수 있다.
③ ①의 조건과 무관하게 등록 후 5년 이내에 상표등록의 무효심판을 청구할
수 있다.
④ 을의 출원·등록 여부와 상관없이 갑은 을이 국내에서 상표 X를 무단사용
하는 것에 대하여 상표법상 권리행사를 할 수 있다.
⑤ 을은 조약 당사국인 일본에 등록된 상표의 지정상품과 동일한 상품이 아니
라 유사한 지정상품에 대하여 등록받은 경우이므로 아무런 조치도 취할
수 없다.

**〈문 5〉 마드리드의정서에 의한 국제상표등록출원의 특례에 관한 중 옳지 않은 것
은?** [2008년 변리사 1차시험]
① 국제상표등록출원이 단체표장인 경우에는 국제등록일부터 3월 이내에 상
표법 제9조(상표등록출원) 제3항의 규정에 의한 정관을 제출하여야 한다.
② 국제등록기초상표권의 존속기간은 국제등록의 존속기간의 갱신에 의하여
10년간씩 갱신할 수 있다.
③ 국제상표등록출원의 출원인은 출원공고결정 전에 있어서 거절이유통지를
받은 때에 한하여 상표 및 그 지정상품을 보정할 수 있다.

④ 국제등록기초상표권의 이전·변경·포기에 의한 소멸 또는 존속기간의 갱신
은 국제등록부에 등록하지 아니하면 그 효력이 발생하기 아니한다.
⑤ 국제상표등록출원에 대해서는 출원의 변경을 할 수 없다.

〈문 6〉 마드리드의정서에 의한 국제출원에 관한 설명으로 옳지 않은 것은? [2007
년 변리사 1차시험]

① 국제출원을 하기 위해서는 본국관청에 국내출원의 기초가 되는 기초출원
또는 기초등록이 존재하여야 한다.
② 대한민국 국민이거나 대한민국 내에 주소 또는 영업소를 가진 자가 한국특
허청을 본국관청으로 하여 국내출원을 하는 경우에는 한국어로 출원서를
작성할 수 있는 이점이 있다.
③ 국제출원의 출원인은 본국관청이 소속된 국가의 국민이거나 당해 국가에
주소를 두고 있거나 당해 국가에 진정하고 실효적인 산업상 또는 상업상
의 영업소를 두고 있는 자이어야 한다.
④ 국제출원의 출원인은 하나의 기초출원뿐 아니라 다수의 기초출원을 기초
로 하여 국제출원을 할 수 있으며 또 다수의 기초출원 및 기초등록을 기초
로 하여 국제출원을 할 수도 있다.
⑤ 국제출원의 국제등록일은 원칙적으로 본국관청이 국제출원서를 접수한 날
이지만 본국 관청이 국제출원서를 접수한 날부터 2월 이후에 국제사무국
이 국제출원서를 접수하는 경우에는 국제사무국이 실제로 접수한 날이 국
제등록일로 된다.

≪정답≫　1.④　2.①　3.③　4.②　5.③　6.②
≪문제해설≫
　　〈문 1〉 ① 제86조의18 제1항(출원의 승계)에 따라 국제상표등록출원의 승계
는 출원인이 국제사무국(WIPO)에 국제등록의 명의변경신고를 하여야 효력이 발
생한다. ② 제86조의19 제3항(보정의 특례)에 따라서 국제상표등록출원의 요지변
경에 대하여는 제16조 제1항 제4호(상표의 부기적인 부분의 삭제)의 규정을 제외
하고는(제86조의19 제4항) 국내상표등록출원의 요지변경에 관한 규정(제16조)이
그대로 적용된다. 옳은 지문이다. ③ 제86조의20(출원의 분할의 특례)에 따라 출
원의 분할 및 제86조의21(출원의 변경의 특례)에 따라 출원의 변경은 허용되지 아
니한다. ④ 제86조의23 제2항에 따라 국제상표등록출원에 관하여는 우선심사를
적용하지 아니한다. ⑤ 제86조의24(거절이유통지의 특례)에 따라 국제상표등록출
원에 대한 거절이유는 출원인에게 직접통지하지 아니하고, 국제사무국을 통하여
그 출원인에게 통지함으로써 의견제출기회를 부여한다.

<문 2> ① TRIPs 제15조 제3항(보호대상): 회원국은 사용을 등록요건으로 할 수 있다. 그러나 상표의 실제사용이 등록출원의 요건이 되어서는 아니된다. ② TRIPs 제15조 제1항 후단: 회원국은 등록의 요건으로 표장의 시각적으로 인식 가능할 것을 요구할 수 있다. ③, ④ TRIPs 제16조 제1항: 사용금지명령. ⑤ TRIPs 제16조 제1항: 혼동가능성 추정.

<문 3> ①, ②, ④는 상표의 국제출원에 관한 제도이고, ③은 특허의 국제출원에 관한 제도이다.

<문 4> ① 제23조 제1항 제3호 본문에 해당하는 상표가 등록된 경우라면 이의신청이나 정보제공여부와 무관하게 제73조 제1항 제7호(제23조 제1항 제3호 본문에 해당하는 상표가 등록된 경우에 그 상표에 관한 권리를 가진 자가 당해 상표등록일부터 5년 이내에 취소심판을 청구한 경우)에 따라 취소심판만을 청구할 수 있을 뿐이다. 옳은 지문이다. ② 제73조 제1항 제7호에 따라 옳은 지문이다. ③ 틀린 지문이다. ④ 갑은 국내 상표권자 또는 국내에서 출원한 자가 아니기에 당연히 상표법상 을의 사용에 대하여 어떠한 권리행사를 할 수 있는 것은 아니다. ⑤는 틀린 지문이다.

<문 5> ① 제96조의19 제3항에 따라 제9조 제4항에 따른 서류(정관)를 제출하여야 한다. ② 제86조의32 제2항에 따라 옳은 지문이다. ③ 제86조의19 제2항: 마드리드의정서에 의한 국제상표등록출원은 상표의 보정은 허용되지 않는다. ④ 제86조의30 제2항: 국제등록기초상표권의 이전·변경·소멸 또는 존속기간의 갱신은 국제등록부에 등록된 바에 의한다. ⑤ 제86조의21에 따라 출원변경은 할 수 없다.

<문 6> ① 제86조의2(국제출원) 및 마드리드 의정서 제2조(2)에 따라 본인의 상표등록출원, 본인의 상표등록, 본인의 상표등록출원 및 상표등록 중 어느 하나에 기초하여 기초출원을 하여야 국제출원을 할 수 있다. 이 경우 의정서 국제출원에 기재된 지정상품은 국내출원(또는 등록)의 지정상품과 동일하거나 그 범위가 작아야 한다. ② 언어가 다른 복수국가에 대해서 일일이 번역하여 출원할 필요없이 영어로만 출원서를 작성하여 우리나라 특허청에 제출하여야 한다. 마드리드 국제출원을 하기 위해서는 마드리드 국제출원서(MM2 서식)를 작성하여 제출하여야 한다. 시행규칙 제25조(국제출원언어)에 따라 대한민국 특허청을 본국관청으로 하는 경우 영어를 사용하여 국제출원서 등을 작성하여야 하며, 한국어로 작성할 수는 없다. ③ 제86조의3(출원인 적격)에 따라서 대한민국 특허청을 본국관청으로 하여 특허청장에게 국제출원을 할 수 있는 자인 경우 전원이 대한민국 국민, 대한민국 안에 주소(법인인 경우 영업소)를 가진 자에 해당되어야 하고, 기초출원 또는 기초등록상표권을 공유한 경우에 한한다. ④ 복수의 상표등록출원 및 상표를 기초로 국제출원을 할 수 있다. 옳은 지문이다. ⑤ 제86조의14 제2항: 의정서 제3조(4)의 규정에 의한 국제등록일을 이 법에 의한 상표등록출원일로 본다. 의정서 제3조

(4)에 따르면, 본국관청이 국제출원서를 수령한 날로부터 2개월 이내에 국제사무국이 국제출원서를 수령한 경우, 본국관청이 국제출원서를 수령한 날이 국제등록일이 된다. 다만, 2개월 이후에는 국제사무국이 국제출원서를 수령한 날이 국제등록일이 된다.

제10절 상표와 인접한 제도

Ⅰ. 상표와 상호

1. 서 설

상호(trade name)라 함은 상인이 영업에 관하여 자기를 표시하는 명칭, 즉 상인의 영업상 명칭이라고 할 수 있다. 상인은 자신의 영업을 타인의 영업과 구분하고, 영업활동에 따른 법적·경제적 효과를 누리기 위해서 상호를 사용하는 것이다. 상호를 등기하면 동일한 특별시·광역시·시·군에서 동일한 상호를 동종업의 상호로 등기하지 못한다(상법 제22조). 상호는 상법에 의하여 보호되고 상표는 상표법으로 보호된다. 상표(trade mark)는 상품의 표장(標章, mark)이다. 상표는 자타상품을 식별하기 위하여 상품에 부착하는 표장으로서 상품의 동일성을 표시하는 기능을 가지는 것이나, 상호는 상인이 영업상 자기를 표시하는 명칭으로서 영업의 동일성을 표시하는 기능이 있다. 우리 법제상 상호는 상법 제18조부터 제28조에 의하여 보호되고, 상표·서비스표·업무표장 등은 상표법으로 보호된다. 상표를 비롯한 표지 일반에 관하여는 별도로 부정경쟁방지 및 영업비밀보호법에 의하여 보호된다.

2. 상호의 개념

첫째, 상호는 "명칭"이기 때문에 문자로 표시되고 호칭될 수 있어야 한다. 따라서 문자로 표시할 수 없는 기호·도형·무늬 등은 상호로 사용될 수 없다. 둘째, 상호는 "상인"의 명칭이다. 따라서 상인이 아닌 자, 예를 들어, 소상인, 상호보험회사 또는 협동조합의 명칭은 상호가 아니다. 셋째, 상호는 상인의 "영업상" 명칭이다. 회사의 경우에는 회사의 명칭이 상호이고, 개인상인(자연인)의 경우에는 자신의 성명 이외에 영업활동에서 사용하는 명칭이 상호이다. 그리고 영업활동에 사용하지 않는 아호 또는 예명 등은 상호가 아니다. 넷째, 상호는 상인이 영업에서 "자기"를 표시한 명칭이다. 상인이 자신의 상품을 표시하기 위한 상표나 영업을 표시하는 영업표는 영업주체인 상인을 표시하는 명칭이 아니므로 상호가 아니다. 상호가 상품표지로 사용되고 상표로서 등록요건을 갖추어 등록된 경우에는 법률상 상표이다. 예를 들어, "샘표"(간장), "태평양"(화장품), "금강"(구두), "샤넬"(의류) 등과 같이 주식회사라는 법인격을 나타내는 문자를 제외한 부분으로 된 상표가 상호의 약칭인 경우가 대부분이지만 상호가 그대로 상표로 등록된 경우(full name의 상호상표)도 있다. 특정의 제품을 주력상품으로 하는 유명메이커가 상호상표를 사용하는 예가 많다.

3. 상표와 상호의 차이점

상표는 상인이 제조·판매하는 상품의 동일성을 표시하고, 상호는 상인의 영업상 명칭을 표시한다. 상호에 관한 권리는 상인이 어느 명칭을 상호로 선정하여 사용함에 의하여 발생하는 점에서 특허청에 등록하여 권리가 설정되는 상표와는 다르다. 예를 들어, "SONATA"(지장상품: 제9류, 12류, 39류, 41류, 43류 등)는 상표 또는 서비스표이고, 상표권자는 현대자동차 주식회사이다. 소나타 자동차에 부착된 상표는 "SONATA"이고, "현대자동차 주식회사"는 상호이다. 모나미 볼펜에 부착되어 있는 "Monami 153"이라는 표장은 그 볼펜의 상표이고, 그 볼펜을 생산하여 판매하는 회사는 "모나미 주식회사"가 상호이다. 상호는 오랜 기간 동안 영업과 일체로 사용되면서 그 기업의 제품, 서비스의 가치나 상인의 대외적 명성 등이 축적되기 때문에 상호권은 상표권처럼 재산가치를 갖게 된다.

Ⅱ. 상표와 지리적 표시

1. 서 설

상표법 제2조 제1항 제3의2호에서 "지리적 표시"를 다음과 같이 정의하고 있다. 지리적 표시라 함은 상품의 특정 품질·명성 또는 그 밖의 특성이 본질적으로 특정 지역에서 비롯된 경우에 그 지역에서 생산·제조 또는 가공된 상품임을 나타내는 표시를 말한다. 지리적 표시는 주로 농산물, 특히 포도주와 증류주에 많이 사용되고 있으나 기타 농산물, 심지어 공산품에도 사용될 수 있다. 예를 들어, "Tuscany"는 이탈리아의 특정지역에서 생산된 올리브오일에 관한 지리적 표시이며 "Roquefort"는 프랑스에서 생산되는 치즈에 대한 대표적인 지리적 표시이다. 또한 "Beaujolais"나 "BORDEAUX"는 프랑스에서 생산되는 와인에 대한 지리적 표시로서 보호될 수 있다. 지리적 표시는 다른 지역과 구별되는 품질이나 명성 등의 특성이 그 지역의 기후·토양·지형 등의 자연적 조건이나 전통적인 생산비법 등의 인적 조건을 포함하는 지리적 환경에서 본질적으로 비롯되는 경우에 그 지역에서 생산·제조 또는 가공된 상품임을 나타내는 표시를 말한다.

2. 지리적 표시

상표와 지리적 표시는 양자 모두 출처표시 기능, 품질표시 기능, 영업상의 이익과 관련되며 지식재산권의 범주 내에서 보호되는 표장이라는 점에서 유사한 점이 있다. 이러한 유사점 때문에 지리적 표시를 상표제도 내로 포괄하여 상표 및 지리적 표시 보호법으로 규정하는 나라가 있는가 하면 지리적 표시를 상표법상 단체표장 내지 증명표장으로 보호하는 나라도 있다. 그러나 상표는 상품 또는 서비스업을 제공하는 "특정 사업주체"를 식별시켜 주는 표장인 데 반하여 지리적 표시는 당해 표시가 사용되고 있는 제품을 생산하는 사업주체들이 위치하고 있는 "특정지역"을 확인시켜 주는 표장이므로 지리적 표시는 상표와 같이 하나의 업자가 다른 경업자들을 사용으로부터 배제시킨다는 의미에서의 "독점적 소유자"가 없는 점에서 차이가 있다고 볼 수 있다. 상표법은 2005년 개정법에서 지리적 표시를 단체표장으로 보호를 인정하고, 지리적 표시의 보호방법으로 단체표장제도를 개선하여 운용하고 있다. 즉 특정 지역에서 지리적 표시 해당 상품을 생산·제조 또는 가공하는 많은 이해관계인들이 함께 사용할 수 있도록 하기 위해 통상의 개인이나 법인이 아닌 생산자 단체 등이 출원할 수 있도록 출원인 적격을 제한하고 있다(제3조의2). WTO 회원국 내의 포도주 및 증류주의 산지에 관한 지리적 표시로서 구성되거나 동 표시를 포함하는 상표로서 포도주·증류주 또는 이와 유사한 상품에 사용하고자 하는 상표는 등록될 수 없다. 지리적 표시의 정당한 사용자가 그 해당 상품을 지정상품으로 하여 지리적 표시단체표장등록출원을 한 때에는 그러하지 아니하다(제7조 제1항 제14호).

특허법원 2011.11.23 선고 2011허6628 판결은 지정상품을 찐빵으로 하는 "안흥진빵"이라는 구성의 지리적 표시 단체표장과 관련하여, 지리적표시 단체표장의 유무효 여부는 특허청에 제출된 정관의 민사상 효력 유무와 무관하고, 정관에 의하여 단체의 가입을 금지하거나 정관에 충족하기 어려운 가입조건을 규정하는 등 단체의 가입을 실질적으로 허용하지 아니한 경우에 해당하지 아니한다고 한다.

Ⅲ. 상표와 도메인 이름

1. 서 설

상표는 자타상품을 식별하기 위하여 상품에 부착하는 표장이다. 도메인 이름의 경우 인터넷상 호스트컴퓨터의 주소에 해당하는 숫자로 된 주소(IP Address)에 해당하는 알파벳 및 숫자의 일련의 결합을 의미한다. 상표의 경우 상품출처표시의 기능, 도메인 이름의 경우 인터넷상 호스트컴퓨터의 장소표시의 기능이라는 별개의 기능이 있다. 원칙적으로 국내에 상표를 등록하였다고 하여 당해 상표에 상당하는 도메인 이름을 등록할 권리가 부여되지 않으며, 도메인 이름을 등록하였다고 하여 당해 상표를 등록할 권리를 부여하지는 않고 있다.

2. 상표와 도메인 이름간의 분쟁

전자상거래의 활성화로 도메인 이름 그 자체가 상품이나 서비스업의 출처표시로서의 기능을 하게 되었다. 타인의 상표를 부정한 목적으로 등록하여 정당한 상표권자에게 비싼 값에 되팔려는 사이버스쿼팅(Cybersquatting) 행위가 증가함에 따라 상표와 도메인 이름간의 분쟁이 증가하고 있다. 예컨대, 자기 상호나 상표를 다른 기업이나 개인이 도메인 이름으로 선점하여 사용하게 되면 기업경영에 여러 가지 어려움이 발생한다. 소비자 또한 상표와 도메인 이름을 오인·혼동하게 되어 자주 피해를 입게 되면서 1999

년부터 도메인 이름과 상표권의 분쟁에 관한 판결이 다수 내려지고 있다. 대법원 2008.9.25 선고 2006다51577 판결은 "상표법 제66조 제1항 제1호에 정한 상표권 침해가 인정될 수 있으려면 상표의 사용이 전제되어야 한다. 도메인 이름의 등록사용의 경우에는 도메인 이름의 사용태양 및 그 도메인 이름으로 연결되는 웹사이트화면의 표시 내용 등을 전체적으로 고려하여 거래통념상 상품의 출처를 표시하고 자기의 업무에 관계되는 상품과 타인의 업무에 관계된 상품을 구별하는 식별표시로 기능하고 있을 때에는 상표의 사용으로 볼 수 있다. 상표법 제65조 제2항의 '침해의 예방에 필요한 조치'에 상표권을 침해하는 도메인 이름의 사용금지 또는 말소등록 등의 범위를 넘어서 도메인 이름의 이전등록까지 포함된다고 볼 수 없다"고 판시하였다.

3. 상표와 도메인 이름 관련 판례

가. CHANEL사건[1]

피고는 프랑스 샤넬(chanel)이라는 저명 상호 또는 상표와 동일한 "chanel"을 "chanel.co.kr"이라는 인터넷 도메인 이름으로 등록한 다음 그 홈페이지 여러 곳에 "Chanel International" 또는 "샤넬인터네셔널"이라는 상호를 표시하고, 거래하는 상품에도 "샤넬"이라는 표장을 표기하였다. 소비자가 피고의 제품을 구매할 때 유명상표인 "샤넬"을 연상할 수 있다. 본 판결은 도메인 이름과 관련된 우리나라 최초의 판결로서, 저명 상표와 동일 유사한 명칭이 포함된 도메인 이름을 사용하는 것이 부정경쟁방지법 위반이라고 판단하였다. 또한 재판부는 피고 명의로 이 사건 도메인 이름이 등록되어 있는 한 피고가 다시 용이하게 원고 샤넬의 영업표지를 자신의 홈페이지에 사용하여 위와 같이 부정경쟁행위를 할 우려가 있으므로 부정경쟁행위의 종국적 근절을 위해서 피고 명의의 위 도메인 이름의 등록을 말소할 필요가 있으므로 원고들은 그 부정경쟁행위의 금지 또는 예방으로서 이 사건 도메인 이름의 등록말소까지도 청구할 수 있다고 판시하였다.

---

1) 서울지방법원 1999.10.8 선고 99가합41812 판결.

나. 비아그라 사건[1]

비아그라 판결은 위 샤넬 판결의 경우와 달리 상호는 아니며 저명한 상표와 관련된 것이다. 피고들은 "vigara.co.kr"이라는 인터넷 도메인 이름의 홈페이지를 개설·운영하면서 인터넷 통신망으로 생칡즙·칡수 등의 건강식품을 판매하고 있었다. 법원의 상표권 침해행위 해당 여부에 대하여 "원고들은 피고들이 위와 같이 원고들의 상표인 'viagra', '비아그라'와 동일한 것을 이 사건 도메인 이름 페이지에 사용하여 생칡즙 등의 건강식품을 판매하는 행위는 원고들 상품권을 침해하거나 침해할 우려가 있는 행위로서 상품권 침해행위에 해당하므로, 이러한 상표권 침해행위는 금지 또는 예방되어야 한다고 주장하였는바, 이에 대해 1심 법원은 상표법상 상표권을 침해하는 행위로 인정되기 위해서는 상표사용자가 타인의 등록상표와 동일한 상표를 그 지정상품과 유사한 상품에 사용하거나 타인의 등록상표와 동일 또는 유사한 상표를 그 지정상품과 동일 또는 유사한 상품에 사용하여야 하므로 상표사용자가 타인의 등록상표를 사용하였더라도 그것이 타인등록상표의 지정상품과 유사하지 않은 상품의 판매를 위하여 사용된 것이라 이를 가리켜 상표권 침해행위라고 할 수 없다고 판단하였다. 또한 1심 법원은 피고들의 행위로 인하여 원고들이 영업상의 이익을 침해받을 우려가 있으므로, 이러한 부정경쟁행위는 금지 또는 예방되어야 한다고 주장하는 원고의 청구를 기각하였다. 그러나 이 사건은 고등법원에서는 부정경쟁방지법 위반으로 인정되었고,[2] 대법원에서도 고등법원의 판결이 그대로 지지되었다.[3] 대법원은 "저명상표인 'viagra'와 유사한 'viagra.co.kr'이라는 도메인 이름의 사용이 부정경쟁방지 및 영업비밀보호에 관한 법률 제2조 제1호 (가)목의 부정경쟁행위(상품주체혼동행위)에는 해당하지 아니하나, 같은 호 (다)목의 부정경쟁행위(식별력손상행위)에 해당하므로 도메인 이름 일부로 사용된 'viagra' 상표 보유자는 자신의 명의로 '.kr' 도메인 이름을 등록할 적격이 있는지의 여부와 관계없이 그 도메인 이름의 등록말소를 청구할 수 있다"고 판단하였다.

---

1) 서울동부지원 1999.11.18 선고 99가합8863 판결.
2) 서울고등법원 2001.12.11 선고 99나66719 판결.
3) 대법원 2004.5.14 선고 2002다13782 판결.

Ⅳ. 진정상품 병행수입

1. 서 설

상표권은 파리협약의 속지주의 원칙에 따라 우리나라의 영토에서만 그 효력이 미치고, 외국에는 그 효력이 미치지 아니한다. 진정상품 병행수입이란 국내·외에 동일한 상표권을 소유하고 있는 상표권자가 외국에서 유통시킨 진정상품을 권원없는 제3자가 국내로 상표권자의 허락없이 수입하여 판매하는 행위를 말한다. 그러나 진정상품의 병행수입(parallel importation)에 의하여 지식재산권의 권리자의 국가 이외의 국가에서 적법하게 제조되거나 복제된 특허제품 또는 정당한 상표를 부착한 제품이 상표권자의 의사에 반하여 수입된 경우, 상표권자는 자신의 상표권에 기하여 그 수입을 저지할 수 있는가가 문제된다. 이러한 진정상품 병행수입이 허용되는지의 여부에 대하여 우리 상표법은 명문의 규정을 두고 있지 않으며, 이에 따라 그 허용 여부는 학설·판례에 일임되어 있는데 진정상품 병행수입의 허용 여부는 전면 허용 또는 전면 부정이 아닌 그 구체적인 사실관계에 따라 달라진다.

2. 병행수입 관련 판례

가. Polo 사건: 대법원 1997.10.10 선고 96도2191 판결

피해자 갑은 미국법인 더 폴로 로렌사로부터 폴로상표의 국내 전용사용권을 설정받아 국내에서 티셔츠를 제조·판매하였다. 피고인 을은 가짜 폴로 티셔츠를 미국으로부터 수입하여 국내에서 판매하였다. 이에 대하여 대법원은 전용사용권자가 그 등록을 마친 후 폴로 상표가 부착된 의류를 국내에서 제조·판매하면서 많은 비용을 들여 그 제품에 대한 선전·광고 등의 활동을 하여 왔고, 국외에서 판매되는 상표가 부착된 의류 중에는 미합중국 외에 인건비가 낮은 제3국에서 주문자상표 부착 방식으로 제조되어 판매되는 상품들도 적지 않으며, 국내 전용사용권자와 국외 상표권자와의 사이에 국내 전용사용권의 설정에 따른 계약관계 이외에 달리 동일인이라거나 같은 계열사라는 등의 특별한 관계가 없는 경우, 국외에서 제조·판매되는 상품과 국내전용사용권자가 제조·판매하는 상품

사이에 품질상의 차이가 없다거나 출처가 동일하다고 볼 수 없고, 또한 국외 상표권자와 국내 전용사용권자가 공동 지배통제 관계에서 상표권을 남용하여 부당하게 독점적인 이익을 꾀할 우려도 적다고 할 것이므로 이러한 경우에는 이른바 진정상품의 병행수입이라고 하더라도 국내전용사용권을 침해하는 것으로서 허용되지 않는다고 하여 유죄를 인정하였다.

나. BURBERRYS 사건: 대법원 2002.9.24 선고 99다42322 판결

병행수입 그 자체는 위법성이 없는 정당한 행위로서 상표권 침해 등을 구성하지 아니하므로 병행수입업자가 상표권자의 상표가 부착된 상태에서 상품을 판매하는 행위는 당연히 허용될 것인바, 상표제도는 상표를 보호함으로써 상표 사용자의 업무상의 신용유지를 도모하여 산업발전에 이바지함과 아울러 수요자의 이익을 보호함을 목적으로 하고, 상표는 기본적으로 당해 상표가 부착된 상품의 출처가 특정한 영업주체임을 나타내는 상품출처표시 기능과 이에 수반되는 품질보증 기능이 주된 기능이라는 점 등에 비추어 볼 때, 병행수입업자가 위와 같이 소극적으로 상표를 사용하는 것에 그치지 아니하고 나아가 적극적으로 상표권자의 상표를 사용하여 광고·선전행위를 하더라도 그로 인하여 위와 같은 상표의 기능을 훼손할 우려가 없고 국내 일반수요자들에게 상품의 출처나 품질에 관하여 오인·혼동을 불러일으킬 가능성도 없다면, 이러한 행위는 실질적으로 상표권 침해의 위법성이 있다고 볼 수 없을 것이므로, 상표권자는 상표권에 기하여 그 침해의 금지나 침해행위를 조성한 물건의 폐기 등을 청구할 수 없다고 봄이 상당하다. 병행수입업자가 적극적으로 상표권자의 상표를 사용하여 광고·선전행위를 한 것이 실질적으로 상표권 침해의 위법성이 있다고 볼 수 없어 상표권 침해가 성립하지 아니한다고 하더라도, 그 사용태양 등에 비추어 영업표지로서의 기능을 갖는 경우에는 일반 수요자들로 하여금 병행수입업자가 외국 본사의 국내 공인 대리점 등으로 오인하게 할 우려가 있으므로, 이러한 사용행위는 부정경쟁방지및영업비밀보호에관한법률 제2조 제1호 (나)목 소정의 영업주체혼동행위에 해당되어 허용될 수 없다.

다. STARCRAFT 사건: 대법원 2006.10.13 선고 2006다40423 판결

국내에 등록된 상표와 동일·유사한 상표가 부착된 지정상품과 동일·유사한 상품을 수입하는 행위가 그 등록상표권의 침해 등을 구성하지 않는다고 하기 위해서는, 외국의 상표권자 내지 정당한 사용권자가 그 수입된 상품에 상표를 부착하였어야 하고, 그 외국 상표권자와 우리나라의 등록상표권자가 법적 또는 경제적으로 밀접한 관계에 있거나 그 밖의 사정에 의하여 위와 같은 수입상품에 부착된 상표가 우리나라의 등록상표와 동일한 출처를 표시하는 것으로 볼 수 있는 경우이어야 한다. 아울러 그 수입된 상품과 우리나라의 상표권자가 등록상표를 부착한 상품 사이에 품질에 있어 실질적인 차이가 없어야 하고, 여기에서 품질의 차이란 제품 자체의 성능, 내구성 등의 차이를 의미하는 것이지 그에 부수되는 서비스로서의 고객지원, 무상수리, 부품교체 등의 유무에 따른 차이를 말하는 것이 아니다.

위 법리와 기록에 비추어 살펴보면, 이 사건 수입제품은 이 사건 "STARCRAFT" 상표의 미국내 상표권자인 블리자드사(Blizzard Entertainment, Inc.)가 적법하게 상표를 부착하여 미국에서 판매한 소위 진정상품으로서, 미국 상표권자와 국내의 등록상표권자가 위 블리자드사로 동일하고, 이 사건 "STARCRAFT" 상표와 관련하여 그 전용사용권자인 원고가 국내에서 독자적인 영업상 신용을 쌓아옴으로써 국내의 일반 수요자들 사이에 국내 등록상표의 출처를 이 사건 상표권자인 블리자드사가 아닌 원고로 인식하기에 이르렀다고 볼 수 없으므로, 이 사건 수입제품에 부착된 상표가 국내의 등록상표와 동일한 출처를 표시하는 것으로 볼 수 있고, 네트워크를 통한 오락용 컴퓨터 소프트웨어 시디(CD)인 이 사건 수입제품은 디지털화된 정보를 담고 있는 매개체로서 생산자나 판매국에 따라 부수적인 정보에 있어서 다소간의 차이가 있을지언정 그 주된 내용인 게임의 실행과정에 있어서는 동일한 내용을 담고 있을 수밖에 없다는 특성에 비추어 볼 때 국내 등록상표품인 원고의 제품과 이 사건 수입제품 사이에 품질에 있어 차이가 있다고 할 수 없고, 이는 국내 상표품이 이 사건 수입제품에 비해 시디 키(CD key)의 사후적 관리가 이루어지는 등 그 부수적 서비스에 차이가 있다고 하더라도 달라지지 않는다는 원심의 사실인정과 판단은 정당하다. 원심은 그 판결에서 채용하고 있는 증거를 종합하여 그 판시와 같은 사실을 인정한 후, 그 인정 사실만으로는 피고가 이 사건 제품을 수입하였다고 보기 어렵다고 판단하고 있는바, 기록에 비추어 살펴보면 원심의 판단은 수긍이 간다.

라. K·SWISS 사건: 대법원 2010.5.27 선고 2010도790 판결

K·SWISS 사건은 국내에 등록된 상표 "K·SWISS"가 표시된 슬리퍼를 수입하여 상표법 위반으로 기소된 사안에서, 상표권자인 외국 회사와 국내 전용사용권자가 어떠한 법적·경제적인 관계가 있다거나 그 밖의 다른 사정에 의하여 위 수입상품의 출처가 실질적으로 동일하다고 볼 수 없어, 이는 국내 전용사용권자의 전용사용권을 침해하는 행위라고 본 원심 판단을 수긍한 사례이다. 대법원은 "'K·SWISS'는 케이 스위스 인크가 우리나라 특허청에 지정상품을 샌달 등으로 하여 등록한 상표인데(이하 "이 사건 상표"라고 한다) 주식회사 화승(이하 "화승"이라고 한다)이 이 사건 상표에 관하여 2005.1.1부터 2009.12.31까지 대한민국 전역을 범위로 전용사용권 설정등록한 사실, 화승은 케이 스위스 인크와 상표사용계약을 체결하여 2005.1.1경부터 부산 소재 우성산업으로 하여금 이 사건 상표가 표시된 슬리퍼를 제작하게 하여 화승이 이를 판매하고 있는 사실, 화승은 자체 디자인팀에서 이 사건 상표가 표시될 상품에 대한 디자인을 만든 뒤 미국 본사와 협의를 거쳐 상품을 생산하고 있으며, 화승은 주로 신문(메트로 등 잡지)을 통해 국내에서 판매되는 이 사건 상표 표시 상품에 대한 종합적인 광고를 하고 있는 사실, 피고인은 제1심 공동피고인 2, 제1심 공동피고인 3과 공모하여 공소외인이 대표이사로 있는 K.B.M CO.LTD의 신용장을 빌려 태국 소재 MIN TRADING으로부터 이 사건 슬리퍼를 수입하였는데, 이 사건 슬리퍼를 미국의 케이 스위스 인크 본사에 보내 감정한 결과 진정상품으로 감정된 사실을 알 수 있다. 위와 같은 사실관계를 비추어 보면, 이 사건 슬리퍼에 표시된 이 사건 상표가 외국의 상표권자 내지 정당한 사용권자가 부착한 것이라고 하더라도, 화승은 케이 스위스 인크와 별도로 자체 디자인팀에서 이 사건 상표가 표시될 상품에 대한 디자인을 만든 뒤 우성산업으로 하여금 이 사건 상표를 표시한 상품

을 제작하여 이를 판매하면서 그 제품에 대한 선전·광고를 하는 등 그 자신을 상품의 출처로 삼는 행위를 하고 있다고 할 것이므로, 이 사건 상표의 상표권자인 케이 스위스 인크와 국내 전용사용권자인 화승 사이에 어떠한 법적·경제적인 관계가 있다거나 그 밖의 다른 사정에 의하여 피고인이 수입한 이 사건 슬리퍼의 출처가 국내의 전용사용권자와 실질적으로 동일하다고 볼 수 있는 사정이 있다고 할 수 없다"고 판시하였다.

3. 우리나라 병행수입제도의 운용 현황

가. 관련 고시

우리나라는 상표권에 관한 속지주의에 예외를 인정하여 일정한 조건 하에서 진정상품의 병행수입이 제한적으로 허용되고 있다. 우리나라는 상표법 등 산업재산권법에는 진정상품의 병행수입에 관한 규정은 두지 않고 관세법 및 통관규칙, 공정거래위원회의 병행수입에 있어서의 불공정거래행위의 유형고시에서 병행수입 허용요건 등을 규정하고 있다.

관세청은 "지식재산권 보호를 위한 수출입통관 사무처리에 관한 고시"(2011.6.23 관세청고시 제2011-25호)에 따르면, 국내외 상표권자가 동일인이거나 계열회사 관계(주식의 30% 이상을 소유하면서 최다 출자자인 경우), 수입대리점 관계 등 동일인으로 볼 수 있는 관계가 있는 경우와 외국의 상표권자와 동일한 관계에 있는 국내 상표권자로부터 전용사용권을 설정받은 경우에는 제3자에 의한 진정상품의 병행수입은 상표권을 침해하지 않는 것으로 본다. 다만, 후자의 경우에 국내 전용사용권자가 당해 상표가 부착된 지정상품을 제조·판매만 하는 경우에는 국내 전용사용권자가 외국의 상표권자가 동일한 관계에 있는 경우에 한한다. 공정거래위원회의 "병행수입에 있어서의 불공정거래행위의 유형고시"(2009.8.20 제2009-23호)에서는 관세청 고시의 위반을 전제로 진정상품의 구입방해, 병행수입품의 취급제한 등 불공정거래의 유형을 규정하고 있다.

나. 진정상품 병행수입의 허용요건

위와 같이 진정상품 병행수입의 허용 여부는 그 구체적 사실관계에 따라 달라지는데, 판례에 의한 진정상품 병행수입의 허용요건은 다음과 같다.

(1) 국내외 상표권자가 동일인 또는 동일인으로 볼 수 있는 관계에 있을 것

진정상품 병행수입이 허용되기 위해서는 먼저 국내외 상표권자가 동일인 또는 동일인으로 볼 수 있는 관계에 있어야 하며, 국내외 상표권자가 서로 다른 경우에는 진정상품 병행수입이 허용되지 않는다. 한편 국내외 상표권자가 "동일인으로 볼 수 있는 관계"에 있다고 하기 위해서는 국내 상표권자와 외국 상표권자가 형식상으로는 서로 다른 법률주체 일지라도 법률적·경제적으로 밀접한 관계에 있어야 한다. 예를 들어, 국내 상표권자가 외국 상표권자의 국내 총판매업자, 독점적 판매업자, 계열회사 등에 해당되는 경우를 말한다.

(2) 수입품이 진정상품일 것

진정상품 병행수입이 허용되기 위해서는 수입품이 진정상품이어야 하며, 진정상품이란 침해품에 대응되는 용어로서 상표권자가 유통시킨 정상상품을 말한다.

(3) 수입품에 부착된 상표가 우리나라의 등록상표와 동일한 출처를 표시한 것으로 볼 수 있는 경우일 것

진정상품 병행수입이 허용되기 위해서는 수입품에 부착된 상표가 우리나라의 등록상표와 동일한 출처를 표시한 것으로 볼 수 있는 경우여야 한다. 즉 국내 일반수요자들이 진정상품 병행수입업자가 수입한 수입품에 부착되어 있는 상표를 보고 그 상품을 수입업자의 제조품이 아닌 상표권자의 제조품으로 인식할 수 있어야 한다.

(4) 수입품과 국내 상품간에 품질의 동일성이 만족될 것

진정상품 병행수입이 허용되기 위해서는 수입품과 국내 상품간에 품질의 동일성이 만족되어야 한다. 이는 제품 자체의 품질의 동일성만 만족되면 족하며 부수적인 서비스의 차이 등은 무방하다.

V. 상표권의 희석화

1. 서 설

상표권의 침해의 한 유형인 "희석"(dilution)은 타인이 동일·유사하지 않는 상품에 상표권자의 허락없이 당해 상표를 사용함으로써 상표의 식별력을 흐리게 하거나 상표의 이미지를 훼손하는 경우 비록 그 사용행위가 소비자에게 오인·혼동을 주거나 수요자를 기만할 우려가 없더라도 상표권 침해를 구성한 것으로 본다.[1] 이러한 이론을 희석이론(dilution theory)이라고 부른다. 초코파이 사건에서 대법원은 인용상표권자가 상표관리를 소홀히 하여 일반수요자나 거래자 사이에서 인용상표 "오리온 초코파이" 중 "초코파이" 부분이 상표로서 인식되기보다는 원형의 작은 빵과자에 마시멜로를 넣고 초콜릿을 바른 과자류를 지칭하는 명칭으로 인식되고 있고, 그것이 인용상표권자가 창작한 조어임에 상관없이 희석화되어 해당 상품의 보통명칭 내지 관용표장이 되어 식별력을 상실하였다고 판시하였다.[2] 상표의 희석화는 상표 자체에 대한 직접적인 공격이 아니므로 전통적인 상표침해이론, 즉 혼동이론에 의하여 구제받을 수 없는 영역에 속한다. 이는 판매촉진기능에 대한 희석이라고 할 수 있다. 따라서 각국에서는 상표의 희석화를 방지하려는 노력을 기울이고 있다.[3]

2. 혼동가능성

상표법의 목적은 상표사용자의 재산으로서 상표를 보호하는 것보다는 소비자의 혼동을 방지하는 데에 있다. 상표는 상표권자가 자신의 상품을 특정시키기 위한 수단이고, 상표권의 권리범위는 타인이 자신의 상표

---

1) 1995년 미국 의회에서 연방 상표법을 개정하면서 상표의 희석화를 다음과 같이 정의하였다. 희석화란 (i) 저명상표의 상표권자와 다른 당사자들간의 경쟁관계가 약화되거나, (ii) 혼동, 실수, 기망의 우려가 존재하는지의 여부에 관계없이 상품이나 서비스를 구분할 수 있는 저명상표의 식별력이 약화된 것이다.

2) 대법원 2001.6.2 선고 99후2310,2317 판결.

3) 송영식, 288면: 영국서 카메라에 대한 저명상표인 Kodak을 자전거에 사용하는 것을 타인의 영업상의 신용을 부적법하게 이용하는 것이므로 passing off라 하여 사용금지를 명하였다. 프랑스에서도 Omega(시계의 저명상표), Waterman(만년필의 저명상표)을 면도날에 사용하는 것을 부정경쟁방지의 입장에서 사용금지를 명하였다.

를 이용함으로써 소비자가 타인의 상품이 상표권자의 상품으로 혼동하는 것을 방지하는 범위 내라고 할 수 있다. 우리 상표법에서도 혼동의 실재(實在)를 묻지 않고, 혼동가능성이 있으면 등록상표의 금지권이 미치도록 규정하고 있다(제7조 제1항 제10조). 대법원은 상표의 유사 여부는 상표법의 목적에 비추어 상품출처의 혼동가능성 여부를 기준으로 판단해야 한다고 한다.[1] 일본 최고재판소는 SEIKO EYE 사건에서 결합상표의 유사성을 판단함에 있어 거래자와 수요자에 대한 상품출처의 혼동가능성에 중점을 두고 판단하였다. 小僧사건의 판결[2]에서도 상표가 외관·칭호·관념이 형식상으로 유사하지만 출처의 혼동이 생기지 않는다면 유사하지 않다고 판단하였다. 일본과 한국의 법원은 결합상표의 유사판단 기준으로 상표의 외관·칭호·관념의 3가지 중 어느 한 가지에 있어서라도 유사하여 거래상 상품출처의 오인·혼동의 염려가 있다면 전체로서 유사한 상표로 판단한다. 그러나 유럽사법재판소는 상표의 유사판단시에 혼동 가능성에 중점을 두어 판단하고, 미국 법원은 혼동가능성과 희석화판단을 기준으로 상표의 유사성을 판단하고 있다.

3. 희석화 관련 입법례

미국은 희석화법인 15 U.S.C. §1125(c)(1)(A)-(H)(Remedies for dilution of famous marks)를 근거로 상표의 유사판단시 상표의 희석화를 판단요소로 하고 있다. 미국 제2연방항소법원은 Starbucks Corp. v. Wolf's Borough Coffee, Inc. 사건에서 상표 희석화 규정인 Trademark Dilution Revision Act of 2005(TDRA)를 적용하는 데 있어서, "침해상표가 저명상표와 '극히 유사할 것'을 요구되지 않는다. 양 상표가 극히 유사하지는 않지만 여전히 희석화 행위에 해당한다"고 판시하였다. 본 사건에서 원고는 자신의 상표인 STARBUCKS와 유사한 피고의 CHARBUCKS에 대하여 저명상표인 원고의 상표에 대하여 피고가 희석화 행위를 하였다고 제소하였다.

우리 상표법은 희석화를 방지하기 위한 별도의 규정이 없다. 상표법 제7조 제1항 제11호와 제12호는 희석화 방지를 위한 조항으로 보기 어렵

---

[1] 대법원 1999.10.8 선고 97후3111 판결.
[2] 최고재판소 平成 6년(ス)1102 판결.

다. 그럼에도 불구하고 상표심사기준 제26조 제2항 제2호에서 부당한 이 득을 얻으려 하거나 그 특정인에게 손해를 가하려고 하는 등 부정한 목 적에 해당하는 경우의 하나로 "저명상표와 동일 또는 유사한 상표로서 타인의 상품이나 영업과 혼동을 일으킬 염려가 없다 하더라도 저명상표 의 출처표시 기능을 희석시키기 위한 목적으로 출원한 경우"를 포함시키 고 있다.[1]

우리나라는 상표의 희석화를 방지하기 위하여 2001년 2월 3일 부정 경쟁방지 및 영업비밀보호에 관한 법률의 개정법에서 제2조 제1호 다목 을 신설하여 저명상표의 희석행위를 부정경쟁행위 유형에 포함시켰다.[2] 상표법 제7조 제1항 제12호의 규정의 취지는 외국 주지·저명상표의 모 방등록을 저지하기 위하여 마련된 규정이었다고 알려져 있으나[3] 이는 부정경쟁방지법에서의 반희석화 조항과 일치하지 않을뿐만 아니라 반희 석화의 적용범위가 매우 확대되는 등의 문제가 발생할 수 있다. 이는 출 처의 혼동이나 경쟁관계가 없더라도 보호할 필요가 있을 만큼 식별력과 명성이 강하고 확고한 경우에 한해서 희석화가 인정될 수 있으므로 본 호의 경우 주지성 정도를 완화한 것은 지나치게 경쟁을 제한하는 결과가 될 수 있기 때문이다. 최근 희석화에 의해 인정되는 보호범위가 더욱 확 대되는 추세이므로 상표법에서 기존의 상표보호체계를 유지하면서 저명 상표라는 사회적 요구를 수용하기 위해서는 기존 전제로서 희석화 방지

---

1) 대법원 2005.6.9 선고 2003후649 판결: 인용상표 "STARCRAFT"는 등록상표의 출원 당시 이미 국내의 일반 수요자들 사이에 저명한 상표로 인식되어 있었으며, 인용상표가 저명한 이상 등록상표의 출원·등록이 인용상표의 식별력을 약화시키는 결과를 가져오기 때문에 등록상표에 상표법 제7조 제1항 제12호에 정한 등록무효사유가 있다.

2) 부정경쟁방지법과 상표법은 모두 영업상의 혼동초래행위를 금지시켜 공정한 경쟁 을 보장하기 위한 경쟁법의 일부를 구성한다. 즉 법률제도로서의 연혁에 의하면 상표법도 부정경쟁방지법과 같이 민법상 불법행위법에서 발전한 것으로 어느 것이나 부정경쟁을 방 지하고 경쟁질서를 사적자치의 원칙에 의하여 유지·형성하려는 것이라는 점에서는 공통된 다 할 수 있다.

3) 우리 상표법상 해외에서 주지·저명한 상표를 모방하여 국내에 출원한 상표를 거절 할 수 있는 적절한 규정이 없어 종래 상표법 제7조 제1항 제4호의 공서양속위반의 규정을 확대해석하여 소송이 제기되었으나, 대법원은 "인용상표가 국내에서 주지·저명하지 아니 하다면 이를 모방하여 지정상품을 달리하여 출원한 것 자체만으로는 상표법 제7조 제1항 제4호에 해당하지 아니한다"고 판단함에 따라, 외국의 주지·저명상표의 모방상표등록을 근절하기 위하여 상표법 제7조 제1항 제12호를 신설한 것이지 소위 희석화를 금지하기 위한 목적은 아니었다고 할 수 있다.

규정의 적용을 받을 수 있는 저명상표의 범위를 엄격하게 제한하는 규정을 연구할 필요가 있다고 본다. 향후 상표법 개정시 상표의 유사판단과 혼동가능성, 희석화 방지 문제의 일관성 확보를 위해서 파리협약, 상표법조약(TLT), TRIPs, 미국 상표법, 유럽 상표법을 참고하여 적극적인 반영을 검토할 필요가 있다.

≪연습문제≫

〈문 1〉 진정상품의 병행수입에 관한 설명으로 옳지 않은 것은? (다툼이 있는 경우에는 판례에 의함) [2008년 변리사 1차시험]

① 복수국가에서 동일한 상표권을 가지고 있는 상표권자에 의해 제1국에서 적법하게 상표가 부착되어 유통된 상품을 정당한 권원없는 제3자가 제2국으로 그 상표권자 또는 전용사용권자의 허락없이 수입하여 판매하는 행위를 말한다.

② 진정상품 병행수입업자가 선정광고물, 명함, 포장지 등에 상표권자의 상표를 사용하여 적극적 광고행위를 하는 경우에는 상표권 침해가 성립한다.

③ 진정상품 병행수입행위 그 자체는 위법성이 없는 정당한 행위로서 상표권 침해를 구성하지 않기 때문에 진정상품 병행수입업자는 상표권자의 상표가 부착된 상품을 판매할 수 있다.

④ 병행수입된 진정상품과 국내 전용사용권자 제조·판매하는 상품 사이에 품질상의 차이가 존재한다면 병행수입은 허용되지 않는다.

⑤ 국내외 상표권자가 동일인으로 볼 수 있는 관계에 있는 경우에 진정상품 병행수입이 허용된다.

〈문 2〉 상표법상 지리적 표시 또는 지리적 표시 단체표장에 관한 설명으로 옳지 않은 것은? [2011년 변리사 1차시험]

① WTO 회원국 내의 포도주 산지에 관한 지리적 표시를 포함하는 상표로서 포도주 또는 그와 유사한 상품에 사용하고자 하는 상표의 경우 당해 지리적 표시의 정당한 사용자는 그 해당 상품을 지정상품으로 하여 지리적 표시 단체표장등록을 받을 수 있다.

② 타인의 지리적 표시 등록단체표장과 동일 또는 유사한 상표를 그 지정상품과 동일한 상품에 사용하게 할 목적으로 소지하는 행위는 그 지리적 표시

단체표장권을 침해한 것으로 본다.

③ 국내 또는 외국의 수요자간에 특정 지역의 상품을 표시하는 것이라고 인식되어 있는 지리적 표시와 동일 또는 유사한 상표로서 부당한 이익을 얻으려 하거나 그 지리적 표시의 정당한 사용자에게 손해를 가하려고 하는 등 부정한 목적을 가지고 사용하는 상표는 등록을 받을 수 없다.

④ 서로 동음이의어 지리적 표시에 해당하는 표장으로 2 이상의 지리적 표시 단체표장등록출원이 있는 경우, 먼저 출원한 자만이 등록을 받을 수 있다.

⑤ 지리적 표시 단체표장을 등록받고자 하는 자는 그 취지를 단체표장등록출원서에 기재하여야 하고 지리적 표시의 정의에 합치함을 입증할 수 있는 서류를 함께 제출하여야 한다.

〈문 3〉 **상표의 희석(Dilution)에 관한 설명으로 옳지 않은 것은?** [2008년 사시 1차시험]

① 상표권자는 자신의 저명상표에 대한 희석화행위에 대하여 상표법상 침해 금지를 청구할 수 있다.

② 상표의 희석화 방지는 저명상표 사용자의 신용과 영업상의 이익 보호를 주된 목적으로 한다.

③ 상표의 희석에는 크게 식별력의 약화에 의한 희석(Blurring)과 명성의 손상에 의한 희석(Tarnishment)이 있다.

④ 상표희석의 예로서 시계에 저명한 상표인 롤렉스(ROLEX)를 제3자가 도메인이름으로 등록하여 음란사이트를 운영하는 것을 들 수 있다.

⑤ 가전제품의 저명한 상표인 소니(SONY)를 제3자가 연필이나 초콜릿에 사용하는 경우 상표의 희석이 문제된다.

〈문 4〉 **포도주의 산지이자 현저한 지리적 명칭인 "보르도"를 포함하는 다음 보기의 출원 중에서 상표등록 또는 지리표시 단체표장등록을 받을 수 있는 것으로 옳은 것은?** (단, 마주앙은 포도주와 관련하여 식별력 있는 부분이다)

① 포도주를 지정상품으로 하여 "보르도 나라"라는 상표를 출원한 경우

② 모자를 지정상품으로 하여 "보르도"라는 상표를 출원한 경우

③ 포도주를 지정상품으로 하여 "마주앙 보르도"라는 상표를 출원한 경우

④ 와인바 경영업을 지정서비스업으로 하여 "보르도 와인"이라는 서비스표를 출원한 경우

⑤ 포도주를 지정상품으로 하는 상표를 보르도 지역의 포도주 생산업자로 구성된 법인 명의로 지리적 표시 단체표장 등록출원을 한 경우

≪정답≫　1.②　2.④　3.①　4.⑤

≪문제해설≫

<문 1> ① 진정상품 병행수입에 관한 설명으로 옳은 지문이다. ② 대법원 2002.9.24 선고 99다42322 판결(BURBERRYS 사건): 병행수입업자가 적극적으로 상표권자의 상표를 사용하여 광고·선전행위를 한 것이 실질적으로 상표권 침해의 위법성이 있다고 볼 수 없어 상표권 침해가 성립하지 아니한다고 하더라도, 그 사용태양 등에 비추어 영업표지로서의 기능을 갖는 경우에는 일반 수요자들로 하여금 병행수입업자가 외국 본사의 국내 공인 대리점 등으로 오인하게 할 우려가 있으므로, 이러한 사용행위는 "부정경쟁방지 및 영업비밀보호에 관한 법률" 제2조 제1호 (나)목 소정의 영업주체혼동행위에 해당되어 허용될 수 없다. ③ 병행수입 그 자체는 위법성이 없는 정당한 행위로서 상표권 침해 등을 구성하지 아니하므로 병행수입업자가 상표권자의 상표가 부착된 상태에서 상품을 판매하는 행위는 당연히 허용될 것이다(대법원 2002.9.24 선고 99다42322 판결). ④ 대법원 2006.10.13 선고 2006다40423 판결(STARCRAFT 사건): 수입된 상품과 우리나라의 상표권자가 등록상표를 부착한 상품 사이에 품질에 있어 실질적인 차이가 없어야 한다. 여기에서 품질의 차이란 제품 자체의 성능, 내구성 등의 차이를 의미하는 것이지 그에 부수되는 서비스로서의 고객지원, 무상수리, 부품교체 등의 유무에 따른 차이를 말하는 것이 아니다. ⑤ 대법원 2006.10.13 선고 2006다40423 판결: 외국의 상표권자 내지 정당한 사용권자가 그 수입된 상품에 상표를 부착하였어야 하고, 그 외국 상표권자와 우리나라의 등록상표권자가 법적 또는 경제적으로 밀접한 관계에 있거나 그 밖의 사정에 의하여 위와 같은 수입상품에 부착된 상표가 우리나라의 등록상표와 동일한 출처를 표시하는 것으로 볼 수 있는 경우이어야 한다.

<문 2> ① 제7조 제1항 제14호 단서에 따라 옳은 지문이다. ② 제66조 제2항 제2호. ③ 제7조 제1항 제12호의2. ④ 제8조 제7항 및 제8항: 제8조 제1항 제2항 및 5항의 규정은 동음이의어 지리적 표시 단체표장등록출원에는 적용하지 않는다. 따라서 동음이의어 지리적 표시 상호간에는 제8조(선출원) 및 제8조 제5항의 규정이 적용되지 않는다. 따라서 틀린 지문이다. ⑤ 제9조 제4항: 지리적 표시 단체표장을 등록받고자 하는 자는 그 취지를 단체표장등록출원서에 기재하여야 하고, 지리적 표시의 정의에 합치함을 입증할 수 있는 대통령령이 정하는 서류를 함께 제출하여야 한다.

<문 3> ① 제93조(침해죄) 및 제66조(침해로 보는 행위)의 해석에서 상표침해죄의 범위에 "희석화 행위"는 포함되지 않는다. 희석화 행위를 처벌하는 법률은 "부정경쟁방지 및 영업비밀보호에 관한 법률"(법률 제10810호) 제2조 제1호 다목에서 "가목 또는 나목의 혼동하게 하는 행위 외에 비상업적 사용 등 대통령령으로 정하는 정당한 사유없이 국내에 널리 인식된 타인의 성명, 상호, 상표, 상품의 용기·포장, 그 밖에 타인의 상품 또는 영업임을 표시한 표지와 동일하거나 유사한

것을 사용하거나 이러한 것을 사용한 상품을 판매·반포 또는 수입·수출하여 타인의 표지의 식별력이나 명성을 손상하는 행위"를 저명상표의 희석행위로 부정경쟁행위에 포함하였다. 따라서 틀린 지문이다. ②, ③, ④, ⑤는 상표의 희석에 관련하여 옳은 지문이다.

<문 4> ① 현저한 지리적 명칭인 "보르도"와 기타 상품의 식별력이 없는 표장(제6조 제1항 제7호)은 "나라"가 결합되었으므로 전체적으로 식별력이 없다. ② "보르도"가 현저한 지리적 명칭이므로 제6조 제1항 제4호에 해당되어 식별력이 없다. ③ "마주앙"은 식별력이 있으나 포도주 산지에 관한 지리적 표시로 구성된 상표이므로 제7조 제1항 제14호에 해당하여 상표등록을 받을 수 없다. ④ "보르도"가 현저한 지리적 명칭이고, "보르도 와인"은 수요자들이 보르도산 와인으로 오인·혼동할 수 있으므로 제6조 제1항 제4호 및 제7조 제1항 제11호에 해당되어 상표등록을 받을 수 없다. ⑤ 제7조 제1항 제14호의 단서 규정과 제6조 제3항에 따라 지리적 표시 단체표장등록을 받을 수 있다.

참 고 문 헌

1. 국내문헌

가. 단행본

계승균 외4인, 로스쿨지적재산권법, 법문사, 2010.

공병익, 제52회 사법시험 1차 기출문제 해설, 2010

吉藤幸朔, 특허법개설(제13판), 대광서림, 2000.

김상태 외12인, 제49회 사법시험 제1차 문제해설, 2007

김원준, 특허법원론, 박영사, 2009.

김정완·김원준, 지식재산권법(개정판), 전남대출판부, 2011.

김철수, 헌법학신론, 박영사, 2008.

김해중, 2009 특허판례가이드, 도서출판 반석, 2009.

노태정 외1인, 디자인보호법(3정판), 세창출판사, 2009.

노태정, 디자인심사- 심판실무, 세창출판사, 2009.

문삼섭, 상표법, 세창출판사, 2004.

송상현, 민사소송법, 박영사, 2004.

송영식 외5인, 지적소유권법(상)(하), 육법사, 2008.

신동욱 외5인, 제51회 사법시험 제1차 기출문제 해설, 2009

이상경, 지적소유권소송법, 육법사, 1998.

이시윤, 신민사소송법(제3판), 박영사, 2007.

이철환, 민사소액재판실무, 전남대학교출판부, 2007.

이향준, 제50회 사법시험 기출문제 해설, 법률저널, 2008

전남대학교법학연구소, 지적재산권법의 현대적 과제, 도서출판 fides, 2011.

전세정, 민사집행법, 박영사, 2008.

정상조·박준석, 지적재산권법, 한국방송대학교출판부, 2011.

제은진, 디자인보호법, 한빛지적소유권센터, 2011.6.

최성우 외1인, OVA 상표법, 한국특허아카데미, 2011.

한빛지적소유권센터, 제48회-제44회 변리사 1차기출문제&해설, 2011.8.

한국발명진흥회(최성우 외 3인), 지식재산의 정석, 박문각, 2010.

나. 정부 간행물

사법연수원, 특허법연구, 사업연수원출판부, 2011

사법연수원, 상표법, 사업연수원출판부, 2011.

특허법원, 지적재산소송실무, 박영사, 2006.
특허청, 특허청개청 30주년기념논문집 I, 2007.
특허청, 특허·실용신안 심사지침서, 2011.
특허청, 심판편람(제8판), 2009.
특허청, 디자인관련 법령집, 2011.5.
특허청, 상표 디자인심사기준, 2011.7.
특허청, 조문별 특허법해설, 2007.9.
특허청, 조문별 상표법해설, 2007.7.
특허청, 진보성 판단 기준에 관한 연구 보고서, 2009.3.
특허청, 쟁점별 직무발명 한·일 판례 90선, 2010.12.
특허심판원, 디자인판례, 통권 제27호, 2011.6.
특허심판원, 상표판례, 통권 제26호, 2011.3.
특허심판원, 쟁점별 특허판례, 2010.10.
특허심판원, 2008-2010 대법원 특허판례집, 2011.

2. 외국문헌

Anthony W. Deller, PATENT CLAIMS, The Lawyers Co-operative Publishing Company, 1971.
Donald S. Chisum & F. Scott Kieff, Principles of Patent Law, Foundation Press, 2001.
Donald S. Chisum, PATENTS(Volume 3), MATTHEW BENDER, 1986.
Irving Kayton, Patent Practice, 1986.
Laurence H. Pretty, Patent Litigation, PRACTISING LAW INSTITUTE, 2003.
Richard T. Holzmann, Infringement of the United States Patent Right, Quorum Books, 1995.
Robert C. Faber, Landis on Mechanics of Patent Claim Drafting(5th edition), Practising Law Institute, 2006.
Ronald B. Hildreth, Patent Law, Practising Law Institute, 1998.
Ryoichi Takaoka, AMERICA 特許法, 中央經濟社, 2003.
Tanabe Detze, 英文特許入門, INTER PRESS, 1986.
WIPO, Intellectual Property Reading Material, 1998.
미국특허청, 미국특허법, 2011.
미국특허청, 심사편람(MPEP), 2010.
미국특허청, 미국디자인특허 심사기준, 2010.
유럽특허청, 유럽특허법(EPC), 2011.
유럽특허청, 심사지침서, 2010.
일본특허청, 특허심사지침서, 2011.

색 인

저자약력

한양대학교 공과대학 졸업
한양대학교 산업대학원 공학석사
University of Missouri — Columbia 대학원 경제학석사
한국방송통신대학교 법과대학 졸업
제14회 기술고등고시 합격
특허청 심사 2국 전자과 심사관, 전기과 심사관
특허청 심판소 심판관
국제특허연수원 교수
특허청 전기전자심사국 통신심사담당관·전기심사담당관
특허청 전기전자심사국 국장
외교통상부 주GENEVA대표부 참사관
LEADERS 국제특허법률사무소 대표변리사
연세대학교 법무대학원 초빙교수
한국철도공사 고문변리사
현 전남대학교 법학전문대학원 교수
　　변리사시험위원
　　특허청 특허기술상 외부 심사위원
　　한국발명진흥회 전문 심사위원

< 저서 >
특허법원론, 로스쿨지적재산권법, 지식재산권법

< 논문 >
"특허침해소송에 있어서 무효항변에 관한 고찰"외 다수

산업재산권법

초판인쇄　2012. 2. 20
초판발행　2012. 2. 27

저　자　金元俊
발행인　황인욱

발행처　도서출판 오래
　　　　서울특별시용산구한강로2가 156-13
　　　　전화: 02-797-8786, 8787; 070-4109-9966
　　　　Fax: 02-797-9911
　　　　신고: 제302-2010-000029호 (2010. 3. 17)

ISBN 978-89-94707-55-6 93360

http://www.orebook.com
email orebook@naver.com

정가 36,000원